suhrkamp taschenbuch
wissenschaft 2390

Wie können wir die Philosophie dekolonisieren? Einen wichtigen Beitrag zu diesem Projekt kann ihre Geschichtsschreibung leisten, und gerade der Blick auf Afrika bietet Ansätze für eine Transformation in globaler Perspektive. Die Auseinandersetzung mit dem Kontinent – vom Alten Ägypten über Westafrika bis zur afrikanischen Diaspora – wirft nämlich grundlegende Fragen zum Umgang mit Denktraditionen oraler Gesellschaften sowie mit alternativen Quellen und philosophischen Praktiken auf. Ebenso stellen sich ethische Fragen nach der Rolle von Religion, Rassismus und Sklaverei in der Philosophie oder der Deutung und Aneignung von intellektuellem Erbe. Anhand der Philosophiegeschichte Afrikas entwirft Anke Graneß in ihrem großen Buch die Grundlinien einer neuen Philosophiegeschichtsschreibung.

Anke Graneß ist Privatdozentin für Philosophie und Geschäftsführerin des Reinhart-Koselleck-Projekts der DFG »Geschichten der Philosophie in globaler Perspektive« an der Universität Hildesheim.

Anke Graneß

Philosophie in Afrika

Herausforderungen einer globalen Philosophiegeschichte

Suhrkamp

Klimaneutral
Druckprodukt
ClimatePartner.com/14438-2110-1001

2. Auflage 2024

Erste Auflage 2023
suhrkamp taschenbuch wissenschaft 2390
Originalausgabe

Umschlag nach Entwürfen von
Willy Fleckhaus und Rolf Staudt
Druck und Bindung: C. H. Beck, Nördlingen
Printed in Germany
ISBN 978-3-518-29990-6

www.suhrkamp.de

Inhalt

Einleitung

Afrika wird in diesem Buch als Paradigma herangezogen, um die bisher überwiegend eurozentrische Philosophiegeschichtsschreibung unter den Bedingungen des 21. Jahrhunderts zu überdenken, zu kritisieren und zu kontextualisieren. Dass dafür auf die spezifische Problemlage und auf ausgewählte Beispiele eines Kontinents zurückgegriffen wird, der in der Philosophie der Gegenwart kaum eine Rolle spielt und in der Philosophiegeschichtsschreibung der letzten 200 Jahre keine Beachtung fand, mag verwundern. Afrika eröffnet jedoch als Forschungsfeld auf einer philosophiehistorischen Metaebene grundlegende methodische Fragen und Probleme, denen sich eine Philosophiegeschichtsschreibung in globaler Perspektive heute stellen muss, so die Hauptthese der vorliegenden Arbeit.

Es handelt sich dabei um methodische Probleme, die bisher wenig reflektiert wurden, die für eine Philosophiegeschichtsschreibung, die den Anforderungen einer postkolonialen und zunehmend globalisierten Welt gerecht werden will, jedoch von zentraler Bedeutung sind. Neuere Ansätze regionaler (zum Beispiel afrikanischer, chinesischer oder indischer) ebenso wie globaler Philosophiegeschichtsschreibung diskutieren methodische Probleme kaum. Die Mehrzahl dieser selbstverständlich sehr wichtigen historiographischen Arbeiten, die zu einem Zuwachs an Wissen über die Geschichten philosophischer Traditionen in verschiedenen Regionen der Welt wesentlich beigetragen haben, folgt den Denklinien der europäischen Philosophiegeschichtsschreibung und bereichert diese um Erzählungen aus anderen Regionen.[1] So orientieren sich auch die meisten Arbeiten afrikanischer Kolleg:innen

1 Siehe dazu unter anderem die neuen »World philosophy«-Reihen bei Routledge, Oxford University Press oder Blackwell sowie bisherige Versuche, eine »Weltgeschichte der Philosophie« zu schreiben, vgl. J. Ganeri u. a. (Hg.), *The Oxford History of Philosophy* (2011-2018) oder *Routledge History of World Philosophies*. Eine Sammlung von »Globalen Philosophiegeschichten in verschiedenen Sprachen« findet sich auf den Seiten des Reinhart-Koselleck-Projekts »Geschichten der Philosophie in globaler Perspektive«, ⟨https://www.uni-hildesheim.de/histories-of-philosophy/philosophiegeschichten⟩, letzter Zugriff 17. 2. 2022.

am europäischen Modell der Philosophiegeschichtsschreibung und seinen Methoden. Eine Auseinandersetzung mit regional spezifischen Herausforderungen findet dabei ebenso wenig statt wie mit alternativen Varianten der Philosophiegeschichtsschreibung aus anderen Regionen der Welt. Die zentrale Referenz ist und bleibt Europa, das damit jenseits der im Einzelnen unterschiedlichen Ansätze in seiner leitenden Rolle für die Geschichte der Philosophie letztlich bestätigt wird. Demgegenüber müsste grundlegend die Frage gestellt werden, ob das bisher vorherrschende – in weiten Teilen eurozentrische – Narrativ der Philosophiegeschichtsschreibung einfach um Traditionen aus anderen Regionen zu erweitern ist oder ob eine Philosophiegeschichtsschreibung in globaler Perspektive beziehungsweise zu außereuropäischen Regionen nicht anderer Methoden und Begrifflichkeiten bedarf sowie andere Quellen und Ausdrucksformen philosophischen Wissens aufgreifen muss.

Mit dem Aufzeigen der spezifischen Herausforderungen, die sich im Hinblick auf Afrika stellen, und anhand der Erörterung ausgewählter Fallbeispiele aus afrikanischen Philosophietraditionen argumentiere ich in diesem Buch dafür, grundsätzliche Überlegungen zur Veränderung der Disziplin der Philosophiegeschichtsschreibung anzustellen. Mechanismen, die zum Ausschluss außereuropäischer Philosophietraditionen aus der Geschichtsschreibung der Philosophie allererst geführt haben, können nur auf diese Weise aufgedeckt, analysiert und überwunden werden. Nicht zuletzt muss diskutiert werden, ob und inwieweit diese Ausschlüsse strukturell bedingt und tief in die Disziplin, ihre Institutionen und ihre Methoden eingeschrieben sind. Denn dies würde eine grundlegende Transformation der Philosophiegeschichtsschreibung erforderlich machen, die weit über ein additives Hinzufügen bisher vernachlässigter Traditionen hinausgeht. Die komplexen Fragen, die sich im Zusammenhang mit einer Philosophiegeschichtsschreibung für Afrika stellen, verweisen auf grundsätzlichere Probleme mit überregionaler und letztlich globaler Bedeutung, die dazu auffordern, die Philosophie und ihre Geschichtsschreibung in ihrer Gesamtheit neu zu betrachten.

Ein zweiter Fokus dieser Arbeit liegt auf einer weiteren zentralen Herausforderung der Philosophiegeschichtsschreibung im 21. Jahrhundert, nämlich der Integration von Philosophinnen, deren Wirken bislang in europäischen ebenso wie außereuropäischen Zusammenhängen marginalisiert bleibt. Die Bearbeitung eines auf diese Weise intersektionell konzipierten Forschungsfeldes ermöglicht die Herausarbeitung von Exklusions- und Inklusionsmechanismen, die jenseits ihrer jeweiligen Spezifik zahlreiche Ähnlichkeiten und Überschneidungen aufweisen und sich oft wechselseitig verstärken. Diese Ausrichtung ermöglicht es, die Philosophiegeschichtsschreibung als im eigentlichen Sinne globale Herausforderung zu begreifen, die mehr als eine geographische und quantitative Ausweitung ihres Gegenstandsbereichs erfordert. Denn die verschränkte Analyse von »blinden Flecken« in der Philosophiegeschichte ist am besten geeignet, den Blick für Engführungen und Irreführungen in den vorherrschenden Narrativen zu schärfen, um so mögliche Ansätze für ihre Überwindung zu konzipieren.

1. Die Herausforderungen der Gegenwart

Erzählungen der Philosophiegeschichte haben einen entscheidenden Einfluss auf die Wahrnehmung und das Verständnis von Philosophie, auf die Art und Weise wie sie betrieben wird, auf die akademische Institutionalisierung als Disziplin und schließlich auch darauf, welche philosophischen Werke und Autor:innen früherer Jahrhunderte gelesen werden. Mit dem Sammeln von Biographien, Werken, Konzepten und Theorien, dem Ordnen, Kommentieren und Interpretieren des gesammelten Materials trägt Philosophiegeschichtsschreibung maßgeblich zur Formierung unseres Verständnisses von Philosophie und der Entstehung eines wirkmächtigen Kanons philosophischer Werke bei. Damit beeinflussen die Erzählungen der Vergangenheit des philosophischen Denkens die philosophische Arbeit der Gegenwart und der Zukunft in entscheidendem Maße. Es ist somit von grundlegender Bedeutung, einen kritischen Blick auf die bisherige Philosophiegeschichtsschreibung zu werfen, gegenwärtige philosophiegeschichtliche Arbeiten zu prüfen und über zukünftige Methoden und Wege nachzudenken. Eine kontinuierliche Selbstvergewisserung über Grundsätze und Methoden, aber auch deren kritische Prüfung sollten Bestandteil jeder guten wissenschaftlichen Praxis sein. Für die Philosophiegeschichte hat dies heute jedoch eine besondere Dringlichkeit aufgrund der Tatsache, dass die Philosophie als Disziplin – später als andere geisteswissenschaftliche Disziplinen – gerade erst anfängt, sich den Herausforderungen einer zunehmend globalisierten Welt und der damit verbundenen umfangreichen und schwierigen Aufgabe einer Dekolonisierung zu stellen.[2]

Kolonialismus, rassistische sowie patriarchale Strukturen haben bis heute Auswirkungen auf unser Denken. Auch die Philosophie und ihre Geschichtsschreibung blieben davon nicht unberührt, sondern haben sich zum Teil instrumentalisieren lassen für das koloniale und neokoloniale Abenteuer Europas: Das Absprechen der Fähigkeit zu Vernunft, Logik und abstraktem Denken, wenn nicht gar zu Moral und der Fähigkeit zur Bildung komplexer politischer Gemeinwesen war Teil der Legitimationsstrategie der Kolonisierung im Sinne eine Zivilisierung und Erziehung ›unterentwickelter‹ Völker und Regionen der Welt, die erst durch die Intervention Europas mit Bildung, Aufklärung und eben auch Philosophie in Berührung gekommen seien. Dabei kann die Konstruktion einer überlegenen europäischen oder ›westlichen‹ Philosophietradition zwar harmlos idealistisch formuliert werden, sie geht aber letztlich auch mit rassistischen oder nationalistischen Ressentiments einher, wie der Annahme einer Unmündigkeit anderer Völker, auf denen letztlich auch die Vorstellung von der zivilisatorischen Mission Europas, von der «Bürde des weißen Mannes«,[3] das heißt der Umdeutung des Kolonialismus zu einem humanitären Akt, beruht. So sind es unter anderem auch philosophische Theorien, die Kolonialismus und Neokolonialismus ideologisch und politisch möglich gemacht und legitimiert haben. Unter diesem Aspekt sind Fragen nach dem Anfang von Philosophie und Wissenschaft und die Rekonstruktion philosophischer Traditionen in den verschiedenen Regionen der Welt durchaus politisch aufgeladen. Eine Auseinandersetzung mit der tief verwurzelten Hegemoniestruktur einer bestimmten, heute vorherrschenden Vorstellung von Philosophiegeschichte und den

2 Oder wie Wiebke Denecke, Initiatorin eines interdisziplinären Forschungsverbundes zum Thema »Comparative Global Humanities« am MIT in Cambridge, feststellt: »Die Philosophie ist derzeit zweifelsohne die Disziplin, die sich am stärksten gegen eine Diversifizierung ihres intellektuellen Spektrums, ihres Lehrpersonals und ihres Lehrprogramms sträubt.« W. Denecke, »Comparative Global Humanities Now«, in: *Journal of World Literature* 6 (2021), S. 479-508, hier S. 485.

3 Vgl. *The White Man's Burden: The United States and the Philippine Islands* (1899), Titel eines Gedichts von Rudyard Kipling.

Einschreibungen von Eurozentrismus, Rassismus und Sexismus in diese hat allenfalls erst begonnen. Die Schwerfälligkeit der Disziplin der Philosophie im Umgang mit diesen Problemen wird von Philosoph:innen und anderen Akademiker:innen außerhalb Europas zunehmend und mit Recht als Ausdruck einer gewissen ›westlichen‹ Ignoranz oder auch Arroganz verstanden sowie als Blindheit gegenüber der eigenen Partikularität gedeutet. Ein unkritisches Fortschreiben der Geschichte der Philosophie nach einem seit etwa 200 Jahren vorherrschenden teleologischen Entwicklungsmodell, das, wie im Kapitel 1 und 4 näher erläutert wird, die vielfältigen Verflechtungen philosophischen Denkens von den verschiedenen Ursprüngen an aus der Erzählung der Philosophie herausgeschrieben hat, zeichnet ein Bild, das den überregional verschlungenen Wegen philosophischer Ideen und Theorien nicht gerecht wird. Ein- und Rückwirkungen von gesellschaftlichen Veränderungen, historischen Ereignissen, von Ideen und Konzepten aus anderen Kontexten auf die Entstehung dessen, was heute als europäisches Erbe der Philosophie betrachtet wird, werden kaum berücksichtigt. Philosophischen Denkleistungen in anderen Regionen der Welt wird mithin keine Anerkennung, geschweige denn Wertschätzung entgegengebracht.

Von der «Bürde des weißen Mannes« ist heute kaum noch die Rede. In der Gegenwart haben wir es eher mit einer Haltung der Ignoranz gegenüber Philosophien aus anderen Regionen der Welt zu tun, ein Umstand, der im Jahr 2016 die beiden amerikanischen Philosophen Jay Garfield und Bryan van Norden dazu motiviert hat, einen – inzwischen oft zitierten – Artikel unter dem Titel »If Philosophy Won't Diversify, Let's Call It What It Really Is«[4] für die *New York Times* zu verfassen. Die beiden Autoren argumentieren, dass trotz vermehrter Arbeiten zu außereuropäischen Philosophietraditionen in den letzten Jahren die Philosophie als akademische Disziplin noch immer ein ernsthaftes Problem mit kultureller Diversität habe, das sich auch auf die Einbeziehung von Frauen oder Vertreter:innen von Minderheitengruppen auf allen institutionellen Ebenen erstreckt, von den Studierenden bis zu den Professor:innen der Institute und Fakultäten. In den USA werde die philosophische

4 J. L. Garfield, B.W. van Norden, »If Philosophy Won't Diversify, Let's Call It What It Really Is«, in: *The New York Times*, 11. Mai 2016.

Forschung und Lehre weiterhin von kanonischen Texten ›weißer‹ Männer aus Europa und Nordamerika dominiert. Bis auf den heutigen Tag verteidigen Philosophieinstitute, so Garfield und van Norden weiter, ein euroamerikanisches Konzept der Philosophie und lehnen es ab, nicht-›westliche‹ Wissenstraditionen in ihre Lehrpläne aufzunehmen. Daher sei es weiterhin möglich, Philosophie in Lehre und Forschung so zu betreiben, als gäbe es keine Philosophien in Afrika, Asien oder Lateinamerika.[5] Eine ähnliche Situation begegnet uns auch in Europa,[6] letztlich aber auf der gesamten Welt. Denn ein kurzer Blick in die Lehrpläne von Philosophieinstituten in Afrika, Südamerika oder Asien zeigt, dass der größte Teil von Lehre und Forschung auch in diesen Regionen den Theorien, Begriffen und Vertretern[7] der ›westlichen‹ Philosophie gewidmet ist. Philosophietraditionen außereuropäischen Ursprungs werden nur am Rande thematisiert.[8] Das bedeutet, dass heute (fast) jede akademische Sozialisation in der Philosophie damit beginnt (und in vielen Fällen auch endet), europäische und nordamerikanische Traditionen zu studieren. Das von Garfield und van Norden beschriebene Problem ist also in Wirklichkeit ein globales.

Ein eurozentrisches Verständnis von Geschichte und Gegenwart der Philosophie wird heute allerdings nicht mehr nur durch die Einsprüche dekolonialer und postkolonialer Theoretiker:innen,[9]

5 Vgl. F.M. Wimmer, »Symposium: How are Histories of Non-western Philosophies Relevant to Intercultural Philosophising?«, in: *Confluence: Online Journal of World Philosophies* 3 (2015), S. 125-132, hier S. 129.

6 Zu einem ähnlichen Ergebnis kam bereits Nausikaa Schirilla im Jahr 2011 in ihrer Analyse von Lehrplänen des Fachs Philosophie an Universitäten im deutschen Sprachraum, wo nur sehr vereinzelt außereuropäische Traditionen einbezogen werden. N. Schirilla, »Interkulturelles Philosophieren im Studium der Philosophie«, in: *Polylog. Zeitschrift für interkulturelles Philosophieren* 25 (2011), S. 31-38. An dieser Situation hat sich auch zehn Jahre später wenig geändert.

7 Ich bleibe hier bewusst bei der männlichen Form. Bis heute finden sich Seminare oder Vorlesungen, in denen nicht eine Philosophin behandelt wird. Das wird zum Teil nicht einmal als Mangel wahrgenommen.

8 Eine Ausnahme stellt China dar, wo chinesische Philosophie ein wesentlicher Bestandteil sowohl der Ausbildung an Philosophieinstituten ist als auch in der Forschung.

9 Siehe insbesondere die Arbeiten von Boaventura de Sousa Santos, »Public Sphere and Epistomologies of the South«, in: *Africa Development* 27/1 (2012), S. 43-67; Ders., *Epistemologies of the South, Justice Against Epistemicide*, New York 2014. Weitere Vertreter dieser Kritik sind Enrique Dussel oder Walter Mignolo.

von Philosoph:innen aus Afrika, Asien, Südamerika und weiteren Regionen der Welt sowie von Vertreter:innen der interkulturellen Philosophie in Frage gestellt. Wichtige Impulse kommen auch von den Studierenden. Seit Beginn des 21. Jahrhunderts sind weltweit zunehmend Proteste von Studierenden zu verzeichnen, die sich explizit gegen Lehrpläne richten, die nahezu ausschließlich Theorien, Ideen, Errungenschaften und Erfindungen ›weißer‹ Männer enthalten und Wissen aus anderen Regionen der Welt ebenso wie die Beiträge von Frauen zur Wissensproduktion ignorieren.[10] Solche Bewegungen haben unter anderem in den USA zur Arbeit an einer gezielten Diversifizierung der Lehrpläne und der philosophischen Institute geführt.[11] Zudem ist ein wachsender gesellschaftlicher Druck zu verzeichnen, wie er zum Beispiel in den medial geführten Debatten zum Thema »Kant und Rassismus« in der Folge der *Black-Lives-Matter*-Bewegung in den Jahren 2020/21 deutlich wurde. Es scheint also an der Zeit, die Disziplin der Philosophiegeschichtsschreibung, ihre Grundlagen, ihre Methoden und ihre Zielsetzung neu und aus globaler Perspektive zu überdenken.

Dass die Philosophiegeschichtsschreibung heute vor neuen Herausforderungen steht, wird zunehmend anerkannt[12] und schlägt

10 Als bekannteste Bewegungen der letzten Jahre sei an die seit 2015 laufenden südafrikanischen Studierendenproteste #RhodesMustFall und #FeesMustFall erinnert, die für eine Afrikanisierung der Lehrpläne, aber auch den Abbau ökonomischer Hürden beim Zugang zu höherer Bildung eintreten und zu Folgeprotesten auch in Oxford und Cambridge führten. Oder die Bewegung ›Why is my curriculum white?‹, die sowohl am Londoner King's College und anderen britischen Universitäten, aber auch an der Harvard University und weiteren amerikanischen Universitäten die bisherige Form der Lehre in Frage stellten. Demonstrationen fanden u. a. auch an der Universität Amsterdam statt. Die in London gestellten Forderungen gingen zum Teil so weit, ›weiße‹ Philosophen gänzlich aus den Lehrplänen zu verbannen. Vgl. L. Pasha-Robinson, »SOAS Students Call for ›White Philosophers to Be Dropped from Curriculum‹«, in: *The Independent*, 8. Januar 2017 oder J. Petre, »PC Students Demand White Philosophers Be Dropped Off University Course«, in: *Mail Online*, 8. Januar 2017.

11 So wurde bereits 2013 von der *American Philosophical Association* eine »Task Force on Diversity and Inclusion« gebildet, siehe ⟨https://www.apaonline.org/group/diversity⟩, letzter Zugriff 17. 2. 2022.

12 Vgl. R. Elberfeld (Hg.), *Philosophiegeschichtsschreibung in globaler Perspektive,* Hamburg 2017. Oder auch S. Mitralexis, »Parallel, Additional or Alternative Histories of Philosophy? Questions on the Theory and Methodology of the History of Philosophy«, in: *British Journal for the History of Philosophy* 26/6 (2018), S. 1222-1233.

sich unter anderem im Bemühen großer Publikationshäuser nieder, außereuropäischen Philosophietraditionen mehr Raum in ihren Programmen zu geben. So wurden in den letzten Jahren vermehrt mehrbändige Geschichten der Philosophie veröffentlicht, die auch Bände zur islamischen Philosophie, zu Indien, China oder Japan enthalten oder Handbücher zur Weltphilosophie, die manchmal sogar Abschnitte zu Afrika und Südamerika umfassen.[13] Dies sind erste sehr wichtige Ansätze, um das heute vorherrschende Narrativ, nämlich die Erzählung, dass die Philosophie eine im Wesentlichen europäische Form des Denkens sei, zu korrigieren.

Insbesondere Philosoph:innen aus den aus dieser Erzählung bisher ausgeschlossenen Regionen der Welt, Theoretiker:innen der post- und dekolonialen Theorie, aber auch die feministische Kritik haben bereits seit längerem mit einer eurozentrischen und in Teilen rassistischen und sexistischen Erzählung gebrochen, die alle Regionen außerhalb des europäischen und nordamerikanischen Kontextes entweder nur am Rande (wie Persien oder das alte China) beziehungsweise in der Funktion als Wissensüberträger (wie die arabische Philosophie) behandelt oder sogar vollständig ignoriert (wie Afrika oder Südamerika). Aber auch die Ergebnisse der Philologie, der Altertumswissenschaften und der sogenannten Regionalwissenschaften, wie der Indologie, der Sinologie oder auch der Ägyptologie, um hier nur einige zu nennen, haben wesentlich dazu beigetragen, das Wissen um außereuropäische philosophische Traditionen zu erweitern, und führen deutlich vor Augen, dass ein Umdenken in der Philosophie und ihrer Geschichtsschreibung notwendig ist. Und nicht zuletzt die noch relativ jungen Richtungen der interkulturellen, transkulturellen oder auch komparativen Philosophie haben in den letzten Jahrzehnten nicht nur daran gearbeitet, ein neues Bewusstsein für die bisherigen Ausgrenzungen in der Disziplin der Philosophie zu schaffen, sondern auch das Wissen über eine breite Vielfalt an philosophischen Traditionen weltweit zu vermehren und diese Traditionen in einen Dia- beziehungsweise Polylog miteinander zu bringen.

In den letzten Jahrzehnten wurden Anstrengungen in drei Bereichen unternommen, die Konsequenzen für die Philosophiegeschichtsschreibung der Gegenwart und Zukunft mit sich bringen:

13 J.L. Garfield, W. Edelglass (Hg.), *The Oxford Handbook of World Philosophy*, Oxford 2011.

die kritische Rekonstruktion der Ausgrenzungsmechanismen in der europäischen Philosophiegeschichte,[14] die Erweiterung des Wissens über außereuropäische Philosophietraditionen (auf Basis der geleisteten Forschungs- und Übersetzungsarbeit in anderen akademischen Disziplinen) und der kritische (bildungs-)politische Einspruch feministischer, post- und dekolonialer Theoretiker:innen gegen eine fortgesetzte Marginalisierung außereuropäischer Wissenstraditionen und des philosophischen Schaffens von Frauen.

Gerade der drittgenannte Punkt verweist darauf, dass wir es hier mit einem durchaus politischen Prozess zu tun haben: Es wird deutlich, dass eine neue Philosophiegeschichte, wie letztlich jede Art der Historiographie, nicht unabhängig von politischen Implikationen entsteht oder gedacht werden kann. Im Allgemeinen steht eine Disziplin wie die Philosophiegeschichtsschreibung nicht im Verdacht, besonders politisch involviert zu sein. Allerdings ist Geschichtsschreibung – welcher Disziplin auch immer – nie ein gänzlich ›objektiver‹, von Interessen der jeweiligen Geschichtsschreiber:innen oder ihrer Auftraggeber:innen und den politischen und ideologischen Bewegungen der eigenen Zeit unabhängiger Prozess. Insbesondere im Zusammenhang mit der europäischen Kolonialexpansion und dem transatlantischen Sklavenhandel waren Geschichtsschreibung und Disziplinen zur Erforschung fremder Völker wie die Ethnologie Teil einer mit den Mitteln der Wissenschaft konstruierten Begründung und Legitimation der Unterwerfung außereuropäischer Gesellschaften. Insofern muss die Aufarbeitung der Verstrickung europäischer geisteswissenschaftlicher Forschungen in Unterwerfungs- und Herrschaftspraktiken Teil einer neuen Philosophiegeschichtsschreibung sein.[15] Dabei wird auch von Interesse sein, welche Konzepte, Autoren:innen oder Texte mit welchen Begründungen in die »großen Erzählungen« eingeschlossen und, vor allem, welche ausgeschlossen wurden.

Ausschlusstendenzen in der Philosophiegeschichtsschreibung,

14 F. M. Wimmer, *Interkulturelle Philosophie. Geschichte und Theorie,* Wien 1990; P. K. J. Park, *Africa, Asia, and the History of Philosophy: Racism in the Formation of the Philosophical Canon, 1780-1830,* Albany 2013; U. J. Schneider, *Die Vergangenheit des Geistes: eine Archäologie der Philosophiegeschichte,* Frankfurt/M. 1990.

15 Zum Begriff »Verstrickung« siehe R. Elberfeld: *Dekoloniales Philosophieren. Versuch über philosophische Verantwortung und Kritik im Horizont der europäischen Expansion*, Hildesheim 2021, S. 9 ff.

insbesondere wenn sie die Ausgrenzung ganzer Kulturen, Völker oder bestimmter Menschengruppen (Frauen, People of Colour) betreffen, können ein Beispiel epistemischer Ungerechtigkeit sein. Miranda Fricker, die diesen Begriff in den geisteswissenschaftlichen Diskurs in feministischer Perspektive eingeführt hat, definiert epistemische Ungerechtigkeit als ein Unrecht, das jemandem bezüglich seiner oder ihrer Fähigkeit, ein:e Wissensträger:in sein zu können, angetan wird.[16] Dieses Unrecht besteht in erster Linie darin, dass einer Person oder einer ganzen sozialen Gruppe Fähigkeit und Kompetenz, über ein bestimmtes Wissen zu verfügen, abgesprochen wird. Fricker kritisiert mit diesem Konzept vor allem die Nicht-Anerkennung des Wissens von Frauen, ein Punkt, der auch mit Blick auf die Philosophiegeschichtsschreibung von Interesse ist. Boaventura de Sousa Santos spricht im Zusammenhang mit dem Ausschluss ganzer Wissenskulturen, wie etwa im Falle der Dominanz der modernen westlichen Wissenschaft und der Marginalisierung der Ideengeschichte indigener Völker, auch von kognitiver Ungerechtigkeit.[17] Die Begriffe epistemische oder kognitive Ungerechtigkeit beziehen sich auf Hierarchien und Dominanzverhältnisse zwischen einzelnen Wissenskulturen oder Wissenstraditionen bis hin zum völligen Verschwinden solcher Traditionen oder Wissensträger. Den Prozess des Auslöschens ganzer Wissenstraditionen bezeichnet Santos als *epistemicide*.[18] Dabei manifestiert sich diese Ungerechtigkeit in verschiedenen Formen, »[...] beispielsweise durch die entwürdigende Repräsentationsweise einzelner Subjekte, durch einen Prozess der Entmündigung nicht als Wissensautorität gelten zu dürfen, oder durch das Unterworfensein gegenüber Beschreibungsweisen einer privilegierten Elite, die den eigenen Bedürfnissen und Interessen zuwiderlaufen«, wie Franziska Dübgen es treffend zusammenfasst.[19] Dazu gehören aber ebenso ungleiche Partizipationschancen an der (hegemonialen) Wissensproduktion, das Degradieren eines Wissensträgers zum Objekt der Wissensge-

16 M. Fricker, *Epistemic Injustice: Power and the Ethics of Knowing*, Oxford 2007, S. 1.

17 Vgl. Santos, »Beyond Abyssal Thinking. From Global Lines to Ecologies of Knowledges«, in: Ders., *Epistemologies of the South*, S. 118-136.

18 Santos, *Epistemologies of the South*, S. 92, S. 152-153.

19 F. Dübgen: *Was ist gerecht?: Kennzeichen einer transnationalen solidarischen Politik*, Frankfurt/M. 2014, S. 216.

nerierung oder das Infragestellen der Glaubwürdigkeit von Wissensträger:innen. Auch falsche oder fehlerhafte Darstellungen von Wissenstraditionen oder gar deren Verschweigen und Versuche, Wissensträger:innen oder ganze Traditionen zum Schweigen zu bringen, sind Beispiele epistemischer Ungerechtigkeit.[20]

Im Falle Afrikas haben solche Ausschlusstendenzen hinsichtlich der Wahrnehmung der Ideengeschichte dieses Kontinents und ganz speziell im Hinblick auf philosophische Konzepte und Traditionen im Afrika südlich der Sahara eine besonders destruktive Rolle gespielt. Da sich bestimmte historische Imaginationen als zäh und langlebig erwiesen haben, sind Vorstellungen von der ›Geschichtslosigkeit‹ des Kontinents bis heute mit dafür verantwortlich, dass Afrika und seine Ideengeschichte in einschlägigen Übersichtsdarstellungen keine Rolle spielen. Während Indien, China, Japan und weitere Teile Asiens ebenso wie der Mittlere Osten als Orte mit philosophischen Traditionen inzwischen weitgehend rehabilitiert sind, wird Afrika südlich der Sahara bis heute nicht als Ort und Quelle philosophischen Wissens wahrgenommen.

Die neu erkannte Notwendigkeit einer Integration marginalisierter oder ignorierter Denktraditionen in anderen Regionen der Welt fordern die Disziplin ebenso heraus, ihre bisherigen Kriterien, Methoden und Begriffe zu überdenken, wie die Einbeziehung der neuen Perspektiven einer feministischen Philosophiegeschichte. Aber die grundlegenden Fragen einer Philosophiegeschichtsschreibung der Zukunft umfassen nicht nur methodische Probleme, sondern sie sind auch politischer Natur: Wie wird die Unterscheidung zwischen einzuschließenden und auszuschließenden Traditionen begründet und legitimiert? Wie sind diese Unterscheidung und der Ausschluss anderer Philosophietraditionen institutionell verankert? Wie werden sie in der akademischen Praxis realisiert? Wie wird die Frage nach den zu behandelnden Themen und Methoden entschieden? Hegemoniale Philosophietraditionen ignorieren diese Fragen zumeist und verschleiern damit zum einen die Rolle, die (bildungs- und wissenschafts-)politische Machtverhältnisse für die Dominanz bestimmter philosophischer Schulen spielen, und zum anderen die historische Kontingenz dieser Dominanz. Angesichts

20 Als Bezeichnung für ungehörte oder am Sprechen gehinderte Wissenssubjekte hat G. C. Spivak bereits 1988 den Begriff »Subalterne« geprägt. Vgl. Spivak, *Can the Subaltern Speak? Postkolonialität und subalterne Artikulation,* Wien 2007.

der komplexen Mechanismen des Ausschlusses von Philosophietraditionen ist allerdings ebenso zu untersuchen, welche historischen Entwicklungen dazu geführt haben, dass heute nach dem Platz der Philosophien Afrikas, Asiens oder Südamerikas in der globalen Philosophiegeschichte erneut gefragt wird.

2. Warum Afrika?

Die mit der Forderung nach einer globalen Öffnung und Dekolonisierung der Wissenschaften verbundenen Herausforderungen für die Disziplin der Philosophiegeschichtsschreibung stehen im Mittelpunkt der folgenden Untersuchungen – und zwar anhand ausgewählter Beispiele aus der Geschichte der Philosophie Afrikas. Warum fiel die Wahl nun gerade auf Afrika, den Kontinent, der in der Disziplin der Philosophie eine völlig marginale Rolle spielt? Tatsächlich ist Afrika eine Weltregion, über deren philosophische Traditionen – mit der Ausnahme der arabisch-islamischen Traditionen Nordafrikas – kaum etwas bekannt ist, so dass bisweilen ganz grundsätzlich die Frage gestellt wird: Gibt es überhaupt Philosophie in Afrika?

Afrikanische philosophische Schulen, Traditionen und Konzepte sowie deren Träger:innen werden im internationalen philosophischen Diskurs erst seit kurzem und sehr zögerlich am Rande der Disziplin wahrgenommen. Dies unterscheidet Afrika von anderen außereuropäischen Philosophietraditionen. Während Indien bereits in antiken Quellen der europäischen Philosophiegeschichte eine Rolle spielte und auch später von bekannten europäischen Philosophen wie zum Beispiel Friedrich Schlegel aufgegriffen wurde, die mittelalterliche Philosophie ohne die Entwicklungen der Philosophie in arabischer Sprache gar nicht entstanden wäre und man im 17. und in der ersten Hälfte des 18. Jahrhunderts geradezu von einem Boom der chinesischen Philosophie in Europa sprechen kann, spielte Afrika über Jahrhunderte im philosophischen Diskurs schlichtweg keine Rolle. Dies gilt insbesondere für das Afrika südlich der Sahara. Dieser Teil des Kontinents trat auch als letzte größere Region in den internationalen akademischen Diskurs ein, nämlich erst auf dem 16. Weltkongress für Philosophie im Jahr

1978.[21] Die marginale Stellung des philosophischen Erbes dieses Kontinents ebenso wie des hier produzierten philosophischen Wissens der Gegenwart manifestiert sich bis heute sehr deutlich in der Publikationslandschaft, in der Forschung und in der Lehre. Während arabische, chinesische oder indische Philosophietraditionen in den letzten Jahrzehnten einen Aufschwung in der Forschung erfahren haben, der sich in einer Reihe einschlägiger Publikationen[22] sowie in einem zunehmenden Interesse in der Lehre niederschlägt, trifft dies für das Afrika südlich der Sahara nicht zu.

Diese Ignoranz gegenüber dem philosophischen Schaffen Afrikas übersieht, dass sich in philosophiegeschichtlicher Hinsicht gerade hier eine Reihe von interessanten Herausforderungen und Fragen stellen, die so im europäischen beziehungsweise ›westlichen‹ Kontext bisher nicht gestellt wurden, allerdings über diese Region hinaus von grundlegender Bedeutung sind und Afrika zu einem Modell für eine globale Philosophiegeschichtsschreibung der Zukunft machen könnten. Dafür sprechen wichtige methodische und systematische Gründe: So finden sich auf dem afrikanischen Kontinent sowohl sehr alte Schriftkulturen, deren ideengeschichtliches Erbe erst in Ansätzen aus philosophischer Perspektive aufgearbeitet wurde, als auch Gebiete, in denen bis ins 20. Jahrhundert hinein eine mündliche Überlieferung der ideengeschichtlichen Traditionen üblich war. Damit kann hier eine ganze Bandbreite an spezifischen Herausforderungen einer Philosophiegeschichtsschreibung

21 Vgl. R. Elberfeld: »Globale Wege der Philosophie im 20. Jahrhundert. Die Weltkongresse für Philosophie 1900-2008«, in: *Allgemeine Zeitschrift für Philosophie* 34/1 (2009), S. 149-167; Ders., *Philosophieren in einer globalisierten Welt. Wege zu einer transformativen Phänomenologie,* Freiburg i. Br. 2017, S. 144; A. Diemer (Hg.), *16. Weltkongress für Philosophie. Düsseldorf 1978,* Frankfurt/M. 1983.

22 So arbeitet das deutsche Standardwerk zur Philosophiegeschichte, der *Ueberweg: Grundriss der Geschichte der Philosophie*, an vier Bänden zur Philosophie in der islamischen Welt. Der erste Band *8.-10. Jahrhundert* wurde 2012 unter der Herausgeberschaft von Ulrich Rudolph bereits veröffentlicht, der Band 2/1. zum 11. und 12. Jahrhundert im Jahr 2021. 2022 erschienen zwei Halbbände (4/1 und 4/2) zum 19. und 20. Jahrhundert, herausgegeben von Anke von Kügelgen. Für Einführungen zur chinesischen klassischen wie auch zur Gegenwartsphilosophie siehe u. a. H. Schleichert, H. Roetz, *Klassische chinesische Philosophie. Eine Einführung,* Frankfurt/M. [3]2009; F. Heubel, *Chinesische Gegenwartsphilosophie zur Einführung,* Hamburg 2016. Für die indische Philosophie: R. A. Mall, J. Soni: *Kleines Lexikon der indischen Philosophie,* Freiburg i. Br. 2009. Auf Englisch ist die Literaturlage wesentlich breiter.

erörtert werden, die globalen Anforderungen gerecht werden will. Dazu gehört, dass bisherige *Methoden der Philosophiegeschichtsschreibung sowie bestimmte vorherrschende Grundannahmen überprüft* und möglicherweise grundlegend revidiert werden müssen. So steht die in der europäischen Tradition rein textbasierte Disziplin der Philosophiegeschichte vor der Frage nach dem Umgang mit nicht textbasierten Praktiken des Philosophierens und mit dem philosophischen Erbe in Gemeinschaften mit oraler Traditionsvermittlung. Dies sind Probleme, die weit über den afrikanischen Kontinent hinaus Bedeutung haben und generell die Frage danach, welche Quellen, welche Genres und Praktiken für eine Philosophiegeschichte überhaupt relevant sind, neu aufwerfen. Die Frage nach der Quellenbasis trägt allerdings eine noch viel grundlegendere Frage in sich, nämlich die Frage nach unserem Philosophieverständnis.

Von grundlegender Bedeutung für eine Philosophiegeschichtsschreibung Afrikas ist ebenso die Frage nach dem *Umgang mit der Geschichte der Philosophie in Regionen mit kolonialer Erfahrung* und den damit im Zusammenhang stehenden ideengeschichtlichen, sprachlichen und kulturellen Brüchen. Was bedeutet eine Kolonisierungserfahrung für das Philosophieren? Und was bedeutet es, in der Kolonialsituation, aber auch nach dem Ende des politischen Kolonialismus weiterhin in der Sprache des Kolonisators, die zur Sprache der höheren Bildung geworden ist, zu denken und zu philosophieren? Im Zusammenhang mit diesen Fragen muss zugleich eine *kritische Aufarbeitung der Verwicklungen der europäischen Philosophie in die Institution der Sklaverei und die Prozesse der Kolonisierung* weiter Teile der Welt thematisiert werden. Wie haben sich Philosoph:innen gegenüber diesen Institutionen und Prozessen verhalten? Wie spiegelt sich dies in ihren Theorien wider – und wie wurde darauf von Philosoph:innen aus den kolonisierten und versklavten Regionen der Welt reagiert?

Dies sind unbequeme Fragen, denen sich die europäische und nordamerikanische Philosophie bis heute kaum gestellt hat – und wenn, dann unter dem Druck außereuropäischer oder afrikanisch-amerikanischer Philosoph:innen sowie der postkolonialen und dekolonialen Theorie, die diese Fragen zum Gegenstand ihrer Forschung gemacht haben. Unbequem sind solche Fragen, da sie rassistische Vorurteile und Stereotype in der Philosophie und ihrer Geschichtsschreibung deutlich machen und zudem auf die Verstrickungen der Philosophie in die koloniale Expansion Europas seit 1492 verweisen – ein Aspekt, der bisher wenig aufgearbeitet wurde.[23] Erstaunlich ist dieser Umstand vor allem deshalb, weil die europäische Expansion und die Entwicklung der Moderne – über die seit dem 18. Jahrhundert ein umfangreicher Diskurs entstanden ist – eng miteinander verflochten sind und im Grunde nicht unabhängig voneinander betrachtet werden können.[24] Gerade postkoloniale und dekoloniale Theoretiker:innen weisen darauf hin, dass die frühe europäische Expansion in die Amerikas nicht nur den Grundstein für die heutige Weltordnung, sondern auch für die heute herrschende Wissensordnung gelegt hat. Im Gegensatz zu Modernetheorien, die die Moderne als einen »epochalen Durchbruch der Vernunft« betrachten, »der sich im verstetigten Fortschritt einer methodisch orientierten Wissenschaft und der Idee einer rationalen Rechtfertigung normativer Geltungsansprüche manifestiert«[25] und vor allem durch die Industrielle Revolution, zunehmende Arbeitsteilung und Säkularisierung geprägt wurde, betonen post- und dekoloniale Theoretiker:innen die Verwurzelung der Moderne in Kolonialismus, Sklaverei und Plantagenwirtschaft.[26] Kritisiert

23 Zu den wenigen Versuchen gehört: H. Fink-Eitel, *Die Philosophie und die Wilden. Über die Bedeutung des Fremden für die europäische Geistesgeschichte,* Hamburg 1994.

24 Vgl. H. Schelkshorn, *Entgrenzungen. Ein europäischer Beitrag zum philosophischen Diskurs über die Moderne,* Weilerswist 2009. Schelkshorn betrachtet die Moderne als einen vielschichtigen Prozess von Entgrenzungen, angefangen von der menschlichen Natur über das geographisch-politische Weltbild bis zur Grundlegung der modernen Wissenschaft, Politik und Ökonomie. Die frühneuzeitlichen ›Entdeckungsfahrten‹ sind ebenso von zentraler Bedeutung.

25 H. Schelkshorn, »Entgrenzungen als Signatur der Moderne«, in: H. Schelkshorn, J. Ben Abdeljelil (Hg.), *Die Moderne im interkulturellen Diskurs,* Weilerswist 2012, S. 218-248, hier S. 222. Weiter heißt es: »Konflikte und soziale Verwerfungen in realexistierenden Gesellschaften werden jeweils auf ungenügende oder einseitige Aufklärungsprozesse zurückgeführt.« Als Beispiel für eine aufklärerische Modernetheorie wird angeführt: J. Habermas, *Der philosophische Diskurs der Moderne. Zwölf Vorlesungen,* Frankfurt/M. 1989.

26 Exemplarisch dazu A. Mbembe, *Kritik der schwarzen Vernunft,* Berlin 2014. Ders., *Necropolitics,* Durham 2019, dt.: *Politik der Feindschaft,* Berlin 2017. Siehe auch W. Mignolo, *The Darker Side of the Renaissance,* Ann Arbor 1995 und E. Dussels Kritik am »Mythos der Moderne« in: Ders., *The Underside of Modernity. Apel, Ricœur, Rorty, Taylor, and the Philosophy of Liberation,* New Jersey 1996, S. 51ff. Dussel grenzt sich klar ab von Theorien der Moderne, die diese bei Descartes

wird, wie im folgenden Zitat des argentinisch-mexikanischen Philosophen und Begründers der »Philosophie der Befreiung« Enrique Dussel, eine Vorstellung vom Ursprung der Moderne, die diese

> als eine Bewegung zwischen dem 15. und dem 17. Jahrhundert konstruiert, die vom Süden Europas nach Norden und vom Osten nach Westen schreitet. Im Konkreten handelt es sich um eine Bewegung, die (a) von der italienischen Renaissance des Quattrocento, über (b) die lutherische Revolution und (c) die wissenschaftliche Revolution des 17. Jahrhunderts verläuft und schließlich (d) in der bürgerlichen politischen Revolution in England, Nordamerika und Frankreich kulminiert. [...] Diese ›aufgeklärte‹ Geschichtskonstruktion zum Entstehungsprozess der Moderne müssen wir widerlegen, denn es handelt sich um eine ›intra‹-europäische, eurozentrische und ideologische Sicht, die von der Zentralität Nordeuropas ausgeht und sich ab dem 18. Jahrhundert bis in unsere Zeit hinein durchgesetzt hat.[27]

Dussel und in der Folge viele weitere Vertreter:innen der dekolonialen Theorie argumentieren, dass ohne die durch die Eroberung und Unterwerfung der Amerikas ab 1492 und insbesondere im 16. Jahrhundert generierte primäre Akkumulation erheblicher Reichtümer weder die technisch-wissenschaftlichen und gesellschaftlichen Entwicklungen in Europa noch die spätere Expansion Europas in den Osten und Süden möglich gewesen wären.[28] Aus diesem Grund spricht Dussel davon, dass das *ego conquiro* (1492) der Konstitution moderner Subjektivität im Descartschen *ego cogito* (1636) voraus-

beginnen lassen, wie zum Beispiel Hegel oder auch Martin Heidegger, für die die Renaissance noch kein konstitutiver Teil der Moderne ist.

27 E. Dussel, »Anti-Cartesianische Meditationen. Über den Ursprung des philosophischen Gegendiskurses«, in: Schelkshorn/Ben Abdeljelil (Hg.), *Die Moderne im interkulturellen Diskurs*, S. 127-185, hier S. 128.

28 Vorreiter dieser Perspektive ist E. Dussel, *Von der Erfindung Amerikas zur Entdeckung des Anderen. Ein Projekt der Transmoderne,* Düsseldorf 1993. Siehe auch W. Mignolo, *Local Histories/Global Designs. Coloniality, Subaltern Knowledges, and Border Thinking,* Princeton 2000; A. Quijano, »Coloniality of Power, Eurocentrism, and Latin America«, in: *Nepantla. Views from South* 1/3 (2000), S. 533-580; Ders., *Kolonialität der Macht, Eurozentrismus und Lateinamerika*, Wien 2016; Ders., »Coloniality and Modernity/Rationality«, *Cultural Studies* 21/2-3 (2007), S. 168-178; Boaventura de Sousa Santos, »Vom Postmodernen zum Postkolonialen. Und über beides hinaus«, in: H. Brunkhorst, S. Costa (Hg.), *Jenseits von Zentrum und Peripherie. Zur Verfassung der fragmentierten Weltgesellschaft*, München 2005, S. 197-219; Ders., *Epistemologies of the South.*

geht.[29] Damit ist die Moderne nicht nur ein Projekt, das in Gewalt und Unterdrückung wurzelt, sondern sie konstituiert und nährt sich von Beginn an durch die europäische Expansion, die das europäische Denken nachhaltig geprägt hat. Auch die moderne Wissenschaft und Philosophie werden als untrennbar in der kolonialen Expansion verankert betrachtet.[30] Die dekoloniale Theorie spricht daher auch vom Begriffspaar Modernität/Kolonialität als zwei untrennbar miteinander verwobenen Prozessen.[31] Trotz solcher Kritik kommt Philosophiegeschichtsschreibung bisher weitgehend ohne eine Reflexion auf das Verhältnis der Philosophie zu Sklavenhandel und Kolonialismus aus.[32] Eine kritische wissenschaftstheoretische Selbstreflexion der Philosophie auf diese Teile ihrer Geschichte sowie auf die Wirkungsweisen von Wissen(schaften) im Kontext globaler Macht-, Herrschafts- und Gewaltverhältnisse wäre allerdings unabdingbarer Bestandteil einer neuen Philosophiegeschichtsschreibung in globaler Perspektive.

Ein weiterer wichtiger Punkt, der Afrika unter philosophiehistorischer Perspektive interessant macht, ist die enge *Verflechtung* verschiedenster philosophischer Traditionen, die auf dem afrikanischen Kontinent durch die Jahrhunderte hinweg besonders deutlich wird; sei es das Geflecht philosophischer Traditionen im Mittelmeerraum, das sich in der antiken und frühchristlichen Welt von

29 Vgl. E. Dussel, *Philosophie der Befreiung*, Hamburg 1989, S. 17.

30 Aber auch dieser dekoloniale Blick kann nicht verallgemeinert werden. Eine andere Perspektive auf die (europäische) Moderne finden wir in China und Japan, wo Europäisierungsprozesse nicht ausschließlich als Gewalterfahrung betrachtet werden, sondern ebenso als Bereicherung für die Weiterentwicklung der eigenen Kultur. Vgl. R. Elberfeld, *Kitarō Nishida (1870-1945). Das Verstehen der Kulturen. Moderne japanische Philosophie und die Frage nach der Interkulturalität*, Amsterdam 1999, S. 37-52.

31 Walter Mignolo spricht von der »kolonialen Matrix der Macht«. Er versteht darunter das Zusammenspiel von vier miteinander verbundenen Sphären (Privatisierung von Land und Arbeitskraft; Kontrolle der Autorität; Kontrolle von Geschlecht und Sexualität; Kontrolle der Subjektivität), die eng miteinander verflochten sind und die koloniale Matrix der Macht fortwährend reproduzieren. Vgl. W. Mignolo, *Epistemischer Ungehorsam. Rhetorik der Moderne, Logik der Kolonialität und Grammatik der Dekolonialität*, Wien 2012, S. 50.

32 Es gibt selbstverständlich Ausnahmen, wie zum Beispiel S. Buck-Morss, *Hegel und Haiti. Für eine neue Universalgeschichte*, Berlin 2011, sowie verschiedene Arbeiten aus der *Critical Philosophy of Race*, vgl. C. Mills, *The Racial Contract*, Ithaca 1997.

Europa über Asien und Nordafrika bis nach Nubien und Äthiopien erstreckte; die Verflechtung arabisch-islamischer Philosophie und indigener Konzepte in West-, Ost- und auch im südlichen Afrika; oder das Zusammentreffen von christlichen, islamischen und jüdischen Denktraditionen und Philosophien mit indigenen Konzepten im Alten Äthiopien. Insbesondere Verknüpfungen und der enge Austausch mit der islamischen Welt lassen sich über den ganzen Kontinent, von der Atlantikküste der Sahara über die Sahelzone bis zum Roten Meer und den östlichen Rändern des südlichen Afrika und Madagaskar nachweisen, ebenso zwischen dem islamischen Persien und der Ostküste Afrikas.[33] Auch die gewaltsame Überführung von Menschen (und ihren Vorstellungswelten) durch den transatlantischen Sklavenhandel in die Karibik und die Amerikas oder die Rückkehr der Nachfahren dieser Menschen mit ihren nunmehr durch die Erfahrung von Sklaverei und Rassismus, Christentum und Kapitalismus geprägten Vorstellungswelten nach Afrika bilden einen wichtigen Bestandteil dieser Verflechtungsgeschichte. Gleiches gilt für das Zusammentreffen von europäischer Philosophie mit afrikanischen Denktraditionen und Philosophien in den Köpfen all jener afrikanischen Intellektuellen, die nach der vollständigen europäischen Kolonisierung des Kontinents ab der zweiten Hälfte des 19. Jahrhunderts durch ein europäisch geprägtes Bildungssystem gegangen sind.

Bestandteil der Kolonisierung waren die bewusste Zerstörung einheimischer Praktiken der Wissensgenerierung und -weitergabe sowie einheimischer Archive des Wissens und das Aufzwingen des europäischen Bildungssystems bei gleichzeitiger Einschränkung des Zugangs zu Bildungsinstitutionen (insbesondere für Mädchen und Frauen). Ab dem Ende des 19. Jahrhunderts entstanden die modernen philosophischen Strömungen in Afrika in einer unvermeidlichen kritischen Auseinandersetzung und bewussten Abset-

33 Nachweisbar sind auch Handelskontakte zwischen Ostafrika und China, und zwar etwa ab dem 8. Jahrhundert, insbesondere in der Zeit der Ming-Dynastie (1368-1644). Davon zeugen nicht nur die Expeditionen des chinesischen Admirals Zheng He (1417-1419 und 1421-1422) an die ostafrikanische Küste, sondern unter anderem auch der Weg, den afrikanisches Elfenbein über den Oman bis nach China nahm. Über einen Austausch von Handelsgütern scheint dieses Zusammentreffen allerdings nicht hinausgegangen zu sein. F.-X. Fauvelle, *Das goldene Rhinozeros. Afrika im Mittelalter*, München 2017, S. 31-37.

zung von der europäischen und nordamerikanischen Philosophie einerseits und einer Neuaneignung afrikanischer Denktraditionen andererseits. Die Neuaneignung philosophischer Konzepte erfolgte allerdings bereits über ›westliche‹ Terminologie beziehungsweise im Rahmen eines durch die ›westliche‹ akademische Sozialisierung vorstrukturierten epistemischen Rahmens. Insbesondere seit dem 20. Jahrhundert wurde Philosophie in Afrika aufgrund der durch die weltweite koloniale Expansion vorangetriebenen Dominanz der europäischen und nordamerikanischen Philosophie stets in einem interkulturellen Setting betrieben, das heißt in einer dynamischen Interaktion zwischen europäisch-nordamerikanischen Philosophien und philosophischen Strömungen und Konzepten, die auf dem afrikanischen Kontinent entstanden sind, sowie zwischen europäischen und afrikanischen Sprachen, Kulturen und Epistemen. Für gegenwärtige afrikanische Philosoph:innen ist es keine Frage der Wahl, ob sie interkulturell arbeiten wollen, sondern sie sind je schon in eine Situation hineingeworfen, die durch das Zusammentreffen verschiedener kultureller und ideengeschichtlicher Traditionen geprägt ist und die eine Auseinandersetzung mit philosophischen Traditionen und Fragen aus unterschiedlichen Kontexten unvermeidlich macht. Oder wie es der ghanaische Philosoph Kwasi Wiredu (1931-2022) auf den Punkt bringt: »Interkulturalität [...] ist gegenwärtig ein fast unfreiwilliger Aspekt des afrikanischen akademischen Philosophierens.« Wiredu wirft auch die durchaus interessante Frage auf: »Durchdringt sie [die Interkulturalität, A. G.] das philosophische Denken in anderen Kulturen in ähnlicher Weise wie das afrikanische philosophische Denken?«[34]

Es ist diese Konstellation, die Afrika zu einem interessanten Beispiel für die Anwendung eines verflechtungsgeschichtlichen Ansatzes macht, der gerade für eine Philosophiegeschichtsschreibung in globaler Perspektive vielversprechend scheint, da damit regionale oder nationale Rahmen überschritten werden können, ja geradezu müssen. Darüber hinaus machen die beschriebenen Herausforderungen das Untersuchungsfeld Afrika zu einem tragfähigen Modell für eine dekolonisierte globale Philosophiegeschichtsschreibung der Zukunft. Denn die Frage nach dem Umgang mit kolonialen

34 K. Wiredu, »Can Philosophy be Intercultural? An African Viewpoint«, in: *Diogenes* 46/4 (1998), S. 147-167, hier S. 152, Übersetzung A. G.

Brüchen und die Frage nach dem Umgang mit nicht-textbasierten Praktiken des Philosophierens betreffen viele Regionen der Welt, von Nord- und Südamerika über die pazifische Region bis zum Kaukasus und Sibirien.

3. Methodische Vorüberlegungen

Meine Untersuchung ist keine Philosophiegeschichtsschreibung im eigentlichen Sinne, das heißt, ich werde hier nicht den Versuch unternehmen, eine Geschichte der Philosophie Afrikas zu erzählen. Vielmehr trägt diese Studie propädeutischen Charakter für eine noch zu leistende Philosophiegeschichtsschreibung Afrikas, für die – so die These dieser Arbeit – neue Modelle entwickelt werden müssten, da das vorherrschende, im 18. Jahrhundert in Europa entstandene teleologische und schriftzentrierte Modell der Philosophiegeschichtsschreibung den spezifischen Herausforderungen Afrikas, wie auch weiterer außereuropäischen Regionen der Welt, nicht gerecht werden kann. Diese Untersuchung bewegt sich damit auf einer Metaebene: Anhand ausgewählter Beispiele und Problemfälle der Philosophie in Afrika werden grundlegende Fragen einer global orientierten Philosophiegeschichtsschreibung der Zukunft diskutiert. Die Mehrzahl der im Folgenden behandelten Fälle wurde auf die eine oder andere Weise bereits als Philosophie betrachtet und in Erzählungen einer afrikanischen Philosophiegeschichtsschreibung aufgenommen. Die damit im Zusammenhang stehenden methodischen Fragen wurden dabei allerdings kaum berührt und sollen deshalb in dieser Arbeit im Zentrum stehen.

Der Philosophiebegriff

Ein zentrales methodisches wie inhaltliches Problem jeder Philosophiegeschichtsschreibung ist der jeweils vorausgesetzte Philosophiebegriff, mit dem an eine Fülle vorliegenden Materials aus vergangenen Jahrhunderten herangetreten wird und auf dessen Basis ein Selektionsprozess erfolgt, in dem bestimmte Personen anhand der Art und des Inhalts ihres Denkens oder auch der gewählten Ausdrucksformen (zum Beispiel nur schriftlich und nicht mündlich) in eine Erzählung eingeschlossen oder aus ihr ausgeschlossen werden. Aber nicht nur Personen, sondern auch nicht an bestimmte Autor:innen gebundene überlieferte Konzepte oder (Körper-)Praktiken werden aufgrund eines bestimmten Philosophieverständnisses in eine Erzählung der Philosophiegeschichte ein- oder aus ihr ausgeschlossen. Wo Philosophie an Autorschaft gebunden wird, fallen alle nicht auf einen Autor oder eine Autorin rückführbaren Konzepte aus der Erzählung heraus. Dieses Problem wird insbesondere in Kapitel 1, das sich mit den Ausschlussmechanismen in der europäischen Philosophiegeschichtsschreibung beschäftigt, näher erläutert.

Die vorliegende Untersuchung arbeitet zunächst mit einem vorläufigen, möglichst offenen, prozessualen Philosophiebegriff als einem heuristischen Mittel, mit dessen Hilfe sich den konkreten Einzelfällen angenähert wird. Mit diesem Begriff soll es einerseits möglich sein, bisher aus der vorherrschenden Philosophiegeschichtsschreibung ausgeschlossene Denkformen und -traditionen oder Ausdrucksformen in das Thema einzubeziehen, ohne andererseits eine Abgrenzung zu anderen Formen des Wissens völlig aufzulösen und den Begriff der Philosophie damit der Beliebigkeit preiszugeben. Praktikabel für einen solchen Vorbegriff scheint mir der Ansatz von Franz M. Wimmer zu sein, der vorschlägt, Konzepte, Theorien und Ideen, die sich auf die *Erkennbarkeit von Wirklichkeit, die Begründbarkeit von Normen* oder die *Suche nach der Grundstruktur von Wirklichkeit* richten, als Zeugnisse philosophischen Denkens zu betrachten.[35] Diese zunächst einmal inhaltliche Bestimmung macht eine Abgrenzung zu anderen Themen und Formen des Wissens möglich, enthält sich aber weiterer Kriterien wie Ausdrucksformen oder Methoden, die diesen Erkenntnisbereich weiter einschränken könnten. Ein möglichst offener, nicht an bestimmte Ausdrucksformen wie zum Beispiel die Schrift gebundener Philosophiebegriff ist unter anderem nötig, um die Frage nach der Relevanz mündlicher Überlieferungen für die Philosophiegeschichtsschreibung überhaupt in den Blick nehmen zu können. Die Frage, die dann im weiteren Verlauf geklärt werden kann und muss, ist die, ob es sich dabei um ›philosophisch relevantes Material‹ handelt, das für weiterführende Überlegungen und Analysen geeignet ist, oder um ›Philosophie‹ und damit einen Teil

35 Vgl. F. M. Wimmer, »Thesen, Bedingungen und Aufgaben interkulturell orientierter Philosophie«, in: *Polylog. Zeitschrift für interkulturelles Philosophieren* 1 (1998), S. 5.

einer Philosophiegeschichte. Diese Fragen werden in Kapitel 6 ausführlicher diskutiert. Letztlich wird sich die Frage, was Philosophie ist – als Grundfrage jeder Philosophiegeschichtsschreibung –, aber durch alle Kapitel der vorliegenden Arbeit ziehen. Dabei werden die verschiedensten Aspekte eines Philosophiebegriffs ebenso beleuchtet wie die Auswirkungen, die ein bestimmtes Philosophieverständnis auf mögliche Erzählungen der Philosophiegeschichte hat. Insofern konstituiert sich der Gegenstand unserer Untersuchung (die Philosophie und ihre Geschichte) in der Durchführung ebendieser Untersuchung. Eine Prüfung der Ergebnisse findet zusammenfassend im abschließenden Kapitel 12 statt.

Angesichts der Schwierigkeiten der Bestimmung des Untersuchungsgegenstandes einer Philosophiegeschichte in globaler Perspektive, die offensichtlich mit dem Verständnis und den Methoden der bisherigen europäischen Philosophiegeschichtsschreibung nicht zu erfassen ist, stellt sich die Frage, warum überhaupt das Schreiben einer Philosophiegeschichte – eine Disziplin mit bestimmten Methoden und Vorannahmen, die im Wesentlichen im 18. Jahrhundert in Europa geformt wurde und diese Form bis heute behalten hat – fortgesetzt werden soll. Wäre es nicht sinnvoller, diese Form einer Geschichtsschreibung im engen disziplinären Rahmen aufzugeben und sich dem übergreifenden Unternehmen einer Ideengeschichte oder einer ›intellectual history‹ in globaler Perspektive zu widmen?

Philosophiegeschichte – Ideengeschichte – Wissensgeschichte

In den heutigen Diskursen finden wir zur Bezeichnung der Geschichte intellektueller Entwicklungen und Formen des Wissens eine Vielzahl von Begriffen, die ohne klare Abgrenzung und oft synonym gebraucht werden: Ideengeschichte, Wissensgeschichte, Geistesgeschichte (oder im Englischen *intellectual history*[36] oder *history of ideas*,[37] *history of knowledge*). Gebraucht werden diese

36 Siehe dazu auch R. Whatmore, *What is Intellectual History?*, Cambridge 2016.

37 Dabei werden *intellectual history* und *history of ideas* durchaus auch wiederum als sich abgrenzende Bezeichnungen verstanden. Den Begriff *history of ideas* hat Arthur O. Lovejoy (1873-1962) Anfang des 20. Jahrhunderts geprägt. Er begründete u. a. auch das *Journal of the History of Ideas*. Im Gegensatz zur *history of ideas* wird *intellectual history* als noch umfassender verstanden und als weniger auf Abgrenzungen bedacht. Vgl. P. E. Gordon in einer nur im Internet veröffentlich-

Begriffe, um die Entwicklung der Ideen der Menschheit in der Geschichte nachzuzeichnen, und zwar jenseits disziplinärer Grenzen, die oft als zu eng betrachtet werden, um die Entwicklung von Wissen und Denktraditionen in früheren Jahrhunderten, in denen akademische Disziplinen als solche noch gar nicht oder ganz anders unterschieden wurden, oder in außereuropäischen Regionen nachzuzeichnen. Philosophiegeschichte, Wissenschaftsgeschichte oder Literatur- und Kunstgeschichte werden dann als Unterdisziplinen verstanden, die zur umfassenderen Ideengeschichte oder eben *intellectual history* beitragen. Wo genau jeweils die Grenzen zu ziehen sind, bleibt auch hier umstritten. So betont Peter E. Gordon, dass Vertreter:innen der *intellectual history* dazu neigen, die Grenze zwischen philosophischen Texten und nicht-philosophischen Kontexten entspannter zu überschreiten und die Unterscheidung zwischen »Philosophie« und »Nicht-Philosophie« als etwas zu betrachten, das selbst historisch bedingt und nicht ewig feststehend ist. Sie lehnen die Annahme ab, dass es rein philosophische Bedeutungen gebe, die nicht von ihrer Umgebung beeinflusst wurden. Gordon betont, dass sich *intellectual history* aus einer Reihe von guten Gründen deutlich von der Philosophiegeschichte unterscheide. Am wichtigsten dabei sei, dass die Philosophie dazu neige, kontextuelle historische oder kulturelle Unterschiede außer Acht zu lassen, um sich fast ausschließlich auf die innere Kohärenz der philosophischen Argumente selbst zu konzentrieren – ein Vorgehen, das er ablehnt. Vertreter:innen der *intellectual history* dagegen seien an Ideen aller Art interessiert und nicht nur an Ideen, wie sie in den aktuellen Richtlinien der akademischen Philosophie definiert werden.[38]

Eine solche Kritik zielt im Wesentlichen auf ein Philosophieverständnis, wie es seit dem Ende des 18. Jahrhunderts vorherrschend wurde. Dabei wird nicht berücksichtigt, dass das Verständnis von Philosophie und auch deren Geschichtsschreibung in den Jahrhunderten zuvor weitaus breiter war. Denn über Jahrhunderte hat sich Philosophie als eine Art »Weltwissen« oder »Weltweisheit«[39]

ten Streitschrift unter dem bezeichnenden Titel »What is Intellectual History? A Frankly Partisan Introduction to a Frequently Misunderstood Field«, Harvard University 2012.

38 Gordon, »What is Intellectual History?«.

39 Siehe dazu u. a. noch 1727 J. F. Bertram, *Einleitung in die Philosophische Wissenschaften, Darinnen von derselben Namen, Ursprung, Art, Eintheilung, Begriff, Zu-*

verstanden und Philosophiegeschichtsschreibung in diesem breiten Sinne betrieben. Eine Verengung des Philosophiebegriffs im Rahmen einer Orientierung der Philosophie als Wissenschaft an den Methoden der Naturwissenschaften und die Herauslösung der einzelnen uns heute bekannten Disziplinen ist ein neueres Phänomen, das im 18. Jahrhundert seinen Anfang nahm und im 19. Jahrhundert zur Begründung der Philosophie als akademischer Disziplin führte,[40] so wie sie heute im Wesentlichen noch betrieben wird. Insofern wurde Philosophiegeschichte lange Zeit als Ideengeschichte – nämlich als Schnittpunkt von Kulturgeschichte, Geschichte der Aufklärung und Wissenschaftsgeschichte – verstanden.

Erste Abgrenzungsversuche finden sich bei Christoph Meiners, der in seinem *Grundriß der Geschichte der Weltweisheit* (1786) schreibt:

> Die Geschichte der eigentlichen Philosophie macht eigentlich nur einen kleinen Theil der Geschichte des menschlichen Geistes aus. Sie gränzt an die Geschichte vieler andrer Wissenschaften, besonders an die Geschichte der Naturkunde, der Naturhistorie, der Mathematik, selbst der Gesetzgebung und Religionen, wovon man sie aber sorgfältig trennen muß, wenn man ihr nicht einen ungeheuren, oder auch unzweckmäßigen Umfang geben will.[41]

Noch deutlicher werden diese Abgrenzungen dann im weiteren Verlauf, zum Beispiel in den Philosophiegeschichten von Dietrich Tiedemann[42] und Wilhelm Gottlieb Tennemann[43] aus den Jahren 1791 beziehungsweise 1798 bis 1819, in denen ein weiter verkleinerter Ausschnitt des »Weltwissens« als Philosophie verstanden wird (dazu mehr in Kapitel 1).

Historisch betrachtet liegen die Wurzeln der heutigen Ideen-, Wissens- oder Geistesgeschichte (oder auch *intellectual history* oder

sammenhang, Vortrag, Werth, Nutzen, Cultur, Gebrauch und Mißbrauch wie auch Historie kurz Nachricht gegeben wird, Braunschweig 1727; J.G. Heineccius [lat. 1728], *Anleitung zur Historie der Weltweisheit,* Berlin 1743; E. Schmersahl, *Historie der Weltweisheit überhaupt. Nebst einem Vorbericht von den bisherigen Verfassern der Historie,* Celle 1744.

40 Vgl. U.J. Schneider, *Philosophie und Universität. Historisierung der Vernunft im 19. Jahrhundert,* Hamburg 1999.

41 C. Meiners, *Grundriß der Geschichte der Weltweisheit,* Lemgo 1786, S. 1.

42 D. Tiedemann, *Der Geist der spekulativen Philosophie,* Marburg 1791.

43 W.G. Tennemann, *Geschichte der Philosophie,* 12 Bände, Leipzig 1798-1819.

history of ideas) in der Philosophiegeschichtsschreibung, die einst in genau jener Breite verstanden wurde wie die unter den genannten Begriffen versammelten neueren Ansätze. Erst nach der Wende in der Philosophiegeschichtsschreibung vor etwa 200 Jahren können Unternehmungen, die heute mit Ideengeschichte, Geistesgeschichte oder Wissensgeschichte bezeichnet werden, umfassenderen Charakter reklamieren und die Philosophiegeschichte als enger gefasste Teildisziplin unterordnen.[44] Philosophiegeschichte wird heute so verstanden, dass sie die Entwicklung einer ganz spezifischen Wissensform zu dokumentieren und nachzuzeichnen habe, in immer neuer Abgrenzung zu anderen Formen des Wissens und Disziplinen. Dabei ist eine klare Grenzziehung selbst mit einem streng an Wissenschaftlichkeit und Vernunft orientierten Philosophiebegriff kaum möglich, wie im Rahmen der europäischen Philosophiegeschichte die vielfältigen Überlappungen mit der Literatur (siehe Bergson, Dostojewski), der Psychologie (Freud), der Physik (Heisenberg, Boltzmann, Einstein) und natürlich der Theologie zeigen.

Insofern könnte der Versuch einer kritischen Erneuerung oder auch Transformation der Philosophiegeschichtsschreibung auch im Rückgriff auf europäische Ansätze aus früheren Jahrhunderten erfolgen und als eine Art Rückkehr zu den Wurzeln verstanden werden – allerdings eine durch neuere Entwicklungen weitaus besser informierte Rückkehr zu pluralen Ansätzen. Denn der Wissenstand in Bezug auf außereuropäische Denktraditionen und die Möglichkeiten, auf einen Fundus an Manuskripten zurückgreifen zu können und hervorragende Übersetzungen zu nutzen, hat sich in der Zwischenzeit um ein Vielfaches erweitert.

Der vorliegende Versuch verortet sich nun im Rahmen einer Philosophiegeschichtsschreibung und sieht sich der Erneuerung

44 Interessant ist in diesem Zusammenhang, auf die Unterscheidung zwischen den Begriffen Philosophiegeschichte und Ideengeschichte in der japanischen Philosophie zu verweisen. Hier, so erläutert Leon Krings, wird der Begriff Philosophiegeschichte (japanisch: *tetsugakushi*) zur Bezeichnung der ›westlichen‹ Philosophie und jener japanischen Autoren verwendet, die maßgeblich von dieser beeinflusst wurden. Ideengeschichte (*shisōshi*) beziehungsweise Geschichte des Denkens wird dagegen benutzt, um Denker zu bezeichnen, die nicht zur Philosophie im ›westlichen‹ Sinne gehören und aus anderen Traditionen wie dem Buddhismus oder Konfuzianismus stammen. L. Krings, »Materialien und Auswahlbiographie zur japanischsprachigen Philosophiegeschichtsschreibung«, in: Elberfeld (Hg.), *Philosophiegeschichtsschreibung in globaler Perspektive*, S. 341-364, hier S. 341.

dieses Diskursfeldes verpflichtet. Damit werden Auseinandersetzungen, Abgrenzungen und Definitionsfragen weiterhin wichtig bleiben, die im Feld einer Ideengeschichte oder *intellectual history* keine größere Rolle spielen. Auf solchen Abgrenzungen zu bestehen und Philosophiegeschichte weiter als solche zu betreiben, scheint mir wichtig und sinnvoll, da die philosophische Perspektive eine bestimmte Perspektive auf diese Welt bietet, die andere Formen des Denkens und damit verbundene Perspektiven nicht in der gleichen Weise leisten. Es wäre ein Verlust, die Geschichte der philosophischen Perspektive in ihren verschiedenen Ausformungen nicht mehr zu erzählen und ihre Spezifik im Rahmen einer *intellectual history* aufzulösen. Bei der vorliegenden Untersuchung handelt es sich in gewisser Weise um ein Austesten dessen, was im Rahmen einer erneuerten Philosophiegeschichtsschreibung möglich sein kann, ohne diese in einer Ideengeschichte aufgehen zu lassen. Dass dieser Versuch dabei immer wieder an Grenzen stößt, wird im Folgenden ebenfalls deutlich werden.

Da es im heutigen Diskurs so üblich geworden ist, verwende ich den Begriff ›Ideengeschichte‹ im Folgenden als einen breiteren, übergreifenden Begriff, Philosophiegeschichte dagegen als einen enger gefassten, der sich mit der Spezifik philosophischer Perspektiven auf diese Welt beschäftigt.

Verflechtungsgeschichtlicher Ansatz

In der Disziplin der Geschichte, insbesondere der neueren Richtung der Globalgeschichte, wird eine verflechtungsgeschichtliche Perspektive schon häufig praktiziert. Dabei werden alte Einteilungen und Grenzziehungen durchbrochen zugunsten einer globalen Perspektive. Ein Beispiel dafür ist die *Histoire croisée* von Bénédicte Zimmermann und Michael Werner,[45] die in Absetzung zu vergleichenden Ansätzen mit einer multiperspektivischen Geschichtsschreibung auf die Überwindung der Begrenzungen einer nationalstaatlichen Perspektive zielt. Im Fokus stehen hier wechselseitige Transfers zweier oder mehrerer Vergleichsobjekte (zum Beispiel Nationen, Zivilisationen, Regionen usw.), um den historischen Prozesscharakter gegenseitiger Einflussnahmen und Rezeptionsme-

45 M. Werner, B. Zimmermann, »Beyond Comparison. Histoire Croisée and the Challenge of Reflexivity«, in: *History and Theory* 45 (2006), S. 30-50.

chanismen zu untersuchen. Dabei geht dieser Ansatz von einem Analyseverfahren aus mehreren Blickrichtungen aus und löst damit den in der Komparatistik traditionell üblichen singulären Beobachtungspunkt ab. Durch den Blick aus verschiedenen Perspektiven soll dem wechselseitigen Verhältnis der gegebenen Untersuchungsobjekte Genüge getan werden. Nach Werner und Zimmermann entsteht mit der Pluralität der Beobachtungspunkte automatisch ein reflexiver Erklärungszusammenhang, in dem systematisch die eigene Position befragt und je nach Konstellation korrigiert werde. Durch den ständigen Wechsel der Sichtweisen werde die methodische Genauigkeit des Historikers ermöglicht.

Ein weiterer in diese Richtung gehender Ansatz ist die sogenannte *entangled history*,[46] die die Verbindungen und die Austauschbeziehungen zwischen den verschiedenen Weltregionen in den Mittelpunkt stellt. Auch dieser Ansatz kritisiert den Vergleich, geht aber noch weiter als die *Histoire croisée*, da er die Verflechtung beziehungsweise das *entanglement* voneinander weit entfernter Einheiten wie Japan und Deutschland untersucht. Darüber hinaus betonen die Vertreter:innen der *entangled history*, dass Transferprozesse nicht nur von kolonisierenden Ländern in die kolonisierten stattfanden, sondern auch von den Kolonien in die kolonisierenden Länder.

In der Philosophiegeschichtsschreibung haben verflechtungsgeschichtliche Ansätze bisher kaum Beachtung gefunden.[47] Hier

46 S. Mintz, *Sweetness and Power: The Place of Sugar in Modern History*, Harmondsworth 1986; S. Conrad, S. Randeria (Hg.), *Jenseits des Eurozentrismus. Postkoloniale Perspektiven in den Geschichts- und Kulturwissenschaften*, Frankfurt/M. 2002.

47 Ein Vorreiter eines solchen Ansatzes in der Philosophie ist ohne Zweifel Elmar Holenstein. In seinem *Philosophie-Atlas* betont er: »Was man als europäische Philosophie bezeichnet, ist ohne Einbeziehung des außereuropäischen Umfelds nicht verständlich.« Holenstein, *Philosophie-Atlas. Orte und Wege des Denkens*, Zürich 2004, S. 84. Als weitere Vorreiter der Anwendung dieses Ansatzes auf die Philosophiegeschichte sind R. Elberfeld und R. Collins zu nennen: Elberfeld, *Philosophieren in einer globalisierten Welt*, insbesondere das erste Kapitel »Verflechtungsgeschichten des Denkens in ›Afroeurasien‹ und darüber hinaus«, S. 21-127. R. Collins, *The Sociology of Philosophies: A Global Theory of Intellectual Change*, Cambridge 2000. Für Collins liegt die treibende Kraft der Philosophiegeschichte weder in Einzelpersonen noch einzelnen Ideen, sondern in intellektuellen Netzwerken. In eine ähnliche Richtung gehen auch F. M. Wimmer, »Vergleichende Philosophiegeschichte als Postulat und Realität«, in: *Conceptus. Zeitschrift für Philosophie* 42 (1983), S. 93-101 oder E. Dussel, »Eine neue Epoche

überwiegen bis heute Doxographien und Biographien, Bibliographien, Problem-, Begriffs- und Wirkungsgeschichten oder auch Institutionengeschichten. Philosophiegeschichte wird also zumeist *personenorientiert*, *werkorientiert* oder *problemorientiert* angegangen, selten jedoch unter der Perspektive der Verbindungen, des Austauschs und der Rezeption zwischen Philosophietraditionen aus verschiedenen Regionen, Kulturen oder Religionen. Die folgende Untersuchung will nun die Anregungen aus den Geschichtswissenschaften aufnehmen und auf die Philosophiegeschichtsschreibung anwenden. Ein verflechtungsgeschichtlicher Ansatz versteht Philosophiegeschichte als einen Prozess[48] des Austauschs von Gedanken und Konzepten über die Grenzen von Regionen, Sprachen, Kulturen und Religionen hinweg – ein Prozess, der im Prinzip nicht abgeschlossen werden kann. Verflechtungsgeschichte bedeutet, die Beziehungen und den Austausch zwischen verschiedenen Traditionen deutlich zu machen, und ist damit eine Perspektive, in der Übersetzungs- und Rezeptionsprozesse im Zentrum der Aufmerksamkeit stehen. Ich verwende den Begriff ›verflechtungsgeschichtlich‹ nun um:

1. die Verbindungen und den Austausch zwischen den verschiedenen Weltregionen mit Bezug auf die Philosophie und die zentrale Bedeutung Afrikas im Rahmen dieses Austauschprozesses deutlich zu machen.
2. Perspektiven afrikanischer Kolleg:innen einzubringen, aber auch aus verschiedenen anderen Regionen der Welt (Asien, Nord- und Südamerika, pazifische Region), um damit einen Perspektivwechsel möglich zu machen.

Fragen der Rekonstruktion der Geschichte der Philosophien in Afrika werden im Folgenden also in einer verflechtungsgeschichtlichen und globalen Perspektive diskutiert. Das bedeutet, dass Afrika und

in der Geschichte der Philosophie: Der Weltdialog zwischen philosophischen Traditionen«, in: *Polylog. Zeitschrift für interkulturelles Philosophieren* 24 (2010), S. 47-64.

48 Den Gedanken der Prozessualität unterstreicht A. Beelmann in seiner kritischen Auseinandersetzung mit der Philosophiegeschichte als System: »Das Prinzip der Prozessualität verwirklicht sich in multiplen Vernetzungen zwischen philosophischen Gedanken, die in immer neue Zusammenhänge gestellt werden und unterschiedlichste Wertungen zulassen.« A. Beelmann, *Theoretische Philosophiegeschichte: Grundsätzliche Probleme einer philosophischen Geschichte der Philosophie*, Basel 2001, S. 241.

seine Philosophiegeschichte von vornherein nicht als abgeschlossener Raum betrachtet wird, sondern die vielfältigen Verbindungen über geographisch-kontinentale Grenzen hinweg explizit hervorgehoben werden. Ein solches Vorgehen macht deutlich, dass Afrika philosophiegeschichtlich alles andere als eine Randerscheinung ist, vielmehr sogar eine zentrale Rolle im Rahmen einer Philosophiegeschichtsschreibung spielt. Ziel dieses Ansatzes ist es, den Diskursraum ›Geschichte der Philosophie Afrikas‹ zu öffnen und die Diskussion wesentlich breiter anzulegen, als dies in vorangegangenen Arbeiten getan wurde, die sich häufig auf einen sehr begrenzten geographischen Raum beschränkten (zumeist ausschließlich auf das Afrika südlich der Sahara). Auch wenn die Rekonstruktion einer Philosophiegeschichte in einzelnen Regionen der Welt kleinteilig erfolgen muss, um das vorhandene Material zu sichten und auszuwerten, darf eine verflechtungsgeschichtliche Perspektive letzten Endes nicht aus dem Blick geraten. Denn Diskurse entwickeln sich nicht entlang geographischer oder nationaler Grenzen. Ihre Entwicklung kann nur verstanden und nachvollzogen werden, wenn die Verknüpfungen von Denktraditionen über regionale, kulturelle, sprachliche, religiöse und nationale Grenzen hinweg nachgezeichnet werden.

Feministische Philosophiegeschichtsschreibung

Darüber hinaus ist es ein wesentliches Anliegen meiner Untersuchung, von vornherein feministische Perspektiven auf die Philosophiegeschichte, ihre Vergangenheit und Zukunft, organisch zu integrieren. Dabei geht es nicht allein darum, auf die Werke und das philosophische Wissen von afrikanischen Frauen in den verschiedenen Jahrhunderten aufmerksam zu machen oder auf Arbeiten gegenwärtiger afrikanischer Philosophinnen zu den entsprechenden Themen zurückzugreifen, sondern vielmehr darum, meinem philosophiehistorischen Ansatz eine feministische Perspektive zugrunde zu legen. Damit ist gemeint, dass es nicht genügt, Frauen dem bisherigen philosophiegeschichtlichen Narrativ additiv hinzuzufügen. Vielmehr müssen Methoden, die das Wissen von Frauen systematisch ausgeschlossen haben, kritisch in Frage gestellt und neue Methoden entwickelt werden. Dies ist ein Punkt, der in den bisherigen Arbeiten zur Philosophiegeschichte Afrikas vernachlässigt wurde, die in erster Linie darauf zielten, die marginalisierte Stellung Afrikas zu kritisieren und auf philosophische Traditionen dieses Kontinents in den verschiedenen Jahrhunderten aufmerksam zu machen. Hier wiederholen afrikanische Philosophen (philosophiegeschichtliche Werke wurden bisher fast ausschließlich von Männern und ohne feministisches Methodenbewusstsein verfasst) den Fehler der europäischen (aber auch chinesischen oder indischen) Philosophiegeschichtsschreibung. Ein Blick in Handbücher und andere Überblickswerke zur Philosophie in Afrika, die in den letzten 30 Jahren entstanden sind, offenbart, dass trotz aller Abgrenzungsbemühungen von Europa ein Bild von Philosophie reproduziert wird, wie es in Europa lange üblich war. Nicht nur, dass die Philosophielandschaft sich als männlich dominiert darstellt, sie wird auch anhand einschlägiger (europäischer) Bereiche wie Metaphysik, Logik, Erkenntnistheorie, Ethik etc. strukturiert und weiterentwickelt. Feministische Philosophie bleibt ein angehängter Sonderbereich und teilt damit das Los weiterer marginalisierter Bereiche, wie der Untersuchung nichtsprachlicher Praktiken des Philosophierens (Meditation, Tanz, Gesang, Kunst), die in Überblickswerken kaum oder gar nicht behandelt werden.

Mit Bezug auf das philosophische Wissen von Frauen muss dabei genau untersucht werden, wo die Wirkungsstätten von Frauen waren, denen eine Beteiligung an Bildungssystemen oder anderen Formen der institutionalisierten Wissensvermittlung oft nicht gestattet war, und in welchen Formen sich das Wissen von Frauen manifestierte. Wie die bisherige Forschung zur Geschichte der Philosophinnen zeigt (vgl. Kapitel 11), müssen neben der philosophischen Abhandlung auch andere Genres in Betracht gezogen werden, wie literarische Texte, Briefe, Lebensgeschichten, mystische Texte und Erfahrungen, Widerstandsformen in Theorie und Praxis oder orale Traditionen. Hier gibt es vielfältige Überschneidungspunkte zwischen Forschungsrichtungen, die sich der Aufarbeitung marginalisierten philosophischen Wissens widmen, und der feministischen Forschung. Gerade zur Rekonstruktion von Wissenstraditionen sozial ausgegrenzter Gruppen (aufgrund zum Beispiel von Geschlecht, Hautfarbe, nationaler oder ethnischer Zugehörigkeit) müssen andere Räume und Praktiken der Wissensproduktion und -vermittlung mit in Betracht gezogen werden.

Interdisziplinärer Ansatz

Kein akademisches Fach kann für sich in Anspruch nehmen, frei von Einflüssen und Denktraditionen aus anderen Disziplinen zu sein – das trifft auch auf die Philosophie zu. Dass für eine philosophische Arbeit ein mehrere Disziplinen umfassender Ansatz extra betont werden muss, ist ohnehin eine eher jüngere Entwicklung der letzten 200 Jahre. Erst gegen Ende des 18. und zu Beginn des 19. Jahrhunderts entstand die bis heute übliche beziehungsweise immer noch weiter fortschreitende Ausdifferenzierung von Fachdisziplinen, die bis dahin integraler Bestandteil der Philosophie waren.[49] Erinnert sei daran, dass noch Kant Vorlesungen zur physischen Geographie oder Anthropologie gehalten hat. Trotz des philosophiegeschichtlichen Fokus dieser Arbeit werden disziplinäre Grenzen bewusst überschritten, Resultate und Diskurse aus anderen Disziplinen einbezogen und die Verwobenheit von wissenschaftlichen Debatten und Konzepten deutlich gemacht. So werden zur Diskussion der einzelnen Probleme Forschungsergebnisse und Werke aus sehr unterschiedlichen philosophischen und kulturellen Kontexten herangezogen, deren bisherige Vorgehensweisen und Ansätze dabei einer kritischen Prüfung in Bezug auf ihre Anwendung im Rahmen einer global ausgerichteten Philosophiegeschichte unterzogen werden. Im Mittelpunkt stehen Arbeiten afrikanischer Philosoph:innen sowie Literatur aus dem europäischen und nordamerikanischen akademischen Kontext, und zwar aus verschiedenen Jahrhunderten. Allerdings werden ebenso Debatten zu den methodischen Problemen aus dem japanischen, chinesischen, indischen und pazifischen Kontext vergleichend in die Untersuchung einbezogen. Aufgenommen werden darüber hinaus Forschungsergebnisse aus verschiedenen Disziplinen, wie der Philologie, der Ägyptologie, der Geschichtswissenschaft, der Kirchengeschichte und Theologie, aus den Afrikawissenschaften oder den Islamwissenschaften, die zu einer wichtigen Erweiterung der Quellenlage beigetragen haben. Eine Änderung der philologischen Forschungslage und des zugänglichen Textbestands kann nicht ohne neue philosophiegeschichtliche Wertungen erfolgen beziehungsweise darf für die Philosophiegeschichtsschreibung nicht

49 Vgl. Schneider, *Philosophie und Universität.*

unbeachtet bleiben. Leider gehört eine Zusammenarbeit von Philosophiehistoriker:innen mit anderen Fachdisziplinen (bis auf die Philologie und die Altertumswissenschaft) nicht zum Standard philosophiegeschichtlicher Grundlagenarbeit beziehungsweise der Publikation einschlägiger Überblickswerke zur Philosophiegeschichte, die damit oft nicht den Forschungsstand abbilden, sondern lediglich vorherrschende Narrative der eigenen Disziplin neu erzählen. So nimmt der Gesamtentwurf dieser Arbeit, in dem auch historische und politische Bezüge hergestellt werden, einen grundlegend interdisziplinären Charakter an.

Diskursanalyse und Diskursgeschichte

In der vorliegenden Studie werden anhand sehr unterschiedlicher Fallbeispiele und Problemfälle aus dem Diskursraum Afrika verschiedene Aspekte einer Philosophiegeschichtsschreibung unter globaler Perspektive erörtert. Dies bedarf eines breiten methodischen Instrumentariums. So arbeite ich komparativ und hermeneutisch (insbesondere in Kapitel 5), überwiegend jedoch diskurskritisch. Die Methode der Diskursanalyse im Sinne Foucaults hat in der postkolonialen/dekolonialen Theorie, in modernen Philosophien aus Afrika,[50] aber auch in der feministischen Theorie eine breite Anwendung gefunden und sich als fruchtbar erwiesen, um Macht- und Ausgrenzungsstrukturen sichtbar zu machen. Ziel einer Diskursanalyse ist eine konsequente Kontextualisierung von Theorien, Ideen und Konzepten. Damit wendet sie sich gegen die Vorstellung der ›großen Erzählungen‹ von einem auf ein Ziel ausgerichteten stetig voranschreitenden Erkenntnisprozess der Menschheit. Achim Landwehr definiert die auf dieser Methode beruhende Diskursgeschichte auch als »die historische Forschungsrichtung, welche die empirische Untersuchung von Diskursen in ihrem geschichtlichen Wandel zum Gegenstand hat«.[51] Und weiter fasst er prägnant zusammen:

50 Für den afrikanischen Bereich seien exemplarisch erwähnt V.Y. Mudimbe, *The Invention of Africa. Gnosis, Philosophy, and the Order of Knowledge*, Bloomington 1988 und Mbembe, *Kritik der schwarzen Vernunft*.

51 A. Landwehr, *Historische Diskursanalyse*, Frankfurt/M. 2008, S. 14.

Die historische Diskursanalyse geht grundsätzlich vom Konstruktionscharakter soziokultureller Wirklichkeiten aus und fragt vor diesem Hintergrund nach den Arten und Weisen, mit denen im historischen Prozess Formen des Wissens, der Wahrheit und der Wirklichkeit hervorgebracht werden. Als Diskurse werden dabei geregelte und untrennbar mit Machtformen verknüpfte Ordnungsmuster verstanden, in denen diese Konstruktionsarbeit organisiert wird. Sie lassen sich häufig in sprachlicher Form fassen, jedoch können prinzipiell alle Elemente soziokultureller Wirklichkeit zum Gegenstand entsprechender Analysen gemacht werden, denn es gibt kein Medium, keine Praxis und keinen Gegenstand, die nicht zur Formierung mindestens eines Diskurses beitragen würden. Diskurse wirken dabei sowohl produktiv als auch restriktiv, sie sind strukturiert und bringen ihrerseits Strukturen hervor. Da solchen Diskursen Regelhaftigkeiten unterliegen, können sie zum Gegenstand wissenschaftlicher Forschung gemacht werden. Die historische Perspektive gewinnt hierbei besondere Relevanz, weil Diskurse keine andere Basis haben als ihre eigene Historizität.[52]

Im Zentrum der Analyse stehen die konkreten gesellschaftlichen Entstehungsbedingungen und die kulturell bedingten Verbreitungs- und Wirkungsweisen von Wissen und Erkenntnissen. Dabei rücken dann insbesondere Brüche, Einschnitte und Verwerfungen sowie Ein- und Ausschlüsse in Wissenstraditionen in den Mittelpunkt der Analyse und mit ihnen die Frage des Verhältnisses zwischen Wissen und Macht – und weniger die Suche nach Kontinuitäten. Gerade Foucault hat gezeigt, dass Diskurs und Macht unauflöslich zusammenhängen, da die Durchsetzung einer bestimmten (Wissens-)Ordnung Macht erfordert, die gesetzte Ordnung dann aber auch wieder Machteffekte erzeugt. Foucaults Diskursanalyse macht es möglich, auch die ideologische Durchzogenheit der Diskurse zur Philosophiegeschichte kritisch zu reflektieren, ebenso wie bis heute anhaltende Ausgrenzungstendenzen der Wissenstraditionen anderer Regionen der Welt und die damit einhergehenden epistemischen Hierarchien, die unsere heutigen Diskurse weiterhin prägen. Darüber hinaus gibt sie uns Instrumente in die Hand, solche Hierarchien aufzulösen und eine Pluralisierung von Weltdeutungen zuzulassen. Gerade die Diskursgeschichte scheint aus diesem Grund für eine globale Philosophiegeschichte besonders anschlussfähig. Sie findet hier nicht nur Anwendung auf die Philosophiegeschichtsschreibung in Europa, sondern auch auf

52 Ebd., S. 98 f.

die vorliegenden afrikanischen Entwürfe, auf Diskurse über Afrika oder auch die Untersuchung so spezieller Fälle wie Zär'a Yaqob und Walatta Petros.

Literatur und Quellen

Die Literatur und die Quellen, auf die sich diese Studie bezieht, stammen – nicht zuletzt aufgrund des breiten interdisziplinären Zugangs dieser Arbeit – aus sehr verschiedenen sprachlichen und kulturellen Kontexten sowie unterschiedlichen Jahrhunderten. Dabei wurde auf Originalmanuskripte, so wie sie in digitalisierter Form heute zugänglich sind, Bezug genommen, die Auswertung und Diskussion erfolgte allerdings auf der Basis von vorliegenden einschlägigen Übersetzungen ins Deutsche, Englische, Französische, Russische oder Spanische. Das heißt, für das im Folgenden erörterte Quellenmaterial aus Afrika, das Sprachen wie Altägyptisch, Arabisch, Hausa oder Geʿez umfasst, wurden Übersetzungen herangezogen. Der Anspruch meiner Arbeit, der kein philologischer ist, sondern sich auf eine Propädeutik für eine zukünftige Philosophiegeschichtsschreibung richtet und insbesondere methodische Probleme diskutiert, ist mit einem solchen Herangehen vereinbar. Das Ausführen einer Philosophiegeschichtsschreibung für Afrika, ob nun in globaler Perspektive oder regional auf Afrika beschränkt, erfordert jedoch die gleiche philologische Sorgfalt und damit Sprachkompetenz, wie sie im Fall der europäischen, indischen, arabischen oder chinesischen Philosophiegeschichtsschreibung vorausgesetzt wird. Aus diesem Grund ist ein solches Unternehmen nur im Rahmen eines großen Forschungsprojekts mit Forscher:innen unterschiedlicher Fachrichtungen und mit einer Vielfalt an Sprachkompetenzen, etwa in der Größenordnung der *UNESCO Histoire générale de l'Afrique*, in der Zukunft zu leisten.

Abschließend möchte ich in diesem Zusammenhang ganz deutlich sagen, dass diese Arbeit nicht den Anspruch erhebt, alle Probleme und Fragen im Zusammenhang mit einer Philosophiegeschichtsschreibung der Zukunft zu beantworten. Ich benenne – gerade mit Blick auf die komplexe Situation Afrikas – viele Probleme, erörtere diese, zeige Forschungslücken auf, fülle diese aber nicht aus. In dieser Spannung – zwischen der Eröffnung neuer Themen und Forschungsfelder und einer Dekonstruktion europäischer Philosophiegeschichtsschreibung – wird ein Weg gesucht, Philosophiegeschichtsschreibung neu zu denken, und zwar mit dem Ziel, eine Sensibilität für bestimmte grundlegende Aspekte und Probleme einer Philosophiegeschichtsschreibung der Zukunft zu befördern, die in künftigen Projekten Berücksichtigung finden sollten.

4. Gliederung

Die ersten vier Kapitel dieses Buches widmen sich dem Aufzeigen des Forschungs- und Diskursrahmens, in dem sich die folgenden Untersuchungen bewegen: die Entwicklung des heute vorherrschenden Verständnisses von Philosophie und ihrer Geschichte, die Darstellung einiger Ursprungserzählungen der Philosophie, eine Erläuterung und Kritik bisheriger Versuche einer Philosophiegeschichtsschreibung für das Afrika südlich der Sahara und das Abstecken des Diskursfeldes »Afrika« in den Geisteswissenschaften.

Kapitel 1 skizziert dabei die Entwicklung der heute vorherrschenden Erzählung von der Entstehung der Philosophie im antiken Griechenland und erläutert das Verständnis von Philosophie, das dieser Erzählung zugrunde liegt. Dabei werden sowohl der Disziplin der Philosophie immanente Mechanismen aufgezeigt, die zum Ausschluss außereuropäischer Traditionen geführt haben, als auch bis heute bestehende institutionelle Strukturen, die einer Integration außereuropäischer Philosophie in Lehre und Forschung entgegenwirken.

Kapitel 2 dokumentiert bisherige Formen der Philosophiegeschichtsschreibung in Afrika (südlich der Sahara). Die Disziplin der Philosophiegeschichtsschreibung ist hier noch relativ jung; erst gegen Ende des 20. Jahrhunderts entstanden erste Überblickswerke. Die hier angewendeten Periodisierungs- und Klassifizierungsmodelle werden kurz erörtert und es wird aufgezeigt, mit welchen Problemen und methodischen Defiziten die bisherigen Versuche verbunden sind.

Das 3. Kapitel widmet sich einer Analyse des Diskursraumes Afrika, wie er in den Geisteswissenschaften bisher geschaffen wurde. Dabei wird die Frage behandelt, was unter Afrika verstanden wird, wo und warum geographische oder ideologische Grenzen gezogen werden – und inwiefern dies Sinn macht. Damit im Zusammenhang steht zugleich die Frage, was ›afrikanische Philosophie‹ ist und wer überhaupt als afrikanischer Philosoph oder afrikanische Philosophin bezeichnet werden kann. Gerade die Behandlung dieser Fragen macht deutlich, in welche Aporien geographische Abgrenzungsversuche führen und wie nötig eine verflechtungsgeschichtliche Perspektive ist.

Das 4. Kapitel widmet sich der Frage nach dem Beginn der Philosophie, eine Frage, die die Debatten der Philosophiegeschichtsschreibung durch die Jahrhunderte stets begleitet hat. Aufgeführt werden verschiedene Antworten auf diese Frage aus dem europäischen Diskurs, von den Vorstellungen einer vorsintflutlichen Philosophie und der Benennung den Griechen vorangegangener Philosophietraditionen (Ägypter, Phönizier, Chaldäer etc.) im 15. bis 17. Jahrhundert bis hin zu Karl Jaspers' Konzept der Achsenzeit und weiteren neueren Ansätzen. Im Mittelpunkt des Kapitels steht jedoch eine kritische Diskussion der sogenannten afrozentrischen These, die davon ausgeht, dass Philosophie zuerst im Alten Ägypten, das als Schwarze Zivilisation verstanden wird, entstanden sei und von hier aus ihren Weg nach Griechenland und in andere Teile der Welt genommen habe.

Ab Kapitel 5 widmen sich die nun folgenden Abschnitte der Untersuchung konkreter Beispiele und Einzelfälle, anhand derer bestimmte Fragen und Probleme einer Philosophiegeschichtsschreibung in globaler Perspektive näher erläutert werden. So steht im Mittelpunkt des 5. Kapitels eine philosophische Untersuchung ausgewählter Texte aus der Weisheitstradition des Alten Ägypten, zumeist aus der Periode des mittleren Reichs (um etwa 1900 BCE). Im Unterschied zu vielen Vertreter:innen der afrozentrischen These, die im vorangehenden Kapitel behandelt werden, steht hier die Analyse von vier konkreten Textbeispielen im Zentrum der Erörterungen: die *Lehre des Ptahhotep,* die *Lehre des Ani*, die *Klagen eines Bauern* und das *Gespräch eines Lebensmüden mit seinem Ba.* Erörtert wird anhand dieser Beispiele und der darin enthaltenen Grundbegriffe, inwiefern bestimmte Texte aus der altägyptischen Weisheitstradition als Teil einer Philosophiegeschichte betrachtet werden können.

Nach der Darstellung der Relevanz altägyptischer Manuskripte – und damit einer der ältesten Schrifttraditionen – für die Philosophiegeschichte widmet sich das anschließende 6. Kapitel den besonderen Herausforderungen, die das philosophische Erbe in Gemeinschaften mit überwiegend oraler Wissensvermittlung der Philosophiegeschichtsschreibung stellt. In einigen Gesellschaften Afrikas wurden Wissen und Informationen zum Teil noch bis ins 20. Jahrhundert hinein mündlich von Generation zu Generation überliefert. Lassen sich auch hier philosophische Traditionen, Schulen und Konzepte festmachen? Wie manifestieren sich diese? Und wie können solche Traditionen in eine Philosophiegeschichte integriert werden? Dies sind zentrale Fragen, die in diesem Kapitel anhand der Debatten in der afrikanischen Philosophie der Gegenwart, aber auch im Verhältnis zur indigenen Philosophie in den Amerikas, in Australien und Neuseeland diskutiert werden. Im Mittelpunkt stehen drei sehr verschiedene Ansätze des Umgangs mit oralen Traditionen: die sogenannte Ethnophilosophie, die Untersuchung bestimmter oralvermittelter Textkorpora auf ihre philosophische Relevanz und Interviews mit weisen Menschen aus Afrika im 20. Jahrhundert.

Das folgende 7. Kapitel beschäftigt sich mit der frühchristlichen Philosophie in Nordafrika, Nubien und Äthiopien, eine Periode, welche die Vielfalt und Bedeutung der Verflechtungen besonders deutlich werden lässt. Die mögliche Stellung der frühchristlichen Denker:innen in einer Philosophiegeschichte ist durchaus umstritten. Zum einen wurde und wird ihre Zugehörigkeit (ebenso wie die der mittelalterlichen Philosophie) aufgrund der religiösen Rahmung ihres Denkens immer wieder in Frage gestellt. Zum anderen wurden und werden diese Denker:innen häufig als Vertreter:innen einer europäischen Philosophietradition betrachtet, obwohl viele aus Nordafrika stammten oder dort angesiedelt waren. Dass eine solche Zuordnung nicht selbstverständlich ist, machen nicht nur Verweise auf die außereuropäischen Wurzeln des Christentums deutlich, sondern auch die Einsprüche afrikanischer Philosoph:innen und Theologen, die frühchristliche Gelehrte der afrikanischen Philosophiegeschichte zuordnen. Denker:innen, die sich aufgrund ihres Lebensweges, der Quellen, aus denen sich ihr Wissen speiste, oder der Wirkungsgeschichte ihres Werkes nicht eindeutig bestimmten Regionen oder Traditionen zuordnen lassen, begegnen wir in der Philosophiegeschichte häufig. Gerade diese Beispiele zeigen mit besonderer Deutlichkeit die Notwendigkeit eines verflechtungsgeschichtlichen Ansatzes. Auch Texte aus der frühen Geschichte Äthiopiens machen solche Verflechtungen deutlich. Im Mittelpunkt stehen dabei die von Claude Sumner rekonstruierten und aufgrund ihrer Übersetzungen ins altäthiopische Geʿez in eine äthiopische Philosophiegeschichte eingeordneten christlichen Texte wie *The Fisalgʷos/Der Physiologus (Der »Naturforscher«), Das Buch der weisen Philosophen* oder *Das Leben und die Maximen des Skendes.*

Das 8. Kapitel beschäftigt sich dann mit einem spezifischen Problem, nämlich dem Umgang mit Texten, deren Autorschaft angezweifelt wird, sowie der Frage der Aneignung afrikanischer Texte und Autor:innen im globalen Wissenschaftsdiskurs. Die Frage der Autorschaft ist oft auch bei schriftlich vorliegenden Quellen umstritten. Eine solche Kontroverse gibt es seit dem Anfang des 20. Jahrhunderts um die beiden berühmtesten Texte der Philosophiegeschichte Äthiopiens: die auf Geʿez verfassten Abhandlungen des Gelehrten Zärʾa Yaqob und seines Schülers Waldä Heywat aus dem 17. Jahrhundert. Diese Debatte wird dargestellt und in ihrer Relevanz für die Philosophiegeschichtsschreibung Afrikas kritisch diskutiert. Der zweite Teil dieses Kapitels widmet sich der für eine globale Philosophiegeschichte zentralen methodischen Frage: Wie kann Philosophiegeschichtsschreibung heute erfolgen, ohne koloniale Muster zu reproduzieren? Beispielhaft wird diese Frage an den Debatten über die Hagiographie der Walatta Petros (1592-1642) erörtert, einer christlichen Nonne, der aufgrund ihres Widerstands gegen die Katholisierung Äthiopiens der Status einer Heiligen der äthiopisch-orthodoxen Kirche verliehen wurde. Die Übersetzung ihrer Hagiographie ins Englische und ein kurz darauf erschienener Artikel von Wendy L. Belcher, in dem das Leben der Walatta Petros einer queeren Lesart unterzogen wird, waren der Auslöser für heftige Kontroversen, die letztlich auch die Frage eröffnen, wie weit akademische und intellektuelle Freiheit bei der Deutung historischer Texte aus ehemals kolonisierten Regionen gehen kann.

Das 9. Kapitel widmet sich den Auswirkungen der europäischen Expansion auf die Philosophie, und zwar unter zwei Aspekten: zum einen der Entstehung einer afrikanischen Intelligenzija in den Amerikas, der Karibik und Europa und zum anderen der Frage, wie Kolonialismus, Sklaverei und Rassismus auf philosophische Konzepte zurückgewirkt haben und sich in diesen widerspiegeln. Als Beispiele für Intellektuelle der afrikanischen Diaspora werden Anton Wilhelm Amo, Olaudah Equiano, Phillis Wheatley und Jacobus Elisa Johannes Capitein vorgestellt und die Frage diskutiert, welche Rolle Literatur, Texte und Konzepte (ehemaliger) Sklav:innen für die Philosophiegeschichte spielen und wo diese zugeordnet werden können. Anhand von Kant und Hegel wird die Wechselwirkung zwischen Kolonialismus, Sklaverei und Rassismus einerseits und philosophischen Konzepten andererseits diskutiert. Dabei ist neben der Frage nach der Stellung der Kategorie ›race‹ im Kantschen Werk die kritische Analyse von Äußerungen Hegels und anderer Philosoph:innen des 17. bis 19. Jahrhunderts zur Institution der Sklaverei relevant. Welche Haltungen nahmen die Aufklärer:innen in dieser Frage ein? Wie sind diese zu verstehen? Welche Auswirkungen haben sie auf das Gesamtwerk? Und wie können Philosoph:innen heute mit dieser Problematik umgehen? Gerade im Rahmen einer Philosophiegeschichte in globaler Perspektive sind dies zentrale Fragen, die angesichts der Nachwirkungen der europäischen Expansion – auch im akademischen Bereich – nicht unbeachtet bleiben können und einer kritischen Selbstreflexion der Philosophie bedürfen.

Das 10. Kapitel setzt die Beschäftigung mit philosophischen Positionen zur Institution der Sklaverei fort, allerdings nun mit Blick auf die arabisch-islamische Philosophie. Diskutiert wird ein konkreter Fall, nämlich die Haltung des islamischen Gelehrten Aḥmad Bābā (1556-1627) aus Timbuktu, dessen Texte zur Frage der Sklaverei in den letzten Jahren besondere akademische Aufmerksamkeit erlangt haben. Dabei werden Aḥmad Bābās Positionen in den Kontext der Debatten zu dieser Frage in der arabisch-islamischen Philosophie eingebettet und kritisch diskutiert. Eine solche Diskussion ist von Bedeutung, da Sklaverei und Rassismus nicht nur ein europäisches Phänomen waren und somit Haltungen zu diesem Problemkomplex in verschiedenen Philosophietraditionen analysiert werden müssen. Zudem wird gerade anhand dieses Themas Afrika wiederum als ein Schnittpunkt verschiedener Traditionen deutlich.

Das 11. Kapitel widmet sich explizit den Herausforderungen der Rekonstruktion einer Geschichte der Philosophinnen, die mit Blick auf außereuropäische Traditionen zum Teil noch größere Probleme aufwirft, als dies im europäischen Rahmen der Fall ist. Nach einer Diskussion wichtiger Grundansätze der ›westlichen‹ feministischen

Philosophiegeschichtsschreibung werden methodische Fragen anhand von Frauengestalten wie Walatta Petros und Phillis Wheatley sowie an der in diesem Kapitel neu eingeführten Nana Asma'u diskutiert und die Frage gestellt, welche Kriterien einen Einschluss in die Philosophiegeschichte rechtfertigen können beziehungsweise welche besonderen Anforderungen die Rekonstruktion des Schaffens von Philosophinnen stellt.

Ich schließe meine Untersuchungen im letzten, dem 12. Kapitel ab mit einer zusammenfassenden Betrachtung der im Durchgang durch die einzelnen Fragen und Problemstellungen erzielten Ergebnisse. In diesem Zusammenhang werden die methodischen und wissenschaftsethischen Herausforderungen für eine neue Philosophiegeschichtsschreibung systematisiert dargelegt und erläutert.

5. Zu einigen Begrifflichkeiten

Jeder Versuch einer Philosophiegeschichtsschreibung in globaler Perspektive muss sich nicht nur – wie in herkömmlichen Philosophiegeschichtsschreibungen – seiner Methode und seines Begriffsapparates versichern. Auch die Verwendung einiger, insbesondere politisch aufgeladener Begriffe bedarf der Erklärung. Das gilt auch für einen propädeutischen Versuch wie den hier vorliegenden. Aus diesem Grund möchte ich abschließend einige der im Folgenden verwendeten problematischen oder umstrittenen Begriffe kurz erläutern.

Auf die Verwendung diskriminierender oder respektloser Bezeichnungen wird verzichtet – auch wenn diese möglicherweise noch bis vor kurzem geläufig waren oder sich in klassischen philosophischen Werken finden. Im Gegenzug wird auf Selbstbezeichnungen von ehemals oder bis heute diskriminierten Gruppen zurückgegriffen. Das bedeutet für die vorliegende Arbeit, dass ich in Zitaten von europäischen Philosoph:innen auf das diskriminierende N.-Wort verzichte, da der Begriff in abwertender Weise gebraucht wurde. Bei afrikanischen oder afrikanisch-amerikanischen Autor:innen greife ich nicht in den Text ein.

Eine hierarchisierende Einteilung von Menschen aufgrund äußerer oder auch genetischer Merkmale ist grundsätzlich abzulehnen. Trotzdem kann ich im Verlauf der Darstellung von Debatten und bei der Diskussion der nun zu behandelnden Themen Begriffe wie ›weiß‹ oder Schwarz nicht gänzlich vermeiden, Begriffe also, die auf die Hautfarbe von Menschen Bezug nehmen. Dafür gibt es verschiedene Gründe. Der erste Grund besteht darin, dass diese Begriffe von hier vorgestellten Autor:innen benutzt und daher referiert werden. Der zweite Grund besteht darin, dass Unterscheidungen aufgrund der Hautfarbe noch immer wirkmächtige Unterdrückungsinstrumente sind, die die soziale, ökonomische, politische und auch akademische Position eines Subjekts grundlegend bestimmen und aus diesem Grund zur Benennung von Machtstrukturen herangezogen werden. Dabei verweist die Großschreibung des Begriffs Schwarz, die ich im Folgenden verwende, darauf, dass dieser Terminus einen politischen Sinn hat. Er wurde und wird in verschiedenen Befreiungsbewegungen und -theorien als identitätsstiftende Selbstbezeichnung marginalisierter Gesellschaftsgruppen im Kampf gegen rassistische Unterdrückung und Ausbeutung verwendet. Der Begriff ›weiß‹ hingegen wird in Anführungszeichen gesetzt, um darauf hinzuweisen, dass es sich ebenfalls um einen auf der Kategorie ›race‹ basierenden und mithin problematischen Begriff handelt. Der Begriff ›weiß‹ bezeichnet im Folgenden eine kulturell, politisch, sozial und auch akademisch dominante Gruppe, die sich selbst in vielen Fällen – bewusst oder unbewusst – als Norm setzt. Damit bezieht sich der Begriff auf einen kulturellen und politischen Status und markiert Privilegien, die mit dem ›Weißsein‹ (*Whiteness*) verbunden sind. Da der Begriff nicht dieselbe Geschichte einer positiven Selbstaffirmation im Kampf gegen Rassismus hat, wird er dementsprechend nicht als Eigenname verwendet, sondern als problematischer Begriff in Anführungszeichen gesetzt.

Ein weiterer umstrittener Begriff ist ›race‹. Der Begriff in seiner deutschen Übersetzung ist durch die »Rassentheorien« des 19. Jahrhunderts, die darauf gegründete nationalsozialistische »Rassenpolitik« und den Holocaust geschichtlich so schwer belastet, dass seine Verwendung im wissenschaftlichen oder politischen Kontext sich weitgehend verbietet. In kritischen Diskursen wird allerdings weiterhin von (Anti-)Rassismus und (anti-)rassistisch gesprochen, um auf die mit dem Konzept von ›race‹ transportierten Vorstellungen und Diskriminierungen aufmerksam zu machen. Denn die sichtbaren äußerlichen Unterschiede zwischen den Menschen (phänotypische Merkmale, insbesondere Hautfarbe, Haarstruktur etc.) spielen weiterhin eine Rolle bei der sozialen Konstruktion verschiedener Menschengruppen und daraus folgenden rassistischen Ausschluss- oder Diskriminierungsmustern, auch wenn die Vorstellung von genetisch klar unterscheid- und abgrenzbaren Untergruppen innerhalb der Spezies Mensch aus wissenschaftlicher Sicht seit langem obsolet ist. Auch innerhalb ehemals europäisch kolonisierter Regionen in Afrika, Asien und Lateinamerika sind ökonomische und politische Macht bis heute entlang der Kategorie ›race‹ ungleich verteilt. Aufgrund der gemeinsamen Geschichte von rassistischer Unterdrückung und gegen diese Unterdrückung gerichtetem Widerstand ist die Kategorie in sozialen Bewegungen und deren Kämpfen um Anerkennung und Befreiung weiterhin von Bedeutung und im Sprachgebrauch vieler Länder der anglophonen Welt fest verankert. Davon zeugt nicht zuletzt eine neue philosophische Richtung, die als *Critical Philosophy of Race* bezeichnet wird.[53] Aufgrund der spezifischen Schwierigkeiten, die mit der Begriffsgeschichte im deutschsprachigen Raum verbunden sind, und aufgrund der epistemischen Gewalt, die der Begriff nach wie vor ausübt, wird der Begriff dort, wo er in der Argumentation der hier vorzustellenden Theorien eine Rolle spielt, in Anführungszeichen und auf Englisch verwendet.

Ein Begriff, der in außereuropäischen Philosophiediskursen der Gegenwart, aber auch der dekolonialen und postkolonialen Theorie häufig verwendet wird, ist der Begriff ›westlich‹. Der Begriff ›westliche‹ Welt wird heute gemeinhin benutzt, um die Machtasymmetrie zwischen den Industriestaaten auf der einen Seite und den sogenannten Entwicklungsländern auf der anderen Seite deutlich zu machen. Im philosophischen Diskurs begegnet uns der Begriff ›westliche‹ Philosophie zur Bezeichnung von Theorien, die aus Europa, insbesondere Westeuropa, hervorgegangen sind. Da mit dieser Bezeichnung eine Komplexitätsreduktion in Bezug auf Kulturen, Religionen, Geschichte, Sprache und natürlich auch hinsichtlich der Vielfalt der philosophischen Theorien einhergeht und um auf den Konstruktionscharakter hinzuweisen, verwende ich den Begriff im Folgenden ausschließlich in Anführungszeichen.

Sehr häufig werden sich in den folgenden Ausführungen die

53 Auf Deutsch dazu erschienen: K. Lepold, M. Martinez Mateo (Hg.), *Critical Philosophy of Race. Ein Reader*, Berlin 2021.

Begriffe ›interkulturell‹ und ›global‹ finden. Unter interkulturellen Ansätzen, zum Beispiel in der Philosophie, verstehe ich Bemühungen, in die Diskurse Beiträge aller Kulturen und Traditionen gleichberechtigt einzuflechten, also nicht bloß vergleichend nebeneinanderzustellen. Dabei werden Kulturen nicht als abgeschlossene Entitäten verstanden, sondern als Bedeutungsgewebe und damit nicht klar abgrenzbar oder abgeschlossen. Gerade ein verflechtungsgeschichtlicher Ansatz macht nochmals auf die Ungenauigkeit des Begriffs Kultur aufmerksam, dessen Breite und Ambivalenz häufig zu problematischen Schlussfolgerungen führen (zum Beispiel kultureller Rassismus, Exotismus). Aus diesen Gründen vermeide ich im Folgenden, wo möglich, den Begriff Kultur und spreche überwiegend von Gesellschaften oder Kontexten. Aus diesem Grund kommt auch dem Begriff ›global‹ eine stärkere Bedeutung zu. Auch dieser Begriff ist im Diskurs nicht unumstritten. Dass mit einer »Philosophiegeschichtsschreibung in globaler Perspektive« aus der ›westlichen‹ Akademie heraus wiederum ein Projekt mit globalem Anspruch gestartet wird, dürfte insbesondere unter Vertreter:innen der dekolonialen und postkolonialen Theorie zu Kritik und Widerspruch führen. Aus einer ähnlichen Richtung wurde bereits das Projekt der interkulturellen Philosophie in Frage gestellt. Der Begriff ›global‹, der in der vorliegenden Arbeit vor allem in der Zusammensetzung ›globale Philosophiegeschichtsschreibung‹ oder ›in globaler Perspektive‹ Verwendung findet, wird hier von seinem lateinischen Ursprung her als ›erdumspannend‹ oder ›weltweit‹ gedacht. Das heißt, wenn von ›Philosophiegeschichtsschreibung in globaler Perspektive‹ die Rede ist, wird damit der Entwurf eines neuen Ansatzes bezeichnet, der sich von einem eurozentrischen oder auch euräqualistischen[54] Verständnis von Philosophie löst, das Philosophie mit europäischer Philosophie gleichsetzt. Es geht um einen Ansatz, der die verschiedensten Philosophietraditionen weltweit in den Blick nimmt, dabei kritisch auf das vorherrschende Philosophieverständnis und die bisherigen Erzählungen der Philosophiegeschichte reflektiert und nach neuen Wegen und Methoden sucht, Philosophiegeschichten zu erzählen, die den spezifischen Herausforderungen des jeweiligen Kontextes gerecht werden. Dass

54 F. M. Wimmer, »Unterwegs zum euräqualistischen Paradigma der Philosophiegeschichte im 18. Jahrhundert«, in: Elberfeld (Hg.), *Philosophiegeschichtsschreibung in globaler Perspektive*, S. 167-194.

der ›globale Raum‹ ein von Machtstrukturen durchzogener ist, ist nicht nur evident, sondern wird im Ansatz einer globalen Philosophiegeschichtsschreibung explizit thematisiert. Auch dies hebt diesen Ansatz von anderen philosophiegeschichtlichen Ansätzen ab: die Verwicklung von Philosophieproduktion in Machtstrukturen und die Rückwirkung von Machtstrukturen auf philosophische Konzepte werden ausdrücklich mitreflektiert. Philosophie und philosophische Konzepte werden somit nicht als übergesellschaftliche Entitäten betrachtet, die sich unabhängig von historischen Kontexten und Bedingungen entwickeln.

Ein weiterer Begriff, der in den folgenden Untersuchungen eine Rolle spielen wird, ist der Begriff ›indigenes‹ Wissen oder ›indigene‹ Traditionen. Der Begriff ›indigen‹ wird seit einiger Zeit im Anschluss an die Definition ›indigener Völker‹ durch die Vereinten Nationen verwendet, um Begriffe wie ›vorkolonial‹, ›prämodern‹ oder ›traditionell‹ zu vermeiden, denen sowohl eine Hierarchisierung als auch die Abhängigkeit in der Bestimmung von Europa inhärent ist. Die UN betonen in der Definition ›indigener Völker‹ eine historische Kontinuität mit den Ureinwohner:innen eines bestimmten Gebietes vor dessen Eroberung oder Besiedlung von außen; eine gesellschaftliche Randstellung innerhalb des politischen Gebildes, in dem sie heute leben, aufgrund einer Eroberung von außen; ein Festhalten an tradierten kulturellen Eigenheiten und soziopolitischen Organisationsformen; und das Bewusstsein, Teil einer eigenständigen Gemeinschaft zu sein. Insofern wird der Begriff ›indigenes‹ Wissen im Folgenden zur Bezeichnung lokaler Wissenstraditionen verwendet, die aufgrund von Kolonialismus oder anderen Formen der Eroberung heute marginalisiert oder nur noch fragmentarisch überliefert sind. Dabei geht es nicht um eine Entgegensetzung von indigenen und internationalen beziehungsweise globalisierten Wissenssystemen – denn internationale Wissenssysteme basieren immer auf lokalem Wissen und das lokale Wissen entsteht immer auch in der Auseinandersetzung mit anderen Denktraditionen –, sondern um ein Hervorheben des Eigenwerts lokaler Wissenstraditionen.

Abschließend möchte ich kurz auf den Begriff ›Ideologie‹ eingehen, den ich im Folgenden ebenfalls verwende, und zwar in kritischer Absicht. ›Ideologie‹ ist ein schillernder und insbesondere im Anschluss an Marx in der deutschsprachigen Geisteswissenschaft kontrovers diskutierter Begriff. Ich verwende ihn hier zur Bezeichnung von Ideen, Konzepten oder Theorien, die weniger aus einem wissenschaftlichen Erkenntnisinteresse heraus als vielmehr aus anders gelagerten, insbesondere auch politischen Interessen heraus vertreten werden, und zwar zulasten einer kritischeren Hinterfragung von Vorannahmen oder von Begriffen, die zum Teil nur postuliert, nicht aber begründet werden. Darüber hinaus bezeichne ich auch vorherrschende wissenschaftliche Theorien und Grundüberzeugungen als ideologisch, wenn sie neue Herausforderungen und Perspektiven zu verhindern suchen.

Außerdem verwende ich in diesem Band eine geschlechtergerechte Schreibweise, um die Beteiligung von Frauen in allen Bereichen des Lebens, der Gestaltung von Geschichte und eben auch des philosophischen Denkens durch die Jahrhunderte sichtbarer zu machen. In diesem Sinne ist der Doppelpunkt (zum Beispiel im Wort Philosoph:innen) als eine Art ›Stolperstein‹ gedacht. Dort, wo Frauen an bestimmten Diskursen nicht teilgenommen haben, wird entsprechend nur die männliche Form benutzt. Darüber hinaus verweist diese Schreibweise darauf, dass geschlechtliche Identitäten durch die Identifizierung als ›Frau‹ oder ›Mann‹ beziehungsweise in der Dualität von weiblicher und männlicher Form nie vollständig erfasst sind.

Kapitel 1
Mechanismen des Ausschlusses gestern und heute

Das Schreiben einer Philosophiegeschichte ist kein neutraler Prozess im Sinne einer objektiven Beschreibung der Entwicklung einer bestimmten Art von Denktätigkeit oder Wissenschaft. Jede Erzählung einer Philosophiegeschichte ist das Ergebnis eines spezifischen wissenschaftlichen und gesellschaftlichen Kontexts. Sie ist damit zugleich das Resultat sowohl eines historisch gewachsenen Erkenntnisstands als auch von Motiven, Interessen, Erwartungen und Zielen, die ihrerseits historisch geprägt sind. Diese Situiertheit macht es notwendig, die historische Einbindung in gesellschaftliche und ideengeschichtliche Kontexte und Prozesse zu thematisieren und damit zugleich den gewählten Zugang und die angewendeten Methoden kritisch zu hinterfragen. Diese Art von (Selbst-) Reflexion wird von philosophiehistorischen Unternehmungen in der Regel allerdings nicht geleistet. Erst auf der Metaebene der Geschichte der Philosophiegeschichtsschreibung werden solche Fragen aufgenommen, so dass die Geschichtlichkeit der Disziplin Philosophiegeschichtsschreibung und ihre jeweilige Situiertheit in einem bestimmten Kontext deutlich wird.[1]

1 Untersuchungen zur Geschichte der Philosophiegeschichte können in Europa bis ins 17. Jahrhundert zurückverfolgt werden. 1659 veröffentlichte Johannes Jonsius (1624-1659) ein Werk unter dem Titel *De Scriptoribus Historiae Philosophicae Libri IV*. Hier kommentiert er – möglicherweise erstmals in der Geschichte der europäischen Philosophie – auf wenigen Seiten vorangegangene Philosophiegeschichten. Auch Christoph August Heumanns zwischen 1715-1725 erschienene *Acta philosophorum* erörtern auf einer Metaebene Sinn und Nutzen der Philosophiegeschichtsschreibung sowie verschiedene methodische Fragen. Elias Schmersahl sichtet und problematisiert in seiner *Historie der Weltweisheit überhaupt. Nebst einem Vorbericht von den bisherigen Verfassern der Historie* (1744) die Philosophiegeschichten von über 40 Autoren aus dem 16., 17. und 18. Jahrhundert. Untersuchungen dieser Art werden dann im Wesentlichen erst wieder im 20. Jahrhundert aufgenommen: L. Braun, *Geschichte der Philosophiegeschichte,* Darmstadt 1990 (franz. Orig. 1973); M. Gueroult, *Histoire de l'histoire de la philosophie I-III: En Occident, des origines jusqu'à Condillac,* Paris 1984-1988; G. Santinello, F. Bottin, G. Piaia u. a., *Storia delle storie generali della filosofia,* 5 Bände und verschiedene Teilbände, Brescia 1981-2004; G. Santinello, F. Bottin u. a. (Hg.), *Models of the History of Philosophy. From Its Origins in the Renaissance to the Historia Philosophica,* Dordrecht 1993. Unter-

Narrative der Philosophiegeschichte haben maßgeblichen Einfluss auf Forschung und Lehre im Fach Philosophie, insbesondere auf die Auswahl jener Werke, die als Klassiker gelten und damit Leselisten bestimmen, aber ebenso auf die Art und Weise, *wie* philosophische Werke früherer Jahrhunderte gelesen werden, das heißt aus welcher Perspektive, mit welcher Absicht oder auch mit welchem methodischen und begrifflichen Instrumentarium. Dies macht eine kritische Beschäftigung mit der Philosophiegeschichtsschreibung, ihren Grundannahmen und Methoden unabdingbar. Denn auch wenn die Notwendigkeit einer Beschäftigung mit Philosophiegeschichte immer wieder in Frage gestellt wurde,[2] bleibt ihr Einfluss ungebrochen: Die Beschäftigung mit philosophiegeschichtlichen Themen macht bis heute den größten Teil der philosophischen Arbeit an den Universitäten aus. Mehr noch, für die akademische Philosophie ist ein Bezug auf ihre Vergangenheit und die Auseinandersetzung mit Positionen aus ihrer Tradition geradezu methodisch verpflichtend. Und so besteht die akademische Philosophie in Forschung und Lehre immer noch vorrangig in einer Auseinandersetzung mit Texten, Begriffen und Konzepten unserer intellektuellen »Väter« und »Vorväter« (und einiger weniger »Mütter«) – und zwar selbst dann, wenn Philosophie in systematischer Absicht und zur Beantwortung aktueller Fragen (etwa zur Umwelt- und Medizinethik oder der künstlichen Intelligenz) betrieben wird.

Philosophiegeschichtsschreibung sammelt biographische Informationen, fasst die wichtigsten Werke und Konzepte von Philosophen:innen zusammen und gibt einen Überblick über bereits vertretene philosophische Positionen beziehungsweise unterschiedliche Sichtweisen auf eine philosophische Fragestellung durch die Jahrhunderte. Aber Philosophiegeschichtsschreibung bleibt dabei nicht stehen; weder ihr Charakter noch ihre Funktion sind allein dokumentarischer Art. Narrative der Philosophiegeschichte in ihren verschiedenen Formen und Facetten, die Biographien von

suchungen unter dem Aspekt des Ausschlusses außereuropäischer Philosophietraditionen: Wimmer, *Interkulturelle Philosophie;* Park, *Africa, Asia, and the history of philosophy;* Schneider, *Die Vergangenheit des Geistes.*

2 So wurde die Beschäftigung mit Philosophiegeschichte u. a. durch die Schule der analytischen Philosophie eine Zeit lang als obsolet betrachtet. Inzwischen hat die analytische Philosophie längst selbst begonnen, die Geschichte ihrer philosophischen Schule zu schreiben.

Philosoph:innen ebenso umfassen wie Doxographien, Begriffs-, Problem- oder Wirkungsgeschichten, nehmen interpretierend zu den historischen Konzepten und Entwicklungen Stellung, setzen sie zueinander in Beziehung und prägen damit ein spezifisches Bild von dem, was »Philosophie« eigentlich ist, wie man sie betreibt, was sie in der Vergangenheit geleistet hat und was sie heute leisten kann und soll. In diesem Prozess entstehen neue Diskurse, welche die vorangegangenen in sich aufnehmen und deren Bedeutung verändern. Nicht selten werden so Erzählungen einer Geschichte der Philosophie geschaffen, die als Spiegel der Entwicklung des eigenen Denkens oder des eigenen philosophischen Systems dienen.[3] Aus diesem Grund gilt die Philosophiegeschichtsschreibung – obwohl sie strenggenommen ein Diskurs über einen vergangenen Diskurs ist und in ihren Texten vorwiegend andere Texte interpretiert, kommentiert und ordnet – zugleich als genuin philosophische Tätigkeit. Bei der Philosophiegeschichtsschreibung handelt es sich also um einen selektiven Prozess, der selbst Bedeutungen produziert und sinnstiftend wirkt. In diesem Prozess wird eine bestimmte Ordnung in ein sehr umfangreiches und damit auch unübersichtliches Diskursfeld gebracht, indem aus der Menge des ständig anwachsenden Materials eine Auswahl getroffen wird und Gewichtungen gesetzt werden. Die damit vorgeschlagene Perspektive hat dann wiederum Einfluss auf die Entstehung neuer philosophischer Werke, Konzepte und Theorien, die das Diskursfeld prägen. Auf diese Weise entsteht ein Kanon,[4] der für das weitere Verständnis von Philosophie ausschlaggebend und somit zu einem mächtigen wie in sich machtförmigen Diskurs werden kann.

3 Exemplarisch sind dafür sicherlich Hegels *Vorlesungen über die Geschichte der Philosophie,* die er ab 1805/06 bis zu seinem Tod im Jahr 1831 regelmäßig gehalten hat.

4 Als Kanon bezeichnet man eine Auswahl an maßgebenden Werken, Theorien oder auch Repräsentant:innen, von denen angenommen wird, dass sie für ein bestimmtes Feld des Wissens oder eine Disziplin den Standard oder die Norm darstellen. Es wird dabei weiterhin angenommen, dass solche Werke oder Theorien notwendige, zeitlose und universal gültige Vorbilder der jeweiligen Disziplin sind und diese umfassend repräsentieren. Ein Kanon liefert somit eine Richtlinie beziehungsweise einen Orientierungsmaßstab anhand eines invarianten Textbestandes von höchster Autorität und Verbindlichkeit. Zur Verwendung des Begriffs Kanon seit der griechischen Antike siehe J. Assmann, *Das kulturelle Gedächtnis. Schrift, Erinnerung und politische Identität in frühen Hochkulturen,* München [7]2013, Abschnitt ›II. Kanon – zur Klärung eines Begriffes‹, S. 103-129.

Aus diesem Grund ist es wichtig, sich mit Philosophiegeschichtsschreibung kritisch auseinanderzusetzen, insbesondere mit jenen Argumenten, die zur expliziten Rechtfertigung einer Ordnung herangezogen wurden, mittels derer bestimmte Denktraditionen, Praktiken oder Ausdrucksformen ausgeschlossen wurden und werden; das heißt mit der Frage, wer, warum, zu welchem historischen Zeitpunkt in die Erzählung der Philosophiegeschichte ein- oder eben aus ihr ausgeschlossen wurde und welche Auswirkungen das auf den philosophischen Diskurs hatte beziehungsweise hat. Welche Mechanismen zum Ausschluss Afrikas, Asiens und Lateinamerikas aus der Geschichte der Philosophie wesentlich beigetragen haben, soll in diesem Kapitel in einem ersten Schritt einführend erörtert werden.[5] In einem zweiten Schritt werden die Konsequenzen für die Entwicklung der Philosophie in Afrika erläutert, um im letzten Abschnitt auf bis heute wirksame Mechanismen des Ausschlusses aus der Disziplin der Philosophie aufmerksam zu machen.

1.1. Philosophiegeschichtsschreibung und Philosophiebegriff

Der Philosophiehistoriker Lucien Braun hat sich mit der Philosophiegeschichtsschreibung als Auswahlvorgang und damit kanonbildenden Prozess intensiv auseinandergesetzt. Er betont, dass das Schreiben einer Philosophiegeschichte zwar ein sekundärer Diskurs, ein Echo auf einen primären Diskurs,[6] das heißt auf vorhandene Werke und Debatten sei, dass gerade in diesem sekundären Prozess einer Philosophiegeschichtsschreibung jedoch in spezifischer Weise die Produktion von Sinn erfolge. Das Auswählen und Ausschließen, das Ordnen der Diskurse konstituiere allererst jene Bedeutungen, die bestimmten Werken, Konzepten und Autor:innen in der Folge zu- oder abgesprochen werden. Braun betont: »Wahr ist, dass dieser Akt niemals unschuldig, niemals ursprünglich ist.«[7] Und weiter heißt es bei ihm:

5 Ausführlich dazu Wimmer, *Interkulturelle Philosophie;* Park, *Africa, Asia, and the history of philosophy;* Schneider, *Die Vergangenheit des Geistes.*

6 Braun, *Geschichte der Philosophiegeschichte*, S. 2.

7 Ebd.

Immer schon gab es Lektüren, die durch Auslese, Auswahl, Klassifizierung die Texte in neuen Ensembles zusammenstellten: das ist es, was wir Philosophiegeschichte nennen. Die Resultate dieser Lektüren, solcher konstituierenden Realitäten, belasten alle späteren Lektüren. Das Gewicht dieser Trägheit macht sich beispielsweise in der Annahme geltend, einen Text als philosophisch anzusehen, nicht weil die gegenwärtige Evidenz ihn als solchen auswiese, sondern weil die Überlieferung ihn als solchen nimmt.[8]

Umgekehrt determiniert das »Gewicht dieser Trägheit« aber auch, welche Texte, Personen oder Ausdrucksformen als nicht-philosophisch, als vor-philosophisch, als in ihren qualitativen Eigenschaften nicht zur Philosophie fähig oder als philosophiehistorisch nicht relevant eingeordnet werden.

Bezüglich unseres Wissens über die griechische Antike betont Braun:

Was wir von der griechischen und lateinischen Antike wissen, ist das Ergebnis einer langsamen und geduldigen Arbeit der Wiederherstellung und der immer von neuem wiederholten Lektüre. Es wäre müßig, die Antike beschwören zu wollen, wie sie an sich gewesen ist. Sie ist eben das, was Gelehrte und Philologen, was Hegel, Nietzsche, Heidegger und andere über sie gesagt haben, ausgehend von Fragmenten, Texten und Spuren, die selbst wiederum eine Geschichte haben.[9]

Was mithin zur Philosophie und ihrer Geschichte gehöre, sei letztlich eine unlösbare Frage, »da doch jede Definition des Philosophischen aus einer bereits vorgegebenen philosophischen Einstellung hervorgeht und Philosophie sich begründet durch ihre eigene Evidenz«.[10]

Bereits die Bestimmung dessen, was Philosophie ist – eine bestimmte Form des Denkens, bestimmte Praktiken oder eine Wissenschaft beziehungsweise akademische Disziplin –, hat sich über die Jahrhunderte durchaus verändert. Dabei macht es einen großen Unterschied, ob Philosophie als eine Form des Denkens oder eben als Wissenschaft und akademische Disziplin verstanden wird. Das vorausgesetzte Verständnis von Philosophie, das je nach Ort und Zeit durchaus stark variieren kann,[11] sowie die institutionelle Or-

8 Ebd., S. 3.

9 Ebd., S. 9.

10 Ebd., S. 123.

11 Axel Beelmann betont: »Die Spannweite dessen, was als Philosophie bezeichnet

ganisation der Philosophie als Disziplin und ihre weitere Unterteilung in Subeinheiten und Forschungsrichtungen (theoretische und praktische Philosophie, Logik etc.) sind entscheidend für das Ein- oder Ausschließen von Konzepten oder Denker:innen aus der Erzählung der Geschichte der Philosophie.

Eine Analyse der Mechanismen von Auswahlprozessen und der komplexen Verhältnisse zwischen Diskurs, Macht und Institutionen liefert Michel Foucault in *Die Ordnung des Diskurses* (1970), ein Ansatz, der auch auf die Philosophiegeschichtsschreibung angewendet werden kann. Foucault macht darauf aufmerksam, dass der Diskurs durch Faktoren gesteuert wird, die außerhalb seiner selbst liegen. Dabei erfolgt die Bändigung oder eben Ordnung des Diskurses durch die Ausschließung dessen, was nicht den (von den Diskursteilnehmer:innen selbst aufgestellten) diskursiven Regeln entspricht. Dazu gehören laut Foucault die »Verknappung« des Diskurses in Form von Hierarchien und Ordnungsmustern, also eine Kanonisierung, ebenso wie die Bedeutung des Prinzips der Autorschaft und die Verknappung der sprechenden Subjekte, zum Beispiel durch einen beschränkten Zugang zu den Diskursen. Deutlich wird bei Foucault, ebenso wie bei Braun, dass diese Art des Ordnens der Diskurse eng mit Fragen der (Definitions-)Macht im Zusammenhang steht. Die Definitionsmacht der europäischen akademischen Philosophen, die sich nicht zuletzt in der politischen und ökonomischen Vormachtstellung Europas nach dessen Expansion seit dem 15. Jahrhundert begründet – ein kleiner Kreis an sprechenden Subjekten, der sich lange Zeit auf männliche, europäische Philosophen beschränkte und Frauen ebenso wenig in diesen Kreis

und unter ihrem Namen rubriziert worden ist, reicht vom Allerweltswort für jegliche Art von Kenntnis bis hin zum Exklusivtitel für reine Wissenschaftlichkeit. Die Philosophie kreist mehr um ihre definitorische Mitte, als daß sie eine solche besäße.« Beelmann, *Theoretische Philosophiegeschichte,* S. 249 f. Zur Veränderung des Philosophiebegriffs in Europa von der griechischen Antike bis ins 20. Jahrhundert vgl. den Überblick von R. Elberfeld, *Was ist Philosophie? Programmatische Texte von Platon bis Derrida,* Stuttgart 2006. Elberfelds Sammlung illustriert, dass die europäische Tradition selbst über kein einheitliches, unumstrittenes Verständnis von Philosophie verfügt. Vielmehr hat sich der Philosophiebegriff aufgrund verschiedener historischer Umstände, wie der Entwicklung der Wissenschaften, des Einflusses der Religionen (zum Beispiel die Reformation), von Entwicklungen in Kunst, Kultur und Technologie oder ökonomischen Entwicklungen (Kapitalismus und Kolonialismus), ständig verändert.

eintreten ließ wie Vertreter:innen außereuropäischer Denktraditionen –, und die Bedeutung der Autorschaft gehören auch zu jenen Mechanismen, die maßgeblich zum Ausschluss Afrikas und anderer Regionen der Welt aus der Philosophiegeschichtsschreibung beigetragen haben. Seit dem Ende des 18. Jahrhunderts bleiben philosophische Traditionen und Denker:innen Afrikas tatsächlich aus fast jeder in Europa oder Nordamerika entstandenen Philosophiegeschichte ausgeschlossen. Dies dokumentiert ein kurzer Blick in einige Werke zur Philosophiegeschichte, wie sie in Bibliotheken oder Buchhandlungen zu finden sind.[12]

Mit diesem Selektionsprozess und der Entstehung des Eurozentrismus in der europäischen Philosophiegeschichte haben sich insbesondere Franz Martin Wimmer und Peter K. J. Park beschäftigt und dabei nachvollzogen, wo und wann der Ausschluss außereuropäischer Philosophien aus dem Kanon der Philosophiegeschichte erfolgt ist. Im Folgenden sollen kurz die wichtigsten Punkte umrissen werden. Genauer können diese Prozesse in den bereits genannten Arbeiten der beiden Autoren[13] nachgelesen werden.

Der Versuch, die Entwicklung dessen festzuhalten und nachzuvollziehen, was als Philosophie bezeichnet wurde, ist in der europäischen Philosophie Bestandteil des philosophischen Schaffens und der Auseinandersetzungen seit der griechischen Antike. Als erste Autoren gelten entweder Hippias von Elis (5. Jahrhundert BCE),

12 Erfreuliche Ausnahmen finden sich in einigen wenigen Versuchen, eine globale oder Weltgeschichte der Philosophie zu schreiben: Garfield/Edelglass (Hg.), *Oxford Handbook of World Philosophy*; P. J. King, *One hundred philosophers. The Life and Work of the World's Greatest Thinkers,* East Sussex 2004; N. Smart, *Weltgeschichte des Denkens. Die geistigen Traditionen der Menschheit,* Darmstadt 2002. Allerdings gibt es auch unter den Ansätzen einer Weltgeschichte der Philosophie solche, in denen Afrika nicht vorkommt: K. Schilling, *Weltgeschichte der Philosophie,* Berlin 1964; J. C. Plott, *Global History of Philosophy,* 5 Bände, Delhi 1963-1989; B.-A. Scharfstein, *A Comparative History of World Philosophy. From the Upanishads to Kant,* Albany 1998; Y.-M. Adeline, *Histoire mondiale de la philosophie,* Paris 2015. Zur Analyse bisheriger Ansätze einer Weltgeschichte der Philosophie siehe N. Herzl, »Globale Philosophiegeschichten in europäischen Sprachen. Ein Literaturbericht«, in: *Polylog. Zeitschrift für interkulturelles Philosophieren* 46 (2021), S. 117-126. Ein Herangehen, das sich der neuen Medien (Podcast) bedient und versucht, Philosophietraditionen in anderen Regionen der Welt gleichberechtigt vorzustellen, ist: Peter Adamson: *History of Philosophy Without Any Gaps,* ⟨https://historyofphilosophy.net⟩, letzter Zugriff 17. 2. 2022.

13 Vgl. S. 17, Fn. 14 in diesem Band.

dem die Zusammenstellung einer philosophischen Enzyklopädie nachgesagt wird,[14] oder Diogenes Laertius (ca. 3. Jahrhundert CE) als Verfasser des Werks *Über Leben und Lehren berühmter Philosophen.* Allerdings ist Philosophiegeschichtsschreibung keine europäische Erfindung. Berichte über die Entstehung der Philosophie, die Abfolge von Philosoph:innen und Werken oder die Entwicklung von Schulen finden sich auch in Werken arabischer Philosophen des Mittelalters von Abū Nasr al-Fārābī[15] (ca. 872-950) bis Ibn Ḫaldūn (auch Ibn Khaldun, 1332-1406).[16] Und auch in China finden sich frühe Versuche, philosophische Schulen zu ordnen, hier vor allem entlang der Geschichte von Dynastien.[17] In Indien können erste Doxographien bereits im 6./7. Jahrhundert CE nachgewiesen werden, wie zum Beispiel die *Ṣaḍdarśanasamuccaya* von Aacharya Haribhadra Suri. Weltweit besonders einflussreich, insbesondere seit dem 19. Jahrhundert, wurden allerdings Werke der europäischen Philosophiegeschichtsschreibung.

In der europäischen Philosophiegeschichtsschreibung war die Frage nach dem Ursprung der Philosophie noch bis ins 18. Jahrhundert umstritten (vgl. Kapitel 4). Auch war es bis zum Ende des 18. und Anfang des 19. Jahrhunderts noch üblich, die Philosophien außereuropäischer Völker in die Erzählung einer Philosophiegeschichte einzubeziehen. Dafür lassen sich viele Beispiele über

14 A. Patzer, *Der Sophist Hippias als Philosophiehistoriker,* Freiburg i. Br. 1986.

15 Abū Nasr al-Fārābī, »Über das Aufkommen der Philosophie«, in: G. Strohmaier (Hg.), *Von Demokrit bis Dante: die Bewahrung antiken Erbes in der arabischen Kultur,* Hildesheim 1996, S. 314-315.

16 Ibn Khaldun, *Die Muqaddima: Betrachtungen zur Weltgeschichte,* München 2011.

17 Vgl. u. a. H.-G. Möller, Sun Weixan, »Aspekte chinesischer Philosophiegeschichtsschreibung in der ersten Hälfte des 20. Jahrhunderts«, in: Elberfeld (Hg.), *Philosophiegeschichtsschreibung in globaler Perspektive*, S. 121-135, hier S. 122 f. Die Autoren verweisen darauf, dass bereits das *Shiji* (›Aufzeichnungen eines Chronisten‹, etwa zwischen 109 und 91 BCE entstanden) eine Auflistung von sechs philosophischen Schulen enthält. Als erste systematische Darstellung der Geschichte der chinesischen Philosophie gilt das *Ming Ru Xue'an* (1676) von Huang Zongxi. Siehe auch: Z. Wang, »Grundlinien einer altchinesischen Philosophiegeschichtsschreibung«, in: *Polylog. Zeitschrift für interkulturelles Philosophieren* 46 (2021), S. 37-52 und die Sammlung philosophiegeschichtlicher Erzählungen auf Chinesisch vor dem 19. Jahrhundert im Rahmen des Koselleck-Projekts: ⟨https://www.uni-hildesheim.de/histories-of-philosophy/philosophiegeschichten/chinesisch/von-der-vor-qin-zeit-ab-5-jh-v-u-z-bis-zur-qing-dynastie-1644-1912/⟩, letzter Zugriff 31. 3. 2022.

die Jahrhunderte hinweg anführen, wie Clemens von Alexandria[18] in der Zeit der Spätantike, Otto Heurnius (1600), Johannes Geradus Vossius (1658), Hermann Conring (1651)[19] im 16./17. Jahrhundert, Gottlieb Stolle (1718) oder Nikolaus Hieronymus Gundling (1706)[20] Anfang des 18. Jahrhunderts. Michael Hissmann beschäftigt sich in seiner *Anleitung zur Kenntnis der auserlesenen Literatur in allen Teilen der Philosophie* (1778) explizit mit der Frage »Ob die sogenannten barbarischen Völker in der Geschichte der Philosophie aufgestellt werden dürfen?« (§ 17) und beantwortet diese Frage wie folgt:

Viele philosophische Geschichtschreiber lassen die ganze Philosophie erst mit dem Ursprung der griechischen Weltweisheit im Zeitalter des Thales und des Pythagoras, ohngefähr sechshundert Jahre vor Christi Geburt entstehen. Man hat mit Recht gefragt: warum man die Kenntnisse, die die übrigen Nationen der alten Welt vor und um diese Epoche besessen und eingesammlet, nicht eben so gut für philosophische Kenntnisse anzusehen habe. Alle Völker des Alterthums, die sich aus dem Zustand der ungesellschaftlichen Wildheit zusammengethan haben, hatten wenigstens eigenthümliche Systeme von Gesetzen und von Religionsbegriffen, die beträchtlichsten Gegenstände der ganzen Philosophie! – sie mögen nun diese Gesetz- und Religionssysteme selbst gebildet, oder von andern benachbarten Völkern, die sich etwa früher ausbildeten, angenommen haben. In der That findet man in den Religionssystemen der sogenannten Barbaren, so weit wir ihnen noch nachgehen können, die verwickeltsten Fragen der spekulirenden Vernunft, über die Welt und ihre Entstehung, über die Gottheit und ihre Beziehung auf den Menschen eingewebt. Ihre Gedanken über diese Gegenstände sind bisweilen eben so tiefsinnige, verschlungene Grübeleyen, wie es die Spekulationen der ältesten griechischen Philosophen sind, die über den Ursprung der Welt und des Menschengeschlechts Erklärungshypothesen, und über die Natur der Götter Meinungen schufen. – Warum sollen denn nicht alle diese kultivirte Völker des Alterthums, von deren Staats- und Religionsverfassung wir in zuverlässigen Geschichtschreibern

18 Clemens von Alexandrien, *Teppiche: Wissenschaftliche Darlegungen entsprechend der wahren Philosophie* (*Stromateis*), München 1936-1938. Andere Autoren der Spätantike, die von Philosophie bei einer Vielzahl von Völkern sprechen, sind Jamblichus (vgl. *De mysteriis Aegyptiorum, Chaldaeorum, Assyriorum, cum aliis platonicorum philosophorum opusculis*, Venetiis 1497), Porphyrios oder Eunapios von Sardes.

19 Siehe dazu auch H. Zedelmaier, *Der Anfang der Geschichte. Studien zur Ursprungsdebatte im 18. Jahrhundert*, Hamburg 2003, S. 74.

20 Vgl. Zedelmaier, *Der Anfang der Geschichte*, S. 84 f.

Nachrichten oder Fragmente von Nachrichten finden, Gegenstände der philosophischen Geschichte sein?[21]

Dementsprechend führt er in seiner Arbeit verschiedene Philosophietraditionen an, von der »Aegyptischen Philosophie« (§ 24) über die »Chaldäische Philosophie« (§ 25), »Philosophie der Perser (§ 26), »Philosophie der Indier« (§ 27), »Philosophie der Sinesen« (§ 28), »Philosophie der Japanesen« (§ 29), »Philosophie der Phönizier« (§ 30) bis zur »Philosophie der keltischen Völkerschaften« (§ 31). Das am meisten zitierte Beispiel für die Einbeziehung außereuropäischer Philosophietraditionen in eine Geschichte der Philosophie ist aber Jakob Brucker (1696-1770) mit seinem Werk *Kurtze Fragen aus der philosophischen Historie vom Anfang der Welt biß auf die Geburt Christi* (1731-1736) und seiner *Historia critica philosophiae a mundi incunabilis ad nostram usque aetatem deducta* (1742-1744). Auch Brucker erwähnt neben den Chaldäern, Persern, Indern und Arabern die Ägypter und die Äthiopier.[22]

Die Werke der genannten Autoren – und mehr ließen sich nennen – belegen, dass in früheren Jahrhunderten durchaus davon ausgegangen wurde, dass sich im antiken Griechenland nicht voraussetzungslos Philosophie entwickelte und Griechenland somit nicht als einzige Quelle der Philosophie betrachtet werden kann. Als die letzten Werke, die Völker und Kulturen umfassen, die den Griechen vorausgingen, werden häufig die *Allgemeine Geschichte der Philosophie* (1787) von Johann August Eberhard und das *Lehrbuch der Geschichte der Philosophie* (1796) von Johann Gottlieb Buhle genannt.[23] Aber noch 1798 behandelt Johann Andreas Ortloff die Philosophie der »Hebräer«, »Chaldäer«, »Perser«, »Araber«, »Aegypter«, »Indier«, »Sineser«, »Japaneser« und »Phönizier«.[24] Und 1807 hebt Johann Heinrich Ernesti in seinem *Encyclopädischen Handbuch einer allgemeinen Geschichte der Philosophie und ihrer Literatur* ebenfalls die Vorläufer der griechischen Philosophie hervor.[25]

21 M. Hissmann, *Anleitung zur Kenntnis der auserlesenen Literatur in allen Teilen der Philosophie,* Göttingen 1778, S. 31 f.

22 Vgl. auch J. Brucker, *Institutiones historiae philosophicae usui academicae juventutis adornatae,* Lipsiae 1747.

23 Vgl. Schneider, *Die Vergangenheit des Geistes*, S. 74.

24 J.A. Ortloff, *Handbuch der Literatur der Geschichte der Philosophie*, Erlangen 1798.

25 J.H. Ernesti, *Encyclopädisches Handbuch einer allgemeinen Geschichte der Philosophie und ihrer Literatur*, Lemgo 1807. Vgl. §14 »Über den Streitpunkt wegen

Als zentrale Werke, in denen sich der Bruch mit allen Vorläufern griechischer Philosophie und das Postulat vom Ursprung der Philosophie im alten Griechenland in voller Ausprägung manifestieren, gelten Dietrich Tiedemanns (1748-1803) *Der Geist der spekulativen Philosophie* (1791-1797) und die *Geschichte der Philosophie* (1798-1819) von Wilhelm Gottlieb Tennemann (1761-1819).[26] Allerdings ist umstritten, wann genau diese Wende stattgefunden hat. Peter Park setzt sie bereits etwas früher an, nämlich bereits bei Christoph Meiners (1747-1810) und dessen *Geschichte des Ursprungs, Fortgangs und Verfalls der Wissenschaften in Griechenland und Rom* (1781) sowie *Grundriss der Geschichte der Menschheit* (1785). Martin Bernal dagegen, einer der wohl bekanntesten Protagonisten in der Debatte um die Bedeutung des Alten Ägypten (vgl. Kapitel 4), setzt diese Wende später, nämlich um etwa 1830, an.[27]

Aber was sind nun die Gründe für den Ausschluss aller anderen Regionen und Kulturen der Welt aus der Geschichte der Philosophie beziehungsweise für den Alleinvertretungsanspruch der europäischen Philosophie? Ulrich Johannes Schneider argumentiert, dass es eine neue Definition der Philosophie war, die zu einer völlig neuen Vorstellung von der Geschichte der Philosophie geführt hat.[28] Diese Definition orientierte sich am wissenschaftlich-rationalen Vernunftgebrauch eines Individuums, des Philosophen. Als Beispiel führt Schneider hier Dietrich Tiedemanns *Der Geist der spekulativen Philosophie* an. Tiedemann argumentiert in seiner Vor-

des Anfangs der Geschichte«, ab S. 130. Auch Ernesti erwähnt noch die Hebräer (§ 16), Ägypter (§ 17), Inder (§ 18), Phönizier (§ 19) etc. und liefert zugleich jeweils eine Reihe von Quellenverweisen. Kritisch wendet sich Ernesti gegen Tiedemann und Tennemann, die diese Völker ausgeschlossen haben (S. 131), räumt aber ein, dass beide wohl Recht haben, bei den Griechen zu beginnen, wenn es um »Philosophie als Wissenschaft« gehe (S. 132).

26 Vgl. Schneider, *Die Vergangenheit des Geistes,* ab S. 75. Ähnlich auch R. Bernasconi, »Philosophy's Paradoxical Parochialism: The Reinvention of Philosophy as Greek«, in: K. Ansell-Pearson u. a. (Hg.), *Cultural Readings of Imperialism*, London 1997, S. 212-226.

27 M. Bernal, *Black Athena: The Afroasiatic Roots of Classical Civilization,* New Brunswick, NJ 1987.

28 Schneider: *Die Vergangenheit des Geistes,* S. 76. Auch Roger-Pol Droit argumentiert, dass eine Verengung des Philosophiebegriffs im 18./19. Jahrhundert zum Ausschluss anderer Denktraditionen aus der Disziplin geführt habe, vgl. R.-P. Droit, *Généalogie des barbares,* Paris 2007.

rede gegen den Einschluss anderer Völker in eine Philosophiegeschichte wie folgt:

Die Frage über den Anfang dieser Geschichte haben die bisherigen Forscher einmüthig dahin entschieden, daß von den Meynungen der ältesten Völker Asiens, und Afrikas, von welchen Cultur in hohem Grade bekannt ist, sie müsse aus- und von da zu den Griechen übergehn. Da mir Beweise davon bisher nicht sind vorgekommen, so kann ich, ohne Jemand durch Widerlegen zu nahe zu treten, sogleich zu Ausstellung einiger Gegengründe schreiten, in Hoffnung, man werde mir Abweichung vom hergebrachten aus Gründen, nicht verargen. Philosophie ist nicht bloße Sammlung von Meynungen über philosophische Gegenstände, sondern Innbegriff von Meynungen aus Gründen, sie mögen nun aus Begriffen hergenommen seyn, oder aus Erfahrungen. So lange Menschen über philosophische Gegenstände ihre Meynungen schöpfen aus der Dichtkraft, und Systeme annehmen, weil sie der Phantasie gefallen, ohne alle Beweise; so lange ferner sie philosophische Meynungen bloß stützen auf Ansehen, und zwar, wie es in frühen Zeiten immer geschieht, auf Ansehen einer Offenbarung, oder unvordenklicher Ueberlieferung; solange kann ihnen Philosophie unter keinem rechtlichen Vorwande werden zugeschrieben. Alle Meynungen dieser Art gehören in die Geschichte des menschlichen Verstandes überhaupt, in die Geschichte der ersten und früheren Ausbildung menschlicher Kenntnisse, nicht in die der Weltweisheit.[29]

Tiedemann führt ein methodisches Kriterium ein und spricht von einer vernunftgemäßen Philosophie. Thales ist bei ihm der erste Philosoph, weil er seine Lehre nicht auf ›Dichtkraft‹ (Mythen) oder einen Offenbarungsglauben gründet, sondern auf Vernunft: »Mit Thales also hebt die Geschichte der Weltweisheit so lange an, bis man vor ihm Jemanden wird auffinden, der auf Ansehen der Vernunft seine Lehren gegründet hat.«[30] Philosophie wird damit definiert als begründete Überzeugung eines Individuums. Ein Phi-

29 Tiedemann, *Der Geist der spekulativen Philosophie*, Band I: Von Thales bis Sokrates, S. xviii-xix. Weiter heißt es an dieser Stelle: »Nun wird allgemein zugestanden, daß alle Lehren der Chaldäer, Perser, Indier, und selbst der Aegypter, so weit sie uns bekannt sind, entweder bloße Dichtungen halb roher Zeiten enthalten, oder auf religiöse Vorstellungen hinausgehen, keine zuverlässige Nachricht wenigstens gedenkt irgend einiger Beweise aus Begriffen, oder Erfahrungen. Von der Philosophie dieser Völker haben wir demnach kein Recht zu reden, noch in einer Geschichte der Philosophie solche Lehren aufzustellen.« (S. xix)

30 Ebd.

losoph ist dann derjenige, von dem überliefert ist, dass er sich Argumenten und Schlussfolgerungen bedient, die auf Vernunft, Logik und Empirie basieren.

Auch für Tennemann ist die Geschichte der Philosophie eine Erzählung über die Verwirklichung der Vernunft. Die Geschichte der Philosophie bezieht sich auf die Tätigkeit der Vernunft selbst:

> Soll die Geschichte der Philosophie nicht blos die Neugierde, sondern die Wissbegierde befriedigen, so kann ihr Zweck kein anderer seyn, als die gründliche Erkenntniss des allmähligen Werdens, Fortschreitens oder Zurückschreitens, mithin überhaupt des Ganges im Philosophieren, und der fortschreitenden Entwicklung der Philosophie als Wissenschaft. Dieser Zweck kann nicht durch blosse Kenntniss des Geschehenen, als wahrer und bestimmter Thatsachen, erreicht werden, sondern hängt auch von Erkenntniss der Gründe und Folgen oder des Zusammenhangs der Begebenheiten ab.[31]

Ziel ist für Tennemann, dass »die philosophierende Vernunft [...] früher oder später zur wahren Selbsterkenntniss gelangen, die wahre Methode des Philosophierens immer mehr entwickeln« werde.[32] Sehr deutlich formuliert diesen Anspruch auch Ernesti, bei dem es heißt:

> So reicht Forschung, Sammlung und Darstellung reiner philosophischer Thatsachen nicht hin zu diesem Zweige der Litteratur [der Geschichte der Philosophie, A. G.]: die Materialien müssen nach dem Zweck der Geschichte der Philosophie in den Quellen aufgesucht, vollständig und critisch gesammelt, und, zu einem Ganzen vereinigt, planmäßig vorgetragen werden, so daß man dabey das Ideal einer Philosophie immer im Auge behalte, und darnach die Versuche der philosophirenden Vernunft würdige,

31 Tennemann, *Grundriß der Geschichte der Philosophie,* S. 5. Und auch für Tennemann gilt, dass ein »Forschen nach Gründen« erst im antiken Griechenland begann: »Diesen ersten Schritt über die Natur that die Vernunft unter den Griechen, zu Thales' Zeiten, und mit ihm beginnt die obgleich noch dunkle Geschichte der Philosophie.« Tennemann, *Geschichte der Philosophie*, Band 1 (1798), S. 32. Modern ist sein Versuch einer Philosophiegeschichtsschreibung insofern, als er die von ihm behandelten Philosophen und Theorien unter Berücksichtigung des historischen und kulturellen Kontextes darstellt.

32 Ebd., S. 567.

ob sie nämlich diesem Ideal sich näherten, oder sich von demselben entfernten, ob sie dasselbe erreichten, oder verfehlten, damit die erforderliche Einheit in diese Geschichte komme.[33]

Ernesti bedauert in diesem Zusammenhang, dass diesen Forderungen bisher noch nicht Genüge getan worden sei, da es noch an einem Begriff der Philosophie mangele, der »völlig rein und vollständig« sei. Aus diesem Grund erfülle selbst Tennemanns Werk den skizzierten Anspruch nicht.[34] Die Vorstellung, dass die Geschichte der Philosophie durch einen kontinuierlichen Prozess der Selbsterkenntnis der Vernunft gekennzeichnet ist,[35] wird für die folgenden philosophiegeschichtlichen Erzählungen prägend werden und im Hegelschen System ihre Vollendung finden.

Lucien Braun zeigt in seiner Analyse, dass die Verwissenschaftlichung des historischen Denkens im 18. Jahrhundert zu einer Standardisierung des Begriffs der Philosophie führte, die mit der Vorstellung von einem ständigen Fortschreiten des Wissens, seiner Höher- und Weiterentwicklung einherging und auch die Vorstellungen von der Geschichte der Philosophie zu dominieren begann. In dieser Vorstellung sind frühere philosophische Theorien und Konzepte Stufen auf dem Weg zur Wahrheit und die Abfolge philosophischer Konzepte eine kontinuierliche Geschichte des Fortschritts.

Mit der Verwissenschaftlichung des Verständnisses von Philosophie ging zugleich eine Wende zur Autorschaft einher. Das heißt, das Benennen von Urhebern einer Idee oder einer Theorie und das Offenlegen von Quellen wurden zu einer Grundbedingung. Wie im obigen Zitat von Tiedemann deutlich wird, fehlen ihm die Beweise für ein Philosophieren in Afrika oder Asien. Schneider folgert:

Durch die theoretische Definition von Philosophie zum einen als durch Vernunft begründete Lehre und zum anderen durch die Forderung, dafür

33 Ernesti, *Encyclopädisches Handbuch einer allgemeinen Geschichte der Philosophie*, S. 36 f.

34 Ebd., S. 38.

35 Diese Vorstellung finden wir schon bei Brucker. Für ihn besteht die Funktion der Philosophiegeschichte ebenfalls in der Dokumentation des Werdegangs der Vernunft und des Erkenntnisfortschritts. Hier wird bereits ein Ideal des Fortschreitens der Erkenntnis, ein teleologisches Verständnis der Entwicklung der Philosophie deutlich, das in späteren philosophiegeschichtlichen Werken, wie bei Tennemann, dann zum leitenden Motiv der Darstellung wird.

als Beleg nur die auf die Lehre bezogene Nachricht gelten zu lassen, wird alle vorgriechische Philosophie aus der Philosophiegeschichte verbannt.[36]

Tiedemann argumentiert übrigens ganz ausdrücklich gegen Auffassungen, dass Thales sein Wissen seinem Aufenthalt in Ägypten zu verdanken habe. Ein ›wirklicher‹ Philosoph könne nicht Schüler einer fremden Kultur sein. Dies wäre ein Mangel an Originalität. So wird die Frage nach dem Ursprung der Philosophie verengt auf die Frage der Originalität des Philosophen. Der Einfluss von Spekulation, Religion und Mythos wird marginalisiert, um eine ununterbrochene Tradition zu erschaffen,[37] deren Einheit auf einer ununterbrochenen Reihe von Autoren der Philosophie basiert, die benannt werden können. Autorschaft wird zum entscheidenden Kriterium für das Einbeziehen in die Geschichte der Philosophie.

Es ist also die Definition des Begriffs Philosophie beziehungsweise der Träger der Philosophie, die den jeweils ausschließenden oder einschließenden Mechanismus bestimmt. Die Wissenschaftlichkeit der Philosophie, die bereits im 17. Jahrhundert von Philosophen wie Francis Bacon oder René Descartes als Form einer Methodologie ausdrücklich gefordert wurde, wird ab dem 19. Jahrhundert zunehmend mit institutioneller akademischer Verankerung identifiziert, das heißt mit der Institution Universität als Bereich wissenschaftlicher Arbeit. Dies geht einher mit der Institutionalisierung der Philosophie als Disziplin an den Universitäten im 19. Jahrhundert. Damit wird der Universitätsphilosoph zum Träger der Philosophie – eine Vorstellung, die bis heute prägend ist. Oder wie Schneider es formuliert: »Die Philosophen haben zugleich gelernt, ihr akademisches Erscheinungsbild als Maßstab aller philosophisch genannten Denk-Anstrengungen zu verallgemeinern.«[38] Wird der Begriff Philosoph so gefasst, dass Priester oder Magi (man könnte hier auch Zen-Meister, traditionelle Weise, Griots etc. nennen) herausfallen, dann fällt auch die vorgriechische Philosophie aus der Philosophiegeschichte heraus, so Schneider.

Und in der Tat ist es eben eine derart modifizierte Definition der Philosophie, exemplifiziert am Begriff des Philosophen, die den entscheidenden

36 Schneider, *Die Vergangenheit des Geistes,* S. 77.

37 Ebd., S. 76 f.

38 Schneider, *Philosophie und Universität,* S. 13.

Grund abgibt, die Philosophiegeschichte erst mit den Griechen beginnen zu lassen.[39]

Darüber hinaus betrifft dieser Ausschluss aber nicht nur außereuropäische Philosophien, sondern auch ganze Philosophietraditionen innerhalb Europas als geographischen Raums. Christliche Philosophie (frühchristliche, mittelalterliche oder auch byzantinische) steht aufgrund ihres Verbleibens im Rahmen eines Offenbarungsglaubens ebenso zur Debatte (vgl. Kapitel 7) wie Strömungen, die Philosophie als eine Lebenspraxis begreifen.

Betrachtet man die europäische Tradition der Philosophiegeschichtsschreibung aus einer Metaperspektive und unter spezifischer Berücksichtigung des Ein- oder Ausschlusses außereuropäischer Traditionen, wird deutlich, dass noch bis zum Ende des 18. Jahrhunderts unterschiedliche Auffassungen sowohl über den Ursprung der Philosophie als auch den Beitrag außereuropäischer Traditionen zur Geschichte der Philosophie vertreten wurden. Die Entstehung des ›Anderen der Vernunft‹ und eine Tendenz des Ausschließens, welche nicht nur außereuropäische Philosophietraditionen betraf, sondern auch einige europäische und das philosophische Wissen von Frauen, sind das Ergebnis einer Wende im Verständnis von Philosophie hin zu einer Verwissenschaftlichung und Anbindung an die universitäre Disziplin der Philosophie im späten 18. und frühen 19. Jahrhundert.

1.2. Konsequenzen für Afrika

Die teleologischen großen Erzählungen der Philosophiegeschichte haben die Praxis der Philosophiegeschichtsschreibung und das Philosophieverständnis der letzten 200 Jahre in Europa und Nordamerika – und aufgrund der Expansion europäischer Wissenschaft und Universitätssysteme infolge der Kolonisierung in weiten Teilen der Welt – grundlegend geprägt. Im 19. Jahrhundert versuchten sich von Hegel über Herder bis Schelling fast alle bedeutenden Philosophen an einer systematischen Aufarbeitung ihrer Vorgänger. Zugleich hatte dieses Herangehen ernsthafte Konsequenzen für

39 Schneider, *Die Vergangenheit des Geistes,* S. 76.

die Wahrnehmung philosophischer Traditionen in Afrika, Asien, Lateinamerika und im Mittleren Osten. Ich beschränke mich im Folgenden auf den Ausschluss Afrikas, da dieser Kontinent im Fokus der vorliegenden Untersuchung steht.

Exemplarisch geschieht der Ausschluss der Philosophien anderer Kontinente in Hegels *Vorlesungen über die Geschichte der Philosophie*. Hegel liefert hier ebenso wie in seinen *Vorlesungen über die Philosophie der Weltgeschichte* Argumente, die zum Teil bis heute herangezogen werden, um Denktraditionen und Philosophien Afrikas auszuschließen. Anhand Hegels oder anderer Klassiker des 19. Jahrhunderts ließe sich auch der Ausschluss weiterer Weltregionen aus der Philosophiegeschichte nachvollziehen, der mit einigen ähnlichen, aber auch anderen, regionsspezifischen Argumenten gerechtfertigt wurde.[40] Denn der Ausschluss Indiens und Chinas, die über eine lange Schrifttradition verfügten, ebenso wie der Ausschluss der arabisch-islamischen Philosophie mussten auf andere Weise begründet werden. Insbesondere der Ausschluss der chinesischen Philosophie erscheint aus heutiger Sicht unverständlich, da die erste lateinische Edition der Klassiker des konfuzianischen Kanons bereits 1687 entstand[41] und somit eine Textbasis vorlag, was für das Afrika südlich der Sahara nicht zutraf, ebenso wenig für das Alte Ägypten, dessen Schriftsystem in jener Zeit nicht entschlüsselt war.

Für Hegel ist Afrika (südlich der Sahara) ein Weltteil, der gänzlich außerhalb der Weltgeschichte steht. Die Einwohner:innen dieses Erdteils können daher auch nicht zur Entwicklung von philosophischem Denken fähig sein. Im Grunde sind das im Hegelschen System zwei Seiten einer Medaille, denn Philosophie setzt für Hegel

40 Zum Ausschluss von Philosophietraditionen aus anderen Regionen siehe u. a. Park, *Africa, Asia, and the History of Philosophy* (Asien); Schneider, *Die Vergangenheit des Geistes,* S. 247-264 (China), S. 227-247 (Ägypten). Zur Kontroverse über den Status der Denktraditionen Chinas in der europäischen Philosophie siehe A. Rüdiger, »China als philosophiehistorisches Problem zwischen Philosophia perennis und frühaufklärerischem Eklektizismus«, in: Elberfeld (Hg.), *Philosophiegeschichtsschreibung in globaler Perspektive,* S. 195-230. Und zur problematischen Stellung der arabischen Philosophie in der europäischen Philosophiegeschichtsschreibung siehe u. a. C. König-Pralong, »Alterität, fremde Nähe und Hybridisierung. Die Araber in der Philosophiegeschichte um 1800«, in: ebd., S. 231-251.

41 P. Couplet u. a.: *Confucius Sinarum philosophus, sive Scientia Sinensis Latine exposita studio & opera,* Paris 1687.

zweierlei voraus: eine bestimmte Stufe abstrakten Denkens und die Freiheit des Denkens,[42] die wiederum an eine bestimmte politische Ordnung gebunden ist:

In der Geschichte tritt daher die Philosophie nur da auf, wo und insofern freie Verfassungen sich bilden. Der Geist muß sich trennen von seinem natürlichen Wollen, Versenktsein in den Stoff.[43]

Die »Orientalische Welt«, die Hegel als Vorstufe philosophischen Denkens betrachtet, fällt für ihn aus der Philosophiegeschichte heraus, da hier keine vollkommene Trennung der Einheit des Geistes mit der Natur stattfand und zudem despotische Regime eine Freiheit des Gedankens unmöglich machten. Afrika kann nach Hegel nicht einmal als Vorstufe betrachtet werden, denn es steht nur an der »Schwelle der Weltgeschichte«. Wie es in Hegels *Vorlesungen über die Philosophie der Weltgeschichte* (deren Inhalte uns allerdings nur indirekt durch Vorlesungsmitschriften überliefert sind) heißt, seien die Einwohner Afrikas weder zu Bildung noch Entwicklung fähig. Sie seien gefangen in Aberglauben und Fetischismus, ohne jegliche Sittlichkeit und Moral. Und so schließt Hegel:

Darum verlassen wir hiermit Afrika, um späterhin seiner keine Erwähnung mehr zu tun. Denn es ist kein geschichtlicher Weltteil; er hat keine Bewegung und Entwicklung aufzuweisen, und was etwa in ihm, das heißt, in seinem Norden geschehen ist, gehört der asiatischen und europäischen Welt zu. Karthago war dort ein wichtiges und vorübergehendes Moment; aber als phönizische Kolonie fällt es Asien zu. Ägypten wird im Übergange des Menschengeistes von Osten nach Westen betrachtet werden, aber es ist nicht dem afrikanischen Geiste zugehörig. Was wir eigentlich unter Afrika verstehen, das ist das Geschichtslose und Unaufgeschlossene, das noch ganz im natürlichen Geiste befangen ist, und das hier bloß an der Schwelle der Weltgeschichte vorgeführt werden mußte.[44]

Als »geschichtsloser«, im »natürlichen Geist« befangener Kontinent ist Afrika kein Bestandteil der Weltgeschichte, geschweige denn einer Philosophiegeschichte, denn hier hat weder ein »Losreißen vom

42 G.W. F. Hegel, *Vorlesungen über die Geschichte der Philosophie*, Erster Band, Leipzig 1982, S. 91 f.

43 Ebd., S. 93.

44 G.W. F. Hegel, *Vorlesungen über die Philosophie der Weltgeschichte*, Band I: *Die Vernunft in der Geschichte*, Hamburg 1955, S. 234.

Natürlichen« stattgefunden, noch existieren »freie Verfassungen« oder überhaupt staatliche Strukturen, wie Hegel in seinen weiteren Beschreibungen des »inneren Afrika« ausführt. So heißt es bei ihm:

Im Allgemeinen müssen wir sagen, daß im inneren Afrika das Bewußtsein überhaupt noch nicht zu der Anschauung eines festen Objektiven, einer Objektivität gekommen ist. Die feste Objektivität heißt Gott, das Ewige, das Rechte, die Natur, die natürlichen Dinge. [...] Die Afrikaner aber sind noch nicht zu dieser Anerkennung des Allgemeinen gekommen; ihre Natur ist die Gedrungenheit in sich: was wir Religion, Staat, an und für sich Seiendes, schlechthin Geltendes nennen, alles dies ist hier noch nicht vorhanden. Die weitläufigen Berichte der Missionare bestätigen dies vollkommen, und nur der Mohammedanismus scheint das einzige zu sein, was die N. noch einigermaßen der Bildung annähert.[45]

Mehr noch, der Charakter des »N ...« mache diesen zu keiner Entwicklung und Bildung fähig:

[...] und wie wir sie heute sehen, so sind sie immer gewesen. In der ungeheuren Energie der sinnlichen Willkür, die hier herrscht, hat das Sittliche keine bestimmte Macht. Wenn man fürchterliche Erscheinungen in der menschlichen Natur will kennen lernen, in Afrika kann man sie finden. Dasselbe melden die ältesten Nachrichten über diesen Weltteil; er hat eigentlich keine Geschichte.[46]

Hegel spricht auch davon, dass wir im südlichen Afrika den Menschen in seiner »Barbarei, in der Wildheit sehen, wo er noch kein integrierendes Ingrediens zur Bildung abgibt«, vom »Kinderland, das jenseits des Tages der selbstbewußten Geschichte in die schwarze Farbe der Nacht gehüllt ist«.[47]

In Asien ist für Hegel zwar »das Licht des Geistes, das Bewußtsein von einem Allgemeinen und damit die Weltgeschichte aufgegangen«,[48] doch handelt es sich hier nur um eine Vorstufe der Weltgeschichte und auch der Philosophie. Die »eigentliche Philosophie« beginnt für Hegel erst in der griechischen Welt[49] – eine Auffassung,

45 Ebd., S. 217.
46 Ebd., S. 234.
47 Ebd., S. 214.
48 Ebd., S. 235.
49 »Die eigentliche Philosophie beginnt im Okzident. Erst im Abendlande geht diese Freiheit des Selbstbewußtseins auf, das natürliche Bewußtsein in sich unter

die sich bis heute in den meisten Bänden zur Geschichte der Philosophie in Europa und Nordamerika widerspiegelt.

Für afrikanische Philosoph:innen brachte die Wirkmächtigkeit von Aussagen wie jenen Hegels, der hier nur als einer der prominentesten Vertreter solcher Auffassungen zitiert wurde, in der Konsequenz mit sich, dass sie ständigen Zweifeln an der Existenz philosophischer Traditionen Afrikas und einem Legitimationszwang bezüglich ihrer Arbeit ausgesetzt waren. Das Fehlen afrikanischer philosophischer Schulen und Konzepte auch in gängigen Philosophiegeschichten neueren Datums schien die Nichtexistenz von Philosophie in Afrika und die Unfähigkeit der Afrikaner:innen zum Philosophieren zu bestätigen.

Die Ignoranz gegenüber philosophischen Traditionen Afrikas in Standardwerken der Philosophiegeschichte trug zu einer Verfestigung des Bildes von Afrika als »geschichtslosem Kontinent« bei, das zur Legitimation des philosophischen Desinteresses herangezogen wurde. Bis heute wird Afrika zum Teil noch als ein Kontinent dargestellt, der über keine eigene Geschichte verfügt, sondern, wenn er überhaupt in der Weltgeschichte eine Rolle spielt, nur im Zusammenhang mit dem Einwirken externer Kräfte Beachtung findet. Dazu gehören die römische Eroberung Ägyptens, die ›Entdeckung‹ und Umsegelung des Kontinents durch die Portugiesen im 15. Jahrhundert, Sklaverei und Kolonialismus oder auch der antikoloniale Befreiungskampf gegen die europäischen Kolonialmächte. Die mediale Präsenz Afrikas ist weiterhin gekennzeichnet von einem oft mit drastischen Bildern durchsetzten Narrativ, in dem Afrikaner:innen als Opfer von Kriegen und Misswirtschaft, von Globalisierung und Umweltzerstörung gezeigt werden. Auch hier werden seine Bewohner:innen weder als historische Akteur:innen betrachtet noch wird ihnen die Fähigkeit zu eigenständiger geschichtlicher Entwicklung zugetraut. Entwicklungen und Veränderungen auf diesem Kontinent werden durch äußere Einflüsse erklärt, eigenständige kultur- und geistesgeschichtliche, politische, technische oder wissenschaftliche Entwicklungen werden kaum erwähnt.

Während verschiedene Philosophietraditionen Asiens, insbesondere in Indien, China und Japan, oder auch die arabische

und damit der Geist in sich nieder.« Hegel, *Vorlesungen über die Geschichte der Philosophie*, S. 96.

Philosophie inzwischen (wieder) in einer gewissen Breite rezipiert und auch unterrichtet werden, bleiben afrikanische philosophische Traditionen weiterhin randständig.[50] Und während es mit Blick auf die genannten Regionen über die letzten Jahrhunderte hinweg immer auch Fürsprecher:innen gab, die der vorherrschenden Meinung, die Wurzeln der Philosophie lägen ausschließlich in Europa, widersprachen und sich mit Philosophietraditionen aus China, Indien oder auch der islamischen Welt beschäftigten und sogar eine Integration in den Kanon der Philosophiegeschichte befürworteten,[51] scheint dies im Fall der Philosophie Afrikas südlich der Sahara nicht zuzutreffen. Bis heute besteht eine allgemein verbreitete Skepsis gegenüber den ideengeschichtlichen und insbesondere philosophischen Beiträgen Afrikas, wenn nicht gleich gänzlich in Frage gestellt wird, dass im Afrika südlich der Sahara vor dem 20. Jahrhundert Philosophie existierte. Noch deutlicher als in den akademischen Debatten wird der Ausschluss afrikanischer Philosophien in der Hochschullehre. Während in den USA Philosophie in Afrika an einigen Universitäten unterrichtet wird, nicht zuletzt aufgrund der starken Schwarzen akademischen Gemeinschaft, gibt es in europäischen Philosophieinstituten (auch an deutschsprachigen Universitäten und Hochschulen) im Prinzip keine Lehrveranstaltungen zur Philosophie in Afrika. Nur sehr vereinzelt finden Kurse statt, die das Resultat des Engagements einzelner Wissen-

50 Für China, Indien und die arabische Philosophie gibt es zudem eine europäische Tradition der Auseinandersetzung. So beginnt die Beschäftigung mit China bereits im 17. Jahrhundert (siehe u. a. Gottfried Wilhelm Leibniz, *Novissima sinica,* 1697 oder *Briefe über China 1694-1716*). Ab dem 18. Jahrhundert beginnt das Interesse an Indien (siehe dazu u. a. W. Halbfass, *Indien und Europa. Perspektiven einer geistigen Begegnung,* Basel 1981). Für Afrika gibt es in Europa keine vergleichbare Auseinandersetzung – und auch keinen vergleichbaren Respekt für die Ideengeschichte des Kontinents. Dieses Problem betrifft jedoch nicht nur die ›westliche‹ Akademie, sondern ebenso die Interessenlage der Geisteswissenschaften anderer Kontinente.

51 Siehe dazu auch die inzwischen recht umfangreiche Literatur zur Philosophie und Philosophiegeschichte Indiens, Japans, Chinas oder der islamisch-arabischen Philosophie, die in Europa oder Nordamerika entstanden ist. Mit Afrika gibt es keine vergleichbare Auseinandersetzung. Forschungen zur Philosophie in Afrika werden in erster Linie von afrikanischen und afrikanisch-amerikanischen Philosoph:innen vorangetrieben. Die Rezeption ihrer Forschungen in der ›westlichen‹ Forscher:innengemeinschaft ist bis heute relativ gering.

schaftler:innen sind. Hinzu kommt ein Mangel an einschlägiger Fachliteratur in den Bibliotheken. All dies trägt zum Fortbestehen einer seit langem institutionalisierten Ignoranz gegenüber den Philosophien in Afrika beziehungsweise dem Fortbestehen einer akademischen oder epistemischen Ungerechtigkeit bei, die als solche von Akademikern:innen des globalen Nordens häufig nicht einmal wahrgenommen wird. Dieser Punkt bringt uns abschließend zu einigen Ausschlussmechanismen heute, welche die Marginalisierung afrikanischer Philosophie weiter verfestigen.

1.3. Mechanismen des Ausschlusses heute

Neben den bereits genannten Veränderungen im Verständnis von Philosophie und dem Wandel in der Praxis des Philosophierens hin zu einer Fachdisziplin, die sich an naturwissenschaftliche Methoden anlehnt, müssen auch außerphilosophische Faktoren mit in den Blick genommen werden, um den bis heute anhaltenden Ausschluss historischer und gegenwärtiger philosophischer Konzepte und Theorien außereuropäischer Regionen der Welt aus dem hegemonialen philosophischen Diskurs zu erklären. Denn eine mangelnde Hinwendung zu außereuropäischen Philosophien liegt auch in vorherrschenden strukturellen Ungleichheiten begründet, wie sie sich zum Beispiel im ungleichen Zugang zu gesellschaftlichen und akademischen Kommunikationsmitteln manifestieren. Solche strukturellen Ungleichheiten spiegeln sich außerdem in der Organisation von Fächern und Lehrplänen an den Universitäten, in Publikationsstrategien von Verlagen und Zeitschriften sowie in der Verteilung von Forschungsgeldern wider.

Auch wenn Universitäten und Akademien für sich in Anspruch nehmen, frei von politisch-ökonomischen und ideologischen Zwängen zu sein, sind sie doch eingebunden in strukturelle Machtverhältnisse und arbeiten unter dem Einfluss der asymmetrischen Bedingungen (sowie bisweilen, so muss man kritisch hinzufügen, auch an deren Verfestigung). Nicht nur die Philosophiegeschichtsschreibung, sondern die Institution Universität hat über das Aufstellen von Lehr- und Forschungsplänen eine besondere, den philosophischen Kanon formende Macht. Was als kanonisch gilt, bestimmt in weiten Teilen, welche Theorien, Konzepte, Kategorien und Autor:innen gelehrt und erforscht werden – und welche nicht. Durch das Aufnehmen in den Kanon des Faches werden Aufmerksamkeit und Ressourcen auf bestimmte Theorien, Autor:innen und Konzepte gelenkt – und damit zugleich, und das ist der springende Punkt, von anderen abgezogen. Dabei wird durch Bezugnahme auf die Geschichte der Philosophie ein bestimmter philosophischer Kanon ebenso gerechtfertigt wie eine bestimmte Art und Weise des Philosophierens, die wiederum auf folgende Erzählungen der Philosophiegeschichte zurückwirkt. Peter Park beschreibt diesen Prozess, der folglich nur schwer zu durchbrechen ist, wie folgt:

> An der modernen Universität führen Kurse zur Geschichte der Philosophie die Studierenden in die Philosophie als Disziplin ein. Kurse zur Geschichte der Philosophie wechseln sich mit Kursen zur Logik ab, um den Studierenden den Kanon der Philosophie in mehr als einem Sinne des Wortes Kanon zu vermitteln. Indem sie die Vergangenheit der Philosophie erzählt (was die Philosophie war), lehrt die Geschichte der Philosophie, was die Philosophie ist (das Konzept der Philosophie) [...]. Philosophen nutzen die Geschichte der Philosophie, um den Kanon der Philosophie zu bekräftigen, auch im Sinne der Autoren und Texte, die die Disziplin definieren, und um die kohärente und progressive Entwicklung der Philosophie aufzuzeigen.[52]

Die Entstehungsbedingungen des zugrundeliegenden Geschichtsbildes werden dabei zumeist nicht hinterfragt. Dieser Kreislauf kann letztlich nur durchbrochen werden durch eine bewusste und kritische Auseinandersetzung mit Wahrnehmungslücken in der Philosophie, das Infragestellen eines dominant gewordenen Verständnisses von Philosophie sowie geltender wissenschaftlicher Standards für die Disziplin, die wiederum Produkt eines – zunehmend nordamerikanischen – Diskurses sind. In Anbetracht der Macht, die der Kanon einer Disziplin heute auf die weitere Wissensproduktion ausübt, ist es zentral, dass er sich sowohl anhand von (stets neu zu hinterfragenden) wissenschaftlichen Standards als auch der Originalität von Theorien ausrichtet. Darüber hinaus sollte die zwangsläufig notwendige Selektion von als besonders relevant betrachteten Konzepten nicht von Faktoren wie Herkunft, Hautfarbe, Geschlecht oder Religion der Forscher:innen beeinflusst werden.

52 Park, *Africa, Asia, and the History of Philosophy*, S. 1, Übersetzung A. G.

Publikationsorgane wie Fachzeitschriften und Verlage haben einen entscheidenden Einfluss auf die Rezeption von Theorien und Konzepten. Die Wahl einer renommierten Fachzeitschrift oder eines angesehenen Verlages ist eine Grundvoraussetzung für die Wahrnehmung einer akademischen Publikation im internationalen Diskurs. So sind Verlagsprogramme, aber auch der Zugang von Autor:innen zu Publikationsmöglichkeiten (Printmedien, Zeitschriften und Onlinejournale) und nicht zuletzt zu den finanziellen Ressourcen für eine gut sichtbare Publikation von entscheidender Bedeutung. Hier bestehen weiterhin große Unterschiede zwischen Autor:innen aus Afrika auf der einen, aus Europa und Nordamerika auf der anderen Seite. Zudem werden Publikationen in afrikanischen Verlagen in Europa oder Nordamerika kaum wahrgenommen oder sind nicht zugänglich. Die Übermacht des amerikanischen Zeitschriftensektors wirkt inzwischen ebenfalls kanonbildend. Die neuen Zugangsmöglichkeiten über elektronische Publikationsverfahren, die es möglich machen, weltweit mehr oder weniger problemlos zumindest auf *Open-Access*-Veröffentlichungen zugreifen zu können, haben in dieser Hinsicht große Vorteile: Zum einen ermöglichen sie afrikanischen Autoren:innen eine größere Reichweite ihrer Beiträge zum Diskurs, zum anderen sind dadurch Informationen über die philosophischen Arbeiten in allen Regionen der Welt nun relativ leicht zugänglich. Aber auch hier gibt es weiterhin Asymmetrien, sei es hinsichtlich der für diese Art von Publikationen oft eingeforderten (hohen) finanziellen Beiträge an die Verlage oder hinsichtlich des (kostspieligen) Abonnements von Zeitschriften durch Universitätsbibliotheken und damit des Zugangs der Forschenden zu Fachzeitschriften; von den Problemen schwankender Energieversorgung, die das elektronische Arbeiten in manchen Ländern erheblich erschweren können, einmal ganz abgesehen.

Der Zugang zu finanziellen Ressourcen ist für die Wahrnehmung im internationalen Diskurs auch in anderen Hinsichten entscheidend. Denn nur eine sozial und finanziell abgesicherte Forschungstätigkeit ermöglicht eine freie Forschung und macht die Teilnahme am internationalen Diskurs über Publikationen, Konferenzteilnahmen oder auch Forschungsaufenthalte im Ausland möglich. Gerade dieser Aspekt macht die enge Verflechtung von Fragen ökonomischer Gerechtigkeit mit epistemischer Gerechtigkeit deutlich. Wahrnehmungslücken und Benachteiligung im hegemonialen philosophischen Diskurs der Akademien sind nicht nur Ausdruck einer epistemischen Ungerechtigkeit, sondern spiegeln zudem die asymmetrischen politischen und ökonomischen Verhältnisse wider.

Ein weiterer Teilaspekt epistemischer Gerechtigkeit ist die Sprache. Englisch ist inzwischen zur global weithin anerkannten Wissenschaftssprache geworden. Dies hat zu einer Marginalisierung bisher ebenfalls anerkannter Wissenschaftssprachen wie Arabisch, Französisch, Deutsch, Italienisch oder Spanisch geführt – und bietet klare Vorteile für alle englischen Muttersprachler. Die englische Sprache mit ihren kolonialen Bezügen als dominante Wissenschaftssprache akzeptieren zu müssen, wird im afrikanischen Kontext oft als problematisch betrachtet.[53] Allerdings sollten gerade in der Philosophie ein besonderes Bewusstsein und eine besondere Sensibilität für Fragen der Sprachengerechtigkeit und eines sprachlichen Pluralismus vorhanden sein, ist die enge Verbindung zwischen Sprache und Denken doch eines ihrer zentralen Themen.[54]

Somit muss Philosophiegeschichtsschreibung sich heute nicht nur auf die Suche nach Gründen für den Ausschluss von Traditionen aus dem vorherrschenden Modell begeben, dieses in seiner historischen Entwicklung verstehen und zugleich neue Ansätze und Methoden entwickeln, um die Disziplin in globaler Perspektive neu zu konzipieren. Die Philosophiegeschichtsschreibung muss in diesem Prozess zugleich eine neue Sensibilität für fortbestehende Asymmetrien und Mechanismen des Ausschlusses und der Marginalisierung, zum Beispiel sexistischer, rassistischer oder ökonomischer Art, entwickeln.

53 Vgl. Ngũgĩ wa Thiong'o [1986], *Decolonising the Mind: The Politics of Language in African Literature,* Nairobi 1994; Ders., *Moving the Centre. Essays über die Befreiung afrikanischer Kulturen,* Münster 1995; K. Wiredu, »The Need for Conceptual Decolonization in African Philosophy«, in: Ders., *Cultural Universals and Particulars: An African Perspective,* Bloomington 1996, S. 136-144; C. Jeffers (Hg.), *Listening to Ourselves. A Multilingual Anthology of African Philosophy*, New York 2013.

54 Vgl. R. Elberfeld, *Sprache und Sprachen. Eine philosophische Grundorientierung,* Freiburg i. Br. 2012.

Kapitel 2
Bisherige Periodisierungs- und Klassifizierungsmodelle der Philosophiegeschichte Afrikas

Die Philosophiegeschichtsschreibung ist in Afrika, insbesondere südlich der Sahara, noch eine sehr junge Disziplin. Nach bisherigem Forschungsstand muss das Entstehen einer Philosophiegeschichtsschreibung hier in der zweiten Hälfte des 20. Jahrhunderts angesiedelt werden.[1] Dabei gibt es in der akademischen Philosophie Afrikas im Vergleich zu anderen Teildisziplinen, wie zum Beispiel der Epistemologie, der Ethik oder der politischen Philosophie, bis heute relativ wenige Arbeiten, die sich einer umfassenden Rekonstruktion der Geschichte der Philosophie des Kontinents widmen. Auffallend ist zudem, dass die bisher erschienenen Arbeiten fast ausschließlich regional auf das Afrika südlich der Sahara fokussieren, also überregionale Verflechtungen mit dem Norden des Kontinents oder transkontinentale Verflechtungen kaum in Betracht ziehen. Ebenso sind Ansätze einer nationalen oder regionalen Philosophiegeschichtsschreibung eher selten.[2] Zeitlich liegt ein deutlicher Schwerpunkt auf der Entwicklung der Philosophie im 20. Jahrhundert und auf der Philosophie im Alten Ägypten.

Erste Versuche, die Entwicklung der Philosophie in Afrika zu systematisieren, gehen auf die 1970er und 1980er Jahre zurück. Zwar könnte man Cheikh Anta Diop, den berühmten senegalesischen Historiker, Anthropologen und Ägyptologen, und sein Buch *Nations nègres et culture* (1954), mit dem Mitte des 20. Jahrhunderts die Diskussion um den Ursprung der Philosophie im Alten Ägyp-

1 Im Gegensatz zu China oder Indien, wo sich doxographische Ansätze bis in frühe Jahrhunderte zurückverfolgen lassen, sind mir Ansätze, die in etwa einer philosophiegeschichtlichen Erzählung entsprechen würden, aus dem südlichen Afrika vor dem 20. Jahrhundert nicht bekannt. Für Nordafrika, das in der Philosophiegeschichtsschreibung der arabisch-islamischen Welt mitberücksichtigt wird, gilt der obige Satz nicht.

2 Hierzu können die Arbeiten von Claude Sumner gezählt werden, der sich der Rekonstruktion der äthiopischen Philosophie gewidmet hat (mehr dazu in Kapitel 7 und 8). Siehe auch A. Afolayan, *Philosophy and National Development in Nigeria: Towards a Tradition of Nigerian Philosophy*, New York 2018.

ten im Wesentlichen angestoßen wurde, an den Beginn der modernen Philosophiegeschichtsschreibung Afrikas setzen. Allerdings waren es erst Marcien Towa,[3] Paulin Hountondji,[4] Henry Odera Oruka,[5] Henry Olela[6] oder auch Claude Sumner[7] mit seinen Arbeiten zur Philosophie im Alten Äthiopien, die versuchten, philosophische Schulen und Traditionen auf dem afrikanischen Kontinent zu systematisieren. Umfassendere Arbeiten zur Geschichte der Philosophie in Afrika entstanden dann in den 1990er Jahren und später, unter anderem von Obenga,[8] Onyewuenyi,[9] Masolo,[10] Osuagwu,[11] Hallen[12] und Wiredu.[13] Allerdings sind diese Arbeiten noch kein Versuch einer Philosophiegeschichtsschreibung im klassischen Sinne: Towa, Odera Oruka, Masolo und Hallen beschränken sich auf das 20. Jahrhundert; Obenga, Onyewuenyi und Olela[14] auf die Frage nach dem Beginn der Philosophie im Alten Ägypten; Sumner beschränkte seine Forschungen auf Äthiopien; und Houn-

3 M. Towa, *Essai sur la problématique philosophique dans l'Afrique actuelle*, Yaoundé 1971.

4 P. J. Hountondji, *Sur la ›philosophie africaine‹: critique de l'ethnophilosophie*, Paris 1976 (engl.: *African Philosophy, Myth and Reality*, Bloomington 1983; dt.: *Afrikanische Philosophie – Mythos und Realität*, Berlin 1993).

5 H. Odera Oruka, »Four Trends in Current African Philosophy«, in: A. Diemer (Hg.), *Symposium on philosophy in the present situation of Africa*, Wiesbaden 1981, S. 1-7.

6 H. Olela, *From Ancient Africa to Ancient Greece: An Introduction to the History of Philosophy*, Atlanta 1981.

7 C. Sumner, *Ethiopian Philosophy*, Vol. I-V, Addis Abeba 1976-1982.

8 T. Obenga, *La Philosophie africaine de la période pharaonique 2780-330 avant notre ère*, Paris 1990.

9 I. Onyewuenyi, *African Origin of Greek Philosophy: An Exercise in Afrocentrism*, Nsukka 1993.

10 D. A. Masolo, *African Philosophy in Search of Identity*, Bloomington 1994.

11 I. M. Osuagwu, *African Historical Reconstruction: A Methodological Option for African Studies: The North African Case of the Ancient History of Philosophy*, Owerri 1999; Ders., *A Contemporary History of African Philosophy*, Owerri 1999; Ders., *Early Medieval History of African Philosophy: The Africanity of the Early Medieval History of Philosophy or of the Christian Phase of North African Catholic Thinkers*, Owerri 2001; Ders., *A Modern History of African Philosophy: Focus on Anton Wilhelm Amo, an African Philosopher in 18th Century German Diaspora*, Owerri 2010.

12 B. Hallen, *A Short History of African Philosophy*, Bloomington ²2009.

13 K. Wiredu (Hg.), *A Companion to African Philosophy*, Malden 2004.

14 H. Olela, »The African Foundations of Greek Philosophy«, in: R. A. Wright (Hg.), *African Philosophy: An Introduction*, Lanham, MD ³1984, S. 77-92.

tondji wirft schlaglichtartig Blicke auf verschiedene Epochen und Debatten, von Anton Wilhelm Amo bis Kwame Nkrumah, von Placide Tempels bis zur Kritik der Ethnophilosophie. Auch Heinz Kimmerle, der einer der Ersten war, der Konzepte, Schulen und Vertreter:innen der Philosophie in Afrika im deutschsprachigen Raum bekannt machte, verstand seine Einführungen nicht in erster Linie als Beitrag zu einer Philosophiegeschichtsschreibung.[15] Einzig Osuagwu versucht einen Bogen vom Alten Ägypten bis ins 20. Jahrhundert zu schlagen.

Mit Blick auf die bisher vorliegenden Versuche einer Rekonstruktion der Geschichte der Philosophie in Afrika lassen sich vier Arten des Herangehens unterscheiden: das chronologische Herangehen, eine Unterteilung in eine vorsystematische und eine systematische Ära, eine Einteilung entlang von (kolonialen) Sprachgrenzen sowie die Unterscheidung verschiedener philosophischer Schulen. Die beiden letztgenannten Einteilungsversuche beziehen sich nur auf das 20. Jahrhundert.

2.1. Der chronologische Ansatz

Die Grundfrage eines chronologischen Ansatzes, im Sinne einer Ordnung nach zeitlicher Abfolge, ist – sofern es sich nicht um Darstellungen handelt, die mit einer späteren Epoche einsetzen – die Frage nach dem Beginn der Philosophie. Diese Frage ist im Diskurs der akademischen Philosophie in Afrika durchaus umstritten. Der Idee von einem linearen Verlauf der Entwicklung der Philosophie und damit der Suche nach einem Anfang folgen die meisten afrikanischen Philosoph:innen.[16] Wann dieser Anfang allerdings anzuset-

15 H. Kimmerle, *Philosophie in Afrika – afrikanische Philosophie. Annäherungen an einen interkulturellen Philosophiebegriff,* Frankfurt/M. 1991; Ders., *Die Dimension des Interkulturellen,* Amsterdam 1994; Ders., *Afrikanische Philosophie im Kontext der Weltphilosophie,* Nordhausen 2005.

16 Zu den Autoren, die einem chronologischen Ansatz folgen, gehören unter anderem: A.-J. Smet, »Projet d'une histoire de la pensée africaine«, in: Ders., *Notes d'histoire de la penseé africaine: texte revu*, Kinshasa 1975-1977, S. 3-82; G. Biyogo, *Histoire de la philosophie africaine,* Paris 2006-2009; H. Mono Ndjana, *Histoire de la philosophie africaine*, Paris 2009; M.M. Makumba, *Introduction to African Philosophy: Past and Present,* Nairobi 2007. Siehe außerdem das erste Kapitel in Hallen, *Short History of African Philosophy*, das auf zwanzig Seiten einen sehr

zen sei, darüber gibt es sehr unterschiedliche Auffassungen. Während eine Gruppe von Historikern und Philosophen (die auch als *Afrozentristen* bezeichnet werden, ausführlicher dazu in Kapitel 4), unter ihnen Cheikh Anta Diop, Theophile Obenga, Martin Bernal, Molefi Kete Asant und Maulana Karenga, das Alte Ägypten zum Ausgangspunkt der Philosophie im Allgemeinen und der afrikanischen Philosophie im Besonderen machen, wird diese These von anderen Intellektuellen heftig angefochten. Die Gründe dafür sind recht unterschiedlich und reichen von Zweifeln daran, dass Überlieferungen aus dem Alten Ägypten überhaupt Philosophie seien oder nicht doch eher in den Bereich der Weisheit fallen, über das Fehlen von nachweisbaren Traditionslinien ins Afrika südlich der Sahara bis hin zur problematischen Frage nach der Hautfarbe der Ägypter:innen der pharaonischen Zeit, um aus der Hautfarbe abzuleiten, ob es sich bei der altägyptischen überhaupt um ›afrikanische‹ Philosophie handeln könne.[17] Diese Frage ist nicht zuletzt deshalb problematisch, da hier ›Afrikanität‹ an Hautfarbe gebunden wird. Es werden aber auch Einwände erhoben gegen die Nützlichkeit, sich heute noch mit diesen Manuskripten zu beschäftigen.[18]

Werden Ägypten und auch das Alte Äthiopien als Ursprungsorte von Philosophie ausgeschlossen, wird der Beginn der Philosophie in Afrika erst sehr viel später angesetzt, nämlich gegen Ende des 19. Jahrhunderts mit den Aufzeichnungen afrikanischer Weltanschauungen oder Philosophien durch westliche Missionare oder Ethnologen.[19] Wieder andere Arbeiten verlegen den Beginn der

kurzen Überblick vom Alten Ägypten bis Anton Wilhelm Amo gibt. L. Gordon, *Introduction to Africana Philosophy*, Cambridge 2008 beginnt im 18. Jahrhundert, fokussiert aber vor allem auf die Entwicklung der afrikanisch-amerikanischen Philosophie und betrachtet dazu deren verschiedene Wurzeln.

17 J. O. Chimakonam, »Dating and Periodization Questions in African Philosophy«, in: Ders. (Hg.), *Atụọlụ Ọmalụ Some Unanswered Questions in Contemporary African philosophy*, Lanham 2015, S. 9-34, hier S. 12.

18 K. A. Appiah, »Europe Upside Down: Fallacies of the New Afrocentrism«, in: R. R. Grinker, C. B. Steiner (Hg.), *Perspectives on Africa*, London 1997, S. 728-731.

19 Diese Auffassung vertritt zum Beispiel Jürgen Hengelbrock, der eine afrikanische Philosophiegeschichte in der Missionsgeschichte Afrikas ansetzen würde, da es Missionare waren, die afrikanisches Denken als dem europäischen gleichwertig betrachteten, erfasst und dargestellt haben. Er verweist darauf, dass es schon in der Mitte des 19. Jahrhunderts im Kongo Artikel über die Philosophien afrikanischer Völker gab.

Philosophie in Afrika in die Jahre vor den Zweiten Weltkrieg und verbinden ihn mit der Entstehung der literarisch-philosophischen Strömung der Négritude in den 1930er Jahren in Paris. Lange Zeit galt in den Debatten auch das Werk des Belgiers Placide Tempels *La Philosophie Bantoue* (1945)[20] als möglicher Beginn der afrikanischen Philosophie. Das Buch eines ›weißen‹ Missionars an den Anfang der Philosophie in Afrika zu setzen, ist wiederum problematisch, verbleibt dieser Ansatz doch in klarer Abhängigkeit vom europäischen Modell der Philosophie und tief verflochten mit kolonialen Denk- und Machtstrukturen. So vertritt Tempels eine klar paternalistische Auffassung, denn er geht davon aus, dass die Philosophie der Bantu nicht von sich aus zur Sprache kommen könne, sondern dazu des Zusammentreffens mit der europäischen Philosophie bedürfe (ausführlicher dazu in Kapitel 6).[21]

Philosophie als akademische Disziplin begann im Afrika südlich der Sahara überwiegend erst nach dem Zweiten Weltkrieg[22] und in Abhängigkeit vom europäischen Modell der Universitäten und ihrem Verständnis von der Organisation und inhaltlichen Ausrichtung philosophischer Institute.[23] So setzt Gerd-Rüdiger Hoff-

20 P. Tempels, *La philosophie bantoue,* Elisabethville 1945 (engl.: *Bantu Philosophy*, Paris: Présence africaine 1959); dt.: *Bantu-Philosophie. Ontologie und Ethik*, Heidelberg 1956). Der kongolesische Philosoph P. Ngoma-Binda diskutiert zwar die These von der Entstehung der Philosophie im Alten Ägypten, setzt seine Betrachtungen dann aber im Wesentlichen im 20. Jahrhundert und bei Tempels an, vgl. P. Ngoma-Binda, *La philosophie Africaine contemporaine: analyse historico-critique,* Kinshasa 1994. Siehe auch J. Hengelbrock, »Ein interkultureller Denker. Hommage an Placide Tempels«, in: H. R. Yousefi, H.-J. Scheidgen, H. Oosterling (Hg.), *Von der Hermeneutik zur interkulturellen Philosophie. Festschrift für Heinz Kimmerle zum 80. Geburtstag,* Nordhausen 2010, S. 385-397. Hountondji steht dieser These kritisch gegenüber und bezeichnet die *Bantu-Philosophie* des belgischen Missionars als »Vorläufer der afrikanischen Philosophie«. Hountondji, *Afrikanische Philosophie – Mythos und Realität,* S. 23.

21 Tempels, *Bantu-Philosophie*, S. 18.

22 Vgl. G.-R. Hoffmann, »Wie und warum im subsaharischen Afrika Philosophie entstand«, in: R. Moritz, K.-D. Eichler u. a. (Hg.), *Wie und warum entstand Philosophie in verschiedenen Regionen der Erde?,* Berlin 1988, S. 194-226, hier S. 195. Ein ähnliches Herangehen finden wir auch in einer der jüngsten Veröffentlichung zum Thema von Mario Clive. Er beginnt ebenfalls erst ab dem 20. Jahrhundert und unterscheidet dabei vier Perioden: Período Inicial, Período Médio, Período Posterio und Nova Era. M. Clive, *História da Filosofia Africana,* São Paulo 2020, S. 19-45.

23 Dies veranlasste Wiredu davon auszugehen, dass Philosophie als ein ›Wissen

mann in seinem Artikel »Wie und warum im subsaharischen Afrika Philosophie entstand« den Beginn der Philosophie als theoretischer Disziplin im Afrika südlich der Sahara erst nach dem Zweiten Weltkrieg an und verbindet ihn mit den Autoren der Négritude, der Ethnophilosophie und der nationalistisch-ideologischen Philosophie.[24] Nicht aus dem Blick geraten darf im Rahmen einer Institutionengeschichte der Philosophie in Afrika, die ebenfalls erst noch zu schreiben wäre, allerdings die ›weiße‹ Siedlerkolonie in Südafrika, in der es Philosophie als akademische Disziplin bereits seit 1873 gab, als an der Universität Kapstadt begonnen wurde, englischen Empirismus zu unterrichten. Und bereits 1859 gab es Kurse zur Geschichte der Philosophie an der theologischen Schule in Stellenbosch. Selbstverständlich wurde hier ausschließlich europäische Philosophie unterrichtet.

In den letzten Jahren ist zu beobachten, dass sich im afrikanischen Diskurs zunehmend die These vom Beginn der Philosophie im Alten Ägypten durchsetzt. So findet sich diese Auffassung nicht mehr nur bei den Vertreter:innen der sogenannten afrozentrischen Perspektive, sondern auch unter dem Stichwort »Philosophy« in der *Oxford Encyclopaedia of African Thought*[25] und in verschiedenen einführenden Werken, die in den letzten Jahren erschienen sind. Dazu gehören neben Barry Hallen, Grégoire Biyogo, Hubert M. Ndjana und Maurice M. Makumba auch die Arbeiten von Mbog Bassong[26] und Nsame Mbongo[27] sowie die von Kwasi Wiredu herausgegebene Anthologie *A Companion to African Philosophy*.

Auch der nigerianische Philosophiehistoriker Maduakulam Osuagwu vertritt diese Auffassung. Osuagwu hat das bisher vielleicht umfangreichste Werk zur Philosophiegeschichte Afrikas ver-

zweiter Ordnung‹, das heißt als wissenschaftliche Disziplin, erst im Entstehen begriffen sei. K. Wiredu, *Philosophy and an African Culture*, Cambridge 2009, S. 36.

24 Vgl. Hoffmann, »Wie und warum im subsaharischen Afrika Philosophie entstand«, S. 195.

25 A. Irele, B. Jeyifo, *Oxford Encyclopaedia of African Thought*, Oxford 2010, Band 2, S. 224 f.

26 M. Bassong, *La méthode de la philosophie africaine. De l'expression de la pensée complexe en Afrique noire*, Paris 2007; Ders., *Le savoir africain. Essai sur la théorie avancée de la connaissance,* Québec 2013; Ders., *Les fondements de la philosophie africaine*, Québec 2014.

27 N. Mbongo, *La philosophie classique africaine. Contre-histoire de la philosophie*, 2 Bände, Paris 2013.

fasst. Es ist zugleich das einzige, das sich explizit mit der Methode einer Philosophiegeschichtsschreibung für Afrika befasst und dabei auch die Frage aufwirft, ob europäische Modelle der Philosophiegeschichtsschreibung mit Blick auf den afrikanischen Kontext überhaupt Anwendung finden können. In seinem 1999 erschienenen ersten Band einer mehrbändigen Reihe zur Philosophiegeschichte Afrikas unter dem Titel *African Historical Reconstruction: A Methodological Option for African Studies* entscheidet er sich, der europäischen Variante der Periodisierung zu folgen, und schlägt eine Unterteilung in vier[28] Perioden vor:

– Antike Geschichte der afrikanischen Philosophie (oder ägyptische Periode in der Zeit von 3000 bis 300 BCE)
– Mittelalterliche Geschichte der afrikanischen Philosophie: das frühe Mittelalter oder die christlich-lateinische Phase nordafrikanischer katholischer Denker (die ersten 6 Jahrhunderte CE) und die arabisch-islamische Phase (9.-15. Jahrhundert CE)
– Moderne Geschichte der afrikanischen Philosophie und der Diaspora vom 16. bis 19. Jahrhundert CE (unter besonderer Berücksichtigung von Zär'a Yaqob und Anton Wilhelm Amo)
– Afrikanische Philosophie der Gegenwart (das 20. Jahrhundert CE)[29]

Eine recht ähnliche Epocheneinteilung findet sich bei Théophile Obenga in seinem Buch *La Philosophie africaine de la période pharaonique 2780-330 avant notre ère* (1990). Obenga unterteilt die historischen Epochen der afrikanischen Philosophie wie folgt[30]:

– Die ägyptische Philosophie (2780-330 BCE)

28 Eine Unterteilung in drei Perioden finden wir zum Beispiel bei Masolo, *African Philosophy in Search of Identity* und Lancinay (auch Lansana) Keita, »African Philosophical Tradition«, in : R.A. Wright (Hg.), *African Philosophy: An Introduction,* Lanham 1984, S. 57-76.

29 M. Osuagwu, *African Historical Reconstruction*, S. 34 ff. Osuagwu folgt einem, wie er schreibt, formal-wissenschaftlichen Verständnis von Philosophie, welches reflexiver Natur sein müsse, rational, kritisch und kohärent. Ebenso sei Philosophie zwar in ein Kollektiv eingebettet, aber grundsätzlich an einen einzelnen Philosophen gebunden. Dabei betont Osuagwu zudem, dass Philosophie in erster Linie von professionellen Individuen oder Gruppen produziert werde, für welche Philosophie eine gemeinschaftliche Tätigkeit für gemeinschaftliche Zwecke ist. Ebd., S. 29-30.

30 T. Obenga, *La Philosophie africaine de la période pharaonique*, S. 13-15.

- Die Philosophen und Denker von Alexandria, Kyrena, Karthago und Hippo (von Demetrius von Phaleron bis Augustinus)
- Die maghrebinische Philosophie (hier werden Ibn Badjdja, Ibn Battuta und Ibn Khaldun erwähnt)
- Die mittelalterlichen philosophischen Schulen von Timbuktu (die Universität von Sankoré), Gao, Djené (hier wird insbesondere Aḥmad Bābā erwähnt)
- Moderne und zeitgenössische afrikanische Philosophie (dies umfasst die Philosophie von der Zeit Anton Wilhelm Amos' bis heute)

Obenga selbst widmet sich in seinen Arbeiten ausschließlich der Erforschung der ersten Epoche, nämlich der altägyptischen Philosophie.

Ob die aus der europäischen Geschichtsschreibung stammende Unterteilung in Antike, Mittelalter und Neuzeit/Moderne, das heißt die Übernahme eines europäischen Ordnungssystems, das von europäischen historischen Ereignissen ausgeht, zur Bezeichnung und Erfassung afrikanischer historischer Epochen geeignet ist, kann aus guten Gründen bezweifelt werden. Osuagwus Vorschlag stößt bereits an seine Grenzen, wo er gezwungen ist, die mittelalterliche Geschichte der afrikanischen Philosophie in zwei weitere Perioden zu unterteilen, nämlich die christlich-lateinische Phase (die ersten 6 Jahrhunderte CE) und die arabisch-islamische Phase (9.-15. Jahrhundert CE). Die Anwendung des Begriffs »Mittelalter« auf die islamische Philosophie wird in der Forschung zunehmend kritisch gesehen, da die damit bezeichneten Jahrhunderte in der islamischen Welt einen Höhepunkt der gesellschaftlichen und kulturellen Entwicklung darstellten. Auch die Anwendung des Begriffs »Antike« auf die altägyptische Philosophie und damit die Ausweitung dieser Periode um 3000 Jahre lässt fragen, wie weit der Begriff »Antike« gedehnt werden kann oder sollte. Die Frage der Periodisierung ist für eine Philosophiegeschichtsschreibung in globaler Perspektive eine zentrale und wird im Kapitel 12 nochmals aufgegriffen.

Ein Problem des chronologischen Ansatzes einer Philosophiegeschichte Afrikas ist das Fehlen einer ungebrochenen Traditionslinie der Rezeption, Interpretation und Diskussion von Begriffen, Konzepten, Texten und Autor:innen im Afrika südlich der Sahara. Dies wird auch in den oben genannten Periodisierungsvorschlägen deutlich, die insbesondere die frühen Perioden mit einer bestimmten Region verbinden. Für die europäische Philosophiegeschichtsschreibung ist aber erst die Existenz einer chronologisch wie logisch nachvollziehbaren Tradition Beweis für das Existieren einer Philosophiegeschichte. Denn eine solche basiert nach verbreiteter Auffassung auf den intellektuellen Arbeiten von historisch belegten Autor:innen, die sich in der Entwicklung ihrer Konzepte auf Vorgänger:innen berufen und ihrerseits Nachfolger:innen inspirieren, die an ihre Gedanken anschließen – also auf dem, was Jan Assmann auch als hypoleptischen Prozess bezeichnet.[31] Eine ungebrochene textbasierte Philosophietradition vom Alten Ägypten bis heute beziehungsweise eine ungebrochene Wirkungsgeschichte lässt sich im Fall Afrikas nicht nachweisen, vielmehr existieren verschiedene regional begrenzte Schrifttraditionen, die zudem in unterschiedlichen Zeiten zu verorten sind, unter anderem im Alten Ägypten, im Alten Äthiopien, im Mali zur Zeit der Blüte Timbuktus, an der Swahiliküste seit dem 17. Jahrhundert oder im Sokoto-Reich. Es gibt allerdings Versuche, übergreifende Verbindungen herauszuarbeiten. Bekannt ist besonders Cheikh Anta Diops Versuch, eine ideengeschichtliche Traditionslinie zwischen dem Alten Ägypten und den Kosmologien der Wolof (Senegal) aufgrund linguistischer Ähnlichkeiten herzustellen.[32] Außerdem gibt es zurzeit verschiedene Ansätze, eine Traditionslinie zwischen dem altägyptischen Konzept der *Ma'at* und dem Konzept des *ubuntu* (Südafrika) herzustellen.[33] Die so konstruierten Verbindungslinien beruhen im Wesentlichen auf konzeptuellen Ähnlichkeiten und der Annahme von »travelling concepts«,[34] lassen sich aber auf materieller Basis quasi nicht nachweisen.

31 Assmann, *Das kulturelle Gedächtnis*, S. 280 ff.

32 Vgl. C. A. Diop [1954], *Nations Négres et Cultures*, Paris 1979.

33 Vgl. J. Broodryk, *Understanding South Africa: The Ubuntu Way of Living*, Pretoria 2008, S. 45; M. Kete Asante, »Maat and Human Communication: Supporting Identity, Culture, and History Without Global Domination«, in: *Intercultural Communication Studies* XX: 1 (2011), S. 49-56; T. Kiros, »Moral Economy: An Original Economic Form for the African Condition«, in: B. Gutema, C. C. Verharen (Hg.), *Philosophy in Africa now. African Philosophy in Ethiopia I*, Addis Ababa 2012, S. 239-248; C. C. Verharen, »Comparing Oromo and Ancient Egyptian Philosophy«, in: ebd., S. 217-238; M. Karenga, *Maat, the Moral Ideal in Ancient Egypt: A Study in Classical African Ethics*, London 2004.

34 Die Kulturwissenschaftlerin Mieke Bal spricht von »travelling concepts«, die sich zwischen Disziplinen, aber auch historischen Perioden und geographischen Re-

Daher weist eine chronologische Philosophiegeschichtsschreibung für Afrika (in einem herkömmlichen europäischen teleologischen Verständnis von Philosophiegeschichte) einige Schwachstellen in Form von Lücken und fehlenden Gliedern in der Entwicklungsreihe philosophischen Denkens auf. Es ist nun die Aufgabe einer zukünftigen Philosophiegeschichtsschreibung, durch eine intensivere Grundlagenforschung am Füllen solcher Lücken zu arbeiten. Denn es sind, wie in den folgenden Kapiteln deutlich gemacht wird, längst nicht alle potentiellen Quellen philosophischen Wissens in Afrika erschlossen und erforscht worden. So ist in der Zukunft mit neuen Forschungsergebnissen zu rechnen, die möglicherweise heute noch bestehende Lücken schließen können. Darüber hinaus besteht die große Herausforderung jedoch darin, herkömmliche Methoden, Begriffe und Ansätze kritisch im Hinblick auf ihre Anwendbarkeit auf außereuropäische Kontexte zu überprüfen und gegebenenfalls neue Konzepte, Methoden, Periodisierungen etc. zu erarbeiten. Insbesondere ein Herangehen, das Afrika als Teil eines transkontinentalen Verflechtungsraums betrachtet und eine lineare Erzählweise aufgibt, erscheint dabei vielversprechend.

2.2. Unterteilung in eine vor-systematische und eine systematische Ära

Eine im Diskurs neue und eher ungewöhnliche Möglichkeit zur Periodisierung der Philosophie in Afrika schlägt der nigerianische Philosoph Jonathan O. Chimakonam in seinem Artikel »Dating and Periodization Questions in African Philosophy« (2015) vor. Diese setzt er bewusst der europäischen Form der Periodisierung entgegen, um eine Abhängigkeit zu vermeiden.

Der Ansatz verbleibt im Grunde im chronologischen Modell, führt aber ein neues Unterscheidungskriterium ein: Chimakonam unterteilt zunächst grob in zwei Epochen, nämlich die vor-systematische oder vor-schriftliche Ära und die systematische oder schriftliche Ära. Erstere bezieht sich auf Afrikas »philosophische Kultur«, wie er es nennt, welche die Reflexionen anonymer afrikanischer

gionen bewegen. M. Bal, *Travelling Concepts in the Humanities: A Rough Guide*, Toronto 2002, S. 24.

Denker, aber auch das Erbe des Alten Ägypten umfassen soll. Die zweite Ära beginnt mit den ersten afrikanischen Absolventen des Fachs Philosophie an ›westlichen‹ Universitäten. Diese Ära unterteilt er weiter in:

- Die frühe Periode (1920-1960)
- Die mittlere Periode (1960-1980)
- Die späte Periode (1980-1990)
- Die neue (oder gegenwärtige) Periode: 1990 bis heute[35]

Afrikanische Philosophie in systematischer Absicht beginnt für Chimakonam also erst 1920. Davor habe es, so argumentiert er, wohl Philosophie gegeben, aber diese wurde nicht dokumentiert und könne somit nicht als systematisch betrachtet werden. Die Verwendung der Begriffe »systematisch« und »vor-systematisch« wird von Chimakonam leider nicht weiter definiert.

Chimakonams noch recht grober Ansatz bietet durchaus einige Möglichkeiten: Mit der Unterscheidung zwischen systematisch und nicht-systematisch betriebener Philosophie führt er Kategorien ein, mit denen einige Denktraditionen sinnvoll erfasst werden können, so zum Beispiel unter der Kategorie »nicht-systematisch« die mündlich überlieferten Denktraditionen und vielleicht auch die altägyptische Philosophie (was jedoch noch zu prüfen wäre). Auf diese Untersuchungsfelder zielt sein Ansatz im Wesentlichen. Nicht erfasst werden können damit allerdings die frühchristliche Philosophie im Norden Afrikas, die äthiopische und die arabisch-islamische Philosophie, die in seinen Ausführungen gar nicht erwähnt werden, ebenso wenig wie philosophische Konzepte, die in der afrikanischen Diaspora entstanden sind. Eine Geschichtsschreibung, welche die historischen Schrifttraditionen in Afrika ignoriert, kann den Ansprüchen einer afrikanischen Philosophiegeschichte jedoch nicht gerecht werden. Darüber hinaus erfolgt mit der Einführung von Schriftlichkeit als Kriterium für »systematische« Philosophie abermals eine enge Anbindung an einen verwissenschaftlichten europäischen Philosophiebegriff, der im 19. Jahrhundert geprägt wurde und der, wie in Kapitel 1 gezeigt wurde, zum Ausschluss vieler philosophischer Traditionen und Praktiken geführt hat. Somit wäre an Chimakonam die Frage heranzutragen, ob er unter »systematisch betriebener« Philosophie allein die in der modernen

35 Chimakonam: »Dating and Periodization Questions in African Philosophy«, S. 12.

akademischen Disziplin betriebene Form des Philosophierens verstehen möchte, was in der Konsequenz mit Blick auf die europäische Philosophiegeschichte ebenfalls zum Ausschluss einer ganzen Reihe von Philosoph:innen und Traditionen führen müsste.

Die Unterteilung der Ära ab dem Jahr 1920 bietet durchaus einiges Potential, umgeht Chimakonam mit dieser Form der Einteilung in verschiedene Perioden doch den von Henry Odera Oruka initiierten Ansatz der Einteilung in philosophische Strömungen, auf den ich gleich näher zu sprechen kommen werde. Die von Odera Oruka in den 1970er Jahren entworfenen Einteilungen stoßen zunehmend an ihre Grenzen bei der eindeutigen Zuordnung bestimmter Werke oder Personen zu einer Strömung. Diese Form der Einteilung nach Schulzugehörigkeit könnte mit Chimakonams Ansatz unterlaufen und Werke und Autor:innen könnten als eingebettet in die Zusammenhänge der jeweiligen Jahrzehnte betrachtet werden. Leider wird dieses Potential von ihm nicht ausgeschöpft, da er sich selbst wiederum der Schulbezeichnungen »Ethnophilosophie« und »ideologisch-nationalistische Philosophie« bedient. Insofern verbleibt auch sein Ansatz der Darstellung der Entwicklungen im 20. Jahrhundert letztlich in den bereits bekannten Formen.

2.3. Die Einteilung entlang von Sprachgrenzen

Eine weitere Möglichkeit, Philosophie in Afrika zu systematisieren, findet sich in der *Oxford Encyclopaedia of African Thought.* Hier wird eine Einteilung entlang der Grenzen der ehemaligen Kolonialsprachen vorgenommen.[36] Der Vorteil eines solchen Herangehens besteht darin, dass bestimmte Regionen, die in der Philosophiegeschichtsschreibung Afrikas oft ausgeblendet werden, wie das portugiesischsprachige Afrika, hier Eingang finden und dass auch die arabisch-islamische Philosophie als integraler Teil der Philosophiegeschichte Afrikas betrachtet wird. Trotzdem ist eine solche Klassifikation problematisch, folgt sie doch kolonialen Mustern, indem die Kolonialsprachen zum Einteilungskriterium erhoben werden.

36 Vgl. Irele/Jeyifo, *Oxford Encyclopaedia of African Thought*, Band 2, ab S. 227. »Philosophy« wird unterteilt in: African American Philosophy; African (South of the Sahara) Philosophy; Anglophone Philosophy; Francophone Philosophy; Lusophone Philosophy; North African Philosophy.

Zudem kann mit einem solchen Kriterium die vorkoloniale Geschichte der Philosophie in Afrika, welche diesen Sprachgrenzen naturgemäß nicht folgt, schwer erfasst werden, ebenso wenig der Austausch zwischen diesen Sprachgebieten. Ignoriert wird zugleich all jene Philosophie, die damals wie heute in afrikanischen Sprachen, wie zum Beispiel Swahili, Amharisch etc., entsteht.[37]

2.4. Die Einteilung nach Strömungen

Die Einteilung der Philosophie des 20. Jahrhunderts durch Henry Odera Oruka in vier große Strömungen (1978) ist in den letzten 30 Jahren zum einflussreichsten Versuch einer Klassifikation der modernen Philosophie in Afrika geworden.[38] Das ursprüngliche Modell ergänzte Odera Oruka 1990 noch um zwei weitere Strömungen[39] und unterscheidet damit die folgenden Strömungen in der afrikanischen Philosophie des 20. Jahrhunderts:

1. *Die professionelle Philosophie.* Darunter versteht Odera Oruka all jene Philosophie, die von akademisch ausgebildeten Philosoph:innen betrieben wird. Insbesondere bezieht sich dieser Begriff auf jene Philosoph:innen, die Philosophie als ein rationales und kritisches Unternehmen und die Tätigkeit des Philosophierens als an das Individuum gebunden verstehen. Insofern umfasst der Begriff vor allem jene Philosoph:innen, die auch Kritik an der Ethnophilosophie üben.
2. *Die Ethnophilosophie.* Ethnophilosophie ist inzwischen ein weites Feld und nimmt verschiedenste Formen an. Gemeinsam ist jedoch allen Ansätzen dieser Richtung, dass sie sich hauptsächlich mit der Rekonstruktion einer traditionellen afrikanischen Philosophie aus Sprichwörtern, Grammatiken und/oder

37 Vgl. A. Rettová, *Afrophone Philosophies: Reality and Challenge,* Středokluky 2007.

38 Zuerst vorgestellt auf einer UNESCO-Konferenz im Jahr 1978 (vgl. H. Odera Oruka, *Sage Philosophy. Indigenous Thinkers and Modern Debate on African Philosophy,* Leiden 1990, S. 6), wurden die »Four Trends« 1981 veröffentlicht: Odera Oruka, »Four Trends in Current African Philosophy«, in: A. Diemer (Hg.), *Philosophy in the Present Situation of Africa,* Wiesbaden 1981, S. 1-7. Der Aufsatz wurde erneut veröffentlicht als Odera Oruka, *Trends in Contemporary African Philosophy,* Nairobi 1990.

39 Odera Oruka, *Sage Philosophy,* S. xx-xxi.

sozialen Institutionen beschäftigen und dabei eine Art gemeinschaftliche und unwandelbare ›Philosophie‹ voraussetzen, die es zu enthüllen und zu verstehen gilt. Neben der Sprache als Quelle der Rekonstruktion einer solchen Philosophie gelten Kosmologien, Märchen, Sprichwörter oder Werte und Normen einer Gemeinschaft als Ausdruck dieser Philosophie. Diese werden dabei zumeist ahistorisch und damit jenseits aller historisch-politisch-ökonomischen Verankerungen und Veränderungen betrachtet. Nicht selten wird der Kolonialismus in dieser Strömung als eine Unterbrechung betrachtet, nach der nun zu den ›eigentlichen‹ afrikanischen Werten und Institutionen zurückzukehren sei (nähere Ausführungen zur Ethnophilosophie folgen in Kapitel 6).

3. *Die national-ideologische Philosophie.* Hierzu zählt Odera Oruka Staatsmänner, die zugleich Philosophen waren, wie den Begründer der literarisch-philosophischen Strömung der Négritude Léopold Sédar Senghor, erster Präsident des Senegal, oder die verschiedenen Vertreter des Modells eines ›afrikanischen Sozialismus‹, wie zum Beispiel Julius Nyerere, erster Präsident Tansanias.
4. *Das Projekt der Weisheitsphilosophie.* Dieses Projekt hat Odera Oruka in den 1970er Jahren selbst begründet, und zwar als eine Art Mittelweg zwischen professioneller Philosophie und Ethnophilosophie. Ziel des Projektes ist es, Philosoph:innen oder philosophische Weise in afrikanischen Dorfgemeinschaften aufzufinden und deren Wissen aufzuzeichnen und damit zu bewahren. Darüber hinaus soll dieses philosophische Wissen vor allem herangezogen werden, um Lösungen für die Fragen der Gegenwart zu finden. Im Gegensatz zur Ethnophilosophie geht Odera Oruka davon aus, dass Philosophie an Individuen gebunden ist. Zugleich distanziert er sich von Vertretern der professionellen Strömung, die davon ausgehen, dass es eine vorkoloniale Philosophie in Afrika nicht gegeben haben kann, da Philosophie an Wissenschaft und an die Schrift gebunden sei (zur Weisheitsphilosophie und den Debatten um Schriftlichkeit ebenfalls ausführlicher in Kapitel 6).

Die 1990 hinzugefügten Strömungen sind:

– *Die afrikanische hermeneutische Strömung.* Als Vertreter erwähnt er hier Kwasi Wiredu und seine Untersuchungen zum philosophischen Horizont von Begriffen in afrikanischen Sprachen.[40] Heute müssen auch Philosophen wie Benoît Okolo Okonda[41] oder Tsenay Serequeberhan[42] hier eingeordnet werden.

– *Die Strömung der literarischen Philosophie*, in die Odera Oruka zum Beispiel den kenianischen Autor und Literaturkritiker Ngũgĩ wa Thiong'o oder den nigerianischen Literaturnobelpreisträger Wole Soyinka einordnet.

Dieser Versuch einer Klassifikation, der übrigens von Odera Oruka selbst als eine Annäherung ohne Anspruch auf Allgemeingültigkeit verstanden wurde,[43] wird seit vielen Jahren als eine Art Standard betrachtet und bis heute fast unverändert in vielen Publikationen zur afrikanischen Philosophie übernommen.[44] Das Schema stellt in der Tat eine praktikable Leitlinie zur Verfügung, um die Diskurse in der afrikanischen Philosophie des 20. Jahrhunderts zu verstehen. Allerdings werden die Möglichkeiten der Wahrnehmung von neuen Entwicklungen und Strömungen in der Philosophie Afrikas, die sich nicht mehr anhand dieser Einteilung zuordnen lassen, dadurch auch eingeschränkt. Aber auch die Zuordnung von Denkern des 20. Jahrhunderts wie Senghor, der als Vertreter der Négritude der Ethnophilosophie zugeordnet werden kann, jedoch auch für die national-ideologische Strömung steht, haben die Grenzen dieses Kategorisierungsversuchs bereits aufgezeigt.

Odera Orukas Versuch, philosophische Strömungen und Entwicklungen im Afrika des 20. Jahrhunderts zu identifizieren, war nicht der einzige, wohl aber der einflussreichste. Mehrere andere Ansätze orientieren sich an den Debatten zwischen den Vertreter:innen der Ethnophilosophie und ihren Kritiker:innen. Dazu gehört Dismas Masolo, der mit seinem Buch *African Philosophy in Search of Identity* (1994) eine umfassende Darstellung der Entwicklung der Philosophie in Afrika im 20. Jahrhundert liefert. Der Überblick,

40 Vgl. Wiredu, »The Concept of Truth in the Akan Language«, in: Ders., *Cultural Universals and Particulars*, S. 105-112.

41 B. Okolo Okonda, *Pour une philosophie de la culture et du développement. Recherches d'herméneutique et de praxis africaines*, Kinshasa 1986.

42 T. Serequeberhan, *The Hermeneutics of African Philosophy: Horizon and Discourse*, New York 1994.

43 Odera Oruka, *Sage Philosophy*, S. 28.

44 Vgl. F. Ochieng'-Odhiambo, *Trends and Issues in African Philosophy*, New York 2010; S. O. Imbo, *An Introduction to African Philosophy*, Lanham 1998.

der im Wesentlichen eine Diskursgeschichte nachzeichnet, beginnt im Jahr 1939, dem Jahr des Erscheinens von Aimé Césaires *Cahier d'un retour au pays natal,* einem Grundlagentext der Négritude. Masolos Buch umfasst sowohl frankophone als auch anglophone Philosophen aus analytischer und phänomenologischer Tradition und beschreibt im Detail die Entwicklung der Debatten zwischen Négritude und Ethnophilosophie auf der einen und deren Kritikern auf der anderen Seite. Masolo bezeichnet diese Debatten auch als Kampf zwischen *Logozentrismus* und *Emotivismus*, da es letztlich der Begriff der Vernunft sei, der hier im Mittelpunkt der Auseinandersetzung um die Kontrolle über die afrikanische Identität stehe.[45]

Auch im Mittelpunkt der *Short History of African Philosophy* (^{2}2009) des amerikanischen Philosophen Barry Hallen steht die Auseinandersetzung um den Begriff der Vernunft zwischen, wie er es hier nennt, Universalisten und Relativisten im 20. Jahrhundert. Hallen folgt im Wesentlichen Odera Orukas Form der Klassifikation, fügt dieser jedoch eine weitere Strömung hinzu: Philosophie und Kultur, in der auch einige Philosophinnen Erwähnung finden.

Unabhängig von Masolos Arbeit erschien im gleichen Jahr *La philosophie Africaine contemporaine. Analyse historico-critique* (1994) des kongolesischen Philosophen Phambu Ngoma-Binda, der in seinem Werk ebenfalls die Dynamik der Debatten in der afrikanischen Philosophie im 20. Jahrhundert zu beschreiben versucht. Ngoma-Binda schlägt eine andere Terminologie vor. Er identifiziert drei Hauptachsen in den Debatten der Philosophie in Afrika: *l'axe idéologico-politique* (die auch Formen des politischen Denkens einschließt), *l'axe herméneutique* und *l'axe critico-prospectif* (eine kritisch-zukunftsgerichtete Achse). Die beiden Letzteren umfassen auch das philosophische Denken und stehen im Mittelpunkt des Buches. Die hermeneutische Achse umfasst Ethnophilosophen wie Placide Tempels oder Alexis Kagame. Ngoma-Binda spricht in diesem Zusammenhang auch von einer »Hermeneutik als Philosophie der Lebenskraft« (»l'herméneutique comme philosophie de la force vitale«). Zudem werden Cheikh Anta Diop und all jene Philosophen hier eingeordnet, die die Philosophie im Alten Ägypten als Ausgangspunkt afrikanischer Philosophie verstehen. Die Arbeiten

45 Masolo, *African Philosophy in Search of Identity*, S. 1 ff.

der von Ngoma-Binda versammelten Philosophen widmen sich hauptsächlich der Rekonstruktion, dem Verstehen und der Interpretation afrikanischer Konzepte und Denksysteme – einem im Verständnis des Autors genuin hermeneutischen Unternehmen. Die kritische und zukunftsgerichtete Achse dagegen, die manchmal auch als *axe épistémologique*[46] bezeichnet wird, umfasst Denker wie Marcien Towa, Paulin Hountondji oder Alphonse Elungu Pene Elungu,[47] also im Wesentlichen die Kritiker der Ethnophilosophie. Diese Richtung versteht afrikanische Philosophie als Werkzeug für die Entwicklung Afrikas. Wichtig an Ngoma-Bindas Darstellung der Debatten des 20. Jahrhunderts ist zudem, dass hier Vertreter und Publikationen aus dem frankophonen Afrika diskutiert werden, die sonst selten im afrikanischen Diskurs der Philosophie, der bis heute entlang von Sprachgrenzen verläuft und von englischsprachigen Arbeiten dominiert wird, zu finden sind.

Zu den jüngsten Versuchen einer Klassifizierung der Philosophie in Afrika gehört das Buch des ugandischen Philosophen Wilfred Lajul *African Philosophy. Critical Dimensions* (2013).[48] Auch er setzt die Gegenüberstellung von Ethnophilosophie und deren Kritikern fort und versucht, die Strömungen der Philosophie Afrikas im 20. Jahrhundert in einem Diagramm zu erfassen. Die zwei sich gegenüberstehenden Grundkategorien sind hier »traditionelle afrikanische Philosophie« und »moderne afrikanische Philosophie«, denen alle weiteren Schulen zugeordnet werden. So werden Ethnophilosophie und Weisheitsphilosophie der ersten Kategorie zugeordnet, professionelle Philosophie und Hermeneutik der zweiten. Lajul betont dabei:

> [...] indem ich die afrikanische Philosophie in zwei Kategorien unterteile, die traditionelle und die moderne, schaffe ich keinen Dualismus, etwa zwischen der Unterlegenheit der Tradition und der Überlegenheit der Moderne oder zwischen dem Relativismus der traditionellen afrikanischen Philosophie und dem Universalismus der modernen Philosophie. Mit Tradition meine ich einfach das ursprüngliche Afrika, während sich die Moderne auf die aktuelle Situation im heutigen Afrika bezieht. Wie wir wissen, sind Denken und Verhalten im heutigen Afrika zahlreichen Einflüssen ausge-

46 Ngoma-Binda, *La philosophie Africaine contemporaine*, S. 138.

47 A. E. P. Elungu, *Tradition africaine et rationalité moderne*, Paris 1987.

48 W. Lajul, *African Philosophy. Critical Dimensions*, Kampala 2013.

setzt, zu denen Missionierung, Kolonialismus und ausländische Wertesysteme gehören, die ihren Ursprung nicht in Afrika haben.[49]

Solche schematischen Darstellungen laufen Gefahr, ein dualistisches Verständnis von Tradition versus Moderne, das auf die verschiedenen philosophischen Schulen in Afrika übertragen wird, durch ein Fixieren in Diagrammen eher noch zu verstärken als aufzuheben. Das Überschneiden von Traditionen, eine gegenseitige Beeinflussung und ein Verschwimmen an den Rändern ebendieser Schulen kann hier kaum deutlich gemacht werden. So findet sich Senghor in diesem Modell aufgrund seiner Arbeiten zur Négritude nur in der traditionellen Philosophie. Allerdings war Senghor, wie oben bereits angemerkt, zugleich ein Vertreter des Konzepts eines »afrikanischen Sozialismus«. Odera Oruka wird aufgrund seines Projekts der Weisheitsphilosophie in die traditionelle Philosophie eingeordnet, zugleich war er jedoch akademischer und somit professioneller Philosoph und zudem einer der schärfsten Kritiker der Ethnophilosophie. Gerade an solchen schematischen Darstellungen wird deutlich, dass jedes Modell einer Klassifikation Schwächen hat und mit Reduktionen, Vereinfachungen und Ausschlüssen einhergeht.

Zusammenfassend kann das Folgende festgestellt werden. Deutlich wird in allen Ansätzen eine Orientierung am vorherrschenden europäischen Modell der Philosophiegeschichte: bei der Periodisierung, bei der Vorstellung von einer linearen Entwicklung, bei der Suche nach *einem* Ursprung der Philosophie (auch wenn dieser ins Alte Ägypten verschoben wird) und bei der Anknüpfung an ein Philosophieverständnis, das Philosophie an den rationalen Vernunftgebrauch eines Individuums bindet. In den meisten Fällen (außer bei Odera Oruka) werden philosophische Konzepte in oralen Traditionen dann als eine Vorstufe der Philosophie oder als einem ›weiten‹ Begriff von Philosophie zugehörig betrachtet und finden keinen (oder nur einen marginalen) Eingang in die Erzählung der Geschichte der Philosophie Afrikas. Inner- und transkontinentale Verflechtungen spielen kaum eine Rolle, die arabisch-islamische Philosophie wird, wenn überhaupt, nur am Rande behandelt und für die Einbindung des oralen Erbes mit philosophischer Relevanz

49 Ebd., S. 9, Übersetzung A. G.

werden keine Lösungen angeboten. Bisher vorliegende Philosophiegeschichten Afrikas sind weiterhin überwiegend schriftzentriert, was den Fokus auf das Alte Ägypten und das 20. Jahrhundert erklärt. Methodische Vorüberlegungen, wie überhaupt eine Philosophiegeschichte Afrikas konzipiert werden müsste, welche Methoden dafür angewendet werden können und ob die europäische Tradition der Philosophiegeschichtsschreibung für die komplexe Problemlage in Afrika überhaupt Antworten bietet, werden explizit nur von Osuagwu gestellt. Solche methodischen Überlegungen sollten allerdings am Anfang einer Philosophiegeschichtsschreibung stehen. Welche Probleme und Aspekte ein neuer Ansatz der Philosophiegeschichtsschreibung beachten sollte, ein Ansatz, der die spezifischen Problemlagen des Kontinents ebenso mit in Betracht zieht wie die transkontinentale Verflechtung von Philosophietraditionen und damit eine globale Perspektive einnimmt, wird in den kommenden Kapiteln erörtert.

Kapitel 3
Diskursraum Philosophie in Afrika

Um einen neuen Ansatz für eine Philosophiegeschichtsschreibung Afrikas zu erarbeiten, der der spezifischen Problemlage des Kontinents gerecht wird und der die auf diesem Kontinent entstandenen philosophischen Konzepte und Traditionen zugleich in ihrer überregionalen Verflechtung berücksichtigt, ist es zunächst erforderlich zu analysieren, was in vergangenen und gegenwärtigen Diskursen überhaupt mit dem Begriff ›Afrika‹ bezeichnet wurde oder wird. Denn ›Afrika‹ ist, das werden die folgenden Ausführungen deutlich machen, weit mehr als ein geographischer Begriff. ›Afrika‹ wurde im Diskurs der letzten 150 Jahre zu einer Idee oder auch Metapher, der verschiedene Bedeutungen beigelegt wurden: Dunkelheit, Schwärze, Wildheit oder (im moderneren Sprachgebrauch) Unterentwicklung, Hunger, Bürgerkriege. Zugleich steht ›Afrika‹ in verschiedenen Diskursen, zum Beispiel in der Philosophie und der Theologie, aber auch für eine bestimmte Form der Weltanschauung, Religiosität oder Ethik, die durch eine gemeinschaftliche Orientierung und Solidarität gekennzeichnet sei.

Der Frage »Was und wo ist Afrika?« und damit der Frage nach der Bedeutung des Konstrukts Afrika widmet sich der erste Abschnitt dieses Kapitels. Die umstrittene Bestimmung dessen, was Afrika eigentlich ist beziehungsweise was es bedeutet, Afrikaner:in zu sein, lag auch der Kontroverse um die Frage »Was ist afrikanische Philosophie?«[1] zugrunde, welche die philosophischen Diskurse im Afrika südlich der Sahara in der zweiten Hälfte des 20. Jahrhunderts dominierte. Diese Debatten werden im Abschnitt 2 und 3 dieses Kapitels in ihren Hauptpunkten geschildert. Angesichts der Probleme, die Versuche, ›afrikanische Philosophie‹ oder ›afrikanische

1 Solche Diskurse der Selbstverständigung und Identitätssuche fanden nicht nur in der afrikanischen Philosophie statt, sondern ebenso im Rahmen anderer außereuropäischer Regionen. Vgl.: R. Weber, R. H. Gassmann, »Introduction: ›What is Chinese Philosophy?‹«, in: R. C. Steineck, R. Weber (Hg.), *Concepts of Philosophy in Asia and the Islamic World: China and Japan,* Vol. 1, Leiden 2018, S. 53-68; R. C. Steineck, E. L. Lange, »Introduction: ›What is Japanese Philosophy?‹«, in: ebd., S. 459-481.

Philosoph:innen‹ eindeutig definieren zu wollen, mit sich bringen, wird mit Blick auf die Philosophiegeschichtsschreibung für einen Ansatz jenseits kontinentaler, regionaler oder nationaler Grenzen plädiert. Der letzte Abschnitt des Kapitels thematisiert das ebenso problematische Konstrukt der ›Westen‹.

3.1. Was und wo ist Afrika?

Im Gegensatz zu Europa, dessen Kontinentalgrenzen mit einer gewissen Willkür durch die eurasische Erdmasse gezogen wurden, ist Afrika ein geographisch durch seine Küsten abgrenzbarer Erdteil. Aber die auf den ersten Blick scheinbar einfach zu beantwortende Frage »Was und wo ist Afrika?« entpuppt sich bei näherem Hinsehen als durchaus komplizierte und über den Verlauf geographisch definierter Grenzen weit hinausgehende Frage. Sie verweist auf die verschiedenen Bedeutungsschichten des Begriffs ›Afrika‹, auf Bilder, Assoziationen, Metaphern, auf Attribute und Eigenschaften, auf jahrhundertelang tradierte Vorstellungen, die wenig mit der Geographie des Kontinents zu tun haben. Und so kommt auch der Versuch, eine Philosophiegeschichte Afrikas zu schreiben, nicht umhin, sich mit dem theoretischen Konstrukt ›Afrika‹ näher auseinanderzusetzen, also hinter das Wort zu schauen, um herauszufinden, »was es sagt und was es verbirgt oder auch was es nicht zu sagen versteht, also was es sagt, ohne Gehör zu finden«.[2]

Beginnen wir mit der Lokalisierung Afrikas. Dabei fällt als Erstes ins Auge, dass die geographisch-kontinentale (ebenso wie die historische) Einheit des Kontinents Afrika sowohl im Alltagsbewusstsein (wie es sich zum Beispiel in den Darstellungen in Massenmedien widerspiegelt) als auch im Rahmen akademischer Diskurse und Disziplinen im Wesentlichen ignoriert wird. Der Kontinent Afrika wird gemeinhin in zwei regionale Räume, nördlich und südlich der Sahara, geteilt, wobei die Sahara häufig als eine Art unüberschreitbare Grenze erscheint, die es offenbar rechtfertigt, beide Teile als in ihrer historischen und kulturellen Entwicklung weitgehend unabhängig voneinander zu betrachten. Der Teil nördlich der Sahara wird dabei oft als nicht eigentlich Afrika zugehörig, sondern als

2 Mbembe, *Kritik der schwarzen Vernunft*, S. 109.

Bestandteil der arabischen Welt betrachtet. Diese bildet wiederum keine geographische Einheit, sondern definiert sich über die Dominanz der arabischen Sprache und den Einfluss des Islam.[3] Die nördliche Mittelmeerküste Afrikas, insbesondere Ägypten, wird vielfach einer »Mittelmeerkultur« zugeordnet, die weder sprachlich noch religiös definiert werden kann, sondern lediglich geographisch über die direkte Anbindung an das Meer zwischen Afrika und Europa und über weit zurückreichende historische Verbindungslinien. Auch diese Region wird oft nicht als Bestandteil des »eigentlichen« Afrika betrachtet. Das »eigentliche« Afrika beginnt nach einem verbreiteten Verständnis erst südlich der Sahara. Dabei wird jedoch auch die Insel Madagaskar oft gesondert betrachtet.

Mit dem Begriff ›eigentlich‹ sind wir bei der nächsten Bedeutungsschicht des Begriffs Afrika, nämlich der kolonialen Gleichsetzung von Afrika mit dem Bild von Wildheit, Hitze, ›primitiven‹ Kulturen, Schwärze.[4] Dabei wird deutlich, dass eine Abtrennung bestimmter geographischer Bestandteile Afrikas in kultureller und ideengeschichtlicher Perspektive in dem Wunsch begründet liegt, sowohl die hochgeschätzte Kultur des Alten Ägypten als auch jene der arabischen Welt von ebenjenem ›wilden, schwarzen und chaotischen‹ Afrika zu trennen, dem Kultur, Wissenschaft und Rationalität abgesprochen werden. Einer der bekanntesten Versuche der Separation Ägyptens vom ›Rest‹ Afrikas ist wohl jener von Georg Wilhelm Friedrich Hegel in seinen *Vorlesungen über die Philosophie der Weltgeschichte* (veröffentlicht 1837, gehalten 1822/23 bis 1830/31). Hier wird Ägypten als »nicht dem afrikanischen Geiste zugehörig«[5] bezeichnet. Während das »eigentliche Afrika« (ebenso wie Asien und die »Neue Welt«) kein Schauplatz der Weltgeschichte sei – und

3 Die Arabische Liga umfasst 22 Staaten; dazu gehören auch Somalia und der Sudan.

4 Als einschlägiges Beispiel eines solchen Bilds von Afrika gilt Joseph Conrads Erzählung *Herz der Finsternis* (*Heart of Darkness*, 1899), das der nigerianische Schriftsteller Chinua Achebe wie folgt kritisiert: »Das *Herz der Finsternis* entwirft ein Bild von Afrika als der ›anderen Welt‹, dem Gegenpol zu Europa und damit zur Zivilisation, einem Ort, an dem die gerühmte Intelligenz und Kultiviertheit des Menschen schließlich von der triumphierenden Bestialität verhöhnt wird.« C. Achebe, »An Image of Africa«, in: *Massachusetts Review* 18/4 (1977), S. 782-794, hier S. 783, Übersetzung A. G.

5 Hegel, *Vorlesungen über die Philosophie der Weltgeschichte*, Band I, ab S. 214, hier S. 234.

damit auch kein Ort, an dem Philosophie entstehen konnte –, sei Ägypten sehr wohl Teil der Weltgeschichte, und zwar als selbständiger Akteur, dem Hegel in Band II »Die orientalische Welt« ein eigenes Kapitel widmet. So wie Hegel sahen und sehen bis heute viele Menschen Ägypten als eine eigenständige kulturelle Region ohne Verbindung zum südlichen Afrika.

Übersehen werden dabei intensive politische und wirtschaftliche Beziehungen mit dem Süden des Kontinents,[6] die mit einem Austausch von Wissen und Ideen entlang der transsaharischen Handelsrouten einhergingen. Ein unhistorisches Herangehen wie im Falle Hegels negiert die jahrtausendealten Verbindungen zwischen allen Regionen des afrikanischen Kontinents. Ebenso ausgeblendet wird bei einem derartigen Herangehen die jahrhundertealte historische Verankerung des Islam in Ländern südlich der Sahara, und zwar seit dem 11. Jahrhundert in Westafrika und noch deutlich früher an der ostafrikanischen Küste. Das nördliche und das südliche Afrika sind keine kulturell oder intellektuell voneinander abgrenzbaren Räume, wie es zum Beispiel die Einteilung akademischer Disziplinen (vgl. Afrikawissenschaften und Islamwissenschaften) suggeriert. Im Gegenteil, eine historische Analyse zeigt die vielfältigen kulturellen, politischen, ökonomischen, religiösen und intellektuellen Verknüpfungen der beiden Regionen. Allerdings wagen bisher nur wenige Philosoph:innen in Afrika (sowohl in Nordafrika als auch südlich der Sahara) in ihrer Arbeit einen Brückenschlag über die Sahara hinweg, ein Brückenschlag, der aufgrund akademischer Disziplinen, aber auch aufgrund von Sprachgrenzen (Arabisch, Englisch, Französisch, Portugiesisch) oft nicht leichtfällt. Und so finden wir ein solch unhistorisches Herangehen nicht nur bei europäischen Denker:innen in Geschichte und Gegenwart, sondern ebenso bei einigen afrikanischen Philosoph:innen. So betrachtet der nigerianische Philosoph Fidelis U. Okafor Nordafrika nicht als Teil Afrikas und begründet dies sowohl mit Unterschieden in den kulturellen Traditionen als auch den Hautfarben. Sprachlich, kulturell und

6 Eines der bekanntesten frühen Beispiele ist die Expedition der Pharaonin Hatschepsut (ca. 1479-1458 BCE) in das Land Punt, das am Horn von Afrika oder im heutigen Somalia vermutet wird, im 9. Jahr ihrer Regierung (etwa 1463 BCE). In der Dekoration von Hatschepsuts Totentempel nimmt diese Expedition sehr viel Platz ein.

aufgrund historischer Beziehungen sei Nordafrika enger mit der arabischen Halbinsel verbunden.[7]

Eine Geschichte der Philosophie Afrikas kann allerdings die kontinentale Einheit (im Sinne der geographischen wie ideengeschichtlichen Verbindung zwischen allen Regionen Afrikas) ebenso wenig negieren wie den über den Kontinent hinausgehenden Austausch von Ideen und Konzepten, zum Beispiel mit der arabischen Halbinsel und dem Mittleren Osten, mit Europa, aber auch über die transatlantische Achse. Dafür werden in den folgenden Kapiteln Beispiele und Argumente angeführt. Überdies geht die Verwendung des Begriffs ›Afrika‹ nicht nur mit einer geographischen Reduktion einher, sondern auch mit einer geographischen Ausweitung. Denn der Begriff umschließt häufig auch die afrikanische Diaspora, insbesondere die Nachfahren der verschleppten Sklav:innen in beiden Amerikas und in der Karibik. Ein Ergebnis des transatlantischen Sklavenhandels ist also auch, dass die Idee ›Afrika‹ heute über die geographischen Grenzen des Kontinents hinausreicht. Politisch wurde dies von der *Afrikanischen Union* durch die Gründung eines »Directorate of the Citizens and Diaspora Organizations« (CIDO) bestärkt.

Mit Bezug auf die Philosophie ist es vor allem die *Africana philosophy*,[8] die zu einer Herausforderung für die Bestimmung dessen wird, was unter ›afrikanischer Philosophie‹ zu verstehen ist, und damit dann auch die Bestimmung des Forschungsgegenstands einer ›Geschichte der Philosophie Afrikas‹ betrifft. Unter *Africana philosophy* wird gemeinhin die Arbeit von Philosoph:innen afrikanischen Ursprungs verstanden, die sich mit den Erfahrungen, Ideen und Konzepten der afrikanischen Diaspora auseinandersetzen.[9] Sowohl die Bezugnahme auf ein intellektuelles und kulturelles

7 F. U. Okafor, »African Philosophy in Comparison with Western Philosophy«, in: *The Journal of Value Inquiry* 31 (1997), S. 251-267, hier S. 252.

8 Gordon, *Introduction to Africana philosophy*.

9 »... der Name bezieht sich nicht auf eine bestimmte Philosophie, ein philosophisches System, eine Methode oder eine Tradition. Vielmehr ist *Africana philosophy* ein metaphilosophischer Oberbegriff dritter Ordnung, der verwendet wird, um die verschiedenen Bemühungen des *Philosophierens* – d. h. Tätigkeiten des reflektierenden, kritischen Denkens, der Artikulation und des ästhetischen Ausdrucks – von Personen und Völkern afrikanischer Herkunft, die auf dem afrikanischen Kontinent beheimatet waren und sind, sowie von Bewohnern der zahlreichen afrikanischen Diasporas weltweit zu überblicken.« L. T. Outlaw Jr.,

afrikanisches Erbe (in Form von Kosmologien, Göttern, Mythen, Religionen, Sprichwörtern oder Werten und Normen) als auch die geteilte Geschichte von Sklaverei, Zwangsarbeit und Kolonialismus sowie die Erfahrung von Rassismus, Ausgrenzung und Abwertung sind Gemeinsamkeiten, welche die Wissensproduktion (und damit auch Philosophie) in Afrika und seiner Diaspora bestimmen. Darüber hinaus hat die intellektuelle Arbeit in der afrikanischen Diaspora die Entwicklung der Philosophie in Afrika im 20. Jahrhundert stark beeinflusst. Verwiesen sei hier nur beispielhaft auf den Einfluss der *Harlem Renaissance* auf die Négritude oder an den Einfluss Aimé Césaires oder Frantz Fanons (beide aus Martinique) auf den Diskurs der Philosophie in Afrika, der bis heute anhält. Umgekehrt haben Denker wie Léopold Sédar Senghor, Cheikh Anta Diop und Théophile Obenga stark auf die *Africana philosophy* rückgewirkt. Insofern ist nach dem Stellenwert der Philosophie der Diaspora in einer Philosophiegeschichte Afrikas zu fragen, da berechtigter Zweifel besteht, dass ein ausschließlicher Fokus auf den afrikanischen Kontinent den überregionalen Verflechtungen von Denker:innen und Denktraditionen und der Wirkungsgeschichte von Konzepten gerecht werden kann.

Der Versuch, Afrika im Rahmen einer Philosophiegeschichtsschreibung als abgegrenzten geographischen Raum und zudem beschränkt auf den südlichen Teil des Kontinents zu behandeln, stößt schnell an Grenzen. Denn transkontinentale Verflechtungen, wie zum Beispiel im Mittelmeerraum oder zwischen Afrika und der arabischen Halbinsel, werden bereits in früheren Jahrhunderten sichtbar. Insbesondere seit der Kolonisierung ist der afrikanische Kontinent noch intensiver in globale Verflechtungen ökonomischer, politischer, aber auch kultureller Art eingebunden, so dass eine Reduktion auf das sogenannte subsaharische Afrika[10] keinen Sinn

»Africana Philosophy«, in: Edward N. Zalta (Hg.), *The Stanford Encyclopedia of Philosophy*, ⟨https://plato.stanford.edu/archives/win2016/entries/africana⟩, letzter Zugriff 31. 3. 2022, Übersetzung A. G. Während Outlaw mit seiner Definition die Philosophien Afrikas und der Diaspora umfassen möchte, bestehen afrikanische Autor:innen oft auf einer genaueren Unterscheidung.

10 Im HDR (Human Development Report) 2006 werden folgende Länder unter dem Begriff »*Sub Saharan Africa*« aufgeführt: Äquatorialguinea, Äthiopien, Angola, Benin, Botswana, Burkina Faso, Burundi, Elfenbeinküste, Eritrea, Gabun, Gambia, Ghana, Guinea, Guinea-Bissau, Kamerun, Kap Verde, Kenia, Komoren, Kongo, Lesotho, Liberia, Madagaskar, Malawi, Mali, Mauretanien, Mauri-

ergibt. Die Entwicklung von Denktraditionen (und damit auch der Philosophie) hält sich selten an räumliche Grenzen. Vielmehr entstehen Ideen immer im Zusammenhang mit und durch einen regen Austausch zwischen Menschen – auch aus verschiedenen Regionen, Kulturen und Gemeinschaften.[11] Regionenübergreifende Darstellungen sind deshalb unvermeidlich und werden aus diesem Grund im Zentrum der folgenden Untersuchung stehen.

Die Eingrenzung auf einen Kontinent ist für eine Philosophiegeschichtsschreibung ebenso wie für die vergleichende Beschäftigung mit europäischen und außereuropäischen Philosophien kein geeigneter Rahmen. Räumlich ist ein solcher Bezugsrahmen zu groß, um detailgenaue Untersuchungen der Entstehung und des Aufeinanderwirkens von Konzepten und Theorien nachzuvollziehen. Darüber hinaus ist zu fragen, welche Philosoph:innen, Schulen oder Konzepte einen ganzen Kontinent (oder auch Teile eines Kontinents wie das südliche Afrika) vertreten könnten – und wie diese ausgewählt werden. Hier stellt sich also die wichtige Frage der Repräsentation: Wer kann den Anspruch erheben, für einen ganzen Kontinent zu sprechen? Wer kann einen Kontinent repräsentieren? Ein kontinentaler Untersuchungsrahmen birgt die Gefahr, der Pluralität der kulturellen und ideengeschichtlichen Kontexte einer so großen geographischen Einheit nicht gerecht werden zu können und zu Verallgemeinerungen oder gar Essentialisierungen zu führen, statt die Vielfalt von (auch widerstreitenden) Theorien und Konzepten zu dokumentieren. Mit unzulässigen Verallgemeinerungen einhergehende Behauptungen werden von einem komparativen Ansatz nicht selten zusätzlich befördert: Wird ein Kontinent einem anderen Kontinent gegenübergestellt, wird die Ideengeschichte beider Erdteile in ähnlicher Weise ihrer inneren Pluralität beraubt. Solche Tendenzen sind sehr stark in Gegenüberstellungen von Afrika und Europa beziehungsweise dem ›Westen‹ zu verzeichnen, wie sie bereits in der europäischen Ethnologie des 19. Jahrhunderts erfolgten und bis heute in der Philosophie, auch in der

tius, Mozambique, Namibia, Niger, Nigeria, Rwanda, São Tomé und Príncipe, Senegal, Seychellen, Sierra Leone, Südafrika, Swasiland, Tansania, Togo, Tschad, Uganda, Sambia, Zentralafrikanische Republik, Zimbabwe.

11 Siehe dazu Elberfeld, *Philosophieren in einer globalisierten Welt*, insbesondere Teil I »Verflechtungsgeschichten des Denkens in ›Afroeurasien‹ und darüber hinaus« S. 21-127.

Richtung der interkulturellen Philosophie, zum Teil weiterleben, insbesondere dann, wenn von der ›asiatischen‹, der ›afrikanischen‹ oder der ›europäischen‹ Philosophie die Rede ist.[12] Geographische Eingrenzungen werden dann häufig mit inhaltlichen Merkmalen verknüpft. Die Verbindung zwischen Raum beziehungsweise Ort und Ideen ist eine eigene Untersuchung wert, die hier nicht geleistet werden kann.[13] Vielmehr soll mit der Frage »Was ist Afrika?« auf die problematische Seite einer solchen Verknüpfung von geographischen und intellektuellen Räumen verwiesen werden.

Mit Blick auf die verborgenen (und oft gar nicht so verborgenen) Ebenen des Begriffs ›Afrika‹, aber auch auf die sich darin spiegelnden Machtdiskurse, die bereits die Bestimmung ›Afrika‹ als Forschungsgegenstand beeinflussen, ist es nicht verwunderlich, dass die Frage »Was ist Afrika?« viele afrikanische Geisteswissenschaftler:innen in den letzten Jahrzehnten intensiv beschäftigt hat.[14] Es war vor allem der kongolesische Philosoph und Literaturwissenschaftler Valentin-Yves Mudimbe (*1941), der die Konstruktion Afrikas in seinem einflussreichen Buch *The Invention of Africa* (1988) in der Tradition von Foucaults »Archäologie des Wissens« untersucht hat. Mudimbe spricht im Titel seines Buches bereits ausdrücklich von einer »Erfindung« Afrikas.[15] Ähnlich wie Edward Said in seinem bekannten Werk *Orientalism* (1978) zeigt, wie der ›Orient‹ durch europäische Wissenschaftler:innen und Künstler:innen als ›das Andere Europas‹ mit Hilfe zugkräftiger Stereotype wie Despotie, Korruption, Brutalität, laszive Erotik und sinnliche Ver-

12 Vgl. meine Kritik an solchen Verallgemeinerungen: Graneß, »Inter: Wo ist das ›Zwischen‹ anzusiedeln?«, *Polylog. Zeitschrift für interkulturelles Philosophieren* 41 (2019), S. 7-15. Dass es schwierig ist, verallgemeinernd von »Indischer Philosophie« zu reden, zeigt die in bisher 22 (!) Bänden erschienene (noch unabgeschlossene) Edition von K. H. Potter (Hg.), *Encyclopedia of Indian Philosophies*, Delhi 1970ff.

13 Mit Bezug auf Afrika siehe dazu die Untersuchung von B. Janz, *Philosophy in an African Place,* Lanham 2009.

14 Vgl. E. S. Macamo, *Was ist Afrika? Zur Geschichte und Kultursoziologie eines modernen Konstrukts,* Berlin 1999; D. Simo, »Was ist Afrika? Postkoloniale Konstruktionen von Afrikabildern«, in: A. Bouba, D. Quintern (Hg.), *Das Bild von Afrika. Von kolonialer Einbildung und transkultureller Verständigung. Interdisziplinäre Beiträge zum Afrikabild in den Wissenschaften,* Berlin 2010, S. 75-88.

15 Siehe in diesem Zusammenhang auch M. Bechhaus-Gerst, S. Gieseke (Hg.), *Koloniale und postkoloniale Konstruktionen von Afrika und Menschen afrikanischer Herkunft in der deutschen Alltagskultur*, Frankfurt/M. 2006.

führung allererst konstruiert wurde, schildert Mudimbe, wie Afrika in den europäischen Diskursen der Ethnologie, der Missionare und Kolonialbeamten als das Andere Europas »erfunden« wurde. In seiner Analyse wird deutlich, dass die Reduktion eines ausgesprochen heterogenen Kontinents auf einige wenige Stereotype im Wesentlichen ein Produkt des 19. und 20. Jahrhundert ist.

Der kamerunische Philosoph Fabian Eboussi-Boulaga (1934-2018) betrachtet die Entstehung eines afrikanischen »Wir-Subjekts« sogar als das bedeutendste Phänomen der zweiten Hälfte des 20. Jahrhunderts.[16] Dabei seien die Annahmen sowohl einer gemeinsamen afrikanischen Kultur oder Religion als auch von vielen »Familienähnlichkeiten« (linguistische Ähnlichkeiten bis hin zu moralischen Vorstellungen) reine Hypothesen. Erst die geteilte Erfahrung von Sklavenhandel, Kolonialismus und Rassismus sowie die damit im Zusammenhang stehenden gesellschaftspolitischen Herausforderungen, vor denen die verschiedenen Gesellschaften in Afrika stehen, waren ausschlaggebend dafür, dass sich Igbo und Yoruba oder Gikuyu und Luo etc. auch als Afrikaner:innen zu verstehen begannen, so Eboussi-Boulaga.

Achille Mbembe (*1957), Historiker und Philosoph aus Kamerun, diskutiert in seinem Buch *Kritik der schwarzen Vernunft* (2014) unter der bezeichnenden Überschrift »Der Brunnen der Phantasmen« einige der Bilder und Metaphern, die der Begriff ›Afrika‹ evoziert. Er stellt fest, dass ›Afrika‹ zwei Phänomene bezeichnet: »eine umstrittene, in absoluter Unsicherheit und Seinsleere gefangene Gestalt des Menschlichen« und »die allgemeine Frage der Unentwirrbarkeit des Menschlichen, des Tiers und der Natur, des Todes und des Lebens«.[17] Die hiermit verbundene Hierarchisierung umschreibt er wie folgt:

> Im modernen Bewusstsein ist ›Afrika‹ der Name, den man ganz allgemein den für unfähig gehaltenen Gesellschaften beilegt, das heißt den Gesellschaften, die unfähig sind, das Universelle hervorzubringen oder davon Zeugnis abzulegen.[18]

16 »Das Auftauchen eines afrikanischen ›Wir-Subjekts‹ ist das bedeutendste Menschheitsphänomen der zweiten Hälfte dieses Jahrhunderts, zumindest für uns.« F. Eboussi-Boulaga, *A contretemps: l'enjeu de Dieu en Afrique,* Paris 1991, S. 67 f., Übersetzung A. G.

17 Mbembe, *Kritik der schwarzen Vernunft*, S. 100.

18 Ebd.

Afrika ist eine »lebende Figur der Andersartigkeit«, das »Sinnbild einer dunklen und blinden Kraft, gefangen in einer gleichsam präethischen und präpolitischen Zeit«.[19] Dabei zählt die Entsprechung zwischen Worten, Bildern und Tatsachen im Falle Afrikas nur wenig, betont Mbembe, sondern hier »zählt allein die Macht des Falschen«.[20] Und somit wird der Begriff Afrika zur »Urform des Beliebigen – die Beliebigkeit der Bezeichnungen, denen nichts Besonderes zu entsprechen scheint außer dem anfänglichen Vorurteil in seiner endlosen Regression«.[21]

Afrika, das wird bei einem kurzen Blick in die Literatur deutlich, ist also mehr als eine geographische Entität. Es ist eine Metapher beziehungsweise eine theoretische Konstruktion, die, wie der mosambikanische Soziologe Elisio Macamo betont, zu einer empirischen Realität und damit wirkmächtig wurde.[22] Es gibt bis heute kein Entrinnen von jenen tief verwurzelten Stereotypen und Vorurteilen, die behaupten, dass ›Afrika‹ oder ›die Afrikaner:innen‹ emotional und wenig rational seien und ergo zu Logik, Wissenschaft und Philosophie unfähig.[23] Und so kann eine Philosophiegeschichte Afrikas nicht geschrieben werden, ohne sich mit einem Afrika-Bild auseinanderzusetzen, das auch von europäischen Philosophen wie Kant und Hegel mitbeeinflusst wurde. Denn das Absprechen der Vernunftfähigkeit sowie die Charakterisierung Afrikas als »unhistorisch«[24] und »primitiv«[25] boten nicht nur einen Nährboden für die Entwicklung von Rassentheorien im 19. Jahrhundert, sondern sie wurden auch zur Begründung des Ausschlusses des Weltteils südlich der Sahara aus der Philosophiegeschichtsschreibung herangezogen. Sie stellen bis heute eines der Haupthindernisse für eine vorurteilslose und gründliche Erforschung der Geschichte der Philosophie in dieser Region der Welt dar. In diesem Zusammenhang

19 Ebd., S. 101.

20 Ebd., S. 105.

21 Ebd.

22 Macamo, *Was ist Afrika?*, S. 218 f.

23 Oder wie Felwine Sarr pointiert gleich am Anfang seines Buches *Afrotopia* formuliert: »Überlegungen über den gesamten afrikanischen Kontinent anzustellen, ist eine schwierige Aufgabe, bekommt man es doch mit hartnäckigen Gemeinplätzen, Klischees und Pseudogewissheiten zu tun, die sich wie ein Dunstschleier über die Realität legen.« F. Sarr, *Afrotopia*, Berlin 2019, S. 9.

24 Hegel, *Vorlesungen über die Philosophie der Weltgeschichte*, Band I, S. 234.

25 Ebd., S. 217.

formuliert der nigerianische Philosoph Jonathan O. Chimakonam treffend:

> Die Geschichte der afrikanischen Philosophie begann mit ›Frustration‹ (und nicht mit dem Staunen, wie es in der westlichen Philosophie der Fall war), die wütende Fragen und dann Antworten und Reaktionen hervorrief. [...] Die Frustration entstand aus der kolonialen Karikatur Afrikas als kulturell naiv, intellektuell fügsam und rational unfähig. Dies hat weitreichende Auswirkungen und berührt sensible Themen wie die Identität des Afrikaners, seinen Platz in der Geschichte und seinen Beitrag zur Zivilisation.[26]

Angesichts des unsicheren begrifflichen Terrains, auf dem bereits die Abgrenzung des Untersuchungsgegenstandes schwierig ist, der noch dazu mit Bildern, Vorstellungen und Metaphern reich aufgeladen ist, steht die Philosophiegeschichtsschreibung in Afrika vor besonderen Herausforderungen. Denn aufgrund der Notwendigkeit der Auseinandersetzung mit bis heute bestehenden kolonialen Bildern, Metaphern und wirkmächtigen Vorurteilen, die eine Beschäftigung mit Philosophie in Afrika weiterhin unter einen bestimmten Legitimationsdruck setzen, sowie der Auswirkungen der politisch-ökonomischen Asymmetrien der Welt auf die Produktion von Wissen – also all dem, was heute auch als Fortbestehen der kolonialen Matrix der Macht[27] bezeichnet wird – gehen Fragen einer Philosophiegeschichtsschreibung für Afrika über die Grenzen der Disziplin Philosophie hinaus. Philosophiegeschichte ist hier Bestandteil der Geschichte des intellektuellen und institutionellen Befreiungskampfes um die Selbstbestimmung ehemals kolonisierter Länder im Kontext der Weltgeschichte. Dies erklärt die Bedeutung ebenso wie die Schwierigkeiten einer Philosophiegeschichtsschreibung für Afrika. So ist die Frage nach den Ursprüngen von Philosophie und Wissenschaft nicht einfach eine Frage der Neugier, sondern jeweils auch eines politisch aufgeladenen Gedächtnisses, wie im Kapitel 4 anhand der Ursprungsdiskurse in Europa einerseits sowie der ›afrozentrischen These‹ andererseits näher erläutert wird.

26 Chimakonam, »Dating and Periodization Questions in African Philosophy«, S. 9, Übersetzung A. G.

27 Mignolo verwendet diesen Begriff im Anschluss an A. Quijano zur Beschreibung einer Machtmatrix, die das Wissen der ehemals Kolonisierten disqualifiziert und das Wissen der ›westlichen‹ Welt als einzig wahres Wissen universalisiert. Vgl. W. Mignolo, *The Darker Side of Western Modernity: Global Futures, Decolonial Options*, Durham 2011, S. 8 ff.

3.2. Was ist afrikanische Philosophie?

Im Spannungsfeld der oben beschriebenen geographischen wie inhaltlichen Schwierigkeiten der Bestimmung Afrikas ist auch die Frage nach der Definition dessen, was unter »afrikanischer Philosophie« zu verstehen sei, anzusiedeln. In Anbetracht der bereits angeführten Vorurteile gegenüber der Existenz von Philosophie im Afrika südlich der Sahara ist es nicht verwunderlich, dass die Debatten der akademischen Philosophie Afrikas in den 1950er bis 1990er Jahren vor allem von einem breiten Diskurs der Selbstvergewisserung und Identitätssuche geprägt waren. »Was ist afrikanische Philosophie?« beziehungsweise »Was ist das Afrikanische an der afrikanischen Philosophie?« gehörte in jenen Jahren zur Leitfrage im intellektuellen Ringen um Definitionen und Abgrenzungen der eigenen Tätigkeit und des Untersuchungsgegenstandes.[28] Eine kritische Vergewisserung über den Philosophiebegriff betraf dabei den Versuch der Selbstbegründung einer bewussten, grundlegenden Orientierung des Denkens und Handelns. Dreh- und Angelpunkt dieser Debatte war die Frage nach der Universalität von Philosophie einerseits und der Art und Weise ihrer kulturellen Gebundenheit andererseits. Paulin J. Hountondji formuliert das Problem folgendermaßen:

> Das Problem lautet, ob durch das Hinzufügen des Wortes ›afrikanisch‹ die habituelle Bedeutung des Begriffs ›Philosophie‹ beibehalten bleibt oder ob es durch eine einfache Hinzufügung eines Adjektivs notwendigerweise zu einer Änderung der Bedeutung des Substantivs kommt. Was zur Disposition steht, ist die Universalität des Begriffs ›Philosophie‹ jenseits seiner möglichen geographischen Applikationen.[29]

An der Art der Beantwortung dieser Frage lassen sich nun die Vertreter:innen der Ethnophilosophie auf der einen und ihre Kritiker:innen auf der anderen Seite unterscheiden. »Ethnophilosophie« ist ein Begriff, der von Paulin Hountondji 1976 in den Diskurs um

28 Eine gründliche Darstellung und Analyse der Debatte erfolgte durch Masolo: *African Philosophy in Search of Identity*. Übersichtlich dargestellt wird diese Debatte unter besonderer Berücksichtigung der Rolle Hountondjis auch in: F. Dübgen, S. Skupien, *Paulin Hountondji. African Philosophy as Critical Universalism,* Cham 2019, hier besonders Teil 1, S. 13-81.

29 Hountondji, *Afrikanische Philosophie. Mythos und Realität,* S. 55.

die Definition »afrikanischer Philosophie« eingeführt wurde.[30] Es ging ihm dabei darum, einen Begriff zur Bezeichnung von Ansätzen zu finden, die in der Folge von Placide Tempels' *La Philosophie Bantoue* (1945) versuchten, aus den mündlichen Überlieferungen afrikanischer Völker oder linguistischen Besonderheiten afrikanischer Sprachen eine Philosophie zum Beispiel der Bantu, Akan oder Dogon zu gewinnen. Hierbei spielen einzelne Denker:innen keine Rolle mehr, vielmehr wird die Existenz einer gemeinschaftlichen Philosophie angenommen.[31] Einen solchen Ansatz betrachtet Hountondji als eher ethnologisch denn philosophisch. Rekonstruiert werden hier nämlich Traditionen, Mythen, Weisheit oder Weltanschauungen. Die richtige Vergleichsebene wären somit europäische Traditionen, Mythen, Weisheit oder Weltanschauungen – aber nicht europäische Philosophie. Ähnlich wie in der Ethnologie werde das hier rekonstruierte Wissen zudem primär für ein auswärtiges Publikum produziert, dessen Lust an Exotismus damit bedient werde. Und so fordert Hountondji mit der Verabschiedung der Ethnophilosophie zugleich eine neue Orientierung des afrikanischen philosophischen Diskurses an den Interessen und Bedürfnissen eines afrikanischen Publikums.

Für Hountondji ist die Tätigkeit des Philosophierens an eine kritische Reflexion auf das Gegebene, auf Dogmen, Wahrheiten, Normen und das Alltagsbewusstsein gebunden. Philosophisches Wissen weise vorherrschende Annahmen und Vorurteile zurück, untersuche diese kritisch und versuche neue, logisch begründete Antworten zu finden. Maßstab für Hountondjis Philosophie-Definition ist dabei die europäische Philosophie, insbesondere die der griechischen Antike, in der er den Beginn einer kritischen Reflexion auf Mythen verortet.[32] Universalisiert wird von Hountondji damit

30 Vgl. den Titel des französischen Originals: *Sur la »philosophie africaine«: critique de l'ethnophilosophie* (1976, dt.: *Afrikanische Philosophie. Mythos und Realität*). In seiner Kritik an Tempels' Bantu-Philosophie schreibt Hountondji: »Tatsächlich ist es ein ethnologisches Werk mit philosophischer Anmaßung, oder unter Verwendung dieses Neologismus einfacher gesagt, ein Werk der *Ethnophilosophie*.« Hountondji, *Afrikanische Philosophie. Mythos und Realität*, S. 23.

31 Siehe auch Hountondjis Kritik im Aufsatz: »Que peut la philosophie?«, in : *Présence Africaine, Nouvelle série* 165/166 (2002), S. 183-203, hier S. 183-184.

32 Siehe zu dieser Auseinandersetzung insbesondere Teil 1 »Argumente« und hier Abschnitt 2 »Die Geschichte eines Mythos« in Hountondji, *Afrikanische Philosophie – Mythos und Realität*, S. 44-53.

im Grunde ein bestimmter europäischer Philosophiebegriff, der für ihn ganz explizit an die Existenz von Schrift[33] und von Wissenschaft[34] gebunden wird. Für ihn steht bezüglich der Frage nach der Universalität der Philosophie fest:

> Meine Ausgangsposition ist, daß die Universalität bewahrt werden muss – nicht weil Philosophie notwendigerweise überall die gleichen Themen entwickelt oder die gleichen Fragen von Land zu Land, von Kontinent zu Kontinent stellen muß, sondern weil diese Differenzen des Inhaltes einzig und allein als Differenzen des Inhaltes Bedeutung haben, der als solcher uns auf das einheitliche Wesen einer einzigen Disziplin, mit ihrem eigenen Stil der Befragung und Methode zurückführt.[35]

Deutlich wird an diesem Zitat sowie an weiteren Stellen seiner umfangreichen Auseinandersetzung mit der Ethnophilosophie, dass Hountondji sein Verständnis von Philosophie eng an die akademische Disziplin der Philosophie anbindet,[36] die allerdings erst im 19. Jahrhundert entstanden ist.[37] Dadurch fallen viele andere Formen und Praktiken des Philosophierens ebenso wie zahlreiche ältere Definitionen der Philosophie heraus, unter anderem das antike Verständnis von Philosophie als Lebenspraxis.[38]

Während die Kritiker:innen der Ethnophilosophie an einem Begriff von Philosophie als rationaler, argumentativer Denktätigkeit, die von Individuen ausgeübt wird, festhalten, gehen die Vertreter:innen der Ethnophilosophie davon aus, dass sich philosophische

33 Ebd., S. 114.

34 Mit Althusser argumentiert Hountondji, dass »die Entwicklung der Philosophie in gewisser Weise eine Funktion der Entwicklung der Wissenschaften ist«. Ebd., S. 111. Vgl. seine Argumentation auf den Seiten 109-112.

35 Ebd., S. 55.

36 Zur Institutionalisierung des Fachs vgl. Schneider, *Philosophie und Universität*. Zur Entwicklung des Philosophiebegriffs in Europa vgl. Elberfeld: *Was ist Philosophie?*.

37 Explizit heißt es bei Hountondji an anderer Stelle: »Philosophie ist eine theoretische Disziplin und gehört daher zur gleichen Gattung wie Algebra, Geometrie, Mechanik, Linguistik etc.« Hountondji, *Afrikanische Philosophie – Mythos und Realität*, S. 44. Weiter betont er, »daß keine Wissenschaft historisch ohne einen expliziten Diskurs existieren kann«, und somit müsse man »die Idee einer unbewußten Philosophie als absurd erachten«. (Ebd.)

38 P. Hadot, *Philosophie als Lebensform. Geistige Übungen in der Antike*, Berlin ^{2}1991; R. Shusterman, *Philosophie als Lebenspraxis. Wege in den Pragmatismus*, Berlin 2001.

Ideen und Konzepte in Afrika nicht in einem argumentativ geführten Diskurs entwickelten, sondern in bestimmten sprachlichen Überlieferungen manifestieren, die ein geteiltes gemeinschaftliches Gut afrikanischer Völker seien. Dieser Ansatz ist umstritten; in der Folge unterscheiden viele afrikanische Philosoph:innen zwischen Philosophie ›im strengen Sinne‹ (*in the strict sense*) und Philosophie ›im weiten Sinne‹. Zu ihnen gehört auch Hountondji, bei dem es heißt:

> Die afrikanische philosophische Literatur [...] beruht auf einer Konfusion: Konfusion zwischen dem populären (ideologischen) und strengen (theoretischen) Gebrauch des Wortes ›Philosophie‹. Im ersteren Sinne ist Philosophie jede Art von Weisheit, sei sie individuell oder kollektiv, jede Art von Prinzipien, die einen gewissen Grad an Stimmigkeit und die Intention aufweisen, das Alltagsleben eines Menschen oder eines Volkes zu leiten. In diesem umgangssprachlichen Sinn des Wortes ist natürlich jeder Mensch ein Philosoph, wie auch jede Gesellschaft eine philosophische ist. Im strengen Sinn des Wortes ist nicht jeder spontan ein Philosoph, genausowenig wie jemand spontan Chemiker, Physiker oder Mathematiker ist, denn Philosophie, wie Chemie, Physik oder Mathematik ist eine spezifische theoretische Disziplin mit eigenem Gegenstand und eigenen methodischen Regeln.[39]

Kwasi Wiredu geht, ähnlich wie Hountondji, davon aus, dass Philosophie als wissenschaftliche Disziplin in Afrika erst im Entstehen begriffen sei. Bei ihm heißt es: »Afrikanische Philosophie ist, im Unterschied zu traditionellen afrikanischen Weltanschauungen, jene Philosophie, die von zeitgenössischen afrikanischen Philosophen entwickelt wird. Sie ist noch im Entstehen begriffen.«[40]

Der kenianische Philosoph Henry Odera Oruka versucht, die im Begriff der Philosophie angelegte Spannung zwischen Universalismus und Partikularismus (zwischen Allgemeinheitsanspruch philosophischen Denkens einerseits und der jeweiligen kulturellen Einbindung andererseits) so aufzulösen, dass er von einer jegliche Philosophie charakterisierenden spezifischen Denkhaltung ausgeht, diese dann aber unter den jeweiligen soziokulturellen Bedingungen in ihrer spezifischen Ausprägung untersucht. Diese die Philosophie charakterisierende Denkhaltung zeichnet sich laut Odera Oruka durch logische Konsistenz, kritische Reflexion auf das Gegebene und widerspruchsfreie Argumentation aus und ist immer an In-

39 Hountondji, *Afrikanische Philosophie – Mythos und Realität*, S. 44.

40 K. Wiredu, *Philosophy and an African Culture*, Cambridge 1980, S. 36, Übersetzung A. G.

dividuen gebunden. Eine philosophische Untersuchung erhebt, im Unterschied zu Ideologie oder Religion, keinen Absolutheitsanspruch, sondern versteht sich immer als unabgeschlossen. Philosophie zeichnet sich zudem dadurch aus, dass sie selbstkritisch gegenüber ihren eigenen Grundlagen ist.[41] Odera Oruka vertritt damit einen Philosophiebegriff im ›strengen Sinne‹ (*strict sense*) und lehnt eine zu große Ausweitung dessen, was unter Philosophie zu verstehen sei, ausdrücklich ab.[42] Im Unterschied zu Paulin Hountondji sieht er diese spezifische Art des Denkens allerdings weder an Schriftlichkeit noch an Wissenschaft gebunden, sondern versucht sie im Rahmen seines Projekts der Weisheitsphilosophie[43] bei weisen Menschen in afrikanischen Gemeinschaften aufzuspüren (ausführlicher dazu in Kapitel 6).

Ähnlich wie Hountondji betont Odera Oruka die ethische Verantwortung der Philosoph:innen für die Gemeinschaft, allerdings sieht er diese Dimension gerade im akademischen Betrieb gefährdet. Besonders die akademische Philosophie habe sich weit vom sokratischen Philosophieverständnis entfernt, nämlich der Aufforderung, Philosophie für die Besserung der Menschen und der Gemeinschaft fruchtbar zu machen. Philosophie im Sinne einer Liebe zur Weisheit bedeute jedoch die Fähigkeit, Wissen sinnvoll zum Wohl der Gemeinschaft anzuwenden. Die weisheitliche Dimension der Philosophie sei dabei zugleich diejenige, die auf die historische, kulturelle und gesellschaftliche Gebundenheit der Philosophie verweise, denn praktische Relevanz für die Gemeinschaft könne nur erzielt werden, wenn diese Umstände in Betracht gezogen werden. Philosophie, in dieser vermittelnden Rolle verstanden, sei explizit kulturgebunden und zugleich universal.[44] In Odera Orukas Verständnis hat Philosophie also vor allem die ethische Verpflichtung, zum Wohle der Gemeinschaft beizutragen, und muss also praktisch relevant werden. Dies kann sie in den afrikanischen Gesellschaften jedoch nur, wenn es ihr gelingt, an indigenes Erbe anzuschließen. Sich ausschließlich auf europäische Konzepte zu stützen, gehe an

41 H. Odera Oruka, *Practical Philosophy. In Search of an Ethical Minimum,* Nairobi 1997, S. 141.

42 Odera Oruka, *Trends in contemporary African philosophy,* S. 13 f.

43 Vgl. Odera Oruka, *Sage Philosophy.*

44 K. Kresse, »Sagacious Reasoning. A Prologue«, in: A. Graness, K. Kresse (Hg.), *Sagacious Reasoning. Henry Odera Oruka in memoriam,* Frankfurt/M. 1997, S. 15.

den Problemen der Afrikaner:innen vorbei. Die einzigartige Herausforderung der Philosoph:innen in Afrika besteht dann darin, ihre Fähigkeit zu kritischer Reflexion dazu zu nutzen, einen Beitrag zur Überwindung der enttäuschenden Lebensrealität auf dem afrikanischen Kontinent zu leisten. Dafür stehe ihnen ein großer Reichtum an Wissen zur Verfügung, sowohl innerhalb ihrer Gesellschaften als auch im philosophischen Erbe anderer Kulturen, so Odera Oruka.

Der Ethnophilosophie steht Odera Oruka ebenso kritisch gegenüber wie Hountondji. In ihrer Kritik zielen beide auf den Mythos vom radikal Anderen. Beide Autoren machen dabei auf die fatalen Folgen eines unreflektierten und ahistorischen Diskurses aufmerksam. Odera Oruka bringt die Gefahren des ethnophilosophischen Ansatzes wie folgt auf den Punkt:

> Was Aberglaube sein mag, wird als ›afrikanische Religion‹ ausgegeben, und von der weißen Welt wird erwartet, dass sie akzeptiert, dass es sich tatsächlich um Religion handelt, aber um eine afrikanische Religion. Was in jedem Fall Mythologie ist, wird als ›afrikanische Philosophie‹ dargestellt, und auch hier wird von der weißen Kultur erwartet, dass sie akzeptiert, dass es sich in der Tat um Philosophie handelt, aber um eine afrikanische Philosophie. Was in jedem Fall eine Diktatur ist, wird als ›afrikanische Demokratie‹ ausgegeben, und wieder wird von der weißen Kultur erwartet, dass sie dies gutheißt. Und was eindeutig eine Rückentwicklung oder Pseudo-Entwicklung ist, wird als ›Entwicklung‹ bezeichnet; und wieder wird von der weißen Welt erwartet, dass sie zustimmt, dass es sich um Entwicklung handelt – aber natürlich eine ›afrikanische Entwicklung‹.[45]

Für Odera Oruka ist die Gleichsetzung von Philosophie und Mythos nicht nur ein theoretisches, sondern ein immanent praktisches Problem; denn bezeichnet man Mythologien als Philosophie, erhalten sie eine herausgehobene Stellung und können damit zum Hindernis für Fortschritt und Entwicklung werden. Es sei nicht genug, zu erforschen, wie ein Volk denkt, und die Dinge dabei zu belassen. Dies führe letztlich dazu, dass diskriminierende Praktiken, unterdrückende Strukturen oder andere problematische Aspekte gerechtfertigt würden und nicht mehr kritisierbar seien.[46]

Hountondji nun wirft der Ethnophilosophie eine Beschränkung

45 Odera Oruka, »Mythologies as African Philosophy«, in: Graness/Kresse, *Sagacious Reasoning*, S. 23, Übersetzung A. G.

46 Ebd., S. 34.

der Freiheit des Denkens durch die vorausgesetzte Einstimmigkeit des kommunalen Denkens vor. Er argumentiert:

»[…] unsere afrikanischen Leser [müssen überzeugt werden], dass die afrikanische Philosophie nicht dort liegt, wo wir sie so lange gesucht haben, in irgendeinem geheimnisvollen Winkel unserer angeblich unwandelbaren Seele, eine kollektive und unbewusste Weltanschauung, die zu studieren und wiederzubeleben unsere Pflicht sein soll, sondern dass unsere Philosophie grundsätzlich im Prozess der Analyse selbst liegt, jenem Diskurs, durch den wir so beharrlich versucht haben, uns selbst zu bestimmen. Es ist folglich ein Diskurs, bei dem wir den ideologischen Charakter anerkennen müssen. Es liegt nunmehr an uns, diesen zu befreien […], um uns selbst mit einem wahrhaft theoretischen Diskurs auszustatten, der unauflösbar philosophisch und wissenschaftlich sein wird.[47]

Im Gegensatz zu den Vertreter:innen der Ethnophilosophie betrachtet Hountondji Afrika als eine geographische Entität ohne inhaltliche Bestimmung. Dieses pragmatische Herangehen und sein an Wissenschaftlichkeit und Schriftlichkeit orientierter Philosophiebegriff haben ihm neben dem Vorwurf der ›Verwestlichung‹ vor allem den Vorwurf eingebracht, Afrika sowohl politisch als auch kulturell verraten zu haben. Die Zurückweisung der Ethnophilosophie wurde dabei mit einer Zurückweisung ›traditioneller‹ afrikanischer Philosophie im Allgemeinen gleichgesetzt; sein strenger Philosophiebegriff mit einem Ausschluss der gesamten oralen Tradition Afrikas aus der Philosophie. Intendiert waren aber weder die Abwertung des oralen Erbes noch ›traditioneller‹ Philosophien, wie Hountondji wiederholt betont hat. Vielmehr sollte sein Herangehen den Weg frei machen für die Wahrnehmung der kulturellen Diversität Afrikas und der inneren Pluralität des traditionellen afrikanischen Denkens.

Auch der ghanaisch-britische Philosoph Kwame Anthony Appiah betont die universale Dimension des Konzepts von Philosophie. Provokant fragt er: »Wenn die afrikanische Philosophie weder die Probleme noch die Methoden der westlichen Philosophie teilt, aus welchem Grund soll diese Tätigkeit überhaupt ›Philosophie‹ genannt werden?«[48] Hier kommt ein sehr wichtiges Problem zur Sprache, nämlich die Frage, was Philosophie eigentlich ausmacht.

47 Hountondji, *Afrikanische Philosophie – Mythos und Realität*, S. 21 f.

48 K. A. Appiah, *In my Father's House. Africa in the Philosophy of Culture*, Oxford 1992, S. 92 f., Übersetzung A. G.

Das Aufgeben jeglicher Abgrenzungsversuche öffnet einer missbräuchlichen Verwendung des Philosophiebegriffs Tür und Tor und führt zu einer inhaltlichen Entleerung des Begriffs. Von gewissen Grundcharakteristika auszugehen, ist also sinnvoll. Allerdings wird der universalistische Ansatz dann problematisch, wenn eine einzige philosophische Tradition zum alleinigen Paradigma alles philosophischen Schaffens erhoben wird. Die Schwäche eines solchen Ansatzes liegt dann in der unkritischen Übernahme bestimmter dominanter Strukturen des Denkens, die ebenfalls den Blick auf die Pluralität von Ansätzen verstellt. Dieses Problem sehe ich bei Hountondji, der seiner Kritik im Wesentlichen einen verwissenschaftlichten Philosophiebegriff zugrunde legt, wie er seit dem 19. Jahrhundert in Europa üblich geworden ist. In einem solchen Verständnis müssten selbst aus der europäischen Tradition bestimmte Philosoph:innen und Ansätze herausfallen. Somit blendet Hountondji die historische Gewordenheit eines solchen Philosophieverständnisses im europäischen Diskurs und damit auch eine Suche nach anderen Formen und Ausdrucksmöglichkeiten des Philosophierens, wie zum Beispiel Artefakte der Kunst oder Körperpraktiken, bereits aus.

Tatsächlich stehen im Fokus beider Strömungen (der Ethnophilosophie und ihrer Kritiker) allein sprachliche Äußerungen. Beide Ansätze orientieren sich an einem bestimmten europäischen Modell der Philosophie: die Ethnophilosophie in einer bewussten Opposition, ihre Kritiker:innen in einer weitgehenden Affirmation. Nach dem Verständnis von Philosophie in anderen Regionen der Welt, wie zum Beispiel Indien oder China oder auch dem (geographisch nahegelegenen) arabisch-islamischen Raum, wird nicht gefragt, ein Austausch mit Philosoph:innen aus diesen Regionen nicht gesucht.

Das Ziel der Kritiker:innen der Ethnophilosophie besteht in dem Versuch, eine moderne selbstbestimmte Philosophie in kritischer Auseinandersetzung sowohl mit der ›westlichen‹ als auch mit der einheimischen afrikanischen Tradition zu schaffen. Nicht unproblematisch bei diesem Unterfangen ist, dass sich afrikanische Philosoph:innen sowohl europäischer Sprachen als auch europäischer Kategorien und Theorien zum Ausdruck ihrer Überlegungen bedienen, ein Umstand, der zu einer Reproduktion des dominanten Diskurses, nämlich des europäisch-nordamerikanischen, führt. Allerdings ist dies ein Problem, mit dem heute ausnahmslos alle afrikanischen Philosoph:innen in ihrer Arbeit konfrontiert sind, denn nicht nur die Ausbildung in ›westlichen‹ Sprachen führt dazu, diese als Arbeitssprache zu verwenden. Wollen afrikanische Philosophen:innen im internationalen Diskurs wahrgenommen werden, können sie schlicht nicht in ihren Muttersprachen publizieren.[49]

Dieses Problem beschäftigt auch Valentin Y. Mudimbe. Die Ausgangsfrage seiner Untersuchung lautet: Inwieweit kann man von ›afrikanischem Wissen‹ sprechen beziehungsweise in welchem Sinne? Und vor allem: Was ist afrikanische Philosophie? In der Suche nach dem, was Philosophie in Afrika ist oder sein kann und was sie ausmacht, analysiert Mudimbe »die Bedingungen der Möglichkeit von Philosophie«[50] als Teil eines umfassenderen Wissenskorpus. Er geht davon aus, dass Diskurse über soziohistorische Ursachen hinaus immer auch in einen spezifischen epistemischen Kontext eingebettet sind, der die Wahrnehmung der Welt, das Bild, das wir uns von der Welt machen, unsere »Weltanschauung«, maßgeblich bestimmt. Mit dem Gebrauch des Begriffs »Gnosis«, der eine Erkenntnisart beschreibt, die mehr umfasst als wissenschaftliche Erkenntnis, nämlich die Suche nach Wissen, fragendes Erforschen, Methoden des Wissens, Untersuchung und auch Bekanntheit einer Person oder Sache (auch Geheimwissen),[51] deutet Mudimbe bereits an, dass Wissen und Wissensproduktion keine leicht zugänglichen Phänomene sind. Die ihnen zugrundeliegenden Strukturen liegen tief verborgen in gesellschaftlichen Strukturen, in Traditionen oder Überlieferungen – und lassen sich oft auf unbewusst und unkritisch übernommene Theorien, Konzepte und Begriffe zurückführen. Bei der Beantwortung seiner Fragen stößt Mudimbe schnell auf die Schwierigkeit, dass afrikanische Denktraditionen und Vorstellungswelten von ›westlichen‹ und afrikanischen Interpret:innen bisher ausschließlich in Kategorien und Konzepten, die auf westlichen Epistemen fußen, beschrieben wurden; nicht zuletzt aufgrund der Tatsache, dass heute alle Intellektuellen in Afrika europäisch-amerikanisch geprägte Bildungssysteme durchlaufen und in der Mehrzahl in europäischen Sprachen denken und schreiben. Mudimbe

49 Dies ist allerdings nicht ausschließlich ein Problem afrikanischer Philosoph:innen, sondern betrifft sehr viele Philosoph:innen auf dieser Welt, inzwischen aufgrund der Übermacht des Englischen auch die deutschsprachige Philosophie.

50 Mudimbe, *The Invention of Africa*, S. ix.

51 Ebd.

folgert, dass aufgrund dessen ›afrikanisches Wissen‹ nur gebrochen durch einen ›westlichen‹ Blick wahrgenommen und konstruiert werden könne. Es sei aber nicht nur dieser epistemische Bruch, der die Wieder- oder Neuaneignung vorkolonialen afrikanischen Wissens erschwere. Erst wenn die Verbindung zwischen der Kolonialwissenschaft Ethnologie und dem Kolonialismus, also der Zusammenhang zwischen Macht, Wissen und Politik, offengelegt wird, werde die Tragweite der Konstruktion Afrikas als Forschungsgegenstand mit ihren Auswirkungen auf heutige Versuche, eine selbstbestimmte Identität zu finden, deutlich.

Mudimbe illustriert in seinem Buch, wie das Bild von Afrika von der Antike bis in die Gegenwart durch Arbeiten ›westlicher‹ Wissenschaftler, Missionare, Dichter und kolonialer Verwaltungsbeamter maßgeblich geprägt wurde. Deren Diskurse über afrikanische Traditionen und Kulturen dienten nicht nur der Rechtfertigung der Kolonisierung des Kontinents im 19. Jahrhundert. Mit der Behauptung, dass alles Afrikanische eine Antinomie der in Europa bekannten und akzeptierten Werte sei, wurden durch solche anthropologischen, theologischen und kolonialen Diskurse zugleich jene Kategorien und Erkenntnisstrukturen begründet, in denen Afrika und die Afrikaner:innen zum Teil bis heute wahrgenommen und beschrieben werden. Diese aufgezwungenen epistemischen Strukturen haben nicht nur das europäische Bild von Afrika entscheidend geprägt, sondern ebenso die Selbstwahrnehmung Afrikas. Bis auf den heutigen Tag sind das Denken und die Arbeit afrikanischer Intellektueller, nicht zuletzt aufgrund des Vorherrschens europäischer Sprachen an afrikanischen Universitäten und deren Orientierung an ›westlichen‹ Bildungssystemen, durch einen epistemischen Rahmen geprägt, der in engem Zusammenhang mit der europäischen Kolonisierung steht: »Der konzeptionelle Rahmen des afrikanischen Denkens ist sowohl ein Spiegel als auch eine Folge der Erfahrung europäischer Hegemonie […]«.[52]

Ein weiteres Problem in diesem Zusammenhang ist zudem, dass die Aufzeichnung und Auswertung des oralen Erbes Afrikas seit dem 19. Jahrhundert im Wesentlichen durch ›westliche‹ Missionare und Ethnologen erfolgte. Diese heute oft als »Primärquellen« benutzten Missionarsberichte oder ethnologischen Feldforschungen

52 Ebd., S. 185, Übersetzung A. G.

müssen entsprechend kritisch behandelt werden, wird in ihnen die jeweilige untersuchte afrikanische Gemeinschaft doch durch die Linse ›westlicher‹ Denktraditionen, Methoden und Begrifflichkeit wahrgenommen und beschrieben. Bei der Rekonstruktion vorkolonialer Wissenstraditionen muss deshalb dieser epistemische Bruch mitreflektiert und somit der *Konstruktions*charakter einer solchen Re-*konstruktion* deutlich gemacht werden. Ein solches kritisches Herangehen sei bis heute leider noch nicht selbstverständlich, weder bei ›westlichen‹ noch bei afrikanischen Wissenschaftler:innen, beklagt Mudimbe. Er selbst hinterfragt die Abhängigkeit von ›westlichen‹ Begriffen, Konzepten und erkenntnistheoretischen Strukturen äußerst kritisch[53] und fordert, dass afrikanische Intellektuelle und Wissenschaftler:innen aus dem Schatten des ›Westens‹ heraustreten müssen, um ihre eigenen Wissens- und erkenntnistheoretischen Strukturen sowie eigenen Werte zu erforschen und zur Grundlage ihrer Selbstrepräsentation zu machen.[54]

3.3. Wer ist eine afrikanische Philosophin, wer ein afrikanischer Philosoph?

Auch im Zusammenhang mit der europäischen Philosophiegeschichte wird die Frage, wer als Philosoph:in zu bezeichnen sei und wer nicht, ständig gestellt: War Nietzsche ein Philosoph oder nicht? Können wir von frühchristlichen oder überhaupt christlichen Philosoph:innen sprechen? Und insbesondere im Zusammenhang mit dem Schaffen und Wirken von Frauen, ob nun Hildegard von Bingen oder Simone Weil, Elisabeth von der Pfalz oder Mary Wollstonecraft, wird kritisch die Frage gestellt, ob die Bezeichnung

53 »Das moderne afrikanische Denken scheint im Grunde ein Produkt des Westens zu sein. Mehr noch, da die meisten afrikanischen Führer und Denker eine westliche Ausbildung genossen haben, befindet sich ihr Denken an der Schnittstelle zwischen westlicher erkenntnistheoretischer Abstammung und afrikanischem Ethnozentrismus. Außerdem sind viele Konzepte und Kategorien, die diesem Ethnozentrismus zugrunde liegen, Erfindungen des Westens. Wenn prominente Persönlichkeiten wie Senghor oder Nyerere vorschlagen, Liberalismus und Sozialismus, Idealismus und Materialismus zu synthetisieren, wissen sie, dass sie damit den westlichen intellektuellen Manichäismus verpflanzen.« Ebd., S. 185, Übersetzung A. G.

54 Vgl. P. J. Hountondji (Hg.), *Endogenous Knowledge: Research Trails,* Dakar 1997.

›Philosophin‹ auf diese Denkerinnen angewendet werden kann. Was hier zur Debatte steht, sind die Form des Ausdrucks ihrer Ideen (wie zum Beispiel literarische oder aphoristische Arbeiten, Briefe etc.), die angewandten Methoden oder die Einbindung in den Rahmen einer Religion, die Zweifel an der Qualifikation einer Person als Philosoph:in wecken. Auch diese Aspekte schwingen in der Frage »Wer ist ein:e afrikanische:r Philosoph:in?« mit, allerdings liegt der Schwerpunkt der Debatte hier auf dem Adjektiv ›afrikanisch‹. Über geographische Zugehörigkeiten wird in der europäischen Tradition, die sich oft als Philosophie überhaupt versteht, weshalb die Herkunft einer Person zweitrangig erscheinen kann, kaum gestritten. Und so werden Thales, der genau genommen aus Kleinasien stammte, oder nordafrikanische Gelehrte wie Origenes oder Augustinus ohne Rücksicht auf ihre Herkunft der europäischen Philosophiegeschichte zugeordnet. Die Zugehörigkeit zur europäischen Ideengeschichte wird in diesen Fällen zumeist einfach vorausgesetzt, ohne die Frage, ob Einflüsse aus der Herkunftsregion Auswirkungen auf das Werk hatten, überhaupt aufzuwerfen.

Im Falle ehemals kolonisierter Regionen berühren die Fragen, in welchem Verhältnis (kulturelle, sprachliche, religiöse) Herkunft einerseits und intellektuelle Zugehörigkeit zu einer ›westlich‹ geprägten akademischen Disziplin andererseits stehen und welche Auswirkungen Herkunft auf die intellektuelle Arbeit hat, dagegen einen kritischen Punkt: Gehören afrikanische, asiatische oder lateinamerikanische Philosoph:innen, die ausschließlich in europäischen oder nordamerikanischen philosophischen Traditionen ausgebildet wurden und in diesem epistemischen Rahmen und in europäischen Sprachen arbeiten, zur afrikanischen, asiatischen oder lateinamerikanischen regionalen Philosophiegeschichte oder müssen sie der europäischen oder nordamerikanischen Philosophiegeschichte zugeordnet werden?

Auch im modernen afrikanischen Diskurs spielt diese Problematik bis heute eine Rolle:[55] Gehören in eine Philosophiegeschichte Afrikas alle Philosophen:innen, die auf diesem Kontinent Philosophie betrieben haben beziehungsweise betreiben, unabhängig vom

55 Siehe u. a. E. E. Etieyibo, »African Philosophy in History, Context, and Contemporary Times«, in: Ders. (Hg.), *Method, Substance, and the Future of African Philosophy*, Cham 2018, S. 13-33; B. Hallen, »The Journey of African Philosophy«, in: ebd., S. 35-52.

Inhalt ihrer Konzepte? Gehört eine Kant-Spezialistin aus Nairobi in eine afrikanische Philosophiegeschichte? Gehört Anton Wilhelm Amo als Schwarzer Philosoph des 18. Jahrhunderts, der zwar in Afrika geboren wurde, seit früher Jugend aber in Deutschland lebte und dort zum Philosophieprofessor ausgebildet wurde (vgl. Kapitel 9), in eine afrikanische Philosophiegeschichte? Gehören in eine Philosophiegeschichte Afrikas auch jene Philosophen:innen, die zwar bezüglich ihrer Herkunft keine Afrikaner:innen sind, aber ihren Arbeitsschwerpunkt der Philosophie in Afrika gewidmet haben? Damit steht auch die Frage im Raum, ob Vertreter:innen der afrikanischen Diaspora Teil einer Philosophiegeschichte Afrikas sind beziehungsweise sein können. Ebenfalls muss entschieden werden, ob ›weiße‹ Südafrikaner:innen oder Namibier:innen mit familiären Wurzeln in Europa Teil einer Philosophiegeschichte Afrikas sind, ob also Herkunft, Hautfarbe oder eine europäischstämmige Muttersprache wie Afrikaans[56] gegen eine Einbindung in eine afrikanische Philosophiegeschichte sprechen könnten. Diese Frage betrifft natürlich auch alle anderen Philosoph:innen nichtafrikanischer Abstammung (zum Beispiel aus Indien oder verschiedenen arabischen Ländern), die seit Generationen in Afrika zu Hause sind. Sind also Herkunft und Abstammung das wesentliche Kriterium für die Aufnahme oder ist es die inhaltliche Ausrichtung? Oder spielen noch ganz andere Faktoren eine Rolle?[57]

Gerade mit Bezug auf die Epochen vor dem 20. Jahrhundert stellt sich zudem die Frage, wer als Philosoph:in gelten kann und insofern Teil einer Philosophiegeschichte sein sollte – insbesondere da eine solche Zuordnung je rückwirkend auf der Grundlage eines gegenwärtigen Philosophieverständnisses und heutiger Debatten erfolgt. Wie geht man um mit Personen, die nicht Teil einer be-

56 Afrikaans entstand im südlichen Afrika des 17. Jahrhunderts aus dem Neuniederländischen. Von niederländischen Siedlern nach Südafrika gebracht, entwickelte sich Afrikaans durch die Abtrennung vom Ursprungsland mit der Zeit zu einer eigenen Sprache, die im 20. Jahrhundert als solche anerkannt wurde.

57 Elberfeld hat wiederholt darauf hingewiesen, dass spätestens mit Beginn der Rezeption der europäischen Philosophie in Japan Ende des 19. Jahrhunderts und in China, Indien und anderen Ländern der Welt zu Beginn des 20. Jahrhunderts völlig neue Verflechtungen entstanden sind, die nicht nur das Philosophieren in den entsprechenden Regionen beeinflusst haben, sondern zudem auf die europäische Philosophie rückwirken. Siehe dazu insbesondere Elberfeld, *Kitarō Nishida (1870-1945)* und Ders., *Philosophieren in einer globalisierten Welt.*

stimmten intellektuellen Tradition sind, selbst nicht dem (europäischen) Bild eines oder einer Intellektuellen entsprechen und sich selbst auch nicht als Philosoph:in (oder mit einem in der jeweiligen Sprache äquivalenten Begriff) bezeichnen, wie unter anderem die Träger:innen der altägyptischen oder altäthiopischen Philosophie? Aber auch im 20. Jahrhundert stellt sich diese Frage, zum Beispiel in Bezug auf die im Rahmen des Projekts der Weisheitsphilosophie befragten afrikanischen weisen Männer und Frauen.

Sowohl Paulin Hountondji als auch der nigerianische Philosoph Peter O. Bodunrin lösen dieses Problem pragmatisch. So beginnt Hountondjis Buch *Afrikanische Philosophie – Mythos und Realität* mit dem berühmten Satz, der Auslöser einer langanhaltenden Kontroverse war:

> Als afrikanische Philosophie bezeichne ich eine Gesamtheit von Texten, genauer gesagt jene Gesamtheit von Texten, die von Afrikanern verfaßt und von den Autoren selbst als philosophisch qualifiziert wurden.[58]

Und Peter O. Bodunrin schreibt:

> Afrikanische Philosophie ist die von afrikanischen Philosophen betriebene Philosophie, sei es auf dem Gebiet der Logik, der Metaphysik, der Ethik oder der Geschichte der Philosophie. Es ist wünschenswert, dass die Werke in einen afrikanischen Kontext eingebettet sind, aber es ist nicht notwendig, dass sie dies sind. Wenn also afrikanische Philosophen sich an Debatten über Platons Erkenntnistheorie oder über theoretische Identitäten beteiligen, wären ihre Werke als afrikanische Philosophie zu bezeichnen. Diese Schule ist der Ansicht, dass die Debatte unter afrikanischen Philosophen erst am Anfang steht und eine Tradition der Philosophie im engeren Sinne des Wortes gerade erst begründet wird. Nach dieser Schule sind Kritik und Argumentation wesentliche Merkmale von allem, was als Philosophie gelten soll. Daher würden rein deskriptive Darstellungen afrikanischer Denksysteme oder der Denksysteme jeder anderen Gesellschaft nicht als Philosophie durchgehen.[59]

So einfach, wie von Hountondji und Bodunrin vorgeschlagen, ist diese komplexe Frage allerdings nicht zu beantworten, wie die nachfolgenden Debatten gezeigt haben. Im Fokus der Kontroverse zu Hountondjis Definition stand besonders die enge Anbindung

58 Hountondji, *Afrikanische Philosophie – Mythos und Realität*, S. 21.

59 P. O. Bodunrin, »The Question of African Philosophy«, in: *Philosophy* 56/216 (1981), S. 161-179, hier S. 162 f., Übersetzung A. G.

von Philosophie an Schriftlichkeit. Aber auch die Frage, wer als Afrikaner:in gelten könne, wurde kontrovers diskutiert, unter anderem am Beispiel Amos, den Hountondji aufgrund seiner Einbindung in den deutschen philosophischen Diskurs seiner Zeit und damit die Ausrichtung seiner Werke auf ein europäisches Publikum nicht zum Bestandteil einer afrikanischen Philosophiegeschichte machen würde.[60] Hingegen ist Amo für andere Philosoph:innen ein wichtiger Vertreter der afrikanischen Philosophiegeschichte.[61]

Deutlich wird, dass Abgrenzungsfragen alles andere als banal sind oder einfach zu beantworten, gerade auch weil sie politisch (vielleicht sogar rassistisch oder sexistisch) aufgeladen werden können. Die oben genannten Beispiele zeigen, in welche Schwierigkeiten strenge Abgrenzungsversuche führen können, bis hin zu höchst problematischen Fragen nach Hautfarbe und Abstammung. Auch dies macht deutlich, dass es an der Zeit ist, die Verflechtungen von Philosophietraditionen global zu denken und zu untersuchen.[62] Erst dann wird die Frage, wer nun eine afrikanische Philosophin oder ein afrikanischer Philosoph ist und wer nicht, weitgehend überflüssig. Mit einer globalen Perspektive kann ein starres regionales Klassifikationssystem überwunden werden – ohne aufgrund geographischer Situiertheit unterscheidbare Perspektiven auf diese Welt auszulöschen. Ein solch verflochtener und grenzüberschreitender Ansatz wird in der vorliegenden Arbeit in verschiedenen Aspekten erprobt.

3.4. Was ist der ›Westen‹?

In den Diskursen der afrikanischen Philosophie der Gegenwart – und nicht nur dort – ist der Begriff ›westliche‹ Philosophie ein zentraler, wird die ›westliche‹ Philosophie doch häufig als Gegen- oder

60 Hountondji, *Afrikanische Philosophie – Mythos und Realität*, S. 146.

61 Vgl. I. M. Osuagwu, *A Modern History of African Philosophy: Focus on Anton Wilhelm Amo, an African Philosopher in 18th Century German Diaspora.*

62 *»Im 21. Jahrhundert wird ein ganz neues Bild von der Geschichte der Philosophie entstehen, das vielstrahlig und durch Verflechtungen geprägt ist und das alle Tendenzen zur Monolithisierung hinter sich lassen wird.«* Elberfeld, *Philosophieren in einer globalisierten Welt*, S. 14, kursiv im Original. Vgl. auch Elberfeld (Hg.), *Philosophiegeschichtsschreibung in globaler Perspektive.*

Widerpart zur ›afrikanischen‹ Philosophie verstanden (insbesondere in ethnophilosophischen Ansätzen). Allerdings ist der historisch gewachsene Begriff des ›Westens‹ seinerseits eine höchst problematische Konstruktion, die mit Stereotypen und einer Reduktion der Vielfalt europäischer und nordamerikanischer Philosophietraditionen einhergeht.

Der Begriff ›Westen‹ oder ›westlich‹ ist ein mehrdeutiger. Zuallererst ist Westen die Bezeichnung einer Himmelsrichtung (lat. *occidens sol*; Okzident: das Land, in dem die Sonne untergeht). Westlich von Afrika liegt allerdings Südamerika, das mit diesem Begriff im afrikanischen Diskurs ausdrücklich nicht gemeint ist. Die Bedeutung des Wortes besteht heute weitgehend losgelöst von seiner ursprünglichen Funktion zur Abgrenzung des Abendlandes (Okzident) vom Morgenland (Orient). In seiner neuen und heute häufig gebrauchten Bedeutung dient der Begriff zur Bezeichnung bestimmter Gesellschaften und Nationen, die sich im Wesentlichen durch einen hohen industriellen Entwicklungsstand auszeichnen und die Weltwirtschaft und -politik deutlich dominieren. In dieser Bedeutung umfasst der Begriff ›Westen‹ Länder, die sich auf mehr als einem Kontinent befinden, und zwar Europa und das anglophone Nordamerika, Australien, Neuseeland, aber auch Israel – also im Grunde Europa und verschiedene Länder, die sich im Ergebnis des europäischen Siedlerkolonialismus in einer ähnlichen ökonomischen, politischen und zum Teil auch kulturellen Form entwickelt haben. Die politische und kulturelle Heterogenität (in der Geschichte und Gegenwart) Europas und seiner ehemaligen Kolonien spielt bei einer solchen Bezeichnung keine Rolle. Der Begriff ›der Westen‹ wird im Grunde benutzt, um die Machtasymmetrie zwischen den Industriestaaten auf der einen Seite und dem ›Rest der Welt‹ auf der anderen Seite deutlich zu machen. Abgelöst wird dieser Begriff heute zunehmend durch die Begriffe ›globaler Norden‹ und ›globaler Süden‹, die ähnliche Konnotationen haben, jedoch zugleich auch darauf abzielen, ökonomische und politische Machtasymmetrien im Inneren des ›globalen Südens‹ beziehungsweise des ›globalen Nordens‹ deutlich zu machen. Diese Begriffe haben sich im Diskurs zur afrikanischen Philosophie allerdings noch nicht allgemein durchgesetzt.

Auch im Begriff ›westliche‹ Philosophie wird die Diversität der Philosophietraditionen Europas nicht mitbedacht, ebenso wenig wie Ausgrenzungen innerhalb Europas. So ist fraglich, ob beim Gebrauch des Begriffs ›westliche‹ Philosophie an philosophische Theorien aus Albanien, Mazedonien, Georgien, Portugal oder Russland gedacht wird oder nicht doch eher nur an Theorien und Schulen aus dem sogenannten ›Kerneuropa‹ (England, Frankreich, Deutschland/Österreich, Skandinavien sowie Italien und das antike Griechenland). Es ist eigentlich unmöglich, von einer ›europäischen‹ oder ›westlichen‹ Philosophie zu sprechen, da die im geographischen Raum Europa entstandenen – sich zum Teil konträr gegenüberstehenden – Schulen, Konzepte und Theorien kaum unter einen Begriff zu bringen sind. Im Grunde verweist das Adjektiv ›westlich‹ auf eine bestimmte dominante Form der akademischen Philosophie und auf Asymmetrien im Wissenschaftsbetrieb.

Sowohl im Diskurs der akademischen Philosophie Afrikas (und in weiteren außereuropäischen Diskursen) als auch in der dekolonialen und postkolonialen Theorie sind zwei Ebenen des Begriffs ›westliche‹ Philosophie zu finden: Einerseits werden mit dieser Bezeichnung inhaltliche Bedeutungen verknüpft, und zwar insbesondere eine mit Descartes verbundene Wende in der Philosophie, die mit dem Aufstieg der modernen Wissenschaft zusammenfällt und eine bestimmte Form des Rationalismus hervorgebracht hat. Andererseits wird mit dem Begriff ›westliche‹ Philosophie auf Machtasymmetrien in der Wissensproduktion aufmerksam gemacht, nämlich die unleugbare Dominanz europäisch-nordamerikanischer Theorien in den akademischen und politischen Diskursen und deren oft erhobenen Anspruch auf universale Gültigkeit. Beide Aspekte sind bei der folgenden Verwendung des Begriffs mitzudenken.

Kapitel 4
Der Kampf um den Anfang oder die Macht des Ursprungs

Jeder Versuch einer Philosophiegeschichtsschreibung kommt nicht umhin, sich mit der Frage nach dem Anfang auseinanderzusetzen: Wo beginnt man mit der eigenen Erzählung der Geschichte der Philosophie – und warum? Wann begann das Philosophieren als eine bestimmte Art des Denkens oder eine bestimmte Praxis? Bereits die Antwort auf diese Fragen kann den Ausschluss ganzer Weltregionen, Kulturen oder Denktraditionen aus der Philosophiegeschichte mit sich bringen. Und so ist es nicht verwunderlich, dass sich die Frage nach der zeitlichen und örtlichen Bestimmung des Anfangs der Philosophie zu einem hart umkämpften Streitpunkt in der Philosophiegeschichtsschreibung – und darüber hinaus – entwickelt hat.

Während sich die europäische Tradition auf die Entstehung der Philosophie im antiken Griechenland mit Thales von Milet (ca. 624/623-548/545 BCE) geeinigt zu haben scheint und diesen Ursprung zugleich zum Ursprung aller Philosophie erklärte, gibt es über die Entstehung von philosophischem Denken in anderen Teilen der Welt Kontroversen. Wie unterschiedlich der Beginn der Philosophie auf dem afrikanischen Kontinent angesetzt wird, wurde bereits in Kapitel 2 ausführlich dargestellt. In anderen Regionen der Welt werden ähnliche Debatten geführt. So wird für Indien der Beginn der Philosophie teilweise bereits in der Zeit um 1200 BCE mit den *Veden* angesetzt,[1] andere sprechen von einem Beginn

1 Zu den Debatten um die Periodisierung (und damit auch den Anfang) der indischen Philosophie siehe E. Franco, »Idealismus, Materialismus, Nationalsozialismus. Zur Historiographie und Periodisierung der indischen Philosophie«, in: Elberfeld (Hg.), *Philosophiegeschichtsschreibung in globaler Perspektive*, S. 97-120. Vgl. auch S. Dasgupta, *A History of Indian Philosophy*, Cambridge 1922; W. Ruben, *Beginn der Philosophie in Indien. Aus den Veden. Texte der Indischen Philosophie,* Berlin 1955; L. Geldsetzer, *Die klassische indische Philosophie*, Vorlesungen an der HHU Düsseldorf im Wintersemester 2006/2007, ⟨https://docplayer.org/18974491-Die klassische-indische-philosophievorlesung-im-wintersemester-2006-07-an-der-hhu-duesseldorf-prof-dr-l-geldsetzer.html⟩, letzter Zugriff 31. 3. 2022.

um 700 BCE mit den älteren *Upanischaden*.[2] Damit wird in beiden Fällen der Beginn der indischen Philosophie in mündlichen Traditionen angesiedelt.[3] Als einer der ersten Philosophen gilt Uddalaka Aruni, der um 650 BCE gelebt haben soll und dessen Gespräch mit seinem Sohn uns schriftlich überliefert ist.[4] Wieder andere behaupten, dass sich Philosophie in Indien im ›strengen Sinne‹ erst im 19. Jahrhundert, also unter dem Einfluss europäischer Philosophie, herausgebildet habe. Ähnlich schwierig ist die Lage in China. Hier setzen einige den Beginn der Philosophie bereits mit dem *I Ging* an, andere gehen davon aus, dass die klassische chinesische Philosophie ihren Anfang in der »Periode der Hundert Schulen« (771-221 BCE) nahm,[5] also in etwa der Zeit des Konfuzius (551-479 BCE) und des Lao-Tse (ca. 6. Jahrhundert BCE). [6] Es gibt aber auch die Tendenz, chinesische Philosophie ›im eigentlichen Sinne‹ erst mit der Entstehung des Neokonfuzianismus um das Jahr 1000 CE beginnen zu lassen. Alle Entwicklungen bis dahin seien als ›chinesisches Denken‹ zu bezeichnen.[7]

Auch der Beginn der Philosophie in Japan ist umstritten: Gregor Paul lässt die Philosophie in Japan mit der Yayoi-Zeit (etwa ab

2 Vgl. H. Rüstau, »Die Genesis der altindischen Philosophie«, in: Moritz u. a. (Hg.), *Wie und warum entstand Philosophie in den verschiedenen Regionen der Welt?*, S. 10-57.

3 Vgl. Adamson, *A History of Philosophy without any Gaps*. Vol. 5: *Classical Indian Philosophy*, Oxford 2020.

4 Rüstau, »Die Genesis der altindischen Philosophie«, S. 27-35.

5 Zum Beispiel R. Moritz, »Wie und warum entstand in China philosophisches Denken?«, in: Moritz u. a. (Hg.), *Wie und warum entstand Philosophie in den verschiedenen Regionen der Welt?*, S. 58-100; Schleichert/Roetz, *Klassische chinesische Philosophie. Eine Einführung*; W. Bauer, *Geschichte der chinesischen Philosophie: Konfuzianismus, Daoismus, Buddhismus,* München 2001.

6 Mall und Hülsmann teilen die Geschichte der Philosophie in China in zwei Perioden ein: »Wegen der großen Bedeutung des Konfuzianismus in der langen Geschichte Chinas wird die Geschichte der Philosophie in zwei Perioden eingeteilt. Die erste Periode beginnt mit Konfuzius und dauert bis 100 v. Chr. [...] Die zweite Periode erstreckt sich von 100 v. Chr. bis zur modernen Zeit.« R. A. Mall, H. Hülsmann, *Die drei Geburtsorte der Philosophie. China – Indien – Europa,* Bonn 1989, S. 147.

7 Tilemann Grimm bezeichnet Dong Zhongshu (197-104 BCE) als Chinas frühesten Philosophen eigenen Ranges. Vgl. T. Grimm, »Stichwort Philosophie, VII. Ostasien – A. China und Japan«, in: J. Ritter, K. Gründer (Hg.), *Historisches Wörterbuch der Philosophie,* Band 7, Basel 1989, S. 862.

dem 3. Jahrhundert BCE) beginnen, und zwar mit der Rezeption chinesischer Philosophie.[8] Dieser Ansicht widersprechen andere Japanolog:innen vehement. So behauptet Steffi Richter:

> [...] Philosophie als selbständige, sich durch ein eigenes Begriffssystem gegenüber anderen abgrenzende Bewußtseinsform entwickelte sich in Japan erst seit der Bekanntschaft mit europäischer Philosophie im 19. Jahrhundert.[9]

Ähnliche Auseinandersetzungen werden in Südamerika geführt, wo nicht nur der Beginn der Philosophie auf dem Kontinent umstritten ist, sondern auch der Begriff »lateinamerikanische Philosophie« selbst. Lange Zeit setzten Philosophiegeschichten Süd- und Mittelamerikas den Anfang ins 16. Jahrhundert, also in jene Zeit, in der die Spanier in ihren amerikanischen Kolonien Universitäten gründeten und dort die scholastische Philosophie einführten. Insofern wurde unter dem Begriff »lateinamerikanische Philosophie« im Grunde ein Ableger der europäischen Philosophie verstanden. Ab der Mitte des 19. Jahrhunderts wurde dieses Verständnis zunehmend kritisch betrachtet und deutlich gemacht, dass die hierher verpflanzte Philosophie erhebliche Veränderungen erfahren habe und dem Kontext angepasst wurde. So argumentiert Juan Bautista Alberdi, dass mit Recht von einer eigenen *filosofía americana* gesprochen werden

8 »Die Geschichte der Philosophie in Japan beginnt in der Yayoi-Zeit. Die aus dem chinesischen Raum kommenden Einwanderer, die sich seit etwa 220 vor Christus auf den japanischen Inseln Kyushu und Honshu niederließen, prägten nicht nur die weitere Entwicklung der materiellen Kultur. Sie brachten auch philosophische Ideen mit, die spätestens seit Ende der Yayoi-Zeit einen bemerkenswerten Einfluß ausübten. Ähnlich wie die Philosophie in Mitteleuropa als Rezeption spätrömisch-christlichen Gedankenguts ihren Anfang nahm, setzte die Philosophie in Japan als Rezeption chinesischer Philosophie ein.« G. Paul, *Philosophie in Japan: von den Anfängen bis zur Heian-Zeit. Eine kritische Untersuchung*, München 1993, S. 21. Zu den Debatten siehe auch: J. C. Maraldo, »Die Bestimmung und Ausweitung der japanischen Philosophie durch Geschichtsschreibung«, in: Elberfeld (Hg.), *Philosophiegeschichtsschreibung in globaler Perspektive*, S. 137-149; R. Elberfeld, »Geschichtsschreibung zur Philosophie in Japan in westlichen Sprachen seit dem 20. Jahrhundert«, in: Ders. (Hg.), *Philosophiegeschichtsschreibung in globaler Perspektive*, S. 151-163.

9 S. Richter, »Zur Herausbildung philosophischen Denkens in Japan«, in: Moritz u. a. (Hg.), *Wie und warum entstand Philosophie in den verschiedenen Regionen der Welt?*, S. 101-124, hier S. 101.

könne.[10] Die Aufarbeitung indigener Philosophien dagegen – und damit die Verlegung des Ursprungs von Philosophie in die Jahrhunderte vor der Kolonisierung – ist eine jüngere Entwicklung, die unter anderem von León Portilla[11] angestoßen und erst seit der Jahrtausendwende (insbesondere mit dem Diskurs um das Konzept des *buen vivir*) weiterentwickelt wurde.[12]

Dabei ist die Frage nach dem Beginn der Philosophie keine neue. Sie bewegte Generationen von Philosoph:innen und wurde in vielen philosophischen Traditionen gestellt. Für die Tradition der arabisch-islamischen Philosophie sei hier Ibn ʿArabī (1165-1240) stellvertretend erwähnt. Mit besonderer Intensität wurden Ursprungsdebatten allerdings in der europäischen Tradition der Philosophiegeschichtsschreibung geführt, insbesondere im 18. Jahrhundert. Erneut aufgenommen wurde diese Frage gegen Ende des 20. Jahrhunderts mit dem Aufkommen der interkulturellen Philosophie und der zunehmenden Kritik am »griechischen Modell« durch außereuropäische Philosoph:innen.

Die Debatte über den Ursprung der Philosophie wird auch im Rahmen der Diskurse afrikanischer und afrikanisch-amerikanischer Philosoph:innen kontrovers geführt – und hier vielleicht sogar radikaler als in anderen Diskurszusammenhängen, ist die Diskussion um die sogenannte afrozentrische These vom Ursprung der Philosophie im Alten Ägypten und damit in Afrika doch zugleich stark

10 Vgl. H. Schelkshorn, »Widerhall der Alten Welt oder ein verpflanzter Baum? Zur Debatte über die Geschichte der Philosophie im südlichen Amerika im 20. Jahrhundert«, in: Elberfeld (Hg.), *Philosophiegeschichtsschreibung in globaler Perspektive*, S. 65-95.

11 Vgl. L. M. Portilla [1959], *Aztec Thought and Culture: A Study of the Ancient Nahuatl Mind*, Norman 1963. Vgl. auch B. Gerstenberg, »Philosophisches Denken im präkolumbischen Mexiko und die Philosophie der Kolonialzeit in Lateinamerika«, in: Moritz u. a. (Hg.), *Wie und warum entstand Philosophie in den verschiedenen Regionen der Welt?*, S. 227-256.

12 Ein erster Versuch wurde von Heinz Krumpel unternommen: *Philosophie in Lateinamerika. Grundzüge ihrer Entwicklung*, Berlin 1992. Beispielhaft für die Integration indigener philosophischer Traditionen in eine Philosophiegeschichte sind: C. Beorlegui, *Historia del pensamiento filosófico latinoamericano: una búsqueda incesante de la identidad*, Bilbao 2004; S. Nuccetelli, *Latin American Thought: Philosophical Problems and Arguments*, Boulder 2002 und E. Dussel, E. Mendieta u. a., *El pensamiento filosofico latinoamericano, del Caribe y latino (1300-2000): historia, corrientes, temas y filosofos*, México 2009.

politisch aufgeladen. Diese Debatte, die in den 1950er Jahren zunächst von afrikanischen Philosophen angestoßen wurde, wird seit den 1990er Jahren vor allem von Vertreter:innen der *Africana philosophy* verstärkt geführt. Die afrozentrische These wurde inzwischen zu einem wichtigen Bestandteil der Philosophie im Afrika südlich der Sahara sowie der *Africana philosophy* in Nordamerika. Darüber hinaus hatten die Debatten Rückwirkungen auf Diskurse in der Ägyptologie und auf die Frage nach dem Status des altägyptischen ideengeschichtlichen Erbes in der Philosophie insgesamt. Damit waren und sind diese – zum Teil ideologisch gefärbten – Diskurse ein nicht zu vernachlässigender Faktor in der Herausbildung eines neuen Kanons der Philosophie.

Dieses Kapitel hat zwei große Schwerpunkte: Erstens wird ein Einblick in verschiedene Kontroversen zum Ursprung der Philosophie im europäischen Diskurs gegeben, von der Spätantike bis ins 18. Jahrhundert. Ziel ist es, die Debatten, die in Europa selbst zum Ursprung der Philosophie geführt wurden, wieder ins Bewusstsein zu bringen und damit die Einsicht, dass unser heutiges Verständnis vom Beginn der Philosophie bei Thales, wie es an Schulen und Universitäten gelehrt wird, nur eine bestimmte historische Auffassung vom Beginn der Philosophie ist, die seit dem Ende des 18. Jahrhunderts vorherrschend wurde. Ein solches Bewusstsein scheint kaum mehr vorhanden zu sein – weder unter ›westlichen‹ Philosoph:innen noch unter den afrikanischen Kolleg:innen. Mit einem Bewusstsein von der Entstehung der vorherrschenden Ursprungserzählung und einem Wissen über alternative Erzählstränge würde manche Debatte heute anders, vor allem weniger ideologisch aufgeladen geführt werden. Der zweite Teil des Kapitels wendet sich einem Diskurs der Gegenwart zu, nämlich der bereits genannten afrozentrischen These, und stellt einige der Hauptthesen und Hauptvertreter vor. Der letzte Abschnitt erörtert die Probleme zentristischer Theorien und diskutiert die Frage nach den Ursprüngen der Philosophie aus der Perspektive eines verflechtungsgeschichtlichen Ansatzes.

4.1. Ursprungsdebatten in Europa

4.1.1. Die Entstehung der These vom Ursprung im antiken Griechenland

Kaum ein Text hatte größeren Einfluss auf die bis heute dominante These vom Beginn der Philosophie mit Thales im antiken Griechenland als das dem Diogenes Laertius zugeschriebene Manuskript *Von den Leben und den Meinungen berühmter Philosophen.*[13] Aus diesem Grund muss an dieser Stelle etwas näher auf die Rezeptionsgeschichte dieses Textes eingegangen werden.[14] Über den antiken Doxographen Diogenes Laertius ist fast nichts bekannt. Selbst seine Lebensdaten liegen im Dunkeln. Aufgrund des ihm zugeschriebenen Manuskripts, einer Kompilation über Leben und Lehre der Philosophen (Philosophinnen werden nur am Rande erwähnt) der griechischen Antike in zehn Büchern, wird angenommen, dass er etwa in der ersten Hälfte des 3. Jahrhunderts CE gelebt hat. Auch seine Herkunft ist unklar und kann nur aufgrund einiger Hinweise in seinem Manuskript in Bithynien, einer antiken Landschaft im nordwestlichen Kleinasien (heutige Türkei), vermutet werden.

Seit dem 15. Jahrhundert ist der Text *Von den Leben und den Meinungen berühmter Philosophen* für die europäische Philosophie und Philosophiegeschichte von grundlegender Bedeutung – auch wenn

13 Dieser Text wurde auch mehrfach ins Deutsche übersetzt. Zu den einschlägigen Ausgaben gehören: Diogenes Laertius, *Leben und Meinungen berühmter Philosophen,* Buch I-X, Leipzig 1921; Diogenes Laertius, *Leben und Lehre der Philosophen,* Stuttgart 1998. Ich zitiere im Folgenden aus der Ausgabe von 1998.

14 Ein Grund für die Prominenz dieses Textes liegt sicher in seiner Vollständigkeit – im Gegensatz zu den unvollständigen und in Fragmenten überkommenen Schriften anderer Doxographen der Antike. So betont bereits 1682 Daniel Georg Morhof in seiner *Polyhistorie,* dass es die Vollständigkeit des Diogenes ist, die ihn unverzichtbar macht. Vgl. Morhof, *Polyhistor, literarius, philosophicus et practicus,* Lubecae 1682-1695; Band II, Lib 1. Philosophicus-historicus 1695, S. 2-3. Auch die ab dem Beginn des 16. Jahrhunderts einsetzenden zahlreichen Publikationen dieses Werkes in verschiedenen Sprachen haben dazu beigetragen, dass der Text – trotz seiner so unsicheren Überlieferungsgeschichte – zu einem Standardwerk der Philosophiegeschichte wurde. So betont Lucien Braun: das »Werk stellt [...] den herausgehobenen Knotenpunkt mehrerer Überlieferungen dar, das Werk mehrerer Generationen. Es ist wirklich zur populären Philosophiegeschichte geworden – und wahrscheinlich zur wichtigsten aller Zeit.« Braun, *Geschichte der Philosophiegeschichte*, S. 38.

er stets kontrovers diskutiert wurde. Denn einerseits gilt er – trotz einiger Vorläufer wie Theophrast von Eresos, dessen Werk jedoch nur fragmentarisch überliefert wurde[15] – aufgrund einer Gesamtschau antiker Philosoph:innen als Beginn der doxographischen Tradition oder gar der europäischen Philosophiegeschichte als solcher; andererseits wird dem Autor Ungenauigkeit, wenn nicht gar reine Konstruktion, und Anekdotenfreudigkeit vorgeworfen sowie eine Konzentration auf das Leben und weniger auf die Ideen der von ihm behandelten Philosoph:innen. Trotzdem dominierte er

> [...] die Philosophiegeschichte, wie niemand sonst sie dominiert hat, da er doch die philosophiegeschichtliche Literatur bis in die Mitte des 18. Jh. beherrscht. Die Philologen haben schon sehr früh ein besonderes Verdienst von Diogenes Laertius anerkannt, daß er nämlich Informationen bewahrt hat, die wir ohne ihn nicht kennen würden und die er mit einer eindrucksvollen Anzahl von Verweisen mitgeteilt hat.[16]

Die Quellenlage dieses einflussreichen Textes ist allerdings sehr unsicher: Die älteste überlieferte Handschrift stammt aus dem 12. Jahrhundert. Das heißt, zwischen der vermuteten Entstehung des Textes im 3. Jahrhundert CE und dem ältesten heute noch vorhandenen Manuskript liegen fast tausend Jahre. Zudem wurde der Text auf verschiedenen, inhaltlich voneinander abweichenden Manuskripten überliefert.[17] Auf ihnen ist der Name des Autors,

15 Nach Fritz Jürß geht nahezu all unsere Kenntnis der frühgriechischen Denker:innen in letzter Instanz auf Theophrast von Eresos (ca. 370-286 BCE), Schüler des Aristoteles, zurück. Vgl. Jürß, »Einleitung« zu Diogenes Laertius, *Leben und Lehre der Philosophen*, S. 17. Theoprast hat in seinen *Meinungen der Naturphilosophen* in 18 Bänden die voraristotelische Philosophie nach bestimmten Begriffen geordnet. Seine Arbeiten waren von beachtlichem Einfluss und wurden immer wieder abgeschrieben und kopiert, aber dieses Werk ist uns nicht erhalten geblieben. Es existieren nur noch Fragmente. Vgl. H. Diels, *Doxographi graeci,* Berlin 1879.

16 Braun, *Geschichte der Philosophiegeschichte*, S. 37.

17 Zu den wichtigsten zur Rekonstruktion des heute vorliegenden Textes herangezogenen gehören die folgenden Handschriften auf Altgriechisch: das Manuskript *Neapolitanus Burbonicus* III B 29 aus dem 12. Jahrhundert (Nationalbibliothek Neapel), das Manuskript *Laurentinus* 69.13, ebenfalls vermutlich aus dem 12. Jahrhundert (Biblioteca Medicea Laurenziana) und das Manuskript *Parisinus Graecus* 1759 aus dem 13. Jahrhundert (Bibliothèque Nationale de France). Einflussreich in der Übersetzungsgeschichte waren zudem die sogenannten Vulgata, deren ältestes Exemplar aus der Zeit um 1300 stammt (Vaticanus Gr. 1302). Eine

also Diogenes Laertius, entweder nicht verzeichnet oder er wurde später hinzugefügt.[18] Fritz Jürß vermutet, dass die zehn Bücher des Werkes im letzten Viertel des 3. Jahrhunderts CE aus dem Nachlass herausgegeben wurden und dann erst wieder im 9. Jahrhundert CE in Konstantinopel in einem einzigen Exemplar mit schon, wie er schreibt, »sehr verdorbenem Text« neu entdeckt wurden. Und so betont Jürß in seiner Einleitung zu Diogenes' *Leben und Lehre der Philosophen*: »Nur wenige Werke der antiken Literatur sind in so schadhaftem Zustand überliefert wie die Philosophen-Geschichte des Diogenes Laertius.«[19]

Wie einige Philolog:innen belegen, sind aus dem gesamten 13. Jahrhundert keinerlei Spuren des Textes überliefert. Erst um 1300 werden in Norditalien Hinweise sichtbar, und zwar im *Compendium moralium notabilium* von Geremia da Montagnone (ca. 1250-1321) und in einem im Spätmittelalter sehr populären Werk mit dem Titel *Liber de vita et moribus philosophorum*,[20] eine doxographisch-biographische Darstellung des nichtchristlichen antiken Geisteslebens, das gemeinhin dem englischen Philosophen Walter Burley (oft auch Burleigh, lat.: Burlaeus; 1274/75-1344) zugeschrie-

Beschreibung der sprachlichen Unterschiede, der Korrekturen ebenso wie der fehlenden Seiten in den vorhandenen Manuskripten findet sich bei A. Gercke, »Die Ueberlieferung des Diogenes Laertios«, in: *Hermes* 37/3 (1902), S. 401-434, hier S. 407 ff. Diese in erster Linie für Philologen interessanten Details sind auch unter philosophiegeschichtlicher Perspektive von Bedeutung, insbesondere wenn es um Herkunft und Sicherheit der Überlieferung geht.

18 Das lässt sich auf den zugänglichen digitalisierten frühen Manuskripten nachvollziehen (Zugang über die entsprechenden Bibliotheken, vgl. Fn. 17).

19 Jürß, »Einleitung« zu Diogenes Laertius, *Leben und Lehre der Philosophen*, S. 30.

20 Vgl. M. Kahle, *Zum Beispiel Sokrates: Rezeption und Transformation der Vitae philosophorum des Diogenes Laertios im Florenz des 15. Jahrhunderts,* Dissertation an der Ludwig-Maximilians-Universität München 2012, S. 10, ⟨https://edoc.ub.uni-muenchen.de/17621/1/Kahle_Manuela.pdf⟩, letzter Zugriff 13. 10. 2022; T. Ricklin, »Vorsokratiker im lateinischen Mittelalter II: Thales von Milet im lateinischen Diogenes Laertios von Henricus Aristippus bis zur lateinischen editio princeps (1472/1475)«, in: O. Primavesi, K. Luchner (Hg.), *The Presocratics from the Latin Middle Ages to Hermann Diels,* Stuttgart 2011, S. 114-124. Kahle argumentiert, dass die Faszination am Diogenes Laertius mit dem Auftauchen einer verschollenen fragmentarischen lateinischen Übersetzung der Lebensbeschreibungen in Walter Burleys Werk im Spätmittelalter allererst begann. Kahle, *Zum Beispiel Sokrates*, S. 6.

ben wird. Dieser Text beginnt unter Berufung auf Diogenes Laertius mit Thales als erstem Philosophen.[21]

Wirkmächtig in der europäischen Philosophie wurde der Text des Diogenes Laertius mit der lateinischen Übersetzung durch Ambrosio Traversari,[22] insbesondere nachdem diese 1472 in einer ersten und 1475 in einer zweiten Auflage in den Druck ging.[23] 1533 erschien in Basel die Erstausgabe des griechischen Originaltextes, herausgegeben von Hieronymus Frobenius.[24] Im 16. Jahrhundert nahm das Interesse an diesem Text weiter zu, wie die anwachsende Übersetzungstätigkeit lebhaft illustriert.[25] Außerdem entstanden weitere Übersetzungen ins Lateinische, die eine Weiterentwicklung beziehungsweise Verbesserung der Übersetzung Traversaris anstrebten.[26] Damals erschienen neben zahlreichen Neudrucken in Italien Druckausgaben in London, Paris, Lyon, Köln, Antwerpen, Leiden und Basel. Außerdem setzte die Übersetzung in Landessprachen ein. Vorreiter war Italien, wo bereits relativ früh, nämlich ab 1480, Teilübersetzungen entstanden. Die erste vollständige Übersetzung auf Italienisch erschien 1545.[27] Im 17. Jahrhundert erfolgten erste

21 *Gualteri Burlaei Liber de Vita et Moribus Philosophorum,* hg. v. H. Knust, Tübingen 1886, S. 2.

22 Laut der Verzeichnung des Manuskripts in der Biblioteca Medicea Laurenziana müsste es am 8. 2. 1432 fertiggestellt oder überreicht worden sein (vgl. Manuskript Laertius Diogenes Ambrosio interprete, Biblioteca Medicea Laurenziana, digital repository, identifier IT:FI0100_Plutei_65.21).

23 Diogenes Laertius, *Vitae et sententiae philosophorum,* hg. v. F. E. Marchese, übers. ins Lateinische v. A. Traversarius, Rom 1472; Diogenes Laertius, *Vitae et sententiae philosophorum,* hg. v. B. Brognolus, übers. ins Lateinische v. A. Traversarius, Venice 1475.

24 Diogenis Laertii, *De vitis, decretis & responsis celebrium philosophorum libri decem, nunc primum excuse*, griechisch, Basileae: H. Frobenius & N. Episcopius 1533.

25 Vgl. die Auflistungen in Kahle, *Zum Beispiel Sokrates,* Handschriften: S. 261-265; Editionen: S. 266-279.

26 Dazu gehören in erster Linie die einflussreiche Neuübersetzung von Thomas Aldobrandinus, die von seinem Neffen Petrus Aldobrandinus vollendet und 1594 herausgegeben wurde: Laertii Diogenis, *De vitis dogmatis et apophthegmatis eorum qui in philosophia claruerunt libri X. Thoma Aldobrandino interprete,* cum adnotationibus eiusdem. Romae, apud Aloysium Zanettum 1594 (gr. et lat. ed. T. et P. Aldobrandinus).

27 Diogenes Laertius, *El libro de la vita de philosophi et delle loro elegantissime sententie extracto da D. Lahertio et da altri antiquissimi auctori*, Venetiis 1480; Diogenes Laertius, *Le vite de gli illustri filosofi di Diogene Laertio: da'l greco idiomate ridutte*

Übersetzungen ins Französische, Englische und Flämische. Eine spanische Übersetzung folgte 1792. Deutsche Übersetzungen erschienen dagegen erst relativ spät, nämlich 1806 eine Übersetzung von Johann Friedrich und Philipp Ludwig Snell,[28] der ein Jahr später eine Übersetzung von August Christian Borheck folgte.[29] Als erste vollständige kritische Übersetzung ins Deutsche gilt die von Otto Apelt aus dem Jahr 1921.

Bei Diogenes Laertius finden wir nun die folgende Ansicht, die im weiteren Verlauf für die europäische Philosophiegeschichtsschreibung prägend wurde:

> Das philosophische Studium sei, so sagen einige Autoren, bei den Nichtgriechen entstanden. [...] Doch diese Leute machen sich etwas vor, wenn sie den Nichtgriechen die Leistungen der Griechen zuschreiben, die nicht nur die Philosophie, sondern auch die Bildung der Menschheit begründet haben. [...] So ist denn die Philosophie von den Griechen ausgegangen, und auch das Wort selbst kennt keine Bezeichnung bei den Nichtgriechen.[30]

Zu den Begriffen »Philosophie« und »Philosoph« führt Diogenes Laertius im Folgenden aus:

> Zuerst gebrauchte Pythagoras den Ausdruck ›Philosophie‹ und nannte sich selbst einen Philosophen, als er in Sikyon mit Leon, dem Tyrannen von Sikyon oder von Phlius, disputierte, wie Herakleides Pontikos in *Über die leblose Frau* angibt: keiner nämlich sei weise außer Gott; voreilig jedoch sei sie Sophia genannt worden und ein Weiser, wer sie verkündete, insofern er

ne la lingua commune d'Italia, hg. v. B. Rositini, L. Rositini, P. Rositini, Vinegia 1545.

28 *Meinungen der ersten griechischen Philosophen aus Diogenes Laertius,* übersetzt und mit historischen und philosophischen Anmerkungen begleitet von J. F. Snell und P. L. Snell, Giessen 1806.

29 Diogenes Laertius, *Von den Leben und den Meinungen berühmter Philosophen,* aus dem Griechischen v. A. C. Borheck, 2 Bände, Wien/Prag 1807.

30 Diogenes Laertius, *Leben und Lehre der Philosophen,* S. 39-40 (Buch I, 1-4). In der Übersetzung von Apelt lautet die Stelle: »Die Entwicklung der Philosophie hat, wie manche behaupten, ihren Anfang bei den Barbaren genommen. [...] Indes man täuscht sich und legt fälschlich den Barbaren die Leistung der Griechen bei; denn die Griechen waren es, die nicht nur mit der Philosophie, sondern mit der Bildung des Menschengeschlechts überhaupt den Anfang gemacht haben. [...] So hat denn die Philosophie ihren Ursprung bei den Griechen, und auch ihr Name schon weist jede Gemeinschaft mit den Barbaren entschieden von sich ab.« Diogenes Laertius, *Leben und Meinungen berühmter Philosophen*, übers. v. Otto Apelt, S. 3.

sich durch geistige Größe hervorgetan hätte; Philosoph aber sei, wer die Weisheit zu erlangen wünsche.[31]

Laut dem Laertianer war es also Pythagoras, der den Philosophen (φιλόσοφος) vom Weisen (σοφός) abgrenzte und durch ein besonderes Streben nach Wissen und Weisheit auszeichnete. Hiermit wurde die Grundlage für eine in der akademischen Disziplin bis heute geläufige Selbstbeschreibung der Philosophierenden gelegt. Mit dem Verweis auf Herakleides Pontikos' (ca. 390-322 BCE) Erzählung *Über die leblose Frau* basieren die Aussagen allerdings auf einer Quelle, die als äußerst unzuverlässig gilt. Da uns von Pythagoras keine Schriften überliefert wurden, sind wir auf Hinweise und Berichte aus anderen antiken Schriften zur Rekonstruktion seiner Lehren angewiesen. Diese sind voller Widersprüche und stark von Legenden durchsetzt. Gerade Herakleides Pontikos gilt dabei als eine unsichere Quelle. Seine Neigung zum Fabulieren wurde bereits in der Antike, unter anderem von Cicero, kritisiert.[32]

Die unsicheren Quellen, auf die sich Diogenes Laertius bezieht, werden im Diskurs um den Ursprung der Philosophie im antiken Griechenland, für den der Laertianer neben Aristoteles[33] als Beleg angeführt wird, zumeist ebenso ignoriert wie die Ambivalenzen im Text *Leben und Lehren der Philosophen* selbst. Auch bezüglich des Ursprungs der Philosophie finden wir hier unterschiedliche Angaben: Gleich im ersten Buch, im ersten Abschnitt des Prologs finden wir nach der Aussage, dass die Griechen Philosophie und Bildung begründet hätten, den Verweis auf Linos, der eine Theogonie und

31 Diogenes Laertius, *Leben und Lehre der Philosophen,* S. 43 (Buch I, 12). Auf diese Episode wird nochmals in Buch VIII »Pythagoras« Bezug genommen, allerdings unter Berufung auf eine andere Quelle. Hier heißt es: »Nach Sosikrates (*Diadochai*) habe er auf die Frage Leons, des Tyrannen von Phlius, wer er sei, geantwortet: ›Philosoph!‹« (Ebd., S. 373; Buch VIII, 8). Sosikrates (ca. 200-128 BCE) soll der Verfasser einer Philosophiegeschichte in mehreren Bänden gewesen sein, die aber nur in Fragmenten erhalten sind.

32 Vgl. Cicero, *De Natura Deorum. Über das Wesen der Götter,* Stuttgart 1995 (»Ponticus Heraclides puerilibus fabulis refersit libros«; Buch 1:34).

33 Bezug genommen wird dabei auf folgende Stelle in Aristoteles' Metaphysik, in der es heißt: »Aber Thales, der Urheber dieser Art Philosophie […].« (Met. I 3, 983b1) Zitiert nach Aristoteles, *Metaphysik. Schriften zur Ersten Philosophie,* Stuttgart 1984, S. 24. Mit »dieser Art Philosophie« bezieht sich Aristoteles auf die Untersuchung des Seienden, der »uranfänglichen Ursachen« und der Wahrheit (ebd., S. 23 f.).

einen Himmelsglobus geschaffen habe und wenige Zeilen später als Sohn des Hermes und der Urania beschrieben wird.[34] Damit würde sich der Ursprung der Philosophie in mythische Sphären verschieben. Im sechsten Abschnitt des ersten Buches verweist Diogenes Laertius darüber hinaus auf Folgendes: »Die den nichtgriechischen Ursprung der Philosophie befürworten, weisen auf deren besondere Formen bei den Völkern hin.«[35] Im Anschluss nennt er einige Inhalte der Philosophien der Gymnosophisten, Druiden, Chaldäer und Ägypter, und im Abschnitt 10 spricht er explizit von der »Philosophie der Ägypter«, führt einige kosmologische Annahmen der Ägypter an und dass sie Grundsätze der Gerechtigkeit aufgestellt hätten, und schließt den Abschnitt dann mit dem folgenden Satz: »So viel zur Erfindung der Philosophie.«[36] Im Anschluss finden wir den oben zitierten Abschnitt zu Pythagoras, der den Begriff »Philosophie« geprägt habe.

Im Zusammenhang gelesen, könnte man die Argumentation auch so verstehen, dass Pythagoras der Erste war, der einer Praxis, die bereits von Vertretern anderer Völker ausgeübt wurde, auf Griechisch den Namen »Philosophie« gab. So schildert Diogenes Laertius im achten Buch »Pythagoras«, dass dieser sich in die verschiedensten griechischen und nichtgriechischen Mysterien einweihen ließ, die ägyptische Sprache und ägyptische Geheimlehren

34 Diogenes Laertius, *Leben und Lehre der Philosophen,* S. 39 f. (Buch I, 3-4).

35 Ebd., S. 41 (Buch I, 6).

36 Ebd., S. 42 (Buch I, 10). Den Beginn der Philosophie im Alten Ägypten anzusiedeln, ist somit nicht neu. Dafür finden sich Beispiele sowohl in der antiken Literatur als auch im Diskurs zwischen dem 15. und 18. Jahrhundert. Beispiele sind N. H. Gundling, der in seiner *Historia philosophiae moralis* (1706) seine Darstellung mit den Ägyptern beginnt, ebenso wie F. V. L. Plessing, *Osiris und Sokrates*, Berlin/Stralsund 1783 oder F. X. Gmeiner, *Litterärgeschichte des Ursprungs und Fortgangs der Philosophie, wie auch aller philosophischen Sekten und Systemen*, 2 Bände, Graz 1788-1789 und noch im 19. Jahrhundert E. Röth, *Geschichte unserer abendländischen Philosophie. Entwicklungsgeschichte unserer speculativen, sowohl philosophischen als religiösen Ideen von ihren ersten Anfängen bis auf die Gegenwart*, 2 Bände, Mannheim 1846-1858. Diese Autoren argumentieren, dass die Griechen selbst die Ägypter als ihre Lehrer betrachtet haben. Auch in Diderots berühmter Enzyklopädie (1747-1766) findet sich ein Eintrag: »Philosophie der Ägypter« (*Egyptiens, philosophie des,* vgl. *Encyclopédie ou Dictionnaire raisonné des sciences, des arts et des métiers,* vol. 5. Paris 1751, S. 434-439). Diderot behauptet allerdings, dass die ägyptischen Priester das Zeugnis der griechischen Philosophen zum Anlass nahmen, um deren Entdeckungen sich selbst zuzuschreiben.

lernte, Umgang mit Chaldäern und Magiern pflegte etc., woraus man schließen könnte, dass er mit ägyptischer Philosophie vertraut war.[37] Lesen wir den Text des Diogenes Laertius, ohne bereits vorauszusetzen, dass er ein Vertreter der These vom Ursprung der Philosophie im antiken Griechenland war, werden die Ambivalenzen in seinen eigenen Aussagen deutlich.

Zu den Autoren, die den Ursprung der Philosophie bei den Nichtgriechen ansiedeln und auf die gleich im ersten Satz des Textes *Leben und Lehre der Philosophen*, ohne Namen zu nennen, Bezug genommen wird, könnten Clemens von Alexandria (ca. 150-220), Philostratos (ca. 165-244), Porphyrios (ca. 233-305) oder Eunapios von Sardes (ca. 347/349-414)[38] gehören. Insbesondere Clemens von Alexandrien, der als Quelle vieler Fragmente von Heraklit, Empedokles und Demokrit gilt, ist ein wichtiger Vertreter der These vom vorgriechischen Ursprung der Philosophie. Clemens widmete sich in den acht Büchern der *Stromateis* dem Unternehmen, die griechische Philosophie mit dem christlichen Glauben, dessen Überlegenheit er beweisen will, zu vereinen. Dabei wird die Philosophie als eine Art Vorstufe der wahren Erkenntnis dargestellt.[39] Clemens verortet den Ursprung der Philosophie bei den Hebräern, und zwar bei Moses. Darüber hinaus erwähnt er eine Vielfalt an vorgriechischen philosophischen Traditionen. So heißt es bei ihm:

> Demnach war die Philosophie, ein überaus wertvolles Gut, in alter Zeit bei Barbaren zur Blüte gelangt, indem sie wie ein Licht unter den Völkern aufging, und erst später kam sie auch zu den Griechen.
>
> In ihre Obhut nahmen sie bei den Ägyptern die Priester, bei den Assyriern die Chaldäer, bei den Galliern die Druiden, bei den Baktrern die Samanäer, bei den Kelten die Freunde der Philosophie, bei den Persern die Magier (diese sagten mit ihrer Wahrsagekunst auch die Geburt des Heilands vorher und kamen, geleitet von einem Stern, in das jüdische Land), bei den Indern die Gymnosophisten, eine andere Art barbarischer Philosophen.[40]

37 Diogenes Laertius, *Leben und Lehre der Philosophen*, S. 371 ff. (Buch VIII, 2-3). Siehe zu Pythagoras und seinem Aufenthalt in Ägypten auch Clemens von Alexandrien, *Stromateis,* Erstes Buch, XV. Kapitel, 66.2.

38 Vgl. Eunapius aus Sardes, *Biographien über Philosophen und Sophisten*, Stuttgart 2013.

39 Clemens, *Stromateis,* Erstes Buch, XX. Kapitel, 99.1.

40 Ebd., Erstes Buch, XV. Kapitel, 71, 3 und 4. Interessant ist auch folgender Abschnitt: Erstes Buch, XV. Kapitel, 72, 4 und 5: »Weit älter als alle diese Völker ist

Besonders interessant ist bei Clemens die Erwähnung der Inder und in diesem Zusammenhang auch der Brahmanen und Buddhisten.[41] Hierbei handelt es sich vermutlich um das älteste Zeugnis für diese Denktraditionen in der Literatur des Mittelmeerraumes.

Clemens versucht nicht nur, die griechische Philosophie mit der christlichen Weisheit zu versöhnen, sondern postuliert die Notwendigkeit einer Allianz der verschiedenen Weisheitswege: Bei der Aneignung der bereits vorhandenen Kenntnisse in den verschiedenen Weisheits- und Philosophietraditionen gehe es um einen gesunden Eklektizismus, der aus den Lehren nur das ethisch Nützliche übernehmen sollte.[42] Er vergleicht die verschiedenen Denkschulen auch mit Samenkörnern, die von Gott ausgestreut wurden und auf fremdes Land gefallen seien.[43] Ziel der Ausführungen ist die Beweisführung, dass der Ursprung der Philosophie beim biblischen Volk der Hebräer (bei Moses) zu finden sei – und nicht in der griechischen Philosophie. Damit verfolgen die *Stromateis* eine grundlegend andere Zielrichtung als die biographisch-doxographisch angelegte Schrift des Diogenes Laertius. Es handelt sich um eine apologetische Schrift, in der wichtige Fragen der christlichen Religionsphilosophie und Dogmatik in Auseinandersetzung mit anderen Lehrmeinungen erörtert werden. Dabei ist, wie die Schriften von Clemens und anderen Autoren dieser Zeit (zum Beispiel Tatian) zeigen, die Frage des Ursprungs der Philosophie ein zentraler Punkt in der Auseinandersetzung zwischen Christen und Heiden im 2. und 3. Jahrhundert CE.[44] Einige Autoren gehen auch davon

das Volk der Juden, und ihre Philosophie gab dadurch, daß sie schriftlich niedergelegt wurde, erst den Anstoß für das Entstehen der griechischen Philosophie, wie der Pythagoreer Philon in ausführlicher Darstellung nachweist, ebenso indes auch der Peripatetiker Aristobulos und mehrere andere, mit deren namentlicher Aufzählung ich mich nicht aufhalten will. Besonders bestimmt drückt sich der Geschichtsschreiber Megasthenes, der Zeitgenosse des Seleukos Nikator, aus, der im dritten Buch seines Werkes über Indien folgendermaßen schreibt: ›Jedoch alles, was die Alten über die Natur gesagt haben, findet sich auch bei den Philosophen außerhalb Griechenlands erwähnt, teils bei den Indern von den Brahmanen, teils in Syrien von den sogenannten Juden‹.«

41 Ebd., Erstes Buch, XV. Kapitel 71, 6. Erwähnung finden die Brahmanen auch in: Erstes Buch, XV. Kapitel 68.1.

42 Ebd., Erstes Buch, VII. Kapitel, 37.6.

43 Ebd., Erstes Buch, XIII. Kapitel, 57.3.

44 Clemens bemüht sich, das höhere Alter der hebräischen Philosophie zu beweisen,

aus, dass Diogenes Laertius in diese Art der Auseinandersetzung einzuordnen sei, und zwar als ein Vertreter der Partei, die den Ursprung bei den Hellenen ansetzte.[45] Mit seinen Überlegungen zum Ursprung der Philosophie steht Clemens am Anfang einer Diskussions- und Traditionslinie, deren Grundthese bis ins 18. Jahrhundert hinein vertreten wird: Ein heidnischer Ursprung der Philosophie in der griechischen Antike sei ganz und gar ausgeschlossen.

Die Kontroverse über den Ursprung der Philosophie bleibt bis zum Beginn des 18. Jahrhunderts lebendig. Bedeutende Autoren bezweifeln die These vom Beginn der Philosophie bei den Griechen und betonen die Bedeutung der Vorväter für die Entstehung der Philosophie im alten Griechenland. Dazu gehörten Philosophen wie Ioannes Lodovicus Vives (*De initiis, sectis et laudibus philosophiae*, 1518), Johann Wilhelm Zierold (*Einleitung zur gründlichen Kirchenhistorie mit der Historia philosophica verknüpft*, 1700) oder Gottlieb Stolle (*Historie der heydnischen Morale*, 1714). So argumentiert zum Beispiel Zierold, dass das Hebräische die älteste Sprache und somit Mutter aller anderen Sprachen sei, in welcher die wahre Weisheit verborgen liege.[46] Die ägyptische Sprache wiederum stamme vom Hebräischen ab, und so hätten Ägypter und Griechen ihre Weisheit vom Volk Gottes erhalten.[47] Auch verweist Zierold darauf, dass Pythagoras und Platon von den Hebräern ebenso wie von den Ägyptern gelernt hätten.[48] Und Stolle argumentiert:

> Denn es ist ausgemacht: Daß / wie die Römer bey denen Griechen / also die ältesten Griechen bey denen Barbaren in die Schule gegangen. Ich werde demnach zuförderst denen Chaldäern / Persern / Phönizern / Arabern / Sinesern / Indianern / Aethiopiern / Aegyptiern / Thraciern / Scythen und alten Teutschen zusprechen / ehe ich denen Griechen eine Visite gebe […].[49]

und bezieht sich dabei auch auf Tatian (gestorben um 170 CE) und dessen Schrift *An die Griechen*. Tatian kommt zu dem Schluss, dass die Griechen ihre Lehren aus der mosaischen Quelle geschöpft hätten.

45 Vgl. u. a. C. Kaiser, *Das Leben der anderen im Gemenge der Weisheitswege. Diogenes Laertios und der Diskurs um die philosophische Lebensform zwischen Spätantike und Früher Neuzeit,* Berlin 2012, S. 94 ff. Kaiser widerspricht einer solchen Argumentation (S. 102).

46 J. W. Zierold, *Einleitung zur gründlichen Kirchenhistorie mit der Historia philosophica verknüpft,* Leipzig 1700, S. 66.

47 Ebd., S. 93.

48 Ebd., S. 100 und S. 172.

49 Stolle, *Historie der heydnischen Morale*, S. 1.

Die genannten Autoren sind Beispiele dafür, dass in der christlichen Philosophie über viele Jahrhunderte die Ansicht vertreten wurde, dass der Ursprung der Philosophie in biblischen Zeiten liegen müsse. Oder wie Franz Wimmer betont:

> Abraham gilt als der erste Philosoph, nicht von eigenen, sondern von göttlichen Gnaden. Wo aber nicht Abraham genannt wird, sondern Moses, Noah oder Adam, da ändert das an der Sache nichts: der Zeitraum zwischen 1520 und 1700 ist in der europäischen Philosophiehistorie davon bestimmt, daß man nach der einen Geschichte des Denkens sucht und daß diese eine Geschichte als Heilsgeschichte verstanden wird.[50]

Noch im 17. Jahrhundert war es durchaus üblich, nicht nur die Geschichte der Philosophie bis zu Adam zurückzuverfolgen, sondern die vorgriechische und ›barbarische‹ (im Sinne von nicht griechischsprachige) Philosophie mit in die Erzählungen der Geschichte der Philosophie einzubeziehen, und zwar keineswegs nur als marginale Vorgeschichte. Ein berühmtes Beispiel dafür ist Jacob Brucker, der in seiner umfangreichen *Historia critica philosophiae a mundi incunabilis ad nostram usque aetatem deducta* (Kritische Geschichte der Philosophie, von der Wiege der Welt an bis zu unserem Zeitalter), wie aus dem Titel hervorgeht, die Anfänge der Philosophiegeschichte sogar bis zur Wiege der Welt (*mundi incunabilis*) zurückverfolgt. Brucker geht in seinen Ausführungen nicht nur hinter die Griechen, sondern auch hinter die Ägypter und Phönizier zurück bis in vorsintflutliche Zeiten. So steht der erste Teil seines Werkes auch unter der Überschrift »Vorsintflutliche Philosophie«. Allerdings gehört Brucker bereits zu jenen Philosophiehistorikern, die Philosophie weder bei Engeln und Dämonen noch bei Adam und seinen Söhnen finden, wie Verfechter der sogenannten Adam-Hypothese,[51] die zum Teil noch bis ins 18. Jahrhundert vertreten wurde.[52]

50 Wimmer, *Interkulturelle Philosophie. Geschichte und Theorie*, S. 181.

51 »[…] daß nämlich der erste Mensch von Gott die höchste Weisheit erhalten und, obwohl das meiste davon durch den Sündenfall verloren war, an die Späteren weitergegeben habe.« (Ebd.)

52 Vgl. die Kritik an dieser These von Heumann, *Acta philosophorum*, Halle 1715, 5. Stück, S. 756, S. 760 und S. 762. Die *Acta philosophorum* sind eine von Heumann herausgegebene Zeitschrift zu philosophiegeschichtlichen Fragen, die von 1715 bis 1723 erschien. Die 18 Hefte wurden in drei Bänden zusammengefasst.

Gegen Ende des 17. Jahrhundert begann der Diskurs um den Ursprung der Philosophie, sich von der heilsgeschichtlichen Auslegung abzugrenzen, die von einer dem heidnischen, profanen Philosophieren überlegenen heiligen und ursprünglichen Wahrheit ausgeht. Erste Philosophiehistoriker, welche die These vom vorsintflutlichen Ursprung der Philosophie aufgaben, waren Hermann Conring (1606-1681) und Christian Thomasius (1655-1728). Bereits in seiner Dissertation aus dem Jahr 1651 sucht der Helmstedter Professor Hermann Conring nicht mehr nach vorsintflutlichen Schulen, sondern nennt die ägyptische, chaldäische und persische Schule als älteste philosophische Schulen.[53] Die veränderte Sicht auf den Ursprung der Philosophie kann auch an Thomasius deutlich gemacht werden: Geht er im Jahr 1688 in seiner Schrift *Introductio ad philosophiam aulicam*[54] noch davon aus, dass die ersten Menschen, also Adam und seine Söhne, Philosophen waren, bezieht Thomasius in seiner Schrift *De scholis antediluvianis* (1700)[55] ausdrücklich Position gegen die Vorstellung von einer vorsintflutlichen Philosophie und Wissenschaft. Wie bei Conring oder Brucker deutlich wird, führt die Abgrenzung von der heilsgeschichtlichen Bestimmung des Ursprungs der Philosophie jedoch noch nicht zum Ausschluss anderer Völker aus der Geschichte der Philosophie. So beginnen weiterhin viele Autoren, unter anderem Gundling, Hissmann und andere, ihre Erzählung der Philosophiegeschichte bei den Ägyptern, behandeln die Chaldäer, Perser, Araber, Inder, Chinesen, Gallier, Germanen sowie die Hebräer und Phönizier und weitere Völker.[56]

Siehe in diesem Zusammenhang auch die Erörterungen von Wimmer, *Interkulturelle Philosophie. Geschichte und Theorie*, S. 181.

53 H. Conring, *De antiquitatibus academicis,* Helmstedt 1651; vgl. Zedelmaier, *Der Anfang der Geschichte*, S. 74.

54 C. Thomasius, *Introductio ad philosophiam aulicam,* Leipzig 1688.

55 C. Thomasius, *De scholis antediluvianis*, in: *Observationes selectae*, Band 1, Halle 1700, S. 277-303.

56 Axel Rüdiger weist darauf hin, dass Vossius (1618-1689) in seiner Abhandlung *De artibus et scientiis Sinarum* (1685) davon ausgeht, dass das Alter der chinesischen Schrift höher als das der ägyptischen Hieroglyphen sei. Aus diesem Grund macht er China zum natürlichen Ausgangspunkt der Geschichte der Philosophie. Vgl. Rüdiger, »China als philosophiehistorisches Problem zwischen Philosophia perennis und frühaufklärerischem Eklektizismus«, S. 210 f. Daneben gab es noch andere Einwürfe, so zum Beispiel (und das ist gerade mit Blick auf die

Zwar lassen auch frühe Autoren, wie Hermannus Buschius (Hermann von dem Busche, 1468-1534) in seinem *Spicilegium philosophorum pene omnium quotquot per Graeciam Italiamque clari habiti sunt illustria dicta complectens* aus dem Jahr 1507, ihre Erzählung der Geschichte der Philosophie mit Thales beginnen, dominant wird die These vom Ursprung der Philosophie im antiken Griechenland allerdings erst im 18. Jahrhundert. Besondere Bedeutung hat in diesem Zusammenhang Christoph August Heumann (1681-1764), dessen philosophiegeschichtliche Arbeiten von vielen als ein entscheidender Wendepunkt betrachtet werden.[57] Heumann löst die Entstehung der Philosophie von heilsgeschichtlichen Bezügen und versteht sie als eigenständige, von Menschen geschaffene Form der Reflexion, die für ihn an Schrift gebunden ist, welche er als konstitutives Hilfsmittel für jede wissenschaftliche und systematische Disziplin betrachtet.[58] Im Versuch einer Entkoppelung von Philosophie- und Heilsgeschichte stellt er die Frage nach den Ursprüngen neu und unternimmt hier besondere Anstrengungen, um den griechischen Ursprung der Philosophie zu begründen. Heumann bemüht sich nicht nur darum zu beweisen, warum man in Bezug auf Adam nicht von Philosophie sprechen könne,[59] sondern führt auch verschiedene Faktoren an, die zur Entstehung der Philosophie im antiken Griechenland beigetragen hätten, einen Ursprung der Philosophie bei den Hebräern oder Ägyptern aber unwahrscheinlich erscheinen ließen. Ein laut Heumann förderlicher Faktor ist zunächst das gemäßigte Klima; für die Entstehung von Philosophie dürfe es weder zu heiß noch zu kalt sein. Ein zweiter

›afrozentrische These‹ interessant) die These, dass China eine Kolonie Ägyptens gewesen sei. So veröffentlichte der französische Orientalist Joseph de Guignes eine Schrift unter dem Titel *Denkschrift mit dem Beweis, daß die Chinesen eine ägyptische Kolonie sind.* Vgl. J. de Guignes, *Mémoire dans lequel on prouve que les Chinois sont une colonie égyptienne,* Paris 1759. Irritierend war für de Guignes die über viele Jahrtausende mit Schriften belegte Geschichte Chinas. Mit Blick auf die biblische Geschichte von der Entstehung der Welt stellt dies ein Problem dar, da die chinesische Geschichte damit mehrere Jahrtausende hinter die Sintflut zurückreicht. Vgl. Schneider, *Die Vergangenheit des Geistes*, S. 252 ff.

57 Braun, *Geschichte der Philosophiegeschichte,* S. 126; Zedelmaier, *Der Anfang der Geschichte*, S. 96-131; Wimmer, *Interkulturelle Philosophie*, S. 211-222.

58 Heumann, »Von der Philosophie der Patriarchen«, in: Ders., *Acta philosophorum,* Band 1, Fünftes Stück, Erstes Capitel, Halle 1716, S. 796.

59 Ausführlich dazu Zedelmaier, *Der Anfang der Geschichte,* S. 96 ff.

wichtiger Faktor sei die Muße im Sinne der Freiheit von materiellen Sorgen.[60] Eine ganz wesentliche Voraussetzung für die Entstehung der Philosophie sei zudem die politische Verfassung im antiken Griechenland gewesen, die die Macht der Priester beschränkte und damit der *curiositas* (der theoretischen Neugier) die Freiheit gab, sich uneingeschränkt zu entfalten. Dies ist ein Argument, das heute noch Verwendung findet, nun allerdings nicht mehr im Zusammenhang mit den biblischen Vätern der Menschheit, sondern zum Beispiel mit Blick auf die Frage nach der Entstehung von Philosophie im Alten Ägypten: Voraussetzung für die Entstehung von Philosophie sei die Einschränkung der Macht der Priesterschaft beziehungsweise der geistlichen Herrschaft und eine damit verbundene Unabhängigkeit von Autorität und Zwang. Für das Alte Ägypten wird angenommen, dass es gerade hieran mangelte und somit keine Entstehungsbedingungen für Philosophie gegeben waren. Zu den weiteren Faktoren, die Heumann anführt, gehören der Widerstreit von Meinungen und das Vorhandensein von Bibliotheken und Büchern.

Auch Heumann beschäftigt sich mit den ›barbarischen‹ Völkern und den Hebräern,[61] kommt aber zu dem Schluss, dass Vorstellungen von der Entstehung der Philosophie bei den ›orientalischen Barbaren‹ abzulehnen seien: In ihrem Aberglauben gefangen, seien Chaldäer, Perser und Ägypter keine echten Philosophen gewesen.[62] So heißt es bei ihm:

Um nun alle Confusion, wie auch homonymie, zu vermeiden / so müssen wir den originem philosophiae Stuffenweiß also beschreiben. Bey den alten Hebräern finden wir den Ursprung / (zwar nicht der Philosophie / aber doch) der schlechten und einfältigen Weißheit. In Chaldea und Egypten / sonderlich aber in dieser letzten Landschafft / sind nicht nur allerhand Künste / sondern auch das Studiren / (aber nicht das studium philosophicum) ausgeübet und cultiviret worden. Die Griechen haben zu erst die Flügel ihres Verstandes in die Höhe geschwungen / und zu philosophiren angefangen: jedoch also / daß sie anfänglich nur particulariter philosophir-

60 Ebd., S. 106.

61 Ebd., S. 83.

62 Heumann, »Einleitung zur Historia Philosophica. Von deren Nutzbarkeit«, in: Ders., *Acta philosophorum,* Band 1, Erstes Stück, Erstes Capitel, Halle 1715, S. 35. Siehe dazu Zedelmaier, *Der Anfang der Geschichte*, S. 112.

ten / mit der Zeit aber auch systematice, und endlich gar universaliter und systematice zugleich / oder / mit einem Wort / pansophice.[63]

Wenn Hegel im 19. Jahrhundert mit Gewissheit formuliert: »Mit Thales beginnen wir eigentlich erst die Geschichte der Philosophie«,[64] dann vertritt er hier eine These, die noch wenige Jahre zuvor umstritten war. Denn noch 1807 schrieb Johann Heinrich Ernesti:

Warum sollen die aufgeklärten ungriechischen Völker, oder diejenigen, welche in der Sprache der Griechen und Römer Barbaren heißen, nicht einen Platz in der Geschichte der Weltweisheit finden, da wir bey ihnen über Weltursprung, Gottheit, und ihre Beziehung auf den Menschen, ihre eigenen Ideen, die verwickeltesten Fragen der speculirenden Vernunft treffen, da sie Gesetz und Religionssysteme hatten? Man muß auch auf Embryonen und auf das Wiegenalter der Wissenschaft eines jeden sich bildenden Volkes achten: und die Griechen, freylich die wahren Schöpfer der Philosophie, und unsere ersten Philosophen [...] sind nicht das Urvolk, von welchem allein alle Cultur und philosophische Aufklärung der übrigen Völker ausgieng [...]. Nicht ohne Grund hebt daher die allgemeine Geschichte der Philosophie von Nationen an, welche die Griechen, und auch die Römer [...] ohne Ausnahme unter dem Namen der Barbaren begriffen.[65]

Und weiter heißt es bei ihm:

Meiners, Eberhard und Buhle räumen ihnen noch die verdiente Stelle ein, und der gelehrte Beurtheiler dreyer Hauptwerke der Weltweisheitsgeschichte, welcher fast ein halbes Jahrhundert sich mit dieser Geschichte beschäftigt hat, billigt es an Tiedemann und Tennemann nicht, daß sie solche Völker ausgeschlossen haben. Soll indessen die Geschichte der Philosophie als Wissenschaft geliefert werden, so kann man freylich eigentlich nur da beginnen, wo sie eine Wissenschaft zu werden anfieng, oder eigentlich wissenschaftliche Anfänge sich zuerst zeigten, mithin von den Griechen; und in dieser Hinsicht hatten Tiedemann und Tennemann ebenfalls Recht [...].[66]

Grade im letzten Satz wird hier ein neuer Anspruch an die Philosophie deutlich gemacht, der in den nachfolgenden Jahrhunderten

63 Heumann, »Von dem Ursprung und Wachsthum der Philosophie«, in: Ders., *Acta Philosophorum*, Band 1, Zweytes Stück, Fünftes Capitel, Halle 1716, S. 290.

64 Hegel, *Vorlesungen über die Geschichte der Philosophie*, Erster Band, S. 160.

65 Ernesti, *Encyclopädisches Handbuch*, S. 130 f.

66 Ebd., S. 131 f.

und bis heute prägend wurde, nämlich Philosophie und Philosophiegeschichtsschreibung mit einem wissenschaftlichen Anspruch zu betreiben, der – und auch das wird im obigen Zitat deutlich – in der Konsequenz zum Ausschluss der vorgriechischen Traditionen führen musste.

Die Debatten zum Ursprung der Philosophie im 17. und 18. Jahrhundert wurden vor allem von wissenschaftstheoretischen und aufklärerischen Motiven geleitet. Da ist zum einen der Anspruch und Wunsch nach Wissenschaftlichkeit der Philosophie, wie er bereits von René Descartes oder Francis Bacon formuliert wurde; und zum anderen eine mit dem Anspruch der Wissenschaftlichkeit in enger Verbindung stehende Abgrenzungsbewegung zu bisher vorherrschenden theologischen Deutungsmustern, denen eine wissenschaftliche Erklärung im Sinne der Aufklärung entgegengesetzt wurde.[67] Die argumentativ begründete These von der Philosophie als einer menschengemachten Form der Reflexion, die gegen eine heilsgeschichtliche Erzählung entworfen wurde, hatte dabei im Kontext ihrer Zeit etwas durchaus Revolutionäres. Oder wie Helmut Zedelmaier in seiner umfangreichen Studie zur Ursprungsdebatte im 18. Jahrhundert, *Der Anfang der Geschichte* (2003), argumentiert:

Mit der Behauptung eigenständiger, vernünftig erschlossener Anfänge (der Philosophie, der Geschichte, der Kultur) ging es Philosophie und Geschichte um ihre Erklärungskraft für Gebiete, die bis ins 18. Jahrhundert theologischen Deutungsmustern unterworfen waren. In Form der Philosophiegeschichte, Weltgeschichte, Kulturgeschichte und Geschichtsphilosophie befreiten sich Philosophie und Geschichte von der Fortschreibung theologisch abgeleiteter Ursprünge und behaupteten ihre Zuständigkeit für Fragen des Anfangs der Geschichte. […] Der gegen die Vorstellung des biblischen Ursprungs der Philosophie ausgearbeiteten Figur des griechischen

67 »Aufklärer, die die Entstehung der Wissenschaften als Errungenschaft der Menschheit auslegten, hatten sich mit philosophisch-theologisch aufgeladenen Figuren eines perfekten Ursprungswissens auseinanderzusetzen, so von Adam als dem ersten, mit besonderen Einsichten begabten Philosophen. Die Auffassung, daß politische und soziale Ordnungen vom Menschen gemachte, besonderen historischen Bedingungen geschuldete und deshalb veränderbare Ordnungen sind, war noch im 18. Jahrhundert konfrontiert mit der Auffassung ihrer überzeitlichen, durch göttliche Vermittlung gestifteten Gestalt.« Zedelmaier, *Der Anfang der Geschichte*, S. 4 f.

Ursprungs wächst dann in der Folgezeit eine solche Gewißheit zu, daß sie in philosophiegeschichtlichen Synthesen der zweiten Hälfte des 18. Jahrhunderts als evident vorausgesetzt werden kann.[68]

Die Suche nach »vernünftig erschlossenen Anfängen« ist Bestandteil des Versuchs, Philosophie als eine Wissenschaft zu etablieren, die sich mit den Kriterien und Methoden der Naturwissenschaften messen kann. Die Philosophie als wissenschaftlich-rationaler Vernunftgebrauch, der zu durchschaubaren, analysierbaren, demonstrierbaren Wahrheiten führt, muss auch ihre eigene Geschichte vernunftgemäß herleiten. Thales wird als erster Philosoph gesetzt, weil er seine Lehre auf Vernunft gründet; die heilsgeschichtliche Herleitung der Philosophie dagegen wird als unsicher beziehungsweise widersprüchlich entlarvt. Es wird nunmehr argumentiert, dass Philosophiegeschichte sich auf unbezweifelbare Tatsachen stützen müsse, denn sie diene der Erforschung nützlicher Wahrheiten, die wiederum in der Vernunft zu begründen seien.

Ganz ohne Spekulation kommt allerdings auch die These von Thales als Urvater der Philosophie nicht aus. Diese These steht bei genauerer Betrachtung selbst auf unsicherem Grund, denn alles, was wir von Thales und seinem Denken wissen, wurde uns von Autoren übermittelt, die oft lange nach ihm gelebt haben, beruht also auf Hörensagen. Von Thales selbst sind uns keine Manuskripte und auch keine Fragmente überliefert. Dass Thales' Heimatstadt Milet sich an der Westküste Kleinasiens befand, in einer Region intensiven interkulturellen Austausches, ist ebenfalls ein Umstand, der in den meisten Ursprungserzählungen bis heute wenig Beachtung findet. Dabei wird von Thales selbst vermutet, dass er aus einer phönizischen Familie stammte.[69] Insofern verweist bereits die Person Thales auf phönizische Anfänge der Philosophie. Den Beginn der Philosophie hier anzusiedeln, bedeutet, ihn eher in der ›orientalischen‹ Welt, wie Hegel es nennt, anzusiedeln, was Hegel wohl bewusst war, für den der geographische Ort auch Einfluss auf die Art des Denkens beziehungsweise der Philosophie hat.[70]

68 Ebd., S. 7 f.

69 Diogenes Laertius, *Leben und Lehre der Philosophen*, S. 46 (Buch 1, 22).

70 »Es ist so zu bemerken, daß es zwei Seiten sind, der Osten und der Westen, in welche sich diese Philosophien unterscheiden; die eine Partie sind Kleinasiaten, die anderen Okzidentalen, griechische Italer. Geographisch teilt sich die Philosophie in die ionische und italische Philosophie; der Charakter (Inhalt) der

Weder Thales' Schriftlosigkeit noch seine geographische und kulturelle Verwurzelung in Kleinasien haben Philosophiehistoriker:innen daran gehindert, ihn zum Ausgangspunkt der abendländischen Tradition zu machen. Und so findet sich die These, dass Thales der »Vater der Philosophie« ist, sowohl in Klassikern der Philosophiegeschichtsschreibung, wie dem *Ueberweg*[71] oder dem *Vorländer* (1903),[72] ebenso wie in jüngst verfassten Philosophiegeschichten von Ralf Ludwig,[73] Christoph Horn[74] oder Richard David Precht,[75] um nur auf Beispiele aus dem deutschsprachigen Raum zu verweisen. Hier wird die Ursprungsthese nicht mehr begründet oder hergeleitet, sie ist als solche gesetzt. Eine kritische Philosophiegeschichts-

Philosophien teilt den Charakter des geographischen Unterschiedes.« Hegel: *Vorlesungen über die Geschichte der Philosophie.* Erster Band, S. 158. Weiter heißt es bei ihm: »Bei den Orientalen ist eine sinnliche, materielle Seite vorherrschend; im Abendlande ist der Gedanke überwiegend, er wird in der Gedankenform zum Prinzip gemacht. Jene Philosophen haben, nach dem Morgenlande gekehrt, das Absolute in einer Naturbestimmung erkannt; die reale Bestimmung des Absoluten fällt dahin. Nach Italien fällt die ideale Bestimmung des Absoluten.« (Ebd., S. 158 f.) Ein solcher Geographismus ebenso wie Klimatheorien waren in Hegels Zeit sehr beliebt – und sind uns ja auch schon bei Heumann begegnet. Auch bei Montesquieu, Herder und Kant spielen Klima und Geographie eine entscheidende Rolle für die intellektuelle Entwicklung des Menschen.

71 H. Flashar, D. Bremer, G. Rechenauer (Hg.), *Grundriss der Geschichte der Philosophie: Die Philosophie der Antike,* Band 1: *Frühgriechische Philosophie,* Basel 2013. Die Urfassung des *Grundrisses der Geschichte der Philosophie* (1863-1871) wurde von Friedrich Ueberweg (1826-1871) begründet und gilt bis heute im deutschen Sprachraum als Standardwerk der Philosophiegeschichte. Sowohl der Beginn bei Thales als auch die Periodisierungen der Philosophie werden seitdem weitgehend übernommen. Allerdings muss hervorgehoben werden, dass in der Ausgabe von 2013 auf die Vorläufer der antiken griechischen Philosophie verwiesen wird und die engen Verflechtungen betont werden. Siehe hierzu W. Burkert, »Frühgriechische Philosophie und Orient«, in: ebd., S. 97-125.

72 K. Vorländer, *Geschichte der Philosophie,* Leipzig 1903, Band 1.

73 R. Ludwig, *Philosophie für Anfänger: von Sokrates bis Sartre. Ein Wegbegleiter durch die abendländische Philosophie,* München 2015. Wobei hier anzuerkennen ist, dass Ludwig ausdrücklich darauf verweist, dass er die abendländische Geschichte der Philosophie im Blick hat und nicht alle Philosophie, eine Einschränkung, die auch Bertrand Russel in seinem Versuch einer Philosophiegeschichte ausdrücklich bereits im Titel macht: *History of Western Philosophy,* New York 1945 (dt.: *Philosophie des Abendlandes,* Frankfurt/M. 1950).

74 C. Horn, *Philosophie der Antike. Von den Vorsokratikern bis Augustinus,* München 2013.

75 R.D. Precht, *Erkenne die Welt: Geschichte der Philosophie 1,* München 2015.

schreibung muss den Entstehungs- und Konstruktionsprozess einer heute als evident angenommenen Ursprungsthese allerdings ebenso vergegenwärtigen und analysieren wie weitere Ursprungstheorien aus verschiedenen Regionen der Welt und anderen Philosophietraditionen.[76]

4.1.2. Weitere Ursprungsmodelle[77]

Folgt man der Auffassung einschlägiger Philosophiegeschichten ab Ende des 18. Jahrhunderts, muss sich vor zweieinhalbtausend Jahren im antiken Griechenland etwas Erstaunliches zugetragen haben: nämlich ein kultureller Wandel von universaler Bedeutung. Aufgrund günstiger Umstände, namentlich Klima, technologische Entwicklung, Schriftkultur und politisches System, hätten die Griechen den Schritt von der kindlichen Phantasie des homerischen Mythos zur umsichtigen Reife der Vernunft gewagt und damit den Grundstein der abendländischen Kultur und Philosophie gelegt.[78] Im Griechenland des 5. Jahrhunderts BCE entstand, so das Argument, das erste freie und selbständige Denken in Abgrenzung von Mythos und Religion. Das menschliche Streben nach Wissen nahm hier seinen Ausgangspunkt und ein Prozess der Rationalisierung setzte ein, der zu einem Aufblühen der Wissenschaften führte. Damit wird zugleich davon ausgegangen, dass die (abendländische) Philosophie einen »historisch und geographisch bestimmbaren Anfang hat«.[79]

Dass ein Übergang vom Mythos zum Logos die Voraussetzung für philosophisches Denken sei, wurde insbesondere ab der zweiten Hälfte des 20. Jahrhunderts aus verschiedenen philosophischen Richtungen heraus kritisiert, unter anderem von postmodernen

76 »Scheinbar festgefügte Überzeugungen der Moderne wie die vom Ursprung der Philosophie im antiken Griechenland waren im 18. Jahrhundert umstrittene Positionen.« Zedelmaier, *Der Anfang der Geschichte*, S. 4.

77 Ein Überblick über verschiedene Ursprungsmodelle findet sich auch in Holensteins *Philosophie-Atlas,* S. 48 ff. Holenstein verweist u. a. auf al-Fārābīs Modell aus dem 9. Jahrhundert. Für al-Fārābī beginnt die Philosophie bei den Chaldäern, siehe S. 56.

78 Vgl. H. Heit, *Der Ursprungsmythos der Vernunft. Zur philosophischen Genealogie des griechischen Wunders,* Würzburg 2007.

79 Ebd., S. 7.

Denkern wie Derrida[80] und in jüngerer Zeit vor allem von Vertreter:innen der Postkolonialen Theorie. Aber bereits Philosophen wie Hans Blumenberg oder Theodor W. Adorno und Max Horkheimer standen der Konstruktion eines Gegensatzes von Mythos und Logos kritisch gegenüber. So konstatieren Horkheimer und Adorno in ihrer *Dialektik der Aufklärung* (1944): »Schon der Mythos ist Aufklärung und: Aufklärung schlägt in Mythologie zurück.«[81] Adorno und Horkheimer ziehen in Zweifel, dass es durch einen Rationalisierungsprozess im Sinne einer Befreiung vom Naturzwang und der Angst vor den Naturgewalten zu einem Fortschritt vom Mythos zum Logos gekommen, der Mythos also überwunden worden sei, und vertreten die These, dass die Struktur des aufklärerischen Denkens bereits im mythischen Denken angelegt sei, es sich also beim Mythos um eine frühe Form der Aufklärung handele. Im Kern zielen beide Formen des Denkens auf Naturbeherrschung. Der moderne, aufgeklärte Mensch könne sich »unabänderlichen Gegebenheiten« ebenso wenig entziehen wie der mythisch denkende Mensch, nur heißen sie nun nicht mehr göttliches Schicksal, sondern Natur- oder ökonomische Gesetze. Die Dialektik der Aufklärung bestehe also in Fortschritten und Rückschritten aufklärerischen Denkens. Adorno und Horkheimer betrachten ihre Zeit, die Zeit des Faschismus, als Rückfall in die Barbarei oder »Rückfall von Aufklärung in Mythologie«.[82] Aber auch die als alternativlos betrachtete Unterwerfung unter die ökonomischen Gesetze der Massenproduktion und des Konsums sowie die Verobjektivierung und Reduktion des menschlichen Individuums auf seine Arbeits- und Konsumkraft sind eindrückliche Beispiele dafür, ebenso wie der vorherrschende Mythos des Erfolgs.

Hans Blumenberg hält die Entgegensetzung von Mythos und Logos für eine Verkürzung des viel komplexeren Verhältnisses des Menschen zur Welt. Mythos, so Blumenberg, enthalte bereits logische Elemente, und der Logos wiederum könne in Mythos umschlagen. So heißt es bei ihm:

Die Grenzlinie zwischen Mythos und Logos ist imaginär und macht es nicht zur erledigten Sache, nach dem Logos des Mythos im Abarbeiten des

80 J. Derrida, *De la Grammatologie,* Paris 1967.

81 M. Horkheimer, T. W. Adorno, *Dialektik der Aufklärung. Philosophische Fragmente*, Leipzig 1989, S. 14.

82 Ebd., S. 11.

Absolutismus der Wirklichkeit zu fragen. Der Mythos ist selbst ein Stück hochkarätiger Arbeit des Logos.[83]

So sei der Mythos schon selbst Manifestation einer Überwindung, eines Distanzgewinns, mit der Funktion, das Unheimliche vertraut und ansprechbar zu machen. Blumenberg bezeichnet die Vorstellung von einer Entwicklung vom Mythos zum Logos auch als »klassische Desinformation«: »Der Unfug jener sinnfälligen Geschichtsformel liegt darin, daß sie im Mythos selbst nicht eine der Leistungsformen des Logos anzuerkennen gestattet.«[84] Zudem sei die Vorstellung eines Fortschreitens vom Mythos zum Logos auch eine »gefährliche Verkennung, weil man sich damit zu versichern meint, irgendwo in der Vergangenheit sei der irreversible Fort*sprung* getan worden« und fortan sei nur noch Fortschritt zu tun.[85]

Die großen europäischen Erzählungen der Philosophiegeschichte ab dem 18. Jahrhundert gehen aber genau von dieser Idee eines Fortschreitens der Vernunft aus, oder wie Heit es formuliert:

Die Abgrenzung vom Mythos wie von substantiellen afroasiatischen Einflüssen ist konstitutiver Bestandteil der Rede vom griechischen Wunder. Wären die Ereignisse in Griechenland eine bloße Weiterentwicklung mythischen und orientalischen Wissens, so wären sie eben kein Wunder.[86]

83 H. Blumenberg, *Arbeit am Mythos,* Frankfurt/M. 1990, S. 18. Interessant sind in diesem Zusammenhang auch die Arbeiten Ernst Cassirers. Er versteht Mythos als eine eigene typische Weise des Bildens. Das empirisch-wissenschaftliche und das mythische Weltbild unterscheiden sich seiner Meinung nach insofern, als im Mythos der Gegenstand nicht durch das Zurückführen auf seine Gründe begriffen wird, sondern es sich hier vielmehr um schlichte Ergriffenheit durch den Gegenstand handelt. Für Cassirer vollzieht sich im Mythos als Anschauungsform die Ur-Teilung in die Welt des Heiligen und die Welt des Profanen. Der Mythos als Lebensform führt zur Entwicklung des Selbstgefühls des Ich, das sich von allen gegebenen Dingen unterscheidet. Für Cassirer ist Mythos eine besondere Form der Welterfahrung und einer der wichtigsten Faktoren des Gemeinschaftsgefühls. E. Cassirer, *Philosophie der symbolischen Formen,* Band 2: *Das mythische Denken*, Darmstadt 1987. Vgl. auch R. A. Mall, »Der Mensch in der Verschränkung von Mythos und Logos. Zur Komplementarität von Denkkulturen in der Anthropologie«, in: *DIALEKTIK* 1 (1996), S. 13-28. Mall beschreibt in diesem Aufsatz Mythos und Logos als komplementäre Denkkulturen, die immer nebeneinander bestehen.

84 Blumenberg, *Arbeit am Mythos,* S. 33 f.

85 Ebd., S. 34.

86 Heit, *Der Ursprungsmythos der Vernunft*, S. 72.

Die Idee eines Voranschreitens der Vernunft geht einher mit der Vorstellung, dass Philosophie einen Anfang und ein Ende oder ein Ziel habe, beziehungsweise mit der Vorstellung einer Entwicklung (im Sinne einer Höherentwicklung) des (philosophischen) Denkens, in der sich Theorien sukzessive ausdifferenzieren und am Ende ein höherer Erkenntnisgewinn als am Anfang der Entwicklung steht beziehungsweise sich eine Annäherung an die Erkenntnis der Wahrheit vollzogen hat.

Neben der Kritik an der Entgegensetzung von Mythos und Logos, wird auch zunehmend kritisch nach den Quellen und Bedingungen gefragt, auf die sich die ersten griechischen Philosophen bei der Entwicklung ihres Denkens bezogen.[87] Die afrozentrische These, auf die im zweiten Teil dieses Kapitels genauer eingegangen wird, stellt genau diese Frage in den Mittelpunkt. Die wachsenden Zweifel an der Absolutheit des griechischen Modells führten aber zu sehr unterschiedlichen Zugängen zur Frage nach dem Ursprung oder den Ursprüngen der Philosophie. Auf drei alternative Ursprungserzählungen soll daher kurz verwiesen werden:

Wim van Binsbergen: Before the Pre-Socratics

Der niederländische Anthropologe und Philosoph Wim van Binsbergen, von 1999 bis 2012 Inhaber des Lehrstuhls »Foundations of Intercultural Philosophy« an der Erasmus-Universität Rotterdam, unternahm einen besonders radikalen Versuch, die Ursprünge der Philosophie zu bestimmen: In *Before the Pre-Socratics*[88] geht er zurück bis in prähistorische Zeiten. In einem interkulturellen Vergleich verschiedener Elementenlehren, darunter die des Volks der Nkoya im heutigen Sambia, asiatische Lehren wie Yi Jing und Taoismus, Lehren aus dem alten Ägypten und aus Nordamerika und die Elementenlehre der Vorsokratiker im westlichen Eurasien, kommt er zu dem Schluss, dass ein kosmologisches System in Form eines transformativen Zyklus der Elemente (*a transformative cycle of*

87 In diesem Zusammenhang ist unter philosophiehistorischen Aspekten besonders interessant U. R. Jeck, *Platonica Orientalia. Aufdeckung einer philosophischen Tradition,* Frankfurt/M. 2004. Jeck setzt sich hier u. a. akribisch mit Platons Ägyptenreise und dessen ›Aegyptiaca‹ auseinander (S. 23-34).

88 W. van Binsbergen, »Before the Pre-Socratics«, in: *Quest: An African Journal of Philosophy/Revue Africaine de Philosophie* 23-24/1-2 (2009-2010).

elements), das seine Wurzeln im südlichen Afrika zu haben scheint, Ausgangspunkt aller weiteren Philosophie weltweit gewesen sei. Die hervorgehobene Bedeutung der Philosophie der Vorsokratiker ist für ihn dann eine

> [...] lokale, radikale Fehlinterpretation eines seit langem etablierten Systems kosmologischen Denkens in den Randgebieten (Ionien und Graecia Magna) der großen asiatischen und afrikanischen Zivilisationen. Dies schmälert nicht die Verdienste der Vorsokratiker, sondern rückt sie in die richtige transkontinentale und historische Perspektive – genau wie die westliche Philosophie im Allgemeinen, die mit den Vorsokratikern beginnen soll.[89]

Mit seinen Argumenten stellt van Binsbergen die Vorstellung der Voraussetzungslosigkeit der griechischen Philosophie in Frage und mit ihr das weithin vorherrschende Bild von der Einzigartigkeit der europäischen Philosophiegeschichte, die aus der Gleichsetzung der Weltgeschichte der Philosophie mit europäischer Philosophiegeschichte resultiert. Mit seiner Untersuchung weit zurückliegender, vor den Ansätzen der Vorsokratiker entstandener Lehren versucht er jene philosophischen Grundlagen aufzudecken, die das »griechische Wunder« – so es dieses überhaupt gegeben hat – erst ermöglicht haben. Damit relativiert van Binsbergen die angenommene zentrale Stellung der Griechen für die Philosophiegeschichtsschreibung und will ihnen einen nach seiner Auffassung angemessenen Platz in einer globalen historischen Perspektive zuweisen. Der komparative Ansatz fördert wesentliche Erkenntnisse zutage, aus denen der niederländische Philosoph die grundsätzlich überzeugende Schlussfolgerung zieht, dass die grundlegende Einheit der Menschheit vor allem in ihrer geteilten und verbundenen kulturellen und philosophischen Geschichte liegt.[90]

Trotzdem ist sein Ansatz nicht unproblematisch, werden hier doch verschiedene Arten von Spiritualität und Religiosität, Kosmologien, Weisheitslehren und Philosophie undifferenziert nebeneinandergestellt. Trotz der dargelegten Überschneidungen und Gemeinsamkeiten hat jede der verschiedenen Formen der Erkenntnis und des Wissens spezifische Merkmale, die es nötig und sinnvoll

89 Ebd., S. 18; Übersetzung aus dem Englischen A. G.

90 Ebd., S. 21.

machen, sie als eine eigene Art zu behandeln. Und so muss an van Binsbergens Ansatz die Frage herangetragen werden, ob jede Form des Denkens und Nachdenkens über die Welt sowie jede Form der Spiritualität als Philosophie zu verstehen ist. Sollen keine Unterschiede mehr gemacht werden, geht der Ansatz auf in einer Ideen- oder Wissensgeschichte der Menschheit, in der es dann nicht mehr das Ziel ist, verschiedene Arten des Denkens zu unterscheiden. Damit gehen dann allerdings auch verschiedene Perspektiven auf die Welt mit ihren spezifischen Formen des Erkenntnisgewinns verloren. Das ambitionierte Unternehmen van Binsbergens macht jedenfalls deutlich, dass dem Nachverfolgen der Ursprünge der Philosophie in gewisser Weise Grenzen gesetzt sind.

Karl Jaspers: das Modell der Achsenzeit

Das von Karl Jaspers bereits 1949 entworfene Modell einer Achsenzeit[91] hat im hegemonialen Diskurs der Philosophie bis heute keine nachhaltige Wirkung entfalten können. Dabei eröffnet Jaspers' Ansatz neue Möglichkeiten, den Beginn von Philosophie in verschiedenen Regionen der Welt zu verorten. Jaspers geht davon aus, dass sich in der Zeit zwischen 800 und 200 BCE an fünf verschiedenen Orten (China, Indien, Iran, Griechenland und Palästina) eine bestimmte Form des Bewusstseins und verschiedene Grundkategorien entwickelt haben, die philosophisches Denken ermöglichten. Damit macht er deutlich, dass sich die Geschichte der Menschheit und ihrer Ideen aus unterschiedlichen Quellen – und nicht aus einer einzigen – und aus verschiedenen Regionen der Erde speist. Dieser Gedanke wurde nur von wenigen Philosoph:innen aufgegriffen und weiterentwickelt.[92] Obwohl Jaspers und andere Achsen-

91 K. Jaspers, *Vom Ursprung und Ziel der Geschichte,* München 1949, S. 20 f. Siehe auch ders., »Die Achsenzeit der Weltgeschichte«, in: *Der Monat* 6 (1949), S. 3-9.

92 Erinnert sei an Plott, *Global History of Philosophy*; Mall/Hülsmann, *Die drei Geburtsorte der Philosophie: China, Indien, Europa* oder H. Roetz, *Die chinesische Ethik der Achsenzeit. Eine Rekonstruktion unter dem Aspekt des Durchbruchs zu postkonventionellem Denken,* Frankfurt/M. 1992. Georg Stenger unterscheidet sogar sechs Achsenzeiten: G. Stenger, *Philosophie der Interkulturalität. Erfahrung und Welten. Eine phänomenologische Studie,* Freiburg i. Br. 2006, S. 34 f. Für neuere Publikationen zur Achsenzeit siehe: R. N. Bellah, H. Joas, *The Axial Age and Its Consequences,* Cambridge 2012; H. Joas, *Was ist die Achsenzeit? Eine wissenschaftliche Debatte als Diskurs über Transzendenz,* Basel 2014; J. Assmann, *Achsenzeit.*

zeittheoretiker:innen Zweifel an der Absolutheit des griechischen Modells begründen und damit eine Pluralisierung der These vom Ursprung der Philosophie anbieten, wurde das Achsenzeitmodell in den Debatten afrikanischer oder lateinamerikanischer Philosoph:innen bisher kaum aufgegriffen. Dies dürfte unter anderem daran liegen, dass auch in diesem Modell die philosophischen Traditionen beider Regionen wiederum ausgeschlossen bleiben.

Historischer Materialismus: Philosophiegeschichte der UdSSR

Vergleichsweise früh wurde die These vom griechischen Ursprung der Philosophie in einer philosophischen Richtung in Zweifel gezogen, die im hegemonialen ›westlichen‹ Diskurs der Philosophie kaum wahrgenommen wurde, nämlich im historisch-materialistischen Ansatz der Philosophiegeschichtsschreibung in der Sowjetunion.[93] Hier wurde bereits seit den 1950er Jahren explizit die These vom Ursprung der Philosophie im Alten Ägypten und in Babylonien vertreten. So heißt es in der *Geschichte der Philosophie* der Akademie der Wissenschaften der UdSSR:

> Die Fakten der Geschichte des philosophischen, naturwissenschaftlichen und politischen Denkens in den Ländern des alten Ostens widerlegen die europazentrische und rassistische ›Theorie‹ einer ›Minderwertigkeit‹ der östlichen Völker, einer gänzlichen ›Abhängigkeit‹ ihrer Kultur von der Kultur der westeuropäischen Völker und auch einer ausschließlichen Herrschaft der Mystik und Religion in der Ideologie der östlichen Völker als ihrem spezifischen Charakterzug. [...] Das philosophische Denken entwickelte sich

Eine Archäologie der Moderne, München 2018. Habermas geht in seinem jüngsten Buch, *Auch eine Geschichte der Philosophie,* Berlin 2019, ebenfalls von Jaspers' Achsenzeit aus.

93 Die russische beziehungsweise sowjetische Philosophiegeschichtsschreibung ist – auch in den theoretischen Erörterungen und Reflexionen auf Philosophiegeschichtsschreibung – ausgesprochen umfangreich; eine Auseinandersetzung mit ihr findet im internationalen Diskurs jedoch kaum statt. Einen kleinen Überblick bietet F. M. Wimmer, *Vorlesungen zu Theorie und Methode der Philosophie im Vergleich der Kulturen,* Bremen 1997, S. 121-138. Siehe außerdem E. van der Zweerde, »Soviet Theory of the History of Philosophy as Capstone of Soviet Philosophical Culture«, in: *Rivista di Storia della Filosofia* 73/2 (2018), S. 357-371. *Эверт ван дер Звейрде, Взгляд со стороны на историю русской и советской философии, СПб.* 2017 (E. van der Zweerde, *Ein Blick von außen auf die Geschichte der russischen und sowjetischen Philosophie,* St. Petersburg 2017).

im alten Ägypten und Babylonien, in Indien und China noch unter den Bedingungen der Sklavenhaltergesellschaft. [...] Die Länder des alten Ostens, insbesondere China und Indien, lieferten bemerkenswerte Beispiele vielfältiger und bedeutender philosophischer Ideen und Systeme.[94]

Als grundlegend für die Entstehung von Philosophie wird hier die Sklavenhaltergesellschaft betrachtet, die zum Aufblühen von Handwerk, Handel und damit auch des allgemeinen Tauschmittels des Geldes ebenso wie von wissenschaftlichen Erkenntnissen beitrug. In Verbindung damit entstanden neue Denkströmungen, die sich kritisch mit althergebrachten, insbesondere religiösen Vorstellungen wie der Lehre von einem jenseitigen Leben auseinandersetzten. So heißt es weiter:

Erst als man versuchte, das angesammelte Wissen dem blinden Glauben, den religiösen Ideologien gegenüberzustellen und das Wissen von der Umwelt, wenn auch in naiver Form, zu verallgemeinern, entstand in der Geschichte der menschlichen Gesellschaft das philosophische Denken.[95]

Eine solche Erklärung zielt nicht nur auf eine Ablösung des Mythos durch den Logos, sondern bewegt sich innerhalb eines Gedankengebäudes, in dem der Kampf der Klassen und der Ideologien (Materialismus vs. Idealismus) als Grundlage der Entwicklung gesellschaftlichen Bewusstseins verstanden wird.[96] Bereits in der Urgesellschaft habe der archaische Mensch wesentliche Entdeckungen und Entwicklungsfortschritte des Denkens vollbracht, wie die Entwicklung der Sprache, die Anfertigung von Werkzeugen oder die Trennung von der Natur im Sinne der Einsicht, dass die Natur außerhalb und unabhängig von uns existiert.[97] Philosophie im eigentlichen Sinne findet sich hier allerdings nicht: »Die Philosophie als eine Form des gesellschaftlichen Bewusstseins entstand erst in der Sklavenhaltergesellschaft. Unter den Bedingungen der Urgemeinschaft gab es lediglich Keime philosophischen Denkens.«[98]

94 Autorenkollektiv (Hg.), *Geschichte der Philosophie,* 5 Bände, Berlin 1960-1963, Band 1, S. 31. Russische Originalausgabe: 1957-1965.

95 Autorenkollektiv (Hg.), *Geschichte der Philosophie*, Band 1, S. 29.

96 Ebd., S. 5. Oder an dieser Stelle explizit: »Wie ein roter Faden durchzieht der Kampf zwischen Materialismus und Idealismus die gesamte Entwicklung der Philosophie, er macht den Hauptinhalt der Geschichte der Philosophie aus.« (Ebd., S. 6)

97 Ebd., S. 24 ff.

98 Ebd., S. 24.

Eine bis auf prähistorische Zeiten zurückgehende Traditionslinie der Philosophiegeschichte, so wie sie uns zum Beispiel von Wim van Binsbergen vorgeschlagen wird, ist hier also nicht denkbar.

In diesem Ansatz werden klare Entstehungsbedingungen formuliert, die allerdings weder örtlich definiert werden noch an Schrift, einen bestimmten Vernunft- oder Wissenschaftsbegriff oder Autorschaft gebunden sind, sondern an bestimmte Klassenverhältnisse. Das bedeutet, dass Philosophie an verschiedenen, voneinander unabhängigen Orten und Zeiten entstanden sein könnte (nämlich immer dort, wo die entsprechenden Klassenverhältnisse vorherrschten), und in der Konsequenz also eine Pluralität von Ursprüngen. Bemerkenswert am Herangehen der Autor:innen dieser Geschichte der Philosophie ist in unserem Zusammenhang, dass hier Ägypten und Babylonien, Indien und China ganz selbstverständlich als Ursprünge der Philosophie betrachtet werden und nicht als deren Vorgeschichte. Argumentiert wird dabei anhand verschiedener alter Texte, deren Autorschaft ungeklärt ist, wie im Falle Indiens die *Veden* oder im Falle Ägyptens das *Lied des Harfners* oder auch das *Gespräch eines Lebensmüden mit seinem Ba*. Auch mündliche Traditionen, zum Beispiel der Völker des Kaukasus, werden als integraler Bestandteil einer Geschichte der Philosophie verstanden.[99] Hier findet sich also, trotz klarer Vorstellungen von den Entstehungsbedingungen der Philosophie, eine große Offenheit für Ursprünge philosophischen Denkens in verschiedenen Regionen der Welt.

Ebenfalls in der Tradition des historischen Materialismus steht die in der DDR 1988 von Ralf Moritz und anderen herausgegebene Aufsatzsammlung *Wie und warum entstand Philosophie in den verschiedenen Regionen der Erde?*, die – worauf der Titel bereits hindeutet – ebenfalls von verschiedenen Ursprüngen ausgeht und diese Entwicklung in Indien, China, Japan, dem antiken Griechenland, anhand der Ursprünge der islamischen Philosophie sowie in Afrika und Lateinamerika nachvollzieht. Mündliche Traditionen in Afrika werden hier allerdings eher der Weisheit zugeordnet, insbesondere da keine klare Trennung von mythologischen und religiösen Weltanschauungen zu verzeichnen ist.[100]

99 Ebd., S. 227 ff.

100 Vgl. auch G.-R. Hoffmann, C. Neugebauer, »Ethnophilosophie = afrikanische Philosophie? Bemerkungen wider den Zeitgeist«, in: Hountondji, *Afrikanische Philosophie – Mythos und Realität*, S. 219-240, hier S. 205 f.

Alle drei genannten Modelle streben eine Diversifizierung der Erzählungen der Entstehungsgeschichte der Philosophie an. Im Gegensatz dazu steht die sogenannte afrozentrische These, in der wiederum nach einem gemeinsamen Ursprung für eine Weltgeschichte der Philosophie gesucht wird.

4.2. Die »afrozentrische« These

Die These vom Beginn der Philosophie im antiken Griechenland wurde insbesondere in den 1980er/1990er Jahren im Rahmen der sogenannten »Black-Athena-Debatte« erneut in Frage gestellt. Eine Gruppe von Historikern und Philosophen, die auch als Afrozentristen bezeichnet werden, unter ihnen Cheikh Anta Diop, Theophile Obenga, Martin Bernal, Molefi Kete Asante[101] und Maulana Karenga,[102] vertrat die These, dass nicht das antike Griechenland, sondern vielmehr das Alte Ägypten als Ausgangspunkt der Philosophie im Allgemeinen und der afrikanischen Philosophie im Besonderen zu betrachten sei.

Unter Afrozentrismus versteht man heute eine kulturelle, geistige und politische Strömung, die vor allem unter afrikanisch-amerikanischen Intellektuellen und Aktivist:innen Bedeutung erlangte. Afrozentrische Ansätze gehen davon aus, dass es ein gemeinsames, afrikanisches Wertesystem und eine gemeinsame Unterdrückungserfahrung gibt, die Menschen afrikanischer Herkunft global teilen. Die Begriffe Afrozentrismus und Afrozentrizität wurden in den 1980ern von Molefi Kete Asante geprägt, der in den USA zu den einflussreichsten Vertretern der *Black Studies* oder *African American Studies* zählt, afrozentrische Studiengänge organisierte und mit seinen umfangreichen Publikationen das Konzept in der universitären Landschaft verankerte. Ein einflussreicher Vorläufer und Impulsgeber war der senegalesische Historiker und Philosoph Cheikh Anta Diop, auf dessen Ansatz im Folgenden näher eingegangen wird. Afrozentristische Perspektiven gehen von einem gemeinsamen Ur-

101 M. Kete Asante, *The Egyptian Philosophers: Ancient African Voices from Imhotep to Akhenate,* Chicago 2000.

102 M. Karenga, *Maat, the Moral Ideal in Ancient Egypt: A Study in Classical African Ethics,* New York 2004; Ders., *Selections from the Husia: Sacred Wisdom of Ancient Egypt,* Los Angeles 1984.

sprung afrikanischer Kulturen und Geschichte im Alten Ägypten aus und fordern, dass nach der jahrhundertelangen Unterdrückung und Zerstörung afrikanischer Wissenssysteme, Technologien und Kultur durch Sklaverei und Kolonisierung heute dieses historisch reiche Erbe wieder für Afrika reklamiert und neu angeeignet werden müsse. Der Afrozentrismus baut auf früheren politischen und kulturellen Bewegungen auf, insbesondere dem Panafrikanismus, der Négritude und dem Schwarzen Nationalismus.

Entstanden ist der afrozentrische Ansatz im Wesentlichen in Abgrenzung zu und als Antwort auf eine dominante eurozentrische Ideologie, die den welthistorischen Beitrag der Afrikaner:innen und ihrer Nachfahr:innen marginalisiert, lächerlich macht oder schlicht ignoriert. Es handelt sich einerseits um Theorien, aber andererseits auch um kulturelle Bewegungen, die sich in einem bestimmten Lifestyle, unter anderem einer bestimmten Mode und Haartracht, ausdrücken. Sowohl die Theoriebildung als auch die kulturellen Bewegungen sollen zu einer selbstbestimmten Identitätsfindung von Afrikaner:innen und Menschen afrikanischer Abstammung beitragen, zum Beispiel indem afrikanische Beiträge zu Kultur und Ideengeschichte der Menschheit rekonstruiert und neu belebt werden. In diesen Konzepten und Theorien geht es letzten Endes um nichts Geringeres als eine Neuschreibung der Geschichte der Menschheit aus einer Perspektive, die den Beiträgen dieses Kontinents Gerechtigkeit widerfahren lassen will.

Ethnozentrismen oder kulturelle Zentrismen[103] sind in der Ideengeschichte der Menschheit keine Seltenheit. Neben dem Eurozentrismus ist der Sinozentrismus ein weiteres bekanntes Beispiel. Diese Sichtweisen zeichnen sich durch eine Verabsolutierung eines bestimmten Weltbildes, der eigenen Formen des Wissens und der Erkenntniswege, der eigenen Lebensweise und der eigenen Perspektive auf die Welt aus, die zur allgemeinen Norm für die Wahrnehmung, Deutung und Beurteilung der Welt erhoben werden. Allen Zentrismen dieser Art ist gemein, dass sie eine Kultur oder ein Volk im Vergleich zu anderen als einzigartig, unterscheidbar und nicht selten überlegen betrachten. Abweichungen von der so

103 Der Begriff des Ethnozentrismus wurde durch den Soziologen William Graham Sumner 1906 als Bezeichnung für eine Anschauung eingeführt, in der die eigene Gruppe das Zentrum von allem darstellt und alle anderen in Bezug auf sie gemessen und bewertet werden. Vgl. Sumner, *Folkways,* Boston 1906, S. 29.

konstruierten Norm werden als Mängel bewertet, und somit gehen Zentrismen immer auch mit Idealisierungen und auch Essentialisierungen auf der einen, mit einer Hierarchisierung und Abwertung von Kulturen und Völkern auf der anderen Seite einher. Kulturelle Vorurteile, Stereotype und bestimmte Bedrohungsszenarien können ebenfalls Produkte von Zentrismen und die Grundlage für Rassismus und dessen Folgen bis hin zum Genozid/Ethnozid sein.

Franz Martin Wimmer versucht Zentrismen noch weiter zu differenzieren und unterscheidet zwischen expansivem, integrativem, separativem und tentativem Zentrismus. Expansiver Zentrismus beruht laut Wimmer auf der Idee, dass »die Wahrheit« über eine bestimmte Sache oder »das Optimum« in einer bestimmten Lebensform irgendwo bereits endgültig gegeben sei und darum lediglich verbreitet werden müsse. Dies ist im Wesentlichen die Form des Eurozentrismus. Hier besteht die Anstrengung darin, sich stets weiter auszudehnen im Sinne einer bestimmten Idee des Fortschritts der Menschheit, die ein Abbild der europäischen Entwicklung sein müsse. Der Sinozentrismus dagegen sei eine Variante des integrativen Zentrismus, der ebenfalls von der Überzeugung einer objektiven Überlegenheit des je Eigenen ausgeht, aber annimmt, dass dessen Attraktivität als solche bereits ausreiche, um alles Fremde anzuziehen und sich einzuverleiben. Beim separativen Zentrismus handele es sich um die Annahme einer gleichen Gültigkeit von differenten Weltbildern. In dieser Perspektive ist die Annahme von Verschiedenheit und Vielheit vorherrschend und nicht von Homogenität und Einheit. Eine solche Auffassung könnte zum gegenseitigen Tolerieren vieler möglicher Denkformen und sogar zu deren Hochschätzung führen. Mir scheint diese Form des Zentrismus den meisten afrozentrischen Ideen zugrunde zu liegen. Aber auch diese Form ist mit Gefahren verbunden, da hier die verschiedenen kulturellen und Denkformen gleichsam als naturgegeben und nicht als Ergebnis historischer Prozesse gedacht werden. Damit wird je eine bestimmte Authentizität verbunden, die dem Denken enge Fesseln anlegt und Konzepte als nicht überwindbar oder veränderbar annimmt, besteht doch das Ziel in der Erhaltung der jeweiligen Identität und ihres Erbes ebenso wie der Unterscheidung von anderen Kulturen. Der tentative Zentrismus schließlich besteht darin, dass sowohl die Überzeugung, in einer Frage im Recht zu sein, als auch die Offenheit gegenüber den differierenden Ansichten anderer leitend ist, die gleicherweise überzeugt sind, im Recht zu sein. Dies wäre laut Wimmer eine Art des Zentrismus, die einem interkulturellen Polylog zugrunde liegen könnte, denn selbst das Eingehen auf das Andere und Fremde (das stets mit den besonderen, eigenen Mitteln, den je eigenen Begriffen und Auffassungen geschieht) sei immer noch eine Form von Zentrismus.[104]

Als Merkmale des Eurozentrismus werden nun häufig die folgenden beschrieben: das Favorisieren der Rationalität, also die grundsätzliche Überlegenheit vernunftmäßiger Erkenntnis; die Überlegenheit von Schriftlichkeit gegenüber oralen Traditionen; eine teleologische Auffassung von Fortschritt, die mit der Vorstellung einer gesellschaftlichen Höherentwicklung einhergeht. Zudem geht er einher mit einem auf exakter Messbarkeit beruhenden Zeitbegriff, der als allen anderen Zeitvorstellungen überlegen betrachtet wird. Der Eurozentrismus unterscheidet sich von anderen Formen des Zentrismus aufgrund der politischen und ökonomischen Macht, die Europa in den letzten 500 Jahren entwickelt hat und die zu einer weltweiten Verbreitung europäischer Werte führte, insbesondere über die Mittel der Kolonisierung und Christianisierung weiter Teile der Welt.

Im Gegensatz zum Eurozentrismus ist der Afrozentrismus ein relativ junges Phänomen. Der zentrale Ansatzpunkt ist in diesem Fall das Alte Ägypten. Dieses wird als eine Schwarze afrikanische Kultur und Zivilisation betrachtet, die der griechischen Kultur und Wissenschaft vorausging und zu deren Hauptquelle wurde. Die afrozentrische These stellt sich der rassistischen Auffassung von der Überlegenheit der weißen ›race‹ entgegen, mit der behauptet wird, dass die wesentlichsten und wichtigsten Errungenschaften der Menschheit Ergebnis der Entwicklung von Völkern mit heller Hautfarbe seien und Europa als das Zentrum der Zivilisation

104 Vgl. Wimmer, »Kulturelle Zentrismen – zum Umgang mit kulturellen Differenzen in der Philosophie«, in: J. Wallacher u. a. (Hg.), *Kultur und Ökonomie. Globales Wirtschaften im Spannungsfeld kultureller Vielfalt*, Stuttgart 2008, S. 77-98. Für eine weitere Differenzierung hat Wimmer auch den Begriff euräqualistisch eingeführt: »Als euräqualistisch sind Behandlungsweisen der allgemeinen Geschichte der Philosophie zu bezeichnen, in denen vorausgesetzt wird, dass Philosophie gleichzusetzen sei mit griechisch-okzidentaler Philosophie.« Wimmer, »Unterwegs zum euräqualistischen Paradigma der Philosophiegeschichte im 18. Jahrhundert«, S. 167.

und Maßstab aller menschlichen Entwicklung zu betrachten sei. Es geht um eine Rehabilitierung Afrikas und der Afrikaner:innen, um die Relevanz der afrikanischen Erfahrung und des afrikanischen Wissens sowie um die Befreiung von weißer Vorherrschaft (*white supremacy*) – auch auf dem Gebiet der Wissensproduktion. Es geht darum, den Eurozentrismus als Versuch, eine partikulare Erkenntnisform zur universal gültigen zu erklären, zu entlarven und zu überwinden. Da die altägyptische Zivilisation selbst nach eurozentrischen Maßstäben eine Hochkultur[105] sei, widerlege die Existenz dieser hochentwickelten Kultur auf dem afrikanischen Kontinent alle Behauptungen von einer unterentwickelten afrikanischen Kultur, der es an staatlichen und politischen Strukturen oder gar der Fähigkeit zur Wissenschaft mangele. Die Existenz einer klassischen Schwarzen afrikanischen Zivilisation wird dabei zur afrozentrischen Kernthese.

Zu frühen Vorläufern der afrozentrischen These gehören im 19. Jahrhundert die afrikanisch-amerikanischen Abolitionisten David Walker (1785-1830) und Frederick Douglass (1818-1895).[106] Beide vertraten die These, dass das Alte Ägypten eine afrikanische Zivilisation gewesen sei. Walker argumentiert, dass die Ägypter:innen Afrikaner:innen gewesen seien und das ägyptische Volk damals aus einer Mischung verschiedener Völker bestanden habe.[107] Und Frederick Douglass prangerte in seiner Schrift *The Claims of the Negro* (1854) ganz explizit unter der Überschrift »Ethnological Unfairness Towards the Negro« die Abtrennung des Alten Ägypten vom restlichen Afrika als einen unfairen Versuch an, die Afrikaner:innen ihrer Beiträge zur Weltgeschichte zu berauben.[108]

Das Alte Ägypten nun auch als Ursprungsort der Philosophie zu betrachten, ist im afrozentrischen Diskurs ein wichtiger Bestandteil im Prozess der Rehabilitierung afrikanischer Wissenstraditio-

105 Das Alte Ägypten gilt als die älteste dokumentierte Zivilisation der Welt. Schriftliche Dokumente finden sich seit der Zeit um 3500 BCE.

106 Ausführlicher zur Genese der afrozentrischen Idee siehe S. Howe, *Afrocentrism. Mythical Pasts and Imagined Homes*, London 1998, insbesondere ab S. 35.

107 D. Walker [1829], *David Walker's Appeal: To the Coloured Citizens of the World, but in Particular, and Very Expressly, to Those of the United States of America*, New York 1995, S. 8.

108 Douglass beklagt rassistische Versuche, Schwarze Völker Afrikas »von allen intelligenten Völkern und Stämmen in Afrika zu trennen [...]« F. Douglass, *The Claims of the Negro, Ethnologically Considered*, Rochester 1854, S. 16.

nen. Dabei wird auf die enge Verflechtung des Mittelmeerraums in der antiken Welt verwiesen, in der es für Gelehrte einst zum guten Ton gehörte, Ägypten einen Besuch abzustatten. Homer, Solon, Demokrit, Herodot und Pythagoras weilten in Ägypten – da waren die Pyramiden schon tausend Jahre alt und älter. Auch griechische Philosophen wie Thales, Anaximander, Parmenides und Platon haben sich in Ägypten aufgehalten und dort Studien betrieben.[109] In einigen Fällen wird der ägyptische Ursprung ihrer Ideen explizit erwähnt. Diese Fakten werden heute nicht mehr in Frage gestellt. Aber selten wurde bisher versucht, Ideen und Konzepte griechischer Philosophen auf ihre ägyptischen Wurzeln zurückzuführen. Eines der wenigen Beispiele für einen solchen Versuch ist Patricia Springborgs *Western Republicanism and the Oriental Prince* (1992). Springborg führt hier Platons Vorstellung vom idealen Staat auf den ägyptischen Staat zurück; eine Argumentation, die auch schon Karl Marx vorgeschlagen hatte, der davon ausging, dass »Platos Republik, soweit in ihr die Teilung der Arbeit als das gestaltende Prinzip des Staats entwickelt wird, [...] nur atheniensische Idealisierung des ägyptischen Kastenwesens [...]« ist.[110] Auch Martin Bernal, auf den weiter unten ausführlicher eingegangen wird, sieht Anhaltspunkte dafür, dass Platons Staatsidee von Ägypten beeinflusst wurde – und einzig der Umstand, dass dies im Text nicht explizit erwähnt wird, Zweifel ermöglicht.[111] Springborg argumentiert auf der Basis der vielen Bezüge zum Alten Ägypten in Platons Werk (auf das Bildungssystem, die Arbeitsteilung und die Gesetze)

109 So heißt es bei Diogenes Laertios über Thales: »Einen Lehrer hatte er nicht, nur mit den Priestern in Ägypten förderlichen Umgang. Nach Hieronymos hat er die Höhe der Pyramiden zu jener Zeit gemessen, da auch unsere Schattenlänge der Körpergröße gleich ist.« Diogenes Laertius, *Leben und Lehre der Philosophen,* S. 48; Buch I, 27. Und auch Aristoteles schreibt anerkennend: »Daher entstanden auch die mathematischen Wissenschaften in Ägypten, denn dort gestattete man dem Priesterstand, Muße zu pflegen.« Aristoteles, *Metaphysik,* S. 18 (Met. I 1, 981b).

110 K. Marx, *Das Kapital,* Marx-Engels-Werke Band 23, Berlin 1970, S. 388.

111 Bernal, *Black Athena,* Band 1, S. 106. Bernal erklärt dies mit Krantor von Soloi, der behauptet, dass Platon dem Vorwurf seiner Zeitgenossen zuvorkommen wollte, dass er nur das ägyptische Staatssystem kopiert und seinen Staatsentwurf nicht selbst erfunden habe. Vgl. auch H.-G. Nesselrath, »Atlantis auf ägyptischen Stelen? Der Philosoph Krantor als Epigraphiker«, in: *Zeitschrift für Papyrologie und Epigraphik* 135 (2001), S. 33-35, hier S. 33.

und kommt zu dem Schluss: »Theorie und Praxis des ägyptischen Königtums ist in Platons Werk vielleicht getreuer dargestellt als in dem jedes anderen griechischen Schriftstellers.«[112] Mit Bezug auf Herodot, der das ägyptische Kastensystem als bestehend aus Priestern, Kriegern, Hirten, Händlern und Übersetzern beschreibt, stellt Springborg fest, dass es hier eine bemerkenswerte Ähnlichkeit zur Struktur in Platons Staat gebe.[113] Zudem argumentiert sie, dass das ägyptische Prinzip der *Ma'at* Platons Vorstellung von einem gerechten König beeinflusst habe. Obwohl Springborg eine anerkannte Theoretikerin im Feld der politischen Philosophie ist, wurde ihr Buch, das die Quellen des politischen Denkens in Europa auf das Alte Ägypten zurückführt, insgesamt wenig rezipiert.[114]

Während die Verflechtung der griechischen Philosophie mit dem Alten Ägypten an Beispielen deutlich gemacht werden kann, bleibt zu fragen, ob das Alte Ägypten auch zum Ursprung einer afrikanischen Kultur- und Ideengeschichte wurde beziehungsweise inwiefern das Alte Ägypten als eine »afrikanische Zivilisation« be-

112 P. Springborg, *Western Republicanism and the Oriental Prince,* Cambridge 1992, S. 51. Übersetzung A. G.

113 Ebd., S. 99.

114 Ein weiterer Versuch, konzeptionelle Verbindungen nachzuvollziehen, ist P. W. Haiders Ansatz, den Begriff des Apeiron des Thales-Schülers Anaximander bis zur Weltentstehungslehre von Hermopolis, welche bereits im frühen 2. Jahrtausend BCE entstanden war, zurückzuverfolgen. Er schreibt: »So spricht einiges dafür, daß ein Vertreter der ionisch-kleinasiatischen Elite im frühen 6. Jh. seine mathematischen Kenntnisse wie seine pantheistische Weltsicht und wohl auch die Frage nach einem Urstoff, den er im Wasser sah, auf indirektem oder direktem Wege Ägypten verdanke. Neu an seinem Bild war auf jeden Fall die Säkularisierung der Idee vom Urelement. Daß dann der Milesier Anaximander (ca. 610-540), ein Schüler des Thales, erklärtermaßen nicht Wasser, Feuer oder Luft, sondern just das Apeiron, die ›Endlosigkeit‹, zum ›Anfang und Element‹ wählte, ›aus dem alles entstanden‹ sei, erscheint nun in einem neuen Licht. Die Parallelität zwischen ›Nun‹ und ›Heh‹ in Ägypten einerseits und ›Wasser‹ bei Thales sowie ›Endlosigkeit‹ bei Anaximander andererseits ist dermaßen spezifisch und schlagend, daß hier eine Abhängigkeit kaum noch zu negieren möglich sein wird. Das Abstreifen des theologischen Hintergrundes, das im Rahmen einer Adaptierung der ägyptischen Konzeption seitens des Anaximander erfolgte, macht das Spezifikum an diesem Kulturtransfer aus.« P. W. Haider, »Kontakte zwischen Griechen und Ägyptern und ihre Auswirkungen auf die archaisch-griechische Welt«, in: R. Rollinger, C. Ulf (Hg.), *Griechische Archaik. Interne Entwicklungen – Externe Impulse,* Berlin 2004, S. 447-492, hier S. 470.

trachtet werden kann. In diesem Zusammenhang müsste selbstverständlich zunächst die Frage beantwortet werden, was unter »afrikanischer Zivilisation« zu verstehen ist, ob dieser Begriff sich also auf eine geographische Entität bezieht, auf kulturelle Gemeinsamkeiten oder die nicht unproblematische Frage ethnischer Zugehörigkeit. Solche Fragen sind – ausgelöst durch Vorurteile, die es für unmöglich erklären, dass eine Hochkultur wie das Alte Ägypten eine Schwarze afrikanische Zivilisation gewesen sein könnte[115] – zum Bestandteil afrikanischer Identitätsdiskurse geworden. Deren Spektrum führt bis hin zu rassisierten Diskursen, in denen über die Hautfarbe der Menschen im Alten Ägypten gestritten wird. Das Alte Ägypten ist damit nicht nur eine Kultur oder Zivilisation, deren regionale Zugehörigkeit umstritten ist, sondern vermutlich auch die einzige Hochkultur, deren ursprüngliche Bevölkerung unter rassisierten Motiven diskutiert wird: Welche Hautfarbe hatten die Alten Ägypter:innen? Und wie muss dann in Abhängigkeit von der Antwort auf diese Frage die klassische ägyptische Kultur in den gesamtafrikanischen Kontext eingeordnet werden? Dies sind Fragen, die durchaus im Mittelpunkt des afrozentrischen Diskurses stehen. So widmen Cheikh Anta Diop und Martin Bernal in ihren Büchern jeweils ein ganzes Kapitel der Frage, welche Hautfarbe die alten Ägypter:innen hatten.[116] Gerade an dieser Frage wird die Kernproblematik des afrozentrischen Ansatzes deutlich, der rassistische Vorurteile widerlegen will, dabei aber zum Teil rassistische Muster perpetuiert.

Wichtigster Impulsgeber des afrozentrischen Diskurses im 20. Jahrhundert war der senegalesische Philosoph, Historiker und Linguist Cheikh Anta Diop, dessen zentrale Thesen im Folgenden dargestellt werden.

115 Siehe hierzu auch die schwierigen Kontroversen auf einem UNESCO-Symposium 1974: Cheikh Anta Diop, J. Leclant u. a. (Hg.), *The Peopling of Ancient Egypt & The Deciphering of the Meoroitic Script*: Proceedings of the symposium held in Cairo from 28 January to 3 February 1974, Paris 1978.

116 Vgl. das Kapitel »Qu'étaient les Égyptiens?« in: Diop, *Nations nègres et culture*, ab S. 35 und das Kapitel »What colour were the Ancient Egyptians?« in: Bernal, *Black Athena*, Band 1, S. 240 ff.

4.2.1. Cheikh Anta Diop

Cheikh Anta Diop (1923-1986) ist ohne Zweifel eine der bekanntesten und einflussreichsten Persönlichkeiten in der Ideengeschichte Afrikas des 20. Jahrhunderts. Seine Thesen haben bis heute einen großen Einfluss auf die Philosophiegeschichtsschreibung Afrikas. Diop, der vor allem als Begründer einer afrozentrischen Ägyptologie bekannt wurde, kann als Universalgelehrter gelten. Da zu Diops intellektuellem Werdegang und seinen Theorien in den letzten Jahren eine ganze Reihe von Arbeiten erschienen sind,[117] möchte ich hier nur auf sehr wenige ausgewählte Stationen seiner Karriere verweisen. Geboren als Sohn einer muslimischen Wolof-Familie im Senegal, studierte er Mathematik an der Sorbonne in Paris, bevor er sich der Philosophie, Chemie, Geschichte und Ägyptologie, der Linguistik, Anthropologie, Archäologie und Soziologe zuwandte. Er erzielte Abschlüsse in Philosophie und Chemie und studierte unter anderem Nuklearchemie bei Frédéric Joliot-Curie. Seine Doktorarbeit schrieb er bei dem bekannten Ethnologen Marcel Griaule zur Frage nach dem Ursprung der altägyptischen Dynastien. Diop übersetzte Teile der Einstein'schen Relativitätstheorie in seine Muttersprache Wolof,[118] und zwar als Beweis für die Fähigkeit afrikanischer Sprachen, abstrakte wissenschaftliche Zusammenhänge ausdrücken zu können. 1954 erschien sein in unserem Zusammenhang besonders wichtiges Buch *Nations nègres et culture,* das ein großer Erfolg wurde, aber auch zu kontroversen Debatten führte. Denn bis weit in die 1950er Jahre stimmte die Forscher:innengemeinschaft der Ägyptolog:innen und Historiker:innen im Wesentlichen überein, dass die altägyptische Hochkultur – ungeachtet der noch nicht genau erforschten Herkunft und ethnischen Zusammensetzung – aufgrund des hochentwickelten Staatssystems, der Schrift und der technologischen Entwicklungen keinesfalls eine Schwarze afrikanische Zvilisation gewesen sein konnte. Schon aus diesen letztlich ideologischen Gründen wurden Diops Thesen lan-

117 U.a. M. Kete Asante: *Cheikh Anta Diop: An Intellectual Portrait.* Los Angeles 2007.

118 Vgl. Diop, *Nations nègres et culture*, Band 2, S. 453 ff. Hier steht diese Übersetzung u.a. neben Übersetzungen chemischer und physikalischer Grundbegriffe, um zu demonstrieren, dass es möglich ist, alle Aspekte der modernen Welt in einer afrikanischen Sprache (hier dem Wolof) auszudrücken.

ge Zeit als unwissenschaftlich betrachtet. 1961 kehrte Diop in sein Heimatland Senegal zurück, wo er von 1963 bis 1966 in Dakar das erste Labor zur C14-Datierung (Radiokarbondatierung), einem Verfahren zur radiometrischen Datierung von kohlenstoffhaltigen, insbesondere organischen Materialien, auf dem afrikanischen Kontinent aufbaute, das *Institut Fondamental d'Afrique Noir* (IFAN), das er bis zu seinem Tod 1986 leitete. 1981 erhielt er eine Dozentur für Altertumsgeschichte an der Universität Dakar, die er bis zu seinem Tod innehatte. Posthum wurde die Universität Dakar nach Cheikh Anta Diop benannt.

Diops Hauptforschungsinteresse richtete sich auf die Suche nach den Ursprüngen der Zivilisation in Afrika. Für ihn ist die Rückkehr zum Alten Ägypten eine grundlegende Notwendigkeit für eine selbstbewusste Neubestimmung der afrikanischen Zivilisation und Kultur nach den traumatischen Erfahrungen von Sklaverei und Kolonialismus, denn das Gefühl geschichtlicher Kontinuität sei ein zentrales Element für das Selbstbewusstsein und die selbstbestimmte Identität eines Volkes.[119] Diop vertritt in seinen Arbeiten zwei grundlegende Thesen:

1. Die alten Ägypter:innen waren Schwarze Afrikaner:innen und die von ihnen geschaffene Hochkultur stellt eine authentische afrikanische Zivilisation dar, die der griechischen Kultur vorausging.

2. Afrika ist eine kulturelle Einheit[120] und unterscheidet sich in wesentlichen Kriterien von der indo-germanischen Kultur. Damit war Diop zugleich einer der wichtigsten Vertreter des Panafrikanismus und trat schon früh für die Errichtung einer Föderation aller afrikanischen Staaten ein.[121]

119 Cheikh Anta Diop [franz. 1981], *Civilization or Barbarism: An Authentic Anthropology*, Brooklyn 1991, S. 212.

120 Diese Einheit wird von Diop sowohl linguistisch als auch über ethno-kulturelle Merkmale, wie den Totemismus, die Beschneidung, Vorstellungen vom Königtum, das Matriarchat, sehr ähnliche Kosmologien und Ursprungsmythen, nachgewiesen. Diop, *Nations nègres et culture,* Band I, S. 204-220. Die hier dargestellten Ähnlichkeiten beruhen auf recht wenigen konkreten Beispielen und tragen einen sehr hohen Abstraktionsgrad. Auch seine Quellen sind diskutabel. So dienen zum Beispiel als Referenz für die Ähnlichkeit afrikanischer Kosmologien die Arbeiten des belgischen Missionars Placide Tempels und des französischen Ethnologen Marcel Griaule.

121 Zur Idee des Panafrikanismus vgl. Diop, *Black Africa: The Economic and Cultural Basis for a Federated State*, Westport 1987 [franz.: *Les Fondements cultu-*

Diop wendet sich nicht nur gegen den Hegelschen Versuch, Ägypten vom Rest Afrikas abzutrennen, sondern betrachtet das Alte Ägypten als Ursprung der afrikanischen Zivilisation und Kultur – und darüber hinaus als Ursprung der menschlichen Zivilisation und Kultur überhaupt. Wie kaum ein Wissenschaftler vor ihm zieht er zum Beweis seiner Thesen Erkenntnisse und Methoden aus den unterschiedlichsten Forschungsbereichen heran. Er stützt sich sowohl auf naturwissenschaftliche als auch linguistische und historische Methoden. Im Wesentlichen beruht seine Argumentation auf den folgenden vier Forschungsbereichen:

– Die Untersuchung physischer Merkmale, wie des Melaningehalts der Haut ägyptischer Mumien in einem Vergleich mit dem Melaningehalt der Haut von Schwarzen Afrikaner:innen, oder ein Vergleich von Bluttypen aus Ägypten mit Bluttypen in Westafrika.[122]
– Linguistische Untersuchungen:
  - Einerseits altägyptischer Überlieferungen. Hier kommt Diop unter anderem zu dem Schluss, dass die Ägypter:innen nur einen Begriff hatten, um sich zu bezeichnen, nämlich *kmt*, was Diop mit ›die Schwarzen‹ übersetzt.[123] Diese Übersetzung wird von den meisten Ägyptolog:innen heute bestritten.[124]
  - Andererseits der Verwandtschaft des Altägyptischen mit modernen afrikanischen Sprachen, wie seiner Muttersprache Wolof.
– Ikonographische Beweise: Zeichnungen, Reliefs oder Statuen aus dem Alten Ägypten als Beispiele von Darstellungen Schwarzer afrikanischer Menschen und damit Beweis, dass Schwarze Afrikaner:innen Teil der Bevölkerung des Alten Ägypten waren.[125]
– Eine Untersuchung der Aussagen antiker griechischer Gelehr-

rels, techniques et industriels d'un futur État fédéral d'Afrique noire, 1960]; Ders. [franz. 1959], *The Cultural Unity of Black Africa*, London 1989.

122 Cheikh Anta Diop, »La pigmentation des anciens Égyptiens. Test par la mélanine«, in: *Bulletin de l'IFAN*, Série B, 35/3 (1973), S. 515-531.

123 Cheikh Anta Diop, »Origine des anciens Egyptiens«, in: M. Ǧmāl-ad-Dīn Muḫtār (Hg.), *Histoire Générale de l'Afrique,* Vol. II: Afrique ancienne. Paris 1980, S. 39-72, hier S. 51.

124 K. A. Bard, »Ancient Egyptians and the Issue of Race«, in: M. Lefkowitz, G. MacLean Rogers (Hg.), *Black Athena Revisited,* Chapel Hill 1996, S. 103-111, hier S. 114.

125 Dazu gehören sowohl die Sphinx als auch verschiedene Statuen von Pharaonen.

ter, die in ihren Schriften dokumentieren, dass die Bevölkerung Ägyptens ›schwarz‹ war.[126]

Insbesondere Herodot spielt im letzten Punkt eine wichtige Rolle. Dessen zweiter Band seiner *Historiai* (ca. 430 BCE) widmet sich ausschließlich Ägypten. Herodot wird für Diop, und in der Folge für viele weitere Theoretiker:innen des Afrozentrismus, zum Kronzeugen dafür, dass die Ägypter:innen Menschen mit schwarzer beziehungsweise brauner Hautfarbe gewesen seien.[127] Zudem schreibt Herodot, dass die Ursprünge der griechischen Religion im Alten Ägypten liegen. Aus Ägypten stammen die meisten Götternamen (II, 50), wichtigsten Orakel (II, 54), Feste (II, 58) ebenso wie die Kunst des Weissagens aus Opfertieren (II, 57) und zudem der Kalender (II, 4), die Astrologie (II, 82) und die Geometrie (II, 109).

Diop gehört zu den Vertretern der These, dass die Griechen zentrale Lehrmeinungen von den Ägyptern »abgeschrieben« hätten.[128] Deshalb sei die ägyptische Philosophie als der griechischen vorgängig und somit die afrikanische Philosophie als die älteste der Welt zu betrachten.[129]

126 Diop, *Nations nègres et culture,* Band I, S. 35 ff.; Ders.: »Ägypten – Die erste schwarzafrikanische Hochkultur«, in: L. Harding, B. Reinwald, A. Eckert (Hg.), *Afrika – Mutter und Modell der europäischen Zivilisation? Die Rehabilitierung des schwarzen Kontinents durch Cheikh Anta Diop,* Berlin 1990, S. 37-112.

127 Herodot, *Historiai,* Stuttgart 2002, hier II, 104 und II, 57. Diese Ansicht Herodots wurde bereits in der Antike kontrovers diskutiert. Anhänger dieser These finden sich in allen Jahrhunderten. Wichtig ist in diesem Zusammenhang Constantin-François de Chassebœuf, Comte de Volney, der in seinem Reisebericht *Voyage en Égypte* mit Bezug auf Herodot schreibt, die alten Ägypter seien »vrai nègres de l'espèce de tous les naturels d'Afrique«. Zitiert nach C.-F. de Chassebœuf, *Voyage en Égypte et en Syrie pendant les années 1783, 1784 et 1785,* Paris 1959, S. 63 [Erstauflage 1787]). Seine Schriften sind ein wichtiger Bezugspunkt in der afrozentrischen Literatur, auch Diop bezieht sich in *Nations nègres et culture*, Bd. I auf Volney (S. 57 f.). Eine kritische Diskussion der Verwendung Herodots durch Diop und Bernal erfolgt in R. Stockhammer, *Afrikanische Philologie,* Berlin 2016, S. 25 ff.

128 Vgl. Diop, *Civilization or Barbarism*, S. 327. Siehe auch das Kapitel zu Platon ab S. 425 oder den Abschnitt ab S. 344, wo die Ägypter explizit als Lehrmeister der Griechen bezeichnet werden.

129 Auch H. Olela und I. Onyewuenyi (Nigeria) teilen Diops These vom Ursprung der Zivilisation, Kultur und Philosophie im Alten Ägypten (vgl. Olela, »The African Foundations of Greek Philosophy« und Onyewuenyi, *African Origin of Greek Philosophy: An Exercise in Afrocentrism*). Olela geht sogar noch über Diops Verortung des Ursprungs der Kultur und Zivilisation im Alten Ägypten

Diops Thesen machten ihn zu einem der umstrittensten Historiker seiner Zeit. Seine Einordnung des Alten Ägypten in den kulturellen Kontext Afrikas, sein Argument, dass die ursprüngliche Bevölkerung des Alten Ägypten im Wesentlichen homogen und Schwarz-afrikanisch gewesen sei, und die Behauptung, dass der Ursprung griechischer Konzepte im Alten Ägypten zu suchen sei, stießen auf Widerspruch und Ablehnung – fanden aber auch zahlreiche Anhänger:innen, und zwar nicht nur unter Schwarzen Intellektuellen. Kontrovers wurden seine Thesen unter anderem auf dem internationalen Kolloquium der UNESCO *Die Besiedlung Altägyptens und die Entzifferung der meroitischen Schrift* im Jahr 1974 in Kairo diskutiert.[130] Hier vertraten Diop und sein Schüler Théophile Obenga vehement die These, dass die Bevölkerung des Alten Ägypten Schwarz-afrikanisch und das Alte Ägypten somit Teil der afrikanischen Kultur gewesen sei, und versuchten dies mit ihren teils naturwissenschaftlichen, teils linguistischen Studien zu belegen.

Während Diops Beweisführung in den Bereichen der Ikonographie und der physischen Anthropologie bei vielen Teilnehmer:innen als nicht überzeugend abgelehnt wurde, fanden die von ihm und von Obenga gezogenen Verbindungslinien zwischen dem Altägyptischen und afrikanischen Sprachen weitgehend Zustimmung. Auf dieser Tagung wurden zudem eine Reihe problemati-

hinaus und verlegt diesen weiter in den Süden. Die ägyptische Zivilisation, die Olela als ›Sais‹ bezeichnet, habe ihren Ursprung im Afrika südlich der Sahara. Olela behauptet, dass das altägyptische Präfix ›Ma‹ als ›von‹ zu übersetzen sei und Ma-Sais somit auf die Abstammung der Alten Ägypter von den Massai (Kenia, Tansania) und von den Somaliern hindeute. Kultur, Zivilisation und auch Philosophie stammen also ursprünglich aus Zentralafrika und haben sich über Nordafrika und dann Europa verbreitet. Olelas Thesen stehen insgesamt auf unsicherer Basis. Er bezieht sich ausschließlich auf Sekundärliteratur – und hier auf umstrittene Autoren wie G. James, *Stolen Legacy* (1954) oder die noch ältere Veröffentlichung von A. Churchward, *The Signs and Symbols of Primordial Man* (1910). Seine Argumentation ist oft fehlerhaft. So betont Olela, dass die Mathematik ihren Ursprung im Alten Ägypten habe, und verweist dabei auf das *Rhind Mathematical Papyrus*, das er in die Zeit von 1650 BCE datiert. Dessen erste Abschrift durch den Schreiber Ahmose gibt er dann allerdings mit 1800 BCE an, was bedeuten würde, dass die Abschrift 150 Jahre vor dem Original entstanden wäre. Dies ist nur ein Beispiel der Ungenauigkeiten, die diesen Text durchziehen.

130 Vgl. Diop u. a. (Hg.), *The Peopling of Ancient Egypt.* Diskussionen und Ergebnisse des Kolloquiums nachzulesen ab S. 76 ff.

scher Implikationen der Thesen kritisch diskutiert, unter anderem die biologistisch-rassistischen Konnotationen und die Gefahr des Essentialismus. Gefragt wurde, was eigentlich unter ›schwarz‹ zu verstehen sei und welcher Zusammenhang zwischen Hautfarbe und kulturellen Errungenschaften bestehe. Eine ethnische Homogenität der altägyptischen Bevölkerung wurde von Jean Vercoutter ebenfalls in Frage gestellt.[131] Es sei eher von einer Heterogenität der Bewohner:innen auszugehen, unter denen sich ca. dreißig Prozent Schwarze Afrikaner:innen befunden hätten. Vercoutter verweist zudem darauf, dass es problematisch sei, in diesem Zusammenhang den Begriff ›race‹ zu benutzen.[132]

Diop selbst hat sich immer gegen die Unterstellung rassisierter beziehungsweise rassistischer Konnotationen verwahrt. So wird er als Teilnehmer einer Konferenz im Centre Georges-Pompidou in Paris am 7. Juni 1985 mit den Worten zitiert:

> Ich verwende nicht gerne den Begriff der Rasse [*race*] (die es nicht gibt) […] Man sollte ihm nicht zwanghaft eine beimessen. Es ist ein Zufall der Evolution.[133]

Und auch in in seinem Buch *Civilization or Barbarism* heißt es ausdrücklich: »Rasse [*race*] existiert nicht.« Allerdings fügt Diop auf der gleichen Seite hinzu, dass es »Rassenmerkmale« (oder rassisierte Merkmale, im Orig.: *racial markers*) gebe.[134] Und seine Ausführungen in der *UNESCO Histoire générale de l'Afrique Noire* (1980) zum Stand der Diskussion um die ethnische Zusammensetzung

131 Ebd., S. 23 ff. und zur Diskussion S. 60 ff.

132 Bereits 1970 hatte der amerikanische Altertumswissenschaftler Frank Snowden Zweifel daran angemeldet, dass es legitim sei, moderne ›race‹-Kriterien auf die antike Welt des Mittelmeerraumes anzuwenden. Phänotypische Unterschiede seien in der Antike nicht mit Unterschieden psychologischer Art oder anderen Eigenschaften und Fähigkeiten von Menschen verbunden worden. Vgl. F. M. Snowden, *Blacks in Antiquity: Ethiopians in the Greco-Roman Experience,* Cambridge 1970. Ders., *Before Color Prejudice: the Ancient View on Blacks,* Cambridge 1983.

133 Conférence du Centre Georges-Pompidou, 7 juin 1985, in: *Nomade* 1-2 (1990), S. 58. Übersetzung A. G. Siehe zum Vorwurf des Rassismus auch die Auseinandersetzung von Mamadou Diouf und Mohamad Mbodj, »The Shadow of Cheikh Anta Diop«, in: V. Y. Mudimbe (Hg.), *The Surreptitious Speech. Présence africaine and the Politics of Otherness, 1947-1987,* Chicago 1992, S. 118-135.

134 Diop, *Civilization or Barbarism*, S. 2. Übersetzung A. G.

der Bevölkerung des Alten Ägypten führen höchst problematische Vermessungsmethoden an, wie den »Nasenindex« oder Schädelvermessungen, und bedienen sich durchgehend einer rassisierten Sprache.[135] Zugleich betont Diop mehrfach, dass ›race‹ eine ideologische Kategorie sei, deren Existenz in Geschichte und Gesellschaft nur ›Weiße‹ leugnen könnten, da sie von den Auswirkungen des rassisierten Diskurses am wenigsten betroffen seien, und von ihnen immer dann wieder durch die Hintertür eingeführt werde, wenn es nützlich erscheine.[136] Der Konstruktionscharakter der Kategorie ›race‹ und deren ideologische Instrumentalisierung werden von Diop also durchaus erkannt und kritisiert. Insofern ist seine Haltung als in sich widersprüchlich zu bezeichnen.[137]

Trotz berechtigter Kritik an Diops Methoden und den problematischen Implikationen einiger seiner Thesen muss anerkannt werden, dass es ihm gelungen ist, eine Frage, die euro-amerikanische (›weiße‹) Wissenschaftler:innen so nicht gestellt haben, in die akademischen Debatten einzubringen, die in der Folge zu wichtigen Erkenntnissen geführt hat, wie der der Diversität der Bevölkerung des Alten Ägypten. Dies war ein wichtiger Impuls für weitere Forschungen in der Ägyptologie, der Philosophie und vielen anderen geisteswissenschaftlichen Disziplinen sowie insbesondere für afrikanische und afrikanisch-amerikanische Akademiker:innen. Oder wie Dismas Masolo es ausdrückt:

> […] Cheikh Anta Diop hat zu einem der Hauptschwerpunkte des zeitgenössischen Diskurses beigetragen – der Produktion von Wissen als Quelle der Macht über andere. […] Er schreibt die afrikanische Geschichtsschreibung neu und beseitigt Brüche im Wissen über Afrika als historisches Kontinuum von der Antike bis zur Neuzeit.[138]

135 Diop, »Origine des Anciens Egyptiens«, S. 39-51. Er spricht hier u. a. von schwarzen (black) und germanischen (aryan) »races«.

136 Siehe dazu u. a. Diop, *Civilization or Barbarism*, S. 16.

137 Zur Debatte um die Hautfarbe der Ägypter:innen siehe auch Ian Shaw, *Das alte Ägypten. Eine kleine Einführung*, Stuttgart 2007, S. 134 ff.

138 Masolo, *African philosophy in search of identity*, S. 19. Übersetzung A. G.

4.2.2. Martin Bernal

Die Debatte zwischen Cheikh Anta Diop und seinen Kontrahent:innen wurde Ende der 1980er Jahre in der sogenannten »Black-Athena-Debatte« über die Thesen des britischen Sinologen Martin Bernal (1937-2013) weitergeführt. Erst spät und im Zuge der Suche nach den jüdischen Wurzeln seiner Familie begann sich Bernal für die Geschichte des Mittelmeerraumes zu interessieren.[139] Er selbst verstand sich nie als »Afrozentrist«: »Ich bin kein Afrozentrist. Ich bin nie ein Afrozentrist gewesen. Ich glaube nicht, dass alle guten Dinge von einem Kontinent kommen.«[140] Allerdings wird er seit der Veröffentlichung seines dreibändigen, äußerst kontrovers diskutierten Werks *Black Athena. The Afroasiatic Roots of Classical Civilization* von vielen Theoretiker:innen, insbesondere afrikanischen und afrikanisch-amerikanischen, als Vertreter dieser Richtung verstanden und oft in einem Atemzug mit Cheikh Anta Diop genannt. Aufgrund seines Einflusses auf die afrozentrischen Diskurse muss er an dieser Stelle berücksichtigt werden.

Seine Arbeiten wurden in den anglophonen Diskursen, insbesondere in den USA, sehr viel breiter diskutiert als die von Diop oder Obenga, deren Arbeiten hier lange ignoriert wurden. Dies mag an der Sprache liegen (Diop und Obenga veröffentlichten fast ausschließlich auf Französisch und wurden erst spät ins Englische übersetzt), könnte aber ebenso die Asymmetrien der akademischen Landschaft widerspiegeln, in der Publikationen aus Europa und Nordamerika größeres Gewicht haben als Publikationen aus anderen Regionen der Welt. Bernals Arbeiten erfuhren eine breite, wenn auch vorwiegend kritische Rezeption in verschiedenen Disziplinen, wie den Altertums- und Geschichtswissenschaften.[141] Er

139 Bernal, *Black Athena*, Band 1, S. xii.

140 M. Bernal, »Roots: Response to Mary Lefkowitz«, in: *New Republic*, 9. März 1992, S. 4-5. Übersetzung A. G.

141 Vgl. insbesondere der Band Lefkowitz/Rogers (Hg.), *Black Athena Revisited*, in dem Bernal aus archäologischer Perspektive ebenso kritisiert wird wie aus linguistischer. Im Gegensatz dazu stimmt der Althistoriker Glen Warren Bowersock von der Princeton University Bernal im Wesentlichen zu, wenn er auch Ungenauigkeiten in den Untersuchungen moniert. Vgl. Bowersock, »Review of Martin Bernal, Black Athena, Vol. I, The Fabrication of Ancient Greece 1785-1985«, in: *Journal of Interdisciplinary History* 19 (1989), S. 490-491. Ders., »Rescuing the Greeks. Review of M. Lefkowitz, Not Out of Africa and M. Lefkowitz

selbst macht auf die nicht unwesentliche Rolle von Hautfarbe und Geschlecht bei der Rezeption von wissenschaftlichen Arbeiten wie folgt aufmerksam:

> Wenn ein Schwarzer das sagen würde, was ich jetzt in meinen Büchern schreibe, wäre die Reaktion ganz anders. Man würde unterstellen, dass sie einseitig und parteiisch wären, eine schwarze nationalistische Linie verträten, und sie deshalb ablehnen. [...] Dass ich nicht nur weiß, männlich, mittleren Alters bin und aus der Mittelschicht stamme, sondern auch Brite in Amerika bin, hat mir einen Ruf von Universalität und Autorität verliehen, der völlig unberechtigt ist.[142]

Hauptziel der drei *Black-Athena*-Bände ist es zu zeigen, dass Kultur und Bevölkerung des antiken Griechenland ursprünglich aus Phönizien und Ägypten stammten und damit der Ursprung der ›westlichen‹ Zivilisation im asiatischen und afrikanischen Raum liege. Insofern richtet sich seine Arbeit ebenfalls gegen die These von einem »griechischen Wunder«. Dabei argumentiert Bernal auf verschiedenen Wegen: Zum einen versucht er anhand der Arbeiten vor allem deutscher Gelehrter zu zeigen, dass ein Anfang des 19. Jahrhunderts entstehendes Geschichtsmodell[143] die phönizischen und ägyptischen Wurzeln zunehmend verleugnete (Band 1: *The Fabrication of Ancient Greece 1785-1985,* 1987).[144] Zum anderen beschäftigt er sich mit der Analyse griechischer Werke und den in ihnen vorgefundenen Bezügen zum Alten Ägypten, eine Arbeit, die vor allem im Zentrum des zweiten Bandes *The Archaeological and Documentary Evidence* (1991) steht. Hier untersucht Bernal anhand verschiedener archäologischer und schriftlicher Überlieferungen die Art des Kontakts zwischen dem Alten Ägypten und den anderen Mittelmeerregionen, insbesondere der Ägäis und der östlichen Mittelmeerküste, in der Zeit zwischen 3400 BCE und 1100 BCE, ergänzt durch die Analyse griechischer Mythen und Legenden, der Religion und der Sprache. Der dritte Band *The Linguistic Evidence* (2006) beschäf-

with G. M. Rogers, Black Athena Revisited«, in: *New York Times Book Review,* 25 February 1996, S. 6-7.

142 M. Bernal, »Black Athena and the APA«, in: *Arethusa* 22 (1989), S. 17-38, hier S. 20. Übersetzung A. G.

143 Als »Modell« bezeichnet Bernal ein Schema, das die Komplexität der Wirklichkeit reduziert und vereinfacht, vgl. Bernal, *Black Athena,* Band 1, S. 3.

144 Bernal, *Black Athena,* Band 1, S. 98-120.

tigt sich auf der Basis der Methoden der historischen und vergleichenden Sprachwissenschaft mit dem Ursprung afrikanischer und indoeuropäischer Sprachen sowie insbesondere der Frage nach dem Ursprung des Griechischen. Bernal versucht zu zeigen, dass etwa 40 Prozent des griechischen Wortschatzes afroasiatische Wurzeln haben, nämlich im Altägyptischen und in semitischen Sprachen. Das Ergebnis dieser Untersuchung betrachtet er als Beweis für die Richtigkeit seiner Annahme, dass die griechische Kultur ihre Wurzeln in erster Linie im Alten Ägypten und Phönizien hat.

Insbesondere im ersten Band von *Black Athena* geht es Bernal darum, einen Bruch in der Bewertung Ägyptens und eine damit einhergehende Verdrängung Afrikas aus der europäischen Geschichtsschreibung und den Prozess der Tilgung semitischer Einflüsse auf das klassische Griechenland in der europäischen Geschichtsschreibung nachzuweisen. Er selbst stellt sein Herangehen in die Tradition von Edward Saids *Orientalism* (1978), also in die Linie eines diskurskritischen Ansatzes, in dem die ideologischen Voraussetzungen eines Diskurses kritisch hinterfragt werden. In seiner Untersuchung der Darstellung der Ursprünge der griechischen Zivilisation durch die Jahrhunderte stellt Bernal fest, dass es dafür im Wesentlichen zwei unterschiedliche Geschichtsmodelle gibt: das ›arische‹ und das ›antike‹ Modell. Das ›antike‹ Geschichtsmodell, das von den meisten griechischen Autoren vertreten wurde und etwa bis 1800 auch die europäische Geschichtswissenschaft dominierte, geht davon aus, dass Griechenland früher von wenig entwickelten Völkern bewohnt wurde und erst von Phöniziern und Ägyptern zivilisiert worden sei, die dort Städte bauten, ihre Religion sowie das Alphabet und bestimmte Techniken einführten, wie zum Beispiel die Bewässerung. Dadurch wurde Griechenland nachhaltig geprägt. Insbesondere hervorgehoben wird der ägyptische Ursprung der griechischen Religion. Auch Bernal bezieht sich hier – wie Diop und viele andere – auf Herodot, der die Hautfarbe der Ägypter als ›schwarz‹ bezeichnete[145] und behauptete, dass die Ägypter den Griechen die Namen fast aller Götter lehrten und ebenso viele religiöse Gebräuche. Bernal argumentiert, dass es eine vollständige Entsprechung zwischen griechischen und ägyptischen Göttern gab, zum Beispiel zwischen Zeus und Ammon oder Athene und Neit.

145 Ebd., Band 1, S. 52f.

Erst die Vorherrschaft der miteinander in Verbindung stehenden Konzepte von Fortschritt, Romantik und des Rassismus begannen ab dem frühen 19. Jahrhundert das ›antike‹ Modell zurückzudrängen, so Bernal. Das von ihm so genannte ›arische‹ Modell tauchte seiner Meinung nach erstmals um etwa 1830 auf. Ein eurozentrisches und ›philhellenistisches‹ Denken, in dem davon ausgegangen wird, dass Griechenland durch die Einwanderung von indoeuropäische Sprachen sprechenden ›Weißen‹ gegründet und zur ersten europäischen Hochkultur wurde, in der Wissenschaft, Philosophie und Demokratie entstanden, begann sich durchzusetzen. Dabei wurden zunächst alle ägyptischen Einflüsse negiert. Erst um 1880 herum führte die Zunahme eines antisemitischen Diskurses dazu, dass auch alle phönizischen Einflüsse zunehmend getilgt wurden, ein Modell, das Bernal dann als ›extrem arisches Modell‹ bezeichnet, in welchem die Entstehung des antiken Griechenland auf rein europäische Wurzeln zurückgeführt wird.

Bernal hält das ›arische‹ Modell, mit dem wir bis heute weitgehend konfrontiert sind, für grundlegend falsch. Sowohl die Erkenntnisse der Linguistik im 19. Jahrhundert (vgl. *Black Athena* Bd. 3) ebenso wie die der Archäologie im 20. Jahrhundert (vgl. *Black Athena* Bd. 2) zeigten, dass Griechenland nicht, wie Athene im Mythos aus dem Haupt des Zeus, vollendet und ohne fremden Einfluss entsprungen, seine Größe also nicht das Ergebnis von Isolation und kultureller Reinheit gewesen sei. Vielmehr entstand Griechenland aus einem regen Kontakt mit vielen Nachbarvölkern – eben auch den Ägyptern, die zu jener Zeit den Griechen in Wissenschaft und Kunst weit voraus waren. Bernal sieht es weder mit Blick auf mathematische noch medizinische, astronomische oder kosmologische Fragen als angemessen an, von einer ägyptischen Weisheit im Vergleich zu einer griechischen Wissenschaft zu sprechen. Ähnliches gelte für einzelne philosophische Theorien. Hier müsse genauer hinterfragt werden, wer der Begründer einer Theorie sei.[146]

146 Als Beispiel wird die Atomlehre angeführt, als deren Vater gemeinhin der griechische Philosoph Demokrit (ca. 460/459-371 BCE) gilt. Er soll die Vorstellung von kleinsten Teilchen – átomos – entwickelt haben. Andere verweisen darauf, dass Demokrit diese von seinen Reisen aus Ägypten mitgebracht habe. Dass Demokrit in Ägypten weilte, wird u. a. von Clemens von Alexandrien erwähnt. Vgl. *Stromateis,* Buch 1, Kap. XV, 69.5. Andere vermuten, dass der Phönizier

Grundlegend lassen sich Bernals Argumente wie folgt zusammenfassen: Das Alte Ägypten war eine afrikanische Zivilisation, da der afrikanische Ursprung der prädynastischen Kulturen des Oberen Ägypten und Nubiens unumstritten sei.[147] Diese Annahme sei von heuristischem Wert, da sie neue Erkenntnisse verspreche. Man solle die Ansicht der alten Griechen akzeptieren, dass Ägypten und Phönizien eine zentrale Rolle bei der Herausbildung ihrer Kultur gespielt haben. Dass europäische und nordamerikanische Forscher diese beiden Punkte seit dem frühen 19. Jahrhundert geleugnet haben, lässt sich eher in ideologischen als in akademischen Begriffen erklären.[148]

Im Gegensatz zu Diop mit seinen explizit afrozentrischen Thesen ging es Bernal in seiner Untersuchung um die Erforschung der afro-*asiatischen* Wurzeln des klassischen Griechenlands. Das heißt, für ihn hat das semitische Erbe mindestens die gleiche Bedeutung bei der Entstehung der griechischen Kultur wie das afrikanisch-ägyptische. Von einem einzigen Traditionsstrang, der seinen Ursprung in Afrika habe, spricht Bernal nie. Zudem folgt er auch nicht der These, dass das Alte Ägypten eine genuin Schwarze Zivilisation gewesen sei. Zwar finden wir in *Black Athena* (Bd. 1) das Kapitel »What Colour were the Ancient Egyptians?« mit der folgenden Aussage: »Ich bin überzeugt, dass viele der mächtigsten ägyptischen Dynastien, die in Oberägypten ansässig waren – die 1., 11., 12. und 18. Dynastie –, aus Pharaonen bestanden, die man sinnvollerweise als Schwarz bezeichnen kann.«[149] Aber diese Aussage bezieht sich ausdrücklich nur auf einige Dynastien. Bernal betont im

Mochos die Atomlehre erdacht habe. Siehe u.a. E.G. Schmidt, »Atome bei Mochos, Nonnos und Demokrit«, in: *Philologus* 122/1 (1978), S. 137-143.

147 Bernal, *Black Athena,* Band 1, S. 15.

148 »Im Zentrum meines Projekts mit dem allgemeinen Titel Schwarze Athena ist der Ursprung der antiken griechischen Zivilisation. Erstens, es ist heuristisch ergiebig, das antike Ägypten als eine afrikanische Zivilisation zu sehen. Zweitens sollte man die Ansicht der alten Griechen akzeptieren, dass Ägypten und Phönizien eine zentrale Rolle in der Bildung ihrer höheren Kultur gespielt haben. Drittens, dass europäische und nordamerikanische Forscher diese beiden Punkte seit dem frühen 19. Jahrhundert geleugnet haben, lässt sich eher in ideologischen Begriffen als in ernsthaft akademischen erklären.« M. Bernal, »Die Schwärzung Ägyptens und die Bildung eines arischen Modells«, in: *Trans. Internet-Zeitschrift für Kulturwissenschaften* 15 (2003).

149 Bernal, *Black Athena,* Band 1, S. 242. Übersetzung A. G.

selben Zusammenhang, dass sich die Bevölkerung des Alten Ägypten vermutlich aus Menschen afrikanischen, mediterranen und südwestasiatischen Typs zusammengesetzt habe.[150] Zudem betont er, dass er dem Konzept der ›race‹ sehr skeptisch gegenübersteht.[151]

Festzuhalten ist an dieser Stelle, dass Bernal mit seinen Untersuchungen einem Bruch im Geschichtsbild (und eben auch in der Philosophiegeschichte) auf der Spur war, der in späteren Arbeiten genauer untersucht und beschrieben wurde, mit Blick auf die Philosophiegeschichte insbesondere in den Arbeiten von Peter Park für den englischen Sprachraum oder Ulrich Johannes Schneider und Franz M. Wimmer für den deutschen Sprachraum.[152]

4.2.3. Théophile Obenga

Cheikh Anta Diops Schüler, der kongolesische Philosoph und Ägyptologe Théophile Obenga (*1936), geht einen etwas anderen Weg als Diop und Bernal und hat damit zu einer wichtigen Weiterentwicklung der Debatte um den Ursprung der Philosophie im Alten Ägypten beigetragen. Grundlegend teilt er Diops Vorstellung von einer kulturellen und ideengeschichtlichen Einheit Afrikas:

> Vom Einfluss des alten Ägypten auf die Kultur des restlichen afrikanischen Kontinents bis hin zur Einheit aller afrikanischen Sprachen ist die afrikanische Geschichte eine kontinuierliche, ununterbrochene Erzählung eines Volkes mit einem gemeinsamen Bewusstsein.[153]

Während Diop allerdings recht allgemein von der Existenz von Philosophie im pharaonischen Ägypten ausgeht, diese in der ägyptischen Kosmogonie verortet,[154] aber weitgehend inhaltlich unbestimmt lässt, analysiert Théophile Obenga in seinem Buch *La Philosophie africaine de la période pharaonique 2780-330 avant no-*

150 Ebd. Siehe auch ebd., S. 437. Hier ordnet er sich ein in die Gruppe jener Intellektuellen, die das Alte Ägypten als wesentlich afrikanisch betrachten, dessen Bewohner:innen aber nicht denen Westafrikas glichen.

151 Ebd., S. 241 f.

152 Vgl. Schneider, *Die Vergangenheit des Geistes*; Wimmer, *Interkulturelle Philosophie;* Park, *Africa, Asia, and the History of Philosophy*.

153 T. Obenga, *A Lost Tradition: African philosophy in World History*, Philadelphia 1995, S. V. Übersetzung A. G.

154 Vgl. Diop, *Civilisation or Barbarism*, S. 309 ff.

tre ère (1990) konkrete Texte aus dem Alten Ägypten. Er beginnt seine Untersuchung mit der ägyptischen Kosmologie, den Fragen nach dem Ursprung des Kosmos und der grundsätzlichen Natur des Menschen, wie sie sich in Pyramidentexten, anderen Grabinschriften oder auf dem Stein von Shabako[155] finden. Für Obenga spiegeln sich in diesen kosmologischen Fragen bereits philosophische Grundthemen wider. Zentral in seiner Untersuchung werden dann klassische altägyptische Manuskripte,[156] wie zum Beispiel die *Lehre des Ptahhotep*, die *Lehre für Meri-ka-Re* oder das *Gespräch eines Lebensmüden mit seinem Ba*. Dabei werden die Texte in Auszügen im hieroglyphischen Original und in französischer Übersetzung abgedruckt. Im Anschluss finden sich Obengas Interpretation und ein Vergleich mit Texten griechischer Philosophen. Obengas großes Verdienst besteht darin, sich stärker philosophischen und hermeneutischen Arbeitsmethoden und explizit den vorliegenden altägyptischen Manuskripten zugewendet und diese auf ihren philosophischen Gehalt hin geprüft zu haben.

In der Untersuchung dieser Texte rückt das altägyptische Grundkonzept der *Ma'at* in das Zentrum der Aufmerksamkeit. Obenga betrachtet die *Ma'at* als Grundpfeiler der ägyptischen Philosophie[157] und beschreibt sie als allumfassendes und alles durchdringendes Prinzip, das alles Geschaffene und alle Sphären (die göttliche, die kosmische, die politische, die familiäre) umfasse. Alles im Universum, das wahr und geordnet ist, sei Ausdruck oder Manifestation der *Ma'at*. Obenga definiert den Begriff wie folgt:

> Ma'at ist ein zentraler Begriff in der pharaonischen Philosophie: Er beinhaltet die Ordnung, das Gleichgewicht der Welt, die kosmische Grundstruk-

155 Der Shabako-Stein aus Memphis stammt aus der 25. Dynastie und befindet sich heute im Britischen Museum in London. Die Inschrift dieses Steines wurde im Auftrag von König Shabako (ca. 716-702 BCE) als Abschrift eines älteren Textes gefertigt. Der Original-Papyrus stammt möglicherweise bereits aus der 18. oder 19. Dynastie. Es handelt sich dabei um eine Schöpfungsgeschichte, in der deutlich wird, dass eine ägyptische Vorstellung von der Schöpfung durch Gedanken und Wort bereits viele Jahrhunderte vor der Logos-Lehre des Neuen Testaments existierte. Zur Übersetzung und Interpretation des Textes des Shabako-Steins siehe Obenga, *La Philosophie africaine de la période pharaonique*, S. 65-75.

156 Vgl. ebd., S. 149 ff.

157 T. Obenga, »Egypt: Ancient History of African Philosophy«, in: Wiredu (Hg.), *A Companion to African Philosophy*, S. 29-49, hier S. 46.

tur, Gerechtigkeit, Wahrheit, die Gerechtigkeit-Wahrheit (*la justice-vérité*), Geradlinigkeit, moralische Rechtschaffenheit. Das Konzept der Ordnung und des Gleichgewichts ist der ständige Hintergrund der pharaonischen Zivilisation.[158]

Das Prinzip der *Ma'at* beziehe sich nun auf drei Ebenen: auf das gesamte Universum und dessen Ordnung, auf die politische Ebene, das heißt die Organisation des pharaonischen Staates, und auf die individuelle Ebene, also das moralische Verhalten des Einzelnen.[159] Die Errungenschaften des Alten Ägypten in Kunst, Architektur und Regierungsform, ihr Sinn für geometrische Ordnung, soziale Gerechtigkeit, Frieden, Liebe und Glück beruhen letztlich, so Obenga, auf der Philosophie der *Ma'at*. Das *Ma'at*-Prinzip, so wie es in verschiedenen altägyptischen Texten beschrieben wird, ist für Obenga Beweis dafür, dass im Alten Ägypten eine große philosophische und wissenschaftliche Tradition existiert hat.

Wichtig in Obengas Interpretationen der Manuskripte ist der Vergleich mit griechischen Beispielen. So zeigt er anhand der *Lehre des Ptahhotep* und anderer Lehrtexte, dass im Gegensatz zur verbreiteten Annahme, dass Sokrates jener Philosoph gewesen sei, der als Erster Fragen der Moralphilosophie ins Zentrum seines Denkens gestellt habe, diese Fragen bereits mehr als zweitausend Jahre vorher von altägyptischen Denkern aufgeworfen und diskutiert worden seien.[160] Dazu gehören Fragen nach einem tugendhaften Leben, nach Gerechtigkeit und Erziehung sowie der Möglichkeit, Moral zu lehren.

Darüber hinaus versucht Obenga zu zeigen, dass das Prinzip der *Ma'at* bis heute in afrikanischen Gesellschaften südlich der Sahara ein leitendes Prinzip ist, und führt dies anhand einiger sprachlicher Beispiele aus Fang, Yoruba, Hausa oder Nuer weiter aus.[161] Dieses

158 Obenga, *La Philosophie africaine de la période pharaonique*, S. 156. Übersetzung A. G.

159 Ebd., S. 158.

160 Ebd., S. 159. Obenga verbleibt im Vergleich Altes Ägypten – Antikes Griechenland, aber genau betrachtet sind auch einige chinesische Moralphilosophen zeitlich vor Sokrates (ca. 469-399 BCE) angesiedelt, u. a. Konfuzius (ca. 551-479 BCE).

161 Ebd., S. 48. Vgl. dazu auch T. Obenga, *Ancient Egypt and Black Africa*, Chicago 1990; Ders., *A Lost Tradition: African Philosophy in World History*; Ders., »Genetic Linguistic Connections of Ancient Egypt and the Rest of Africa«, in: M. Kete Asante, A. S. Abarry (Hg.), *African Intellectual Heritage: A Book of Sources*,

Begründungsmuster finden wir schon bei Diop: das Aufzeigen der Verwandtschaft des Altägyptischen (vermittelt über die Hieroglyphen oder das Koptische) mit modernen afrikanischen Sprachen, in Diops Fall mit dem Wolof. Wie Diop vertritt Obenga die These, dass die altägyptische Sprache, so wie sie uns durch die Hieroglyphen, die hieratischen und demotischen Schriften oder das Koptische (auch in der griechisch-koptischen Schrift) überliefert ist, eine Sprachgemeinschaft mit den modernen afrikanischen Sprachen bildet. Die vergleichende Grammatik und die »Methode der internen Rekonstruktion« (historische Linguistik) machten es möglich, eine solche Verwandtschaft nachzuweisen, so das Argument. Obenga kommt zu dem Schluss, dass eine ernsthafte und sorgfältige Untersuchung der afrikanischen Philosophie von der Antike bis in die Gegenwart zeigen wird, dass alle wichtigen philosophischen Themen, die die Aufmerksamkeit der Philosoph:innen in Asien, Europa oder Amerika auf sich gezogen haben, auch in der afrikanischen Philosophie gefunden werden können. Sie wurden über viele Jahrhunderte im Alten Ägypten ebenso diskutiert wie in den großen Königreichen in West-, Zentral- und im südlichen Afrika von der Frühen Neuzeit bis hinein in die heutige Zeit.[162]

Neben Obenga gehört auch der kongolesische Philosoph, Ägyptologe und Theologe Mubabinge Bilolo wa Kaluka (*1953) zu jenen Theoretikern, die sich der Analyse altägyptischer Kosmologien und altägyptischer Manuskripte gewidmet haben.[163] Er unterteilt die altägyptische Philosophie in Epistemologie,[164] politische Philosophie und theoretische Philosophie.[165] Zudem geht er von der Existenz von vier verschiedenen Schulen aus, nämlich der heliopolitanischen, der hermopolitanischen, der memphitischen und der thebanischen Schule.[166] Diese Schulen werden nur örtlich anhand

Philadelphia 1996, S. 262-281. Auch in *La Philosophie africaine de la période pharaonique* werden von Obenga vielfältige Bezüge zwischen altägyptischen Grundbegriffen und afrikanischen Sprachen hergestellt.

162 Obenga, »Egypt: Ancient History of African Philosophy«, S. 49.

163 M. Bilolo, »Die klassische ägyptische Philosophie. Ein Überblick«, in: Christian Neugebauer (Hg.), *Philosophie, Ideologie und Gesellschaft in Afrika: Wien 1989*, Frankfurt/M. 1991, S. 199-212.

164 Bilolo, »Die klassische ägyptische Philosophie. Ein Überblick«, S. 208 f.

165 Ebd., S. 203 ff.

166 Ebd., S. 206 ff.

einiger dort aufgefundener Manuskripte (im Falle von Memphis nur eines) bestimmt, allerdings nicht zeitlich eingegrenzt. Die Bestimmung der Schulen bleibt somit recht vage, auch weil Manuskripte und Textstellen, auf die sich Bilolo bezieht, gar nicht oder sehr ungenau angegeben werden. Bilolos Arbeiten wurden weniger rezipiert und sind zudem aufgrund christlich-eschatologischer Konnotationen umstritten. Im Prinzip re-interpretiert Bilolo die altägyptische Religion und Philosophie im Licht des christlichen Glaubens und der biblischen Offenbarung.

Interessant ist in diesem Zusammenhang, wie auch das Beispiel Bilolo zeigt, dass die Hinwendung zu klassischen altägyptischen Manuskripten zunächst im frankophonen Afrika erfolgte. Im anglophonen Bereich setzte das Studium der Manuskripte erst später ein und wird hier zudem vor allem von afrikanisch-amerikanischen Theoretikern betrieben, unter anderem von Maulana Karenga und Molefi Kete Asante, die nun kurz vorgestellt werden sollen.

4.2.4. Maulana Karenga

Das Buch *Maat, the Moral Ideal in Ancient Egypt: A Study in Classical African Ethics* des afrikanisch-amerikanischen Professors für Africana Studies Maulana Karenga[167] zählt unter afrikanischen und afrikanisch-amerikanischen Intellektuellen zu den bekanntesten und einflussreichsten zu diesem Thema. Ziel seines Buches ist eine Art intellektuelle Archäologie zur Rekonstruktion und Wiederbelebung klassischer afrikanischer Kulturen und die Bereicherung der modernen afrikanischen intellektuellen Diskurse und Kulturen. Karenga betont, dass er aus der Perspektive eines Seba, eines moralischen Lehrers und Anhängers der Ethik der *Ma'at*, schreibe.[168] Er betrachtet seine Arbeit somit als eine kritische Untersuchung seiner eigenen Tradition.

Das Vorwort zum Buch hat Jan Assmann verfasst, der hier vier

167 Geboren als Ronald McKinley Everett, war Maulana Karenga in den 1960er/1970er Jahren Mitglied der Schwarzen Bürgerrechtsbewegung und Gründer der radikalen nationalistischen Gruppe US (United Slaves). Karenga ist zudem dafür bekannt, 1966 ein afrikanisch-amerikanisches kulturelles Feiertagsritual, Kwanzaa, eingeführt zu haben, ein Fest, das vom 26. Dezember bis zum 1. Januar dauert.

168 Karenga, *Maat: The Moral Ideal in Ancient Egypt*, S. xiv.

Phasen der Rezeption des Alten Ägypten unterscheidet:[169] Die erste Phase erfolgte bereits in der Antike, als Ägypten noch eine lebendige Zivilisation war, die bereits auf 3000 Jahre Geschichte zurückblicken konnte. Ägypten zog damals viele Besucher:innen an – unter anderem einige griechische Philosophen – und galt als älteste und ruhmreichste Zivilisation der Welt. Viele griechische und lateinische Autoren beschrieben Ägypten, unterstützt von ägyptischen Autoren, die selbst eifrig am Narrativ ihrer Vergangenheit mitschrieben. Die zweite Phase baute auf der ersten auf und war Teil der Renaissance und des humanistischen Interesses an der griechischen und römischen Antike im 15. Jahrhundert. Ägypten wurde als zu dieser Antike zugehörig betrachtet – und damit als Bestandteil des klassischen europäischen Erbes. Hier verortet Assmann auch den Beginn der europäischen Ägyptophilie. Diese Phase zog sich bis zur Entzifferung der Hieroglyphen 1822 und der damit einhergehenden Gründung der Ägyptologie als akademischer Disziplin hin. Der Diskurs über Ägypten basierte zu jener Zeit ausschließlich auf griechischen und lateinischen Quellen. Die dritte Phase der Rezeption ist durch das Auseinanderfallen von Ägyptologie und Ägyptomanie, einer Art Fortsetzung der Ägyptophilie, gekennzeichnet. Diese Ägyptomanie trat in verschiedenen Spielarten des Okkultismus auf: Theosophie, Astrologie, Pyramidologie etc. und natürlich in der Kommerzialisierung ägyptischer Motive. Ägyptologie als Wissenschaft ging in dieser Zeit dagegen mit einer Dekonstruktion des Mythos Ägypten einher. Die vierte Phase beginnt für Assmann nun mit dem Buch von Maulana Karenga, das Assmann als ein Wiedereröffnen des Dialogs mit dem Alten Ägypten betrachtet, da es das ägyptische Material in einen Dialog mit gegenwärtigen Fragen der afrikanischen und ›westlichen‹ Philosophie bringe. Dabei betont Assmann: »Es ist das erste philosophische Buch, das auf einer philologisch und historisch kritischen Behandlung ägyptischen Materials aus erster Hand beruht.«[170]

Karengas Ziel ist es ausdrücklich, mit seiner Untersuchung einen Beitrag zum modernen moralischen Diskurs zu liefern und damit letztlich auch die Ethik der *Ma'at* wiederzubeleben.[171] Karenga geht

169 J. Assmann, »Introduction«, in: Karenga, *Maat: The Moral Ideal in Ancient Egypt*, S. xvii-xix.

170 Ebd., S. xix. Übersetzung A. G.

171 Karenga, *Maat: The Moral Ideal in Ancient Egypt*, S. 28.

grundlegend von einer kulturellen und metaphysischen Einheit Afrikas aus, die er an folgenden Aspekten festmacht: der Bedeutung der Gemeinschaft, dem Respekt vor der Tradition, dem Grad an Spiritualität, dem Streben nach Harmonie mit der Natur, dem relationalen Verständnis der Person, der Verehrung der Vorfahren und einem Konzept der Kontinuität des Seins. All diese Aspekte, die für ihn die kulturelle Einheit Afrikas ausmachen, sieht Karenga bereits in der klassischen ägyptischen Zivilisation angelegt, insbesondere im Konzept der *Ma'at*, das er anhand ausgewählter altägyptischer Manuskripte in seinem Buch erläutert.

4.2.5. Molefi Kete Asante

Der afrikanisch-amerikanische Autor und Professor für African American Studies Molefi Kete Asante (*1942) zählt zu den in der Gegenwart einflussreichsten Vertretern der afrozentrischen These und den produktivsten Autoren zu diesem Thema. Er argumentiert, dass der Begriff *Afrocentricity*[172] dazu dient:

> [...] um die Tatsache zu betonen, dass die Afrikaner in den letzten fünfhundert Jahren aus den Begriffen entfernt worden waren (*moved off of terms*). Mit anderen Worten, die Afrikaner wurden nicht einfach von Afrika nach Amerika gebracht, sondern sie wurden von ihren Philosophien, Sprachen, Religionen, Mythen und Kulturen getrennt. Trennungen sind gewaltsam und gehen oft mit zahlreichen Veränderungen bei den Einzelnen und Gruppen einher. Eine Möglichkeit zu finden, unser Denken neu zu verorten oder neu auszurichten, war für die Darstellung der afrikanischen kulturellen Realität unerlässlich. Ohne eine solche Neuorientierung haben die Afrikaner der Menschheit nichts zu bieten als die Erfahrungen der Europäer, die die Afrikaner zunächst von ihren sozialen, kulturellen und psychologischen Begriffen entfernt haben.[173]

Asante definiert *Afrocentricity* als den Versuch, Afrikaner:innen einen Referenzrahmen zu schaffen, der ihnen selbstbestimmtes Handeln ermöglicht:

172 Asante bevorzugt in seinen Arbeiten den Begriff »Afrocentricity« statt »Afrocentrism«. Vgl. Asante, *Afrocentricity*, Trenton 1988; Ders., *Kemet, Afrocentricity, and Knowledge*, Trenton 1990; Ders., *The Afrocentric Idea*, Philadelphia 1998.

173 M. Kete Asante, Y. Miike, »Paradigmatic Issues in Intercultural Communication Studies: An Afrocentric-Asiacentric Dialogue«, in: *China Media Research* 9/3 (2013), S. 1-19, hier S. 4. Übersetzung A. G.

Die Afrozentrik (*Afrocentricity*) ist die Untersuchung der Ideen und Ereignisse aus der Sicht der Afrikaner als Hauptakteure und nicht als Opfer. Diese Theorie wird aufgrund der authentischen Beziehung zur Zentralität unserer eigenen Realität zu einem grundlegend empirischen Projekt.[174]

Afrocentricity ist somit eine Theorie, die sich mit der epistemologischen Relevanz Afrikas beschäftigt, und zwar mit der Absicht, die ›weiße‹ beziehungsweise europäische Dominanz in der Wissensproduktion zu überwinden. Ziel ist eine Neuverortung (*relocation*) Afrikas und der Afrikaner:innen nach Jahrhunderten der Marginalisierung. In seinem *Afrocentric Manifesto* beschreibt Asante ein afrozentrisches Projekt als charakterisiert durch ein bestimmtes Forschungsinteresse, das der durch die Geschichte verursachten Entwurzelung des afrikanischen Subjekts einen neuen Platz verschafft. Es ist gekennzeichnet durch (1) das Interesse an einer psychologischen Verortung, (2) ein Engagement bei der Suche nach dem Ort des afrikanischen Subjekts, (3) eine Verteidigung afrikanischer kultureller Elemente, (4) ein Engagement für eine lexikalische Verfeinerung und (5) ein Engagement bei der Korrektur der Verwerfungen der afrikanischen Geschichte.[175] Zentraler Untersuchungsgegenstand sind dabei alle afrikanischen Werte, Ideen und Konzepte in ihrer ganzen Vielfalt durch die Jahrhunderte. Solange afrikanische Intellektuelle sich ihres eigenen intellektuellen Erbes nicht vergewisserten, verblieben sie im Paradigma der europäischen intellektuellen Hegemonie. Eine Verortung in der eigenen kulturellen und historischen (auch ideengeschichtlichen) Matrix sei die Grundvoraussetzung für eine Dekolonisierung des Geistes.

Eine besondere Bedeutung in diesem Unternehmen hat der Bezug auf das Alte Ägypten als Ursprung der afrikanischen Kultur, Zivilisation und Philosophie. Molefi Kete Asante beschäftigt sich explizit mit dem Ursprung der Philosophie im Alten Ägypten und mit dem Konzept der *Ma'at*, vor allem in seinem Buch *The Egyptian Philosophers: Ancient African Voices from Imhotep to Akhenaten* (2000). Eine Chronologie der Geschichte der Philosophie der an-

174 Asante, *The Afrocentric Idea*, S. 172. Übersetzung A. G.

175 Vgl. Asante, *An Afrocentric Manifesto: Toward an African Renaissance*, Cambridge 2007. Diese Punkte werden weiterentwickelt in: Asante, »Afrocentricity: Toward a New Understanding of African Thought in the World«, in: Ders. (Hg.), *The Global Intercultural Communication Reader,* New York 2014, S. 104-108.

tiken Welt könnte laut Asante wie folgt lauten: Der erste namentlich genannte Philosoph ist Imhotep (ca. 2700 BCE).[176] Imhotep ist eine historisch belegte Gestalt.[177] Er war Berater des Pharao Djoser (3. Dynastie, 2668-2649 BCE), Arzt und Hohepriester in Heliopolis, der Hauptstadt des Sonnengottes Ra, und galt als Hauptarchitekt der berühmten Stufenpyramiden von Sakkara. Er war damit zugleich so etwas wie der erste dokumentierte Universalgelehrte der Weltgeschichte. Imhotep soll sich mit Fragen nach Raum und Zeit beschäftigt haben, mit der Natur der Krankheit, mit dem physischen und psychischen Verfall und der Unsterblichkeit. Was seine wahren Verdienste und Aussagen waren, ist heute kaum mehr von dem zu unterscheiden, was später an Legenden über ihn erzählt wurde. In den Jahrhunderten nach seinem Tod wurde immer wieder Bezug auf Imhotep genommen, wobei der Umfang der ihm zugeschriebenen Werke ebenso zunahm wie seine Verehrung als Weiser. Im Mittleren Reich wurden Weisheitssprüche Imhoteps erwähnt, die jedoch nicht erhalten geblieben sind. Im Neuen Reich wurde Imhotep zu einem der wenigen Nichtherrscher, der als Gott verehrt wurde, und zwar als Gott der Heilung. Sein Tempel in der Nähe von Memphis wurde zu einem Wallfahrtsort für Kranke. Vielleicht auch aus diesem Grund gilt er heute manchmal als Begründer der ägyptischen Medizin.

Der erste schriftlich dokumentierte Philosoph ist Ptahhotep (2414 BCE), gefolgt von Kagemni (2300 BCE) und Merikare (1990 BCE).[178] Asante führt zudem die folgenden Philosophen an: Sehotepibre (1991 BCE), Amenemhat (1991 BCE), Amenhotep, Sohn des Hapu (1400 BCE) und Duauf (1340 BCE). Auch der Pharao Echnaton,[179] der als »Vater des Monotheismus« in die Geschichte ein-

176 Asante, *The Egyptian Philosophers*, S. 21ff.

177 Von Imhotep selbst liegen uns keine schriftlichen Zeugnisse vor (ein Schicksal, das er mit Thales, aber auch Sokrates teilt), wohl aber zwei zeitgenössische Inschriften. Eine befindet sich im Sockelbereich einer Djoser-Statue aus dem Pyramidenkomplex der Djoser-Pyramide in Sakkara. Sie nennt seinen Namen und seine Titel. Damit ist er als historische Person und Zeitgenosse des Djoser belegt.

178 Alle Zeitangaben folgen hier Asante.

179 Amenophis IV., seine Regentschaft wird verschieden datiert: ca. 1351-1334 BCE, 1340-1324 BCE oder 1353-1336 BCE; bei Asante: 1300 BCE. Echnaton führte den Gott Aton (die Sonne) als einzigen anzubetenden Gott ein und gründete eine neue Hauptstadt, Achet-Aton, als Zentrum des neuen Glaubens.

gegangen ist, taucht in Asantes Chronologie auf. Als letztes Beispiel aus der altägyptischen Tradition führt Asante die Lehre des Amenemope (1290 BCE) an, vermutlich entstanden in der Periode des Ramses (ca. 1300-1075 BCE). Nach Amenemope folgen in Asantes Chronologie Thales, Konfuzius, Buddha, Isocrates, Sokrates, Mo Tzu, Platon, Aristoteles und Menzius.[180] Asante bemüht sich also durchaus um einen interkulturellen Ansatz, wobei der Anfang der Philosophie klar im Alten Ägypten verortet wird.

Der Konstruktionscharakter seines Versuchs kommt deutlich in den Illustrationen zu seinem Buch zum Ausdruck: Jedem vorgestellten Philosophen wird ein gezeichnetes Porträt zugeordnet, das den Namen des Dargestellten als Bildunterschrift trägt. Diese Porträts zeigen Männer mit schwarzafrikanischen Zügen. Schon anhand dieser Zeichnungen wird deutlich, worum es Asante geht, nämlich nicht nur darum, eine altägyptische Philosophietradition zu rekonstruieren, sondern auch darum, diese als eindeutig schwarzafrikanische darzustellen. Da die Autorschaft der Texte umstritten ist und sich auch in den Texten keine Hinweise auf Aussehen und Hautfarbe des Autors finden, ist dies natürlich ein sehr gewagtes, um nicht zu sagen fragwürdiges Vorgehen, das zudem wiederum die Frage aufwirft, ob hier nicht ein rassisierter Diskurs mit umgekehrten Vorzeichen weiter betrieben wird.

4.2.6. Zur Kritik der afrozentrischen These

Kommen wir nun zu einigen wichtigen Kritiker:innen der afrozentrischen These.[181] Besonders intensiv wurde die Auseinandersetzung mit Bernals *Black Athena* geführt. Zu den schärfsten Kritikerinnen seines Ansatzes gehört Mary Lefkowitz, die gemeinsam mit Guy MacLean Rogers einen Sammelband mit kritischen Beiträgen unter dem Titel *Black Athena Revisited* (1996) herausgegeben hat. In ihrer Einleitung zu diesem Band und in einem nachfolgenden Buch unter dem Titel *Not out of Africa* argumentiert sie, dass die Vertreter des Afrozentrismus im Wesentlichen bereits eine eurozentrische

180 Asante, *The Egyptian Philosophers*, S. xvi-xviii.

181 Für eine umfassende Darstellung der Entwicklung und der Grundthesen des Afrozentrismus ebenso wie deren Kritik aus kulturwissenschaftlicher Perspektive siehe T. Reinhardt, *Geschichte des Afrozentrismus. Imaginiertes Afrika und afroamerikanische Identität*, Stuttgart 2002.

Interpretation des Alten Ägypten und seiner Bedeutung übernommen hätten, indem sie unkritisch die postulierten Kriterien für eine Hochkultur wie Schrift, komplexe Architektur oder entwickeltes Staatswesen übernahmen und diese lediglich einer Schwarzen anstelle einer europäischen Zivilisation zuordneten.[182] Die grundlegende durch die europäische Philosophie und Ethnologie aufgestellte Dichotomie zwischen Eigenem und Fremdem, traditionell und modern, rational und irrational, Schriftkulturen und Kulturen ohne Schrift etc. wird also nicht kritisch hinterfragt oder gar aufgelöst, sondern letztlich weiter betrieben. Lefkowitz spricht deshalb auch von einem »rassistischen Ansatz« (*racist approach*).[183] Kritisiert wird zudem der Versuch, die fragmentierte Geschichte des Kontinents in ein großes Narrativ zu bringen. Dabei werde die Diversität des Kontinents ausgelöscht – und andere Traditionen marginalisiert.

Lefkowitz argumentiert, dass es sich beim Afrozentrismus im Kern um eine Identitätspolitik handele, die auf problematischen Annahmen und einem zu dünnen historischen Fundament beruhe. Darüber hinaus würden gegenwärtige Konzepte und Vorstellungen, zum Beispiel von Gerechtigkeit, Moral oder Identität, in eine ferne Vergangenheit zurückprojiziert, wobei es fraglich sei, ob diese Konzepte dort in vergleichbarer Weise verwendet wurden. Lefkowitz bezeichnet eine solche Vorgehensweise als »unwissenschaftlich« und in Teilen auch schlicht falsch.[184] In ihren beiden Veröffentlichungen zum Thema schießt die Autorin in mancher

182 Lefkowitz, »Introduction: Ancient History, Modern Myths«, in: Lefkowitz/Rogers (Hg.), *Black Athena Revisited*, S. 3-26.

183 M. Lefkowitz, *Not out of Africa: How Afrocentrism Became an Excuse to Teach Myth as History*, New York 1996, S. 156. Lefkowitz' Argumentation in diesem Zusammenhang ist nicht unproblematisch, da Rassismus hier an dem Vorwurf festgemacht wird, dass Afrozentristen vorschlagen würden, nunmehr allen Europäer:innen, in Vergangenheit und Gegenwart, zu misstrauen. Damit könnte ihre Kritik als Ausdruck eines sogenannten ›reverse racism‹ (umgekehrter Rassismus) verstanden werden, der eine positive Diskriminierung (Affirmative Action) zuvor unterdrückter Gruppen als Rassismus gegen ›Weiße‹ bezeichnet. In einer solchen Kritik werden Machtpositionen vergessen, die zur Ausübung rassistischer Diskriminierung nötig sind, und privilegierte Positionen in Gesellschaft oder im wissenschaftlichen Diskurs nicht kritisch reflektiert. Lefkowitz verweist in dieser Textstelle allerdings auch auf die ethnische Pluralität in Europa und in Afrika. Insofern scheint ihr Ansatz auf eine Kritik rassistischer Stereotype zu zielen.

184 Ebd., S. 157 f.

Hinsicht über das Ziel hinaus, unter anderem wenn sie afrozentrische Publikationen polemisch in einem Atemzug mit Hitlers *Mein Kampf* nennt.[185] Allerdings werden von ihr auch bedenkenswerte Einwürfe vorgebracht, wie insbesondere der Vorwurf des Verharrens in einem dichotomen und vom Modell Europa weiterhin abhängigen Denken.

Neben Lefkowitz ist Kwame Anthony Appiah einer der bekanntesten Kritiker des afrozentrischen Ansatzes. In seinem preisgekrönten Buch *In my Father's House. Africa in the Philosophy of Culture* setzt sich Appiah intensiv mit den verschiedenen Formen afrozentrischer Theorien auseinander. Er betrachtet die Idee einer kulturellen Einheit Afrikas, wie sie von afrozentrischen wie auch panafrikanischen Autoren proklamiert wird, ebenso wie den Begriff der ›race‹ als Fiktion und Mystifizierung, die der empirischen Vielfalt des Kontinents nicht gerecht werde und auch nichts zur Lösung heutiger Probleme beitragen könne. ›Race‹, das zentrale Organisationsprinzip der Väter des Panafrikanismus, lehnt Appiah ausdrücklich ab. Solange führende Panafrikanisten und Afrozentristen »Schwarz-Sein« als wichtigstes Identitätskriterium betrachten und keine alternativen Identitätskonzepte zuließen, verblieben sie in einem Denken in rassistischen Strukturen und könnten damit dem Rassismusvorwurf tatsächlich nicht entgehen. Diops Denken bezeichnet Appiah als »romantischen Rassismus« (*romantic racialism*).[186] Aber Schwarz-Sein sei kein ontologischer Zustand, keine absolute Eigenschaft. Es fehle Diops Ansatz die inhaltliche Auseinandersetzung mit den Ideen des Alten Ägypten – und so liefere seine Arbeit keinerlei Beweise dafür, dass die ägyptische Philosophie mehr sei als eine vielleicht systematisierte, aber letztlich ziemlich unkritische Volksphilosophie. Appiah argumentiert:

> Ich denke, es geht um Antworten, nicht um die Geschichte von Antworten […], es ist absurd zu behaupten, dass ein Gedanke, weil er afrikanisch ist und die Vorgeschichte des europäischen Denkens in Afrika liegt, uns helfen wird, das westliche Denken zu verstehen.[187]

Appiah betrachtet die gemeinsame geschichtliche Erfahrung und die gemeinsame Gegenwart als entscheidende Basis für eine Neu-

185 Ebd., S. 164.
186 Appiah, *In my Father's House*, S. 162.
187 Ebd., S. 161. Übersetzung A. G.

begründung der panafrikanischen Ideen. Aufgrund der großen Distanz der Antike zum Heute, zur Struktur unserer Welt und ihrer Probleme, sieht er daher auch keinen triftigen Grund für das Studium der Vorsokratiker. Während diese allerdings noch eine Rolle im Zusammenhang mit der Entstehung der wirkmächtigen Texte Platons spielen und eine Beschäftigung in diesem Zusammenhang sinnvoll sein könne, treffe dies auf die ägyptische Philosophie nicht zu, denn hier gebe es keine intellektuelle Kontinuität im Sinne einer Traditionsbildung, so Appiah.[188]

Etwas differenzierter bewertet der kenianische Philosoph Dismas A. Masolo die afrozentrische These. Er betrachtet sie als ungenau, fragwürdig oder auch verkürzte Argumentation[189] und steht ihrem Beitrag zur Wissenschaft entsprechend skeptisch gegenüber. Jedoch würdigt Masolo die politische Bedeutung dieser These. So heißt es bei ihm zwar, dass Afrozentristen häufig nicht die Voraussetzungen für einen wissenschaftlichen Diskurs erfüllen, aber auch, dass die Stärken der *Afrocentricity* eher im politischen als im wissenschaftlichen Bereich liegen, allerdings bisher in einer Weise präsentiert wurden, die sowohl uninteressant als auch unproduktiv ist.[190]

Die Schärfe der geschilderten Auseinandersetzung ist verständlich, geht es im Kern doch um die grundlegende Frage der Repräsentation kulturellen und geschichtlichen Wissens und damit um die Frage, wer welche Geschichten in wessen Namen erzählen kann und darf – und aus welchem Grund Geschichten so erzählt werden, wie sie erzählt werden. Der politische Charakter von Wissensproduktion, insbesondere mit Bezug auf die Geschichtsschreibung (auch die Philosophiegeschichtsschreibung), wird selten so deutlich wie an der Auseinandersetzung um die Rolle und vor allem um die philosophiehistorische Zugehörigkeit des Alten Ägypten. Eine Zurückforderung des Erbes des Alten Ägypten als integralen Bestandteils der Geschichte und Kultur des afrikanischen Kontinents ist Teil des Widerstands gegen einen übermächtigen ›westlichen‹ Kulturimperialismus und der Versuch einer selbstbestimmten Repräsentation der Geschichte und Bedeutung Afrikas.

188 Ebd., S. 101 f.

189 Masolo, *African Philosophy in Search of Identity*, S. 21

190 Ebd., S. 23.

4.3. Ursprung oder Ursprünge?

Die Forderungen, das Erbe des Alten Ägypten genauer zu studieren und in seiner Bedeutung für die Entwicklung von Philosophie und Wissenschaft ernst zu nehmen, leisten einen wichtigen Beitrag zur Kritik eines Modells von Philosophie und ihrer Geschichte, das heute vorherrscht und europäische Philosophie mit Philosophie an sich gleichsetzt. Auch die Funktion einer solchen neuen Erzählung im Prozess der Dekolonisierung ist evident. Hierbei geht es sowohl um die Befreiung der Afrikaner:innen und Afroamerikaner:innen von rassistischen Zuweisungen und eine damit im Zusammenhang stehende Erneuerung von Geschichtserzählungen als auch um eine kritische Erneuerung der Wissenschaften, die ebenso von kolonialen und rassistischen Denkmustern befreit werden müssen. Die Probleme und Aporien, welche die Verlagerung des Ursprungs von Kultur, Zivilisation und auch Philosophie in einen neuen singulären und einzigartigen Ursprung mit sich bringt, wurden bereits geschildert. Sie reichen vom Fortführen alter Dichotomien bis hin zu rassistischen Tendenzen.

Ein damit einhergehendes philosophiegeschichtliches Problem ist darüber hinaus, dass eine Verschiebung des einen Ursprungs der Philosophie in eine andere Region und ein anderes Jahrhundert die Frage nach dem Anfang nicht löst, sondern wiederum die Frage nach den Lehrmeistern der Lehrmeister aufwirft. Dass eine Verschiebung des Ursprungs der Philosophie bis 10 000 BCE nur noch sehr allgemeine Annahmen und Vermutungen zulässt, mit denen letztlich keine konkreten Fragen mehr beantwortet werden können, zeigt der Versuch von van Binsbergen. Wo liegen also die Wurzeln von altägyptischer Philosophie und Wissenschaft? Gerade mit Bezug auf Ägypten müsste ebenso der Austausch mit Phönizien weit stärker in den Vordergrund gerückt werden, als es bei den meisten Afrozentristen der Fall ist (Bernal ist hier eine Ausnahme). Kritisch kann weiterhin gefragt werden, warum Mesopotamien in der Auseinandersetzung bisher kaum eine Rolle gespielt hat, das zum Beispiel durch Schriften wie den Codex Hammurapi (ca. 18. Jahrhundert BCE),[191]

191 Der Text umfasst einen Prolog, 282 Gesetzesparagraphen und einen Epilog. Aufgezeichnet wurde er auf einer ca. 2,25 m hohen Stele, die 1902 bei Ausgrabungen in Susa gefunden wurde. Die Stele befindet sich heute im Louvre in Paris. Außerdem existieren viele Abschriften. Auch das Gilgamesch-Epos oder

die möglicherweise älteste vollständig erhaltene Rechtssammlung der Welt, von Bedeutung ist.

Die Probleme des afrozentrischen Ansatzes gehen in einer philosophiehistorischen Perspektive jedoch noch weiter: Bis auf Bernal beschäftigt sich keiner der Protagonisten mit der Entstehung und Entwicklung der Erzählung vom Beginn der Philosophie im antiken Griechenland und bei Thales. Alternative Erzählstränge – in Geschichte und Gegenwart – finden keine Berücksichtigung. So wird keinerlei Bezug auf eine recht breite Erzähltradition genommen, die, wie im ersten Teil des Kapitels geschildert, bereits seit der Spätantike den Beginn der Philosophie weit vor Thales ansiedelt und darüber hinaus eine Pluralität an philosophischen Traditionen in verschiedenen Regionen der Welt in die Erzählung einschließt. Dass dies überwiegend aus einer heilsgeschichtlichen Perspektive heraus geschah, allerdings seit dem 18. Jahrhundert auch in Absetzung zur Orientierung an der biblischen Geschichte, tut der Tatsache keinen Abbruch, dass hier Philosophietraditionen anderer Regionen, die zum Teil als der ägyptischen Tradition vorgängig betrachtet wurden, benannt und Quellen angegeben wurden. Im Grunde übernimmt der afrozentrische Diskurs ein bestimmtes europäisches Modell der Philosophiegeschichtsschreibung, das erst seit Ende des 18. Jahrhunderts vorherrschend wurde, und dessen Vorstellung von einem einzigen Ursprung der Philosophie – und verlagert diesen Ursprung in das Alte Ägypten. Damit wird das dominierende eurozentrische Weltbild im Prinzip durch ein afrozentrisches ersetzt. Ebenso übernommen wird eine teleologische Fortschrittserzählung, die in diesem Fall allerdings das südliche Afrika mit umfasst. Dabei bleibt der afrozentrische Ansatz den Nachweis schuldig, inwiefern das Alte Ägypten ein starker Generator von Ideen für philosophische Traditionen in anderen Teilen Afrikas war. Denn die bisher vorliegenden linguistischen Studien eröffnen interessante Perspektiven, die aber noch lange nicht zu greifbaren Evidenzen geführt haben. Zwar wird von einigen Philosoph:innen versucht, eine Traditionslinie vom altägyptischen Konzept der

der »Dialog des Pessimismus« liefert eine Reihe philosophisch relevanter Ideen. Vgl. M. Van De Mieroop, *Philosophy Before the Greeks: The Pursuit of Truth in Ancient Babylonia,* Princeton 2016; W. Burkert, »Prehistory of Presocratic Philosophy in an Orientalizing Context«, in: P. Curd, D.W. Graham (Hg.), *The Oxford Handbook of Presocratic Philosophy,* Oxford 2009, S. 55-85.

Ma'at bis zum südafrikanischen *ubuntu*-Konzept zu ziehen, einen belastbaren Beleg bleiben diese Versuche allerdings schuldig, da sie über eine Argumentation auf der Basis konzeptueller oder linguistischer Ähnlichkeiten nicht hinausgehen.[192] Hier ist noch mehr Arbeit zu leisten, die zudem nicht der Versuchung erliegen darf, Begriffe, Ansätze und ethische Vorstellungen vom südlichen Afrika bis nach Westafrika unter das ägyptische Prinzip der *Ma'at* oder eine einheitliche afrikanische Weltanschauung zu zwingen.

Ein Mangel des afrozentrischen (ebenso wie des eurozentrischen) Ansatzes ist zudem, dass alternative Erzählungen der Philosophiegeschichte aus anderen Regionen der Welt, wie aus China oder Indien, die ebenso über eine lange Schrifttradition verfügen, nicht berücksichtigt werden. Allein aufgrund des Alters der beiden genannten Philosophietraditionen stünden diese in direkter Konkurrenz zur altägyptischen Tradition – zumindest in einer Erzählung, die von *einem* Ursprung von Kultur, Zivilisation und Philosophie ausgeht. Wie insbesondere am Beispiel Diops deutlich wird, arbeitet der afrozentrische Ansatz sehr interdisziplinär; interkulturell (bislang) aber kaum. Orientierungsmodell ist und bleibt Europa, was sich insbesondere an der Diskussion altägyptischer Inschriften und Texte zeigt: Diese werden, um zu beweisen, dass es sich um Philosophie handelt, ausschließlich im Vergleich zur antiken griechischen Philosophie diskutiert. Andere Bezüge, zum Beispiel zur frühen indischen oder chinesischen Philosophie, werden nicht gesucht. In einem solchen Vorgehen wird die griechische Philosophie wiederum als das universale Modell aller Philosophie behandelt und affirmiert.

Kritisch ist darüber hinaus anzumerken, dass auch im Rahmen der afrozentrischen Argumentationen nicht nach dem Beitrag von Frauen zur altägyptischen Philosophie und ebenso wenig nach Geschlechterverhältnissen im Alten Ägypten gefragt wird. Dies könnte auch daran liegen, dass die Mehrzahl der Vertreter:innen dieses Ansatzes Männer sind. Nur sehr wenige Frauen veröffentlichen ex-

192 Vgl. hierzu u. a. Broodryk: *Understanding South Africa: The Ubuntu Way of Living*, S. 45, wo es heißt: »der Begriff *botho/ubuntu* wurde bereits 1500 BCE in Ägypten eingeführt«. Vgl. auch Asante, »Maat and Human Communication: Supporting Identity, Culture, and History Without Global Domination«; Kiros, »Moral Economy: An Original Economic Form for the African Condition« oder Verharen, »Comparing Oromo and Ancient Egyptian Philosophy«.

plizit zu diesem Ansatz oder vertreten ihn ausdrücklich. Allerdings erkennen viele Schwarze feministische Theorien afrozentrische Ansätze als wesentliche Impulse an. Stark eingeflossen sind diese etwa in das Konzept des *Motherism* von Catherine Acholonu.[193] Aufgenommen wurden afrozentrische Ideen auch im Konzept des *Womanism*, insbesondere in der Version von Clenora Hudson-Weems, die einen wertekonservativen *Womanism* konzipiert hat, zu dessen Grundelementen Respekt gegenüber den Älteren, Familienzentriertheit, Mutterschaft und Loyalität gegenüber Männern sowie die Vorrangigkeit einer Ermächtigung der Schwarzen Gemeinschaft (»race empowerment«) gegenüber genderspezifischen Anliegen zählt, Werte die sie explizit als Bestandteil des afrikanischen Erbes betrachtet.[194]

Während Patricia Hill Collins 1991 noch mit »afrozentrischen kulturellen Werten« argumentiert, die sich in einem holistischen Weltbild und Harmoniestreben äußern,[195] und sie gegen ein ›westliches‹, dichotomes Entweder-Oder-Denken ins Feld führt, distanziert sie sich in der zweiten Ausgabe ihres Klassikers *Black Feminist Thought* ausdrücklich vom Begriff und Konzept des Afrozentrismus, insbesondere dem mit ihm verbundenen Mutterbild.[196] Die südafrikanische Theoretikerin Desiree Lewis kritisiert den Afrozentrismus als Versuch, eine afrikanische Einheit auf der Basis von konservativen Gender- und Klassenhierarchien aufzubauen, wie zum Beispiel im Falle des *Motherism*. Hier werde vordergründig die Einheit vormals kolonisierter Schwarzer Männer und Frauen beschworen und dabei die Trennung verwischt, die im Kampf um Ressourcen, Macht, Ehre und Möglichkeiten zur Selbstverwirklichung zwischen Männern und Frauen besteht. Der Konsens zwischen Schwarzen Männern und Frauen im Kampf gegen Kolo-

193 C. Acholonu, *Motherism: The Afrocentric Alternative to Feminism*, Owerri 1995.

194 C. Hudson-Weems, *Africana Womanism: Reclaiming Ourselves*, Troy 1993, S. 55.

195 P. Hill Collins, *Black Feminist Thought: Knowledge, Consciousness and the Politics of Empowerment*, New York 1991, S. 212. Siehe dazu auch Hill Collins, »Die gesellschaftliche Konstruktion Schwarzen feministischen Denkens«, in: G. I. Joseph (Hg.), *Schwarzer Feminismus: Theorie und Politik afro-amerikanischer Frauen*, Berlin 1993, S. 17-52.

196 Hill Collins, *Black Feminist Thought*, S. 174 (Kritik am afrozentrischen Mutterbild), zur Kritik am Begriff Afrozentrismus siehe »Preface to the Second Edition«, S. xii.

nialismus und Neokolonialismus dürfe nicht die Analyse von Geschlechterhierarchien behindern, so Lewis.[197]

Unabhängig von den spezifischen Problemen des Afrozentrismus stellen in der Philosophiegeschichtsschreibung jedoch alle Arten von Zentrismen ein Problem dar. Weder der eurozentrische noch der afrozentrische Ansatz liefern hier überzeugende Modelle. Trotzdem bleibt die Frage nach dem Ursprung oder den Ursprüngen jener Theorien und Praktiken, die heute als Philosophie bezeichnet werden, relevant. Allerdings muss – und das ist vielleicht die wichtigste Konsequenz aus der hier erfolgten Darstellung verschiedener Ursprungsdebatten – diese Frage jenseits von hegemonialen Positionen und ideologischen Interessen gestellt werden, die überwiegend nicht von philosophischer Neugier, sondern von anderen Motiven geleitet werden. Wie belastet der Diskurs um die afrozentrische These heute ist und wie schwierig die Auseinandersetzung mit Diops Erbe, beschreiben Mamadou Diouf und Mohamed Mbodj treffend wie folgt:

> Hier liegt das Problem: Das Werk von Cheikh Anta Diop in Frage zu stellen, auch aus wissenschaftlicher Sicht, war lange Zeit gleichbedeutend mit afrikanischem Antipatriotismus; es zumindest am Rande zu erwähnen, war eine Pflicht, der man leicht nachkommen konnte, vor allem in der akademischen Arbeit; seine großen Prinzipien zu wiederholen, oft ohne wirkliche Kenntnis des Werkes selbst, war ein Zeugnis für Nationalismus und Panafrikanismus. In jedem Fall lähmte ein dynamisches Werk – paradoxerweise – die afrikanischen Intellektuellen oder veranlasste sie, sich anderswo umzusehen.[198]

Zentrismen in den Debatten um den Ursprung der Philosophie sind letztlich ideologisch oder nationalistisch gefärbt und versuchen eine bestimmte Reinheit einer Tradition zu rekonstruieren, die es so nie gegeben hat. In diesem Zusammenhang gibt Axel Beelmann zu bedenken: »Dem fixen Anfang korrespondiert das Ideal eines ebensolchen Endes [...].«[199] Das heißt, Vorstellungen von einem bestimmten Ursprung gehen bereits mit der Idee von

197 D. Lewis, »African Gender Research and Postcoloniality: Legacies and Challenges«, in: S. Arnfred (Hg.), *African Gender Scholarship: Concepts, Methodologies and Paradigms,* Dakar 2004, S. 27-41, hier S. 31.

198 Diouf/Mbodj, »The Shadow of Cheikh Anta Diop«, S. 118 f. Übersetzung A. G.

199 Beelmann, *Theoretische Philosophiegeschichte*, S. 239.

einer entwickelten oder endgültig entfalteten Form einher[200] und verengen den Blick auf nur einen bestimmten Entwicklungsstrang des Denkens, was wiederum mit Ausschlüssen einhergeht. Eine auf diese Weise totalisierte Vorstellung von Philosophie kann nicht offen für die Pluralität philosophischen Denkens und eine Vielfalt von Ausdrucksformen sein.

Aus diesem Grund schlägt Beelmann ein prozesshaftes Modell der Philosophiegeschichte vor:

> Es liegt im Wesen des Prozessbegriffs, daß das Netz der philosophischen Gedanken keinen fixierbaren Anfang besitzt und auf kein definitives Ziel hinausläuft, so daß die Voraussetzungslast der Versuche drückend wird, die Geschichte der Philosophie mit einem bestimmten, faktisch überlieferten Werk oder gar Satz einsetzen zu lassen. Wer den Weg zu Früherem abschneidet, läuft Gefahr, im vermeintlich Frühesten das vorgeblich Letzte präformiert zu sehen.[201]

Ein prozesshaftes Modell würde auch die Vorstellung einer linearen Entwicklung der Philosophie hinter sich lassen, denn ein lineares Modell, das von einer ungebrochenen Kontinuität eines philosophischen Dialogs über die Jahrhunderte ausgeht, kann die vielen diskontinuierlichen und gebrochenen Denktraditionen nicht erfassen. Wir müssen uns vergegenwärtigen, dass bestimmte Wahrheiten im Laufe der Geschichte unzählige Male gefunden wurden und wieder verloren gingen, und ebenso, dass Einsichten an verschiedenen Orten gewonnen wurden. Somit ist eine Offenheit des philosophischen Denkens in Richtung seiner Anfänge nötig. In globaler Perspektive kann es nicht mehr um die Suche nach *einem* Ursprungsort der Philosophie gehen, sondern vielmehr um die Suche nach verschiedenen Ursprungsorten. Eine vernetzte Prozessstruktur, die Beelmann als Modell vorschlägt, oder ein verflechtungsgeschichtlicher Ansatz machen die Suche nach einem absoluten Anfang unnötig und würden den Fixierungszwang auf

200 Ebd., S. 236. Das Vergangene wird »zur rudimentären Vorform des Endgültigen«.

201 Ebd., S. 237f. Beelmann verweist in einer Fußnote (Fn. 33) darauf, dass bereits J.G. Buhle gegen eine Favorisierung der Antike argumentiert, denn es lasse sich »nicht mit Gewißheit das erste philosophirende Volk historisch angeben.« J.G. Buhle, *Geschichte der neuern Philosophie seit der Epoche der Wiederherstellung der Wissenschaften* I, Göttingen 1800, S. 13.

einen Anfang durch die Zuwendung zu einem »Horizont des Voranfänglichen« überwinden.[202]

202 Beelmann, *Theoretische Philosophiegeschichte*, S. 239.

Kapitel 5
Manuskripte aus dem Alten Ägypten

Um die kontroversen Diskussionen aus Kapitel 4 fortzusetzen, widmet sich dieses Kapitel nun der Vorstellung und philosophischen Untersuchung einiger ausgewählter Manuskripte aus dem Alten Ägypten. Eine solche Untersuchung ist heute nicht mehr schwer zu unternehmen, denn es liegen eine ganze Reihe interessanter Texte aus verschiedenen Epochen des Alten Ägypten vor, und zwar sowohl im Original in verschiedenen großen Museen Europas wie virtuell auf deren Websites als auch in ausgezeichneten Übersetzungen ins Deutsche, Englische oder Französische. Die materielle Ausgangsposition für eine kritische hermeneutisch-philosophische Beschäftigung mit Konzepten aus dem Alten Ägypten ist heute so gut wie sie es seit fast zweitausend Jahren, seit die hieroglyphische Schrift in Vergessenheit geriet,[1] nicht mehr gewesen ist. Allerdings ist es heute

1 Ein wesentlicher Grund für das Vergessen der ideengeschichtlichen Leistungen des Alten Ägypten ist vermutlich darin zu finden, dass dieses lange Zeit keine lesbare Kultur war und Forschungsinteressen eben auch vom Zugang zum Material abhängen. Die Entschlüsselung der ägyptischen Hieroglyphen gelang dem Franzosen Jean-François Champollion erst 1822. Wann genau das Wissen um die Bedeutung der Hieroglyphen verschwand, kann heute nicht mehr eindeutig geklärt werden. Noch 300 Jahre nachdem Ägypten nach dem Tod Kleopatras an die Römer gefallen war, wurden Inschriften in Hieroglyphen verfasst. Die letzte hieroglyphische Inschrift datiert aus dem Jahr 394 CE und befindet sich auf der Insel Philae. Das Aussterben des Wissens um die Hieroglyphen (ebenso wie um die demotische Schrift etwa 200 Jahre später) steht im engen Zusammenhang mit der Christianisierung. Als in Ägypten infolge der konstantinischen Wende (um etwa 312 CE) der Aufstieg des Christentums begann, wurden die alten Tempel nach und nach geschlossen, und mit dem Verdikt von 392 CE des byzantinischen Kaisers Theodosius wurde die Ausübung aller heidnischen Religionen verboten. Damit ging den Hieroglyphen, die aufs engste verbunden waren mit der priesterlichen Schriftkultur, ihre institutionelle Basis verloren. Ihr Verschwinden scheint damit das Ergebnis einer gezielten Religionspolitik gewesen zu sein – und weniger das Ergebnis der Übernahme einer effizienteren Schriftform. Noch aus dem 5. Jahrhundert CE gibt es eine Schrift des Philosophen Horapollon (aus Horus und Appollo, ein Verweis auf seinen Ursprung in einer ägyptischen hellenisierten Familie) unter dem Titel *Nilotici Hieroglyphica*. Dazu ausführlicher J. Assmann, »Etymographie. Zum Verhältnis von Bild und Begriff in der ägyptischen Hiero-

schwer zu sagen, ob die Manuskripte, die uns überliefert sind, zu den berühmtesten ihrer Zeit gehörten oder eine wenig einflussreiche Rolle spielten. Nach vier- bis fünftausend Jahren Geschichte ist es bereits bemerkenswert, dass Texte, geschrieben auf Papyrus, überhaupt bis heute überdauert haben. Dass der Zufall bei der Erhaltung und Überlieferung antiker Texte eine große Rolle spielt, darf in diesem Zusammenhang (ebenso wie im Zusammenhang mit anderen alten Schrifttraditionen) nicht außer Acht gelassen werden.

Die Texte, die in diesem Kapitel im Zentrum der Aufmerksamkeit stehen werden, sind die folgenden: die *Lehre des Ptahhotep*, die *Lehre des Ani*, die *Klagen eines Bauern* und das *Gespräch eines Mannes mit seinem Ba*. Damit wurde eine Auswahl aus einem viel reicheren Fundus an Texten getroffen. Die genannten Texte wurden aufgrund ihres inhaltlichen Reichtums, der sich in ihnen wiederholenden Grundbegriffe und aufgrund der hohen Wertschätzung, die sie unter Ägyptolog:innen genießen, ausgewählt. In Zusammenhang mit ihrer Bedeutung in der Ägyptologie steht, dass sie bereits mehrfach in verschiedene Sprachen übersetzt wurden, was eine sehr gute Grundlage für tiefere Analysen bietet. Eine vergleichende Studie der Übersetzungen ins Deutsche, Englische oder Französische macht deutlich, dass es Einigkeit bei der Übersetzung von Grundbegriffen gibt. Differenzen in der Übersetzung einiger Passagen können in die Analyse mit einbezogen werden und zu weiteren Überlegungen Anlass geben. Da die im Folgenden behandelten Manuskripte zudem fast vollständig sind oder auf mehreren sich ergänzenden Papyri vorliegen, ist ihre Aussagekraft größer, als dies bei kurzen Fragmenten der Fall ist, wie bei einer Inschrift aus der 12. Dynastie[2] (ca. 1800 BCE), in der sich laut Théophile Obenga die erste Definition eines Philosophen findet. Dort heißt es:

glyphenschrift«, in: *Polylog. Zeitschrift für interkulturelles Philosophieren* 15 (2006), S. 65-80.

2 Es gibt keine Einheitlichkeit in der Datierung der Reiche und Dynastien unter den Ägyptolog:innen. Ich lege hier die Zeitleiste zur Geschichte des Alten Ägypten von J. v. Beckrath zugrunde:
Frühdynastische Zeit: *ca. 3032-2707 v. Chr.* – 1. bis 2. Dynastie
Altes Reich: *ca. 2707-2216 v. Chr.* – 3. bis 6. Dynastie
Erste Zwischenzeit: *ca. 2216-2137 v. Chr.* – 7. bis 11. Dynastie
Mittleres Reich: *ca. 2137-1781 v. Chr.* – 11. bis 12. Dynastie
Zweite Zwischenzeit: *ca. 1648-1550 v. Chr.* – 13. bis 17. Dynastie

Kundigen Herzens bei dem, was man (sonst) nicht weiß; hellsichtig […], wenn er sich in eine Sache vertieft; der die Mitte hält beim Handeln; der […] eindringt in die alten Schriften; der geschickt (?) ist beim Lösen des Verknoteten; der wirklich weise ist; den sein eigenes Herz unterwiesen hat; kunstreichen Herzens […]; der sich selbst führt; der nachts wacht, indem er die (richtigen) Wege sucht, der übertrifft, was er gestern gemacht hat; weiser als ein Weiser, einer, der sich selbst zur Weisheit belehrt hat; der um Rat fragt und macht, daß man ihn um Rat fragt.[3]

Liest man diese Inschrift in (europäisch geprägter) philosophischer Perspektive, liefert der Text in der Tat eine interessante Beschreibung der Tätigkeit und auch Geisteshaltung einer Philosophin bzw. eines Philosophen und erinnert zudem deutlich an einige Fragmente der Vorsokratiker, in denen ebenfalls das Streben nach Wissen oder Weisheit, die Suche nach der richtigen Lebensführung und die Offenheit für einen guten Rat von Bedeutung sind. Aufschlussreicher als kurze Fragmente sind allerdings umfangreichere Manuskripte, die nun näher vorgestellt werden sollen. Zu einem besseren Verständnis der Inhalte erfolgt zunächst eine Erläuterung des altägyptischen Grundkonzepts der *Ma'at*, das den weltanschaulichen Hintergrund aller hier diskutierten Texte bildet. Bei der Darstellung und Erörterung der einzelnen Texte werden jeweils die Grundbegriffe herausgearbeitet und es wird geprüft, inwiefern diese Texte philosophisch relevante Fragen aufwerfen beziehungsweise Antworten anbieten. Nach einem kurzen Exkurs zur Stellung der Frau im Alten Ägypten folgt eine abschließende Reflexion auf Konsequenzen für eine zukünftige Philosophiegeschichtsschreibung.

Neues Reich: *ca. 1550-1070 v. Chr.* – 18. bis 20. Dynastie
Dritte Zwischenzeit: *ca. 1070-664 v. Chr.* – 21. bis 25. Dynastie
Spätzeit: *ca. 664-332 v. Chr.* – 26. bis 31. Dynastie
Griechisch-römische Zeit: *332 v. Chr. bis 395 n. Chr.*
Vgl. J. v. Beckrath, *Chronologie des pharaonischen Ägypten. Die Zeitbestimmung der ägyptischen Geschichte von der Vorzeit bis 332 v. Chr.* Mainz 1997, S. 187-192. Davon nur leicht abweichend ist die Zeitleiste in I. Shaw (Hg.), *The Oxford History of Ancient Egypt*, Oxford 2000, S. 479-483.

3 Brunner, *Altägyptische Erziehung*, Wiesbaden 1991, S. 160.

5.1. Das Konzept der Ma'at

Das Alte Ägypten entstand in einem Stiftungsakt, und zwar der Vereinigung von Ober- und Unterägypten. Dieser Stiftungsakt fand in seiner mythischen Form als Sieg des Horus (Oberägypten) über Seth (Unterägypten) statt. Historisch soll es die Tat des Königs Menes (Begründer der 1. Dynastie, ca. 3032 BCE) gewesen sein, der Unterägypten eroberte und die neue Landeshauptstadt Memphis gründete.[4] Diese neue Einheit wurde nicht nur auf politischer, sondern auch auf symbolischer Ebene vollzogen und umfasste Bereiche wie Sprache, Werte, Sitten, Kulte, Gott- und Lebensvorstellungen, kurz: die Stiftung einer kulturellen Identität Ägyptens, die regionale Formen (Dialekte, Kulte etc.) überlagerte. Der Ägyptologe Jan Assmann betont in diesem Zusammenhang:

> Wir dürfen nicht vergessen, daß die einheitsstiftende Leistung der Ägypter auf den Ebenen der politischen Gewalt (Erzwingung von Gehorsam) und der administrativen Organisation (Steuerwesen, Speicher- und Verteilungswirtschaft) in der damaligen Welt beispiellos dastand.[5]

Assmann argumentiert darüber hinaus, dass in der Phase des Alten Reichs eine Art »Reichskultur« entstand, die sich im Wesentlichen auf die folgenden vier Faktoren stützte:

1. *Sprache:* eine Schrift- und Hochsprache, die im ganzen Land verstanden wurde;
2. *Kunst:* die kanonisierte Formensprache eines handwerklichen Monumentalstils;
3. *Religion:* der Totenkult der Könige als eine Art Staatsreligion und
4. *Ethos:* die *Ma'at*-Lehre als eine Art Staatsideologie.[6]

Ma'at[7] ist dabei ein Schlüsselkonzept zum Verständnis des Alten Ägypten. Es handelt sich um einen außerordentlich komplexen Be-

4 J. Assmann: *Ma'at: Gerechtigkeit und Unsterblichkeit im Alten Ägypten,* München 2006, S. 51.

5 Ebd., S. 52.

6 Ebd.

7 »Die Aussprache Ma'at beruht auf ägyptologischen Konventionen. Hieroglyphisch erscheint das Wort als m-3-^{c}-t. Da die Hieroglyphenschrift keine Vokale schreibt, behilft sich die Ägyptologie damit, daß sie die Konsonanten 3 (Aleph) und c ('ajin) als »a« ausspricht.« Ebd., S. 15, Fn. 1.

griff. Dabei müssen zunächst zwei Ebenen unterschieden werden, denn *Ma'at* bezeichnet erstens eine altägyptische Göttin und zweitens ein dem Alten Ägypten zugrundeliegendes weltanschauliches Konzept. Dieses Konzept umfasst wiederum mehrere Dimensionen des Seins: das Universum, die politische Ordnung sowie das Individuum und dessen Stellung in der Welt und im Staat. Aus diesem Grund kann an dieser Stelle nur eine Annäherung unternommen werden, als Basis für ein besseres Verständnis der folgenden Ausführungen.[8]

Für die Göttin *Ma'at*, Tochter des Sonnengottes *Ra*, gibt es seit dem Alten Reich Belege. Sie wird dargestellt als Frau mit einer Straußenfeder auf dem Kopf und dem *Anch* (auch *Ankh*, das altägyptische Symbol des Lebens) in der Hand. *Ma'at* ist die Göttin der Wahrheit und Gerechtigkeit und symbolisiert die moralische Weltordnung. Ihr wurde später eine Schwester mit dem Namen *Isfet* an die Seite gestellt. Diese steht für das Chaos, sie bringt Leid und Verwüstung mit sich. Im Mittleren Reich wurde *Ma'at* dann zur Totengöttin, die die Verstorbenen an die Hand nimmt und mit ihnen ins Totenreich hinabsteigt.

Auf der konzeptionellen Ebene ist *Ma'at* aufgrund der Komplexität des Konzepts nicht einfach zu beschreiben. Meist wird der Begriff mit Wahrheit, Gerechtigkeit, Weltordnung oder auch Richtungssinn übersetzt. Assmann beschreibt die Schwierigkeit wie folgt:

> Mit dem Konzept der Ma'at hat eine vergleichsweise sehr frühe Kultur auf höchster Abstraktionsstufe einen Begriff geprägt, der menschliches Handeln und kosmische Ordnung miteinander verknüpft und damit Recht, Moral, Staat, Kult und religiöses Weltbild auf eine gemeinsame Grundlage stellt. Als Zentralbegriff des ägyptischen Denkens ist er unübersetzbar: Er steht und fällt mit dem ägyptischen Weltbild. Es scheint kaum eine Sprache zu geben, die ein Wort ähnlichen Bedeutungsumfangs kennt […]. Wir pflegen daher den Begriff unübersetzt zu lassen, was oft die beste Lösung ist, oder aber mit mehreren Wörtern zu umschreiben wie »Wahrheit, Gerechtigkeit, Weltordnung« […].[9]

Auch Maulana Karenga, der im Zusammenhang mit dem Begriff der *Ma'at* von einer »konzeptionellen Elastizität« (*conceptual elas-*

8 Zu einem umfassenderen Verständnis dieses Konzepts vgl. Assmann: *Ma'at: Gerechtigkeit und Unsterblichkeit im Alten Ägypten.*

9 Ebd., S. 17.

ticity)[10] spricht, beschreibt die Schwierigkeit einer Definition des Begriffs:

Die alten Ägypter hinterließen keine ausführliche Definition des Begriffs Maat, sondern nur Aussagen über seine zentrale Bedeutung in der Konzeption und Praxis des Guten und seine Bedeutung für das Göttliche, Soziale und Natürliche. Was also vorliegt, ist daher nicht so sehr ein detailliertes Dokument der Dinge, die zu tun und zu lassen sind, sondern ein Rahmen des Möglichen, ein gemeinsamer Fokus, ein Orientierungspunkt und eine Richtschnur für eine Vielfalt von Handlungen, die zur idealen Zielerreichung führen.[11]

Grundlegend versteht Karenga das Konzept der *Ma'at* als eine Orientierung für das Handeln. Auf der Basis seiner eigenen umfangreichen Studien von altägyptischen Texten und Manuskripten sowie in Auseinandersetzung mit verschiedenen weiteren Definitionsversuchen europäischer und afrikanischer[12] Ägyptolog:innen lautet die von ihm vorgeschlagene Definition wie folgt:

In seiner wesentlichen Bedeutung ist Maat Rechtschaffenheit (*rightness*) im spirituellen und moralischen Sinne in drei Bereichen: dem göttlichen, dem natürlichen und dem sozialen Bereich. In seiner umfassenden Bedeutung ist Maat eine zusammenhängende Ordnung der Rechtschaffenheit (*rightness*), die rechte Beziehungen zum Göttlichen, zur Natur und zu anderen Menschen voraussetzt und das Ergebnis von rechtem Verhalten gegenüber diesen ist. Als moralisches Denken und Handeln ist Maat ein Weg der Rechtschaffenheit (*rightness*), der insbesondere durch die Praxis der sieben Kardinaltugenden Wahrheit, Gerechtigkeit, Anstand, Harmonie, Gleichgewicht, Gegenseitigkeit und Ordnung definiert wird. Schließlich ist Maat als Grundlage und Rahmen für das moralische Ideal und seine Praxis die ständig zu verwirklichende Bedingung und Voraussetzung für die ideale

10 Karenga, *Maat, the Moral Ideal in Ancient Egypt*, S. 5

11 Ebd. Übersetzung A. G.

12 So beschreibt Bilolo *Ma'at* als ein epistemologisches, ein moralisches und metaphysisches Ideal. Vgl. Bilolo, *Le créateur et la création dans la pensée memphite et amarienienne*, Kinshasa 1988, S. 7. Für Obenga, der, wie wir im vorangegangenen Kapitel bereits gesehen haben, die *Ma'at* als »tranzendentale« Moralphilosophie betrachtet, umfasst das Ideal der *Ma'at* vier Grundbereiche: die Ordnung des Universums, die politische Dimension (die in der Ma'at für das Prinzip der Gerechtigkeit steht), die Dimension der Gemeinschaft und die Ebene des Individuums. Vgl. Obenga, »Egypt: Ancient History of African Philosophy«, S. 29-49 und ders., *La Philosophie africaine de la période pharaonique*.

Welt, Gesellschaft und Person, d.h. die maat-gemäße Welt, die maat-gemäße Gesellschaft und die maat-gemäße Person.[13]

Jan Assmann beschreibt das Konzept der *Ma'at* wie folgt:

> Im Begriff der Ma'at liegt ungeschieden beieinander, was später in Staats-, Moral-, Naturphilosophie und Theologie auseinandertreten wird. Die ägyptische Ma'at-Lehre bezieht sich auf den Ort des Individuums in der Gesellschaft, den Ort der Gesellschaft im pharaonischen Staat und den Ort des Staates im Kosmos. Als der Oberbegriff aller Bindungen und Verpflichtungen – gegenüber dem Mitmenschen, dem Staat und dem ›Heiligen‹ – und als Oberbegriff aller Denken und Handeln steuernden Axiome entspricht sie dem, was am angemessensten als ›ägyptische Religion‹ zu bezeichnen wäre. […A]ls In- und Oberbegriff aller Normen, Verpflichtungen und Axiome, die das menschliche Leben in den sozialen und politischen Ordnungen des Zusammenlebens steuern, deckt sie sich mit dem, was auch ›Kultur‹ genannt werden könnte, sie ist eine ›symbolische Sinnwelt‹, die alles Handeln und alle Ordnungen und Institutionen fundiert.[14]

Das *Ma'at*-Konzept, welches den einzelnen Menschen als Baustein im Gefüge des Staates betrachtet, die Herrschaft des Königs zum Sinnzentrum des Landes macht und *Ma'at* mit dem Willen des Königs gleichsetzt, stellt sich in diesem Zusammenhang als die »ideologische Entsprechung«[15] der politisch-organisatorischen Vereinheitlichung von Ober- und Unterägypten dar, so Assmann. Auf der Ebene des Individuums repräsentiert die *Ma'at* ein ethisches und moralisches Prinzip, nach dem das tägliche Handeln auszurichten ist, ob nun auf der Ebene der Familie, der Gemeinschaft, des Staates oder des Universums. Damit umfasst es alle Ebenen der menschlichen Existenz. Grundziel ist die Herstellung und Erhaltung der Harmonie, und zwar auf kosmologischer, gesellschaftlicher und individueller Ebene. Der Begriff *Ma'at* impliziert eine Einheit von Kosmos und Gesellschaft, Ordnung und Gerechtigkeit. Er bezeichnet zugleich ein

> […] Programm einer politischen Ordnung, die nicht nur unter den Menschen soziale Gerechtigkeit herstellt, sondern dadurch Menschen- und Götterwelt in Einklang bringen und die Welt insgesamt in Gang halten

13 Karenga, *Maat, the Moral Ideal in Ancient Egypt*, S. 10 f. Übersetzung A. G.

14 Assmann, *Ma'at*, S. 18.

15 Ebd., S. 54.

will. Denn der Ägypter lebt in einer Welt, die seiner Überzeugung nach unablässiger Inganghaltung bedurfte.[16]

An dieser Stelle wird ein entscheidender Unterschied zum griechischen Weltbild deutlich: die Weltordnung der *Ma'at* wird nicht als vom Menschen unabhängig gedacht. Für die Griechen lag im wohlgeordneten kosmischen Sein das Wesen der Welt, das als Modell der politischen, sozialen und personalen Ordnung diente. In der ägyptischen Kosmologie dagegen wird die Ordnung der Welt beständig durch das umschließende Nicht-Sein und das Chaos der *Isfet* bedroht. Hier wird von einer unvollkommenen und daher gefährdeten Welt ausgegangen, in der *Ma'at* und *Isfet*, Ordnung und Chaos, permanent in einen Ausgleich gebracht werden müssen. Dabei ist *Isfet* die natürliche, die gegebene Verfassung der Welt. Sie ist das Gegenteil der *Ma'at*, also von »menschenweltlicher Gerechtigkeit und götterweltlicher Harmonie«.[17] Ordnung (*Ma'at*) ist nur durch die Überwindung der gegebenen Unordnung möglich. Dabei kann sich die *Ma'at* aus eigener Kraft nicht halten. Somit bedeutet die Erhaltung der *Ma'at* die ständige Aufforderung, politische Ordnung, soziale Gerechtigkeit und eine Harmonie zwischen Götter- und Menschenwelt herzustellen und die Welt in Gang zu halten.[18] Eine besondere Rolle spielen dabei der Staat und der König beziehungsweise Pharao, aber auch der Opferkult als Weg des Kontakts zu den Göttern und Göttinnen sowie zu den Toten.

Die *Ma'at* ist also keine Substanz oder ein Mechanismus, der einfach da ist und wirkt, sondern muss durch die Menschen in ihrem Handeln und Sprechen praktiziert werden. Nur durch ent-

16 Ebd., S. 34

17 Ebd., S. 213.

18 Assmann führt dazu aus: »Von dem griechischen Kosmosbegriff unterscheidet es [das ägyptische Modell] sich durch seine Dynamik. Nach ägyptischer Vorstellung geht es bei dem, was wir ›Kosmos‹ nennen, um einen *Prozess*, dessen Gelingen fortwährend auf dem Spiel steht und der unausgesetzten in-Gang-haltenden Willensanstrengung der Götter entspringt. Aber die Götter können auch gar nichts anderes wollen als die In-Gang-Haltung der Welt. [...] Die ägyptischen Götter sind nicht nur *in* der Welt, sondern sie *sind* die Welt. Ihr Zusammenwirken bringt die Welt, d. h. den Prozess, den wir ›Kosmos‹ nennen, fortwährend hervor. Dazu bedarf es der Ma'at. Sie sorgt für den Einklang des Zusammenwirkens, der aus dem Widerspiel der Kräfte und der Überwindung gegenstrebiger Energien den Kosmos resultieren lässt.« Assmann, *Ma'at*, S. 34 f.

sprechendes Handeln kann die *Ma'at* erhalten und das Chaos der *Isfet* verhindert werden. Oder wie Assmann schreibt:

> Für die Ägypter wird Gemeinschaft dadurch hergestellt und aufrechterhalten, daß jeder einzelne die Ma'at tut und die Ma'at sagt. Dadurch knüpft und stärkt er das Netz der Konnektivität, das sowohl seinem eigenen Leben Bestand über den Tod hinaus verleiht als auch die Harmonie des menschlichen Zusammenlebens garantiert. Es kommt darauf an, sich selbst als Glied eines umgreifenden Ganzen zu verstehen und sich in Reden und Handeln diesem Ganzen einzufügen.[19]

Diese Verpflichtung geht über die gesellschaftliche Dimension hinaus und bindet den Menschen zugleich in die göttliche Ordnung des Kosmos ein.[20] Damit zielt das rechte Leben und Handeln auch auf das Leben nach dem Tod. Ordnung und Rechtschaffenheit stehen somit in enger Verbindung mit einer weitreichenden Heilserwartung.

Assmann hat für den Kern des *Ma'at*-Konzepts den Begriff der »konnektiven Gerechtigkeit« (*iustitia connectiva*) geprägt. »Konnektive Gerechtigkeit« verbinde die Menschen über ein Gefühl von Verantwortung und Vertrauen miteinander in einer »Kultur des Füreinander-Handelns und Aufeinander-Hörens«.[21] So bedeute *Ma'at* laut einer Inschrift auf der Stele des Königs Neferhotep (Neferhotep I, 13. Dynastie, Osiristempel in Abydos, ca. 1700 BCE): »Der Lohn eines, der handelt, besteht darin, daß für ihn gehandelt wird. Das hält Gott für Ma'at.«[22] Deutlich werde hier die Notwendigkeit eines Füreinander-Handelns als eines Prinzips der Reziprozität: »Der zur Ma'at erzogene Mensch weiß sich für sein Tun und Reden verantwortlich; daher ist er des Vertrauens der anderen

19 J. Assmann, »Gerechtigkeit, Vergänglichkeit und Gedächtnis im alten Ägypten«, in: *Akademie-Journal* 2 (2002), S. 62-66, hier S. 63.

20 An anderer Stelle beschreibt Assmann die *Ma'at* auch als ein Prinzip, das einen gesellschaftlichen Raum schafft, indem es Menschen aneinanderbindet, eine gesellschaftliche Zeit schafft, indem es Gestern, Heute und Morgen miteinander verknüpft, und Bedeutung schafft, indem gutes Handeln belohnt und Verbrechen bestraft werden. Vgl. J. Assmann, »A Dialogue between Self and Soul: Papyrus Berlin 3024«, in: A. Baumgarten, J. Assmann, G. Stroumsa (Hg.), *Self, Soul, and Body*, Leiden 1998, S. 384-403, hier S. 402.

21 Assmann, *Ma'at*, S. 89.

22 Ebd., S. 283.

würdig«, schreibt Assmann.[23] In einem »konnektiven« Verständnis von Gerechtigkeit wird diese nun nicht in erster Linie in ihrer distributiven und korrektiven Dimension verstanden (wie zum Beispiel bei Aristoteles), sondern in ihrer relationalen, durch die jeder einzelnen Handlung eine Bedeutung verliehen wird, da Handeln, Verlauf und Ergebnis untrennbar miteinander verknüpft sind.[24] Assmann argumentiert, dass die zur *Ma'at* erzogenen Menschen im Alten Ägypten in einem starken Bewusstsein der Einbindung des einzelnen Menschen in soziale Zusammenhänge und der Angewiesenheit des Einzelnen auf andere Menschen gelebt hätten. Er bezeichnet die hier verankerte Ethik in Anlehnung an Emmanuel Levinas auch als den ägyptischen »Humanismus des Anderen«.[25] Das daraus resultierende Erziehungsideal sei somit eines des Miteinanders, der Gemeinsamkeit und Mitmenschlichkeit. Das Gute bestehe dann darin, alles zu vermeiden (im Handeln und Sprechen), was den menschlichen Zusammenhalt stören könnte, und alles zu tun, um die zwischenmenschlichen Vernetzungen aufrechtzuerhalten und zu befördern.

Die im Folgenden behandelten Texte stammen überwiegend aus der Zeit des Mittleren Reichs. Das Alte Reich zerfiel etwa um 2200 BCE. Die folgende Periode wird allgemein als *Erste Zwischenzeit* bezeichnet. Sie war vermutlich aufgrund langanhaltender Dürreperioden gekennzeichnet durch Hungersnöte und politisches Chaos. Aufgrund der schwindenden Zentralgewalt des Pharaos übernahmen Provinzherrscher die Kontrolle in ihren Gebieten, was zu zahllosen kriegerischen Auseinandersetzungen lokaler Herrscher untereinander führte. Der politische Zerfall des Zentralreiches führte aber auch dazu, dass die ideologische Grundlage dieses Reiches erstmalig auf den Prüfstand kam und in Frage gestellt werden konnte.[26] Aus dieser Situation und dem Bedürfnis nach neuen Orientierungen entsprang ein Diskurs über die *Ma'at*. Assmann ordnet hier die

23 Ebd., S. 91.

24 Von einer Philosophie der Gerechtigkeit spricht in diesem Zusammenhang Anna Mancini, *Maat Revealed: Philosophy of Justice in Ancient Egypt,* New York 2004.

25 Assmann, *Ma'at*, S. 90.

26 Dass der Zerfall großer Reiche Anlass für das Entstehen neuer intellektueller Bewegungen war, lässt sich anhand verschiedener Regionen der Welt und unterschiedlicher Jahrhunderte nachweisen. Ein Beispiel aus China wäre die »Zeit der streitenden Reiche«, die zu einer Blütezeit der chinesischen Philosophie wurde.

Lehre des Ptahhotep und die *Lehre für Meri-ka-Re* ein. Beide Texte sind für ihn Beispiele der von ihm so benannten Weisheits- oder *Ma'at*-Literatur.

Sie entsteht in einer Situation kognitiver Dissonanz, des Auseinandertretens von *Ma'at* und Wirklichkeit, und aus der dadurch in Gang gesetzten Reflexion auf die allgemeinen Grundlagen der *conditio humana*.[27]

Der literarische Kanon der ägyptischen Literatur wird gemeinhin in drei Gattungen unterteilt: Die Erzählungen beziehungsweise Märchen sowie zwei Arten der Weisheitsliteratur, die Lebenslehren (*sebayet*) und die Klagen. Die Weisheitsliteratur, deren Hauptströmung Assmann in das 13. bis 12. Jahrhundert BCE datiert,[28] zeichnet sich dadurch aus, dass sie sehr grundsätzliche Erwägungen über Menschen und Welt anstellt und nach Regeln der Wahrheit, Gerechtigkeit und Ordnung sucht. Die Lehren, in denen ein Vater seinem Sohn, zuweilen auch ein König am Ende seines Lebens seinem Nachfolger praktisch-moralische Anleitungen hinterlässt, beschäftigen sich im Allgemeinen in didaktischer Form mit der Frage, wie man ein wahrhaft gutes (ethisches) Leben führen könne; im Falle eines Königs auch mit allgemeinen Hinweisen zum Umgang mit politischen Fragen. Während diese Form ein Monolog ist, finden die Klagen zumeist in Form eines Dialogs statt und zeichnen sich durch ein Beklagen der Wechselfälle und Unsicherheiten des Lebens aus. Im Mittelpunkt stehen oft persönliche Ängste, Probleme des Lebens, die Natur des Menschen und die Natur der Ewigkeit.[29] Insbesondere in der Weisheitsliteratur steht das Konzept der *Ma'at* im Zentrum der Abhandlungen. Zur Gattung der Lebenslehren gehört auch die *Lehre des Ptahhotep,* die im folgenden Abschnitt erörtert wird.

27 Assmann, *Ma'at*, S. 57.

28 Ebd., S. 49.

29 »Die Lehren, der literarischen Rahmenfiktion zufolge immer von einem Vater an den Sohn gerichtet, behandeln die Verwirklichung der Ma'at im individuellen Leben; die Klagen […] behandeln die Gesellschaft und ihre Fundierung in der Ma'at.« (Ebd.)

5.2. Die Lehre des Ptahhotep

Ptahhotep ist als historische Person belegt. Er lebte in der Zeit der 5. Dynastie unter Pharao Isesi (ca. 2388-2356 BCE) und war Berater oder Erster Minister des Pharaos sowie Stadtverwalter. Vermutlich fungierte er auch als Priester. Gemeinhin gilt Ptahhotep als der Verfasser von insgesamt 37 Maximen, die als die älteste vollständig erhaltene Weisheitslehre gelten.[30] Allerdings vertreten einige Ägyptologen, unter ihnen Jan Assmann, die These, dass die Lehrer in altägyptischen Lehrtexten immer fiktive Gestalten ohne Bezug zu historischen Persönlichkeiten sind.[31] Die Frage der Autorschaft ist somit weitgehend ungeklärt, ebenso wie die Art der Zuhörer- oder Leserschaft. Hans-Werner Fischer-Elfert bemerkt allerdings zur Frage der Autorschaft:

> Es wird bei jeder Lehre auch eine wie auch immer geartete ›Urfassung‹ gegeben haben, die dann infolge der für altägyptische literarische Werke so typischen ›Offenen Überlieferung‹ beziehungsweise dem fehlendem Copyright mehr oder minder rasch textuellen Veränderungen unterzogen werden durfte und auch unterzogen worden ist. [...] Die Texte sind nicht Produkt von Autorenkollektiven oder Schreibbüros, sondern einzelner Personen im Sinne von auctores, die nur das Pech hatten, mit ihren Texten keine Urheberrechte anmelden zu können.[32]

Der Text der Maximen ist auf fünf Papyri, einer Holztafel und drei Ostraka (ein Ostrakon ist eine Ton- oder Steinscherbe mit einer

30 Hier verwendete Textquellen: H. Brunner, *Die Weisheitsbücher der Ägypter*, Zürich 1991, S. 104 132. Brunner bezieht sich in seiner Übersetzung auf zwei Textquellen: neben dem Papyrus Prisse auch auf den Papyrus 10509 (L2) aus dem Britischen Museum (18. Dynastie). Außerdem verwende ich: F. Junge, *Die Lehre Ptahhoteps und die Tugenden der ägyptischen Welt*, Göttingen 2003; Assmann, *Ma'at* und als englische Quellen: B. Gunn, *The Instruction of Ptah-Hotep and the Instruction of Ke'gemni: The Oldest Books in the World,* London 1912; R. B. Parkinson, *The Tale of Sinuhe and Other Ancient Egyptian Poems 1940-1640 BC,* Oxford 1997.

31 Brunner, *Die Weisheitsbücher der Ägypter*, S. 62 ff., Abschnitt »Die Verfasser«. Auch Brunner betont, dass es schwierig ist, den Verfasser dieser Lehre zu identifizieren, und dass es sich um Pseudoepigraphen handeln könnte.

32 H.-W. Fischer-Elfert, »Persönliche Frömmigkeit und Bürokratie. Zu einer neuen Edition der Lehre des Ani«, in: *Die Welt des Orients* 28 (1997), S. 18-30, hier S. 20.

Schülerarbeit) überliefert.[33] Der vollständigste Text, der zugleich der älteste erhaltene sein dürfte, befindet sich auf dem berühmten *Papyrus Prisse*,[34] das heute in der französischen Nationalbibliothek aufbewahrt wird. Ursprungsort und Alter sind nur schwer zu bestimmen. Ob das Original bereits in der 5. Dynastie verfasst wurde, kann nicht eindeutig nachgewiesen werden. Sicher ist jedoch, dass der Hieroglyphentext in Mittelägyptisch geschrieben wurde, allerdings auch einige altägyptische Sprachelemente enthält. Zumeist wird der Text in die 13. Dynastie (etwa 2137 bis 1781 BCE, Mittleres Reich) datiert.

Schon im Alten Ägypten scheint der Text von großem Einfluss gewesen zu sein, wie zahlreiche Verweise in anderen Manuskripten deutlich machen. Dieser Einfluss lässt sich bis zum Beginn der koptischen Zeit nachweisen.[35] Aus diesem Grund ist es sinnvoll, die Lehre des Ptahhotep an den Anfang unserer Untersuchung ausgewählter altägyptischer Manuskripte zu stellen: Er ist vermutlich nicht nur der älteste Text, sondern beinhaltet bereits wichtige Grundbegriffe, die zentral für das Konzept der *Ma'at* waren und sich in den späteren Texten wiederfinden. Zu diesen Grundbegriffen gehören das Hören, die Taubheit, das Füreinander-Handeln, das Erinnern an das Gestern und die Habgier.

Der Text besteht aus einem einleitenden Vers, den 37 Maximen und einem Epilog. In der Einleitung wird der Wesir Ptahhotep als

33 Vgl. Junge, *Die Lehre Ptahhoteps,* S. 11. Die Papyri sind: Papyrus Prisse (französische Nationalbibliothek, Nr. 183-194); die zusammengehörigen Papyrusfragmente BM 10371 und BM 10435 im Britischen Museum London; der Papyrus BM 10509; der Papyrus Turin CGT 54024; das hölzerne Carnarvon Tablet im Ägyptischen Museum Kairo (CG 41790); die Ostraka oDM 1232-1234.

34 Auf diesem Papyrus befinden sich zwei Lehren: Das Ende der *Lehre für Kagemni* und die *Lehre des Ptahhotep*. Der Papyrus erhielt seinen Namen nach dem französischen Ägyptologen Émile Prisse d'Avennes, der das Manuskript 1842 einem Händler in Theben-West, am westlichen Nilufer von Luxor, abgekauft hatte. 1847 wurde von d'Avennes erstmals eine Reproduktion des Manuskripts in einer sehr kleinen Auflage veröffentlicht, 1858 erfolgte die erste Übersetzung einiger Passagen. Heute liegt die *Lehre des Ptahhotep* in verschiedenen Sprachen vor.

35 Vgl. J. Assmann, *Ägypten: Eine Sinngeschichte,* München 1996, S. 305 f.; H. Brunner, »Ptahhotep bei den koptischen Mönchen«, in: *Zeitschrift für ägyptische Sprache und Altertumskunde* 86 (1961), S. 145-147; Ders., *Grundzüge einer Geschichte der altägyptischen Literatur,* Darmstadt [4]1986, S. 4-5; J. P. Allen, *Middle Egyptian Literature: Eight Literary Works of the Middle Kingdom,* Cambridge 2015, S. 161.

Verfasser genannt. Darin heißt es, dass Ptahhotep alt geworden sei und den Pharao darum bitte, einen Nachfolger für sein Amt unterweisen zu dürfen. Dieser Bitte wird stattgegeben. Daraufhin beginnt der Text mit der Belehrung, und zwar in der Maxime I sogleich mit einer Ermahnung, die uns auch aus der griechischen antiken Philosophie bekannt ist. Es heißt hier:

> Sei nicht eingebildet auf dein Wissen
> und verlaß dich nicht darauf, daß du ein Weiser seist,
> sondern besprich dich mit dem Unwissenden so gut wie mit dem Weisen.
> Es gibt keinen Künstler, der seine Vollkommenheit erworben hat,
> denn die Grenzen der Kunst werden nie erreicht.
> Vollkommene Rede ist verborgener als ein Malachit,
> und doch kann man sie entdecken bei den Mägden über den Mahlsteinen.[36]

Zweifel an der Sicherheit unseres Wissens ist ein Motiv, das wir auch in den Weisheitssprüchen der »Sieben Weisen« Griechenlands, bei den Vorsokratikern und später als eine zentrale Idee in den sokratischen Dialogen finden.[37]

Der Hauptteil des Ptahhotep zugeschriebenen Textes besteht nun in Versen zur Unterweisung des Nachfolgers, das heißt, es handelt sich um einen Lehrtext mit pragmatischen Verhaltensregeln für einen höheren Beamten sowie moralischen Handlungsanweisungen für ein gutes soziales Verhalten und das Führen eines guten Lebens. Dazu gehören Selbstbeherrschung (Maxime 3, 14), Vertrauenswürdigkeit (Maxime 14, 22), Rechtschaffenheit (Maxime 20, 22), Großzügigkeit (22) und Achtung. Da es sich um die Vorbereitung eines Nachfolgers für die Beamtenlaufbahn handelt, beschäftigen sich die Verse in erster Linie mit Regeln zum klugen Verhalten gegenüber Vorgesetzten, Gleichrangigen und Untergebenen sowie mit Fragen einer weisen Menschenführung. Darüber hinaus gelten Bescheidenheit, Gerechtigkeit, Großherzigkeit und das rechte Maß als Ideal menschlichen Handelns. Gewarnt wird vor Habgier, Unzucht, Flüchen, übler Nachrede, Zornesausbrü-

36 Brunner, *Die Weisheitsbücher der Ägypter*, S. 111.

37 Vgl. Platon, *Apologie des Sokrates* 21a-22a.

chen, Leidenschaft oder Ungeduld. Hinter dieser vielleicht eher pragmatischen Lebensklugheit stecken umfassendere Werte für ein ethisches Miteinander in der Gemeinschaft und im kosmischen Rahmen, nämlich ein Verhalten, das der *Ma'at* gerecht wird und Ordnung und Gerechtigkeit aufrechterhält. Im Folgenden soll auf einige philosophisch relevante Grundbegriffe, die in den Unterweisungen eine zentrale Rolle spielen, näher eingegangen werden.

Das Hören

Eine der wichtigsten Tugenden, die wiederholt in der *Lehre des Ptahhotep* thematisiert wird, aber auch in anderen Manuskripten an zentraler Stelle steht, ist das Hören, sowohl als eine hohe Tugend für Beamte, wie zum Beispiel in Maxime 17,[38] als auch für jeden moralischen Menschen, ob hohen oder niederen Ranges, ob reich oder arm. Auf die Bedeutung des Hörens wird bereits am Anfang der *Lehre des Ptahhotep* verwiesen. Hier fordert der Pharao seinen Beamten mit Blick auf die Vorbereitung eines Nachfolgers auf:

> So erziehe ihn zu den Worten der Vergangenheit,
> bevor du dich zur Ruhe setzest. [...]
> Das Gehörte soll in ihn eingehen und jede Einsicht dessen,
> der zu ihm spricht.
> Niemand kommt ja weise auf die Welt.[39]

Das Hören steht hier in unmittelbarer Beziehung zur Erziehungsfähigkeit des Menschen, eine unbedingt nötige Fähigkeit, da Weisheit den Menschen nicht von Geburt gegeben ist, sondern erlernt werden muss. Somit steht insbesondere denjenigen, die eine soziale Führungsposition einnehmen sollen, ein langer Weg der Bildung und Erziehung bevor. Zudem sind es die »Worte der Vergangen-

38 »Wenn du jemand bist, an den man Gesuche richtet,
dann höre geduldig auf das, was der Besucher sagt.
Weise ihn nicht ab, ehe er seinen Leib ausgekehrt hat,
bis er das gesagt hat, weshalb er gekommen ist.
Einem Bittsteller ist es wichtiger, dass man seine Rede
geneigt anhört,
als dass erfüllt wird, weshalb er gekommen ist.« Brunner, *Die Weisheitsbücher der Ägypter*, S. 119.

39 Ebd., S. 110 f.

heit«, die offenbar als höchste Autorität gelten und an den Nachfolger durch Ptahhotep weitergegeben werden sollen. Als *locus classicus* für das Lob des Hörens bezeichnet Assmann den Schlussteil der Lehre des Ptahhotep.[40] In der Übersetzung von Brunner lautet dieser Abschnitt so:

> Vorteilhaft ist das Hören für einen Sohn, der hört,
> denn das Hören dringt ein in den Hörer,
> und so wird aus dem Hörer ein Gehorsamer.
> Gutes Zuhören bedeutet auch gutes Sprechen,
> und so verfügt der Hörende über einen (weiteren) Vorteil,
> und Hören bringt Vorteil für den Hörer.
> Hören ist besser als alles andere, es führt zu schöner
> Beliebtheit.
> Wie gut ist es doch, wenn ein Sohn annimmt, was sein
> Vater sagt.
> Es begleitet ihn bis ins hohe Alter.
> Wen Gott liebt, der kann hören,
> aber nicht kann hören, wen Gott verwirft.
> Es ist das Herz, das seinen Besitzer werden lässt
> zu einem Hörenden oder zu einem, der nicht hört.
> Leben, Heil und Gesundheit eines Menschen bestimmen
> also sein Herz.
> Ein (jeder) Hörer hört wohl, was gesagt wird,
> aber nur wer bereitwillig hört, handelt auch nach dem
> Gesagten.[41]

Bevor philosophische Interpretationsmöglichkeiten erörtert werden, muss zunächst allerdings die Bedeutung der Übersetzungsproblematik thematisiert werden, die an diesem Abschnitt besonders deutlich wird. Während Brunner im obigen Abschnitt noch übersetzt »und so wird aus dem Hörer ein Gehorsamer« und damit der Traditionslinie von Battiscombe Gunn (1912) folgt, dessen Ptahhotep-Übersetzung lange Zeit als Standardwerk galt, folgen die Ägyptologen Jan Assmann und Friedrich Junge dieser Art der Übersetzung nicht, sondern übersetzen diese Zeile entweder als »[...] aus dem Hinhörenden jemand wird, auf den gehört wird«[42] oder »wird

40 Assmann, *Ma'at*, S. 75.

41 Brunner, *Die Weisheitsbücher der Ägypter*, S. 129, 451-467.

42 Junge, *Die Lehre Ptahhoteps*, S. 183.

der Hörende zu einem, auf den gehört wird«.[43] Wie signifikant die Übersetzungsunterschiede hinsichtlich der konzeptuellen Bedeutung (Gehorsam vs. Hören / Folgen vs. Führen) sind, wird besonders deutlich, wenn wir Assmanns Übersetzung der von Brunner (oder gar der von Gunn[44]) gegenüberstellen. Bei Assmann liest sich derselbe Abschnitt wie folgt:

> Wohltätig ist das Hören für den hörenden Sohn.
> Wenn das Gehörte eintritt in den Hörenden,
> wird der Hörende zu einem, auf den gehört wird.
> Wenn das Hören gut ist, ist das Reden gut,
> und der Hörende ist ein Besitzer von Wohltätigem.
>
> Wohltätig ist das Hören für den Hörenden,
> besser ist Hören als alles andere,
> denn die Beliebtheit gelangt zur Vollendung.
> Wie schön ist, wenn ein Sohn annimmt, was sein Vater sagt:
> Ihm wird hohes Alter zuteil dadurch;
> Denn ein von Gott Geliebter ist der Hörende,
> aber ein von Gott Gehaßter kann nicht hören.
>
> Es ist aber das Herz, das seinen Besitzer macht
> Zu einem Hörenden oder zu einem Nicht-Hörenden.
> Leben, Heil und Gesundheit eines Mannes ist sein Herz.
> Der Hörende hört das, was gesagt wird,
> der das Hören liebt, tut, was gesagt wird.[45]

Die erste und wichtigste Übersetzungsverschiebung ist der Übergang von »Gehorsam« zu »Hören«. Während *Gehorsam* auf ein Befolgen von Geboten oder Verboten hinausläuft sowie ein Unterordnen unter eine Autorität beinhaltet und somit Widerstand und Kritik im Grunde ausschließt, ist *das Hören* im Sinne eines Hinhörens oder Zuhörens zunächst ein offener, kreativer Prozess, der jeden freiheitlichen Akt stets noch potentiell beinhaltet. Denn letztlich hängt es vom Hörer beziehungsweise der Hörerin ab, wie

43 Assmann, *Ma'at*, S. 75.

44 Gunn übersetzt durchweg die entsprechenden Stellen mit dem Begriff »Gehorsam« (*obedience/obeyeth*), z. B. hier: »A splendid thing is the obedience of an obedient son; he cometh in and listeneth obediently.« Gunn, *The Instruction of Ptah-Hotep*, S. 57.

45 Assmann, *Ma'at*, S. 75 f.

er oder sie sich zum Gehörten verhält – was dann in entsprechenden Handlungen offenbar werden kann. In der oben in mehreren Übersetzungen zitierten Zeile ist die Bedeutungsverschiebung sogar noch radikaler, wird bei Brunner aus dem Hörer doch ein ›Gehorsamer‹, bei Assmann und Junge jedoch einer, auf den gehört wird, der also selbst zur Autorität in gesellschaftlichen, ethischen und anderen Fragen werden kann. Hingegen wird in der letzten Zeile wiederum eine Ambivalenz deutlich, heißt es hier doch, dass, wer »das Hören liebt, tut, was gesagt wird«, was wiederum auf Gehorsam hinauslaufen kann.

Die Zeile »das Herz, das seinen Besitzer werden lässt zu einem Hörenden oder zu einem, der nicht hört«, scheint allerdings zu implizieren, dass es für jeden Menschen möglich ist, eine Hörende oder ein Nicht-Hörender zu werden, dass es letztlich von persönlichen Entscheidungen, dem individuellen Charakter oder der eigenen Sinnesart abhängt. Das Hören wird somit nicht als ein passives Verhalten verstanden, sondern als ein offener Prozess, der mit Entscheidungen verbunden ist, dem Gehörten zu folgen – oder auch nicht. Friedrich Junge spricht in diesem Zusammenhang sogar von einer »Erkenntnistheorie des Hinhörens«[46] und führt aus:

> […] und indem ich das Sein hinhörend wahrnehme, bringe ich jene symmetrische Liebe zur Entfaltung, die mir einerseits die Gunst und Liebe Gottes einträgt und die mir andererseits Antrieb ist, die Ordnung der Dinge auch in meinem Inneren zu organisieren und sie wohlhandelnd nach außen zu tragen.[47]

Genaues Hinhören kann also als eine Weise der Wahrnehmung von Sein, ein Streben nach Erkenntnis, nach Wissen über die Welt verstanden werden. Ein solches Wissen ist nun die Voraussetzung für ein rechtes, *Ma'at*-gemäßes Leben, das als gesellschaftliches, kosmologisches und religiöses Ziel angestrebt wird.

In der *Lehre des Ptahhotep* können verschiedene Ebenen des Hörens unterschieden werden, die eng miteinander verwoben sind:

- Das genaue Zuhören einem Beschwerdeführer gegenüber als ein Ernstnehmen seiner Nöte (Beamtentugend).
- Das Hören auf einen Vater oder Lehrer im Sinne eines Verin-

46 Junge, *Die Lehre Ptahhoteps*, S. 101.

47 Ebd., S. 101 f.

nerlichens seiner Ratschläge und Lehren (Bildungs- und Erziehungsfähigkeit). In der *Lehre des Ptahhotep* läuft diese Art des Hörens im Wesentlichen auf ein Befolgen der Ratschläge hinaus.

– Ein Hören im Sinne von Gehorsam oder Hörigkeit. Auch diese Dimension schwingt in diesem und anderen Texten mit.
– Das Hören auf die Vorfahren (auf das Gestern), also auf Überlieferungen als eine höhere Autorität im Sinne einer Fortführung der Traditionen.
– Das Hören auf die *Ma'at* im Sinne einer Erkenntnis und eines Wissens um die Zusammenhänge in der Gesellschaft und der Welt und einer daraus folgenden Ethik zur Aufrechterhaltung der kosmischen Ordnung und des Gleichgewichts, das heißt eine Verknüpfung der ontologischen Ebene mit einer ethisch-normativen.

Im folgenden Abschnitt, der sich der *Lehre des Ani* widmet, wird eine weitere Dimension des Hörens eröffnet, nämlich das Hören als kritische Auseinandersetzung mit dem Gehörten und die Verweigerung des Gehorsams.

Das Hören, das im Konzept der *Ma'at* und in altägyptischen Manuskripten eine zentrale Rolle spielt, wird in der europäischen Philosophiegeschichte selten zum Thema gemacht.[48] Allerdings spielt es in Fragmenten Heraklits durchaus eine wichtige Rolle, wo es unter anderem heißt:

> Verständigsein ist die wichtigste Tugend; und die Weisheit besteht darin, das Wahre zu sagen und zu tun in Übereinstimmung mit der Natur, im Hinhorchen.[49]

Wahre menschliche Erkenntnis setzt für Heraklit voraus, den Logos als Denk- und Weltgesetz zu erkennen und das eigene Handeln und Denken an ihm auszurichten. Erst durch das Hinhören auf die Natur erschließt sich das Naturgemäße und steht so als Maßstab des Handelns in Verbindung mit dem durch den Logos vorgegebenen Vernunftgemäßen. Kritisch betrachtet Heraklit dagegen ein Hören, das dem Logos gegenüber verständnislos bleibt:

48 Espinet spricht hier auch von »Hörvergessenheit«. D. Espinet, *Phänomenologie des Hörens: eine Untersuchung im Ausgang von Martin Heidegger*, Tübingen 2009, S. 3. Es ist schade, dass Espinet in seiner Analyse nicht bereits vor Heraklit ansetzt.

49 Heraklit (DK 22 B 112), zitiert nach J. Mansfeld (Hg.), *Die Vorsokratiker I,* Stuttgart 1983, S. 277.

Gegenüber der hier gegebenen, unabänderlich gültigen Auslegung (*logos*) erweisen sich die Menschen als verständnislos, sowohl bevor sie als auch wenn sie sie einmal gehört haben. Denn obwohl alles in Übereinstimmung mit der hier gegebenen Auslegung geschieht, gleichen sie Unerfahrenen, sobald sie sich überhaupt an solchen Aussagen und Tatsachen versuchen, wie ich sie darlege, indem ich jedes Einzelne seiner Natur gemäß zerlege und erkläre, wie es sich damit verhält. Den anderen Menschen aber entgeht, was sie im Wachen tun, genau wie das, was sie im Schlaf vergessen.[50]

Und noch deutlicher heißt es bei ihm auch:

Die ohne Verständnis hören, gleichen Tauben; das Sprichwort bezeugt es ihnen: ›Anwesend sind sie abwesend.‹[51]

Hören bezieht sich bei Heraklit auf den Logos und ist somit von epistemologischer Bedeutung. Hörend erschließt sich das Wissen, dass alles eins ist (vgl. Heraklit DK 22 B 50). Die Nähe zum Hören auf die *Ma'at* (im Sinne der Weltordnung) als Aufforderung, diese zu erkennen und im rechten Tun und Sprechen zum Ausdruck zu bringen, ist durchaus auffallend.

Nach Heraklit spielt das Hören kaum noch eine Rolle in der europäischen Philosophie. Erst seit dem 20. Jahrhundert beschäftigt sich die Schule der Phänomenologie wieder intensiver mit dem Hören. Insbesondere Heidegger hat dazu wesentlich beigetragen. Auch Heidegger eröffnet in seinen Werken verschiedene Ebenen des Hörens: das Hören als konstitutiv für das Dasein; das geschichtliche Hören auf die Worte der Denker und Dichter; oder das Aufeinanderhören im Gespräch der Götter und Menschen oder auf den Wechsel der Tonarten. Heidegger bezeichnet das Hören als die »fundamentale Weise des Vernehmens« (GA 18, 44)[52] oder die »Grundverfassung des Menschen, der spricht« (GA, 19, 70). Aber beim Hören gibt es Unterschiede: das Hören als einfaches »Zur-Kenntnisnehmen«; als Anhören, »das mehr oder minder gleichgültig das Hörbare vorüberziehen läßt«; als »Hinhören der Neugier«; oder »ein Zuhören, das dem Gehörten zudrängt, erfüllt und benommen davon in einer Selbstverlorenheit sich einwiegen läßt« (GA 39, 198, § 7f.). Insofern scheint eine Diskussion des Kon-

50 Heraklit (DK 22 B 1). Ebd., S. 245.
51 Heraklit (DK 22 B 34). Ebd., S. 247.
52 Zitiert nach M. Heidegger, *Gesamtausgabe*, Frankfurt/M. 1975 ff.

zepts der *Ma'at* im Spannungsfeld von Heraklit bis Heidegger interessant und vielversprechend.[53]

Die Taubheit

Weiter setzt sich die *Lehre des Ptahhotep* auch mit dem Verhältnis von Hören und Taubheit auseinander. Das Hören auf die *Ma'at* ist eine allgemeine ethische Forderung; niemand darf gegenüber der *Ma'at* taub sein. Das Befolgen der *Ma'at* verdient und bringt Respekt, soziale Anerkennung, die Liebe der Mitwelt und schließlich den Status eines Grabherren[54] ein, der durch sein Denkmal in der Erinnerung und Achtung weiterlebt. Um Fortzudauern (über den physischen Tod hinaus) bedarf es einer auf dem Befolgen der *Ma'at* gegründeten moralischen Vollkommenheit, die durch ein ägyptisches Monumentalgrab als Ort der Erinnerung entsprechend gewürdigt wird. Aus diesem Grund wird Taubheit und das damit einhergehende Nichtwissen als gravierender Mangel betrachtet. Der Tor, der nicht hören will, der Narr und der missratene Sohn[55] werden nicht geschätzt:

53 Erst in jüngerer Zeit gibt es wieder vermehrt Bezugnahmen zum Hören, u.a. auch von Vertretern der interkulturellen Philosophie wie Bernhard Waldenfels, *Grundmotive einer Phänomenologie des Fremden,* Frankfurt/M. 2006, ab S. 59. Oder auch von Heinz Kimmerle, der von einer »Methodologie des Hörens« spricht. Aus phänomenologischer Sicht siehe D. Ihde, *Listening and Voice Phenomenologies of Sound,* Albany 2007; J.-L. Nancy, *À l'écoute,* Paris 2002. Eine wichtige Rolle spielt das Hören bereits in Michel Foucaults Vorlesungsreihe: *Hermeneutik des Subjekts. Vorlesung am Collège de France (1981/82),* Frankfurt/M. 2004.

54 Ein Status, der offensichtlich mehrheitlich Männern zukam, es gibt im Vergleich eher wenige erhaltene Grabstätten und Statuen von Frauen, Ausnahmen sind einflussreiche Königinnen wie Hatschepsut.

55 Dazu heißt es bei Ptahhotep:
»Aber ein Unfrieden stiftender Nachkomme,
wenn er in die Irre geht und deinen Weisungen zuwiderhandelt,
sich nicht nach deiner Lehre richtet,
wenn seine Weisungen in deinem Haus verkehrt sind,
da er alles, was du sagst, (gleich) verworfen hat,
und wenn sein Mund überfließt von schlechten Reden …
dann verstoße ihn, denn er ist nicht dein Sohn,
er wurde dir gar nicht geboren.« Brunner, *Die Weisheitsbücher der Ägypter*, S. 117, 168-176.

Was den Törichten angeht, der nicht hören will,
für den wird nichts getan.
Er sieht Weisheit im Nichtwissen,
Nützliches im Schädlichen.
Immer macht er allerlei Verkehrtes,
so daß er täglich deswegen getadelt wird.
Er lebt von dem, wovon man stirbt,
und seine Nahrung ist verdrehte Rede.
Dieser sein Charakter ist den Ministern wohlbekannt,
und sie sagen täglich: ›Ein Toter bei lebendigem Leibe.‹
Man übergeht seine Notlagen
wegen des vielen Mißgeschicks, das ihm täglich
widerfährt.[56]

Allerdings scheint es eine Frage der Begabung zu sein, ob man zum Erwerb des Wissens fähig ist oder nicht, denn es heißt ja auch: »Wen Gott liebt, der kann hören, aber nicht kann hören, wen Gott verwirft.« Möglicherweise werden nicht alle Menschen von Gott gleich geliebt oder mit der Gabe des Hörens ausgestattet. In diesem Zusammenhang ist auch eine Interpretation im Rahmen einer Prädestinationslehre möglich, das heißt, dass Gott über die Fähigkeit, zu hören oder nicht hören zu können, und damit auch über das Schicksal des Menschen bereits vorgeburtlich entschieden habe.[57] Diese Auffassung wird allerdings weder von Brunner noch von Assmann oder Quack geteilt. Die Fähigkeit oder Begabung zum Hören beziehungsweise dem Gehörten zu folgen scheint eher von der Willensstärke eines Menschen abzuhängen. Sie ist eine lehr- und lernbare Tugend und lässt sich im Sinne eines genauen Hinhörens erwerben.

Für Assmann bedeutet das Taubbleiben gegenüber der *Ma'at*, dass man Erziehung und Bildung nicht annimmt. *Ma'at* dagegen sei der Inbegriff aller Unterweisung. Für ihn bildet die »Kunst des Hörens« sogar »[...] das Kernstück dessen, was man die ägyptische

56 Ebd., S. 130, 485-497. Hier unterscheidet sich die Übersetzung von Assmann nicht maßgeblich.

57 Gerhard Fecht argumentiert mit Bezug auf Ptahhotep (S. 216-219; 300-302; 545-546 und 560) für die Existenz einer Vorstellung von der Prädestination, vgl. Fecht, *Literarische Texte zur ›Persönlichen Frömmigkeit‹. Analyse der Beispiele aus den ramessidischen Schulpapyri*, Heidelberg 1965, S. 124-131.

Paideia nennen könnte«.[58] Der Grad der Meisterschaft hängt dabei sowohl von der eigenen Wissbegierde oder Gesinnung des Herzens als auch von der individuellen Begabung ab.

Im Gegensatz zum Hören als der ausgezeichneten Tugend ist die Taubheit gegenüber der *Ma'at* einer der schlimmsten Mängel, der letztlich auch zum Ausschluss aus der Gemeinschaft führen kann. Der Taube ist laut Assmann

> [...] ausgeschlossen aus der Solidarität des ›Füreinander-Handelns‹. [...] Wer für die *Ma'at* taub ist, kann nichts Gutes tun und ihm wird nichts zugute getan; er kann nichts Gutes sagen und wird auch nicht angesprochen, sondern ›(schweigend) übergangen‹.

Denn dem Törichten, dem Tauben fehlt es am Gemeinsinn, an der Fähigkeit zum Zuhören und zum Hören auf die *Ma'at*. Das Schicksal dessen, der taub ist gegenüber der *Ma'at*, ist soziale Isolation, ein Ausschluss aus der Gemeinschaft der Lebenden.

Das Füreinander-Handeln

Das »Füreinander-Handeln« ist für Assmann der Kern des *Ma'at*-Konzepts:

> ›Tue die Ma'at‹ heißt also, in der Form eines kategorischen Imperativs paraphrasiert: ›Handle stets so, daß du das Netz des Füreinander-Handelns nicht zerreißt‹ oder kürzer: ›Handle solidarisch‹.

Solidarisch Handeln bedeutet hier laut Assmann, »[...] das Vertrauen rechtfertigen, das die Gesellschaft einem Handeln entgegenbringt«.[59] Es geht um eine Solidarität im Sinne einer Ordnung des Vertrauens, zu der jede und jeder Einzelne beitragen müsse und die durch »schlechte Rede« nicht zerstört werden dürfe. Das ethische Wissen wird als der gesellschaftliche Kitt einer harmonischen, friedlichen Gemeinschaft begriffen. Und dieses Wissen kann und muss erworben werden durch ein genaues Hinhören auf die *Ma'at* sowie auf die Lehren der Vorfahren. Das im Füreinander-Handeln angelegte Prinzip der Reziprozität wird von jenem, der nicht im Sinne der Gemeinschaft handelt – dem Tauben, dem Unbelehr-

58 Assmann, *Ma'at*, S. 75.
59 Ebd., S. 77.

baren, dem Gierigen – gestört und so kann er nicht darauf hoffen, dass für ihn gehandelt wird. Das Füreinander-Handeln steht nun wiederum in engem Zusammenhang mit der »Erinnerung an das Gestern«:

Die Erinnerung an das Gestern

Die »Erinnerung an das Gestern« ist eine weitere wichtige Tugend neben dem Hören. Denn *Ma'at* ist nicht nur ein Prinzip der Bindung unter den Menschen in der Gegenwart, sondern besitzt ebenso eine Zeitdimension. *Ma'at* bindet das Heute an das Gestern und das Morgen an das Heute. Das Handeln ordnet sich damit auch in eine spezifische Zeitlichkeit ein – oder wie Assmann es ausdrückt: »Konnektive Gerechtigkeit stiftet einen *Raum der Erinnerung*, in dem heute gilt, was gestern galt, und morgen gelten soll, was heute gilt.« Und in diesem Raum gilt vor allem das Gesetz: »Du sollst nicht vergessen, woran du dich gebunden hast!«[60]

60 Assmann, *Ma'at*, S. 286. Wichtig ist in diesem Zusammenhang auch ein Blick auf die altägyptische Zeitvorstellung. Im Gegensatz zur uns heute geläufigen Dreiteilung der Zeit (Vergangenheit – Gegenwart – Zukunft) umfasste die altägyptische Zeitvorstellung zwei Ebenen – Neheh und Djet: »Neheh ist die Zeit im Verlauf, als Bewegung, und zwar als unabsehbare kreisläufige Bewegung der immer wiederkehrenden Tage, Monate, Jahreszeiten, Jahre und größerer Perioden bis hin zur Sothisperiode von 1460 Jahren. Djet ist die Zeit als unwandelbare Dauer, wie sie Gott in ihrer abgeschlossenen Gesamtheit vor Augen steht.« J. Assmann, »Sternzeit und Steinzeit. Altägyptische Zeitvorstellungen«, in: P. Gendolla, D. Schulte (Hg.), *Was ist die Zeit?*, München 2012, S. 69-78, hier S. 70. In der Neheh steht das zyklische Werden und Vergehen im Zentrum des Denkens: »So wie der Kosmos und die Zeit im Sonnenlauf, so soll sich auch die menschliche Welt in ihren staatlichen, gesellschaftlichen und persönlichen Abläufen immer wieder erneuern und in den Idealzustand des ›Ersten Males‹ zurückkehren [...] Gelingen bedeutet in ägyptischer Vorstellung nicht Fortschritt, sondern Rückkehr: Rückkehr zum Ersten Mal, zu den Vorbildern der Vergangenheit, zu den Normen der Vorfahren.« Ebd. S. 75. Djet dagegen bezeichnet Assmann als die moralische Zeit: »Die moralische Konstruktion der Zeit beruht auf dem Gedanken, dass man für sein Handeln und Unterlassen zur Rechenschaft gezogen wird. In dieser Konstruktion erscheint die Zeit als ein Zusammenhang von Tat und Folge, der nach ägyptischer Vorstellung durch die Maat (Wahrheit – Gerechtigkeit – Ordnung) garantiert wird. Die Menschen müssen die Maat in ihrer Lebensführung verwirklichen, und zwar dadurch, dass sie aneinander denken und füreinander handeln. Maat ist der Zentralbegriff einer kooperativen Ethik. Der Tun-Ergehen-Zusammenhang ist eine Sache des Gedächtnisses und der Auf-

Untugenden beziehungsweise Mängel mit gemeinschaftzersetzendem Charakter sind – neben der Taubheit und dem Vergessen des Gestern – insbesondere auch Habgier und Selbstsucht, die dem Einfügen in die Gemeinschaft entgegenstehen, Solidarität und Gemeinwillen zerstören und Unruhe, Unordnung und Zerstörung stiften. Die Habgier und ihre gemeinschaftzersetzende Kraft werden in verschiedenen Texten aus dem Alten Ägypten als eine der *Ma'at* entgegenarbeitende Gewalt kritisiert. So auch bei Ptahhotep, hier vor allem in den Maximen 18 und 19. In Maxime 18 heißt es:

> Hüte dich vor der Verführung zur Habgier,
> denn sie ist eine schlimme, unheilbare Krankheit.
> Bei ihr hat man keinen Vertrauten mehr.
> Sie verbittert einen Freund,
> sie entfremdet einen Vertrauten von (seinem) Herren,
> sie pflegt Väter und Mütter zu entzweien,
> sie vertreibt die Ehefrau eines Mannes;
> ein Sack ist sie, voll von allem Hassenswerten,
> ein Bündel von allem Übel. [...]
> doch für den Habgierigen gibt es nicht einmal ein Grab.[61]

Ist *Ma'at* der Wille der Gemeinschaft, dann ist Habgier der Eigenwille, der sich dem Einfügen in die Gemeinschaft entgegenstellt und damit eine Kultur des Füreinander-Handelns, des Aufeinander-Hörens, der Solidarität und des Gemeinwillens zerstört. Assmann schreibt: »Ist Ma'at Altruismus und Reziprozität, dann ist ›Habgier‹ Egoismus und Autarkie.«[62]

Dabei wird durchaus anerkannt, dass Habgier Annehmlichkeiten wie Wohlstand oder Ansehen verschaffen könne, letztlich sei sie aber kein *Ma'at*-gemäßes Verhalten, denn sie verletzte die Regeln der Gerechtigkeit und Solidarität und zerstöre damit den sozialen Zusammenhalt. Darüber hinaus verletze sie das Gesetz der Dauer beziehungsweise der Fortdauer über den Tod hinaus, denn der Habgierige besitze nicht einmal ein Grab – wohl eine der

merksamkeit füreinander.« Ebd., S. 76. Zur altägyptischen Zeitauffassung siehe auch Assmann, *Ma'at*, S. 169 f.

61 Brunner, *Die Weisheitsbücher der Ägypter*, S. 120.

62 Assmann, *Ma'at*, S. 87 f.

schlimmsten Warnungen im Rahmen einer Gesellschaft, in welcher der allgemeine Wunsch nach Fortdauer über den Tod hinaus durch den Bau monumentaler Grabstätten manifestiert wurde. Dabei ist dieser Vers als eine Metapher zu verstehen, denn selbstverständlich kann auch der Habgierige sich eine monumentale Grabstätte bauen lassen, aber dadurch allein ist ein Fortbestehen nicht gesichert, denn da er sich aus der Gemeinschaft ausgeschlossen hat, hat er sich auch nicht in das Gedächtnis der Gemeinschaft eingeschrieben: Seiner wird nicht erinnert. Dass letztlich ein guter Charakter das wichtigste Denkmal setzt, dieser Formulierung begegnet man in verschiedenen ägyptischen Texten, unter anderem auch in der *Lehre für König Merikare*, wo es heißt: »[D]enn ein guter Charakter bleibt in Erinnerung, auch wenn viele Jahre vergangen sind.«[63] Habgier und Egoismus dagegen sind der stärkste Ausdruck des Eigenwillens und stehen der harmonischen Integration in die Gemeinschaft durch ein Unterordnen des Eigenwillens unter den Gemeinwillen im Sinne einer »Kultur des Füreinander-Handelns und Aufeinander-Hörens«[64] entgegen.

Die *Lehre des Ptahhotep* gehört sicherlich zu den bekanntesten Texten aus dem Alten Ägypten und wurde literarisch verarbeitet, für allgemeine Lebensweisheiten herangezogen, jedoch auch akademisch über die Ägyptologie hinaus diskutiert, zum Beispiel in der Theologie oder den Medienwissenschaften.[65] Aber kann dieser Text auch philosophisch gelesen werden? In erster Linie beinhaltet die *Lehre des Ptahhotep* moralische Handlungsanweisungen für ein gutes soziales Verhalten und das Führen eines guten Lebens. Da die Welt eine unsichere ist und ständig von Chaos bedroht, gekennzeichnet durch Veränderungen, Wettstreit und auch Unrecht, ist die Zukunft nicht vorhersagbar. Erfolg und Wohlstand mögen auf tugendhaftem Verhalten beruhen – ebenso aber auch auf unrechtmäßiger Aneignung. Trotzdem ist der beste Weg, um sich in dieser Welt zu verhalten, die Selbstperfektion durch das Erlangen von Wissen, Selbstbeherrschung und Geduld. Wichtig ist es, seinen

63 Brunner, *Die Weisheitsbücher der Ägypter*, S. 154.

64 Assmann, *Ma'at*, S. 89.

65 Siehe u. a. A. Löwstedt, »Do we Still Adhere to the Norms of Ancient Egypt? A Comparison of Ptahhotep's Communication Ethics with Current Regulatory Principles«, in: *The International Communication Gazette* 81/6-8 (2019), S. 493-517.

eigenen angemessenen Platz in dieser Welt und in der Gemeinschaft zu finden, einzunehmen und diesen auch in Übereinstimmung mit den Traditionen adäquat auszufüllen, um die Welt in Gleichgewicht und Harmonie zu halten. Es geht im Grunde darum, einen jungen Menschen im Sinne der *Ma'at* zu erziehen, um ein möglichst konfliktfreies, erfolgreiches Leben zu ermöglichen, das heißt ein Leben ohne Anfeindungen oder Enttäuschungen.

Oft wurde diese Haltung als eine stoische Akzeptanz des Gegebenen interpretiert. Assmanns Lesart des Textes ist jedoch eine andere. Er zeigt, dass der Text über moralische Handlungsanweisungen hinausgeht und tiefere Einsichten in gesellschaftliche wie kosmologische Zusammenhänge bietet, nämlich die gegensätzliche Natur des Kosmos (im Spannungsfeld zwischen Ordnung und Chaos) und die gegensätzliche Natur des menschlichen Herzens, die es nötig macht, eine ethische Wahl zu treffen zwischen dem Guten und dem Bösen, zwischen individuellen Wünschen und gesellschaftlichen Erwartungen. Zudem werden mit den Begriffen des Hörens, des Erinnerns, aber auch der Habgier (als Schwäche, welche die Prinzipien einer konnektiven Gerechtigkeit verletzt) Begriffe eingeführt, deren philosophische Analyse noch ganz am Anfang steht. Ein Vergleich mit Begriffen aus der europäischen, der chinesischen oder aus oralen Philosophietraditionen in verschiedenen Regionen der Welt, um nur einige zu nennen, bietet sich hier geradezu an.

Auch wenn Assmann selbst im Zusammenhang mit der altägyptischen Weisheitsliteratur nicht von Philosophie spricht, sind es doch gerade seine Analysen (ebenso wie die von Friedrich Junge), die das ganze Spektrum der philosophischen Bedeutung dieser Texte deutlich machen. Auch die Übersetzungsverschiebung von Gehorsam auf Hören wirft ein neues Licht auf die Gesellschaft der pharaonischen Zeit, die lange als durch ein strenges Kastenwesen geprägt interpretiert wurde, indem der oder die Einzelne keinen individuellen Entfaltungsspielraum gehabt haben. Dieser lange die Vorstellungen vom Alten Ägypten prägenden These widerspricht auch das Bild, das Ägyptologen wie Hellmut Brunner zeichnen. Brunner charakterisiert die ägyptische Gesellschaft als eine, in der es grundsätzlich jedem möglich war, bis zu hohen und verantwortlichen Stellen aufzusteigen – wenn auch die Chancenverteilung sehr unterschiedlich war, da die Voraussetzung für eine Beamtenlaufbahn, nämlich des Lesens und Schreibens mächtig zu sein, von Kindern aus der Bauern- oder Handwerkerschicht meist nicht erfüllt werden konnte.[66] Trotzdem gab es Beispiele eines gesellschaftlichen Aufstiegs aus ärmeren Schichten, ein Umstand, der sich auch in den Texten der Weisheitslehren niederschlägt, in denen ermahnt wird, einen Mann nicht aufgrund seiner Herkunft zu beurteilen. So heißt es auch bei Ptahhotep ausdrücklich:

> Wenn du gering bist und einem Erfolgreichen dienst, […]
> Von dem du aber weißt, daß er vordem ein kleiner Mann war,
> dann sei nicht überheblich gegen ihn
> wegen dessen, was dir von früher über ihn bekannt ist,
> denn Besitz kommt ja nicht von selbst […].[67]

Einige Ägyptologen, wie zum Beispiel Friedrich Junge, sprechen auf der Basis konkreter Textanalysen ganz explizit von altägyptischer Philosophie und vergleichen diese mit Werken der griechischen Philosophie. So interpretiert Junge die *Lehre des Ptahhotep* als eine frühe Form der Ethik. Er betrachtet das in der Lehre vorgestellte Tugendsystem als ontologisch begründet, da es seine Maßstäbe (ähnlich wie bei Platon) aus der Ordnung des Kosmos beziehe, und er spricht sogar von einer eigenen Erkenntnistheorie: einer Erkenntnistheorie des Hinhörens. Insofern könnte diese Lehre – so sein Argument – als Vorform einer Vernunftethik betrachtet werden, die einen säkularen gesellschaftlichen Handlungsraum schafft. Die *Lehre des Ptahhotep* sei in diesem Zusammenhang »Arbeit an der *Ma'at*« beziehungsweise »Arbeit am semantischen Apparat« des Mittleren Reiches, dem »Vorrat an bereitgehaltenen Sinnverarbeitungsregeln«, mit dem diese Gesellschaft versucht, ihren Erfahrungen und Wahrnehmungen Sinn zu geben.[68] Junge vergleicht die Lehre und ihre Kernaussagen mit denen antiker Tugendlehren, unter anderem der des Aristoteles. Sowohl bei Ptahhotep als auch bei Aristoteles sei das Endziel menschlichen Handelns die allgemeine Glückseligkeit, die Eudaimonie. Junge bietet eine unter philosophischen Aspekten außerordentlich interessante Analyse, die weiterverfolgt werden könnte.

Die philosophische Relevanz der Grundkategorien und auch

66 Brunner, *Die Weisheitsbücher der Ägypter*, S. 31.

67 Ebd., S. 116.

68 Junge, *Die Lehre Ptahhoteps*, S. 31.

der Grundintention des Textes, nämlich ein gutes und gelingendes Leben für das Individuum und die Gemeinschaft möglich zu machen, kann nicht angezweifelt werden. Der Text argumentiert zudem rational auf der Grundlage von tradierten Weisheiten, Regeln und eigenen Erfahrungen. Auch ein methodischer Aufbau (vom Verhalten eines Beamten bis hin zu allgemeinen Regeln des Verhaltens als Mitglied einer Gemeinschaft, als Sohn oder Familienoberhaupt) lässt sich in den Maximen erkennen. Trotzdem fällt auf, dass Ptahhotep an keiner Stelle die überkommenen Regeln des guten Verhaltens und der tradierten Weisheiten kritisch hinterfragt. Er äußert keine Bedenken und reflektiert nicht auf die Sinnhaftigkeit der Regeln. Es gibt kein Abwägen verschiedener Argumente, sondern nur den einzigen wahren Weg. Auch wenn im Epilog mit den folgenden Zeilen eine mögliche Veränderung der althergebrachten Lehren entsprechend den eigenen Erfahrungen anklingt:

> Ist er alt geworden […]
> […], dann spricht er ebenso zu seinen ›Kindern‹,
> indem er die Lehre seines ›Vaters‹ erneuert;
> ein jeder lehrt entsprechend seinen Erfahrungen […].[69]

5.3. Die Lehre des Ani

Mangelt es der *Lehre des Ptahhotep* noch an einer kritischen Auseinandersetzung, erfüllt die *Lehre des Ani* in wesentlichen Punkten gerade dieses wichtige Kriterium. Die *Lehre des Ani* hat in der Forschung bisher nicht annähernd so viel Beachtung erfahren wie die *Lehre des Ptahhotep*. Dies ist bedauerlich, denn gerade in philosophischer Perspektive bietet diese Lehre Material, das eine nähere Betrachtung lohnt. Die Lehre ist relativ gut belegt: Erhalten sind fünf Papyri, eine Schreibtafel und neun Ostraka. Als wichtigstes Manuskript gilt pCairo CG 58042, das in die 21. Dynastie datiert wird. Ein weiteres Manuskript befindet sich im Louvre (pLouvre E 301 44).[70] Allerdings gibt es keine einheitliche kanonisierte Form

69 Brunner, *Die Weisheitsbücher der Ägypter*, S. 131, S. 499-502.

70 Von einigen wird die Lehre auch in die 19. Dynastie datiert, u. a. von Quack, der hierbei auf die Abfassung des Textes in Neuägyptisch verweist, vgl. J. F. Quack, *Die Lehren des Ani. Ein neuägyptischer Weisheitstext in seinem kulturellen Umfeld*,

des Textes. Joachim F. Quack, der sich umfassend mit diesem Manuskript auseinandergesetzt hat, geht deshalb davon aus, dass der Text möglicherweise von Schreibern angepasst und frei gehandhabt wurde. Quack betont außerdem, dass die hier genannte Lehrautorität nicht ohne weiteres mit dem tatsächlichen Autor identifiziert werden darf.[71] Die Frage nach dem Autor ist also auch in diesem Fall umstritten.

Die *Lehre des Ani* ist ebenfalls eine Erziehungslehre. In dem Text wendet sich ein Vater an seinen Sohn. Im Zentrum stehen dabei Regeln zum Verhalten im privaten Leben: Heirat, Familie, die Erziehung der Kinder und Fragen rund um die Bestattung und die Vorbereitung auf den Tod werden thematisiert. Ungewöhnlich für die Textart ist es, dass die Lehre sich gegen Ende in einen Dialog zwischen Vater und Sohn wandelt.

Zunächst erläutert der Vater Ani, ein Schreiber, seinem Sohn Chonsuhotep einige grundlegende Regeln guter Lebensführung. So empfiehlt er ihm, jung zu heiraten und viele Kinder zu bekommen, sich von fremden Frauen aber fernzuhalten und nicht zu viel Bier zu trinken. Zudem rät er, gewissenhaft den Kult seines Gottes zu pflegen, Opfergaben zu bringen (auch für die verstorbenen Eltern) und für die eigene Grabstätte zu sorgen. Auch wenn der Begriff der *Ma'at* im Text selbst nicht vorkommt, finden sich vielfältige Verweise auf *Ma'at*-gemäßes Verhalten, wie das Vermeiden von Betrug und schlechter Rede oder des Eigenwillens und der Gier:

> [5,5] Hüte dich vor der Sünde des Betrugs,
> vor Worten, die nicht [wahr] sind:
> Bekämpfe das Falsche in dir.
> Ein Ellenbogenmensch wird nicht im Grabe ruhen.[72]

An anderer Stelle heißt es ausdrücklich: »Sei nicht gierig, dir deinen Bauch zu füllen, denn niemand kennt sein Ende.«[73]

Darüber hinaus scheinen mehrere Textstellen Gehorsam zu fordern: man solle Vorgesetzten nicht widersprechen, Aufruhr und Aufrührer meiden und nicht aufdringlich sein. Solche Äußerungen

Göttingen 1994. Andere verlegen sie in die 18. Dynastie, zum Beispiel Brunner, *Die Weisheitsbücher der Ägypter*, S. 196.

71 Quack, *Die Lehren des Ani,* S. 79.

72 Brunner, *Die Weisheitsbücher der Ägypter*, S. 203.

73 Ebd., S. 209, 270.

finden sich auch in der *Lehre des Ptahhotep*.[74] Es sind gerade diese Aufforderungen zu Gehorsam und Ergebenheit gegenüber Höhergestellten sowie zur widerspruchslosen Annahme ihrer Anweisungen, die unser Bild von der altägyptischen Gesellschaft lange geprägt und zur Auffassung von einem geschlossenen ägyptischen Weltbild beigetragen haben, in dem kritisches und rationales Denken – und damit auch Philosophie – nicht möglich seien. Die hiervon geprägte Ansicht geht davon aus, dass der altägyptische Mensch noch nicht zu frei reflektierender Subjektivität gelangt sei, da ihm im ägyptischen Weltbild immer schon (aufgrund seiner Geburt oder anderer Umstände) ein fester Platz in der Welt und in seiner Gemeinschaft zugewiesen werde, den er widerspruchslos einnehmen und adäquat in Übereinstimmung mit den Traditionen und den Forderungen der Götter ausfüllen musste. Aber ein genaues Lesen der *Lehre des Ani* liefert wichtige Argumente gegen die Annahme einer solchen statischen altägyptischen Gesellschaft und eines solchen geschlossenen Weltbilds. Im Epilog nimmt der Text nämlich eine interessante Wendung: Der Sohn erhebt Einwände gegen den Vater und es entspinnt sich ein kurzer Dialog. Dabei argumentiert der Sohn auf durchaus geschickte Weise: Er widerspricht dem Vater zwar ganz grundsätzlich, verpackt diesen Widerspruch allerdings in Komplimente über die Weisheit des Vaters, in deren Besitz er auch gerne wäre. Allerdings sei die Lehre des Vaters für ihn zu lang und zu schwer. Dabei verweist er darauf, dass die Menschen von verschiedener Natur seien und unterschiedliche Vermögen hätten. Er, der Sohn, sei kein Denker, sondern wiederhole nur die Sprüche aus Büchern:

> Ach wäre ich doch ebenso,
> so weise wie du!
> Dann würde ich nach deinen Lehren handeln,
> und man würde den Sohn auf die Stelle des Vaters setzen.
> Aber jedermann wird nach seiner Veranlagung gezogen!
> Du bist ein Mann, ein Meister,
> erhaben in seinem Streben,
> dessen Worte alle erlesen sind.
> Der Sohn dagegen versteht nur wenig
> und sagt bloß Sprüche aus den Büchern auf.

74 »Beuge deinen Rücken vor deinem Chef […] Gefährdet ist, wer seinem Vorgesetzten widerstrebt […]« Brunner, *Die Weisheitsbücher der Ägypter*, S. 125 f., 374-378.

Wenn deine Worte von innen heraus gefällig sind,
dann ist dein Herz bereit, sie froh anzunehmen.
Mach deine Tugenden nicht zu zahlreich,
damit man noch wagen kann, dir seine eigenen Gedanken vorzutragen.
Ein Junge handelt noch nicht nach der Erziehungslehre,
auch wenn die Bücher auf seiner Zunge sind.[75]

Noch scheinen die Worte, die der Sohn wiederholt, nur leere Hülsen für ihn zu sein. Sein Herz sei noch nicht bereit für die Lehre. Aber nicht nur auf Veranlagung[76] und Bereitschaft wird verwiesen, sondern es wird auch der Wunsch geäußert, eigene Gedanken vortragen zu dürfen. Möglicherweise ist der Sohn nicht mit allen Lehren seines Vaters einverstanden.

Der Vater hält die Klagen seines Sohnes für verfehlt und weist ihn zurecht, ja er warnt den Sohn: »Vertraue nicht auf diese verfehlten Gedanken […].«[77] Ani erinnert daran, dass Tiere, sogar königliche wie der Stier und der Löwe, auch gegen ihre Natur handeln könnten, denn sie seien domestizierbar. Ebenso verweist er auf fremde Völker (die Nubier und die Syrer), die in der Lage seien, Ägyptisch zu lernen. Damit ist möglicherweise nicht nur die Sprache gemeint,

75 Brunner, *Die Weisheitsbücher der Ägypter*, S. 212, 350-360. Bei Quack lautet die Stelle wie folgt:
»Wäre ich doch wie du, indem ich in deiner Art wissend wäre.
Dann würde ich deine Belehrungen ausführen,
Und der Sohn würde auf den Platz seines Vaters gebracht werden.
Jedermann benimmt sich nach seinem Charakter.
Du bist ein Mann, oder auch, seine Bestrebungen sind hoch,
Indem seine Worte alle auserlesen sind.
Der Sohn dagegen denkt schlecht.
Nur aus der Schriftrolle sagt er Sprüche.
Wenn deine Worte im Herzen erfreulich sind,
Dann ist das Herz geneigt, sie anzunehmen.
Der Sinn ist erfreut über die Menge deiner Tugend.
Man erweist dir Aufmerksamkeit.
Ein Knabe aber macht keine Erziehungslehre.
Nur auf seiner Zunge geschieht die Buchrolle. (B 22,13-18) Quack, *Die Lehren des Ani*, S. 186.

76 Dass »jedermann nach seiner Veranlagung gezogen wird«, ist ein Gedanke, der uns schon in der Lehre des Ptahhotep begegnet ist. Vgl. Brunner, *Die Weisheitsbücher der Ägypter*, S. 129, 451-467.

77 Ebd., S. 212, 366.

sondern auch eine Anpassung an die ägyptische Kultur. Anis Ansatz ist hier, dass das »Herz«, die Triebfeder menschlichen Handelns, willentlich erzogen werden könne. Moralische Bildung und Erziehung seien möglich und er fordert seinen Sohn auf: »Sage du (dir): ›Ich kann das auch, was Tiere können‹, sei gehorsam; du kannst doch auch, was sie tun.«[78] Aber der Sohn wagt es, erneut zu widersprechen: »Spiel deine Kraft nicht so aus und zwinge mich nicht zu deiner Wesensart.«[79] Belehrung sei letztlich von der Bereitschaft des Herzens abhängig – und damit keine Angelegenheit von Zwang. Und weiter heißt es:

> Die Menschen, sie gleichen Gott
> durch ihre Art, einen Mann mit seiner Antwort zu hören.
> Nicht der Weise allein ist sein Ebenbild,
> indem die Menge wie lauter Vieh wäre.
> Nicht der Weise allein ist sein Zögling,
> so dass er allein vernünftig wäre,
> die ganze Menge dagegen töricht.
> Alles, was du sagst, ist vortrefflich,
> doch die Ausführung hängt von der Bereitschaft ab.[80]

Chonsuhotep betont also, dass nicht allein der Weise den richtigen Weg kenne und alle anderen töricht seien. Dieser Gedanke kann letztlich auch darauf hinauslaufen, dass es gar nicht die eine und einzig richtige Lehre gibt. Er impliziert zugleich ein Votum für Gedankenfreiheit und die Möglichkeit der Kritik. Bemerkenswert ist, dass für das Recht auf eigene Gedanken mit der Gottähnlichkeit des Menschen argumentiert wird, denn diese bestehe gerade darin, auch andere Meinungen anzuhören.

Ani ist von diesen Argumenten jedoch nicht zu überzeugen und hält sie für – vielleicht sogar gefährliches – Geschwätz, das besser nicht gehört werden sollte. Für den Vater gibt es keine andere Alternative, als den Lehren der Ahnen zu folgen, und so fragt er sich, ob sein Sohn missraten sei – ein beunruhigender Gedanke, wenn wir an Ptahhoteps Ansichten zum missratenen Sohn erinnern, den es zu verstoßen gelte (Fn. 55). Er wendet gegen seinen Sohn Chonsuhotep ein, dass auch ein krummes – also fehlerhaftes

78 Ebd., S. 213, 385.
79 Ebd., S. 231, 390.
80 Ebd., S. 231, 390-400.

– Holz noch nützlich sei, werde es durch kundige Hand geradegebogen. Dann könne es noch zum Würdenstab werden. Durch kundige Hand (vielleicht auch harte Hand, worauf der Verweis auf das Dressieren von Tieren deutet) könne ein moralischer Charakter geformt werden, auch wenn der Schüler bereits durch andere Einflüsse »verbogen« sei.

Gerade ein solch gewaltsames Zurechtbiegen, das ohne Zuhören oder gar Eingehen auf den anderen erfolgt, erscheint Chonsuhotep nun aber menschlichen Wesen in ihrer Gottähnlichkeit und aufgrund ihrer verschiedenen Anlagen nicht angemessen. Er beharrt darauf, dass ein Kind nur nach dem strebe, was seine Lust stillt, und dass es in der jeweiligen Natur des Menschen, in seinen Veranlagungen (seiner Lust) begründet liege, wonach er strebe. Auch hier finden wir einen Anknüpfungspunkt in der Lehre von Ptahhotep, wo es heißt: »nur wer bereitwillig hört, handelt auch nach dem Gesagten«. Zudem wird von Chonsuhotep gegen Ende des Dialogs mit der Erwähnung der Mutter ein Bild eingeführt[81], das Anis Bild des formenden Handwerkers beziehungsweise der Zähmung entgegensteht. Denn wie Ani selbst betont, nährt eine Mutter ihr Kind aus Liebe und gründet die Beziehung nicht auf Zwang. Ani beschreibt die aufopferungsvoll unterstützende Rolle der Mutter wie folgt:

> Sie hatte eine schwere Last an dir,
> aber sie sagte nicht: ›Fort mit dir!‹
> Als du nach deinen Monaten geboren wurdest,
> da warst du immer noch an sie gebunden.
> Drei Jahre lang war ihre Brust in deinem Munde. […]
> Als sie dich dann in die Schule gab,
> damit du schreiben lerntest,
> da war sie täglich da und passte auf dich auf […].[82]

Das Bild des Handwerkers oder der Zähmung widerspricht damit möglicherweise Anis eigener Vorstellung von Erziehung,[83] denn Ani betont auch: »so halte dein Auge auf deinen Nachwuchs, zieh

81 Ebd., S. 214, 419.

82 Ebd., S. 208, 244-254.

83 Vgl. die Interpretation von David James, »›The Instruction of Any‹ and Moral Philosophy«, in: A. G. Mosley (Hg.), *African Philosophy,* Englewood Cliffs 1995, S. 147-155.

ihn groß, wie (dich) deine Mutter großgezogen hat«.[84] Möglich ist zudem, dass Ani die »harte Hand« nur als letzte erzieherische Möglichkeit betrachtet, um den Sohn auf den rechten Weg zu bringen. Für seinen Sohn jedoch scheint ein solch gewaltsames Zurechtbiegen in keinem Fall eine Option zu sein.

Nachdem Chonsuhotep nochmals betont: »[…] das Kind in den Armen seiner Mutter, dessen Lust steht nur nach dem, was es stillt«,[85] wendet Ani in seinem letzten Argument ein, das Kind habe »ja seinen Mund gefunden, um zu sagen: ›Gib mir Brot!‹«[86] Dieses letzte Argument ist nicht leicht verständlich. Wenn wir uns jedoch vergegenwärtigen, dass Wissen auch als Nahrung verstanden werden kann, erschließt sich uns dieses letzte Argument leichter. So heißt es zum Beispiel in der *Lehre des Ptahhotep*: »Ein Weiser, der seinen Ba mit dauerhafter Nahrung versieht, dem wird es dadurch gut gehen auf Erden.«[87] Wenn Wissen und Sprache eine ähnlich lebenserhaltende Bedeutung eingeräumt wird wie der Nahrung, dann kann die Forderung »Gib mir Brot!« auch im Sinne von »Lehre mich!« verstanden werden. Möglicherweise will Ani hier noch einmal darauf verweisen, dass das Streben nach Wissen jedem Kind inhärent sei und es selbst nach dem Wissen der Älteren dürste. Außerdem wandeln sich die Wünsche des Kindes: Hat es erst nach Muttermilch gedürstet, will es später Brot und noch später das Wissen der Eltern – wobei Brot und Wissen eben auch vom Vater an das Kind weitergereicht werden können.[88] Hier gibt es allerdings einen großen Spielraum für Interpretationen.[89]

84 Brunner, *Die Weisheitsbücher der Ägypter*, S. 208, 255.
85 Ebd., S. 214, 418-419.
86 Ebd., S. 214, 420.
87 Ebd., S. 130.
88 Vgl. die Interpretation von James, »›The Instruction of Any‹ and Moral Philosophy«, S. 153.
89 Möglich ist auch eine Interpretation in dem Sinne, dass das Kind, sobald es in die Sphäre der Sprache eintritt und lernt, die eigenen Wünsche zu artikulieren (es findet seinen »Mund«), in einen Bereich eintritt, in dem es sich verantworten und seine Wünsche reflektieren muss, ebenso wie sein Verhalten im Rahmen der Gemeinschaft. Denn mittels der Sprache kann das Kind seine Wünsche in differenzierterer Weise ausdrücken und reflektieren statt nur reflexhaft Lust und Unlust auszudrücken. Im Grunde schwingt hier auch eine Umkehrung des Tier-Vergleichs mit, denn Tiere haben keine Sprache, um sich auszudrücken, und damit auch keinen Vermittler zwischen ihrer Lust/Unlust und der Umwelt.

Anzutreffen ist in dieser Lehre einer der seltenen Fälle eines Streitgesprächs in der altägyptischen Literatur. David James nimmt dies zum Anlass, um die *Lehre des Ani* mit den sokratischen Dialogen zu vergleichen und unter moralphilosophischer Perspektive zu lesen. Für ihn ist gerade der Epilog Beispiel einer rationalen und kritischen Auseinandersetzung mit der Natur moralischer Lehren beziehungsweise einer Moraltheorie. Denn hier sind Fragen enthalten, wie sie uns auch in späteren Schriften zu Fragen der Moral begegnen: Was ist Moral? Ist sie lehrbar? Ist Moral anzutrainieren, so wie man ein Tier trainiert oder zähmt? Kann man Moral wie eine Sprache lernen? Oder kann sie mit Gewalt aufgezwungen werden? Ist es ein Geschenk, eine Gabe Gottes, mit einem moralischen Charakter beziehungsweise einem moralischen Bewusstsein ausgestattet zu sein? Liegt dieses in der Natur, der Veranlagung jedes Menschen begründet? Gibt es also gute und böse, moralisch starke und moralisch schwache Menschen? Wird der Mensch tugendhaft geboren?

James weist darauf hin, dass Chonsuhotep nicht nur beklagt, dass er wenig versteht und dass die Lehren zu zahlreich sind, sondern auch, dass sein Herz nicht bereit sei, die Lehre anzunehmen. Ob es sich hier um einen Generationsunterschied hinsichtlich der Moralauffassungen handelt, wie James behauptet,[90] kann anhand des Textes nicht geklärt werden, aber der Einspruch gegen die Lehren des Vaters ist deutlich formuliert. Chonsuhotep betont, dass moralische Belehrungen der Bereitschaft des Herzens bedürfen und eben nicht ein Akt des Zwangs oder der Dressur sein können, sondern ein Akt des Dialogs, des Sprechens und Hörens, des Argumentierens und Überzeugens sein sollen. Verankert wird diese Ansicht in der Gottähnlichkeit des Menschen, der über Sprache, Wissen und die Fähigkeit zum Hören verfügt – und damit eben nicht mit Tieren auf eine Stufe gestellt werden kann. Im Ende des Textes sieht James dann eine Annäherung der beiden Positionen, da Ani zum einen seinen Sohn nicht mehr seiner Ansichten wegen tadelt und er zum anderen mit dem Verweis auf das Brot die Bedürftigkeit des Menschen und seine individuell verschiedene Natur anzuerkennen scheint.[91] Anders als bei James könnte das letzte Argument Anis

Ich danke Leon Krings und Sonja Dinter für die Eröffnung dieser Interpretationsmöglichkeit.

90 James, »›The Instruction of Any‹ and Moral Philosophy«, S. 148.

91 Ebd., S. 153 f.

allerdings auch – wie oben bereits angedeutet – verstanden werden als ein Insistieren auf der Erziehungsfähigkeit des Menschen und seinem Durst nach Wissen, also als ein Argument gegen die eher lust- oder veranlagungsbetonte Ansicht seines Sohnes.[92]

Der Epilog der *Lehre des Ani*, der weniger als ein Viertel des gesamten Textes ausmacht, wirft die moralphilosophisch interessante Frage auf, ob Moral überhaupt gelehrt werden könne. Hier eröffnet sich zum Beispiel die Möglichkeit einer komparativen Untersuchung mit Platons Entwurf eines Staates, in dem ebenfalls Fragen der Erziehung im Mittelpunkt der Erörterungen stehen (Buch 4). Auch Platon steht Neuerungen durchaus kritisch gegenüber und vertraut der Tradition, wie im folgenden Auszug deutlich wird:

> Um mich also kurz zu fassen: darauf müssen die Berater des Gemeinwesens halten, daß es nicht ohne ihr Vorwissen verdorben werde, sondern vor allem darüber wachen, daß keine ordnungswidrigen Neuerungen vorkommen in bezug auf Turnkunst und Musenkunst, sondern daß es möglichst beim Alten bleibe [...,] denn eine neue Art von Musik einzuführen muß man sich hüten, weil es das Ganze gefährden heißt; denn nirgend wird an den Weisen der Musik gerüttelt, ohne daß die wichtigsten Gesetze des Staates mit erschüttert würden.[93]

Interessant ist zudem, dass auch Platon im Versuch, sein Erziehungsideal zu beschreiben, auf das Bild eines Handwerkers zurückgreift, nämlich das des Färbers. Auf die Frage nach der Tapferkeit als einer Eigenschaft der Wächter antwortet Sokrates, dass diese eine Art Bewahrung oder Aufrechterhaltung sei, und erklärt auf Nachfrage, dass es sich darum handele, an dem festzuhalten, was als das, was zu fürchten sei, beschrieben wurde. Die Vorstellung vom »Bösen«, von jenem, was den Staat gefährden könne, dürfe unter keinen Umständen verloren gehen, weder unter dem Einfluss von Ängsten noch unter dem von Begierden. Zur Verdeutlichung greift Sokrates an dieser Stelle auf die Analogie des Färbens von Wolle zurück.[94] So wie beim Färben Farbechtheit durch eine gute

92 Wobei Wissensdurst auch eine bestimmte Form des Begehrens ist.

93 Platon, *Der Staat*, in: *Sämtliche Werke*, Reinbek 1957 ff., Bd. 2, S. 129 f. [424 St. 2 A]

94 »[...N]imm an, daß auch wir nach Kräften taten, als wir die Krieger uns auslasen und sie erzogen durch Musenkunst und Turnkunst; du darfst glauben, daß wir nichts anderes zu bewerkstelligen suchten, als daß sie uns aus freier Überzeugung so schön als möglich die Gesetze annähmen wie eine Farbe, damit echt und dau-

Auswahl der Materialien (der weißen Wolle) und eine sorgfältige Behandlung erreicht wird, so werden auch die Kandidaten für den Stand der Wächter sorgfältig ausgewählt und dann sozusagen mit einer guten Lehre, Erziehung und Bildung »durchtränkt«, damit sie allen Versuchungen oder »Auslaugungen« widerstehen und die »richtige Meinung« verteidigen. Parallelen zu Erziehungsfragen in der *Lehre des Ani* werden hier durchaus deutlich.

5.4. Die Klagen eines Bauern

Mit dem berühmten Text *Klagen eines Bauern* beziehungsweise *Klagen des Oasenmanns*, wie der Text auch betitelt wurde, soll nun ein weiteres Beispiel für einen Text, in dem die *Ma'at* als das zentrale Prinzip menschlichen und göttlichen Handelns erörtert wird, vorgestellt werden. Jan Assmann schreibt über dieses Manuskript aus der Gattung der Klagen:

> Wenn es einen Text gibt, der den Titel ›Abhandlung über die Ma'at‹ tragen könnte, dann ist es ein Werk des Mittleren Reichs, das unter dem Namen ›Klagen des Bauern‹ bekannt ist […].[95]

Der Text existiert auf vier sich ergänzenden Papyri aus dem Mittleren Reich,[96] die meist in die 12. Dynastie eingeordnet werden (ca. 1800 BCE). Die Geschichte, die erzählt wird, ist die folgende:

erhaft werde ihre Ansicht sowohl über das Gefährliche als über das andere, weil sie die geeignete Naturanlage und Erziehung erhalten haben und ihre Farbe nicht ausgewaschen wird durch jene Laugen, die sonst zum Abspülen kräftig sind, den Sinnengenuß, der mehr Kraft hat, dies zu tun, als alle Soda und Aschenlauge, und die Bekümmernis und Furcht und Begierde, mehr als alle anderen Laugen. Diese Kraft denn also und die durchgängige Bewahrung der richtigen und gesetzmäßigen Ansicht über das, was schrecklich ist und was nicht, bezeichne und betrachte ich als Tapferkeit […].« Ebd., S. 137 f. [429 f. St. 2 A].

95 Assmann, *Ma'at*, S. 58

96 Der Text existiert auf den folgenden Papyri: pBerlin 3032 (B1), pBerlin 3035 (B2), pBM10 274=pButler 527 (Bt), pAmherst, pBerlin 10 499 (R). Alle – bis auf (R) – stammen aus der späten 12. Dynastie (18. Jahrhundert BCE), vgl. Assmann, *Ma'at*, S. 58. Assmann verweist darauf, dass drei der vier erhaltenen Papyri aufgrund ihrer Fund- und Kaufumstände mit anderen bedeutenden Texten dieser Zeit verbunden sind. So wurden die beiden Berliner Papyri im Jahr 1843 zusammen mit dem *Lebensmüden*, auf den wir noch zu sprechen kommen werden, und der *Sinuhe*-Erzählung bei Sotheby aus der Sammlung Athanasi ersteigert. Zudem

Ein niedriggestellter Bauer namens Chui-ni-Anup (auch Chuen Anubis oder Khunanup) aus einer Oase im Wadi Natrun zieht ins Niltal, um hier seine Produkte zu verkaufen. Durch eine List wird er seiner gesamten Habe beraubt: Ein Pächter namens Nemtinakth legt seinen Mantel oder ein Tuch über den Weg und zwingt Chui-ni-Anup so, mit seinen Eseln sehr nah am angrenzenden Kornfeld entlangzugehen, will er nicht auf die Sachen des Pächters treten. Einer seiner Esel nutzt die Gelegenheit und frisst ein paar Kornhalme. Dies ist dem Pächter Anlass genug, den Esel zu konfiszieren. Als Chui-ni-Anup dagegen protestiert, wird er geschlagen und seine restlichen Esel und die Ladung werden beschlagnahmt. Chui-ni-Anup protestiert abermals und wird abermals verprügelt. Nachdem der Beraubte eine Woche lang die Rückgabe seiner Güter erfolgslos von Nemtinakth eingefordert hat, wendet er sich an die nächsthöhere Ebene, nämlich an den in dieser Gegend zuständigen Großgrundbesitzer, den Oberhofmeister Rensi. Rensi lässt die Bitte des Chui-ni-Anup unbeantwortet. Daraufhin wiederholt der Bauer seine Klagerede. Dabei beruft er sich wiederholt auf die *Ma'at*. Seine Worte sind so gut gewählt, dass Rensi dem König von diesem beredten Oasenmann berichtet. Der König ordnet aus Interesse an, die Reden des Bauern weiterhin unbeantwortet zu lassen, aber sie aufzuzeichnen. Währenddessen sorgt er heimlich für den Lebensunterhalt der Familie des Bauern. Nach der dritten Rede glaubt der Bauer, sich durchgesetzt zu haben, und wird dafür mit Prügeln bestraft. In den nächsten Tagen fährt er mit weiteren Reden fort. Zum Schluss der neunten und letzten Rede hält er die Lage schließlich für aussichtslos und wünscht sich selbst den Tod, um sich beim Totengott Anubis über Rensi zu beschweren. Aber schließlich wird ihm Recht gegeben, Rensi lässt die Reden vorlesen und sie dann dem König übergeben; der listige Täter wird mit seinem gesamten Besitz an Chui-ni-Anup übergeben. Der Rest der Geschichte ist nicht mehr erhalten.

enthält Papyrus 10 499 den Text der *Sinuhe*-Erzählung auf dem Verso (ebd.). Siehe auch: *Die Klagen des Bauern,* bearbeitet von F. Vogelsang, A. H. Gardiner, Leipzig 1908. Zur Einordnung des Textes vgl. R. B. Parkinson, *Poetry and Culture in Middle Kingdom Egypt: A Dark Side to Perfection,* New York 2002, S. 46, 48, 50; Ders. (Hg.), *The Tale of the Eloquent Peasant.* Oxford 1991. Die Geschichte vom »beredten Bauern« wurde auch unter künstlerischen Aspekten aufgegriffen, wie in dem ägyptischen Kurzfilm: The Eloquent Peasant بانوراما شاعرية لفلاح مظلوم von Shadi Abdel Salam (1970).

Deutlich wird in diesem Text, dass das Normen- und Wertesystem, auf dem die Rechtsprechung basiert, und die ihm wiederum zugrundeliegende kosmische Ordnung in den Klagen bewusst reflektiert werden. Recht und Unrecht sowie bestehende Rechtsansprüche werden auf dieser Basis beurteilt beziehungsweise eingefordert. Dabei setzt Chui-ni-Anup Rechtsgleichheit zwischen Arm und Reich bereits voraus.

Die Grundforderung Chui-ni-Anups besteht deshalb nicht in der Rückgabe seines Hab und Guts, sondern vielmehr in der Wiederherstellung der *Ma'at,* die durch diesen Akt des Unrechts verletzt wurde. Dies wird bereits in der ersten Klage deutlich, in der es an Rensi gewandt heißt: »Stelle die Ma'at her, du Gepriesener.«[97] Eine Wiederherstellung der *Ma'at* erfordert die Verminderung des Unrechts, oder wie es im Text heißt:

> Wer das Unrecht mindert, fördert die Ma'at,
> und wer das Gute fördert, mindert das Böse,
> wie es den Hunger vertreibt, wenn man sich sättigt [...].[98]

Die insgesamt neun Klagen des Chui-ni-Anup sind ein Beklagen des Verlusts der *Ma'at,* der (Rechts-)Ordnung, in immer neuen Variationen: vom Beklagen des Diebstahls über das Beklagen der Falschheit dieser Welt bis hin zum Infragestellen einer Gesellschaft, in der Gerechtigkeit verloren gegangen sei und die für die Ordnung Verantwortlichen die ihnen zugedachten Funktionen nicht mehr erfüllen. Facettenreich ist auch der Stil des Ausdrucks, dessen sich der Oasenmann bedient: von subtiler Kritik an den Verantwortungsträgern bis hin zu offener Anklage. So finden wir zunächst Lobpreisungen des Beamten Rensi und seiner wichtigen Rolle:

> Führer: Frei von Habgier.
> Großer: Frei von Niedrigkeit.
> Zerstörer der Falschheit,
> Verwirklicher der Ma'at.[99]

Rensi wird auch als Vater der Waisen, Ehemann der Witwen, Bruder der Geschiedenen oder Schutz der Mutterlosen bezeich-

97 Brunner, *Die Weisheitsbücher der Ägypter*, S. 361, 8.

98 Ebd., S. 364, 100-103.

99 Ebd., S. 361, 1-5.

net[100] – kurz: als Schutzschild für alle Verlassenen. Außerdem heißt es in dem Text:

> Du bist das Steuerruder für das ganze Land,
> das Staatsschiff fährt nach deiner Weisung.
> Du bist Kollege des Thot,
> der unparteiisch richtet.[101]

Rensi wird aber auch an seine Rolle als Beamter erinnert beziehungsweise daran, seiner Rolle gerecht zu werden: »Ergreife das Steuerruder fest! […] tritt gegen Räuber auf«[102] oder »Du sollst für alle Leute ein Vorbild sein«.[103]

Ebenso finden sich im Laufe der Klagen aber auch handfeste Anschuldigungen:

> Sieh, die Ma'at flieht vor dir,
> vertrieben von ihrem Platz.
> Die hohen Beamten tun Böses,
> wer die Rechnung prüfen sollte, unterschlägt etwas.
> Die Richter schnappen sich das Diebesgut.
> Wer eine Sache klären soll, bringt sie in Verwirrung. […]
> Wer die Not vertreiben sollte, ordnet an, sie zu schaffen. […]
> Wer die Untat bestrafen sollte, tut (selbst) Schlimmes.[104]

Und schließlich wird auch Rensi persönlich angegriffen:

> Du bist ein Schuft von einem Wäscher,
> ein Habgieriger, der seinen Freund schädigt […],
> ein Aufrechter, dessen Aufrichtigkeit zersplittert […],
> […] ein Metzger, dem das Schlachten Freude bereitet.[105]

Für den kanadischen Philosophen Chike Jeffers erfüllt dieser Wechsel zwischen verschiedenen Formen der Ansprache und der Klage eine philosophische Funktion, nämlich als Ausdruck verschiedener Vorstellungen von der angemessenen Rolle einer politischen

100 Vgl. Parkinson, *The Tale of Sinuhe,* S. 60, B1 93-95.
101 Brunner, *Die Weisheitsbücher der Ägypter*, S. 365, 125-128.
102 Ebd., S. 362, 37-38.
103 Ebd., S. 365, 121.
104 Ebd., S. 361, 18-27.
105 Ebd., S. 362, 43-52.

Autorität in der Gesellschaft.[106] Jeffers identifiziert drei Rollen, die Chui-ni-Anup für eine politische Autorität formuliert: die Rolle des Führers (wie im Bild des Steuermanns), des Beschützers und eines Schöpfers des Guten.[107] Letzteres wird unter anderem in dieser Zeile deutlich: »Und doch sollen Beamte solche sein, die das Böse vertreiben, Herren des Guten sollen sie sein, Künstler, die schaffen, was ist.«[108]

Dieses Rollenverständnis beziehungsweise Idealbild unterliegt wiederum dem Konzept der *Ma'at*, das in Jeffers Interpretation jedoch wenig Beachtung findet. Dabei ist es die *Ma'at*, die in den langen Klagen und Erörterungen des Oasenmanns als, wie Assmann es nennt, »Horizont letztinstanzlicher Normenbegründung«[109] fungiert. Was der Oasenmann dem Grundbesitzer Rensi letztlich vorwirft, ist nicht nur, dass er Diebstahl ignoriert und nicht ahndet, sondern vor allem ein Verhalten, das den Regeln der *Ma'at* widerspricht und die Ordnung als Ganzes gefährdet. Denn wer eine verantwortungsvolle Position innehat, gegen das Unrecht aber nicht einschreitet, wird an ihm mitschuldig. »Die Rechtschaffenheit des Landes besteht darin, die Ma'at durchzusetzen«,[110] heißt es im Text. Wer indessen das Böse zulässt, schadet der *Ma'at* und damit der Ordnung. Rensi, der nicht für Ordnung sorgt, indem er Unrecht bestraft und Gerechtigkeit schafft (nur der/die Leser:in weiß, dass er dies auf Geheiß des Königs unterlässt), ist somit für Chui-ni-Anup ein Gegenbild der *Ma'at* und der Hauptadressat seiner Klagen. Denn von ihm fordert er die Wiederherstellung der Gerechtigkeit und Ordnung. Durchsetzen muss die *Ma'at* in erster Linie der König, auf den verschiedenen Regierungsebenen des Landes sind aber seine jeweiligen Repräsentanten zuständig und im gegebenen Fall eben Rensi. Die Herstellung beziehungsweise Wiederherstellung der Gerechtigkeit erfolgt also nach einem »Top-Down«-Prinzip, in dem die höchste Macht der Schöpfergott innehat. Damit weist die Frage nach der Gerechtigkeit allerdings auch

106 C. Jeffers, »Embodying Justice in Ancient Egypt: The Tale of the Eloquent Peasant as a Classic of Political Philosophy«, in: *British Journal for the History of Philosophy* 21/3 (2013), S. 421-442, hier S. 428 f.

107 Ebd., S. 429.

108 Brunner, *Die Weisheitsbücher der Ägypter*, S. 366, 149-151.

109 Assmann, *Ma'at*, S. 59.

110 Brunner, *Die Weisheitsbücher der Ägypter*, S. 361, 29.

über die menschliche Ordnung hinaus: Wenn die Götter nicht eingreifen, wenn ein Mensch unschuldig leidet, können sie dann gerecht sein? Allerdings wird im Text eine Unterscheidung getroffen zwischen einer absoluten Idee der Gerechtigkeit in einer anderen Welt und einer teilweisen Umsetzung dieser Idee in der menschlichen Welt durch fehlbare Menschen. Letztlich gipfeln die Klagen in dem Spruch:

> Es gibt kein Gestern für den Trägen,
> es gibt keinen Freund für den, der für die Ma'at taub ist,
> es gibt kein Fest für den Habgierigen.[111]

Hier werden wir wieder mit den drei größten Untugenden konfrontiert: (1) Die Trägheit im Sinne eines Nichthandelns nach den Gepflogenheiten der Tradition (dem Gestern), (2) die Taubheit im Sinne eines Nichthörens auf die Prinzipien der *Ma'at* und (3) die Habgier als gemeinschaftzersetzende Kraft.

(1) Es ist die Trägheit im Sinne eines Nicht-Handelns, die im Zentrum der Kritik steht, denn was er Rensi vorwirft, ist dessen Untätigkeit: Rensi befasst sich weder mit der Anklage des Oasenmannes noch mit der Herstellung von Gerechtigkeit, einer Aufgabe, die ihm eigentlich obliegt, denn es heißt:

> Du bist eingesetzt, (Streitfälle) zu hören,
> den Kontrahenten Recht zu sprechen,
> den Räuber zu bestrafen.
> Aber was du tust, ist, den Räuber zu unterstützen.
> Man setzt Vertrauen in dich,
> aber du bist ein Gesetzesbrecher geworden.[112]

Aber:

> Wer [das Recht] verletzt, mindert die Ma'at.
> Fülle richtig, damit die Ma'at nicht zu knapp ist,
> so daß die Ma'at aber auch nicht überläuft.[113]

In der Sentenz »Es gibt kein Gestern für den Trägen« wird mit dem Begriff »Gestern« wiederum auf die Bedeutung des sozialen Gedächtnisses verwiesen und die Bedeutung der Präsenthaltung der

111 Zitiert nach Assmann, *Ma'at*, S. 60.

112 Brunner, *Die Weisheitsbücher der Ägypter*, S. 364, 90-95.

113 Ebd., S. 364, 112-114.

Vergangenheit, der Regeln und Überlieferungen der Vorfahren. So führt der Oasenmann weiter aus:

> Ein guter Charakter kehrt zurück an seine Stelle von gestern,
> denn es ist befohlen: Handle für den, der handelt,
> um zu veranlassen, daß er tätig bleibt.
> Das heißt, ihm danken für das, was er getan hat.[114]

Die hier vorliegende Beschreibung eines guten Charakters ist durchaus interessant, denn im Fokus steht nicht eine Tugend, sondern das Handeln selbst, und zwar im Rückbezug auf das Gestern und den, der bereits gehandelt hat. Die diesem gebührende Dankbarkeit verpflichtet zur Fortsetzung des Handelns im Bezug auf und unter Bewahrung der Tradition. Oder wie Assmann es formuliert: »Handeln heißt sich erinnern, Nichthandeln vergessen. Der Untätige verliert das Gestern aus dem Auge und den Anspruch, den es an das Heute stellt.«[115] Hieraus folgert er, dass zum Wesen der *Ma'at* die Verknüpfung des Gegenseitigkeitsprinzips (das Füreinander-Handeln) mit der Zeitdimension (die Rückkehr zum Gestern) gehört. Denn wenn ich weiß, was gestern Recht war, weiß ich auch, was heute Recht ist und morgen Recht sein wird. Hieran kann ich meine Handlungen ausrichten und wiederum auf das solidarische Handeln der anderen vertrauen: »Der Lohn eines, der handelt, besteht darin, daß für ihn gehandelt wird. Das hält Gott für Ma'at.«[116] Ein guter Charakter hält also am Gestern fest, weshalb man ihm vertrauen kann. Der Träge hingegen gibt sich der Vergesslichkeit hin und wird damit unberechenbar. Die Kette des »Füreinander-Handelns« wird von ihm unterbrochen und die solidarische Ordnung gefährdet.[117] In der Warnung vor der Trägheit und dem Vergessen schwingt also auch eine Warnung vor dem Zerfall der Gesellschaft mit. Rensis Trägheit liefert den Schwächeren und damit Verletzlichen schutzlos der Gewalt aus. Dies führt zu

114 Assmann, *Ma'at,* S. 62.

115 Ebd., S. 64.

116 Ebd., S. 283.

117 Reziprozität ist bis heute ein Grundprinzip in unserem Verständnis von Gerechtigkeit. So heißt es bei Otfried Höffe: »Die Gegenseitigkeit folgt aus dem Kern der Gerechtigkeit, der Gleichheit, und macht die Gerechtigkeit zu einer Sache von Rechten und Pflichten, von Gabe und Gegengabe zugleich [...].« Höffe, *Wirtschaftsbürger, Staatsbürger, Weltbürger. Politische Ethik im Zeitalter der Globalisierung*, München 2004, S. 55.

einer Gesellschaft, in der sich niemand seiner Habe und seines Lebens mehr sicher fühlen kann und es zugleich niemand mehr wagt, für sein Recht einzutreten:

> Wer schläft noch (ruhig) bis in den Tag hinein?
> Vorbei ist es damit, bei Nacht zu gehen,
> bei Tag zu reisen,
> und daß man einen Mann für sein gutes Recht eintreten lässt.[118]

Und so lautet die Forderung in der neunten Klage dann auch:

> Verhülle dein Gesicht nicht vor dem, den du doch kennst,
> sei nicht blind gegen den, den Du doch siehst.
> Stoße nicht den zurück, der dich anfleht.
> Lege diese Trägheit ab,
> deinen Spruch bekanntzugeben.
> Handle für den, der für dich handeln will.
> Höre doch nicht auf jedermann,
> ruf einen Mann auf zu seinem guten Recht![119]

Hier wird deutlich, dass der Oasenmann Anerkennung einfordert, die Anerkennung seiner Klagen, ein Zuhören und einen Rechtsspruch, um zu seinem guten Recht zu kommen – ein Recht, das auf der Rechtsprechung von gestern beruhen sollte, die auch heute noch gilt.

(2) Die zweite mehrfach im Text verurteilte Untugend ist die Taubheit. Dem Tauben fehlt es, wie wir schon in der *Lehre des Ptahhotep* gesehen haben, am Gemeinsinn, an der Fähigkeit zum Zuhören und zum Hören auf die *Ma'at*. Aus diesem Grund ist er sozial isoliert. Schon Ptahhotep betrachtet das Zuhören als eine der höchsten Beamtentugenden. Aber Rensi hört nicht auf die Klagen des Oasenmanns. Und so ruft dieser verzweifelt:

118 Brunner, *Die Weisheitsbücher der Ägypter*, S. 363, 70-73.

119 Ebd., S. 367, 188-195. Bei Assmann lautet die Stelle:
»Verhülle dein Angesicht nicht gegenüber dem, den du gekannt hast,
sei nicht blind gegenüber dem, auf den du geblickt hast,
stoße nicht zurück den, der sich bittend an dich wendet,
sondern laß ab von diesem Zögern (wzf, ›Trägheit‹), deinen Ausspruch hören zu lassen.
Handle für den, der für dich handelt.« (Assmann, *Ma'at*, S. 63 f.)

Du Hörender! Du hörst ja gar nicht!
Warum hörst Du nicht?[120]

Generell wird beklagt, dass offensichtlich niemand mehr seiner gesellschaftlichen Rolle gerecht wird, denn die hohen Beamten tun Böses, der Rechnungsprüfer unterschlägt, wer strafen soll, tut selbst Schlimmes, oder – auf Rensi selbst bezogen – der, der Strafen soll, unterstützt die Räuber; der, dem man vertrauen soll, ist zum Gesetzesbrecher geworden.[121] Die ganze Welt scheint kopfzustehen, es herrscht Chaos. Das solidarische Füreinander-Handeln wurde unterbrochen, die *Ma'at* ist in Gefahr. Aber wenn die *Ma'at* aus der Welt verschwindet, endet auch das Füreinander-Handeln und Aufeinander-Hören, verschwinden auch ein bestimmter Gemeinsinn und ein gesamtgesellschaftliches Vertrauen. Neben dem sozialen Verfall schwingt noch eine weitere Bedrohung mit, die sich nicht auf die menschliche Welt bezieht, sondern auf das Jenseits. Denn Taubheit gegenüber der *Ma'at* hat nicht nur Konsequenzen für das Leben im Diesseits, sondern ebenso für das Fortleben im Jenseits.

(3) Auch die Habgier als gemeinschaftzersetzende Kraft wird mehrfach im Text thematisiert:

Raube nicht, tritt gegen den Räuber auf.
Wer große Habgier hat, ist nicht wahrhaft groß.[122]

Oder:

Man kommt zu Fall durch Habgier,
der Raffsüchtige hat keinen Erfolg,
sein Erfolg ist Verlust.
Dein Herz ist habgierig – das ziemt sich nicht für dich.[123]

Hier wird Rensi möglicherweise sogar unterstellt, vom Diebstahl seines Pächters zu profitieren. Ähnliches ließe sich zu folgender Stelle sagen:

Beraube den Armen nicht seiner Habe,
den Schwachen, den du kennst.[124]

120 Brunner, *Die Weisheitsbücher der Ägypter*, S. 362, 57-58.
121 Ebd., S. 364, 90-95.
122 Ebd., S. 362, 38-39.
123 Ebd., S. 366, 154-157.
124 Ebd., S. 363, 86-87.

Ungewöhnlich an diesem Text ist, dass ein Bauer oder Kleinhändler und damit jemand, der im Rahmen der ägyptischen Welt- und Gesellschaftsordnung an niedriger Stelle steht, zum Mahner der Einhaltung der *Ma'at* wird und einen Imperativ wie den folgenden formuliert: »Sage die Ma'at, tue die Ma'at.« Damit erinnert er die Amtsträger in leitenden Positionen an die ihnen ursprünglich zugedachte Rolle, nämlich Bewahrer der *Ma'at*, das heißt einer gerechten Weltordnung zu sein. Chike Jeffers wirft in diesem Zusammenhang die Frage auf, ob eine solche Rollenverkehrung nicht auch als ein Angriff auf die hierarchische Struktur der ägyptischen Gesellschaft verstanden werden kann.[125] Jeffers liest die »Klagen eines Bauern« in der Perspektive der politischen Philosophie[126] als einen Text, der die Notwendigkeit politischer Autorität einerseits rechtfertigt, andererseits aber auch klare Grenzen politischer Autorität aufzeigt. Er stellt ihn damit in eine Tradition mit Texten großer Staatstheoretiker von Hobbes und Locke bis Kant und Rawls.[127] Dabei bezieht er sich unter anderem auf die folgende Passage:

> Wahrlich, du bist eine Stadt ohne Oberhaupt,
> du gleichst einer Körperschaft ohne Präsident,
> du gleichst einem Schiff ohne Kapitän darin,
> du bist eine Truppe ohne Anführer.[128]

125 Jeffers, »Embodying Justice in Ancient Egypt«, S. 427.

126 Jeffers verweist darauf, dass bereits der Ägyptologe François Chabas, der diesen Text als Erster in eine europäische Sprache übersetzte, auf die Schwierigkeiten bei der Übersetzung mit der Anmerkung verwies, dass es sich hier um einen Text philosophischer Natur handele (de nature philosophique). Vgl. Jeffers, »Embodying Justice in Ancient Egypt«, S. 425, Fn. 3. Jeffers bezieht sich auf F. Chabas, *Les papyrus hiératiques de Berlin. Récits d'il y a quatre mille ans,* Chalon-sur-Saône 1863. Assmann versteht die Gattung der Klagen als sozio-politischen Diskurs, der auf die Bedingungen von Gesellschaft und sozialer Harmonie reflektiere, vgl. Assmann, »A Dialogue between Self and Soul: Papyrus Berlin 3024«, S. 403. Solche Reflexionen fallen gemeinhin in den Bereich politischer Philosophie.

127 Jeffers, »Embodying Justice in Ancient Egypt«, S. 432.

128 Zitiert nach E. Hornung, »Der redekundige Oasenmann«, in: Ders. (Hg.) *Altägyptische Dichtung*, Stuttgart 2012, S. 18. Jeffers baut seine Argumentation auf der Übersetzung von Parkinson ins Englische auf. Diese lautet wie folgt:
Look, you are a town without a mayor,
like a generation without a great man,
like a boat with no controller,
a gang without a leader.« Parkinson, *The Tale of Sinuhe*, S. 67, B1 220-222.

Aus ihr leitet Jeffers ab, dass schlechte politische Führung mit dem Fehlen jeglicher politischen Führung gleichzusetzen sei – und damit dem Naturzustand, wie er von Thomas Hobbes in seinem *Leviathan* (1651) beschrieben wurde. Für Hobbes ist der Staat jenes Instrument, das den Menschen aus dem Naturzustand – als gesetzlosem Zustand – enthebt, der die Ansprüche und Rechte Einzelner begrenzt, um ein friedliches Zusammenleben möglich zu machen. Jeffers argumentiert, dass ebenso wie bei Hobbes auch in den Klagen des Oasenmanns eine funktionierende Rechtsprechung und staatliche Führung durch die Beamten des Staates als ordnende Kraft angenommen werde, die die Schwachen schützen und ein harmonisches Miteinander möglich machen solle. Jeffers schränkt diesen Vergleich allerdings sofort wieder ein, da die Erzählung des Oasenmanns keinen Ansatzpunkt für die Vorstellung eines außer- oder vorgesellschaftlichen Zustands biete. Insofern betrachtet er die Erzählung nicht als Argumentation, die von einem Naturzustand ausgeht, sondern als eine Argumentation, die die Dysfunktion der gesellschaftlichen Organe kritisiert, das heißt als eine Kritik an Zuständen, die nicht mehr so sind, wie sie sein sollten.[129]

Jeffers ist zuzustimmen, dass der Oasenmann nicht von einer Art Naturzustand, wie wir ihn aus der Vertragstheorie kennen, ausgehend argumentiert. Allerdings finden sich in der Erzählung durchaus zwei Dimensionen der Argumentation: Die eine speist sich aus persönlicher Betroffenheit, die andere entfaltet sich vor dem Hintergrund einer allgemeingültigen Idealvorstellung. Denn ziehen wir das Konzept der *Ma'at* heran, wird deutlich, dass die Vorstellungen von Rechtsprechung, Gerechtigkeit und der Rolle eines Beamten auf der Grundlage dieser Idealvorstellung formuliert werden.

Chaos und das Auseinanderfallen der Gesellschaft[130] waren historische Erfahrungen, welche die Ägypter:innen in der *Ersten Zwischenzeit* erlebten, vielleicht in ähnlicher Weise wie Hobbes zur Zeit der Religionskriege in Europa. Hobbes' Vorstellung vom Naturzustand geht ja nicht davon aus, dass es eine Epoche vor der Zivilisation gab, sondern vielmehr davon, dass sich in Notsitua-

129 Jeffers, »Embodying Justice in Ancient Egypt«, S. 433.

130 Siehe dazu J. Assmann, »Der ›leidende Gerechte‹ im alten Ägypten. Zum Konfliktpotential der ägyptischen Religion«, in: C. Elsas, H. G. Kippenberg (Hg.), *Loyalitätskonflikte in der Religionsgeschichte. Festschrift für Carsten Colpe,* Würzburg 1990, S. 203-224, hier S. 210 f. und S. 220 ff.

tionen (Bürgerkriegen etc.) ein Naturzustand Bahn bricht, in dem alle zunächst ihr eigenes Leben zu verteidigen suchen und Gesetze keine Gültigkeit mehr haben. Eine Parallele zur *Ersten Zwischenzeit* in Ägypten kann hier ebenso gezogen werden wie zur Vorstellung vom Chaos der *Isfet*, das nur durch die Wiederherstellung der *Ma'at* überwunden werden kann. Ein Vergleich mit Hobbes kann damit möglicherweise noch vertieft werden. Assmann zieht in einem Artikel aus dem Jahr 1990 ebenfalls explizit Parallelen zwischen dem Naturzustand bei Hobbes und dem Chaos der *Isfet* in der altägyptischen Vorstellungswelt. Er schreibt:

> So wie der Mythos vom Status naturalis der Gründungsmythos des absolutistischen Staats, so ist die Lehre von der Isfet der Gründungsmythos des auf den Trümmern des Alten Reichs wiedererrichteten Staats, des Mittleren Reichs. Die Lehre von der Isfet besagt: wenn der Staat zusammenbricht, verschwindet die Maat aus der Welt. Wenn die Maat verschwindet, zerbricht der Zusammenhang von Tun und Ergehen, verliert die Welt ihren Sinn und geht zugrunde.[131]

Die ägyptische Vorstellung vom Chaos der *Isfet*, so argumentiert Assmann weiter, liefert

> [...] eine anthropologische Begründung für die Notwendigkeit des Staats als einer mit höchster Autorität ausgestatteten Form politischer Ordnung. Ohne die Ordnung des Staates würden die Menschen sich gegenseitig zerfleischen.[132]

Es ist bedauerlich, dass die Bedeutung der *Ma'at* in Jeffers' Interpretation der »Klagen eines Bauern« nur am Rande berührt wird. Denn dies führt zu einer Schlussfolgerung, der mit Blick auf das Konzept der *Ma'at*, wie wir es in der Interpretation von Assmann, Brunner, Junge oder auch Karenga kennengelernt haben, nur teilweise gefolgt werden kann. Jeffers argumentiert:

> [...] dass die politische Autorität im Guten wie im Schlechten den Maßstab für die Gesellschaft als Ganzes setzt und dass deshalb die Untätigkeit gegen das Böse – und gewiss jede Kollaboration mit ihm – nicht nur ein Versäumnis ist, Schaden zu verhindern, und nicht nur eine Art von Schaden an sich, sondern auch *ein Mittel zur Vermehrung des Schadens.*[133]

131 Ebd., S. 221.

132 Ebd.

133 Jeffers, »Embodying Justice in Ancient Egypt«, S. 431. Übersetzung A. G.

Richtig ist, dass das Nicht-Handeln gegen das Böse dessen weitere Ausbreitung befördert, indem es die Gesellschaft im Ganzen verunsichert. Allerdings ist es falsch zu behaupten, dass es die politische Autorität sei, die die gesellschaftlichen Standards (im Guten wie im Bösen) setze. Vielmehr sind diese schon gesetzt in der *Ma'at* als dem Kosmos und der Gesellschaft zugrundeliegenden Ordnungsprinzip, in dessen Rahmen die politische Führung lediglich die Rolle ausfüllt, eine *Ma'at*-gemäße staatliche Ordnung aufrechtzuerhalten. Die über die politische Ordnung hinausgehende kosmologische Dimension, die eng mit bestimmten Jenseitsvorstellungen verbunden ist, wird in Jeffers' Analyse zu wenig beachtet.[134]

Problematisch ist weiterhin Jeffers' Interpretation der Erzählung als eine frühe Form ›nicht-idealer‹ Theorie. Denn zum einen ist es voraussetzungsvoll, von einer Theorie zu sprechen. Es ist möglich, philosophische Überlegungen in dem altägyptischen Text nachzuweisen, der Begriff »Theorie« weckt jedoch Erwartungen, die diese Erzählung nicht erfüllen kann. Zum anderen kann mit Blick auf das Konzept der *Ma'at* eben gerade nicht von einem ›nicht-idealen‹ Ansatz gesprochen werden. Denn ›nicht-ideale‹ Ansätze schließen aus den Dysfunktionen einer Gesellschaft auf notwendige Veränderungen.[135] Im Gegensatz dazu versucht die ›ideale‹ Theorie (im Sinne von Hobbes oder Rawls) aus der Vorstellung eines Naturzustandes oder Urzustandes eine ideale Gesellschaft abzuleiten. Ziehen wir das *Ma'at*-Konzept heran, auf dem die Erzählung ohne Zweifel basiert – der Begriff selbst wird an vielen Stellen gebraucht –, liegt ihr sowohl eine Vorstellung vom Chaos (einem nicht wünschenswerten Zustand) als auch von einer idealen Ordnung (der *Ma'at*) zugrunde. Die Forderungen an die politische Ordnungsmacht werden also vor dem Hintergrund eines idealen Zustands erhoben.

Interessanter als ein Vergleich mit modernen Konzepten unter Heranziehung der Unterscheidung von ›idealer‹ und ›nicht-idealer‹ Theorie erscheint mir die von Jeffers aufgeworfene Frage, ob die Erzählung eine eher ›konservative‹ oder ›revolutionäre‹ Bedeutung trägt – auch wenn die Übertragbarkeit dieser modernen Kategorien ebenfalls fraglich ist. Als ›konservativ‹ bezeichnet Jeffers eine Ausle-

134 Jeffers betrachtet das Konzept der *Ma'at* als eine starke Form des moralischen Realismus, da das Gerechte zugleich als das Wahre gelte, siehe ebd., S. 438.

135 Vgl. C.W. Mills, »›Ideal Theory‹ as Ideology«, in: *Hypatia* 20/3 (2005), S. 165-184.

gung des Textes, nach der die Erzählung als Legitimation der Monarchie und der hierarchischen Gesellschaftsordnung zu betrachten ist. Dafür lassen sich Gründe anführen. Denn obwohl der Oasenbewohner die Rolle des Wissenden und Belehrenden übernimmt, bleibt er doch der Willkür der Höherrangigen ausgeliefert: Nemtinakth, der ihn bestiehlt; Rensi und dem König, die ihn zu ihrem Wohlgefallen eine Rede nach der anderen halten lassen und ihn, statt auf seine Forderungen einzugehen, zunächst verprügeln lassen. Auch wenn der Oasenmann dies nicht weiß, ist die Möglichkeit, seinen Klagen und Gedanken Ausdruck zu geben, an den König gebunden, der ihm diesen Artikulationsraum gibt, indem er ihn gewähren lässt. Ohne das Einverständnis des Königs wäre die wiederholte Formulierung der Klagen nicht möglich gewesen und es ist anzunehmen, dass Chui-ni-Anup unverrichteter Dinge nach Hause geschickt und damit vielleicht dem Hungertod ausgeliefert worden wäre. Auch das gute Ende, an dem er für seine Mühen belohnt wird und zu seinem Recht kommt, hängt letztlich vom Willen der Mächtigen ab. Wie wäre es wohl einem weniger beredten Bauern ergangen? Am Ende ist es doch der König, der die Gerechtigkeit wiederherstellt. Der Oasenmann selbst bleibt machtlos[136] und kann Gerechtigkeit nicht selbst herstellen, sondern diese nur einfordern.

In einer ›revolutionären‹ Interpretation kann man diese Erzählung, so Jeffers, als eine Geschichte von Unterdrückung und der Notwendigkeit einer Rechenschaftspflicht der politischen Institutionen lesen. Hier steht der Diebstahl am Beginn der Geschichte symbolisch für die Verletzlichkeit der Armen. Ebenso stehen die von Rensi befragten Beamten, die dafür plädieren, dem Oasenmann seine Güter nicht zurückzugeben, stellvertretend für eine korrupte Bürokratie. Das lange Schweigen der Autoritäten, mit dem Chui-ni-Anup über Tage hinweg konfrontiert ist, und die wiederholten Prügel sind ebenso Ausdruck für Willkür und Unterdrückung. In dieser Lesart ist die Lösung am Ende der Geschichte eben keine Lösung, da der Mangel an Rechenschaftspflicht der Oberen nicht behoben wird, sondern nur Chui-ni-Anup als Einzelfall das

136 Vielleicht übt der Oasenmann mit seiner Redekunst, die den König ›verführt‹, ihm diesen Artikulationsraum einzuräumen, aber auch eine gewisse Macht über den König aus. Seine Beredsamkeit ist das mächtigste Werkzeug des Oasenmanns, und so könnte der Text auch als ein Plädoyer für die Macht des vernünftigen Wortes verstanden werden.

Glück einer besonderen Gnade des Königs erfährt. In dieser Lesart könnte nur ein Systemwechsel zu wahrer Gerechtigkeit führen, schreibt Jeffers, der diese Lesart des Textes bevorzugt und ihn als Verteidigung einer egalitären Gesellschaft interpretiert, die zudem auf Bildung als Voraussetzung für die Wahrnehmung der eigenen Rechte basiert:

> Wenn […] die Rahmenhandlung der Erzählung so interpretiert werden kann, dass es sich um eine allgemeine Verteidigung einer egalitäreren Gesellschaft handelt, dann ist der Aspekt des Ideals der Verbreitung von Bildung eindeutig ein Bestandteil dieses Arguments.[137]

Gerade die Redegewandtheit des Oasenmanns zeigt, dass Klugheit keine Frage des sozialen Standes ist. Eine Teilung der Gesellschaft, in der politische und juristische Entscheidungen von wenigen Auserwählten getroffen werden und die Mehrzahl der Menschen in ihren Forderungen nicht gehört wird, erscheint vor diesem Hintergrund nicht gerechtfertigt. Durch diese Perspektivierung werde eine Welt eingefordert, in der alle nach ihren Fähigkeiten, zu reden und zu tun, geschätzt werden, so Jeffers.[138] Dies ist eine grundsätzlich sympathische, aber auch sehr weitgehende Interpretation, die sich vom Text und seinem historischen Kontext sowie dem damit verbundenen Sinnhorizont entfernt, der die zeitgenössischen Deutungsmöglichkeiten begrenzte. Dies wirft ein weiteres Grundproblem im Umgang mit dem philosophischen Erbe anderer Jahrhunderte und Regionen auf: Wie frei können sich unsere Gedanken im Dialog mit den Schriften unserer Vorgänger bewegen? Für die Philosophie eröffnet sich hier ein anderer, ein breiterer Rahmen als für die Ägyptologie, Geschichtswissenschaft, aber auch Philosophiegeschichtsschreibung, die nach dem zeitgenössischen Kontext und dessen Horizont fragen müssen. In philosophischen Untersuchungen kann auf vorangegangene Ideen und Konzepte in anderer Weise zurückgegriffen werden, um diese für das heutige Philosophieren fruchtbar zu machen. Aus der Perspektive der Historiographie muss angesichts der Diskursräume, in denen dieser Text entstanden ist, davon ausgegangen werden, dass eine im Text intentional angelegte ›revolutionäre‹ Botschaft im Rahmen der

137 Jeffers, »Embodying Justice in Ancient Egypt«, S. 431 f. Übersetzung A. G.
138 Ebd., S. 441.

damals bestehenden politischen und religiösen Machtstrukturen unwahrscheinlich ist.[139] Trotzdem ist Jeffers' Auseinandersetzung ein wichtiges Signal für zukünftige philosophische Forschungen, den Dialog mit den Manuskripten des Alten Ägypten aufzunehmen und jenen Prozess neu zu beginnen, in dem wir uns mit Blick auf die Texte und Überlieferungen aus dem alten Griechenland seit über zweitausend Jahren befinden: einen Prozess der Analyse, der Auswahl und Klassifizierung, der Lektüre und Re-Lektüre, um die hier beschriebenen Begriffe und Konzepte auch für unsere heutige Zeit und unser heutiges Philosophieren fruchtbar zu machen.

5.5. Das Gespräch eines Lebensmüden mit seinem Ba

Das Gespräch (oder der Streit) eines Lebensmüden mit seiner Seele (seinem Ba)[140] wird von Assmann ebenfalls der Gattung der Klageliteratur zugeordnet. Dieser Text eröffnet eine weitere philosophisch relevante Dimension, die in den bisherigen Betrachtungen noch keine Rolle gespielt hat, und kann die vorangegangenen Ausführungen aus diesem Grund ergänzen. Es handelt sich um einen ebenso schwierigen wie interessanten Text, in dem es um die Bedeutung des Todes und des Lebens nach dem Tod, von Diesseits und Jenseits geht. Aber auch hier steht der Verfall des solidarischen Füreinander-Handelns, das auf einem sozialen Gedächtnis und auf einem geteilten Verständnis von sozialen Normen und Werten beruht, im Zentrum.

Der Text, der auf die Epoche der 12. Dynastie datiert wird, ist

139 Allein der Umstand, dass dieser Text bewahrt wurde, lässt vermuten, dass der Inhalt nicht als so machtkritisch verstanden wurde, dass er hätte vernichtet werden müssen.

140 Englische Übersetzungen: J. P. Allen, *The Debate Between a Man and His Soul: A Masterpiece of Ancient Egyptian Literature*, Leiden 2011; Parkinson, *The Tale of Sinuhe: The Dialogue of a Man and his Soul*, S. 151-165. Der Text gehört zu den am intensivsten diskutierten Texten aus der altägyptischen Literatur. Siehe dazu u. a. H. Goedicke, *The Report about the Dispute of a Man with his Ba: Papyrus Berlin 3024*, Baltimore 1970; R. B. Parkinson, »The Missing Beginning of ›The Dialogue of a Man and His Ba‹: P. Amherst III and the History of the ›Berlin Library‹«, in: *Zeitschrift für Ägyptische Sprache und Altertumskunde* 130 (2003), S. 120-133; Ders., *The Tale of the Eloquent Peasant*; Ders., *The Tale of the Eloquent Peasant. A Reader's Commentary*, Hamburg 2012.

nur auf einem einzigen und zudem unvollständigen Papyrus überliefert, dem Papyrus Berlin 3024, auf dem sich noch ein weiterer Text befindet: *Die Hirtengeschichte*.[141] Der Autor des Textes ist unbekannt. Die Überlieferung ist unvollständig und es ist nicht klar, wie viel vom Anfang des Texts fehlt, weshalb über den Anlass des dargestellten Gesprächs nur Mutmaßungen möglich sind. Aus dieser Unvollständigkeit und einigen Wörtern, für die es noch keine Übersetzung gibt, ergeben sich die teilweise sehr unterschiedlichen Interpretationen des Textes unter den Ägyptolog:innen. Allerdings wurden im Jahr 2017 weitere Fragmente des Anfangs publiziert, die in einer Sammlung auf Mallorca identifiziert worden sind.[142] Ob sich hieraus zusätzliche Interpretationsmöglichkeiten oder im Gegenteil eine eindeutigere Interpretation ableiten lassen, muss erst noch ausgelotet werden. Auch diese neueren Forschungsergebnisse sind Beispiel für die Dynamik in der Erforschung der Manuskripte des Alten Ägypten – und der Notwendigkeit, auch die philosophische Perspektive offen für neue Möglichkeiten zu halten.

Wer führt nun das Gespräch, dem das Textfragment seinen Titel verdankt? Der Ba, häufig als Seele übersetzt, ist genaugenommen ein bestimmter Teil der Persönlichkeit eines Menschen. In der altägyptischen Vorstellung besteht die Person aus verschiedenen Teilen, unter anderem aus dem ›Herzen‹, dem Ka und dem Ba.[143]

141 Der Papyrus wurde in den 1830er Jahren von Giovanni d'Athanasi in Ägypten entdeckt und 1837 bei Sotheby verkauft. Richard Lepsius erwarb den Papyrus 1842 und brachte ihn 1843 nach Berlin, wo er sich heute noch im Neuen Museum Berlin unter der angegebenen Nummer befindet. Die Erstausgabe erfolgte durch Adolf Erman, *Gespräch eines Lebensmüden mit seiner Seele. Aus dem Papyrus 3024 der Königlichen Museen*, Berlin 1896. Weitere Übersetzungen: A. Scharff, *Der Bericht über das Streitgespräch eines Lebensmüden mit seiner Seele*, München 1937; W. Barta, *Das Gespräch eines Mannes mit seinem Ba (Papyrus Berlin 3024)*, Berlin 1969; K. Lohmann, »Das Gespräch eines Mannes mit seinem Ba«, in: *Studien zur Altägyptischen Kultur* 25 (1998), S. 207-236.

142 M. Escolano-Poveda, »New Fragments of Papyrus Berlin 3024«, in: *Zeitschrift für Ägyptische Sprache und Altertumskunde* 144/1 (2017), S. 16-54. Bereits 2003 identifizierte zudem Parkinson P. Amherst III als einen weiteren Teil des verlorenen Anfangs von P. Berlin 3024.

143 Assmann, »A Dialogue between Self and Soul: Papyrus Berlin 3024«, S. 384. Assmann spricht aus diesem Grund auch von einer »konstellativen« Vorstellung von Person (S. 386) und er betont: »Eine konstellative Anthropologie betont die Bindungen, Rollen und Funktionen, die die einzelnen Teile miteinander

Dabei besteht zu Lebzeiten eines Menschen die Gefahr, dass Bestandteile sich abspalten und damit die Person ›auseinanderfällt‹. Assmann führt als Ursachen solcher Dissoziationen die »Krankheit der Liebe«, aber auch soziale Isolation an.[144] Nach dem Tod fallen die Bestandteile der menschlichen Person ohnehin auseinander. Einige Bestandteile können den physischen Tod überdauern, andere nicht. Zu jenen, die auch nach dem physischen Tod weiterhin aktiv sind, gehören der Ka und der Ba. Der Ka, dessen begriffliche Bedeutung über die Jahrhunderte mehrere Veränderungen durchlaufen hat, wird zumeist als die Quelle der Lebenskraft verstanden, die nach dem Tod den Körper des Sterbenden verlässt und eigenständig weiterexistiert, dabei allerdings in der Nähe des Toten bleibt und die Aufgabe hat, ihn zu beschützen. Der Ba wandelt dagegen beständig zwischen der Welt der Lebenden und der Welt der Toten hin und her, weshalb der Begriff auch als »Bewegungsseele« übersetzt wird.

> Der Ba ist der Aspekt der Person, der nach dem Tod den Körper verlässt und nicht nur den Übergang ins Jenseits, sondern auch die periodische Rückkehr ins Diesseits und die Wiedervereinigung mit dem Leichnam bewerkstelligen kann.[145]

Parkinson bezeichnet den Ba auch als »die Manifestation einer Person nach dem Tod« (*the manifestation of a person after death*).[146] Der Ba ermöglicht es dem Verstorbenen, das Grab zu verlassen, um zum Beispiel die aufgehende Sonne zu verehren, im Schatten eines Baumes zu ruhen oder Wasser aus einem Teich zu trinken. Aufgrund seiner Bewegungsfreiheit wurde der Ba häufig als Vogel mit menschlichem Kopf dargestellt.

Eigentlich wird der Ba erst nach dem Tod aktiv, aber in dem hier interessierenden Text scheint er sich bereits zu Lebzeiten mit dem Mann zu unterhalten. Dies lässt laut Assmann darauf schließen,

verbinden. Sie verabscheut die Vorstellungen von Isolation, Einsamkeit, Selbstgenügsamkeit und Unabhängigkeit und betrachtet sie als Symptome von Tod, Auflösung und Zerstörung. Leben ist Interdependenz, Verbindung und Kommunikation innerhalb der Netze von Interaktion und Kommunikation, die die Realität ausmachen.« (Ebd.) Übersetzung A. G.

144 Assmann, »A Dialogue between Self and Soul«, S. 384 ff.

145 Assmann, *Ma'at*, S. 114.

146 Parkinson, *The Tale of Sinuhe*, »The Dialogue of a Man and his Soul«, S. 151.

dass der Mann sich in einer Extremsituation befindet, die zu einer Dissoziation geführt hat.

Der Text besteht aus verschiedenen Teilen: Er beginnt mit einigen unvollständig überlieferten Sätzen des Ba, auf die der Lebensmüde antwortet. Es entspinnt sich ein Dialog zwischen dem Mann und seinem Ba, an die sich zwei vom Ba vorgetragene Parabeln anschließen. Daraufhin folgen vier Lieder des Mannes, in denen er sein Los nochmals beklagt. Den Abschluss bildet eine versöhnliche Antwort des Ba.

Über die Ausgangssituation der Geschichte kann aufgrund des fehlenden Anfangsteils nur spekuliert werden. Aus diesem Grund unterscheiden sich die Interpretationen des Textes zum Teil signifikant. Während Assmann eher davon ausgeht, dass der Ba den Mann zum Tod drängt[147], nehmen andere Autoren an, dass sich der Ba darüber beschwert, dass der Mann, dessen Namen wir nicht kennenlernen, seinem Leben ein Ende setzen will.[148] Der Mangel an kontextueller Rahmung macht es also schwer nachzuvollziehen, wer in diesem Text welche Position vertritt. Auch über die Situation des Gesprächs gibt es unterschiedliche Auffassungen: Parkinson geht von einem inneren Dialog aus, wohingegen Assmann, Erman und Lohmann davon ausgehen, dass es eine Zuhörerschaft gibt, vor der sich das Gespräch abspielt. Die 2017 auf Mallorca gefundenen Textteile scheinen die zweite Annahme zu bestätigen. Aus ihnen lässt sich schließen, dass es sich um einen kranken Mann handelt, der in einer Grenzsituation zwischen Leben und Tod die Vor- und Nachteile des Weiterlebens beziehungsweise Sterbens abwägt.[149] Auch eine Adressatin wird nahegelegt, da der kranke Mann sein Gespräch mit dem Ba vor einer Zuhörerin mit Namen Ankhet wiedergibt.[150] Marina Escolano-Poveda geht aufgrund der von ihr gefundenen neuen Textteile noch weiter und nimmt an, dass die Krankheit des Mannes psychologische Ursachen habe, da ihm Ungerechtigkeit widerfahren sei (vgl. die Lieder, in denen insbesonde-

147 Assmann, »›Der leidende Gerechte‹ im alten Ägypten«, S. 211.

148 Vgl. Parkinson, *The Tale of Sinuhe*, »The Dialogue of a Man and his Soul«, S. 151-152.

149 Escolano-Poveda weist darauf hin, dass diese Hypothese bereits früher von Erman u. a. vertreten wurde und sich somit nun bestätigen lässt. Escolano-Poveda, »New Fragments of Papyrus Berlin 3024«, S. 36.

150 Ebd., S. 35 f.

re die Ungerechtigkeit der Zeit beklagt wird) und/oder seine Frau früh verstorben sei (vgl. Parabel 1).[151]

Der sich auf dem Papyrus Berlin 3024 befindende Text hebt mit der Bitte des Mannes an, sein Ba möge ihn nicht verlassen:

> Mein Ba soll nicht fortgehen,
> sondern mir dafür einstehen. [...]
> Es soll nicht geschehen durch ihn,
> daß er sich davonmacht am Tag des Unheils.[152]

Der Mann strebt eine todüberdauernde Gemeinschaft mit seinem Ba als unabdingbare Voraussetzung für das Leben im Jenseits an. Und so bittet er seinen Ba, dass er auf ihn in der nächsten Welt, im ›Westen‹, warten solle, und argumentiert, dass die nächste Welt nur Freude bringen werde. Süß sei es, wenn die Götter den Schleier des Körpers entfernten; daher sollte man nicht zu sehr am diesseitigen Leben hängen, denn erst die nächste Welt sei eine, in der das Begehren wahrhaft gestillt werden könne. Darüber hinaus äußert der Mann den Wunsch nach einem Begräbnis wie in der Pyramidenzeit mit einem Erben am Grab. Mit der Bitte um einen Erben, der die postmortale Existenz garantiert, wird das allgemein formulierte Verlangen nach dem versorgten Tod (einer auch in Zukunft erhaltenen und gepflegten Grabstätte) konkretisiert. Hier wird deutlich, dass der Mann ein Anhänger der alten Traditionen ist, die durch eine rituelle Bestattung und den Totenkult ein ewiges Weiterleben verheißen.

Der Ba hat für solche Vorstellungen vom ›Westen‹ allerdings nur Spott übrig. Er macht dem Mann klar, dass der Tod eine äußerst schmerzvolle Erfahrung und eine Todessehnsucht nicht die Lösung von Problemen sei. Stattdessen solle der Mann sein Leben genießen. Auch hinsichtlich der Monumente ist der Ba skeptisch. Er sagt:

> Die da bauten in Granit,
> die schöne Pyramiden errichteten in vollendeter Arbeit,
> wenn die Grabherren zu Göttern geworden waren,

151 Ebd., S. 36f.

152 Zitiert nach Assmann, »›Der leidende Gerechte‹ im alten Ägypten«, S. 212; pBerlin 3024, Zeilen 7-10. Ich zitiere im Folgenden im Wesentlichen aus den Texten von Assmann, da mir seine Übersetzungen sprachlich am gelungensten erscheinen.

blieben ihre Opferstellen leer wie die der ›Müden‹,
die auf dem Uferdamm starben ohne einen Hinterbliebenen.[153]

Letztlich seien also alle, ob reich oder arm, ob mit aufwändigen Zeremonien begraben oder am Ufer verscharrt, im Tod gleich – nämlich vergänglich und vergessen. Es gebe keine Garantie dafür, dass der Totenkult ausgeführt und damit das ewige Leben gesichert werde. Das Bild vom Jenseits, das sich der Mann mache, sei also illusorisch. Und so fordert der Ba den Mann auf, dem schönen Tag zu folgen und die Sorge um das Fortleben zu vergessen: »Folge dem frohen Tag. Vergiss die Sorgen!«

Zur Bekräftigung seiner Position zieht der Ba zwei Parabeln heran: Die erste erzählt von einem Mann, der ein Boot, beladen mit seiner Ernte und seiner Familie, steuert, während ein Sturm aufzieht. Während des Sturms stürzen seine Frau und die Kinder in das gefährliche Gewässer voller Krokodile. Der Mann bedauert vor allem den Tod der Kinder, die in das Gesicht des Krokodilgottes sehen mussten, ohne dass ihnen die Entfaltung ihres Lebens möglich wurde. Lohmann vermutet, dass der Mann um das potentielle Leben in einer (vagen) Zukunft und um zerstörte Hoffnungen trauere und weniger um das gegenwärtige.[154] Assmann interpretiert diese Parabel dahingehend, dass nicht geboren zu werden das größte Unglück sei, eine These die im Gegensatz zur griechischen und christlichen Auffassung steht, dass es für den Menschen besser sei, nie geboren zu werden.[155]

In der zweiten Parabel fragt ein Mann seine Frau nach dem Abendessen, dabei ist es erst Mittag, wie seine Frau ihm zu verstehen gibt. Der Mann geht hinaus, um sich zu beklagen. Als er wieder heimkehrt, ist er wie ausgewechselt. Die Frau kennt das schon: wenn er sich so verhält, kann er ihre Botschaften nicht verstehen.[156] Es ist möglich, dass der Ba mit dieser Parabel darauf verweisen will, dass der Mann zur Unzeit, nämlich zu früh, nach dem Tod fragt und seinen Frieden mit seinem Ba im gemeinsamen Haus machen solle.

Der Mann antwortet mit vier Liedern, die insgesamt eine lange Klage ergeben. Im ersten Lied, dessen Strophen jeweils mit der Zeile

153 Zitiert nach Assmann, *Ma'at*, S. 116.

154 Lohmann, »Das Gespräch eines Mannes mit seinem Ba«, S. 232.

155 Assmann, »A Dialogue between Self and Soul«, S. 393.

156 Lohmann, »Das Gespräch eines Mannes mit seinem Ba«, S. 232.

»Mein Name stinkt« beginnen, beklagt er offenbar, dass sein Name beschädigt wurde und verrufen ist wie der Ruf einer Ehefrau, über die üble Nachrede verbreitet wird, beziehungsweise stinkt, wie der Fischfang an einem heißen Tag.[157] Der Grund dafür wird im zweiten Lied deutlich, nämlich seine totale gesellschaftliche Isolation: er wird gemieden, seine Mitmenschen verachten ihn. Der Mann beklagt neben seiner Isolation, die durch die sich in jeder Strophe wiederholende Zeile »Zu wem kann ich heute reden?« nochmals betont wird, den Zustand der Gemeinschaft: Treue und Gerechtigkeit gebe es nicht mehr, die Wahrheit sei abgeschafft, Lug, Trug und Habgier herrschten in der Welt, das Unrecht ziehe durch das Land. So heißt es:

> Zu wem kann ich heute noch reden?
> Man erinnert sich nicht des Gestern,
> man handelt nicht für den,
> der gehandelt hat heutzutage.[158]

Die Frage, zu wem er heute noch sprechen könne, wird insgesamt sechzehn Mal erhoben. Im Anschluss an jede Frage beklagt der Mann den Verlust ethischer Prinzipien beziehungsweise einer *Ma'at*-gerechten Ordnung: Milde und Freundlichkeit seien verschwunden, Anmaßung und Gier hätten Einzug gehalten; man könne niemandem mehr trauen; die Aufrechten würden verunglimpft etc. Alle bereits im Zusammenhang mit der *Lehre des Ptahhotep* besprochenen Untugenden, die die Ordnung der *Ma'at* bedrohen, tauchen hier wieder auf: die Habgier, das Vergessen des Gestern, der Mangel an Vertrauen, das Vorherrschen von Gewalt und Unrecht. Und so erscheint unserem Mann die Welt als vollkommen trostlos. Alle Hoffnung hat ihn verlassen. Angesichts des beschriebenen Verfalls der Sitten erscheinen dem namenlosen Mann in dieser Geschichte ein freiwilliger Tod und die Hoffnung auf ein besseres Leben im Jenseits als einziger Ausweg. Und so preist er im dritten Lied den Tod wie folgt:

157 Lohmann verweist darauf, dass eine Beschädigung des Namens auch mit unterlassener Namenspflege des Toten (aufgrund fehlender Erben) zusammenhängen könne, siehe ebd., S. 233.

158 Zitiert nach Assmann, *Ma'at*, S. 61. Vgl. auch Assmann, »›Der leidende Gerechte‹ im alten Ägypten«, S. 215. Das ganze Lied auf pBerlin 3024 befindet sich in den Zeilen 103-130.

Der Tod steht mir heute vor Augen
wie die Genesung eines Kranken,
wie das Hervortreten nach draußen, nachdem man eingesperrt war.
Heute steht der Tod vor mir
wie Myrrhenduft,
wie das Sitzen unter einem Segel am Tag der Brise.

Heute steht der Tod vor mir
Wie Lotusduft,
wie das Sitzen am Gestade der Trunkenheit.
Heute steht der Tod vor mir
wie ein geebneter Weg,
wie wenn ein Mann heimkehrt aus dem Krieg.

Heute steht der Tod vor mir
wie eine Himmelsentwölkung,
wie wenn einer entdeckt, was ihm unbekannt war.

Heute steht der Tod vor mir
wie wenn einer sich danach sehnt, sein Haus wiederzusehen,
nachdem er viele Jahre in Gefangenschaft verbracht hat.[159]

Der Tod wird hier in den höchsten Tönen besungen und als Genesung, Befreiung, ja Heimkehr gepriesen, gleichgesetzt mit dem Duft von Myrrhe und Lotus oder der wohltuenden Brise an einem heißen Tag – als Wohltat also und Erlösung. Nach Assmann sind gerade diese Verse im Rahmen der altägyptischen Literatur beziehungsweise des altägyptischen Weltverständnisses besonders schockierend, da im Allgemeinen das Leben über dem Tod stehe, der Ägypter sich in erster Linie mit dem Leben verbunden sehe und nichts so sehr fürchte wie den Tod.[160] Insofern muss die gegenwärtige Situation des Mannes außergewöhnlich unerträglich sein. Der Streit des Mannes mit seinem Ba endet mit einem Loblied auf das Jenseits:

Wahrlich, wer aber dort ist
wird ein lebender Gott sein,
und die Sünde bestrafen an dem, der sie tut.

159 Zitiert nach Assmann, »›Der leidende Gerechte‹ im alten Ägypten«, S. 216.
160 Assmann, »A Dialogue between Self and Soul«, S. 399.

Wahrlich, wer aber dort ist,
wird in der Sonnenbarke stehen
und veranlassen, daß die Portionen daraus an die Tempel verteilt werden.

Wahrlich, wer aber dort ist,
wird ein Weiser sein, der nicht davon abgehalten werden kann,
sich an Re zu wenden, wenn er spricht.[161]

Das Jenseits verspricht die Verwirklichung der bereits im Diesseits angestrebten, aber verloren gegangenen konnektiven Werte: die Bestrafung jener, die die Solidarität der Gemeinschaft gefährden; die Unterstützung der Tempel als Mittel zur Aufrechterhaltung der Verbindung zum Gestern. Darüber hinaus werde man dort zu einem Weisen, das heißt zu jemandem, der die *Ma'at* hören kann.[162] So wird in den letzten beiden Liedern des altägyptischen Textes eine interessante Position dem Tod gegenüber deutlich: Der Tod wird als ein Heimkommen beschrieben und als eine heilende und auch enthüllende Kraft, als die lang gesuchte Lösung eines Rätsels und in der letzten Sequenz gar als Zugang zur Weisheit.

Die Vorstellung vom Tod als einem Zugewinn, da der Körper ein Gefängnis für die Seele sei und die Wahrheit verschleiere, finden wir explizit auch in Platons Dialog *Phaidon*. In dem hier beschriebenen letzten Zusammentreffen des Sokrates mit seinen Freunden kurz vor seiner Hinrichtung kreist das Gespräch um die Bedeutung des Todes. Sokrates betont zwar, dass es streng verboten sei, sich selbst zu töten, da dies dem göttlichen Willen widerspreche, argumentiert aber zugleich, dass, wer ernsthaft philosophiere, den Tod als sinnvoll anstreben müsse. Denn zum einen hegt Sokrates die Hoffnung, nach dem Tod zu den Göttern und zu den besseren verstorbenen Menschen zu gelangen, zum anderen sei der Tod die Trennung von Leib und Seele – und danach strebe letztlich der wahre Philosoph schon zu Lebzeiten. Denn der Leib stehe der richtigen Einsicht im Wege, durch seine Abhängigkeit von Nahrung, durch seine Begierden und Gelüste, durch seine Krankheiten, und selbst die besten Sinnesorgane unterlägen der Täuschung. Erst im Denken offenbare sich das eigentlich Seiende. Das Gerechte, das Schöne und Gute habe noch niemand gesehen – dennoch existiere es, und zwar im Denken. So kommt Sokrates zu dem Schluss:

161 Zitiert nach Assmann, »›Der leidende Gerechte‹ im alten Ägypten«, S. 217.

162 Assmann, »A Dialogue between Self and Soul«, S. 400.

Entweder man komme niemals zur Einsicht oder aber nach dem Tod. Auch unser lebensmüder Mann aus Ägypten spricht über den Tod als ein »Hinaustreten ins Freie nach dem Eingesperrtsein« und dem Erlangen von Weisheit. Es lassen sich also einige Parallelen zwischen beiden Texten ausmachen.

Das Ende des Dialogs zwischen dem Mann und seinem Ba scheint versöhnlich: der Ba gibt zu verstehen, dass sie beide zusammengehören. Er fordert den Mann auf weiterzuleben, den Weg nach ›Westen‹ noch zurückzustellen und sich diesem erst zuzuwenden, wenn sich seine »Glieder dem Boden zuneigen«, also die Zeit gekommen ist. Und er verspricht, dass sie sich dann eine Wohnstatt zusammen bereiten werden.

Dieser Text ist auf mehreren Ebenen von Interesse: Zum einen werden der traditionelle Totenkult und der Glaube an die Wiedergeburt in Frage gestellt. Zugleich wird – trotz aller sozialen Erschütterungen – eine lebensbejahende, diesseitsorientierte Haltung deutlich. Zum anderen ist die Rolle, die der Ba in diesem Text spielt, bemerkenswert; denn er ist es gerade, der dazu aufruft, das Leben als Aufgabe und als Freude zu verstehen. Der Ba zwingt den Mann, sich mit seinen Vorstellungen vom Leben nach dem Tod und seinen Aufgaben im Diesseits auseinanderzusetzen. In einem Wechselspiel von Rede und Gegenrede werden die einzelnen Argumente und Vorstellungen geprüft und kritisiert. Der Text zeichnet sich durch einen Prozess der Selbstverständigung darüber aus, was das Leben lebenswert mache und den Wunsch nach dem Tod legitimieren könnte. Dabei prallen zwei unterschiedliche Weltanschauungen aufeinander: Eine, die an der traditionellen Lebensweise und überkommenen Normen und Wertvorstellungen hängt und diese so schätzt, dass mit dem Verfall der Sitten und Gebräuche auch der Wert des Lebens verfällt. Und eine, die eher dem Diesseits zugewandt zu sein scheint und zum Genuss der auf Erden gegebenen Lebenszeit aufruft, da das, was danach kommen mag, eher unsicher zu sein scheint. Das *Gespräch eines Lebensmüden mit seinem Ba* zeigt damit eine kritische Distanz zu überlieferten Normen und Vorstellungen, die weit über den Horizont der kritischen Elemente in den drei zuvor behandelten Texten hinausgeht.

5.6. Exkurs: Zur Stellung der Frau im Alten Ägypten

Über die Stellung der Frau im Alten Ägypten lassen sich auf der Grundlage der hier behandelten Texte nur sehr wenige Aussagen machen. Deutlich wird, dass Frauen in den behandelten Lehren nur eine sehr untergeordnete Rolle spielen: Die Lehrer oder Väter wenden sich ausschließlich an junge Männer, die bestimmte Aufgaben übernehmen sollen. Junge Mädchen gehören nicht zur Zielgruppe der Lehren. In keinem der heute bekannten Texte tritt eine Frau als Unterweisende auf. Aufgrund der Unsicherheit bei der Bestimmung der Autorschaft altägyptischer Manuskripte im Allgemeinen sähe sich eine Diskussion über Frauen als mögliche Urheberinnen vor kaum zu überwindende Herausforderungen gestellt. Vielmehr wäre es bereits eine Sensation, einen Text zu finden, in dem eine Frau eine tragende Rolle spielt. Aufgrund der – soweit aus den einschlägigen Forschungen bisher hervorgeht – stark patriarchal organisierten altägyptischen Gesellschaft ist dies allerdings kaum zu erwarten. Denn Frauen fanden sich nur sehr selten in hohen Machtpositionen oder in der Verwaltung. So geht etwa der Ägyptologe Ian Shaw davon aus, dass »praktisch alle Frauen Analphabeten waren, Frauen häufig aus der Verwaltung ausgeschlossen blieben und im Allgemeinen in der Arbeitswelt kaum zu finden waren«.[163] Aus der dreitausendjährigen Geschichte des Alten Ägypten sind auch nur sehr wenige weibliche Pharaonen bekannt. Jene, bei denen sich die Forschung sicher zu sein scheint, sind: Nitocris (6. Dynastie), Sobekneferu (12. Dynastie), Hatschepsut (18. Dynastie), Neferneferuaten (18. Dynastie) und Twosret (19. Dynastie).

Insgesamt weist der bisherige Forschungsstand zur Rolle der Frau im Alten Ägypten noch große Lücken auf, nicht zuletzt, weil diese Frage in der Ägyptologie erst seit wenigen Jahrzehnten überhaupt gestellt wird, wie Shaw kritisch anmerkt.[164] Es ist unter diesen Umständen nicht verwunderlich, dass die Frage nach einer möglichen Rolle von Philosophinnen auch von den Forschenden, die von der Existenz philosophischer Traditionen im Alten Ägypten grundsätzlich ausgehen, bisher nicht aufgeworfen wurde. Dass Geschlechterfragen insgesamt in diesem Zusammenhang quasi keine Aufmerksamkeit erhalten, ist allerdings als gravierender Mangel zu

163 Shaw, *Das alte Ägypten,* S. 139.

164 Ebd.

betrachten, der auf die Notwendigkeit eines intersektionellen Herangehens in allen Disziplinen und Forschungsfragen verweist. Das Potential eines solchen Ansatzes für die Philosophiegeschichte wird in Kapitel 11 und 12 ausführlicher besprochen.

Fassen wir an dieser Stelle kurz die im vorliegenden Kapitel besprochenen Texte im Hinblick auf Vorstellungen von der Rolle der Frau zusammen. Dabei wird Folgendes deutlich: Einen überaus hohen Wert hat die Mutter (vgl. *Die Lehre des Ani*), hoch geschätzt wird auch die gute Hausfrau. Gewarnt wird dagegen vor einem Verhältnis des verheirateten Mannes mit Frauen außerhalb der Ehe. Ob diese nun selbst verheiratet oder alleinstehend sind, ein Ehemann solle sie besser ignorieren. So heißt es bei Ptahhotep:

> Wenn du die Freundschaft erhalten willst
> In einem Haus, zu dem Du Zutritt hast [...],
> Hüte dich, den Frauen nahezukommen![165]

Der Text empfiehlt aber auch:

> Wenn Du eine wohlbeleibte Frau geheiratet hast
> und sie ist fröhlich und ihren Mitbürgern wohlbekannt,
> wenn sie diese beiden Eigenschaften vereint und den Augenblick genießt,
> dann verstoße sie nicht, sondern gib ihr zu essen,
> so daß sie aus vollem Herzen lacht [...],
> Eine fröhliche Frau bringt Ausgeglichenheit.[166]

Ähnliche Aussagen finden wir ebenfalls in der *Lehre des Ani*: Höchster Respekt wird der Mutter entgegengebracht, und der Aufforderung, sie zu ehren, wird ein ganzer Abschnitt gewidmet. Als Gefahr (oder Versuchung) wird eine alleinstehende, fremde Frau betrachtet, vor der der Ehemann sich daher hüten solle (Zeilen 45-60). Aufschlussreich mit Blick auf die Position einer Frau im hierarchiebewussten sozialen Gefüge ist auch folgende Aussage: »Eine verheiratete Frau wird befragt (= eingestuft) nach ihrem Ehemann, ein Mann wird befragt (= eingestuft) nach seinem Rang.«[167] Diese Zeile lässt darauf schließen, dass Frauen im Wesentlichen anhand der Stellung ihres Mannes definiert wurden, was auf eine unter-

165 Brunner, *Die Weisheitsbücher der Ägypter*, S. 120 f., 260-264.
166 Ebd., S. 127 f., 420-425.
167 Ebd., S. 205, 185.

geordnete und abhängige Position verweist. Dieser Eindruck wird bestärkt durch folgende Textzeile aus der *Lehre des Ptahhotep*, in der es mit Bezug auf die Ehefrau heißt:

> Sie ist ein nützlicher Acker für ihren Herrn.
> *Streite nicht mit ihr vor Gericht.*
> Eine Frau, die sich selbst überlassen bleibt [...],
> [...] dann hat sie Böses getan.
> Ein Wirbelwind ist eine Frau, die (sofort) ausführt, was sie gesehen hat, deshalb halte sie im Hause und hindere sie (*viel herumzukommen?*).[168]

Dieser Vers hinterlässt den Eindruck, dass es für einen Mann darauf ankomme, seine Ehefrau unter Kontrolle zu behalten, was ebenfalls auf eine untergeordnete Stellung und eine Verwiesenheit der Frau auf den häuslichen Bereich schließen lässt.

Mehr Aussagen zur Stellung der Frau lassen sich aus den besprochenen Texten leider nicht herausfiltern. Es bleibt zu hoffen, dass weitere Forschungen auf diesem Gebiet und das Fortschreiten der Übersetzungstätigkeit auch in dieser Hinsicht neue Erkenntnisse liefern werden.[169]

5.7. Konsequenzen für die Philosophiegeschichtsschreibung

Betrachten wir die Diskurse zur Frage, ob und inwiefern es Philosophie im Alten Ägypten gab, von einer Metaebene aus, lassen sich drei verschiedene Ansätze ausmachen: Eine Mehrheit der Philosoph:innen und viele Ägyptolog:innen lehnen es ab, von Philosophie im Alten Ägypten zu sprechen. Auf Jan Assmanns ablehnende Haltung wurde schon im vorangegangenen Kapitel verwiesen.[170]

168 Brunner, *Die Weisheitsbücher der Ägypter*, S. 122, 294-299 (Hervorhebungen im Text).

169 Weitere Literatur zum Thema: J. Tyldesley, *Daughters of Isis: Women of Ancient Egypt*, London 1995; G. Robins, *Women in Ancient Egypt*, Cambridge 1993; B. Watterson, *Women in Ancient Egypt,* New York 1991; C. Graves-Brown, *Dancing for Hathor: Women in Ancient Egypt*, London 2010; C. Desroches Noblecourt, *La femme au temps des pharaons,* Paris 1986; P.H. Schulze, *Frauen im alten Ägypten,* Bergisch Gladbach 1993.

170 »Die Ägypter waren keine Philosophen. Sie hatten die Distanz zur Welt noch

Daneben gibt es allerdings auch eine Reihe von Ägyptolog:innen, die mit einer gewissen Selbstverständlichkeit bestimmte Texte aus dem Korpus der Weisheitsliteratur als Philosophie lesen oder unter bestimmten philosophischen Aspekten behandeln, von Vertretern aus dem 19. Jahrhundert wie François Chabas[171] bis hin zu Friedrich Junge oder Erik Hornung. Letzterer betont:

> Bereits im dritten vorchristlichen Jahrtausend befassten sich die Ägypter mit Fragen, die später in der europäischen Philosophie wiederkehren und auf die es selbst heute noch keine Antworten gibt – Fragen nach dem Sein und dem Nichtsein, nach der Bedeutung des Todes, nach der Natur des Kosmos und des Menschen, nach dem Wesen der Zeit, nach den Grundlagen der menschlichen Gesellschaft und der Legitimation von Macht.[172]

Werden bestimmte Texte aus dem Alten Ägypten als Philosophie gelesen, erfolgt dies bisher ausschließlich auf der Vergleichsfolie der europäischen Philosophie, die als maßgebliche Orientierungsebene für die Bestimmung des philosophischen Gehalts altägyptischer Texte herangezogen wird.[173] Damit verbleibt dieser Diskurs in einer Abhängigkeit vom europäischen Modell. Diesem Problem begegnen wir auch im dritten Ansatz. Er wird vor allem (aber nicht nur) von afrikanischen Ägyptologen und Philosophen wie Diop, Bilolo, Obenga oder Karenga vertreten, die bereits das Konzept der *Ma'at* an sich als Philosophie verstehen und nicht nur einzelne ausgewählte Texte als philosophisch relevant qualifizieren. Dabei stützen

nicht gewonnen, aus der heraus sie allgemeine Betrachtungen anstellen und ihre Ergebnisse in der entspannten Prosa oder auch Poesie eines unabhängigen, keinen unmittelbaren Gebrauchszwecken unterworfenen Diskurses hätten niederlegen können.« Assmann, »Gerechtigkeit, Vergänglichkeit und Gedächtnis im alten Ägypten«, S. 62.

171 Zu den frühen Vertretern gehört auch J. H. Breasted, »The Philosophy of a Memphite Priest«, in: *Zeitschrift für Ägyptische Sprache und Altertumskunde* 39 (1901), S. 39-54.

172 E. Hornung, *Idea into Image: Essays on Ancient Egyptian Thought*, New York 1992, S. 13. Zitiert nach Shaw, *Das alte Ägypten,* S. 139. Maßstab der Beurteilung bleibt allerdings weiterhin die griechische Philosophie.

173 Auch die in diesem Kapitel herangezogenen Vergleiche stammen ausschließlich aus der europäischen Tradition. Dass dies ein Mangel ist, ist mir bewusst. Allerdings bezieht sich meine Expertise nicht auf indische oder chinesische Philosophietraditionen. Insofern müssen solche Vergleiche von anderen Spezialist:innen ausgearbeitet werden.

sich allerdings Bilolo, Obenga oder Karenga auf ein ausführliches Studium und eine systematische Auswertung von Manuskripten, die als Beleg für eine *Ma'at*-Philosophie angeführt werden.

Die beiden Diskurse (zwei und drei), die beide von der Existenz altägyptischer Philosophie ausgehen, unterscheiden sich in grundsätzlichen Fragen, wie etwa der Annahme der Existenz einer kommunalen Philosophie, und laufen weitgehend berührungslos nebeneinanderher. Eine Schnittstelle scheint nur Maulana Karenga zu repräsentieren, der sowohl die Arbeiten der europäischen und nordamerikanischen Ägyptologie als auch die der afrikanischen Kolleg:innen studiert und miteinander ins Gespräch gebracht hat. Seine Ansätze zeigen, dass ein intensiverer Dialog zwischen den Vertreter:innen der verschiedenen Diskurse – im Gegensatz zu anhaltenden Abgrenzungsversuchen – als erstrebenswert zu betrachten ist.

Vor allem wäre aber eine Öffnung der Disziplin der Philosophie für die philosophisch relevanten Inhalte altägyptischer Manuskripte wünschenswert, die hier aus diesem Grund mit einiger Ausführlichkeit vorgestellt wurden. Deutlich wurde dabei, dass die besprochenen Texte sowohl metaphysische als auch moralphilosophische Fragen aufwerfen und darüber hinaus auch Probleme der politischen Philosophie oder der Bildungsphilosophie zum Thema machen. So behandeln die Texte Fragen nach der Stellung des Menschen in der Welt, des Einzelnen in der Gemeinschaft ebenso wie Fragen nach dem guten Leben und guter Regierungsführung oder Fragen nach dem Wert des Lebens und dem Wert des Todes (vgl. *Gespräch eines Mannes mit seinem Ba*). Die Behandlung dieser Fragen erfolgt im Rahmen eines *Ma'at*-geleiteten Weltbildes, dessen grundlegende Vorstellungen in den Texten sowohl affirmiert (*Ptahhotep*) als auch in Frage gestellt (*Ani*) oder zur Grundlage der Einforderung missachteter Rechte erhoben werden (*Klagen eines Bauern*). Dabei bewegt sich die hier zu findende Argumentation, selbst wenn sie in eine Erzählung eingebunden wird (*Klagen eines Bauern*), auf einer rationalen Grundlage: Argumentiert wird für die Einhaltung von Grundsätzen der Gerechtigkeit zum Wohl und Zusammenhalt der Gesellschaft oder – mit gleichem Ziel – für eine weise Verwaltungs-, Regierungs- und Lebensführung. Dabei werden Regeln des Zusammenlebens formuliert und begründet, die überzeitliche Gültigkeit beanspruchen können. Darüber hinaus werden philosophische Schlüsselfragen des menschlichen Lebens und der Gesellschaft gestellt, wie die Frage, warum wir überhaupt moralisch handeln sollten, oder die Frage, was Gerechtigkeit ist.

Dass die Argumentation sich im epistemischen Rahmen eines religiösen Weltbildes bewegt, ist dabei kein grundsätzlicher Hinderungsgrund für die Entstehung philosophischer Konzepte und Traditionen, wie im Kapitel 7, das sich mit der Frage der Existenz von Philosophie in der Epoche des Frühchristentums beschäftigt, eingehender erörtert wird. Was wir in der ägyptischen Weisheitstradition bisher jedoch nicht ausdrücklich finden, ist eine Debatte im Sinne der Bezugnahme der Texte untereinander, ein Aufnehmen oder Kritisieren von Argumenten, wie wir es in der griechischen, indischen oder chinesischen[174] Tradition finden. Allerdings wird deutlich, dass sich Grundbegriffe durch mehrere Texte und Jahrhunderte hindurchziehen.

Erkennbar wird in den besprochenen Texten zudem, dass diese den/die Hörer:in oder Leser:in dazu auffordern, weiter zu denken. Sie ermutigen, das eigene Gewissen zu befragen, denn sie geben keine einfachen Antworten, sondern werfen Fragen und mögliche Perspektiven auf. Schon aus diesem Grund bietet sich eine Re-Lektüre unter philosophischem Vorzeichen an. Einen möglichen Ansatz bietet dabei Chike Jeffers' Auseinandersetzung mit dem Text *Klagen eines Bauern.* Jeffers tritt hier in einen Dialog mit diesem Manuskript aus dem Alten Ägypten ein und eröffnet damit einen Prozess der Analyse und Re-Lektüre, um die in diesem Text verwendeten Begriffe, Konzepte und Argumente für unser heutiges Philosophieren wieder fruchtbar zu machen. Gerade angesichts der großen Dynamik, in der sich die Erforschung der Manuskripte des Alten Ägypten gegenwärtig befindet (durch die Entdeckung neuer Schriften, weitere Übersetzungstätigkeit etc.), ist zu hoffen, dass solche Ansätze aufgegriffen und weitergeführt werden und sich die Offenheit für und eine philosophische Neugier auf die Schriften dieser Denktradition weiterentwickeln.

174 Siehe in China zum Beispiel der »Streit der Hundert Schulen«, der in der Östlichen Zhou-Zeit (770 bis 221 BCE) entstand. Das chinesische Geschichtswerk *Han Shu* (geschrieben zwischen 32 und 92 CE) berichtet, dass im »Streit der Hundert Schulen« 189 Denkschulen und 4324 Werke entstanden. Die Entwicklung des Konfuzianismus und des Daoismus wurden in dieser Zeit stark vorangetrieben. Ich danke Zhuofei Wang für diesen Hinweis.

Dass ein verflechtungsgeschichtlicher Ansatz bei der Beleuchtung altägyptischer philosophischer Traditionen von Vorteil ist, machen bereits die auch in diesem Kapitel gezogenen Vergleiche mit Texten aus der griechischen Antike deutlich. Nur ein verflechtungsgeschichtliches Herangehen kann der Pluralität und zugleich vielfältigen Verbindungen im mediterranen Kontext dieser Jahrhunderte gerecht werden. Hierzu gehört es auch, das ideengeschichtliche und philosophische Erbe Ägyptens und seine Einflechtung in die europäischen Denktraditionen stärker zu berücksichtigen. Darüber hinaus zeigt aber gerade das Ägyptische Reich, das in seiner größten Ausdehnung in der 18. Dynastie vom Euphrat im Nordosten bis zum 4. Nilkatarakt im Süden (Nubien, heutiger Sudan) reichte, dass auch Verflechtungen mit intellektuellen Strömungen und Traditionen in Regionen jenseits Europas gesucht werden müssen. Vorschläge für Verbindungen mit Begriffen und Konzepten in einigen Sprachen des südlichen und westlichen Afrika wurden bereits von Diop, Obenga oder auch Karenga unterbreitet.[175] Karenga öffnet in seinem Buch den Horizont aber noch weiter und sieht Parallelen des *Ma'at*-Konzepts mit dem *cieng*-Konzept der Dinka, dem *rta*-Konzept in der Hindu-Tradition, *dike* in der homerischen Tradition und *tao* in der chinesischen Tradition.[176] Ob das Konzept der *Ma'at* an die genannten Konzepte anschlussfähig ist, wäre zu überprüfen, würde neue Forschungsfelder eröffnen und darüber hinaus die bisherige Abhängigkeit vom europäischen Modell der Philosophie hinter sich lassen. Zu prüfen wäre darüber hinaus, ob Manuskripte des Alten Ägypten bereits in außereuropäische Sprachen übersetzt wurden. Auch hier würden sich weitere interessante begriffliche Untersuchungen eröffnen und eine Erweiterung der Vergleichsebenen durch eine sprachenübergreifende komparative Untersuchung der Unterschiede und Gemeinsamkeiten in den Übersetzungen bringen.

175 Siehe dazu D. Martin, »Maat and Order in African Cosmology: A Conceptual Tool for Understanding Indigenous Knowledge«, in: *Journal of Black Studies* 38/6 (2008), S. 951-967.

176 Karenga, *Maat, the Moral Ideal in Ancient Egypt*, S. 9 f.

Kapitel 6
Philosophie in mündlichen Traditionen

Neben Gesellschaften mit sehr alten Schrifttraditionen finden wir auf dem afrikanischen Kontinent auch Gesellschaften mit oraler Traditionsvermittlung, in denen alle Formen des Wissens (geschichtliches, religiöses, ethisches, politisches, medizinisches, technologisches etc.) zum Teil noch bis ins 20. Jahrhundert hinein mündlich von Generation zu Generation überliefert wurden, zum Beispiel in Form tradierter Geschichten, Sagen, Mythen und Sprichwörter oder auch in Form von Tänzen, Gesängen, Ritualen, künstlerischen oder religiösen Artefakten. Dabei muss betont werden, dass mündliche Traditionen in allen Regionen und Kulturen der Welt, auch in Europa, über viele Jahrhunderte prägend waren. So war Schrift in Europa noch bis zur Erfindung des Buchdrucks im 15. Jahrhundert nur wenigen Spezialist:innen zugänglich, während die Mehrheit der Menschen in einer oralen Kultur lebte. Erst ab der Reformation und vor allem im Zeitalter der Aufklärung setzte eine breitere Alphabetisierung der Bevölkerung ein. Aber noch heute spielen Formen oraler Wissens- und Informationsvermittlung in allen Gesellschaften eine bedeutende, durch die neuen Medien sogar wieder eine verstärkte Rolle.[1] Gesellschaften mit oraler Traditionsvermittlung sind also nicht als ein Gegensatz zu Schriftkulturen zu verstehen. Vielmehr gibt es auch in Gesellschaften mit einer weit verbreiteten Schriftkultur mündliche Traditionen, ebenso wie überwiegend orale Gesellschaften nicht notwendigerweise keinerlei Schrift oder Notationssysteme besaßen. Kennzeichnend

1 Siehe dazu die Unterscheidung von Walter J. Ong in primäre Oralität (eine Kultur, die von jeglichem Wissen über Schrift und Druck unberührt ist) und sekundäre Oralität (die heutige Hochtechnologiekultur, in der eine neue Mündlichkeit durch Telefon, Radio, Fernsehen und andere elektronische Geräte zu finden ist, die aber für ihre Existenz und ihr Funktionieren auf Schrift und Druck angewiesen ist). W. J. Ong, *Orality and Literacy: The Technologizing of the Word,* London 2002, S. 11. Ong ist sicherlich zu verdanken, dass er auf die oralen Traditionen und deren Bedeutung in Schriftkulturen hingewiesen hat. Traditionen mit primärer Oralität als völlig ohne Wissen um Schrift zu definieren, ist allerdings zu eng gefasst. Siehe dazu auch P. Stein, *Schriftkultur. Eine Geschichte des Schreibens und Lesens,* Darmstadt 2006.

ist vielmehr, dass in diesen Gesellschaften Schrift nicht das wichtigste Mittel zur Überlieferung und Verbreitung von Wissen war.[2]

Der Umgang mit dem philosophischen Erbe in mündlich überlieferten Traditionen stellt eine der schwierigsten Herausforderungen für die textzentrierte Disziplin der Philosophiegeschichtsschreibung dar. Zugleich ist die Forderung nach einer gleichberechtigten Behandlung bisher marginalisierter und unterdrückter indigener Wissenstraditionen ein Kernanliegen der Bemühungen um eine Dekolonisierung des Denkens und der Wissenschaften.[3] Insbesondere die Befreiung oraler Traditionen vormals kolonial unterdrückter Völker aus ihrer bisher marginalisierten Stellung im System der Wissenschaften gehört zu den zentralen Anliegen der dekolonialen Theorie. Ihre Vertreter:innen fordern, Oralität als eigene Qualität anzuerkennen – und nicht als Mangel abzuwerten. Dies betrifft auch die Disziplin der Philosophie, die aufgefordert wird, ihre eurozentrische Position zu verlassen und das philosophische Erbe indigener Wissenstraditionen mit in den Blick zu nehmen, ein Erbe, dass heute in der akademischen Philosophie gemeinhin nicht als Bestandteil der Disziplin verstanden wird. In Regionen mit vorwiegend mündlich übermittelten Wissenstraditionen wird deren Erforschung auch unter philosophischer und philosophiehistorischer Perspektive als ein wesentlicher Aspekt der Dekolonisierung betrachtet.[4] Mit den expliziten kritischen Anfragen aus außereuropäischen Philosophietraditionen sowie der dekolonialen und postkolonialen Theorie, aber auch der feministischen Theorie, die darauf hinweist, dass das Wissen von Frauen sich häufig in anderen Medien als wissenschaftlichen Abhandlungen ausdrückt, gewinnt eine Reflexion über den Status von oralen Philosophietraditionen in der Philosophiegeschichtsschreibung an Bedeutung. Die akademische Philosophie der Gegenwart tut sich aber weiterhin schwer,

2 Stein verweist auf die Existenz verschiedener Notationssysteme. Es ist wenig bekannt, dass neben der Schrift des Alten Ägypten, dem Arabischen und dem äthiopischen Ge'ez weitere afrikanische Schriftsysteme existieren, wie das Ajami (die Verschriftlichung afrikanischer Sprachen mit dem arabischen Alphabet) oder Vai, Mende, Bassa Vah, Kpelle, Bété und N'Ko in Westafrika, die im 19. oder 20. Jahrhundert zur Verschriftlichung der jeweiligen Sprache entwickelt wurden.

3 W. Mignolo, C. E. Walsh, *On Decoloniality. Concepts, Analytics, Praxis,* Durham 2018; Santos, *Epistemologies of the South.*

4 Siehe S. O. Imbo, *Oral traditions as philosophy. Okot P'Bitek's Legacy for African philosophy*, Lanham 2002.

eine Position hinsichtlich des Umgangs mit anderen Ausdrucksformen des Philosophierens zu finden, zu denen zum Beispiel auch die Meditation und weitere textunabhängige Formen der Vermittlung philosophischer Ideen gehören.[5]

In den letzten Jahrzehnten hat nicht nur die Arbeit an der Rekonstruktion des ideengeschichtlichen Erbes von ehemals kolonial unterdrückten und bis heute marginalisierten Gemeinschaften mit mündlicher Wissens- und Traditionsvermittlung stark zugenommen, sondern auch die gezielte Suche nach philosophischen Traditionen in solchen Wissenssystemen. So entstanden Untersuchungen zu philosophischen Konzepten und Traditionen der *Native Americans and First Nation Peoples* in Nordamerika,[6] in Mittel- und Südamerika[7] sowie in Australien[8] und Neuseeland.[9] Solche Versu-

5 Zu den Pionierarbeiten aus der europäischen Philosophie gehören in diesem Zusammenhang die Arbeiten des französischen Philosophiehistorikers Pierre Hadot, der argumentiert, dass es nötig wird, den antiken Begriff des ›Philosophen‹ wiederzuentdecken, der sich durch eine enge Verschränkung von philosophischem Diskurs und philosophischer Lebensweise auszeichnet. Für antike Philosophen stand nicht allein die Bildung theoretischer Systeme im Mittelpunkt, sondern vielmehr die Aneignung eines philosophischen Lebens. Zur Einübung dieser Lebensweise gehörten nicht allein das Studium der Gedanken der Vorgänger, der Vortrag oder der philosophische Dialog, sondern auch geistige Übungen wie die Meditation, die Erforschung des eigenen Gewissens, Techniken der Selbstbeherrschung oder die Therapie der Leidenschaften. Siehe Hadot, *Philosophie als Lebensform und ›Wege zur Weisheit‹*; Ders., *Was lehrt uns die antike Philosophie?*

6 Vgl. u. a. A. Waters (Hg.), *American Indian Thought. Philosophical Essays*, Malden 2004; V. F. Cordova, *How it is. The Native American Philosophy of V. F. Cordova*, Tucson 2007; D. Tedlock, B. Tedlock, *Teachings from the American Earth: Indian Religion and Philosophy*, New York 1992; T. Norton-Smith, *The Dance of Person and Place: One Interpretation of American Indian Philosophy*, Albany 2010; R. Means, B. Johnson, *If You've Forgotten the Names of Clouds, You've Lost Your Way: An Introduction to American Indian Thought and Philosophy*, Porcupine 2012.

7 Eine frühe Untersuchung unternahm in den 1950er Jahren L. Portilla, *Aztec Thought and Culture* (span. 1959). In jüngster Zeit steht im Mittelpunkt des Diskurses das Konzept des *Buen Vivir/Sumak kawsay*. Siehe A. Acosta, E. Martínez (Hg.), *El buen vivir. Una vía para el desarrollo*, Quito 2009. J. Estermann, *Filosofía Andina. Estudio intercultural de la sabiduría autóctona andina*, Quito 1998.

8 M. Charlesworth, »Australian Aboriginal Philosophy«, in: G. Oppy u. a. (Hg.), *A Companion to Philosophy in Australia and New Zealand*, Melbourne 2010.

9 G. Stewart, *Maori Philosophy. Indigenous Thinking from Aotearoa*, New York 2020; K. P. M. Watene, »Valuing Nature: Maori Philosophy and the Capability Approach«, in: *Oxford Development Studies* 44/3 (2016), S. 287-296. Liste ein-

che stoßen auf Vorbehalte, wenn nicht gar Widerstand an philosophischen Instituten und werden zumeist als ethnologisch-anthropologische oder kulturwissenschaftliche Studien bewertet, aber nicht als Beitrag zur Philosophie oder zur Philosophiegeschichte. So ist die Anwendung des Begriffs Philosophie auf diese Formen des Wissens bis heute umstritten. Dabei verlaufen die Kontroversen oft entlang der Grenzen von Fachdisziplinen, mit relativ großen Vorbehalten in der Philosophie. Diese sind nicht allein in allgemeinen Vorurteilen begründet, sondern hängen auch damit zusammen, dass methodische Fragen zur Rekonstruktion und zum Umgang mit oralem Wissen im Rahmen des Fachs bisher nicht erschöpfend beantwortet worden sind. Denn das durchaus richtige und wichtige Argument, dass der Beginn der europäischen Philosophiegeschichte in mündlichen Überlieferungen angesiedelt ist,[10] ist ebenso wenig ausreichend,[11] wie es in einem philosophischen Diskurs überzeugend ist, die Existenz von Philosophie in oralen Traditionen zu postulieren, ohne dies zu begründen.

Wichtige Fragen müssen im Zusammenhang mit dem Status mündlich überlieferter philosophischer Konzepte und Traditionen geklärt werden. Dazu gehört ganz grundlegend die Frage, anhand welcher Kriterien *philosophische* Konzepte und Ideen in mündlichen Überlieferungen von anderen Formen des Wissens oder von Mythen, Legenden und Weisheitssprüchen zu unterscheiden sind.

schlägiger Publikationen zur Māori-Philosophie: ⟨https://www.maoriphilosophy.com/links-and-readings⟩, letzter Zugriff 17. 2. 2022.

10 Weder von Thales noch von Sokrates wurden Schriften überliefert. Im Grunde beruht unser ganzes Wissen über die meisten Vorsokratiker auf mündlich weitergegebenen Informationen, die erst später niedergeschrieben wurden.

11 Bei einem solchen Argument müsste geklärt werden, ob dann nicht zumindest ein dem antiken Griechenland ähnlicher Kontext oder gesellschaftlicher Entwicklungsstand eine Vorbedingung ist. So bindet Jan Assmann die Entstehung der Philosophie an die Art der politischen Organisation und eine pluralistische, abweichende Meinungen zulassende Gesellschaft. Auch die historisch-materialistische Begründung des Ursprungs der Philosophie im antiken Griechenland betont die gesellschaftlichen Voraussetzungen für die Entstehung von Philosophie, wie die Entstehung von Privateigentum und Warenproduktion und damit einer Klassengesellschaft, die Herausbildung von Staat und Recht und auf der geistigen Ebene die Trennung von Mythos und Logos sowie einen gewissen Entwicklungsstand der Naturwissenschaften. Siehe dazu u. a. H. Seidel, *Von Thales bis Platon. Vorlesungen zur Geschichte der Philosophie,* Berlin ^{4}1987, S. 53-60. Ein solches Verständnis ist klar eingebunden in eine Fortschrittsgeschichte.

Braucht es diese Unterscheidung überhaupt? Welche Praktiken in Gesellschaften mit oraler Traditionsvermittlung sind philosophisch relevant? Wo und wie manifestiert sich philosophisches Wissen, wenn es nicht schriftlich fixiert wird? Wo sollte man also danach suchen? Darüber hinaus stellen sich eine Reihe weiterer methodischer Fragen: Wie kann man sich diesen Traditionen annähern? Geht nicht jede Verschriftlichung oraler Traditionen bereits mit einem epistemischen Bruch und damit einer Verfälschung der Überlieferung einher? Und – eine Frage, die in mündlichen Traditionen äußerst schwer zu klären ist – welche Rolle spielt Autorschaft in der Philosophie?

Angesichts all dieser Schwierigkeiten ist es nicht verwunderlich, dass für die Philosophiegeschichtsschreibung der Status mündlicher Überlieferungen noch weitgehend ungeklärt ist. Auch in diesem Kapitel können nicht alle der hier aufgeworfenen Fragen abschließend beantwortet werden. Dazu bedarf es weiterer Grundlagenforschungen, einer breiteren Materialanalyse und vor allem eines interdisziplinären und internationalen Austauschs. Bis heute verlaufen die Debatten zumeist begrenzt auf die jeweilige Region, und ein Austausch von Expert:innen aus verschiedenen Regionen der Welt zur Frage nach dem Status oraler Philosophien findet kaum statt.

Ungeklärte methodische Fragen sind aber oft nicht der entscheidende Grund, aus dem sich die Bemühungen um die Aufarbeitung oral vermittelter Philosophietraditionen, sei es in den Amerikas, in Australien, Neuseeland oder in Afrika, mit einer anhaltenden Ignoranz oder Skepsis konfrontiert sehen. Vielmehr sind es oft Vorurteile, die von generellen Zweifeln an der Fähigkeit bestimmter Völker zu Philosophie und Logik bis hin zur Priorisierung der Schrift über Oralität reichen, die eine ernsthafte Auseinandersetzung mit der Möglichkeit von Philosophie in Gesellschaften mit vorwiegend oraler Traditionsvermittlung bisher verhindert haben. Ein Haupteinwand begründet sich in der Annahme, dass Schrift die Voraussetzung für abstrakteres und damit eben auch philosophisches Denken sei.[12]

12 Dies war seit den 1960er Jahren eine häufig vertretene These. Zu den Protagonisten zählen Jack Goody und Eric A. Havelock. Vgl. J. Goody (Hg.), *Literacy in Traditional Societies,* Cambridge 1975; Ders., *The Domestication of the Savage Mind*, Cambridge 1977; Ders., *The Interface between the Written and the Oral,*

Die Debatte um die Bedeutung der Schrift für die Philosophie wird im folgenden Abschnitt in ihren Hauptargumenten mit einem Fokus auf den afrikanischen Diskurs nachgezeichnet. In den daran anschließenden Abschnitten werden drei Vorschläge zur Rekonstruktion des oralen philosophischen Erbes in Afrika dargestellt, die sich unterschiedlicher Methoden bedienen und dabei zugleich unterschiedliche Zeitdimensionen umfassen: die Rekonstruktion aus Sprichwörtern, Märchen oder sprachlichen Besonderheiten afrikanischer Sprachen, wie sie von Vertreter:innen der sogenannten Ethnophilosophie praktiziert wird und die in die Beschreibung einer kommunalen, im Grunde immerwährenden und damit in keine historische Epoche einzuordnende Philosophie ›der Bantu‹ oder anderer afrikanischer Völker mündet; das Projekt des Dokumentierens philosophischer Weisheit mittels Interviews mit heute noch lebenden Weisen im Rahmen der sogenannten Weisheitsphilosophie, ein Projekt, das dem 20. Jahrhundert zuzuordnen ist; und das Herausfiltern einer Gründungspersönlichkeit sowie deren Aussagen aus dem Ifá-Korpus der Yoruba, ein Divinationssystem, dessen Entstehung in den Zeitraum um 500 BCE eingeordnet wird. Im letzten Abschnitt werden die oben gestellten Fragen aufgenommen und es wird anhand der diskutierten Ansätze nach möglichen Antworten gesucht.

6.1. Der Ursprung der Philosophie in der Oralität?

Es gehört zu einer der weit verbreiteten Grundannahmen, dass das Medium der Schrift eine notwendige Voraussetzung sei, die philosophische Abstraktion überhaupt erst ermögliche. Allerdings ignoriert diese Annahme, dass die Anfänge der europäischen Philo-

Cambridge 1987. Goody argumentiert in einem Artikel aus dem Jahr 1963 (mit Ian Watt), dass die Entstehung von Wissenschaft und Philosophie im antiken Griechenland nur aufgrund des Alphabets möglich geworden sei. J. Goody, I. Watt, »The Consequences of Literacy«, in: *Comparative Studies in Society and History* 5/3 (1963), S. 304-345. Siehe auch E. A. Havelock, *Origins of Western Literacy*, Toronto 1976; Ders., *The Literate Revolution in Greece and its Cultural Consequences*, Princeton 1982 (dt.: *Schriftlichkeit. Das griechische Alphabet als kulturelle Revolution*, Weinheim 1990); Ders., *The Muse Learns to Write: Reflections on Orality and Literacy from Antiquity to the Present*, New Haven 1986. Ähnlich argumentiert auch W. J. Ong, *Orality and literacy*.

sophie im antiken Griechenland in mündlichen Überlieferungen gründeten. So weist Jan Assmann ausdrücklich darauf hin, dass die »Großen Texte« des antiken Griechenland, die das Fundament unserer europäischen kulturellen Erinnerung bilden, mündliche Rede wiedergeben.[13] Er nennt hier die Homerischen Epen[14] und die attischen Tragiker, aber auch die platonischen Dialoge und merkt dazu an:

> Diese Texte tragen ihre Schriftlichkeit nicht zur Schau, sondern vielmehr ihr bruchloses Hervorgegangensein aus und Wiedereingehen in körperliche, lebendige Stimme und Interaktion.[15]

Auch das *Oxford Handbook of Plato* betont die orale Entstehungsgeschichte der platonischen Werke, nämlich in Form eines Vortrags vor interessiertem Publikum in der Akademie, der erst im Nachhinein verschriftlicht wurde.[16] Und so scheint es, trotz der verbreiteten Skepsis gegenüber der Möglichkeit von oraler Philosophie in anderen Regionen der Welt, für viele Philosoph:innen kein Widerspruch zu sein, sich der Interpretation der Vorsokratiker oder der platonischen Dialoge zu widmen, die erst lange nach ihrer Entstehung verschriftlicht wurden und deren Original keine der Autorinnen und Autoren solcher Abhandlungen je gesehen hat. Hier wird ein deutliches Ungleichgewicht im Umgang mit außereuropäischen Quellen deutlich, insbesondere jenen, in denen philosophische Interpretationen mündlicher Traditionen erst seit kurzem in schriftlicher Form und im akademischen Rahmen erfolgen. Die Verankerung der europäischen Philosophie in mündlichen Traditionen ist heute kaum mehr präsent. Aus dem Blick geraten ist mithin auch die historische Gewordenheit des philosophischen Diskurses in der europäischen Tradition, dessen mündlicher Ursprung durch die

13 Laut Assmann war die griechische Kultur ziemlich einzigartig hinsichtlich ihres entspannten Umgangs mit den mündlichen Überlieferungen, die nicht kompromittiert und abgedrängt, sondern getreulich verschriftlicht und in ihrer Bedeutsamkeit, ästhetischen Schönheit und in ihren anthropologischen Wahrheiten in den wissenschaftlichen Diskurs überführt wurden. Assmann, *Das kulturelle Gedächtnis*, S. 267, Fn. 15.

14 Siehe dazu u. a. Havelock, *Preface to Plato*, Band 1: *A History of the Greek Mind*, Cambridge 1963.

15 Assmann, *Das kulturelle Gedächtnis*, S. 266-267.

16 T. H. Irwin, »The Platonic Corpus«, in: G. Fine (Hg.), *The Oxford Handbook of Plato*, Oxford 2011, S. 63-87, hier S. 64.

nachfolgende jahrhundertelange schriftlich niedergelegte Interpretation der einstmals mündlichen Quellen in Vergessenheit geriet.

Auch andere anerkannte Philosophietraditionen gründen in mündlichen Überlieferungen. So argumentiert Elmar Holenstein mit Blick auf die frühe indische Philosophie:

> Will man wissen, was in einer oralen Kultur an Philosophie und Wissenschaft möglich ist, muss man sich nach Süd-Asien wenden. Nahezu ein volles Jahrtausend lang, seit dem 8. Jahrhundert vor dem Wechsel der Zeitrechnung, wurden dort Philosophie und Wissenschaft mündlich betrieben und überliefert (darunter die eingehendste Grammatik einer Sprache, die es vor dem 19. Jahrhundert überhaupt gab, die Pāninis in Gandhāra um 400). Ihre Verschriftlichung setzte erst im letzten Jahrhundert vor dem Wechsel der Zeitrechnung allmählich ein. In der Geschichte der Philosophie in Süd-Asien findet man den Maßstab für das, was ohne Schrift philosophisch denkbar ist. Leicht memorierbare Merkverse sūtrāni bilden offenbar ein mit der Schrift in einem überraschenden Ausmaß vergleichbares Medium, das ein Textkorpus bereitstellt, das überregional und überzeitlich als Bezugsbasis für abstrakte und komplexe Reflexionen und Argumentationen dienen kann.[17]

Und auch Konfuzius hat – gemäß seinem Motto »shu er bu zuo«[18] – selbst nie etwas geschrieben. Konfuzius vermittelte seine Weisheiten in Gesprächen mit seinen Schülern. Ein klassisches Beispiel seiner Lehre ist unter dem Titel *Gespräche* (*Lun Yu*) bekannt. Dabei handelt es sich um eine Sammlung von Sprüchen des Konfuzius und von Dialogen mit seinen Schülern, die von diesen und ihren eigenen Schülern erst nach seinem Tod zusammengetragen wurden. Bemerkenswert an diesem Beispiel ist, dass Konfuzius seine Lehre und seine Ideen zwar mündlich verbreitete, selbst aber im Kontext einer schriftlichen Tradition verankert war. Es handelt sich hierbei also um den interessanten Fall einer Überlappung von mündlichen und schriftlichen Interaktionen. Dieses Beispiel macht deutlich,

17 Holenstein, *Philosophie-Atlas*, S. 20. Siehe dazu auch M. Witzel, »Vedas and Upaniṣads«, in: G. Flood (Hg.), *The Blackwell Companion to Hinduism*, Malden 2003, S. 68-71.

18 Dieser Begriff bedeutet in etwa ›Interpretieren, ohne zu schaffen‹, das heißt ein Sich-Beziehen auf Schriften der Vorfahren ohne selbst etwas Neues zu schreiben. Konfuzius bezog sich auf die kanonischen Schriften seiner Zeit, hielt es aber für unnötig, selbst etwas zu schreiben. Alles was er tun musste, war, kanonische Texte zu lehren und darzustellen. Ich danke Zhuofei Wang für diesen Hinweis.

dass Mündlichkeit und Schriftlichkeit weder in einem hierarchischen noch in einem Gegensatzverhältnis zueinander stehen.

Im Gegensatz zu Europa, Indien oder China, wo sich basierend auf mündlichen Traditionen oder parallel dazu eine lange Schrifttradition entwickelt hat, ist der orale Ursprung philosophischer Konzepte in einigen Regionen Afrikas noch sehr präsent. Denn zum einen sind mündliche Überlieferungspraktiken teilweise noch lebendig und zum anderen ist der Zeitpunkt ihrer Verschriftlichung oft noch nicht allzu lange her. Der Prozess der Verschriftlichung begann in einigen Regionen Afrikas im 19., in anderen sogar erst im 20. Jahrhundert, und er hält bis heute an.

Während die ethnologische, kultur- oder auch literaturwissenschaftliche (*oral poetry*)[19] Analyse oraler Überlieferungen seit langem etabliert ist und auch zur Rekonstruktion von Geschichte herangezogen wird[20], werden orale Überlieferungen erst seit kurzer Zeit unter philosophischen Aspekten untersucht. Die Gründe für dieses späte Interesse sind vielfältig, beruhen aber letztlich auch auf den bereits geschilderten Vorurteilen bezüglich der Existenz von Philosophie im Afrika südlich der Sahara ebenso wie auf der Überzeugung, dass Philosophie an eine Schrifttradition gebunden sei. Eine explizit philosophische Untersuchung schien damit abwegig und wurde nicht in Betracht gezogen. Die vielfältigen Erfahrungen im Umgang mit oralen Traditionen in anderen Wissenschaften bieten der Philosophiegeschichtsschreibung nun die Möglichkeit, darauf in einem interdisziplinären Austausch aufzubauen. Ein solcher

19 R. Finnegan, *Oral Poetry. Its Nature, Significance and Social Context,* Cambridge 1977. Für Afrika vgl. dazu u. a. die Arbeiten von I. Okpewho, *African Oral Literature: Backgrounds, Character, and Continuity,* Bloomington 1992, B. Diop, *Les contes d'Amadou Koumba*, Paris 1947; Ders., *Nouveaux contes d'Amadou Koumba*, Paris 1958 sowie Amadou Hampâté Bâ, der Überlieferungen der Peul aufgezeichnet hat: *Kaïdara, récit initiatique peul*, Paris 1969.

20 Siehe dazu den Ansatz »Oral traditions as history« des Historikers Jan Vansina, der in den Geschichtswissenschaften, der Ethnologie/Anthropologie und den Afrikawissenschaften intensiv diskutiert worden ist. Vgl. J. Vansina, *Oral Tradition. A Study in Historical Methodology,* London 1965; Ders., *Oral Tradition as History*, Madison 1985. Inwiefern dieser Ansatz für die Rekonstruktion der Geschichte der Philosophie fruchtbar gemacht werden kann, wurde noch nicht untersucht. In den Geschichtswissenschaften ist ›Oral History‹ heute eine anerkannte, wenn auch nicht unumstrittene Methode, die allerdings im Wesentlichen in Gesprächen mit Zeitzeug:innen angewendet wird.

Austausch hat bisher wenig stattgefunden. Auch die im Folgenden vorgestellten Ansätze aus Afrika sind nicht im Austausch mit anderen Disziplinen entstanden.

Im philosophischen Diskurs Afrikas des 20. Jahrhunderts gibt es bereits seit der literarisch-philosophischen Bewegung der Négritude, also seit den 1930er Jahren, erste Ansätze, das Erbe oraler Traditionen aufzunehmen. Philosophische Forschungsprojekte zur Untersuchung und Bewahrung mündlicher philosophischer Traditionen entstanden allerdings erst in den 1970er Jahren, wie zum Beispiel das 1974 begonnene Projekt der Weisheitsphilosophie von Henry Odera Oruka[21] in Kenia oder die Untersuchungen von Barry Hallen und J. Olubi Sodipo[22] in den 1980er Jahren in Nigeria. Sowohl Odera Oruka als auch Hallen/Sodipo waren somit Pioniere auf diesem Gebiet. Ihre Arbeiten spielten in den vergangenen Jahren im innerafrikanischen Philosophie-Diskurs eine prominente Rolle, wurden außerhalb Afrikas aber kaum rezipiert. Dies verweist auf ein grundlegendes Problem der Forschungsarbeiten zur Rekonstruktion und Analyse oraler Überlieferungen aus philosophischer Perspektive: Solche Arbeiten werden oft nur regional rezipiert und arbeiten häufig weder interdisziplinär noch interkulturell oder komparativ, beziehungsweise wenn komparativ, dann ausschließlich mit Blick auf Europa. Aufgrund der sehr ähnlichen historischen Situation indigener Wissenstraditionen und der Quellenlage in den Amerikas, Australien/Neuseeland und Afrika, die zu einem intensiven Austausch über Methoden geradezu einlädt, ist ein mangelnder Süd-Süd-Dialog hier besonders erstaunlich. Auch das Ziel der Untersuchung oraler Traditionen ist in den meisten Regionen ähnlich. Es geht zum einen darum, im Anschluss an indigene Konzepte Antworten auf brennende Fragen der Gegenwart zu geben. In diesem Zusammenhang sind sowohl umweltethische Fragen als auch Konzepte der Versöhnung sehr prominent. Zum anderen wird versucht, Rückschlüsse auf philosophische Schulen oder Traditionen der vorkolonialen Zeit zu ziehen.

Ein im afrikanischen Kontext wichtiger Vorläufer solcher Studien ist das Buch *Dieu d'eau*[23] des französischen Ethnologen Marcel

21 Odera Oruka, *Sage Philosophy*.

22 B. Hallen, J. O. Sodipo, *Knowledge, Belief, and Witchcraft: Analytic Experiments in African Philosophy*, Stanford 1997 [1986].

23 M. Griaule, *Dieu d'eau: entretiens avec Ogotemmeli*, Paris 1948.

Griaule (1898-1956), das 1948 zum ersten Mal erschien. Der Untertitel »Gespräche mit Ogotemmeli« verweist schon auf den Inhalt: Griaule schildert hier Gespräche mit dem alten, weisen und fast erblindeten Ogotemmeli aus dem Volk der Dogon (Mali), die er kurz vor dessen Tod im Jahr 1948 geführt hat. Griaules Buch stellt eine erste schriftliche Dokumentation der Kosmologie der Dogon dar. Von der Schöpfung bis zur Entstehung sozialer Organisationen verfolgen die Gespräche zwei Anliegen: die Entschlüsselung des mythischen Universums der Dogon und die Interpretation der in Symbolen vergegenständlichten Grundlagen von Geschichte, Kultur und Gesellschaft. Das Buch Griaules wurde zu einem Bestseller, denn es war neben Placide Tempels' *Bantu-Philosophie* (1945) eines der ersten, in dem ein afrikanisches Wissenssystem ausführlich für europäische Leser:innen dargelegt wurde. Die Aufzeichnungen zeigen, dass die Dogon über eine komplexe Kosmologie verfügen, vergleichbar mit der des griechischen Dichters Hesiod[24] oder der der Vorsokratiker. So betrachtet Ogotemmeli das Wasser als Lebenskraft der Erde: Ist die Erde ein Geschöpf des einen Gottes Amma, dann ist das Wasser als Lebenskraft das, womit Gott sie geschaffen hat. Obwohl Griaules Methode, insbesondere seine Interviewtechnik, häufig in Frage gestellt worden ist, wird sein Buch immer wieder als Beweis für die Existenz einer präkolonialen afrikanischen Philosophie herangezogen. Auch der deutsche Philosoph und Kenner der philosophischen Landschaft Afrikas Heinz Kimmerle (1930-2016) schreibt mit Bezug auf Ogotemmeli: »Die philosophische Relevanz dieser Lehre steht jedoch außer Zweifel und ist meines Erachtens dem der wichtigsten Denker Europas, Indiens und Chinas gleichzustellen.«[25]

Die philosophische Relevanz mündlicher Überlieferungen beziehungsweise bestimmter Teile einiger mündlicher Überlieferungen ist dabei aber nicht das eigentliche Problem – dies wird mehrheitlich zugestanden –, sondern vielmehr die Frage, ob es sich um

24 Worauf Griaule in seinem Vorwort selbst verweist. Ebd., S. 13.

25 Kimmerle, *Die Dimension des Interkulturellen*, S. 33. Weiter heißt es: »Dabei lasse ich die Frage beiseite, die in der kulturanthropologischen Literatur heftig diskutiert wird, ob Marcel Griaule und Germane Dieterlen in der Wiedergabe der Gespräche mit Ogotemmeli und in der späteren, mehr umfassenden Aufzeichnung der Dogon-Mythen die Vorstellungswelt dieses Volkes richtig und in einer nachprüfbaren Weise wiedergegeben haben.«

Philosophie handelt. Und hier scheiden sich die Geister. ›Philosophisch relevant‹ heißt ja zunächst einmal nur, dass bestimmte Begriffe oder Konzepte, die in mündlichen Überlieferungen, wie zum Beispiel dem Ifá-Korpus, auf den wir gleich noch näher zu sprechen kommen, enthalten sind, aus philosophischer Sicht interessant und für weiterführende Überlegungen und Analysen geeignet sind. Damit können sie als Ausgangsmaterial für philosophische Untersuchungen dienen. Die Frage, die sich allerdings stellt, ist, ob ›philosophisch relevantes‹ Material bereits gleichzusetzen ist mit ›Philosophie‹ und damit Teil einer Philosophiegeschichte werden sollte.

Diese Frage ist auch im innerafrikanischen Diskurs umstritten. Eine Reihe bekannter und einflussreicher Philosophen gesteht mündlichen Überlieferungen zwar eine gewisse philosophische Relevanz zu, spricht sich aber dagegen aus, mündliche Überlieferungen als Bestandteil einer Philosophietradition in Afrika zu betrachten. Zu den bekanntesten Kritikern der Anwendung des Philosophiebegriffs auf mündliche Überlieferungen gehört der aus Benin stammende Philosoph Paulin J. Hountondji (*1942), der in seinem Buch *Afrikanische Philosophie: Mythos und Realität* (franz. Orig. 1976) argumentiert, dass man in einer Kultur ohne Schrift nicht von Philosophie sprechen könne, denn in oralen Kulturen verhindere die Notwendigkeit der stetigen Wiederholung die Möglichkeit einer kritischen Auseinandersetzung. So heißt es bei ihm:

> Die Oraltradition begünstigt die Konsolidierung von Wissen als dogmatische, unbestimmte Systeme, während die archivarische Übertragung eher die Möglichkeit der Kritik des Wissens zwischen den Individuen und Generationen fördert. Die Oraltradition wird von der *Angst des Vergessens*, des *Gedächtnisausfalles* dominiert, da die Erinnerung hier auf ihre eigenen Ressourcen verwiesen wird, jeder externen oder materiellen Unterstützung beraubt. […] Unter diesen Umständen ist der Geist zu sehr damit beschäftigt, das Wissen zu *bewahren,* als die Freiheit zu finden, es zu *kritisieren*. Geschriebene Tradition dagegen befreit das Gedächtnis, indem es materielle Unterstützung liefert […]. Indem Archive eine permanente Aufzeichnung garantieren, machen sie aktuelle Erinnerung überflüssig und geben der Kühnheit des Geistes die Zügel völlig in die Hand.[26]

Schrift hat im Verständnis Hountondjis eine den kritischen Geist befreiende Funktion. Damit ist »die breite, demokratische Verwen-

26 Hountondji, *Afrikanische Philosophie: Mythos und Realität*, S. 117 f.

dung der Schrift«[27] die grundlegende Voraussetzung für freie und kritische Reflexion und damit für die Entwicklung von Wissenschaft und Philosophie. Konsequent definiert Hountondji afrikanische Philosophie als eine »[...] Gesamtheit von Texten, die von Afrikanern verfaßt und von den Autoren selbst als philosophisch qualifiziert werden«.[28]

Dieser Definitionsversuch, der Philosophie an Schriftlichkeit bindet, wurde in der Folge von vielen afrikanisch Kolleg:innen[29] scharf kritisiert, schwang für sie darin doch eine Abwertung der gesamten mündlich überlieferten Ideengeschichte des Kontinents mit. Zwar gesteht Hountondji die Existenz philosophischer Fragmente in der Oralliteratur zu, allerdings beginne »authentische Philosophie«, wie er schreibt, erst im Moment der Transkription, »wenn sich die Erinnerung vom beschwerlichen Wissen, das nun dem Papyrus anvertraut ist, löst und sich so für die kritische Aktivität freimacht [...]«.[30]

Hountondji lehnt nicht *per se* die Möglichkeit der Existenz von Wissenstraditionen in mündlichen Überlieferungen ab, ein Punkt,

27 Ebd., S. 114.

28 Ebd., S. 21.

29 Zu den rigorosesten Kritikern dieser Auffassung gehört der kamerunische Philosoph Marcien Towa, »Conditions for the Affirmation of a Modern African Philosophical Thought«, in: T. Serequeberhan (Hg.), *African Philosophy: The Essential Readings*, New York 1991, S. 187-200, hier S. 191 ff.; M. Towa, »Die Aktualität der afrikanischen Philosophie«, in: F. M. Wimmer (Hg.), *Vier Fragen zur Philosophie in Afrika, Asien und Lateinamerika*, Wien 1988, S. 55-66, hier S. 59.

30 Hountondji, *Afrikanische Philosophie. Mythos und Realität*, S. 121. Ähnlich argumentieren auch Kwame A. Appiah und Valentin Y. Mudimbe mit Bezug auf Jack Goody in: Appiah/Mudimbe, »The Impact of African Studies on Philosophy«, in: R.H. Bates, V.Y. Mudimbe, J. O'Barr (Hg.), *Africa and the Disciplines. The Contributions of Research in Africa to the Social Sciences and Humanities*, Chicago 2003, S. 113-138, hier S. 132 f. An anderer Stelle betont Appiah, Schriftlichkeit »ist keine hinreichende Bedingung für die formale Philosophie, aber sie scheint sicherlich notwendig zu sein.« K. A. Appiah, *Thinking It Through: An Introduction to Contemporary Philosophy*, New York 2003, S. 353. Übersetzung A. G. Mudimbe schreibt in der Einleitung zu seinem berühmten Buch *The Invention of Africa*, dass der Begriff »afrikanische Philosophie« sich genau genommen auf die Beiträge von Afrikaner:innen beziehe, die Philosophie im Rahmen der Disziplin und ihrer historischen Tradition betreiben. Mit Bezug auf afrikanische traditionelle Denksysteme könne man nur im metaphorischen Sinne von Philosophie sprechen. Aus diesem Grund bevorzugt er den Begriff »African gnosis«. Mudimbe, *The Invention of Africa*, S. IX.

den viele seiner Kritiker übersehen haben.[31] Allerdings betont er, dass eine kritische Untersuchung der Überlieferungen und damit auch der darin enthaltenen philosophischen Ideen erst dann möglich wird, wenn sie schriftlich fixiert wurden.[32]

Tausende Sokrates' hätten niemals eine griechische Philosophie hervorbringen können, wie talentiert sie auch immer in der Dialektik gewesen sein mögen. Gleichfalls können tausende von Philosophen niemals eine afrikanische Philosophie gebären, ohne jemals Bücher geschrieben zu haben. Sokrates konnte in die Theoriegeschichte Griechenlands nur eingehen, weil seine Schüler oder Mitbürger sich Zeit und Mühe nahmen, seine Gedanken niederzuschreiben, zu diskutieren, manchmal zu kritisieren und sie weitaus öfter zu zerstören.[33]

Wie bereits im Kapitel 3 geschildert gehört Paulin Hountondji zu den wichtigsten Kritikern der Strömung der sogenannten Ethnophilosophie und hat diesen Begriff wesentlich geprägt.[34] Seine Kritik bezieht er unter anderem auf einen der einflussreichsten Vertreter dieses Ansatzes, Alexis Kagamé (1912-1981), und dessen Buch *La philosophie bantu-rwandaise de l'être* (1956),[35] in dem Kagamé versucht, eine Philosophie der Bantu auf der Basis einer Untersuchung von Sprichwörtern, Aphorismen und anderer oraler Literatur sowie der sprachlichen Eigenheiten des Kinyarwanda zu rekonstruieren. Hountondji schreibt hierzu:

31 Houtondjis Buch *Endogenous Knowledge: Research trails*, in dem afrikanische Wissenstraditionen und Techniken von der Wasserwirtschaft über die Medizin bis zu Wahrscheinlichkeitstheorien in Divinationssystemen dokumentiert werden, hat deutlich gemacht, wie wichtig ihm die Erforschung indigener beziehungsweise endogener (im Sinne von im Inneren erzeugter) Wissenstraditionen in Afrika ist.

32 Der kamerunische Philosoph Godfrey Tangwa verweist auf die »Armut des menschlichen Gedächtnisses« und betont aus diesem Grund die Schrift als Voraussetzung der Philosophie. G. Tangwa, »African Philosophy: Appraisal of a Recurrent Problematic«, in: A. Afolayan, T. Falola (Hg.), *The Palgrave Handbook of African Philosophy*, New York 2017, S. 19-33, hier S. 22-23. Auch der nigerianische Philosoph Peter O. Bodunrin betont, dass die Rolle der Schrift bei der Schaffung einer philosophischen Tradition nicht unterschätzt werden dürfe. Bodunrin, »The Question of African Philosophy«, in: *Philosophy* 56/216 (1981), S. 169-170.

33 Hountondji, *Afrikanische Philosophie. Mythos und Realität*, S. 121.

34 Vgl. den Titel des französischen Originals: *Sur la »philosophie africaine«: critique de l'ethnophilosophie* (1976, dt.: *Afrikanische Philosophie. Mythos und Realität*).

35 A. Kagamé, *La philosophie bantu-rwandaise de l'être*, Bruxelles 1956.

[…] daß diese Literatur – zumindest wie sie von Kagamé vorgestellt wird – *keine* philosophische ist. […] Ganz anders wäre es, wenn Kagamé sich bemüht hätte, philosophische Texte von afrikanischen Weisen zu dokumentieren oder deren Worte zu *transkribieren*. Seine Interpretation wäre dann auf einem tatsächlichen philosophischen Diskurs begründet, allgemein zugänglich und verifizierbar. Dies ist vielleicht die dringendste Aufgabe für heutige afrikanische Philosophen: die systematische Transkription der Diskurse unserer Alten, Weisen und Gelehrten, die noch leben.[36]

Das Konzept der Vertreter der Ethnophilosophie wie Kagamé oder Mbiti[37] basiert gerade darauf, dass sich die Philosophie afrikanischer Völker in deren mündlichen Überlieferungen oder auch in linguistischen Besonderheiten manifestiere. Die daraus gewonnenen Philosophien sind dann kommunale Philosophien (der Bantu, der Akan oder der Dogon), in denen einzelne Denker keine Rolle spielen. Davon will Hountondji sich abgrenzen. Es geht ihm in seiner Bestimmung dessen, was afrikanische Philosophie ist, in erster Linie darum, eine konstruierte Afrikanität, wie er sie bei den Vertretern der Négritude oder der Ethnophilosophie vorfindet, zu dekonstruieren; eine Konstruktion, die Afrika nicht in erster Linie als einen empirischen und geographischen Begriff versteht, sondern als einen quasi metaphysischen, da Afrika in essentialisierender Weise mit Attributen wie Emotion, Intuition oder Rhythmus (im Gegensatz zur europäischen Vernunft und Rationalität) identifiziert wird. Treffend wird der Ansatz der Ethnophilosophie im folgenden Definitionsversuch von Gerd-Rüdiger Hoffmann und Christian Neugebauer beschrieben:

Wir bezeichnen als Ethnophilosophie all jene idealistischen Strömungen, die sich mit der Rekonstruktion einer sogenannten traditionellen afrikanischen Philosophie aus Sprichwörtern, Grammatiken und/oder sozialen Institutionen beschäftigen und bei den Afrikanern (oder bei den Bantu, den Akan, den Yoruba oder den Wolof) eine kollektive unwandelbare ›Philosophie‹ annehmen. Wesentlicher Bezugspunkt und Resultat sind die traditionelle afrikanische Gesellschaft und die traditionellen afrikanischen Werte, beides empirisch kaum überprüfbar. Weiterhin ist für den ethnophilosophischen Ansatz signifikant, daß er die nunmehr gewonnene ›afrikanische Philosophie‹ frei von sozialökonomischen Zusammenhängen

36 Hountondji, *Afrikanische Philosophie. Mythos und Realität*, S. 37.
37 J. S. Mbiti, *Afrikanische Religion und Weltanschauung*, Berlin 1974 (engl. Orig. 1969).

und ohne ihre ideologischen Momente darstellt, wenn ›afrikanische Philosophie‹ als genuine, ein für allemal gegebene Größe nicht überhaupt in idealistischer Verkehrung als Grundlage für Ökonomie, Politik und Geschichte in Afrika gesetzt wird.[38]

Von solchen Mythen und Vorurteilen möchte Houtondji den Diskurs über die Philosophie Afrikas befreien.[39] Dafür sind die Schrift und die Anbindung an individuelle Denker für ihn unabdingbar:

> Diese neue Definition der afrikanischen Philosophie gibt uns die Möglichkeit einer Geschichte der afrikanischen Philosophie, wohingegen schon das bloße Konzept Geschichte undenkbar im ideologischen Kontext der Ethnophilosophie ist. Wenn afrikanische Philosophie nicht als implizite Weltanschauung aufgefasst wird, sondern als Ensemble von philosophischen Arbeiten, produziert von Afrikanern, so können wir zumindest die Spuren verfolgen [...].[40]

Bei aller Notwendigkeit der Abgrenzung von den problematischen Konstruktionen der Ethnophilosophie bleibt jedoch die Frage bestehen, ob Hountondji das Verständnis von Philosophie als an die Schrift gebundene Form des Denkens unzulässig einengt. Eine Grundfrage in diesem Zusammenhang ist, ob es innerhalb mündlicher Traditionen eine kontroverse Auseinandersetzung mit den Überlieferungen, eine kritische Reflexion und Analyse, zum Beispiel von Grundbegriffen und Konzepten, geben kann oder ob dies erst nach einer Verschriftlichung möglich wird, die von der Last des Memorierens befreit und den Geist frei für weitergehende Überlegungen macht, wie Hountondji argumentiert. Hierzu gibt es in der Literatur keine Einigkeit, wie im Folgenden kurz demonstriert werden soll:

Der senegalesische Philosoph Souleymane Bachir Diagne (*1955), heute Columbia University New York, argumentiert in seinem Buch *The Ink of the Scholars: Reflections on Philosophy in Africa* (2016), dass mündliche Überlieferungen kritisches Potential enthalten, da mündliche Texte (ebenso wie schriftliche) in einem intertextuellen Rahmen entstehen:

38 G.-R. Hoffmann, C. Neugebauer, »Ethnophilosophie = afrikanische Philosophie? Bemerkungen wider den Zeitgeist«, in: Hountondji, *Afrikanische Philosophie. Mythos und Realität*, S. 223.

39 Hountondji, *Afrikanische Philosophie. Mythos und Realität*, S. 69.

40 Ebd., Fn. 41.

Um die Mündlichkeit zu verstehen, muss man wissen, dass auch sie Intertextualität beinhaltet, das heißt die Kunst, einen Text (unabhängig davon, ob es sich um einen mündlichen Text handelt) in Bezug auf einen anderen zu produzieren, den der neue Text auf unterschiedliche Weise aufgreift: indem er ihn zitiert, auf ihn anspielt, ihn nachahmt, ihn imitiert, ihn untergräbt, ihn zuweilen mit Spott behandelt. Auf diese Weise kehrt die Mündlichkeit zu sich selbst zurück und wird zu einer kritischen Überarbeitung ihrer eigenen Geschichten und damit auch des Wissens und der Werte, die sie transportieren und vermitteln können: Sie produziert neue Geschichten, die die alten, oft als kanonisch etablierten, in Frage stellen.[41]

Diagne geht also davon aus, dass auch in mündlichen Überlieferungen Kritik und Selbstkritik in Form eines Sich-Beziehens aufeinander (also intertextuellen Beziehungen) zu finden ist.[42]

Möglich wird ein solches Verständnis auf der Grundlage eines neuen Textbegriffs, wie er in der Linguistik oder in der Philosophie seit dem Poststrukturalismus gebraucht wird. Mit einem solchen Textverständnis kann auch in Bezug auf mündliche Überlieferungen von Texten gesprochen werden und mithin von Intertextualität.[43]

Heinz Kimmerle verweist in seinen für den deutschen Sprachraum bahnbrechenden Schriften zur afrikanischen Philosophie in diesem Zusammenhang auf Derrida und seine *Grammatologie*.

41 S.B. Diagne, *The Ink of the Scholars: Reflections on Philosophy in Africa*, Dakar 2016, S. 54. Übersetzung A. G.

42 Ebd., S. 56.

43 Auch für viele Linguist:innen ist Text die Form, in der Sprache in der Natur vorkommt. Alle anderen Einheiten wie Satz, Satzglied, Wort oder Morphem sind demzufolge artifizielle Zergliederungen und analytische Konstrukte. Entscheidend für die Genese von Texten ist die Ablösung aus der unmittelbaren Sprechsituation. So definiert der Linguist Konrad Ehlich einen Text als ›wiederaufgenommene Mitteilung‹. Die Urform des Textes ist für ihn die ausgerichtete Botschaft. Hier ist die Kopräsenz von Sprecher:in und Hörer:in nicht mehr gegeben und es wird die akustische Dimension als Übertragungsmittel für den Äußerungsakt problematisch, insbesondere wenn der/die Sprecher:in räumliche und zeitliche Distanzen überwinden muss, um den/die Hörer:in zu erreichen. In Analogie dazu kann eine mündlich über Generationen tradierte Überlieferung als eine von Generation zu Generation wiederaufgenommene Mitteilung angesehen werden. Vgl. K. Ehlich, »Text und sprachliches Handeln. Die Entstehung von Texten aus dem Bedürfnis nach Überlieferung«, in: A. Assmann, J. Assmann, C. Hardmeier (Hg.), *Schrift und Gedächtnis. Beiträge zur Archäologie der literarischen Kommunikation*, München 1983, S. 24-43.

Derrida entwickelte einen Schriftbegriff, durch den der Gegensatz zwischen schriftkundigen und schriftlosen Kulturen hinfällig wird.[44] Schrift wird nicht mehr als Zeichen betrachtet, sondern als Spur, die in einem unendlichen Verweisungszusammenhang gelesen wird. Wird Schrift nun aber als das Hinterlassen ›lesbarer Spuren‹ begriffen, »ist sie ebenso alt wie die gesprochene Sprache«.[45]

Fußabdrücke im Sand, ein gebrochener Ast oder ausgelegte Kieselsteine sind dann in derselben Weise Schrift wie Einritzungen auf Felsen oder Kalebassen, Stammes- und Geschlechtskennzeichen oder Kriegsbemalungen auf dem menschlichen Körper oder Bilder (Hieroglyphen), die durch Wörter interpretiert werden. Es gibt keine Hierarchie mehr zwischen gesprochener Sprache und Schrift.[46]

Und weiter argumentiert Kimmerle: »Dies könnte Grund genug sein anzunehmen, daß auch der Gegensatz von Kulturen, die Philosophie haben, und anderen, die keine haben, zu überwinden ist. Diesen Schritt hat Derrida indessen nicht getan.«[47] Derridas Kritik am Logozentrismus und der von ihm entwickelte Begriff von Sprache und Text könnten hier jedoch fruchtbar gemacht werden:

Von Jacques Derrida und seiner Philosophie der Differenz lässt sich lernen, dass der Gegensatz von Mündlichkeit und Schriftlichkeit der Denkweise der europäisch-westlichen Philosophie entstammt. Derrida zeigt, dass diese Denkweise, die vor allem in geschriebenen Texten dokumentiert ist, nicht nur durch Logozentrismus und Ethnozentrismus, sondern paradoxerweise auch durch Phonozentrismus, d.h. den Vorrang der gesprochenen Sprache, charakterisiert ist. Denn die vorherrschende westliche philosophische Tradition bevorzugt einerseits die gesprochene Sprache und bewertet die Schrift nur als äußerliches Mittel, als Gedächtnisstütze, um das gesprochene Wort nicht zu vergessen. Derrida bezieht sich in diesem Zusammenhang besonders auf Platon, Rousseau und Hegel. Andererseits beurteilt dieselbe philosophische Tradition Kulturen, welche die ›Kunst des Schreibens‹ nicht kennen, als niedriger stehend.[48]

44 Kimmerle, *Philosophie in Afrika – Afrikanische Philosophie*, S. 62.

45 Ebd., S. 63.

46 Ebd.

47 H. Kimmerle, »Die interkulturelle Dimension im Dialog zwischen afrikanischen und westlichen Philosophien«, in: M. Brocker, H. H. Nau (Hg.), *Ethnozentrismus. Möglichkeiten und Grenzen des interkulturellen Dialogs*, Darmstadt 1997, S. 90-110, hier S. 94.

48 Kimmerle, *Interkulturelle Philosophie zur Einführung*, S. 112.

Diese widersprüchliche Beurteilung sei eine Form des Ethnozentrismus, so Kimmerle. Denn eigentlich hätte konsequenterweise jenen Kulturen, deren Kommunikations- und Überlieferungsformen überwiegend mündlich sind, ein Vorrang eingeräumt werden müssen.[49] Eine Hierarchisierung zwischen Schrift und Sprache will Derrida mit seinem neuen Schriftbegriff nun ganz hinter sich lassen. Kimmerle argumentiert im Anschluss an Derrida, dass mündliche Überlieferungen immer Elemente der Schriftlichkeit enthalten, ebenso wie sich im Schriftlichen immer auch Elemente des mündlichen Sprechens aufzeigen lassen, lediglich das Zusammenspiel sei jeweils verschieden.[50]

Jan Assmann verwendet zur Bezeichnung des Auseinanderfallens von Sprechen und Hören den Begriff »zerdehnte Situation«.[51] Eine solche »Zerdehnung der Kommunikationssituation erfordert Möglichkeiten externer Zwischenspeicherung«,[52] wie Gedächtnisspezialisten, Notationssysteme und am Ende auch Schrift. Assmann argumentiert, dass in mündlichen Überlieferungen die zerdehnte Situation wesentlich intensiverer Formung bedarf als in Schriftkulturen und in der Regel rituellen Charakter annimmt. Der Ritus sichert die Wiederaufnahme der Mitteilung, die kommunikative Präsenz des Textes. Assmann spricht hier auch von einer »rituellen Kohärenz«.[53] Zudem bedarf es bestimmter Spezialist:innen, die eine genaue Kenntnis des zu überliefernden Textes mittels bestimmter Techniken des Memorierens antrainieren. Für Assmann besteht der wesentliche Unterschied zwischen mündlicher und schriftlicher Überlieferung nicht im Medium oder in der Technologie der Speicherung, sondern in der Institutionalisierungsform der »zerdehnten Situation«, nämlich ritueller (Ort des Wissens und der Aufführung ist der Ritus) oder textueller Kohärenz (Auslegung von Texten). Allerdings betont auch Assmann, dass der rituellen Kohärenz ein Zwang zur Wiederholung anhaftet.[54] Widerspruch und

49 Kimmerle, *Philosophie in Afrika*, S. 64.

50 Ebd., S. 65

51 Assmann, *Das kulturelle Gedächtnis*, S. 22.

52 Ebd.

53 Ebd., S. 87ff. Assmann definiert interessanterweise Kanon auch als »die Fortsetzung ritueller Kohärenz im Medium schriftlicher Überlieferung.« Ebd., S. 105.

54 Ebd., S. 89.

Kritik beziehungsweise ein »hypoleptischer Diskurs«[55] – Grundbedingung des Philosophierens – stehen der Struktur mündlicher Überlieferung laut Assmann fern.[56] Und so argumentiert auch er, dass Philosophie als »eine Disziplin kritischer Bezugnahme auf vorhergehende Texte« erst in Griechenland entstand: »Vergleichbares lässt sich weder in Ägypten und Mesopotamien noch in Israel beobachten, wohl aber in China und Indien.«[57] Die Entwicklung einer alphabetischen Schriftkultur ist dabei allerdings nur ein Faktor unter anderen, die für die Entstehung der Philosophie nötig waren, so Assmann weiter. Als weitere Faktoren nennt er:

> [...] zum einen die ausgesprochen pluralistische, plurizentrische Verfaßtheit der politischen Struktur, zum anderen die agonistische, kompetitive Grundeinstellung einer ausgeprägten ›loose society‹ sowie die unausbleiblichen Spannungen und Brüche, die mit ihrer Transformation zur ›tight society‹ der Polisgemeinschaft einhergehen.[58]

Ein Schriftsystem allein ist also keine ausreichende Grundbedingung. Die Art der politischen Organisation, eine pluralistische, abweichende Meinungen zulassende Gesellschaft und auch soziale Widersprüche oder Umbruchssituationen gehören für Assmann ebenfalls zu den Grundbedingungen der Entstehung eines kritischen, hypoleptischen Diskurses, wie er für die Philosophie typisch ist. Allerdings, so betont er, ist eine solche Entwicklung ohne ein Schriftsystem, ob es sich nun alphabetisch, ideographisch, phonographisch oder auf andere Weise manifestiert, nicht möglich.[59] Folgen wir Assmanns Argumentation, dann ist Schrift kein hinreichendes Kriterium für das Entstehen von Philosophie, aber doch ein notwendiges.

Assmann macht aber auch auf die Probleme von Schriftkulturen aufmerksam: Das durch die Schrift ermöglichte externalisierte Ge-

55 Ebd., S. 280 ff. Hypolepsis bezeichnet das »Prinzip, nicht von vorn anzufangen, sondern sich in anknüpfender Aufnahme an Vorangegangenes anzuschließen und in ein laufendes Kommunikationsgeschehen einzuschalten. Dieses Kommunikationsgeschehen bildet, was man den ›hypoleptischen Horizont‹ nennen könnte.« Ebd., S. 282 f.

56 Ebd., S. 271 und 288.

57 Ebd., S. 301.

58 Ebd., S. 300.

59 Ebd., S. 301.

dächtnis bietet nicht nur die Möglichkeit einer fast unbegrenzten Speicherkapazität für Mitteilungen und Informationen, es führt ebenso zur Verkümmerung der Gedächtniskapazität. Oder wie Assmann es ausdrückt:

> Den positiven neuen Formen der Retention und des Rückgriffs über die Jahrtausende hinweg entsprechen die negativen Formen eines Vergessens durch Auslagerung und eines Verdrängens durch Manipulation, Zensur, Vernichtung, Umschreibung und Ersetzung.[60]

Bedeutet mündliche Überlieferung nun eine eher unsichere Überlieferungsweise? Assmann weist darauf hin, dass in mündlichen Überlieferungstraditionen die rituelle Form der Überlieferungen und deren Übertragung durch in jeder Generation speziell ausgesuchte und trainierte Gedächtnisspezialisten für eine wortgetreue Übertragung der Überlieferungen sorgen sollte.[61] Das bedeutet, solche Überlieferungen erfolgten nicht durch den ›Volksmund‹ und waren kein Allgemeinwissen, sondern wurden von einer ausgewählten Elite, die spezielle Techniken des Memorierens erlernte, bewahrt, im genauen Wortlaut weitergegeben und nur zu bestimmten, meist rituellen Anlässen einem breiteren Publikum vermittelt.[62] Zu diesen Techniken gehören nicht nur die Einbindung der Wissensvermittlung in bestimmte Rituale, sondern unter anderem auch formelhafte Ausdrücke, Reime, Wiederholungen, Antithesen, Alliterationen oder Sprichwörter.

60 Ebd., S. 23. Auch Peter Stein betont: »[D]er kulturelle Fortschritt zur schriftzentrierten Kultur hat seinen Preis«. Schrift ermögliche zwar eine enorme Erweiterung des (kulturellen) Gedächtnisses, bringe aber zugleich etwas Begrenztes und normativ Einschränkendes mit sich: »Schrift schafft Vorschriften.« So fordert Stein, neben dem kulturellen Zugewinn durch Schrift auch den damit einhergehenden kulturellen Verlust zu thematisieren. Stein, *Schriftkultur*, S. 17 und 20.

61 Assmann, *Das kulturelle Gedächtnis*, S. 54.

62 Mit Bezug auf den Ifá-Korpus (vgl. Abschnitt 6.4.) weisen verschiedene Kenner darauf hin, dass dieser über Generationen quasi unverfälscht überliefert worden sei. Vgl. J. A. I. Bewaji, »A Critical Analysis of the Philosophical Status of Yoruba Ifa Literary Corpus«, in: H. Nagl-Docekal, F. M. Wimmer (Hg.), *Postkoloniales Philosophieren: Afrika*, Wien 1992, S. 140; W. Abimbola, *Ifá: an exposition of Ifá literary corpus*, Ibadan 1976. Und Sophie Olúwọlé schreibt dazu: »The *babalawo*, and the priests were trained as professionals who apart from memorizing thousands of different oral texts can analyse as well as criticize and interpret both old and new principles or ideas.« S. B. Olúwọlé, *Philosophy and Oral Tradition*, Lagos 1999, S. XVI.

Die physische Auslagerung von Wissen in Form von Schrift hat den Vorteil, dass Überlieferungen nicht mehr den möglichen Fehlern des menschlichen Gedächtnisses ausgeliefert sind und auch nicht der Unsicherheit des Lebens einiger weniger menschlicher Wissensträger:innen bzw. der Unsicherheit der persönlichen Übertragung spezifischen Wissens an eine weitere Generation. Damit kann Verschriftlichung als Chance für die Bewahrung von Wissen verstanden werden. Zudem ermöglicht sie einen breiteren Zugang zu spezialisiertem Wissen, das heißt, deutlich mehr Menschen haben Zugang zu diesem Wissen, können es sich aneignen, daraus lernen, es in ihre Lebenspraxis integrieren oder auch kritisieren. Seit der Erfindung des Buchdrucks und insbesondere heute im Zeitalter der globalen Vernetzung kann Wissen auf diesem Wege Millionen Menschen zugänglich gemacht werden, und auch lokale philosophische Wissenstraditionen und Konzepte können damit in einem globalen philosophischen Diskurs berücksichtigt werden. Allerdings fördert diese Auslagerung das Vergessen und macht Manipulationen möglich.[63] Verluste sind also in beiden Formen der Wissensübertragung möglich: in mündlichen Traditionen aufgrund ungenauen Erinnerns, unrichtiger Wiedergabe oder dem Tod von Wissensträger:innen vor der Einweisung eines/einer Nachfolger:in; in schriftlichen Traditionen kann das ausgelagerte und nicht mehr memorierte Wissen durch Kriege, Brände und andere Schäden an den materiellen Wissensträgern vernichtet werden – oder eben durch verschiedene Arten der Manipulation. Führen wir uns die Vor- und Nachteile der beiden Überlieferungsformen (mündlich vs. schriftlich) vor Augen, so scheinen hinsichtlich der Überlieferungstreue nur graduelle Unterschiede zu bestehen – insbesondere vor der Zeit des Buchdrucks, als von vielen Manuskripten und Büchern zumeist nur wenige Einzelexemplare existierten.[64]

Während Diagne also argumentiert, dass in den intertextuellen Beziehungen in mündlichen Traditionen kritisches Potential vor-

63 Assmann, *Das kulturelle Gedächtnis*, S. 23.

64 Mit der digitalen Datenspeicherung haben sich ganz neue Möglichkeiten der Bewahrung und Verbreitung von Wissen ergeben. Allerdings sollte nicht vergessen werden, dass auch digitale Speichermöglichkeiten ein fragiles System sind und bereits ein größerer Stromausfall nicht nur gravierende Auswirkungen auf unseren Alltag hätte, sondern uns auch den Zugang zu digitalen Wissensträgern verunmöglichen würde.

handen ist, das Philosophie möglich mache,[65] lässt uns Assmann, der die alphabetische Schrift nicht mehr als grundlegende Voraussetzung für Philosophie gelten lässt, trotzdem aufgrund der rituellen Übertragungsweise des Wissens in oralen Kulturen an der Existenz von Philosophie zweifeln. Dagegen argumentiert Elmar Holenstein, wie wir bereits weiter oben gesehen haben, dass in Südasien seit dem 8. Jahrhundert vor dem Wechsel der Zeitrechnung, also nahezu ein volles Jahrtausend lang, Philosophie und Wissenschaft mündlich betrieben und überliefert wurden.[66] Bemerkenswert an den im afrikanischen Kontext geführten Debatten ist, dass diese mit einem engen Fokus auf die Möglichkeit der Tradierung von philosophischen Konzepten, Ideen oder auch Theorien in Form von sprachlichen Überlieferungen geführt werden. Andere Ausdrucksformen wie Rituale oder Körperpraktiken wie Meditation, Tanz oder Kampfkünste stehen ebenso wenig im Fokus der Untersuchungen wie künstlerische oder religiöse Artefakte (Bilder, Skulpturen etc.) – mögliche philosophische Ausdrucksformen, die im Diskurs um philosophische Traditionen in Asien, Neuseeland/Australien oder der *First Nation People* in den Amerikas weit mehr Beachtung finden.

Deutlich wird, dass sich im afrikanischen Diskurs, aber auch darüber hinaus in dieser Frage trotz eines neuen Begriffs von Text und eines neuen Verständnisses der Bedeutung von Schrift weiterhin im Wesentlichen zwei Gruppen mehr oder weniger unversöhnlich gegenüberstehen: jene, die Philosophie in mündlichen Traditionen für möglich halten, und jene, die diese Möglichkeit verneinen. Eine endgültige Klärung der Frage nach der Existenz von Philosophie in Gesellschaften mit überwiegend mündlicher Überlieferung steht

65 Ähnlich argumentieren Odera Oruka oder J. I. Omoregbe. Bei Omoregbe heißt es: »Die Fragmente philosophischer Überlegungen, Ideen und Weltanschauungen, die uns in Form von weisen Sprüchen, Sprichwörtern, Geschichten, sozio-politischen Organisationen, Mythologie, religiösen Lehren und Praktiken überliefert wurden, sind nicht aus einem Vakuum entstanden. Sie sind Zeugnisse tiefgreifender philosophischer Überlegungen einiger begabter Denker, die die afrikanischen Philosophen der Vergangenheit waren, die afrikanischen Gegenstücke von Sokrates, Platon, Aristoteles, Descartes, Kant, Hegel usw.« Omoregbe, »African Philosophy: Yesterday and Today«, in: E. C. Eze (Hg.), *African Philosophy: An Anthology*, Oxford 1998, S. 3-8, hier S. 5. Übersetzung A. G.

66 Holenstein, *Philosophie-Atlas*, S. 20.

somit noch aus.[67] Dafür gibt es verschiedene Gründe. Einer betrifft ohne Zweifel die Materialbasis, auf deren Grundlage diese Diskussionen heute geführt werden. Weitere Forschungen zur Erschließung von möglichen Quellen philosophischen Wissens werden diesen Debatten in Zukunft neue Erkenntnisse und Argumente liefern. Letztlich hängt die Beantwortung dieser Frage aber wiederum vom je vorausgesetzten Philosophiebegriff ab.

Ein unterschiedliches Verständnis von Philosophie liegt auch den im Folgenden dargelegten drei Rekonstruktionsversuchen von Philosophie in oralen Traditionen Afrikas zugrunde.

6.2. Muntu – Philosophie in oralen Traditionen

Im 20. Jahrhundert war es insbesondere die Strömung der Ethnophilosophie, die sich um die Rekonstruktion von Philosophie in mündlichen Traditionen bemüht hat. Diese Strömung ist inzwischen sehr breit geworden. Aus diesem Grund werde ich mich im Folgenden nur auf einige inzwischen als klassisch betrachtete Vertreter beziehen.

Einer der ›Väter‹ dieser Strömung ist der belgische Franziskanerpater und Missionar Placide Frans Tempels (1906-1977). Sein Buch *Bantu-Philosophie. Ontologie und Ethik* (1945 zunächst auf Flämisch erschienen, kurz danach in französischer, englischer und deutscher Übersetzung) wird oft sogar als Beginn der afrikanischen Philosophie im 20. Jahrhundert betrachtet.[68] Tempels ging 1933 als Missionar nach Belgisch-Kongo, wo er (mit einigen Unterbrechungen) über 29 Jahre hinweg tätig war. Neben seinen priesterlichen Pflichten widmete er sich dem Studium der Bantusprachen, sammelte und verschriftlichte Sprichwörter, Märchen, Redensarten und

67 Siehe auch J. E. Mabe, *Mündliche und schriftliche Formen philosophischen Denkens in Afrika,* Frankfurt/M. 2005. Mabe argumentiert ebenfalls, dass Oralität und Literalität nicht als sich gegenseitig ausschließende, sondern als einander ergänzende Momente des Denkens betrachtet werden müssen.

68 Vgl. u. a. A. Kagamé, *La Philosophie Bantu Comparée*, Paris 1976, S. 7. Und auch Masolo schreibt: »Pater Placide Frans Tempels wird die Ehre zuteil, die erste Schrift zur ›Bantu-Philosophie‹ in die akademische philosophische Diskussion eingebracht zu haben.« Masolo, *African Philosophy in Search of Identity*, S. 46. Übersetzung A. G.

Lieder und beschäftigte sich mit lokalen Sitten und Gebräuchen. Das aus diesen Forschungen entstandene Buch *Bantu-Philosophie* erregte bei seinem Erscheinen größtes Aufsehen sowohl unter europäischen als auch unter afrikanischen Intellektuellen, denn Tempels behauptet hier explizit, dass Afrikaner:innen im Besitz einer Philosophie seien. Damit wendet er sich gegen herkömmliche rassistische Vorurteile seiner Zeitgenossen und betont, dass das Denken der Bantu mit Blick auf den Grad der Abstraktheit und auch der Logik dem Denken der Europäer kaum nachstehe. Tempels versuchte anhand der Sprache, der Grammatik und der Sprichwörter der Baluba, eines Bantu-Volks in Kasai, deren Philosophie zu rekonstruieren. Dabei kommt er im Wesentlichen zu den folgenden Schlussfolgerungen: Bei den Bantu existiere eine Art kollektive Philosophie. Die traditionelle Bantu-Philosophie sei eine Ontologie, welche den Seinsbegriff mit dem Kraftbegriff gleichsetze. Hier sei die Wirklichkeit nicht statisch oder gegenständlich, sondern ein dynamisches Geflecht »lebendiger Kräfte«, das sich ständig verändere, indem bestimmte Kräfte stärker werden und andere schwächer. Das Sein sei hierarchisch geordnet, wobei Gott an oberster Stelle stehe, gefolgt von den Ahnen, den Menschen, den Tieren, Pflanzen und Mineralen.

Allerdings stellt Tempels fest, dass die Bantu-Philosophie nicht von sich aus zur Sprache komme, sondern dazu des Zusammentreffens mit der europäischen Philosophie bedürfe:

> Es ist auch wirklich nicht anzunehmen, daß die Bantu selbst uns eine vollständige philosophische Terminologie an die Hand geben werden. Die Darstellung der Systematik einer Bantu-Ontologie muß unser Werk sein. Und wenn wir das geschafft haben, werden wir den Bantu klar sagen können, was sie in ihrem tiefsten Wesen über das Seiende denken.[69]

An anderer Stelle heißt es:

> Auf uns lastet die schwere Verantwortung, diese Urphilosophie zu ergründen, zu prüfen und zu beurteilen. Wir dürfen nicht eher ruhen, bis wir in der Lebensweisheit der Primitiven den Wahrheitskern entdeckt haben, der in einem solch umfassenden System der Weltbetrachtung vorhanden sein muß. Wir müssen mit den Bantu zum Kern dieser Philosophie zurück oder zu der Stelle, von wo aus sie falsche Folgerungen zu ziehen begannen

69 Tempels, *Bantu-Philosophie*, S. 18.

und noch heute beständig zu Mißbräuchen kommen. Und wir müssen den Bantu helfen, auf diesem soliden Boden eine eigene Bantu-Zivilisation aufzubauen.[70]

Trotz dieser paternalistischen und kolonialistischen Implikationen wurde Tempels' Ansatz zum Ausgangspunkt vieler ähnlicher Versuche, afrikanische Philosophien anhand von Weltanschauungen, sprachlichen Besonderheiten oder Sprichwörtern zu rekonstruieren.

Im direkten, wenn auch kritisch reflektierten Anschluss an Placide Tempels stehen die Arbeiten von Alexis Kagamé aus Ruanda. Kagamé entstammte einer hochgestellten Tutsi-Familie, die über Generationen die Historiker des Königs (Mwami) stellte. Nachdem die Familie zum Katholizismus konvertiert war, besuchte Kagamé eine katholische Schule und danach ein Priesterseminar. 1941 wurde er ordiniert. Bereits in jungen Jahren begann er traditionelle Märchen, Prosa und Gedichte zu sammeln und zu veröffentlichen. 1950 wurde er das erste afrikanische Mitglied des *Institut Royal Colonial Belge*. Kagamé studierte an der Gregoriana-Universität in Rom Philosophie und erwarb hier 1955 den Doktortitel mit seiner Schrift zur Bantu-Philosophie. Zu seinen einflussreichsten Werken gehören *La philosophie bantu-rwandaise de l'être* (1956), eine Analyse der Kinyarwanda-Sprache und -Kultur unter besonderer Betrachtung des Seinsbegriffs, und das 20 Jahre später erschienene *La Philosophie Bantu Comparée* (1976), eine breite Studie, in der er mehr als 180 Bantu-Sprachen vergleichend analysiert.

Kagamé geht ebenfalls von der Existenz einer kollektiven Bantu-Philosophie aus. Dass er direkt von Tempels inspiriert wurde und ohne dessen Buch selbst nie auf die Idee gekommen wäre, sich mit der Bantu-Philosophie zu beschäftigen, beschreibt er in *La Philosophie Bantu Comparée*.[71] Allerdings kritisiert er Tempels' Ansatz sowohl aus methodischen als auch aus philosophischen Gründen. Zuerst bemängelt er, dass Tempels alle allgemeinen Ableitungen zu einer Philosophie der Bantu auf der Grundlage eines einzigen Bantu-Volkes, nämlich der Baluba, trifft. Zudem scheint ihm Tempels' Ansatz eher ein ethnologischer als ein philosophischer zu sein. Er bewertet dessen Buch aus diesem Grund als eine subjektive Wahrnehmung der Baluba und nicht als die Darstellung eines philosophischen Systems.

70 Ebd., S. 112 f.

71 Kagamé, *La Philosophie Bantu Comparée*, S. 7, S. 217 f.

Kagamés eigene Methode besteht aus zwei Schritten:

1. Das Bestimmen einer abgegrenzten kulturellen Region, um die hier in Sprache und Institutionen, in Märchen, Erzählungen und Sprichwörtern eingebetteten philosophischen Elemente herauszuarbeiten. Dabei will er ethnologische Perspektiven ausdrücklich vermeiden.

2. Danach soll die Untersuchung der gefundenen philosophischen Elemente auf das gesamte Bantu-Gebiet ausgedehnt und vergleichend überprüft werden, ob diese Elemente tatsächlich bei allen Bantu-Völkern gefunden werden können.

Diese beiden formulierten Schritte spiegeln sich in seinen beiden genannten Büchern wider. Im ersten Buch leitet Kagamé die Philosophie der Bantu aus der sprachlichen Struktur des Kinyarwanda ab. Seine Ausgangsüberlegung ist, dass sich in einer schriftlosen Kultur die philosophischen Konzepte in der Struktur der Worte, in Sprichwörtern oder anderen literarischen Genres wie Märchen, Erzählungen, Gedichten oder aber in der Religion sowie gesellschaftlichen und kulturellen Institutionen widerspiegeln. Aufgrund seiner Analysen kommt Kagamé, ähnlich wie Tempels, zu dem Schluss, dass sich die Philosophie der Bantu von der europäischen dadurch unterscheide, dass sie auf einem Konzept der Lebenskraft beruhe. Unter Kraft wird in der Deutung Kagamés ein Sein in Bewegung verstanden: ›Sein in Ruhe‹ und ›Sein in Bewegung‹ seien zwei Aspekte desselben Seins. Kernstück seiner Bantu-Philosophie ist die Unterscheidung der vier folgenden Arten des Seins:

I. Muntu = Mensch (Mehrzahl: Bantu) = bewusstes Sein,
II. Kintu = Ding (Mehrzahl: Bintu) = unbewusstes Sein,
III. Hantu = Ort und Zeit,
IV. Kuntu = Modalität.[72]

Laut Kagamé lässt sich alles Seiende einer dieser Kategorien zuordnen.[73]

Im deutschsprachigen Raum wurde die Bantuphilosophie vor allem durch Janheinz Jahn bekannt, der sich hier sehr aktiv für die

72 Ein besonderes Merkmal der Bantusprachen ist die Einteilung der Nomina in sogenannte Klassen. Nominalklassen werden durch das Hinzufügen von Präfixen zu bestimmten Wortwurzeln gebildet. Durch das Hinzufügen von Präfixen zur Wurzel *-ntu* entstehen die folgenden Begriffe: *mu-ntu* »Mensch«, *ba-ntu* »Menschen« etc.

73 Vgl. J. Jahn, *Muntu. Die neoafrikanische Kultur*, Köln 1958, S. 104.

Verbreitung afrikanischer Literatur engagiert hat. Jahn fasst Kagamés Konzept wie folgt zusammen:

> Alles Seiende, das notgedrungen einer dieser vier Kategorien angehören muß, ist aber nun nicht als Substanz zu denken, sondern als Kraft. Der Mensch ist eine Kraft, alle Dinge sind Kräfte, Ort und Zeit sind Kräfte und die ›Modalitäten‹ sind Kräfte. Mann und Frau (Kategorie Muntu), Hund und Stein (Kategorie Kintu), Osten und Gestern (Kategorie Hantu), Schönheit und Lachen (Kategorie Kuntu) sind Kräfte und als solche alle miteinander verwandt. Die Verwandtschaft dieser Kräfte drückt sich in den Wörtern selbst aus, denn wenn wir die Determinative abziehen, ist der Wortstamm NTU bei allen Kategorien gleich.
>
> NTU[74] ist die universale Kraft schlechthin, die aber getrennt von ihren Erscheinungsformen Muntu, Kintu, Hantu und Kuntu niemals vorkommt. NTU ist das Sein selbst, die kosmische Universalkraft, die nur das moderne rationalisierende Denken aus den Erscheinungsformen abstrahieren kann. NTU ist jene Kraft, in der Sein und Seiendes zusammenfallen.[75]

Aus seinen Überlegungen leitet Kagamé im Folgenden eine Bantu-Kosmologie, eine Bantu-Psychologie, eine Bantu-Theologie und eine Bantu-Ethik ab. Auch für Kagamé ist die Bantu-Philosophie eine Philosophie ohne Philosoph:innen,[76] das heißt die kollektive Philosophie einer ganzen ethnischen Gruppe.

Diese Art der Rekonstruktion von oraler Philosophie wird bis in die jüngste Zeit verfolgt. Mit dem Buch *Introduction to an African Philosophy. The Ntu'ology of the Baganda* von Ferdinand Mutaawe Kasozi[77] liegt ein weiteres Beispiel eines an Tempels und Kagamé anschließenden Versuchs vor, aus sprachlichen Eigenheiten eine afrikanische Philosophie abzuleiten. Der Begriff »Baganda-Ntu'ology«

74 Für einen interkulturellen Vergleich zwischen NTU als universaler Kraft, die aber nicht abgetrennt von ihren Erscheinungsformen vorkommt, bietet sich das chinesische philosophische Konzept des *Qi* an. Qi bezeichnet eine ewige schöpferische Kraft, die alle Wesen und Dinge innerhalb des kosmischen Systems durchdringt. Entstehung und Entwicklung des Lebens sind auf die unsichtbare lebendige Qi-Energie zurückzuführen. Dies macht die kontinuierliche Transformation des Lebens möglich: Geburt, Wachstum, Reife, Altern und Vergehen. Ich verdanke diesen Hinweis auf eine mögliche interkulturelle Anschlussfähigkeit meiner Kollegin Zhuofei Wang.

75 Jahn, *Muntu*, S. 105.

76 Kagamé, *La Philosophie Bantu Comparée*, S. 7, S. 286.

77 F. M. Kasozi, *Introduction to an African Philosophy. The Ntu'ology of the Baganda*, Freiburg i. Br. 2011.

wurde von Kasozi zur Bezeichnung der Lehren alter weiser Männer und Frauen der Baganda (ein Volk in Ostafrika) geschaffen, die noch heute Einfluss auf das Handeln gegenwärtiger Generationen hätten. Es geht um ein Wissenskorpus bestehend aus Mythen, Glauben, Tabus, Bräuchen, Ritualen und ähnlichen Praktiken der Baganda, welche die Sicht dieses Volkes auf die materielle Welt, das menschliche Sein und die Welt der Geister bestimme.[78] Seine Methode beschreibt Kasozi wie folgt: 1. Analyse und Interpretation von Mustern und Eigenschaften der NTU-Kategorien; 2. Analyse und Interpretation der Beziehungen zwischen den Inhalten dieser NTU-Kategorien. Ausgeführt wird diese Methode an den Kategorien Muntu, Kintu, Wantu, Buntu, aus deren Bedeutungsgehalt Kasozi Anschauungen der Baganda zu Sein, Raum, Zeit, Wissen, Werten, dem Verhältnis von Individuum und Gemeinschaft, dem Schicksal und vielem mehr abzuleiten versucht. Allerdings kommt bei diesem Rekonstruktionsversuch nicht einer der Weisen der Baganda selbst zu Wort. Kasozi schöpft seine Ableitungen moralischer, ontologischer oder epistemologischer Art einzig aus dem sprachlichen Bedeutungsgehalt. Er unterstellt damit eine Art einheitlicher oder einstimmig geteilter Weltauffassung, die er als Philosophie bezeichnet. Individuelle, kreative Denker:innen, die möglicherweise kritische Positionen zu den Überlieferungen einnehmen oder diese weiterentwickeln und an die Lebenswelt der Gegenwart anpassen, werden nicht berücksichtigt.

Andere Philosoph:innen versuchen in ähnlicher Weise eine ›afrikanische‹ Logik[79], eine ›afrikanische‹ Metaphysik,[80] ein ›afrikanisches‹ Konzept der Person[81] etc. zu rekonstruieren. Die Eth-

78 Ebd., S. 13 u. 28.

79 U. Etuk, »The Possibility of African Logic«, in: O. Oladipo (Hg.), *The Third Way in African Philosophy*, Ibadan 2002, S. 98-116; V. Ocaya, »Logic in the Acholi Language«, in: K. Wiredu (Hg.), *A Companion to African Philosophy*, S. 285-295.

80 Einen Überblick zu den Debatten um eine afrikanische Metaphysik gibt der folgende Aufsatz: W. Lajul, »African Metaphysics: Traditional and Modern Discussions«, in: I. E. Ukpokolo (Hg.), *Themes, Issues and Problems in African Philosophy*, Cham 2017, S. 19-48.

81 I. A. Menkiti, »Person and Community in African Traditional Thought«, in: R. A. Wright (Hg.), *African Philosophy: An Introduction*, S. 171-181; Ders., »On the Normative Conception of a Person«, in: K. Wiredu (Hg.), *A Companion to African Philosophy*, S. 324-331. Kritische Aufsätze zum Thema siehe: K. Wiredu, K. Gyekye, *Person and Community: Ghanian Philosophical Studies I*, Washington

nophilosophie begegnet uns in verschiedenen Formen und auf verschiedenen Wegen, aber auch in verschiedenen Regionen der Welt.

Eine Kritik an diesen Ansätzen hat fast zeitgleich mit ihrem Entstehen beziehungsweise schon in der Auseinandersetzung mit der Vorläufer-Bewegung, der Négritude[82], eingesetzt. Zu den prominentesten Kritikern gehören der bereits erwähnte Paulin J. Hountondji ebenso wie Marcien Towa, Peter Bodunrin, Henry Odera Oruka und Kwame A. Appiah. Die Debatten zwischen den Vertretern der Ethnophilosophie und ihren Kritikern wurde inzwischen ausführlich thematisiert[83] und soll an dieser Stelle nicht wiederholt werden. Gemeinsam ist allen Kritikern, dass sie die Existenz einer kommunalen Philosophie bezweifeln und methodisch insbesondere die Abhängigkeit vom europäischen Diskurs kritisieren. Aber es wird auch auf weitere methodische Schwächen hingewiesen. So berufen die Ethnophilosoph:innen sich auf linguistische Besonderheiten, Sprichwörter, Märchen etc., ohne dieses Material einer kritischen Prüfung zu unterziehen, zum Beispiel im Rückgriff auf andere Wissenschaften wie die Anthropologie, die Geschichts-, Sprach- oder Literaturwissenschaft. Um den Status einer Expert:in zu beanspruchen, wird es häufig als ausreichend betrachtet, selbst Mitglied der entsprechenden sprachlichen Gemeinschaft zu sein.

Sprichwörter und Aphorismen sind dabei ein besonders häufig genutztes Material.[84] Aber gerade diese sind äußerst ambivalent,

1992. Einen Überblick über die Debatte liefert D. N. Kaphagawani, »African Conceptions of a Person: A Critical Survey«, in: K. Wiredu (Hg.), *A Companion to African Philosophy*, S. 332-342.

82 Ebenso bekannt wie grundlegend ist die Kritik von Frantz Fanon in: *Peau noire. Masques blancs*, Paris 1952 und Ders., »Über die nationale Kultur«, in: F. Fanon, *Das kolonisierte Ding wird Mensch. Ausgewählte Schriften*, Leipzig 1986, S. 281-290.

83 Vgl. Masolo, *African Philosophy in Search of Identity* und Hallen, *A Short History of African Philosophy*.

84 Bei Mbiti heißt es: »In den Sprichwörtern finden wir die Überreste der ältesten Formen afrikanischer religiöser und philosophischer Weisheit.« Mbiti, *African Religions and Philosophy*, S. 86. Übersetzung A. G. Ausgehend von Anstößen wie diesem hat sich in den letzten Jahrzehnten eine breite Literatur zum Thema entwickelt. Vgl. C. Sumner, *Oromo Wisdom Literature*, Band 1: *Proverbs, Collection and Analysis*, Addis Abeba 1995; Ders., *Proverbs, Songs, Folktales: An Anthology of Oromo Literature*, Addis Abeba 1996; N. Komla Dzobo, »African Symbols and Proverbs as Sources of Knowledge and Truth«, in: Wiredu/Gyeyke (Hg.), *Person and Community: Ghanaian Philosophical Studies I*, S. 95-112; G. J. Wanjohi,

finden sich doch zum selben Thema nicht selten widersprüchliche Aussagen.[85] So können Sprichwörter Frauen als gleiche Partnerinnen schätzen oder aber deren untergeordnete Rolle zementieren[86]; sie können eine Gleichbehandlung aller Menschen fordern oder die herausgehobene Stellung bestimmter Gruppen (zum Beispiel eines königlichen Geschlechts, der Dorfältesten oder der älteren Generation) bestätigen. Diese Ambivalenzen werden selten berücksichtigt. Vielmehr entsteht in einigen Untersuchungen der Eindruck, dass genau jene Sprichwörter herausgesucht wurden, die zur jeweiligen Argumentation passen.[87]

Auch der inzwischen sehr breite akademische Diskurs um das südafrikanische Konzept des *ubuntu*[88] leidet über weite Strecken

The Wisdom and Philosophy of Gîkûyû Proverbs: The Kîhooto World-view, Nairobi 1997; M. J. Tosam, »The Philosophical Foundation of Kom Proverbs«, in: *Journal on African Philosophy* 9 (2014), S. 1-27; E. Etieyibo, »African Philosophy and Proverbs: The Case of Logic in Urhobo Proverbs«, *Philosophia Africana: Analysis of Philosophy and Issues in Africa and the Black Diaspora* 18/1 (2016), S. 21-39. Die Liste ließe sich fortsetzen.

85 Sprichwörter werden als über Jahrhunderte kondensierte Weisheit verstanden, die den Menschen eine Orientierung in ihrem Alltag sowie Handlungsanleitungen für Entscheidungen und in Konfliktsituationen geben. Allerdings sind Sprichwörter, wie wir aus unserer eigenen Tradition wissen, höchst widersprüchlich. Zur Bedeutung von Sprichwörtern für die afrikanische Philosophie siehe auch C. Umezinwa, »Proverbs as Sources of African Philosophy«, in: J. O. Oguejiofor, G. I. Onah (Hg.), *African Philosophy and the Hermeneutics of Culture. Essays in Honour of Theophilus Okere*, Münster 2005, S. 246-259.

86 Siehe u. a. die Kritik von M. E. Modupe Kolawole in: *Womanism and African Consciousness*, Trenton 1997, S. 64-65.

87 Dies entspricht im Übrigen unserem alltäglichen Umgang mit Sprichwörtern: Wir erinnern uns in Alltagssituationen eher jener Sprichwörter, die unser Handeln bestätigen, als jener, die es widerlegen. Siehe hierzu die folgende interessante Untersuchung: D. Frey, *Psychologie der Sprichwörter. Weiß die Wissenschaft mehr als Oma?*, Berlin/Heidelberg 2017.

88 Zum *ubuntu*-Konzept ist in den letzten zwanzig Jahren eine große Menge an Literatur erschienen. Grundlagenliteratur sind: M. B. Ramose, *African Philosophy Through Ubuntu,* Harare 1999 und A. Shutte, *Ubuntu: An Ethic for a New South Africa,* Pietermaritzburg 2001. Einen guten Überblick und eine Kritik des Diskurses liefern: L. Praeg, *A Report on Ubuntu,* Pietermaritzburg 2014; L. Praeg, S. Magadla (Hg.), *Ubuntu: Curating the Archive,* Pietermaritzburg 2014. Siehe dazu auch C. B. N. Gade, »The Historical Development of the Written Discourses on Ubuntu«, in: *South African Journal of Philosophy* 30/3 (2011), S. 303-329; Ders., »What is Ubuntu? Different Interpretations among South Africans of African Descent«, in: *South African Journal of Philosophy* 31/3 (2012), S. 484-503; A. Gra-

unter diesen Schwächen: Es hat nicht selten den Anschein, dass der gesamte Diskurs auf einem einzigen Zulu-Xhosa-Aphorismus (*umuntu ngumuntu ngabantu* — Ein Mensch ist ein Mensch durch andere Menschen) aufbaut, von dem verschiedene Konzepte, Vorstellungen und Theorien abgeleitet werden, wie zum Beispiel ein Begriff der Person, Theorien der Gerechtigkeit und Versöhnung oder Vorstellungen von Erziehung und guter Lebensführung.

Der ethnophilosophische Ansatz birgt eine Reihe von weiteren Risiken: Der Versuch, allgemeine afrikanische Werte und Traditionen zu definieren oder das Denken und Wesen ›des‹ Afrikaners zu re-*konstruieren*, führt nicht nur zu einem ontologischen Verständnis von Afrika oder ›dem Afrikaner‹, sondern auch zur Festlegung einer bestimmten Denk- und Seinsweise als Norm. Abweichungen von dieser Norm können dann leicht abgewertet oder gar kriminalisiert werden, wie im Vorwurf der ›Verwestlichung‹ oder ›unafrikanischen‹ Verhaltens; Vorwürfe, die zum Beispiel im Zusammenhang mit politischer Opposition, gegen Frauenemanzipation oder zur Rechtfertigung der Kriminalisierung von Homosexualität[89] erhoben werden können. Der Rückbezug auf vorkoloniale Wissenssysteme, Werte und Normen ist im Sinne post- und dekolonialer Perspektiven unbedingt wichtig. Erfolgt er jedoch zu unkritisch oder verallgemeinernd, werden Stereotype wie die Vorstellung von der vorrangig emotionalen Ausrichtung der Afrikaner:innen[90] oder einer afrikanischen kommunalen Orientierung zementiert. Letztere Auffassung behauptet in unhistorischer und unzulässig verallgemeinernder Weise, dass in Afrika die Idee des Individuums immer den Interessen der Gemeinschaft untergeordnet worden sei, ohne die Vielfalt konkreter Gesellschaftsformen in Afrika durch die Jahrhunderte mit in Betracht zu ziehen.[91] Solche Annahmen verstellen,

ness, »Ubuntu and Buen Vivir – A Comparative Approach«, in: J. Ogude (Hg.), *Ubuntu: Reconstitution of Community*, Bloomington 2019, S. 150-175.

89 In 38 der 53 afrikanischen Länder steht gelebte Homosexualität unter Strafe. Vgl. M. O. Falaiye, »Homosexuality and the Question of Tolerance«, in: *Journal of Philosophy and Development* 1/3 (1998), S. 36-48.

90 »L'émotion est nègre, comme la raison Hellène.« L.S. Senghor, »Ce que l'homme noir apporte«, in: Ders., *Liberté I. Négritude et humanisme,* Paris 1964, S. 24.

91 Bekanntestes Beispiel ist Mbiti, der schreibt: »Was dem Einzelnen widerfährt, widerfährt auch der ganzen Gruppe, und was der ganzen Gruppe widerfährt, widerfährt auch dem Einzelnen. Der Einzelne kann nur sagen: ›Ich bin, weil wir sind; und da wir sind, bin ich.‹ Dies ist ein zentraler Punkt im Verständnis des

ebenso wie die Vorstellung von einer ›ursprünglichen afrikanischen Toleranz‹, häufig den Blick auf innergesellschaftliche Asymmetrien und diskriminierende Verhältnisse.[92] Zudem bewegen sich ethnophilosophische Versuche ausschließlich in einem Rahmen, der Afrika und Europa dichotomisch kontrastiert. So münden sie in eine Entgegensetzung ›westlicher‹ und ›afrikanischer‹ Weltanschauung[93], wobei sowohl Afrika als auch Europa auf einige wenige Merkmale reduziert werden, die die Vielfalt der Denkströmungen auf beiden Kontinenten nicht abbilden können. Ihre indirekte Abhängigkeit von der europäischen Erzählung über Afrika und deren epistemologischen und methodischen Grundlagen scheint den Vertretern dieser Richtung dabei oft nicht bewusst zu werden. Henry Odera Oruka, um dessen Arbeit es im Folgenden geht, lehnt den Ansatz auch aus diesem Grund ausdrücklich ab.

6.3. Philosophische Feldarbeit: Die Weisheitsphilosophie

»Jedes Mal, wenn in Afrika ein alter Mann stirbt, verbrennt eine unerschlossene Bibliothek.«[94] Dieser Satz des malischen Schriftstellers und Kulturforschers Amadou Hampâté Bâ (1900-1991) hat heute fast sprichwörtliche Qualität. Er verweist auf den Reichtum ebenso wie auf die Fragilität der mündlichen Überlieferungstraditionen in Afrika. Allerdings harrt dieser Reichtum weitgehend noch seiner systematischen Aufarbeitung, insbesondere unter philosophischer Perspektive. Dieser Aufgabe hat sich das Projekt der Weisheitsphi-

afrikanischen Menschenbildes.« Mbiti, *African Religions and Philosophy*, S. 109. Übersetzung A. G. Mbitis Satz »I am, because we are; and since we are, therefore I am.« gehört heute wohl zu den meistzitierten Sätzen aus dem Diskurs der afrikanischen Philosophie.

92 Siehe in diesem Zusammenhang auch die Kritik von Ilze Keevy, »Ubuntu versus the Core Values of the South African Constitution«, in: Praeg/Magadla (Hg.), *Ubuntu: Curating the Archive*, S. 54-95.

93 Diese Dichotomie wird erst in jüngster Zeit aufgebrochen, u. a. durch Arbeiten, die Vergleiche zwischen Afrika und China ziehen: Vgl. T. Metz, »Confucianism and African Philosophy«, in: Afolayan/Falola (Hg.), *The Palgrave Handbook of African Philosophy*, S. 207-221.

94 Zur Entstehung dieses Satzes siehe A. Touré, N. I. Mariko (Hg.), *Amadou Hampâté Bâ, homme de science et de sagesse: mélanges pour le centième anniversaire de la naissance d'Hampâté Bâ*, Bamako 2005, S. 55 ff. Übersetzung A. G.

losophie (*Sage Philosophy*) von Henry Odera Oruka (1944-1995) verschrieben. Die Weisheitsphilosophie gehört inzwischen zu den bekanntesten philosophischen Schulen Afrikas des 20. Jahrhunderts und hat Odera Oruka auch über die Grenzen Afrikas hinaus bekannt gemacht.[95] Sie findet heute Erwähnung in einschlägigen Übersichtswerken wie der *Stanford Encyclopedia of Philosophy*[96] oder im *Historischen Wörterbuch der Philosophie* von Ritter/Gründer.

Grundlegend für Odera Orukas Versuch ist die Abgrenzung von der Ethnophilosophie und deren Annahme einer Existenz kommunaler Philosophien. So betont der kenianische Philosoph, dass Philosophie immer an individuelle Denker:innen gebunden sei. Bereits 1972 nahm er in seinem Artikel »Mythologies as African Philosophy«[97] seinen Kampf gegen das Verständnis von Mythologien als Philosophie auf. Er bezieht in dem Text die Position, dass eine klare Abgrenzung zwischen Ethnologie, Religion und Mythologie einerseits und Philosophie andererseits notwendig sei, und fordert die afrikanischen Intellektuellen auf, sich den Aufgaben der Gegenwart, wie zum Beispiel der Armutsbekämpfung, zu stellen.[98] Odera Oruka hat immer vor einer Verflachung beziehungsweise einem Missbrauch des Philosophiebegriffs gewarnt. Eine Gleichsetzung von Philosophie und Mythos führe letztlich dazu, die Bedingungen, unter denen ein Volk lebe, zu rechtfertigen. Es komme jedoch in der gegenwärtigen Situation Afrikas vor allem darauf an, das kritische Potential der Philosophie zu nutzen, um die gegenwärtige soziale Lage zu verändern.[99] Hier weist Odera Oruka auf einen

95 Vgl. Graneß, *Das menschliche Minimum*, S. 75 ff. und Odera Oruka, »Sagacity in African Philosophy«, in: *The International Philosophical Quarterly* 3/4, S. 383-393. Dieser Text gibt einen generellen Überblick über die Ergebnisse der Untersuchung, die Odera Oruka in Kenia in der Zeit von 1974 bis 1978 über das Thema »Denken traditioneller kenianischer Weiser« durchgeführt hat.

96 D.A. Masolo, »African Sage Philosophy«, in: E.N. Zalta (Hg.): *The Stanford Encyclopedia of Philosophy*, ⟨https://plato.stanford.edu/archives/spr2016/entries/african-sage/⟩, letzter Zugriff 31. 3. 2022.

97 H. Odera Oruka, »Mythologies as African Philosophy«, in: *East African Journal* 9/10 (1972), S. 5-11. Im Folgenden zitiert nach Wiederabdruck in Graness/Kresse (Hg.), *Sagacious Reasoning*, S. 23-34.

98 Vgl. Odera Oruka, »Mythologies as African Philosophy«, S. 24.

99 »Einfach zu studieren, wie ein Volk denkt, und es dabei zu belassen, läuft darauf hinaus, die Bedingungen zu rechtfertigen, unter denen ein solches Volk existiert. Es läuft darauf hinaus, ihnen zu sagen, dass sie sich mit diesen Bedingungen ab-

wichtigen Punkt hin: Philosophie, wird sie als Ethnophilosophie betrieben, bleibt nicht nur bei der Beschreibung von Verhältnissen oder Denkarten stehen, sondern zementiert diese um der Erhaltung eines ›afrikanischen Wesens‹ willen. Insofern kann diese Art des Philosophierens keine Wege zur Veränderung bestehender Verhältnisse aufzeigen. Aber gerade darin besteht für Odera Oruka die wichtigste Aufgabe der Philosophie. Aus diesem Grund plädiert er für eine Unterscheidung von Philosophie im ›strengen Wortsinn‹, die sich durch logische Konsistenz, kritische Reflexion und Argumentation auszeichne, und Philosophie in einem ›weiten Sinne‹, die Alltagsdenken und Volksmythen beinhalte.

Sein Gegenentwurf zur Ethnophilosophie ist die Weisheitsphilosophie. Weisheitsphilosophie bedeutet, das Denken afrikanischer weiser Männer und Frauen (*sages*) zu dokumentieren und auf der Grundlage eines an argumentative Kritik und subjektive Begriffsbildung gebundenen Philosophiebegriffs zu analysieren. Dabei soll insbesondere eine Dokumentation der Ansichten einzelner kritisch denkender Individuen innerhalb afrikanischer Gemeinschaften (*philosophic sages*) sowohl koloniale Vorurteile bezüglich der Unterlegenheit ›afrikanischen Denkens‹ als auch den Mythos vom kommunalen Denken der Afrikaner entkräften. Aber nicht nur gegen das Postulat eines großen WIR richtet sich die Weisheitsphilosophie. Odera Oruka will zugleich zwei weiteren Vorurteilen begegnen:

> Die Existenz der Weisheitsphilosophie widerlegt sowohl die Auffassung, dass afrikanische Philosophie nur Volksweisheit sei, als auch die Auffassung, Philosophie sei allein auf schriftlich niedergelegte professionelle Philosophie begrenzt.[100]

Das Projekt der Weisheitsphilosophie, das 1974 begonnen wurde, basiert auf einem klar umrissenen Philosophiebegriff, der Philoso-

finden sollen. Aber in Afrika geht es heute vor allem darum, dass die Menschen aus den herrschenden gesellschaftlichen Verhältnissen herauskommen.« Ebd., S. 32. »Man gibt der Mythologie einen wunderbar hohen Stellenwert, wenn man sie ›Philosophie‹ nennt, und dann kann sie ein großes Hindernis für Fortschritt und Entwicklung sein.« Ebd., S. 34. Übersetzung A. G.

100 »Die Existenz der Weisheitsphilosophie widerlegt sowohl die Ansicht, dass die afrikanische Philosophie nur Volksweisheit sei, als auch eine Ansicht, die versucht, Philosophie auf die geschriebene beruflich betriebene Philosophie zu beschränken.« Odera Oruka, *Sage Philosophy*, S. 31. Übersetzung A. G.

phie als eine kritisch-reflexive Denkbewegung fasst, die stets an Individuen gebunden ist. Hiervon ausgehend führten Odera Oruka und seine Mitarbeiter Gespräche mit weisen Männern und Frauen aus verschiedenen Dorfgemeinschaften in Kenia. Dabei wurde vorausgesetzt, dass der größte Teil der indigenen Kulturen auch nach der Erfahrung des Kolonialismus intakt geblieben ist und es noch immer Menschen gibt, die in diesen indigenen Wissenssystemen erzogen wurden und in ihnen leben. Solche Menschen betrachtet er als genuine Repräsentant:innen eines traditionellen Afrikas innerhalb einer modernen Umgebung.[101]

Odera Oruka bezeichnet eine Person als weise (*sage*), die mit den kulturellen Ansichten und Normen sowie den Mythen ihrer Gemeinschaft vertraut ist und in dieser Hinsicht von den Mitgliedern ihrer Gemeinschaft respektiert und um Rat gefragt wird. Die Mehrzahl der befragten Personen waren Analphabeten. Die Interviews wurden in der jeweiligen Muttersprache geführt, mit einem Aufnahmegerät aufgezeichnet und später in eine schriftliche Form überführt. Befragt wurden die weisen Männer und Frauen zu Fragen der Religion, wie ihrem Gottesbegriff, zum Zeitverständnis, zur Erziehung und zur Rollenverteilung der Geschlechter, zu Gesetz und Strafe, Freiheit und Glück sowie anderen philosophisch relevanten Themen und Begriffen. Nachzulesen sind ausgewählte und ins Englische übertragene Interviews im Band *Sage Philosophy* (1990) oder im Buch *Oginga Odinga – His Philosophy and Beliefs* (1992). Mit der Überführung der Gespräche in die Schriftform wird das Wissen traditioneller afrikanischer Weiser einer größeren Anzahl von Menschen zugänglich und damit dem Vergessen entrissen. Zugleich soll das Projekt der Weisheitsphilosophie einen Beitrag zur Rekonstruktion der Philosophiegeschichte Afrikas leisten. So heißt es bei Odera Oruka:

> Da nun die Praxis der Schrift im traditionellen Afrika fehlt, ist es nicht leicht, die Spuren von Philosophen zu finden und festzustellen, welche Ideen sie entwickelt haben. Indem man aber mit den lebenden Weisen spricht, bekommt man möglicherweise einen Eindruck von dem, was gewesen sein könnte. Im Übrigen sind die Gedanken solcher lebender Weiser in sich wertvoll. Den Wert solcher Gedanken vorzustellen, ist ein anderes wichtiges Ziel der Sage-Untersuchung, die wir unternommen haben.[102]

101 Ebd., S. 6.

102 H. Odera Oruka, »Grundlegende Fragen der afrikanischen ›Sage-Philosophy‹«,

Die Interviews wurden in einem zweiten Schritt auf ihre philosophische Relevanz hin untersucht. Entsprechend den Ergebnissen unterscheidet Odera Oruka die befragten Personen in Volksweise (*folk-sage*) und philosophische Weise (*philosophic sage*). Ein philosophischer Weiser zeichnet sich laut Odera Oruka dadurch aus, dass er nicht bei der Vermittlung des überkommenen Wissens der Gemeinschaft stehen bleibt, sondern dieses einer kritischen Evaluierung unterzieht, Distanz dazu gewinnt und seinen eigenen begründeten Standpunkt findet, der auch in eine Ablehnung der überkommenen Prinzipien münden kann. Philosophische Weise sind in der Lage, neue Regeln und Normen aufzustellen, diese zu begründen und Alternativen zu den gemeinhin akzeptierten Auffassungen und Praktiken vorzuschlagen. Volksweise zeichnen sich im Gegensatz dazu dadurch aus, dass sie die überkommenen Ansichten kritiklos weitergeben und insofern ausschließlich die Funktion von Vermittler:innen übernehmen. Odera Oruka formuliert das so:

> Der philosophische Weise mag die grundlegenden Glaubens- und Weisheitssätze seiner Gemeinschaft ebenso gut kennen wie der Volksweise. Aber er leistet einen unabhängig-kritischen Beitrag zu dem, was die Leute für ausgemacht halten. Daher ist die Weisheit des philosophischen Weisen, während die des Volksweisen Philosophie der ersten Stufe (first-order) ist, eine Philosophie der zweiten Stufe, d. h. eine Reflexion auf das und rational begründete Bewertung dessen, was auf der ersten Stufe gegeben ist.[103]

Odera Orukas Unterscheidung zwischen philosophischen Weisen und Volksweisen wurde häufig kritisiert, da eine klare Abgrenzung kaum möglich scheint.[104] Er bemerkt dazu:

> Es ist nicht immer klar, ob eine Person ein rein philosophischer Weiser ist und ein anderer nur ein Volksweiser. Bei vielen Menschen ist ein bisschen von beidem vorhanden. […] Diejenigen, die über mehr philosophischen Scharfsinn verfügen, sind jedoch in der Lage, das zu kritisieren, was sie in ihrer Umgebung sehen, das zu kritisieren, was sie als die Überzeugungen

in: F. M. Wimmer (Hg.), *Vier Fragen zur Philosophie in Afrika, Asien und Lateinamerika*, S. 35-54, hier S. 48.

103 Ebd., S. 37.

104 'Muyiwa Falaiye, »Popular vs. Didactic Wisdom«, in: Graness/Kresse (Hg.), *Sagacious Reasoning*, S. 163-170, hier S. 163.

der Menschen ansehen, und sogar ihre eigenen Ansichten von der Welt zu kritisieren. Ich denke also, dass diese Unterscheidung wichtig ist.[105]

Philosophische Weisheit ist nun nicht an Schriftlichkeit gebunden, sondern existiert in vorschriftlichen wie in schriftlichen Gesellschaften. Darüber hinaus betont Odera Oruka, dass philosophische Weisheit weder an traditionelle Gesellschaften oder gesellschaftliche Zusammenhänge (wie die Dorfgemeinschaft in Kenia) gebunden ist noch an Alter oder Geschlecht. Auch junge Menschen in modernen gesellschaftlichen Zusammenhängen können als philosophische Weise betrachtet werden.[106]

Zur Illustration des Projekts sei hier ein Beispiel aus Odera Orukas Buch *Sage Philosophy* angeführt: Stephen M'Mukindia Kithanje.[107] Er wurde 1922 in Meru geboren, war als Kind ein Hirtenjunge und erhielt nicht mehr als eine sechsmonatige Schulbildung. Trotzdem galt er in seinem Bezirk als Autorität in Fragen von Tradition und Bräuchen und wurde häufig von Menschen aufgesucht, die ihn in verschiedenen Angelegenheiten um Rat fragten. Aus diesem Grund wurde er von Odera Oruka befragt. Kithanje macht in diesem Interview einige bemerkenswerte Ausführungen zum Begriff der Weisheit.[108] Weise ist ein Mensch für ihn dann, wenn er die Einsicht gewonnen hat, dass die Welt drei Personen gehöre: Gott, dem Mann und der Frau. Wer dies verstanden habe, könne in Harmonie mit der Gesellschaft leben. Allerdings seien nur wenige

105 Interview geführt von Kai Kresse mit H. Odera Oruka in: Graness/Kresse (Hg.): *Sagacious Reasoning*, S. 251 f. Übersetzung A. G.

106 Deutlich wird dies in Odera Orukas Band *Sage Philosophy*. Hier befindet sich im Abschnitt »The Philosophic Sages« ein Interview mit Chaungo Barasa, geboren 1960 und im Hauptberuf Ingenieur für Wasserwirtschaft. Aufgrund seiner Aussagen wird er von Odera Oruka als philosophischer Weiser qualifiziert. Odera Oruka, *Sage Philosophy*, S. 149 ff. Auch in seinem zweiten aus dem Projekt der Weisheitsphilosophie hervorgegangenen Buch *Oginga Odinga – His Philosophy and Beliefs*, Nairobi 1992, steht mit Oginga Odinga (1911-1994) ein von ihm als philosophischer Weiser qualifizierter Mann im Mittelpunkt, der nicht mehr als Weiser im Kontext der afrikanischen traditionellen Dorfgemeinschaft gelten kann. Oginga Odinga spielte in der Zeit des Unabhängigkeitskampfes eine wichtige politische Rolle und war erster Vizepräsident des unabhängigen Kenia und später wichtigster Oppositionsführer.

107 Odera Oruka, *Sage Philosophy*, S. 128 ff.

108 Vgl. Kithanje in ebd., S. 128-129.

zu diesem Verständnis gekommen. Diese wenigen hätten die Möglichkeit, Einsichten in die gesellschaftlichen Probleme zu gewinnen und Lösungen zu finden, die allen anderen zugutekommen. Zwar werden alle Menschen mit der Anlage zur Weisheit geboren, doch nur wenige können diese Anlage entwickeln. Denn eine Reihe externer und interner Faktoren begrenze den Zugang zur Weisheit. Zu den externen Faktoren zählt Kithanje verschiedene Arten des »Hungers«, und zwar Krankheiten und den Hunger des Magens einerseits sowie den Hunger der Augen und Ohren andererseits, der die Menschen statt zur Suche nach der Wahrheit in die Welt der Erscheinungen leite. Zu den inneren Faktoren zählt er die Ängste der Menschen, zum Beispiel die Angst, dass ihren Einsichten kein Glauben geschenkt werden könnte. Darüber hinaus beschreibt Kithanje einen Weisen als beschäftigt mit den folgenden drei Fragen: Wo waren wir (Vergangenheit)? Wo sind wir (Gegenwart)? Wo gehen wir hin (Zukunft)? Während eine nicht-weise Person vorrangig mit der Gegenwart beschäftigt sei und die Dimension der Vergangenheit und Zukunft vernachlässige, zeichne es den Weisen aus, dass er die Implikationen von Vergangenheit, Gegenwart und Zukunft in jeder Lebenserfahrung nachvollziehen könne.

Ein weiteres Beispiel aus dem Projekt der Weisheitsphilosophie ist Jones Lozenja Makindu. Sie wurde 1926 geboren und spielte in ihrer Gemeinschaft als Vermittlerin bei Ehezwistigkeiten und anderen familiären Problemen eine wichtige Rolle. Das Interview wurde 1996 (also bereits nach dem Tod Odera Orukas) von der amerikanischen Philosophin Gail Presbey geführt, einer Schülerin Odera Orukas, die an einer Weiterführung des Ansatzes arbeitet.[109] Makindu vertritt die Auffassung, dass der wichtigste Grundsatz für ein harmonisches Zusammenleben in der Gemeinschaft die Regel »Liebe deinen Nächsten« ist. Sie betrachtet diese Regel als eine grundlegende Weisheit. Hält man sich an diese Regel, kann Eifersucht, die Quelle vieler Konflikte, nicht aufkommen. Auch politische Konflikte wie die in Uganda, Äthiopien oder Ruanda könnten dadurch beendet werden. Für Makindu ist es wichtig, eine Person, die zu Hass aufruft, nicht zu isolieren. Im Gegenteil, man müsse dieser Person nah sein, um herauszufinden, was die Ursa-

109 Das Interview mit Makindu wurde am 12. Mai 1996 von Presbey geführt. Vgl. G. Presbey, »H. Odera Oruka on Moral Reasoning«, in: *Journal of Value Inquiry* 34 (2000), S. 517-528.

che für die destruktive Haltung ist. Sie selbst hat ihrer Auffassung praktische Relevanz verliehen, als im Jahr 1974 eine große Anzahl ugandischer Flüchtlinge in ihre Gemeinde Maragoli kam. Makindu hat zwischen den Mitgliedern ihrer Gemeinde, den lokalen Chiefs und den Flüchtlingen vermittelt. Sie erhielt von den lokalen Autoritäten die Erlaubnis, Flüchtlinge auf ihrem Grund zu beherbergen, hat Mittel für den Bau von Häusern organisiert und so eine Unterkunft für 400 Kinder und 90 Erwachsene geschaffen. Makindus Lösungsvorschläge enthalten im Grunde Prinzipien der zeitgenössischen Mediations- und Konfliktlösungspraktiken. Bezüglich der Weisheit betont Makindu, dass diese eine Gabe Gottes an jeden Menschen sei, aber nur wenige machten sich die Mühe, diese Gabe zu entwickeln.

Es ist interessant zu sehen, welchen Einfluss die befragten weisen Männer und Frauen in ihren Gemeinschaften hatten. Presbey bemerkt dazu in ihrem Artikel »Zur Praxis der afrikanischen Weisen«,[110] dass die Akzeptanz der Weisen in Afrika weit höher ist, als dies für die akademische Philosophie im Westen gilt. Einzelne sind nicht nur in ihren Gemeinden berühmt, sondern in ganz Kenia oder sogar über die Landesgrenzen hinweg. Solche weisen Menschen werden zur Schlichtung von Streitigkeiten herangezogen oder in den verschiedensten Angelegenheiten um Rat gefragt. Dabei kann es sich um Ehestreitigkeiten, Spannungen innerhalb der Großfamilien, Eigentumsdelikte, die Verletzung von Regeln der Gemeinschaft oder aber auch um Fragen hinsichtlich von Tradition und Brauchtum handeln. Presbey stellt fest:

> Die Autorität des Weisen, die auf seinem Ruf basiert, wird respektiert. Hartnäckige Konfliktparteien, die nicht auf ähnliche Ratschläge ihrer Freunde und Familie gehört haben, nehmen solche Ratschläge ernst, wenn sie von einem dermaßen geachteten Gemeinschaftsmitglied kommen.[111]

An verschiedenen Beispielen zeigt sie, wie die Weisen mit ihrem Rat und mit rationalen Argumenten Schwierigkeiten im Alltag der Menschen zu klären helfen. Und sie kommt zu dem Schluss:

110 G. Presbey, »Zur Praxis der afrikanischen ›Weisen‹«, in: *WIDERSPRUCH. Zeitschrift für Philosophie* 17/30 (1997), S. 74-93.

111 Ebd., S. 80.

Was die Fähigkeit betrifft, die Wahl der Lebensgestaltung von anderen [...] zu beeinflussen, könnte es sein, dass die Philosophie im ländlichen Afrika auf eine Weise blüht, wie sie es in westlichen Akademien nicht tut.[112]

Auf diese Dimension, nämlich dass Weise engagierte Akteur:innen in ihren Gemeinschaften sind, hat auch Odera Oruka stets hingewiesen, der betonte, dass eine Person nur dann ein Weiser im philosophischen Sinne sei, wenn er sich konsequent mit den relevanten ethischen Themen und Fragen seiner Gemeinschaft beschäftige und Lösungen für diese Probleme bieten könne.[113] Nach Odera Oruka sind Theorie und Praxis bei philosophischen Weisen eng miteinander verbunden. Der philosophische Weise speichert also nicht nur Wissen (wie ein Archiv oder eine Bibliothek), sondern generiert aktiv Wissen und verwendet es in Entscheidungsprozessen der Gemeinschaft. Aus diesem Grund bezeichnet Presbey es als wichtigsten Beitrag der Weisheitsphilosophie, an die Verbindung zwischen Philosophie und Gemeinschaft zu erinnern und diese wiederzubeleben. Philosophische Weise werden aufgrund der Genauigkeit ihrer Ideen und ihres Engagements für das Wohlergehen der Gemeinschaft hoch geschätzt.[114] Professionelle Philosoph:innen an den Universitäten und Akademien sollten diese wahrhaft sokratische Dimension der Philosophie wiederentdecken und ihre akademischen Fähigkeiten der Argumentation und Analyse auf die Dilemmata der heutigen Gesellschaft anwenden, so Presbey.

Die Weisheitsphilosophie hat in mehreren Hinsichten bereits einen wichtigen Beitrag zur Entwicklung der Philosophie in Afrika geleistet. Sie wurde ins Leben gerufen, um Skeptikern, die Afrikaner:innen die Fähigkeit zum Philosophieren oder zum rationalen Denken absprachen oder afrikanische Philosophie mit Volksglauben gleichsetzten, zu begegnen und damit den, wie Odera Oruka es nennt, »anthropologischen Nebel« zu überwinden.[115] In kritischer Abgrenzung zu Arbeiten, die auf ethnologischen Ansätzen beruhen und das Denken oder die Philosophie ›der‹ Luo, ›der‹ Akan oder ›der‹ Bantu re-konstruieren, hat Odera Oruka den Versuch einer

112 Ebd., S. 93.

113 Odera Oruka, *Sage Philosophy*, S. xviii.

114 Vgl. G. Presbey, »On a Mission to Morally Improve One's Society. Odera Oruka's African Sages and the Socratic Paradigm«, in: *International Journal of Applied Philosophy* 14/2 (2000), S. 225-240, hier S. 238.

115 Vgl. Odera Oruka, *Sage Philosophy*, S. xxii.

»philosophischen Feldarbeit« unternommen und gezielt Personen aufgesucht, die nicht nur verwurzelt in ihrer jeweiligen Tradition waren, sondern zudem in besonderem Maße fähig zu kritisch-rationalem, philosophischem Denken. Die geführten Interviews wurden aus diesem Grund unter Nennung des Namens des jeweiligen Interviewpartners veröffentlicht.

In diesem wichtigen Punkt unterscheidet sich Odera Orukas Ansatz vom ebenfalls sehr einflussreichen Buch *Knowledge, Belief, and Witchcraft* (1986) von Barry Hallen und J. Olubi Sodipo, in dem die Autoren Wissenstraditionen und Epistemologien der Yoruba einer Untersuchung mit den Mitteln der analytischen Philosophie unterziehen. Hallen und Sodipo haben hierfür Gespräche mit *onísègùn* geführt, Männern, die in die traditionelle Medizin der Yoruba eingeweiht wurden. Auf der Basis dieser Gespräche untersuchen sie unter anderem das semantische Feld, das im Yoruba Begriffe wie ›wissen‹ und ›glauben‹ (*mò* und *gbàgbó*) besetzen, ebenso wie den Begriff der Person (*ènìyàn*). Sie kommen zu dem Schluss, dass es signifikante Unterschiede im Bedeutungsgehalt dieser Begriffe gibt, und folgern, dass unterschiedliche Sprachen alternative epistemologische, metaphysische und moralische Systeme implizieren – eine Folgerung, die auch durch die Untersuchungen des ghanaischen Philosophen Kwasi Wiredu nahegelegt wird.[116] Der wichtigste Unterschied des Ansatzes von Hallen/Sodipo zu den Arbeiten von Odera Oruka besteht darin, dass sie die *onísègùn* zwar als Kollegen (und nicht als Informanten) anerkennen,[117] die im Projekt untersuchten Konzepte, Ansichten oder Erörterungen allerdings nicht auf einen bestimmten Gesprächspartner zurückgeführt werden. Autorschaft und individuelle kreative Leistung in der Auseinandersetzung mit den jeweiligen Konzepten bleiben damit wiederum unsichtbar.

Das Projekt der Weisheitsphilosophie wird von einer Reihe

116 Die Untersuchung des Bedeutungsgehaltes von philosophisch relevanten Begriffen in afrikanischen Sprachen wird von Wiredu als ein wichtiger Beitrag zur Etablierung einer Tradition afrikanischer Philosophie und zur ›Dekolonisierung des Bewusstseins‹ betrachtet. Er hat sich der Analyse seiner eigenen Muttersprache, des Twi, gewidmet und u. a. den Begriff der Wahrheit einer kritischen komparativen Analyse unterzogen. Siehe dazu Wiredu, *Cultural Universals and Particulars*.

117 Hallen/Sodipo, *Knowledge, Belief, and Witchcraft*, S. 8, 10, 124.

von Philosophen und Philosophinnen heute als eine Art ›dritter Weg‹ zwischen Ethnophilosophie und Philosophie nach westlichem Vorbild betrachtet. Denn weder die unkritische Verklärung des afrikanischen Erbes noch die ausschließliche Beschäftigung mit europäischen Konzepten können adäquate Antworten auf die heute drängenden Probleme von Afrikaner:innen geben. Die Weisheitsphilosophie bietet dagegen die Möglichkeit, die Methoden kritischer philosophischer Reflexion *und* den großen Reichtum an indigenem Wissen dazu zu nutzen, einen Beitrag zur Überwindung der enttäuschenden Lebensrealität auf dem afrikanischen Kontinent zu leisten.

Aber es gab und gibt auch eine Reihe von Einwänden gegen die Weisheitsphilosophie. So bezweifelt Dismas A. Masolo, dass die Aussagen der Weisen wirklich philosophisch sind und über solche eines klugen Alltagsverstandes hinausgehen. Für ihn wird nicht überzeugend genug gezeigt, dass die Einsichten in das Leben rational und systematisch seien. Es handele sich eher um Aussagen im Sinne eines allgemeinen *common sense*, also Aussagen des gesunden Menschenverstandes. Aber Klugheit (*cleverness*) sei nicht *ipso facto* ein philosophisches Attribut. Philosophie erfordere eine tiefere Ausarbeitung und größere technische Ausgereiftheit (*sophistication*), als sie in den geführten Interviews zu finden sei. Auch Sokrates habe schließlich nicht alle, mit denen er sprach, zu Philosophen gemacht. Es müsse also unterschieden werden zwischen einem Interview und einem philosophischen Dialog.[118]

Auch der nigerianische Philosoph Peter Bodunrin (1936-1995) hält die Weisheitsphilosophie nicht für Philosophie im ›engen Sinne‹, sondern eher für das Ergebnis einer gemeinsamen Untersuchung (*joint inquiry*[119]) eines Weisen und eines ausgebildeten Philosophen. Er merkt an, dass es eine Sache sei zu zeigen, dass es Personen gibt, die zum philosophischen Dialog fähig seien – eine andere jedoch, dass es afrikanische Philosophen im Sinne von Personen gebe, die mit der organisierten, systematischen Reflexion auf die Gedanken, den Glauben und die Praktiken ihres Volkes beschäftigt sind. Bodunrin hält es für möglich, dass einzelne Personen existieren, welche die sie umgebenden Denkweisen kritisch in Frage

118 Masolo, *African Philosophy in Search of Identity*, S. 236 ff.

119 Bodunrin, »The Question of African Philosophy«, S. 168.

stellen; allerdings gibt es für ihn keine Tradition einer organisierten kritischen Reflexion.[120] Eine solche Tradition sei aber die Voraussetzung für Philosophie. Bodunrin folgert, dass eine afrikanische Philosophietradition erst noch im Entstehen sei.[121]

Ulrich Lölke kritisiert vor allem die Tendenz, aus den geführten Interviews Rückschlüsse auf die historische Existenz von Philosophie im vorkolonialen Afrika zu ziehen. Zwar sei versucht worden, Personen zu finden, die wenig Kontakt zu kolonialen Traditionslinien hatten, aber letztlich ließen sich die Wege, auf denen Menschen und Kulturen beeinflusst werden, nicht ermitteln. Aus diesem Grund können die Interviews mit den Weisen aus seiner Sicht keinen Einblick in die geistigen Traditionen einer kulturellen Vergangenheit Afrikas geben. Lölke betont vielmehr:

> Hier setzen sich lebende Menschen kritisch mit ihrer Gegenwart auseinander. Alle anderen Annahmen bezeugten eine unzulässige Abwertung des Denkens und Bemühens jener Weisen.[122]

Insofern können die hier dokumentierten Äußerungen der philosophischen Weisen wohl ausschließlich für eine Philosophiegeschichtsschreibung des 20. Jahrhunderts in Betracht kommen.

Darüber hinaus wird gegen das Projekt der Weisheitsphilosophie eingewendet, dass die Interviews zwar als philosophisches Material herangezogen werden könnten, Philosophie im strengen Sinne jedoch erst in den Texten über diese Interviews entstehe. Eine solche Auffassung vertritt zum Beispiel Lansana Keita. Er fragt, wie die Existenz einer Weisheitsphilosophie überhaupt nachgewiesen werden könne, wenn nicht dadurch, dass die Aussagen der Weisen aufgeschrieben werden, und schlussfolgert, dass Schreiben somit also doch eine Voraussetzung für die Philosophie sei.[123] Odera Oruka begegnet diesem Einwand wie folgt: »Schreiben ist nicht Denken, und Philosophie ist Denken, und man kann denken, auch wenn man nicht schreiben kann oder keine Möglichkeit dazu hat.«[124] Mit Blick auf Keitas Argument erinnert er daran, dass auch die Philo-

120 Ebd., S. 170.

121 Ebd., S. 169.

122 U. Lölke, *Kritische Traditionen. Afrika. Philosophie als Ort der Dekolonisation*, Frankfurt/M. 2001, S. 165.

123 Vgl. Odera Oruka, *Sage Philosophy*, S. xxiii und Kapitel 10.

124 Ebd., S. xxii. Übersetzung A. G.

sophie des Sokrates nicht erst dadurch entstanden sei, dass Platon sie aufgeschrieben habe. Im Gegenteil, das philosophische Wissen war zuerst da und konnte nur deshalb dokumentiert werden.

Ein weiterer und relativ häufiger kritischer Einwand bezieht sich auf die von Odera Oruka getroffene Unterscheidung zwischen Volksweisen und philosophischen Weisen. So bemerkt 'Muyiwa Falaiye: »Orukas Unterscheidung zwischen den beiden Kategorien von Weisen ist alles andere als eindeutig und hieb- und stichfest.«[125] Anhand des Vergleichs einiger Aussagen von Volksweisen mit Aussagen von philosophischen Weisen zum selben Thema stellt Falaiye fest, dass die Unterscheidung inkonsistent sei. Außerdem werde deutlich, dass einige Weise bei bestimmten Themen großen philosophischen Scharfsinn zeigten, bei anderen Themen allerdings nicht über den Konsens ihrer jeweiligen Gemeinschaft hinausgingen. Insofern sei es schwierig, die Weisen in bestimmte Schubladen zu stecken.[126] Falaiye folgert, dass alle Weisen sowohl Volksweisheit als auch philosophische Weisheit in sich tragen. Ein anderer Kritikpunkt an dieser Unterscheidung ist, dass diese weder verifiziert noch falsifiziert werden könne, da es für eine korrekte Unterscheidung zwischen Volksweisen und philosophischen Weisen notwendig gewesen wäre, einen Fragenkatalog auszuarbeiten und allen Befragten in der gleichen Weise vorzulegen, um somit eine Vergleichbarkeit zu ermöglichen.

Die Übersetzung und Verschriftlichung der Interviews ist ein weiterer kritischer Punkt. An diesem Punkt werden vor allem hermeneutische Einwände erhoben, die den Umgang mit den Antworten der Weisen betreffen und auf die Brüche hinweisen, die die mündlich in der jeweiligen Muttersprache geführten Interviews bis hin zur schriftlich vorliegenden englischen Übersetzung durchlaufen mussten. In diesem Zusammenhang wird darauf hingewiesen, dass jede Übersetzung und jede Verschriftlichung bereits eine Interpretation darstellen. Insofern ist zu fragen, wie nah wir uns nach diesem mehrfachen Bruch noch an den Aussagen beziehungsweise dem Wissen der Weisen befinden. Und werden nicht durch die Art, wie das Interview geführt wurde, die Antworten bereits vorbestimmt? Ein Vertreter dieser Art der Kritik ist Wim van Binsbergen.

125 Falaiye, »Popular vs Didactic Wisdom«, S. 163. Übersetzung A. G.
126 Ebd., S. 167.

Er bemängelt, dass die Feldarbeit und insbesondere die Interviewtechnik von Philosoph:innen meist hoffnungslos defizitär seien.[127] Dieser Schwierigkeit anthropologischer Feldarbeit seien sich Philosoph:innen meist nicht bewusst.

Die eben dargelegten Einwände zur Methode der Gewinnung und des Umgangs mit dem Gesprächsmaterial sind von außerordentlicher Wichtigkeit, gerade auch für die Philosophiegeschichtsschreibung, in der die Frage nach der Art der Gewinnung und damit Vertrauenswürdigkeit philosophischen Quellenmaterials eine große Bedeutung hat. Mitbedacht werden muss bei der Aufzeichnung mündlicher Überlieferungen oder des Wissens gegenwärtig lebender Wissensträger:innen, dass die Praxis der Wissensvermittlung im vorkolonialen Kontext vermutlich nicht in einem Frage- und Antwortspiel eines akademischen Diskurses oder wissenschaftlichen Interviews erfolgte, sondern zumeist in bestimmten Belehrungssituationen oder im Rahmen ritueller Handlungen. Eine Interviewsituation stellt also schon einen Bruch dar. Sollen philosophische Traditionen aus oralen Überlieferungen mit der Technik des Interviews aufgezeichnet werden, muss nach geeigneten Methoden gesucht werden, die die Frage des Vermittlungskontextes mitbedenken und zudem verhindern, dass mit der Frage bereits bestimmte Antworten provoziert werden. In diesem Zusammenhang müssen der epistemische Rahmen der Befragungs- und Aufzeichnungssituation und die Begrifflichkeit ebenfalls einer Kritik unterzogen werden.

Soweit zum Ansatz der Weisheitsphilosophie und den damit im Zusammenhang stehenden Fragen und methodischen Problemen. Kommen wir nun zu einem weiteren Ansatz: der Analyse eines historischen religiösen Textes, nämlich des Ifá-Orakels der Yoruba.

6.4. Philosophie in traditionellen Überlieferungen: Sokrates und Òrunmìlà

Im Jahr 2014 veröffentlichte die nigerianische Philosophin Sophie Bọ́sẹ̀dé Olúwọlé ein Buch mit dem Titel *Socrates and Òrunmìlà*.

127 W. van Binsbergen, *Intercultural encounters. African and Anthropological Lessons Towards a Philosophy of Interculturality*, Münster 2003, S. 497.

Two Patron Saints of Classical Philosophy,[128] das die Philosophiegeschichtsschreibung vor eine Herausforderung stellt. Olúwọlé argumentiert, dass Ọ̀runmìlà nicht nur der Gott der Weisheit in der Yoruba-Religion und eine Gestalt aus dem Ifá-Orakel der Yoruba sei, sondern eine historische Gestalt, ein Weiser oder Philosoph, der um das Jahr 500 BCE gelebt habe,[129] also etwa zur gleichen Zeit wie Sokrates in Griechenland oder Konfuzius in China. Insofern wäre Ọ̀runmìlà dann Teil der Jasperschen Achsenzeit, die damit auch die Region Westafrika mit umfassen müsste. In einer chronologischen Darstellung, die Olúwọlés Argumenten folgt, wären Ọ̀runmìlà und seine Schüler nach der altägyptischen Philosophie einzuordnen.

Mit der Betrachtung dieses Falls aus der Gesellschaft der Yoruba begeben wir uns geographisch in das Gebiet des Südwestens des heutigen Nigeria sowie angrenzende Regionen des heutigen Benin und zeitlich etwa in die Zeit um 500 BCE. Die Yoruba führen ihre Ursprünge auf den legendären Herrscher Oduduwa zurück, der nach unterschiedlichen Überlieferungen entweder göttlicher Abstammung gewesen oder aus Mekka geflohen sein soll.[130] Er

128 S. B. Olúwọlé, *Socrates and Ọrúnmìlà. Two Patron Saints of Classical Philosophy*, Lagos 2014. Weitere Publikationen der Autorin: *Witchcraft, Reincarnation and the God-Head. Issues in African Philosophy*, Ikeja 1991; *Philosophy and Oral Tradition*, Lagos 1999.

129 Olúwọlé verweist auf die Untersuchungen von E. Abosede [1978], *Odun Ifa. Ifa Festival*, Lagos 2000, S. 233. Diese Datierung könnte mit Untersuchungen Dierk Langes zum Ursprung der Yoruba untermauert werden: D. Lange, »Das hebräische Erbe der Yoruba: II. Israelitische Geschichte und kanaanäischer Kult«, in: *Zeitschrift der Deutschen Morgenländischen Gesellschaft* 149/1 (1999), S. 79-144, hier besonders S. 139.

130 Vgl. S. Johnson, *History of the Yorubas. From the Earliest Times to the Beginning of the British Protectorate*, London 1921, S. 5. Johnson verweist auf ein Manuskript von Muhammad Bello (geschrieben 1812), das wiederum den Ursprung Oduduwas bei den Kanaanitern (der Sippe des Nimrod) erwähnt. Muhammad Bello (1781-1837) war der zweite Kalif des Sokoto-Kalifats und regierte von 1817-1837. Siehe M. Bello, E. J. Arnett, *Rise of the Sokoto Fulani. Being a Paraphrase and in Some Parts a Translation of the Infaku'l Maisuri of Sultan Muhammed Bello*, Kano 1922, S. 16. Vgl. auch A. Apter, *Oduduwa's Chain: Locations of Culture in the Yoruba-Atlantic*, Chicago 2018; D. Lange, »Das hebräische Erbe der Yoruba: I. Ursprungssagen, Schöpfungsmythen und Festrituale«, in: *Zeitschrift der Deutschen Morgenländischen Gesellschaft* 147/1 (1997), S. 77-136. Zur kritischen Diskussion dieser Ursprungserzählungen siehe u. a. M.D.W. Jeffreys, »Braima alias Abraham: A Study in Diffusion«, in: *Folklore* 70/1 (1959), S. 323-333; J. M. Agai, »Did the Ancient Egyptians Migrate to Ancient Nigeria?«, in: *Verbum et Ecclesia* 35/1 (2014), S. 1-6.

gilt als Gründer der bis heute für die Yoruba zentralen Stadt Ile-Ife.

Das Ifá-Korpus, über das uns der Name Òrunmìlà überliefert wurde, ist ein Divinationssystem, das auf einem umfangreichen Textkorpus basiert und über viele Jahrhunderte mündlich überliefert wurde. Mit ihm verbunden ist eine Orakelpraxis, die sowohl für individuelle Entscheidungssituationen – und damit als praktische Lebenshilfe – als auch für politische Entscheidungen genutzt wurde und bis heute genutzt wird. Das Ifá-Orakel ist seit 2005 als *Immaterielles Kulturerbe der UNESCO* anerkannt und wurde 2008 in die *Repräsentative Liste des immateriellen Kulturerbes der Menschheit* übernommen. Das Ifá-Orakel stellt in der Religion der Yoruba eine Möglichkeit der Kommunikation mit den Ahnen und *òrìṣàs* dar und wird auch für Voraussagen der Zukunft benutzt.

Den Überlieferungen nach wurde das Ifá-Korpus vom *òrìṣà* Òrunmìlà gestiftet. Ein *òrìṣà* ist ein deifizierter Ahne (oder eine Ahnin), kann aber auch eine deifizierte Naturgewalt sein. Odù, heute die Bezeichnung für die einzelnen Kapitel des Korpus, war laut Überlieferungen Òrunmìlàs Frau.[131] Das Ifá-Orakel wird von den obersten Priestern, den *babaláwos* (Väter der alten Weisheit), verwaltet. Die Orakeltexte enthalten einen breiten Schatz an Wissen zu unterschiedlichsten Gebieten: Aussagen zur Kosmologie und Religion, zu medizinischen und psychologischen Fragen, zur Natur, zur Gesellschaft und zu ethischen Problemen sowie weitere weisheitliche Überlieferungen. Die Sammlung besteht aus 256 Kapiteln beziehungsweise Versen *(odù)*, denen ein Orakelzeichen (ebenfalls *odù*) zugeordnet ist. Diese lassen sich in einem Dualsystem mit den beiden Ziffern I und II achtstellig signieren (28 = 256). Wenn man diese Achtergruppen jeweils als Kombination von zwei Vierergruppen betrachtet, dann gibt es unter den 256 Möglichkeiten genau sechzehn, bei denen die erste und zweite Vierergruppe übereinstimmen. Diese sechzehn Möglichkeiten sind die sechzehn Hauptodù. Nach der Ifá-Konvention entsprechen I und II den Ziffern 1 und 0. Die Divination, die Ratschläge für die verschiedensten Bereiche des Lebens von der Geburt bis zum Tod betrifft, erfolgt mit Hilfe

131 Allerdings erwähnt Olúwọlé in ihrer Arbeit Ọṣun als erste Frau Òrunmìlàs, als zweite Frau wird Iwa genannt, Odu wird dagegen gar nicht erwähnt. Ọṣun soll selbst ein Divinationssystem praktiziert haben. Siehe Olúwọlé, *Socrates and Ọrúnmìlà,* S. 18 f.

von 16 Palmkernen oder einer Würfelschnur und einem besonderen Orakelbrett. Wendet man sich mit Fragen an das Orakel, wird in einem komplizierten Verfahren ein Text aus dem Korpus der 256 Verse ermittelt.

Olúwọlé argumentiert auf der Basis der überlieferten und inzwischen verschriftlichten Ifá-Texte sowie der mittlerweile recht umfangreichen Literatur zum Ifá-Orakel. Sie geht davon aus, dass es sich bei Òrunmìlà (wie auch bei anderen Gestalten aus dem Ifá-Korpus, zum Beispiel Ṣàngó) nicht nur um eine Gestalt aus der Religion der Yoruba handelt, den Patron des Ifá-Orakels und *òrìṣà* der Weisheit und Prophezeiung, sondern um eine deifizierte historische Gestalt, einen Weisen wie Sokrates, der wesentlich zum Zusammentragen der Textbasis des Ifá-Korpus und der Entstehung der bis heute beibehaltenen Struktur der Verse beigetragen hat.[132] Òrunmìlà wird in den Texten als von wenig ansehnlicher Gestalt, aber als außerordentlich weise beschrieben. Seine Weisheit machte ihn so berühmt, dass Schüler aus nah und fern zu ihm kamen, um von ihm unterrichtet zu werden. Er nahm aber nur 16 Schüler an. Nach diesen wurden die ersten 16 Verse des Ifá-Korpus benannt. Òrunmìlà betrieb oder begründete also möglicherweise eine Schule. Weiterhin scheinen die Überlieferungen darauf zu verweisen, dass er Polygamist war, viele Kinder hatte und das Yoruba-Land weit bereiste. In erster Linie war Òrunmìlà jedoch Priester (oder in einer vergleichbaren Funktion) einer Religion, deren Grundlagentexte er maßgeblich mitgestaltete und strukturierte. Eine solche Nähe zur Religion ist nicht außergewöhnlich und auch nicht unvereinbar mit der Philosophie, wie Sokrates und Platon aus der europäischen Tradition, die beide laut Überlieferungen Anhänger des Orakels von Delphi[133] waren, ebenso bezeugen wie Vertreter:in-

132 Hier beruft sich Olúwọlé wiederum auf Abosede: *Ọdun-Ifa = Ifa festival.* Dass bestimmte Personen aus dem Ifá-Korpus auf historische Gestalten zurückzuführen seien, ist nicht unumstritten, wird aber von verschiedenen Spezialisten angenommen. Eine klassische Quelle ist Johnson, *History of the Yorubas*, S. 149 ff. Vgl. H. G. Hödl, *Einführung in die Religion der Yorùbá*, Vorlesung am Institut für Religionswissenschaft der Universität Wien im Sommersemester 2003, ⟨https://web.archive.org/web/20070315103829/http://www.univie.ac.at/religionswissenschaft/AfRelII.pdf⟩, letzter Zugriff 31. 3. 2022.

133 Vgl. Platon, *Apologie des Sokrates* 21a-c; *Phaidros* 229-230 St. 3A; Xenophon, *Apologie des Sokrates* 14. Plutarch war eine Zeit lang Priester im Apollo-Tempel in Delphi, was sich in einigen Dialogen widerspiegelt (vgl. *De E apud Delphos*

nen der früh- und mittelalterlichen christlichen Philosophie oder der islamischen Philosophie.

Für Òrunmìlà ist der Weg, den Ifá weist, der Weg zu einem guten und tugendhaften Leben.[134] Olúwọlé zeigt im Vergleich der Überlieferungen von Sokrates und Òrunmìlà die erstaunliche Nähe ihrer Gedanken. Dabei gesteht sie allerdings zu, dass Òrunmìlàs Überlieferungen auf einer noch unsichereren Basis beruhen als jene Aussagen, die Sokrates zugesprochen werden. Òrunmìlàs Überlieferungen, das heißt die Texte des Ifá-Korpus, wurden erst über 2000 Jahre nach deren Entstehung verschriftlicht, nämlich Anfang des 20. Jahrhunderts.[135] Die Zeitspanne zwischen Entstehung und Aufzeichnung (also die, mit Assmann gesprochen, zeitlich ›zerdehnte Situation‹[136]) ist somit sehr lang. An dieser Stelle sei allerdings nochmals darauf verwiesen, dass auch zwischen der Entstehung der Werke Platons und dem Platonischen Kanon rund 1300 Jahre und dabei viele Epochen eher im Dunkeln liegen.[137]

Olúwọlés Grundanliegen ist zu zeigen, dass mündliche und schriftliche Traditionen nicht in einem hierarchischen Verhältnis zueinander stehen und dass mündliche Traditionen keinesfalls we-

oder *De Pythiae oraculis*). Diogenes Laertius weist in seiner Abhandlung zu Pythagoras darauf hin, dass dieser nach der Entdeckung des nach ihm benannten geometrischen Satzes den Göttern ein Stieropfer dargebracht, die meisten seiner ethischen Philosopheme von der Apollonpriesterin Themistokleia übernommen und Weissagung aus Wunderzeichen und Vogelflug praktiziert habe. Diogenes Laertius, *Leben und Lehre der Philosophen*, S. 373, 375, 378. Das Ifá-Orakel weist zudem Parallelen zum daoistischen Orakel des I Ging auf. Dierk Lange vergleicht das Ifá-Orakel mit dem altorientalischen Efod. Vgl. Lange, »Das hebräische Erbe der Yoruba: II. Israelitische Geschichte und kanaanäischer Kult«, S. 102. Ein Efod oder ephod war ein Gegenstand oder auch Gewand und in der frühen israelitischen Kultur mit priesterlichen Ritualen oder einer Orakelpraxis verbunden. Lange, der den Ursprung der Yoruba in der alten hebräischen Kultur vermutet, argumentiert, dass der Begriff Efod für folgende Gegenstände steht: ein Kleidungsstück des Priesterkönigs, des Gottesbildes und des Hohepriesters, das Gottesbild selbst, die Orakelgeräte der Bundeslade und den Beutel, der zur Aufnahme der Orakelgeräte dient. Ebd., 104.

134 Allerdings macht Òrúnmìlà auch darauf aufmerksam, dass das Befragen des Orakels die letzte Möglichkeit sein sollte. Davor stehe das eigene Nachdenken beziehungsweise die Konsultation mit anderen. Olúwọlé, *Socrates and Òrúnmìlà*, S. 34.

135 Ebd., S. xi.

136 Assmann, *Das kulturelle Gedächtnis*, S. 22.

137 Irwin, »The Platonic Corpus«, S. 64.

niger rational und kritisch oder weniger entwickelt sind als Schriftkulturen.[138] Aus diesem Grund versucht sie, in einem Vergleich zwischen Òrunmìlà (das heißt: Textstellen aus dem mündlich überlieferten Ifá-Korpus) und Sokrates (das heißt: Textstellen aus der schriftlichen Überlieferung der ihm zugeschriebenen mündlichen Aussagen) wesentliche Ähnlichkeiten aufzuzeigen. Zur Illustration von Òrunmìlàs Ansichten sollen hier einige ausgewählte Beispiele angeführt werden. So hebt Olúwọlé insbesondere die Ähnlichkeiten in den Auffassungen von der Begrenztheit unseres Wissens und der Art, ein tugendhaftes Leben zu führen, hervor. Zu den Grenzen des Wissens sind von Òrunmìlà folgende Aussagen überliefert:

> Wissen ist wie Wasser oder ein pulverförmiger Stoff. Beides ist nicht zählbar. Wer behauptet, er/sie wisse alles und sei in allen Dingen weise, betrügt sich selbst. Eine Person, die andere nicht um Rat fragt, wird nur in einer Stadt der Narren als weise angesehen.[139]

Oder:

> Kein weiser Mensch kann Wasser in den Rand eines Tuches einbinden. Kein Wissender kennt die Anzahl der Sandkörner. Kein Reisender kann bis zum Ende der Welt gelangen. […] Dies war das Prinzip, das Òrúnmìlà entdeckte, als er, statt dem Geld hinterherzulaufen, versuchte, aus der Quelle des Wissens zu trinken. Nach dieser Entdeckung des Wissens wurde er zum weisesten aller *òrìṣà* erklärt.[140]

Absolutes, ewiges Wissen sei nur Gott möglich, das Wissen der Menschen bleibe immer begrenzt. Aber trotz all der Begrenztheit unseres Wissens betont Òrunmìlà die Notwendigkeit des Lernens und der Ausbildung,[141] der lebenslangen Suche nach Weisheit sowie der ernsthaften und tiefen Beschäftigung mit einem Problem.[142] Denn ein tugendhaftes Leben könne nur auf Wissen basieren. Ebenso wie Sokrates betont er die Bedeutung einer kritischen Auseinandersetzung mit dem Gegebenen und Überlieferten.

Untugendhaftes und unsoziales Verhalten wird von Òrunmìlà verurteilt. Hierzu führt Olúwọlé folgende Verse an: »Die Kalebasse des Gutherzigen zerbricht nie, die Schale des Wohltätigen zer-

138 Olúwọlé, *Philosophy and Oral Tradition*, S. 21.

139 Olúwọlé, *Socrates and Òrúnmìlà*, S. 32. Übersetzung A. G.

140 Ebd. Übersetzung A. G.

141 Ebd., S. 35.

142 Ebd., S. 33.

springt nicht«[143], »Der Übeltäter schadet sich selbst mit der Hälfte seines Unfugs«, »Lügen zerstören den Lügner, der Böse wird durch seine Schlechtigkeit geschädigt. Der Lügner hat weder Frieden noch Sicherheit«.[144] Insbesondere zu verurteilen sei dabei vorsätzliches Fehlverhalten. So heißt es: »Vorsätzliches Fehlverhalten ist niemals zu rechtfertigen.«[145] Anhand der Parabel eines Heilkundigen, Osanyin, wird dieses unmoralische Verhalten verdeutlicht: Osanyin verabreichte seinen Patient:innen nicht die nötige Dosis an Heilkräutern, um mit ihren anhaltenden Krankheiten und häufigen Besuchen mehr Geld zu verdienen. Letztlich wird er jedoch zum Verlierer in dieser Geschichte, da die Leute ihn als nicht vertrauenswürdigen Heiler zu meiden beginnen. Nach Geld zu streben, ist für Òrúnmìlà (ebenso wie für Sokrates, vgl. *Apologie*) ohnehin kein erstrebenswertes Ziel, denn Geld könne vor Krankheit, Leid und Tod nicht schützen. Einzig erstrebenswert für eine friedliche Welt seien Wissen, Weisheit und ein guter Charakter.

Olúwọlé führt noch verschiedene weitere Überlieferungen von Òrunmìlà und Sokrates zu Fragen der Natur der Wirklichkeit, der Wahrheit, der Bedeutung des Todes, der Religion und des religiösen Opfers oder des menschlichen Schicksals an, in denen interessante Parallelen deutlich werden. Bemerkenswert sind aber auch die Unterschiede zwischen Sokrates und Òrunmìlà. Olúwọlé verweist unter anderem darauf, dass eine Welt der Ideen für Òrunmìlà im Gegensatz zu Sokrates nicht existiert und dass das Gute und das Böse für Òrunmìlà nicht klar zu trennen, sondern vielmehr miteinander verbunden scheinen. So heißt es unter anderem: »Das Gute und das Schlechte bilden ein untrennbares Paar. […] Wichtig ist es, sich selbst zu disziplinieren und einen guten Charakter zu pflegen, damit das Unglück in Wohlstand ende.«[146] Das Böse erfüllt eine Funktion in der Welt und kann nicht nur als eine Abweichung von (zum Beispiel gesellschaftlichen) Normen betrachtet werden.

Methodisch lässt sich im Unterschied zu Sokrates (in den uns durch Platon überlieferten Dialogen) bei Òrunmìlà ein Hinterfragen von Begriffen und Tugenden nicht finden. Vielmehr gibt Òrunmìlà Richtlinien vor, zum Beispiel hinsichtlich der Frage, was

143 Ebd., S. 45. Übersetzung A. G.

144 Ebd., S. 46. Übersetzung A.G

145 Ebd., S. 47. Übersetzung A. G.

146 Ebd., S. 42 f. Übersetzung A. G.

wichtig im Leben sei, welche Haltung man dem Tod gegenüber einnehmen solle oder hinsichtlich der Natur des Wissens. Dies erfolgt in den von Olúwọlé zusammengestellten Textauszügen entweder in Form von begründeten Aussagen, in Form von Parabeln beziehungsweise Metaphern oder auch in einer Mischform dieser Elemente. Selten erfolgt dies in Form der Frage eines Schülers, die von Ọ̀rúnmìlà beantwortet wird. Aber auch die Frage-Antwort-Situationen erinnern eher an konfuzianische Texte wie *Die Gespräche* (*Analekten*) des Konfuzius (551-479 BCE) oder Überlieferungen von anderen chinesischen Weisheitslehrern und Philosophen, wie zum Beispiel Menzius (371-289 BCE). Ein Vergleich mit Texten aus dieser Tradition steht noch aus, könnte aber interessante Einsichten eröffnen.

Die in den Sokratischen Dialogen, also in Rede und Widerrede, zu findende kritische Untersuchung von hergebrachten Vorstellungen wird von Ọ̀runmìlà eingefordert[147], aber in den von Olúwọlé ausgewählten Textstellen lässt sich diese nicht finden. Vielmehr vermitteln diese bereits feststehende, von Ọ̀runmìlà geprüfte und für gut befundene Richtlinien. Allerdings geht es Olúwọlé in ihrer Untersuchung nicht um die Form des Diskurses, sondern vielmehr um den Nachweis, dass sich in den Überlieferungen rationale und kritische Argumente finden lassen – also jene Elemente des Denkens, die im vorherrschenden Diskurs als Voraussetzung für Philosophie angenommen werden und die dem Afrika südlich der Sahara über Jahrhunderte abgesprochen wurden. Dieser Nachweis gelingt der renommierten nigerianischen Philosophin durchaus. Ungelöst bleibt allerdings die Frage, ob das Ifá-Korpus lediglich philosophisch relevante Elemente enthält, auf deren Basis heute philosophische Theorien erzeugt werden könnten, oder selbst als philosophische Tradition zu verstehen ist.

Kritisch muss zudem die Vergleichsebene betrachtet werden, auf der Olúwọlés Untersuchung sich bewegt. Denn zum einen dokumentiert sie eine fortbestehende Abhängigkeit von der europäischen Philosophie und den mit ihr gesetzten Grundbegriffen,

147 So u.a. in dem Vers: »Um zu fundierter Weisheit zu gelangen, müssen wir zunächst ernsthafte Überlegungen anstellen, um die Saat der Verwirrung zu beseitigen. Vernünftige Entscheidungen sind das Ergebnis eines gründlichen Nachdenkens über die Konzepte und Überzeugungen, nach denen wir leben. Jeder, der einem unreflektierten Menschen folgt, würde es bereuen und sich am Ende in die Finger beißen.« Ebd., S. 33. Übersetzung A. G.

Methoden und Normen, zum anderen scheinen die Lehren des Sokrates aus inhaltlichen und formalen Gründen nicht die richtige Vergleichsebene zu sein. Zum ersten Punkt: Sokrates (oder andere Gestalten aus der europäischen Philosophiegeschichte) als allgemein anerkannte Autorität zu nutzen, um die Ähnlichkeit und damit auch Gleichwertigkeit anderer Denktraditionen zu begründen, ist ein häufig gebrauchtes Mittel. Damit wird allerdings unter der Hand die zur universalen Norm erhobene, aber partikulare europäische Entwicklung der Philosophie bereits als Autorität anerkannt und deren Normativität bestätigt. Es ist tatsächlich aufgrund der historisch gewachsenen Hegemonie der europäischen Philosophie schwer, dem zu entkommen, insbesondere in einem akademischen Diskurs, der das Aufstellen eigener Bewertungsmaßstäbe entsprechend den Besonderheiten der eigenen Tradition oder des eigenen Kontextes allenfalls als exotische Randerscheinung betrachtet. Eigentlich könnten nur ein verstärktes Bemühen um Süd-Süd-Diskurse und Vergleiche von Entwicklungen in außereuropäischen Philosophietraditionen die weltweite Dominanz der ›westlichen‹ Philosophie herausfordern und zu einem Aufbrechen des hegemonialen Diskurses und einer Marginalisierung der europäischen beziehungsweise ›westlichen‹ Philosophie führen. Hier stehen wir aber noch ganz am Anfang. Die große Mehrzahl der Arbeiten zu außereuropäischen Philosophien und auch jene, die sich um die Rekonstruktion eigener philosophischer Traditionen bemühen, entstehen mit Bezug auf und in kritischer Abgrenzung zur europäischen beziehungsweise ›westlichen‹ Philosophie, die hier als eine Art Folie dient, vor deren Hintergrund die eigenen Besonderheiten herausgearbeitet werden.

Im Rahmen einer breiteren interkulturellen Ausrichtung der philosophiehistorischen Forschung könnten Vergleiche des Ifá-Korpus oder anderer afrikanischer Traditionen mit der klassischen chinesischen oder auch der indischen Philosophie interessante Erkenntnisse zu Parallelen ebenso wie Unterschieden der Inhalte und Formen des Denkens liefern. So finden sich etwa in den *Upanischaden* (ca. 700 BCE) Namen von weisen Männern und Frauen, die heute zur Rekonstruktion der Geschichte der Philosophie Indiens herangezogen und als historische Personen behandelt werden.[148]

148 In den *Upanischaden* finden wir zum Beispiel die Namen jener Frauen, die heute als die beiden ältesten Philosophinnen Indiens gelten: Gargi Vachaknavi

Zum zweiten Punkt: Die Lehren des Sokrates, wie wir sie aus den Platonischen Dialogen kennen, sind möglicherweise nicht auf einer Ebene angesiedelt, die sich für einen Vergleich mit dem Denken eines als historische Persönlichkeit verstandenen Ọ̀rúnmìlà eignet, dessen Ansätze aus den Kapiteln des Ifá-Korpus herausdestilliert werden. Ein Vergleich mit den Fragmenten der Vorsokratiker scheint hier plausibler. Kritik an der Vergleichbarkeit des Ifá-Korpus mit den Platonischen Dialogen übt auch der nigerianische Philosoph John A. I. Bewaji. Er schreibt:

> [...] Ifá [...] kann nicht als ein an sich philosophischer Text betrachtet werden, der aus Argumenten, Begründungen, Verteidigungen und Widerlegungen besteht, die bestimmte Theorien über die Existenz, das menschliche Wissen, die Politik oder die Moral vorbringen, unterstützen oder widerlegen. Wenn wir also die Frage, die wir gestellt haben, eingrenzen, könnten wir fragen: ›Ist *Ifá* eine Yoruba-Epistemologie in demselben Sinne, wie Platons *Theaetetus* und Descartes' *Meditationen* Abhandlungen über Erkenntnistheorie darstellen ...?‹ Und die Antwort auf diese Frage bleibt immer noch eine negative.[149]

Bewaji geht davon aus, dass das Ifá-Korpus die Reflexionen Ọ̀rúnmìlàs und seiner Schüler auf verschiedene Themen aus Ontologie, Ethik und Epistemologie enthält, wie zum Beispiel Fragen nach dem Ursprung des Universums und dem Sein, Fragen nach Möglichkeiten eines harmonischen menschlichen Zusammenlebens oder nach Schicksal und Tod.[150] Er negiert nicht, dass diese Überlieferungen Material für neue, interessante und tiefgehende philosophische Theorien liefern könnten. Allerdings könne die Überlieferung selbst nicht den Status einer Philosophie erhalten. Gibt eine Überlieferung Anlass für philosophische Einsichten und Anregungen, rechtfertige dies noch nicht, sie als eigenständiges philosophi-

und Maitreyi. Beide werden in der 6. und 8. Brahmana des dritten Kapitels der *Brihadaranyaka Upanishad* erwähnt, und zwar als Dialogpartnerinnen des Weisen Yajnavalkya. Vgl. M. L. Ahuja, *Women in Indian Mythology*, New Delhi 2011; P. Olivelle, *Upaniṣads*, Oxford 2008; J. P. Brereton, »The Composition of the Maitreyī Dialogue in the Bṛhadāraṇyaka Upaniṣad«, in: *Journal of the American Oriental Society* 126/3 (2006): S. 323-345.

149 Bewaji, »A Critical Analysis of the Philosophical Status of Yoruba Ifa Literary Corpus«, S. 140-155, hier S. 141. Übersetzung A. G.

150 Ebd., S. 144. Andererseits betont er kurz darauf wieder, dass Ọ̀rúnmìlà ein Gott sei (S. 145). An dieser Stelle scheint mir eine Inkonsistenz in seiner Argumentation zu bestehen.

sches Werk einzustufen. Bewaji führt fünf Argumente an, warum das Ifá-Korpus nicht als Philosophie qualifiziert werden könne:[151] (1) meta-epistemologische Fragen – wie Bewaji es nennt – nach den Möglichkeiten und Grenzen menschlicher Erkenntnis werden nicht thematisiert; (2) das Ifá-Korpus ist nicht diskursiv und beruft sich auf geheiligte Autoritäten; (3) Widerspruch und Skeptizismus haben keinen Platz; (4) Ifá entspricht nicht dem Sokratischen Herangehen, angesichts konkurrierender Ideen zu einer Lösung zu kommen, und (5) Ifá drückt kollektive Weisheit aus. Während die Punkte (1) und (5) durch Olúwọlé weitgehend widerlegt werden (sie zeigt anhand entsprechender Verse, dass die Grenzen menschlichen Wissens thematisiert werden, und ordnet die Texte Ọ̀rúnmìlà als Einzelperson zu), können die Einwände (2), (3) und (4) nicht so einfach entkräftet werden. Denn das von Olúwọlé herangezogene Textmaterial dokumentiert den nicht-diskursiven Charakter, den Mangel an konkurrierenden Ideen und das Anrufen von göttlichen Autoritäten ebenso wie den Mangel an Raum für Widerspruch.

Ebenso bedenkenswert ist Bewajis Auffassung, dass Überlieferungen, die zu philosophischen Reflexionen Anlass geben oder in einer heute durchgeführten kritischen Analyse philosophische Einsichten liefern, nicht *per se* bereits als Philosophie betrachtet werden können.[152] Diese Skepsis lässt sich ebenso an die Fragmente der Vorsokratiker herantragen, die – gerade aufgrund ihres fragmentarischen Charakters (denken wir hier an Heraklit) – ihre Bedeutung erst durch die wiederholten Versuche ihrer Interpretation und Erläuterung sowie die Suche nach einem anerkannten Verständnis der oft eher obskuren oder vagen Aussagen erlangten. In der Konsequenz müsste dann auch die historische Geburtsstunde der

151 Ebd., S. 153 f.

152 Im Falle des Ifá-Korpus behandeln auch die nigerianischen Philosophen Moses A. Makinde und Segun Gbadegesin dieses als eigenständiges philosophisches Werk und nicht nur als Material für weiterführende philosophische Untersuchungen. Vgl. S. Gbadegesin, »God, Destiny and Social Injustice: A Critique of a Yoruba *Ifa* Belief«, in: G. G. James (Hg.), *The Search for Faith and Justice in the Twentieth Century*, New York 1987, S. 52-68; Ders., *African Philosophy: Traditional Yoruba Philosophy and Contemporary African Realities*, New York 1991; M. A. Makinde, »Ifa as a Repository of Knowledge«, in: V. Cauchy (Hg.), *Philosophie et Culture: Actes du XVIIe congrès mondial de philosophie*, Volume 4, Montréal 1988, S. 289-293; Ders., »Immortality of the Soul and the Yoruba Theory of Seven Heavens«, in: *Journal of Cultures and Ideas* 1/1 (1983), S. 31-59.

europäischen Philosophie zu einem späteren Zeitpunkt angesetzt werden. Dies zeigt, dass ein kritisches Überdenken der Philosophiegeschichtsschreibung in einer globalen Perspektive, das heißt unter Einbeziehung der Debatten aus anderen Regionen der Welt, auch Auswirkungen auf die Erzählung der europäischen Geschichte der Philosophie haben wird.

Abschließend noch zwei kurze Bemerkungen zur verflechtungsgeschichtlichen Bedeutung des Ifá-Korpus: Da die mündlichen Überlieferungen über kulturelle Ursprünge der Yoruba im Norden Afrikas äußerst detailliert sind, werden Einflüsse aus Ägypten oder dem Nordsudan als wahrscheinlich angenommen. Neben der Verankerung solcher Vorstellungen in den oralen Erzähltraditionen weisen auch zahlreiche Analogien zwischen Glaubensvorstellungen und magischen Praktiken der antiken ägyptischen sowie der nordsudanesischen Welt und der Religion der Yoruba darauf hin.[153] Als weitere Indizien gelten gemeinsame ikonographische oder auch linguistische Merkmale. Diese Herkunftserzählung bleibt allerdings umstritten und lässt sich archäologisch bisher nicht belegen.[154] Der Historiker Dierk Lange verweist dabei auf einen Bruch in der afrikanischen Geschichtsschreibung nach dem Ende des Kolonialismus. So sei die Annahme eines Ursprungs der Yoruba-Kultur in Gebieten östlich des Mittelmeers eine Spekulation gewesen, die zur Kolonialzeit üblich war. Nach der Unabhängigkeit der afrika-

153 Vgl. Johnson, *History of the Yorubas*, S. 6-7. Johnson argumentiert, dass ein Ursprung der Yoruba in Mekka unwahrscheinlich ist, und vermutet eine Abstammung von koptischen Christen aus Ägypten. Siehe auch J. O. Lucas, *The Religion of the Yorubas: Being an Account of the Religious Beliefs and Practice of the Yoruba Peoples of Southern Nigeria, Especially in Relation to the Religion of Ancient Egypt*, Lagos 1948; Ders., *Religions in West Africa and Ancient Egypt*, Lagos 1970; C. A. Folorunso, »Views of Ancient Egypt from a West African Perspective«, in: D. B. O'Connor, A. Reid (Hg.), *Ancient Egypt in Africa*, London 2003, S. 77-94; E. F. Taiwo, A. P. Daniel, »Revisiting the Yoruba Ethnogenesis: a Religiocultural Hermeneutics of Ancient Egyptian Texts«, in: *OGIRISI: A New Journal of African Studies* 11/1 (2015), S. 193-208. Laut Ulli Beier sind unter den Yoruba Ursprungssagen weit verbreitet, die den Ahnherren aus einem Gebiet nördlich des Niger kommen lassen. U. Beier, »Before Oduduwa«, in: *Odu* 3 (1955), S. 25-32.

154 Es gibt in den Afrikawissenschaften eine breite Debatte zu den Ursprüngen der Yoruba. Als Beispiel für eine kritische Haltung aus jüngerer Zeit siehe Agai, »Did the Ancient Egyptians Migrate to Ancient Nigeria?«. Der Autor verweist auf die fehlenden archäologischen Beweise für die These vom Ursprung der Yoruba im Alten Ägypten.

nischen Staaten wurde ein außerafrikanischer Ursprung allerdings zunehmend ausgeschlossen. Lange, der die These vom hebräischen Ursprung der Yoruba vertritt, vermutet hierfür auch ideologische Gründe.[155]

Unumstritten dagegen ist die Herkunft afrikanisch-amerikanischer Religionen und Weltanschauungen in beiden Amerikas und der Karibik, wie die bekannten Vodun-Religionen (auch Voodoo) genannt in ihren verschiedenen Spielarten.[156] Deren Wurzeln können unter anderem auf die Religion der Yoruba zurückgeführt werden. Durch den Sklavenhandel gelangte diese Religion nach Nord- und Südamerika sowie in die Karibik. Dort haben sich neue Varianten entwickelt, die unterschiedlich stark von amerikanischen indigenen Ursprungsreligionen (zum Beispiel der Taino-Religion in Haiti) sowie dem Christentum beeinflusst wurden.[157] Da Sklav:innen ihre einheimischen Religionen nicht frei praktizieren durften, gaben sie den Vodun oder Orishas Namen christlicher Heiliger. So kam es zu einer Vermischung der Attribute christlicher Heiliger mit denen der Vodun. Zum Beispiel wird in der Santeria, einer in Kuba

155 D. Lange, »Das hebräische Erbe der Yoruba: I. Ursprungssagen, Schöpfungsmythen und Festrituale«, S. 77-78; Ders., »Origin of the Yoruba and ›The Lost Tribes of Israel‹«, in: *Anthropos* 106 (2011), S. 579-595. Lange kritisiert, dass Versuche, Ursprünge außerhalb Afrikas nachzuweisen, als Projektion der kolonialen Situation (im Sinne einer Abhängigkeit von anderen Regionen der Welt) in die Vergangenheit verstanden werden. Aus diesem Grund werde nunmehr allein auf innerafrikanische Entwicklungen fokussiert. Solche ideologisch motivierten Vorwürfe behindern eine gründliche historische Arbeit, so Lange (S. 580). Kritisch distanziert er sich auch vom Afrozentrismus, vgl. D. Lange, »Westafrica and the Classical World – Neglected Contexts«, in: H. Bley u. a. (Hg.), *Afrika im Kontext*, 19th International Biennial Conference of the African Studies Associations in Germany, June 2-6, 2004, Hannover, Historical Seminar, CD-ROM.

156 Vgl. A. Reuter, *Voodoo und andere afroamerikanische Religionen*, München 2003.

157 Voodoo hat heute weltweit ca. 60 Mio. Anhänger und ist Staatsreligion im westafrikanischen Benin sowie im karibischen Haiti. Verbreitet ist die Vodun-Religion auch in Togo und Ghana. Vor allem in Haiti bildete sich eine völlig eigene Voodoo-Variante heraus. Doch auch in Kuba, Brasilien und den USA gibt es afrikanisch-amerikanische Religionen, die stark von afrikanischen Vodun- und Yoruba-Traditionen beeinflusst sind, wie zum Beispiel Candomblé und Santeria. In der westlichen Welt wird Voodoo zumeist als animistische Religion verstanden und klischeehaft mit bizarren Kulten verbunden und als schwarze Magie diffamiert. Zu dieser Wahrnehmung haben Literatur und Film wesentlich beigetragen.

praktizierten Variante der Vodun-Religion, der Orisha Òrunmìlà mit dem heiligen Franziskus von Assisi assoziiert. Die verschiedenen Voodoo-Religionen sind somit höchst synkretistisch. Ein Anschluss an die Religion der Yoruba wird anhand der Übernahme von Begriffen, aber ebenso in metaphysischen Grundannahmen deutlich. So geht bereits die Yoruba-Religion von der Existenz eines übergeordneten Gottes aus, der rein transzendent ist und keinen direkten Bezug zur irdischen, materiellen Welt besitzt. Zwischen diesem höchsten Gott und den Menschen stehen die Orishas (Yoruba: *òrìṣà*), denen die Gläubigen sich mit Hilfe von Orakeln und in Trancezuständen nähern können. Die Vodun-Religion hat zudem das Ifá-Orakel übernommen und bezeichnet es als Fa-Orakel. Es taucht in den meisten afrikanisch-amerikanischen Religionen auf.[158] Dass diese Verflechtungen auch von philosophiegeschichtlichem Interesse sein können, zeigt ein Blick auf die karibische Philosophie.[159] Allerdings steht die Untersuchung dieser Zusammenhänge unter philosophischer Perspektive noch ganz am Anfang.

6.5. Konsequenzen für die Philosophiegeschichtsschreibung

Kommen wir an dieser Stelle nochmals auf die eingangs gestellten Fragen zurück, auf welche die drei vorgestellten Forschungsansätze sehr unterschiedliche Antworten geben: Wie kann man sich philosophischen Traditionen in Gemeinschaften mit vorrangig oraler Überlieferung annähern? Die Autor:innen der Ethnophilosophie, das Projekt der Weisheitsphilosophie und Sophie B. Olúwọlé gehen hier verschiedene Wege: eine allgemeine Analyse von Sprichwörtern, Märchen und linguistischen Besonderheiten mit dem Ziel

158 Ein häufig anzutreffendes Symbol ist zudem die Schlange, die sich in den Schwanz beißt und damit weder Anfang noch Ende hat. Dadurch, dass sie sich selbst verzehrt und regeneriert, symbolisiert sie den Zyklus von Werden und Vergehen, die Einheit aller Dinge im Kosmos, der Menschen, der Natur, der Geister und Götter. Die Einheit von allem, was in der realen und der transzendenten Welt existiert, bildet die Kernaussage der Vodun-Philosophie. Vgl. J. Odenthal, K. Kôkô, *Passagen. Der Tänzer Koffi Kôkô und die westafrikanische Philosophie des Vodun*, Berlin 2018.

159 Vgl. H. Paget, *Caliban's Reason: Introducing Afro-Caribbean Philosophy*, London 2000, Abschnitt »The African Philosophical Heritage«, S. 21-46.

der Rekonstruktion einer kommunalen Philosophie; die Befragung heute noch lebender weiser Menschen; die Analyse eines konkreten überlieferten Wissenskorpus. Dabei geht es den beiden letztgenannten Projekten darum, die individuelle Denkleistung hervorzuheben und nicht im Rahmen einer allgemeinen Weltanschauung oder Philosophie untergehen zu lassen. Während Odera Oruka in seinem Forschungsprojekt als weise bezeichnete Männer und Frauen in kenianischen Dorfgemeinschaften aufsuchte, zu philosophischen Begriffen befragte und diese Interviews aufzeichnete und später veröffentlichte, widmet sich Olúwọlé einer historischen Überlieferung, dem Ifá-Korpus, und versucht hier nicht nur die philosophisch relevanten Verse zu analysieren, sondern argumentiert zugleich, dass dieses Wissenskorpus das Resultat einzelner Denker ist, von denen sie Ọ̀runmìlà als einen (Haupt-)Autor bestimmt.

Der Umgang mit Autorschaft ist in diesen drei Versuchen ein grundlegend anderer, was auch im Zusammenhang mit dem jeweiligen Philosophiebegriff steht. Sowohl Odera Oruka als auch Olúwọlé vertreten einen Begriff, der Philosophie als eine an einzelne Denker:innen gebundene, kritisch-rationale Denkleistung versteht. Ein solches Verständnis wird von Vertreter:innen der Ethnophilosophie nicht geteilt. Hier werden die aus dem analysierten Material gewonnen Konzepte als geteiltes Wissen verstanden, dessen sich vielleicht nicht jede Afrikanerin und jeder Afrikaner bewusst ist, das aber in Sprache und oralen Überlieferungen ebenso wie in religiösen Praktiken, Praktiken der Konfliktlösung oder auch im Umgang mit der Natur verankert und damit handlungsbestimmend ist. Ein solches Herangehen und ein solcher Umgang mit Autorschaft zeigt sich auch in anderen Ansätzen zur Rekonstruktion indigener Philosophien in weiteren Regionen der Welt. Ich möchte zur Illustration nur ein Beispiel heranziehen: So schreibt Carl Mika in seinen Ausführungen zur Māori-Philosophie, dass Philosophie für die Māori nicht an einen einzelnen Denker gebunden sei[160] oder auch: »Keine Idee ist meine eigene.«[161] Mika bringt hier eine Auffassung auf den Punkt, die uns in sehr vielen Texten zu indigenen Philosophien in den Amerikas, in Australien, Neuseeland oder Afrika begegnet, nämlich dass der Ursprung einer (philosophischen) Idee

160 C. Mika, »When ›Water‹ Meets its Limits: A Maori Speculation on the Term *wai*«, in: *Dutkansearvvi dieđalaš áigečála* 3/2 (2019), S. 20-33, hier S. 25.

161 Mika, »When ›Water‹ Meets its Limits«, S. 23.

in der Gemeinschaft liege und der individuelle Denkprozess nicht ausschlaggebend sei. Ein solches Herangehen verweist auf das unlösbare Eingebundensein eines jeden Philosophen und einer jeden Philosophin in den jeweiligen historischen, sozialen, politischen, sprachlichen, religiösen Kontext, in dem ihre Ideen entstehen. Es wird betont, dass eine bestimmte Sozialisierung das Hervorbringen von Ideen und Konzepten bedingt und dass wir alle in unserem Denken sowohl auf den Schultern unserer Ahnen als auch in der Schuld unserer Mitmenschen stehen, ohne die wir unsere Ideen und Konzepte nicht produzieren könnten. Insofern fordert uns ein solches Herangehen zu einer gewissen Demut gegenüber unserer eigenen Denkleistung auf, ebenso wie zu einer etwas realistischeren Einschätzung der Denkleistungen historischer Personen, die zu ›Riesen‹ in der Geschichtsschreibung verschiedener Disziplinen erhoben wurden. Deren oft ungezählte Mitarbeiter:innen und Kolleg:innen bleiben dabei zumeist ebenso unerwähnt wie der Beitrag von Frauen als Mütter, Ehefrauen oder Musen.

Trotzdem ist die Frage der Autorschaft, die auch schon im vorangegangenen Kapitel aufgeworfen wurde, keine triviale – und zwar nicht nur im Zusammenhang mit der Philosophiegeschichtsschreibung oder der Frage nach dem, was Philosophie bedeutet. So spielt sie zwar auch eine Rolle für die Versuche der disziplinären Abgrenzung der Philosophie zu Religion, Weltanschauung, zu Mythos, Volksweisheiten oder Literatur – Versuche, die oft aufgrund der Überschneidungen dieser Formen des Wissens mit der Philosophie nur ungenügend gelingen, aber trotzdem nicht unterlassen werden können, will man philosophisches Wissen und philosophische Praxis nicht allgemein in ›Denken‹ oder Ideengeschichte auflösen. Nicht jede Form des Denkens ist Philosophie, ein Problem, auf das im letzten Kapitel noch einmal eingegangen wird.

Die Frage der Autorschaft aufzugeben, führt dazu, dass Wissen beziehungsweise Philosophie zu einer unhistorischen Angelegenheit wird, abgelöst nicht nur von den Köpfen konkreter Menschen, sondern auch von Entstehungskontexten. Auch wenn es bestimmte ›ewige‹ Fragen der Philosophie gibt, die sich Menschen durch alle Zeiten und an allen Orten dieser Welt immer wieder gestellt haben, wie die Frage nach der Natur der Welt, der Natur des Wissens, der Natur des Menschen oder der Gerechtigkeit, so sind die darauf gegebenen Antworten doch stets im Entstehungskontext zu verorten und in diesem zu verstehen. Und dieser Kontext ist nicht nur regional, kulturell oder sprachlich bestimmt, sondern auch historisch, sozial und politisch. Was in einem Herangehen, das gänzlich auf Autorschaft verzichtet und eine kommunale Philosophie darstellen will, verloren geht, sind nicht nur individuelle Denkleistungen, sondern auch innergemeinschaftliche Kritik, Differenzen, divergierende Ideen. Ein Streit der Ideen und Auffassungen als ein Merkmal der europäischen, aber auch der chinesischen, indischen oder islamischen Philosophiegeschichte ist dann nur noch zwischen unterschiedlichen Kulturen oder Völkern möglich, aber nicht mehr innerhalb einer Gemeinschaft beziehungsweise kann so nicht mehr dokumentiert werden.

In diesem Zusammenhang wird ein weiteres Problem eines ethnophilosophischen Herangehens deutlich: Bantu- ebenso wie Māori-Philosophie und andere Unternehmungen dieser Art sind ›geschlechterneutral‹ in dem Sinne, dass hier wiederum das Denken und die Philosophie von Frauen unsichtbar werden. Eine Dokumentation des Beitrags von Frauen zur Philosophie und ihrer Geschichte (ebenso zu Literatur, Religion und anderen Wissenstraditionen) kann nur gelingen, wenn Autorschaft ein wichtiges Kriterium bleibt. Die geschichtswissenschaftliche Aufarbeitung oraler Traditionen hat maßgeblich dazu beigetragen, dass die Namen und Taten bedeutender Frauen aus der Geschichte einzelner Völker (wieder) sichtbar wurden. Gleiches wäre für eine philosophiegeschichtliche Aufarbeitung wünschenswert.

Deutlich wird hier, dass Philosophietraditionen aus Afrika, Asien, der pazifischen Welt oder der *native Americans* auf vielfältige Weise vor ähnlichen Problemen und Herausforderungen stehen, nicht zuletzt aufgrund der geteilten kolonialen Vergangenheit und ihrer Marginalisierung in der vorherrschenden Erzählung der Philosophiegeschichte. Ein breit angelegter Vergleich von Philosophietraditionen und Konzepten aus mündlichen Traditionen verschiedener Regionen der Welt könnte ähnliche methodische Herausforderungen ebenso wie inhaltliche Gemeinsamkeiten deutlich werden lassen. Auf der inhaltlichen Seite gehören dazu eine relationale Ontologie, ein solidarisches Verständnis von Gemeinschaft oder ein harmonisches Verhältnis zur Natur. Damit dürfte nochmals klarer werden, dass es sich bei den außereuropäischen Philosophietraditionen nicht um Abweichungen von einer vermeintlichen Regel handelt. Ausnahmecharakter hat vielmehr eine bestimmte Philosophietradition mit europäischer Geschichte, die ihre dominierende Stellung insbesondere der europäischen Expansion verdankt und die im Vergleich einen deutlichen Mangel an Bewusstsein für relationale Strukturen aufweist – mit gravierenden Folgen für die Umwelt und das menschliche Zusammenleben.

Aber auch methodisch gibt es viele ähnliche Fragen zu lösen, wie die Frage, anhand welcher Kriterien philosophische Konzepte und Traditionen oder Strömungen in mündlichen Überlieferungen von philosophischem Material zu unterscheiden sind und ob eine solche Unterscheidung überhaupt notwendig ist. Ich denke, dass eine Unterscheidung zwischen philosophisch relevantem Material, das durch die Analyse und Bearbeitung einer Philosophin oder eines Philosophen in seiner Bedeutung entfaltet wird, und philosophischen Traditionen/Strömungen sinnvoll ist. Letztere haben ihren Ursprung in der Vergangenheit und beruhen auf Werken, Aussagen oder auch Praktiken des Philosophierens von Autor:innen, auf die eine Theorie oder eine Denktraditionen zurückgeführt werden kann, oder auf einem schon längeren Diskurs über ein Wissenskorpus. Die Aufarbeitung von philosophisch relevantem Material dagegen ist anders zu betrachten – wobei hier der Spielraum groß ist, denn alle möglichen Manifestationen des Wissens und des gesellschaftlichen Lebens, aber auch der Natur können philosophische Relevanz erlangen, wie auch im Kontext der europäischen Philosophie sichtbar wird (siehe Sportphilosophie, Medienphilosophie, Philosophie des Films etc.). Hier sind es die Reflexionen der Person, die aus diesem Material, wie zum Beispiel Sprichwörtern, ein philosophisches Ideengebäude erstehen lassen. Somit dokumentiert Kagamés Arbeit, um hier nur auf dieses Beispiel zurückzugreifen, nicht die Philosophie einer ganzen Sprachgruppe wie der Bantu, sondern ist eine philosophische Untersuchung relevanten Materials aus den Bantusprachen, aus der er bestimmte Schlussfolgerungen zieht und ein philosophisches Ideengebäude errichtet – im Grunde ähnlich der Vorgehensweise der amerikanischen analytischen Philosophie. Der Widerspruch von Kollegen aus derselben Sprachgruppe macht deutlich, dass es divergierende Auffassungen gibt beziehungsweise das vorliegende Material auch anders interpretiert werden kann.[162]

162 Exemplarisch dazu u. a. die Debatten um das Verständnis des Begriffs »Person«: Vgl. Wiredu/Gyekye, *Person and Community: Ghanaian Philosophical Studies I*

Kagamé ist also der Autor eines Ideengebäudes, das er »Bantu-Philosophie« nennt, das aber keine Entsprechung in einem Theoriengebäude hat, welches unabhängig von seinen Schriften existiert.

Die Frage, ob es sich um philosophisch relevantes Material handelt oder bereits um Philosophie, lässt sich ebenso an die aus dem Projekt der Weisheitsphilosophie hervorgegangenen Interviews und an Olúwọlés Ansatz herantragen. Allerdings sprechen eine Reihe von inhaltlichen Ähnlichkeiten mit den Vorsokratikern ebenso wie mit Philosophietraditionen aus anderen Regionen der Welt und die mögliche Rückführung der Ideen auf einen Autor oder eine Autorin dafür, hier von Philosophie zu sprechen. Einschränkend muss dabei mit Blick auf Olúwọlés Ansatz eingeräumt werden, dass die These, dass Òrunmìlà eine historische Person war, weiterhin stark umstritten ist.

Abgesehen von den Kontroversen um die Einordnung solchen Materials in den Rahmen der Philosophie, wirft der Umgang mit mündlichen Überlieferungen zudem schwierige methodische und hermeneutische Fragen auf. Diese Fragen betreffen gleich zwei Brüche, die im Prozess der Aufzeichnung mündlicher Traditionen durchlaufen werden: den Übergang von der mündlichen zur schriftlichen Form und den Übergang von der jeweiligen Muttersprache in eine geläufige akademische Sprache, die im Fall vormals kolonial unterdrückter Völker häufig die Sprache des ehemaligen Kolonisators ist (im Fall Afrikas: Englisch, Französisch oder Portugiesisch), womit eine starke politische Komponente einhergeht. Aus diesem Grund möchte ich zunächst etwas näher auf das Übersetzungsproblem eingehen: Da es sich bei jeder Übersetzung um eine Interpretation handelt, stehen wir hier vor zwei entscheidenden Problemen: die Nichtneutralität von Übersetzungspraktiken und die Rekonstruktion und Analyse indigener Wissenstraditionen in ehemaligen Kolonialsprachen. Sprachen transportieren bestimmte epistemische Rahmen, die in jeden Akt der Übersetzung einfließen. Es ist schon dadurch nur ein gebrochener Zugang zu Wissenstraditionen in anderen Sprachen möglich. Verschärft stellt sich dieses Problem beim Umgang mit oralen Philosophien aus indigenen Wissenstraditionen, die heute fast ausschließlich in europäischen Sprachen

oder Menkiti, »Person and Community in African Traditional Thought« und »On the Normative Conception of a Person«.

rekonstruiert, analysiert und in den internationalen akademischen Diskurs integriert werden. Dies stellt ein ernsthaftes epistemisches Problem dar, das darüber hinaus aufgrund der Asymmetrien unserer Welt und des Wissenschaftsbetriebs politische Implikationen beinhaltet. Auf dieses Problem und die Notwendigkeit eines Philosophierens in afrikanischen Sprachen ist in den letzten Jahren vielfach hingewiesen worden. Im Zusammenhang mit dem Bestreben der Überwindung kolonialer Abhängigkeiten ist Sprache einer der wichtigsten Aspekte einer Dekolonisierung des Bewusstseins. Im afrikanischen Diskurs lassen sich hier drei Ansätze unterscheiden:

Ein erster Ansatz ist die *befreiungstheoretische Perspektive* Ngũgĩ wa Thiong'os. Im Zentrum steht die kulturelle Emanzipation des Individuums als Teilaspekt eines umfassenderen Befreiungsprozesses, der mit der politischen Unabhängigkeit erst seinen Anfang nahm. Sowohl Bildung als auch Kultur- und Literaturproduktion müssten stärker Inhalte aus dem Erbe (Ngũgĩ betont hier die Bedeutung oraler Überlieferungen) und der Gegenwart Afrikas integrieren, damit die Welt in einer afrikanischen Perspektive betrachtet werden könne. Ein ebenso wichtiger Aspekt sei dabei die Sprache. Die bis heute vorherrschende Verwendung ehemaliger Kolonialsprachen ist für Ngũgĩ Sinnbild des Fortbestehens neokolonialer Unterdrückung.[163] Bereits die Wahl der Sprache sei Ausdruck der Abhängigkeit von Europa und der Übernahme eines eurozentrischen Standpunktes.[164] Denn Sprachen transportierten Konzepte und Ideen, die den jeweiligen Blick auf die Welt grundlegend bestimmen. Zudem führe die Vernachlässigung afrikanischer Sprachen zu deren Verarmung. Nur die Anwendung der Sprache, nicht nur im Alltag, sondern auch in der Produktion von Literatur und Wissenschaft, könne diese lebendig erhalten und weiterentwickeln.

Der zweite Ansatz kann als *diskurskritische Perspektive* bezeichnet werden. Ihm sind Philosophen wie Valentin Y. Mudimbe[165] oder auch Achille Mbembe zuzuordnen, die die Erfindung Afrikas im kolonialen Diskurs nachvollziehen und in diesem Zusammenhang die Konstruktion Afrikas als das Andere Europas sichtbar und verstehbar machen. Das Entwickeln eines Bewusstseins für diese

163 Ngũgĩ wa Thiong'o [1986], *Decolonising the Mind*, S. 9.

164 Ngũgĩ wa Thiong'o, *Moving the Centre*, S. 19.

165 Vgl. Mudimbe, *The Invention of Africa.*

implizite Abhängigkeit aller Beschreibungen Afrikas, der afrikanischen Realität, Erfahrung, Kultur und Person von westlichen Denkstrukturen und Begriffen ist laut Mudimbe Voraussetzung für eine selbstbestimmte Identität. Eine Rekonstruktion vorkolonialer, kolonialer und auch postkolonialer Traditionen, Schulen und Strömungen müsse den epistemischen Bruch, in dem sich die heute arbeitenden Wissenschaftler:innen befinden, mitreflektieren und somit den *Konstruktions*charakter einer jeden Re-*konstruktion* afrikanischen Erbes deutlich machen.

Der dritte Ansatz kann als *sprachanalytische Perspektive* bezeichnet werden. Prominentester Vertreter ist Kwasi Wiredu (1931-2022). Zentrales Anliegen ist eine begriffliche oder konzeptionelle Dekolonisierung im Sinne einer Befreiung von den alles durchdringenden westlichen Denkstrukturen, welche den Blick auf die der afrikanischen Perspektive zugehörigen Strukturen verstellen. Wiredu zeigt in seinen Analysen, dass es durch die – meist unbewusste – Übernahme sprachbasierter Denkformen im Prozess der Übersetzung von afrikanischen Konzepten in europäische Sprachen häufig zu Verzerrungen und Verfälschungen von Bedeutung kommt. Anhand von Begriffen wie Wahrheit, Sein oder Person hat Wiredu deren philosophischen Gehalt in seiner Muttersprache Twi, der Sprache der Akan, untersucht und überprüft, inwiefern eine Übersetzung dieser Begriffe ins Englische (oder umgekehrt) zu Bedeutungsverschiebungen führt. Aufgrund der deutlichen semantischen Differenzen dürften Kolonialsprachen nicht ungeprüft für die philosophische Arbeit übernommen werden. Vielmehr sei eine unreflektierte Übernahme ein Zeichen »kolonialer Mentalität«.[166] Bereits seit 1980 betont Wiredu aus diesem Grund die Notwendigkeit einer begrifflichen oder auch konzeptionellen Dekolonisierung (*conceptual decolonization*). Begriffliche Dekolonisierung bedeutet für ihn, die von Kolonialismus und Neokolonialismus aufgezwungenen beziehungsweise kritiklos übernommenen ›westlichen‹ Sprachen, Wertvorstellungen, Institutionen etc. einer grundlegenden Kritik zu unterziehen und zu überprüfen, ob einheimische Sprachen, Wertvorstellungen und Institutionen nicht ebenfalls zur Gestaltung der Gegenwart herangezogen werden können oder sogar

166 K. Wiredu, »Post-Colonial African Philosophy: Some Comments«, in: Ders., *Conceptual Decolonization in African Philosophy. Four Essays*, Ibadan 1995, S. 11-21, hier S. 20.

die adäquateren Lösungen anbieten. Die begriffliche Dekolonisierung besteht dabei in einer doppelten Geste: Zum einen bedeutet sie das Vermeiden einer unkritischen Assimilation des in fremden philosophischen Traditionen eingebetteten Begriffssystems, zum zweiten das Ausschöpfen der eigenen (begrifflichen und konzeptuellen) Ressourcen für alle philosophischen Probleme.[167] Statt unkritisch Begriffe und Konzepte zu übernehmen, die durch das Medium der Sprachen der Metropolen verinnerlicht wurden, komme es darauf an, Begriffe in den eigenen Sprachen zu durchdenken.[168]

Ngũgĩ wa Thiong'o fordert, die linguistische Identität der afrikanischen Philosophie durch ein Schreiben in afrikanischen Sprachen wiederherzustellen. Für ihn ist das Philosophieren in afrikanischen Sprachen der einzige Weg, auf dem Afrika einen originären Beitrag zum menschlichen Wissen leisten könne – und der Schlüssel für die Entwicklung einer neuen, lebendigen Tradition afrikanischer Literatur und Philosophie. Dieser Anspruch scheitert bis heute an den pragmatischen Herausforderungen, die vielsprachige afrikanische Länder einerseits, die Dominanz europäischer Sprachen im internationalen Rahmen und in der Akademie andererseits mit sich bringen.[169] Die mit einer Rekonstruktion philosophischen Erbes in ehemaligen Kolonialsprachen einhergehenden epistemischen Probleme und Herausforderungen dürfen jedoch auch mit Blick auf das Schreiben einer Philosophiegeschichte nicht aus dem Blick geraten.

Was in den Debatten bisher wenig erörtert wurde, sind die methodischen beziehungsweise hermeneutischen Probleme des Übergangs von der Mündlichkeit in die Schriftlichkeit. Denn was bei der Verschriftlichung mündlicher Überlieferungen verloren geht, ist der physische Aspekt (die Verkörperung), das heißt die vorsprachlichen und außersprachlichen Kommunikationsformen, die beim verbalen Wissenstransfer, sei es in Interviews des Weisheitsphilosophie-Projekts oder in den Erzählungen der *babaláwo* oder der Griots, eine wesentliche Rolle spielen können. Der Augenkontakt, Mimik, Gesten und Körpersprache, das Aussehen mit seiner ästhe-

167 Wiredu, *Cultural universals and particulars*, S. 136.

168 Ebd., S. 137.

169 Ausführlicher dazu A. Graneß, »›Decolonizing the mind‹: Zur politischen Bedeutung der Übersetzung im afrikanischen Kontext«, in: G. Münnix (Hg.), *Über-Setzen: Sprachenvielfalt und interkulturelle Hermeneutik*, Freiburg i. Br. 2017, S. 220-232.

tischen, erotischen und/oder ethischen Anziehungskraft, die Überzeugungskraft der Stimme und der Intonation bilden extra-diskursive und multisensorische Elemente von Dialogen und Situationen des mündlichen Wissenstransfers. Wie wirkt sich die Anwesenheit des/der Philosoph:in oder des weisen Menschen auf ein Gespräch aus? Diesen Punkt betonen nur wenige Autor:innen. Zu ihnen gehört der senegalesische Schriftsteller Birago Diop (1906-1989), der in der Einleitung seines Buches *Les contes d'Amadou Koumba* (1947) unterstreicht, dass der Eindruck oder ›Geschmack‹, den die Texte hinterlassen, die er aufschreibt, um sie vor dem Vergessen zu bewahren, nichts im Vergleich zu dem sei, was die Stimme, der Schwung und der Ausdruck des Griots Amadou Koumba hervorbringe.[170] Auch Heinz Kimmerle hebt die Bedeutung der Einbettung mündlicher Überlieferungen in einen bestimmten Lebenszusammenhang hervor. Kimmerle unterstreicht, mit der Einführung des Schreibens

> [...] stirbt der Lebenszusammenhang der mündlichen Überlieferung [ab], und damit gehen viele unschätzbar wertvolle Weisheitslehren für immer verloren. Was davon nun noch schriftlich aufgezeichnet werden kann, sind nur Reste. Sie dienen gewissermaßen als Beweis, daß diese Form der afrikanischen Philosophie überhaupt bestanden hat.[171]

Und er betont:

> Das Brechen und gemeinsame Essen einer Kolanuß gehörte ebenso zu der Situation des Sich-Rat-Holens wie die Pause des Schweigens vor der Bekanntgabe eines wichtigen Beschlusses. [...] Die Wiederholung desselben war hierbei wichtig, aber auch die Formgebung für das Neue.[172]

Weisheitslehren sind also in bestimmte rituelle Abläufe eingebunden. Es ist nicht nur relevant, was gesagt wird (Inhalt), sondern auch, wie es vermittelt wird (Form) und wie beide Ebenen zusammenspielen. Durch eine Verschriftlichung verliert sich diese rituelle Praxis. Kimmerle fordert in der Konsequenz für die Beschäftigung mit philosophischen Traditionen in Afrika, aber auch darüber hinaus, dass wir »im Schriftlichen Elemente des mündlichen Sprechens zur Geltung bringen [sollten], indem für das eigene primär schriftliche Philosophieren (in Afrika, aber nicht nur dort) der Stil be-

170 Diop, *Les contes d'Amadou Koumba*, S. 12.
171 Kimmerle, *Philosophie in Afrika*, S. 61.
172 Ebd., S. 65.

wußt eingesetzt und verschiedene Stile gebraucht werden«.[173] Diese Forderung hat er in seinen Büchern zur afrikanischen Philosophie konsequent umgesetzt, in denen philosophische Abhandlungen, Beobachtungen, Tagebuchaufzeichnungen, Notizen und Poesie nebeneinanderstehen. Diese Vielfalt an Eindrücken, Überlegungen und Erkenntnissen dokumentiert Kimmerles vorsichtige Annäherung an das Diskursfeld »Philosophie in Afrika«. Ähnlich argumentiert Marilyn Notah Verney mit Bezug auf indigene Traditionen in Nordamerika:

Als indigene Völker haben wir etwas zur traditionellen akademischen Philosophie beizutragen. Unsere Philosophie wird durch Geschichten, Lieder, zeremonielle Tänze, Kunst und unsere Art, in der Welt zu leben, vermittelt. Unsere Philosophie ist eine mündliche Philosophie. Es ist die Methode der mündlichen Philosophie, die in der Heiligkeit der traditionellen Überzeugungen, Lieder, Tänze[174] und Geschichten unsere Ontologien, Erkenntnistheorien, Metaphysiken, Ethiken und Wissenschaften vom Leben in der Welt verkörpert. Solange wir die philosophische Bedeutung und die Verbindung zu all unseren Beziehungen, zu dem, was wir als Amerikanische Indianer sind, aufrechterhalten, wird unsere Philosophie des Seins in der Welt intakt bleiben. Sobald Ideen schwarz auf weiß niedergeschrieben sind, werden diese Ideen zu Objekten, zu etwas, das studiert und auseinandergenommen werden kann. Dieser Prozess des Schreibens trennt unser Sein in der Welt, und wir können den Kontakt verlieren und von all unseren Beziehungen isoliert werden.

Und sie schließt:

Um in einem akademischen Klassenzimmer sinnvoll unterrichtet werden zu können, muss die Amerikanische Indianische Philosophie mündlich gelehrt werden. Wir als Angehörige einheimischer Völker [*native people*] ha-

173 Ebd., S. 66.

174 Die Dimension des Körpers und des Tanzes wird erst seit kurzem wieder thematisiert: M. Fischer-Geboers, *DENKEN in KÖRPERn. Grundlegung einer Philosophie des Tanzes*, Freiburg i. Br. 2010; R. zur Lippe, *Das Denken zum Tanzen bringen. Philosophie des Wandels und der Bewegung*, Freiburg i. Br. 2010; H. Rombach, *Phänomenologie des gegenwärtigen Bewußtseins*, Freiburg i. Br. 1980; S. Welch, *The Phenomenology of a Performative Knowledge System. Dancing with Native American Epistemology*, Cham 2019; Odenthal/Kôkô, *Passagen. Der Tänzer Koffi Kôkô und die westafrikanische Philosophie des Vodun*. Siehe auch A. Sriram, »Warum Tanz in der indischen Kultur eine philosophische Praxis ist. Im Gespräch mit Arno Böhler und Susanne Valerie Granzer in Palangi, Indien«, in: *Polylog. Zeitschrift für interkulturelles Philosophieren* 35 (2016), S. 107-114.

ben die Verantwortung, die traditionelle mündliche philosophische Lehre unserer Ältesten weiterzuführen. Es liegt in unserer Verantwortung, innerhalb der traditionellen akademischen Institutionen Veränderungen herbeizuführen. Unsere Philosophie kann ihre Bedeutung bewahren, wenn wir eine Verbindung zu denen herstellen, die bereit sind, unserer mündlichen Lehre zuzuhören.[175]

Die Übertragung von Mündlichkeit in Schriftlichkeit geht also immer mit Verlusten einher – genau wie jede Übersetzung in eine andere Sprache. Zusätzlich zu den Problemen einer Übersetzung von einer Sprache in eine andere verlieren wir bei der Übertragung von einer mündlichen in eine schriftliche Form auch die physische Präsenz des Sprechers oder der Sprecherin sowie die verbalen und nicht-sprachlichen Konnotationen einer Sprechsituation, zu denen der Rhythmus der Sprache, Gesten und Gesichtsausdrücke zählen. Einem geschriebenen Text fehlen alle außersprachlichen Komponenten und er folgt einem anderen Rhythmus als die Sprache. In den akademischen Debatten, die sich einseitig auf die Bestimmung des Verhältnisses zwischen Sprache und Schrift konzentrieren, kommt die Berücksichtigung des Kontextes mündlicher Überlieferungen – und damit der Vielfalt von Praktiken des Philosophierens – bislang zu kurz. Die Erzählungen und Handlungen der Griots oder der *babaláwos* bei der Vermittlung von Weisheits- oder religiösen Lehren, von Kosmologien, der Geschichte des Volkes und seiner Herrscher, von moralischen Regeln und Normen oder beim Praktizieren eines Orakels, um hier nur einige Formen zu nennen, erfolgten aber stets in sehr spezifischen Inszenierungen oder Belehrungssituationen. Dieser wesentliche Aspekt findet in den philosophischen Auseinandersetzungen zum Thema kaum Beachtung, denn beim Wiedergeben, Verschriftlichen und Analysieren mündlichen Materials, wie zum Beispiel Sprichwörtern, Erzählungen oder religiöser Überlieferungen, wird die ursprüngliche Übertragungssituation dieses Wissens äußerst selten thematisiert oder methodisch problematisiert. Somit geht eine wesentliche Dimension des Wissens, das in einen bestimmten Kontext gehörte, verloren. Davon wurde bisher kaum ein Bewusstsein entwickelt; zumindest schlägt sich ein solches nicht in den vorliegenden Abhandlungen nieder. So besteht die Gefahr,

175 M. Notah Verney, »On Authenticity«, in: A. Waters (Hg.), *American Indian Thought. Philosophical Essays*, Malden 2004, S. 133-139, hier S. 138. Übersetzung A. G.

dass in den afrikanischen Debatten zum oralen philosophischen Erbe ein Problem wiederholt wird, das die (europäisch geprägte) Philosophie in ihrer Gesamtheit betrifft, nämlich der Verlust von Körperlichkeit, Situativität und Stimme. Dieser Verlust tritt bei der Verschriftlichung oraler Traditionen besonders deutlich zutage, ist aber ein Mangel, der die vorherrschenden Philosophiediskurse im Allgemeinen betrifft. Bemühungen um eine Behebung dieses Mangels werden allerdings nur zögerlich aufgenommen. Diesen Aspekt in der philosophischen Arbeit an der Rekonstruktion mündlicher philosophischer Traditionen gleich mit zu thematisieren, könnte völlig neue Perspektiven auf das philosophische Erbe in mündlichen Traditionen eröffnen.

Neben den außersprachlichen Komponenten ist ein weiterer Aspekt für die mündliche Wissensvermittlung von wesentlicher Bedeutung: das Zuhören. Die mündliche Weitergabe von Wissenstraditionen hängt nicht nur von ausgefeilten Gedächtnisübungen oder -techniken und rhetorischen Fähigkeiten auf der Seite des Sprechers beziehungsweise der Sprecherin ab, sondern auch vom sorgfältigen Zuhören oder dem, was wir als »Kunst des Hörens« bezeichnen können, auf der Seite der Empfänger:innen. Auch dieser Aspekt, der bereits im vorangegangenen Kapitel zur altägyptischen Philosophie ein zentraler war, bedarf einer weiteren Untersuchung im Zusammenhang mit der Rekonstruktion von Philosophie in oralen Traditionen.[176]

Mündliche Überlieferung setzt sich zusammen aus einer Kette von jeweils einzigartigen und unwiederholbaren Erfahrungen; bis zum Zeitpunkt der Erfindung von Aufzeichnungsmedien, die Ton und Bild wiedergeben, war sie damit ein höchst fragiles Gut. Die neueren Medien macht sich der nigerianische Philosoph 'Muyiwa Falaiye zunutze. Um alle nicht- oder außersprachlichen Komponenten zu erfassen, verwendete er für seine Interviews mit Weisen in Nigeria einen Videorecorder.[177] Dieses Beispiel weist darauf

176 Auch dies ist ein Aspekt, der in der europäischen Philosophie erst in jüngerer Zeit wieder Aufmerksamkeit erlangt hat. Vgl. D. Ihde, *Listening and Voice*; J.-L. Nancy, *À l'écoute*.

177 M. Falaiye, »Transmitting Philosophic Knowledge without Writing: The Ekiti Yoruba Philosophic Sagacity Experience«, in: *Journal of Philosophy and Culture* 2/2 (2005), S. 55-74. Ein Problem dieses innovativen Ansatzes ist, dass Falaiye seine Interviewpartner nicht über die Videoaufzeichnungen informiert hat, um

hin, dass Philosophie und Philosophiegeschichtsschreibung offen sein müssen für die Verwendung anderer Medien als der Schrift – sowohl als Quellenmaterial wie auch als Medium für den eigenen Ausdruck, nicht zuletzt aufgrund der rasanten Veränderung der globalen Wissenskultur im Zusammenhang mit den neuen Medien. Heute gibt es immer mehr (junge) Mitglieder von Schrift- und Lesekulturen, deren primäre Erfahrung beim Erwerb von Wissen auf dem überwältigenden Einsatz neuer Kommunikationstechnologien und dabei oft auf Oralität beziehungsweise audiovisueller Vermittlung beruht. In unserem täglichen Leben erfolgt die Kommunikation zunehmend über Sprach- und Videonachrichten. Dies spiegelt sich im Lernverhalten an Schulen und Universitäten wider, wo immer weniger auf der Grundlage von Texten und Büchern gelernt wird und zunehmend über Internet-Tutorials, aufgezeichnete Vorträge oder Hörbücher. Das Überdenken der Bedeutung von Oralität für die Philosophie stellt also längst nicht nur mit Bezug auf Gesellschaften, deren vorrangige Wissensvermittlung mündlicher Art war, eine Herausforderung dar, sondern ist eine allgemeine und insbesondere mit Bezug auf die neue Art der Mediennutzung aktuelle Herausforderung.

Ein besonders erfolgreiches Projekt auf dem Gebiet der Philosophiegeschichte, das sich die neuen Medien bereits zunutze macht, ist Peter Adamsons *History of Philosophy Without Any Gaps*, ein Projekt, das 2010 mit einem wöchentlichen Podcast zur Geschichte der Philosophie begann und bis heute fortgeführt wird. Jede Episode umfasst die jeweils ca. 20-minütige Darstellung einer Philosophin oder eines Philosophen, einer philosophischen Schule oder ein Expert:innengespräch. Inzwischen sind 405 solcher Episoden erschienen sowie zusätzlich 62 zur Philosophie in Indien und 109 zur Philosophie in Afrika und der afrikanischen Diaspora.[178] Seit Juni 2016 wurden über eine Million Zugriffe gezählt, die aus allen Regionen der Welt stammen, wie die Besucherkarte deutlich macht. Damit erreicht dieses Projekt einen weltweiten Einfluss, der durch herkömmliche Printprojekte zur Geschichte der Philosophie – auch jene mit einem eher populären Anspruch – nicht erreicht werden kann.

die Gesprächssituation dadurch nicht zu beeinflussen. Methodisch ist das verständlich, unter ethischen Aspekten fragwürdig.

178 Vgl. ⟨https://historyofphilosophy.net/⟩, letzter Zugriff 20.10.2022.

Kapitel 7
Frühchristliche Texte in Nordafrika und Äthiopien

Die Epoche des Frühchristentums wird zumeist zwischen den Briefen des Paulus (ca. 48-61 CE), den ältesten erhaltenen Schriften des Urchristentums, und dem Konzil von Chalcedon 451 CE angesiedelt.[1] Die Frage der Einordnung von Texten und Denker:innen aus dieser Epoche eröffnet komplexe methodische und inhaltliche Probleme für die Philosophiegeschichtsschreibung. Insbesondere zwei Hauptfragen werden im Zusammenhang mit frühchristlichen Denker:innen aufgeworfen, nämlich die Frage danach, was als Beitrag zu einer Philosophiegeschichte zählt und was nicht (also die Abgrenzung zu anderen Formen des Wissens und anderen Disziplinen), und die Frage nach der regionalen Verortung von Wissenstraditionen. Gerade der letzte Punkt rückt zunehmend ins Blickfeld verschiedener Wissenschaften, neben der Philosophie auch in der Theologie und der Kirchengeschichte, da die Anerkennung des afrikanischen Ursprungs wichtiger Gelehrter dieser Epoche der Formierung der christlichen Grundideen und somit der afrikanische Beitrag zur Entstehung des Christentums im Zusammenhang mit einer Dekolonisierung der Wissenschaften auch in diesen Bereichen immer dringlicher eingefordert werden.

In der europäischen Philosophiegeschichte haben die frühchristliche ebenso wie die byzantinische[2] Philosophie seit langem einen

1 In der Literatur finden sich verschiedene Datierungen. Nach einer anderen Datierung umfasst diese Epoche, die auch als Patristik bezeichnet wird, das 1. bis 8. Jahrhundert CE und kann in drei weitere Epochen unterteilt werden, nämlich die vornicänische Patristik (ca. 90/100-325 CE), die Hochpatristik (325-451 CE) und die Spätpatristik (451-750 CE). Vgl.: G. L. Müller, *Katholische Dogmatik: für Studium und Praxis der Theologie,* Freiburg i. Br. [6]2005.

2 Theodor Nikolaou beklagt noch 1977, dass man sich erst heute wieder die Frage nach der Existenz einer byzantinischen Philosophie stelle und das Studium der byzantinischen Philosophie sich in einem Anfangsstadium befinde. T. Nikolaou, »Grundlegende Gedanken über die byzantinische Philosophie«, in: *Byzantina* 9 (1977), S. 167-186. Erstmals aufgenommen wurde die byzantinische Philosophie im Ergänzungsband zur Philosophiegeschichte von E. Brehier, B. Tatakis, *La Philosophie Byzantine* (Histoire de la Philosophie, Fascicule supplémentaire 2), Paris 1949. Weitere Literatur: K. Ierodiakonou (Hg.), *Byzantine Philosophy and Its An-*

schweren Stand. Bis heute ist umstritten, ob frühchristliche Denker:innen, deren Werk zum Grundbestand der Theologie zählt, überhaupt Teil einer Philosophiegeschichte sein können, bewegt sich ihr Werk doch ausschließlich in einem affirmativen Verhältnis zur christlichen Offenbarung und ist der Begründung und Legitimierung christlicher Wahrheiten gewidmet. Solche Zweifel können letztlich gegenüber der gesamten christlichen ebenso wie der islamischen Philosophie erhoben werden beziehungsweise gegenüber allen weiteren Formen von philosophischem Wissen, das im Rahmen einer Religion zu verorten ist oder sich selbst strikt in diesem Rahmen verortet. Verbunden sind solche Zweifel oft mit der aufklärerischen Annahme, dass ein Übergang vom Mythos zum Logos und die Befreiung des Denkens von den Fesseln der Religion Voraussetzung für das Philosophieren sind. Wie kann also die Aufnahme frühchristlicher Denker:innen in eine Philosophiegeschichte gerechtfertigt werden?[3] Antworten auf diese Fragen können zudem relevant sein mit Bezug auf philosophische Traditionen im Alten Ägypten oder in anderen Regionen und Epochen der Welt, deren Denktraditionen mit dem Verweis auf das Eingebundensein in eine Religion bisher aus der Philosophiegeschichte ausgeschlossen wurden.[4] Denn ähnliche Argumente werden gegen die islamische Philosophie und gegen eine ganze Reihe asiatischer Traditionen vorgebracht, wie den Daoismus, Buddhismus oder Konfuzianismus, die sich alle in einem Denksystem bewegen, in dem gewisse Grundannahmen nicht hinterfragt werden.[5]

Aber nicht nur inhaltliche, sondern auch geographische Schwierigkeiten sind im Umgang mit frühchristlichen Denker:innen zu

cient Sources, Oxford 2002; Ders., B. Bydén, *The Many Faces of Byzantine Philosophy*, Athens 2012; G. Kapriev, *Philosophie in Byzanz*, Würzburg 2005.

3 Dieser Frage widmet sich G. Karamanolis, *The Philosophy of Early Christianity*, Durham 2013.

4 In diesem Zusammenhang muss ebenso das Konzept *Religion* hinterfragt werden, das je nach Kultur und Region unterschiedlich verstanden wird. So wird der Konfuzianismus in Europa oft als Religion betrachtet, wie zum Beispiel bei Max Weber, gilt in Asien aber als eine soziale und ethische Doktrin, ebenso wie der Buddhismus.

5 Diese Einwände können auch gegen Gestalten und Konzepte aus oralen Traditionen erhoben werden, wie zum Beispiel gegen Òrunmìlà, den Gott der Weisheit in der Yoruba-Religion, der von Olúwọlé als Religionsbegründer betrachtet wird, wie in Kapitel 6 erörtert wurde.

lösen, denn die Orte ihres Lebens und Wirkens erstrecken sich über drei Kontinente (Afrika, Asien, Europa). Gerade im Zusammenhang mit regionalen oder nationalen Philosophiegeschichtsschreibungen ist die Frage nach der geographischen Zuordnung von Denker:innen keine banale und gewinnt im Zuge von Prozessen der Nationalisierung ebenso wie der Dekolonisierung eine nicht unbedeutende politische Brisanz.

Die Entstehung der christlichen Religion fällt in die Zeit der größten Ausbreitung des Römischen Reiches, das in jener Epoche von einer großen kulturellen, sprachlichen und religiösen Vielfalt und Toleranz sowie dem Nebeneinanderbestehen von Denktraditionen verschiedener Ursprünge geprägt wurde. Daher stammen die der frühchristlichen Tradition zuzuordnenden Texte und Konzepte von Menschen mit sehr unterschiedlichen kulturellen und sprachlichen Wurzeln, deren Lebensweg auf die eine oder andere Weise und aus verschiedenen Gründen in die Annahme der jungen christlichen Religion geführt hat. Aufgrund von Herkunft und Lebensgeschichte einer ganzen Anzahl an frühchristlichen Denker:innen wird darum seit einigen Jahren – zum Beispiel im Zusammenhang mit einer Philosophiegeschichte Afrikas,[6] mit der Kirchengeschichte, aber auch im Zusammenhang mit Forderungen nach einer Dekolonisierung des Denkens – über deren Einordnung gestritten. Hierbei wird gegen die in der Philosophiegeschichtsschreibung bislang übliche Verfahrensweise Einspruch erhoben, nordafrikanische christliche Denker:innen der europäischen Philosophietradition zuzuordnen.[7] Bei einer solchen Zuordnung werde ignoriert, dass deren Lebens- und Wirkungsorte in Nordafrika lagen. Die

6 Vgl. D. A. Masolo, »African Philosophers in the Greco-Roman Era«, in: K. Wiredu (Hg.), *A Companion to African Philosophy*, S. 50-65.

7 Allerdings gibt es Ausnahmen, wie zum Beispiel die *Geschichte der christlichen Kirche* aus dem Jahr 1833 von Ignaz Döllinger, der im Zusammenhang mit frühchristlichen Denkern und Kirchenvätern aus dem nordafrikanischen Raum ausdrücklich von »afrikanischen Bischöfen« spricht und dem »Afrikaner Tertullian«. Der im Jahr 248 CE gewählte Cyprian wird von ihm als »der berühmteste unter allen afrikanischen Bischöfen bis auf Augustinus« beschrieben. Döllinger betrachtet Nordafrika im 2./3. Jahrhundert, insbesondere Karthago, als eine interkulturell geprägte Gesellschaft mit einer großen christlichen Gemeinde, die zum Teil aus aus Rom geflüchteten Christen bestand, ebenso aus Phöniziern, die weiterhin ihre eigenen Kulte pflegten, aus nomadischen Völkern und »ursprünglichen Afrikanern«. Vgl. I. Döllinger, *Geschichte der christlichen Kirche*, Landshut 1833, S. 92.

Vereinnahmung afrikanischer Gelehrter in die europäische Philosophie- und Kirchengeschichte verschleiere damit, dass Menschen afrikanischer Herkunft maßgeblich an der Ausformung des christlichen Kanons beteiligt waren.[8] Der europäischen Philosophiegeschichtsschreibung wird in diesem Zusammenhang vorgeworfen, dass ein Bild von frühchristlichen Gelehrten entworfen worden sei, das deren afrikanische Herkunft nicht nur verschleiere, sondern sie geradezu von ihren nordafrikanischen Wurzeln abschneide. Die Hervorhebung des griechisch-römischen Kontexts als vermeintlich einziger geistesgeschichtlicher Rahmen, in dem diese Denker:innen sich bewegten, wird dabei nicht nur in Zweifel gezogen, sondern auch in ihrer ideologischen Funktion entlarvt. Gerade bei Denker:innen, die erst zum Christentum konvertierten, müsse die Vielfalt der Denktraditionen, aus denen sie schöpften, näher untersucht werden. Mit solchen Interventionen wird das Recht, bestimmte Regionen (Kleinasien, Ägypten), Lehren (das Christentum) oder Gelehrte (frühchristliche Denker:innen) dem Narrativ der europäischen Geschichte einzuverleiben, kritisch hinterfragt.

Aus den genannten Gründen widmet sich dieses Kapitel der Frage nach dem Status frühchristlicher Texte und Gelehrter im Rahmen einer Philosophiegeschichtsschreibung sowohl unter inhaltlichen als auch geographischen Aspekten. Im ersten Schritt wird in die Debatten um den Status frühchristlicher Gelehrter im Rahmen einer Philosophiegeschichte eingeführt. Danach wird die Verflechtung einiger ausgewählter Gelehrter in den interkulturell geprägten Kontext der nordafrikanischen Provinzen des Römischen Reiches geschildert und die Frage nach der Bedeutung von Herkunft und Wirkungsort für philosophische Konzepte diskutiert.

Da die bisherige Forschung die Verbindung zum griechisch-römischen Erbe in den Mittelpunkt gestellt hat, wurde in den Texten frühchristlicher Gelehrter nach Spuren anderer Traditionen – Verbindungslinien etwa zu den christlich-nubischen Reichen oder dem Alten Äthiopien – kaum gesucht. Und selbst im Rahmen der Debatten um die Geschichte der Philosophie Afrikas werden diese Verbindungslinien bislang kaum gezogen. Aus diesem Grund werde ich in diesem Kapitel in einem weiteren Schritt kurz auf die christlichen nubischen Reiche verweisen, schwerpunktmäßig aber

8 Masolo, »African Philosophers in the Greco-Roman Era«, S. 62.

die Untersuchungen von Claude Sumner erörtern, der bereits in den 1970er Jahren versucht hat, philosophische Traditionslinien zwischen dem Alten Ägypten, dem frühchristlichen Nordafrika und der christlichen Philosophie Äthiopiens aufzuzeigen. Die von ihm untersuchten Werke aus der für uns in diesem Kapitel interessanten Epoche umfassen den *Physiologus* beziehungsweise *Fisalgʷos, Das Buch der Philosophen* und *Das Leben und die Maximen des Skendes*. Bei diesen frühchristlichen Texten handelt es sich um Übersetzungen (aus dem Griechischen oder aus späteren Jahrhunderten vermittelt auch über das Arabische) in die altäthiopische Literatursprache Geʿez. Diese Übersetzungstätigkeit macht die enge Verbundenheit des afrikanischen christlichen Denkraums deutlich, der sich von Nordafrika über das Gebiet des heutigen Sudan bis hin nach Äthiopien erstreckte. Dabei misst Sumner in seiner akribischen philologisch-hermeneutischen Untersuchung der genannten Texte insbesondere dem Prozess des Übersetzens eine große Bedeutung bei, da in diesem Zusammenhang zugleich ein Übersetzen von Kultur beziehungsweise eines bestimmten epistemischen Rahmens erfolge, der jede Übersetzung zu etwas Eigenständigem mache.

Eine besondere Bedeutung nimmt in Sumners Untersuchungen der Skendes-Text ein. Trotz oder gerade wegen seiner philosophiehistorischen Relevanz ist eine kritische Auseinandersetzung mit diesem Text, in dem ein höchst problematisches Frauenbild vermittelt wird, dringend geboten. So endet dieses Kapitel mit der von Gail Presbey vorgeschlagenen feministischen Lesart des Textes, die zugleich als ein wichtiges Beispiel dienen soll, wie die Auseinandersetzung mit frühen Texten heute erfolgen kann. Zudem wird am Ende dieses Kapitels auf einige wichtige Frauengestalten aus der Phase der Entstehung des Christentums hingewiesen, die in herkömmlichen Philosophiegeschichten ebenso wenig Erwähnung finden. Im letzten Abschnitt dieses Kapitels werden die gewonnenen Erkenntnisse thesenhaft zusammengefasst und es wird für die Anwendung einer verflechtungsgeschichtlichen Perspektive auf die frühchristliche Philosophie argumentiert.

7.1. Gehören frühchristliche Texte in eine Geschichte der Philosophie?

Die Zeit der Entstehung des Christentums im 1. Jahrhundert CE war eine Phase innerer wie äußerer Stabilität und Prosperität für das Römische Reich, das am Anfang des 2. Jahrhunderts CE seine größte Ausdehnung erreichte. Auch Wissenschaft und Philosophie erlebten in dieser Epoche eine Blütezeit: Marcus Aurelius begründete in Rom Lehrstühle für Philosophie, der Astronom Ptolemäus und der Arzt Galen wirkten in dieser Zeit. Griechisch war noch die Sprache der gebildeten Oberschicht, der Wissenschaft und Philosophie. Etwa ab dem 2. Jahrhundert begann eine intensive Auseinandersetzung christlicher Denker:innen mit der im Römischen Reich vorherrschenden Weltanschauung und Philosophie. Für diese Art der Auseinandersetzung bestand eine dringende Notwendigkeit, denn die neuen Glaubensüberzeugungen und der Wandel der Lebensweise mussten rational begründet werden, auch um gegen die wachsenden Anschuldigungen und Verleumdungen gewappnet zu sein. Seit die christlichen Sekten größeren Zulauf und Einfluss gewannen, wurden sie der römischen Obrigkeit zunehmend suspekt. Spätestens seit Kaiser Nero (ca. 54-68 CE) nahm die Christenverfolgung zu und galt das offene Bekenntnis zum Christentum als Hochverrat, und zwar nicht nur, weil die Christen es ablehnten, die Götter der staatlich geförderten Religion zu verehren, was ihnen Atheismusvorwürfe eintrug und sie als Bedrohung der staatlichen Ordnung erscheinen ließ, sondern auch, weil sie einen Mann als Gott verehrten, den die Römer als Hochverräter hingerichtet hatten. Zudem wurden Teile christlicher Rituale, wie die liturgische Feier des Abendmahls – der Genuss des Fleisches und Bluts Christi – mit Verwunderung und Ablehnung betrachtet und brachten ihnen Kannibalismusvorwürfe ein.

Dieser Diskurs verfolgte im Wesentlichen drei Ziele: Zum Ersten diente er der Selbstverständigung und Klärung von Inhalten und Glaubenssätzen der Heiligen Schrift, die verschiedene Probleme eher vage formuliert. Zum Zweiten diente er der Verteidigung der eigenen religiösen Anschauungen und Praktiken gegen die Mehrheit der Nichtchristen, die gemeinhin als »Heiden« bezeichnet wurden, aber nicht ohne einen Gott (wie zum Beispiel die Juden) oder verschiedene Götter (Römer, Ägypter) lebten. Hier wurde ganz bewusst auf einen Anschluss an frühere und zeitgenössische religiöse und philosophische Konzepte gesetzt. Zum Dritten zielte die Rechtfertigung und rationale Begründung des christlichen Glaubensbekenntnisses auf die Bekehrung der gebildeten Schichten des Römischen Reichs zum Christentum.[9] Dafür war es nötig, an vorherrschende Vorstellungen und Theorien anzuknüpfen, um in Auseinandersetzungen mit Nichtchristen überzeugend zu argumentieren. So verweisen etliche christliche Gelehrte in ihren Texten darauf, dass Grundannahmen ihrer Religion bereits in der griechischen Philosophie zu finden seien, wie zum Beispiel die Vorstellung von zwei Welten, der Unsterblichkeit der Seele oder der Schaffung der Welt aus einem göttlichen Geist bei Platon. Debatten zwischen christlichen und griechisch-römischen Gelehrten kreisten insbesondere um jene Stellen, über die die Heilige Schrift keine oder nur unzureichende Auskunft gibt.

Die Verbindung frühchristlicher Werke zur griechisch-römischen Philosophie, die zu einem wichtigen Instrument des Frühchristentums in der Ausformung und Begründung der eigenen Weltanschauung wurde, ist bereits eingehend untersucht.[10] Ebenso interessant wäre jedoch ein Vergleich mit Vorstellungen aus dem Alten Ägypten, zumal eine beträchtliche Anzahl frühchristlicher Denker:innen aus Regionen stammt, die zum Ägyptischen Reich gehörten, oder dort einen Großteil ihres Lebens verbrachte.[11]

9 Karamanolis fasst die Funktion der Beschäftigung und Auseinandersetzung mit den in jener Zeit vorherrschenden philosophischen Schulen so zusammen: »[…] (a) um die Aussagen der Schrift zu formulieren, zu spezifizieren und zu rechtfertigen; (b) um Streitigkeiten innerhalb des Christentums darüber beizulegen, wie die Aussagen der Schrift am besten zu verstehen sind; und (c) um die Möglichkeit des christlichen Glaubens und die Erreichbarkeit von Wissen durch die Christen gegen die Herausforderungen des Skeptizismus zu verteidigen.« Karamanolis, *The Philosophy of Early Christianity*, S. 13. Übersetzung A. G.

10 Vgl. Karamanolis, *The Philosophy of Early Christianity* oder J. Pelikan, *Christianity and Classical Culture: The Metamorphosis of Natural Theology in the Christian Encounter with Hellenism*, New Haven 1993.

11 Im Kontext des Frühchristentums wäre eine vergleichende Studie mit der Inschrift des Steins von Shabako (ca. 707/706 bis 691 BCE) als zentralem Zeugnis der sogenannten Memphis-Theologie oder -Philosophie (vgl. Kapitel 5.1.) ein interessanter Anknüpfungspunkt, da hier bereits auf eine Schöpfung durch das Wort verwiesen wird und Parallelen zum Beginn des Johannesevangeliums gezogen werden können. Darüber hinaus können altägyptische Vorstellungen noch bis zur Ansiedlung der koptischen Klöster in Ägypten nachverfolgt werden. For-

Für den Einfluss der griechisch-römischen Philosophie auf frühchristliche Denker:innen gibt es eine Vielzahl an Belegen.[12] Zudem betonen viele Gelehrte selbst, dass sie eine philosophische Ausbildung durchlaufen haben, und nehmen für sich in Anspruch, Philosophie zu betreiben. Dazu gehört unter anderem Justinus der Märtyrer (ca. 100-165 CE), der in seinem *Dialog mit dem Juden Trypho* erklärt, dass das Christentum Philosophie sei, und zwar die Vervollkommnung der Philosophie.[13] Ähnliche Argumente finden wir bei anderen Gelehrten, wie zum Beispiel Clemens von Alexandrien.[14] Dieses Selbstverständnis wird in den folgenden Jahrhunderten in Frage gestellt. Dazu hat die kirchengeschichtliche Bedeutung vieler frühchristlicher Gelehrter sicherlich beigetragen. Denn bei der Mehrzahl der in diese Epoche einzuordnenden Denker handelt es sich entweder um Gelehrte, die sich auch, aber nicht schwerpunktmäßig philosophisch betätigten, oder um ausgebildete Philosophen, die nach ihrer Bekehrung zum Christentum zentrale philosophische Fragen im Sinne der christlichen Lehre zu erläutern versuchten. Einige von ihnen werden aufgrund ihrer Bedeutung für die christliche Lehre und das Selbstverständnis des Christentums als Kirchenväter bezeichnet. Dazu gehören Origenes, Tertullian und Clemens von Alexandrien. Nicht zuletzt der ebenfalls zur Bezeichnung dieser Epoche gebräuchliche Begriff der *Patristik*[15]

schungen in dieser Richtung lassen zumindest aus philosophischer Perspektive noch auf sich warten, was deutlich macht, wie stark bestimmte Vorannahmen Forschungsinteressen in einer Disziplin grundlegend formen: Solange Philosophie im Alten Ägypten nicht vermutet wird, wird es kaum Intentionen geben, die Erforschung frühchristlicher Schriften um dieses Spektrum und den Einfluss weiterer Denkströmungen in diesem Kontext zu erweitern.

12 Beispielsweise wird bei Clemens von Alexandrien, Origenes und Eusebius deutlich, dass sie sich in einem Dialog mit Platons Werk befanden. Clemens setzt sich zudem mit Aristoteles sowie mit Galen auseinander, Origenes bezieht sich ebenso wie Tertullian auf die Stoiker.

13 Justinus, *Des heiligen Philosophen und Martyrers Justinus Dialog mit dem Juden Tryphon*, Kempten/München 1917.

14 Vgl. Clemens' »Wissenschaftliche Darlegungen entsprechend der wahren Philosophie« in sieben Büchern. Zur »wahren Philosophie« siehe *Stromateis,* Zweites Buch, Kapitel XI, 48.1 oder Kapitel XXII, 131.2; zur »auf der göttlichen Überlieferung begründete[n] Philosophie« siehe Erstes Buch, Kapitel XI, 52.2.

15 Die Patristik wird oft noch weiter unterschieden in griechische Patristik und lateinische Patristik. Vgl. H. Görgemanns, G. Podskalsky u. a., »Patristik und Mittelalter«, in: Ritter/Gründer, *Historisches Wörterbuch der Philosophie*, Band 7,

(Wissenschaft, die sich mit den Kirchenvätern beschäftigt) verweist auf ein Grundproblem im Zusammenhang mit der Philosophiegeschichtsschreibung: Der Vorrang der Theologie vor der Philosophie war für diese Gelehrten selbstverständlich. Philosophie wurde im Wesentlichen als Instrument zur Klärung theologischer Fragen herangezogen. Grundannahme war, dass die natürliche Vernunft, wie sie in der Philosophie behandelt wird, der Theologie als höchster Wissenschaft unterstehe. Oft wird zur Illustration dieses Verhältnisses auf die Formulierung *Philosophia ancilla theologiae* des italienischen Bischofs und Kirchenlehrers Petrus Damian (ca. 1006-1072) verwiesen. Aber bereits Zeitgenossen wie der Arzt und Philosoph Galen (ca. 129-216 CE), der Satiriker Lukian von Samosata (ca. 120-200 CE), Celsos[16] (ca. 2. Hälfte des 2. Jahrhunderts CE) oder Porphyrios (233-305 CE) kritisieren, dass christliche Gelehrte ihre Ansichten keiner unabhängigen Prüfung unterziehen, sondern in erster Linie ihrem Glauben vertrauen.[17]

S. 616-630; P. Schulthess, R. Imbach, *Die Philosophie im lateinischen Mittelalter: Ein Handbuch mit einem bio-bibliographischen Repertorium*, Zürich 1996.

16 Celsos ist bekannt als Verfasser der *Wahren Lehre*, die als älteste Streitschrift gegen das Christentum gilt. Das Werk in altgriechischer Sprache ist nur bruchstückhaft überliefert; der Inhalt kann nur aufgrund zahlreicher Zitate in der Gegenschrift des Origenes *Gegen Celsos* in seinen Grundzügen rekonstruiert werden. Nach momentanem Forschungsstand ist die Schrift *Wahre Lehre* in Alexandria entstanden. Vgl. I. Männlein-Robert, »Kelsos (von Alexandrien?)«, in: C. Riedweg u. a. (Hg.), *Philosophie der Kaiserzeit und der Spätantike* (*Grundriss der Geschichte der Philosophie. Die Philosophie der Antike*, Band 5/1), Basel 2018, S. 665-672, hier S. 666 f.; M. Fiedrowicz, »Einleitung«, in: Origenes, *Contra Celsum. Gegen Celsus*, Teilband 1, Freiburg i. Br. 2011, S. 35; H. E. Lona, *Die ›Wahre Lehre‹ des Kelsos*, Freiburg i. Br. 2005, S. 56 f. Der Entstehungsort ist aber weiterhin umstritten, siehe dazu J. Whittaker, »Celsus«, in: R. Goulet (Hg.), *Dictionnaire des philosophes antiques*, Band 2, Paris 1994, S. 255 f. Die Entstehungszeit wird zwischen 176 und 180 CE gesetzt, vgl. Lona, *Die ›Wahre Lehre‹ des Kelsos*, S. 54 f. Celsos scheint mit der altägyptischen Religion ebenso bekannt gewesen zu sein wie mit der jüdischen Theologie, siehe dazu u. a. H. Chadwick, *Origen: Contra Celsum*, Cambridge ^{2}1965, S. 3, 17, 19; 8, 58. Unter der »wahren Lehre« versteht Celsos ein anfängliches, den ältesten Völkern und insbesondere deren Weisheitslehrern ursprünglich gemeinsames religiös-philosophisches Wissen, das in den Schriften der Weisen niedergelegt sei. Als Träger solcher Überlieferungen nennt er mehrere Völker, darunter die Ägypter, Assyrer, Inder und Perser ebenso wie die keltischen Druiden. Vgl. Origenes, *Acht Bücher gegen Celsus*, München 1926, Buch I, Kap. 14.

17 Karamanolis, *The Philosophy of Early Christianity*, S. 3-4.

Trotzdem ist der Begriff »Kirchenväter« nicht unproblematisch – und zwar nicht nur aus feministischer Perspektive, da damit die gelehrten christlichen Frauen, die ebenfalls zur Herausformung der christlichen Weltanschauung und Lebensweise beigetragen haben, aus dem Blick geraten.[18] Mit Begriffen wie »Patristik« oder »Kirchenväter« wird das Studium ihrer Schriften bereits in den Bereich der Theologie verschoben und eine theologische Lesart gefordert. Zudem wird die Unterschiedlichkeit der Themen und Meinungen dieser Denker:innen aus ganz verschiedenen Jahrhunderten durch eine suggerierte Einmütigkeit ersetzt. Gerade in der Phase der Herausbildung der kirchlichen Lehre und des kirchlichen Kanons konnte von Einmütigkeit aber keineswegs die Rede sein. So beklagt bereits Origenes, dass es unter den Christen ebenso viele verschiedene Auffassungen wie unter den heidnischen Philosophen gebe.[19] Eine Reihe von Theologenstreiten in dieser Zeit und den folgenden Jahrhunderten zeugt ebenfalls von der Pluralität der Auffassungen und Interpretationen. Andererseits war es das erklärte Ziel der frühchristlichen Gelehrten, die eigene Lehre als von dem einen und einzigen Gott kommend, mithin als einheitlich und damit als schlechthin wahr darzustellen, und zwar in Abgrenzung zum griechisch-römischen ebenso wie zum ägyptischen Erbe.[20]

Einwände gegen die Aufnahme der frühchristlichen oder gar der gesamten christlichen Philosophie in die Philosophiegeschichte kommen aus höchst unterschiedlichen Richtungen und reichen von den Aufklärern bis hin zur marxistischen Philosophiegeschichtsschreibung. Dabei wird christlicher Philosophie im Grunde strömungsübergreifend vorgeworfen, dass sie sich auf dem Boden einer Religion bewege, deren Grundsätze nicht kritisch hinterfragt, sondern im Gegenteil als (einzige) Wahrheit vorausgesetzt werden. So kritisieren viele Aufklärer an der christlichen Philosophie, dass sie das Wesen der Philosophie, nämlich deren Autonomie und Freiheit, aufgebe, wenn sie sich unter das Diktat einer Religion stelle. Eine solche kritische Haltung nimmt beispielsweise Hegel in seiner *Geschichte der Philosophie* gegenüber der mittelalterlichen

18 Dazu gehören u. a. Perpetua, Faltonia Betitia Proba und Makrina die Ältere und die Jüngere.

19 Siehe u. a. Origenes, *Acht Bücher gegen Celsus*, Drittes Buch, Kapitel 11 bis 13.

20 Siehe dazu die näheren Ausführungen zu Clemens in Kapitel 4.

Philosophie[21] ein. Er betrachtet sie im Wesentlichen als Theologie, denn der Geist der Philosophie sei durch Freiheit charakterisiert.[22] Der gravierende Unterschied zwischen Philosophie und religiösem Denken bestehe darin, dass Philosophie die Wahrheit im Prozess rationaler Erkenntnis erstrebe, während Religion die Wahrheit in Gott und der Offenbarung bereits voraussetze. Karl Vorländer beschreibt das Verhältnis wie folgt:

Nur in sehr bedingtem Sinne kann man von einer *Philosophie* des christlichen Mittelalters sprechen: sofern man nämlich unter Philosophieren rein *vernunft*gemäßes, von allen Autoritäten unabhängiges Denken versteht. Während die antike Philosophie gerade in der Losreißung von der nationalen Glaubenslehre (Mythologie) erwächst und groß wird, ruht die gesamte mittelalterliche Philosophie, wenn wir von der arabisch-jüdischen Episode [...] absehen, auf dem Grunde des kirchlichen Dogmas. Immerhin hat sich innerhalb dieser Schranken so viel philosophischer Scharfsinn entfaltet, der in mancher Beziehung auch auf die Philosophie der Neuzeit eingewirkt hat, daß dieser Zeitabschnitt nicht einfach übergangen werden darf.[23]

In dieser Lesart kann zwar nur unter bestimmten Bedingungen von Philosophie im europäischen Mittelalter gesprochen werden, den Texten und dem Denken der mittelalterlichen Gelehrten wird der Status als Philosophie aber nicht rundweg abgesprochen. Radikaler geht Albert Schwegler in seiner *Geschichte der Philosophie* aus dem Jahr 1861 vor. Er begründet den pauschalen Ausschluss der mittelalterlichen Philosophie, die er zwischen den Neuplatonikern und dem »Uebergang zur neueren Philosophie (Baco, Bruno, Böhm)« auf gerade mal zwei Seiten abhandelt, so:

Wo und wann fängt die Philosophie an? [...] [O]ffenbar da, wo zuerst ein letztes philosophisches Prinzip, ein letzter Grund des Seienden auf philosophischem Wege gesucht wird. Also mit der griechischen Philosophie. Die orientalische (chinesische und indische) sogenannte Philosophie (vielmehr Theologie oder Mythologie) und die mythischen Kosmogonieen des ältesten Griechenthums fallen mithin aus unserer (begrenzteren) Aufgabe weg. Wir lassen die Geschichte der Philosophie, wie schon Aristoteles ge-

21 Zur Kritik am Begriff »Mittelalter« siehe A. Speer: »›qui prius philosophati sunt de veritate ...‹ Mittelalterhistoriographie im Wandel«, in: M. Mauriège, A. Speer (Hg.), *Irrtum – Error – Erreur*, Berlin 2018, S. 783-809.

22 Hegel, *Vorlesungen über die Geschichte der Philosophie*, Band III, S. 49-50, 53.

23 Vorländer, *Geschichte der Philosophie*. Band 1, S. 217.

than hat, mit Thales beginnen. Aus ähnlichen Gründen scheiden wir auch die Philosophie des christlichen Mittelalters oder die Scholastik aus: sie fällt, da sie nicht sowohl Philosophie als ein Philosophiren oder Reflektiren innerhalb der Voraussetzungen einer positiven Religion, also wesentlich Theologie ist, der Wissenschaft der christlichen Dogmengeschichte zu.[24]

Schweglers Begründung für den Ausschluss der christlichen Philosophie aus seiner Philosophiegeschichte zitiere ich so ausführlich, da er in gewisser Weise konsequent handelt: Wenn vorgriechische Denktraditionen ebenso wie chinesische oder indische Schulen aufgrund der ihm nicht eindeutig genug vorliegenden Trennung zwischen mythischem/religiösem und vernunftbasiertem Denken ausgeschlossen werden müssen, dann muss dieses Kriterium auch auf europäische Denktraditionen wie die Scholastik oder die Texte frühchristlicher Gelehrter Anwendung finden. Schwegler ist zumindest nicht vorzuwerfen, dass er mit zweierlei Maß misst. Deutlich wird hier erneut, wie eng die Bewertung und Einordnung von Denktraditionen mit einem jeweils vorausgesetzten Philosophiebegriff in Verbindung steht.

Kommen wir nun zu Argumenten für den Einschluss frühchristlicher Gelehrter in die Philosophiegeschichte: Ein wichtiger Beweisgrund bezieht sich auf die ideengeschichtliche Traditionslinie, in die sich das Werk frühchristlicher Gelehrter einordnet. So wird argumentiert, dass es zwischen griechisch-römischer Philosophie und frühchristlichen Texten und Konzepten zahlreiche Überschneidungen und Kontinuitäten sowie einen intensiven Dialog gab. Viele der christlichen Gelehrten durchliefen eine philosophische Ausbildung und benutzen in ihren Schriften Argumente aus der griechisch-römischen Philosophie und der Logik, um ihre Grundsätze zu begründen. Darüber hinaus geben sie auf bereits aufgeworfene philosophische Fragen und Probleme neue Antworten vor dem Horizont der christlichen Weltanschauung. Ein solches Argument bewegt sich im Rahmen einer europäischen Denktradition, in der die antike griechische Philosophie als Vorbild gilt und die Legitimation für einen Einschluss in die Philosophiegeschichte aus dem

24 A. Schwegler, *Geschichte der Philosophie im Umriß,* Stuttgart ^{4}1861, S. 4. Noch kürzer handelt Charles Batteux die mittelalterliche Philosophie ab, nämlich auf einer halben Seite, vgl. C. Batteux, *Geschichte der Meynungen der Philosophen von den ersten Grundursachen der Dinge*, Leipzig 1773, S. 315-316. Ich danke Franz M. Wimmer für diesen Hinweis.

Anschluss frühchristlicher Gelehrter an die griechische Tradition und die Ähnlichkeiten in Inhalt und Form gewonnen wird. Auf philosophische Traditionen, die den Griechen vorausgingen oder unabhängig vom antiken Griechenland entstanden, lässt sich dieses europazentrierte Argument nicht anwenden.

Ein weiterer Beleg bezieht sich auf die Art der Argumentation: Es wird angeführt, dass an einigen der vorliegenden Texte frühchristlicher Gelehrter nachgewiesen werden kann, dass kritisch auf die Fragen der Zeit reflektiert wird – wenn auch im Rahmen einer christlichen Weltanschauung. Außerdem wird die Einordnung in eine Philosophiegeschichte mit inhaltlichen Aspekten gerechtfertigt: Ein zentraler Topos der frühchristlichen Philosophie sind erkenntnistheoretische Fragen, die insbesondere das Verhältnis von Glauben und Wissen betreffen. Um den Stellenwert menschlicher Erkenntnis und Rationalität entbrannte bereits in der frühchristlichen Epoche eine Kontroverse, die auch den späteren Diskurs der christlichen Philosophie weitgehend geprägt hat.

Ein weiteres Argument geht in die Richtung einer Soziologie der Philosophie[25] und betrifft die Anerkennung von Autoritäten in philosophischen Diskursen. Hier wird darauf verwiesen, dass nicht nur christliche oder islamische Gelehrte oder Vertreter des Konfuzianismus bestimmte Autoritäten (in den genannten Fällen die Bibel, den Koran oder die Lehre des Konfuzius) und deren Grundthesen anerkennen und zum Ausgangspunkt ihrer Überlegungen machen, sondern auch Vertreter:innen einer bestimmten philosophischen Schule. Das Philosophieren im Rahmen einer Denkschule beinhaltet die Anerkennung bestimmter Lehrsätze dieser Schule. Platoniker zum Beispiel stellen die Unsterblichkeit der Seele nicht in Frage oder die Unterscheidung zwischen der Welt der Sinne und der Welt der Ideen. Solche geteilten Grundannahmen kennzeichnen bis heute die Vertreter:innen bestimmter Schulen. Schulzugehörigkeiten werden in der europäischen und nordamerikanischen Philosophie inzwischen immer weniger wichtig, in der Antike gehörten aber alle bekannten Philosoph:innen einer bestimmten Schule an. Hierin unterschieden sich die christlichen Gelehrten nicht von anderen Philosophieschulen, wie auch Origenes betont.[26] Dies ist ferner

25 Vgl. R. Collins: *The Sociology of Philosophies.*

26 Siehe u. a. Origenes, *Acht Bücher gegen Celsus*, Erstes Buch, Kapitel 10.

eine Gemeinsamkeit mit der Praxis des Philosophierens in Asien, wo Schulzugehörigkeit bereits in frühen Jahrhunderten von großer Bedeutung war und bis heute eine große Bedeutung besitzt.[27] Wie die Praxis des Philosophierens in den verschiedenen philosophischen Schulen der Welt zeigt, bedeutet die Anerkennung einer Autorität nicht, dass damit dem Streit der Gedanken ein Ende gesetzt würde. Vielmehr gibt es auch in einem vorgegebenen Rahmen Interpretationsspielräume und divergierende Auffassungen, die sich argumentativ aneinander reiben. Darüber hinaus ist das Aufzeigen von Grenzen des Erkennbaren philosophischer Arbeit immanent.

Dass der Glaube kein Erkenntnishindernis ist, zeigt im Übrigen die Tatsache, dass der Glaube an einen Gott (oder mehrere Götter) die Mehrzahl der Philosoph:innen von den Anfängen des Philosophierens in den verschiedenen Regionen der Welt bis heute begleitet. Die Trennung zwischen Philosophie und Religion wurde im Grunde genommen erst vor relativ kurzer Zeit (in der Zeit der Aufklärung) in Europa vollzogen – und nur von einem kleinen Teil der Philosoph:innen tatsächlich praktiziert. Thematisch war die Philosophie stets eng mit der Religion verbunden, sei es in der Frage nach der Natur Gottes, die seit der griechischen Antike stets wichtiger Bestandteil der Philosophie war, sei es in Untersuchungen zur Natur des religiösen Bewusstseins selbst. Und selbst die Ausübung religiöser Ämter oder Rituale steht nicht im Widerspruch zum Betreiben von Philosophie, wie einige Philosophen der griechischen Antike gezeigt haben.[28] Seit der antiken griechischen Philosophie enthielt philosophisches Denken in Europa immer religiöse Komponenten. Von Anfang an standen Religion und Philosophie in einem verwickelten Verhältnis zueinander. Erst mit dem Zeitalter der Aufklärung begann der Versuch einer ›Reinigung‹ der Philosophie von religiösen Komponenten.

Um es zusammenzufassen: Für den Ansatz einer Philosophiegeschichtsschreibung in globaler Perspektive ist es wichtig, bei der Entscheidung über den Einschluss oder Ausschluss von Denktraditionen gleiche Maßstäbe anzusetzen. Das bedeutet mit Blick auf die frühchristliche Philosophie, dass ein gut begründeter Einschluss – der nicht nur auf dem eurozentrischen Argument der Kontinui-

27 Man denke hier an die verschiedenen buddhistischen Schulen in Indien oder die Schulen des Konfuzianismus, Daoismus und Legalismus in China.

28 Wie zum Beispiel Pythagoras oder Plutarch, der Oberpriester in Delphi war.

tät mit der griechisch-römischen Philosophie beruht – auch viele andere religiöse Philosophien und philosophische Religionen umfassen muss. Aus diesem Grund ist der Diskurs um den Status der frühchristlichen Philosophie innerhalb der Philosophiegeschichte von überregionaler Bedeutung.

7.2. Verflechtungen oder: Die Bedeutung des Ortes

Welche Bedeutung haben Herkunft und Ort – als ein geographisch, historisch, sozial, kulturell, spirituell und ideengeschichtlich bestimmter Schnittpunkt – auf das Denken und Wirken von Philosoph:innen und auf deren Werk? Welche Konsequenzen ergeben sich daraus für die Einordnung in eine Philosophiegeschichte? Dies sind im Grunde die Fragen, auf die der Streit um die Zuordnung von Denker:innen reduziert werden kann. Die nordafrikanischen frühchristlichen Gelehrten sind hier nur ein Beispiel. Andere Grenzfälle sind mit Blick auf Afrika und seine Diaspora Anton Wilhelm Amo im 18. Jahrhundert, auf den wir im Kapitel 9 zu sprechen kommen, oder Frantz Fanon im 20. Jahrhundert. Viele andere Fälle von ›Grenzgänger:innen‹ lassen sich weltweit finden – und sind in einer zunehmend globalisierten Welt in steigender Anzahl zu erwarten. Nicht zuletzt ist es genau diese Frage der Verortung, die bis heute an Philosoph:innen und andere Akademiker:innen gerichtet wird, die aus ehemals kolonisierten Regionen mit einem je eigenen kultur-, sprach- und ideengeschichtlichen Erbe stammen, dabei aber zugleich in den Sprachen des ehemaligen Kolonisators denken und arbeiten. In welche Geschichte der Philosophie gehört eine nigerianische Kantspezialistin? Wo lässt sich ein deutscher Philosoph einordnen, dessen Schwerpunkt die indische Philosophie ist?[29]

29 Eines der wichtigsten Bücher zur Frage der Verortung von Philosophie stammt von Bruce Janz, *Philosophy in an African Place*. Janz bezieht sich in seinen Ausführungen auf die Frage nach der Bedeutung des Ortes für die Gegenwartsphilosophie Afrikas – nicht auf historische Epochen. In den letzten Jahren hat die Untersuchung der Bedeutung des Ortes für das Philosophieren zugenommen. Vgl. dazu: A. Schlitte, T. Hünefeldt u. a. (Hg.), *Philosophie des Ortes. Reflexionen zum Spatial Turn in den Sozial- und Kulturwissenschaften*, Bielefeld 2014; M. Ates, J. Garrison u. a. (Hg.), *Orte des Denkens/Places of Thinking*, Freiburg i. Br. 2016; P. D. Hershock, R. T. Ames, *Philosophies of Place: An Intercultural Conversation*, Honolulu 2019.

Mit Blick auf die Zeit des Frühchristentums steht das soziale, kulturelle, religiöse und geistige Milieu zur Debatte, welches das Denken der frühchristlichen Gelehrten geprägt hat. Insbesondere zwei auf dem afrikanischen Kontinent gelegene Städte sind als ideengeschichtliche Schmelztiegel in dieser Epoche von besonderer Bedeutung: Alexandria und Karthago. Karthago (nahe dem heutigen Tunis in Tunesien), eine phönizische Gründung aus dem 9. oder 8. Jahrhundert BCE, gehörte im 4. bis 3. Jahrhundert BCE aufgrund des prosperierenden Seehandels zu den reichsten Städten des Mittelmeerraums. Nach der Niederlage in den Punischen Kriegen gegen das aufstrebende Rom erfolgte der ökonomische und politische Niedergang. Aber bereits im 2. Jahrhundert CE gehörte Karthago mit über 300 000 Einwohnern nach Rom, Alexandria und Antiochia wieder zu den größten Städten des Römischen Reiches. Zur selben Zeit wurde Karthago zu einem Zentrum des frühen Christentums in Nordafrika. Hier befand sich der wichtigste Bischofssitz neben Rom in der westlichen Reichshälfte. In Karthago vereinten sich phönizisches und römisches mit dem ideengeschichtlichen Erbe verschiedener indigener Völker, die gemeinhin bis heute mit dem Begriff »Berber«[30] bezeichnet werden.

Das 331 BCE von Alexander dem Großen gegründet Alexandria, das bereits an das Erbe Ägyptens anschließen konnte, entwickelte sich seinerseits schnell zu einem geistigen Zentrum und zur zweitgrößten Stadt des Römischen Reiches. Über Jahrhunderte war die Stadt mit den wohl größten Bibliotheken der antiken Welt Anziehungspunkt für Gelehrte und ein Ort, an dem die verschiedensten philosophischen Schulen eine Heimat fanden – von der griechischen Philosophie, der Bewegung der Neupythagoreer und dem Neuplatonismus (der hier noch bis ins 7. Jahrhundert CE vertreten wurde) über die jüdisch-alexandrinische Philosophie (Philon von Alexandria, ca. 15/10 BCE - 40 CE) bis hin zur frühchristlichen Philosophie und der Gründung der christlichen Katechetenschule im 2. Jahrhundert CE. Aber nicht nur diese ideengeschichtliche Tradition formte das frühchristliche Denken, sondern ebenso der Einfluss der ägyptischen Mythologie, Philosophie und Wissenschaft. Ein bekanntes Beispiel ist der aus dem Gebiet des heutigen Libyen stammende Synesios von Kyrene (373-414 CE), der 411 zum Bi-

30 Die Eigenbezeichnung lautet *imazighen* (Freie). Überwiegend wird zur Eigenbezeichnung der jeweilige Volksname verwendet, wie zum Beispiel Tuareg.

schof von Ptolemais gewählt wurde. Synesios bedient sich in seinen *Ägyptischen Erzählungen* der aus dem Alten Ägypten stammenden Überlieferung vom Kampf zwischen Osiris und seinem Bruder Seth (der bei Synesios Typhon heißt), um politische Machtkämpfe im damaligen Konstantinopel zu illustrieren und zu kritisieren. Martin Hose argumentiert, dass Synesios die im ägyptischen Mythos verankerte Vorstellung vom Kreislauf des Kosmos, der zur Wiederholung der Geschicke der Menschen führt, im Sinne einer archaischen Erinnerung an ein sich wiederholendes Geschehen nutzt. Damit »greift er eine zentrale Denkfigur der ägyptischen Kultur auf, nach der die Geschichte eine ständige Wiederholung eines im Mythos formulierten Geschehensgrundmusters ist.«[31] Darüber hinaus betont Hose:

> Wenn Synesios […] auf Ägypten zugriff, so bedeutet dies für seine Zeit natürlich keine Reise ins Unbekannte: Denn in den griechischen und lateinischen Texten der Spätantike werden ägyptische Bräuche und Kulte immer wieder erwähnt, teils als Komponente mit Altersbeweisen von Weisheit, teils in Verschränkung mit dem Alten Testament, teils auch unabhängig. Zugleich konnte aber Synesios damit auch den Autoritätsgestus wiederholen, den Platon ausführte, wenn er im *Timaios* (22b) den ägyptischen Priester gegenüber dem kanonischen griechischen Weisen Solon die Griechen als ewige Kinder apostrophieren lässt.[32]

Philosophiegeschichtlich ist Alexandria zudem von Bedeutung, da es die Heimat einiger Philosophinnen war, über deren Wirken uns Belege vorliegen. Die berühmteste ist die Mathematikerin, Astronomin und Philosophin Hypatia von Alexandrien (ca. 355-415/416 CE),[33] die insbesondere aufgrund ihres gewaltsamen Todes in die Geschichtsbücher und als Motiv in die Kunst eingegangen ist. Von

31 Synesios von Kyrene, *Ägyptische Erzählungen oder Über die Vorsehung*, Tübingen 2012, S. 22-23. An dieser Stelle sei erinnert, dass bereits Plutarch ein Buch *Über Isis und Osiris* geschrieben hat, in dem er die Geschichte von Isis und Osiris als eine Kosmogonie erklärt und dabei vom Wirken einer guten und einer bösen Macht im Kosmos ausgeht. Synesios könnte auf diese Schrift zurückgegriffen haben. Plutarch, *Über Isis und Osiris*, hg. v. G. Parthey, Berlin 1850.

32 Synesios von Kyrene, *Ägyptische Erzählungen*, S. 21 f.

33 Weiterführende Literatur: M. Dzielska, *Hypatia of Alexandria*, Cambridge 1996; E. J. Watts, *Hypatia: The Life and Legend of an Ancient Philosopher*, New York 2017; M. E. Waithe (Hg.), *A History of Women Philosophers*, Band 1, *Ancient Women Philosophers: 600 B.C. -500 A.D.*, Dordrecht 1987.

ihren Werken ist leider nichts erhalten geblieben. Drei verlorene Werke werden in der *Suda*[34] erwähnt: ein »Kommentar zu Diophantos«, eine »Astronomische Richtschnur« und eine Schrift »Zu den ›Kegelschnitten‹ des Appollonios«. Berichtet wird zudem, dass Hypatia öffentlich unterrichtete und sowohl die Schriften Platons als auch die des Aristoteles auslegte und überhaupt über jeden beliebigen Philosophen dozierte, wie Damaskios behauptet. Da von ihr keine einzige konkrete mathematische, naturwissenschaftliche oder philosophische Aussage überliefert ist, kann zu den Inhalten ihrer Lehre wenig gesagt werden. Vermutet wird, dass sie einen mit kynischem Gedankengut angereicherten Neuplatonismus vertrat. Gilles Ménage, der 1690 eine der ersten Philosophinnengeschichten in Europa veröffentlichte,[35] beschreibt Hypatia ebenfalls auf der Grundlage der *Suda* als »eine in den philosophischen und mathematischen Fächern sehr bewanderte Frau. Sie war die Tochter und Schülerin Theons von Alexandria, des Philosophen, Geometers und Mathematikers, doch war sie gelehrter als ihr Vater und Lehrer.«[36] Erwähnung findet Hypatia außerdem in der Kirchengeschichte (*Historia ecclesiastica,* Kapitel XV[37]*)* des Sokrates Scholasticus (ca. 380-439 CE), eines Zeitgenossen Hypatias. Sokrates betont, dass sie mit ihrer Kenntnis von Literatur und Wissenschaft alle Philosophen ihrer Zeit überflügelt habe. Nachdem sie die Philosophien Platons und Plotins studiert hatte, habe sie ihren Hörern, von denen viele aus der Ferne kamen, die Prinzipien der Philosophie erklärt. So-

34 Die *Suda* gilt als umfangreichstes erhaltenes byzantinisches Lexikon, entstanden vermutlich um 970 CE. Dort sind Angaben zu Hypatia unterschiedlicher Herkunft zu finden. Vgl. den Eintrag »Hypatia« in: *Suda On Line*. Der Verfasser des *Suda*-Artikels verwertete Nachrichtenmaterial aus der *Philosophischen Geschichte* beziehungsweise *Das Leben des Isidor* von Damaskios (ca. 458-540 CE) und wahrscheinlich aus einer weiteren spätantiken Quelle, und zwar der von Hesychios von Milet angelegten Sammlung von Literaten-Biographien, die heute bis auf Fragmente verloren ist. Zu den wichtigsten Quellen zählen zudem sieben an Hypatia gerichtete Briefe des Synesios von Kyrene, der sie außerdem in weiteren Briefen und in seiner Abhandlung *Über das Geschenk* erwähnt. Es handelt sich um die Briefe 10, 15, 16, 46, 81, 124, 154. Vgl. *Synésios de Cyrène, Correspondance. Lettres I-LXIII*, Paris ²2003 und *Correspondance. Lettres LXIV-CLVI,* Paris ²2003.

35 G. Ménage, *Geschichte der Philosophinnen* [*Histoiria mulierum philosopharum* 1690], Hamburg 2019.

36 Ebd., S. 51.

37 Quelle: *Documenta Catholica Omnia,* ⟨http://www.brainfly.net/html/books/brn0138.htm⟩, letzter Zugriff 17. 2. 2022.

krates schreibt weiter, dass sie aufgrund ihrer intellektuellen Brillanz oft in der Öffentlichkeit mit den Honoratioren der Stadt aufgetreten und von allen Männern wegen ihrer außergewöhnlichen Würde und Tugend bewundert worden sei. Umso schärfer kritisiert er die politisch-religiös motivierte Ermordung Hypatias und schreibt, dass nichts dem christlichen Geist weiter entfernt sein könne als ein Massaker oder Taten solcher Art.

In der *Suda* und bei Gilles Ménage finden wir darüber hinaus den Namen einer noch früheren Philosophin aus dem 1. Jahrhundert CE, Pamphile aus Epidauros, Tochter des berühmten Grammatikers Soteridas. Es wird vermutet, dass sie zur Zeit Kaiser Neros (ca. 54-68 CE) lebte. Photius berichtet, dass sie aus Ägypten stammte (vermutlich aus Alexandria) und von dort nach Griechenland kam. In der *Suda* heißt es, dass sie die Autorin von 33 Büchern *Historische Kommentare* (eine Sammlung historischer Anekdoten), eines Abrisses zu Ktesias in drei Büchern und einer großen Anzahl anderer Bücher war. Photios berichtet ebenfalls, dass ihre Bücher philosophische Fragen behandelten. Von Diogenes Laertius werden insbesondere ihre *Historischen Kommentare* häufig als Quelle herangezogen.[38]

In den letzten Jahren ist es üblich geworden, Vertreter:innen der frühchristlichen Philosophie aus Nordafrika in Einführungen zur Geschichte der Philosophie Afrikas einzuordnen. Eine solche Einordnung finden wir bei Dismas A. Masolo,[39] Innocent Maduakolam Osuagwu,[40] Hubert Mono Ndjana oder auch Maurice Makumba. Dabei gibt es keine Einheitlichkeit im Vorgehen. So werden die folgenden frühchristlichen Denker von Ndjana in seine Philosophiegeschichte Afrikas aufgenommen: Philon von Alexandrien, Lucius Annaeus Florus, Tertullian, Origenes, Plotin und Augustinus. Ndjana argumentiert an keiner Stelle, warum sie Bestandteil einer Philosophiegeschichte Afrikas sein sollten. Ausschlaggebend für ihn ist offensichtlich allein die Herkunft dieser Denker. Einflüsse des Enstehungsortes auf den Inhalt der Werke

38 Siehe den Eintrag »Pamphile«, in: *Suda On Line*; Ménage, *Geschichte der Philosophinnen*, S. 15.

39 Masolo, »African Philosophers in the Greco-Roman Era«.

40 I. M. Osuagwu, *Early Medieval History of African philosophy: The Africanity of the Early Medieval History of Philosophy or of the Christian Phase of North African Catholic Thinkers.*

werden nicht erwähnt.[41] Makumba, der ebenfalls Tertullian, Origenes und Augustinus, aber auch Clemens von Alexandrien und Marcus Minucius Felix in seiner Einführung in die afrikanische Philosophie bespricht, verdeutlicht die Integration in eine Philosophiegeschichte Afrikas ebenso wenig anhand des Inhalts. Auch bei ihm scheint im Wesentlichen die Herkunft das ausschlaggebende Kriterium für die Aufnahme zu sein. Clemens, der gebürtiger Grieche war, stellt dann eine Ausnahme dar. Möglicherweise erfolgt die Einordnung aufgrund seiner Bedeutung für die alexandrinische Katechetenschule. Erklärt wird die Auswahl der aufgenommenen frühchristlichen Gelehrten von Makumba nicht.[42]

Etwas anders gestaltet sich das Herangehen von Dismas Masolo. Im Mittelpunkt von Masolos Analyse stehen Origenes, Tertullian und Augustinus, daneben werden Plotin,[43] Hypatia, Philon von

41 Mono Ndjana, *Histoire de la philosophie africaine*, S. 23-34.

42 Makumba, *Introduction to African Philosophy*, S. 46-80.

43 Plotin (ca. 205-270 CE), der Begründer des Neuplatonismus, ist für eine Verflechtungsgeschichte besonders interessant. Möglicherweise stammte er aus Ägypten. Eunapius nennt als möglichen Geburtsort Lyco (Lykopolis, heute Assiut in Ägypten). Vgl. Eunapius aus Sardes (ca. 345-ca. 420 CE): *Biographien über Philosophen und Sophisten*. Aber seine genaue Herkunft ist umstritten. Als gesichert gilt (so wurde es von Porphyrios überliefert), dass Plotin in Alexandria bei Ammonios Sakkas studierte und etwa elf Jahre bei seinem Lehrer blieb. Später schloss er sich dem Heer Kaiser Gordians III. an, das 243 CE zu einem Feldzug gegen die Perser aufbrach. Plotin verfolgte dabei die Absicht, sich mit der persischen und der indischen Philosophie vertraut zu machen. Nach der Niederlage Gordians musste er nach Antiochia fliehen und begab sich 244 nach Rom, wo er sich niederließ und seine eigene Schule gründete. Während seines Lebens kam er mit unterschiedlichen Gesellschaften, Kulturen und Denktraditionen in Berührung. Inwiefern sich dies in seinem Werk widerspiegelt, ist umstritten. So gibt es nicht wenige, die Plotin als griechischen Denker betrachten, aber es gibt auch eine lebendige Debatte um den ›indischen Plotin‹. Vgl. Elberfeld, *Philosophieren in einer globalisierten Welt*, S. 37-47. Bisher kaum diskutiert wurde, inwiefern sich in Plotins Denken ein Anschluss an altägyptische Konzepte, wie zum Beispiel das Konzept der Ma'at, nachweisen lässt. Von Interesse in dieser Hinsicht ist der Brief, den Plotin angeblich an den ägyptischen Priester Anebo richtet (aber vermutlich eher an Iamblichos, ca. 240/245-320/325 CE) und in dem er eine Reihe von Fragen zum Wesen der ägyptischen Götter und der gutartigen Dämonen, über die von ihnen handelnden philosophischen Lehren und das Verhältnis von Menschen und Göttern in der ägyptischen religiösen Praxis sowie zum ägyptischen Verständnis von Vorsehung und Willensfreiheit stellt. Vgl. H. Dominique Saffrey, A.-P. Segonds (Hg.), *Porphyre: Lettre à Anébon l'Égyptien*, Paris 2012.

Alexandria, Cyprian, Arnobius und Laktanz kurz erwähnt. Masolo versucht in seiner Untersuchung neben der örtlichen Anbindung auch inhaltliche Verknüpfungen deutlich zu machen. Aus diesem Grund soll hier auf die von ihm näher untersuchten Denker:innen und seine Argumente für deren Einbindung in eine Philosophiegeschichte Afrikas eingegangen werden.

Clemens von Alexandrien (ca. 150-215 CE), der neben Origenes (185-254 CE) zu den bekanntesten Vertretern der frühchristlichen Philosophie aus Alexandria zählt, wird von Masolo, möglicherweise aufgrund seiner griechischen Herkunft, nur kurz als Vorgänger des Origenes erwähnt, sonst aber nicht weiter diskutiert. Dies ist ein interessanter Umstand, denn wie in Kapitel 4 deutlich gemacht wurde, ist Clemens gerade mit Hinblick auf frühe Argumente für eine Pluralität von Ursprüngen der Philosophie von besonderem Interesse.

Wie bei den meisten anderen frühchristlichen Denkern steht bei Clemens und Origenes das Verhältnis von Glaube und Wissen, insbesondere mit Blick auf das Verhältnis von christlicher Lehre und antiker Philosophie, im Mittelpunkt der Reflexion. Im Grunde wird diese Frage auf zweierlei Weise beantwortet: Entweder wird die christliche Religion als endlich gefundene Wahrheit und die antike Philosophie als deren Vorläufer betrachtet, oder die antike Philosophie wird gänzlich verworfen. Das Nebeneinander von Befürwortung und Ablehnung der Philosophie bleibt über die Jahrhunderte erhalten. Exemplarisch für diese Spannung ist hier der Fall der Hypatia, zu deren Schülern später einflussreiche christliche Gelehrte gehörten, wie der bereits erwähnte Synesios von Kyrene. Synesios blieb seiner Lehrerin zeitlebens über Briefe verbunden, die heute zu den wichtigsten Quellen für die Rekonstruktion von Hypatias Leben und Lehre gehören. Während die ›heidnische‹ Philosophin Hypatia schließlich einem christlichen Mob zum Opfer fiel, strebte ihr Schüler, der Christ Synesios, weder nach der Vernichtung des vorchristlichen philosophischen Erbes noch nach einer deutlichen Distanzierung. In seinen Texten sucht er vielmehr nach einer Verbindung von Philosophie und christlicher Lehre und betont, dass sein Übertritt zum Christentum kein Verlassen der Philosophie bedeute, sondern eher einen Aufstieg zur wahren Philosophie.[44] Für diese Variante des Verhältnisses zur Philosophie

44 Vgl. Synesios von Kyrene, *Dion Chrysostomos*.

stehen auch Clemens und Origenes. Origenes war bemüht, die hellenistische Philosophie und Wissenschaft in den Dienst christlicher Theologie zu stellen, also das Christentum mit dem Neuplatonismus zu synthetisieren. Einschlägig ist in diesem Zusammenhang vor allem seine Schrift *Gegen Celsus* (*Contra Celsum*). Für ihn ist die Philosophie ein durch den Logos vermitteltes Geschenk Gottes, dessen Funktion es ist, den richtigen Glauben zum wahren Wissen zu erheben.

Origenes, in manchen älteren Quellen Horigenes genannt, über dessen Leben recht viel bekannt ist,[45] wurde um 185 CE in Alexandria geboren und war mütterlicherseits vermutlich ägyptischer Abstammung, worauf auch sein Name (»von Horus Stammender«) hindeutet. Viele zeitgenössische Quellen nennen ihn »den Afrikaner«, worauf auch Masolo in seiner Argumentation verweist.[46] Er vermutet, dass Origenes entweder Punier oder Berber war.[47] Masolo argumentiert hier wie folgt:

Zweitens, Hinweise in Quellen über sein frühes Leben verweisen auf seine Beherrschung der griechischen Philosophie und Sprache als Zeichen seines wohlhabenden familiären Hintergrunds, was nicht der Fall wäre, wenn er Grieche *war*, so dass anzunehmen ist, dass er ein Außenseiter der griechischen Kultur war. Auch die Tatsache, dass er in Latein schrieb, der bevorzugten Sprache der afrikanischen Intellektuellen jener Zeit, und nicht

45 Dokumentiert u.a. durch die *Kirchengeschichte* des Eusebius: *Des Eusebius von Cäsarea ausgewählte Schriften,* Band 2, *Des Eusebius Pamphili Bischofs von Cäsarea Kirchengeschichte*, Sechstes Buch, Kap. 1-39, S. 263-303. Es ist bekannt, dass Origenes durch seinen Vater Leonides unterrichtet wurde, der ihm eine umfassende biblische und wissenschaftliche Unterweisung zuteilwerden ließ. Er verlor seinen Vater im Jahr 202 durch die Christenverfolgung, die später auch seinem eigenen Leben ein Ende setzen sollte. Dieses war durch eine umfassende Lehrtätigkeit, insbesondere in Alexandria, sowie durch viele Forschungsreisen geprägt. So besuchte Origenes in den Jahren 211 bis 212 CE Rom, weilte 214 im heute berühmten Petra in Jordanien und besuchte Athen. 215 floh er aufgrund der Christenverfolgung nach Caesarea, einer bedeutenden antiken Stadt in Palästina, wo er eine erfolgreiche Schule gründete. Seine Reisetätigkeit macht die enge Verbundenheit des mediterranen Raumes in den frühchristlichen Jahrhunderten deutlich. Um 250 CE wurde Origenes verhaftet und starb 254 an den Folgen der Folter in Tyros.

46 Vgl. Masolo, »African Philosophers in the Greco-Roman Era«, S. 53. Masolo bezieht sich hier auch ausdrücklich auf Döllinger.

47 Ebd., Masolo bezieht sich hier auf J. Ferguson, »Aspects of Early Christianity in North Africa«, in: L.A. Thompson, J. Ferguson (Hg.), *Africa in Classical Antiquity. Nine Studies*, Ibadan 1969, S. 184.

in Griechisch, wie es die Römer, die jüdischen Intellektuellen und die Griechen selbst taten, scheint diese Ansicht zu bestätigen. Drittens erfahren wir, dass er aus Antiochia vertrieben wurde, wohin er sich auf Einladung von Julia Mamaea, der Mutter von Kaiser Alexander Severus, begeben hatte, als alle Ägypter aus der Stadt vertrieben wurden.[48]

Deutlich wird in dieser Argumentation, dass Masolo vor allem auf eine Bestimmung der örtlichen und ethnischen Herkunft des Origenes Wert legt, um ihn als Afrikaner auszuzeichnen. Unabhängig davon, ob die von ihm angeführten Argumente valide sind, um die geographische, kulturelle oder ethnische Herkunft des Origenes näher zu bestimmen, bleibt zu fragen, was mit der örtlichen Eingrenzung des Geburtsortes und des familiären Hintergrunds (nicht-griechisch, nicht-römisch) gewonnen ist. Muss der Ideenhorizont nicht ebenfalls so bestimmbar sein, dass deutlich wird, dass Origenes an eine Pluralität von Denk- und Wissenstraditionen anschloss? Aus diesem Grund bezieht sich Masolo im weiteren Verlauf seiner Darstellung der Grundideen in Origenes' Werk nicht nur auf die griechisch-römische Philosophietradition, sondern bringt als möglichen theoretischen Anschluss altägyptische Traditionen ins Spiel. Dabei verweist er mit Döllinger auf die Ophiten.[49] Masolo argumentiert in diesem Zusammenhang, dass die Ophiten Origenes bekannt gewesen seien,[50] und verweist auf die Ähnlichkeit seines Prinzips der *apokatastasis* (»Wiederherstellung«[51]) mit ophitischen Lehren.[52] Die Ophiten gingen von der Existenz einer universalen Seele aus, aus der alles entsteht und zu der alles zurückkehrt. Diese Vorstellung weist Parallelen mit dem Osiris-Mythos vom Tod und von der Auferstehung und der Unsterblichkeit des Osiris auf. Bezugnahmen auf altägyptische und andere vorgriechische

48 Masolo, »African Philosophers in the Greco-Roman Era«, S. 53. Übersetzung A. G.

49 Die Ophiten waren eine Gruppierung der Gnosis und pflegten im Anschluss an vorderasiatische und altägyptische Vorstellungen einen Schlangenkult, wobei sie sich auf verschiedene Weise an die alttestamentliche Paradiesschlange anlehnten.

50 Bezugnahmen auf die Ophiten finden sich bei Origenes u. a. in *Contra Celsum* (6:28) und im *Matthäus-Kommentar* (3:852).

51 Lehre von der Wiederherstellung aller Dinge am Ende der Zeiten. Origenes geht davon aus, dass am Ende der Zeiten alles wieder mit allem versöhnt und der Ursprung von Gottes Schöpfung wiederhergestellt sein wird.

52 Masolo, »African Philosophers in the Greco-Roman Era«, S. 54.

beziehungsweise nicht-griechische Traditionen sind jedoch meist nicht offensichtlich, wie Masolo zugibt:

> Tatsächlich erfolgt der Einfluss von Traditionen auf unser Denken oft eher *unbewusst* und *unausweichlich*. Es ist daher vernünftig anzunehmen, dass viele Elemente der einheimischen Sitten und Gebräuche sowie der alltäglichen oder jahreszeitlichen Aktivitäten und Praktiken der Völker Nordafrikas durch Anpassung ihren Weg in die Konzeption des Christentums gefunden haben, als afrikanische Denker sich bemühten, den christlichen Glauben in einem organisierten und kohärenten Denksystem zu systematisieren.[53]

Allerdings finden sich weitere Affinitäten zu altägyptischen Themen bei Origenes. Masolo verweist hier auf das Thema der Einheit in der Vielheit oder das Verständnis von Person, der Origenes drei Teile zuordnet: den Körper (*soma*), die Seele (*psyche*) und den Geist (*spirit*). Hier sieht Masolo mögliche Verbindungen zum Verständnis von Person in einigen afrikanischen Gemeinschaften südlich der Sahara, insbesondere in Bezug auf das Prinzip der Lebenskraft, wie es von Placide Tempels oder Marcel Griaule beschrieben wurde.[54]

Masolo schließt den Abschnitt zu Origenes mit folgendem interessanten Argument: »Als Afrikaner wie Origenes in den christlichen Verbund aufgenommen wurden, brachten sie ihren lokalen Gott oder ihre lokale Göttin mit [...]«,[55] der oder die im neuen christlichen Gotteskonzept aufgehen musste. Und so behauptet Masolo: »Tatsächlich wurde die theologische Systematisierung der Trini-

53 Ebd., S. 54 f. (Übersetzung, Hervorhebung A. G.) Masolo verweist hier wieder auf Ferguson, der die Herkunft vieler christlicher Feiertage in vorangegangenen Kulten verortet und die Isis-Horus-Darstellungen im Alten Ägypten als Vorgänger der christlichen Madonna-Kind-Abbildungen betrachtet. J. Ferguson, *The Religions of the Roman Empire*, Ithaca 1970, S. 237-240. Auch die Trinitäts-Vorstellung kann laut Masolo auf ägyptische Wurzeln zurückgeführt werden. Er bezieht sich hier auf J. Baikie, *The Story of the Pharaos,* London 1926 und auf E. Hornung, *Conceptions of God in Ancient Egypt: The One and the Many,* Ithaca 1982. Siehe zu dieser Frage ebenfalls: E. Hornung, »Die Anfänge von Monotheismus und Trinität in Ägypten«, in: K. Rahner (Hg.), *Der eine Gott und der dreieine Gott. Das Gottesverständnis bei Christen, Juden und Muslimen*, München 1983; S. 48-66. H. von Glasenapp, *Die fünf Weltreligionen: Hinduismus, Buddhismus, chinesischer Universismus, Christentum, Islam,* München 2001, S. 232.

54 Masolo, »African Philosophers in the Greco-Roman Era«, S. 55.

55 Ebd., S. 56. Übersetzung A. G.

tätslehre von afrikanischen Vorreiter-Apologeten vorgenommen.«[56] Masolo argumentiert, dass die beiden ›geringeren Personen‹ (*lower persons*) der Trinität unter die erste, den Vater, gesetzt wurden. Der Logos oder das Wort wurde dem Vater untergeordnet und der Heilige Geist dem Logos. Erst später wurden diese Ideen als Häresie verdammt.

Für den Gegensatz zwischen Christentum und antiker Philosophie steht Tertullian (ca. 155-ca. 225 CE), der uns nun nach Karthago führt, wo er zwischen 150 und 160 CE vermutlich als Sohn eines römischen Offiziers unter dem Namen Quintus Septimius Florens geboren wurde. Neuere Arbeiten verweisen auf seine berberische oder phönizische Abstammung.[57] Über Tertullian wissen wir relativ wenig, da er selbst in seinen Schriften kaum etwas über sich verrät und auch das Zeugnis anderer Texte nur rudimentäre Auskünfte gibt. Es wird vermutet, dass er um 190 CE zum Christentum konvertierte. Seine Ausbildung war vor allem rhetorischer Art; die Auffassung, dass er Jurist gewesen sei, ist inzwischen eher umstritten.[58] In Karthago entfaltete er eine rege Tätigkeit zur Verteidigung des Christentums. Von Tertullian sind dreißig seiner Arbeiten, die er bereits auf Latein verfasste, erhalten. Er gilt nicht nur als einer der ersten lateinischen Kirchenautoren, sondern auch als Vater des Kirchenlateins. Begriffe wie *trinitas, damnatio, substantia, persona* gehen auf ihn zurück.

Gegenüber der Philosophie vertritt Tertullian eine eindeutig ablehnende Haltung,[59] denn die menschliche Vernunft vermag für ihn die Mysterien der christlichen Religion nicht zu erfassen: So sei der Sohn Gottes gestorben und die Christen wissen, dass dies

56 Ebd., Übersetzung A. G.

57 V. Serralda, A. Huard, *Le Berbère – lumière de l'Occident,* Paris 1984, S. 52; L. Brouksy, *Les Berbères face à leur destin,* Rabat 2006, S. 150; M.-S. Zemmouri, M. al-Yamlāḥī Wazzānī, *Présence berbère et nostalgie païenne: dans la littérature maghrébine de langue française,* Tétouan 2000, S. 19; C. B. Hilliard, *Intellectual Traditions of Pre-colonial Africa,* Boston 1998, S. 150.

58 Vgl. D. E. Wilhite, *Ancient African Christianity: An Introduction to a Unique Context and Tradition,* London 2017, S. 109-110.

59 Tertullian verdammt die Philosophie an verschiedenen Stellen seiner Werke, insbesondere in *Apologeticum* 46-50, in *De praescriptione haereticorum* 7-9 und in *De anima* 1-3. Auch er beklagt die Inkonsistenz (*De spectaculis* 21.1) und Vielstimmigkeit (*De anima* 2.4) der Philosophie. Tertullian, *Tertullians sämtliche Schriften,* Köln 1882.

wahr ist, obwohl es undenkbar sei. Christus sei von den Toten auferstanden – auch das ist lautere Wahrheit, obwohl es mit unserer Vernunft nicht zu erfassen sei. Tertullians Ansichten wurden bald auf die Formel gebracht *credo, quia absurdum,* ich glaube, weil es wider die Vernunft ist. Der Glaube wird hier absolut gesetzt und profanes Wissen als nichtig, als menschliche Eitelkeit und Gefahr für den Glauben abgetan.

Bei Tertullian kann Masolo über afrikanische Einflüsse nur spekulieren. So schreibt er: »Tertullians afrikanische Abstammung wird von Historikern sowohl an seinem literarischen Stil als auch an seiner Abneigung gegen alles Griechische festgemacht.«[60] Afrikanische Einflüsse nicht nur an der Form, sondern am Inhalt seines Werkes festzumachen, scheint noch schwieriger zu sein. Anklänge an afrikanische Denktraditionen finden sich möglicherweise in Tertullians Vorstellung von Körper und Seele. Die Seele wird von ihm als zu einem gewissen Grad körperlich verstanden,[61] und so schließt Masolo: »In diesem Sinne ist es vielleicht nicht abwegig, über die Möglichkeit eines *unbewussten* indigenen afrikanischen Einflusses auf sein Denken zu spekulieren, da solche Vorstellungen für viele afrikanische Ontologien grundlegend sind.«[62] Das spekulative Argument einer »unbewussten Afrikanität« bleibt aber problematisch.

An dritter Stelle widmet sich Masolo mit einiger Ausführlichkeit dem sicherlich berühmtesten christlichen Denker Nordafrikas jener Jahrhunderte, Augustinus von Hippo. Diese Ausführlichkeit bezieht sich vor allem auf dessen Lebensgeschichte.[63] Inhaltliche

60 Masolo, »African Philosophers in the Greco-Roman Era«, S. 57. (Übersetzung A. G.)

61 Tertullian, *De Anima*, insbesondere Kap. 5-8, in: *Tertullians sämtliche Schriften*, Band 1, S. 293-298.

62 Masolo, »African Philosophers in the Greco-Roman Era«, S. 58. (Übersetzung, Hervorhebung A. G.)

63 Über Augustinus wissen wir aufgrund seiner Selbstauskunft in den *Bekenntnissen* (*Confessiones,* 397/398) sehr viel. Geboren wurde er am 13. November 354 CE in Thagaste, dem heutigen Souk Ahras in Algerien. Er starb am 28. August 430 CE in Hippo Regius, heute Annaba in Algerien. Sein Vater Patricius, ein kleiner Landeigentümer und Beamter, war römischer Herkunft. Erst kurz vor seinem Tod (372 CE) trat dieser zum Christentum über und ließ sich taufen. Augustinus' Mutter Monika von Tagaste (ca. 332-387 CE), die selbst im Rahmen der katholischen Kirche den Status einer Heiligen besitzt, entstammte einer christlichen Berber-Familie. In Thagaste in der historischen Region Numidien wuchs Au-

Bezüge zur afrikanischen Ideengeschichte werden von Masolo in diesem Fall nicht aufgezeigt. Allerdings finden sich in Augustinus' Schriften immer wieder Bezüge zu Afrika und seiner afrikanischen Herkunft, so zum Beispiel in den *Bekenntnissen* (Buch VIII, Kapitel 6:14), vor allem aber in verschiedenen Briefen, wie jenem aus dem Jahr 390 CE an Maximus zu Madaura, wo es explizit heißt: »[...] daß du, ein Afrikaner, der zu einem anderen Afrikaner schreibt – wir beide sind ja in Afrika beheimatet [...]«.[64] Solche Belege werden häufig zum Beweis der Selbstverortung des Augustinus herangezogen. Die Frage ist allerdings, was kann Augustinus im Kontext seiner Zeit mit ›Afrika‹ und ›Afrikaner‹ gemeint haben? Handelt es sich um eine rein geographische Verortung oder hat der Verweis darauf, dass beide ›Afrikaner‹ sind, weitere Bedeutungsebenen?

Für Masolo ist es wichtig zu betonen, dass Afrika beziehungsweise Gelehrte afrikanischer Herkunft wesentlich zur Herausbildung des Christentums beigetragen haben. Deshalb sei es quasi eine Ironie der Geschichte, dass das Christentum bei seiner Rückkehr nach Afrika – nach einer weitgehenden Unterbrechung der Tradition durch die Ausbreitung des Islam – plötzlich als fremde Macht im Gewand des Kolonialismus erschien.[65]

Wenn wir uns Masolos Auswahl und seine Argumentation genauer ansehen, ist es bei ihm, ähnlich wie bei anderen afrikanischen

gustinus in einem Zentrum der berberischen Kultur auf. Nach Studien in seiner Heimatstadt und der Nachbarstadt Madauros (heute M'Daourouch) sowie in Karthago zog er 383 CE nach Rom und später als Rhetoriklehrer nach Mailand, wo er am 15. August 386 CE sein bekanntes »Bekehrungserlebnis« gehabt haben soll. 388 CE kehrte er nach Karthago zurück und ließ sich anschließend auf dem Familienbesitz in Thagaste nieder. 391 CE ging er nach Hippo, wo er zum Priester geweiht wurde und das erste Kloster auf afrikanischem Boden gründete. 396 wurde Augustinus Bischof von Hippo, eine Position, die er bis zu seinem Lebensende innehatte.

64 Augustinus, »Brief an Maximus zu Madaura« (Nr. 17), in: *Des heiligen Kirchenvaters Aurelius Augustinus ausgewählte Briefe*, Kempten/München 1917, S. 72. Weitere Stellen finden sich im Brief an Hieronymus (Nr. 28.) aus dem Jahr 395 CE, in dem Augustinus dem heiligen Hieronymus den Wunsch des gelehrten Afrika nach einer Übersetzung des Origenes und anderer griechischer Schrifterklärer mitteilt. Darüber hinaus verweist Hollingworth auf Augustinus' Ausführungen zu Apuleius im Brief an *Marcellinus* (Letter 138 (A.D. 412), Kapitel 4: 19. Siehe dazu M. Hollingworth, *Saint Augustine of Hippo: An Intellectual Biography*, Oxford 2013, S. 50-51.

65 Masolo, »African Philosophers in the Greco-Roman Era«, S. 62.

Philosophiehistorikern, vor allem der Ort der Geburt, der zum Kriterium der Einordnung in eine afrikanische Philosophiegeschichte wird. Masolo verweist darauf, dass Denker wie Origenes, Tertullian oder Augustinus afrikanischer Abstammung sind und einen nicht unbedeutenden Teil ihres Lebens lehrend und predigend in Afrika verbrachten. Sie nur auf die griechisch-römische Tradition zu beschränken, betrachtet er als eine Reduktion der kulturellen und ideengeschichtlichen Vielfalt des historischen und geographischen Kontextes, in dem ihre Werke entstanden. Ohne den geistig-kulturellen Kontext rund um das frühe Christentum (wie die Mysterien, die Gnosis, den Platonismus, die Pythagoräer und den ägyptischen geistesgeschichtlichen Hintergrund) seien diese Denker kaum zu verstehen.[66] Ein genauer Nachweis des afrikanischen ideengeschichtlichen Erbes erweist sich aber als schwierig.

Philosophische Forschungen, wie zum Beispiel eine genaue philologisch-hermeneutische Untersuchung frühchristlicher Texte auf Spuren von Einflüssen außerhalb der griechisch-römischen Tradition, sind bisher kaum unternommen worden. Anders sieht es in anderen Fachdisziplinen aus, insbesondere in der Theologie und Kirchengeschichte. Hier sind in den letzten Jahren einige Arbeiten zum afrikanischen frühen Christentum erschienen, die nicht nur die Verbreitung des Christentums in Afrika in den ersten fünf Jahrhunderten CE untersuchen, sondern afrikanische Einflüsse auf die Herausbildung des Christentums. Dazu gehören Bücher wie Thomas C. Odens *How Africa Shaped the Christian Mind: Rediscovering the African Seedbed of Western Christianity* (2007) und David E. Wilhites *Ancient African Christianity: An Introduction to a Unique Context and Tradition* (2017).[67]

66 Erst jüngere Funde wie die Schriften von Nag Hammadi erlauben uns eine von späterer Dogmatik unverstellte Sicht auf die Motive und Denkweise des Origenes. Die Nag-Hammadi-Schriften sind eine Sammlung von frühchristlichen Texten hauptsächlich gnostischer Orientierung, die im Dezember 1945 in der Nähe des kleinen ägyptischen Ortes Nag Hammadi gefunden wurden. Vgl. *Die Bibel der Häretiker. Die gnostischen Schriften aus Nag Hammadi*, eingeleitet, übersetzt und kommentiert von Gerd Lüdemann und Martina Janßen, ⟨https://web.archive.org/web/20120417132730/http://gloriadei.info/001a/docs/NH/Nag_Hammadi_-_Luedemann-Janssen.pdf⟩, letzter Zugriff 31. 3. 2022.

67 T.C. Oden, *How Africa Shaped the Christian Mind: Rediscovering the African Seedbed of Western Christianity*, Downers Grove 2007; D. Wilhites, *Ancient African Christianity: An Introduction to a Unique Context and Tradition*, London 2017.

Oden kritisiert – ähnlich wie Masolo, der von ihm jedoch nicht zitiert wird – die weit verbreitete Ansicht, dass das Christentum eine ›westliche‹ Religion sei, die erst durch ›westliche‹ Missionare nach Afrika gebracht wurde. Im Gegenzug versucht er zu zeigen, dass das Christentum in Afrika eine sehr viel längere Geschichte hat als in Europa und dass Glaubensstruktur, exegetische Methodik, das Mönchtum oder die rhetorischen und dialektischen Methoden des frühen Christentums ihre Wurzeln in Afrika haben. Dass die wichtigsten frühchristlichen Denker in Afrika angesiedelt waren, ist für ihn ein eindrucksvoller Beleg. Er argumentiert, dass das Christentum in zwei Dritteln der Welt ohne das intellektuelle Verständnis, das sich in Afrika zwischen 50 und 500 CE entwickelt hat, nicht seine gegenwärtige Vitalität hätte.[68] Und so fordert Oden eine Neubewertung der afrikanischen Geistesgeschichte. In der bisherigen Forschung und archäologischen Arbeit seien afrikanische Pilgerstätten vernachlässigt und auch alten christlichen Texten afrikanischen Ursprungs sei zu wenig Aufmerksamkeit entgegengebracht worden.

Oden versucht, sieben Wege zu identifizieren, auf denen Afrika den christlichen Geist geprägt hat. Seine Annahmen lauten wie folgt: Das Christentum sei entgegen der landläufigen Meinung keine Nord-Süd-Bewegung gewesen, sondern eine Süd-Nord-Bewegung. Ebenso sei die ›westliche‹ Idee der Universität im Grunde in Afrika geboren worden, wo die Bibliotheken von Alexandria das Modell für Universitätsbibliotheken in Europa abgaben. Zweitens sei die christliche Methode der biblischen Exegese zuerst in Afrika entstanden. Hier verweist der Autor unter anderem auf Origenes, Didymus den Blinden (ca. 310-398 CE, Alexandria) und Augustinus. Drittens seien theologische Quellen, die frühchristliche Dogmen prägten, hauptsächlich in Afrika ausgearbeitet worden, insbesondere im Maghreb und im Niltal. Die großen christlichen Dogmen und Konzepte seien in Afrika artikuliert und die großen Häresiekämpfe gegen Gnostizismus, Arianismus, Montanismus, Markionismus und Manichäismus in Afrika ausgetragen worden, noch bevor sie in Europa diskutiert wurden.[69] Viertens lieferten für Oden die frühen afrikanischen Räte das Modell für eine ökumeni-

68 Ebd., S. 9.
69 Ebd., S. 47.

sche Debatte. Diese konziliare Bewegung, die 45 CE in Jerusalem begann, sei in den afrikanischen Debatten in Karthago, Alexandria, Hippo und Milevis institutionalisiert worden. Fünftens sei das Mönchtum, Jahre bevor es nach Europa auswanderte, in der Wüste Afrikas entstanden. Das klösterliche Gemeinschaftsleben mit seinen Regeln und liturgischen Traditionen sei in Afrika bereits etabliert gewesen, bevor Benedikt von Nursia (ca. 480-547) im Jahr 529 sein Kloster bei Montecassino (Italien) gründete und die nach ihm benannte *Regula Benedicti* (Benediktsregel) verfasste. Als früheste klösterliche Gemeinschaften nennt Oden die um 320/25 CE von Pachomios (292/98-346 CE) in der Wüste südlich von Alexandria (Nitria, Kellia und Sketis) gegründeten; mit ihnen bevölkerten im 5. und 6. Jahrhundert CE mehrere tausend Mönche diese Wüstenlandschaft.[70] Zu den bekanntesten zählt das Weiße Kloster (Deyr el-Abiad) im ägyptischen Atripe. Sechstens sei der christliche Neuplatonismus, angeführt von zentralen Akteuren wie Philo, Ammonias und Plotin, gleichfalls afrikanischen Ursprungs. Siebtens schließlich seien die rhetorischen und dialektischen Fähigkeiten, die das christliche Denken geprägt haben, in Afrika verfeinert und

70 Worauf Oden an dieser Stelle nicht eingeht, was aber ebenso – gerade unter verflechtungsgeschichtlicher Perspektive – zu überprüfen wäre, ist der Einfluss außerchristlicher Strömungen und Praktiken auf die Entstehung des christlichen Mönchtums. Dazu könnte der Buddhismus gehören. Vgl. R. Neu, »Die Analogie von buddhistischem und christlichem Mönchtum: Eine sozialgeschichtliche und religionswissenschaftliche Untersuchung«, in: *Zeitschrift für Religions- und Geistesgeschichte* 42/2 (1990), S. 97-121. Im Buddhismus kann die Entstehung des Mönchtums bis in die Lebenszeit Buddha Gautamas (563-483 BCE) zurückverfolgt werden. Neu verweist in seiner Argumentation darauf, dass u. a. bei Tertullian und Clemens deutlich wird, dass das indische Mönchtum und der Buddhismus im 3. Jahrhundert CE unter den Christen des oströmischen Reiches bekannt waren (siehe S. 110 f.). Außerdem zeigt er an ausgewählten Beispielen aus der praktischen Askese und anhand von mönchischen Lehrtraditionen Gemeinsamkeiten auf, die ihn auf Einflüsse des Buddhismus im frühchristlichen Mönchtum schließen lassen (siehe S. 111-119). Im Anschluss an Neu entstand der Beitrag von O. Freiberger, »Zum Vergleich zwischen buddhistischem und christlichem Ordenswesen«, in: *Zeitschrift für Religionswissenschaft* 4/1 (1996), S. 83-104. Neu verweist darauf, dass von buddhistischer Seite ebenfalls parallele Entwicklungen zwischen dem ägyptischen und dem indischen Mönchtum anerkannt werden. Hierbei bezieht er sich auf S. Dutt, *Early Buddhist Monachism 600 BC - 100 BC*. Das Buch erschien in einem Reprint des Originals von 1924 bei Routledge im Jahr 2000.

später in Europa eingesetzt worden. Denn afrikanische Rhetoriker zogen häufig von Afrika nach Europa und brachten die hier entwickelten Fähigkeiten mit nach Europa.

Wilhite untersucht aus einer explizit postkolonialen Perspektive die Frage der Identität frühchristlicher Denker anhand der Sphären Politik, Sprache, Kunst und Religion und widmet sich im Anschluss ausgewählten nordafrikanischen Denkern und der Frage nach deren Afrikanität. Dazu gehören Tertullian, Cyprian, Arnobius, Laktanz und Augustinus, die er in ihrem lokalen afrikanischen Kontext verorten möchte – ein Gesichtspunkt, dem bisher zu wenig Aufmerksamkeit in der Forschung gewidmet wurde, wie er schreibt. Die Afrikanität Tertullians,[71] um hier ein Beispiel herauszugreifen, diskutiert er sowohl anhand von Verweisen anderer Autoren als auch anhand der Schriften Tertullians. Wilhite weist darauf hin, dass Tertullian in frühen Werken als Tertullian Afer (der Afrikaner) bezeichnet wird, so zum Beispiel in der Chronik des Hieronymus von Eusebius.[72] Aus Tertullians eigenen Schriften greift er *Über das Pallium oder den Philosophenmantel* und *An die Märtyrer* heraus. Tertullians Selbstbewusstsein als Afrikaner werde insbesondere in seiner Schrift *Über das Pallium* deutlich. In seiner Interpretation des Textes setzt Wilhite voraus, dass im romanisierten Afrika verschiedene Identitätsgruppen aufeinandertrafen: die römischen Besatzer, die sich selbst im Gegensatz zu den ›Barbaren‹ definierten; die unterworfenen, indigenen Nordafrikaner, deren Identität aus Familien- und Clanzugehörigkeit, aus der Sprache oder ihrer Religion erwuchs und seit der römischen Besetzung aus dem Gegensatz zu den Besatzern; und eine nordafrikanische Elite, die sich durch ein Assimilationsbestreben auszeichnete und sich dabei zum Teil römischer gab als die Römer selbst. Für Wilhite spricht in *Über das Pallium* ein dezidiert antirömischer Tertullian, der sich auf seine afrikanische Herkunft beruft. Schon im Eröffnungssatz werde der Afrikabezug deutlich. Hier heißt es:

71 Tertullian hat Wilhite bereits zuvor ein ganzes Buch gewidmet: D. E. Wilhite, *Tertullian the African. An Anthropological Reading of Tertullian's Context and Identities*, Berlin 2007. Hier untersucht er fünf Identitätsebenen: »Social Identity«, »Kinship Identity«, »Class Identity«, »Ethnic Identity« und »Religious Identity«.

72 Vgl. Eusebius, *Eusebius' Werke VII: Die Chronik des Hieronymus: Hieronymi Chronicon,* Berlin 1956, S. 212.

Ihr Männer von Karthago, allzeit die Ersten in Afrika, geadelt durch Altertum, von der Neuzeit begünstigt, ich freue mich, daß Ihr so glückliche Zeiten habt, wo Ihr Muße und Vergnügen daran findet, über Kleidertrachten zu spotten. Infolge des Friedens und der Wohlfeilheit habt Ihr gut Zeit dazu. Was die Politik und das Wetter anlangt, so geht's Euch ja auch gut.

In der Folge verteidigt Tertullian sich gegen die Vorwürfe der Einwohner Karthagos bezüglich seiner Bekleidung und erörtert, warum er den »Philosophenmantel« (Pallium), ein ursprünglich afrikanisches Gewand, wie er argumentiert, der Toga vorziehe. Er diskutiert die Vorteile des Palliums und die Unbequemlichkeiten der römischen Toga und kommt letztlich zu dem Schluss, dass das Pallium die bevorzugte Tracht jener sei, welche eine geistige Tätigkeit ausüben. Im letzten Absatz schließt er sogar: »Freue dich Pallium und frohlocke! Eine bessere Philosophie hat dich nunmehr ihrer gewürdigt, seitdem du einen Christen zu bekleiden angefangen hast.« Wilhite versteht den Text in erster Linie als eine Kritik an der unkritischen Übernahme römischer Bräuche durch die Karthager. Eine solche Interpretation ist in der Forschung aber umstritten.[73]

Den Text *An die Märtyrer*[74] verfasste Tertullian, um einige Christen, die wegen ihrer Religion zum Tode verurteilt waren und in ihrer Gefangenschaft darauf warteten, bei den nächsten Zirkusspielen ihre Leben zu verlieren, während ihrer Kerkerhaft zu trösten und zu bestärken. Wilhite argumentiert, dass Tertullian in diesem Text, in dem er exemplarisch mythologische und historische Heroinen anführt, ausschließlich auf Beispiele zurückgreife, die im direkten Widerstand gegen Rom standen. Insbesondere auf die von ihm angeführten weiblichen Heldinnen (Lucretia, Dido, die Gattin des Hasdrubal, Kleopatra und Leaina) treffe dies zu. Für Wilhite stehen alle fünf dieser Heldinnen für Solidarität gegen die Tyrannei und damit symbolisch – im Kontext der Zeit Tertullians und aus afrikanischer Perspektive – gegen römische Kolonisierung und Christenverfolgung.[75]

73 H. M. Zilling, »Rezension zu: *Wilhite, David E.: Tertullian the African. An Anthropological Reading of Tertullian's Context and Identities, Berlin 2007*«, in: *H-Soz-Kult*, 3. 12. 2007, ⟨https://www.hsozkult.de/publicationreview/id/reb-10686⟩, letzter Zugriff 31. 3. 2022.

74 Tertullian, *Private und katechetische Schriften*, München 1912.

75 Siehe ausführlicher: D. E. Wilhite, *Tertullian the African*. Darüber hinaus verweist Wilhite auf die Arbeit von M. B. Simmons, *Arnobius of Sicca: Religious*

Wie die gerade dargestellten Beispiele deutlich machen, liegen inzwischen aus verschiedenen Disziplinen Vorschläge und Ansätze vor, frühchristliche Denker:innen aus afrikanischer Perspektive neu zu lesen, die in philosophiegeschichtliche Debatten bisher nicht eingeflossen sind.

Zusammenfassend lässt sich festhalten, dass die Interventionen afrikanischer Philosophen bezüglich der Zuordnung frühchristlicher Gelehrter auf einen grundlegenden Mangel der jüngeren Philosophiegeschichtsschreibung aufmerksam machen, indem sie den außerordentlich pluralen Kontext der Entstehung der christlichen Lehre herausarbeiten. Hier gilt es, Forschungsagenden zu öffnen und jene ideengeschichtlichen Traditionen genauer in den Blick zu nehmen, die neben dem griechisch-römischen Erbe die Entstehung des Christentums und die frühchristlichen Lehren und Philosophien ebenfalls geprägt haben. Solange Anschlüsse an weitere Denktraditionen allerdings nicht einmal vermutet werden, wird es kaum Anlass geben, die Erforschung frühchristlicher Schriften um dieses Spektrum und den Einfluss weiterer Denkströmungen in diesem so interkulturellen Kontext zu erweitern.

Ähnlich wie die Zuordnung nordafrikanischer frühchristlicher Philosophen zur ›westlichen‹ Philosophiegeschichte sind aber auch jene Versuche in Frage zu stellen, die diese Gelehrten nun einer afrikanischen Philosophiegeschichte zuordnen und ihnen eine bestimmte ›Afrikanität‹ zuweisen wollen, die es in diesem Sinne in jenen Jahrhunderten ebenso wenig gab wie eine europäische oder ›westliche‹ Identität.[76] In solchen Versuchen, die im Wesentlichen die geographische Anbindung zum Hauptkriterium der Einordnung machen, wird der plurale Kontext ebenfalls nicht angemessen berücksichtigt. Gerade das Beispiel der frühchristlichen Denker verdeutlicht die enge Verflechtung von Regionen und verschiedenen Denktraditionen im spätantiken pluralistischen Geis-

Conflict and Competition in the Age of Diocletian, Oxford 1995. Simmons argumentiert, dass Tertullian (ebenso wie Arnobius nach ihm) Merkmale des punischen Baal-Hammon, des phönizischen und punischen Hauptgotts in Karthago, zur Beschreibung des christlichen Gottes nutzte. Ebd., S. 201.

76 Es sei nochmal daran erinnert, dass Eboussi-Boulaga die Entstehung eines afrikanischen »Wir-Subjekts« als das größte Phänomen der zweiten Hälfte des 20. Jahrhunderts bezeichnet hat (vgl. Kapitel 3). Eboussi-Boulaga, *A contretemps*, S. 67-68.

tesmilieu. Der Versuch einer »Afrikanisierung« der frühchristlichen Philosophie ist eine nach der kolonialen Erfahrung und den damit einhergegangenen Abwertungen afrikanischer Ideengeschichte beziehungsweise der Verschleierung der afrikanischen Wurzeln des Christentums verständliche Reaktion. Trotzdem ist Herkunft zunächst ein geographisches, äußerliches und damit vergleichsweise willkürliches Argument der retrospektiven Deutung, das dem genuin eigenen Gedankengut der interpretierten Gelehrten nur bedingt angemessen ist. Inhaltlich ist damit noch nichts gewonnen. Insofern müssen weitere inhaltliche Spuren des Einflusses verschiedener Denktraditionen nachgewiesen werden. Dabei kann ein interdisziplinärer Ansatz ebenso hilfreich sein wie eine Erweiterung des Untersuchungsmaterials. In erster Linie wird eine verflechtungsgeschichtliche Perspektive, die nationale ebenso wie kontinentale Abgrenzungen hinter sich lässt, auf die ideengeschichtlichen und philosophischen Verknüpfungen im antiken Mittelmeerraum jener Epoche benötigt, um der Pluralität dieses Kontextes gerecht zu werden. Denn kontinentale Vereinnahmungstendenzen stehen immer in der Gefahr, mit Reduktionen und einseitigen Betrachtungen einherzugehen.

7.3. Exkurs: Nubien

Auffallend im Rahmen der Ansätze einer afrikanischen Philosophiegeschichtsschreibung der letzten Jahrzehnte ist, dass sich Abschnitte zur frühchristlichen Philosophie auf die bekannten nordafrikanischen Denker beschränken, ohne weitere Regionen Afrikas mit in Betracht zu ziehen. Dabei reichte der Einfluss des Christentums in diesen frühen Jahrhunderten weit über Nordafrika hinaus bis nach Äthiopien und Nubien. Aber das nubische Christentum ist heute selbst bei Fachleuten der Kirchengeschichte kaum bekannt, obwohl die nubische neben der äthiopischen und der koptischen die dritte Kirche war, die das christliche Leben in Afrika prägte. Während Äthiopien bereits im 4. Jahrhundert CE christianisiert wurde, erreichte die christliche Religion Nubien im 6. Jahrhundert.[77] Hier

77 D. A. Welsby, *The Medieval Kingdoms of Nubia: Pagans, Christians and Muslims along the Middle Nile,* London 2002.

bildeten sich die christlichen Königreiche Nobadia, Makuria und Alodia sowie eine größere Anzahl von Bistümern mit Bischöfen, Klerikern, Kathedralen und Klöstern. Als Schriftsprache wurde Nubisch gebraucht, das in koptischen Buchstaben verschriftlicht wurde, liturgische Sprache blieb jedoch Griechisch.

In der Folge der Eroberung Ägyptens wurden die christlichen Königreiche Nubiens ebenfalls vom arabisch-islamischen Heer bedroht, Makuria bereits 641/642 CE. Allerdings war der Widerstand massiv, und die Eigenständigkeit der Königreiche konnte gesichert werden. 652 CE wurde ein Friedensvertrag zwischen dem islamischen Ägypten und Nubien unterzeichnet, der bis ins 12. Jahrhundert Bestand hatte und die Unabhängigkeit der nubischen Reiche noch bis zum Beginn des 14. Jahrhunderts sicherte.[78] Erst die Umwidmung der Kathedrale von Dongola in eine Moschee im Jahre 1317 führte zu einer Wende, und im 16. Jahrhundert war Nubien dann formal vollständig islamisiert. Philosophisch ausgerichtete Forschungen zur christlichen Philosophie in den nubischen Reichen sind mir nicht bekannt. Dies dürfte unter anderem an der unzureichenden Textbasis liegen. In den letzten Jahren hat die Erforschung nubischer Schriften aber große Fortschritte gemacht: Bereits in den 1960er Jahren geborgene Manuskripte wurden einer genaueren Exegese unterzogen und der interessierten Öffentlichkeit in Übersetzungen zugänglich gemacht.[79] Die nun zugänglichen Texte können nicht nur in philologischer und theologischer, sondern auch in philosophischer Perspektive auf ihren Gehalt hin untersucht werden. Zudem sind in den letzten Jahren einige vielversprechende Arbeiten zum Christentum in Nubien erschienen, die historische Verbindungen zwischen verschiedenen Regionen Afrikas dokumentieren; hierzu gehören unter anderem *Das Christentum in Nubien. Geschichte und Gestalt einer afrikanischen Kirche* von Roland Werner[80] und *Medieval Nubia: A Social and Economic History* von Giovanni R. Ruffini.[81]

78 Ebd., S. 83-111.

79 Vgl. V. W. J. van Gerven Oei, V. P.-M. Laisney u. a. (Hg.): *The Old Nubian Texts from Attiri*, Brooklyn 2016. Interessant ist die folgende Manuskriptsammlung: ⟨http://www.medievalnubia.info/dev/index.php/Medieval_Nubia:_A_Source_Book⟩, letzter Zugriff 17. 2. 2022.

80 Zum Christentum in Nubien siehe u. a. R. Werner, *Das Christentum in Nubien: Geschichte und Gestalt einer afrikanischen Kirche*, Münster 2013.

81 G. R. Ruffini, *Medieval Nubia: A Social and Economic History*, New York 2012.

Auf dieser Basis könnte ein interdisziplinärer Forschungsansatz Ergebnisse von philosophiegeschichtlichem Interesse hervorbringen. Da die Forschungen aber allgemein noch am Anfang stehen, kann an dieser Stelle nur die Möglichkeit einer weiteren Forschungsperspektive eröffnet werden, ohne bereits auf konkrete Ansatzpunkte verweisen zu können.

7.4. Das Alte Äthiopien

Philosophische Untersuchungen zu frühchristlichen Manuskripten aus dem Alten Äthiopien liegen uns in größerer Anzahl vor. In Äthiopien mit seiner vom koptischen Christentum geprägten Kultur finden wir eine der ältesten Schrifttraditionen des afrikanischen Kontinents. Äthiopien ist zudem ein besonders anschauliches Beispiel dafür, dass Afrika von der Spätantike bis ins 17. Jahrhundert hinein

> mächtige und blühende politische Gebilde kannte und aktiv an den großen Strömungen interkontinentalen Austauschs teilnahm, die Menschen, Güter und religiöse Anschauungen beförderten. Dieses Afrika erlebte die Entwicklung von Städten, in denen Fürsten ihre Paläste hatten und Moscheen oder Kirchen gebaut wurden, wo fremde Kaufleute ansässig waren und man Luxusartikel und Sklaven tauschte. Es war entscheidend an der Ausbeutung seiner eigenen Ressourcen beteiligt, unter denen das Gold eine besondere Stellung einnahm. In der damaligen Welt genoss dieses Afrika großes Ansehen, von Europa bis China.[82]

Dass Verbindungslinien zwischen frühchristlichen Traditionen Nordafrikas und dem Alten Äthiopien trotz vorliegenden Textmaterials und einer ständig wiederholten Betonung der Bedeutung Äthiopiens für die afrikanische Philosophiegeschichte bisher den-

Ruffinis Untersuchung der Manuskripte und Fragmente aus Qasr Ibrim verdeutlicht die ökonomischen Verbindungen zwischen den nubischen Reichen, dem benachbarten Ägypten und dem Römischen und dem Byzantinischen Reich. Solche wirtschaftlichen Verbindungen lassen wiederum auf ideengeschichtliche Verbindungslinien schließen. Verwiesen sei an dieser Stelle auch auf S. Faraji, *The Roots of Nubian Christianity Uncovered: The Triumph of the Last Pharaoh*, Trenton 2012, der die Wurzeln der nubischen Reiche aus einer Africana-Perspektive untersucht und insbesondere die Verbindungen zum Alten Ägypten in den Mittelpunkt stellt.

82 Fauvelle, *Das goldene Rhinozeros*, S. 14-15.

noch kaum gezogen wurden, ist vor diesem Hintergrund unverständlich. Bevor dieser Frage nachgegangen werden kann, muss über einige Grundinformationen zur komplexen Religions- und Sprachgeschichte der Region zunächst der Rahmen für die Einordnung der folgenden Ausführungen geschaffen werden.

7.4.1. Zur Geschichte und Schrift des aksumitischen Reiches

Bis heute ist Äthiopien durch eine besonders starke Verflechtung verschiedener kultureller und religiöser Einflüsse gekennzeichnet. Ursprünglich wurde das Land von den Kuschiten besiedelt, später wanderten Niloten aus dem Norden ein. Es wird zudem eine jüdische Einwanderung aus der Zeit vor dem Talmud vermutet, die wohl aus dem Jemen stammte. Das Christentum begann in Äthiopien bereits im 4. Jahrhundert CE Fuß zu fassen, spätestens seit König Ezana 341 CE zum Christentum konvertierte und Aksum[83] zu einem der ersten christlichen Reiche machte.[84]

Damit einher ging die Einführung der Schrift, des altäthiopischen Geʿez. Diese Silbenschrift, deren älteste Überlieferungen bis in das 5. Jahrhundert BCE zurückreichen, ist altsüdarabischen Ursprungs. Ein Teil ihrer Symbole wurde aus dem Sabäisch-Himjarischen übernommen.[85] Der Ursprung seiner Schriftsprache ist ein Beleg dafür, dass Äthiopien bereits in frühen Jahrtausenden intensive Kulturkontakte zu verschiedenen Regionen der Welt unterhielt,

83 Das Reich Aksum umfasste Teile des heutigen Äthiopien, Eritreas, des Sudan und sogar für einige Jahre des Jemen. Mitte des 4. Jahrhunderts erlebte das Reich seine größte Blüte und Ausdehnung. Einen erheblichen Teil seines Wohlstands verdankte das Reich dem Handel mit Rom und Indien.

84 Andere Autoren argumentieren, dass das Christentum bereits im 1. Jahrhundert CE Äthiopien erreichte. Vgl. E. Isaac, *The Ethiopian Orthodox Tewahido Church*, Trenton 2013, S. 17-18. Aus diesem Grund betont Yirga Gelaw Woldeyes: »Das äthiopische Christentum ist also keine aufgezwungene koloniale Religion, sondern eine einzigartige afrikanische Tradition, die wesentlich älter ist als das westliche Christentum.« Y. G. Woldeyes, »Colonial Rewriting of African History: Misinterpretations and Distortions in Belcher and Kleiner's Life and Struggles of Walatta Petros«, in: *Journal of Afroasiatic Languages, History and Culture* 9/2 (2020), S. 133-219, hier S. 136. Übersetzung A. G.

85 Ab dem 8. Jahrhundert BCE tauchen sabäische Kulturelemente im Hochland von Äthiopien auf, die aus der Region des heutigen Jemen stammen. Vom 9./8. bis zum 4. Jahrhundert BCE scheint im äthiopischen Hochland eine Kultur dominiert zu haben, die aus dem sabäischen Reich kam.

über Meere und Wüsten hinweg.[86] Ge'ez war zunächst die Sprache der Bauern des äthiopischen Hochlands, entwickelte sich später aber zur offiziellen Sprache des aksumitischen Königreichs und erreichte den Höhepunkt seiner Verbreitung um das 4. Jahrhundert CE. Durch das Vordringen des Islam im 7. Jahrhundert wurde das aksumitische Reich von der Außenwelt abgeschnitten und erlebte seinen Niedergang. Damit ging eine Abnahme der literarischen Tätigkeit einher, so dass aus einigen Jahrhunderten, insbesondere aus dem 8. bis 12. Jahrhundert, der Regierungszeit der Zagwe-Dynastie, fast keine schriftlichen Überlieferungen des Altäthiopischen erhalten sind. 1270 gelangte die Salomonische Dynastie an die Macht, aus der bis 1974 die äthiopischen Kaiser stammten. Zur Zeit ihrer Machtübernahme war Ge'ez bereits eine Sprache, die nur noch im gelehrten und im sakralen Bereich Bedeutung besaß, insbesondere als Schriftsprache. Allerdings wurde in den folgenden Jahrhunderten wieder eine größere Menge an sakraler und profaner Literatur produziert, darunter das äthiopische Nationalepos *Kebra Nagast* (Ende des 13. Jahrhunderts). Ab dem 14. Jahrhundert spricht man wieder vom ›Goldenen Zeitalter‹ der Ge'ez-Literatur. Hauptschriftsprache blieb Ge'ez in Eritrea und Äthiopien noch bis ins 19. Jahrhundert, und es ist heute noch die Kirchensprache der äthiopischen und der eritreischen orthodoxen Kirche sowie der äthiopischen Juden. Als Verkehrssprache wurde es jedoch vom Amharischen und Tigrinya verdrängt. Heute können nur noch sehr wenige Menschen Ge'ez lesen.

Mit der Ausdehnung des Islam ab dem 7. Jahrhundert wurde die äthiopische Christenheit weitgehend vom Einfluss der Weltkirche isoliert, behielt jedoch durch ihre aus Ägypten entsandten Metropoliten Kontakt mit der koptischen Kirche, deren Oberhaupt seinen Sitz in Ägypten (Alexandria und Kairo) hat. Die äthiopisch-orthodoxe Kirche hat erst seit 1959 ihren eigenen Patriarchen in Addis Abeba. Der Papst von Alexandrien wird jedoch weiterhin als Ehrenoberhaupt und die koptische Kirche als Mutterkirche anerkannt.

Die äthiopischen Muslime nehmen für sich die Nachfolge der ältesten islamischen Gemeinde Afrikas in Anspruch. Es heißt, dass im Jahr 615 CE Mitglieder der Familie des Propheten Mohammed und einige Konvertiten mit Booten nach Adulis segelten, in Aksum Zuflucht vor Verfolgung fanden und durch den christlichen

86 Historisch ebenfalls interessant ist, dass Südwestarabien (Jemen) im 6. Jahrhundert CE für einige Jahre eine Kolonie äthiopischer Herrscher war.

Herrscher die Erlaubnis erhielten, sich niederzulassen. Diese Auswanderung ging der eigentlichen Hedschra nach Medina im Jahr 622 CE voraus, fand also vor Beginn der islamischen Zeitrechnung statt. Im 12. Jahrhundert entstanden die ersten kleinen islamischen Fürstentümer am Horn von Afrika. Sultanate der Harari vereinten sich ab dem 13. Jahrhundert zu einem islamischen Reich im östlichen Äthiopien. Dessen Hauptstadt Harar mit ihren über hundert Moscheen und islamischen Heiligenschreinen gilt bis heute unter äthiopischen Muslimen als vierte heilige Stadt (nach Medina, Mekka und Jerusalem).[87]

Das Judentum hatte im abessinischen Hochland als erste monotheistische Religion eine starke Stellung, wie unter anderem durch den äthiopischen Gründungsmythos *Kebra Nagast* deutlich wird, in dem es um den Besuch der Königin von Saba, die hier eine abessinische Königin ist, beim judäischen König Salomon geht. Mit ihm zeugte die Königin einen Sohn, Menelik, der als Begründer der Salomonischen Dynastie in Äthiopien gilt. Dieser entführte später im Zuge eines Besuchs bei seinem Vater die jüdische Bundeslade nach Äthiopien, wo sie angeblich in der Kathedrale Marjam Tsion in Aksum unter Verschluss gehalten wird.

Abessinien (das Gebiet des heutigen Äthiopien und Eritrea) ist somit ein besonders interessantes Beispiel für einen kulturellen Schmelztiegel, ein Land zwischen vielen Einflüssen, ein Schnittpunkt vieler Religionen: Antike Handelsbeziehungen zum Mittelmeerraum sind gut belegt, ebenso die Verbindungen zur arabischen Halbinsel in bereits sehr früher Zeit; Judentum, Christentum und Islam gehören seit Jahrhunderten zu dieser Region – ebenso wie die Religionen, Kosmologien und Weltanschauungen verschiedener anderer Völker, zu denen neben anderen die Oromo gehören. Philosophie in Äthiopien kann nicht unabhängig von dieser Vielfalt unterschiedlicher Denktraditionen gedacht werden. Näher untersucht wurden in den letzten Jahren dabei zunächst die christliche Philosophie und indigene philosophische Traditionen wie die der Oromo. Philosophische Untersuchungen zu Quellen islamisch-arabischer Philosophie aus früheren Jahrhunderten liegen meines Wissens noch nicht vor.

87 In Harar leben aber auch äthiopisch-orthodoxe und katholische Christen. Aufgrund des friedlichen interreligösen Zusammenlebens wurde Harar im Jahr 2002 mit dem UNESCO-Preis »City of Peace« ausgezeichnet.

7.4.2. Christliche Philosophie im Alten Äthiopien

Die christliche Philosophie in Äthiopien steht in enger Verbindung mit der griechischen und alexandrinischen Philosophie. Allerdings wurde das christliche Äthiopien durch die mit der Ausbreitung des Islam einhergehende Isolation vom Rest der Ostkirche als Quelle der Inspiration weitgehend abgetrennt und nahm entsprechend eine eigene Entwicklung. So erreichten viele Grundlagentexte Äthiopien erst in arabischen Übersetzungen. Die äthiopische Ideengeschichte ist damit in hohem Maße Produkt interkultureller Begegnungen. Unter diesen Umständen entwickelte sich eine äthiopisch-christliche Synthese weisheitlicher Literatur sowie eine Ethik aus verschiedenen Einflüssen, wie griechischen, frühchristlichen, jüdischen, früharabischen und indigenen Denktraditionen.

Den zweifellos größten Beitrag zur Forschung auf dem Gebiet der Geschichte der Philosophie Äthiopiens hat Claude Sumner (1919-2012) geleistet,[88] ein Kanadier, der von 1953 bis 2001 in Addis Abeba lebte und arbeitete.[89] Sumner selbst bezeichnete sich stets als »Kanadier von Geburt und Wahläthiopier«.[90] In der äthiopischen Nationalbibliothek entdeckte er laut eigener Aussage eini-

88 Zu Claude Sumners Werk gehören 33 Bücher und 184 Artikel. Zudem hat er 1976 und 1996 zwei wichtige Konferenzen zur Philosophie in Afrika in Addis Abeba organisiert, die maßgeblich zur Intensivierung der Diskussion im Rahmen der Philosophie in Afrika beigetragen haben. Wichtig sind in unserem Zusammenhang vor allem die folgenden Werke, die in einer Reihe unter dem Titel *Ethiopian Philosophy* von 1974 bis 1982 erschienen sind: Band I: *The Book of the Wise Philosophers,* Addis Ababa 1974; Band II: *The Treatise of Zara Yaecob and Walda Hewat: Text and Authorship,* Addis Ababa 1976; Band III: *The Treatise of Zara Yaecob and Walda Hewat: An Analysis,* Addis Ababa 1978; Band IV: *The Life and Maxims of Skandes*, Addis Ababa 1981; Band V: *The Fisalg^{w}os,* Addis Ababa 1982. Außerdem sind von Claude Sumner erschienen: *Classical Ethiopian Philosophy,* Addis Ababa 1985; *The Source of African Philosophy: The Ethiopian Philosophy of Man*, Wiesbaden 1986.

89 Sumner, der 1939 dem Jesuitenorden beigetreten war, erwarb 1949 einen M.A. in Englischer Literatur. 1951 wurde er ordiniert. 1953 ging er nach Äthiopien, wo er fast 50 Jahre bis zu seiner Emeritierung im Jahr 2001 als Lehrer und Forscher an der Universität Addis Ababa tätig war. Vgl. G. Presbey, G. Mclean, »Foreword: In Memory: The Significance of Claude Sumner SJ's Contribution to African Philosophy«, in: B. Gutema, C.C. Verharen (Hg.), *African Philosophy in Ethiopia: with a memorial of Claude Sumner,* Washington 2013. S. VII-XIV.

90 Sumner, *The Source of African Philosophy,* S. 9.

ge wertvolle Manuskripte, wie zum Beispiel das *Buch der weisen Philosophen,* und machte die Analyse dieser Werke zum zentralen Thema seiner Forschungen. Sumners Hauptwerk umfasst die fünf Bände *Ethiopian philosophy*, herausgegeben von 1974 bis 1982, die Sammlung *Classical Ethiopian Philosophy* (1985) sowie *The Source of African Philosophy: The Ethiopian Philosophy of Man* (1986). Seine Bücher enthalten jeweils die Originaltexte auf Ge'ez mit einer Übersetzung ins Englische.

Claude Sumner hat sich in seiner Forschung vor allem Quellen und Texten aus den christlichen Gebieten des Hochplateaus von Äthiopien gewidmet, die in Ge'ez als der liturgischen Sprache der koptischen Kirche verfasst sind. Erst später beschäftigte er sich darüber hinaus auch mit dem Sammeln von Sprichwörtern, Liedern und oraler Literatur in Äthiopien sowie der philosophischen Analyse dieses Materials. Die Tradition äthiopischer Philosophie umfasst für Sumner somit drei Arten von Quellen: eine mündliche Tradition, eine auf Ge'ez verfasste schriftliche Tradition und eine Tradition der Übersetzung von Texten ins Ge'ez, die dabei zugleich schöpferisch für den äthiopischen Kontext adaptiert wurden. Diese drei Säulen der äthiopischen Philosophie stehen laut Sumner in einem dialektischen Verhältnis zueinander. Andere Denktraditionen, wie zum Beispiel die arabischsprachige oder die jüdische Philosophie in Äthiopien, standen nicht im Fokus seiner Forschung.

Die folgende Diskussion beruht ausschließlich auf den Arbeiten Claude Sumners, da bisher nur er äthiopische Manuskripte aus frühen christlichen Jahrhunderten ins Englische übersetzt, kontextualisiert und aus philosophischer Perspektive interpretiert hat. Erstaunlicherweise hat es im Anschluss an seine bahnbrechenden Arbeiten keine weiteren Versuche gegeben, die Textbasis durch die Übersetzung und Interpretation weiterer Manuskripte aus den Bibliotheken Äthiopiens zu erweitern.

Zu den Werken, die bei der Rekonstruktion der Philosophie in Äthiopien eine Rolle spielen, gehören laut Sumner die folgenden:

– *Der Physiologus,*
– *Das Buch der Philosophen,*
– *Das Leben und die Maximen des Skendes.*

Bei allen drei Texten handelt es sich um Werke, die ursprünglich in frühchristlichen Jahrhunderten auf Griechisch entstanden sind und in Übersetzungen ins Ge'ez vorliegen. Darüber hinaus sind zwei deutlich jüngere Texte aus dem 17. Jahrhundert von Bedeutung für die Rekonstruktion der Geschichte der Philosophie Äthiopiens, nämlich die Abhandlung (*Ḥatäta*) Zär'a Yaqobs (1600-1693/94) und die seines Schülers Waldä Heywat. Diese werden, da sie einer späteren Epoche angehören, jedoch erst im anschließenden Kapitel eine Rolle spielen. Bereits an dieser Stelle muss allerdings kritisch angemerkt werden, dass in den Debatten zur Geschichte der afrikanischen Philosophie zwar zahlreiche Erörterungen zu den Texten Zär'a Yaqobs und Waldä Heywats erschienen sind[91], die von Sumner in englischer Übersetzung aus dem Ge'ez zugänglich gemachten Texte frühchristlichen Ursprungs in den Debatten aber bisher kaum eine Rolle spielten.[92]

Betrachten wir diese drei Texte nun etwas genauer – und mit ihnen Sumners Argumente für ihre Einordnung in eine Geschichte der Philosophie Äthiopiens.

Der Fisalg^{w}os/Physiologus

Der *Physiologus* (in der Transliteration aus dem Ge'ez: *Fisalg^{w}os*) ist ein moralischer Lehrtext, der die Leser:innen anhand allegorischer Bilder und Geschichten von Tieren und Fabelwesen dazu auffordert, vom Unglauben und von den weltlichen Lastern abzulassen und einem Leben in Christus und seiner Kirche zu folgen.[93] Er beinhaltet Beschreibungen von Tieren, Pflanzen und Steinen, die als Symbole zu verstehen sind und allegorisch auf das Heilsgeschehen gedeutet werden. Der Text wirkte nachhaltig auf bildende Kunst und Literatur, zum Beispiel als Quelle für viele Tiergeschichten. Seine größte Wirkung entfaltete er im Bereich der christlichen Ikonographie. So lassen sich eine Reihe bekannter christlicher Symbole auf diesen Text zurückführen, wie der Phönix als Symbol für die Auferstehung Christi oder der Pelikan, der mit seinem Blut seine Jungen, die er selbst getötet hat, wieder lebendig macht (als Symbol für Christi Selbstopfer am Kreuz), oder der Löwe, der seine Jungen durch Anhauchen belebt.

91 Eine ausführliche Darstellung der Debatten und Literatur zu Zär'a Yaqob erfolgt in Kapitel 8.

92 Auch die Beiträge in dem von Gutema und Verharen herausgegebenen Band *African Philosophy in Ethiopia* beziehen sich nicht auf diese Texte.

93 Sumner, *The Fisalg^{w}os*, S. 1.

Der Text, der uns in seiner äthiopischen Variante in einer Fassung aus dem 5. Jahrhundert CE vorliegt, ist – wie die beiden anderen der hier zu besprechenden Texte – nicht äthiopischen Ursprungs, sondern es handelt sich um eine Übersetzung aus dem Griechischen ins Geʿez. Das Original entstand vermutlich Ende des 2. oder Anfang des 3. Jahrhunderts CE in Alexandria, zu einer Zeit also, als Origenes dort weilte. Zu dieser Datierung neigt die Mehrheit der Forschung der letzten Jahrzehnte. Zur Diskussion steht dabei jedoch, ob Origenes den *Physiologus* bereits benutzt hat.[94] Gerade im Kontext einer Verflechtung von Traditionen (auch in den innerafrikanischen kontinentalen Raum hinein) ist die von Sumner vertretene These, dass dies der Fall gewesen sei, besonders interessant. Das Gleiche gilt für Sumners Betonung des Umstands, dass die Orte, die im *Fisalg^{w}os* genannt werden, sich von Indien über den Libanon bis nach Skete erstrecken (gemeint ist wohl die Sketische Wüste, denn Sumner nimmt an, dass sich der Begriff auf die koptischen Klostergemeinschaften, Skiti, im Wadi Natrun bezieht).[95]

Außerdem geht Claude Sumner davon aus, dass die Ursprünge des Buches noch weit früher liegen, als gemeinhin angenommen wird, nämlich bereits im 2. Jahrtausend BCE, und verweist hier auf das *Ägyptische Totenbuch*[96] und den Papyrus *Sallier IV* (Britisches

94 So argumentiert zum Beispiel L. J. Dorfbauer, »Fortunatian von Aquileia, Origenes und die Datierung des Physiologus«, in: *Revue d'études augustiniennes et patristiques* 59/2 (2013), S. 219-245. Bei ihm heißt es: »In der Mehrheit neigte die Forschung der letzten Jahrzehnte der Annahme zu, der Physiologus sei im 2. Jh. entstanden, und zwar am ehesten in dessen zweiter Hälfte. Die dabei fast allgemein vertretene Auffassung, bereits Origenes habe den Physiologus benutzt, wurde anhand einiger Beispiele von B. Neuschäfer diskutiert, ohne daraus chronologische Schlüsse zu ziehen. Zuletzt hat A. Scott – unabhängig von Neuschäfer – für eine Abhängigkeit des Physiologus von Origenes plädiert und sehr gewichtige Argumente für eine Datierung des Werks in die zweite Hälfte des 3. Jh. gesammelt.« (S. 226) Des Weiteren zeigt Dorfbauer einige Passagen in Origenes' Werk auf, die sich klar mit dem *Physiologus* berühren, wie zum Beispiel die Viper oder die Schlange und der Hirsch in den Matthäus-Kommentaren des Origenes. Dazu ausführlich ebd., S. 230 ff.

95 Sumner, *The Fisalg^{w}os*, S. 112-122.

96 Die im Totenbuch verzeichneten etwa 190 Sprüche sollen bereits um 2500 CE (5. und 6. Dynastie) entstanden sein und finden sich auf Särgen und an Wänden von Pyramiden. Ab etwa 1800 CE finden sich die ersten Schriftrollen mit der Sammlung von Sprüchen dieser Art. Zu den am besten zugänglichen Quellen aus diesem Kontext gehört heute aufgrund eines langjährigen Forschungsprojekts an

Museum) als mögliche Quellen für den *Physiologus*. Diese These ist, wie der Autor selbst ausführt, nicht neu. Bereits der Orientalist Fritz Hommel ging in seinem 1877 erschienenen Werk *Die äthiopische Übersetzung des Physiologus* davon aus, dass zu den Hauptquellen des *Physiologus*, dessen griechischen Originaltext er eher in die heidnische Literatur der alexandrinischen Zeit einordnet, heilige Bücher der Alten Ägypter gehören. Sumner sieht besonders in der Verbindung moralischer Eigenschaften mit Tieren, Pflanzen und Steinen eine wesentliche Parallele zur Vorstellungswelt des Alten Ägypten.[97] Vor diesem Hintergrund argumentiert er, dass der *Physiologus* in der nun bekannten Form in Alexandria zusammengetragen worden sei, dem Ort, an dem Osten und Westen, die altägyptische Kultur und Wissenschaft und die semitische Religion und Weltanschauung einander trafen, durchdrangen und komplementierten.[98] In einem späteren Artikel aus dem Jahr 2005 versucht Sumner diese Verquickung von altägyptischem, griechischem, alexandrinischem und äthiopischem Kontext anhand einer Karte auch visuell deutlich zu machen.[99]

Der Text des *Physiologus* fand weite Verbreitung im christlichen Orient und in Europa und wurde in viele Sprachen übersetzt. Dazu gehören, neben der Übersetzung ins Geʿez, Übersetzungen ins Lateinische,[100] Syrische, Koptische, Arabische und Armenische. Damit ist der *Physiologus* ein wichtiges Beispiel für die sehr umfangreiche und intensive Übersetzertätigkeit in den frühen christlichen Jahrhunderten. Sumner argumentiert (mit Bezug auf Hommel), dass die äthiopische Übersetzung vermutlich Mitte des 5. Jahrhun-

der Universität Bonn »Das altägyptische Totenbuch. Ein digitales Textzeugenarchiv« ⟨http://totenbuch.awk.nrw.de⟩, letzter Zugriff 17. 2. 2022.

97 Sumner, *The Fisalg^{w}os*, S. 80-84.

98 Ebd., S. 80. Genauer zur Verbindung der Tiersymbolik im *Fisalg^{w}os* mit dem Alten Ägypten im Abschnitt »From ancient Egypt to Renaissance«, S. 176-181.

99 C. Sumner, »Inter-African Cultural Impact: Egypt–Ethiopia«, in: B. Gutema, D. Smith (Hg.), *African Philosophy at the Threshold of the New Millinium [sic]: Papers of the 7th Annual Conference of the International Society for African Philosophy and Studies (ISAPS)*, Addis Ababa 2005, S. 215-228, hier S. 225.

100 Die beiden lateinischen Fassungen (*Dicta Chrysostomi* und *Physiologus Theobaldi*) waren die Vorlagen für die deutschen Bearbeitungen, aus denen sich die Bestiarien entwickelten, Tierdichtungen, die moralisierend tatsächliche oder vermutete Eigenschaften von Tieren oder Fabelwesen allegorisch mit der christlichen Heilslehre verbinden.

derts CE entstanden ist. Der Autor ist unbekannt, aber es ist zu vermuten, dass er ein äthiopischer Mönch war, der möglicherweise in einem Kloster in der Sketischen Wüste lebte, wo er Zugang zu den reichen Bibliotheken hatte. Der äthiopische Text liegt uns in drei Manuskripten vor: dem Londoner (Britisches Museum), dem Pariser (Bibliothèque Nationale) und dem Wiener (Österreichische Nationalbibliothek), wobei letzteres das wichtigste der erhaltenen Manuskripte ist, da es älter und zudem genauer in der Wortwahl zu sein scheint. Der äthiopische Text besteht aus einem sehr kurzen Prolog, 48 Kapiteln und einem Epilog. Sumner betont, dass der äthiopische Text dem griechischen Original am nächsten komme.[101]

Sumner misst diesem Text, der für ihn in erster Linie theologischer Natur ist, nur begrenzt philosophische Bedeutung bei und verwendet den Begriff »philosophisch« ausschließlich in Anführungszeichen.[102] Einer ausführlichen Darstellung der englischen Übersetzung, einer Diskussion des griechischen Originals, seiner Entstehung und Entwicklung sowie der äthiopischen Übersetzung folgt eine umfassende Analyse der literarischen Form des äthiopischen Textes, eine Einordnung der beschriebenen Tiere und Pflanzen in den Rahmen von Mythen, Legenden und Kunst sowie eine Analyse des Einflusses der kanonischen Schriften und der Bibel auf diesen Text. Das Schlusskapitel widmet sich einer semantischen Analyse der Schlüsselbegriffe des Textes, Begriffen wie Gesetz, Liebe, Gott, aber auch Weisheit und Wissen.

Insbesondere aufgrund dieser semantischen Analyse und eines Vergleichs mit äthiopischen philosophischen Werken späterer Jahrhunderte kommt Sumner zu dem Schluss, dass der *Fisalg^{w}os* – obgleich seiner Einschätzung nach kein philosophischer Text im eigentlichen Sinne – an den Anfang einer äthiopischen Philosophiegeschichte zu setzen sei. Denn hier lassen sich wichtige Merkmale der äthiopischen Philosophie finden, die in späteren Werken, wie dem *Buch der weisen Philosophen,* dem *Skendes* oder den Lehren des Zär'a Yaqob und des Waldä Heywat, wiederaufgenommen werden. Sumner begründet seine Position durch:

> [...] die Denkmuster [im *Fisalg^{w}os*], seine archetypischen Bilder und seine Symbolik, sein Weltbild mit dem Platz, den Tiere, Pflanzen und Minera-

101 Sumner, *The Fisalg^{w}os,* S. 77.
102 Ebd., S. 76.

> le darin einnehmen, seine Anthropologie, sein sozialer Ansatz und sein ethisches Wertesystem. Ohne die späteren Entwicklungen der äthiopischen Philosophie verliert der *Fisalg*^{w}*os* seine Bedeutung; ohne den *Fisalg*^{w}*os* verliert die äthiopische Philosophie ihre Wurzeln.[103]

Die philosophische Bedeutung des Textes macht Sumner an zwei Merkmalen fest: der enthaltenen Symbolik und den moralischen Werten. Gerade die Symbolik der insgesamt 42 Tiere, zwei Pflanzen und sechs Steinen mache diesen Text in Bezug auf die äthiopische Kultur interessant, die selbst eine sehr symbolträchtige sei, argumentiert Sumner. Jedes Tier, jede Pflanze und jeder Stein stehe für einen moralischen Wert. Damit biete der *Fisalg*^{w}*os* zugleich ein komplettes Set an moralischen Werten, die im Alten Äthiopien von Bedeutung waren.

Im Detail untersucht Sumner die Verbindung des *Fisalg*^{w}*os* zu den beiden anderen erwähnten Werken im 6. Kapitel seines Buches und stellt mit Blick auf das *Buch der weisen Philosophen* fest, dass es zwar einige kategoriale Überschneidungen gebe (wie die Begriffe Herz, Seele, Geist, Liebe etc.), diese im *Fisalg*^{w}*os* aber in einem theologischen Kontext stünden, während sie im *Buch der weisen Philosophen* vor allem in moralischer Hinsicht zu lesen und eher in einen weisheitlichen Kontext einzuordnen seien.[104] Die meisten kategorialen Überschneidungen bestehen laut Sumner zum *Skendes*-Text. In beiden Texten seien die entsprechenden Begriffe unter einem ethischen »Leitmotiv« vereint.[105]

Die größten Unterschiede bestünden dagegen zu den Abhandlungen von Zär'a Yaqob und Waldä Heywat, die über ein Jahrtausend später erschienen sind. Diese beiden Texte sind keine Übersetzungen mehr, sondern Werke, die äthiopischen Autoren zugeordnet werden. Sie bedienen sich einer ganz anderen Form, denn es handelt sich hier um vernunftgeleitete, kritische Argumentationen und methodische Untersuchungen. Trotzdem findet Sumner Überschneidungen. Dies betrifft insbesondere den gedanklichen Ausgangspunkt beider Werke, nämlich dass die Schöpfung grundsätzlich gut sei (»the goodness of the created thing«[106]). Sumner macht darüber hinaus acht Grundbegriffe aus, die in allen genann-

103 Ebd., S. 77. Übersetzung A. G.

104 Ebd., S. 276 f.

105 Ebd., S. 279. Sumner verwendet den deutschen Begriff »Leitmotiv«.

106 Ebd., S. 281.

ten Werken zentral seien und als sprachlicher Kern des philosophischen Vokabulars Äthiopiens[107] betrachtet werden könnten. Dabei handelt es sich um die folgenden Begriffe: Weisheit (*wisdom*), Wissen (*knowledge*), Herr (*Lord*), Fleisch und Seele (*flesh and soul*), Herz (*heart*), Gesetz (*law*) und Liebe (*love*).

Ich möchte an dieser Stelle zur Illustration seiner Vorgehensweise nur zwei dieser Begriffe herausgreifen, nämlich Weisheit und Wissen. Sumner argumentiert, dass sich der Begriff der Weisheit bereits im *Fisalgʷos* finde, seine Bedeutung aber erst im *Buch der weisen Philosophen* entfalte, wo Weisheit sowohl als intellektuelle Fähigkeit wie auch als christlich-theologische Tugend betrachtet werde und im Zusammenhang mit der Natur des Menschen sowie dem Menschen als gesellschaftlichem Wesen stehe. Im *Skendes* sei dieser Begriff dann das zentrale Leitmotiv, beginnend mit der Biographie des weisen Skendes über seine Suche nach der Richtigkeit einer bestimmten These bis hin zu den im Gespräch mit Kaiser Hadrian entwickelten Maximen.[108] In den Abhandlungen von Zär'a Yaqob und Waldä Heywat dagegen bestehe Weisheit im sorgfältigen Anwenden des Lichts der Vernunft auf alle Fragen des Lebens, des Glaubens und der Moral. Dort, wo die Vernunft nicht angewendet werde, könne es keine Weisheit geben – so das zentrale Argument dieser Abhandlungen.

Der Begriff des Wissens findet sich ebenfalls bereits im *Fisalgʷos,* und zwar im Zusammenhang mit dem Wissen oder der Klugheit bestimmter Tiere. Im *Buch der weisen Philosophen* steht der Begriff des Wissens in enger Verbindung mit dem Begriff der Weisheit, argumentiert Sumner. Wissen beziehe sich hier weniger auf den Besitz des Guten als vielmehr auf die Vermeidung des Schlechten: Die Tugenden Geduld, Demut und Reinheit gehören zur Gefolgschaft des Wissens, das auf die Zukunft gerichtet sein sollte. Dort, wo Wissen fehle, nähmen dagegen Untugenden wie die Liebe zu Reichtum und Luxus, Neid und alle anderen Arten des Bösen zu. Wissen geht zudem einher mit Gerechtigkeit. Wissen könne, so Sumners Interpretation weiter, durch die Gemeinschaft mit gelehrten Menschen erworben werden. Der materielle Nutzen des Wissens sei Reichtum, der spirituelle Nutzen Glaube. Im *Skendes* werde das Wissen vor allem mit den alten Philosophen sowie mit Skendes

107 Ebd., S. 282.
108 Ebd.

selbst verbunden. Und in den Abhandlungen aus dem 17. Jahrhundert beziehe sich der Begriff des Wissens auf die Anwendung unabhängiger Untersuchungen auf überkommene Regeln, Grundsätze und Normen.[109]

Das Buch der weisen Philosophen

Das *Buch der weisen Philosophen* ist eine Sammlung von Sprüchen, Maximen, Sprichwörtern, Parabeln, Allegorien und kurzen Argumentationen, die in einer bunten Mischung sowohl von griechischen Philosophen wie Heraklit, Sokrates, Platon, Aristoteles und den Neuplatonikern als auch von Kirchenvätern wie Gregorius und Basilius stammen. Außerdem sind Sprichwörter und Lebensweisheiten enthalten. So beinhaltet das *Buch der weisen Philosophen* eine Art »Quintessenz des zur Bildung des Herzens und des Verstandes Förderlichen«, wie Carl Heinrich Cornill im Vorwort seiner Übersetzung des äthiopischen Manuskripts schreibt.[110]

Beim äthiopischen Manuskript handelt es sich um eine Übersetzung aus dem Arabischen.[111] Der ursprünglich griechische Text stammt aus der byzantinischen Periode (5./6. Jahrhundert) und wurde im 9. Jahrhundert ins Arabische und zwischen 1510 und 1522 aus dem Arabischen ins Ge'ez übersetzt, und zwar von einem Abba Michael (oder auch Abba Mikael),[112] wie es am Schluss des Textes heißt.[113] Dass der Text von einem äthiopischen oder arabischen Mönch stammen könnte, lässt sich an weiteren Textstellen belegen, die dem ursprünglichen Text offensichtlich hinzugefügt wur-

109 Siehe zu den Begriffen Weisheit und Wissen ebd., S. 282-284.

110 C. H. Cornill, *Maṣḥafa Falâsfâ Ṭabîbân. Das Buch der weisen Philosophen*, Leipzig 1875, S. 6.

111 Der äthiopische Text ist in mehreren Handschriften in Europa vorhanden. Eine davon wurde von dem berühmten Afrikareisenden Eduard Rüppell (1794-1884) nach Deutschland gebracht. Cornill, *Maṣḥafa Falâsfâ Ṭabîbân*, S. 7.

112 Sumner verweist darauf, dass Abba Michael auch der Autor zweier weiterer Werke ist, nämlich »Acts of George of Lydda« (geschrieben 1487/8, vollendet 1510) und »Commentary of St. John Chrysostom on St. Paul's Epistle to the Hebrews« (1522/3-1524/5). Siehe dazu Sumner, »Inter-African Cultural Impact: Egypt – Ethiopia«, S. 218.

113 Cornill, *Maṣḥafa Falâsfâ Ṭabîbân*, S. 7: »Es wurde übersetzt das arabische Buch in die Ge'ezsprache durch Michael den Sohn des Abba Michael den Bischof, indem ihn der Heilige Geist unterstützte.«

den.[114] Der arabische Text wird zumeist Hunain ibn Ishāq al-ʿIbād (808-873 CE) zugeordnet, so unter anderem von Cornill und Sumner. Da der Text erst Anfang des 16. Jahrhunderts ins altäthiopische Geʿez übersetzt wurde und somit erst spät seine Wirkung in Äthiopien entfalten konnte, kann er hier nur aufgrund der Entstehung des Originals in den in diesem Kapitel im Mittelpunkt stehenden Zeitraum eingeordnet werden.

Inwiefern nun ist diese Sammlung von Sprüchen von philosophischem Interesse? Zu diesen Sprüchen gehören solche wie: »Es sprach Aristoteles: Wehe dem Reichthum, wenn man nicht giebt von ihm, und wehe der Stadt, welche keine Ruhe hat, und wehe den Richtern, welche die Unschuldigen fürchten.«[115] Oder: »Bewahre Reichtum nicht in Behältern, sondern in deiner Brust. Die Weisheit ist nicht gut, wenn das Handeln nicht gut ist. Der weise Mann untersucht alle Dinge, große und kleine.« Oder: »Brüderlichkeit ist wie eine Seele in getrennten und unterschiedenen Körpern. Wen liebst du: deinen Bruder oder deinen Freund? Mein Freund ist mein Bruder. Wer keinen Bruder hat, entbehrt die Würze des Lebens.«[116] Mit solchen und ähnlichen Sprüchen, die sich Themen wie Gewissen, Erkenntnis, Demut und Gerechtigkeit widmen und einander in ihren moralischen Aussagen teilweise widersprechen, haben wir es hier zu tun.

Sumner rückt dabei neben der literarischen Form weisheitlicher Literatur, die in den frühen Jahrhunderten zum Grundbestand der Klosterbibliotheken gehörte und weiter verbreitet war als philosophische oder theologische Abhandlungen, vor allem die Kreativität des Übersetzungsprozesses in das Zentrum seiner Argumentation. Er zeigt anhand des Textes Unterschiede auf, die für die Originalität der äthiopischen Übersetzung stehen, und argumentiert: »Die äthiopische Antwort auf den fremden Einfluss bestand nicht in einem sklavischen Festhalten an importierten Formen, sondern vielmehr in einer kreativen Einbindung.«[117] Die Grundfrage in diesem Zusammenhang ist natürlich, ob allein über die kreative Über-

114 Siehe dazu ebd., S. 13 f. Cornill geht davon aus, dass es sich um einen arabischen Mönch handelt.

115 Zitiert nach ebd., S. 23.

116 Zitiert nach Kimmerle, *Philosophie in Afrika*, S. 54-55.

117 C. Sumner, »Philosophy in Ethiopia«, in: E. Craig (Hg.), *Routledge Encyclopedia of Philosophy*, Band 3, London 1998, S. 442-445, hier S. 445. Übersetzung A. G.

setzungsleistung die philosophische Relevanz dieser Sammlung weisheitlicher Sprüche begründet werden kann. Dies darf durchaus bezweifelt werden. Sumners zweiter Argumentationsstrang läuft wiederum über den Nachweis zentraler Grundkategorien, die sich in diesem Text ebenso finden wie im *Fisalg^{w}os* und im *Skendes*-Text, und die der Autor abermals mit statistischer Genauigkeit auflistet, in ihrer jeweiligen Bedeutung beschreibt und in Verbindung mit der Begriffsverwendung in den beiden anderen Werken diskutiert.

Das Leben und die Maximen des Skendes

Es wird angenommen, dass Skendes, im europäischen Raum besser bekannt unter dem Namen Secundus der Schweigsame, ein antiker griechischer Philosoph aus dem frühen 2. Jahrhundert war, der Zeit Kaiser Hadrians (römischer Kaiser von 117-138 CE). Der älteste Beleg für die Existenz dieser legendenhaften griechischen Biographie ist ein Papyrusfragment aus dem 3. Jahrhundert. Der vollständige Text ist nur in einer einzigen Handschrift aus dem 11. Jahrhundert überliefert. Aber es liegen Versionen in vielen anderen Sprachen vor, zum Beispiel Arabisch und Armenisch. Die äthiopische fußt auf einer arabischen Fassung, die eine freie Bearbeitung der griechischen Originalversion ist. Von den vier äthiopischen Manuskripten, die es noch gibt und die sich in europäischen Bibliotheken befinden, stammen drei aus dem 18. Jahrhundert: Paris Codex d'Abbadie (Conti Rossini 214) und British Museum Orient 827 und 818. Eines ist jedoch etwas älter, nämlich das Manuskript Berlin MS 64 (Petermann II, Nachtrag 38), das von August Dillmann ins 16. Jahrhundert datiert wurde. Sumners Übersetzung ins Englische beruht auf diesem Manuskript, und zwar konkret auf der deutschen Übersetzung von Johannes Bachmann mit dem Titel *Das Leben und die Sentenzen des Philosophen Secundus des Schweigsamen. Nach dem Äthiopischen und Arabischen* (1887).

Die äthiopische Fassung enthält ebenso wie die arabische umfangreiche Zusätze und Veränderungen im Vergleich zum ursprünglichen griechischen Text. Für Sumner unterscheidet sich der äthiopische Text durch eine tiefere Empathie mit dem tragischen Helden und eine Erweiterung der ethischen Dimension von seinem griechischen Original. Er beschreibt den äthiopischen Text wie folgt:

> Besonders charakteristisch für den äthiopischen Secundus sind die zahlreichen Reflexionen und Überlegungen, die in die Geschichte eingewoben sind […]. So ist der äthiopische Übersetzer deutlich als ein tief denkender Mensch mit einer sehr sensiblen Wahrnehmungsfähigkeit zu erkennen.[118]

Die Unterschiede zwischen dem griechischen, dem arabischen und dem äthiopischen Text werden von Sumner im Detail nachvollzogen:[119] Im Gegensatz zur griechischen Version, die eine heidnische Erzählung ist, beginnt die äthiopische Erzählung bereits mit der Formel »Im Namen des Vaters, des Sohnes und des Heiligen Geistes«, die sich wiederholt in der Erzählung findet. Zudem wird bereits am Anfang der Geschichte erwähnt, dass Skendes' Eltern in den Tagen des Kaisers Hadrian zu Christus gefunden hätten.

Das Schicksal des Skendes erinnert entfernt an das des Ödipus. Der weise Skendes, wie er im äthiopischen Text durchgehend genannt wird, wird von seinen Eltern im Alter von 13 Jahren zum Studium der Weisheit (Philosophie) nach Athen und Beirut geschickt, wo er über 20 Jahre verweilt. In seinen Studien stößt er nun auf die Behauptung, dass alle Frauen Prostituierte[120] seien. Skendes beginnt sich zu fragen, ob diese Aussage dann nicht auch auf seine Mutter zutreffen müsse, denn offenbar erlaubt der Satz keine Ausnahme. Da er im Studium gelernt hat, dass man Behauptungen nachprüfen müsse, will er dieses Argument praktisch erproben und möglichst widerlegen. Er beschließt, seine eigene Mutter einer Prüfung zu unterziehen. Nach 24 Jahren des Studiums kehrt er aus diesem Grund in seine Heimat zurück, wo ihn niemand mehr erkennt. Dort begegnet er einer Dienerin und erfährt von ihr, dass der Hausherr (sein Vater) verstorben ist. Er trägt ihr auf, die Herrin des Hauses um eine gemeinsame Nacht mit ihm zu bitten, und

118 Sumner, *Skendes*, S. 437. So argumentiert auch Bachmann, *Das Leben und die Sentenzen des Philosophen Secundus*, S. 6. Er schreibt: Die Skendes-Geschichte, »wie sie in der Geez-Sprache übermittelt ist, stellt sich uns dar als die vollkommenste, sittlich abgeklärteste und geläutertste Rezenzion von allen erhaltenen S.[kendes]-relationen.« (S. 7) Bachmann merkt aber zugleich an, dass die philosophischen Sentenzen im äthiopischen und im arabischen Text in sehr korrupten Formen auftreten (S. 7 f.).

119 Sumner, *Skendes*, S. 130 ff.

120 An dieser Stelle merkt Sumner an, dass das Wort *zamawyat*, das im Satz »alle Frauen sind Prostituierte« benutzt wird, sich im Kontext der äthiopischen Bibel auf alle moralisch verbotenen libidinösen Handlungen bezieht, einschließlich Unzucht und Ehebruch. Sumner, *Skendes*, S. 233.

bietet ihr Geld für die Erfüllung dieses Auftrags an. Die verwitwete Mutter weist das von der Dienerin überbrachte Angebot zornig zurück und schlägt sie sogar. Nach und nach wird sie jedoch von ihrer Dienerin dazu überredet, diesen jungen und gutaussehenden Verehrer nicht abzuweisen. Letztlich nimmt sie den Vorschlag des vermeintlichen Fremdlings an. Skendes geht zu ihr und bleibt unerkannt. Während seine Mutter nun beginnt, ihn mit Liebkosungen zu überschütten, bleibt er kühl und rein.[121] Als sie ihn am nächsten Morgen fragt, ob sie ihm nicht gefallen habe, enthüllt er ihr, dass er ihr Sohn ist. Daraufhin wird die Mutter von Scham überwältigt und begeht Selbstmord. Nun ist Skendes erschrocken und ruft: »O meine Zunge, Du hast meine Mutter getötet.« Er bezichtigt seine Zunge der Unvorsichtigkeit und somit der Schuld am Tod seiner Mutter und beschließt daraufhin, den Rest seines Lebens schweigend zu verbringen. Als Kaiser Hadrian von diesem Schwur hört, versucht er, Skendes sowohl durch Belohnungen als auch durch die Bedrohung mit dem Tod zum Sprechen zu bringen, doch dieser bleibt stumm – selbst als schon fast das Schwert auf seinen Nacken fällt. Der Kaiser ist beeindruckt von dieser Standfestigkeit und macht Skendes zur Autorität für allerlei Fragen, die der Schweigsame schriftlich beantwortet.

Der Text gliedert sich somit in drei Abschnitte: die Biographie (15 Kapitel), eine Folge von 55 Fragen und eine Folge von 108 Fragen. Die erste Folge widmet sich Fragen nach allgemeinen Begriffen wie »Was ist das Universum?«, »Was ist der Ozean?«, »Was ist Gott?«, »Was ist der Tod?«. Diese werden von Skendes teils mit knappen Definitionen oder Charakterisierungen, teils mit poetischen Umschreibungen im Stil von Sinnsprüchen beantwortet. So wird die Seele als ein himmlisches Feuer beschrieben oder der Geist als ein verborgenes Gut, als das Licht der Seele. Ebenso finden wir hier Fragen danach »Was ist ein Mann?« und »Was ist eine Frau?«.[122] Skendes antwortet, die Frau sei das Objekt der Begierde des Mannes. Sie wird als gefährlich und animalisch beschrieben. Den Mann beschreibt er dagegen als mit Vernunft begabt, als Einheit von Geist und Fleisch, aber auch als von seinen Sinnen abhängig und daher schwach. Weitere Aussagen zum Wesen des Mannes sind: Er beherbergt eine Seele, er bearbeitet die Erde, er sorgt sich um die Zeit

121 Ebd., S. 31.

122 Ebd., S. 44, Frage 25.

und ist nur für kurze Zeit glücklich. Frage 27 lautet dann: »Was ist Prostitution?« Diese wird beschrieben als Süßes, dem Bitterkeit folgt; eine Ruhepause, die in Traurigkeit endet; ein Gift, das sich im Körper verbreitet; Liebe, die zu Streit führt; eine Schande, die die Ehre beschmutzt, und eine kraftvolle Unterhaltung, die für einige Zeit wunderbar ist, aber jenen, der sich ihr hingibt, in Armut führt. Als höchste Tugenden bezeichnet Skendes die Keuschheit und das Vermeiden des Bösen.[123]

Der zweite Frageteil erfasst traditionelle Themen des äthiopischen Christentums und widmet sich weisheitlich-ethischen Themen wie »Woher kommen Gut und Böse?« oder »Warum leiden auch die Gerechten?«. Es bleibt beim Frage-Antwort-Spiel; ein Dialog, wie er in der griechischen Philosophie zur Entwicklung von Argumenten häufig genutzt wurde, entspinnt sich nicht. Trotzdem spiegelt sich im *Skendes* ein logisch-begründendes Herangehen an Grundfragen des menschlichen Seins wider. Neben Fragen, die uns heute weniger drängend erscheinen, wie jene danach, wie man in den Himmel auf- oder in die Hölle absteige – für beides gibt es laut Skendes eine Leiter –, werden hier auch Fragen mit philosophischer Relevanz gestellt und beantwortet. Interessant ist in unserem Zusammenhang die Frage nach der Natur der Weisheit beziehungsweise des Wissens, die gleich an erster Stelle steht. Diese Frage ist für den gesamten Text von außerordentlicher Bedeutung, denn das Thema der Weisheit zieht sich als eine Art Leitmotiv, wie Sumner es nennt, durch den gesamten Text. So werden bereits Skendes' Eltern als weise bezeichnet, er selbst wird zum Studium der Weisheit ins Ausland geschickt und der Grund für sein ›Experiment‹ ist wiederum die Suche nach Weisheit. Für ihn ist die experimentelle Methode ein sicherer Weg, um herauszufinden, ob all das, was über die Frauen geschrieben wurde, wahr sei.[124] In der Erläuterung seines Handelns vor dem Kaiser heißt es: »Ich wollte nur die Weisheit prüfen, damit die Wahrheit von der Lüge unterschieden wird und mein Herz mit der Weisheit der Philosophen übereinstimmt.«[125] Kaiser Hadrian betrachtet Skendes, nachdem dieser alle Prüfungen bestanden hat, als Weisen und fordert ihn mit den Fragen auf, seine Weisheit mit ihm zu teilen. Was also ist nun Weisheit für

123 Ebd., S. 55, Frage 5.
124 Ebd., S. 28.
125 Ebd., S. 38. Übersetzung A. G.

Skendes? Die Frage nach Weisheit und Wissen beantwortet er wie folgt: »Weisheit ist Licht, das die Seele erfüllt; sie ist überall; sie hat kein Ende und kann nicht gefunden werden.«[126] Weisheit kann also nicht willentlich erlangt werden, sondern scheint in diesem Verständnis ein Licht, eine Gabe Gottes zu sein, die nicht jedem geschenkt wird. Hier eröffnet sich eine mögliche Parallele zu den Schriften aus dem Alten Ägypten, in denen ebenfalls davon ausgegangen wurde, dass dem Erlangen von Wissen und Weisheit eine gewisse Disposition des Herzens vorangeht, eine Gesinnung, die nicht jedem eigen ist. Weiter heißt es in Skendes' Antwort auf die Frage nach der Weisheit:

> Sie würde Gott ähneln. Sie ist das Auge der Seele; sie sieht alles, was verborgen und geheim ist. Sie nennt das Wissen Gewissen. Sie erforscht die Wunder des hohen Gottes. Die Seele derer, die Gott ohne Wissen verehren, hat kein Licht. Die Ursache für die Abwesenheit von Licht ist die Dunkelheit. Das Licht des Sommers ist stärker als das des Winters, so auch das Licht der Wissenden und der Weisen. So wie die Jahreszeiten einen Wechsel haben, so kennen auch die Weisen, die zu viel Gelehrsamkeit besitzen, den Wechsel des Lichts.[127]

Weisheit wird also verstanden als ein Licht, das das Verborgene beleuchtet, ein Licht, das nicht immer gleich hell scheint, ein Licht aber auch, das nicht jedem zugänglich ist. Insbesondere Frauen scheinen in der *Skendes*-Erzählung keinen Zugang zum Licht des Wissens und der Weisheit zu haben, denn sie werden in ihrer Gesamtheit als ihren Instinkten unterlegen beschrieben und zum Gebrauch der Vernunft nur in eingeschränktem Maße fähig.

Für Sumner stellt der *Skendes*-Text sowohl in der Form als auch im Inhalt eine wesentliche Weiterentwicklung im Rahmen der äthiopischen Philosophiegeschichte dar. Er betrachtet diesen Text, im Unterschied zu den beiden anderen frühchristlichen Texten, als »grundlegend philosophische Arbeit«[128] und erläutert dies anhand des philosophisch-religiösen Hintergrunds des Textes und an zentralen Begriffen wie dem Begriff der Weisheit. Darüber hinaus betont Sumner, dass die Geschichte des Skendes bis heute eine lebendige Tradition in den äthiopischen Klöstern ist: Im *Buch der*

126 Ebd., S. 54. Übersetzung A. G.
127 Ebd., S. 54. Übersetzung A. G.
128 Ebd., S. 239. Übersetzung A. G.

Mönche,[129] einem Buch zur Erziehung christlicher Mönche, widmet sich ein ganzes Kapitel dem Skendes und präsentiert ihn als vorbildliches Beispiel für Geduld, da er sich über viele Monate und selbst unter Androhung eines gewaltsamen Todes im Schweigen übte.

Die Bedeutung, die dem Text von Sumner für die äthiopische Philosophiegeschichte beigemessen wird, und seine bis heute anhaltende Wertschätzung in den Klöstern machen eine kritische Auseinandersetzung mit ihm umso wichtiger. Dieser Text, der eine zusammenhängende Lebensgeschichte, ein moralphilosophisches Problem und in einer Art Frage-Antwort-Spiel zudem Positionen zu philosophisch relevanten Themen beinhaltet, bietet nicht nur Einblicke in Ansichten und Fragestellungen der frühchristlichen Zeit, sondern zugleich Stoff für weitergehende Diskussionen. So liest die amerikanische Philosophin Gail Presbey in ihrem 1999 erschienen Aufsatz unter dem programmatischen Titel »Sollten Frauen ›Weisheit‹ lieben?«[130] den *Skendes*-Text (ebenso wie Sumners Erläuterungen des Textes) unter feministischer Perspektive. Im Mittelpunkt der Kritik steht das zentrale Postulat der *Skendes*-Geschichte: Alle Frauen seien Prostituierte. Im Zusammenhang damit wirft Presbey die Frage auf, wie Frauen »Liebhaberinnen der Weisheit« werden können, wenn kulturell geprägte Vorstellungen Frauen und deren Fähigkeiten bereits herabsetzen. Sie kritisiert, dass einiges von dem, was weise genannt wird, alles andere als Weisheit sei, wie zum Beispiel die unfaire und falsche Darstellung von Frauen im *Skendes*-Text ebenso wie in vielen anderen Texten aus verschiedenen Traditionen der Welt. Solche Beschreibungen, die versuchen, einen Anschein von Neutralität zu erwecken, produzieren und reproduzieren Vorstellungen vom Verhalten und von der Natur der Frau aus einer sexistischen und patriarchalen Perspektive, so Presbey. Aus diesem Grund müssen solche Texte der Weisheitsliteratur einer kritischen Analyse unterzogen werden. Dies betrifft auch den *Skendes*-Text.

Skendes' Versuch, die Aussage, dass alle Frauen Prostituierte sei-

129 Das *Buch der Mönche*, zu dem drei Bände gehören, stammt etwa aus der gleichen Zeit wie der *Skendes* und wurde ursprünglich auf Arabisch verfasst. Syrische Schreiber gelten als die Verfasser.

130 G. Presbey, »Should Women Love ›Wisdom‹? Evaluating the Ethiopian Wisdom Tradition«, in: *Research in African Literature* 30/2 (1999), S. 159-181.

en, an seiner Mutter zu überprüfen, scheint diese These zu untermauern. Trotz der Tragik der Geschichte begründet sie Skendes' Ruhm als weisen und geduldigen Mann, denn es ist letztlich sein Schweigegelübde, das Hadrian veranlasst, ihn herauszufordern. Als er diese Herausforderungen besteht, wird er für Hadrian zum weisen Berater. Dabei ist das Vorgehen, das Skendes zu seinem Gelübde führt, höchst problematisch. Zunächst, so argumentiert Presbey, beruht seine Schlussfolgerung nur auf einem einzigen Versuch an einer einzigen Person. Vielleicht glaubt er, dass seine Mutter eine Frau sei, die auf gar keinen Fall dieser Versuchung erliegen würde, und schließt darum etwas voreilig nur aus ihrem Verhalten, dass damit die These bereits bewiesen wäre. Aber letztlich muss man an einen Philosophen kritisch die Frage herantragen, warum er glaubt, dass ein Beispiel ausreichend sei. Es ist möglich, dass die besondere Wertschätzung für die eigene Mutter zu dem Schluss führt, dass dann alle anderen Frauen keinesfalls besser sein können. Es kann sich aber ebenso um die Unterstellung handeln, dass alle Frauen ohnehin das gleiche Verhaltensmuster haben und ihnen eine eigenständige Handlungsfähigkeit daher grundsätzlich abzusprechen sei.

Deutlich wird in der Erzählung eine Doppelmoral bei der Beurteilung des Verhaltens von Männern und Frauen, denn es wird eine Frau dahingehend getestet, ob sie sexuelle Dienste gegen Bezahlung anbietet – aber kein einziger Mann. Insofern wäre grundsätzlicher zu prüfen, ob Männer und Frauen gegen Bezahlung sexuelle Dienste anbieten. Die Frage, ob Männer sich prostituieren, wird aber gar nicht gestellt und insofern bereits eine moralische Überlegenheit der Männer festgelegt. Zudem, so Presbey, wird der Kontext nicht näher beschrieben – auch nicht der ökonomische. Welchen ökonomischen Zwang mag es geben, dieses Angebot anzunehmen? Befindet sich die Mutter in einer Zwangslage, nachdem der Vater verstorben und der Sohn seit über zwanzig Jahren verschollen ist? Folgen wir dem Text im Detail, so scheint Skendes' Mutter zudem eher von der Schönheit ihres vermeintlichen Anbeters verführt zu werden als durch das angebotene Geld. Zunächst ist sie durch das finanzielle Angebot sogar beleidigt, schlägt es dann aber doch nicht aus. So wird sie letztlich nicht aufgrund ihrer Liebe zum Geld verdammt, sondern eher aufgrund ihres Begehrens. Aber selbst wenn das Kriterium sexuellen Begehrens angelegt wird, wird hier mit verschiedenen Maßstäben gemessen, denn die Frage, inwiefern Männer durch die Schönheit einer jungen Frau verführt werden, wird nicht aufgeworfen, ebenso wenig die Frage, ob dies ebenfalls verwerflich sei. Die Thematisierung der Sexualität und des Begehrens der Frau erfolgt damit allein aus einer männlichen Perspektive, in der die eigene männliche Sexualität nicht zum Thema gemacht wird.

Presbey kritisiert auch Sumners Umgang mit dem Text, der zum Inhalt nur sehr wenige kritische Anmerkungen macht. Sumner verweist darauf, dass Skendes die unkontrollierbare sexuelle Lust der Frauen verdammt, aber auch Mitleid mit ihnen hat, da Gott ihnen die Lust als Teil ihrer Natur mitgegeben habe, da diese zum Erhalt der Menschheit notwendig sei. Dass auch Männern diese Eigenschaft gegeben ist und letztlich beide Geschlechter für die Reproduktion der Menschheit nötig sind, wird von Sumner nicht thematisiert. Sumner zeigt, dass die arabische und griechische Variante des Textes davon ausgehen, dass Frauen dieser Sinn für sexuelle Begierde mitgegeben wurde, da der Schmerz der Geburt so groß sei, dass sie ohne sexuelle Begierde nicht mehr zu ihren Männern zurückkehren würden.[131] In der äthiopischen Variante wird ebenfalls ein Zusammenhang zwischen Gebären und Lust hergestellt.[132] Hier liegt die Begierde ganz bei der Frau.[133] Trotzdem ist die von Gott gegebene Lust für Skendes kein Grund für einen moralischen Freispruch. Zwar scheinen die Frauen von Instinkten getrieben, aber zugleich auch freie und verantwortliche Wesen zu sein.[134] Wie sonst könnte das Handeln der Frauen beziehungsweise der Mutter moralisch beurteilt werden? Skendes' Beschreibung der Frau ist höchst problematisch: Sie ist das Objekt der Begierde des Mannes und eine Katastrophe für alle Männer, sie steht für Zerstörung, sie verbreitet Krieg und das Böse, sie ist ein unersättliches Tier, sie ist schlimmer als ein wildes Tier etc. Die Frau als das Böse,

131 Sumner, *Skendes*, S. 94.

132 »Das Gebären ist allein Sache der Frau. Der Mann hat so etwas nicht. Deshalb ist ihre Lust größer. Außerdem hat der Mann die Autorität über die Frau. Er verfügt auch über eine größere Weisheit als die Frau. Wo es Liebe zu Nachkommen gibt, gibt es mehr Lust. Es gibt viele und verschiedene Veränderungen in der Frau.« Ebd., Frage 90, S. 71. Übersetzung A. G.

133 In der amharischen Version heißt es: »sie hatte fleischliches Verlangen, während er sie geistig liebte«. Ebd., S. 122. Übersetzung A. G.

134 Ebd., S. 266 beziehungsweise Frage 75, S. 68.

als Gefahr – diese ›Weisheit‹ bewundert nicht nur der Kaiser in der *Skendes*-Erzählung, sie ist auch eine bis heute lebendige Denktradition in verschiedenen Regionen und Religionen der Welt.

Sumner analysiert den *Skendes* ausschließlich in der Perspektive des Ödipuskomplexes: Skendes liebt und hasst seine Mutter zugleich; er will sie einerseits auf ein Podest erheben und zugleich dekonstruieren. Presbey kritisiert, dass eine solche Analyse die Frage nach der Stellung der Frau in der äthiopischen Gesellschaft nicht aufwirft, obwohl der Text eigentlich eine gute Gelegenheit böte. Vielmehr werde Skendes als ein noch unerwachsenes oder mutterfixiertes Individuum betrachtet, das seine Mutter herausfordern muss, um sich von ihr lösen zu können. Für eine solche Neurotisierung des Skendes gebe es aber keinen Anlass. Zudem sieht Presbey wichtige Unterschiede zwischen Skendes und Ödipus.[135] Im griechischen Ödipus-Mythos ist das Leben des Ödipus nach seiner Tat ruiniert. Sowohl er als auch seine Mutter sind zerstört. Skendes' Mutter dagegen nimmt sich das Leben, während ihr Sohn dieser Tragödie nicht nur unversehrt entkommt, sondern in seinem späteren Leben sogar ein noch größeres Ansehen genießt. Vielleicht leidet er an der Erinnerung an diese Tragödie, allerdings scheint er seine eigene Rolle darin kaum zu realisieren, denn schließlich gibt er nur seiner Zunge die Schuld. Im Bericht an den Kaiser enthebt er sich dann sogar aller Schuld und betrachtet den Tod seiner Mutter als Resultat einer Kette unglücklicher Umstände, als eine Art Fatalität. Dazu nimmt er Rückgriff auf eine Parabel, die wie folgt lautet: Ein vornehmer Herr hat Gäste und möchte diese bewirten. Deshalb sendet er eine Magd zu seinen Kühen auf dem Feld, um Milch zu holen. Die Magd füllt einen Eimer mit Milch und trägt diesen auf dem Kopf nach Hause. Nun geschieht es, dass ein Vogel eine Schlange sieht, diese mit seinen Krallen fängt und hoch in die Luft trägt. Aufgrund der Schmerzen durch die scharfen Krallen öffnet die Schlange ihr Maul und spuckt Gift in die Luft. Das Gift fällt in den offenen Milchtopf auf dem Kopf der Magd. Die

135 In diesem Zusammenhang kann zudem die Frage aufgeworfen werden, ob Sumner mit seinem Rückgriff auf ein scheinbar analoges Beispiel aus der griechischen Tradition, aus der dieser Text unzweifelhaft stammt, nicht trotzdem zu sehr den Blick einengt und damit Analogien und Beispiele aus anderen Denktraditionen, die für eine Interpretation dienlich sein könnten, aus dem Blick geraten.

Gäste trinken davon und alle sterben. Skendes fragt nun, wem hier die Schuld zuzuweisen sei: dem Mann, der Magd, der Kuhherde, dem Vogel, der Schlange? Die Magd gibt Gästen Milch, von der sie nicht weiß, dass sie vergiftet ist; der Mann wollte gastfreundlich sein; die Kühe konnten nicht wissen, was mit ihrer Milch passieren würde; der Vogel hat nur nach Futter gesucht und die Schlange konnte nichts für ihre Reaktion auf den Schmerz.[136] Aber ist dies eine passende Parabel für die Tat des Skendes? Gäste zu bewirten, wäre unter anderen Umständen eine moralisch gute Tat gewesen. Skendes dagegen experimentiert mit Inzest und bezahlten sexuellen Diensten, was unter moralischen Gesichtspunkten kaum zu rechtfertigen ist – auch wenn er sein Handeln mit der Suche nach Wahrheit zu legitimieren versucht.[137] Der Selbstmord der Mutter, wenn von ihm so auch nicht vorausgesehen, folgt seiner unakzeptablen Handlung. Es ist letztlich erstaunlich, dass die Scham der Mutter und ihr Selbstmord Skendes nicht dazu veranlassen, die universale Gültigkeit der unter Prüfung stehenden These anzuzweifeln.

Sollte der *Skendes*-Text tatsächlich im 3. Jahrhundert entstanden sein, lassen sich neben den von Presbey aufgeworfenen Problemen noch weit mehr kritische Fragen an den Text stellen. Denn gerade in den frühen Jahrhunderten des Christentums gab es eine ganze Reihe einflussreicher Frauen, die sowohl durch das Vorbild ihrer Lebensführung als auch durch ihre intellektuelle Arbeit wesentlich zur Formung der neuen Religion und deren Grundsätzen beigetragen haben. Überlieferte Beispiele für gebildete Christinnen des 3. und 4. Jahrhunderts CE sind die 203 gestorbene Märtyrerin Perpetua, die in ihrem kurz vor dem Martyrium niedergeschriebenen Tagebuch Zeugnisse großer Selbstreflexion bietet, die 366 CE gestorbene christliche Dichterin Faltonia Betitia Proba und die hochgebildete Makrina (ca. 330-379 CE), die von ihrem Bruder Gregor von Nyssa im *Leben der Makrina* und im *Dialog über die Seele und die Auferstehung* als seine eigentliche geistliche Lehrerin bezeichnet wird.[138] Makrina war für ihre jüngeren Geschwister geistliche Mutter, kritische Beraterin und theologische Lehrmeisterin, die, wie Gregor von Nyssa schreibt, die kompliziertesten Fragen mit

136 Sumner, *Skendes*, S. 36 ff.

137 Ebd., S. 38.

138 Siehe u. a. A. M. Silvas, *Macrina the Younger, Philosopher of God*, Turnhout 2008.

exzellenter theologischer und philosophischer Kenntnis beantworten konnte.[139]

Presbey treibt ihre Textkritik noch weiter und fragt, warum man tradierte Texte und Weisheitstraditionen (hier verweist sie ebenso auf Sumners Forschungen zu Oromo-Sprichwörtern), die Frauen eine negative Rolle zuweisen, überhaupt studieren sollte.[140] Gerade angesichts der Tatsache, dass die Aufarbeitung des versteckten Sexismus beziehungsweise der Mechanismen der Unterdrückung von Frauen im afrikanischen Kontext, zum Beispiel in Sprichwörtern, Mythen, Kosmologien, ethischen Normen oder gesellschaftlichen Institutionen (wie der Gerontokratie), gerade erst begonnen hat, könne man solche Texte nicht unkommentiert stehen lassen. Zwar räumt Presbey ein, dass aufgrund der sexistischen Inhalte nicht gleich der gesamte Text verworfen werden dürfe, der sowohl als Dokument der geistesgeschichtlichen Entwicklung in Äthiopien wie auch als Einblick in die Gedankenwelt des 15. Jahrhunderts von Bedeutung ist. Eine kritische Auseinandersetzung mit solchen historischen Quellen ebenso wie mit anderen Teilen der Weisheitsliteratur[141] sei aber unabdingbar. Das Aufdecken von Vorurteilen

139 Gregor von Nyssa, »Lebensbeschreibung seiner Schwester Makrina (Vita Macrinae)«, in: *Des heiligen Bischofs Gregor von Nyssa Schriften*, Kempten/München 1927. Der Verfasser beteuert nachdrücklich, dass er nichts sage, was ihm etwa erst von anderen berichtet worden sei. Als Makrinas leiblicher Bruder sei er unmittelbarer Augen- und Ohrenzeuge all dessen gewesen, was er in der Schrift mit aller Genauigkeit zur Darstellung bringen wolle. Nach dem Tod ihrer Mutter wurde Makrina die Leiterin der asketisch lebenden Gemeinschaft geweihter Jungfrauen in Pontus, dem vermutlich ersten christlichen Frauenkloster überhaupt. Bereits die Großmutter, Makrina die Ältere (ca. 260-340 CE), war ein bedeutendes Mitglied der Christengemeinde von Neocäsarea an der kleinasiatischen Schwarzmeerküste und prägte durch ihr Vorbild das Leben und Schaffen der Geschwister Makrina der Jüngeren, Basilius des Großen, Gregor von Nyssa und Peter von Sebaste. Sie soll eine Schülerin des Bischofs Gregor von Neocäsarea (Gregor Thaumaturgos, ca. 210-270 CE) gewesen sein. Gregor von Nyssa nennt die Großmutter in der Lebensbeschreibung seiner Schwester Makrina d. J. eine bemerkenswerte (*insignis*) Frau, die in der Verfolgungszeit für Christus gekämpft habe.

140 Presbey, »Should Women Love Wisdom«, S. 170.

141 Die Rolle der Frau ist auch im *Buch der weisen Philosophen* ein wichtiges Thema. Hier finden wir keine so einseitige Haltung wie im *Skendes*, möglicherweise aufgrund der Tatsache, dass es sich um eine Sammlung von Aussprüchen verschiedener Autoren handelt. So finden sich zwar Stellen, an denen die Frau ebenfalls mit allem Bösen gleichgesetzt wird, aber ebenso eine Beschreibung der »guten

gegenüber Frauen ist dabei nicht nur wichtig mit Blick auf die Rekonstruktion des Lebens und Wirkens von Philosophinnen und anderen Denkerinnen, die in einem von patriarchalen und sexistischen Strukturen geprägten Kontext arbeiteten, sondern auch mit Blick auf die Analyse und Veränderung von bis heute gesellschaftlich verankerten sexistischen Strukturen relevant.

7.5. Konsequenzen für die Philosophiegeschichtsschreibung

In diesem Kapitel habe ich im Wesentlichen drei Ziele verfolgt: Zum Ersten sollte deutlich gemacht werden, dass Denktraditionen (und deren Vertreter:innen), die sich im epistemischen Rahmen einer Religion oder einer bestimmten Denkschule[142] bewegen, nicht *per se* von einer Geschichte der Philosophie ausgeschlossen werden können. Der Diskurs um den Ein- oder Ausschluss frühchristlicher Gelehrter in eine oder einer Philosophiegeschichte liefert eine Reihe von Argumenten, die auch auf außereuropäische Traditionen Anwendung finden können – auch wenn ein solches Vorgehen zunächst im Rahmen eines ›westlichen‹ Diskurses verbleibt. Abgelehnt werden muss das Argument, das den Anschluss an die griechische Tradition zum ausschlaggebenden Kriterium macht. Allerdings zielen andere Argumente auf die behandelten Themen (also inhaltliche Kriterien), die Form der Argumente (formale beziehungsweise methodische Kriterien) oder auch die Selbstbezeichnung der Gelehrten. Wenn sich frühchristliche Gelehrte selbst als Philosophen verstehen, ist das genauso ernst zu nehmen wie Selbstbezeichnungen in anderen Sprachen und Kulturen, die der Bedeutung eines Philosophie Treibenden gleichkommen. Diskurse in der ›westlichen‹ Philosophiegeschichtsforschung bieten also bereits selbst eine Reihe von Argumenten, die über die enge regionale Begrenzung des Begriffs hinausweisen.

Frau«, die Harmonie und Frieden in ein Haus bringt, wobei die Frau in erster Linie in der spezifischen Rolle der guten Hausfrau verstanden wird.

142 Ich denke hier nicht nur an große asiatische Denktraditionen wie Buddhismus, Konfuzianismus und Daoismus, die heute bis zu einem gewissen Grad bereits im philosophischen Diskurs etabliert sind, sondern auch an die im Kapitel 6 dargestellten philosophischen Traditionen in Kulturen mit überwiegend mündlicher Traditions- und Wissensvermittlung.

Zum Zweiten sollte deutlich gemacht werden, dass in einem pluralen Kontext die verschiedenen ideengeschichtlichen Einflüsse des jeweiligen intellektuellen Milieus auf die zu untersuchenden philosophischen Konzepte Beachtung finden müssen – und nicht nur die jeweils vorherrschende Denkströmung. Der bisherigen europäischen Philosophiegeschichtsschreibung ist in diesem Zusammenhang vorzuwerfen, dass von frühchristlichen Denker:innen ein Bild entworfen wurde, das ihre außereuropäische Herkunft zu verschleiern oder sie gar gänzlich von ihren afrikanischen Wurzeln abzuschneiden suchte. Solche (bewussten oder unbewussten) Verschleierungen oder Instrumentalisierungen der Zuordnung sind problematisch, und zwar egal aus welchen Beweggründen. Weder eine eurozentrische noch eine afrozentrische Perspektive wird der Komplexität der Situation in dieser Zeit gerecht. Gegen eine ideologische Instrumentalisierung bietet sich eine globale und verflechtungsgeschichtliche Perspektive an, die nationale und kontinentale Zuordnungen vermeidet.[143]

Und zum Dritten war es mein Ziel zu verdeutlichen, dass bislang weder in ›westlichen‹ noch in afrikanischen Diskursen zur Geschichte der Philosophie nach Verbindungslinien zwischen dem Alten Ägypten, dem frühchristlichen Nordafrika, den nubischen christlichen Reichen und Äthiopien gesucht wurde – oder (mit Blick auf Masolos Suche nach altägyptischen Einflüssen auf frühchristliche Denker) jedenfalls nur in sehr rudimentären Ansätzen. Die Ausnahmearbeiten von Claude Sumner, der bereits in den 1970er Jahren philosophische Traditionslinien zwischen dem Alten Ägypten, dem frühchristlichen Nordafrika und der christlichen Philosophie Äthiopiens aufgezeigt hat, sind bis heute nicht weiterverfolgt worden. In erster Linie mangelt es hier an Grundlagenarbeit beim Aufspüren von neuen oder bei der philosophischen Analyse bereits vorhandener Manuskripte aus frühen Jahrhun-

143 Siehe dazu Buck-Morss' Kritik an einer wissenschaftlichen Arbeitsweise, die unserer Vorstellungskraft Grenzen setzt, so dass Phänomene, die ursprünglich nicht durch eine undurchlässige Grenze getrennt waren – in unserem Fall die Philosophiegeschichte Afrikas und die frühchristliche Philosophie – als völlig getrennte Phänomene verstanden werden. Es geht auch im hier diskutierten Fall darum, eine Überlieferungsgeschichte zu dekonstruieren, die beide zu voneinander jeweils unabhängigen Ereignissen macht. Vgl. Buck-Morss, *Hegel und Haiti*, S. 27.

derten. Die von Sumner in einer sehr genauen philologisch-hermeneutischen Analyse untersuchten Manuskripte (*The Fisalg^{w}os/Der Physiologus* und *Das Buch der weisen Philosophen*) können nur als ein Anfang betrachtet werden. Für Sumner sind diese Texte, ebenso wie die Sprichwörter, die er an anderer Stelle ebenfalls untersucht, Bestandteil einer »weiten Philosophie« (*broad philosophy*), das heißt einer weisheitlichen Philosophie, deren Bedeutung er durch seine Arbeiten stärken will. Es ist bedauerlich, dass bis heute weder ein breiterer Diskurs zur Bedeutung dieser Texte noch eine Weiterentwicklung der Textbasis stattgefunden hat. Nur eine breitere Textbasis könnte zu einer besseren Beurteilung der drei von Sumner so akribisch untersuchten Texte beitragen und seine zum Teil recht weitgehenden Schlussfolgerungen für eine äthiopische Philosophiegeschichte auf eine robustere Basis stellen. Leider hat sich in Äthiopien die philosophiegeschichtliche Forschung der letzten Jahre allein auf eine Interpretation der Abhandlungen des Zär'a Yaqob und des Waldä Heywat und die philosophische Analyse der indigenen Traditionen der Oromo beschränkt. An der Erweiterung der Textbasis aus früheren Jahrhunderten wurde im Rahmen der Philosophie nicht gearbeitet. Ein internationales und interdisziplinäres Forschungsprojekt, in dem neben der Philosophie Disziplinen wie die Theologie, die Kirchengeschichte und die Philologie samt den entsprechenden Sprachkompetenzen eingebunden sind und in dem zugleich nach ideengeschichtlichen Zusammenhängen zu jüdischen und islamischen Traditionen gesucht wird, wäre für eine solche Grundlagenforschung sicherlich ein großer Gewinn.

Kapitel 8
Philosophie in Äthiopien im 17. Jahrhundert: Von Fälschungen und Missdeutungen

In diesem Kapitel sollen anhand von zwei besonders prominenten Fällen aus der Philosophiegeschichte Äthiopiens im 17. Jahrhundert die folgenden methodischen Fragen erörtert werden: der Umgang mit Texten, deren Autorschaft angezweifelt wird, und die Frage der Aneignung afrikanischer Texte und Autor:innen im globalen Wissenschaftsdiskurs.

Die Frage der Autorschaft ist oft auch bei schriftlich vorliegenden Quellen umstritten. Eine solche Kontroverse gibt es bereits seit dem Anfang des 20. Jahrhunderts um die beiden berühmtesten Texte der Philosophiegeschichte Äthiopiens aus dem 17. Jahrhundert: die auf Ge'ez verfassten Abhandlungen des Gelehrten Zär'a Yaqob und die seines Schülers Waldä Heywat. Seit gut fünfzig Jahren werden sie als Bestandteil einer afrikanischen beziehungsweise äthiopischen Tradition der Philosophie betrachtet. Allerdings gibt es seit längerem Zweifel an der Authentizität der Texte, die vor wenigen Jahren wieder in den Fokus der Aufmerksamkeit gelangt sind. Es wird vermutet, dass es sich um Fälschungen[1] eines europäischen

1 Fälschungen sind nicht nur auf dem Gebiet der Kunst ein Problem. Auch in der Philosophie haben sie zu Missverständnissen beigetragen. Bekannte Beispiele für Textfälschungen beziehungsweise Eingriffe und Veränderungen durch Editor:innen sind das *Corpus Dionysiacum*, einige Leibniz-Briefe oder das Werk Friedrich Nietzsches. Im Falle Nietzsches soll seine Schwester Elisabeth Förster-Nietzsche manipulierend in den Nachlass ihres Bruders eingegriffen haben, was zu einer Fehlinterpretation seines Gedankens vom *Wille[n] zur Macht* beigetragen haben soll. Zu den Leibniz-Briefen siehe: U. Goldenbaum, *Ein gefälschter Leibnizbrief? Plädoyer für seine Authentizität*, Hannover 2016. Das *Corpus Dionysiacum* wurde von einem anonymen Autor aus dem 6. Jahrhundert veröffentlicht, allerdings unter dem Namen eines Apostelschülers des Paulus (geb. vermutlich vor dem Jahr 10 CE - nach 60 CE), müsste somit eigentlich aus dem 1. Jahrhundert CE stammen. Zur Bedeutung des Textes im Mittelalter siehe T. Boiadjiev, G. Kapriev, A. Speer (Hg), *Die Dionysius-Rezeption im Mittelalter*, Turnhout 2000. Und natürlich ist auch – wie schon im Kapitel 4 ausführlich erörtert – die Autorschaft des Grundlagentextes der europäischen Philosophiegeschichtsschreibung *Von den Leben und den Meinungen berühmter Philosophen* des Diogenes Laertius im Grunde ungeklärt. Die Frage nach der Authentizität von Texten und Autor:innen führte in der

Missionars aus dem 19. Jahrhundert handeln könnte. Nach einem kurzen Einblick in den Inhalt dieser Texte und der Bedeutung, die ihnen im Rahmen der Philosophie in Afrika zugerechnet wird, erfolgt eine Darlegung der Debatten der letzten hundert Jahre um die Authentizität der Texte, die letztlich einen noch bis in unsere Gegenwart hineinreichenden Prozess der Kanonbildung nachvollziehen lassen. Daran anschließend werden methodische Fragen von Kanonisierungsprozessen in der Philosophiegeschichte diskutiert.

Der zweite Teil dieses Kapitels widmet sich einem weiteren interessanten Fall aus dem Äthiopien des 17. Jahrhunderts, der ebenfalls in den letzten Jahren zu heftigen Debatten geführt hat: Das Leben der Mutter Walatta Petros (1592-1642), einer christlichen Nonne, der aufgrund ihres Widerstands gegen die Katholisierung Äthiopiens in der äthiopisch-orthodoxen Kirche der Status einer Heiligen verliehen wurde. Ihr Leben und Denken kam im Jahr 2015 durch eine Übersetzung ihrer Hagiographie aus dem Geʿez durch Wendy L. Belcher und Michael Kleiner ins Englische[2] in den Fokus der Aufmerksamkeit. In den akademischen Debatten wurde Walatta Petros als eine der wenigen bekannten Frauengestalten aus diesem Jahrhundert gefeiert. Allerdings löste Wendy Belchers kurz darauf erschienener Artikel unter dem Titel »Same-Sex Intimacies in the Early African Text Gädlä Wälättä Ṗeṭros (1672): Queer Reading an Ethiopian Woman Saint«[3] sofort eine heftige Debatte aus und ließ auch Zweifel an der englischen Übersetzung der *Hagiographie* aufkommen. Vorwürfe eines unreflektierten westlichen Blicks, der Verfälschungen von Tatsachen und einer fehlerhaften Übersetzung wurden erhoben. Damit steht der Vorwurf einer kolonialen Aneignung beziehungsweise eines kolonialen Weiterschreibens der

europäischen Philosophiegeschichte zu einer Dauerdebatte, die sich durch alle Jahrhunderte zieht. Mit Blick auf die chinesische Philosophietradition scheint es Fälschungen von Werken Li Zhis (1527-1602) zu geben: W. Spaar, *Die kritische Philosophie des Li Zhi (1527-1602) und ihre politische Rezeption in der Volksrepublik China*, Wiesbaden 1984, S. 90 ff.

2 Galawdewos, *The Life and Struggles of Our Mother Walatta Petros: A Seventeenth-Century African Biography of an Ethiopian Woman,* hg. v. Wendy Laura Belcher und Michael Kleiner, Princeton 2015.

3 W. L. Belcher, »Same-Sex Intimacies in the Early African Text Gädlä Wälättä Ṗeṭros (1672): Queer Reading an Ethiopian Woman Saint«, in: *Research in African Literatures* 47/2 (2016), S. 20-45.

Geschichte zur Debatte. Hier haben wir es mit einem Problem zu tun, das im Rahmen einer globalen Philosophiegeschichte zu den zentralen methodischen Fragen gehört, nämlich: Wie kann Philosophiegeschichtsschreibung heute erfolgen, ohne in koloniale Muster zurückzufallen?

Aber beginnen wir mit einem Wissenschaftskrimi, nämlich mit der Debatte um die Authentizität der *Ḥatäta* des Zär'a Yaqob und seines Schülers Waldä Heywat.

8.1. Zär'a Yaqob und die Frage nach der Authentizität von Texten

Im 17. Jahrhundert wurde Äthiopien durch religiöse Auseinandersetzungen erschüttert. Die bereits seit 1492 bestehenden Verbindungen zwischen dem katholischen Portugal und dem christlichen äthiopischen Reich intensivierten sich 1541, als eine portugiesische Militärexpedition Äthiopien gegen die Eroberungsfeldzüge des Herrschers des Sultanats Adal, Ahmad ibn Ibrahim al-Ghazi (1506-1543), zu Hilfe kam. In der Folge entstanden erste katholische Gemeinden der Portugiesen in Äthiopien. Ab 1555 kamen Jesuiten ins Land, die 1557 mit der Missionierung des Landes begannen und in Äthiopien als »Frang« bezeichnet wurden. Die Versuche einer römisch-katholischen Missionierung riefen heftigen Widerstand in der Bevölkerung hervor. Im Jahr 1606 wurde nach einer Folge von auch militärisch ausgetragenen Erbstreitigkeiten Susenyos (1572-1632, Thronname Malak Sagad III.) Kaiser (Negus) des christlichen äthiopischen Reichs. Er trat 1622 in einer öffentlichen Zeremonie zum katholischen Glauben über. Auf Druck des seit 1624 in Äthiopien weilenden Missionars Alfonso Mendes (1579-1659) ließ der Kaiser sich zu einer Kirchenunion mit Rom bewegen. In der Folge wurden alle orthodoxen Heiligen durch katholische ersetzt, alle Kopt:innen sollten sich katholisch taufen lassen, alle orthodoxen Bräuche und Traditionen abgeschafft werden. Dies führte zu massivem Widerstand und blutigen Aufständen. Auch Susenyos' Bruder Melka Krestos erhob sich gegen den Kaiser. Die hieraus resultierende Schlacht im Jahr 1631, in der Christen gegen Christen standen, kostete ca. 8000 Menschen das Leben. Unter dem Eindruck dieser Verluste setzte Susenyos die Religionsfreiheit wieder ein und dankte

1632 zugunsten seines Sohns Fasilidäs (1603-1667) ab, unter dessen Herrschaft eine Welle der Verfolgung gegen die Jesuiten begann. Unter seinem Nachfolger Kaiser Yohannis I. (1640-1682) wurden alle Katholiken gezwungen, entweder zum orthodoxen Glauben überzutreten oder das Land zu verlassen.[4]

In diese von religiösen und politischen Machtkämpfen geprägte Zeit werden die bisher am meisten diskutierten philosophischen Texte Äthiopiens eingeordnet: die Abhandlungen (*Ḥatäta*) des Gelehrten Zär'a Yaqob (auch: Sara Jakob, Zara Yaqob, Zer'a Jacob[5]) und seines Schülers Waldä Heywat.[6]

4 Zur äthiopischen Geschichte vgl. P. B. Henze, *Layers of Time. A History of Ethiopia*, London 2000.

5 Nicht zu verwechseln mit dem Kaiser gleichen Namens aus dem 15. Jahrhundert (1434-1468).

6 Die erste deutsche Übersetzung stammt von Enno Littmann. Er übersetzte die Texte 1904 ins Lateinische (*Philosophi Abessini. Corpus Scriptorum Christianorum Orientalium, Vol. 31, Scriptores Aethiopici*, Paris/Leipzig 1904) und 1916 ins Deutsche: *Zar'a-Jacob. Ein einsamer Denker in Abessinien*, Berlin 1916. Ich zitiere im Folgenden aus der neueren Übersetzung *Zär'a Yaqob: Eine äthiopische Weltanschauung*, hg. v. Viktoria Frysak und Bekele Gutema, Wien 2008. Auf diese Edition wird zurückgegriffen, da hier Kritiken an früheren Übersetzungen bereits berücksichtigt werden. Einflussreich für den Diskurs zur afrikanischen Philosophie war insbesondere die Übersetzung ins Englische von C. Sumner, *The Treatise of Zara Yaecob and Walda Hewat. Text and Authorship*, Ethiopian Philosophy, Vol. II. Addis Ababa 1976; Ders., *The Treatise of Zara Yaecob and Walda Hewat. An Analysis,* Ethiopian Philosophy, Vol. III. Addis Ababa 1978. Eine exzellente Neuübersetzung aus dem Ge'ez ins Englische hat Ralph Lee unternommen, *Zara Yaqob, Walda Heywat . The Hatata Inquiries*, Berlin 2024. Zu Zär'a Yaqob ist in den letzten Jahren viel publiziert worden: C. Sumner, »The Light and the Shadow: Zera Yaqob and Walda Heywat: Two Ethiopian Philosophers of the Seventeenth Century«, in: K. Wiredu (Hg.), *A Companion to African Philosophy*, S. 172-182; Ders., »The Significance of Zera Yaqob's Philosophy«, in: *Ultimate Reality and Meaning* 22/3 (1999), S. 172-188; T. Kiros, »The Meditations of Zara Yaquob«, paper given at the Twentieth World Congress of Philosophy in Boston, Massachusetts from August 10-15, 1998 ⟨http://www.bu.edu/wcp/Papers/Afri/AfriKiro.htm⟩, letzter Zugriff 17. 2. 2022; Ders., *Zara Yacob. A Seventeenth Century Rationalist. Philosopher of the Rationality of the Heart,* Lawrenceville/Asmara, Eritrea 2005. B. Gutema, »Zara Yaqob: Ein äthiopischer Philosoph«, in: *Polylog. Zeitschrift für interkulturelles Philosophieren* 7 (2001), S. 68-74; A. Krause, »Spezielle Metaphysik in der Untersuchung des Zara Jacob (1599-1692)«, in: *Archiv für Geschichte der Philosophie* 85/3 (2003), S. 331-345; D.W. Kidane, *The Ethics of Zära Yaeqob: a reply to the historical and religious violence in the seventeenth century Ethiopia,* Rom 2012.

8.1.1. Die *Ḥatäta* des Zär'a Yaqob

Die *Ḥatäta* des Zär'a Yaqob (1599-1693) schildert im Wesentlichen die Lebensgeschichte des Autors und diskutiert in diesem Zusammenhang grundlegende religiöse und philosophische Fragen. Nach eigener Aussage wurde Zär'a Yaqob am 25. Nähase 1592[7] als Kind einer armen christlichen Bauernfamilie in der Nähe von Aksum geboren. Trotz der Armut schickte sein Vater ihn in die Schule. Der Schulbesuch war eigentlich Angehörigen der Oberschicht vorbehalten, aber manchmal – so wie im Falle Zär'a Yaqobs – erhielten auch begabte Bauernsöhne eine Chance auf Ausbildung. Aufgrund seines Talents wurde er von seinen Lehrern gefördert und erhielt Unterricht in der altäthiopischen Sprache, dem Ge'ez, in Dicht- und Formulierkunst und in der Heiligen Schrift. Seine Studienjahre fallen in die Zeit des zunehmenden politischen und religiösen Einflusses der Jesuiten. So begegnete er schon während der Zeit seiner Studien verschiedenen Auslegungen der Heiligen Schrift. In seiner Abhandlung heißt es dazu:

> Ich setzte mich mit beiden Auslegungen auseinander, mit der der Frang und mit der unserer Gelehrten. Oft widersprachen deren Auslegungen meiner Vernunft, aber ich hielt meine Meinung zurück und versteckte meine Gedanken in meinem Herzen.[8]

Nach Abschluss seiner Studien kehrte er an seinen Geburtsort zurück und begann zu unterrichten. Aber die Zeit war keine friedliche, sondern von Unruhen und Verfolgung all jener geprägt, die den Glauben der Frang nicht annehmen wollten. Zär'a Yaqob versuchte laut eigener Aussage, die verschiedenen Auslegungen der Heiligen Schrift möglichst parteilos darzustellen und sich neutral zu verhalten. Er stand auf gutem Fuß mit den Frang *und* mit den Kopten, was ihn in einer Zeit, in der es wichtig war, Partei zu ergreifen, bei seinen Zeitgenoss:innen verdächtig machte: »Infolgedessen mochte mich niemand leiden. Die Kopten sahen mich als Frang, die Frang als Kopten. Sie klagten mich mehrmals beim König an, aber Gott rettete mich.«[9] Nachdem er beschuldigt worden war, ge-

7 Das Datum bezieht sich auf den äthiopischen Kalender und bedeutet im gregorianischen Kalender den 28. August 1599.

8 Frysak/Gutema, *Zär'a Yaqob*, S. 12.

9 Ebd., S. 13.

gen die Frang zu predigen, musste Zär'a Yaqob etwa 1630, nur mit dem Nötigsten und einem Buch der Psalmen Davids ausgerüstet, fliehen, um einer Verhaftung zu entgehen. Die nächsten zwei Jahre lebte er das bescheidene Leben eines Eremiten in einer Höhle.[10] In dieser Zeit entwickelte er, laut eigener Aussage, die Grundgedanken seiner *Ḥatäta*.

Nach der Abdankung Susenyos' im Jahr 1632 verließ Zär'a Yaqob seine Höhle und ging nach Enferaz im Norden Äthiopiens, wo er zunächst als Schreiber arbeitete. Um 1633 wurde er dort Lehrer im Haus eines reichen Kaufmanns und unterrichtete dessen Söhne: Waldä Gabryel und Waldä Heywat. Etwa um 1634 gründete er eine Familie. Auf Bitten seines Schülers Waldä Heywat begann er 1667 seine Lehre in Form einer Abhandlung aufzuschreiben.[11] Nach einem langen und erfüllten Leben, in dem er seine Enkel und Urenkel aufwachsen sah, starb Zär'a Yaqob mit 93 Jahren in Enferaz, wie uns Waldä Heywat berichtet.[12]

Der Ausgangspunkt der Abhandlung Zär'a Yaqobs ist die klassische Theodizee-Frage: Wie ist das Leiden in der Welt mit der Annahme zu vereinbaren, dass Gott sowohl allmächtig als auch gut sei? Oder anders formuliert: Wie kann es sein, dass ein allmächtiger Gott duldet, dass guten Menschen Böses widerfährt?[13]

10 »Wenn ich allein in meiner Höhle war, fühlte ich mich wie im Himmel. Mir war die grenzenlose Bosheit der Menschen bewusst und ich legte keinen Wert auf Kontakt mit ihnen.« Ebd., S. 14.

11 Ebd., S. 49.

12 Ebd.

13 Diese Einwände erlangten in der europäischen Philosophietradition durch ihre Behandlung in Gottfried Wilhelm Leibniz' *Theodizee* (1710) Berühmtheit. Die klassische Formulierung dieser Frage stammt aber bereits von einem afrikanischen frühchristlichen Denker, nämlich Laktanz (ca. 250-ca. 320). Bei Laktanz heißt es:
»Gott will entweder die Übel aufheben und kann nicht;
oder Gott kann und will nicht;
oder Gott will nicht und kann nicht;
oder Gott will und kann.
Wenn Gott will und nicht kann, so ist er ohnmächtig; und das widerstreitet dem Begriffe Gottes. Wenn Gott kann und nicht will, so ist er mißgünstig, und das ist gleichfalls mit Gott unvereinbar. Wenn Gott nicht will und nicht kann, so ist er mißgünstig und ohnmächtig zugleich, und darum auch nicht Gott, Wenn Gott will und kann, was sich allein für die Gottheit geziemt, woher sind dann die Übel, und warum nimmt er sie nicht hinweg?« Laktanz, *Vom Zorne Gottes*

Diese Grundfrage vieler Religionen stellt sich auch Zär'a Yaqob angesichts seiner eigenen Erfahrungen mit der Verdorbenheit der Menschen, die ihn an der Existenz Gottes zweifeln lassen. Während er über diese Frage meditiert und betet, geht er noch einen Schritt weiter und fragt: »Zu wem bete ich eigentlich? Gibt es den einen Gott, der mich hört? [...] Wer hat mich geschaffen?«[14] Die letzte Frage beantwortet er mit der Unmöglichkeit des Rückschreitens ins Unendliche (infiniter Regress). Er argumentiert, dass es nicht die Eltern gewesen sein können oder die Eltern der Eltern, die am Anfang der Schöpfungskette stehen. Vielmehr muss der, der sie aus dem Nichts geschaffen hat, eine Wesenheit sein, die nicht geschaffen ist:

> Sie ist und wird in alle Ewigkeit Herr und Meister aller Dinge sein. Sie ist ohne Anfang und ohne Ende, sie ist unveränderlich und ihre Jahre können nicht gezählt werden. [...] Es gibt also einen Schöpfer, sonst würde es keine Schöpfung geben. Und dieser Schöpfer, der uns mit Einsicht und Verstand ausgestattet hat, kann nicht selbst ohne diese Eigenschaften sein. Denn er hat uns aus der Fülle seines Verstandes als verständige Wesen erschaffen.[15]

Zunächst versichert sich Zär'a Yaqob also der Existenz Gottes, indem er diese Frage auf einen ersten Schöpfer zurückführt, eine Grundannahme, die er in jeder ihm bekannten Religion (Christentum, Judentum und Islam) als eine Art kleinster gemeinsamer Nenner wiederfindet:

> Ich bitte Euch, lasst uns nachdenken, warum alle Menschen darin einig sind, dass es einen Gott, einen Schöpfer aller Dinge, gibt. Es ist so, weil die Vernunft in allen Menschen erkennt, dass alles, was wir sehen, geschaffen ist. Sie erkennt, dass es kein Geschöpf ohne Schöpfer geben kann und dass die Existenz eines Schöpfers die reine Wahrheit ist. Deshalb stimmen alle Menschen darin überein.[16]

Sein Argument läuft darauf hinaus, dass, wenn alle Menschen darin übereinstimmen, dass es einen Schöpfergott gibt, sie nicht irren

(De ira dei), in: *Des Lucius Caelius Firmianus Lactantius Schriften*, München 1919, S. 104 (Buch 13).

14 Frysak/Gutema, *Zär'a Yaqob*, S. 15.

15 Ebd., S. 16.

16 Ebd., S. 26.

können.[17] Nachdem er auf diese Weise die Existenz Gottes geklärt hat, geht er zu weiteren Fragen über, wie der Frage, ob alles, was in der Heiligen Schrift steht, wahr sei.[18] Eine solche Frage müsse in der Diskussion mit Gelehrten geklärt werden, allerdings sei diesen nicht zu trauen, da jeder Einzelne davon ausgehe, dass sein Glaube der richtige sei, und die anderen der Lüge bezichtige. Diesen Streit der Religionen beschreibt Zär'a Yaqob als Auslöser seiner Gotteszweifel und seiner Suche nach einer universellen Wahrheit, die jenseits religiöser Wahrheitsansprüche anzusiedeln sei.[19] In dieser Situation könne nur die Vernunft die Richterin in Fragen von Wahrheit und Falschheit sein. Und so fordert er explizit dazu auf, in allen Fragen zunächst die eigene Vernunft zu gebrauchen und nicht blind übernommenen Vorstellungen zu folgen, wie es die meisten Menschen täten, die übernehmen, was sie von ihren Vorfahren gehört haben, jedoch nicht nachforschen, ob es wahr oder falsch ist. Gott aber habe den Menschen Verstand gegeben, um Gottes Weisheit zu verstehen.[20] Unglücklicherweise seien die Menschen schwach und träge. Die Erforschung der Wahrheit und der Geheimnisse der Natur hingegen erfordere große Mühe und Geduld, die nicht jeder aufbringen könne. Darum glaubten die Menschen eher der Lüge als der Wahrheit und seien leicht zu manipulieren.[21] In diesem Zusammenhang verweist Zär'a Yaqob – in einer fast aufklärerischen Weise – nicht nur auf eine gewisse Denkfaulheit der Menschen, sondern auch darauf, dass Religion von jenen, die Macht besitzen

17 Zuvor hat Zär'a Yaqob bereits erklärt: »Gott in seiner Weisheit hat den Menschen verunmöglicht, in etwas einig zu sein, was falsch ist, damit es ihnen nicht als wahr erscheint. Denn wenn alle Leute in einer Sache übereinstimmen, dann scheint diese Sache als wahr. Aber es ist nicht möglich, dass sich alle Menschen über eine Unwahrheit einig sind [...].« Ebd., S. 26.

18 Ebd., S. 16.

19 Ebd., S. 14-15. Das Problem, das sich ihm stellt, beschreibt er so: »So wie ich meinen Glauben für richtig halte, hält ein anderer seinen eigenen Glauben für richtig. Aber es gibt nur eine Wahrheit.« Ebd., S. 18.

20 Vgl. ebd., S. 19.

21 Zär'a Yaqob verweist auf jene, die über die Menschen herrschen wollen und behaupten: »›Wir wurden von Gott geschickt, um Euch die Wahrheit zu offenbaren.‹ Und die Menschen glaubten ihnen.« Ebd., S. 20. Die nachfolgenden Generationen übernahmen diesen Glauben, ohne ihn zu hinterfragen, und fügten als Beweis ihres Glaubens Geschichten von Zeichen und Omen hinzu, argumentiert Zär'a Yaqob.

oder anstreben, zu ihren Zwecken eingesetzt und missbraucht werden könne. Die Wahrheit zeige sich aber jenen Menschen, die sie suchten, auf jeden Fall:

> Denn wer mit der echten Einsicht, die der Schöpfer jedem Menschen ins Herz gepflanzt hat, forscht und die Gebote und Gesetze der Schöpfung genau prüft, der wird tatsächlich die Wahrheit entdecken.[22]

In der Folge überprüft Zär'a Yaqob einige grundlegende Glaubenssätze des Christentums, des Judentums und des Islam. Dabei kritisiert er sowohl den Zölibat[23] als auch die Polygamie[24] und das Fastengebot[25] als nicht den Gesetzen der Natur und der göttlichen Ordnung entsprechend. Er scheint hier also keine Religion – auch seine eigene nicht – von der Überprüfung und Kritik auszunehmen.

Die gesamte Abhandlung steht in der Spannung zwischen dem Glauben an Gott,[26] der dem Menschen Vernunft gegeben habe,[27] und dem Gebrauch ebenjener Vernunft. Zär'a Yaqob betont, dass ein Wissen über Gott mit den Mitteln der Vernunft erlangt werden könne – und letztlich müsse,[28] weil der wahre Glaube an Gott eine Frage des Gebrauchs der Vernunft sei. Denn »[...] was Menschen sagen, stammt aus der Quelle der Falschheit, und unsere Vernunft lehrt uns, dass alles, was Gott schuf, richtig ist.«[29] Oder wie es in der Abhandlung auch heißt:

> Wenn es also die Wahrheit ist, die wir wollen, dann müssen wir sie mit unserer Vernunft suchen. Diese hat Gott uns verliehen, damit wir durch sie erkennen können, was wir von all den Bedürfnissen der Natur benötigen.

22 Ebd., S. 21.
23 Ebd., S. 22.
24 Ebd., S. 21.
25 Ebd., S. 25.
26 Der Glaube an Gott scheint eine gewisse Notwendigkeit für die Regulierung der menschlichen Verhältnisse zu haben: »Selbst wenn der Glaube der Menschen nicht von Gott kommt, so ist er jedoch notwendig und erzielt gute Wirkung, denn er hält die Schlechten davon ab, Böses zu tun, und ermutigt die Guten in ihrer Geduld.« Ebd., S. 27.
27 »Alle Menschen sind vor Gott gleich, und sie alle, als seine Geschöpfe, haben Vernunft.« Ebd., S. 25.
28 Ebd., S. 26.
29 Ebd., S. 23.

Wir können die Wahrheit allerdings nicht über die Lehre der Menschen erreichen, denn alle Menschen sind Lügner.[30]

Aber wie kann man einen falschen Glauben erkennen? Zär'a Yaqob macht dies an der Übereinstimmung und den Differenzen der Menschen in Glaubensfragen fest. Er argumentiert, wie oben erwähnt, dass alle Menschen darin übereinstimmen, dass es einen Schöpfergott gebe.[31] Deshalb müsse diese Annahme wahr sein. Nur bei Unwahrheiten gebe es keine Übereinstimmung. Solche Meinungsverschiedenheiten findet Zär'a Yaqob nun bei grundlegenden Glaubenssätzen der verschiedenen Konfessionen und folgert, dass letztlich alle – seine eigene eingeschlossen – falsch sein müssen. Dies ist eine bemerkenswerte Wendung, denn Zär'a Yaqob gesteht in diesem Abschnitt ein, dass auch sein eigener Glaube »ehebrecherisch oder falsch war«.[32] Dies habe zu Hass, Verfolgung, Folter, Zwang und Tod geführt.

Eine Lösung scheint ihm die Rückkehr zum christlichen Glauben zur Zeit des Evangeliums zu sein, als der Glaube noch alle Menschen dazu einlud, einander zu lieben und die Christen nicht in verschiedene Konfessionen gespalten waren, die sich gegenseitig verfolgten. Diese Spaltung habe »ihren Glauben bis hinunter in seine Grundlagen zerfetzt, sie lehren Eitelkeiten, sie tun Böses, und sie werden also fälschlicherweise Christen genannt«.[33]

Im Anschluss formuliert Zär'a Yaqob einige Handlungsanleitungen für ein gutes Leben, an erster Stelle eine Version der Goldenen Regel: »Handle an anderen Menschen nicht so, wie du selbst nicht behandelt werden willst, sondern handle an anderen so, wie du von anderen behandelt werden möchtest.«[34] Über diese Regel hinaus gelte es, die Zehn Gebote einzuhalten – außer der Einhaltung des Sabbats, worüber die Vernunft uns nichts sage.[35] Ein erstrebenswertes Leben umfasst für Zär'a Yaqob das Streben nach Vervollkommnung, das Erlangen von Wissen, eine Wertschätzung der Arbeit, es umfasst die Ehe zwischen Mann und Frau, das Zeugen von Kindern – und das Gebet, das eine dauernde Notwendigkeit

30 Ebd., S. 28.
31 Ebd., S. 26.
32 Ebd., S. 27.
33 Ebd.
34 Ebd., S. 31.
35 Ebd.

für die Menschen sei. Mit Blick auf den im Kapitel 7 behandelten *Skendes*-Text ist Zär'a Yaqobs Aussage zum Verhältnis von Mann und Frau geradezu revolutionär. So schreibt er: »Mann und Frau sind gleichberechtigt in der Ehe, und wir sollten sie nicht Herr und Magd nennen, denn sie sind ein Fleisch und ein Leben.«[36]

Die *Ḥatäta* des Zär'a Yaqob endet mit einer Beschreibung seiner letzten Jahre und seines friedlichen Todes mit 93 Jahren als glücklicher und angesehener Mann, die von seinem Schüler Waldä Heywat hinzugefügt wurde. Im Anschluss beginnt »Die Untersuchung des Waldä Heywat«.

8.1.2. Die *Ḥatäta* des Waldä Heywat

Die *Ḥatäta* des Waldä Heywat hat in den philosophischen Debatten weit weniger Beachtung erfahren als die des Zär'a Yaqob. Auch kann die Niederschrift nicht so genau datiert werden, da uns der Autor hierzu keine Auskunft gibt. Waldä Heywat, Sohn des früheren Dienstherren Zär'a Yaqobs, Habtu, blieb seinem Lehrer Zär'a Yaqob ein Leben lang verbunden und soll laut der *Ḥatäta* den Anstoß zur Niederschrift der Lehren gegeben haben. Im Gegensatz zur Abhandlung des Zär'a Yaqob ist die Untersuchung Waldä Heywats nicht autobiographisch und widmet sich auch nicht in gleicher Ausführlichkeit theologischen Fragen, sondern ist eher ethisch-pädagogisch ausgerichtet. Sie soll als Anleitung für die Weitergabe des Wissens an die Kinder dienen.[37] Allerdings bedient sich Waldä Heywat der gleichen kritischen und argumentativen Methode wie sein Lehrer und betont bereits am Anfang seiner Abhandlung, dass man nichts glauben solle, bevor man es nicht selbst untersucht habe.[38]

36 Ebd., S. 41.

37 Ebd., S. 51.

38 »Ich werde nicht schreiben, was ich von den Lippen der Menschen gehört oder von den Lehren der Menschen vermittelt bekommen habe, außer es ist etwas, das ich untersucht und für gut befunden habe. Ich werde über die Dinge schreiben, die mir wahr erscheinen, nachdem ich sie untersucht und erkannt habe.« Ebd. »Glaube nicht alles, was Menschen dich lehrten, bevor du es untersucht und für richtig befunden hast […]. Glaube nicht an das, was in Büchern geschrieben steht, bis du es untersucht und für richtig befunden hast«, denn Menschen können irren und lügen. Ebd., S. 53. »[…] die Untersuchung ist das Tor, durch das wir Zugang zur Weisheit haben, und die Vernunft ist der Schlüssel, den Gott uns gab […]«. Ebd. Interessant ist zudem, dass Waldä Heywat bereits am Beginn

Zentral für seine Abhandlung sind ethische Regeln des friedlichen Zusammenlebens in der Gemeinschaft. Bereits im siebten von 35 Kapiteln heißt es:

Und weil Gott mich nicht nur um meiner selbst willen erschaffen hat, sondern mich inmitten unter andere Geschöpfe, die mir gleich sind, gesetzt hat, sollte ich außerdem mit diesen in Zuneigung und Miteinander leben, sie nicht hassen oder ihnen etwas Böses tun. Gott befahl mir, mit ihnen gemeinsam zu arbeiten und meine Brüder zu lieben, die mit mir arbeiten, und ihnen so viel ich kann zu helfen, so wie ich selbst wünsche, von allen Menschen geliebt und unterstützt zu werden.[39]

Ausdrücklich wird in Kapitel 13 betont:

Liebe deine Mitmenschen wie dich selbst und handle an ihnen so, wie du es dir von anderen wünschst, an dir zu handeln. Tue ihnen nichts, von dem du wünschst, dass es dir nicht getan wird.[40]

Waldä Heywat argumentiert, dass es Gottes Wille sei, dass wir in Brüder- und Schwesterlichkeit miteinander leben, denn Gott habe uns als unvollkommene und bedürftige Wesen geschaffen. Dies einzusehen, gelinge uns aber nur mit den Mitteln der Vernunft.[41] Kapitel 13 steht ganz explizit unter dem Titel »Das gemeinschaftliche Leben« und betont, dass Gott den Menschen als ein gemeinschaftliches Wesen geschaffen habe.[42] Es könnten nur Narren sein, die das Wort »Mitmensch« ausschließlich auf Verwandte, Nachbarn, Freunde oder Mitglieder des eigenen Glaubens anwenden wollen:

seiner Ausführungen darauf verweist, dass es nicht ganz ungefährlich beziehungsweise unbequem sein kann, die Wahrheit auszusprechen. Deshalb trauten sich viele nicht, sie öffentlich zu lehren, »weil sie Angst vor dem Fluch der blinden Menschen und vor dem Ausschluss aus deren Gemeinde hatten«. Ebd., S. 52.

39 Ebd., S. 62.

40 Ebd., S. 72. Diese Aufforderung wird wiederholt in Kapitel 15: »Tue deinen Mitmenschen nichts, was du nicht willst, dass sie dir tun.« Ebd., S. 75.

41 So heißt es bereits in Kapitel 7: »Die Lehre unserer Vernunft ist gewiss, denn ein Mensch kann nicht aus sich selbst heraus ohne die Hilfe anderer Menschen zur Welt kommen, wachsen und arbeiten. Also ist es der erklärte Wille unseres Schöpfers, der die Menschen in diese Stellung gesetzt hat, dass sie zusammenkommen, sich lieben und einander helfen, all das zu erlangen, was jeder von ihnen für sein Leben braucht.« Ebd., S. 62.

42 Ebd., S. 71.

[…] denn alle Menschen sind unsere Mitmenschen, ob sie gut oder böse sind, ob Christen, Moslems, Juden oder Heiden. Alle sind uns gleich und unsere Brüder, weil wir alle die Söhne eines Vaters sind und die Geschöpfe eines Schöpfers.[43]

In einem von religiösen Auseinandersetzungen zerrissenen Land ist das ein wichtiges Bekenntnis zu einer Haltung, die in jener Zeit sicher nicht von allen geteilt wurde.

In den folgenden Kapiteln behandelt Waldä Heywat eine ganze Reihe praktischer gesellschaftlicher und moralischer Fragen seiner Zeitgenossen und erteilt Ratschläge zur Bekämpfung der im Land verbreiteten Missstände. Er tadelt jene, die ihr Heil in einem abgeschiedenen Leben suchen, denn Gott wolle, dass die Menschen einander helfen.[44] Außerdem betont er die Gleichheit aller Menschen unabhängig von ihrem Glauben oder ihrer sozialen Zugehörigkeit,[45] kritisiert Verleumdung[46] und Rufmord,[47] Habgier und Trunkenheit,[48] Diebstahl[49] und Ehebruch.[50] Hervorgehoben wird dagegen der Wert der Ehe, die für Waldä Heywat ein zentrales Element der Gemeinschaft – möglicherweise als kleinste Einheit des Zusammenlebens – bildet und der er relativ viel Raum in seiner Abhandlung einräumt.[51] Auch bei Waldä Heywat finden sich Gedanken zu Geschlechterverhältnissen und der Natur der Frau. Die Frau wird von ihm als »von Natur schwach und weniger vernünftig als ein Mann«[52] beschrieben, als unnachgiebig und geschwätzig. Es scheint die Aufgabe der Frau zu sein, ihren Mann so gut es geht zu erfreuen. So rät er ihr: »Verschaffe ihm Genuss durch dein Essen und Trinken und durch deine gute Sorge für sein Haus und sein Leben.«[53] Zugleich fordert er aber eine Gleichbehandlung in der Ehe, nämlich dass Mann und Frau »einander so gut wie möglich mit

43 Ebd., S. 72.
44 Ebd., S. 72. u. 85 ff.
45 Ebd., S. 72.
46 Ebd., S. 73 f.
47 Ebd., S. 83.
48 Ebd., S. 80.
49 Ebd., S. 83.
50 Ebd., S. 84.
51 Vgl. Kapitel 24: »Die Heiligkeit der Ehe und die Nutzlosigkeit des Klosterlebens«, ebd., S. 85-89, siehe auch Kapitel 25, 26, 27, S. 90-94.
52 Ebd., S. 91.
53 Ebd., S. 91 ff.

gegenseitiger Unterstützung und vollkommener Liebe erfreuen«[54] und der »Genuss des Geschlechtsaktes« beiderseitig sein sollte.[55] Wichtig ist Waldä Heywat auch die Erziehung der Kinder, in der er Geduld und Nachsicht fordert, aber durchaus auch Züchtigung, wenn in ihren Herzen Bosheit, Überheblichkeit, Ungehorsam oder Faulheit zu finden seien. Kinder sollen im Schreiben und Lesen, aber auch in einem Handwerk unterrichtet werden.[56]

Waldä Heywat scheint insgesamt eine egalitäre Vorstellung vom menschlichen Zusammenleben zu vertreten. So wie er bereits in Kapitel 13 für die allgemeine Gleichheit der Menschen argumentiert und dafür, jeden Menschen unabhängig von seiner Religion oder verwandtschaftlichen Nähe als Mitmenschen zu betrachten, argumentiert er im weiteren Verlauf seiner Schrift auch gegen eine zu große Ungleichheit des Besitzes.[57] Er fordert dazu auf, Besitz mit den Armen zu teilen – auch wenn man selbst nur über wenig verfüge. Allerdings gelte es bei den Armen zu unterscheiden zwischen jenen, die schwach, und jenen, die faul seien. Das Geschrei der Faulen solle man nicht beachten.[58] Zudem rät Waldä Heywat, nicht nach Macht zu streben:

> Strebe nicht danach, Herrschaft über Menschen auszuüben, denn zu herrschen ist eine beschwerliche Verpflichtung, und diejenigen, die herrschen, unterliegen einer strengen Beurteilung.[59]

Sollte man eine Machtposition erreichen, dürfe man die Menschen nicht niederdrücken und müsse gegenüber allen gerecht handeln.

Der pädagogische Charakter der Abhandlung wird nicht nur anhand der behandelten Themen deutlich, sondern ebenso durch den verwendeten Stil, denn Waldä Heywat wendet sich oft direkt an die Leser:innen und illustriert seine Ansichten mit kleinen lehrreichen

54 Ebd., S. 88.

55 Ebd., S. 89.

56 Ebd., Kapitel 28, S. 94-97.

57 Er betont den Wert der Arbeit der eigenen Hände: »[...] weil die Bedürfnisse unseres Lebens nur durch der Hände Arbeit befriedigt werden, ist diese Arbeit einem jeden auferlegt, damit er seine Bedürfnisse erfüllen kann. [...] Derjenige, der von der Arbeit eines anderen Menschen lebt, während er selbst zur Arbeit fähig ist, ist ein Dieb und ein Räuber.« Ebd., S. 78 f.

58 Ebd., S. 82 f.

59 Ebd., S. 100.

Geschichten aus dem Volk sowie Bildern und Gleichnissen, von denen einige aus dem *Buch der weisen Philosophen* stammen.

8.1.3. Zur Rezeption

Um die Abhandlungen von Zär'a Yaqob und Waldä Heywat hat sich in den letzten Jahrzehnten – seit ihrer Wiederentdeckung durch Claude Sumner in den 1970er Jahren – ein breiter Diskurs entsponnen. Durch Sumners Übersetzung ins Englische und seine Analyse der beiden Texte, denen er zwei Bände seiner Reihe zur äthiopischen Philosophie (Band II 1976 und Band III 1978) gewidmet hat, wurden die Abhandlungen, die zuvor nur Fachleuten der Äthiopistik bekannt gewesen sein dürften, einer breiteren Öffentlichkeit zugänglich und in die Debatten um die afrikanische Philosophie integriert. Heute gelten sie als Paradestück afrikanischer Philosophiegeschichte. Dies ist nicht verwunderlich, denn es liegen uns hier nicht nur zwei aus einer Schrifttradition Afrikas stammende Texte vor, sondern diese erfüllen auch noch anerkannte Kriterien des dominanten europäischen Philosophieverständnisses, wie ein rationales, begründendes Herangehen und die Prüfung von Argumenten durch die Vernunft. Zudem werden Themen abgehandelt, die zu den zentralen der europäischen Philosophiegeschichte gehören, wie das Theodizee-Problem, der Gottesbeweis, das Verhältnis von Glaube und Wissen oder Fragen nach ethischem Handeln. Darüber hinaus finden sich in diesem Text Gedanken, die an aufklärerische Ideen erinnern können. Und so schließt auch Sumner, dass Zär'a Yaqob ein wirklicher Philosoph im engen Sinne des Wortes (*the strictest sense of the word*) sei.[60] Insofern kann gerade dieser Text als ein wichtiges Gegenbeispiel zu rassistischen Vorurteilen oder philosophiegeschichtlicher Vergessenheit gegenüber dem afrikanischen Kontinent betrachtet werden.

Mit entsprechender Begeisterung wurden die Texte in der Gemeinschaft akademischer afrikanischer Philosoph:innen aufgenommen. So unterstrich der kenianische Philosoph Henry Odera Oruka die Bedeutung der Arbeiten Sumners wie folgt: »Ich kann mir nicht vorstellen, dass ein Gelehrter der äthiopischen Philosophie Sumners Beiträge in den nächsten hundert Jahren übertreffen

60 Sumner, *The Treatise of Zara Yaecob and Walda Hewat*, S. 61.

oder ignorieren wird.«[61] Tsenay Serequeberhan betrachtet den Text in *The Hermeneutics of African Philosophy: Horizon and Discourse* (1994) als ein gutes Beispiel für die Verortung der Philosophie in beziehungsweise das Entstehen von Philosophie aus existentiellen Zwangslagen. Vielen afrikanischen Philosophen, wie Teodros Kiros oder Bekele Gutema – um hier nur zwei zu nennen –, gilt der Text als Durchbruch zum originalen philosophischen Denken in Äthiopien.

Dabei wird oft auf Gemeinsamkeiten beziehungsweise Parallelen zwischen der *Ḥatäta* (1667) des Zär'a Yaqob und René Descartes' *Discours de la méthode* (1637) verwiesen. Die Nähe der Lebensdaten (Descartes 1596-1650; Zär'a Yaqob 1599-1693), ähnliche Erfahrungen mit Flucht und Verfolgung und insbesondere Ähnlichkeiten im methodischen Herangehen üben hier eine gewisse Faszination aus und haben dazu geführt, dass die *Ḥatäta* des Zär'a Yaqob zum Beginn einer afrikanischen Moderne erklärt wurde.[62]

Im Mittelpunkt der Vergleiche steht die Methode: Getragen durch Zweifel an der Vielfalt der teilweise widersprüchlichen Glaubensgrundsätze verschiedener Religionen, will Zär'a Yaqob diese einer rationalen, auf der Vernunft basierenden Untersuchung unterziehen, um so zur Wahrheit durchzudringen. Dabei geht er in Schritten vor und versichert sich in einem ersten Schritt der Existenz Gottes und damit auch der Existenz einer Wahrheit und eines gesetzgebenden großen Ganzen. Auf dieser Basis werden weitere Streitfragen untersucht. Halten bestimmte religiöse Praktiken oder Auffassungen der Überprüfung durch die Vernunft nicht stand,

61 H. Odera Oruka, »Claude Sumner as an African Philosopher«, in: Odera Oruka, *Practical Philosophy*, S. 159. Übersetzung A. G.

62 Siehe dazu u. a. T. Kiros, »Zara Yaqob: A Seventeenth Century Ethiopian Founder of Modernity in Africa«, in: Ders. (Hg.), *Explorations in African Political Thought. Identity, Community, Ethics*, New York 2001, S. 69-80; Mudimbe, *The Invention of Africa*, S. 163. Sumner schreibt: »Die moderne Philosophie, im Sinne einer individuellen rationalistisch-kritischen Untersuchung, begann in Äthiopien mit Zara Yaqob zur gleichen Zeit wie in England und in Frankreich.« Sumner, *The Treatise of Zara Yaecob and Walda Hewat*, S. 275, Übersetzung A. G. In eine ähnliche Richtung geht auch der Beitrag von Kahsu Abrha Belew, der Zär'a Yaqob nicht nur als Zeitgenossen und ›äthiopischen Descartes‹ betrachtet, sondern auch als Vorläufer Kants, vgl. K. Abrha Belew, »The Light and Twilight of Zera Yaekob's Philosophy for the Eminence of European Enlightenment«, in: *Advances in Sciences and Humanities* 6/1 (2020), S. 1-8.

werden sie verworfen. Dabei ist das Vorgehen nicht nur kritisch, sondern sogar rigoros, da Zär'a Yaqob keine Religion, auch nicht seine eigene, von dieser Prüfung ausnimmt und auch ihre Grundsätze verwirft, sofern sie dem Gesetz Gottes widersprechen.

Teodros Kiros beschreibt Zär'a Yaqobs Vorgehen als ein »methodisches Abbauen, Schicht für Schicht und Stück für Stück, der vorherrschenden Vorurteile im rückständigen Äthiopien, insbesondere seiner religiösen Praktiken und alten Bräuche«.[63] Während es Descartes allerdings um die Begründung von Wissenschaft geht, strebt Zär'a Yaqob die Begründung einer Glaubensbasis beziehungsweise einer ethischen Handlungsnorm an, um mit widerstreitenden Glaubenssätzen umgehen zu können und zu einer wahren, vernunftgeprüften Glaubenslehre zu gelangen. Anders als Descartes entwickelt Zär'a Yaqob keine spezifische Methode, allerdings ist seine Abhandlung von einer bestimmten Methode geprägt, nämlich einer Denkbewegung vom Abstrakten zum Konkreten.

Für Claude Sumner sind die Abhandlungen der Höhepunkt der äthiopischen Philosophie, die für ihn mit den frühen, aus dem Griechischen oder Arabischen übersetzten Werken ihren Anfang nahm. In der *Ḥatäta* fänden sich nicht nur bestimmte Grundbegriffe wieder, sondern werde eine Lehre entwickelt, die sich mit Fragen der Existenz, des Wissens und der menschlichen Werte befasse. Sumner ist der Auffassung, dass Zär'a Yaqob und Waldä Heywat originelle Denker waren, die versuchten, über die Grenzen konventioneller Ansichten hinauszugehen.[64]

Auf der Grundlage der philosophischen Relevanz der *Ḥatäta* hat sich in den letzten Jahren ein Diskurs entwickelt, der ihre Bedeutung für die Geschichte der Philosophie Afrikas, aber auch ihre Rolle bei der Lösung aktueller Probleme diskutiert. So ist der Text für Teodros Kiros ein Versuch, eine neue soziale und politische Philosophie einzuführen, die zu einer Erneuerung der gesellschaftlichen Grundlage von Gerechtigkeit und Gleichheit beitragen kön-

63 T. Kiros, »Claude Sumner's Classical Ethiopian philosophy«, in: *Northeast African Studies* 3/2 (1996), S. 39-52, hier S. 50. Übersetzung A. G.

64 Vgl. C. Sumner, »The Significance of Ethiopian Philosophy for the Problematics of an African Philosophy«, in: C. Sumner, S. W. Yohannes (Hg.), *Perspectives in African Philosophy: An Anthology on ›Problematics of an African Philosophy: Twenty Years After, 1976-1996‹*, Addis Ababa 1996, S. 90-107.

ne.[65] Teshome Abera untersucht, wie die ethischen Lehren der Abhandlung verstanden werden können, und zwar unter besonderer Berücksichtigung des Prinzips der Harmonie, von dem er glaubt, dass es für das Verständnis der *Ḥatäta* zentral ist.[66] Andreas Eshete betrachtet die *Ḥatäta* neben den Beiträgen der Dekike Estifanos[67] und Gebrehiwot Baykedagn als Vorläufer der Moderne in Äthiopien.[68] Dieser gesamte Diskurs würde nun allerdings in Frage gestellt, wenn bewiesen werden könnte, dass die hier erläuterten Texte weder aus dem 17. Jahrhundert stammen noch von äthiopischen Autoren.

8.1.4. Zur Authentizität des Textes

Die Überlieferungsgeschichte der Manuskripte ist nicht ohne Lücken, was bis heute Zweifel an der Autorschaft der Abhandlungen nährt. Der erste Europäer, in dessen Hände die Manuskripte gelangt sein sollen, war der in Äthiopien tätige italienische Missionar Pater Giusto d'Urbino (1814-1856). Möglicherweise hat er das Originalmanuskript besessen,[69] denn der französische Äthiopienforscher und Sammler Antoine d'Abbadie (1810-1897) berichtet, dass er von d'Urbino nur eine Abschrift zugeschickt bekommen habe, da dieser befürchtete, dass der Text verloren gehen könnte.[70] D'Ab-

65 Vgl. Kiros, »Zara Yaqob: A Seventeenth-Century Ethiopian Founder of Modernity in Africa«, S. 69-80.

66 A. Teshome. »Rationality and Ethics in Zara Yaqob's ›Hatata‹«, in: *Imperial Journal of Interdisciplinary Research* 2/2 (2016), S. 431-439.

67 Dekike Estifanos ist eine häretische Bewegung in der äthiopisch-orthodoxen Kirche etwa zwischen 1406-1478.

68 A. Eshete, »Modernity: Its title to Uniqueness and its Advent in Ethiopia«, in: E. Wolde Giorgis (Hg.), *What is ›Zemenawinet‹? Perspectives on Ethiopian Modernity*, Addis Ababa 2012, S. 10-26, hier S. 21.

69 Zur Überlieferung der Manuskripte siehe Frysak/Gutema, *Zär'a Yaqob*, S. 124-126. Hier heißt es: »Die Originale, die Urbino besessen haben dürfte, sind verschwunden. Ihr Fehlen sowie der religionskritische Inhalt der Schriften gaben seit ihrem Auffinden Anlass zu verschiedenen Spekulationen über ihre Authentizität.« S. 126.

70 Wenn es ein Original im Besitz d'Urbinos gab, ist dieses möglichweise im Zuge der Vertreibung des katholischen Missionars aus Äthiopien im Mai 1855 durch das Oberhaupt der äthiopisch-orthodoxen Kirche verloren gegangen. Er flüchtete zunächst nach Ägypten, versuchte aber im April 1856 über den Sudan wieder nach Äthiopien zu gelangen, verstarb allerdings in Khartum. Zur Biographie

badie, der während seines langjährigen Aufenthaltes in Äthiopien Manuskripte zusammentrug und diese 1859 in einem »Erläuterten Katalog äthiopischer Manuskripte«[71] erfasste, wurde von d'Urbino bei der Erstellung dieser Sammlung unterstützt. Auch die beiden Manuskripte, die in d'Abbadies Katalog mit der Nummer 215 und 234 verzeichnet sind und die Texte der *Ḥatäta* beinhalten, erhielt d'Abbadie über d'Urbino. Das Manuskript mit der Nummer 234 trägt den Titel »Hatata Zar'a Ya'iqob«. Zu diesem führt d'Abbadie in seinem Katalog aus, dass es sich um eine von d'Urbino angefertigte Abschrift handele. Zudem wird der atheistische Inhalt des Textes erwähnt. Außerdem werden unter der Nummer 215 zwei Texte mit den Titeln »Hatata Zar'a Ya'iqob« und »Hatata Walda Hiywat« samt einer kurzen Inhaltsangabe aufgeführt. Insofern liegt die Abhandlung des Zär'a Yaqob in zwei Kopien auf zwei unterschiedlichen Manuskripten vor. Nur die Abhandlung des Waldä Heywat scheint ein Unikat zu sein.

Nach d'Abbadies Tod im Jahr 1897 gingen die Manuskripte in den Besitz der *Académie des Sciences* über und wurden 1902 in der französischen Nationalbibliothek hinterlegt, wo sie nunmehr der Öffentlichkeit zugänglich waren und große Aufmerksamkeit erlangten. Aufgrund ihres ungewöhnlichen Inhalts erhielten sie bald einen Ehrenplatz in der äthiopischen Literatur und wurden ins Lateinische, Deutsche und Russische übersetzt.[72] Von Enno Littmann erschien 1904 eine lateinische Übersetzung in der Sammlung *Corpus scriptorum christianorum orientalium* (vgl. Fn. 6). Littmann wählte das Manuskript 215 als Basismanuskript. Nur bei fragwürdigen Stellen oder großen Diskrepanzen griff er auf 234 zurück. Hier wurden die beiden mutmaßlichen Autoren der Abhandlungen, Zär'a Yaqob und Waldä Heywat, im Titel der Veröffentlichung erstmals als *Philosophi Abessini* bezeichnet. Die im selben Jahr veröffentlichte russische Ausgabe von Boris Turajev berücksichtigt nur die *Ḥatäta*

d'Urbinos und dessen enthusiastischer Liebe zu Äthiopien siehe Sumner, *The Treatise of Zara Yaecob and Walda Hewat*, S. 67 ff.

71 A. d'Abbadie, *Catalogue raisonné de manuscrits éthiopiens*, Paris 1859.

72 Vgl. Eugen Mittwoch, der auf die russische Übersetzung durch Turajev (1904) verweist sowie auf die lateinische (1904) und deutsche Übersetzung (1916) durch Littmann und den Text von Theodor Nöldeke, »Zwei abessinische Deisten«, in: *Deutsche Rundschau* 9 (1905), S. 457-459. E. Mittwoch, *Die Amharische Version der Soirées de Carthage, mit einer Einleitung: Die angeblichen abessinischen Philosophen des 17. Jahrhunderts*, Berlin/Leipzig 1934, S. 1.

des Zär'a Yaqob und vernachlässigt Waldä Heywat.[73] Als Basis wird wiederum Manuskript 215 gewählt. Beide Philologen zweifeln die Echtheit des Manuskripts nicht an und verstehen den Text als einen philosophischen.[74] Dem folgen zunächst weitere Wissenschaftler. Die 1907 veröffentlichte Rezension der Littmann-Übersetzung durch Carl Bezold[75] bescheinigt Littmann eine »gediegene Leistung«,[76] merkt aber an, dass Littmann (ähnlich wie Turajev) Manuskript 234 mehr Aufmerksamkeit hätte widmen sollen.

Zweifel bezüglich der Urheberschaft warfen kurz darauf die Arbeiten des italienischen Orientalisten Carlo Conti Rossini aus den Jahren 1916 und 1920 auf.[77] Rossini wurde nach eigener Aussage durch die Memoiren des äthiopischen katholischen Priesters Takla Hāymānot, eines Zeitgenossen d'Urbinos, darauf aufmerksam gemacht, dass es in Äthiopien einen italienischen Missionar gegeben habe, Giusto d'Urbino, der verschiedene Texte unter Pseudonymen veröffentlicht habe, unter anderem die »Hatata Zar'a Ya'iqob«.[78] Dieser Verdacht veranlasste Rossini zu einer kritischen Untersuchung des Textes.

Zweifel an der Urheberschaft können dabei nicht auf eine mangelnde sprachliche Qualität zurückgeführt werden. Übereinstimmend wird bestätigt, dass die Manuskripte in einem ausgezeichne-

73 Б.А.Тураев, Исследование Зара-Якоба: Исповедь абиссинского свободного мыслителя XVII века, СПб. 1904. [B. Turajev, *Die Abhandlung des Zara-Jakob: Bekenntnisse eines abessinischen Freidenkers des 17. Jahrhunderts,* St. Petersburg 1904].

74 Allerdings macht Littmann im Vorwort zu seiner lateinischen Übersetzung deutlich, dass beide Denker nicht auf äthiopischem Boden allein gewachsen sein können, dass sie von ausländischem Denken beeinflusst sein müssen und die Sprache zum Teil Ähnlichkeiten zum Arabischen aufweise. Vgl. Littmann, *Philosophi Abessini*, S. 1.

75 C. Bezold, »Philosophi Abessini. Edidit et interpretatus est Enno Littmann«, in: *Deutsche Literaturzeitung* 20 (1907), S. 1242-1244.

76 Bezold, »Philosophi Abessini«, S. 1244. Bezold attestiert Zär'a Yaqob »in mancher Hinsicht eine Tendenz zum ›Protestantismus‹« oder eine sogar darüber hinausgehende Neigung zur Kritik an geltenden christlichen Dogmen.

77 C. Conti Rossini, *Vicende dell'Etiopia e delle missioni cattoliche ai tempi di Ras Ali, Deggiac Ubié e Re Teodoro secondo un documento abissino*, Rom 1916, RAL XXV, Fasc. 5/6 ; Ders., »Lo Hatatā Zar'a Yā'qob e il padre Giusto da Urbino«, in: *Rendiconti della Reale Accademia dei Lincei* 29/5 (1920), S. 213-223.

78 Vgl. Rossini, *Vicende dell'Etiopia e delle missioni.* Siehe auch Mittwoch, *Die Amharische Version der Soirées de Carthage*, S. 2 und Sumner, *The Treatise of Zara Yaecob and Walda Hewat. Text and Authorship*, S. 64-66.

ten Geʿez verfasst sind. Rossini führt deshalb andere Anhaltspunkte an, die dafür sprechen, dass Pater Giusto d'Urbino selbst der Verfasser dieser Manuskripte sein könnte. So macht er darauf aufmerksam, dass der Taufname d'Urbinos, der als Jacopo Curtopassi geboren wurde und erst 1831 seinen religiösen Namen Giusto d'Urbino erhielt, eine seltsame Übereinstimmung mit Zär'a Yaqob aufweise. Zudem verweist er auf das geringe Alter der Handschriften. Unbestritten sei zudem, dass d'Urbino Geʿez vollständig beherrschte. Auch inhaltlich ließen sich Parallelen aufzeigen, denn d'Urbino sei nur aufgrund eines schmerzlichen persönlichen Ereignisses Mönch geworden und habe selbst eine kritische Haltung dem Christentum gegenüber eingenommen.[79] Entscheidend waren für Rossini allerdings Übereinstimmungen zwischen den von d'Urbino ins Geʿez übersetzten *Soirées de Carthage*[80] und der *Ḥatäta* bezüglich der in beiden Texten verankerten Haltung zum Islam. Hieraus folgerte er, dass d'Urbino, dem die Übermittlung des Textes zu verdanken ist, selbst der Autor war.[81] Aufgrund von Rossinis Untersuchungen nahmen nun viele Orientalisten Abstand von diesem Text.

79 Vgl. Mittwoch, *Die Amharische Version der Soirées de Carthage*, S. 2 und Rossini, *Vicende dell'Etiopia e delle missioni cattoliche*, S. 220.

80 Bei den *Soirées de Carthage* (F. Bourgade, *Les Soirées de Carthage*, Paris 1847) handelt es sich um einen christlichen Text aus der Feder des französischen Missionars François Bourgade (1806-1866), der selbst in Tunesien stationiert war, zur Missionierung in islamischen Ländern. In Form eines Streitgesprächs zwischen einem Priester und einer Nonne auf christlicher und einem Kadi und einem Mufti auf islamischer Seite soll die Überlegenheit der christlichen Religion über den Islam demonstriert werden. Der Text wurde 1852 von d'Urbino ins Geʿez übersetzt (vgl. Brief d'Urbinos an Antoine d'Abbadie, 28. Oktober 1851). Diese Übersetzung wurde sehr populär und später auch ins Amharische übertragen. Vgl. A. Wion, »L'histoire d'un vrai faux traité philosophique (Ḥatatā Zar'a Yā'eqob et Ḥatatā Walda Ḥeywat), Épisode 1: Le temps de la découverte. De l'entrée en collection à l'édition scientifique (1852-1904)«, in: Afriques [En ligne], Débats et lectures, 2013, ⟨https://doi.org/10.4000/afriques.1063⟩, Absatz Nr. 27 und Fn. 43, letzter Zugriff 31. 3. 2022.

81 Rossini, »Lo Hatatā Zar'a Yā'qob e il padre Giusto da Urbino«, S. 213-223. Rossini bezieht sich u. a. auf die Verurteilung der Polygamie oder die Darstellung von Mohammed als falschen Propheten sowie die Verurteilung der Praxis des Fastens. Gegen diese Argumente wurde nur vom russischen Orientalisten und Begründer der russischen Arabistik Ignaty Yulianovich Krachkovsky (Игнáтий Юлиáнович Крачкóвский) Einspruch erhoben, der auf die Unterschiede der Texte von Zär'a Yaqob und Waldä Heywat verweist und argumentiert, dass eine Fälschung erst bewiesen sei, wenn d'Urbino auch als Autor des Textes von Waldä

Der deutsche Orientalist Eugen Mittwoch versuchte 1934 die Frage der Autorschaft endgültig zu klären. Dabei nahm er nicht nur Bezug auf die seit Rossini geführte Debatte, sondern zog auch die Meinung des abessinischen Gelehrten Aleka Desta hinzu, der die Schriften allerdings nur aus dem europäischen Druck kannte. Aleka Desta bestätigt Zär'a Yaqob als historische Gestalt und erklärt, dass er in der Ausdrucksweise der Texte nichts gefunden habe, was die Annahme, der Autor des Textes sei ein Europäer gewesen, stützen könnte.[82] Allerdings gibt Mittwoch zu bedenken, dass Aleka Desta zugleich erklärt habe, dass es seines Wissens in Abessinien keine weiteren Handschriften der *Ḥatäta* gebe. Die in Europa vorliegenden zwei Handschriften, die beide von d'Urbino an d'Abbadie übermittelt wurden, begründen Mittwochs Zweifel.[83] Auf die Namensähnlichkeit zwischen Zär'a Yaqob und d'Urbino wurde schon von Rossini verwiesen. Mittwoch macht nun auf einen weiteren seltsamen Umstand aufmerksam, nämlich dass der am Anfang der *Ḥatäta* angegebene Geburtstag Zär'a Yaqobs (25. Nähase) dem 30. August im gregorianischen Kalender und damit dem Geburtstag d'Urbinos (30. August 1814) entspreche. Solche Übereinstimmungen könnten, so Mittwoch, kein Zufall sein.[84] Darüber hinaus verweist er – obwohl er den Texten ebenfalls zugesteht, dass sie in fehlerlosem Ge'ez geschrieben wurden – auf eigentümliche Wortstellungen, wie die Voranstellung des Subjekts vor das Verb, die auf einen nicht-abessinischen Verfasser hinweisen könnten.[85] Solche Eigentümlichkeiten lassen sich in beiden Texten finden.

Mittwochs Hauptargumente beziehen sich jedoch auf sprachliche Ähnlichkeiten und syntaktische sowie lexikalische Kor-

Heywat bewiesen sei. Vgl. dazu die Darstellung der Debatte bei Mittwoch, *Die Amharische Version der Soirées de Carthage*, S. 3.

82 Ebd., S. 3f.

83 Ebd., S. 5.

84 Ebd., S. 6. Der 25. Nähase 1592 entspricht allerdings dem 28. August 1600 des gregorianischen Kalenders. Vgl. Frysak/Gutema, *Zär'a Yaqob*, S. 78-79. Anaïs Wion argumentiert, dass d'Urbino aufgrund fehlender Hilfsmittel ein Fehler unterlaufen sein könnte und eigentlich eine Übereinstimmung angestrebt worden war. Vgl. Wion, »L'histoire d'un vrai faux traité philosophique (Ḥatatā Zar'a Yā'eqob et Ḥatatā Walda Ḥeywat). Épisode 2: Le temps de la démystification et la traversée du désert (de 1916 aux années 1950)«, in: Afriques [En ligne], Débats et lectures, 2013, ⟨https://doi.org/10.4000/afriques.1316⟩, letzter Zugriff 31. 3. 2022.

85 Mittwoch, *Die Amharische Version der Soirées de Carthage*, S. 7ff.

relationen zwischen den beiden Manuskripten der *Ḥatäta* und der amharischen Version der *Soirées de Carthage.*[86] Neben diesen sprachlichen Eigenheiten finde sich zudem sowohl in der *Ḥatäta* des Waldä Heywat (im fünften Kapitel[87]) als auch in den *Soireés de Carthage* eine fehlerhafte Übersetzung aus dem Koran, die aus dem französischen Original der *Soireés de Carthage* stamme. Hier wird die entsprechende Sure,[88] in der Mohammed seine Religion in die Nähe von Judentum und Christentum rückt, fälschlicherweise übersetzt mit »Juden, Sabäer und Christen«. Richtig wäre »Juden, Sabier und Christen«. Die Verwechslung der Sabier mit den Sabäern findet sich ebenso in der *Ḥatäta*. Aus den zusammengetragenen Argumenten schließt Mittwoch:

Alle diese Erwägungen sachlicher und sprachlicher Art dürften jeden Zweifel beseitigt und die Tatsache zur Evidenz erwiesen haben, daß die beiden angeblich dem 17. Jahrhundert angehörenden philosophischen Schriften des Zar'a Ja'qob und des Walda Hejwat eine Mystifikation darstellen und

86 Mittwoch lag allerdings nur die amharische Version des Textes vor, nicht die von d'Urbino übersetzte Ge'ez-Version. Zur Erinnerung: d'Urbino hat die *Soireés de Carthage* aus dem Französischen ins Ge'ez übertragen. Aus dieser Übersetzung wurde der Text ins Amharische übertragen. Die von d'Urbino verfasste Ge'ez-Version lag Mittwoch nicht vor. Sumner merkt an, dass es nicht klar sei, ob d'Urbino auch der Autor der amharischen Version ist. Im Vergleich zum französischen Original ist die amharische Version eine eher freie Übersetzung mit vielen Lücken. Vgl. Sumner, *The Treatise of Zara Yaecob and Walda Hewat*, S. 75.

87 Frysak/Gutema, *Zär'a Yaqob*, S. 59.

88 Bei Bourgade heißt es: »Ceux qui croient, et les juifs, et les sabéens, et…« Bourgade, *Les Soireés de Carthage*, S. 86. Es handelt sich bei der betreffenden Koran-Stelle um 5:73 (69) und nicht, wie von Sumner falsch angegeben, um 5:13. Vgl. Sumner, *The Treatise of Zara Yaecob and Walda Hewat. Text and Authorship*, S. 75. Eine Verwechslung der Sabier mit den Sabäern findet sich auch in einer aktuellen deutschen Übersetzung des Korans: *Der Koran. Arabisch – Deutsch*, hg. v. Murad Wilfried Hofmann, München 1998, S. 119. Dagegen lautet die Stelle korrekt »Siehe die Gläubigen und die Juden und die Sabier und die Nazarener …«, in: *Der Koran*, Leipzig 1989, S. 132. Die Identität der im Koran an drei Stellen erwähnten Sabier (ebenfalls in 2:62 und 22:17) ist bis heute nicht ganz geklärt. Es wird vermutet, dass es sich bei den Sabiern des Korans um jüdisch-christliche Baptisten vom Jordan oder um Samaritaner handelt. Der Begriff Sabier kommt aus dem Aramäischen und bedeutet »Täufer«. Die Sabier sind nicht zu verwechseln mit den Sabäern, ein antikes semitisches Volk im Südwesten der Arabischen Halbinsel.

um die Mitte des 19. Jahrhunderts von einem Europäer, dem ausgezeichneten Kenner des Äthiopischen P. Giusto da Urbino, verfaßt worden sind.[89]

Nach dieser Kritik wurde es in den folgenden Jahren still um die Manuskripte. Die *Ḥatäta* des Zär'a Yaqob und Waldä Heywat galt nunmehr vorwiegend als Fälschung.[90]

Erst Claude Sumner hat in den 1970er Jahren eine erneute Untersuchung aufgenommen und in seinen detaillierten historischen ebenso wie seinen philologisch-hermeneutischen Analysen zu belegen versucht, dass die Abhandlungen tatsächlich von Zär'a Yaqob und seinem Schüler Waldä Heywat im 17. Jahrhundert verfasst wurden.[91] Mit Sumners Übersetzung ins Englische und aufgrund seiner Analysen wird die *Ḥatäta* des Zär'a Yaqob und Waldä Heywat nun zu einem Grundlagenwerk der afrikanischen Philosophie.

Wiederaufgenommen wurde die Debatte um die Autorschaft der beiden Manuskripte im Jahr 2013 durch die französische Historikerin Anaïs Wion.[92] Wion rekonstruiert sowohl die Korrespondenz zwischen d'Urbino und d'Abbadie[93] als auch die von Rossini und Mittwoch angebrachten Argumente, die gegen eine äthiopische Autorschaft sprechen. Sie porträtiert d'Urbino anhand seiner Briefe als einen Mann, der wenig Interesse an seiner Aufgabe als christlicher Missionar, dafür aber umso mehr an der äthiopischen Sprache und Literatur hatte. Sie beschreibt ihn als einen ehrgeizigen, aber isolierten Denker, als einen von Selbstzweifeln zerrissenen und verkannten Wissenschaftler, der sich d'Abbadie, den er als seinen Mentor und Förderer betrachtete, nur zu gern gegen Bezahlung zum Sammeln von Manuskripten zur Verfügung stellte.[94] Denn der

89 Mittwoch, *Die Amharische Version der Soireés de Carthage,* S. 10.

90 So wird der Text aufgenommen in I. Guidi, *Storia della letteratura etiopica*, Rom 1932, hier aber als Fälschung markiert. Und selbst Littmann ist nun davon überzeugt, dass es sich um eine Fälschung handelt.

91 Sumner, *The Source of African Philosophy*, S. 41-42; Ders., *The Treatise of Zara Yaecob and Walda Hewat*; Ders., »The Light and the Shadow«, S. 174.

92 Wion, »L'histoire d'un vrai faux traité philosophique … Épisode 1« und Dies., »L'histoire d'un vrai faux traité philosophique … Épisode 2«. Auf dieser Basis kritisiert Wion in ihrer Rezension das Buch von Dawit Worku Kidane: *The Ethics of Zär'a Ya'eqob* … Rezension in: *Oriens Christianus* 98 (2015), S. 232-235.

93 Fünfzig Briefe der Korrespondenz zwischen d'Urbino und d'Abbadie befinden sich in der französischen Nationalbibliothek.

94 Wion, »L'histoire d'un vrai faux traité philosophique … Épisode 1«, Absatz Nr. 9.

Missionierung habe er eher ablehnend gegenübergestanden und daher versucht, sich von dieser Funktion zu befreien und stärker der Forschung zuzuwenden. In einem Brief vom September 1852 erwähnt d'Urbino ein Werk, das d'Abbadie in seiner Sammlung noch nicht verzeichnet habe: die Autobiographie eines »philosophe déiste«.[95] Er habe es in Zinga-Fariccë bei einem Wahrsager gesehen, der es ihm aber nicht verkaufen wollte. Wion merkt in diesem Zusammenhang an, dass die Beschreibung des Inhalts des Buches in jenem Brief – in Anbetracht der Tatsache, dass d'Urbino den Text wohl noch nicht besessen hat – recht genau ist. Am 28. Februar 1853 schreibt d'Urbino dann aus der Stadt Dabra Tabor, dass er die *Ḥatäta* Zär'a Yaqobs einem Soldaten abgekauft habe. Zuerst fertigt er eine Übersetzung an, dann eine Kopie des Originals für d'Abbadie, die er nach Paris schickt. Er argumentiert, dass es zwar ein äthiopisches Original gebe, es aber zu schwierig und unsicher gewesen sei, dieses per Post zu übersenden. Diese Kopie ist heute d'Abbadies Manuskript 234 und wurde in d'Urbinos Handschrift angefertigt.[96] Es enthält die *Ḥatäta* Zär'a Yaqobs. 1854 kündigt er an, den Text des Waldä Heywat gefunden zu haben, das heutige Manuskript 215, das in der Handschrift eines von d'Urbino bezahlten Kopisten angefertigt wurde.[97]

Wion führt die folgenden Arten von Argumenten an, um zu beweisen, dass der Text aus der Feder von Giusto d'Urbino stammt:

Das psychologische Argument

Beruhend auf dem Briefwechsel zwischen d'Urbino und d'Abbadie porträtiert Wion Pater d'Urbino als einen egozentrischen Menschen, der seinen Platz im Leben nicht gefunden zu haben scheint. Zerrissen zwischen seinem Anspruch, selbst Wissenschaft und Philosophie zu betreiben, und seiner Lebensrealität, missionarischen Aufgaben verpflichtet zu sein, flüchtet er sich in eine eigene Welt bis hin zur Entwicklung von Neurosen.[98] In dieser psycho-

95 Wion gibt folgende Quelle für diesen Brief an: Ms. BnF NAF 23852, fol. 25-26, lettre de septembre 1852. Vgl. Wion, »L'histoire d'un vrai faux traité philosophique … Épisode 1«, Absatz Nr. 12.

96 Ebd., Absatz Nr. 38.

97 So argumentiert Wion, vgl. ebd., Absatz Nr. 37.

98 Ebd., Absatz Nr. 39.

logisierenden Weise beschreibt Wion die Bedeutung des Textes für d'Urbino als »ein philosophisches ›Glaubensbekenntnis‹ eines Missionsmönchs, der den Glauben an die menschlichen Institutionen, einschließlich der Kirchen, verloren hatte«.[99] Wion geht davon aus, dass die *Ḥatäta* das Lebenswerk d'Urbinos darstelle, der diese Form gewählt habe, um seinen eigenen Gedanken Ausdruck zu geben. Sie behauptet sogar, dass es möglich sei, dass d'Urbino diese Manuskripte an d'Abbadie als eine Art Scherz geschickt haben könnte, damit seine außerordentliche Beherrschung des Ge'ez und seine philosophischen Ideen offenbar würden. Obwohl es dafür genügend Hinweise gegeben habe, sei d'Abbadie nicht darauf eingegangen, sondern habe diesen außergewöhnlichen Text gutgläubig seiner Sammlung hinzugefügt.[100]

Verweis auf Parallelen im Leben von d'Urbino und Zär'a Yaqob

Zär'a Yaqob wird als ein ausgezeichneter Gelehrter eingeführt – ein Ideal, das d'Urbino gerne erreichen wollte. Ähnlich wie Zär'a Yaqob, der in eine Höhle flüchten muss, da die Menschen seine Ansichten nicht verstehen, fühlte d'Urbino sich unverstanden. Er trennte sich von seiner Missionarsgemeinschaft und lebte alleine und zurückgezogen in einer Ortschaft (Bagēmder, auch Begemder oder Gondar) in Äthiopien, wo er sich mehr seinen Studien widmete als seiner Tätigkeit als Missionar. Darüber hinaus verweist Wion auf Ähnlichkeiten zwischen der Beschreibung von d'Urbinos Haushälterin in seinen Briefen und der Beschreibung von Zär'a Yaqobs Frau in der *Ḥatäta*.[101] Selbst die geographische Route, die d'Urbino und Zär'a Yaqob jeweils durch Äthiopien nahmen, soll Ähnlichkeiten aufweisen.

Die literarische Form

Weiterhin verweist Wion darauf, dass die Form dieses Textes, bestehend aus einer Autobiographie und einem zweiten angefügten

99 Ebd., Absatz Nr. 53. Übersetzung A. G.

100 Ebd., Absatz Nr. 57.

101 Wion vermutet sogar, dass d'Urbino ein Verhältnis mit seiner äthiopischen Haushälterin hatte und vielleicht auch Kinder. Wion: »L'histoire d'un vrai faux traité philosophique … Épisode 2«, Absatz Nr. 18.

Text eines anderen Autors, einzigartig in der äthiopischen Literatur ist. Die Historikerin argumentiert, dass das Genre der Autobiographie in der äthiopischen Literatur überhaupt nicht existiere und der äthiopischen Kultur fremd sei, in der das Individuum der Gemeinschaft untergeordnet werde.[102] Darüber hinaus seien auch die im Text dargestellten Überlegungen der äthiopischen Kultur fremd. Zudem gibt sie zu bedenken, dass die *Ḥatäta* in keinem weiteren äthiopischen Text erwähnt wird: Sie werde im Korpus der äthiopischen Literatur weder zitiert noch verwendet.[103]

Spezifische Textmerkmale

Wion zeigt, dass d'Urbino auf seinen Kolophonen das Datum stets nach dem äthiopischen Kalender angibt. Dabei verwendet er allerdings nicht die üblichen Wendungen *amata meḥrat* (Jahr der Barmherzigkeit) oder *amata segāwi* (Jahr der Inkarnation), sondern den auf Geʿez eher unüblichen Ausdruck *em-ledata Krestos* (seit der Geburt Christi). Diese Verwendung findet sich ebenso in den *Soirées de Carthage* und den beiden Kopien der *Ḥatäta* des Zär'a Yaqob und Waldä Heywat. Wion argumentiert, dass diese Wendung in etwa wie eine ›Münzmarke‹ (oder ein Wasserzeichen) funktioniere und damit Wiedererkennungswert habe.[104] Des Weiteren verweist sie darauf, dass sich bestimmte Wendungen, die d'Urbino in seinen Briefen an d'Abbadie ebenfalls auf Geʿez formulierte, auch in der *Ḥatäta* des Zär'a Yaqob wiederfinden.[105] Sehr genau zeichnet Wion die Übereinstimmungen anhand von Kapitel 7 der *Ḥatäta* des Zär'a

102 Zum Verhältnis von Individuum und Gemeinschaft schreibt Wion, dass die kulturelle Norm forderte, dass das Individuum hinter die Gemeinschaft zurücktreten sollte. Wion: »L'histoire d'un vrai faux traité philosophique … Épisode 1«, Absatz Nr. 39.

103 Ebd., Absatz Nr. 54.

104 Wion: »L'histoire d'un vrai faux traité philosophique … Épisode 1«, Absatz Nr. 40.

105 Wion verweist auf die Wendung »Früchte meiner Arbeit«, die im Kapitel 11 der *Ḥatäta* gleich zweimal vorkommt (Frysak/Gutema, *Zär'a Yaqob*, S. 40) und einmal bei Waldä Heywat ebenso wie in einem Brief an d'Abbadie vom März 1852. Wion gibt die Quelle mit Ms NAF 23852, fol. 17-18 an. Vgl. Wion, »L'histoire d'un vrai faux traité philosophique … Épisode 2«, Absatz Nr. 10. Sie stellt zudem einen Bezug zu d'Urbinos Leben her, der ebenfalls nach einem Mäzen gesucht habe, um seine wissenschaftliche Arbeit verfolgen zu können.

Yaqob in einer kritischen Neuübersetzung aus beiden Manuskripten nach. Damit will sie illustrieren, dass die beiden Varianten der *Ḥatäta* darauf hindeuten, dass es sich um einen Autor handelt, der sich an einem Text abgearbeitet habe: Die Arbeit des Modifizierens des Textes werde sichtbar und es werde offensichtlich, dass es sich um Textvariationen handele, die von einem Autor vorgenommen wurden, der ernsthaft um den Text bemüht war.[106] Wion argumentiert, dass solche Werkzeuge der Textgenetik (*la génétique textuelle*) ausreichend seien, um die Urheberschaft d'Urbinos nachzuweisen.

Inhaltliche Übereinstimmungen

Neben Parallelen in den Lebensgeschichten gebe es auch mehrere inhaltliche Übereinstimmungen wie die Gottesvorstellung und weitere Glaubensansichten. Zudem wissen wir, dass d'Urbino Leibniz und seine Theodizee kannte.[107] Darüber hinaus verweist Wion auf Passagen in d'Urbinos Briefen (insbesondere vom September 1854), in denen er seine Abgeschiedenheit wertschätzt und betont, zu seinen Einsichten ganz allein gelangt zu sein.[108] Ähnlichkeiten weisen diese Gedanken mit Kapitel 2 der *Ḥatäta* des Zär'a Yaqob auf, wo es heißt: »Wenn ich allein in meiner Höhle war, fühlte ich mich wie im Himmel. Mir war die grenzenlose Bosheit der Menschen bewusst, und ich legte keinen Wert auf Kontakt mit ihnen.«[109] Diese Einstellung findet sich auch im neunten Kapitel, wo es heißt: »Während ich allein in der Höhle lebte, habe ich mehr gelernt als zu der Zeit, die ich mit Gelehrten verbrachte.«[110] Von zentraler Bedeutung ist für Wion zudem das letzte Kapitel der *Ḥatäta*. Die folgende Stelle spiegele d'Urbinos eigenes Verhältnis zu seiner Religion und zu seiner Aufgabe als Missionar wider, der er sich im Wesentlichen entziehe:

106 Wion, »L'histoire d'un vrai faux traité philosophique … Épisode 2«, Absätze 56-105.

107 Vgl. Briefe an d'Abbadie vom 15. September 1854. Siehe dazu Wion, »L'histoire d'un vrai faux traité philosophique … Épisode 1«, Absatz Nr. 49 und Fn. 74, wo der Brief mit der folgenden Nummer angegeben wird: NAF 23852, fol. 51-54.

108 Wion, »L'histoire d'un vrai faux traité philosophique … Épisode 2«, Absatz Nr. 23.

109 Frysak/Gutema, *Zär'a Yaqob*, S. 14.

110 Ebd., S. 35.

Die Leute hielten mich für einen Christen, wenn ich mit ihnen Geschäfte machte. Aber in meinem Herzen glaube ich an nichts außer an Gott, der alles geschaffen hat und alles erhält, wie er mich gelehrt hatte. Ich dachte nach und fragte mich: ›Ist es in den Augen Gottes eine Sünde, wenn ich vorgebe zu sein, was ich nicht bin, und die Menschen dadurch täusche?‹ Aber ich sagte mir: ›Menschen wollen getäuscht werden. Wenn ich ihnen die Wahrheit sagte, dann würden sie, anstatt auf mich zu hören, mich verfluchen und verfolgen. Es wäre nutzlos, ihnen meine Gedanken zu eröffnen, es würde mir sehr schaden.‹ Und deshalb blieb ich mit den Menschen als einer von ihnen, aber mit Gott blieb ich, wie er es mich gelehrt hatte.[111]

Was diese inhaltlichen Übereinstimmungen betrifft, könnte d'Urbino in seinem Denken allerdings auch von der *Ḥatäta* beeinflusst worden sein statt umgekehrt, wie Wion selbst zugibt.[112] Diese interessante Idee wird allerdings von Wion kurzerhand verworfen.

Im Grunde beschreibt Wion, die von der Urheberschaft d'Urbinos überzeugt ist, hier einen Wissenschaftskrimi – und in dieser Tonlage sind auch ihre beiden Artikel gehalten. Zusammengefasst lautet ihre These: Indem der Text in der Sammlung d'Abbadies platziert werden konnte, wurde er Bestandteil eines Kanons der Wissenschaften. Das »Falsche« finde seinen Platz umso besser, so Wion, wenn es in ein Korpus des »Wahren« eingefügt werde, in ein Korpus, das ihm Größe, Bedeutung und einen klar identifizierbaren Rahmen verleihe, in dem das entsprechende Objekt nun als ein literarisches und wissenschaftliches wahrgenommen werden könne.[113] Dieser Prozess sei mit der Aufnahme der Manuskripte in d'Abbadies Sammlung erfolgt. Wion gesteht d'Abbadie zu, dass er nicht vermuten konnte, von d'Urbino bewusst getäuscht zu werden. Aus diesem Grund habe er seine Aufmerksamkeit nicht auf eine solche Möglichkeit gelenkt. Da es das Ziel seiner Sammlung war, möglichst seltene Manuskripte aufzunehmen, um ein breites Panorama der äthiopischen Literatur zu dokumentieren, war es selbst für einen Kenner wie d'Abbadie schwer, diese Fälschung zu erkennen. Die *Ḥatäta* wurde deshalb ungeprüft 1856 in die Sammlung von Antoine d'Abbadie aufgenommen und damit Bestand-

111 Ebd., S. 48.

112 Wion, »L'histoire d'un vrai faux traité philosophique … Épisode 2«, Absatz Nr. 29.

113 Wion, »L'histoire d'un vrai faux traité philosophique … Épisode 1«, Absatz Nr. 56.

teil des Korpus der äthiopischen Literatur. Weitere Weihen und eine größere Verbreitung erfuhr der Text durch die nun folgenden Übersetzungen. In Zweifel gezogen wurde die Echtheit erst durch Rossini, dessen Argumente durch die Untersuchung Mittwochs nochmals bestätigt und verstärkt wurden.

Und doch, darauf weist Wion ebenfalls hin, finden sich nach dem Zweiten Weltkrieg, zwar nicht mehr in der europäischen Wissenschaft, aber in Äthiopien, einige Veröffentlichungen, die die *Ḥatäta* weiterhin als einen äthiopischen philosophischen Text betrachten. So machte 1945 ein Artikel von Murad Kamel im *Ethiopian Herald* auf diesen Text aufmerksam.[114] Und zwischen 1955 und 1956 erschienen Ausgaben der Geʿez-Texte der *Ḥatäta* von Zamanfas Qeddus Abrehā sowie deren Übersetzung ins Amharische durch denselben Autor.[115] Zur gleichen Zeit präsentierte die englische Frauenrechtlerin Sylvia Pankhurst, die ihre letzten Lebensjahre in Äthiopien verbrachte, ihre Kulturgeschichte Äthiopiens,[116] in die sie auch eine Zusammenfassung des Inhalts der *Ḥatäta* aufnahm.

Das eigentliche Doppelleben des Textes – nämlich einerseits Bestandteil einer afrikanischen Philosophiegeschichte zu sein und gleichzeitig in der Äthiopistik als Fälschung zu gelten – begann allerdings erst mit Sumners Übersetzung ins Englische. An dieser Stelle wird es nun Zeit, uns den Untersuchungen Claude Sumners näher zu widmen, die Wion in ihren Artikeln außer Acht lässt, obwohl sie die Bücher in der Literaturliste angibt und für Zitate aus der *Ḥatäta* teilweise auf Sumners Übersetzung ins Französische zurückgreift.[117]

Sumner waren die Probleme der Überlieferungsgeschichte ebenso bekannt wie alle Argumente, die zum Ausschluss des Textes aus dem Kanon der äthiopischen Literatur in der europäischen Äthiopistik geführt hatten. Aus diesem Grund widmete er der entscheidenden Frage der Autorschaft fast den gesamten zweiten Band seiner Reihe zur Äthiopischen Philosophie, wie bereits aus dem Titel hervorgeht: *The Treatise of Zara Yaecob and Walda Hewat. Text and*

114 M. Kamel, »Ethiopian Philosophers of the 17th Century«, in: *The Ethiopian Herald*, 14. Juli 1945.

115 Wion, »L'histoire d'un vrai faux traité philosophique … Épisode 2«, Absatz Nr. 107.

116 S. Pankhurst, *Ethiopia. A Cultural History*, Woodford Green, Essex 1955.

117 C. Sumner, *Sagesse éthiopienne*, Paris 1983.

Authorship (1976). Während die Übersetzung der beiden Texte in diesem Band etwas mehr als 50 Seiten einnimmt, befassen sich fast 200 Seiten mit der Rekonstruktion der Überlieferung der Manuskripte, der Übersetzungsgeschichte und vor allem der Debatte um die Frage der Autorschaft. Hinzu kommt ein Anhang mit Briefen d'Urbinos und anderen Dokumenten. Erst im dritten Band mit dem Titel *The Treatise of Zara Yaecob and Walda Hewat. An Analysis* (1978) widmet sich Sumner der philosophischen Analyse der Texte. Dies verdeutlicht recht eindrücklich, wie zentral die Frage der Autorschaft für Sumner war und welchen enormen Aufwand er betrieben hat, um die Autorschaft von Zär'a Yaqob und Waldä Heywat im 17. Jahrhundert zu belegen. Dagegen sind die Arbeiten von Rossini und Mittwoch, die d'Urbino zum Autor erklären, von relativ begrenztem Umfang.

Sumner geht detailliert auf die vorliegenden Gegenargumente ein. So werden Rossinis und Mittwochs Einwände ausführlich zitiert und die Debatten nachgezeichnet. An Rossinis Argumentation bemängelt Sumner insbesondere, dass der Autor wenig substantielle Einwände liefere und – da sprachlich gegen die Texte nichts eingewendet werden könne – sich vorrangig auf psychologische Argumente stütze. Sumner stellt den Briefwechsel d'Urbinos mit seiner Schwester sowie mit d'Abbadie und auch die Briefe des Missionsleiters Pater Massaia, auf die sich Rossini wesentlich stützt, in aller Ausführlichkeit dar. Darüber hinaus zieht er aber auch fünf Briefe d'Urbinos aus den Jahren 1852 bis 1855 heran, die sich in der *Congregatio de Propaganda Fide* (Kongregation für die Evangelisierung der Völker) in Rom befinden und in Sumners Band erstmals publiziert werden. Ebenso ausführlich geht er auf die Argumente von Eugen Mittwoch ein.

Zugleich führt Sumner Argumente von Befürwortern der These an, dass es sich um Originaltexte aus dem 17. Jahrhundert handele.[118] Dabei stützt er sich insbesondere auf Arbeiten zweier äthiopischer Wissenschaftler, nämlich einen Text des Sprachwissen-

118 Sumner, *The Treatise of Zara Yaecob and Walda Hewat. Text and Autorship*, S. 78-82. Hier bezieht er sich auf die Doktorarbeit von Lino Marchiotto, *Gli Hatata Zar'a Ya'qob, Walda Heywat e la loro filosofia*, Università degli Studi de Napoli, Facoltà Lettre e Filosofia, Anno academico 1964-1965. Und er zitiert aus Tesfaye Debesays Artikel, »In Search of Truth, Zera-Yaqob the Philosopher of Yore«, in: *Ethiopian Herald*, January 11th 1970, S. 2.

schaftlers Amsalu Aklilu[119] (1929-2013) aus dem Jahr 1963 und die Doktorarbeit von Ato Alemayehu Moges aus dem Jahr 1961. Beide liefern zahlreiche Argumente für die Authentizität der Manuskripte.

Amsalu Aklilu, der bis zum Jahr 2002 an der Universität Hamburg gelehrt hat, argumentiert, dass d'Urbinos Angaben, das Manuskript von einem Soldaten erworben zu haben, glaubhaft seien.[120] Dagegen zieht er in Zweifel, dass Takla Hāymānot, auf dessen Memoiren Rossini sich beruft, ein vertrauenswürdiger Zeuge sei. Denn Takla Hāymānot betrachtete die *Ḥatäta* sowieso als Häresie.[121] Damit hatte Takla Hāymānot möglicherweise einen Grund, diesen Text als nicht äthiopischen Ursprungs anzusehen und d'Urbino zum möglichen Autor zu erklären. Dass die *Ḥatäta* in Äthiopien weitgehend unbekannt sei, erklärt Amsalu Aklilu damit, dass sie aufgrund ihres kritischen Inhalts vermutlich unter Verschluss gehalten und eine weitere Verbreitung verhindert worden sei. Schließlich weist Zär'a Yaqob selbst auf den geheimen Charakter seiner Gedanken hin, heißt es doch im abschließenden Kapitel seines Textes: »Damit aber die, die nach mir kommen werden, mich kennen, habe ich diejenigen Dinge aufgeschrieben, die ich bis zu meinem Tod in mir versteckt habe.«[122] Zär'a Yaqob war sich bewusst, dass seine Gedanken gefährlich waren und er im Fall einer Veröffentlichung Verfolgung erleiden würde. So heißt es im selben Kapitel wie erwähnt explizit:

> Aber ich sagte mir: ›Die Menschen wollen getäuscht werden. Wenn ich ihnen die Wahrheit sagte, dann würden sie, anstatt auf mich zu hören, mich verfluchen und verfolgen. Es wäre nutzlos, ihnen meine Gedanken zu eröffnen, es würde mir sehr schaden.‹[123]

Aufgrund des deistischen beziehungsweise sogar atheistischen Charakters des Textes sei es ein Wunder, dass der Text überhaupt über-

119 Die Argumente können hier nur anhand von Sumner nachvollzogen werden, da beide Autoren auf Amharisch veröffentlicht haben. Sumner, *The Treatise of Zara Yaecob and Walda Hewat. Text and Autorship,* S. 81. Aklilus Text lautet in der Übersetzung durch Sumner ins Französische: »Zera Yacob le philosoph«, in: *Tarik. Gazette d'information archéologique, historique et littéraire* 1 (1963), S. 11-13.

120 Ähnlich argumentiert auch Carmelo da Sessano, wie Sumner zeigt: *The Treatise of Zara Yaecob and Walda Hewat. Text and Authorship,* S. 83.

121 Darauf hatte bereits Krachkovsky hingewiesen, vgl. ebd., S. 83 ff.

122 Frysak/Gutema, *Zär'a Yaqob*, S. 48.

123 Ebd.

liefert wurde, merkt Amsalu Aklilu mit Verweis auf Nöldeke an, der in einer ähnlichen Richtung argumentiert.[124] Aklilu verwirft Rossinis Argument, dass der Text sich in eher jungen Manuskripten befindet. Da von beiden Manuskripten bekannt ist, dass es sich um Kopien handelt, die d'Urbino veranlasst habe, könne von den existierenden Manuskripten nicht auf die Entstehungszeit geschlossen werden. Es sei nicht ausgeschlossen, dass es ältere Versionen oder sogar ein Original aus dem 17. Jahrhundert gebe. Und bezüglich der eigentümlichen Wortstellungen, wie der Voranstellung des Subjekts vor das Verb, betont Amsalu Aklilu, dass dies typisch für die Geʿez-Literatur sei.[125]

Alemayehu Moges verweist in seiner (wie es scheint nicht publizierten und deshalb schwer zugänglichen) Doktorarbeit[126] darauf, dass die aus dem Buch der Psalmen Davids zitierten Stellen wortwörtlich zitiert werden und nicht nur aus dem Gedächtnis. Alle zitierten Stellen seien darüber hinaus auch im Məʾəraf zu finden, einem Buch der Hymnen, das von äthiopischen Schülern der damaligen Zeit auswendig gelernt werden musste. Auch Schriften, die Salomon zugeschrieben werden, sind fast wortgetreu zitiert, allerdings nicht ganz so exakt wie das Buch der Psalmen. Dagegen werden weitere Teile der Bibel von Zärʾa Yaqob nur nach dem Gedächtnis zitiert. Dies sei typisch für Äthiopien, wo das Buch der Psalmen zum täglichen Gebrauch gehörte.[127] Und so nimmt Zärʾa Yaqob nicht die Bibel auf seine Flucht mit, sondern das Buch der Psalmen. Darüber hinaus merkt Alemayehu Moges an, dass von Zärʾa Yaqob alle heiligen Texte kritisiert werden, nie aber das Buch der Psalmen. Zudem betont er, dass der Text sprachlich reines Geʿez ohne erkennbaren fremden Einfluss sei.[128] Auch die Wortstellung sei nicht ungewöhnlich, was anhand von Fallbeispielen aus der

124 Sumner, *The Treatise of Zara Yaecob and Walda Hewat. Text and Autorship,* S. 86.

125 Ebd., S. 87-88.

126 Diese Arbeit ist ebenfalls auf Amharisch erschienen. A. Moges, »Hatäta Zärär'a Ya'əqob«, Thesis presented at the Addis Ababa University on Genbot 1961. Vgl. Sumner, *The Treatise of Zara Yaecob and Walda Hewat. Text and Autorship,* S. 89.

127 Zur religiösen Kontextualisierung siehe Moges, »Hatäta Zärär'a Ya'əqob«, Chapt. I und II.

128 Sumner, *The Treatise of Zara Yaecob and Walda Hewat. Text and Autorship,* S. 93.

Ge'ez-Literatur illustriert wird.[129] Zudem wird darauf verwiesen, dass die Aneignung der Literatur-Sprache Ge'ez in all ihren Feinheiten viele Jahre brauche. Zwischen dem Beginn des Studiums der Sprache durch Pater d'Urbino Mitte 1849 und der Kopie des Manuskripts der *Ḥatäta*, die er mit seinem Kolophon im Februar 1853 zeichnet, liegen aber nur knapp vier Jahre. Dies sei keine ausreichende Zeit, um ein Sprachniveau zu erlangen, wie es in der *Ḥatäta* vorliegt, die ein Dokument des *Qəne-* (oder *Q'ne-*)Ge'ez der Literatur- und Grammatikschulen Äthiopiens sei.[130] Bezüglich des Inhalts macht Alemayehu Moges deutlich, dass der Text nicht nur genau die historischen Ereignisse beschreibe und sich im Universum der gebräuchlichen religiösen Texte dieser Zeit bewege, sondern auch, dass das Wissen um andere Religionen zum Alltagswissen in Äthiopien dieser Zeit gehörte und somit keine Anregung von außen, wie Mittwoch vermutet, nötig war.[131]

Nach der Darlegung dieser Auffassungen greift Claude Sumner erneut auf ein statistisches Verfahren zurück, eine Methode, die er bereits zur Analyse der Texte des *Fisalg^{w}os*, des *Buchs der weisen Philosophen* und des *Skendes* benutzt hat (vgl. Kap. 7). Diesmal dokumentiert er die Unterschiede zwischen der *Ḥatäta* des Zär'a Yaqob und der *Ḥatäta* des Waldä Heywat (Satzlänge und Häufigkeit bestimmter philosophischer Schlüsselwörter), um zu beweisen, dass die Texte von zwei verschiedenen Autoren verfasst wurden. Er belegt, dass die Texte in sehr unterschiedlichem Stil gehalten sind, unterschiedliche Begriffe verwenden beziehungsweise unterschiedliches Gewicht auf bestimmte Begriffe legen und sich damit nicht nur inhaltlich, sondern auch sprachlich unterscheiden.[132]

Wie oben beschrieben, ist die *Ḥatäta* des Waldä Heywat eher auf praktische Lebensregeln bis hin zu Kindererziehung und Eheleben gerichtet. Sumner sieht hier deutliche Parallelen zu Regeln und Sprüchen aus dem *Buch der weisen Philosophen* und führt dazu verschiedene Beispiele an, wie Kapitel 23 der *Ḥatäta* des Waldä Heywat zu »Rufmord, Ehebruch und Diebstahl« sowie die Frage,

129 Ebd., S. 93-96.

130 Ebd., S. 97. Siehe dazu auch Sumner, »The Light and the Shadow«, S. 173.

131 Sumner, *The Treatise of Zara Yaecob and Walda Hewat. Text and Autorship*, S. 104.

132 Ebd., S. 110-118.

wie man mit allen Menschen in Frieden leben kann,[133] im Kapitel 29 und die Frage nach der Zeit[134] oder die Goldene Regel im Kapitel 13.[135] Alemayehu Moges verweist darüber hinaus darauf, dass verschiedene Fabeln und Gleichnisse, deren sich Waldä Heywat zur Erläuterung bedient, zum äthiopischen Kulturgut gehören und ihm aus seiner eigenen Kindheit ebenfalls bekannt sind, wie unter anderem die Geschichte von der Frau und dem Löwen (Kapitel 26) oder von dem Räuber (Kapitel 28). Auch dies spreche dafür, dass der Autor aus Äthiopien stamme.

Die gegen die Urheberschaft d'Urbinos vorzubringenden Argumente fasst Sumner gegen Ende des Bandes in den »Conclusions«[136] wie folgt zusammen: Erstens sei Takla Hāymānot kein vertrauenswürdiger Zeuge. Er sei der einzige Zeitgenosse, der behaupte, dass d'Urbino den Text selbst geschrieben haben könnte. Dabei habe Takla Hāymānot den Text selbst gar nicht gesehen und verbinde diese Aussage zugleich mit einem Häresievorwurf – der sich mit der Zuschreibung des Textes zugleich gegen d'Urbino richtet. Sumner verweist darauf, dass die *Congregatio de Propaganda Fide* in Rom im Besitz eines Briefs von Giuseppe Sapeto ist, der ein neues Licht auf die Anschuldigungen Takla Hāymānots wirft, nämlich dass der Glaube d'Urbinos in Frage gestellt wurde, um seine Rückkehr nach Äthiopien zu verhindern, wo er als Gefahr für die katholische Glaubensmission betrachtet wurde. Ebenso wurde die Publikation der *Ḥatäta* für schädlich gehalten. In den Dokumenten der *Congregatio* wird d'Urbino allerdings nirgends als Autor der Texte der *Ḥatäta* genannt.[137] D'Urbino selbst bezeichnet in noch zu seinen Lebzeiten veröffentlichten Briefen Takla Hāymānots Behauptung, dass er Äthiopien aus freien Stücken verlassen wollte, als falsch und beweist anhand von Dokumenten, dass er durch das Oberhaupt der äthiopisch-orthodoxen Kirche gezwungen worden war, das Land

133 Ebd., S. 121.

134 Ebd., S. 121 f. »›Was ist die Zeit?‹ […] ›Die Zeit seid ihr. Wenn ihr selbst gut seid, dann ist die Zeit ebenfalls gut. Wenn ihr selbst schlecht seid, dann ist die Zeit auch schlecht.‹« Frysak/Gutema, *Zär'a Yaqob*, S. 97.

135 »Liebe deine Mitmenschen wie dich selbst und handle an ihnen so, wie du dir von anderen wünschst, an dir zu handeln. Tue ihnen nichts, von dem du wünschst, dass es dir nicht getan wird.« Ebd., S. 72.

136 Sumner, *The Treatise of Zara Yaecob and Walda Hewat. Text and Autorship*, S. 250-257.

137 Ausführlich zu diesen Dokumenten: Ebd., S. 250 ff.

zu verlassen. Auch in dieser Hinsicht scheinen die Aussagen Takla Hāymānots also nicht zuverlässig zu sein. Für Sumner stellt sich damit ganz allgemein die Frage, wie die Aussage eines so unglaubwürdigen Zeugen Anlass geben konnte, die beiden Manuskripte so grundsätzlich in Frage zu stellen.

Zweitens sei der Verweis auf die Namensgleichheit nicht überzeugend, denn die Namen stimmten nicht hundertprozentig überein: D'Urbino wurde getauft als Giovanni Iacopo. Darüber hinaus habe d'Urbino weitere Artikel stets mit seinem Kirchennamen G. d'Urbino gezeichnet. Drittens ergebe ein Vergleich zwischen anderen Arbeiten Pater d'Urbinos und der *Ḥatäta*, dass seine Kenntnisse des Geʿez nicht ausreichend waren, um Autor der *Ḥatäta* zu sein. Sumner präsentiert hier detailgenau Fehler in anderen Geʿez-Schriften d'Urbinos.[138] Viertens ähneln sich die Reiserouten von d'Urbino und Zär'a Yaqob tatsächlich, jedoch werden Ortsnamen in der *Ḥatäta* anders geschrieben als in d'Urbinos Aufzeichnungen auf Geʿez.[139] Fünftens vertritt d'Urbino eine andere Haltung zum Islam als die *Ḥatäta* (vgl. Brief vom 29. November 1847).[140] Und sechstens dokumentieren die fünf Briefe d'Urbinos, die sich in der *Congregatio de Propaganda Fide* befinden, laut Sumner, dass er sich in jener Zeit, in der die *Ḥatäta* von ihm geschrieben worden sein soll, nicht in einer spirituellen Krise befand oder von der Kirche entfernte.[141] Darüber hinaus gebe es in religiösen Fragen grundlegende Differenzen zwischen den Ansichten d'Urbinos und der

138 Ebd., S. 252 f. Er bezieht sich u. a. auf Manuskripte, wie MS. 167, das Teile der Geʿez-Grammatik und des Wörterbuchs enthält, an denen d'Urbino gearbeitet hat. Das Manuskript stammt aus dem Jahr 1849 und befindet sich in Rom in der Bibliothek der *Società Geografica Italiana*. In diesem Manuskript finden sich 48 Fehler (vgl. Ebd., S. 218 ff.). Sumner weist auch darauf hin, dass sich gravierende Fehler im von d'Urbino zusammengestellten Wörterbuch Äthiopisch – Französisch – Amharisch finden, ebenso wie im Manuskript MS. 165, das im Vatikan aufbewahrt wird und d'Urbinos Übersetzung der *Soireés de Carthage* beinhaltet, die ebenfalls 1852 entstand, also im selben Jahr wie die *Ḥatäta*-Abschrift (ebd., S. 253). Gerade dieses Manuskript sei von besonderer Bedeutung für die Frage der Autorschaft, so Sumner (ebd., S. 236). Sumner dokumentiert hier eine ganze Anzahl von Schreibfehlern. Zur Schwierigkeit des Erlernens des Geʿez siehe auch Woldeyes, »Colonial Rewriting of African History«, S. 155.

139 Sumner: *The Treatise of Zara Yaecob and Welda Hewat. Text and Autorship*, S. 254.

140 Ebd., S. 254 f.

141 Ebd., S. 255.

Ḥatäta. Außerdem versucht Sumner anhand linguistischer Unterschiede ebenso wie des literarischen Stils nachzuweisen, dass die *Ḥatäta* des Zär'a Yaqob und die *Ḥatäta* des Waldä Heywat von zwei verschiedenen Personen verfasst wurden. Dafür sprächen überdies Unterschiede im methodischen Vorgehen der Texte und in den philosophischen Ansichten.[142] Aufgrund dieser Breite an Argumenten ist Sumner überzeugt, dass es sich bei der *Ḥatäta* um einen Text aus dem 17. Jahrhundert handelt, der von zwei verschiedenen Autoren stammt.

Anaïs Wion ist sich bewusst, dass sie mit ihrer These eine höchst problematische Debatte erneut entfacht, die im Vergleich zu den Debatten um die Autorschaft Anfang des 20. Jahrhunderts entscheidend an Brisanz gewonnen hat. Denn seit Sumners ›Wiederentdeckung‹ des Textes ist er zu einem wertvollen Bestandteil des afrikanischen philosophischen Diskurses geworden und ein ganzes Korpus an weiteren Arbeiten baut inzwischen auf diesem Text auf.[143] Sie betont in ihren nunmehr drei Texten zur Autorschaft der *Ḥatäta*, dass es ihr nicht darum gehe, einen Diskurs zu verdammen, der auf einem ungeprüften Dokument beruhe, sondern vielmehr darum, die Mechanismen zu analysieren, die bei der Produktion eines wissenschaftlichen Diskurses wirken, sei es in der Geschichte, Philologie, Philosophie oder im Kontext von Wissenschaftspolitik.[144]

Gerade bei einem solchen Versuch – ein Unternehmen von großer Bedeutung – ist es dann allerdings erstaunlich, dass auf Sumners so umfassende Untersuchung und seine dabei zusammengetragenen Argumente überhaupt nicht eingegangen wird. Weder die ausführliche Schilderung des Textes als Zeitdokument, das sich im religiösen, kulturellen und Alltagsuniversum dieser Zeit bewegt, noch der Verweis auf sprachliche Mängel in anderen Geʿez-Texten d'Urbinos, die daran zweifeln lassen, dass er der Autor eines Textes in reinem Qəne-Geʿez sein kann, oder der Versuch zu belegen, dass beide Texte von verschiedenen Autoren stammen müssen, werden von Wion in Betracht gezogen. Das lässt Zweifel daran aufkom-

142 Ebd., S. 260-275.

143 Vgl. A. Mbodj-Pouye, A. Wion, »L'histoire d'un vrai faux traité philosophique (Ḥatatā Zar'a Yāʿeqob et Ḥatatā Walda Ḥeywat). Introduction: Enquête sur une enquête«, in: Afriques [En Ligne], 2013, ⟨https://doi.org/10.4000/afriques.1060⟩, hier Absatz Nr. 2, letzter Zugriff 31. 3. 2022.

144 Ebd., Absatz Nr. 9.

men, ob sie Sumners fast 200-seitige Argumentation zur Autorschaft überhaupt rezipiert hat. In den bisher vorliegenden Texten beruht ihre Argumentation vorrangig auf einem psychologischen Argument: D'Urbino wird als ein fast neurotischer Mensch dargestellt, der gerne Wissenschaftler und Philosoph geworden wäre, von seiner Umgebung missverstanden blieb und den Text als Mittel wählte, um der Welt seine sprachliche Brillanz und die philosophische Tragweite seiner Gedanken unter der Hand zu beweisen. Dies scheint mir ein nicht ausreichendes Argument, zumal die von Sumner herangezogenen Briefe, die sich in der *Congregatio* befinden, ein anderes Bild zeichnen. Sachlich überzeugendere Argumente beziehen sich auf die literarische Form und bestimmte Textmerkmale. Aber diese Argumente werden von Sumner zum Teil ebenfalls diskutiert und zu widerlegen versucht.

Wions Argumentation ist offenbar noch nicht abgeschlossen. Mehrfach kündigt sie in den drei bisher vorliegenden Texten an, eine Fortsetzung zu veröffentlichen, in der nachgewiesen werden soll, dass die *Ḥatäta* nicht aus dem 17. Jahrhundert stammen könne, da der Text von den Errungenschaften des wissenschaftlichen und theologischen Denkens des 19. Jahrhunderts abhänge. Diese aufschlussreiche Analyse, die möglicherweise substantiellere und sachlichere Argumente beinhalten könnte als die bisher von Wion vorgebrachten, ist bis heute nicht erschienen.

Auffallend an Wions Analyse ist, dass sie sich in ihrer Argumentation fast ausschließlich auf europäische Autor:innen bezieht, während Sumner zwei äthiopische Wissenschaftler als wichtigste Referenz für seine Argumentation heranzieht. Dabei ist von vornherein klar, dass der Text im äthiopischen Kontext eine andere Stellung einnimmt als im europäischen. Gerade dann kann eine Textkritik, insbesondere eine Kritik, die auf so zentrale Fragen wie die Autorschaft und Entstehungszeit eines Textes zielt, nicht vorgenommen werden, ohne die Argumente und Debatten anzuhören und kritisch zu diskutieren, die im betreffenden Kontext (dem Land, der Region, der Religion) und von Wissenschaftler:innen aus ebenjenem Kontext geführt werden.

Aus diesem Grund sei zum Abschluss dieses Abschnittes auf die interessante Kritik des Äthiopiers Daniel Kibret verwiesen.[145] Ki-

145 D. Kibret, የሌለውን ፈላስፋ ፍለጋ እና ሌሎች (Yelewun Felasfa Filega ena Leloch), Addis Ababa 2011. Der Inhalt des Textes ist mir aufgrund mangelnder Sprach-

bret stellt die Urheberschaft des Textes ebenfalls in Frage. Er verweist darauf, dass die *Ḥatäta* weder in heiligen Büchern noch in anderen Texten Äthiopiens Erwähnung findet, und fragt kritisch: »Auch wenn wir keine zusätzlichen Kopien des Textes finden können, warum wird der Name des Buches oder des Autors in anderen Texten nicht erwähnt?«[146] Selbst Texte, die aufgrund ihres Inhalts von der äthiopischen Kirche verurteilt wurden, hinterließen irgendwo Spuren, meint Kibret. Von der *Ḥatäta* dagegen finden sich nirgendwo in der äthiopischen Literatur Spuren: keine Kritik, keine Verurteilung. Auch er verweist auf Takla Hāymānots Anschuldigungen und geht im Wesentlichen davon aus, dass Rossini bewiesen habe, dass d'Urbino der Autor der *Ḥatäta* ist. Kibret geht in seiner Kritik sogar noch einen Schritt weiter als Wion, die d'Urbinos Ziele rein narzisstisch erklärt. Er behauptet, dass das Hauptziel d'Urbinos darin bestanden habe, unter der Maske eines äthiopischen Mönchs eine Kultur der Rationalität und gesellschaftlichen Aufklärung zu entfachen, um damit die etablierte Autorität der äthiopisch-orthodoxen Kirche zu zerstören.[147] Angesichts der Tatsache, dass d'Urbino eine ideologische Schrift wie die *Soireés de Carthage* ins Geʿez übersetzt hat, die allein missionarischen Zwecken dienen sollte, ist eine solche These nicht unplausibel. Zumindest verdient sie ähnliche Aufmerksamkeit wie der psychologisierende Ansatz Wions. Darüber hinaus eröffnet Kibrets bestechende These einen Diskussionsrahmen, der bisher kaum Beachtung fand. Denn Kibret fragt hier nicht, welche Funktion die *Ḥatäta* für d'Urbino als Autor persönlich gehabt haben mag (der Erklärungsansatz Wions), sondern welche Funktion die *Ḥatäta* im Rahmen religiöser Auseinandersetzungen und darüber hinaus in der Wissensproduktion und insbesondere der Philosophie in Äthiopien spielen sollte; zu welchem Zwecke sie also möglicherweise instrumentalisiert wurde. Dabei lenkt Kibret die Aufmerksamkeit wiederum auf den Umstand, dass die *Ḥatäta* der Welt nur bekannt wurde, weil sie von einem in Äthiopien lebenden italienischen Missionar nach Europa

kenntnis nur zugänglich durch: F. Merawi, S. Kenaw, »Is there an Ethiopian Philosophy? Rereading the Hatetas of Zara Yaecob and Walda Hewat in the Context of Knowledge Production«, in: *Ethiopian Journal of the Social Sciences and Humanities* 15/1 (2019), S. 59-75.

146 Zitiert nach ebd., S. 70. Übersetzung A. G.

147 Vgl. ebd., S. 71.

geschickt wurde – und in der Folge Europäer diesem Werk eine besondere Aufmerksamkeit schenkten.

Für die äthiopischen Philosophen Fasil Merawi und Setargew Kenaw wirft der radikale Ansatz Kibrets, dem sie nicht in allen Teilen folgen, trotzdem wichtige Fragen auf, die es weiter zu durchdenken gilt: Hat die außerordentliche Beachtung, die den Abhandlungen von Zär'a Yaqob und Waldä Heywat – als den bisher einzigen vorliegenden schriftlichen Dokumenten von äthiopischen Philosophen aus dem 17. Jahrhundert – zuteilwurde, nicht den konzeptionellen Raum verringert, auf dem die Forschung zur äthiopischen Philosophie basiert? Verringert sie nicht den Wert anderer Schriften oder Praktiken, die eine philosophische Bedeutung haben könnten? Hat sie vielleicht dazu geführt, dass bisher keine weiteren Forschungen zur Erweiterung der Textbasis unternommen wurden?

Die beiden Autoren betrachten Kibrets Buch als einen hilfreichen Aufruf dazu, die Auswirkungen der *Ḥatäta* auf den Prozess der Wissensproduktion in der äthiopischen Philosophie zu untersuchen. Darüber hinaus müssten neue Untersuchungen weiterer äthiopischer Manuskripte gefördert werden, deren Bedeutung als mögliche Quellen philosophischer Konzepte durch die Fokussierung auf die *Ḥatäta* überschattet wurde, da die Bezeichnung »äthiopische Philosophie« ausschließlich der *Ḥatäta* zugeordnet wurde. Denn, so fragen die beiden Autoren berechtigt, wurde mit der Fokussierung auf diese beiden Texte, die europäische Kriterien ideal bedienen, nicht letztlich an einem eurozentrischen Philosophieverständnis festgehalten? Welche Auswirkungen hatte das Festhalten an diesen Texten also für die Rekonstruktionsarbeit der äthiopischen Philosophie im Speziellen und der afrikanischen Philosophie im Allgemeinen? Und so schließen die beiden Autoren, dass Kibrets Buch als Grundlage für eine Kritik des eurozentrischen Diskurses innerhalb der äthiopischen Philosophie dienen könne.[148] Zudem machen sie darauf aufmerksam, dass im bisherigen Diskurs vernachlässigt wurde, die möglichen eurozentrischen Motive zu untersuchen, die der Vorstellung von der *Ḥatäta* als einem einheimischen Werk der äthiopischen Philosophie zugrunde liegen.[149] Sumner werfen sie nicht nur vor, Rossinis Argumente nicht ausreichend widerlegt zu haben,

148 Ebd.
149 Ebd., S. 72.

sondern auch, den Text der *Ḥatäta* nicht aus der Perspektive einer Kritik an kolonialen Diskursen untersucht zu haben.[150]

Fasil Merawi wirft darüber hinaus die folgenden Fragen auf: Was sind die verschiedenen Quellen und Formen der äthiopischen Philosophie? Ist äthiopische Philosophie ›rein‹ äthiopisch oder entstanden im Zusammentreffen mit anderen Konzepten? Was ist der Ort der Philosophie in der äthiopischen Gesellschaft?[151] Hinzugefügt werden könnte an dieser Stelle, dass neben der Analyse weiterer Manuskripte oder philosophischer Praktiken aus der christlichen und den oralen Traditionen Äthiopiens auch die Analyse arabisch-islamischer und jüdischer Manuskripte aus Äthiopien unter philosophischer Perspektive noch aussteht.[152]

8.1.5. Konsequenzen für die Philosophiegeschichtsschreibung

Die Frage nach der Authentizität der *Ḥatäta* kann von mir als Philosophin ohne Spezialisierung in der Äthiopistik nicht abschließend beantwortet werden. Allerdings scheint mir, dass der jüngste Versuch von Anaïs Wion, die Autorschaft d'Urbinos nachzuweisen, noch weiterer Untersuchungen bedarf. Dazu wird ein entsprechen-

150 Ebd., S. 71.

151 F. Merawi, »Claude Sumner and the Quest for an Ethiopian Philosophy«, in: *Ethiopian Journal of the Social Sciences and Humanities* 15/1 (2019), S. 11-24, hier S. 14 f. Damit werde Mudimbes Argument, dass die meisten Versuche, eine Kritik an der Kolonialmatrix zu entwickeln, ihrer Natur nach ebenfalls eurozentrisch seien, nicht ausreichend Beachtung geschenkt.

152 Die Verbindung zu jüdischen Traditionen wird durch die frühe jüdische Ansiedlung in Äthiopien und das Nationalepos *Kəbrä Nägäst* manifest. Das Nationalepos beschreibt, wie Menelik I., der Sohn von Königin Makeda (bekannt auch als Königin von Saba), aus Äthiopien kommend seinen Vater Salomon in Jerusalem besuchte. Bei seiner Rückkehr wurde er von einem Gefolge von Israeliten begleitet, als deren Nachkommen sich die äthiopischen Juden betrachten. Siehe die folgenden Arbeiten: D. Kessler, *The Falashas: A Short History of the Ethiopian Jews*, London 1996; W. L. Belcher, »African Rewritings of the Jewish and Islamic Solomonic Tradition: The Triumph of the Queen of Sheba in the Ethiopian Fourteenth-Century Text Kəbrä Nägäst«, in: R. Sabbath (Hg.), *Sacred Tropes: Tanakh, New Testament, and Qur'an as Literature and Culture*. Leiden 2009, S. 441-459. Oder auch W. L. Belcher, *The Black Queen of Sheba: A Global History of an African Idea*, Princeton (in Vorbereitung). Aus philosophischer Perspektive wurden bisher kaum Anstrengungen unternommen, dieses Erbe aufzuarbeiten.

der Dialog zwischen Befürworter:innen der These des äthiopischen Ursprungs der Manuskripte im 17. Jahrhundert und den Gegner:innen dieser These, zwischen europäischen und äthiopischen Wissenschaftler:innen dringend benötigt. Ein solcher Dialog hat gerade erst begonnen.[153]

Von der Position einer Philosophiehistorikerin aus wirft der Fall der *Ḥatäta* und der um diesen Text herum entstandenen Diskurse auch ohne Spezialisierung in der Äthiopistik eine Reihe interessanter Fragen und Probleme auf. Der wichtigste Punkt ist ohne Zweifel, dass wir hier Zeug:innen eines Anerkennungs- und Kanonisierungsprozesses werden.[154] Solche Kanonisierungsprozesse haben in der europäischen Philosophiegeschichte mit Blick auf Texte und Autor:innen, zum Beispiel der griechischen und römischen Antike, schon vor Jahrhunderten stattgefunden, so dass die Fragen, ob Thales' wenige überlieferte Bemerkungen überhaupt Philosophie ist oder Thales tatsächlich eine historische Person war, nicht mehr aufgeworfen werden. Vielmehr haben wir uns durch einen inzwischen verfestigten Kanon daran gewöhnt, Thales nicht nur als historische Person und Philosophen, sondern sogar als ›Vater der Philosophie‹ zu betrachten. Ein ähnliches Beispiel ist der dem Diogenes Laertius zugeschriebene Text *Von den Leben und den Meinungen berühmter Philosophen*. Diskussionen zu Autorschaft und Entstehungszeit dieses Textes werden allenfalls noch von wenigen Philolog:innen geführt (siehe dazu ausführlich Kapitel 4). Im philosophischen Diskurs der Gegenwart werden weder Thales noch Diogenes Laertius in Frage gestellt. Durch das Narrativ der Philosophiegeschichte wurden sie zu anerkannten Philosophen, auf deren Thesen oder Texten ganze Diskurse gegründet wurden. In solchen Kanonisierungsprozessen werden durch eine Erzählung, in der Unsicherheiten in Sicherheiten umgedeutet werden, Texte und Autor:innen ein- oder ausgeschlossen. Weder von Thales noch von Sokrates verfügen wir über Selbstzeugnisse, sondern nur über Über-

153 Ein erster Schritt war die internationale Konferenz »In Search of Zera Yacob« vom 29. April bis 2. Mai 2022 an der Universität Oxford. Der Tagungsband erscheint 2023: L. Cantor, J. Egid, F. Merawi (Hg.), *In Search of Zera Yacob*, Berlin 2023.

154 Mit Bezug auf religiöse Texte siehe dazu E.-M. Becker, S. Scholz (Hg.), *Kanon in Konstruktion und Dekonstruktion. Kanonisierungsprozesse religiöser Texte von der Antike bis zur Gegenwart – Ein Handbuch,* Berlin 2012.

lieferungen aus dritten Quellen. Ob beide überhaupt historische Personen waren oder ob Sokrates in den Dialogen Platons lediglich als ein Avatar auftritt, kann heute kaum noch geklärt werden. Ähnlich ist der Fall mit Blick auf Asien und den Buddhismus oder den Daoismus: Ob die Gründer dieser Lehren (Siddhartha Gautama und Lao-Tse) historische Personen waren oder nicht, ist heute kaum noch zu klären.[155] Trotzdem hat sich auf den ihnen zugeschriebenen Lehren über Jahrhunderte ein umfangreiches religiöses und philosophisches Textkorpus entwickelt. Angesichts des philosophischen Gehalts der auf den vorliegenden Narrativen gegründeten Diskurse hat sich die Frage nach der historischen Authentizität ihrer ursprünglichen Existenz heute im Wesentlichen erübrigt.

Philosophische Arbeit beruht zu einem großen Teil darauf, dass wir uns auf überkommene philosophiehistorische Narrative verlassen, die durch jede einzelne Arbeit im Rahmen dieser Narrative weitergestrickt, vertieft und legitimiert werden. Das betrifft unter anderem den breiten europäischen Diskurs zur antiken griechischen Philosophie, der auf mündlichen Überlieferungen oder wenigen Fragmentschnipseln beruht, auf deren Basis sich ein umfassender philosophischer Diskurs entwickelt hat, der sicherlich auch dann noch Bestand haben würde, wenn man eines Tages nachweisen könnte, dass weder Thales noch Sokrates historische Personen waren.

Die Debatten um die *Ḥatäta* liefern nun ein anschauliches Bespiel aus unserer Gegenwart für einen Prozess der Formation eines Narrativs der äthiopischen oder afrikanischen Philosophiegeschichte. Was also tun, wenn die Authentizität eines Grundlagentextes in Frage gestellt wird? Was bedeutet es für den epistemischen Status eines philosophischen Diskurses, wenn er auf einem Dokument aufbaut, das sich sowohl hinsichtlich des Autors als auch der Datierung als falsch erweisen könnte? Dass der Ursprung eines Textes in Frage

155 Die Debatte um die Authentizität von Texten und Personen durchzieht die gesamte chinesische Geschichte. Hier wurde sogar ein eigenes Forschungsfeld zur Identifizierung der Authentizität von Literatur entwickelt (»Kaozheng Xue«, 考證學), das zwischen 1600 und 1850 einen Höhepunkt seiner Entwicklung erreichte. In dieser Periode entstand die einflussreiche Qianjia-Schule (乾嘉學派). Ihre Hauptaufgabe bestand darin, die Authentizität von Schriften (經) zu bestätigen. Ich danke meiner Kollegin Zhuofei Wang für diesen wichtigen Hinweis.

gestellt wird, dass sich Manuskripte oder Texte als Fälschungen erweisen, wäre in der Philosophiegeschichtsschreibung keine neue Erfahrung.[156] Eine besondere Brisanz erhalten solche Fälle aber im Rahmen der Rekonstruktion philosophischer Traditionen in ehemals kolonisierten und bis heute marginalisierten Regionen dieser Welt. Unter den schwierigen Bedingungen der Rekonstruktion ideengeschichtlicher Traditionen in Regionen, deren Traditionen durch den Kolonialismus gewaltsam unterbrochen oder gar zerstört wurden und deren Einwohner:innen die Fähigkeit zu Wissenschaft und Philosophie aufgrund rassistischer Annahmen rundweg abgesprochen wurde, stellen sich viele Fragen mit größerer Schärfe. Für Versuche, in solchen Kontexten – insbesondere in Kontexten mit überwiegend oraler Traditionsvermittlung – an eigene, vorkoloniale Wissenstraditionen wieder anzuschließen, bedeutet die Aufdeckung von Fälschungen im ohnehin kleinen vorhandenen Textkorpus einen herberen Rückschlag als in Traditionen, die auf einem breiten Korpus an etablierten Texten, Konzepten und Erzählungen gründen. Für die junge Philosophiegeschichtsschreibung Afrikas wäre der mögliche Verlust der *Ḥatäta* des Zär'a Yaqob und des Waldä Heywat ein solcher Rückschlag. Insofern ist hier die Frage nach der Autorschaft trotz des bereits vorhandenen Korpus an Arbeiten über diesen Text noch immer keine zweitrangige.

Andererseits bietet die Debatte um die Autorschaft der Texte einen wichtigen Anlass – und Kibret ebenso wie Merawi und Kenaw weisen darauf bereits hin –, aus der bisherigen Fokussierung auf diese Texte auszubrechen und eine breitere Recherche nach Quellen und Manifestationen von Philosophie in Äthiopien anzugehen, und zwar unter Einbeziehung aller Denktraditionen in dieser historisch und gegenwärtig so multireligiösen und interkulturellen Region. Denn Tatsache ist, dass bisher kaum weitere Texte oder andere Arten der Manifestation philosophischen Wissens in den philosophischen Diskurs einbezogen oder andere Quellen erschlossen wurden. Dabei könnte unter anderem ein größeres Gewicht auf Lehren und Bewegungen wie die häretische Bewegung des Dekike Estifanos aus dem 15. Jahrhundert gelegt werden, zu der bisher erst sehr wenige Untersuchungen erschienen sind.[157]

156 Vgl. A. Grafton, *Fälscher und Kritiker. Der Betrug in der Wissenschaft*, Berlin 2012.

157 M. Mennasemay, »A Critical Dialogue Between Fifteenth and Twenty First

Maimire Mennasemay liest die Lehre und Bewegung des Dekike Estifanos als politische Philosophie, da eine Unterscheidung zwischen Religion und Philosophie im Äthiopien des 15. Jahrhunderts für ihn keinen Sinn ergibt. Er argumentiert, dass wir es hier mit einer Bewegung zu tun haben, deren Lehren eine rational begründete politische Kritik an der äthiopischen Gesellschaft und ihren sozialen wie religiösen Hierarchien beinhalten und eine Utopie für ein anderes Zusammenleben entwickeln, die im Rahmen eines religiösen Diskurses vermittelt wird. Insbesondere die außerordentliche Gewalt, mit der gegen Mitglieder dieser Bewegung vorgegangen wurde, zeuge von der Sprengkraft ihrer Ideen, die es zu rekonstruieren und für heutige Fragen fruchtbar zu machen gelte. Mennasemay unternimmt hier einen ähnlichen Versuch wie Chike Jeffers, der das altägyptische Manuskript *Klagen eines Bauern* unter den Aspekten politischer Philosophie neu liest (vgl. Kapitel 5). Ein solches Herangehen bietet Ansätze, um frühe Texte oder mögliche andere Manifestationen der Philosophie in unsere heutigen Diskurse neu einzubinden. Allerdings müssen auch solche Ansätze kritisch gegengelesen werden, eröffnet sich doch hier zugleich die Möglichkeit, in ideologischer Weise einen historischen Text für die Legitimation einer gegenwärtigen Auffassung oder Praxis heranzuziehen.

Die Debatte um den Echtheitscharakter der *Ḥatäta* muss daher ebenfalls unter dem Aspekt der verschiedenen Interessenlagen kritisch betrachtet werden. Denn wie Anthony Grafton in seinem Buch *Fälscher und Kritiker* anhand der europäischen Wissenschaftsgeschichte deutlich macht, hatte das Bemühen um die Aufdeckung von Fälschungen oft keinen ›objektiven‹ Charakter, sondern betraf zumeist Texte, die den Überzeugungen oder Glaubenslehren der jeweiligen Gelehrten entgegenstanden. Grafton stellt fest: »Alle ließen sehr viel weniger kritisches Einsichtsvermögen erkennen, sobald es um Schriften ging, die ihren Meinungen und Wünschen entsprachen.«[158] Und er folgert: »Echtheitskritik ist […] in ihren Schlußfolgerungen zwangsläufig fehlbar und schuldet der Fälschung in ihrer Methodik viel. Ihre Motive sind häufig parteiisch und unwissenschaftlich. […] Der Kritiker […] wird ständig von

Century Ethiopia«, in: *International Journal of Ethiopian Studies* 5/1 (2010), S. 1-37.

158 Grafton, *Fälscher und Kritiker*, S. 106.

seiner eigenen Subjektivität verraten.«[159] Unter dieser Perspektive muss dann mit Recht an die Debatte um die Autorschaft der oben besprochenen Texte die Frage herangetragen werden, warum gerade diese Texte von europäischen Wissenschaftler:innen immer wieder auf ihre Echtheit hin überprüft werden. Schwingt hier nicht unterschwellig eine Kritik an der Fähigkeit äthiopischer Wissenschaftler:innen mit, die Authentizität dieser Texte prüfen zu können? Sollte allein die europäische Wissenschaft zu einer unparteiischen Überprüfung in der Lage sein?

Um solchen und ähnlichen Vorbehalten zu entgehen, ist ein vertrauensvoller Dia- oder Polylog von Wissenschaftler:innen aus verschiedenen Disziplinen sowie verschiedenen Regionen der Welt, insbesondere der Herkunftsregion eines zur Debatte stehenden Textes oder einer anderen Manifestation von Philosophie, aufzubauen. Im Fall der Texte der *Ḥatäta* können Vertreter:innen des philosophischen Instituts der Universität Addis Abeba sowie andere äthiopische und eritreische Philosoph:innen, die weltweit tätig sind, mit ihrer Expertise nicht aus diesem Diskurs ausgeschlossen werden. Gerade die Frage der Repräsentation von Wissenstraditionen – wer von welchem Ort beziehungsweise Standpunkt aus über einen kontrovers diskutierten Sachverhalt spricht und damit gehört oder auch nicht gehört wird – ist für eine solche Debatte von enormer Relevanz.

Nur so können die jeweiligen Methoden, Ansätze und Perspektiven vor dem Hintergrund unterschiedlicher epistemischer Rahmen hinterfragt und gegebenenfalls zu einer allgemein geteilten Schlussfolgerung zusammengeführt werden. Auch damit wird man der kolonialen Matrix nicht entgehen können, kann so aber zumindest kritisch auf diese unserem heutigen wissenschaftlichen Schaffen unhintergehbar zugrundeliegende Erkenntnisbedingung reflektieren und eine neue wissenschaftliche Praxis etablieren, die diese Tatsache nicht negiert, sondern vielmehr mit ins Zentrum der Untersuchungen stellt und in diesem Zuge heuristische Mittel entwickelt, um die Asymmetrien des Wissenschaftsbetriebs aufzudecken, ohne den Anspruch auf die Verifikation von Fakten aufzugeben.

159 Ebd., S. 142.

8.2. Walatta Petros und die Aneignung äthiopischer Texte im ›westlichen‹ Diskurs

Bisher weniger im Fokus philosophischer Debatten als die *Ḥatäta* des Zär'a Yaqob und Waldä Heywat steht die Hagiographie der Walatta Petros (1592-1642, auch *Wälättä Peṭros,* Tochter des Petros), eine Zeitgenossin Zär'a Yaqobs und äthiopische Ordensgründerin, die sich aktiv gegen die Katholisierung Äthiopiens stellte und später in der äthiopisch-orthodoxen Kirche heiliggesprochen wurde. Anhand der Hagiographie der Walatta Petros können wichtige Fragen zur Einbeziehung des Denkens von Frauen aus frühen Jahrhunderten, die keine eigenen schriftlichen Aufzeichnungen hinterlassen haben, in eine Philosophiegeschichte diskutiert werden. Diese Fragen werden im Kapitel 11 aufgegriffen. Im folgenden Abschnitt soll anhand dieses Falls zunächst eine andere zentrale Frage der Rekonstruktion von Ideengeschichten im Allgemeinen und Philosophiegeschichten im Besonderen diskutiert werden, nämlich das Problem der Aneignung und Interpretation außereuropäischen Wissens im Rahmen eines im Wesentlichen durch ›westliche‹ Wissenschaftler:innen vertretenen internationalen akademischen Diskurses.

8.2.1. Das Leben der Walatta Petros (1592-1642)

Das Leben der Walatta Petros wurde uns überliefert durch ihre 1672 geschriebene Hagiographie *Leben und Kampf der Walatta Petros* (*Gädlä Wälättä Peṭros*). Dieser Text wurde 30 Jahre nach ihrem Tod von einem Mönch namens Gälawdewos auf der Grundlage von mündlichen Überlieferungen, die er in den Gemeinden der Walatta Petros gesammelt hatte, und unter Hinzufügung eigener Gedanken verfasst. Der Text besteht aus drei Teilen: der Lebensgeschichte der Walatta Petros, der Beschreibung der Wunder, die jenen zuteilwurden, die ihren Namen nach ihrem Tod anriefen, und zwei Hymnen (Mälkəʾa Wälättä Peṭros – Porträt der Walatta Petros[160] und Sälamta Wälättä Peṭros – Gegrüßt seist du, Walatta Petros[161]).

Walatta Petros wurde 1592 im Süden Abessiniens in eine Adels-

160 Eine englische Übersetzung findet sich unter: ⟨https://30bjgl1bdznn2037ol2y4jex-wpengine.netdna-ssl.com/wp-content/uploads/2018/06/portrait-of-walatta-petros-poem-english-translation.pdf⟩, letzter Zugriff 17.2.2022.

161 Eine englische Übersetzung findet sich ebd.

familie geboren. Ihr Vater und ihre Brüder waren Beamte am Hof von Kaiser Susenyos. In jungen Jahren wurde sie mit einem Mann namens Mälkə'ä Krəstos verheiratet, einem der Berater des Kaisers. Aus der Ehe gingen drei Kinder hervor, die jedoch alle bereits in jungen Jahren verstarben. Nachdem Susenyos zum römischen Katholizismus konvertiert war, befahl er dem Ehemann von Walatta Petros, die antikatholischen Aufstände zu unterdrücken. Sie selbst weigerte sich, zum Katholizismus zu konvertieren, und verließ ihren Mann, um in einem Kloster am Ṭana-See den Weg zum Gelübde einer Nonne der äthiopisch-orthodoxen Täwaḥədo-Kirche auf sich zu nehmen. Kirchenbeamte forderten sie auf, zu ihrem Ehemann zurückzukehren, da dieser die Stadt zu zerstören drohte, in der sie sich versteckt hielt. Aus diesem Grund gab sie der Forderung unter Protest nach. Als sie herausfand, dass ihr Mann an der Ermordung des Patriarchen der äthiopisch-orthodoxen Kirche beteiligt war, verließ sie ihn endgültig und zog sich für sieben Monate in eine Höhle zurück, wo sie nur von wilden Pflanzen lebte. 1617 wurde sie Nonne. Als Susenyos die Lehre der äthiopischen Orthodoxie endgültig verbot, begann Walatta Petros öffentlich dagegen zu predigen. Aufgrund ihres öffentlichen Auftretens gegen die Übernahme katholischer Überzeugungen und Rituale wurde sie verhaftet und zum Tode verurteilt. Sie entging diesem nur knapp aufgrund des Einflusses ihrer Familie. Daraufhin zog sie in die nördlichen Regionen Waldəbba und Ṣällämt und begann dort ebenfalls zu predigen, dass die Menschen den Glauben der Ausländer ablehnen sollten. Sie forderte sogar dazu auf, während der Liturgie den Namen des Kaisers nicht mehr zu erwähnen. 1625 wurde sie wegen Verrats erneut vor Gericht gestellt. Der Anführer der Jesuitenpriester, Alfonso Mendes, wurde zu ihrer Bekehrung geschickt, blieb aber erfolglos. Daraufhin verbannte der Kaiser Walatta Petros für drei Jahre in die Region des Sudan. Hier begann sie ihre Gründertätigkeit von Religionsgemeinschaften mit Menschen, die sich dem römischen Katholizismus entziehen wollten. Im Laufe ihres Lebens gründete sie sieben solcher Gemeinschaften: die erste im Sudan (Žäbäy, ca. 1627) und sechs Gemeinschaften rund um den Ṭana-See: Ç̣anqʷa (ca. 1630), Məṣelle (ca. 1630), Zäge (ca. 1632) Dämboza (ca. 1637), Afär Färäs (ca. 1638) und Zäbol/Zämbol (ca. 1641). Walatta Petros diente als Äbtissin ihrer mobilen Gemeinschaften und führte diese gemeinsam mit ihrer Vertrauten Ehete Kristos, mit der sie seit ihrem Eintritt ins Kloster bekannt war. Die strikten Regeln ihrer Gemeinschaften basierten auf den Schriften der äthiopisch-orthodoxen Kirche. Männer- und Frauengemeinschaften waren getrennt und Mitglieder mussten ihren gesamten Besitz in die Gemeinschaft einbringen. Das karge Essen wurde geteilt. Walatta Petros' eigenes Leben war geprägt durch strikte Askese: Sie schlief nie in einem Bett, trug einfachste Kleider und niemals Schuhe, aß nur Gemüse und tat Asche in ihr Essen, um es weniger schmackhaft zu machen. Obwohl sie das Oberhaupt ihrer Gemeinschaft war und aus adliger Familie stammte, erledigte sie schwere Arbeiten selbst. Sie verstarb 1642 im Alter von 50 Jahren. Ihre Nachfolgerin wurde Ehete Kristos, die die Gemeinschaft bis zu ihrem eigenen Tod 1649 leitete. Erst 1650 erhielt eine Gemeinde am Ṭana-See von Kaiser Fasilidäs Land für den Aufbau eines Klosters, das Walatta Petros gewidmet wurde. Seit dem 17. Jahrhundert diente es als Asyl für jene, die einer Bestrafung durch den Kaiser entgehen wollten.

8.2.2. Rezeption, Missdeutungen und der Umgang mit Manuskripten aus anderen Traditionen

Seit dem ersten Erscheinen der Hagiographie im Jahr 1672 sind mehrere Kopien entstanden, die in Äthiopien im Umlauf sind. Die erste gedruckte Ausgabe der Hagiographie wurde 1912 von Carlo Conti Rossini herausgegeben.[162] Die erste Übersetzung in eine andere Sprache, Italienisch, wurde 1970 veröffentlicht.[163] 2005 folgte eine Übersetzung ins Amharische.[164] Bis zur Veröffentlichung der ersten englischen Übersetzung im Jahr 2015, einer Edition, die auf zwölf verschiedenen Manuskripten der *Gädlä Wälättä Peṭros* basiert[165] und mit allen editorischen Hinweisen[166] und Erläuterungen über 500 Seiten umfasst, waren die Arbeiten zu Walatta Petros über-

162 Gälawdewos, *Vitae Sanctorum Indigenarum: I: Acta S. Walatta Petros*, hg. v. C. C. Rossini, Rom/Paris/Leipzig 1912.

163 L. Ricci, Gälawdewos, *Vita di Walatta Petros*, Louvain 1970.

164 Gälawdewos, *Gädlä Wälättä Peṭros* [The Life of Wälättä Peṭros: In the Original Gəʿəz and Translated into Amharic], Addis Ababa 2004.

165 Zu den vorliegenden Manuskripten siehe Galawdewos, *The Life and Struggles of Our Mother Walatta Petros*, S. 49-60.

166 Vgl. der Abschnitt von M. Kleiner, »Introduction to the Translation of the Text«, in: Galawdewos, *The Life and Struggles of Our Mother Walatta Petros*, S. 61-71.

schaubar. Erst mit der Übersetzung ins Englische und insbesondere mit einem Artikel der amerikanischen Literaturwissenschaftlerin Wendy Belcher unter dem Titel »Same-Sex Intimacies in the Early African Text Gädlä Wälättä Ṗeṭros (1672): Queer Reading an Ethiopian Woman Saint« (2016) entstand eine hitzige Debatte, die hier in groben Zügen dargestellt werden soll.

Belcher unterzieht die Hagiographie der Walatta Petro einer queeren Lesart. Ihre Behauptung, dass Walatta Petros in einer intimen ›same-sex Beziehung‹[167] mit ihrer Vertrauten Ehete Kristos gestanden haben könnte, löste eine akademische Kontroverse und Proteste der äthiopisch-orthodoxen Täwaḥədo-Kirche aus.[168] Zwar

167 Ich lasse den Begriff hier unübersetzt, denn der deutsche Begriff ›gleichgeschlechtliche Beziehung‹ scheint nicht ganz zu treffen, was Belcher hier im Sinn hat. Sie erläutert »same-sex intimacies« wie folgt: Der Begriff »bezieht sich auf alle Arten von Nähe zwischen Angehörigen des gleichen Geschlechts. Das reicht von einer Reihe nicht-sexueller Beziehungen (z. B. zwischen Müttern und Töchtern oder guten Freundinnen) bis hin zu einer Reihe sexueller Beziehungen (z. B. Jungen, die im Internat Sex mit Jungen haben, oder zwei Männer, die heiraten und miteinander Sex haben).« W. L. Belcher, »Controversy over Sexuality in the Gadla Walatta Petros«, ⟨https://wendybelcher.com/african-literature/Walatta-Petros-controversy⟩, letzter Zugriff 31. 3. 2022. In in ihrem Artikel »Same-Sex Intimacies in the Early African Text Gädlä Wälättä Ṗeṭros« beschreibt Belcher die Beziehung zwischen Walatta Petros und Ehete Kristos als »lebenslange heilige Verbindung« oder auch: »Es macht mehr Sinn, von der Norm auszugehen, die der Text vorgibt: dass Nonnen, die sich dem Zölibat verschrieben haben, nicht regelmäßig mit jemandem Sex haben würden.« (S. 27) Weiter schreibt sie: »die umfangreiche Queer-Theorie zur Freundschaft erlaubt es uns, die Beziehung der Frauen als queer zu bezeichnen, auch wenn sie asexuell war«. (Ebd., S. 38) Übersetzung A. G. Trotzdem wurde gerade die im Begriff mitschwingende sexuelle Konnotation zum Ausgangspunkt der Kontroverse.

168 Dazu merkt Belcher in ihrer Replik auf Kritiker an: »In her talks and articles, Belcher has said that this friendship was <u>not</u> sexual (the two women did <u>not</u> have sex with each other), but that they were life partners. Belcher has stated that it is unlikely that Walatta Petros and Eheta Kristos had sex with each other because these two women were nuns devoted (1) to celibacy and (2) to an extreme asceticism that denied all pleasures of the flesh. Although Belcher has repeatedly stated that the two women were life partners who did <u>not</u> have sex, many Ethiopians have sexualized the matter and accused her of depicting the celibate saint as in an ongoing sexual relationship. These false accusations have to do with current Ethiopian politics around LGBTIQA issues rather than the translation.« (Belcher, »Controversy over Sexuality in the Gadla Walatta Petros«). Mit diesem Argument entzieht sie sich allerdings einer weiteren kritischen akademischen Debatte von äthiopischer Seite, da diese als allein ideologisch motiviert abgetan wird.

gibt die auf afrikanische Literatur spezialisierte Wissenschaftlerin am Beginn ihres Artikels zu bedenken, dass die Art dieser Beziehungen von modernen Wissenschaftler:innen heute nicht mehr eindeutig bestimmt werden kann,[169] bezeichnet trotz dieser Ambivalenz das Ergebnis ihrer Untersuchung aber als »eine der wichtigsten wissenschaftlichen Erkenntnisse in der Geschichte des gleichgeschlechtlichen Begehrens in Afrika«.[170]

Im Mittelpunkt der Untersuchung steht insbesondere Kapitel 86 der Hagiographie, das den englischen Titel trägt »Our Mother Sees Nuns Lusting After Each Other«.[171] Die entsprechende Stelle, an der sich die Kontroverse besonders entzündet hat, lautet in der Übersetzung:

> Da du mich zwingst, höre zu und lass mich dir erzählen. Es war Abend, und ich saß im Haus, dem Tor gegenüber, als ich einige junge Nonnen sah, die sich aneinanderdrängten und lüstern miteinander umgingen, jede mit einer Begleiterin. Da entflammte mein Herz, und ich fing an, mit Gott zu streiten, indem ich zu ihm sagte: ›Hast du mich [hier] hingestellt, um mir das zu zeigen? Ich bitte dich und flehe dich an, mich von den Gütern zu befreien, die du mir anvertraut hast. Oder nimm mir das Leben! Ich ziehe es vor zu sterben, als diese meine [sündigen] Töchter [in der Ewigkeit] zugrunde gehen zu sehen.[172]

Für Belcher ist diese Szene eine eindrückliche Schilderung von »same-sex desire in Africa«. Sie vermutet zudem, dass der Ausdruck »da entflammte mein Herz«, Walatta Petros' Erregung ausdrücke

169 Belcher, »Same-Sex Intimacies«, S. 20.

170 Ebd., S. 31. Übersetzung A. G.

171 Galawdewos, *The Life and Struggles of Our Mother Walatta Petros*, S. 254. Ich belasse den Titel hier im Englischen, da sich ja gerade an der Interpretation der Begriffe die Debatte entzündet. Auch eine Übersetzung des englischen Titels ins Deutsche bietet viel Spielraum, z. B. »Unsere Mutter sieht Nonnen, die sich gegenseitig begehren«. Es könnte auch heißen »verführen«, »bedrängen«, »anfassen« etc.

172 Galawdewos, *The Life and Struggles of Our Mother Walatta Petros*, S. 255. Übersetzung A. G. Hier die Stelle im englischen Original: »Since you compel me, listen up and let me tell you. It was evening and I was sitting in the house, facing the gate, when I saw some young nuns pressing against each other and being lustful with each other, each with a female companion. Therefore, my heart caught fire and I began to argue with God, saying to him, ›Did you put me [here] to show me this? I now pray and beg you to relieve me of the goods that you have entrusted to me. Or else take my life! I prefer perishing to seeing these [sinful] daughters of mine perish [for eternity]‹.«

und die hier geschilderte Szene vor Augen führen solle, dass sie von Gott in Versuchung geführt wurde. Belcher weist zwar daraufhin, dass ihre Interpretation des Kapitels in Äthiopien nicht geteilt wird: »Moderne äthiopisch-orthodoxe Täwaḥədo-Laien, die Heilige als unfehlbar ansehen, haben eine solche Interpretation bestritten, als ich diesen Beitrag in Form eines Vortrags präsentierte.«[173] Trotzdem besteht sie darauf, dass diese Szene auf gleichgeschlechtliches Begehren (same-sex desire) hindeute, und argumentiert unter anderem: »In christlichen Kulturen, in denen gleichgeschlechtliches Begehren verboten ist, werden einige Nonnen gerade deshalb zu Nonnen, weil sie andere Frauen begehren und in den Klöstern Freiheit finden, also gerade in jenen Räumen, die jedes Begehren verbieten.«[174]

Aus weiteren zusammengetragenen Textbeispielen folgert die Literaturwissenschaftlerin, dass die Hagiographie der Walatta Petros ein historisches Beispiel dafür liefere, dass gleichgeschlechtliche Beziehungen in Afrika kein westlicher Import seien – eine Behauptung, die in vielen afrikanischen Staaten heute zur Unterdrückung von LGBTQI-Menschen herangezogen wird –, sondern vielmehr eine lange Tradition auf afrikanischem Boden hätten.[175] Die Annahme, dass gleichgeschlechtliche Beziehungen in verschiedenen afrikanischen Gesellschaften lange vor der Kolonisierung gelebte Realität waren, wurde durch viele Studien inzwischen belegt.[176] Die

173 Belcher, »Same-Sex Intimacies«, S. 34. Übersetzung A. G.

174 Ebd., S. 42. Übersetzung A. G. Es ist richtig, dass Frauenklöster, Konvente oder Laienorden wie die Beginen ebenso wie häretische Bewegungen auch Zufluchtsorte für Frauen waren, die einer von der Kirche verordneten Heteronormativität und den damit zugewiesenen untergeordneten Geschlechterrollen der Frau ein Stück weit entgehen wollten. Vgl. S. Federici, *Caliban und die Hexen. Frauen, der Körper und die ursprüngliche Akkumulation*, Wien/Berlin [7]2020, S. 52 ff. Es gibt Versuche, europäische Bewegungen wie die Beginen queer zu lesen: A. Hollywood, »Sexual Desire, Divine Desire; Or, Queering the Beguines«, in: V. Burrus, C. Keller (Hg.), *Toward a Theology of Eros: Transfiguring Passion at the Limits of Discipline*, New York 2006, S. 119-133; A. Stoner, »Sisters Between Gender and the Medieval Beguines«, in: *Ex Post Facto*: Journal of the History Students at San Francisco State University 5/2 (1995), S. 26-50.

175 Belcher, »Same-Sex Intimacies«, S. 40.

176 Zur Einführung in dieses Thema eignet sich die folgende Ausgabe der Zeitschrift *Agenda: Empowering Women for Gender Equity* 67 (2006): African Feminisms Volume 2,3: Homosexuality; H. Abbas, S. Ekine (Hg.), *African Queer Reader*, Nairobi 2013.

Frage ist allerdings, ob sich die Hagiographie der Walatta Petros als ein weiteres Beispiel vorkolonialer gleichgeschlechtlicher Beziehungen eignet – oder ob mit dieser These weit über das hinausgeschossen wird, was der Text und sein Kontext hergeben.

Belchers Artikel hat insbesondere durch Kirchenvertreter und in den äthiopischen Medien viele Zurückweisungen erfahren. Im Jahr 2020 erschien dann eine Ausgabe des *Journal of Afroasiatic Languages, History and Culture,* in der der äthiopische Wissenschaftler Yirga Gelaw Woldeyes in einem Beitrag unter dem Titel »Colonial Rewriting of African History: Misinterpretations and Distortions in Belcher and Kleiner's Life and Struggles of Walatta Petros« umfassend auf Belchers Behauptungen reagiert. Dabei geht Woldeyes davon aus, dass die Übersetzung der Hagiographie von Belcher und Kleiner bereits so angelegt wurde, dass Belchers queere Lesart des Textes überhaupt erst möglich wurde. Das heißt, mit Belchers Artikel von 2016 wird zugleich die gesamte editorische Arbeit und Übersetzung der Ausgabe von 2015 in Frage gestellt.

Ziel des Autors ist es, Belchers Ansatz und ihre Texte einer dekolonialen Lesart zu unterziehen:

> Der Artikel wird zeigen, dass die Übersetzung sowie Belchers nachfolgende Veröffentlichungen rund um Walatta Petros eine koloniale Wissenschaft darstellen, bei der eine Ausländerin, die die Sprache nicht versteht, zur Expertin gemacht wird, und zwar auf Kosten der Einheimischen, die nicht nur die Sprache lesen und schreiben können, sondern auch über eine jahrzehntelange Ausbildung in der Interpretation dieser wichtigen heiligen Texte verfügen. Der Artikel wird zeigen, dass die koloniale Praxis, afrikanische intellektuelle Ressourcen zu nutzen, um die afrikanische Geschichte umzuschreiben, kein Relikt der Vergangenheit ist, sondern eine fortgesetzte und geförderte Praxis an den Universitäten.[177]

Woldeyes führt eine große Spannbreite von Argumenten an, die von mangelnder Sprachkompetenz der Herausgeber:innen und Übersetzer:innen[178] bis hin zu bewusster Manipulation des Textes im Sinne einer bereits vorliegenden eigenen Interpretation reichen. Darüber hinaus wird ihnen vorgeworfen, dass ihre ›westliche‹ Perspektive auf den Text und die Anwendung zeitgenössischer Auffassungen auf einen historischen Text sowie das Ignorieren des Urteils

177 Woldeyes, »Colonial Rewriting of African History«, S. 134. Übersetzung A. G.
178 Ebd., S. 150.

lokaler Gelehrter zu gravierenden Verzerrungen und sogar der Wiederbelebung rassistischer Stereotype geführt hätten. So heißt es bereits am Beginn des Beitrags:

Durch eine westliche Linse absichtlich verzerrte Fakten wurden auf den Text angewendet, indem zeitgenössische westliche Auffassungen von Ehe und Klosterleben zur Interpretation einer äthiopischen Nonne aus dem 17. Jahrhundert herangezogen wurden. Die zeitgenössische ethnische Politik wurde in die Interpretation auf eine Art und Weise eingebracht, die negative rassische Binaritäten (*racial binaries*) reproduziert und sich stark auf die koloniale Rassifizierung afrikanischer Identitäten und westliche Hautfarbenvorurteile stützt, die es in Äthiopien nicht gibt. Dies hat zu einer kolonialen Neuschreibung eines der heiligsten Bücher Äthiopiens geführt.[179]

Woldeyes verweist darauf, dass in der Einleitung des Buches, in der der historische Kontext Äthiopiens im 17. Jahrhundert beschrieben wird,[180] keine einzige der genannten Publikationen von äthiopischen Gelehrten oder Wissenschaftler:innen stammt. Auch der Abschnitt zum klösterlichen Leben der äthiopischen Kirche benutzt keine einzige äthiopische Quelle.[181] Woldeyes betont dagegen, dass er seine Untersuchungen aus einer dezidiert äthiopischen Perspektive vornimmt,[182] und hebt seinen eigenen sprachlichen und kulturellen Hintergrund hervor, der sowohl eine Ausbildung in Ge'ez im traditionellen Bildungssystem Äthiopiens umfasst als auch einige Jahre klösterlichen Lebens im Kloster Daga Estifanos.[183]

Woldeyes wirft Belcher vor, die äthiopische Heilige Walatta Petros in eine sexualisierte, exotisierte und gewalttätige Schwarze Frau

179 Ebd., S. 133. Übersetzung A. G.

180 Galawdewos, *The Life and Struggles of Our Mother Walatta Petros,* S. 1-10.

181 Ebd., S. 13 ff. Der Abschnitt beruht auf einer Masterarbeit (sic!) von Marta Camilla Wright, die Belcher als »bisher wichtigste wissenschaftliche Arbeit über die Nonnen der Täwahədo-Kirche« bezeichnet (Ebd. S. 16). Es wäre zumindest zu hinterfragen, ob in Amharisch oder einer anderen lokalen Sprache nicht bereits ebenfalls Studien vorliegen.

182 »Ich werde […] eine äthiopische Perspektive bieten, die sich auf äthiopische heilige Bücher und Erkenntnisse äthiopischer Wissenschaftler stützt, die im Rahmen meiner Feldforschung 2019 in Bahir Dar, Gondar und Lalibela befragt wurden.« Woldeyes, »Colonial Rewriting of African History«, S. 136. Übersetzung A. G.

183 Ebd., S. 150. Außerdem betont Woldeyes, dass er mit vielen traditionellen Gelehrten gesprochen habe, und macht seine Textbasis transparent. Ebd., S. 151.

verwandelt zu haben.[184] Möglich sei dies dadurch gemacht worden, dass Belcher und Kleiner in ihrer Übersetzung der Hagiographie auf Begriffe mit Konnotationen für eine gleichgeschlechtliche Partnerschaft zurückgegriffen hätten, welche im Geʿez-Original nicht vorhanden seien. Dazu führt er verschiedene Textbespiele an und zeigt Ungenauigkeiten in der Übersetzung und Fehlinterpretationen auf. Zum Beispiel besage der Geʿez-Text an einer Stelle »sie sollten nicht miteinander sprechen« (they should not speak with one another), was von Belcher und Kleiner allerdings übersetzt werde als »sie sollten nicht miteinander reden und flirten« (they should not talk and flirt with each other).[185] Der Begriff ›flirten‹ wurde laut Woldeyes eingefügt.[186]

Ausführlich wird über die Verwendung des Begriffs *companion* (dt.: Begleiterin, Partnerin) gestritten, der im Englischen eine mehrfache Bedeutung habe und sowohl auf eine platonische Freundschaft als auch auf eine sexuelle Verbindung hindeuten könne.[187] Ebenso in Zweifel gestellt wird die Verwendung des Wortes ›Kuss‹, das von Belcher und Kleiner bei der Begrüßung der beiden Frauen bei jedem Zusammentreffen verwendet wird, im Geʿez-Text aber nicht zu finden sei. In der amharischen Übersetzung werden jene Stellen mit ›grüßten und neigten die Köpfe‹ wiedergegeben. Aus dieser Begrüßungsformel eine romantische Beziehung abzuleiten, sei also falsch.[188] Aus solchen falschen Übersetzungen ziehe

184 Ebd., S. 134.

185 Ebd., Galawdewos, *The Life and Struggles of Our Mother Walatta Petros,* S. 205.

186 Woldeyes, »Colonial Rewriting of African History«, S. 176.

187 Ebd., S. 155. Auf dieses Argument geht der Übersetzer Michael Kleiner in seiner Replik ausführlich ein und zeigt anhand verschiedener Beispiele, dass die Übersetzung mit dem Begriff ›companion‹ gerechtfertigt sei. Sie diene nicht dazu, eine Grundlage zu bilden für Belchers spätere weitreichende Schlussfolgerungen. Siehe dazu M. Kleiner, »Considered Translations Reconsidered. A Rejoinder to Yirga Gelaw Woldeyes's Criticisms of Our Allegedly ›Sexualizing‹ Translations in The Life and Struggles of Our Mother Walatta Petros (2015)«, 2020, ⟨https://wendybelcher.com/african-literature/walatta-petros-kleiner/⟩, letzter Zugriff 31. 3. 2022.

188 Kleiner schreibt dazu: »Er [Woldeyes] weist ferner darauf hin, und zwar sachlich korrekt, dass wir durchweg (kontextuell angepasste) Varianten des ›Austauschs des Begrüßungskusses‹ verwenden, wenn die Geʿez Gädlä Wälättä Petros die Verben *täʾaməḫa* oder *täʾamməḫa* in Bezug auf Interaktionen zwischen Wälättä Ṗeṭros und Ǝḫətä Krəstos verwendet. Damit haben wir uns lediglich um Kohärenz bemüht. Yirga sieht darin aber offenbar einen systematischen Ver-

Belcher jene weitreichenden Schlussfolgerungen, die zur Unterstellung einer homoerotischen Beziehung zwischen den beiden Frauen führt.[189] Insbesondere der Kritik des Kapitels »Our Mother Sees Nuns Lusting after Each Other« widmet sich Woldeyes ausführlich. Weder die Begriffe ›junge Nonnen‹ (*young nuns*, es müsste eher Jungfrauen heißen, so Woldeyes) noch der Begriff ›lüstern‹ (*lustful*) seien korrekte Übersetzungen des Geʿez-Textes. Unter Berufung auf nicht weiter genannte Gelehrte schlägt der Autor die folgende Übersetzung vor: »Nonnen verfolgten sich gegenseitig in einem Spiel, waren frivol« (*nuns were following each other in a game, being frivolous*).[190] In der amharischen Version werde die betreffende Stelle übersetzt mit: »sie spielen leichtsinnig, indem sie sich gegenseitig schubsen« (*playing frivolously by pushing each other*).[191] Allein eine solche frivole Handlung entsprach nicht den strengen Klostergesetzen und musste deshalb als ›tödliche Krankheit‹ verurteilt werden, da sie auf den Weg zur Verdammnis führe. Dazu bedürfe es keiner explizit sexuellen Handlungen. Woldeyes stellt in diesem Zusammenhang fest: »Sie wendet ihre eigene westliche Sichtweise auf ihre Interpretation des Buches an, anstatt zu versuchen zu verstehen, wie Frivolität in einem äthiopischen klösterlichen Kontext verstanden werden sollte.«[192] Er verweist zudem auf den Umstand, dass Belcher nach eigener Aussage in ihrer Interpretation durch einen jungen Mönch, der den Orden verlassen hatte, bestätigt wurde.[193] Dazu kommentiert Woldeyes:

> Es ist bemerkenswert, dass Belcher ihre gesamte Analyse auf einen jungen ehemaligen Mönch stützt, dessen Ausbildung in Geʿez, wenn überhaupt, nicht offengelegt wird. Sie lässt viele lokale Experten außer Acht, von de-

such unsererseits, die angebliche Romantisierung zu untermauern.« Unter Berufung auf Übersetzungen des Neuen Testaments aus dem Griechischen ins Geʿez sowie weitere europäische Philologen (Dillmann und Bausi) versucht er zu beweisen, dass die Übersetzung ›Austausch des Begrüßungskusses‹ korrekt sei. Gegen die heute angeführte liturgische Praxis, sich nur mit einem Kopfneigen zu begrüßen, wendet er ein: »dies muss heute als eine verengte moderne Verwendung angesehen werden (vielleicht weil ein eher ›puritanischer‹ Zeitgeist herrscht)«. Vgl. ebd. Übersetzung A. G.

189 Belcher, »Same-Sex Intimacies«, S. 26.

190 Woldeyes, »Colonial Rewriting of African History«, S. 167.

191 Ebd., S. 170.

192 Ebd., S. 167. Übersetzung A. G.

193 Galawdewos, *The Life and Struggles of Our Mother Walatta Petros*, S. xxx.

nen viele jahrzehntelang trainiert haben, um Ge'ez vollständig zu verstehen und zu interpretieren, für einen einzelnen Mönch, der den Orden verlassen hat.[194]

Woldeyes bewertet dieses Vorgehen vor dem Hintergrund der kolonialen Matrix, die bis heute unsere wissenschaftliche Landschaft prägt und strukturiert, wie folgt:

> Wir sehen hier eine weiße Wissenschaftlerin, die sich als einzige objektive Richterin über die Geschichte der Schwarzen aufspielt. Schwarze Experten, die ihre Analyse nicht bestätigen, werden durch diejenigen ersetzt, die dies tun, ungeachtet ihres mangelnden Fachwissens.[195]

Darüber hinaus verweist der Autor darauf, dass die Übersetzung von Belcher und Kleiner ethnische und rassistische Unterscheidungen einführe, die im Text nicht vorhanden seien. So werde der Begriff ›Äthiopier‹ als ›Habesha‹ übersetzt und damit eine ethnische Gruppe eingeführt, die zudem noch mit einer bestimmten Hautfarbe verbunden werde, nämlich eher ›rot‹ als ›schwarz‹. Eine solche Unterscheidung finde sich im Originaltext nicht: »Eine Klassifizierung von Menschen nach ihrer Hautfarbe gibt es im Ge'ez nicht, noch hat die Klassifizierung nach Hautfarben in Äthiopien die gleiche Bedeutung wie im Westen.«[196]

Im Anschluss an seine Analyse fordert Woldeyes, dass Orte der Wissensproduktion wie die Universitäten nicht länger zu rassistischen Vorurteilen und der Verzerrung der afrikanischen Geschichte beitragen sollten. Forscher:innen mit solchen Vorgehensweisen, die sich Texte in einer kolonialen Art und Weise aneignen, sollten nicht mehr gefördert werden. Dagegen sollten Projekte, die Schwarze Menschen ermächtigen, ihre eigene Geschichte zu erzählen, eine größere Unterstützung erfahren.

Die für Woldeyes' Kritik zentralen Übersetzungsfragen kann ich hier nicht beurteilen. Eine sehr sachliche Antwort hat der Göttinger Philologe und Übersetzer der englischen Ausgabe Michael

194 Woldeyes, »Colonial Rewriting of African History«, S. 168. Übersetzung A. G.

195 Ebd., Übersetzung A. G.

196 Ebd., S. 192. Die unterschiedlichen Bezeichnungen für verschiedene Hautfarben in Äthiopien, die der Autor auf der folgenden Seite schildert, werfen allerdings die Frage auf, warum so viele Schattierungen von Hautfarben überhaupt benannt werden und ob nicht vielleicht doch gewisse unterschwellige Rassismen mitschwingen.

Kleiner veröffentlicht.[197] Mit ihr geht er detailliert auf die vorgeworfenen Übersetzungsfehler ein. Er erläutert seine Entscheidung für bestimmte Begriffe, widerlegt einige Vorwürfe, gesteht einige Fehler aber auch ein. Letztlich könnten in jeder Übersetzung Fehler unterlaufen.[198] Ausführlich widmet er sich in seiner Replik jenen Stellen, die Anlass geben könnten, die queere Lesart Belchers begünstigt zu haben. Insbesondere den Vorwurf, dass in der Übersetzung bereits eine Sexualisierung des Textes angelegt wurde, weist er ausdrücklich zurück:

Was jedoch die Fälle betrifft, in denen Yirga uns eine ungerechtfertigte Sexualisierung des Textes vorwirft, so habe ich auf den vorangegangenen Seiten gezeigt, dass die beanstandeten Übersetzungen wohlbegründet sind. Auch wenn einige, aus welchen Gründen auch immer, weiterhin nicht mit uns übereinstimmen, kann niemand behaupten, dass unsere Entscheidungen unbegründet sind, dass wir sie nicht durchdacht haben oder dass wir heimlich versucht hätten, den Text durch absichtliche Sexualisierungen zu verzerren.[199]

Auf den Rassismusvorwurf geht Kleiner nicht ein. Er bedauert allerdings – mit Recht – den Umstand, dass die bisherige Rezeption der Übersetzung sich fast ausschließlich auf die sexuellen Aspekte beschränkt habe:

Autoren haben in der Regel wenig Einfluss auf die Rezeption ihrer Veröffentlichungen: *habent sua fata libelli*, wie die Römer sagten. Dennoch möchte ich meine Bestürzung darüber zum Ausdruck bringen, dass sich die Rezeption unserer Übersetzung der *Gädlä Wälättä Ṗeṭros* zumindest bisher fast ausschließlich auf die sexuellen Aspekte des Textes konzentriert hat. Sicherlich sind Sinnlichkeit und Sexualität relevante Dimensionen der Erzählung – da sie vom menschlichen Leben handeln – und als solche verdienen sie es, diskutiert zu werden. Doch die *Gädlä Wälättä Ṗeṭros* berührt auch viele andere Aspekte des christlichen Lebens und der Geschichte Äthiopiens im siebzehnten Jahrhundert, die eine Untersuchung wert sind. Im Interesse einer umfassenderen und ausgewogeneren Rezeption unserer Übersetzung hoffe ich, dass auch ihnen in Zukunft die gebührende Aufmerksamkeit zuteilwird.[200]

197 Vgl. Kleiner, »Considered Translations Reconsidered«.
198 Ebd.
199 Ebd.
200 Ebd.

Hierin ist Kleiner nur zuzustimmen. Tatsächlich hat es – und Belchers Artikel ist daran nicht ganz unschuldig – bisher kaum eine andere Lesart des Textes gegeben, der nicht nur Einblicke in die Welt Äthiopiens des 17. Jahrhunderts eröffnet, sondern auch in das Leben und Wirken einer Frau, die Einfluss auf die Gestaltung historischer Prozesse genommen hat. Dass dieser Text uns nun in einer für viele Akademiker:innen zugänglichen modernen Wissenschaftssprache vorliegt, ist ein Gewinn nicht nur für die Geschichtsschreibung Afrikas oder für die Geschichtsschreibung der Frauen, sondern möglicherweise auch für eine Philosophiegeschichtsschreibung. Unter philosophischen Aspekten wurde der Text jedoch noch nicht analysiert. Dabei bietet der gewaltlose Widerstand der Walatta Petros ebenso wie einige metaphysische Fragen, etwa zum Verhältnis von Körper und Seele, die sich im Text finden, dafür einige Anhaltspunkte. Auf diese Punkte komme ich in Kapitel 11 zurück.

8.2.3. Konsequenzen für die Philosophiegeschichtsschreibung

Woldeyes wendet in seiner Intervention im Wesentlichen mehrere Forderungen aus der dekolonialen Theorie auf den Umgang mit historischen Dokumenten aus der Geschichte Afrikas an: In erster Linie fordert er, dass historische afrikanische Materialien nicht weiterhin als Ressourcen der Theoriebildung durch ›westliche‹ Akademiker:innen verwendet werden, das heißt Afrika weiterhin als ›Rohstofflieferant‹ dient, während die Theoriebildung im ›Westen‹ erfolgt. Das bedeutet für eine Philosophiegeschichtsschreibung in globaler Perspektive, dass Manuskripte oder andere Manifestationen der Philosophie aus außereuropäischen Wissenstraditionen nicht als ›Material‹ für die ›eigene‹ Wissensproduktion behandelt und dieser einverleibt werden sollten. Das ›Andere‹ ist nicht als Ergänzung zur ›eigentlichen‹ Theorieproduktion, die in Europa oder Nordamerika stattfindet, zu behandeln. Einer von Woldeyes' wichtigsten Kritikpunkten in diesem Zusammenhang ist, dass sich Belcher entweder gar nicht auf lokale Expert:innen bezieht (und hiermit sind sowohl Gelehrte außerhalb der Akademie als auch äthiopische Akademiker:innen gemeint) oder deren Ansichten, Interpretationen oder Kritik – so sie nicht ihre eigene Interpretation unterstützen – zurückweist, indem sie ihnen eine ideologische Motivation aufgrund einer weit verbreiteten Homophobie in der äthiopischen Gesellschaft unterstellt. Damit werde die Kompetenz lokaler Expert:innen in Frage gestellt und ›Objektivität‹ nur ›westlichen‹ Expert:innen zugebilligt.

Belchers Vorgehen erweckt in ihrem Artikel aus dem Jahr 2016 zum Teil tatsächlich den Anschein, als habe sie nur jene Einschätzungen des Textes gelten lassen, die ihre schon vorher gezogenen Schlussfolgerungen bestätigten. Dies ist in der Tat ein fragwürdiges methodisches Herangehen, das auch innerhalb des europäisch-nordamerikanischen Kontexts kritisch zu hinterfragen wäre. Im Zusammenhang mit Regionen, die eine koloniale Geschichte durchlaufen haben, hat ein solches Vorgehen allerdings noch schwerwiegendere Auswirkungen, wie die erhobenen Rassismusvorwürfe deutlich machen. Abgesehen davon, dass ein methodisches Herangehen, in dem ausgeschlossen wird, dass eigene Interessen einen Forschungsgegenstand bis zur Unkenntlichkeit umformen, eine Grundanforderung an wissenschaftliches Arbeiten darstellt, erhält diese allgemeine Anforderung umso größere Bedeutung, wenn es sich um Forschungsobjekte aus vergangen Jahrhunderten oder anderen Regionen beziehungsweise fremden Kontexten handelt. Insofern ist gerade mit Bezug auf die Rekonstruktion von außereuropäischen Philosophietraditionen das eigene methodische Herangehen besonders kritisch zu hinterfragen.

Neben dem methodischen Verfahren ist im Zusammenhang mit Belchers Artikel auf ein weiteres wesentliches Problem zu verweisen, zu dem in vielen außereuropäischen Regionen der Welt eine kontroverse Debatte geführt wird: die Frage der Repräsentation von Sexualität in nicht-›westlichen‹ Kulturen durch ›westliche‹ Akademiker:innen und damit aus einer ›westlichen‹ Perspektive. Eine Thematisierung gerade dieses sensiblen Bereichs aus ›westlicher‹ (oft ethnologischer) Perspektive wird nicht zuletzt aufgrund bestehender rassistischer Stereotype und Dämonisierungen der Sexualität Schwarzer Menschen, die unter anderem durch die Ethnologie des 19. und 20. Jahrhunderts geschaffen und verfestigt wurden, abgelehnt.[201]

Eine Philosophiegeschichtsschreibung in globaler Perspektive sollte gekennzeichnet sein durch das aufrichtige Bemühen, die Gleichheit der theoretischen Beiträge aus verschiedenen Regionen

201 Siehe dazu S. Arnfred, *Re-Thinking Sexualities in Africa*, Uppsala 2004.

und Traditionen der Welt anzuerkennen und sie in einen offenen Forschungsdiskurs zu integrieren – ohne eine Hierarchisierung von Wissenstraditionen, in der der europäisch-nordamerikanische Wissenschaftskontext als Norm betrachtet wird. Dies bedeutet, die Kompetenz von einheimischen Wissenschaftler:innen oder anderen Wissensspezialist:innen ernst zu nehmen. Dabei dürfen und müssen Positionen selbstverständlich – wie in jeder wissenschaftlichen Auseinandersetzung – kritisch hinterfragt werden: die lokalen und die internationalen ebenso wie die eigenen. Letztlich muss eine kritische Reflexion auf das eigene Herangehen an einen Forschungskontext und einen Forschungsgegenstand zu einer entsprechenden Sensibilisierung im Umgang mit Wissenstraditionen aus den verschiedenen Regionen der Welt führen.

In diesem Zusammenhang verankert ist auch das Problem der von Woldeyes mehrfach angesprochenen Sprachkompetenz. Was er kritisiert, sind folgende noch immer anzutreffende Asymmetrien in der Wissenschaftslandschaft: Während eine unzureichende Beherrschung afrikanischer Sprachen oftmals kein Hindernis ist, als Expert:in für eine bestimmte afrikanische Region oder Kultur zu gelten, trifft dies mit Blick auf europäische Sprachen und Kulturen nicht zu. Das Problem der Sprachkompetenz hat aber noch eine weitere Dimension, die ebenfalls auf Asymmetrien im Diskurs verweist. Woldeyes bringt das Problem wie folgt auf den Punkt: »Die meisten Experten für Geʿez sind traditionelle Gelehrte, die kein Englisch sprechen und daher ihr bedeutendes Fachwissen nicht nutzen können, um Belchers Übersetzung im westlichen akademischen oder öffentlichen Diskurs zu widerlegen.«[202] Lokale Wissensexpert:innen, die des Englischen nicht mächtig sind, können auf falsche Darstellungen und Interpretationen nicht reagieren, so dass diese weitgehend unkritisiert in eine dominante Erzählung einfließen, die später kaum noch korrigiert werden kann. Dies ist ein enormes Problem mit Blick auf die Rekonstruktionsarbeit an vielen

202 Woldeyes, »Colonial Rewriting of African History«, S. 196. Übersetzung A. G. Und so kann Belcher in ihrer Antwort auf ihre Kritiker auch schreiben: »Gelehrte haben erklärt, dass es sich um eine der besten Übersetzungen eines Gəʿəz-Textes ins Englische handelt, die je angefertigt wurden.« Vgl. Belcher: »Controversy over Sexuality in the Gadla Walatta Petros«. Übersetzung A. G. Die konkrete Frage, die hier gestellt werden müsste, ist, wer diese Gelehrten genau sind, woher sie kommen und woher ihre Expertise zur Beurteilung der Übersetzung rührt.

indigenen Wissenstraditionen wie dem ›buen vivir‹ in Südamerika oder dem ›ubuntu‹ in Südafrika, wo Muttersprachler:innen und lokale Expert:innen kaum an einem Diskurs teilnehmen können, der sich inzwischen global und akademisch verselbständigt hat und in einer Sprache geführt wird, die sie selbst nicht beherrschen.

Im interkulturellen Kontext stellt sich das Problem von Missdeutungen und falschen Interpretationen mit besonderer Schärfe, denn Missdeutungen sind in jedem Versuch der Annäherung an einen fremden Kontext immer schon mit angelegt, erfolgt die Deutung einer fremden Wissenskultur doch immer aus dem eigenen epistemischen Kontext heraus und zudem auch oft in einer anderen Sprache.[203] Gerade aus diesem Grund kann auf einen Austausch mit lokalen Wissensexpert:innen nicht verzichtet werden.

Wie weit geht also die Freiheit der Interpretation und der Aneignung von Texten aus anderen Regionen und Kulturen der Welt? Wer darf für eine Wissenstradition sprechen? Letztlich führen uns diese und ähnliche Fragen zurück in das von post- und dekolonialen Theoretiker:innen breit diskutierte Problem der Repräsentation. In diesem Zusammenhang verweist Woldeyes auf ein weiteres Problem, nämlich die Heiligkeit bestimmter Manuskripte für die Gläubigen der äthiopisch-orthodoxen Kirche: »Die meisten Landsleute und alle Mönche in Äthiopien glauben, dass Geʿez-Texte wie die Hagiographie von Walatta Petros heilig, lebendig und mächtig sind.«[204] Insofern ist für ihn Belchers Vorgehen, eines der ihr in einem Kloster zur Ansicht zur Verfügung gestellten Manuskripte abzufotografieren und online zur Verfügung zu stellen, problematisch. Was aus ›westlicher‹ Perspektive als Dienst an der Wissenschaft verstanden werde, nämlich Ressourcen des Wissens zugänglich zu machen, könne für Gläubige ein Schmerz und eine Verletzung darstellen. Woldeyes kommentiert Belchers Vorgehen wie folgt:

203 Siehe zu diesem Problem u. a. W. Kubin, »The importance of misunderstanding: reconsidering the encounter between East and West«, in: *Monumenta Serica* 53 (2005), S. 249-260. Kubin geht insbesondere auf Vorurteile ein, wie etwa die Annahme, dass europäische Sinolog:innen die chinesische Kultur nicht verstehen könnten, da durch ihre Verankerung in einer westlichen Denkweise nur ein verzerrtes und falsches Bild entstehen könne. Genauso wäre zu fragen, inwiefern chinesische Forscher die europäische Kultur verstehen können.

204 Woldeyes, »Colonial Rewriting of African History«, S. 201. Übersetzung A. G.

> Die Idee, heilige religiöse oder indigene Materialien in die Hände von Ausländern zu geben, deren Religion unbekannt ist, ist nur im Rahmen einer repressiven Struktur möglich, die Weiße in Forschung und Wissensproduktion privilegiert.[205]

Er fordert einen sensibleren Umgang mit dem kulturellen Erbe verletzlicher Menschengruppen (*vulnerable people*), der das Recht auf Interpretation ebenso kritisch hinterfragt wie die möglichen Schäden, die aus wissenschaftlichen Aneignungen entstehen können.[206] Und Woldeyes schließt: »Ich glaube an die akademische Freiheit, solange sie nicht die Freiheit anderer beeinträchtigt.«[207] Wie weit geht also die Freiheit der Interpretation und der Aneignung von Texten aus anderen Regionen und Kulturen der Welt? Diese Frage wird im letzten Kapitel nochmals aufgenommen.

205 Ebd.
206 Ebd., S. 202.
207 Ebd., S. 209.

Kapitel 9
Das 18. Jahrhundert: Europäische Expansion, Rassismus und Philosophiegeschichtsschreibung

Die Auswirkungen des Zeitalters der europäischen Expansion, das heißt der politischen, ökonomischen und militärischen Ausweitung der Vorherrschaft europäischer Staaten auf weite Teile Afrikas, Amerikas, Asiens sowie auf Australien und Ozeanien, die im 15. Jahrhundert mit den portugiesischen Entdeckungsfahrten begann, auf die Geschichtsschreibung der Philosophie finden bis heute wenig Beachtung und spiegeln sich in philosophiegeschichtlichen Werken selten wider.[1] Ohnehin scheint Philosophiegeschichtsschreibung ein in weiten Teilen seltsam ahistorisches und unpolitisches Unternehmen zu sein, werden geschichtliche Hintergründe doch oft ausgeblendet, so als seien philosophische Konzepte im luftleeren Raum entwickelt worden. Einige markante Ereignisse der ferneren europäischen Geschichte werden als Hintergrund zum Teil benannt, wie die Entstehung der Demokratie im antiken Griechenland, die Reformation, der Dreißigjährige Krieg oder die Französische Revolution, aber schon die Auswirkungen

1 Dabei hat die europäische Expansion, so die These von Rolf Elberfeld, »nicht nur die außereuropäischen Kulturen verändert, sondern hat auch wesentlich zurückgewirkt auf die Entwicklung der europäischen Kultur im weiteren und die Entwicklung der Philosophie im engeren Sinne, so daß interkulturelle Prozesse wesentlich die Genese der europäischen Kultur und Philosophie seit der Neuzeit mitbestimmt haben«. Elberfeld, *Kitaro Nishida (1870-1945)*, S. 275. Vgl. auch die Kritik von Elberfeld in: *Philosophieren in einer globalisierten Welt*, S. 95-110. Weitere Arbeiten im deutschsprachigen Raum, die europäische Expansion und Philosophie in einen Zusammenhang gebracht haben: H. Fink-Eitel, *Die Philosophie und die Wilden*, Hamburg 1994; I. Därmann, *Fremde Monde der Vernunft. Die ethnologische Provokation der Philosophie*, München 2005; H.-J. Lüsebrink (Hg.), *Das Europa der Aufklärung und die außereuropäische koloniale Welt*, Göttingen 2006, hier besonders der Aufsatz von J. Osterhammel, »Welten des Kolonialismus im Zeitalter der Aufklärung«, S. 19-38. Darüber hinaus gehört in diesen Kontext G. Hentges, *Schattenseiten der Aufklärung. Die Darstellung von Juden und ›Wilden‹ in philosophischen Schriften des 18. und 19. Jahrhunderts*, Schwalbach 1999. Allerdings verfolgen diese Untersuchungen kein explizit philosophiegeschichtliches Interesse.

der bürgerlichen Revolutionen des 19. Jahrhunderts, der russischen Revolution, der Weltkriege, von Nationalsozialismus, realexistierendem Sozialismus und Kaltem Krieg oder antikolonialen Unabhängigkeitsbewegungen auf das Philosophieren und die Philosophiegeschichtsschreibung im 20. Jahrhundert werden nur selten behandelt. Auch Europas ökonomische Praxis von Sklaverei und Kolonialismus sowie der damit einhergehende Rassismus werden in philosophiegeschichtlichen Werken nicht berücksichtigt.[2] Mit dieser Lücke in ihrer Geschichtsschreibung steht die Philosophie nicht allein da, allerdings wurden in vielen anderen akademische Disziplinen, insbesondere in den Regionalwissenschaften, aber auch in den Geschichtswissenschaften, bereits weit größere Anstrengungen unternommen, um die Verwicklungen der eigenen Disziplin in Kolonialismus, Sklaverei und Rassismus zu analysieren.

Selbst die postkolonialen und dekolonialen Interventionen der letzten Jahrzehnte haben bisher zu keinen grundlegenden Änderungen in der Disziplin oder ihrer Geschichtsschreibung geführt – vielleicht auch, weil das Zeitalter von Sklaverei und Kolonialismus einen Zeitraum betrifft, der für die europäische Philosophie zum wichtigsten Referenzpunkt und Kern des heutigen Selbstverständnisses geworden ist: die Aufklärung. Mit Aufklärung bezeichnet man eine Epoche im Europa des 17. und 18. Jahrhunderts,[3]

2 Eine Ausnahme ist der Podcast zur *Africana Philosophy* im Projekt der »History without any gaps« von Adamson/Jeffers ⟨https://historyofphilosophy.net/africana/slavery-diasporic-african-philosophy⟩, letzter Zugriff 17.2.2022. Eine besonders intensive Auseinandersetzung mit der Verbindung der Philosophie zu Sklaverei und Rassismus erfolgt in der *Critical Philosophy of Race*: siehe C. Mills, *The Racial Contract*, Ithaca 1997; C. West, *The Cornel West Reader,* New York 1999, S. 55-86. T. McCarthy, *Race, Empire, and the Idea of Human Development*, Cambridge 2009 (dt.: *Rassismus, Imperialismus und die Idee menschlicher Entwicklung*, Berlin 2015) und Lepold/Mateo, *Critical Philosophy of Race* (2021).

3 Zur genauen Datierung gibt es unterschiedliche Angaben. In der Politikwissenschaft wird die Aufklärung in die Zeit von 1650 bis 1800 datiert und bezeichnet die Zeit der Vorbereitung des modernen Verfassungsstaats und der modernen Regierungsorganisation in Europa und Nordamerika. Andere Datierungen, wie zum Beispiel aus der Literaturwissenschaft, umfassen den Zeitraum von 1720 bis 1800. In der Philosophie werden im Allgemeinen René Descartes' rationalistische Philosophie und seine Methode des Zweifelns (*Discours de la méthode*, 1637) als Vorbereitung der Aufklärung verstanden. John Locke (1632-1704, *Essay Concerning Human Understanding* 1690) und David Hume (1711-1776) gelten als wichtige

die durch intellektuelle und philosophische sowie durch politische Reformbewegungen geprägt wurde, die den Gebrauch der menschlichen Vernunft und die Anwendung wissenschaftlicher Methoden zum Prüfstein des Wissens und Handelns machten. Ziel war es, alte Strukturen, Vorurteile und Aberglauben zu überwinden und ein Recht auf Bildung, individuelle Handlungsfreiheit, Selbstbestimmung sowie Bürger- und Menschenrechte zu erkämpfen und gesetzlich zu verankern. Ein bisher statisches Weltbild, in dem die gottgewollten politischen und gesellschaftlichen Verhältnisse nicht veränderbar schienen, wurde von einem dynamischen Weltbild und der Vorstellung vom Fortschreiten der Menschheit hin zu einer idealen Gesellschaft abgelöst, in der alle Menschen sich selbstbestimmt und unter gleichen Bedingungen sowie frei von Vorurteilen entwickeln können sollten. Als zentrale historische Ereignisse dieser Epoche gelten die Amerikanische Revolution von 1776 und die Französische Revolution von 1789, in denen wesentliche aufklärerische Ideen ihre Umsetzung fanden.

Aus afrikanischer Perspektive stellt sich die mit »Aufklärung« bezeichnete Epoche jedoch ganz anders dar: Ausgeblendet wird bei philosophiehistorischen Darstellungen[4] der Zeit, dass diese zugleich mit dem Höhepunkt des transatlantischen Sklavenhandels zusammenfiel.[5] Mit dem Begriff transatlantischer Sklavenhandel

Vertreter der Aufklärung, ebenso Jean-Jacques Rousseau (1712-1778) und Voltaire (1694-1778). Oft nicht benannt, aber ebenso wichtig für diese Epoche sind Denkerinnen und Aktivistinnen wie Mary Wollstonecraft (1759-1797) oder Olympe de Gouges (1748-1793), die Ende des 18. Jahrhunderts für die Ausweitung der Bürger- und Menschenrechte auf Bürgerinnen beziehungsweise Frauen stritten, vgl. Wollstonecraft, *A Vindication of the Rights of Woman* (1791) und de Gouges, *Déclaration des Droits de la femme et de la citoyenne* (1791). Zur Geschichte der Aufklärung in Europa siehe B. Stollberg-Rilinger, *Europa im Jahrhundert der Aufklärung*, Stuttgart 2000.

4 Die gleiche Kritik kann an die Literaturgeschichte, Kunstgeschichte etc. herangetragen werden.

5 Der transatlantische Sklavenhandel erreichte mit über zwei Millionen Afrikaner:innen, die zwischen 1776 und 1800 in Afrika in Richtung Amerika eingeschifft wurden, im späten 18. Jahrhundert seinen traurigen Höhepunkt. Vgl. die Forschungsplattform *Slave Voyages* ⟨https://www.slavevoyages.org/assessment/estimates⟩, letzter Zugriff 17. 2. 2022. Die Gesamtzahl der zwischen 1501 und 1866 in Afrika in Richtung Amerika verschifften Afrikaner:innen wird hier mit 12 521 337 angegeben, von denen 10 702 656 die »Neue Welt« lebend erreichten. Im Zeitraum

wird die im 16. Jahrhundert einsetzende systematische Versklavung von Afrikaner:innen und deren Transport auf europäischen Handelsschiffen aus dem westlichen, zentralen und südlichen Afrika über den Atlantik in die amerikanischen und karibischen Kolonien bezeichnet. Dabei war der transatlantische nicht die einzige Form des Sklavenhandels, von dem Afrika betroffen war. Sowohl der innerafrikanische als auch der arabische Sklavenhandel müssen in diesem Zusammenhang ebenfalls erwähnt werden. Für dieses Kapitel sind aber in erster Linie der transatlantische Sklavenhandel und seine Auswirkungen auf die europäische Philosophie von Interesse. Im nächsten Kapitel (Kapitel 10) geht es dann um die Frage des Umgangs mit der Institution der Sklaverei in der islamischen Philosophie.

Seinen Höhepunkt erreichte der transatlantische Sklavenhandel gegen Ende des 18. Jahrhunderts mit der Entstehung der arbeitsintensiven, aber zugleich hoch profitablen Plantagenökonomie mit landwirtschaftlichen Erzeugnissen wie Baumwolle, Tabak, Rohrzucker oder Reis; Produkte, die zu einem enormen wirtschaftlichen Aufschwung der Kolonien in den Amerikas und der Karibik beitrugen. Zugleich legte der Handel mit Sklav:innen und den Produkten der Plantagenwirtschaft den Grundstein für jene Kapitalakkumulation, die zu Europas wirtschaftlicher und politischer Vormachtstellung im 19. Jahrhundert führte.[6] Es sind genau diese historischen

von 1500 bis 1870 wurden nach Europa 200 000 afrikanische Sklaven:innen eingeführt. Siehe dazu auch A. Eckert, »Transatlantischer Sklavenhandel und Sklaverei in Westafrika«, in: Eckert u. a. (Hg.), *Afrika 1500-1900. Geschichte und Gesellschaft,* S. 72-88. Eckert schreibt: »Ironischerweise erlebte ausgerechnet das Zeitalter der Aufklärung geradezu eine Explosion nicht zuletzt des französischen Sklavenhandels« S. 74.

6 Ausgezeichnete historische Untersuchungen dazu sind: A. Wirz, *Sklaverei und Kapitalistisches Weltsystem*, Frankfurt/M. 1984; J. E. Inikori, *Africans and the Industrial Revolution in England: A Study in International Trade and Economic Development*, Cambridge 2002. Louis Sala-Molins argumentiert, dass im 18. Jahrhundert ein Drittel aller kommerziellen Aktivitäten in Frankreich von der Institution der Sklaverei abhängig war. Vgl. Sala-Molins, *Le Code Noir, ou le Calvaire de Canaan*, Paris 1987, S. 233. Und Buck-Morss betont: »Weil wir uns daran gewöhnt haben, uns die Moderne als gleichbedeutend mit Europa vorzustellen, haben wir nie wirklich verstanden, welch entscheidende Rolle das Kolonialsystem, das Europa in jener Zeit in vielerlei Hinsicht voraus war, für die Entstehung des modernen Kapitalismus spielte.« Buck-Morss, *Hegel und Haiti*, S. 135.

Ursprünge der Moderne, die in der Philosophiegeschichtsschreibung bis heute zumeist verdrängt werden. Damit gerät auch die Problematik des Rassismus[7] in den Schriften der Aufklärer weitgehend aus dem Blickfeld. Der wissenschaftlich begründete Rassismus stand aber in engem Zusammenhang mit der europäischen Sklavenökonomie als Legitimationsgrundlage dieser Praxis. Dafür wurden konzeptuelle Differenzen in Form von rassistischen Unterscheidungen geschaffen, um Sklaverei, das heißt in diesem Fall die Praktik, Menschen (Sklav:innen) als Bestandteil des unantastbaren Privateigentums zu betrachten, zu rechtfertigen. Darüber hinaus wurden damit Gründe geschaffen, um das freie Europa von den Praktiken in den europäischen Kolonien abzugrenzen.

Der Untersuchung des Rassenvorurteils und des Ursprungs der europäischen Moderne in Gewalt, Ausgrenzung und Willkür hat sich unter anderem Achille Mbembe gewidmet. Mbembe macht deutlich, dass die modernen Demokratien, zum Beispiel in Nordamerika, von Anfang an durch zwei nebeneinander bestehende Ordnungen geprägt waren, nämlich eine Gemeinschaft der Gleichen und eine Gruppe der Nichtgleichen, das heißt Menschen ohne Teilhabe. Deren Ungleichheit beruhte in erster Linie auf dem Rassenvorurteil.[8] Die Kolonie war undenkbar ohne den Sklavenhandel und das Primat der »Rasse«, welches die Teilung der Menschheit erst möglich machte, so Mbembe.[9] Kolonie und Plan-

7 Zum Thema Rassismus gibt es inzwischen eine breite Literatur und bis heute viele kontrovers geführte Debatten. Ich benutze den Begriff Rassismus im Folgenden im Anschluss an Stuart Hall und Albert Memmi zur Bezeichnung einer Gesinnung oder Ideologie, nach der Menschen aufgrund äußerlicher Merkmale als einer bestimmten ›race‹ zugehörig klassifiziert werden. Bei den zur Abgrenzung herangezogenen Merkmalen handelt es sich beim biologischen Rassismus um phänotypische Merkmale wie Hautfarbe oder Haarstruktur. Kultureller Rassismus zieht Grenzen anhand kultureller Merkmale, Sprache oder auch Religion. Allen Formen des Rassismus ist eigen, dass solche Merkmale als grundsätzlicher und bestimmender Faktor menschlicher Fähigkeiten und Eigenschaften gedeutet, nach Wertigkeit eingeteilt und mit einer Hierarchisierung verbunden werden. Vgl. Memmi, *Rassismus,* Hamburg 1992, S. 103 und 164. Zum ›wissenschaftlichen Rassismus‹ siehe H. Kaupen-Haas, C. Saller (Hg.), *Wissenschaftlicher Rassismus: Analysen einer Kontinuität in den Human- und Naturwissenschaften*, Frankfurt/M. 1999.

8 Mbembe, *Politik der Feindschaft*, S. 37.

9 Mbembe betont darüber hinaus, dass Sklavenhandel und das Primat der »Rasse« die Voraussetzung für den von Europa ausgehenden weltumspannenden Kapi-

tage seien Orte der Trennung, und zwar der Trennung in Menschen mit Rechten (der Besitzer/Kolonisator/der ›Weiße‹) und Menschen ohne Rechte (der Sklave/der Schwarze) gewesen. Der Sklave sei das Ergebnis einer »tiefgreifenden symbolischen und sozialen Entwertung«[10] bis hin zum Status der Ware,[11] dem ein »Recht, Rechte zu haben«,[12] nicht zukomme,[13] argumentiert Mbembe. Plantage und Kolonie seien untrennbarer Bestandteil der Entstehungsgeschichte der Demokratie, sie »gehören objektiv derselben geschichtlichen Matrix an«,[14] so Mbembe mit Verweis auf die Geschichte der USA, die lange Zeit ein »demokratischer Sklavenstaat«[15] waren.

Inwiefern haben nun die Philosoph:innen der Aufklärung gegen

talismus waren, das heißt treibende Elemente in einem Akkumulationsprozess globalen Ausmaßes. Die damit einhergehende Gewalt wurde bis zum 19. Jahrhundert vor allem nach außen in die Kolonien getragen. Ab dem 19. Jahrhundert richtete sich diese Aggression zunehmend nach innen, zum Beispiel als Hass gegen die Jüdinnen und Juden in Europa. Das »Lager« wurde nun als Konzentrationslager ins Innere verlegt und ist inzwischen wieder zu einem Bestandteil der globalen Strukturen geworden, der von vielen Menschen nicht einmal mehr als Skandal empfunden wird. Mbembe, *Politik der Feindschaft,* S. 112. Er betrachtet die Plantage als Anfang aller Lagerpraxis. Das Lager wurde zunächst im Kontext der Kolonialkriege praktiziert, zum Beispiel auf Kuba, den Philippinen und in Deutsch-Südwestafrika (siehe ebd., S. 132-133). Vgl. zu dieser Problematik auch I. Därmann, *Undienlichkeit. Gewaltgeschichte und politische Philosophie*, Berlin 2020. Därmann erläutert nicht nur verschiedene Formen des Widerstands gegen Gewalt, sondern auch die Rolle der europäischen politischen Philosophie als Legitimitätsbeschafferin der transatlantischen Versklavung und des Genozids an den europäischen Jüdinnen und Juden.

10 Mbembe, *Politik der Feindschaft*, S. 199.

11 Ebd., S. 38.

12 Die Formulierung »das Recht, Rechte zu haben« geht auf Hannah Arendt zurück. Siehe H. Arendt, *Elemente und Ursprünge totaler Herrschaft. Antisemitismus, Imperialismus, totale Herrschaft*, München [9]2003, S. 614.

13 Mbembe schreibt an anderer Stelle: »Denn das Sklavesein ergibt sich aus einem dreifachen Verlust: dem Verlust eines ›Zuhauses‹, dem Verlust von Rechten über seinen oder ihren Körper und dem Verlust eines politischen Status. Diese dreifache Einbuße ist identisch mit der absoluten Herrschaft, der Entfremdung von Geburtsrechten und dem sozialen Tod (gänzlicher Ausschluss aus der Menschheit). [...] Das Sklavenleben ist in vielerlei Hinsicht eine Form von Tod-im-Leben.« A. Mbembe, »Nekropolitik«, in: M. Pieper u. a. (Hg.), *Biopolitik – in der Debatte,* Wiesbaden 2011, S. 63-96, hier S. 72.

14 Mbembe, *Politik der Feindschaft,* S. 48.

15 Ebd., S. 36.

diese »symbolische und soziale Entwertung« von Menschen Stellung bezogen – oder aber an der Schaffung konzeptueller Differenzen mitgewirkt? Wie wurde das Denken der Aufklärer von rassistischen Vorurteilen und Sklaverei beeinflusst? Welche Positionen nahmen sie dazu ein? Trotz der wirtschaftlichen Bedeutung von Sklavenhandel und Kolonialismus in jener Epoche wird die Untersuchung der Rolle dieser Phänomene in ihren Schriften und die Frage, wie sich die Vertreter:innen universalistischer Ideen von Freiheit und Autonomie zur realexistierenden Praxis eines auf Sklavenarbeit basierenden Wirtschaftssystem in ihrer Zeit verhielten, unter philosophiehistorischer Perspektive kaum behandelt.[16] Dabei waren die Auswirkungen des blühenden Kolonialhandels auf den Alltag der europäischen Länder enorm und konnten auch den Philosoph:innen nicht verborgen geblieben sein. Dazu gehört der Niedergang des Merkantilismus und die Entstehung erster industrieller Produktionsformen ebenso wie die neue Popularität von Produkten wie Kaffee oder Zucker, die breiteren Menschengruppen zugänglich wurden und zu einem neuen Konsumverhalten führten, das sich unter anderem in der Entstehung der Kaffeehäuser widerspiegelte.[17] Von dem wirtschaftlichen Gewinn, den Sklaven- und Kolonialhandel generierten, profitierten eine Reihe von Aufklärern ebenso wie die Gründungsväter der USA.[18]

16 Insbesondere Überblickswerke zur Philosophiegeschichte thematisieren diesen Aspekt in der Regel nicht. Siehe dazu u. a. H. J. Störig, *Kleine Weltgeschichte der Philosophie*, Stuttgart 1950; R. D. Precht, *Erkenne dich selbst. Geschichte der Philosophie II*, München 2017; F. Copleston, *A History of Philosophy*, London 2003, hier Band 5 und 6. Viele weitere Philosophiegeschichten könnten an dieser Stelle aufgezählt werden.

17 Zudem kann die Präsenz von Menschen afrikanischer Herkunft in Europa nicht verborgen geblieben sein. Sauer und Wiesböck gehen davon aus, dass im 17. und 18. Jahrhundert deren Anzahl in großen Städten wie Lissabon oder London in die Tausende ging, und selbst für Wien sind noch ein- bis zweihundert Personen in diesem Zeitraum dokumentiert. W. Sauer, A. Wiesböck, »Sklaven, Freie, Fremde. Wiener ›Mohren‹ des 17. und 18. Jahrhunderts«, in: W. Sauer (Hg.), *Von Soliman zu Omofuma. Afrikanische Diaspora in Österreich 17. bis 20. Jahrhundert*, Wien 2007, S. 23-56, hier S. 23. Zur Periode der Renaissance siehe T. F. Earle, K. J. P. Lowe (Hg.), *Black Africans in Renaissance Europe*, Cambridge 2005.

18 So war John Locke ein bedeutender Investor und Nutznießer des englischen Sklavenhandels durch die *Royal African Company*. Außerdem war er an der Ausarbeitung der Verfassungen von Carolina (*Fundamental Constitution of Carolina*)

Neben den wirtschaftlichen Veränderungen bewegten auch die gesellschaftlichen Entwicklungen in den amerikanischen und karibischen Kolonien die europäische Öffentlichkeit. Dazu gehörte neben der Amerikanischen Revolution auch die Sensation einer erfolgreichen Sklav:innenrevolution in der französischen Kolonie Saint-Domingue im Jahr 1791,[19] die in jenen Jahren breit diskutiert wurde, wie sich anhand von Journalen und anderen Publikationen nachweisen lässt.[20] Diese Revolution, die 1804 zur Umwandlung der Kolonie in die Republik Haiti führte,[21] entlarvte das bis dahin

beteiligt, die jedem freien Bürger absolute Macht und Autorität über Sklav:innen gab. Vgl. Mills, *Racial Contract*, S. 68. Siehe auch J. Farr, »Locke, Natural Law, and New World Slavery«, in: *Political Theory* 36/4 (2008), S. 495-522; D. B. Davis, *The Problem of Slavery in Western Cultures*, Ithaca 1966, S. 118. David Hume war nachweisbar in die Geschäfte der Virginia Company verwickelt und damit am Sklavenhandel beteiligt. Vgl. F. Waldmann (Hg.), *Further Letters of David Hume*, Edinburgh 2014, S. 65-69; Ders., »David Hume Was a Brilliant Philosopher but also a Racist Involved in Slavery«, in: *The Scotsman* (17. Juli 2020). Siehe auch Mills, *Racial Contract*, S. 65. Von den Unterzeichnern der Unabhängigkeitserklärung besaßen mehrere Plantagen- oder Haussklaven, u. a. Thomas Jefferson und Benjamin Franklin.

19 Ausführlich zu den geschichtlichen Ereignissen: P. Hanke, *Revolution in Haiti. Vom Sklavenaufstand zur Unabhängigkeit*, Köln 2017. Zur Bedeutung der haitianischen Revolution siehe C. L. R. James, *Die schwarzen Jakobiner. Toussaint Louverture und die Unabhängigkeitsrevolution in Haiti*, Köln 1984 (engl. Original 1938). Zur Bedeutung dieser Revolution für Philosophie und Geistesgeschichte siehe auch J. Ehrmann, *Tropen der Freiheit. Die Haitianische Revolution und die Dekolonisierung des Politischen*, Berlin 2024.

20 Zum öffentlichen Diskurs über die Ereignisse in Saint-Domingue in Deutschland (zum Beispiel in der Zeitschrift *Minerva*), siehe Buck-Morss, *Hegel und Haiti*, S. 63-71. Die Autorin verweist auf das Buch von Marcus Rainsford, *An Historical Account of the Black Empire of Hayti: Comprehending a View of the Principal Transactions in the Revolution of Saint Domingo; With its Antient and Modern State*, London 1805, das ein Jahr später auf Deutsch erschien. Rainsford bewundert die haitianische Revolution und betrachtet sie als denkwürdigstes und wichtigstes Ereignis seiner Zeit. Auszüge des Buches wurden in der Zeitschrift *Minerva* abgedruckt, in der eine ausführliche Berichterstattung über die Ereignisse auf Haiti stattfand.

21 Die Erklärung der Unabhängigkeit brachte Haiti in der Folge die politische und wirtschaftliche Ächtung der europäischen Kolonialmächte ein, mit Auswirkungen auf den Diskurs über Haiti. Das Beispiel einer erfolgreichen Sklav:innenrevolution sollte nicht zum Vorbild für andere Erhebungen dienen. Bis heute findet diese Revolution kaum Erwähnung in den Geschichtsbüchern.

vorherrschende ontologische Argument, dass Sklav:innen zur Freiheit nicht fähig seien, als falsch, nahmen hier doch Sklav:innen ihr Schicksal im Kampf um die Freiheit, ungeachtet des drohenden Todes und härtester Strafen, in die eigenen Hände und bewiesen, dass sie zu weltgeschichtlichem Handeln fähig waren.[22]

Trotz des eklatanten Widerspruchs zu den mit der Aufklärung verbundenen Ideen und Idealen bezogen die wenigsten Philosophen der Zeit Position gegen den Sklavenhandel. Wurde die koloniale Sklaverei überhaupt zum Thema gemacht, geschah dies häufig in eher affirmativer Weise. Insbesondere nach der Formierung von Antisklavereibewegungen wie der *Society for Effecting the Abolition of the Slave Trade* (1787) in England oder der *Société des amis des Noirs* (1788) in Frankreich werden das Festhalten an befürwortenden Positionen oder ein Schweigen zur Praxis der Sklaverei immer unverständlicher.[23] Bemerkenswert ist in diesem Zusammenhang, dass sich die Metapher der »Sklaverei« zwar häufig in den Schriften der Aufklärer findet, allerdings im Zusammenhang mit der Be-

22 Buck-Morss betont, dass die Verfassung Haitis aus dem Jahr 1801 »den bis dahin weitesten Fortschritt der Universalgeschichte« darstellte. Buck-Morss, *Hegel und Haiti*, S. 129. Denn hier wurde das Prinzip der Freiheit auf alle Menschen ohne Ansehen der »Rasse« ausgedehnt (vgl. Artikel 3 und 4 der Verfassung) – eine wesentliche Erweiterung im Vergleich zu Erklärungen der Französischen Revolution, wo 1794 zwar eine Emanzipationserklärung dekretiert, aber bereits 1802 wieder zurückgenommen wurde. Allerdings muss die Universalität der haitianischen Verfassung unter der Perspektive der Geschlechtergerechtigkeit wiederum in Frage gestellt werden: Im Vokabular kommen die Frauen (les femmes) nicht vor.

23 Mit Bezug auf diese Bewegungen darf nicht vergessen werden, dass sie zwar Kritik an der Institution der Sklaverei übten und Europa wegen dieser unmenschlichen Praxis, die allen Idealen der Freiheit und Gleichheit widersprach, kritisierten, zugleich aber von einer Zivilisierungsmission und einem europäischen Dominanzgebaren getragen wurden, das ebenfalls nicht ohne rassistische Elemente war. Vgl. A. Sonderegger, »Abolitionismus in Afrika. Zwischen Rassismus und Zivilisierungsmission«, in: Eckert u. a. (Hg.), *Afrika 1500-1900. Geschichte und Gesellschaft*, S. 218-234. Sonderegger betont, dass Rassentheorien und Entwicklungsdiskurse direkten Einfluss nahmen auf die Sichtweisen der Abolitionist:innen und die Konstruktion einer dauerhaften Inferiorität (vgl. S. 225-226). Er argumentiert jedoch auch, dass die Rassentheorien Kants und Blumenbachs, die die Menschheit in distinkte, hierarchisch gegliederte Gruppen teilten, von den Abolitionist:innen nicht aufgegriffen wurden, die den Klimatheorien näher standen (vgl. S. 226 f.).

freiung der Menschen aus der feudalen Ungleichheit.[24] Eine Auseinandersetzung mit der realexistierenden Sklaverei dagegen findet selten statt. Zudem sind rassistische Tendenzen in vielen Schriften nachweisbar.

Ziel dieses Kapitels ist es, die Frage nach dem Umgang mit rassistischen Tendenzen in philosophischen Werken im Rahmen der Philosophiegeschichtsschreibung explizit aufzuwerfen und zu diskutieren. Gerade mit Blick auf eine globale Philosophiegeschichtsschreibung der Zukunft kann die Bedeutung dieser Frage nicht ignoriert werden. Denn Sklaverei, Rassismus und Kolonialismus haben nicht nur zur Inferiorisierung, wenn nicht gar Eliminierung ganzer Wissenstraditionen in verschiedenen Regionen der Welt, von Afrika über die Amerikas und die Karibik bis nach Asien, Australien und die pazifische Region, beigetragen, sondern wirken sich bis heute auf das philosophische Schaffen in ehemals kolonisierten Regionen aus. In diesen Regionen kann nach solch prägenden historischen Erfahrungen nicht ohne weiteres zur akademischen Tagesordnung übergegangen werden. Es kann daher nicht überraschen, dass das philosophische Schaffen hier bis heute durch eine kritische Auseinandersetzung mit der ideengeschichtlichen Vorbereitung von Rassismus, Kolonialismus und Sklaverei sowie den bis heute ausgrenzenden Strukturen in der akademischen Wissenschaft bestimmt wird. Eine ebenso kritische Auseinandersetzung wird jedoch auch von Angehörigen der ›westlichen‹ Akademie erwartet. Denn das aufklärerische Gedankengut kann nicht kritiklos zur Grundlage moderner Wissenschaft und des Denkens der Gegenwart erklärt werden, wenn sich in eine nicht unbedeutende Anzahl aufklärerischer Schriften ausgrenzende und abwertende Argumentationslogiken – wie ein durchgängiger Sexismus und ein nicht einmal verdeckter Rassismus – eingeschrieben haben.

24 Vgl. John Locke [1689], *Zwei Abhandlungen über die Regierung*, Frankfurt/M. 1977, S. 66. Jean-Jacques Rousseau verurteilt in seiner Schrift *Vom Gesellschaftsvertrag* (1762) zwar die Institution der Sklaverei, den *Code Noir*, mit dem Frankreich 1695 die Behandlung von Menschen als Güter legalisierte, erwähnt aber nicht die von den Franzosen betriebene Sklavenökonomie. Auch die amerikanischen Kolonisten bedienten sich im Kampf um ihre Unabhängigkeit von England zur Beschreibung ihrer eigenen abhängigen Lage vom Mutterland des Begriffs der Sklaverei. Dass sie überwiegend selbst Plantagenwirtschaft betrieben und Sklav:innen besaßen, wurde offensichtlich nicht als Widerspruch empfunden – ein Umstand, der bisher ebenfalls wenig thematisiert wurde.

Bevor auf das philosophiegeschichtliche Problem »Aufklärung und Rassismus« anhand des Beispiels zweier ausgewählter europäischer Philosophen genauer eingegangen wird, widmet sich der erste Teil dieses Kapitels ganz bewusst zunächst jenen, die von Sklaverei, Rassismus und Kolonialismus direkt betroffen waren, nämlichen einigen afrikanischen Intellektuellen des 18. Jahrhunderts, die als Sklav:innen nach Europa oder Nordamerika kamen und hier schriftstellerisch oder akademisch tätig werden konnten. Ausgewählt wurden der Philosoph Anton Wilhelm Amo, der Abolitionist Olaudah Equiano, die Dichterin Phillis Wheatley und der Missionar Jacobus Elisa Johannes Capitein. Während Amo aufgrund seiner Ausbildung und der von ihm verfassten Traktate ohne Zweifel Teil der Philosophiegeschichte ist, handelt es sich bei Equiano um einen Abolitionisten, der eine ausführliche Biographie hinterlassen hat, bei Wheatley um die erste Schwarze Schriftstellerin in den USA, deren Werke gedruckt wurden, und bei Capitein um einen Schwarzen Theologen, der, obwohl selbst als Kind versklavt, später eine Schrift zur Verteidigung der Sklaverei verfasst hat. Anhand dieser vier Beispiele soll nicht nur ehemals versklavten afrikanischen Intellektuellen jener Zeit eine Stimme verliehen, sondern zugleich die Breite der von ihnen vertretenen Positionen illustriert werden. Anhand ihres Lebens und vor allem ihrer Texte wird diskutiert, wie im Rahmen einer Philosophiegeschichtsschreibung mit Denker:innen umgegangen werden kann, die über Versklavung oder Migration in den europäischen oder nordamerikanischen Raum gelangten, dort eine Bildungskarriere durchliefen und in einem europäisch-christlichen epistemischen Rahmen ihre eigene Position, gesellschaftliche und politische Verhältnisse oder moralische Fragen kritisch reflektierten. Dabei steht nicht nur die Zuordnung dieser Werke und Personen zur Debatte, sondern ebenso – in Anbetracht der meist dramatischen Lebensumstände –, welche Textsorten oder philosophischen Spuren in einer Philosophiegeschichtsschreibung Aufnahme finden können.

Der anschließende Teil widmet sich rassistischen Tendenzen im Werk von Immanuel Kant und Georg Wilhelm Friedrich Hegel, die hier nur stellvertretend für andere Aufklärer stehen.[25] Sie wurden

25 Auch Locke oder Hume könnten hier behandelt werden. Insbesondere zu Locke gibt es bereits eine Reihe von Untersuchungen, siehe u. a. B. Arneil, *John Locke*

ausgewählt, da ihr Verhältnis zu Afrika besonders häufig von afrikanischen Philosoph:innen zitiert und kritisiert wurde. Insbesondere die Auseinandersetzung mit Kant wird an dieser Stelle auch deswegen gesucht, da seine Schriften zu den ›racen‹ der Menschheit, wie es bei ihm heißt, in den wiederaufflammenden Rassismusdebatten der letzten Jahre wieder in das Licht einer breiteren Öffentlichkeit gerückt wurden. Zudem war sein Versuch einer Verwissenschaftlichung der Philosophie und ihrer Methoden nicht unbedeutend für die im Kapitel 1 beschriebene Wende in der Philosophiegeschichtsschreibung gegen Ende des 18. Jahrhunderts, die zu einem Ausschluss anderer Regionen und philosophischer Traditionen aus dem Narrativ der Philosophiegeschichte geführt hat. Hegels Einfluss auf die Philosophiegeschichtsschreibung der letzten 200 Jahre war ähnlich prägend. Insofern scheint es sinnvoll, anhand dieser Beispiele die Frage nach dem Umgang mit rassistischen Tendenzen in philosophischen Werken und die Konsequenzen für eine Philosophiegeschichtsschreibung exemplarisch zu erörtern.

9.1. Afrikanische Intellektuelle in Europa und Nordamerika

Für die Philosophiegeschichtsschreibung Afrikas beginnt ab dem 17. Jahrhundert eine Epoche, in der die spürbaren Auswirkungen der europäischen Expansion nicht mehr ignoriert werden können. Dabei ist es noch nicht die Eroberung und koloniale Unterwerfung weiter Teile des Kontinents – die eigentliche Landnahme und Aufteilung des Kontinents unter den europäischen Kolonialmächten erfolgte erst Ende des 19. Jahrhunderts –, sondern der durch den transatlantischen Sklavenhandel einsetzende zunehmende Verlust an Menschen, der gegen Ende des 18. Jahrhunderts seinen Höhepunkt erreichte. Welche konkreten Auswirkungen auf Wissenstra-

and America: The Defence of English Colonialism, Oxford 1996; J. Welchman, »Locke on Slavery and Inalienable Rights«, in: *Canadian Journal of Philosophy* 25/1 (1995), S. 67-81. William Uzgalis argumentiert, dass Locke trotz seiner Befürwortung der Sklaverei kein Rassist war, vgl. W. Uzgalis, »John Locke, Racism, Slavery, and Indian Lands«, in: N. Zack (Hg.), *The Oxford Handbook of Philosophy and Race*, New York 2017, S. 21-30. Zu Hume siehe E. C. Eze, »Hume, Race, and Human Nature«, in: *Journal of the History of Ideas* 61/4 (2000), S. 691-698.

ditionen und Ideengeschichte damit einhergingen, ist mit Blick auf philosophische Traditionen und Konzepte im Detail noch zu untersuchen und regional sehr verschieden. Im Zentrum bisheriger Rekonstruktionsversuche einer Philosophiegeschichte Afrikas stehen dann im 18. Jahrhundert vor allem überkommene Schriften aus der arabisch-islamischen Tradition im Afrika südlich der Sahara und von Afrikaner:innen produzierte Texte in europäischen Sprachen. Bei Letzteren handelt es sich um Texte der wenigen versklavten Afrikaner:innen, die in Europa oder Nordamerika durch glückliche Umstände nicht in die Plantage oder zu anderen Arbeiten gezwungen wurden, sondern eine Ausbildung erhielten, die es ihnen ermöglichte, sich intellektuellen Tätigkeiten zu widmen und zu publizieren. Damit entstehen im 18. Jahrhundert in den Amerikas und der Karibik die Wurzeln der Ideengeschichte der afrikanischen Diaspora einschließlich der *Africana Philosophy*, die im 19. Jahrhundert ihre volle Entfaltung erfuhren und neue eindrückliche Beispiele ideengeschichtlicher Verflechtungen hervorbrachten. Zu diesen ideengeschichtlichen Verflechtungen gehört, dass eine nicht unbedeutende Anzahl der in die Amerikas verkauften Afrikaner:innen muslimischen Glaubens war und Arabisch lesen und schreiben konnte.[26] Ein Zeugnis davon ist das Manuskript *The Life of Omar Ibn Said* (1831),[27] geschrieben von dem islamischen Gelehrten Omar Ibn Said (1770-1864) aus dem Gebiet des heutigen Senegal, der in Gefangenschaft geriet und als Sklave nach Amerika verkauft wurde. Seine auf Arabisch geschriebene Autobiographie gilt als das einzige in Amerika heute noch existierende Manuskript dieser Art.

Das für die Philosophiegeschichte berühmteste Beispiel ist aber der aus dem Gebiet des heutigen Ghana stammende und im 18. Jahrhundert an deutschen Universitäten lehrende Philosoph Anton Wilhelm Amo (1703 - vermutlich nach 1753), dessen dramatische Lebensgeschichte und philosophisches Werk nicht nur von

26 Vgl. R. A. T. Judy, *(Dis)Forming the American Canon: African-Arabic Slave Narratives and the Vernacular*, Minneapolis 1993.

27 Quelle des Originalmanuskripts: »The Life of Omar ben Saeed, Called Morro, a Fullah Slave in Fayetteville, N.C. Owned by Governor Owen«, ⟨https://www.loc.gov/resource/amedsaid1831.dw042/?sp=1⟩, letzter Zugriff 4. 3. 2022. Zu Omar Ibn Said siehe auch J. O. Hunwick, »I Wish to be Seen in Our Land Called Āfrikā: 'Umar b. Sayyid's Appeal to be Released from Slavery (1819)«, in: *Journal of Arabic and Islamic Studies* 5 (2017), S. 62-77.

Philosoph:innen in den letzten Jahrzehnten vielfach aufgegriffen,[28] sondern inzwischen auch literarisch verarbeitet wurde.[29]

9.1.1. Anton Wilhelm Amo

Das Geburtsjahr Anton Wilhelm Amos wird in der Literatur zumeist mit dem Jahr 1703 angegeben. Geboren wurde er auf dem Gebiet des heutigen Ghana vermutlich im Dorf Awukenu in der Nähe von Axim. Die Axim-Region, in der seine Familie lebte, stand damals unter niederländischer Vorherrschaft. Hier wurde mit Sklav:innen und Gold gehandelt. Mit etwa drei oder vier Jahren kam Amo nach Europa. Wie dies geschah, ist umstritten. Meist wird davon ausgegangen, dass er Opfer des Sklavenhandels wurde. Dagegen behaupten einige Autoren, dass Amo der Sohn eines hochrangigen Chiefs in Ghana gewesen und von diesem zur Ausbildung nach Amsterdam geschickt worden sei.[30] Fest steht, dass er

28 Auf Deutsch sind u. a. erschienen: B. Brentjes, *Anton Wilhelm Amo. Der schwarze Philosoph in Halle,* Leipzig 1976; M. Firla, *Anton Wilhelm Amo (Nzema, Rep. Ghana). Kammermohr – Privatdozent für Philosophie – Wahrsager,* Stuttgart 2002; J. E. Mabe, *Anton Wilhelm Amo interkulturell gelesen*, Nordhausen 2007; J. Glötzner, *Anton Wilhelm Amo. Ein Philosoph aus Afrika im Deutschland des 18. Jahrhunderts,* München 2002; B. Gutema, »Anton Wilhelm Amo«, in: *Polylog. Zeitschrift für interkulturelles Philosophieren* 25 (2011), S. 133-144. S. Knauß, L. Wolfradt, T. Hofmann, J. Eberhard (Hg.), *Auf den Spuren von Anton Wilhelm Amo. Philosophie und der Ruf nach Interkulturalität*, Bielefeld 2021. Auf Englisch u. a.: W. E. Abraham, »The Life and Times of Anton Wilhelm Amo, the first African (black) Philosopher in Europe«, in: M. Kete Asante, A. S. Abarry (Hg.), *African Intellectual Heritage. A Book of Sources,* Philadelphia 1996, S. 424-440; Ders., »Anton Wilhelm Amo«, in: Wiredu (Hg.), *A Companion to African Philosophy*, S. 191-199; K. Wiredu, »Amo's Critique of Descartes' Philosophy of Mind«, in: ebd., S. 200-206; I. M. Osuagwu, *A Modern History of African Philosophy: Focus on Anton Wilhelm Amo, an African Philosopher in 18th Century German Diaspora.*

29 J. Glötzner, *Der Mohr. Leben, Lieben und Lehren des ersten afrikanischen Doctors der Weltweisheit Anton Wilhelm Amo,* Dößel 2003; J. Cobbinah, *Dr. Amo's Lonely Planet. Novel,* Frankfurt/M. 2013.

30 Vgl. Brentjes, *Anton Wilhelm Amo*, S. 30. Brentjes bezieht sich hier auf W. E. Abraham (vgl. Fn. 28). Kwame Nkrumah, der aus derselben Gegend wie Amo stammte, hielt es für wahrscheinlich, dass Amo zum Studium geschickt wurde. Vgl. M. Tkalec, »Anton Wilhelm Amo statt Mohrenstraße? Der schwarze Philosoph verdient Ehre, nicht aber falsche Propaganda. Blick in ein erstaunliches Leben«, *Berliner Zeitung* (23. 8. 2020).

über die Niederländisch-Westindische Gesellschaft (*West-Indische Compagnie,* WIC) nach Amsterdam kam, wo er dem Herzog Anton Ulrich von Braunschweig und Lüneburg-Wolfenbüttel übergeben wurde, der ihn seinem Sohn August Wilhelm ›schenkte‹. 1707 kam Amo in Wolfenbüttel an; 1708 wurde er im lutherischen Glauben getauft, wobei die beiden Herzöge Pate standen. Er erhielt eine Schulbildung an der Wolfenbüttler Ritter-Akademie (1717-1721) und besuchte dann die Universität Helmstedt (1721-1727). 1727 schrieb er sich an der Universität Halle ein, wie Dokumente aus dem Archiv dieser Universität belegen, um Rechtswissenschaften zu studieren. Die Universität Halle gehörte in jener Zeit zu den fortschrittlichsten in Deutschland. Hier lehrte von 1706 bis zu seiner Verbannung 1723 durch König Friedrich Wilhelm I. einer der streitbarsten Verfechter der noch jungen Aufklärung: Christian Wolff (1679-1754). Auch Christian Thomasius (1655-1728), ein weiterer Wegbereiter der Aufklärung, lehrte von 1690 bis zu seinem Tod 1728 an der Universität Halle Philosophie und Rechtswissenschaften. Halle war in jener Zeit bekannt für seine freidenkerischen Studenten und Professoren. Dies mag für Amo ein Grund für seine Wahl gewesen sein. Als erster afrikanischer Student an dieser Universität machte er sich hier mit den Theorien von Thomasius, Wolff und Descartes vertraut.

1729 verfasste Amo seine erste Disputatio unter dem Titel *De iure Maurorum in Europa* (Über die Rechtsstellung der Mohren in Europa). Dieser Text ist nicht mehr erhalten, aber es gibt eine kurze Zusammenfassung davon in den Annalen der Universität Halle vom 2. November 1729, aus der hervorgeht, dass Amo auf der kirchengeschichtlichen Grundlage des Beitrages der Afrikaner zur Entstehung des Christentums sowie auf der juristischen Grundlage des *Codex Iustinianus* und des darin verankerten Prinzips, dass alle römischen Bürger einschließlich derer, die in Afrika lebten, freie Menschen waren, argumentiert. Die afrikanischen Könige waren einst Vasallen des römischen Kaisers und genossen kaiserliche Freiheitsrechte. Weiter argumentiert Amo, dass der Sklavenhandel gegen verschiedene allgemeine Gesetze verstößt, unter anderem das Erbe des römischen Rechts.[31] Den Vorsitz in seiner Disputation

31 Vgl. G. Ludovici, *Universal-Historie: Vom Anfang der Welt bis auf jetzige Zeit, unter dem Titul und Gestalt eines Ordentlichen Examinis über Die Haupt-Sachen der Kirchen, Politischen, und Gelehrten Historie, abgefaßt,* Leipzig 1744, S. 251 (Eintrag

hatte der Historiker und Jurist Johann von Ludewig inne, Professor der Rechte in der Nachfolge von Christian Thomasius. Bis zu seinem Tod im Jahr 1743 blieb Ludewig Amo freundschaftlich verbunden.

1730 wechselte Amo an die Universität Wittenberg, wo er Logik, Metaphysik, Astronomie, und Geschichte ebenso wie Physiologie, Medizin und Psychologie unter Leitung von Martin Gotthelf Löscher studierte und bereits im selben Jahr den Grad des Magisters der Philosophie und der freien Künste erwarb. In Wittenberg begann er zu unterrichteten und promovierte 1734 mit der Arbeit *Dissertatio inauguralis de humanae mentis apatheia* (Philosophische Inauguraldissertation über die Apatheia der menschlichen Seele)[32], eine Kritik des Leib-Seele-Dualismus von René Descartes.[33] 1736 lehrte Amo als Privatdozent wieder in Halle; 1739 an der Universität Jena. Nach einer erfolgreichen akademischen Karriere scheinen die 1740er Jahre von zunehmenden Schwierigkeiten geprägt zu sein, denn seit 1740 ist er im akademischen Betrieb nicht mehr verzeichnet. Zudem starben seine wichtigsten Geldgeber und Bezugspersonen, der Herzog von Braunschweig und Lüneburg-Wolfenbüttel und sein Mentor Ludewig. Amos zunehmende gesellschaftliche

zum November 1729). Hier lässt sich Folgendes nachlesen: »Er hat darin ex LL. & Historia gezeiget, daß der Mohren ihr König bey dem Römischen Kaiser ehedem zu Lehen gegangen, und jeder von denselben ein Königs-Patent, welches auch Iustinianus ausgetheilet, holen müssen. Hiernechst untersuchet er, wie weit der von Christen erkauften Mohren in Europa ihre Freyheit oder Dienstbarkeit sich nach den üblichen Rechten erstrecke.« (Ebd.)

32 Der vollständige Titel lautet in deutscher Übersetzung: *Philosophische Inauguraldissertation über die Apatheia der menschlichen Seele oder über das Fehlen der Empfindungen und der Fähigkeit des Empfindens in der menschlichen Seele und das Vorhandensein von beidem in unserem organischen Körper*. Die Dissertation wurde im April 1733 unter dem Vorsitz von M. G. Löscher verteidigt und am 24. Mai 1733 vom Rektor der Universität J. G. Kraus beurkundet. Vgl.: Antonius Gvilielmus Amo Afer aus Axim in Ghana, Student, Doktor der Philosophie, Magister Legens an den Universitäten Halle, Wittenberg, Jena 1727-1747, in: *Übersetzung seiner Werke*, Halle (Saale) 1965, S. 60-98.

33 Tkalec argumentiert, dass Amo in Wittenberg seine glücklichsten Jahre verbrachte. Hier erfuhr er nicht nur höchste akademische Ehren, sondern auch gesellschaftliche Anerkennung. So soll Amo dazu auserwählt worden sein, den Zug der Würdenträger der Universität Wittenberg zur Begrüßung von August III., König von Polen und Kurfürst von Sachsen, am 10. Mai 1733 anzuführen. Vgl. Tkalec, »Anton Wilhelm Amo statt Mohrenstraße?«.

und akademische Ausgrenzung erreichte ihren Höhepunkt, als auf einen abgelehnten Heiratsantrag im Jahr 1747 eine öffentliche Spottkampagne folgte mit der Veröffentlichung eines rassistischen Gedichts des Hallenser Rhetorikprofessors Johann Ernst Philippi und eines Theaterstücks unter dem Titel »Ein komischer Student, die falsche akademische Jungfrau und die Absichten des Magisters Amo«. Diese persönlichen Angriffe werden dazu beigetragen haben, dass sich Amo entschloss, nach Axim zurückzukehren. Wann genau er abreiste, ist ungewiss. Sicher ist nur, dass ihn der Schweizer Schiffsarzt David Henrij Gallandat 1753 in Axim antraf, wo Amo das Leben eines Einsiedlers führte. Später lebte er im Fort San Sebastian bei Shama. Sein genaues Todesjahr ist nicht bekannt.

Die Amo-Rezeption der letzten Jahrzehnte liefert ernüchternde Einblicke in den Umgang mit diesem Philosophen. Das, was Amo in den letzten Jahrzehnten zu einem der am häufigsten besprochenen afrikanischen Intellektuellen der Diaspora des 18. Jahrhunderts gemacht hat, ist der Umstand, dass sich in seiner Person aufklärerische Ideen und die von der Aufklärung unhinterfragte Existenz von Sklaverei, Rassismus und Kolonialismus, der Anspruch auf Universalismus und dessen reale Verweigerung mit Verweisen auf die Verschiedenheit der Natur imaginierter »Menschenrassen« kreuzen. Dabei ist festzustellen, dass es weitaus mehr Arbeiten gibt, die sich mit Amos Lebensumständen und seiner Karriere in Deutschland auseinandersetzen als mit seinem philosophischen Werk.[34] Zum Teil tritt das philosophische Schaffen ganz hinter die besondere Lebensgeschichte zurück, was im Grunde einer erneuten Verweigerung der Anerkennung seiner philosophischen Fähigkeiten gleichkommt.

34 Dies wurde bereits 1983 von Hountondji bemängelt, vgl. Hountondji, *Afrikanische Philosophie – Mythos und Realität*, S. 124. An diesem Zustand hat sich bis heute nicht viel geändert. Ausnahmen sind: Y. E. Edeh, *Die Grundlagen der philosophischen Schriften von Amo. In welchem Verhältnis steht Amo zu Christian Wolff, daß man ihn als »einen führnehmlichen Wolffianer« bezeichnen kann?*, Essen 2003; T. Uzodinma Nwala, *Anton William Amo's Treatise on the Art of Philosophising Soberly and Accurately* (with commentaries), Nsukka 1990; S. Menn, J. E. H. Smith (Hg.), *Anton Wilhelm Amo's Philosophical Dissertations on Mind and Body*, New York 2020 und einige Aufsätze zu konkreten philosophischen Problemen in Knauß, Wolfradt u. a. (Hg.), *Auf den Spuren von Anton Wilhelm Amo*, z. B. M. Ott zu Amos Schrift *De humanae mentis apatheia* (S. 41-53) oder A. Krause zu Amo und der traditionellen Logik (S. 69-82).

Wird sein Werk in den Mittelpunkt gerückt, dann oft der Text *De iure Maurorum in Europa*, dessen Titel vermuten lässt, dass Amo hier die eigene Lebenserfahrung in Europa mit grundsätzlichen philosophischen und juristischen Argumentationen zur Stellung Schwarzer Menschen in Europa verbindet. Aufgrund des Verlustes dieses Textes kann über den Inhalt nur spekuliert werden. Dass sich Amo gegen die Sklaverei eingesetzt hat, geht aber auch aus einer Erwähnung Amos in Abbé Grégoires (1750-1831) *La Littérature des Nègres* (1808) hervor, in der der Abbé all jene Männer aufzählt, die sich in ihren Schriften und Reden für die Abschaffung der Sklaverei und die Befreiung der Sklaven eingesetzt haben.[35] Abbé Grégoire selbst war ein wichtiger Verfechter des Abolitionismus und geißelt im erwähnten Werk Sklavenhandel als Verbrechen gegen die Menschlichkeit.

Weniger im Mittelpunkt der Amo-Debatten stehen jene Schriften, die uns noch heute – inzwischen in verschiedenen Übersetzungen aus dem Lateinischen – vorliegen. Dieses Desinteresse mag daher rühren, dass sich Amo hier im akademischen philosophischen Diskurs seiner Zeit, nämlich der lebhaften bis kämpferischen Auseinandersetzung zwischen aufklärerischen und gegenaufklärerischen Strömungen verortet und seine Position zum Leib-Seele-Problem deutlich macht. Damit bedient er weder ein ›exotisches‹ Interesse an afrikanischer Philosophie noch die Suche nach kritischen Schwarzen Stimmen zur Sklaverei oder der Philosophie der Aufklärung.

Die uns vorliegenden Schriften Amos sind die *Dissertatio inauguralis de humanae mentis apatheia* (Philosophische Inauguraldissertation über die Apatheia der menschlichen Seele, 1734)[36] und der *Tractatus De Arte Sobrie Et Accurate Philosophandi* (Traktat von der Kunst, nüchtern und sorgfältig zu philosophieren, 1738)[37] sowie

35 H. Grégoire, *De la littérature des Nègres*, Paris 1808, S. IX. Als einzige Frau erscheint in der Ehrenliste »Für die mutigen Männer, Gegner des Sklavenhandels« Olympe de Gouges.

36 A. G. Amo, *Dissertatio inauguralis de humanae mentis ΑΠΑΘΕΙΑ (apatheia), seu sensionis ac facultatis sentiendi in mente humana absentia at earum in corpore nostro organico ac vivo praesentia* (mit M. G. Löscher), Wittenberg 1734.

37 A. W. Amo, *Tractatus De Arte Sobrie Et Accurate Philosophandi*, Halae Magdeb. 1738. In deutscher Übersetzung: *Traktat von der Kunst nüchtern und sorgfältig zu philosophieren für seine akademischen Vorlesungen eingerichtet. Mit einem Anhang: Kurzgefasste und gründliche Abhandlung von der Kritik, der Interpretation,*

der Text einer von Amo betreuten und unter seinem Vorsitz verteidigten *Disputatio philosophica continens ideam distinctam eorum quae competunt vel menti vel corpori nostro vivo et organico* (Philosophische Disputation. Deutliche Idee derjenigen Dinge, die entweder unserer Seele oder unserem lebenden organischen Körper zugehören, 1734) des Studenten Johann Theodor Meiner.[38]

In seiner *Apatheia* widmet sich Amo dem Problem des Leib-Seele-Dualismus und insbesondere der Auseinandersetzung mit mechanistischen und vitalistischen Positionen seiner Zeit. Der Begriff *apatheia* (Unempfindlichkeit, Gelassenheit, Leidenschaftslosigkeit) im Titel deutet bereits auf Amos Grundthese hin: Amo geht davon aus, dass der menschliche Geist nicht der Sitz der Sinneswahrnehmung sei und selbst nicht über die Fähigkeit zur Sinneswahrnehmung verfüge. Diese sei nur im Leib zu finden. Die dahintersteckende Grundfrage, die Amo und seine Zeitgenossen bewegte, war: Welche der beiden Substanzen, die geistige oder die materielle, war die Grundlage für das Phänomen des Lebens? Amo argumentiert wie folgt:

> Leben und empfinden sind zwei untrennbare Aussagen. Dies beweist die folgende Umkehrung: Alles, was lebt, empfindet notwendigerweise, und alles, was empfindet, lebt notwendigerweise, so daß das Vorhandensein des einen notwendigerweise das Vorhandensein des anderen voraussetzt.[39]

Die Seele betrachtet Amo als eine aktive, immaterielle Substanz. Sie konstituiert sich durch eine Dynamik, die es ihr ermöglicht zu wissen:

der Methode, der Kunst des Disputierens und anderen Dingen, die in der Logik vorgetragen werden, Halle 1738, in: Amo, *Übersetzung seiner Werke*, S. 103-277. Eine Übersetzung ins Englische mit verschiedenen Kommentaren erfolgte 1990 durch T. Uzodinma Nwala: *Anton William Amo's Treatise*. Eine weitere Übersetzung erschien erst kürzlich von Menn, Smith (Hg.), *Anton Wilhelm Amo's Philosophical Dissertations on Mind and Body*.

38 In deutscher Übersetzung: J. T. Meiner, *Philosophische Disputation. Deutliche Idee derjenigen Dinge, die entweder unserer Seele oder unserem lebenden organischen Körper zugehören*, Wittenberg 1734, in: Amo, *Übersetzung seiner Werke*, S. 91-102. Menn und Smith argumentieren in ihrem Buch, dass die Disputation von Meiner aus der Feder Amos stammt (Menn, Smith (Hg.), *Anton Wilhelm Amo's Philosophical Dissertations on Mind and Body*, S. 24). Damit lägen dann drei vollständige Werke vor. Aber diese These wäre noch zu prüfen.

39 Amo, *Übersetzung seiner Werke*, hier: Apatheia, S. 82.

Die menschliche Seele ist eine Substanz, die tätig und immateriell ist, aber in Wechselbeziehung mit einem lebendigen organischen Körper, dem sie innewohnt, erkennt und auf Grund einer Absicht um eines bestimmten und ihr bewußten Zieles willen handelt.[40]

Und er stellt die These auf:

Der Mensch empfindet die materiellen Dinge nicht von seiner Seele, sondern von seinem lebenden organischen Körper aus. [...] Von diesen zwei Dingen ist das eine, daß er denkt, das andere, daß es mit dem Körper vereint ist und mit ihm handeln und leiden kann. [...] Wir gestehen zu, daß die Seele mit dem Körper vermittels gegenseitiger Vereinigung (mutua unio) handelt, aber wir leugnen, daß sie mit dem Körper zusammen leidet.[41]

Die Seele verfügt laut Amo also über keinerlei Sinneserfahrung. In diesem Zusammenhang beruft er sich auf die Autorität von Ärzten und anderen Wissenschaftlern, die annehmen, dass die Sinneswahrnehmung im System der Nerven und der Flüssigkeiten stattfindet. Dies ist in den Auseinandersetzungen seiner Zeit eine wichtige These, gehen doch Vitalisten wie Georg Ernst Stahl oder Johann Friedrich Blumenbach davon aus, dass die Grundlage alles Lebendigen eine Lebenskraft (*vis vitalis*) sei, eine Art eigenständiges Prinzip, mit der physiologische Prozesse erklärt werden. Dagegen wendet sich Amo. Es geht ihm darum aufzudecken, dass dem Geist Eigenschaften zugeschrieben werden, die eigentlich Eigenschaften des Körpers sind und dementsprechend physiologisch/medizinisch erklärt werden müssen und nicht über Seelenzustände.

Sein *Traktat von der Kunst nüchtern und sorgfältig zu philosophieren* entstand in Auseinandersetzung mit den klerikalen und anti-aufklärerischen Tendenzen, die auch an der Universität Halle immer wieder großen Einfluss gewannen und 1723 zu Christian Wolffs Entlassung geführt hatten. Amo, der in jenen Jahren Wolffs Philosophie unterrichtete, wurde ebenfalls Zielscheibe solcher Angriffe. Der Traktat behandelt ein breites Spektrum an Themen, wie die Natur der Intentionen, die Arten der Gelehrsamkeit und die vier Fakultäten, aber auch Wahrheit und Falschheit oder Syllogismen und Schlussarten. Im Grunde versucht Amo das ganze

40 Ebd., S. 76.
41 Ebd., S. 80.

Spektrum erkenntnistheoretischer Fragen zu umreißen.[42] Auch der Sinn und Zweck der Philosophie wird abgehandelt. Im II. Kapitel, Abschnitt II beschäftigt sich Amo mit der Definition der Philosophie. Hier heißt es:

Die Philosophie ist also ein Habitus des Intellekts und des Willens, kraft dessen wir uns beständig mit den Dingen an sich beschäftigen, um sie in ihrer Gewißheit möglichst zu determinieren und adäquat zu erkennen, damit durch die Anwendung einer derartigen Erkenntnis die Vervollkommnung des Menschen möglichst Mehrung erfahre.[43]

Amo unterstreicht im folgenden Abschnitt, dass Philosophie nicht allein den Intellekt berücksichtige, sondern ebenso den Willen und die Handlung. Und etwas später heißt es:

Jede Erkenntnis ohne Anwendung zu einem Zweck ist unnütz, wenn nicht an sich, so doch per accidens und intentional. Denn die Nützlichkeit einer jeden Sache wird nach dem Zweck beurteilt: der Zweck der Philosophie ist die Erhaltung und Vervollkommnung des Menschengeschlechts.[44]

Deutlich wird hier ein praktisch orientiertes Philosophieverständnis, das sich auch im Zweck der Philosophie widerspiegelt, zu dem es heißt: »Der Zweck der Philosophie ist die moralische Vollkommenheit sowohl hinsichtlich des Geistes als auch hinsichtlich des Körpers [...].«[45] Diese Vervollkommnung sei wichtig im Sinne des Herstellens und Erreichens von Glückseligkeit, die sich in Harmonie mit dem Wesen Gottes befinde.

Ungeachtet der sehr verschiedenen Arten und Methoden des Philosophierens gibt es für Amo – ganz im Wolffschen Sinne – eine Methode des präzisen Philosophierens: Klarheit und Kohärenz seien die erste Bedingungen der Philosophie, heißt es bei Amo.[46]

42 Am Ende des allgemeinen Teils heißt es: »All unsere Erkenntnis und die Wahrheit selbst ist entweder real oder intentional oder sensuell. Die erste ist es in Bezug auf Existenz und Nichtexistenz, die zweite ist es in Bezug auf die logische und moralische Erkenntnis, die dritte in Bezug auf die physische und historische Erkenntnis.« Amo, *Übersetzung seiner Werke,* hier: Traktat, S. 150.

43 Ebd., S. 126.

44 Ebd., S. 128.

45 Ebd.

46 Siehe hierzu ebd., insbesondere das Kapitel: »Die Kunst nüchtern und sorgfältig zu philosophieren. Spezieller Teil«, S. 151 ff., wo es u. a. heißt: »Das moralisch

Damit vertritt er einen im Prinzip klassisch aufklärerischen Philosophiebegriff. Darüber hinaus kritisiert er jede Art von Vorurteil beziehungsweise auf Traditionen oder Autoritäten gegründete Urteile, die zu falschen und irrigen Annahmen führen können.[47] Insofern ist es auch Amos Anliegen, zum Gebrauch des Verstandes aufzurufen.[48]

In der Amo-Rezeption finden wir Versuche, in den überlieferten Schriften eine bestimmte ›Afrikanität‹ ausmachen zu wollen. Solche Versuche entfernen sich zum Teil recht weit von den vorliegenden Texten Amos.[49] Andere, wie Paulin Hountondji, ordnen Amos Werk gänzlich der europäischen Tradition zu und argumentieren, dass nichts an seinem Werk afrikanisch sei.[50] So heißt es bei Hountondji:

> Von seinem Volk im Alter von vier Jahren getrennt, in eine Welt geworfen, die ihn unvermeidlicherweise als verschieden ansah, war er außerstande, sich auf irgendeine andere als eine europäische wissenschaftliche Tradition zu berufen [...]. Amo schrieb auf Latein für ein europäisches Publikum, er konnte gelesen und möglicherweise geschätzt, diskutiert, kritisiert werden nur von diesem europäischen Publikum. Er schmiedete seine eigene Problematik von Themen und Begriffen, die aus der Geschichte der europäischen Philosophie stammten, und trug mit seinem Werk zur Bereicherung dieser Tradition in einer Zeit bei, da es keine vergleichbare theoretische Tradition in seinem eigenen Land gab.[51]

Gute ist alles, was konform und konvenient ist dem, was an sich das Beste und Vollkommenste ist. Dessen Vorstellung ist die Idee des moralisch Guten. Alles, was also Ursache der Unvollkommenheit an sich und seiner Natur nach ist, ist das moralisch Böse [...]« S. 172 f.

47 Siehe hierzu ebd., insbesondere Kapitel VI »Der Irrtum und seine Ursachen«, S. 210-213. Amo unterscheidet u. a. ein Vorurteil der Antiquität (was von den Alten überkommen ist, ist wahr), der Tradition und der Autorität. Siehe außerdem Kapitel VIII »Die Kritik, die Hermeneutik, die Methode«, S. 256-259, in dem es um die Glaubwürdigkeit von Texten und Autoren geht.

48 Ein ganzes Kapitel (Kap. III, ebd., S. 270-277) widmet sich der »Kunst zu disputieren«. So sollten sich im Streit der Ideen die Diskutanten nicht von ihren Leidenschaften hinreißen lassen: »Die Aufrichtigkeit besteht in der gebührenden Anerkennung der Wahrheit ohne Verbissenheit und ohne irgendeine Rücksicht auf eitle Ruhmhascherei.« (S. 271)

49 Hier denke ich vor allem an die Arbeiten von Abraham und Gutema, vgl. Fn. 28.

50 Hountondji, *Afrikanische Philosophie – Mythos und Realität*, S. 146.

51 Ebd., S. 147.

Was Hountondji aus diesem Grund bedauert, ist, dass sein Werk der Geschichte der europäischen Philosophie zugeordnet werden müsse. Solche Bemühungen, Amo und sein Werk einer regionalen Tradition zuordnen zu wollen, sind nicht unproblematisch, da dabei Reduktionen, Beschneidungen und Verbiegungen in Kauf genommen werden. Diesem Herangehen kann ein verflechtungsgeschichtlicher Ansatz entgegengesetzt werden, der der komplexen Situation seines Lebens an einer Schnittstelle zwischen Europa und Afrika als Resultat der europäischen Expansion gerecht wird.

Ein anderer Einwand Hountondjis wiegt schwerer: Hountondji hält Amo für einen »Autor zweiten Ranges« in seiner Zeit:

> Vielleicht sollten wir den Gedanken akzeptieren, daß Amo, der sich seiner Zugehörigkeit zu einer anderen Kultur bewußt war, nicht mehr als ein Autor zweiten Ranges werden konnte – also nicht ein schöpferischer Denker, sondern ein ehrlicher Lehrer und Professor der Philosophie, dessen einziges Verdienst höchstens gewesen sein mag, wie ein Spiegel das Denken seiner Zeit zu reflektieren, freilich mit den theoretischen Entscheidungen, die er dabei traf.[52]

Und Hountondji wirft in diesem Zusammenhang die für die Philosophiegeschichtsschreibung entscheidende Frage auf:

> Woran mißt man die Bedeutung eines Philosophen, und was sind die Kriterien, um die Auswahl bestimmter Namen und Schriften zu treffen, die der Nachwelt überliefert werden sollen?[53]

Mit Bezug auf Amo stellt sich Hountondji die Frage, ob es neben seiner außergewöhnlichen Lebensgeschichte ein dezidiert philosophisches Interesse an seinem Werk überhaupt gibt. Sollten im Mittelpunkt einer Philosophiegeschichtsschreibung nicht philosophische Konzepte, Texte oder andere Formen der philosophischen Praxis stehen, die über eine interessante Lebensgeschichte hinausgehen? Hountondjis Ansicht, dass Amo nur ein zweitklassiger Autor war, ist jedenfalls zu widersprechen. Gerade sein *Traktat* ist ein exzellentes Beispiel aufklärerischer Philosophie und aufgrund der enthaltenen Methodendiskussion von dezidiert philosophischem Interesse.

52 Ebd., S. 124.

53 Ebd., S. 124 f.

9.1.2. Sklaverei oder Freiheit

Während von Anton Wilhelm Amo, dem einzigen studierten Philosophen unter den afrikanischen Intellektuellen der Diaspora im 18. Jahrhundert, abgesehen von der Inhaltsangabe seiner verschwundenen Disputatio keine Ausführungen zur Sklaverei überliefert sind, gibt es eine Reihe anderer afrikanischer Intellektueller, die sich in ihren Schriften auf die eine oder andere Weise mit dem Widerspruch zwischen dem aufklärerischen Ideal der Freiheit und der realexistierenden Sklaverei auseinandergesetzt haben. Einer der bekanntesten ist Olaudah Equiano (alias Gustavo Vassa, 1745-1797). Der Aktivist der britischen Abolitionsbewegung erreichte mit seiner Autobiographie *The Interesting Narrative of the Life of Olaudah Equiano or Gustavus Vassa the African, written by himself* (1789) bereits zu seinen Lebzeiten eine breite Öffentlichkeit und gehört bis heute zu den bekanntesten afrikanischen Autor:innen des 18. Jahrhunderts, auch wenn eine Reihe weiterer Publikationen ehemaliger Sklav:innen aus dieser Zeit überliefert sind.[54] Equianos populäres Buch *Die merkwürdige Lebensgeschichte des Sklaven*

54 Zu den ersten Sklavenerzählungen gehören die Erinnerungen von Ayuba Suleiman Diallo (1701-1773, auch bekannt als Job Ben Solomon), veröffentlicht durch Thomas Bluett unter dem Titel *Some Memoirs of the Life of Job: The Son of Solomon the High Priest of Boonda in Africa; who was a Slave about Two Years in Maryland; and Afterwards Being Brought to England, was Set Free, and Sent to His Native Land in the Year 1734*. Diallo, der aus einer berühmten Fulbe-Familie muslimischer religiöser Gelehrter aus der Stadt Bundu stammte, wurde 1730 Opfer der sich immer weiter ausbreitenden Jagd nach Sklav:innen im Senegambia-Gebiet. Dabei war er – laut der Überlieferung – zu diesem Zeitpunkt selbst als Sklavenhändler unterwegs. Diallo und sein Übersetzer wurden durch Sklavenhändler der Mandinga gefangen, an die *Royal African Company* verkauft und nach Amerika gebracht. Zunächst landete Diallo auf einer Tabakplantage, hatte jedoch das Glück, von Reverend Bluett bermerkt zu werden, der beeindruckt war von Diallos Fähigkeit, Arabisch schreiben zu können, und erkannte, dass der Versklavte nobler Abstammung war. Bluett unterstützte ihn dabei, seine Freiheit zu erlangen. Gemeinsam reisten sie 1733 nach England, wo Diallos Freiheit offiziell bestätigt wurde. In London wurde seine Fähigkeit, Arabisch ins Englische zu übersetzen, geschätzt. Zu seinen Verdiensten gehörte die Organisation der Sammlung arabischer Manuskripte im Britischen Museum. Während seines Aufenthalts in England war Diallo Teil der Gesellschaft prominenter Persönlichkeiten, die auch die königliche Familie umfasste. 1734 kehrte er in seine Heimat zurück.

Olaudah Equiano, von ihm selbst im Jahr 1789 veröffentlicht,[55] gilt als einflussreich für die Verabschiedungen des *Act for the Abolition of the Slave Trade* von 1807, mit dem das Verbot des britischen transatlantischen Sklavenhandels beschlossen wurde.[56] Es enthält einen Erfahrungsbericht aus erster Hand über die Sklaverei und die Tortur der Überfahrt von Afrika nach Amerika, der sogenannten »middle passage«. Die Autobiographie erfuhr neun Auflagen (davon eine in Amerika) und wurde ins Deutsche, Niederländische und Russische übersetzt.

Equiano wurde laut eigener Aussage im Igbo-Gebiet des heutigen Nigeria in einem Dorf mit Namen Essaka geboren. Als etwa 11-jähriger Junge wurde er gemeinsam mit seiner Schwester von Sklavenjägern gefangen, an die Küste gebracht und dort verkauft. Er überstand die grauenvolle Überfahrt Richtung Amerika und landete etwa 1757 auf der Insel Barbados. Equiano entkam dem Schicksal eines Plantagensklaven, da er an den englischen Marineoffizier Michael Henry Pascal verkauft wurde, der ihn zu seinem persönlichen Diener machte. Er gab ihm den Namen Gustavus Vassa (nach dem schwedischen Freiheitskämpfer und späteren

55 O. Equiano, *The Interesting Narrative of the Life of Olaudah Equiano or Gustavus Vassa the African, written by himself*, London 1789. Dt.: O. Equiano: *Merkwürdige Lebensgeschichte des Sklaven Olaudah Equiano, von ihm selbst veröffentlicht im Jahr 1789*, hg. v. P. Edwards. Frankfurt/M. 1990. An dieser Stelle könnten noch andere Namen und Werke genannt werden, z. B. Quobna Ottobah Cugoano (ca. 1757-1801) und sein Hauptwerk *Thoughts and Sentiments on the Evil and Wicked Traffic of the Slavery and Commerce of the Human Species* (1787). Zum Vergleich zwischen Equiano und Cugoano siehe Episode 36 der Serie *Africana Philosophy*: »Sons of Africa: Quobna Ottobah Cugoano and Olaudah Equiano« ⟨https://historyofphilosophy.net/cugoano-equiano⟩, letzter Zugriff 4. 3. 2022. Einflussreich war in diesem Zusammenhang außerdem Charles Ignatius Sancho (1729-1780), Schriftsteller und Komponist, der ebenfalls ausdrücklich gegen die Sklaverei Stellung nahm: *Letters of the Late Ignatius Sancho, An African*, Dublin 1784.

56 Zu Equiano sind zahlreiche Publikationen erschienen, zumeist aus den Afrikawissenschaften und den Africana Studies, u. a. A. Costanzo, *Surprising Narrative: Olaudah Equiano and the Beginnings of Black Autobiography*, New York 1987; J. Walvin, *An African's Life: the Life and Times of Olaudah Equiano, 1745-1797*, New York 2000; V. Carretta, *Equiano the African: Biography of a Self-Made Man*, Athens 2005; P. E. Lovejoy, »Autobiography and Memory: Gustavus Vassa, alias Olaudah Equiano, the African«, in: *Slavery & Abolition* 27/3, (2006), S. 317-347; A. Frund, *Écritures d'esclaves: Phillis Wheatley & Olaudah Equiano, figures pionnières de la diaspora africaine américaine*, Paris 2007.

schwedischen König Gustav Wasa, der sein Volk aus der Abhängigkeit von Dänemark führte) und ließ ihm eine Schulbildung zukommen. Pascal nahm den Jungen auf seine zahlreichen Seereisen mit. Mit ihm nahm Equiano am Siebenjährigen Krieg (1757-1762) in Amerika teil. Dafür hätten ihm eigentlich eine Kompensation und die Freilassung aus der Sklaverei zugestanden, was ihm aber verweigert wurde. 1762 wurde Equiano weiterverkauft und gelangte in der Folge wieder auf die Westindischen Inseln, und zwar an einen Händler mit dem Namen Robert King, der ihn aufgrund seiner Bildung in seinem Namen selbständig Handel treiben ließ. 1766 gelang es Equiano schließlich, sich freizukaufen. Von 1767 bis 1773 arbeitete er auf verschiedenen Handelsschiffen, unternahm Reisen von den Westindischen Inseln bis in das Mittelmeer und nahm 1773 sogar an einer Forschungsreise in die Arktis teil. Zum aktiven Kämpfer gegen die Sklaverei wurde Equiano, als sein Freund John Annis von seinem ehemaligen Herrn entführt und zurück in die Sklaverei auf eine Plantage in der Karibik gebracht wurde. Equiano suchte Hilfe bei Granville Sharp (1735-1813), dem Gründer der englischen abolitionistischen Bewegung, konnte seinen Freund aber nicht retten. 1777 ließ sich Equiano schließlich in England nieder, wo er ein wichtiger Unterstützer der Antisklavereibewegung wurde. Er agitierte gegen die Grausamkeit britischer Sklavenhalter in Jamaika, hielt Vorträge und engagierte sich für ein Projekt zur Rückkehr von Sklav:innen nach Afrika (Sierra Leone). Equianos *Merkwürdige Lebensgeschichte* ist bis heute ein wichtiges Referenzwerk sowohl für ein Bild, das Afrika als Modell sozialer Harmonie schildert, das erst durch westliche Gier verunreinigt wurde, als auch im Hinblick auf seine Argumente gegen den Sklavenhandel.

Aber auch im Fall der Rezeption Equianos steht vor allem sein turbulentes Leben im Mittelpunkt der Untersuchungen, weniger sein Freiheitsbegriff oder sein durchaus ambivalentes Verhältnis zur Sklaverei. Equiano war nicht nur mit der Institution der europäischen Sklaverei bekannt, sondern auch mit der afrikanischen. Seine eigene Familie gehörte der Oberschicht an und besaß selbst Sklav:innen. Allerdings macht Equiano auf die Unterschiede zwischen afrikanischer und europäischer Sklaverei wie folgt aufmerksam. Mit Blick auf die Sklav:innen in seiner eigenen Gemeinschaft schreibt er:

Aber wie verschieden war ihr Schicksal von dem Los der Sklaven in Westindien! Bei uns arbeiten sie nicht mehr als jedes andere Mitglied der Gemeinde, ihr Herr nicht ausgenommen; sie haben fast dieselbe Speise, Kleidung und Wohnung (mit der Ausnahme, daß es ihnen nicht erlaubt ist, in Gesellschaft der Freigeborenen zu essen). Fast den einzigen Unterschied bildet die größere Bedeutung, die ein Familienoberhaupt im Gemeinwesen hat, und die Autorität, die ihm als Hausvater in jedem Bereich seines Haushalts zukommt. Einige dieser Sklaven haben sogar selbst Sklaven unter sich, die ihnen gehören und für sie arbeiten.[57]

Equiano ist nicht von vornherein ein Gegner jeglicher Form von Sklaverei. Er verurteilt diese nicht unter allen Umständen, verabscheut allerdings die Form der Sklaverei auf den Westindischen Inseln. Seine Antisklaverei-Position erwächst erst allmählich. Seine eigene Versklavung oder einen Weiterverkauf an neue Eigentümer betrachtet er an verschiedenen Stellen seiner Biographie als »Strafe Gottes« oder eine Bürde, die ihm von Gott auferlegt wurde, um daran zu wachsen und Weisheit zu gewinnen. Seine Auseinandersetzung mit dem Christentum trägt aber auch zu einer wachsenden Ablehnung der Institution der Sklaverei bei: Es ist insbesondere die Missachtung der Goldenen Regel (Matthäus 7:12), die er jenen vorwirft, die Sklaverei befürworten. Fragen wirft zudem seine eigene Involvierung in den Sklavenhandel auf, denn um Geld für das Erkaufen seiner eigenen Freiheit zu erlangen, nahm er selbst am ›freien Handel‹ teil, der sich zum überwiegenden Teil um den Handel mit Menschen drehte. Damit wurde er Teil eines Systems, das ihn selbst zurückwies, das er aber für sich zu nutzen verstand. Somit ist er nicht nur Teil der Strukturen, sondern reproduziert diese gewissermaßen mit. Die damit einhergehende Zerrissenheit wird an mehreren Stellen seiner Erzählung deutlich. Im letzten Kapitel kommt dann neben Argumenten, die sich auf die Bibel stützen, zunehmend ein neues, marktwirtschaftliches Argument ins Spiel: die Abschaffung der Sklaverei sei auch im Interesse der britischen Manufakturen und der Industrie.[58] Equianos *Merkwürdige Lebens-*

57 Equiano, *Merkwürdige Lebensgeschichte,* S. 45-46. Zum Vergleich zwischen Equianos Sicht auf die afrikanische und die europäische Sklaverei siehe auch L. Rolingher, »A Metaphor for Freedom: Olaudah Equiano and Slavery in Africa«, in: *Canadian Journal of African Studies/Revue Canadienne des Études Africaines* 38/1 (2004), S. 88-122.

58 Equiano, *Merkwürdige Lebensgeschichte*, S. 262-264.

geschichte dokumentiert damit nicht nur verschiedene, sich wandelnde Auffassungen zur Institution der Sklaverei, sondern auch die Entwicklung verschiedener Arten der Argumentation gegen die Sklaverei: von der Schilderung der Grausamkeiten durch einen Augenzeugen über eine moralisch-christliche Argumentation bis hin zu wirtschaftlichen Interessen – eine Argumentation, die deutlich auf den Erfolg beim britischen Publikum ausgelegt war, das offene Ohren für christliche und marktwirtschaftliche Argumente hatte. So erzählt dieser Text nicht nur das Leben eines Sklaven, sondern auch, wie diese Erfahrungen seine Ansichten über die Sklaverei geprägt und verändert haben und wie sich Argumente entwickelten.

Während es einigen wenigen versklavten Afrikanern gelang, der Plantagenarbeit zu entgehen und Bildung, Freiheit und damit einen eigenen Denk- und Ausdrucksraum zu erlangen, waren diese Chancen für versklavte Afrikanerinnen ungleich geringer – nicht zuletzt, weil die Notwendigkeit, Frauen Bildung zukommen zu lassen, ohnehin umstritten war.[59] Doch gab es Ausnahmen. Zu ihnen gehört Phillis Wheatley (1753-1784), die als die erste afrikanisch-amerikanische Dichterin gilt, deren Werke veröffentlicht wurden.[60] Wheatley wurde vermutlich im Gebiet der senegambischen Küste geboren und geriet im Alter von sieben Jahren in die Sklaverei. In Boston wurde sie von John Wheatley[61] gekauft, der dafür sorgte, dass sie

59 Noch etwas mehr als hundert Jahre später beschreibt die Schwarze Pädagogin Anna Julia Cooper (1858-1964) die Bildungssituation Schwarzer Kinder wie folgt: »Ein Junge, wie dürftig seine Anlagen und wie seicht seine Ambitionen auch sein mochten, brauchte nur seine Absicht zu erklären, Theologie zu studieren, und er konnte alle Unterstützung, Ermutigung und Anregung erhalten, die er brauchte, wurde von der Arbeit befreit und wurde von Anfang mit der Würde des weit vor ihm liegenden Amtes bedacht. Während ein Mädchen, das seinen Lebensunterhalt selbst bestreiten musste, im Sommer unterrichtete und nach der Schule arbeitete, um die Rechnungen für die Internatskosten aufbringen zu können, und sich zudem gegen die positiven Entmutigungen auf dem Weg zur höheren Bildung durchsetzen musste.« Übersetzung A. G. Vgl. A. J. Cooper, *A Voice from the South: By a Black Woman of the South,* New York 1969, S. 31.

60 Als erste afrikanisch-amerikanische Dichterin gilt Lucy Terry Prince (ca. 1730-1821), deren Gedichte und Hymnen allerdings nicht gedruckt, sondern mündlich überliefert wurden.

61 Ihr eigener Name setzt sich aus dem Nachnamen ihres Käufers und dem Namen des Schiffes, das sie nach Amerika brachte, zusammen.

eine gute Ausbildung erhielt: Sie wurde in Latein, griechischer Mythologie und Geschichte unterrichtet. Ihr erstes Gedicht veröffentlichte sie bereits 1767 mit dreizehn Jahren. Dass sie in so kurzer Zeit die englische Sprache in einer Tiefe beherrschen lernte, die es ihr möglich machte, sich darin literarisch auszudrücken, ist bereits eine enorme intellektuelle Leistung.

Als sie 1772 auf der Suche nach einem Verleger für einen Gedichtband war, wurde ihre Urheberschaft an den Gedichten allerdings in Frage gestellt. So musste sie 1772 vor einer Kommission von achtzehn ›weißen‹ Bostoner Männern ihre Urheberschaft nachweisen. Anlass für das Einberufen dieser Kommission war, dass generell bezweifelt wurde, dass Afrikaner:innen Literatur schaffen können. Wheatley überzeugte die Kommission, die ihr ihre Urheberschaft attestierte, ein Nachweis, der Eingang ins Vorwort ihrer Gedichtsammlung *Poems on Various Subjects, Religious and Moral* fand, die 1773 in London gedruckt wurde. Im selben Jahr wurde ihr schließlich auch die Freiheit gewährt. Als freie Schwarze widmete sie einige ihrer Gedichte der erstarkenden Unabhängigkeitsbewegung, die 1776 in der Gründung der Vereinigten Staaten gipfelte. So ist eines ihrer Gedichte dem späteren Präsidenten George Washington gewidmet (*To His Excellency General Washington*, 1775). Allerdings bedeutete die Freiheit für sie auch, frei von jeglicher finanziellen Unterstützung zu sein. Wheatley schrieb weiter Gedichte, schlug sich als Kellnerin durch und verstarb bereits 1784 verarmt im Alter von nur 31 Jahren.[62]

Die Mehrzahl ihrer Gedichte ist christlich-erbaulichen Inhalts. Eher selten findet man Stellen, die ihre eigene Situation thematisieren, wie in ihrem Gedicht *On Being Brought From Africa to America* (*Wie ich von Afrika nach Amerika kam*) aus dem Jahr 1768, da war sie 14 Jahre alt. Hier heißt es:

62 Weitere Literatur zu Wheatley: M.A. Richmond, *Bid the Vassals Soar. Interpretive Essays on the Life and Poetry of Phillis Wheatley and George Moses Horton*, Washington D.C. 1974; W.H. Robinson, *Critical Essays on Phillis Wheatley*, Boston 1982; J.C. Shields (Hg.), *The Collected Works of Phillis Wheatley*, Oxford u.a. 1988; V. Carretta, *Phillis Wheatley: Biography of a Genius in Bondage*, Athens 2011; J.C. Shields, *Phillis Wheatley's Poetics of Liberation: Backgrounds and Contexts*, Knoxville 2008; Ders. (Hg.), *New Essays on Phillis Wheatley*, Knoxville 2011.

Gnade brachte mich aus meinem *heidnischen* Land,
Sie lehrte meine verblendete Seele zu verstehen
Dass es einen Gott gibt, dass es auch einen *Retter* gibt:
Einst suchte ich die Erlösung nicht, noch kannte ich sie.
Manche betrachten unser Schwarzes Volk mit verächtlichem Blick,
»Ihre Farbe ist ein teuflischer Tod.«
Denkt daran, *Christen*, *Afrikaner*,[63] schwarz wie *Kain*,
können geläutert werden und sich dem Zug der Engel anschließen.[64]

Gnade war es also, die sie aus ihrem »heidnischen« Land nach Amerika brachte, wo ihre Seele Gott, dem Retter, geöffnet wurde. Hier haben wir es scheinbar mit einer Affirmation der Versklavung Schwarzer Menschen zu tun, da damit eine Gotteserkenntnis einhergehe, die vorher nicht vorhanden war. Angesichts ihrer Situation als versklavtes vierzehnjähriges Mädchen ist es kaum verwunderlich, dass Wheatley hier keine offene Kritik an ihrer Situation übt. Allerdings schwingt bereits in diesem Gedicht, und zwar in der letzten Zeile, auch der Anspruch einer Gleichbehandlung als Christin unter Christ:innen mit. Darüber hinaus verweist Henry Louis Gates, Jr. in seiner Analyse und Einordnung des Werks von Phillis Wheatley auf die Möglichkeit, dass es sich um ein Anagramm[65] handeln könnte. Arrangiere man die Buchstaben (im Englischen) neu, könnte der Text in deutscher Übersetzung wie folgt lauten:

63 Ich habe den von Wheatley an dieser Stelle gebrauchten Begriff in meiner Übersetzung ins Deutsche verändert. Zum Original siehe die folgende Fußnote.

64 »›Twas mercy brought me from my *Pagan* land,
Taught my benighted soul to understand
That there's a God, that there's a *Saviour* too:
Once I redemption neither sought nor knew.
Some view our sable race with scornful eye,
›Their colour is a diabolic die.‹
Remember, *Christians, Negros*, black as *Cain*,
May be refin'd, and join th' angelic train.« Zitiert nach H. L. Gates, Jr., *The Trials of Phillis Wheatley. America's First Black Poet and Her Encounter with the Founding Fathers*, New York 2003, S. 70-71. Übersetzung A. G.

65 Als Anagramm wird die Neubildung eines Wortes oder Textes durch das Umstellen einzelner Buchstaben, Silben, Wörter oder Sätze eines vorhandenen Wortes oder Textes verstanden. Wie aus Wheatleys ursprünglichem Text der neue Vorschlag konkret gebildet werden kann, wird von Gates nicht demonstriert, kann anhand der Übereinstimmung der Anzahl der einzelnen Buchstaben in der englischen Version der beiden Texte aber überprüft werden.

Seid gegrüßt, Brüder in Christus! Habt ihr
Gottes Wort vergessen? Die Heilige Schrift lehrt
uns, dass Knechtschaft falsch ist. Seine eigene gierige
Familie verkaufte Joseph in die Sklaverei. »Gibt es
kein Heilmittel in Gilead?« Gott hat uns alle geschaffen.
Sind afrikanische Menschen nicht dazu geboren, frei zu sein? So
Auch ich. Ihr begeht so ein brutales Verbrechen
An uns. Aber wir können eure Einstellung ändern.
Amerika, gib unserer Rasse[66] die Freiheit. Ich danke dem
Herrn.[67]

In dieser Form würde aus dem Gedicht, dessen Titel in ähnlicher Weise neu arrangiert auf Deutsch in etwa lautet »Verbittert, Geh ich, Menschliche Fracht aus Ebenholz, Aus Afrika« (Bitter, Go I, Ebon Human Cargo, From Africa),[68] dann eine Anklage unchristlichen Verhaltens gegenüber den frei geborenen afrikanischen Menschen. Gates fordert im Anschluss an die Eröffnung dieser möglichen Re-Lektüre:

Und so werden wir an unsere Aufgabe als Leser:in erinnert: Wir müssen lernen, Wheatley neu zu lesen, unbeeinflusst von den Ängsten ihrer und unserer Zeit. Nur so können wir Phillis Wheatley die nötige Geltung verschaffen. Die Herausforderung besteht nicht darin, weiß oder schwarz zu lesen; sie besteht darin, zu lesen.[69]

Was man von Gates' beziehungsweise Grigos Anagramm-These auch halten mag, diese Aufforderung zum Lesen ist in jedem Fall

66 Ich belasse den von Wheatley gebrauchten Begriff in der deutschen Übersetzung.

67 »Hail, Brethren in Christ! Have ye
Forgotten God's word? Scriptures teach
Us that bondage is wrong. His own greedy
Kin sold Joseph into slavery. »Is there
No balm in Gilead?« God made us all.
Aren't African men born to be free? So
Am I. Ye commit so brute a crime
On us. But we can change thy attitude.
America, manumit our race. I thank the
Lord.« Zitiert nach Gates, Jr., *The Trials of Phillis Wheatley*, S. 88. Übersetzung A. G. Gates verweist darauf, dass Walter Grigo diese Idee entwickelt hat, siehe S. 87.

68 Ebd., S. 89.

69 Ebd., Übersetzung A. G.

berechtigt und kann in dieser Form auch auf die Texte Amos und vieler anderer afrikanischer Autor:innen und Philosoph:innen bezogen werden.

Gates verweist zudem auf explizitere Stellen in Wheatleys Werk, in denen eine Kritik am Sklavenhandel deutlich wird. Dazu gehört das Gedicht mit dem Titel »To the Right Honourable William, Earl of Dartmouth«. Mit Blick auf ihre afrikanische Herkunft schreibt sie:

> Solltet Ihr, mein Herr, während Ihr mein Lied lest,
> Euch wundern, woher meine Freiheitsliebe entspringt,
> Woher diese Wünsche für das Gemeinwohl kommen,
> Von fühlenden Herzen allein am besten verstanden,
> Ich, jung im Leben, durch scheinbar grausames Schicksal
> Wurde dem glücklichen Afrika entrissen:
> Welch quälende Pein muss mich plagen,
> Welcher Kummer lastet in der Brust meiner Eltern
> Stählern war die Seele und von keinem Elend bewegt
> Die einem Vater sein geliebtes Kind entriss:
> So, so ist mein Fall. Und kann ich nicht anders als beten:
> Andere mögen nie tyrannische Herrschaft fühlen?[70]

Explizit wird ihr Schicksal als grausam bezeichnet und die Liebe zur Freiheit unterstrichen. Den universellen, allgemein menschlichen Wunsch nach Freiheit formuliert sie ebenso in einem Brief an Reverend Samson Occom.[71] Hier heißt es:

70 »Should you, my lord, while you peruse my song,
Wonder from whence my love of Freedom sprung,
Whence flow these wishes for the common good,
By feeling hearts alone best understood,
I, young in life, by seeming cruel fate
Was snatch'd from Afric's fancy'd happy seat:
What pangs excruciating must molest,
What sorrows labour in my parent's breasts
Steel'd was that soul and by no misery mov'd
That from a father seiz'd his babe belov'd:
Such, such my case. And can I then but pray
Others may never feel tyrannic sway?« Ebd., S. 71 f. Übersetzung A. G.

71 Samson Occom (1723-1792) stammte aus dem Volk der Mohegan und gehörte zu den ersten First Nation People, die ein geistliches Amt in der Presbyterianischen Kirche übernahmen. Occom gilt zudem als zweiter Vertreter der indigenen Völker in Nordamerika, der Texte in englischer Sprache veröffentlicht hat, und

In jede menschliche Brust hat Gott ein Prinzip eingepflanzt, das wir Freiheitsliebe nennen; es ist ungeduldig gegenüber Unterdrückung und sehnt sich nach Befreiung; und [...] ich will behaupten, dass das gleiche Prinzip in uns lebt. [...] Wie gut der Schrei nach Freiheit und die umgekehrte Neigung zur Ausübung von unterdrückerischer Macht über andere übereinstimmen – ich denke in aller Bescheidenheit, dass es nicht der Durchdringung eines Philosophen bedarf, um das festzustellen.[72]

Noch bis in die 1850er Jahre wurden Wheatleys Werke von Vertreter:innen der Abolitionsbewegung häufig zitiert. Erst Ende des 19./Anfang des 20. Jahrhunderts begann die Kritik an ihrer christlich-erbaulichen Art des Schreibens zu wachsen. Die in ihren Gedichten nur sehr verdeckt geäußerte Kritik an den zur ihren Lebzeiten herrschenden Verhältnissen ließ ihr Werk zunehmend untauglich für die Emanzipationserzählung Schwarzer Menschen erscheinen und Wheatley geriet fast in Vergessenheit. Erst seit wenigen Jahren steht ihr Werk wieder im Fokus von Diskursen, unter anderem des Schwarzen Feminismus.

Wheatleys Leben und ihre Schriften eröffnen gesellschaftliche und historische Zusammenhänge sowie Einblicke in Gedankenwelten, die für das Verstehen philosophischer Konzepte jener Epoche von Bedeutung sind. Dabei handelt es sich nicht allein um den Umstand, dass schreibende afrikanische Männer und Frauen rassistische Vorurteile, die Afrikaner:innen *per se* die Fähigkeit absprachen, zu solcherart Erkenntnissen und Ausdrucksmöglichkeiten fähig zu sein, ad absurdum führten.[73] Darüber hinaus illustrieren ihre Lebenswege und ihre Werke, unter welchen schwierigen Bedingungen kreatives Schaffen, Reflexion und Wissensproduktion Schwarzer Menschen in der Diaspora entstand. Anhand ihrer Selbstzeugnisse werden die (Un-)Rechtsverhältnisse in Europa und den Kolonien veranschaulicht, auf deren Basis Menschen zu Waren degradiert, in erzwungenen Arbeitsverhältnissen festgehalten und grausamen Strafen unterzogen wurden. Deutlich werden in ihren Werken

als erster, der einen autobiographischen Text schrieb. Es ist anzunehmen, dass Wheatley und Occom bestimmte Diskriminierungserfahrungen geteilt haben.

72 Gates, Jr., *The Trials of Phillis Wheatley*, S. 73f. Übersetzung A. G.

73 Weitere Namen könnten angeführt werden, wie Juan Latino (1518-1596), der als Sohn Schwarzer Sklaven nach Granada kam, dort an der Universität studierte und 1545 einen Abschluss erhielt. Nach seiner Freilassung erhielt er in Granada den Lehrstuhl für Grammatik und Latein, den er über zwanzig Jahre innehatte.

ebenso die weltanschaulichen Grundlagen, die diese ökonomische und Rechtspraxis legitimierten – entgegen jeglichen christlichen oder aufklärerischen Grundsätzen, an die sowohl Wheatley als auch Equiano (und viele andere afrikanische Intellektuelle) in ihren Arbeiten appellieren: die universale Gültigkeit christlicher Nächstenliebe und des Rechts eines jeden Menschen auf Freiheit.

Darüber hinaus macht der Fall Wheatley deutlich, dass eine Philosophiegeschichtsschreibung der Frauen genauso wie die Rekonstruktion philosophischen Wissens weiterer marginalisierter und unterdrückter Menschengruppen ein breites Korpus an Texten mit in Betracht ziehen muss. Gerade das philosophische Wissen von Frauen hat sich bis zum 20. Jahrhundert und darüber hinaus – wie die Rekonstruktion der Geschichte der Philosophinnen Europas heute eindrucksvoll zeigt – zumeist nicht in akademischen Abhandlungen niedergeschlagen, sondern ist in literarischen Texten, Briefen und Lebensgeschichten ebenso zu finden wie in mystischen Texten oder in den Ausdrucksformen von Widerstand in Theorie und Praxis. Wheatley ist in diesem Zusammenhang ein interessantes Beispiel. Auf diese Fragen wird in Kapitel 11, das sich der Frage der Repräsentation des Schaffens von Frauen in der Philosophiegeschichte widmet, ausführlicher eingegangen.

Ein anderes Beispiel, das für die Vielfalt der Meinungen und Argumentationen Schwarzer Intellektueller in der Diaspora steht und in unserem Zusammenhang nicht unerwähnt bleiben darf, ist die Dissertation von Jacobus Elisa Johannes Capitein (ca. 1717-1747). Capitein, dessen afrikanischer Name nicht mehr bekannt ist, wurde 1725 im Alter von acht Jahren aus dem Gebiet des heutigen Ghana entführt und in die Sklaverei verkauft. Mit Jacobus van Goch, einem Händler der Niederländisch-Westindischen Gesellschaft, kam er 1728 nach Den Haag, wo er durch van Goch in seiner Ausbildung unterstützt wurde. Er lernte Lesen und Schreiben, Mathematik und klassische Sprachen. 1735 wurde er in der holländischen reformierten Kirche getauft. 1737 begann er ein Studium der Theologie an der Universität Leiden und gehörte also mit Amo zu den ersten Afrikanern, die an europäischen Universitäten studierten. In seiner Dissertation aus dem Jahr 1742 *De servitute, libertati christianae non contraria*[74] verteidigt Capitein die Sklaverei und argumentiert, dass

74 Eine Übersetzung des Textes findet sich in J. E. J. Capitein, *The Agony of Asar: A Thesis on Slavery by the Former Slave, Jacobus Elisa Johannes Capitein, 1717-1747*,

sie nicht im Konflikt mit der christlichen Freiheit stehe. Capitein, der in diesem Text auch seine eigene Lebensgeschichte beschreibt, definiert Sklaverei in Anlehnung an Seneca als »Zustand, in dem jemand unfreiwillig der Autorität eines anderen unterworfen ist«.[75] Sie müsse vom Status eines Dieners, der diese Funktion freiwillig erfülle, unterschieden werden. Nach einem kurzen historischen Abriss zur Sklaverei von Aristoteles bis zur hamitischen These und verschiedenen biblischen Präzedenzfällen kommt Capitein zu dem Schluss, dass Sklaverei gerechtfertigt sei, da sie evangelischen Zwecken diene und zur Verbreitung des Christentums beitrage. Er betont, dass ein Sklave, der zum Christentum bekehrt werde, nicht befreit werden müsse und Sklavenhalter daher die Taufe ihrer Sklaven zulassen sollten. Capitein argumentiert hier gegen Godefridus Corneliszoon Udemans (1581-1649), der vorgeschlagen hatte, dass Sklaven sieben Jahre nach ihrer Taufe befreit werden sollten. Dies würde – so das Gegenargument von Capitein – die Taufe unpopulär machen, da Sklavenhalter bestrebt seien, ihr Eigentum zu behalten. Insofern sei Udemans' Vorschlag abschreckend und würde die Taufe verhindern. Daher vertritt Capitein die Position, dass eine Taufe nicht zur Freilassung von Sklav:innen führen müsse.

Capitein geht in seinem Text detailliert auf Argumente gegen die Sklaverei ein, wie zum Beispiel, dass sich das Konzept christlicher Freiheit auf Geist und Körper beziehe, oder auch, dass Sklaverei in den Niederlanden selbst verboten sei. Er zieht jedoch den Schluss, dass sich das Konzept christlicher Freiheit nur auf den Geist beziehe,[76] und versucht dies anhand verschiedener Bibelstellen ebenso wie mit Bezug auf den Theologen und Begründer des Calvinismus Johannes Calvin (1509-1564) zu belegen.[77] Auch versucht er, das Argument zu widerlegen, dass Vertreter des frühen Christentums wie Gregor von Nyssa die Freilassung von Sklaven als Akt wahrer christlicher Nächstenliebe priesen.[78] Capitein argumentiert, dass sowohl in den frühen Jahren des Christentums als auch in späteren

Princeton 2001, S. 80 ff.: «Political-theological dissertation examining the question: Is slavery compatible with Christian freedom or not?«

75 Capitein, *The Agony of Asar*, S. 95. Übersetzung A. G.

76 Ebd., S. 104.

77 Ebd., S. 116.

78 Ebd., ab S. 117.

Jahrhunderten, zum Beispiel in den Niederlanden, die Aufhebung der Sklaverei nicht aus der Bibel, sondern nur aus der politischen Vernunft abgeleitet werden konnte.[79]

Mit seiner Verteidigung der Sklaverei machte er sich bei der Niederländischen-Westindischen Gesellschaft beliebt und wurde zum Pfarrer des Forts von Elmina ernannt, dem Zentrum des niederländischen Sklavenhandels an der Goldküste. Nach einer kurzen Tour durch die Niederlande, wo er als Schwarzer Geistlicher gefeiert wurde – Capitein war einer der ersten Schwarzen Pfarrer –, ging er nach Elmina. Seine Aufgaben dort gestalteten sich schwierig, da er weder von den ›weißen‹ Sklavenhaltern anerkannt wurde noch von der lokalen Bevölkerung. Obwohl als Missionar weitgehend erfolglos, gelang es ihm, in Elmina eine Schule und ein Waisenhaus einzurichten.

Jacobus Capiteins Rolle in der Geschichte und seine Dissertation spielen bis heute im Diskurs kaum eine Rolle, da er als Verteidiger der Sklaverei weder in den Rahmen einer Emanzipationserzählung noch in den der Kritik an der Aufklärung zu passen scheint. Und doch sollten wir unser Augenmerk gerade auch auf diesen Text lenken, der das intellektuelle Klima des 18. Jahrhunderts deutlich widerspiegelt: Sowohl die Kirche als auch – wie wir im folgenden Abschnitt sehen werden – die Denker der Aufklärung hatten sich an den Sklavenhandel angepasst, der zu einer mächtigen Säule der europäischen Wirtschaft geworden war. Und für eine lange Zeit konnten sich weder Kirche noch Aufklärung zu einer grundsätzlichen Ablehnung der Sklaverei durchringen. Insofern spiegeln sich in Capiteins Text Argumente wider, wie wir sie in den Schriften der Aufklärer wiederfinden.

9.2. Das Bild des Afrikaners bei Kant

Das populäre Bild von Immanuel Kant (1724-1804), so wie es auch im Studium der Philosophie vermittelt wird, fokussiert im Wesentlichen auf seine berühmten Kritiken (*Kritik der reinen Vernunft*, 1781, *Kritik der praktischen Vernunft*, 1788 und *Kritik der Urteilskraft*, 1790) und seine moralischen Schriften (*Grundlegung*

79 Ebd., ab S. 175.

zur Metaphysik der Sitten, 1785). Dass Kant auch Vorlesungen zur Physischen Geographie[80] und zur Anthropologie[81] gehalten hat und darüber hinaus der Verfasser von Schriften zu den *Racen der Menschheit* (1775) oder auch zu naturgeschichtlichen Fragen, zum Beispiel im Rahmen seiner *Allgemeinen Naturgeschichte und Theorie des Himmels* (1755), ist, wird seltener behandelt. Aber Kant war ein vielseitig interessierter Mensch, und obwohl er selbst Königsberg selten verlassen hat, gehörten zu seiner Lieblingslektüre, auch die Reisebeschreibungen seiner Zeitgenossen, wie Peter Kolbs *Beschreibung des Vorgebürges der Guten Hoffnung* (1719) und die *Allgemeine Historie der Reisen zu Wasser und Lande* (herausgegeben von Johann Joachim Schwabe von 1747 bis 1774 in 21 Bänden).

Betrachten wir gerade seine geographischen und anthropologischen Vorlesungen etwas näher, begegnen wir Aussagen, die das Kant-Bild unserer Zeit erschüttert haben. Denn so heißt es in den Vorlesungsmitschriften seiner *Physischen Geographie* unter anderem:

Die Menschheit ist in ihrer größten Vollkommenheit in der Race der Weißen. Die gelben Indianer haben schon ein geringeres Talent. Die N. sind weit tiefer und am tiefsten steht ein Teil der amerikanischen Völkerschaf-

80 Titel einer Vorlesung, die er vom Beginn seiner Privatdozentur 1755 bis zum Ende seiner Lehrtätigkeit im Sommer 1796 gehalten hat. I. Kant, *Physische Geographie*, Akademie-Ausgabe Bd. 9. Alle Kant-Schriften werden zitiert nach: Kant, *Gesammelte Schriften*, hg. v. Akademie der Wissenschaften, Berlin 1900ff. Das 2002 von der Berlin-Brandenburgischen Akademie der Wissenschaften übernommene Neueditions-Projekt der *Kant-Ausgabe* weist darauf hin, dass Band 9 der Akademie-Ausgabe, der die Ausführungen zur *Physischen Geographie* enthält, *nicht* als verlässliche Auskunftsquelle für diese Vorlesungen angesehen werden kann. Vgl. ⟨https://www.online.uni-marburg.de/kant_old/webseitn/gt_home4.htm⟩, letzter Zugriff 4.3.2022. Zur den Vorlesungen über *Physische Geographie* siehe daher: Dokumentation der Vorlesungen über Physische Geographie, ⟨http://kant.bbaw.de/base.htm/index.htm⟩, letzter Zugriff 4.3.2022. Im Jahr 2009 ist Band 26.1 der Ausgabe erschienen mit dem Text des frühen, 1757 bis 1759 abgefassten Konzepts zur Vorlesung: Kant, *Gesammelte Schriften*, Bd. 26.1: *Vorlesungen über Physische Geographie*, bearbeitet von W. Stark, R. Brandt, Berlin 2009. Abgeschlossen wird die Dokumentation aber erst nach dem Erscheinen von Bd. 26.2 der Kant-Ausgabe.

81 Veröffentlicht erst 1798 als letzte von Kant selbst herausgegebene Schrift unter dem Titel *Anthropologie in pragmatischer Hinsicht* (AA, 07) auf der Grundlage seiner Vorlesungen über Anthropologie, die er über mehr als zwanzig Jahre in jedem Wintersemester von 1772/73 bis 1795/96 gehalten hat.

ten. […] Denn alle Bewohner der heißesten Zone sind ausnehmend träge. Bei einigen wird diese Faulheit noch etwas durch die Regierung und den Zwang gemäßigt.[82]

Aber auch in seiner Schrift *Beobachtungen über das Gefühl des Schönen und Erhabenen* (1764) findet sich die folgende Stelle, in der es heißt: »[…] dieser Kerl war vom Kopf bis auf die Füße ganz schwarz, ein deutlicher Beweis, daß das, was er sagte, dumm war.«[83] Hier scheint die Pigmentierung der Haut über die Qualität eines Arguments oder gar die Vernunftfähigkeit eines Menschen zu entscheiden. Solche und ähnliche Textstellen verweisen auf rassistische Tendenzen in Kants Werk und konfrontieren uns mit einem Widerspruch, der den Kern der im Jahr 2020 im Zuge des globalen Aufgreifens der *Black-Lives-Matter*-Bewegung neu aufgeflammten Debatten um Rassismus in den Schriften von Immanuel Kant bildet. Heinz Kimmerle hat ihn schon etwa zwanzig Jahre zuvor treffend wie folgt formuliert:

Es scheint ein merkwürdiger Widerspruch zu sein, dass Kant, der Denker der Vernunft und der Freiheit und zugleich auch einer der Verkünder der Menschenrechte, des Weltbürgertums und des ewigen Friedens in Bezug auf andere Kulturen offensichtlich rassistische Vorurteile hegt. Dieser Widerspruch wird indessen verständlicher, wenn man bedenkt, dass Vernunft, Freiheit usw. nach Kant auch innerhalb der europäischen Kultur nur den wirtschaftlich selbständigen männlichen Bürgern zukommen.[84]

82 Kant, PG, AA (09), 316.05-22. Da es sich um Mitschriften seiner Studenten handelt, ist der Status dieser Texte im Rahmen von Kants Gesamtwerk umstritten.

83 Kant, GSE, AA (02), 225.01-03.

84 Kimmerle, *Interkulturelle Philosophie zur Einführung*, S. 57-58. Ähnlich argumentiert auch Mills, nämlich, dass sich der Kategorische Imperativ nur auf ›weiße‹ Männer beziehe. Vgl. Mills, »Kant's Untermensch«, in: A. Valls (Hg.), *Race and Racism in Modern Philosophy,* Ithaca 2005, S. 169-193. In diesem Zusammenhang ist auch auf Pauline Kleingelds Artikel »On Dealing with Kant's Sexism and Racism«, in: *SGIR Review* 2/2 (2019), S. 3-22 zu verweisen. Kleingeld macht deutlich, dass scheinbar geschlechterneutrale Begriffe wie ›der Mensch‹ in der praktischen Umsetzung nicht geschlechterneutral verstanden wurden (was sich zum Beispiel in der Verweigerung des Wahlrechts für Frauen ausdrückte – wo hingegen Frauen gleichberechtigt Steuern zahlen mussten) und somit Olympe de Gouges guten Grund hatte, eine Erklärung der Rechte der Frau und Bürgerin (1791) zu entwerfen, siehe ebd., S. 14.

Kimmerle verweist hier bereits auf einen möglichen Erklärungsansatz und zudem darauf, dass rassistische Tendenzen nicht das einzige Problem an Kants Schriften sind, sondern ebenso sein Bild der Frau und von Geschlechterverhältnissen. Das heißt, nicht nur Kants Vorstellungen von den verschiedenen ›racen‹ der Menschheit, die im Folgenden kurz skizziert werden sollen, werfen Fragen auf, sondern auch seine Vorstellungen von den Unterschieden der Geschlechter, die Gegenstand seiner Anthropologie-Vorlesungen waren, sich aber ebenso in den *Beobachtungen über das Gefühl des Schönen und Erhabenen* oder der *Metaphysik der Sitten* (1797) finden und weitreichenden Einfluss auf spätere Theorien hatten.[85]

Während eine feministische Auseinandersetzung mit Kant bereits etwas früher eingesetzt hat, hat sich erst seit den 1990er Jahren ein akademischer Diskurs entwickelt, der seine Schriften zu den ›Racen‹ der Menschen sowie mögliche rassistische Tendenzen in seinem Werk näher untersucht und sich mit deren Stellung in seinem Gesamtwerk kritisch auseinandersetzt. Hier gibt es deutliche Unterschiede zwischen dem anglophonen und dem deutschsprachigen Diskurs, sowohl hinsichtlich der Breite als auch der Schärfe der geführten Auseinandersetzungen: Während die Auseinandersetzung mit Kants Rassismus in der anglophonen Welt durchaus

85 Dazu gehört u.a. die Verbindung von Weiblichkeit mit einer unkontrollierten Emotionalität (vgl. *Beobachtungen über das Gefühl des Schönen und Erhabenen)*. Siehe dazu R. Löchel, »Frauen sind ängstlich, Männer sollen mutig sein. Geschlechterdifferenz und Emotionen bei Immanuel Kant«, in: *Kant-Studien* 97/1 (2006), S. 50-78. Das betrifft ebenso die Unterordnung der Frau unter die Herrschaft des Mannes, wie zum Beispiel in der *Metaphysik der Sitten*: Obwohl Kant formuliert, dass die Ehe ein Verhältnis unter Gleichen sei und für die Ehepartner formal dieselben Rechte gelten, heißt es wenig später: »[...] wenn das Gesetz von dem Manne in Verhältniß auf das Weib sagt: er soll dein Herr (er der befehlende, sie der gehorchende Theil) sein, so kann dieses nicht als der natürlichen Gleichheit eines Menschenpaares widerstreitend angesehen werden, wenn dieser Herrschaft nur die natürliche Überlegenheit des Vermögens des Mannes über das weibliche in Bewirkung des gemeinschaftlichen Interesse des Hauswesens und des darauf gegründeten Rechts zum Befehl zum Grunde liegt [...].« Kant, *Die Metaphysik der Sitten*, §26, AA (06), 279.18-25. Zur feministischen Kant-Lektüre siehe u.a. U.P. Jauch, *Immanuel Kant zur Geschlechterdifferenz. Aufklärerische Vorurteilskritik und bürgerliche Geschlechtsvormundschaft*, Wien 1988; S. Kofman, *Le respect des femmes: Kant et Rousseau*, Paris 1982. A. Siegetsleitner, »Kants Eherecht: Besitz, Gleichheit und Ungleichheit«, in: *Comparativ. Leipziger Beiträge zur Universalgeschichte und vergleichenden Gesellschaftsforschung* 15/4 (2005), S. 85-96.

einen größeren diskursiven Raum einnimmt und Kants Rassismus zum Teil sehr scharf als sein ganzes Werk durchziehend kritisiert wird,[86] spielt das Thema im deutschsprachigen Raum nur eine sehr begrenzte Rolle.[87] Zudem wird hier bis heute überwiegend argumentiert, dass es sich um eine bedauerliche Randerscheinung in Kants Werk handelt, die für seine großen theoretischen und moralphilosophischen Arbeiten keine Bedeutung hat.[88] Im Zentrum

86 Da es relativ viele Veröffentlichungen zum Thema Kant und Rassismus auf Englisch gibt, seien hier nur die wichtigsten genannt: J.M. Mikkelsen (Hg.), *Kant and the Concept of Race. Late Eighteenth-Century Writings*, Albany 2013; S. Eigen, M. Larrimore (Hg.), *The German Invention of Race,* Albany 2006; C.W. Mills, »Kant's Untermensch«; Ders., »Black Radical Kantianism«, in: *SGIR Review* 2/2 (2019), S. 23-64; T.L. Lott, J.K. Ward (Hg.), *Philosophers on Race*, Oxford 2002; R. Bernasconi (Hg.), *Race,* Oxford 2001; T. McCarthy, *Race, Empire, and the Idea of Human Development*. Eine besondere Rolle im Diskurs über Kants Rassismus hat der folgende Aufsatz des nigerianischen Philosophen E.C. Eze (1963-2009) gespielt: »The Color of Reason: The Idea of ›Race‹ in Kant's Anthropology«, in: Ders. (Hg.), *Postcolonial African Philosophy: A Critical Reader*, Oxford 1997, S. 103-140. Der Aufsatz erschien zuerst in K. Faull (Hg.), *Anthropology and the German Enlightenment*, London 1995, S. 200-241. Siehe auch: E.C. Eze, *Race and the Enlightenment: A Reader,* Oxford 1997 und den Sammelband von K. Flikschuh, L. Ypi (Hg.), *Kant and Colonialism: Historical and Critical Perspectives*, Oxford 2014.

87 Angestoßen wurde das Thema u. a. von den folgenden Autor:innen: A. Figl, »Immanuel Kant und die wissenschaftliche Weihe des Rassismus«, in: *Zeitschrift für Afrikastudien* 13/14 (1992), S. 9-28; M. Firla, *Untersuchungen zum Verhältnis von Anthropologie und Moralphilosophie bei Kant*, Frankfurt/M. 1981; Dies., »Philosophie und Ethnographie. Kants Verhältnis zu Kultur und Geschichte Afrikas«, in: *Zeitschrift der Deutschen Morgenländischen Gesellschaft*, Supplement X, *XXV. Deutscher Orientalistentag vom 8. bis 13. 4. 1991 in München. Vorträge,* Stuttgart 1994, S. 432-442; Dies., »Kants Thesen vom ›Nationalcharakter‹ der Afrikaner, seine Quellen und der nicht vorhandene ›Zeitgeist‹«, in: *Mitteilungen des Instituts für Wissenschaft und Kunst* 52/3 (1997), S. 7-17; W.G.C. Smidt, »Die philosophische Kategorie des Läppischen und die Verurteilung der Afrikaner durch Kant«, in: *Stichproben. Wiener Zeitschrift für kritische Afrikastudien* 4/6 (2004), S. 43-60; Ders., *Afrika im Schatten der Aufklärung. Das Afrikabild bei Immanuel Kant und Johann Gottfried Herder*, Bonn 2000; C. Neugebauer, »The Racism of Kant and Hegel«, in: Odera Oruka (Hg.), *Sage Philosophy*, S. 259-272.

88 Dieses Argument wurde zum Beispiel in der von der Berlin-Brandenburgischen Akademie der Wissenschaften organisierten interdisziplinären Diskussionsreihe »Kant – Ein Rassist?« im Wintersemester 2020/21 wiederholt vertreten. Die sechs Veranstaltungen dokumentieren sehr gut den Stand der Diskussion im deutschsprachigen Raum. Die Aufzeichnungen der Veranstaltungen finden sich auf den

der Auseinandersetzungen steht insbesondere die Bedeutung der von Kant eingeführten und in verschiedenen Schriften behandelten Kategorie ›Race‹ für sein Gesamtwerk und die Auswirkungen seiner Abhandlungen auf den nachfolgenden geisteswissenschaftlichen Diskurs. Kant ist in der Geschichte der europäischen Philosophie und Wissenschaften nicht der Erste, der den Begriff ›Race‹[89] auf den Menschen anwendet.[90] Allerdings wird Kant oft als jener Denker angesehen, der diesen Begriff im wissenschaftlichen Diskurs salonfähig gemacht hat.[91] Dass für Kant selbst der Begriff ›Race‹ von einiger Bedeutung war, soll im Folgenden kurz nachvollzogen werden.

9.2.1. Zum Begriff ›Race‹ bei Kant

Für die Bestimmung dessen, was der Mensch ist, ist die Kategorie ›Race‹ für Kant ein wichtiger Klassifikationsbegriff. Dies wird nicht zuletzt daran deutlich, dass Kant sich in vier verschiedenen Schriften der Erläuterung beziehungsweise der Verteidigung dieses

Seiten der BBAW: ⟨https://www.bbaw.de/mediathek/archiv-2020/kant-ein-rassist-interdisziplinaere-diskussionsreihe⟩, letzter Zugriff 4.3.2022.

89 Kant verwendet in seinen Schriften den Begriff ›Race‹. Aus diesem Grund bleibe ich bei dieser Schreibweise.

90 Ivan Hannaford, der sich intensiv mit der Entstehung der modernen Idee von Menschen-›Racen‹ in seinem Buch *Race: The History of an Idea in the West* auseinandergesetzt hat, siedelt die Entstehung dieser Idee in einer ersten Etappe zwischen 1684 und 1815 an. In dieser Zeit entstanden die grundlegenden Arbeiten, die diesen Begriff zu einem wichtigen Organisationsprinzip entwickelten. François Berniers *Nouvelle division de la terre par les differents espèces ou races qui l'habitent*« (1684) wird als erste Schrift genannt, in der Menschengruppen anhand empirisch beobachteter äußerlicher Merkmale klassifiziert wurden. I. Hannaford, *Race: The History of an Idea in the West,* Washington 1996, S. 191.

91 Robert Bernasconi argumentiert, dass es Kant gewesen sei, »der den Begriff ausreichend definierte, so dass die späteren Benutzer glauben konnten, dass es sich um etwas handelte, dessen wissenschaftlicher Status zumindest erörtert werden konnte«. Bernasconi, *Race*, S. 11. Siehe dazu auch die Beiträge von Bernasconi, S. Shell, J. Zammito oder M. Larrimore in: Eigen/Larrimore, *The German Invention of Race*. Eze argumentiert: »Kants Anthropologie und Geographie bieten die stärkste, wenn nicht sogar die einzige hinreichend artikulierte *theoretisch-philosophische* Rechtfertigung der Einteilung in höhere und niedrigere ›Menschenrassen‹, die es bis zu seiner Zeit in Europa gegeben hat.« Eze, »The Color of Reason«, S. 129.

Begriffs gegen Kritiker gewidmet hat. Dabei handelt es sich um die folgenden von Kant selbst verfassten Schriften:[92] *Von den verschiedenen Racen der Menschheit* (1775, Wiederauflagen 1777 und 1783), *Bestimmung des Begriffs einer Menschenrace* (1785) sowie *Über den Gebrauch teleologischer Principien in der Philosophie* (1788) und darüber hinaus seine *Recensionen von J. G. Herders Ideen zur Philosophie der Geschichte der Menschheit* (1785).

In seinem ersten Aufsatz zu diesem Thema unter dem Titel *Von den verschiedenen Racen der Menschheit* (1775),[93] der seine kommenden Vorlesungen zur Physischen Geographie und Anthropologie ankündigen soll, benutzt Kant den Begriff ›Race‹, um die Verschiedenheit der Menschen systematisieren zu können. Für Kant ist ›Race‹ eine notwendige Annahme, ein Unterscheidungsbegriff, um die Unterschiede in der Natur, hier anhand des Menschen, zu erkennen, zu benennen und ordnen zu können.[94] Im genannten

92 Es ist unumstritten, dass die hier genannten Schriften – im Gegensatz zu Vorlesungsmitschriften zur *Physischen Geographie*, deren Entstehungs- und Editionsgeschichte zu berechtigten Zweifeln Anlass gibt, ob aus ihnen Kant selbst spricht – von Kant selbst verfasst wurden.

93 Kants Schrift erschien damit zeitgleich mit der des Anthropologen J. F. Blumenbach (1752-1840): *De generis humani varietate nativa.* Göttingen 1775, in der Blumenbach die anatomischen und morphologischen Varietäten des Menschen untersucht. Blumenbach benutzt hier noch den Begriff »*varietas*« und geht davon aus, dass zwischen den Varietäten der Menschen, also den verschiedenen Menschengruppen, keine festen Grenzen gezogen werden dürfen. Wie Bernasconi nachweist, wurde Kant nicht von Blumenbach inspiriert, sondern vielmehr umgekehrt: Blumenbach wurde von Kant beeinflusst. Vgl. Bernasconi, »Who Invented the Concept of Race«, in: Ders., *Race*, S. 17. Im Gegensatz zu Kant geht Blumenbach davon aus, dass die Unterschiede der Menschen nur äußerlich seien, und sammelte Belege für die intellektuelle Gleichwertigkeit aller Menschen. Blumenbach, *Beyträge zur Naturgeschichte.* Erster Theil, zweyte Ausgabe. Göttingen 1806, S. 73-97.

94 So betont Kant in *Über den Gebrauch teleologischer Principien in der Philosophie* (1788), dass ›Race‹ ein Ordnungsbegriff unseres Verstandes sei. Es heißt bei ihm: »Was ist Race? Das Wort steht gar nicht in einem System der Naturbeschreibung, vermuthlich ist also auch das Ding selber überall nicht in der Natur.« ÜGTP, AA (08), 163.12-15. Aber, so fährt er fort, ein Beobachter der Natur benötige den Begriff, um vererbbare Eigentümlichkeiten bezeichnen zu können. Hier definiert Kant ›Race‹ als »radicale Eigenthümlichkeit, die auf einen gemeinschaftlichen Abstamm Anzeige giebt und zugleich mehrere solche beharrliche forterbende Charaktere nicht allein derselben Thiergattung, sondern auch desselben Stammes zuläßt […]«. ÜGTP, AA (08), 163.25-28.

Aufsatz geht Kant von der Existenz einer einzigen Menschengattung aus, was sich in der Möglichkeit, Nachkommen zu zeugen, manifestiere. In dieser Frage lehnt er sich an die Theorie eines seiner großen Zeitgenossen an, nämlich an Georges Louis Marie Leclerc, Comte de Buffon (1707-1788) und seine monumentale Naturgeschichte (*Histoire naturelle générale et particulière*, 1749-1788, 36 Bände).[95] Die verschiedenen »Abartungen« der Gattung Mensch bezeichnet Kant als ›Racen‹. Sie zeichnen sich für ihn durch bestimmte vererbte physische Faktoren aus, wobei die Hautfarbe zum wichtigsten Merkmal der Bestimmung der Unterschiede zwischen den Menschen wird. Für Kant sind Menschen mit verschiedenen Hautfarben keine verschiedenen Arten des Menschen, da Reproduktion möglich ist, jedoch gehören sie verschiedenen ›Racen‹ an.

Als Ursache für die Entstehung verschiedener ›Racen‹ macht er klimatische Einflüsse geltend.[96] Damit steht er in einer Tradition von Buffon über Montesquieu (*De l'esprit des loix*, 1748) bis David Hume (*Of National Characters*, 1753/54).[97] Klimatheorien sind zu Kants Zeiten sehr beliebt – auch zur Erklärung von Unterschieden zwischen Menschen aus verschiedenen Regionen der Welt. Klimatheorien in ihren verschiedenen Spielarten behaupten einen grundlegenden Einfluss der klimatischen Verhältnisse auf die physische und psychische Konstitution von Menschen. Zumeist wird zwischen kalten, heißen und gemäßigten Zonen unterschieden. Als ideal für die menschliche Entwicklung und die Entfaltung des menschlichen Geistes wird die gemäßigte Klimazone angesehen. Das Klima der heißen und kalten Zonen dagegen wird als beeinträchtigend für Physis, Geist und Psyche des Menschen dargestellt.

95 Vgl. VvRM, AA (02), 429.10-14 und 429.21-24. Kant geht davon aus, dass es einst eine Art Stammgattung der Menschheit gab. Deren Lebensraum wird von ihm zwischen dem 31. bis zum 52. Breitengrad verortet und die Hautfarbe mit weiß bestimmt. Kant: VvRM, AA (02), 440.34-37 bis 441.01-06.

96 »Der Mensch war für alle Klimaten und für jede Beschaffenheit des Bodens bestimmt; folglich mußten in ihm mancherlei Keime und natürliche Anlagen bereit liegen, um gelegentlich entweder ausgewickelt oder zurückgehalten zu werden, damit er seinem Platze in der Welt angemessen würde und in dem Fortgange der Zeugungen demselben gleichsam angeboren und dafür gemacht zu sein schiene.« VvRM, AA (02), 435.25-29.

97 Aber nicht nur das Klima wird als Ursache für die verschiedenen Hautfarben angenommen, sondern Kant argumentiert auch mit dem Eisengehalt der Haut oder einem Stoff, den er »Phlogiston« nennt. Vgl. BeM AA (08), 103.07-23.

Für Kant sind insbesondere Luft und Sonne jene Faktoren, welche die Zeugungskraft am stärksten beeinflussen und »[...] eine dauerhafte Entwicklung der Keime und Anlagen hervorbringen, d.i. eine Race gründen können«.[98] Der Mensch verfügt nach Kant also über Keime und Anlagen, die sich je nach klimatischen Bedingungen in die eine oder andere Form entwickeln oder entfalten und über einen langen Zeitraum hinweg zur Ausbildung verschiedener ›Racen‹ führen. Eine solche Entwicklung kann dabei nicht rückgängig gemacht werden.[99] Insofern scheint hier eine teleologische Vorstellung von der Entfaltung bestimmter Anlagen vorzuliegen.

Neu an Kants Ansatz ist, dass er ›Racen‹ nicht nur in ihrer Abhängigkeit vom Klima entwickelt, sondern Klimaunterschiede explizit mit der Pigmentierung der Haut in Verbindung bringt. Kant identifiziert dabei vier ›Grundracen‹, die in der langen Entwicklungszeit des Menschen entstanden sind: 1) die Race der Weißen, 2) die N.[100]-Race, 3) die hunnische (mungalische oder kalmuckische) Race, 4) die hinduische oder hindistanische Race.[101] Aufgrund der Beziehung zum Klima wird die Hautfarbe damit zugleich zu einer Fixierung auf einen bestimmten Lebensraum. Der Wechsel bestimmter ›Racen‹ von einer Klimazone in eine andere ist aus diesem Grund nicht wünschenswert oder zumindest schwierig.

Wird der Begriff ›Race‹ in den Aufsätzen *Von den verschiedenen Racen der Menschheit* und *Bestimmung des Begriffs einer Menschenrace* ebenso wie in *Über den Gebrauch teleologischer Principien in der Philosophie* in erster Linie zur Beschreibung von Menschengruppen

98 VvRM, AA (02), 436.01-03. Und an anderer Stelle heißt es: »Wenn die Natur nun ungestört, also ohne Verpflanzung oder fremde Vermischung, viele Zeugungen hindurch wirken kann, [...] so bringt sie jederzeit endlich einen dauerhaften Schlag hervor, der Völkerschaften auf immer kenntlich macht und eine Race würde genannt werden [...].« VvRm, AA (02), 431.32-35.

99 Vgl. VvRM, AA (02), 442.04-1.

100 Ich kürze das Wort hier und im Folgenden ab, da es in Kants Schriften mit abwertenden Bedeutungen verbunden ist.

101 VvRm, AA (02), 432.03-07. An anderer Stelle finden wir unter dem Begriff »Stammgattung« die folgende Einteilung:
»Erste Race, Hochblonde (Nordl. Eur.) von feuchter Kälte.
Zweite Race, Kupferrothe (Amerik.) von trockener Kälte.
Dritte Race, Schwarze (Senegambia) von feuchter Hitze.
Vierte Race, Olivengelbe (Indianer) von trockener Hitze.« VvRm, AA (02), 441.21-25.

verwendet, die sich anhand von bestimmten äußeren Merkmalen, insbesondere ihrer Hautfarbe, unterscheiden, finden sich jedoch auch Anmerkungen, aus denen auf eine Hierarchisierung der ›Racen‹ geschlossen werden kann: Zur Erläuterung der Behauptung, dass das Naturell der Amerikaner:innen eine »halb erloschene Lebenskraft« verrate, heißt es in der zugehörigen Fußnote der Schrift *Von den verschiedenen Racen der Menschheit*:

Um nur ein Beispiel anzuführen, so bedient man sich in Surinam der rothen Sklaven (Amerikaner) nur allein zu häuslichen Arbeiten, weil sie zur Feldarbeit zu schwach sind, als wozu man N. braucht. Gleichwohl fehlt es hier nicht an Zwangsmitteln; aber es gebricht den Eingebornen dieses Welttheils überhaupt an Vermögen und Dauerhaftigkeit.«[102]

Die Behauptung, dass es den Amerikaner:innen »an Vermögen und Dauerhaftigkeit« fehle, verlässt die deskriptive Ebene ebenso wie die Behauptung einer »halb erloschene[n] Lebenskraft«. Hier zeigt sich ein wertendes beziehungsweise sogar abwertendes Vorgehen. Darüber hinaus verweist Kant auf die Existenz der Haus- und Plantagensklaverei nicht, um diese zu problematisieren, sondern lediglich, um angebliche Schwächen bestimmter ›Racen‹ zu illustrieren. Ebenfalls zur Illustration beziehungsweise Bekräftigung eines Arguments – nämlich dass »Indier oder N. in nördlichen Gegenden [...] niemals einen zu ansässigen Landbauern oder Handarbeitern tauglichen Schlag abgeben wollen«[103] – heißt es in der zugehörigen Fußnote der Schrift *Über den Gebrauch teleologischer Principien in der Philosophie* (1788) unter Berufung auf einen Befürworter der Sklaverei:

In Hrn. Sprengels Beiträgen, 5tem Theile, S. 287-292, führt ein sachkundiger Mann gegen Ramsays Wunsch, alle N.sklaven als freie Arbeiter zu brauchen, an: daß unter den vielen tausend freigelassenen N., die man in Amerika und in England antrifft, er kein Beispiel kenne, daß irgend einer ein Geschäfte treibe, was man eigentlich Arbeit nennen kann, vielmehr da sie ein leichtes Handwerk, welches sie vormals als Sklaven zu treiben gezwungen waren, alsbald aufgeben, wenn sie in Freiheit kommen, um dafür Höker, elende Gastwirthe, Livereibediente, auf den Fischzug oder

102 VvRm, AA (02), 438, Fußnote. Auf derselben Seite werden Schwarze Menschen beschrieben als stinkend (VvRm, AA (02), 438.16) und darüber hinaus als »faul, weichlich und tändelnd« (VvRm, AA (02), 438.25).

103 ÜGTP (AA 08), 174.02-06.

Jagd ausgehende, mit einem Worte Umtreiber zu werden. Eben das findet man auch an den Zigeunern[104] unter uns.[105]

Auch hier gibt es keine Distanzierung von der Praxis der Sklaverei, sondern eine Bezugnahme, die Versklavung aufgrund der angenommenen Untauglichkeit bestimmter ›Racen‹ zu effektiver Ausübung von Landwirtschaft oder Handwerk geradezu zu rechtfertigen scheint.

Eine sehr deutliche Hierarchisierung der ›Racen‹ der Menschheit findet sich an der folgenden Stelle der Schrift *Über den Gebrauch teleologischer Principien in der Philosophie,* wo es über die Einwohner Amerikas heißt, dass diese ›Race‹

zu schwach für schwere Arbeit, zu gleichgültig für emsige und unfähig zu aller Cultur [sei], wozu sich doch in der Naheit Beispiel und Aufmunterung genug findet, noch tiefer unter dem N. selbst steht, welcher doch die niedrigste unter allen übrigen Stufen einnimmt, die wir als Racenverschiedenheiten genannt haben.[106]

Dass Kant Afrikaner:innen auf der »niedrigsten Stufe« der ›Racen‹ ansiedelt, macht ein zugrundeliegendes Stufensystem in der Betrachtung der Menschen›racen‹, also die Idee einer Hierarchie, deutlich. Deutlich wird dies auch in der eingangs bereits angeführten Stelle aus seiner Schrift *Beobachtungen über das Gefühl des Schönen und Erhabenen.* Diese in rassismuskritischen Auseinandersetzungen vielzitierte Stelle entnimmt Kant im Übrigen David Humes Essay *Of National Characters* (Fassung 1753/54). Hume spricht hier ausdrücklich von einer »natürlichen Unterlegenheit« (*to be naturally inferior*) aller Nicht-›Weißen‹ gegenüber den ›Weißen‹.[107] Insbesondere die schwarzen Afrikaner:innen seien den ›Weißen‹ weit unterlegen – ein Vorurteil, das Kant fast wörtlich übernimmt:

Herr H u m e fordert jedermann auf, ein einziges Beispiel anzuführen, da ein N. Talente gewiesen habe, und behauptet: daß unter den hunderttau-

104 Diese Fremdbezeichnung für Angehörige der Roma hat ebenfalls abwertenden Charakter und wurde hier nur zur besseren Verständlichkeit des Zitats beibehalten.

105 ÜGTP (AA 08), 174, Fußnote.

106 ÜGTP (AA 08), 176.01-06.

107 Hume, »Of National Characters«, in D. Hume, *The Philosophical Works,* London 1882. Repr. Aalen 1964, Bd. 3: *Essays and Treatises on Several Subjects,* S. 252, Anm. 1.

senden von Schwarzen, die aus ihren Ländern anderwärts verführt werden, obgleich deren sehr viele auch in Freiheit gesetzt werden, dennoch nicht ein einziger jemals gefunden worden, der entweder in Kunst oder Wissenschaft oder irgend einer andern rühmlichen Eigenschaft etwas Großes vorgestellt habe, obgleich unter den Weißen sich beständig welche aus dem niedrigsten Pöbel empor schwingen und durch vorzügliche Gaben in der Welt ein Ansehen erwerben.[108]

Deutlich wird hier eine Unterscheidung von ›Racen‹ anhand ihrer Talente, insbesondere der Bildungsfähigkeit und Vernunftbegabung. An der Spitze der Vernunftbegabung stehen dabei die ›weißen‹ (männlichen) Europäer. Bemerkungen mit ähnlich hierarchisierenden Wertungen finden sich auch in der *Physischen Geographie.*[109]

Um es an dieser Stelle kurz zusammenzufassen: Kants Unterteilung der Menschen in ›Racen‹ macht vor einer Hierarchisierung nicht halt und geht über die Beschreibung phänotypischer Unterschiede zur Ordnung der Natur hinaus. Äußerliche Unterschiede, insbesondere die Hautfarbe, werden mit Unterschieden im Temperament, im Charakter und in den Fähigkeiten verbunden.[110]

108 Kant, GSE AA (02), 253.01-20.

109 So notiert Herder in seiner Mitschrift von Kants Geographie-Vorlesungen aus dem Jahr 1763/64: »*N.* sind noch überdem, außer der Faulheit, sehr *läppisch*: – blos durch Zwang zu Arbeit zu bringen: – freuen sich an Kindereyen, Glaskorallen, Kupfern Keßelring: – sind am ungeartesten, alles durch Nachahmung, nichts durch eigne Fähigkeit: – Hume fordert irgend ein Exempel auf: – sie müßen also einen wesentlichen Fehler in dem Hauptzug der Menschheit haben / *Indianer* sind *feig*, sind daher stets von Nordlichen überwunden [...].« Zitiert nach: Nachl. Johann Gottfried Herder XXV.44 (Staatsbibliothek zu Berlin – Preußischer Kulturbesitz) Group 1: XXV.44-1 (8°, 8 pp.) S. 7-13.

110 Eze folgert: »Die Hautfarbe ist für Kant Beweis für ein überlegenes, minderwertiges oder fehlendes ›Talent‹ oder die Fähigkeit, Vernunft und rational-moralische Vollkommenheit durch Bildung zu erlangen [...], die Hautfarbe verkörpert und bestimmt die ›natürliche‹ menschliche Fähigkeit zur Vernunft und zu rationalen Talenten.« Eze, »The color of reason«, S. 119. Übersetzung A. G. Er argumentiert darüber hinaus, dass der konstruierte ›Wilde‹ im Moralsystem Kants eine Rolle als warnendes Beispiel gegen den Rückfall in die Unkultur spiele. Der überlegenen ›Race‹ der ›Weißen‹ dagegen komme die Funktion der Vorreiterin und Lehrmeisterin für die Entwicklung der Menschheit zu. Kants Theorie verteidige damit ein europäisches Selbstbild, das sich seiner Überlegenheit über den Rest der Welt bereits gewiss sei. In diesem Selbstbild werde die partikulare Erscheinungsform des europäischen Menschen als Ausdruck und

Insbesondere die schwarze Hautfarbe scheint dabei Ausdruck aller schlechten, bösen und minderwertigen Anlagen zu sein.

Kants Konzept der ›Racen‹ der Menschheit blieb bereits zu seinen Lebzeiten nicht unwidersprochen. Sein Schüler Johann Gottfried Herder (1744-1803), der 1762 bis 1764 Vorlesungen bei Kant in Königsberg hörte, beschäftigte sich in seiner Abhandlung unter dem Titel *Ideen zur Philosophie der Geschichte der Menschheit* (4 Teile, 1784-1791) ebenfalls mit Fragen der Auswirkung des Klimas auf den Menschen, kommt jedoch zu anderen Schlussfolgerungen. Herder betont – in Übereinstimmung mit Kant –, dass das Menschengeschlecht von ein und derselben Gattung sei. Alle Menschen seien, unabhängig von ihrer regionalen Herkunft, ob nun Amerikaner oder Afrikaner, »Brüder«. Daraus schließt Herder: »Ihn also sollst Du nicht unterdrücken, nicht morden, nicht stehlen; denn er ist ein Mensch wie Du bist.« Und gegen Kant gerichtet schreibt er weiter:

> […] haben einige z. B. vier oder fünf Abteilungen [des Menschengeschlechts, A. G.], die ursprünglich nach Gegenden oder gar nach Farben gemacht waren, *Rassen* zu nennen gewaget; so sehe ich keine Ursache dieser Benennung. Rasse leitet auf eine Verschiedenheit der Abstammung, die hier entweder gar nicht stattfindet, oder in jedem dieser Weltstriche unter jeder dieser Farben die verschiedensten Rassen begreift. Denn jedes Volk ist Volk […].[111]

Gerade der Gebrauch der Vernunft ist für Herder jene Fähigkeit, die die Menschen eint und nicht unterscheidet. Allerdings nimmt er ebenfalls einen Unterschied in der Entwicklung der Denkfähigkeiten an. So schreibt er mit Bezug auf die Amerikaner:innen:

> Aus einem barbarischen Land entsprossen und ununterstützt von irgendwelchen Beihilfen der kultivierten Welt, gingen sie selbst, soweit sie kamen, und liefern auch hier in ihren schwachen Anfängen der Kultur ein sehr lehrreiches Gemälde der Menschheit.[112]

Bild der Menschheit an sich betrachtet. Kants philosophische Anthropologie werde damit zu einer logozentrischen Artikulation eines ahistorischen, universalen und unveränderlichen Wesens des Menschen, dem die Partikularität des europäischen Selbst zugrunde liege.

111 Herder, *Ideen zur Philosophie der Geschichte der Menschheit*, Wiesbaden 1985, S. 179.

112 Ebd., S. 175 f.

Die Amerikaner:innen erreichten also »ununterstützt« einen bestimmten Entwicklungsstand, der von Herder nicht abgewertet, sondern vielmehr als ein Stadium betrachtet wird, das jedes Volk in der Entwicklung des Geistes durchschreiten müsse, was die Europäer jedoch bereits getan hätten. Auch hinsichtlich anderer Lebensweisen zeigt Herder eine größere Toleranz. So heißt es bei ihm: »[...] der praktische Verstand des Menschen sollte in allen Varietäten aufblühen und Früchte tragen; darum ward dem vielartigsten Geschlecht eine so vielartige Erde.«[113]

Der Unterschied im Umgang mit Informationen über verschiedene Völker und die jeweiligen Schlussfolgerungen daraus könnten also kaum größer sein. Kant selbst verweist in seiner Rezension von Herders Buch darauf, in welcher Vielfalt und Widersprüchlichkeit diese Informationen in der Reiseliteratur vorliegen und mit welcher Willkür die Auswahl erfolgen kann:

> Jetzt aber kann man aus einer Menge von Länderbeschreibungen, wenn man will, beweisen, daß Amerikaner, Tibetaner u.a. echte Mongolische Völker keinen Bart haben, aber auch, wenn es besser gefällt, daß sie insgesamt von Natur bärtig sind und sich diesen nur ausrupfen.

Ähnlich sei es um die Informationsbasis bezüglich der Beurteilung der Geistesanlagen anderer Völker bestellt. Man könne heute behaupten, schreibt Kant deshalb weiter:

> [...] daß Amerikaner und N. eine in Geistesanlagen unter die übrigen Glieder der Menschengattung gesunkene Race sind, andererseits aber, nach ebenso scheinbaren Nachrichten, daß sie hierin, was ihre Naturanlage betrifft, jedem anderen Weltbewohner gleich zu schätzen sind, mithin dem Philosophen die Wahl bleibe, ob er Naturverschiedenheit annähme oder alles nach dem Grundsatz *tout comme chez nous* beurteilen will, dadurch denn alle seine über eine so wankende Grundlage errichteten Systeme den Anschein baufälliger Hypothesen bekommen müssen. Der Eintheilung der Menschengattung in Racen ist unser Verfasser nicht günstig, vornehmlich derjenigen nicht, welche sich auf anerbende Farben gründet, vermuthlich weil der Begriff einer Race ihm noch nicht deutlich bestimmt ist.[114]

113 Ebd., S. 212.

114 Kant, AA (08), *Recensionen von J. G. Herders Ideen zur Philosophie der Geschichte der Menschheit*, Theil 2, 062.06-20.

Kant widmet sich 1785 in seinen *Recensionen von J. G. Herders Ideen zur Philosophie der Geschichte der Menschheit* in zwei Teilen mit großer Ausführlichkeit der in dem besprochenen Werk formulierten Kritik an seinem Begriff der ›Race‹. Er entfaltet darin selbst eine scharfe Kritik an seinem Schüler Herder, dem er im Grunde, wie im obigen Zitat deutlich wird, vorwirft, das Konzept der ›Race‹ nicht verstanden zu haben.

Im Gegensatz zu Herder haben bei Kant Amerikaner:innen oder Afrikaner:innen keine *anderen* Qualitäten, sondern *mindere*. Nachdrücklich heißt es an der folgenden Stelle aus Kants Herder-Rezension:

> Meint der Verfasser wohl, daß, wenn die glücklichen Einwohner von Otaheite, niemals von gesitteten Nationen besucht, in einer ruhigen Indolenz auch tausende von Jahrhunderten durch zu leben bestimmt wären, man eine befriedigende Antwort auf die Frage geben könnte, warum die denn gar existieren und ob es nicht ebenso gut gewesen wäre, daß diese Insel mit glücklichen Schafen und Rindern, als mit im bloßen Genusse glücklichen Menschen besetzt gewesen wäre?[115]

Für Kant unterscheidet sich die vermeintliche Glückseligkeit des bloßen Genusses der Bewohner:innen von Otaheite (Tahiti) nicht grundsätzlich vom Glück der Rinder und Schafe. Deutlich wird an diesem Zitat Kants Auffassung, dass der wahre Sinn und Zweck menschlicher Existenz für ihn im Fortschreiten hin zu einem dem menschlichen Streben wahrhaft würdigen Ziel bestehe wie einer geordneten Staatsverfassung oder den Menschenrechten. Ziel der Menschengattung sei ein unaufhörliches Fortschreiten hin zur Vervollkommnung der Menschheit als geschichtlichem Wesen und Herrscher über die Natur. Diese Form des Fortschrittsdenkens wurde bereits ausführlich diskutiert, und die in diesem Rahmen geäußerte Kritik soll an dieser Stelle nicht weiter vertieft werden.[116]

115 Ebd., 065.01-08.

116 Zur Kritik an diesem Entwicklungs- und Fortschrittsideal siehe u. a. T. Serequeberhan, »The Critique of Eurocentrism and the Practice of African Philosophy«, in: Eze (Hg.), *Postcolonial African Philosophy: A Critical Reader,* S. 141-161. Serequeberhan kritisiert, dass Kants Vorstellung von der Geschichte als telelogischem Fortschreiten auf einem Idealbild der europäischen Gesellschaft beruhe. Damit werde eine partikulare Form des gesellschaftlichen Zusammenlebens zu jener erhoben, der sich die übrige Menschheit anzupassen habe. Die gesellschaftliche Entwicklung in Europa werde als ›Normalität‹ postuliert;

Kants ausführliche Auseinandersetzung mit seinem Kritiker Herder belegt, dass der Begriff ›Race‹ für Kant von einiger Bedeutung für seinen philosophischen Ansatz gewesen sein muss. Und nicht nur Herder hat ihn zu einer ausführlichen Antwort veranlasst, sondern auch die Kritik des Naturforschers und Weltreisenden Georg Forster (1754-1794). Dieser schrieb 1786 in einem Brief an seinen Freund Samuel Thomas von Soemmerring:

> [...] Kant ist ein vortrefflicher Kopf, und doch kommt der verzweifelte Paroxismus, der den Philosophen von Profession eigen ist, auch über ihn, die Natur nach ihren logischen Distinktionen modeln zu wollen. Der Plunder ist doch wahrlich mehr schädlich als nützlich.[117]

andere Formen menschlicher Organisation dagegen erst gar nicht in Betracht gezogen. Der Autor bringt Kants Fortschrittsbegriff in Zusammenhang mit dessen biologistischem Verständnis von ›Menschenracen‹. Aus den damit verbundenen Abwertungen folge, dass das Projekt der Aufklärung sich nicht auf Afrikaner:innen (oder andere Menschen mit dunkleren Hautfarben) beziehe (ebd., S. 149). Das von Kant postulierte Entwicklungsideal könne als Deckmantel der ›Zivilisierung‹ und damit zur Rechtfertigung von Unterwerfung und Gewalt gegen andere Völker dienen. Ähnlich argumentiert Kimmerle, wenn er schreibt: »Der Kolonialismus und die Philosophie der Aufklärung, mit den Systemen des deutschen Idealismus in ihrem Gefolge, gehören eindeutig zusammen. Die Aufklärungsdenker (Voltaire und die Enzyklopädisten in Frankreich, Hume und Locke in England, Lessing und Kant in Deutschland, um nur einige wenige herausragende Namen zu nennen) betrachten – gemäß den allgemeinen Denkvoraussetzungen ihrer Epoche – die eigene Zeit als den Höhepunkt aller geschichtlichen Entwicklung und die eigene Kultur als den zentralen Bezugspunkt für alle Kulturen. Von einfachsten Anfängen entwickelt sich die Geschichte in beständigem Fortschritt bis zu den Höhen der Gegenwart. Dabei wird die Vergangenheit als ›dunkel‹ und die Gegenwart als ›erleuchtet‹ angesehen.« Kimmerle, *Interkulturelle Philosophie*, S. 57. Auch Bernasconi argumentiert, dass Kants Universalismus und Kosmopolitismus eine Gefahr darstellen. Vgl. Bernasconi, »Kant as an Unfamiliar Source of Racism«, in: Lott/Ward (Hg.), *Philosophers on Race*, S. 145-166, hier S. 146. Einschlägig zum Thema: McCarthy: *Race, Empire, and the Idea of Human Development.*

117 S. T. Soemmerring, *Briefwechsel. 1784-1792,* Teil 1: November 1784 - Dezember 1786, Stuttgart 1997, Nr. 374, S. 367-368. Allerdings gelangte der Anatom und Anthropologe S. T. Soemmerring (1755-1830) durch das Sezieren von Europäern und Afrikanern zu dem fragwürdigen Schluss, dass es wesentliche Unterschiede gebe. Eine Unterlegenheit der Afrikaner leitet er davon nicht ab. Vgl. Soemmerring, *Über die körperliche Verschiedenheit des Mohren vom Europäer*, Mainz 1784. Im Gegensatz zu Soemmerring (und zu Kant) lehnte Blumenbach die Unterscheidung unterlegener und überlegener Rassen grundsätzlich ab.

In einem im *Teutschen Merkur* veröffentlichten Aufsatz »Noch etwas über die Menschenraßen. An Herrn D. Biester« (1786)[118] kritisiert Forster dann nicht nur die zweifelhaften moralisch-ethischen Schlussfolgerungen der Kantischen Unterscheidungen, sondern auch die ihnen zugrundeliegende Methode:

Wenn also der Satz: *daß man in der Erfahrung nur alsdenn finde, was man bedarf, wenn man vorher weiß, wornach man suchen soll,* (Berl. Monatsschrift, Novemb. 1785. S. 390.) auch seine unangefochtene Richtigkeit hätte: so wäre gleichwohl bey der Anwendung desselben eine gewisse Vorsicht nöthig, um die gewöhnlichste aller Illusionen zu vermeiden, diese nämlich, daß man bey dem bestimmten Suchen nach dem was man bedarf, dasselbe oft auch da zu finden glaubt, wo es wirklich nicht ist. Wie vieles Unheil ist nicht von jeher in der Welt entstanden, weil man von Definitionen ausgieng, worein man kein Mißtrauen setzte, folglich manches unwillkührlich in einem vorhinein bestimmten Lichte sah, und sich und andere täuschte![119]

So missbrauche, wie Forster weiter schreibt, der ›Weiße‹ seine Kraft am Schwachen, um ihn hinab zu den Tieren zu stoßen und die Denkkraft in ihm bis auf die letzten Spuren zu tilgen.[120] Forster verweist hier bereits auf ein Problem, das später im Mittelpunkt der Kritik der postkolonialen Theorie stehen wird: die Konstruktion des Anderen zum Zwecke der Selbsterhöhung. Der überlegenen ›Race‹ der ›Weißen‹ kommt nicht nur die Rolle der Vorreiterin in Bezug auf Zivilisation, Kultur, Wissenschaft und Technik zu, sondern zudem diejenige der Lehrmeisterin aller anderen Völker.

Forster stellt in seinem Essay darüber hinaus ganz grundsätzlich Kants transzendentale Methode in Frage. Er plädiert dafür, bei der Hypothesenbildung die eigene Erfahrung zu stärken und nicht bereits vorher ein Prinzip festzulegen, von dem die Beobachtung sich leiten lässt. Zudem tritt Forster für eine Temporalität von Urteilen und wenn nötig für skeptische Urteilsenthaltung ein; er führt die Kontextabhängigkeit empirischer Wahrnehmung ebenso an wie die Notwendigkeit, eigene Vorurteile kenntlich zu machen.[121] Grund-

118 G. Forster, »Noch etwas über die Menschenraßen. An Herrn D. Biester«, in: *Der Teutsche Merkur,* 4. Vierteljahr (1786), S. 57-86 u. S. 150-166.

119 Zitiert nach Forster, »Noch etwas über die Menschenraßen. An Herrn D. Biester« (1786), in: Ders., *Werke in vier Bänden,* Band 2, Leipzig 1971, S. 74-75.

120 Ebd., S. 99.

121 Damit verweist Forster auf ein Problem, das insbesondere im 20. Jahrhundert in

sätzlich geht Forster von der Offenheit des Erkenntnisprozesses bis zum Beweis des Gegenteils aus. Diese Offenheit bezieht sich auch auf die Frage der Systembildung. Jedes System könne nur Leitfaden sein, bis es selbst einer grundsätzlichen Revision bedürfe. Aus Forsters grundsätzlicher Überzeugung, dass der Erkenntnisprozess noch nicht abgeschlossen sei, rührt auch seine Weigerung, sich festzulegen, ob es sich bei den angeführten Beobachtungen um ›Racen‹, Varietäten oder Gattungen des Menschen handelt, oder eine klare Position in der Frage der Mono- oder Polygenese zu beziehen.

Auf Forsters Kritik reagiert Kant mit einem ganzen Aufsatz mit dem bereits angeführten Titel *Über den Gebrauch teleologischer Principien in der Philosophie* (1788). Hier widmet sich Kant nochmals einer Erläuterung seines Herangehens und seines Begriffs ›Race‹, der sowohl vom Begriff der Gattung als auch von anderen Begriffen wie Varietät oder Volksschlag oder auch Spezies abzugrenzen sei.[122] Gleich auf der ersten Seite erläutert er die Methode der Naturforschung, die auf zwei Wegen erfolgen könne: entweder auf teleologischem Wege der Erfahrung (Physik) oder dem theoretischen durch reine Vernunft (Metaphysik). Die Naturerkenntnis könne allerdings nicht rein auf theoretischem Wege erreicht werden, son-

der Differenzphilosophie, der post- und dekolonialen sowie der feministischen Theorie zentral wurde, nämlich dass begriffliche Vorentscheidungen normative und hierarchisierende Vorstellungen beinhalten können und dabei unbemerkt den Forschungsgegenstand bereits in einer problematischen Weise strukturieren.

122 »Eine Varietät ist die erbliche Eigenthümlichkeit, die nicht klassisch ist, weil sie sich *nicht unausbleiblich fortpflanzt* [...]. Eine Gestalt, die in der Fortpflanzung nur bisweilen den Charakter der nächsten Eltern und zwar mehrentheils nur einseitig [...] reproducirt, ist kein Merkmal, daran man den Abstamm von beiden Eltern kennen kann [...]. Ebenso ist die Race oder Abartung eine un*ausbleibliche erbliche Eigenthümlichkeit*, die zwar zur Classeneintheilung berechtigt, aber doch nicht specifisch ist, weil die unausbleiblich halbschlächtige Nachartung [...] es wenigstens nicht als unmöglich urtheilen läßt, ihre angeerbte Verschiedenheit auch in ihrem Stamme uranfänglich, als in bloßen Anlagen vereinigt und nur in der Fortpflanzung allmählich entwickelt und geschieden, anzusehen. Denn man kann ein Thiergeschlecht nicht zu einer besondern *Species* machen, wenn es mit einem anderen zu einem und demselben Zeugungssystem der Natur gehört.« Kant, ÜGTP (AA 08), 166.14-35. Hervorhebungen A. G.; ›Race‹ und ›Varietät‹ unterscheiden sich also daran, ob eine Erbeigentümlichkeit notwendig erblich ist oder nicht. Hautfarbe ist für Kant eine notwendig erbliche Eigentümlichkeit.

dern müsse auf teleologischem erfolgen – allerdings ergänzt durch einen a priori durch reine praktische Vernunft bestimmt gegebenen Zweck.[123] Und weiter heißt es: »Eine ähnliche Befugniß, ja Bedürfniß, von einem teleologischen Princip auszugehen, wo uns die Theorie verläßt, habe ich in einem kleinen Versuch über die Menschenracen zu beweisen gesucht.«[124] Denn wie oben erläutert, versucht Kant die Frage, warum es Menschen mit verschiedenen Hautfarben gibt, so zu erklären, dass ausgehend von einer Stammgattung, in der alle Möglichkeiten des Menschseins bereits angelegt waren, die verschiedenen Hautfarben sich aufgrund der Anpassung der Menschen an verschiedene Klimazonen entwickelten. Aus Kants Sicht trug die Natur »Fürsorge«[125] beziehungsweise »Vorsorge«[126] hinsichtlich der Zweckmäßigkeit der Ausstattung des Menschen für verschiedene geographische und klimatische Bedingungen.

Dass es in der Natur Zwecke geben müsse, könne nun kein Mensch a priori einsehen, wohl aber, dass es eine Verknüpfung von Ursachen und Wirkungen geben müsse. Folglich sei der Gebrauch des teleologischen Prinzips in Ansehung der Natur empirisch bedingt.[127] Kant argumentiert für die Anwendung eines heuristischen Mittels in Form der

> Befugniß, sich, wo theoretische Erkenntnißquellen nicht zulangen, des teleologischen Princips bedienen zu dürfen, doch mit einer solchen Beschränkung seines Gebrauchs, daß der theoretisch-speculativen Nachforschung das Recht des Vortritts gesichert wird.[128]

Konkret gegen Forster gewendet schreibt Kant, dass »durch bloßes empirisches Herumtappen ohne leitendes Princip, wonach man zu suchen habe, nichts Zweckmäßiges jemals würde gefunden werden […]«.[129]

Auch Forster wirft Kant damit im Grunde vor, seinen Begriff der ›Race‹ nicht verstanden zu haben. Kritisch setzt er sich mit Forsters These auseinander, dass es verschiedene Menschengattungen

123 Kant, ÜGTP (AA 08), 159.04-15.

124 Ebd., 159.16-19.

125 Kant, VvRM 02, 434.16.

126 Kant, BeM 08, 93.25.

127 Kant, ÜGTP (AA 08), 182.12.

128 Ebd., 160.21-24.

129 Ebd., 161.10-12.

geben könnte.[130] Forster bezieht bezüglich der Frage, ob es eine Menschengattung (Monogenese) gibt oder verschiedene (Polygenese), keine eindeutige Position. Er merkt jedoch an, dass die Auffassung von einem gemeinsamen Ursprung des Menschengeschlechts Grausamkeiten des Menschen gegen den Menschen bisher nicht verhindert habe:

Doch indem wir die N. als einen ursprünglich verschiedenen Stamm vom weissen Menschen trennen, zerschneiden wir nicht da den letzten Faden, durch welchen dieses gemishandelte Volk mit uns zusammenhieng, und vor europäischer Grausamkeit noch einigen Schutz und einige Gnade fand? Lassen Sie mich lieber fragen, ob der Gedanke, daß Schwarze unsere Brüder sind, schon irgendwo ein einzigesmal die aufgehobene Peitsche des Sklaventreibers sinken hieß? Peinigte er nicht, in völliger Überzeugung, daß sie seines Blutes wären, die armen duldsamen Geschöpfe mit Henkerswuth und teuflischer Freude? Menschen einerley Stammes, die der unerkannten Wohlthat einer gereinigten Sittenlehre theilhaftig waren, bezeigten sich ja darum nicht duldsamer und liebreicher gegeneinander. Wo ist das Band, wie stark es auch sey, das entartete Europäer hindern kann, über ihre weissen Mitmenschen eben so despotisch wie über N. zu herrschen? War es nicht vielmehr noch immer edles Selbstgefühl und Widerstreben desjenigen den man bedrücken wollte, das hie und dort den Übermuth des Tyrannen in Schranken hielt?[131]

Die Kant-Forster-Debatte kann hier nicht in ihren Einzelheiten dargestellt werden und wurde bereits verschiedentlich thematisiert.[132] An dieser Stelle gilt es vielmehr festzuhalten, dass das Argument, dass Kant ›als Kind seiner Zeit‹ den vorherrschenden rassistischen Stereotypen erlegen sei, nicht haltbar ist. Denn es gab in jener Epoche nachweislich nicht nur afrikanische Intellektuelle, die Zeugnis von der intellektuellen Schaffenskraft der Menschen anderer Hautfarbe ablegten, indem sie sich zum Beispiel in der europäischen Akademie etablierten oder literarische Werke schufen, sondern zudem völlig andere Auffassungen zur Verschiedenheit der

130 Ebd., 169.09-30.

131 Forster, »Noch etwas über die Menschenraßen«, S. 98.

132 Siehe dazu El Hadji Ibrahima Diop, »Die Kant-Forster-Kontroverse über Menschenrassen als Wendepunkt der europäischen Afrikadiskurse«, in: R. Godel (Hg.), *Klopffechtereien Missverständnisse Widersprüche?,* Leiden 2011, S. 179-189; S. H. Gray, »Kant's Race Theory, Forster's Counter, and the Metaphysics of Color«, in: *The Eighteenth Century* 53/4 (2012), S. 393-412.

Menschen, wie an der kritischen Rezeption seiner Schriften zu den ›Menschenracen‹ deutlich wird.

Festzuhalten ist an dieser Stelle ebenso, dass die Kategorie ›Race‹ in Anwendung auf den Menschen für Kant eine wichtige theoretische Annahme war und keine zufällige.[133] Auch wenn dieser Begriff in Kants Kritiken und moralischen Schriften keinen Eingang fand, muss die Rolle dieser Grundannahme im Rahmen seines Gesamtwerks kritisch hinterfragt werde, gerade auch angesichts des nachhaltigen Einflusses, den Kants Ideen über die Philosophie hinaus auf die europäische Wissenschafts- und Geistesgeschichte ausgeübt haben.

Allerdings gibt es bis heute eine anhaltende Debatte über die Frage, ob Kants Begriff der ›Race‹ ebenso wie rassistische Bemerkungen in seinen Texten – genauso wie die sexistischen und antisemitischen Tendenzen in seinem Werk – abgetrennt von seinen zentralen aufklärerischen Ideen betrachtet werden können oder ob sie sein Werk durchdrungen haben.[134] Solche Debatten können

133 Anders sieht dies D. McCabe, »Kant was a Racist: Now What?«, in: *APA Newsletter on Teaching Philosophy* 18/2 (2019), S. 2-9. McCab argumentiert, dass Kants Ansichten zu den ›Racen‹ der Menschheit unserer Ausmerksamkeit nicht wert seien, da sie philosophisch nicht relevant sind. Vgl. S. 7. Für ähnlich unbedeutend hält M. Mikkola Kants Ansichten zu den Frauen: M. Mikkola, »Kant on Moral Agency and Women's Nature«, in: *Kantian Review* 16/1 (2011), S. 89-111.

134 So argumentiert Eze, dass Kants Geographie und Anthropologie entscheidend dazu beitragen, das Wesen des Menschen mit wissenschaftlichen Methoden zu untersuchen und damit Kants Moralphilosophie auf eine sichere wissenschaftliche Basis zu stellen. Somit müssen seine geographischen und anthropologischen Schriften über die Natur des Menschen als Voraussetzung für seine spätere kritische Philosophie betrachtet werden (vgl. Eze, »The color of reason«), ein Punkt, der ebenso von Larrimore und Bernasconi betont wird. Vgl. M. Larrimore, »Antinomies of Race: Diversity and Destiny in Kant«, in: *Patterns of Prejudice* 42/4-5 (2008), S. 362-363. Bernasconi kritisiert explizit die Abtrennung von Kants ›Race‹-Theorie von seiner Transzendentalphilosophie; Ders., »Kant as an Unfamiliar Source of Racism«, S. 145-166. Gegen eine Verknüpfung von Rassentheorie und Moralphilosophie wenden sich u. a. A. Wood, »Kant's Historical Materialism«, in: S. Axinn, J. Kneller (Hg.), *Autonomy and Community. Readings in Contemporary Kantian Social Philosophy*, Albany 1998, S. 15-36; L. Ypi, »Natura Daedala Rerum? On the Justification of Historical Progress in Kant's Guarantee of Perpetual Peace«, in: *Kant Review* 14/2 (2000), S. 118-148. J. H. Zammito und F. Beiser argumentieren, dass Kants naturwissenschaftliche Schriften ihn zum Konzept der teleologischen Prinzipien in der Natur geführt haben, das grundlegend für seine dritte Kritik wurde. J. Zammito, *The Genes-*

durchaus zu einem fruchtbaren Austausch über Kants Werk oder auch die Frage, wie Kant heute zu lehren sei, beitragen. Beunruhigend sind dagegen Positionen, die bis heute behaupten, dass es ungeklärt sei, ob es menschliche ›Racen‹ tatsächlich gibt.[135] Eine solche Position fällt hinter Kant selbst zurück, für den ›Race‹ eine theoretische Annahme ohne ontologischen Status war. Dass mit diesem Begriff die Diversität des Menschen nicht erfasst werden kann, wurde inzwischen in verschiedenen Studien nachgewiesen.[136]

is of Kant's Critique of Judgment, Chicago 1992; F. Beiser, *The Fate of Reason: German Philosophy from Kant to Fichte,* Cambridge 1987. Allerdings diskutieren sie in diesem Zusammenhang nicht Kants ›Race‹-Begriff. Als widerlegt können wohl Auffassungen gelten, die behaupten, dass Kants selbst herausgegebene Schriften keine direkten rassistischen Äußerungen oder Behauptungen über die moralische Minderwertigkeit von ›Racen‹ enthielten. Vgl. K. Väyrynen, »Weltbürgerrecht und Kolonialismuskritik bei Kant«, in: V. Gerhardt u. a. (Hg.), *Kant und die Berliner Aufklärung: Akten des IX. Internationalen Kant-Kongresses,* Berlin 2001, Bd. 4 Sektionen XI-XIV, S. 302-309. Väyrynen meint, dass die Vorlesungen Kants zu widersprüchlich und unvollständig seien, die von Kant selbst herausgegebenen Schriften allerdings keine direkten rassistischen Äußerungen oder Behauptungen über die moralische Minderwertigkeit von ›Racen‹ enthielten. Er betont im Gegensatz dazu, dass sich in Schriften wie der *Metaphysik der Sitten* (1793) oder *Zum ewigen Frieden* (1795) eine Kolonialismuskritik findet.

135 »Tatsächlich ist die Frage, ob es menschliche Rassen *gibt*, aber sowohl biologisch wie auch philosophisch umstritten.« Diese Aussage stammt aus einem Beitrag des deutschen Philosophen Dieter Schönecker, »Bedrohte Wissenschaftsfreiheit: Alles nur Einzelfälle?«, in: *Merkur. Deutsche Zeitschrift für europäisches Denken*, Blogeintrag vom 10. Februar 2021 (Hervorhebung A. G.), ⟨https://www.merkur-zeitschrift.de/2021/02/10/bedrohte-wissenschaftsfreiheit-alles-nur-einzelfaelle⟩, letzter Zugriff 17. 3. 2015.

136 Die These, dass ein taxonomischer Begriff wie »Rasse« sinnvoll auf den *homo sapiens* angewendet werden kann, wurde aus verschiedenen Naturwissenschaften heraus inzwischen widerlegt. Klassisch dazu L. Cavalli-Sforza, F. Cavalli-Sforza, *Verschieden und doch gleich. Ein Genetiker entzieht dem Rassismus die Grundlage*, München 1994. L. Cavalli-Sforza, P. Menozzi, A. Piazza, *The History and Geography of Human Genes*, Princeton 1996. Siehe auch A. R. Templeton, »Human Races: A Genetic and Evolutionary Perspective«, in: *American Anthropologist* 100/3 (1999), S. 632-650; Ders., »Biological Races in Humans«, in: *Studies in History and Philosophy of Biological and Biomedical Sciences* 44/3 (2013), S. 262-271; M. Yudell, D. Roberts u. a., »Taking Race out of Human Genetics«, *Science* 351/6273 (2016), S. 564-565.

9.2.2. Eine Wende in Kants Denken?

Ein interessanter neuer Aspekt in den Debatten wurde 2007 von Pauline Kleingeld eröffnet. Sie streitet keinesfalls ab, dass es in Kants Werk eine Reihe von rassistischen Bemerkungen in verschiedenen Schriften gibt, argumentiert aber, dass seine Theorie ab 1792 eine Art »Wende« erfährt, die insbesondere in seiner Schrift *Zum ewigen Frieden* (1795) deutlich wird.[137] Kleingeld behauptet, dass sich in den Texten nach 1792 weder eine Rechtfertigung der Sklaverei noch eine hierarchische Rassenlehre finden lassen. Im Gegenteil, mit der Einführung des kosmopolitischen Rechts im Jahr 1795 erfolgt eine Kritik an der Kolonisierung, die als Unrecht gekennzeichnet wird. Denn das kosmopolitische Recht bezieht sich auf jeden Weltbürger, jedes Individuum, unabhängig von nationaler Zugehörigkeit, und reguliert das Verhältnis zwischen Staaten und fremden Menschen. Es ist explizit inkompatibel mit Sklaverei und Kolonialismus und verbietet die koloniale Unterjochung. So heißt es in der Schrift *Zum ewigen Frieden*:

> Vergleicht man hiemit das inhospitale Betragen der gesitteten, vornehmlich handeltreibenden Staaten unseres Welttheils, so geht die Ungerechtigkeit, die sie in dem Besuche fremder Länder und Völker (welches ihnen mit dem Erobern derselben für einerlei gilt) beweisen, bis zum Erschrecken weit. Amerika, die N.-länder, die Gewürzinseln, das Cap etc. waren bei ihrer Entdeckung für sie Länder, die keinem angehörten; denn die Einwohner rechneten sie für nichts. In Ostindien (Hindustan) brachten sie unter dem Vorwande blos beabsichtigter Handelsniederlagen fremde Kriegesvölker hinein, mit ihnen aber Unterdrückung der Eingebornen, Aufwiegelung der verschiedenen Staaten desselben zu weit ausgebreiteten Kriegen, Hungersnoth, Aufruhr, Treulosigkeit, und wie die Litanei aller Übel, die das menschliche Geschlecht drücken, weiter lauten mag.[138]

Kant betrachtet die gewaltsame koloniale Aneignung hier ausdrücklich als ungerecht. Auch gegen die Sklaverei wendet sich Kant an dieser Stelle, wenn auch offensichtlich aus Gründen der Unrentabilität. So heißt es:

137 P. Kleingeld, »Kant's Second Thought on Race«, in: *The Philosophical Quartely* 57/229 (2007), S. 573-592.

138 Kant, AA (08), *Zum ewigen Frieden*, 358.29-37 bis 359.01-04.

Das Ärgste hiebei (oder, aus dem Standpunkte eines moralischen Richters betrachtet, das Beste) ist, daß sie dieser Gewaltthätigkeit nicht einmal froh werden, daß alle diese Handlungsgesellschaften auf dem Punkte des nahen Umsturzes stehen, daß die Zuckerinseln, dieser Sitz der allergrausamsten und ausgedachtesten Sklaverei, keinen wahren Ertrag abwerfen, sondern nur mittelbar und zwar zu einer nicht sehr löblichen Absicht, nämlich zu Bildung der Matrosen für Kriegsflotten und also wieder zu Führung der Kriege in Europa, dienen, und dieses Mächten, die von der Frömmigkeit viel Werks machen, und, indem sie Unrecht wie Wasser trinken, sich in der Rechtgläubigkeit für Auserwählte gehalten wissen wollen.[139]

Mag dies aus heutiger Sicht eine unbefriedigende Verurteilung der Sklavenökonomie sein, so bezeichnet Kant Sklaverei hier jedoch zumindest als eine äußerst grausame und zudem unnütze Form der Gewalt.

Kants Vision einer Welt, in der Menschen verschiedener Regionen und Hautfarben friedliche Beziehungen miteinander pflegen, wie sie in der Schrift *Zum ewigen Frieden* entworfen wird, schlägt tatsächlich einen neuen Ton an. Wie ist dieser neue Ton, diese »Wende« zu erklären? Dazu gibt es noch keine abschließenden Untersuchungen. Möglicherweise war das Ereignis der Revolution 1791 in Haiti nicht unbedeutend für Kants veränderte Haltung gegenüber Menschen und Völkern außerhalb Europas. Forschungen dazu, welchen Einfluss dieses historische Ereignis auf Kants Schaffen gehabt haben könnte, liegen nach meinem Kenntnisstand noch nicht vor.

Pauline Kleingeld argumentiert, dass, solange nach 1792 keine weiteren Textstellen in Kants Werk auftauchen, die das Gegenteil ihrer These beweisen würden, wir davon ausgehen sollten, dass es eine Veränderung in Kants Denken bezüglich der Rechtsstellung und der Fähigkeiten anderer Völker gegeben hat.[140] Möglicherweise hat die Anwendung seines eigenen aufklärerischen Prinzips des Gebrauchs des eigenen Verstandes zur Überprüfung überkommener (Vor-)Urteile dazu beigetragen. Allerdings macht Kleingeld ebenso

139 Ebd., 359.09-19.

140 Larrimore wendet sich gegen Kleingelds Argumentation in seinem Artikel »Antimonies of Race: Diversity and Destiny in Kant«. Er versucht zu zeigen, dass Kant seine Idee der ›Race‹ nie aufgegeben hat. Auf diese und andere Kritiken antwortet Kleingeld in ihrem 2019 erschienenen Artikel »On Dealing with Kant's Sexism and Racism«.

darauf aufmerksam, dass Kant sein Verständnis von den Fähigkeiten und der Rolle der Frau nie revidiert hat[141] und sich nirgendwo in seinem Werk eine Kritik am untergeordneten rechtlichen und politischen Status der Frau oder ein Aufruf zur Emanzipation der Frau findet.[142]

Wichtig ist, dass Kleingeld in ihrem Artikel aufzeigt, dass sich die von Kant aufgebauten Hierarchien (die Frau als dem Mann und Menschen anderer Hautfarbe als der ›Race‹ der ›Weißen‹ untergeordnet) überschneiden und zeitgleich existieren und in einem intersektionellen Zugang analysiert werden müssten. Denn die Schwächen, die Kant Menschen mit anderen Hautfarben zuordnet, sind dieselben, die er Frauen zuordnet.[143] Da Kant die verschiedenen Hierarchien selbst nicht hinterfrage, blieben viele Fragen offen.[144] Festzuhalten sei aber die Notwendigkeit, eine Spannung anzuerkennen »zwischen der allgemeinen Formulierung der Kantschen Prinzipien und den unausgesprochenen Einschränkungen bei deren Anwendung«.[145] Ebenso kritisch zu hinterfragen seien bestimmte Grundannahmen Kants, wie die Trennung zwischen öffentlicher und privater Sphäre, sein Begriff von Arbeit und die Verteilung von Arbeit zwischen den verschiedenen Mitgliedern der Gesellschaft beziehungsweise von Hausarbeit – insbesondere unter der Perspektive von ›race‹, ›class‹ und ›gender‹. Pauline Kleingeld schließt – und dies soll zugleich als Schlusssatz für diesen Abschnitt dienen:

Zusammenfassend lässt sich sagen, wenn wir Kants Werk für aktuelle philosophische Zwecke nutzen wollen, ohne unwissentlich einige seiner Vorurteile zu reproduzieren, müssen wir seine Ansichten zu sexuellen und

141 Kleingeld, »On Dealing with Kant's Sexism and Racism«, S. 3.

142 Ebd., S. 6.

143 Ebd., S. 10. Siehe auch M. Lugones, »Toward a Decolonial Feminism«, in: *Hypatia* 25/4 (2010), S. 742-759.

144 Kleingeld verweist auf einen Abschnitt in der *Metaphysik der Sitten* (Kant, *Metaphysik der Sitten*, AA (06) 283.23-29) zu den Regeln des Hausstands. Kant argumentiert an dieser Stelle, dass die Dienerschaft aufgrund des geschlossenen Vertrages zwar ihren Herren gehorchen müsse, aber das Recht habe, den Vertrag zu kündigen. Die Frage, die Kleingeld hier aufwirft, ist, ob dieses Kündigungsrecht sich auch auf Dienerinnen beziehungsweise farbige Dienerinnen erstreckt. Kleingeld, »On Dealing with Kant's Sexism and Racism«, S. 10.

145 Ebd., S. 16. Übersetzung A. G.

rassischen (*racial*) Unterschieden erforschen, die unausgesprochenen Annahmen aufdecken, die seine Anwendung egalitärer Prinzipien leiten, den Einfluss dieser Annahmen auf die Form seiner philosophischen Theorien rekonstruieren und diese Theorien, wo nötig, umgestalten.[146]

9.3. Hegels Afrika-Bild

Lassen wir in diesem Abschnitt Georg Wilhelm Friedrich Hegel (1770-1831) zunächst selbst zu Wort kommen:

> Das eigentliche Afrika (südlich der Sahara) ist der diesen Kontinent als solchen charakterisierende Teil. [...] Er hat kein eigenes geschichtliches Interesse, sondern dies, daß wir den Menschen dort in der Barbarei, in der Wildheit sehen, wo er noch kein integrierendes Ingredienz zur Bildung abgibt.

Dieser Teil des Kontinents ist für Hegel »das in sich gedrungen bleibende Goldland, das Kinderland, das jenseits des Tages der selbstbewußten Geschichte in die schwarze Farbe der Nacht gehüllt ist«.[147] Und weiter heißt es:

> In diesem Hauptteile von Afrika kann eigentlich keine Geschichte stattfinden. Es sind Zufälligkeiten, Überraschungen, die aufeinander folgen. Es ist kein Zweck, kein Staat da, den man verfolgen könnte, keine Subjektivität, sondern nur eine Reihe von Subjekten, die sich zerstören.[148]

Dies sind zwei der einschlägigen Zitate, die häufig als Ausgangspunkt der kritischen Auseinandersetzungen mit Hegels Afrika-Bild dienen: Sein Vorwurf, dass Afrika beziehungsweise Afrikaner:innen weder zu geschichtlichem Handeln noch zu moderner gesellschaftlicher Organisation in der Lage seien, sondern in einem Zustand der Barbarei und Wildheit verharrten. Nähern wir uns dieser Problematik in einem ersten Schritt über den innovativen Zugang von Susan Buck-Morss in ihrem 2009 im englischen Original erschienen Buch *Hegel und Haiti* an.

146 Ebd., S. 20. Übersetzung A. G.
147 G.W.F. Hegel, *Vorlesungen über die Philosophie der Weltgeschichte*, Band I: Die Vernunft in der Geschichte, S. 214.
148 Ebd., S. 216 f.

9.3.1. Hegel und Haiti

Susan Buck-Morss vermutet, dass Hegel, inspiriert durch die Revolution auf Saint Domingue, ein weltgeschichtliches Ereignis, das an ihm ebenso wenig unbeachtet vorbeigehen konnte wie an Kant, zunächst ein Bild von Afrikaner:innen hatte, das ihn zu wichtigen Überlegungen in seinen frühen Arbeiten inspirierte. Der revolutionäre Kampf der Sklav:innen auf Saint Domingue, die das sie unterdrückende System stürzten und einen Verfassungsstaat gründeten, bewies, dass Schwarze Sklav:innen in einem Kampf um Anerkennung auf Leben und Tod, wie er von Hegel in seiner *Phänomenologie des Geistes* (1805/06) beschrieben wird, zu weltgeschichtlichem Handeln fähig waren. Buck-Morss argumentiert, dass Hegels berühmte Herr-Knecht-Dialektik, die in der *Phänomenologie des Geistes* erstmalig vorgestellt wird, unter dem Einfluss der Nachrichten von der Revolution in Haiti entworfen worden sei:[149]

> Der reale und erfolgreiche Aufstand der Sklaven in der Karibik gegen ihre Herren war der Augenblick, in dem die dialektische Logik der Anerkennung als Thema der Weltgeschichte sichtbar wurde, als Moment in der Geschichte der universellen Verwirklichung der Freiheit.[150]

Sie geht davon aus, dass die Schilderungen der Ereignisse auf Saint Domingue in der Zeitschrift *Minerva*, zu deren Lesern Hegel nachweislich gehörte, ihn zur Herr-Knecht-Metapher inspirierten:

149 Vgl. Buck-Morss, *Hegel und Haiti,* S. 72-84. Buck-Morss verweist auf weitere Arbeiten, die einen Zusammenhang zwischen der haitianischen Revolution und Hegels Werk hergestellt haben, aber bisher in Debatten um die Philosophie Hegels kaum wahrgenommen wurden, u. a. P. F. Tavarés, *Hegel, critique de l'Afrique: introduction aux études critiques sur l'Afrique,* Doktorarbeit eingereicht an der Universität Paris 1 Panthéon Sorbonne 1990; Ders., »La conception de l'Afrique de Hegel comme critique«, in: *Chemins Critiques* 2/2 (1991), S. 153-166; Ders., »Hegel et Haïti ou le silence de Hegel sur Saint-Domingue«, in: *Chemins Critiques* 2/3 (1992), S. 113-131; Ders., »Hegel et l'Abbé Grégoire. Question noire et révolution française«, in: *Annales historiques de la Révolution française* 293/294 (1993), S. 491-509. N. Nesbitt, »Troping Toussaint, Reading Revolution«, in: *Research in African Literatures* 25/2 (2004), S. 18-33; Ders., *Universal Emancipation. The Haitian Revolution and the Radical Enlightenment,* Charlottesville 2008.

150 Buck-Morss, *Hegel und Haiti*, S. 89.

Hegel wußte Bescheid, […] daß reale Sklaven erfolgreich gegen ihre realen Herren aufbegehrten, und entwickelte die Dialektik von Herrschaft und Knechtschaft ganz bewußt innerhalb dieses zeitgenössischen Kontexts.[151]

Bereits die Kennzeichnung des Knechts als ›Ding‹ verweise auf die rechtliche Stellung der Sklaven, und Buck-Morss fährt fort:

Im Laufe der dialektischen Bewegung verliert der Herr seine scheinbar dominierende Stellung, da er sich der Tatsache bewußt wird, daß er in Wahrheit vollkommen vom Knecht abhängig ist. […] Auch die Klasse der Sklavenhalter ist auf die Institution der Sklaverei angewiesen, weil sie jenen ›Überfluß‹ hervorbringt, der ihren Wohlstand ausmacht. Daher kann diese Klasse nicht zum Agens des geschichtlichen Fortschritts werden, will sie ihre eigene Existenz nicht zerstören. Doch dann erlangen die Sklaven […] Selbstbewußtsein, indem sie demonstrieren, daß sie keine Dinge beziehungsweise Objekte sind, sondern Subjekte, die die materielle Natur verwandeln können. […] Diejenigen, die sich einst in die Sklaverei fügten,[152] stellen ihr Menschsein unter Beweis, wenn sie bereit sind, lieber zu sterben, als in der Unterwerfung zu verharren. Ein Gesetz (in diesem Fall der *Code Noir*), das sie als ›Dinge‹ betrachtet, kann dann nicht länger als bindend gelten […].«[153]

Hegel besteht darauf, dass der Sklave/der Knecht die Freiheit selbst erringen müsse und diese nicht geschenkt werden könne, denn nur so könne eine Anerkennung als selbständiges Selbstbewusstsein erreicht werden. Buck-Morss verweist darauf, dass dies dem Ziel der Abolitionisten seinerzeit weitgehend widerspricht, die in eher paternalistischer Weise eine Entlassung Schwarzer Menschen aus der Sklaverei durch den aufgeklärten ›weißen‹ Mann anstrebten und keinen gewaltsamen revolutionären Akt der Selbstbefreiung.

Mit Blick auf den bisherigen Diskurs zu Hegel stellt Buck-Morss fest:

151 Ebd., S. 75.

152 Buck-Morss verweist darauf, dass Hegel noch 1820 in seinen *Grundlinien der Philosophie des Rechts* die Sklaven selbst verantwortlich macht. Vgl. Buck-Morss, *Hegel und Haiti*, S. 83, Fn. 99. Bei Hegel heißt es: »Aber daß jemand Sklave ist, liegt in seinem eigenen Willen, so wie es im Willen eines Volkes liegt, wenn es unterjocht wird. Es ist somit nicht bloß ein Unrecht derer, welche Sklaven machen oder welche unterjochen, sondern der Sklaven und Unterjochten selbst.« Hegel, *Grundlinien der Philosophie des Rechts oder Naturrecht und Staatswissenschaft im Grundrisse,* Berlin 1833, S. 96, Zusatz zu § 57.

153 Buck-Morss, *Hegel und Haiti*, S. 81 ff.

Bedenkt man, wie einfach sich die Dialektik von Herrschaft und Knechtschaft einer solchen Lektüre unterziehen lässt, kann man sich nur darüber wundern, daß das Thema Hegel und Haiti so lange ignoriert wurde. Hegelforscher sind nicht allein eine Antwort auf diese Frage schuldig geblieben, sie haben es während der letzten zweihundert Jahre sogar versäumt, sie überhaupt zu stellen.[154]

Unter diesen neuen Aspekten müsste dann Frantz Fanons an Hegel angelehnte Herr-Knecht-Dialektik, die er in *Schwarze Haut – Weiße Masken* auf das Verhältnis zwischen Schwarzen und ›Weißen‹ und im weiteren Sinne auf den Befreiungskampf der kolonial unterdrückten Völker bezieht, ebenso neu gelesen werden.[155] Weitere Textstellen, die einer neuen Lesart bedürfen, sind laut Buck-Morss die Anspielungen auf Robinson Crusoe in den *Texten zur Philosophischen Propädeutik* (1808-1811) oder die *Philosophie des Geistes* (1830), in der die Dialektik von Herrschaft und Knechtschaft ausführlicher erörtert wird als in der *Phänomenologie*.

Folgen wir Buck-Morss' Argumentation, dass sich Hegel in seinen frühen Schriften von der Revolution in Haiti inspirieren ließ, steht das Afrika-Bild, das in seinen späteren Werken vermittelt wird, allerdings in deutlichem Kontrast dazu.

9.3.2. Afrika in der Philosophie der Weltgeschichte

Die Eingangszitate zu diesem Abschnitt stammen nicht aus der *Phänomenologie*, sondern aus den *Vorlesungen über die Philosophie der Weltgeschichte,* die Hegel zwischen 1822 und 1830 im Turnus von zwei Jahren gehalten hat, jeweils neu angereichert mit empirischem Material, das er bei der Lektüre von Reiseberichten und ähnlichen Schriften gewann. Im Zusammenhang mit diesen Vorlesungen muss darauf hingewiesen werden, dass sie auf der Basis von Notizen und Mitschriften rekonstruiert wurden und in unterschiedlichen

154 Ebd., S. 84.

155 F. Fanon, *Peau noir – masques blancs,* Paris 1952, Abschnitt »Le Nègre et Hegel«, S. 175-180. In diesem Zusammenhang ist Buck-Morss' Verweis auf Nesbitt interessant, der Césaires Stück *La Tragédie du roi Christophe* (1963) vor dem Hintergrund von Hegels *Phänomenologie* liest. Hierbei werde deutlich, dass Césaire Rituale der Religion der Yoruba und des Voodoo mit Hegels Konzeption der Philosophie der Geschichte kombiniere. Vgl. Nesbitt, *Voicing Memory. History and Subjectivity in French Caribbean Literature*, Charlottesville 2003, S. 143. Vgl. Buck-Morss, *Hegel und Haiti*, S. 31-32.

Editionen vorliegen. Erstmalig wurden die Vorlesungen von Eduard Gans im Jahr 1837 herausgegeben. In dieser Fassung enthielten sie noch nicht das gesamte empirische Material zu den Weltkulturen und damit auch nicht jene oben zitierten Aussagen über Afrika. Erst Georg Lasson, der die Vorlesungen 1917 erneut herausgab, stellte die breite Materialfülle wieder her.[156]

In dieser Edition wird insbesondere der afrikanische Kontinent in einer höchst problematischen Weise dargestellt. Bei Hegels Zweiteilung der Welt in einen historischen und einen geographischen Teil gehört Afrika dem geographischen an. Es ist verschlossen und befindet sich noch in einem Naturzustand, der keine Freiheit kennt und durch einen Zustand des Unrechts gekennzeichnet ist.[157] Im pauschal unterstellten Charakter der Afrikaner:innen vermag Hegel nichts Menschliches zu erkennen:

> Die Wertlosigkeit des Menschen geht ins Unglaubliche; es besteht eine Ordnung, die man als Tyrannei ansehen kann, die aber selbst nicht als Unrecht gilt, empfunden wird. Dazu gehört, daß es als etwas ganz Verbreitetes und Erlaubtes betrachtet wird, Menschenfleisch zu essen.[158]

Und so kommt Hegel bezüglich der Sklaverei zu dem Schluss:

> Aus solcher Wertlosigkeit des Menschen erklärt sich, daß in Afrika die Sklaverei das Grundverhältnis des Rechts bildet [...]. In dieser sehen die N. nichts ihnen Unangemessenes [...], denn es ist die Grundlage der Sklaverei überhaupt, daß der Mensch das Bewußtsein seiner Freiheit noch nicht hat und somit zu einer Sache, zu einem Wertlosen herabsinkt.[159]

Hegel behauptet sogar, dass Afrikaner:innen aus einer schrecklichen afrikanischen Sklaverei in die wohlwollende Sklaverei eines europäisierten Amerika überführt werden, um sie dort zur Freiheit heranzubilden.

156 Vgl. Buck-Morss, *Hegel und Haiti*, S. 103, Fn. 140.

157 In diesem Zusammenhang muss erwähnt werden, dass Hegels Quellenbasis zu Afrika tatsächlich sehr eingeschränkt war. Er bezieht sich in seiner Beschreibung vor allem auf Herodots *Historien* (5. Jahrhundert), auf G. A. Cavazzis *Istoria descrizione die tre regni Congo, Matamba, Angola* (1687, Bologna) und auf Karl Ritters *Die Erdkunde im Verhältnis zur Natur und zur Geschichte des Menschen* (2 Bände, Berlin 1817/18).

158 Hegel, *Vorlesungen über die Philosophie der Weltgeschichte*, S. 224.

159 Ebd., S. 225 f.

Der österreichische Philosoph Christian Neugebauer hat versucht, Hegels Aussagen über Afrika in sieben Thesen zusammenzufassen: 1. Statik Afrikas, 2. Primitivität Afrikas, 3. Geschichtslosigkeit Afrikas, 4. Sittenlosigkeit Afrikas, 5. Wildheit Afrikas, 6. Afrika hat keine Philosophie, 7. Afrika wird als ein homogener Kontinent konstruiert.[160] Dieses hier vermittelte grundlegende Bild von Afrika spiegelt sich ebenso in Hegels Philosophiegeschichte wider. Hier trennt Hegel Ägypten und Nordafrika ausdrücklich vom ›eigentlichen‹ Afrika ab, dem dann in seiner Philosophiegeschichte keine weitere Beachtung geschenkt werden müsse.

Folgen wir der Argumentation von Buck-Morss, dann hat sich Hegels Blick auf Afrika und Afrikaner:innen zwischen 1806 und seinen späteren Vorlesungen radikal verändert.[161] Buck-Morss beschreibt das so: »Klar *ist* jedoch, daß Hegel trotz aller Versuche in den zwanziger Jahren, sich mehr Wissen über Afrika anzueignen, im Endeffekt dümmer wurde.«[162] Heute assoziieren wir Hegels Haltung zu Afrika im Wesentlichen mit seinen Aussagen in den *Vorlesungen über die Philosophie der Weltgeschichte* und seinen Argumenten für die Beibehaltung der Sklaverei.

9.4. Konsequenzen für die Philosophiegeschichtsschreibung

Die Disziplin der Philosophiegeschichtsschreibung kann die Auswirkungen der europäischen Expansion auf die Narrative der Philosophiegeschichte nicht weiter leugnen, indem sie Sklaverei und Ko-

160 C. Neugebauer, »Aristoteles, Tempels und Hegel im afrikanischen Diskurs – ein philosophiehistorischer Bericht zur afrikanischen Philosophie«, in: Ders. (Hg.), *Philosophie, Ideologie und Gesellschaft in Afrika: Wien 1989*, Frankfurt/M. 1991, S. 61-94, hier S. 78. Siehe auch Neugebauer, *Einführung in die afrikanische Philosophie*, München 1989. Siehe auch H. F. Fulda, »Geschichte, Weltgeist und Weltgeschichte bei Hegel«, in: *Annalen der internationalen Gesellschaft für dialektische Philosophie – Societas Hegeliana*, Bd. II, Köln 1986, S. 58-105; H. Kimmerle, »Hegel und Afrika: Das Glas zerspringt«, in: *Hegel-Studien* 28 (1993), S. 303-325; Ders., »Hegel und Afrika«, in: Ders., *Die Dimension des Interkulturellen*, S. 85-112.

161 Buck-Morss, *Hegel und Haiti*, S. 101 f.

162 Ebd., S. 103.

lonialismus als ohne Folgen für die Philosophie betrachtet. Denn die Folgen sind tiefgreifend und umfassen mindestens zwei Ebenen:

Erstens kann die Entwicklung der europäischen Philosophie spätestens seit dem Beginn der europäischen Expansion nicht mehr nur aus ihrer begrenzten kontinentalen Perspektive heraus betrachtet, sondern muss als verankert in einem Netz globaler Entwicklungen verstanden werden, das auch auf Europa selbst zurückwirkt. Damit erweitert sich das Spektrum einflussreicher historischer Ereignisse ebenso wie ideengeschichtlicher Einflüsse und Auswirkungen. Es kommt in Zukunft darauf an, aus globaler Sicht hier die entsprechenden philosophischen ebenso wie historisch-politischen Fragen zu stellen. Oder wie Rolf Elberfeld es ausdrückt:

> Die europäische Expansion hat nicht nur die außereuropäischen Kulturen verändert, sondern hat auch wesentlich zurückgewirkt auf die Entwicklung der europäischen Kultur im weiteren und die Entwicklung der Philosophie im engeren Sinne, so daß interkulturelle Prozesse wesentlich die Genese der europäischen Kultur und Philosophie seit der Neuzeit mitbestimmt haben.[163]

Zweitens muss sich die Philosophie und ihre Geschichtsschreibung in diesem Zusammenhang mit den von Philosoph:innen vertretenen Haltungen zur kolonialen Expansion, zu Sklaverei und Rassismus auseinandersetzen und untersuchen, inwiefern sich diese in ihre Theorien und Konzepte eingeschrieben haben. Rassismus, verstanden als eine Hierarchisierung von Menschen anhand von äußerlichen Merkmalen (phänotypische Merkmale wie Hautfarbe oder Haarstruktur) in Verbindung mit der Zuschreibung von Fähigkeiten und Eigenschaften, ist kein Phänomen der Vergangenheit, sondern eines, mit dem wir uns weiterhin auseinandersetzen müssen. Hierfür ist es notwendig, sich zu den historischen Wurzeln der Debatten und ihren Trägern zu begeben. Oder wie Robert Bernasconi es auf den Punkt bringt: »[…] wenn man sich mit der Geschichte der Rassentheorie befasst, […] besteht zumindest die Hoffnung, einen Teil der Unkenntnis zu beseitigen, die den Begriff der Rasse noch immer umgibt.«[164]

Sich unter dieser Perspektive klassischen Werken der europäi-

163 Elberfeld, *Kitarō Nishida (1870-1945)*, S. 275.

164 Bernasconi, *Race*, S. 6. Übersetzung A. G.

schen Philosophie kritisch anzunähern und ihre Schriften in ebenjenem Spannungsfeld zu lesen, in dem sie sich befinden, nämlich zwischen Universalismus und Ausgrenzung, ist die Aufgabe heutigen Philosophierens. Das bedeutet, dass rassistische, sexistische und antisemitische Tendenzen in den entsprechenden zu untersuchenden Werken nicht zu verdrängen, sondern als Bestandteil dieser Theorien zu kontextualisieren sind, wozu auch gehört, dass problematische Grundannahmen und -voraussetzungen wie eine patriarchale oder rassistische Gesellschaftsstruktur kritisch beleuchtet werden müssen. Zu dieser Kontextualisierung gehört, die historische Realität der Sklaverei und deren Einfluss auf die Theorien der Aufklärung im Detail zu untersuchen und dabei historische Ereignisse mit in Betracht zu ziehen, die aus unserem heutigen Geschichtsbewusstsein verdrängt wurden, in jener Zeit aber Tagesgespräch waren, wie die Revolution in Haiti. Dazu gehört zudem, Selbstzeugnisse versklavter Menschen, die in jener Epoche ebenfalls zum Lesestoff einer breiten Öffentlichkeit gehörten, wahrzunehmen und zu untersuchen, inwiefern sie von Philosoph:innen rezipiert wurden und wie sich dies in den entsprechenden Werken widerspiegelt – oder nicht. Auch Lücken können beredte Zeugnisse sein. Ein Ignorieren dieser Zusammenhänge leugnet eine der wichtigsten Hegelschen Erkenntnisse: Philosophie wird von historischen Zusammenhängen geprägt. Das heißt, der blinde Fleck »Sklaverei« – der uns bis heute insbesondere im deutschen Sprachraum begleitet – ist aus der Philosophiegeschichtsschreibung beziehungsweise der Kontextualisierung von Philosoph:innen der betroffenen Jahrhunderte zu beseitigen. Die Existenz von Sklaverei und deren Manifestationen, sei es durch Kolonialprodukte, Reiseberichte oder das Wirken von Schwarzen Menschen in Europa, waren omnipräsent. Unter philosophiehistorischer Perspektive wurde bis heute kaum nach der Verbindung zwischen realexistierender Sklaverei und Philosophie gesucht. Gehört eine Untersuchung des Verhältnisses von Philosoph:innen jener Epoche zur Amerikanischen oder Französischen Revolution zum Standard der an ein Werk herangetragenen Forschungsfragen, ist dies mit Blick auf die Institution der Sklaverei und der gewaltsamen Unterwerfung weiter Teile der Welt nicht der Fall.

Aber nicht nur die Kontextualisierung ist in diesem Zusammenhang von Bedeutung, sondern ebenso eine Untersuchung der Wirkungsgeschichte. Sowohl Kant als auch Hegel haben dazu beigetragen, ein Afrikabild zu imaginieren, das bestimmend für eine ganze Epoche und in gewisser Weise auch über diese hinaus geschichtsmächtig wurde. Ob Hegel die Grundlage für die Kolonialdoktrin von der »Bürde des weißen Mannes« gelegt hat, wie ihm zum Teil vorgeworfen wird,[165] ist kritisch zu hinterfragen. Fest steht jedoch die ideengeschichtliche Wirkung der Aussagen, wobei im Fall von Kant und Hegel die Untersuchung der Wirkung ihrer ausgrenzenden Konzepte für die Philosophie und ihre Geschichte bereits fortgeschritten ist. Dies gilt für andere einflussreiche Gestalten der europäischen Philosophiegeschichte noch nicht. Dabei geht die Reichweite weit über die Philosophie hinaus und betrifft ebenso andere Wissenschaften oder Darstellungen in der Kunst und Literatur sowie die Gestaltung von Museen, um hier nur einige wenige Punkte anzuführen.

Es muss zu den wesentlichen Aufgaben einer Philosophiegeschichtsschreibung gehören, die Verstrickung von Philosoph:innen in die Konflikte ihre Zeit ebenso wie in die vorherrschenden soziokulturellen Weltbilder darzustellen und zu analysieren. Das Aufdecken rassistischer und patriarchaler Strukturen in philosophischen Werken ist zugleich eine unabdingbare Notwendigkeit, um die emanzipatorischen Elemente der Konzepte und Theorien zu dekolonisieren. Denn nach wie vor werden aufklärerische und emanzipatorische Konzepte zur Kritik von Machtstrukturen und Ausgrenzungen gebraucht. Dabei können diese auch zur Kritik der Aufklärer selbst angewendet werden.[166] Ein solches Vorgehen wird seit Jahren von der feministischen Kritik mit Blick auf die sexistischen und misogynen Tendenzen der Aufklärungsphilosophie praktiziert.

Dies bringt uns zum nächsten Punkt, nämlich dem Umstand, dass die Kritik an den verschiedenen Arten der Ausgrenzung in

165 Bereits Kimmerle warnt davor, Hegel »zu einer Art Prügelknaben antikolonialistischer Theoretiker [zu machen], deren Äußerungen oft ebensosehr [sic] ideologische Züge tragen«. Kimmerle, *Die Dimension des Interkulturellen*, S. 85. Als ein gelungenes Beispiel kritischer Auseinandersetzung führt er neben den Arbeiten von Neugebauer an: L. Keita, »Two Philosophies of African History – Hegel and Diop«, in: *Présence Africaine* 91 (1974), S. 41-49.

166 So fordert Kimmerle auf zu einem »Mit Hegel gegen Hegel denken« und »Hegel dekonstruieren«. Kimmerle, *Die Dimension des Interkulturellen*, S. 104 f.

philosophischen Werken häufig in parallel nebeneinander verlaufenden Diskursen erfolgt: Werden die rassistischen Tendenzen in den Fokus genommen, bleibt der Sexismus unbesprochen; werden sexistische Tendenzen untersucht, kümmert man sich nicht um die rassistischen. Eine Untersuchung des Antisemitismus findet ohnehin selten statt.[167] Produktiver wäre es, die verschiedenen Ausgrenzungstendenzen gemeinsam in den Blick zu nehmen und somit die Strukturen von Ausgrenzung in einem intersektionellen Zugang zu erfassen und kritisch zu hinterfragen.[168] Dabei muss dann auch gefragt werden, wie Philosophinnen und andere Denkerinnen der Epoche der Aufklärung zum Thema Sklaverei standen. Ein interessantes Beispiel ist unter anderem Olympe de Gouges (1748-1793), die in ihrem ersten Theaterstück *Zamore et Mirza ou l'heureux naufrage* (1789 aufgeführt) die Sklaverei in den Kolonien beklagt. Eingereicht hatte de Gouges das Stück bereits 1785 bei der Comédie Française. Die Aufführung verzögerte sich jedoch, da wichtige Geldgeber des Theaters die Aufführung des Stückes aufgrund seiner Thematik ablehnten.[169] Im daraufhin entbrannten Streit nahm de Gouges in weiteren Schriften, Briefen und Petitionen zum Inhalt ihres Stückes Stellung und forderte dessen Aufführung. In diesem Zusammenhang plädiert sie explizit für die Abschaffung der Sklaverei.[170]

167 L. Poliakov, *Die Aufklärung und ihre judenfeindliche Tendenz,* Worms 1983 (Band 5 der *Geschichte des Antisemitismus in 8 Bänden*); M. Brumlik, *Deutscher Geist und Judenhass. Das Verhältnis des philosophischen Idealismus zum Judentum*, München 2000; H. Gronke u. a. (Hg.), *Antisemitismus bei Kant und anderen Denkern der Aufklärung*, Würzburg 2001; G. Hentges, »Das Janusgesicht der Aufklärung. Antijudaismus und Antisemitismus in der Philosophie von Kant, Fichte und Hegel«, in: S. Salzborn (Hg.), *Antisemitismus – Geschichte und Gegenwart*, Gießen ²2009, S. 11-32.

168 Ein Ansatz in dieser Richtung findet sich bei K. Hostettler, *Kritik – Selbstaffirmation – Othering. Immanuel Kants Denken der Zweckmäßigkeit und die koloniale Episteme*, Bielefeld 2020.

169 Ausführlich dazu: G. Thiele-Knobloch, »Olympe de Gouges (1748-1793) – ›eine Todfeindin der Sklaverei‹«, *Feministische Studien* 9/2 (1991), S. 140-144. Die Autorin verweist darauf, dass das Stück bereits 1788 im 3. Band ihrer »Œuvres« unter dem neuen Titel *Esclavage des Noirs, ou l'heureux naufrage* erschien. Hier beschreibt de Gouges in ihrem Vorwort die schwierige Entstehungsgeschichte und bezieht explizit Stellung gegen die Sklaverei.

170 Vgl. O. de Gouges, »Les droits de la femme«, in: *Écrits Politiques, 1788-1791,* Paris 1993, S. 205. Siehe auch O. Blanc, *Marie-Olympe de Gouges. Une humaniste à la fin du XVIIIe siècle,* Cahors 2003.

Auch in ihrer *Erklärung der Rechte der Frau und Bürgerin* (1791) zieht sie eine Verbindung zwischen der kolonialen Sklaverei und der Stellung der Frau. So heißt es in der Postambel, die Frau werde vom Mann gekauft wie ein Sklave an der Küste von Afrika. Dagegen macht sie im ersten Artikel ihrer Erklärung geltend: »Die Frau wird frei geboren und bleibt dem Mann an Rechten gleich. Soziale Unterschiede können nur im allgemeinen Nutzen begründet sein.«[171]

Ihre Zeitgenossin Mary Wollstonecraft (1759-1797) vergleicht in ihrem Text *Vindication of the Rights of Women* (Verteidigung der Rechte der Frauen, 1792) die Situation der Frau ebenfalls mit jener der »armen afrikanischen Sklaven«.[172] Und auch die Frauenrechtlerin Catharine Macaulay (1731-1791) setzte sich für die Abschaffung der Sklaverei ein. Ein weiteres berühmtes Beispiel ist Germaine de Staël (1766-1817), die an verschiedenen Stellen ihrer Werke ebenfalls Parallelen zwischen der Unterdrückung der Frau und der Versklavung von Afrikaner:innen zieht, die Grausamkeit der Sklaverei auf den Westindischen Inseln anprangert und sich für den 1802 in Gefangenschaft geratenen und nach Frankreich deportierten Führer der Haitianischen Revolution, Toussaint Louverture, einsetzte.[173]

Eine systematische Analyse der Positionen der Aufklärerinnen zur Institution der Sklaverei und eine Untersuchung, inwiefern sich in ihren Werken rassistische Tendenzen ausmachen lassen oder ob ein Bewusstsein über ihre eigene Verstrickung in die kolonialen Strukturen entwickelt wurde, steht meiner Meinung nach noch aus. Eine solche Analyse wäre ein weiterer Baustein für ein umfassenderes Bild vom intellektuellen und philosophischen Milieu der betreffenden Jahrhunderte, das wiederum auf die Analyse der Theorien der männlichen Philosophen zurückwirken müsste.

Darüber hinaus wird im Zusammenhang mit den intellektuellen Leistungen von Sklav:innen deutlich, dass die Bedingungen

171 O. de Gouges, *Die Rechte der Frau und andere Schriften*, Berlin 2006.

172 M. Wollstonecraft, *Vindication of the Rights of Women*, Harmondsworth 1975, S. 257. Siehe auch M. Ferguson, »Mary Wollstonecraft and the Problematic of Slavery«, in: *Feminist Review* 42/1 (1992), S. 82-102; C. Howard, »Wollstonecraft's thoughts on slavery and corruption«, in: *Eighteenth Century: Theory and Interpretation* 45/1 (2004), S. 61-86.

173 Siehe u. a. F. M. D. Daquin, *Slavery and feminism in the writings of Madame de Staël,* Doktorarbeit, James Cook University 2020. Ich danke Renate Schepen für diesen Hinweis.

der Produktion von Wissen in einer Geschichte von Theorien und Konzepten, wie zum Beispiel der Philosophiegeschichte, nicht unbeachtet bleiben können. Dabei ist zu überdenken, wo und wie sich angesichts von Ausgrenzungen aufgrund von Geschlecht, ›Race‹ oder Klassenzugehörigkeit und dem damit verbundenen eingeschränkten Zugang zu Bildung und Ausdrucksmöglichkeiten für eigene Ideen philosophisches Denken unter solchen Bedingungen manifestieren kann. Da der menschliche Geist immer Wege findet, sich auszudrücken, muss in diesem Zusammenhang hinterfragt werden, welche Textgenres oder philosophischen Praktiken in eine Philosophiegeschichte Eingang finden können und wo hier die Grenzen zu setzen sind. Aus diesem Grund ist es von besonderer Wichtigkeit, sich mit den überkommenen Schriften oder anderen Manifestationen des Denkens afrikanischer Sklav:innen auseinanderzusetzen und diese auf ihren philosophischen Gehalt zu überprüfen. Dass Anton Wilhelm Amo in eine Philosophiegeschichte gehört, ist unbestritten, aber auch Phillis Wheatley, Olaudah Equiano oder Jacobus Capitein stellen – in der ganzen Unterschiedlichkeit ihrer Arbeiten – eine Herausforderung für die traditionelle Philosophiegeschichtsschreibung dar, geben sie doch der weitgehend anonymen ›anderen Seite‹ von Sklaverei und Rassismus, nämlich jenen, die dieses System unterdrückt hat, die aber in den Werken der Aufklärer nur abstrakt behandelt werden, eine Stimme und ein Gesicht.

Kapitel 10
Arabisch-islamische Philosophie: Das Beispiel Aḥmad Bābā aus Timbuktu

Die große Lücke von fast eintausend Jahren, die sich in der Philosophiegeschichte Afrikas südlich der Sahara zwischen dem 5. Jahrhundert und dem 17. Jahrhundert scheinbar auftut und bisher oft mit Verweis auf orale Traditionen gefüllt wird, wäre eine eigene Untersuchung wert, die an dieser Stelle nicht geleistet werden kann. Allerdings darf mit Blick auf diese Lücke nicht vergessen werden, dass die einflussreiche Tradition der arabisch-persisch-islamischen Philosophie, deren Beginn zumeist im 8. Jahrhundert mit dem arabischen Philosophen al-Kindī (800-873 CE) angesetzt wird, über Nordafrika hinaus weite Teile des afrikanischen Kontinents beeinflusst hat und von Gelehrten mitentwickelt wurde, die in Afrika beheimatet waren. Der berühmteste ist ohne Zweifel der aus Tunis stammende Historiker und Philosoph Ibn Ḫaldūn (auch Ibn Khaldun,[1] 1332-1406). Darüber hinaus unternahmen wichtige Vertreter der islamischen Philosophie ausgedehnte Reisen durch Nordafrika oder hatten verschiedene Funktionen in nordafrikanischen Städten inne. Dazu gehören die andalusischen Philosophen Ibn ʿArabī (1165-1240), der zwischen 1193 und 1197 einige Reisen nach Nordafrika unternahm, und Ibn Rušd (lat. Averroes, 1126-1198), der Nordafrika von Tunis über Fes und Marrakesch bis nach Kairo weitläufig bereiste.

Auch die möglicherweise erste schriftliche Erwähnung eines afrikanischen Gelehrten findet sich im Manuskript eines arabischen Philosophen, nämlich Abū al-Wafā' Mubashshir ibn Fātik aus dem 11. Jahrhundert und seinem *Kitāb mukhtār al-ḥikam wa-maḥāsin al-kalim* (Buch ausgewählter Maximen), dessen Niederschrift der Autor mit den Jahren 1048-1049 angibt. Dabei handelt es sich um eine Sammlung von Biographien von einundzwanzig Weisen. Genannt werden unter anderem Seth, Hermes, Homer, Solon, Py-

1 Die Schreibung der Namen folgt der Umschrift aus dem Arabischen. In Klammern wird auch die häufig in der deutschsprachigen Literatur zu findende Schreibweise angegeben. Ich danke meinem Kollegen Sarhan Dhouib für die fachliche Beratung.

thagoras, Hippokrates, Diogenes, Platon, Aristoteles, Galen und Alexander der Große. Es findet sich aber auch ein Abschnitt zu Legmon, von dem es heißt, dass er in Äthiopien geboren wurde, seine Fähigkeiten im Lande Asteyn zur Zeit des Propheten David erlernte und von einem Juden als Sklave oder Leibeigener gekauft wurde.[2]

Ebenso dürfen Philosophen der jüdischen Tradition nicht unerwähnt bleiben, wie der in Ägypten geborene Saʿīd bin Yūsuf al-Fayyūmī (auch Saadia ben Joseph Gaon, 882-942) oder der in Kairo wirkende andalusisch-nordafrikanische Philosoph, Arzt und Rechtsgelehrte Moses Maimonides (ca. 1135/38-1204), der als einer der bedeutendsten jüdischen Gelehrten gilt. Werden die Verflechtungen altägyptischer Philosophie mit den Philosophien im Afrika südlich der Sahara betont und frühchristliche Ansätze auf ihre Verbindung zum afrikanischen Kontinent hin untersucht, dürfen die frühe jüdische philosophische Tradition ebenso wie die arabisch-islamische Philosophie ebenfalls nicht vernachlässigt werden. Verflechtungen jüdischer Philosophie mit dem Afrika südlich der Sahara sind bis heute gänzlich unerforscht. Angesichts der frühen Ansiedlung des Judentums in Äthiopien könnten sich hier interessante Forschungsfelder auftun.

Die Rekonstruktion der arabisch-islamischen Philosophie im Afrika südlich der Sahara befindet sich noch in einem wenig entwickelten Zustand beziehungsweise ist Angelegenheit einiger weniger Spezialist:innen. Zwar gibt es viele Untersuchungen und einschlägige Publikationen zur Geschichte der islamischen Philosophie,[3]

2 Vgl. Abū al-Wafā' Mubashshir ibn Fātik, *The Dyctes and the Sayenges of the Philosophers other Wyse called Dicta Philosophorum,* London 1528. Dieses Buch gilt als das erste datierte gedruckte Buch in England. Erste Übersetzung aus dem Arabischen ins Latein ca. 1298; Übersetzung ins Französische ca. 1477.

3 Zur Geschichte der arabisch-islamischen Philosophie gibt es zahlreiche Veröffentlichungen in vielen Sprachen, u. a. U. Rudolph, *Islamische Philosophie. Von den Anfängen bis zur Gegenwart,* München [2]2004: G. Hendrich, *Arabisch-Islamische Philosophie. Geschichte und Gegenwart,* Frankfurt/M. 2011; M. Turki, *Einführung in die arabisch-islamische Philosophie,* Freiburg i.Br. 2015; P. Adamson, R. C. Taylor (Hg.), *The Cambridge Companion to Arabic Philosophy,* Cambridge 2005; H. Nasr, O. Leaman (Hg.), *History of Islamic Philosophy,* London 2003. Weiterhin zu nennen sind die folgenden Bände der Reihe »Philosophie in der islamischen Welt« im Rahmen des philosophiehistorischen Standardwerks »Ueberweg« (*Grundriss der Geschichte der Philosophie,* hg. v. L. Cesalli u. G. Hartung): U. Rudolph (Hg.), *Philosophie in der islamischen Welt: 8.-10. Jahrhundert,* Basel 2012; Ders. (Hg.), *Phi-*

jedoch werden in fast keiner dieser Untersuchungen die Regionen südlich der Sahara berücksichtigt. Diese finden allenfalls marginale Erwähnung. So stellt Ousmane Oumar Kane nach seiner Recherche in einschlägigen Werken zur islamischen Welt wie der *Encyclopaedia of Islam* (1913-1938)[4] oder Brockelmanns *Geschichte der Arabischen Litteratur* (1898)[5] fest, dass diese Werke den Eindruck vermitteln, dass das Afrika südlich der Sahara zur Ideengeschichte der islamischen Welt nichts beigetragen habe.[6] Dabei ist auch hier eine reiche schriftliche Tradition belegt, die laut John Hunwick bei dem Grammatiker und Poeten Abū Isḥāq Ibrāhīm al-Kānimī (auch al-Kānemī) aus Kanem (um 1200) einsetzt, der auf Arabisch geschrieben hat.[7] Zur Erforschung dieser Traditionen hat Kane mit seinen Büchern *Non-Europhone Intellectuals* (2012) und *Beyond Timbuktu: An Intellectual History of Muslim West Africa* (2016) in den letzten Jahren wichtige Beiträge geliefert.[8]

Es herrscht also auch in der Behandlung der Philosophie der islamischen Welt eine klare (Hegel folgende) Abtrennung Nordafrikas vom Rest des Kontinents vor. Diese Teilung reicht bis in die Organisation der Disziplinen und wird heute nur in wenigen Instituten und Forschungszentren überwunden.[9]

losophie in der islamischen Welt: 11.-12. Jahrhundert. Zentrale und östliche Gebiete, Basel 2021; *13.-18. Jahrhundert,* Basel (in Bearbeitung); A. von Kügelgen (Hg.), *Philosophie in der islamischen Welt: 19.-20. Jahrhundert. Arabischer Sprachraum,* Basel 2021; Dies. (Hg.), *Philosophie in der islamischen Welt: 19.-20. Jahrhundert. Türkei, Iran und Südasien*, Basel 2022. Die Region südlich der Sahara wird in den genannten Werken nicht berücksichtigt.

4 Kane bezieht sich auf die erste Edition der Enzyklopädie: M.T. Houtsma u. a. (Hg.), *The Encyclopaedia of Islam: A Dictionary of the Geography, Ethnography and Biography of the Muhammadan Peoples,* 4 Bände und Suppl., Leiden 1913-1938. In der zweiten Edition wurde bereits ansatzweise versucht, Afrika südlich der Sahara mehr Raum zu geben: P.J. Bearman, T. Bianquis u. a. (Hg.), *Encyclopaedia of Islam,* 2. Ausgabe, 12 Bände, Leiden 1960-2005. Die sich seit 2007 in Bearbeitung befindende dritte Edition lässt hoffen, dass weitere Korrekturen stattfinden.

5 C. Brockelmann, *Geschichte der Arabischen Litteratur,* Weimar 1898.

6 O.O. Kane, *Non-Europhone Intellectuals,* Dakar 2012, S. 6.

7 J.O. Hunwick, R.S. O'Fahey (Hg.), *Arabic Literature of Africa,* Band 2: *The Writings of Central Sudanic Africa*, Leiden 1995, S. 1.

8 Siehe auch O.O. Kane (Hg.), *Islamic Scholarship in Africa. New Directions and Global Contexts*, London 2021.

9 So liegt auch für Hunwick die Ursache für die bisher spärlichen Untersuchungen der Versklavung von Afrikaner:innen durch islamische Gesellschaften in der

Die Vielfalt philosophisch relevanter islamischer Strömungen und Gelehrter im Afrika südlich der Sahara kann in diesem Kapitel nicht abgebildet werden. Abgesehen von einer noch mangelhaften Untersuchung der vorliegenden Schriften ab dem 12. Jahrhundert auf ihren philosophischen Gehalt hin, sind ab dem 17. Jahrhundert und insbesondere im 18. und 19. Jahrhundert eine Anzahl von Gelehrten dokumentiert, deren Werke rekonstruiert und auf seine Einbindung in die verschiedenen Strömungen der islamischen Philosophie hin analysiert werden müssen. Erste Untersuchungen liegen hier unter anderem zum Sokoto-Kalifat (auf dem Gebiet des heutigen Nordnigeria) vor, das im 19. Jahrhundert zu den größten und einflussreichsten Kalifaten in Westafrika zählte und von einer religiösen Elite geführt wurde, der beginnend mit dem Gründer des Kalifats Uṯmān ibn Fūdī (auch Uthman/Usman dan Fodio, 1793-1864) zahlreiche Gelehrte angehörten.[10] Auf ein Beispiel aus dem Sokoto-Kalifat, nämlich die Gelehrte Nana Asma'u, werde ich im Kapitel 11 genauer eingehen.

In diesem Kapitel möchte ich mich auf die Diskussion eines Fallbeispiels beschränken, das in einem thematischen Zusammenhang mit dem vorangegangen Kapitel 9 steht. Das hier in den Mittelpunkt gestellte Beispiel ist der islamische Gelehrte Aḥmad Bābā aus Timbuktu (1556-1627), dessen Texte zur Frage der Sklaverei in den letzten Jahren besondere akademische Aufmerksamkeit

europäisch-nordamerikanischen Akademie vor allem in den disziplinären Grenzen: »Der Hauptgrund dafür [den Mangel an Studien] scheint darin zu liegen, dass solche Studien den Forscher dazu einladen, die etablierten Grenzen zwischen Afrikastudien und Nahoststudien zu überschreiten. Die Unterteilung Afrikas in Zonen, die als ›Naher Osten‹ und ›Afrika‹ behandelt werden, ist ein Erbe des Orientalismus und des Kolonialismus.« J. O. Hunwick, »Introduction: The Same But Different: Africans in Slavery in the Mediterranean Muslim World«, in: J. O. Hunwick, E. Troutt Powell (Hg.), *The African Diaspora in the Mediterranean Lands of Islam*, Princeton 2002, S. xiii. Übersetzung A. G. Beispielhaft für einen neuen, ganzheitlichen Blick ist das Zentrum Moderner Orient (ZMO) in Berlin.

10 Siehe u. a. A. Ibrahim, »Sokoto Caliphate Scholars and the Classical Islamic Philosophers: Issues in Divine Command Theory of Ethics«, in: *Studies in African Languages and Cultures* 51 (2017), S. 87-120; J. Lofkrantz, »Intellectual Discourse in the Sokoto Caliphate: The Triumvirate's Opinions on the Issue of Ransoming, ca. 1810«, in: *The International Journal of African Historical Studies* 45/3 (2012), S. 385-401.

erfahren haben.[11] Diese Texte wurden ausgewählt, da sie zum einen konkrete Einblicke in das Schaffen und die Einsichten eines Philosophen und Rechtsgelehrten aus Mali an der Wende vom 16. zum 17. Jahrhundert geben und seine Einbindung in die Diskurse der islamischen Welt dieser Zeit dokumentieren. Zum anderen illustrieren sie anhand eines konkreten gesellschaftlichen und moralischen Problems, nämlich der Sklaverei, die Notwendigkeit einer verflechtungsgeschichtlichen Perspektive auf die Philosophiegeschichte im Sinne eines gesamtheitlichen Blicks auf die zeitgenössischen europäischen, asiatischen und afrikanischen Diskurse über Afrika.

Sklaverei begleitet die islamischen Gesellschaften vom Beginn dieser Religion an bis ins 20. Jahrhundert.[12] In den theologischen und philosophischen Diskursen der islamischen Welt nimmt die Auseinandersetzung mit dieser Form der gewaltsamen Ausbeutung und Machtausübung jedoch einen untergeordneten Platz ein. Tatsächlich gehört die Sklaverei bis heute in der Rekonstruktion der is-

11 Meine Untersuchungen beziehen sich ausdrücklich auf Übersetzungen der Grundlagentexte in einige europäische Sprachen, insbesondere das Englische, sowie Sekundärliteratur zum Thema und zu den historischen Hintergründen. Untersuchungen der Originaltexte auf Arabisch oder Ajami liegen meiner Untersuchung nicht zugrunde. Als Ajami-Literatur werden Texte in afrikanischen Sprachen bezeichnet, die mit arabischen Schriftzeichen verschriftlicht wurden. Wann genau es zur Verschriftlichung afrikanischer Sprachen wie Wolof, Ful, Hausa, Bambara, Somali, Swahili und Malagasy mittels arabischer Buchstaben kam, ist nicht eindeutig geklärt. Es wird vermutet, dass dieser Prozess im 17. Jahrhundert (oder früher) begann und im 18. Jahrhundert dann weit verbreitet war. Als eines der ältesten erhaltenen Werke der Ajami-Literatur gilt das Epos von Tambuka auf Swahili, das 1728 für den Sultan von Pate (eine Insel des Lamu-Archipels an der Nordküste Kenias) geschrieben wurde. Zur Entwicklung der Ajami-Literatur siehe M. Hassane, »*Ajami* in Africa: the Use of Arabic in the Transcription of African languages«, in: S. Jeppie, S. B. Diagne, *The Meanings of Timbuktu*, Cape Town 2008, S. 109-121; H. Bobboyi, »Ajami Literature and the Study of the Sokoto Caliphate«, in: Jeppie/Diagne, *The Meanings of Timbuktu*, S. 123-133; Kane, *Non-Europhone Intellectuals*, S. 23-26.

12 Mauretanien gilt als das letzte Land der Welt, in dem die Sklaverei offiziell abgeschafft wurde (1981). Allerdings wurden keine Gesetze zur Strafverfolgung verabschiedet, so dass die Strukturen und die Praxis der Sklaverei weiter fortbestanden. Erst im Jahr 2007 wurde ein entsprechendes Strafgesetz verabschiedet. Trotzdem registrierte der *Global Slave Index* noch 2018 etwa 90 000 in Verhältnissen moderner Sklaverei lebende Menschen in Mauretanien, vgl. ⟨https://www.globalslaveryindex.org/2018/data/country-data/mauritania/⟩, letzter Zugriff 4. 3. 2022.

lamischen Philosophietraditionen (in europäischen Sprachen[13]) zu den fast völlig ignorierten Themen. Dies trifft auch auf Fragen des Rassismus beziehungsweise der Unterscheidung der gesellschaftlichen Stellung von Menschen anhand ihrer Hautfarbe zu. In Afrika trafen ab dem 16. Jahrhundert verschiedene Formen von Sklaverei und Sklavenhandel aufeinander. Neben einheimischen Arbeits- und Sozialformen, die heute entsprechend bezeichnet werden, waren arabisch-islamische sowie später europäische Sklavenhändler in großem Umfang aktiv. Beide Gruppen belieferten ihre jeweiligen Märkte gezielt mit Schwarzen Sklav:innen aus Afrika und beide Formen des Sklavenhandels gingen häufig Hand in Hand. Insofern sind zur Problematik der Sklaverei als Institution sowie den zugrundeliegenden Theorien der Einteilung der Menschheit in ›Racen‹ nicht nur die Haltungen der europäischen Philosoph:innen zu befragen, sondern auch Positionen aus der islamischen Philosophie und Rechtslehre. Trotz aller Unterschiede, sowohl der Praxis und der Regeln der Versklavung als auch aufgrund des jeweiligen religiösen, geistesgeschichtlichen und kulturellen Rahmens, in dem Sklaverei begründet oder auch verurteilt wurde, lassen sich interessante Parallelen in den Begründungsmustern von Sklaverei ebenso herausarbeiten wie unterschwellige oder offene Vorbehalte gegenüber Menschen mit dunkler Hautfarbe. Denn letztlich stehen beide philosophischen Traditionen hier vor den gleichen moralischen Herausforderungen.

Hierfür sind Aḥmad Bābās Texte ein besonders interessantes Beispiel aus dem Afrika südlich der Sahara, da in ihnen bestimmte Formen von Sklaverei einerseits legitimiert werden, andererseits die Hautfarbe eines Menschen als Grund für Versklavung dezidiert abgelehnt wird. Um die Darstellung und Diskussion dieser Texte nachvollziehbar zu machen, ist zunächst eine kurze Einführung in den historischen Kontext nötig.

10.1. Die Bibliotheken von Timbuktu

Betrachtet man die Geschichte Afrikas, dann ist der Islam seit über tausend Jahren ein integraler Bestandteil der Kultur und Geschich-

13 Meine Untersuchung beschränkt sich nur auf Literatur in europäischen Sprachen (vgl. Fn. 11).

te in weiten Teilen dieses Kontinents. Dies gilt für Gebiete nördlich und südlich der Sahara, wo er seit Jahrhunderten den religiösen, kulturellen, gesellschaftlichen und epistemischen Rahmen darstellt. Allerdings spiegeln sich die Bedeutung des Islam und seine Verwurzelung in weiten Teilen des afrikanischen Kontinents in vorherrschenden Narrativen nicht wider, die das vorkoloniale Afrika als geprägt von traditionellen animistischen Religionen und kleinen Dorfgemeinschaften mit einem geringen Grad an sozialer Organisation darstellen, die über keine Schriftkultur verfügten. Dieses stereotype Bild ist letztlich das Ergebnis eines Prozesses der Enthistorisierung und Entpolitisierung, aber auch der Ent-Islamisierung Afrikas südlich der Sahara, der in nicht geringem Maße durch ›westliche‹ Ethnologen und Missionare seit dem 19. Jahrhundert in Gang gesetzt wurde. Interessant ist, dass sich dieses in weiten Teilen unzutreffende Bild auch in der afrikanischen Philosophie der Gegenwart widerspiegelt. Philosophische Strömungen aus der arabisch-islamischen Philosophietradition spielen in Überblicksdarstellungen kaum eine Rolle oder werden sogar als Bestandteil einer afrikanischen Philosophiegeschichte abgelehnt, da der arabisch-islamische Einfluss auf den Kontinent als Ergebnis einer ersten Welle der Kolonisation betrachtet wird. Aus diesem Grund wurde die Existenz eines Textkorpus auf Arabisch und Ajami in den Gebieten südlich der Sahara lange Zeit ignoriert und den islamischen Gelehrten in diesen Regionen kaum Aufmerksamkeit geschenkt.[14]

Dieses Bild wird erst seit wenigen Jahren korrigiert, obwohl bereits Kwame Nkrumah in seinem Buch *Consciencism* (1964) den Islam zu den drei ideengeschichtlichen Grundsäulen des Kontinents zählt.[15] Zu den Vorreitern der Aufarbeitung der intellektuellen Geschichte und Philosophie arabisch-islamischer Traditionen im Afri-

14 Grund dafür ist aber auch eine sprachliche Begrenzung. Die akademische Philosophie im Afrika südlich der Sahara bedient sich heute vorrangig der englischen, französischen oder portugiesischen Sprache. Arabische Sprachkenntnisse sind die Ausnahme. Dies führt dazu, dass ein wichtiger Teil der Philosophiegeschichte Afrikas unerforscht bleibt beziehungsweise in Überblicksdarstellungen nicht berücksichtigt wird. Denn auch in Philosophiegeschichten der islamischen Welt (ob nun in Europa/Nordamerika verfasst oder in der arabischen Welt) wird die Region südlich der Sahara selten bis nie behandelt.

15 K. Nkrumah, *Consciencism. Philosophy and Ideology for De-Colonization*, London 1964; zitiert nach der Ausgabe: London 1970, S. 68.

ka südlich der Sahara gehört heute neben Ousmane Oumar Kane[16] auch Souleymane Bachir Diagne.[17] In ihren Studien wird deutlich, dass es im Afrika südlich der Sahara seit dem 11. Jahrhundert eine lebendige intellektuelle Tradition gibt, die sich in Texten auf Arabisch oder in afrikanischen Sprachen (die Ajami-Literatur) manifestiert. Sie zeigen zudem auf, dass diese Tradition zugleich ein integraler Bestandteil der islamischen Welt war, was sich in einem intensiven Austausch von Schriften und Gelehrten manifestierte.

Zwar nehmen die äthiopischen Muslime für sich die Nachfolge der ältesten islamischen Gemeinde Afrikas in Anspruch, die bereits 615 CE von Mitgliedern der Familie des Propheten Mohammed und einigen Konvertiten in Aksum gegründet wurde, doch erreichte der Islam als große religiöse Bewegung zunächst Nordafrika. Ägypten wurde im Jahr 642 CE von arabischen Truppen erobert, die Eroberung des Maghreb folgte zwischen 663 und 703 CE. In dieser Zeit drang ʿUqba ibn Nāfiʿ auch bis in die nördlichen Teile des heutigen Niger vor. Die Islamisierung großer Teile Westafrikas begann aber erst ab dem 10. Jahrhundert und folgte überwiegend den Handelswegen. Es waren Berber- und Tuareg-Händler, die den Islam aus Nordafrika mit den Transsaharakarawanen ins südliche Afrika brachten. Zu den ersten für den Islam gewonnenen Königreichen gehört Gao am Ende des 10. Jahrhunderts. Mit dem 11. Jahrhundert begannen die politische Elite und die Handelselite in Westafrika den Islam ebenso wie die arabische Schrift zu übernehmen. Der Austausch von Gütern führte zu intensiven Beziehungen, die von Pilgerreisen westafrikanischer Muslim:innen verstärkt wurden, die oft mit längeren Aufenthalten für Studien in den nordafrikanischen und arabischen Städten verbunden waren. Eine Ausnahme im Prozess der friedlichen Verbreitung des Islam bildet das Reich von Ghana.[18] Hier war es dem Nomadenvolk der Almoraviden ge-

16 O. O. Kane, *Beyond Timbuktu: An Intellectual History of Muslim West Africa*, Cambridge 2016.

17 S. B. Diagne, »Toward an Intellectual History of West Africa: the Meaning of Timbuktu«, in: Jeppie/Diagne (Hg.), *The Meanings of Timbuktu*, S. 19-27.

18 Das Territorium des mittelalterlichen Reichs Ghana (auch bekannt als Wagadu) entspricht nicht dem der heutigen Republik Ghana, sondern befand sich auf dem Gebiet des heutigen Mauretanien. Eine frühe Beschreibung findet sich im *Kitāb al-Masālik wa'l-Mamālik* (1068, Buch der Königreiche und Wege) des andalusischen Gelehrten Abū ʿUbaid ʿAbd Allāh ibn ʿAbd al-ʿAzīz al-Bakrī (1014-1094). Einige Jahrzehnte später beschrieb der Geograph Muḥammed Ibn Abī Bakr az-

stattet worden, sich in Aoudaghost, der nördlichsten Handelsstadt des Reiches (heutiges Mauretanien), niederzulassen. Im Jahr 1054/55 zerstörten die Almoraviden den Ort, und 1076 eroberten sie Ghanas Hauptstadt Koumbi Saleh (im äußersten Süden des heutigen Mauretanien), was mit einer weitgehenden Islamisierung des gesamten Gebietes – und dem Niedergang des bis dahin blühenden Ghana-Reiches – einherging. Anfang des 14. Jahrhunderts war auch das Mali-Reich im Wesentlichen ein islamischer Staat und spätestens im 17. Jahrhundert war der Islam in allen Teilen Westafrikas angekommen.[19]

Im Unterschied zur Islamisierung Nordafrikas ging die Islamisierung der Gebiete im südlichen Afrika, mit Ausnahme des Sudan, nicht mit einer umfassenden Arabisierung einher. Arabisch blieb weitgehend eine Sprache der Liturgie und der Gelehrten und die afrikanischen Sprachen blieben weiterhin das Hauptkommunikationsmittel im alltäglichen Leben. Tatsächlich hat der Islam im Laufe seiner langen Geschichte südlich der Sahara sogar eher umgekehrt eine Art »Afrikanisierung« erfahren. Einige Glaubensinhalte aus afrikanischen Religionen wurden assimiliert und bestimmte Traditionen blieben erhalten. Eine entscheidende Rolle im Prozess der Afrikanisierung des Islam spielten dabei verschiedene Bruderschaften,

Zuhrī (1130-1155) das Reich Ghana wie folgt: »In früheren Zeiten bekannten sich die Menschen in diesem Land zum Heidentum, bis zum Jahr 469/1076-1077, als Yahya b. Abu Bakr, der *amir* von Mustafa, auftrat. In den Tagen von Lamtuna wurden sie Muslime und wurden gute Muslime. Heute sind sie Muslime und haben Gelehrte, Juristen und Koranleser und sind in diesen Bereichen führend geworden. Einige ihrer führenden Köpfe sind nach Al-Andalus gekommen. Sie sind nach Mekka gereist und haben die Pilgerfahrt gemacht.« Zitiert nach N. Levtzion, J. Spaulding, *Medieval West Africa. Views from Arab Scholars and Merchants*, Princeton 2011, S. 25. Übersetzung A. G.

19 Bereits seit dem 8. Jahrhundert wurden von arabischen Händlern entlang der afrikanischen Ostküste Handelsstationen angelegt. Daraus entstanden zwischen Lamu, Sansibar und der Insel Kilwa die ersten arabischen Siedlungen. Der Islam und die Swahili-Kultur der Küstenbevölkerung verbreiteten sich besonders entlang der Handelsrouten. Bekanntestes Zentrum der Swahili-Kultur ist die Insel Sansibar. Als Gründer der islamischen Gemeinschaft in Südafrika gilt Sheikh Yusuf al-Taj al-Khalwati al-Maqasari, ein 1694 aus Indonesien vor der holländischen Kolonialherrschaft geflohener oder von dort deportierter Sufi-Anhänger, der heute als Heiliger verehrt wird.

wie die Murīdīyya[20] (auch Mouriden) und die at-Tiğānīya[21] (auch Tidjaniya, Tidschaniyya oder Tijaniyya) in Westafrika. Ein weiteres lebendiges Beispiel ist die Swahili-Kultur in Ostafrika.

Eine der wichtigsten Ressourcen für die Ideengeschichte Afrikas südlich der Sahara sind die Bibliotheken auf dem heutigen Gebiet Malis, von denen die Bibliotheken Timbuktus sicherlich die berühmtesten sind. In diesen Bibliotheken, die häufig noch in Privatbesitz sind und über Generationen weitervererbt und beschützt wurden, befinden sich wertvolle Manuskripte. Die ältesten stammen aus dem 11. Jahrhundert.

Über Jahrhunderte war Timbuktu ein Zentrum des Transsaharahandels von Ägypten über Gao nach Koumbi Saleh im Ghana-Reich. Die Stadt gehörte ab dem 13. Jahrhundert zum Mali-Reich, dem größten und einflussreichsten Großreich in Westafrika zwischen dem 12. und dem 16. Jahrhundert. Sie entwickelte sich rasch zu einem Zentrum des Salz- und Goldhandels. Bereits im 14. Jahrhundert sollen hier etwa 10 000 bis 15 000 Menschen gelebt haben. Die Stadt war zu dieser Zeit auch in Europa bekannt, wie auf katalanischen Weltkarten deutlich wird, wo sie als Residenzstadt »Ciutat de Melli« des »Rex Melli«, also Stadt des Königs von Mali, verzeichnet ist.[22] Noch Ende des 19. Jahrhunderts passier-

20 Die Muridiyya (al-Murīdīyya) wurde 1883 von Amadou Bamba gegründet und entwickelte sich während der französischen Kolonialzeit zu einer der bis heute wirtschaftlich und gesellschaftlich einflussreichsten Kräfte im Senegal. Ihr Zentrum ist die senegalesische Stadt Touba, wo sich auch das Grab von Amadou Bamba befindet.

21 Tidjaniya (vollständig: aṭ-Ṭarīqa at-Tiğāniyya) ist ein Sufi-Orden innerhalb des sunnitischen Islam. Der Orden wurde in den 1780er Jahren von Aḥmad at-Tiğānī gegründet, der seine Lehre im marokkanischen Fes und in Südalgerien verbreitete. Heute erstreckt sich das Verbreitungsgebiet verschiedener Zweige des Ordens über ganz Westafrika (besonders Senegal, Mali, Nigeria, Benin, Ghana, Kamerun, Togo und Niger) sowie Nordostafrika (Sudan, Äthiopien), weitere Anhänger gibt es im Nahen Osten, einige in Indonesien. Die muslimischen Bruderschaften sind bis heute die bedeutendsten unabhängigen Organisationen in Westafrika. Sie beherrschen ganze Branchen der Wirtschaft im Land (zum Beispiel im Falle der Mouriden das Transportwesen im Senegal) und haben teils erheblichen Einfluss auf das politische Leben.

22 Auf dem berühmten *Katalanischen Atlas* des Abraham Cresques aus dem Jahre 1375 ist der sagenumwobene König von Mali, Mansa Musa (Sultan von 1312-1337), mit einem Goldklumpen abgebildet. Der Atlas bildete die seinerzeit bekannte Welt vom Atlantik bis China ab und schloss erstmals auch die Er-

ten jährlich etwa 400 Karawanen mit 140 000 Kamelen und rund 22 400 Tonnen Lasten diese Oase, die erst 1826 erstmals nachweislich von einem Europäer betreten wurde.

Timbuktu war aber nicht nur ein blühendes Handelszentrum, sondern im 15. und 16. Jahrhundert auch ein bedeutsames geistiges Zentrum der islamischen Welt, dessen Reichtum an Texten zu jener Zeit legendär war. Der wirtschaftliche Aufschwung und die rege Handelstätigkeit, verbunden mit einem ebenfalls regen Austausch von Informationen und Ideen, führten dazu, dass Timbuktu sich zunehmend zum Mittelpunkt des islamischen Geisteslebens in Westafrika entwickelte. Wichtige Zeitzeugnisse dieser Entwicklung sind die berühmte Chronik Timbuktus *Ta'rīkh al-Fattāsh*[23] (*Tārīḫ al-Fattāsh*) sowie der Reisebericht von Leo Africanus (1486/88-1556).

Al-Ḥasan bin Muḥammad bin Aḥmad al-Wazzān al-Fāsī, wie Leo Africanus ursprünglich hieß, war als Diplomat für den Sultan von Fes tätig. In dieser Funktion führten ihn seine Reisen durch Nordafrika und ins zentrale Afrika bis nach Timbuktu und Bornu am Tschadsee. Im Jahr 1518 geriet er auf der Rückreise aus Kairo in die Hände von christlichen Piraten, die den weitgereisten arabischen Gesandten gefangen nahmen und ihn Papst Leo X. zum Geschenk machten. So gelangte al-Wazzān im Jahr 1518 nach Rom, wo er 1519 das Christentum annahm und vom Papst persönlich auf den Namen »Giovanni Leone de Medici« getauft wurde, später genannt Leo Africanus. Während seiner Jahre in Italien verfasste er mehrere Schriften, die bis heute erhalten sind, unter anderem *Das*

kenntnisse des Marco Polo mit ein. König Mansa Musa von Mali unternahm 1324 eine legendäre Pilgerfahrt nach Mekka, angeblich in Begleitung von 60 000 Bediensteten und zwei Tonnen Gold, so berichtet es der *Tarikh es-Sudan (Tārīḫ as-Sūdān),* eine um 1655 auf Arabisch verfasste Chronik des Sudan von ʿAbd ar-Raḥmān as-Saʿdī (1594-1655/56), die heute als wichtigste Quelle der Geschichte des Songhai-Reiches gilt, zu dem Timbuktu ab 1468 nach der Eroberung durch den Songhai-Herrscher Sonni Ali gehörte, unter dessen Herrschaft (und der seiner Nachfolger) es im 15. und 16. Jahrhundert seine Glanzzeit erlebte. Vgl. ʿAbd ar-Raḥmān ibn ʿAbd Allāh as-Saʿdī, *Tarikh es-Soudan*, Paris 1900. Zum Aufenthalt Mansa Musas in Kairo und dem anschließenden Verfall des Goldpreises für zwölf Jahre siehe auch die Aufzeichnungen des Historikers Ibn Faḍl Allāh al-Umarī (1301-1349), englische Übersetzung in: Levtzion/Spaulding, *Medieval West Africa*, S. 50-65.

23 Al Hajj Mahmud Ka'ti, *Ta'rīkh al-Fattāsh – The Timbuktu Chronicles 1493-1599*, Trenton 2011, S. 300.

Leben arabischer Gelehrter (etwa 1527) und einen *Abriss über muslimische Chroniken*. Sein bedeutendstes Werk ist allerdings das *Libro de la Cosmographia et Geographia de Affrica* (Die Kosmographie und Geographie Afrikas), das er am 10. März 1526 vollendete.[24] Leo Africanus liefert hier eine detaillierte Beschreibung der von ihm bereisten Gebiete Afrikas, schildert Geographie und Klima, Flora und Fauna, aber auch die Menschen, ihre Sitten und Gebräuche, Wirtschaft und Kultur. Er versucht sich damit an einer Zusammenfassung des zeitgenössischen Wissensstandes über das *Bilād as-Sūdān*, wie die Regionen südlich der Sahara von der westafrikanischen Atlantikküste bis ins östliche Zentralafrika zu jener Zeit genannt wurden. Damit ist sein Werk für uns heute eine außerordentlich interessante Quelle. Leo Africanus, der die genannten Schriften auf ein europäisches Publikum ausrichtete, bemühte sich um eine Integration verschiedener Wissenschaftstraditionen. Unter anderem arbeitete er an einem Arabisch-Hebräisch-Latein-Wörterbuch mit.

Laut eigener Aussage reiste Leo Africanus im Auftrag des marokkanischen Sultans durch Nordafrika und erreichte zwischen 1510 und 1512 Timbuktu. Er schildert Timbuktu als kulturell und materiell reiche Stadt: Der prächtige Hof des Königs verfügte über 3000 Reiter und unzähliges Fußvolk. Handwerker und Kaufleute boten Waren aus aller Welt an, wohlhabende Bürger erfreuten sich an Musik und Tanz.[25] Und weiter heißt es bei ihm:

> In Timbuktu sind viele Richter, Doktoren und Priester. Der König besoldet sie alle gut und ehrt die Gelehrten sehr. Hier werden auch viele aus der Berberei eingeführte Manuskripte verkauft, und damit wird mehr als mit allen anderen Waren gewonnen.[26]

24 Eine 939 Seiten lange Abschrift in einer italienischen Handschrift aus dem frühen 16. Jahrhundert befindet sich in der Biblioteca Nazionale Centrale in Rom. Publiziert wurde der Text im ersten Band des monumentalen Werkes *Delle Navigationi e Viaggi* von Giovan Battista Ramusio, 1550 herausgegeben unter dem Titel *La Descrittione dell'Affrica*. Siehe auch N. Zemon Davis, *Leo Africanus. Ein Reisender zwischen Orient und Okzident*, Berlin 2008, S. 93 ff., besonders S. 99-100.

25 Johannes Leo Africanus, *Beschreibung Afrikas*. Leipzig 1984, S. 198-200. Siehe auch Davis, *Leo Africanus*, S. 152.

26 Leo Africanus, *Beschreibung Afrikas*, S. 199.

Oder:

Und wie erfreulich war der Anblick vieler Handschriften aus dem Maghreb, die auf dem Markt von Timbuktu verkauft wurden.[27]

Außerdem erwähnt der Text die von einem Baumeister aus Granada erbaute Moschee der Stadt. Mit der Moschee könnte die Anfang des 14. Jahrhunderts (etwa um 1325) unter Mansa Musa erbaute Sankoré-Moschee gemeint sein, an die eine *Medresa* (Schule) angegliedert war, in der Arabisch, Rhetorik und Astrologie sowie Rechtslehre (*fiqh*) und die Schriften des Korans gelehrt wurden. Diese *Medresa* der Sankoré-Moschee wird auch oft als »Universität Sankoré« bezeichnet. Dabei handelte es sich um einen eher lockeren Zusammenschluss von Koranschulen (es gab in Timbuktu wohl 150 bis 180 Koranschulen), an denen teilweise – wie auch anderswo in der islamischen Welt – die Lektüre und das Verständnis der heiligen Schriften des Islam gelehrt, teilweise aber auch Unterricht von hochqualifizierten Juristen und Theologen erteilt wurde. In dieser Hinsicht ist die Organisation der *Medresa* derjenigen der mittelalterlichen Colleges von Oxford und Cambridge vergleichbar.[28]

Leo Africanus berichtet, dass die Gelehrten in Timbuktu ihre Vorlesungen in den Moscheen hielten, da keine Kollegiengebäude vorhanden waren.[29] Bei den Vorlesungen handelte es sich vermutlich vorrangig um die Vermittlung von Wissen im Sinne einer scholastischen Auslegung anerkannter juristischer und theologischer Texte, die dann diskutiert wurden. Gelehrt wurden rationale Theologie (*ʿilm al-kalām*), Rechtslehre (*fiqh*) und Sufismus sowie Logik (*manṭiq*) – die Wissenschaft der gültigen Argumentation, die auch in der islamischen Tradition auf das *Organon* des Aristoteles zurückgeht und grundlegende Disziplin für alle Wissenschaften der Religion (*ʿulūm ad-dīn*) war. In dieser Hinsicht unterschied sich der Lehrbetrieb in Timbuktu nicht grundsätzlich von dem an anderen islamischen Hochschulen (wie in Fez, Kairo oder Damaskus) oder

27 Ebd., S. 130.

28 Die ersten Universitäten in Europa gehen auf alte Kloster- oder Domschulen zurück, von denen schon im 8. und 9. Jahrhundert einzelne (zum Beispiel Tours, St. Gallen, Fulda, Lüttich oder Paris) als *scholae publicae* zahlreiche Schüler von auswärts anzogen. Die Bibliotheken der Klöster wurden zu Stätten der Bewahrung der theologischen und antiken Schriften.

29 Davis, *Leo Africanus*, S. 198.

von den christlich-europäischen Universitäten jener Zeit. Eine Lehre der Tradition der *falsafa* (der Philosophie) lässt sich in Timbuktu bisher nicht nachweisen, allerdings werden die in der rationalen Theologie (*ʿilm al-kalām*) oder Rechtslehre (*fiqh*) ausgetragenen Debatten, die sowohl auf dem *Organon* des Aristoteles als auch auf der Tradition der *falsafa* beruhen und aus denen normative Vorstellungen weitgehend gewonnen werden, heute als Teil der Philosophie behandelt.[30]

Noch Ende des 16. Jahrhunderts (ca. 1593) beschreibt die von dem Gelehrten Al-Ḥāǧǧ Maḥmūd Kaʿti aus Timbuktu verfasste Chronik *Taʾrīkh al-Fattāsh* die Stadt wie folgt:

> In jenen Tagen gab es in den Ländern der Schwarzen keine Timbuktu vergleichbare Stadt. Von der Provinz Malli bis zu den äußersten Grenzen des Maghreb war keine andere Stadt besser bekannt für die Solidität ihrer Institutionen, für ihre politischen Freiheiten, für ihre makellose Moral, für die Sicherheit ihrer Bürger und ihr Wohlergehen, für ihre Barmherzigkeit und ihr Mitgefühl gegenüber den Armen und den Fremden, für ihre Höflichkeit gegenüber den Studenten und den Wissenschaftlern, für ihre Unterstützung der Studenten und Gelehrten.[31]

Eine unschätzbare Bedeutung für die Rekonstruktion der Ideengeschichte Afrikas haben die vielen in verschiedenen Privatsammlungen befindlichen Manuskripte in Timbuktu und an anderen Orten Malis. Bücher und Manuskripte befanden sich meist im Privatbesitz von Familien führender Theologen und Juristen, deren Bibliotheken vermutlich sehr umfangreich waren und von Generation zu Generation weitergegeben wurden. So beklagte Aḥmad Bābā (1556-1627), auf den wir gleich zu sprechen kommen, dass er mit gerade einmal 1600 Bänden die kleinste Sammlung in seiner Familie besitze.

Die Anzahl der Bücher und Manuskripte, die in Timbuktu noch heute aufbewahrt werden, ist umstritten. Die Rede ist zum Teil von 400 000 bis 700 000. Allerdings beziffern Experten die Anzahl augenblicklich auf unter 100 000 und die Gesamtzahl der im Norden von Mali noch existierenden Handschriften auf insgesamt 300 000. Bei den Schriftstücken sind zwei Arten zu unterscheiden: die, die in

30 Siehe dazu u. a. die Erörterungen von A. von Kügelgen, »ʿAbd al-Rāziq, Muṣṭafā«, in: K. Fleet, G. Krämer u. a. (Hg.), *Encyclopaedia of Islam Online*, THREE 2008.

31 Kaʾti, *Taʾrīkh al-Fattāsh*, S. 300. Übersetzung A. G.

der Region entstanden sind, und jene, die durch den weiträumigen Handel aus anderen Teilen der arabischen Welt eintrafen. Manuskripte in arabischer Schrift wurden aus Marokko, vor allem aber aus Ägypten eingeführt. Bereits Mansa Musa soll von seiner Pilgerfahrt eine ganze Kamelladung mit Büchern und Manuskripten aus Kairo mitgebracht haben.

Unter den Schriften befinden sich viele Dokumente, die nur aus einem oder zwei Blättern bestehen. Dabei handelt es sich überwiegend um Abschriften von theologischen oder juristischen Gutachten, die von den Gelehrten der Stadt auf Anforderung von staatlichen und religiösen Instanzen in ganz Nord- und Westafrika angefertigt worden waren. Darüber hinaus gibt es einen großen Bereich mit Auslegungen des Korans sowie historische und pädagogische Schriften, Gebete und Lobgesänge. Daneben gibt es Texte, die Fragen des Rechts, der Mathematik, Astronomie, Biologie, Medizin und weiterer Disziplinen behandeln. Auch Chroniken, Huldigungen, Ratgeber und Korrespondenzen finden sich darunter. Vereinzelt trifft man auch auf philosophische Schriften in den Bibliotheken Timbuktus. Dazu gehört, um hier nur ein Beispiel zu nennen, ein Manuskript mit der Abschrift eines Textes des islamischen Rechtswissenschaftlers und Philosophen Saif ad-Dīn ʿAlī ibn Abī ʿAlī ibn Muḥammad at-Taġlabī al-Āmidī (1156-1233) mit dem Titel *al-Mubīn fī muḫtaṣar maʿānī al-alfāẓ al-mutadāwala baina al-ḥukamāʾ wa-l-mutakallimīn* (Zusammenfassende Erklärung der Äußerungen von Gelehrten und Theologen; der Titel der Schrift wird teilweise auch mit »Philosophischer Austausch« wiedergegeben).[32] Al-Āmidī untersucht hier verschiedene Herangehensweisen von Theologen und Gelehrten an Fragen des islamischen Rechts und der islamischen Gesellschaft.

Viele der wertvollen Schriften kamen erst in den letzten Jahrzehnten ans Licht. Denn nach der marokkanischen Eroberung im Jahr 1591 und der französischen Besetzung ab 1894 sowie den damit verbundenen Erfahrungen von Schändung und Raub wertvoller Manuskripte versteckten die Gelehrten und religiösen Würdenträger ihre Bibliotheken oder mauerten sie ein. Die Existenz großer

32 Das Manuskript befindet sich in der Mamma Haidara Commemorative Library, Timbuktu, Mali und kann zudem online eingesehen werden: ⟨https://www.loc.gov/exhibits/mali/mali-exhibit.html#obj9⟩ beziehungsweise ⟨https://www.wdl.org/en/item/31/⟩, letzter Zugriff 4. 3. 2022.

Privatbibliotheken war zwar in Fachkreisen bekannt, aber erst seit 1965 werden die Bestände infolge einer Initiative des britischen Historikers John O. Hunwick (1936-2015) systematisch gesichtet und schrittweise konserviert. Das erste und bislang wichtigste Zentrum zur Erhaltung und Auswertung der Manuskripte in Timbuktu, das *Institut des Hautes Études et de Recherches Islamiques – Ahmed Baba* (IHERI-AB) beherbergt mittlerweile über 30 000 Schriften; 5000 davon wurden bereits restauriert und archiviert. Das älteste hier befindliche Dokument stammt aus dem Jahr 1204.[33] Aber ein Großteil der Texte ist immer noch im Besitz von ansässigen Familien. Heute gibt es noch schätzungsweise 80 Privatbibliotheken in der Stadt. Zu den größten zählen die Mamma-Haidara-Bibliothek (9000 Manuskripte), die Fondo-Ka'ti-Bibliothek,[34] deren Gründung dem Autor der berühmten Chronik Timbuktus *Ta'rīkh al-Fattāsh*[35] Al-Ḥāğğ Mahmud Ka'ti (1468-1593)[36] zugeschrieben wird, und die al-Wangari Bibliothek.

Die Mehrzahl der Manuskripte wurde auf Arabisch verfasst, aber es finden sich auch Beispiele der Ajami-Literatur. Ziel dieser Literatur war es vermutlich, der breiten Bevölkerung, die kein Arabisch verstand, die Lehren des Korans näher zu bringen. Die auf Ajami geschriebenen Texte spiegeln ein Bild des geistigen Lebens jener Zeit und umfassen Textsorten wie Chroniken, Lobgesänge, Mythen, Gedichte und auch Prosa, medizinische Texte, Abhandlungen über Pflanzen und deren Verwendung, administrative und

33 Im Jahr 2009 wurde ein durch die südafrikanische Regierung finanzierter moderner Neubau des Ahmed-Baba-Instituts gleich neben der berühmten Sankoré-Moschee eingeweiht. 2013 wurde in der Bibliothek von islamistischen Rebellen Feuer gelegt. Es wird geschätzt, dass dabei etwa 4000 Manuskripte zerstört wurden.

34 Informationen zum Ahmed-Baba-Institut und den weiteren erwähnten Bibliotheken finden sich unter: ⟨http://www.tombouctoumanuscripts.uct.ac.za/tmp/libraries/manuscripts/IHERI-AB⟩, letzter Zugriff 4. 3. 2022.

35 Es wird vermutet, dass an dieser Chronik auch noch seine Nachfolger gearbeitet haben, vgl. Einleitung von C. Wise zu Ka'ti, *Ta'rīkh al-Fattāsh,* S. XI.

36 Der heutige Leiter der Bibliothek Diadié Haidara behauptet, ein Nachfahre Maḥmūd Ka'tis zu sein. Haidara argumentiert zudem, dass Ka'ti von konvertierten Juden aus Andalusien abstammte, und damit für die These, dass es im 15. Jahrhundert jüdisches Leben in Timbuktu gab. Vgl. I. Diadié Haidara, *Les Juifs à Tombouctou,* Bamako 1999, S. 23-25. Vgl. dazu auch S. Molins Lliteras, »The Making of the Fondo Ka'ti Archive: A Family Collection in Timbuktu«, in: *Islamic Africa* 6/1-2 (2015), S. 185-191, hier S. 187.

diplomatische Dokumente, juristische Texte, Anleitungen und Erklärungen zum religiösen Leben, Interpretationen von Leben und Sprüchen des Propheten (Hadith) sowie Übersetzungen von Texten aus dem Arabischen.

Auf eine mögliche philosophische Relevanz hin wurden die Manuskripte aus der Region bisher nicht ausgewertet, was eine Neubewertung der Materialien aus philosophiegeschichtlicher Sicht ebenso spannend wie notwendig macht. Die geschilderte Lage macht deutlich, dass dabei noch reichlich philosophiegeschichtlich-archäologische Arbeit zu leisten ist.

10.2. Aḥmad Bābā und die Frage der Sklaverei

In Timbuktu lebten verschiedene Gelehrtenfamilien, die über Generationen das geistige und religiöse Leben der Region prägten. Dazu gehört im 18. und 19. Jahrhundert unter anderem die Familie al-Kuntī, begründet von Sayyid al-Muḫṭār ibn Aḥmad ibn Abī Bakr al-Kuntī al-Kabīr (1729-1811), von dem uns mehrere auch unter philosophischen Aspekten interessante Manuskripte überliefert sind, wie *Risāla ilā al-Qabāʾil al-mutaqatilīn* (Brief an die Krieg führenden Stämme),[37] in dem al-Kuntī, auf der Basis einschlägiger Zitate aus dem Koran und den Hadithen, für die Einhaltung des Friedens zwischen verschiedenen Gruppen und ein Leben in Harmonie und Toleranz plädiert.[38]

Im 16. Jahrhundert gehörte die Aqit- (auch Aqib-)Familie zu den einflussreichsten Gelehrtenfamilien in Timbuktu. Abū al-ʿAbbās Aḥmad ibn Aḥmad al-Takrūrī al-Massufi at-Timbuktī, kurz Aḥmad Bābā, wurde 1556 in diese Gelehrtenfamilie arabisch-berberischer Abstammung hineingeboren. Alle seine Vorfahren waren islamische Richter (*imām* oder *qāḍī)* und die Chronik *Taʾrīkh al-Fattāsh* widmet der Familie sogar ein eigenes Kapitel.[39] Aḥmad

37 Das Manuskript befindet sich in der Mamma Haidara Commemorative Library, in Timbuktu und kann online eingesehen werden ⟨https://www.loc.gov/exhibits/mali/mali-exhibit.html#obj18⟩, letzter Zugriff 4.3.2022.

38 Für weitere Informationen siehe M. Mahamoudou, »The Works of Shaykh Sidi al-Mukhtar al-Kunti«, in: Jeppie/Diagne (Hg.), *The Meanings of Timbuktu*, S. 213-230.

39 Kaʿti, *Taʾrīkh al-Fattāsh*, S. 211-221.

Bābā erhielt eine in solchen Familien typische umfassende Ausbildung in islamischer Theologie und Rechtswissenschaft. Zu seinen Lehrern zählte neben seinem Vater Aḥmad ibn al-Ḥāǧǧ Aḥmad ibn ʿUmar ibn Muḥammad Aqīt auch der Gelehrte Mohammed Bagayogo Es Sudane Al Wangari Al Timbukti (1523-1593), der zu den wichtigsten Intellektuellen des 16. Jahrhunderts in dieser Region gehörte. Aḥmad Bābā begann nach Abschluss seiner Ausbildung eine Laufbahn als Lehrer und Gelehrter in Timbuktu. Nach der Eroberung der Stadt durch den marokkanischen Sultan Mūlay Aḥmad al-Manṣūr im Jahr 1591 standen die Gelehrten der Stadt unter Verdacht, sich der Okkupationspolitik der Marokkaner zu widersetzen, und so wurden 1594 Aḥmad Bābā und weitere Gelehrte nach Marrakesch verbannt. Nach zwei Jahren Hausarrest wurde es ihm gestattet, sich dort frei in der Stadt zu bewegen, zu unterrichten und seinen Studien nachzugehen. Marokkanische Gelehrte aus jener Zeit bezeugen seine Belesenheit. Erst 1608 wurde ihm erlaubt, nach Timbuktu zurückzukehren.[40]

Aḥmad Bābā soll mehr als 40 Bücher geschrieben haben und gilt als der größte Gelehrte Timbuktus. Leider sind uns nur wenige seiner Schriften überliefert. Zu seinen Werken gehören unter anderem ein biographisches Lexikon muslimischer Gelehrter aus Nordwest- und Westafrika *Nail al-ibtihāǧ bi-taṭrīz ad-dībāǧ* (vermutlich vollendet 1596),[41] eine Schrift über die Rechtsschule der Maliki und das Buch *Tuḥfat al-fuḍalāʾ bi-baʿḍ faʾil al-ʿulamāʾ* (Die

40 Zu Biographie und Rezeption von Aḥmad Bābā siehe J. O. Hunwick, »A New Source for the Biography of Aḥmad Bābā al-Tinbuktī (1556-1627)«, in: *Bulletin of the School of Oriental and African Studies* 27/3 (1964), S. 568-570; Ders., »Aḥmad Bābā and the Moroccan invasion of the Sudan (1591)«, in: *Journal of the Historical Society of Nigeria* 2/3 (1962), S. 311-328; M. Zouber, *Ahmad Bābā de Tombouctou (1556-1627). Sa vie et son œuvre,* Paris 1977.

41 Dieses Lexikon umfasst eine Reihe von Gelehrten aus Timbuktu, hauptsächlich Verwandte Aḥmad Bābās, und diente al-Saʿdi in seiner Chronik des Sudan als Grundlage für seine zwei Kapitel über Gelehrte in Timbuktu. Eine erste moderne Ausgabe des Textes erfolgte 1899. Heute liegen verschiedene Ausgaben auf Arabisch vor, u. a. Aḥmad Bābā at-Tinbuktī, *Nail al-ibtihāǧ bi-taṭrīz ad-dībāǧ,* hg. v. Muḥammad ʿAmar, Kairo 2004, 2 Bände; Aḥmad Bābā at-Tinbuktī, *Kifāyat al-muḥtāǧ fī maʿrifat mā laisa fī-dī-bāǧ*, Rabat 2000. Übersetzungen in europäische Sprachen scheinen noch nicht vorzuliegen. Ein auch online zugängliches Manuskript findet sich in der Bibliothèque Nationale de France, Département des Manuscrits, Arabe 5257: ⟨http://archivesetmanuscrits.bnf.fr/ark:/12148/cc20348m⟩, letzter Zugriff 4. 3. 2022.

Gabe der Edlen im Hinblick auf einige Tugenden der Gelehrten).[42] In letzterem betont Aḥmad Bābā den Wert des Wissens, das sich in der Meisterschaft einer Wissenschaft nicht erschöpfen dürfe, sondern ein Wissen um die Bedeutung eines guten Lebens mit umfassen müsse.[43] Seine Ansicht wird häufig in folgendem Zitat zusammengefasst: »Eine Stunde, die ein Gelehrter in seinem Bett liegt und über sein Wissen meditiert, ist wertvoller als die Gebete einer frommen Person in 70 Jahren.«[44] Und auch der Satz »Die Tinte des Gelehrten ist wertvoller als das Blut des Märtyrers« wird Aḥmad Bābā zugeschrieben.[45]

Am bekanntesten sind aber seine Abhandlungen zu Fragen der Versklavung von Menschen aus dem *Bilād as-Sūdān*, die unter dem Titel *Miʿrāǧ aṣ-ṣuʿūd ilā nayl ḥukm maǧlūb as-Sūdān*[46] (Der Weg, um ein Urteil zu erlangen über den Handel mit Menschen aus dem Sudan) erschienen sind und inzwischen auch in verschiedenen Übersetzungen vorliegen.[47] Dieser Text besteht aus zwei Abhandlungen, die sich an zwei verschiedene Fragesteller richten: die

42 Eine moderne Ausgabe erschien 1992: *Tuhfat al-fudala'bi-ba'd fada'il al-'ulama'* Rabat 1992. Übersetzungen in europäische Sprachen scheinen noch nicht vorzuliegen.

43 Vgl. Diagne, »Toward an Intellectual History of West Africa«, S. 20.

44 Zitiert nach S. Sami, M. Zniber, *Tuhfat al-fudala bi ba'di fada'il-al ulama. Des mérites des 'ulama*, Rabat 1992, S. 29. Übersetzung A. G.

45 Ebd., S. 16.

46 In der Literatur findet man auch die folgende Umschrift: *Miʿraj al-Suʿud ila nayl hukm majlub al-Sudan*.

47 Das Originalmanuskript befindet sich in der Mamma Haidara Commemorative Library in Timbuktu und wurde inzwischen digitalisiert. Es ist zudem online zugänglich: ⟨http://www.loc.gov/exhibits/mali/mali-exhibit.html#obj6⟩, letzter Zugriff 1. 3. 2022. Es sollen sich mindestens neun weitere Kopien des *Miʿrāǧ* in verschiedenen nordafrikanischen Bibliotheken befinden, vgl. M. García Novo, »Islamic Law and Slavery in Premodern West Africa«, *Entremons. UPF Journal of World History* 2 (2011), S. 1-20, hier S. 4, Fn. 13. Die am leichtesten zugängliche Übersetzung des Textes ins Englische ist jene von B. Barbour und M. Jacobs, »The Mi'raj al-Su'ud: a Legal Treatise on Slavery by Aḥmad Bābā«, in: J. R. Willis (Hg.), *Slaves and Slavery in Muslim Africa*, Band 1: *Islam and the Ideology of Enslavement*, London 2013, S. 125-159. Aus dieser Quelle stammen die hier verwendeten Zitate. Eine weitere englische Übersetzung erfolgte durch J. O. Hunwick und F. Harrak, *Miʿraj al-Suʿud: Aḥmad Bābā's Replies on Slavery*, Rabat 2000. Eine französische Übersetzung stammt von M. Zaouit in seiner Dissertation *L'esclavage au Bilad as-Sudan au XVIème siècle à travers deux consultations juridiques d'Aḥmad Bābā*, Thèse de Doctorat, Paris 1997.

Ajwiba (oder *Aǧwiba*, vermutlich bereits 1607 entstanden) und der *Mi'rāǧ* (auch *Mi'raj*) aus dem Jahr 1615.

Bevor wir genauer auf Aḥmad Bābās Text zu sprechen kommen, müssen wir uns an dieser Stelle zunächst etwas allgemeiner mit dem Problem von Sklaverei und Sklavenhandel in der islamischen Welt beschäftigen.[48]

10.2.1. Haltungen zur Sklaverei in der islamischen Welt

Während es bereits seit längerem eine breite Forschung zum transatlantischen Sklavenhandel gibt, begann die systematische Erforschung des Sklavenhandels in der islamischen Welt sowie der Welt des Indischen Ozeans erst in den 1970er Jahren.[49] Dabei war die Sklaverei eine von den Anfängen der Religion bis ins 20. Jahrhundert fest verankerte Institution in vielen muslimischen Gesellschaften. In vorislamischer Zeit war Sklaverei eine übliche Praxis auf der arabischen Halbinsel, die auch von der jungen Gemeinde unter dem Propheten Mohammed beibehalten wurde, etwa in Form der Versklavung von Angehörigen besiegter Völker oder Clans. Allerdings sprechen sowohl die Grundbotschaft des Korans, die die Gleichheit der Menschen betont, als auch die Lebensführung des Propheten eher für die Befreiung der Sklav:innen.[50] Trotz der Vor-

48 An dieser Stelle soll mit Blick auf die im Kapitel 8 behandelte *Ḥatäta* des Zär'a Yaqob angemerkt werden, dass dieser Text ebenfalls die Sklaverei verurteilt. So heißt es im Kapitel 5: »Gleichermaßen sagen die Moslems, dass es richtig sei, hinzugehen und einen Menschen zu kaufen, als ob er ein Tier wäre. Aber mit unserer Einsicht erkennen wir, dass dieses muslimische Gesetz nicht vom Schöpfer der Menschen stammen kann, der uns als Gleiche geschaffen hat, wie Brüder, so dass wir unseren Schöpfer unseren Vater nennen.« Frysak/Gutema, *Zär'a Yaqob*, S. 24.

49 Zu diesem Problem u. a. G. Campbell, »Sklaverei und andere Formen unfreier Arbeit in der Welt des Indischen Ozeans«, in: Eckert u. a. (Hg.), *Afrika 1500-1900*, S. 89-112 oder A. G. B. Fisher, H. J. Fisher, *Slavery and Muslim Society in Africa: The Institution in Saharan and Sudanic Africa, and the Trans-Saharan Trade*, London 1970.

50 Zu den von Mohammed befreiten Sklav:innen gehört unter anderem Bilāl ibn Rabāḥ al-Ḥabašī, der zu einem seiner engsten Vertrauten wurde. Andere Beispiele sind Ṣafiyya bint Ḥuyaiy, aus dem jüdischen Volk der Banū an-Naḍīr, die er befreite und heiratete, sowie Zayd ibn al-Ḥāriṯa, den er als Sohn adoptierte. Da das Freilassen von Sklav:innen im Koran allerdings als einer jener Wege gilt, über die

bildfunktion des Propheten war der Widerstand gegen die Möglichkeit einer Aufhebung der Sklaverei, wie der Prophet sie vorlebte, bereits zu seinen Lebzeiten nicht unerheblich – letztlich auch aus ökonomischen Gründen. Und so blieb der Handel mit Sklav:innen sowohl aus Europa als auch aus dem Afrika südlich der Sahara jahrhundertelang ein blühendes Geschäft und ein wichtiger Wirtschaftsfaktor der islamischen Welt, der erst ab dem 19. Jahrhundert in einigen islamischen Ländern verboten, zum Teil jedoch noch bis ins 20. Jahrhundert praktiziert wurde.[51]

In den heiligen Schriften des Islam findet sich eine ambivalente Haltung zur Sklaverei. So wird im Koran die Unterscheidung zwischen Herren und Sklaven einerseits als Teil der göttlichen Ordnung betrachtet. Andererseits wird die Freilassung von Gefangenen an mehreren Stellen des Korans als wohltätiger Akt oder gar Akt des wahren Glaubens gewertet.[52] Eine explizite Verurteilung der Sklaverei findet sich weder im Koran noch in den Hadithen. Auch in der sogenannten Abschiedspredigt des Propheten (Ḫuṭbat al-wadā) während seiner letzten Wallfahrt nach Mekka im Jahr 632 auf dem Berg Arafat vor 120 000 Gefährt:innen finden wir diese ambivalente Haltung: Einerseits betont der folgende Abschnitt die Gleichheit der Menschen: »O ihr Menschen! Ihr habt nur einen einzigen Herrn, nur einen einzigen Vater. Gemäß dem Islam sind alle Menschen gleich. Ihr seid alle Kinder Adams, und Adam wurde aus Lehm erschaffen. Vor Allah sind die Wertvollsten unter euch

Erlösung erlangt werden kann, hätte die generelle Freilassung aller Sklav:innen auch die Versperrung eines möglichen Wegs zur Erlösung bedeutet.

51 So wurde 1841 die Sklaverei in Tunesien abgeschafft, 1854/55 im Osmanischen Reich und 1895/96 in Deutsch-Ostafrika durch die deutsche Kolonialmacht. Saudi-Arabien schaffte erst 1963 die Sklaverei offiziell ab und Mauretanien, wie bereits erwähnt, erst 1981. Vgl. W. G. Clarence-Smith, *Islam and the Abolition of Slavery*, Oxford 2006; B. Lewis, *Race and Slavery in the Middle East. An Historical Enquiry*, New York 1990. Dass die Sklaverei in den islamischen Reichen südlich der Sahara weit verbreitet war, machen auch historische Dokumente, wie die Reiseberichte Ibn Battutas (1304-1368/69), deutlich. Ibn Battuta bereiste 1329-1331 die afrikanische Ostküste und 1352-1354 Mali und Timbuktu und berichtete über hunderte Schwarze Sklav:innen. Vgl. S. Hamdun, N. King (Hg.), *Ibn Battuta in Black Africa*, Princeton 2010.

52 Zum Beispiel die Suren 2:177; 4:92; 24:33; 90:13 und insbesondere Sure 47:4 (*āyat al-ḥurrīya*), in der Muslime dazu aufgefordert werden, Kriegsgefangene freizulassen.

diejenigen, die bei ihm Zuflucht nehmen, sich eng an seine Befehle halten, sich von Sünden reinigen und sich vor seinem Zorn hüten. Ein Araber ist nicht mehr wert als ein Nichtaraber, noch ist ein Nichtaraber mehr wert als ein Araber; weder ist ein Schwarzer mehr wert als ein Rothäutiger, noch ein Rothäutiger mehr als ein Schwarzer; das einzige Maß der Überlegenheit ist Taqwā (Gottesfurcht, Frömmigkeit).« Andererseits heißt es in einem anderen Abschnitt: »O ihr Menschen! Ich empfehle euch, eure männlichen und weiblichen Sklaven, die ihr auf legitime Art und Weise besitzt und über die ihr legitime Rechte habt, mit denen ihr menschliche Beziehungen pflegt und die mit Arbeitsverträgen an euch gebunden sind, gut zu behandeln. Ich empfehle euch, ihnen die gleichen Speisen aufzustellen, die ihr esst, und sie gemäß eurer Kleidung einzukleiden. Falls sie etwas Unverzeihbares tun, bestraft sie gemäß dem gängigen Strafmaß. Foltert und bestraft sie nicht.«

Bereits in dieser Predigt wird deutlich, dass es wesentliche Unterschiede zwischen der Behandlung von Sklav:innen in islamischen Gemeinschaften (nach den Regeln des Korans und der islamischen Jurisprudenz) und der europäischen Sklaverei der Neuzeit gab. In den islamischen juristischen Interpretationen wurden Sklav:innen als Mensch und Sache zugleich betrachtet und nicht ausschließlich als Gegenstand oder Ware wie in der ökonomischen Logik und damit verbundenen Rechtsprechung im Europa ab dem 16. Jahrhundert. Das bedeutete zwar einerseits, dass Sklav:innen verkauft, vererbt oder verschenkt werden konnten, andererseits hatten sie Anspruch auf eine gute Behandlung, Versorgung und Verpflegung. Sklav:innen konnten zwar ökonomisch und sexuell ausgebeutet werden, aber verstümmelt oder getötet werden durften sie nicht.[53]

53 In der islamischen Welt gab es sehr verschiedene Funktionen für Sklav:innen. Dabei war landwirtschaftliche oder handwerklich-industrielle Arbeit nur ein relativ kleiner Bestandteil der Bereiche, für die Sklavenarbeit genutzt wurde. Die größeren Bereiche umfassten häusliche Dienste (zwei Drittel der versklavten Afrikaner:innen, die die Sahara durchquerten, waren Frauen) oder sexuelle Dienste (in Harems, was auch Eunuchen zu deren Bewachung umfasst) sowie Militärdienste. Im Zusammenhang mit Militärdiensten sind die Mamelucken ein besonders interessanter Fall, die ihre dominierende Stellung als Heerführer dazu nutzten, zum Königsmacher zu werden und sogar eigene Reiche begründeten, wie in Ägypten, wo von 1250 bis zur osmanischen Eroberung 1516 ein Mamelucken-Sultanat bestand. Vgl. Hunwick/Powell, *The African Diaspora in the Mediterranean Lands of Islam*, insbesondere Section IX bis XI. Dass in der

Sie durften nicht vor Gericht als Zeug:innen aussagen, kein Eigentum erwerben und nur im Auftrag ihres Herren Geschäfte tätigen. In religiöser Hinsicht waren muslimische Sklav:innen den freien Muslim:innen aber gleichgestellt, allerdings von Verpflichtungen, die Bewegungsfreiheit voraussetzen, wie das Freitagsgebet oder die Pilgerreise nach Mekka, ausgenommen.

Sklaverei stellt im islamischen Diskurs ein kontrovers diskutiertes rechtliches und moralisches Problem dar, denn grundsätzlich werden Menschen im Islam als frei betrachtet (*al-aṣl huwwa al-ḥurrīya*) und Gefangenschaft oder Sklaverei eher als Ausnahmen.[54] So ist es nicht verwunderlich, dass die Versklavung von Menschen unter den islamischen Gelehrten der vier Rechtsschulen (Sg. *maḏhab*, Pl. *maḏāhib*) des sunnitischen Islam umstritten war, mit mitunter weit auseinandergehenden Auffassungen. Auf der Basis des Korans und der Hadithe wird in der Rechtslehre zumeist davon ausgegangen, dass nur der Besitz von Ungläubigen legitim sei. Freie Muslim:innen dürfen nicht versklavt werden und sich oder ihre Kinder auch nicht selbst in die Sklaverei verkaufen. Ein freier Muslim darf nicht aufgrund von Schulden oder als Strafe für ein Verbrechen versklavt werden. Eine Konversion zum Islam nach der Versklavung hat allerdings keine Auswirkungen auf das Besitzrecht, das heißt, sie führt nicht zur Freilassung. Das Verbot der Versklavung erstreckt sich meist auch auf Juden und Jüdinnen sowie Christ:innen als Angehörige der Buchreligionen (ahl al-kitāb) sowie Nicht-Muslim:innen, die auf islamischem Gebiet leben (ḏimmī).[55] Nicht verkauft werden dürfen darüber hinaus Findelkinder und Waisen. Im

Welt des Indischen Ozeans ebenfalls überwiegend Sklavinnen (im Gegensatz zum transatlantischen Sklavenhandel, wo vorwiegend Männer benötigt wurden) gefragt waren, macht auch Campbell deutlich. Ebenso verweist er darauf, dass das Gebot der ausreichenden Versorgung von Sklav:innen häufig dazu führte, dass sie bessergestellt waren als freie arme Gemeine oder Handwerker. Siehe Campbell, »Sklaverei und andere Formen unfreier Arbeit«, S. 93 ff.

54 Vgl. Lewis, *Race and Slavery*, S. 5 und auch Campbell: »Sklaverei und andere Formen unfreier Arbeit«, S. 98: »Einige islamische Rechtssysteme ignorierten die verdeckte Versklavung von Muslimen und die ebenfalls verbotene ›Produktion‹ von Eunuchen.«

55 Vgl. J. A. C. Brown, *Slavery and Islam*, London 2019, S. 85. Zur Stellung der ḏimmī vgl. F. Meskini, »Toleranz und Existenz als Ḏimmī oder gute Nachbarschaft jenseits der Normen«, in: S. Dhouib (Hg.), *Toleranz in interkultureller Perspektive*, Weilerswist 2020, S. 171-187.

Prinzip können nur Nicht-Muslime, die im Dschihad in Kriegsgefangenschaft geraten oder außerhalb der Geltungsgrenzen des islamischen Rechts – also in nicht-islamisierten Regionen – gefangen genommen oder gekauft wurden, legale Sklav:innen sein, außerdem die Söhne und Töchter von bereits gefangenen Sklav:innen. Diese Regelungen waren im Alltagsgeschäft des Menschhandels nicht immer einfach zu befolgen, insbesondere als die Nachfrage an Sklav:innen durch europäische Mächte ab dem 16. Jahrhundert stetig anwuchs.[56] Und so waren illegitime Versklavungen ein ständiges Problem in dieser Region, das kontrovers diskutiert wurde.[57]

10.2.2. Der Miʿrāǧ aṣ-ṣuʿūd ilā nayl ḥukm maǧlūb as-Sūdān

Vor dem Hintergrund dieser Situation baten Saʿīd Ibrāhīm al-Ǧirārī (in der Literatur auch al-Jirārī) aus Touat[58] und Yūsuf bin Ibrāhīm bin ʿUmar al-Īsī, ein Schüler und Kopist Aḥmad Bābās in Marrakesch, Aḥmad Bābā als Gelehrten und Kenner der Länder südlich der Sahara um seinen Rat. Al-Ǧirārī, möglicherweise selbst ein Kaufmann, bewegt dabei vor allem die Stellung der Sklav:innen aus bereits islamisierten Ländern wie Borno, Kano, Gao oder Katsina. Denn obwohl diese Länder längst islamisiert waren, wurde mit Angehörigen ihrer Bevölkerung weiterhin gehandelt. Al-Ǧirārī will

56 In diesem Zusammenhang muss darauf verwiesen werden, dass der Verkauf von Schwarzen Sklav:innen durch Vertreter muslimischer Reiche südlich der Sahara an arabische Händler seit Jahrhunderten üblich war. Siehe dazu u. a. im 12. Jahrhundert Al-Zuhri (1130-1155) in: Levtzion/Spaulding, *Medieval West Africa*, S. 25. Der Geograph Muhammad Al-Idrisi (1100-1160) schreibt: »Die Menschen von Barisa, Sila und Ghana machen Streifzüge in das Land Lamlam und nehmen seine Bewohner gefangen. Sie bringen sie in ihre eigenen Länder und verkaufen sie an die dortigen Händler. Letztere exportieren sie in alle Länder.« (Ebd., S. 30, Übersetzung A. G.) Durch die vermehrte Nachfrage wurde ab dem 16. Jahrhundert bei der Jagd nach Sklav:innen immer weniger zwischen freien Muslim:innen und Nicht-Muslim:innen unterschieden, was die arabischen Händler in Konflikt mit den Vorschriften der Scharia brachte.

57 Siehe dazu beispielhaft der Fall von Ayuba Suleiman Diallo (Kapitel 9, Fn. 54). Ausführlich dazu Hunwick/Powell, *The African Diaspora in the Mediterranean Lands of Islam,* insbesondere Section V bis VII.

58 Auch Twat oder Tuat, eine Oase im heutigen Algerien und zu jener Zeit ein wichtiger Punkt auf der Route des transsaharischen Sklavenhandels.

sich der Legitimität dieses Handels versichern und fragt, ob man Menschen dieser Länder kaufen, verkaufen und besitzen dürfe. Dabei beruft er sich auf einen nicht weiter benannten Rechtsgelehrten, der behauptet, dass die betreffenden Länder von Muslimen erobert worden waren, bevor sie zum Islam konvertierten, und somit die Bevölkerung dieser Länder rechtmäßig durch Muslime versklavt werden könne. Darüber hinaus will al-Ǧirārī wissen, wie zu verfahren sei, wenn gefangene Sklav:innen behaupten, dass sie freie Muslim:innen seien und also illegal versklavt wurden: Welchen Stellenwert hat das Selbstzeugnis (*qaul*) eine:r Sklav:in?

Aḥmad Bābā beschreibt zunächst die spezifische Schwierigkeit der Situation in dieser Region: Obwohl die Völker von Katsina und Kano dieselbe Sprache sprechen und dieselbe Lebensweise teilen, greifen sie einander häufig an und nehmen Gefangene, die dann weiterverkauft werden. Da sie sowohl Sprache als auch Gebräuche teilen, sei es schwer herauszufinden, welche der Gefangenen bereits als Muslim:innen geboren wurden und welche als Ungläubige. Dies sei die Ursache für die komplizierte Situation derjenigen, zu denen die Gefangenen gebracht würden, da diese nun nicht mehr feststellen könnten, auf wen das jeweilige Kriterium zutreffe. Aḥmad Bābā argumentiert im Folgenden, dass der einzige legitime Grund für den Besitz von Sklav:innen deren Unglauben sei. Nur wer einen Ungläubigen kaufe, dürfe diesen besitzen. Eine spätere Konversion zum Islam habe keine Auswirkung auf die Besitzverhältnisse, betont auch Aḥmad Bābā. Er weist darüber hinaus auf zwei Ausnahmen vom Recht der Versklavung hin: die Person stammt aus einem Volk, mit dem ein Friedensvertrag geschlossen wurde (*ṣulḥ*), oder sie besitzt den ḏimma-Status.[59]

Für Aḥmad Bābā ist das Fehlen eines Bekenntnisses zum Islam eine notwendige Vorbedingung für die Versklavung einer Person. Mit Bezug auf die genannten Völker von Kano, Katsina, Bornu, und Songhai betont Aḥmad Bābā unter Verweis auf Ibn Ḫaldūn (1332-1406), dass die Menschen in Kano, Katsina oder Borno freiwillig zum Islam konvertiert seien, und zwar bereits vor der Eroberung durch muslimische Armeen.[60] Somit sei eine Versklavung

59 Barbour/Jacobs, »The Miʿraj al-Suʿud«, S. 128.

60 Ebd. Aḥmad Bābā hätte sich hier ebenso gut auf Ibn Battuta berufen können, der in seinen Reisebeschreibungen aus dem 14. Jahrhundert zum Beispiel das Volk der Zāgha als bereits seit langer Zeit zum Islam konvertiert beschreibt.

dieser Völker nicht rechtmäßig. Wer behaupte, dass eine Versklavung rechtmäßig sei, wie ein von al-Ǧirārī angeführter sudanesischer Rechtsgelehrter, solle genauer darlegen, um welche Region, welches Jahr und welchen Eroberungszug es sich handele. Für Aḥmad Bābā ist die Behauptung, dass die oben genannten Regionen noch gar nicht oder erst kürzlich islamisiert wurden, historisch nicht haltbar.[61] Hier bezieht er sich auch auf den Gelehrten Maḫlūf al-Balbālī, der in seinem Rechtsgutachten ebenfalls betont, dass die muslimischen Völker Westafrikas nicht versklavt werden dürfen.[62]

Was das Selbstzeugnis von Sklav:innen betrifft, betont Aḥmad Bābā, dass die Beweislast für die rechtliche Stellung eines vor der Versklavung stehenden Menschen beim jeweiligen Sklavenhändler liege. Sollte es sich um eine Person handeln, die nicht versklavt werden dürfe, also um eine freie Muslimin, sei diese sofort frei zu lassen. Aḥmad Bābā unterstreicht zudem, dass es im Interesse des Sklavenhändlers liege, seine Seele vor der Sünde zu schützen, einen freien Muslim versklavt zu haben. So ist das Freilassen unrechtmäßig versklavter Personen dann auch kein Akt des Mitleids, sondern eine Verpflichtung gemäß dem islamischen Gesetz. Mit dieser Argumentation steht Aḥmad Bābā in einer Diskurslinie, die vom persischen Gelehrten Abū Saʿd al-ʿAlāʾ ibn Sahl (940-ca. 1000) über ʿAlī ibn Ṣāliḥ ibn Maḫlūf al-Balbālī (gest. nach 1533), einem Gelehrten aus Walāta im heutigen Mauretanien, der in Marrakesch und Fes ebenso wie in Kano, Katsina und Timbuktu gelehrt und gelebt hat, bis zu Maḥmūd ibn ʿUmar ibn Muḥammad Aqit, einem Großonkel Aḥmad Bābās, reicht.[63]

Eine Unterscheidung zwischen Personen, die laut der islamischen Rechtslehre (*fiqh*) rechtmäßig versklavt werden dürfen, und jenen, die nicht versklavt werden dürfen, darf einzig anhand des Kriteriums ihrer religiösen Zugehörigkeit erfolgen und nicht anhand anderer Kriterien, wie zum Beispiel der Hautfarbe. Vor Gericht seien alle Muslime (unabhängig von ihrer Hautfarbe) gleich zu behandeln. So heißt es bei Aḥmad Bābā explizit:

Hamdun/King, *Ibn Battuta in Black Africa*, S. 41. Auch das Mali-Reich wird von Ibn Battuta als streng islamisch beschrieben, siehe ebd., S. 58 f.

61 Barbour/Jacobs, »The Miʿraj al-Suʿud«, S. 128.

62 Siehe dazu Novo, »Islamic Law and Slavery in Premodern West Africa«, S. 9. Siehe auch Hunwick/O'Fahey, *Arabic Literature of Africa*, Band 2, S. 25.

63 Siehe dazu Novo, »Islamic Law and Slavery in Premodern West Africa«, ab S. 7.

Du solltest wissen, dass der Grund für die Sklaverei der Unglaube ist, und die sudanesischen Ungläubigen sind wie andere kafir [Ungläubige], ob sie nun Christen, Juden, Perser, Berber oder andere sind, die am Unglauben festhalten und den Islam nicht annehmen. […] Das bedeutet, dass es in dieser Hinsicht keinen Unterschied zwischen allen kafir gibt.[64]

Oder:

Der Ursprung der Sklaverei ist der Unglaube, und die schwarzen kafir sind wie die Christen, nur dass sie majus, Heiden, sind.[65]

Interessanterweise scheinen hier nicht nur Anhänger:innen heidnischer Religionen als Ungläubige verstanden zu werden, sondern auch Anhänger:innen der anderen großen Buchreligionen, deren Versklavung Aḥmad Bābā wohl als legitim betrachtete. Diese Auffassung wird bei weitem nicht von allen Gelehrten geteilt und auch im Koran haben Anhänger:innen der großen Buchreligionen einen besonderen Status.

Die Betonung, dass es zwischen den Ungläubigen keine weiteren Unterscheidungen, zum Beispiel anhand ihrer Hautfarbe, geben darf, ist dabei von großer Bedeutung, denn wie al-Ǧirārīs Frage deutlich macht, war die Versklavung Schwarzer Menschen weit verbreitet. Somit kam es vor, dass freie Muslim:innen – entgegen der Rechtslehre des Islam – aufgrund ihrer Hautfarbe in Gefangenschaft gerieten. Dass dies schon länger gängige Praxis war, belegt ein Brief des Königs von Bornu (das Reich Kanem-Bornu), der 1391 oder 1392 den Sultan in Kairo erreichte und sich in einer Abschrift in der Textsammlung des ägyptischen Gelehrten und Kanzleibeamten Aḥmad al-Qalqašandī (1355-1418)[66] befindet. Der König von Bornu wendet sich hier mit einer Beschwerde über die Versklavung von Mitgliedern seines Volkes durch arabische Sklavenhändler an den ägyptischen Sultan. Al-Qalqašandī bemerkt zunächst einführend zu diesem Dokument: »Die Einwohner von Borno sind Muslime und größtenteils von schwarzer Hautfarbe.«[67] Aus dem Brief des Königs zitiert er sodann wie folgt – und an dieser Stelle soll

64 Barbour/Jacobs, »The Mi'raj al-Su'ud«, S. 129 f. Übersetzung A. G.

65 Ebd., S. 130. Übersetzung A. G.

66 Die Textsammlung wird als *Ṣubḥ al-aʿšā* bezeichnet und umfasst eine umfangreiche Enzyklopädie zur Kanzleiarbeit mit zum Teil sehr alten Texten aus der Frühzeit des Islam.

67 Levtzion/Spaulding, *Medieval West Africa*, S. 102. Übersetzung A. G.

dieses Zitat in aller Ausführlichkeit wiedergegeben werden, da es sowohl die Situation islamischer Völker südlich der Sahara als auch die Einstellung zur Praxis der Versklavung anschaulich macht:

Wir haben unseren Botschafter zu Dir gesandt [...] wegen des Unglücks, das uns und unseren Vasallenkönigen widerfahren ist. Denn die Araber, die Judham genannt werden, und andere haben einige unserer freien Leute, Frauen und Kinder, kranke Männer, Verwandte von uns und andere Muslime entführt. Einige dieser Araber sind Polytheisten und weichen von der wahren Religion ab. [...] Sie haben sich unserer freien Leute und unserer Verwandten, die Muslime sind, bemächtigt und sie an die Sklavenhändler in Ägypten und Syrien und andere verkauft; einige haben sie für ihre eigenen Dienste behalten.

Nun hat Gott die Herrschaft über Ägypten vom Meer bis Assuan in Eure Hände gelegt. Diese unsere Leute sind wie eine Ware beschlagnahmt worden. Schickt also bitte in alle Eure Gebiete Eure Emire, Minister, Richter, Beamten, Juristen, Marktaufseher, damit sie nachschauen und suchen und entdecken. Wenn sie sie finden, sollen sie sie ihnen aus den Händen reißen und sie auf die Probe stellen. Wenn sie sagen: ›Wir sind frei, wir sind Muslime‹, dann glaubt ihnen. Haltet sie nicht für Lügner. Wenn die Wahrheit für Euch klar ist, lasst sie frei. Gebt ihnen ihre Freiheit und den Islam zurück. Einige Araber stiften Unheil in unserem Land und handeln nicht rechtschaffen. Sie sind diejenigen, die das Buch Gottes und die Sunna Seines Gesandten nicht kennen.[68]

Der König von Bornu stellt die Praxis der Versklavung als solche nicht in Frage und verfügt vermutlich selbst über eine Reihe von Sklav:innen, protestiert jedoch gegen die unrechtmäßige Versklavung von Mitgliedern seines Volkes. Als unrechtmäßig wird diese betrachtet, da es sich bei den Betroffenen um freie Muslime handelt, ein Status, der von den betreffenden arabischen Händlern ignoriert wurde. Dies verstoße gegen die Regeln des Korans und der Sunna. Der Brief endet mit einem Verweis auf verschiedene Verse im Koran und den Hadithen, die die Einheit der Muslime unterstreichen. Nun hofft der König darauf, dass der Sultan von Ägypten seine Beamten anweist, das Unrecht wiedergutzumachen und die betroffenen Mitglieder seines Volkes aufzuspüren und in Freiheit zu setzen.

Al-Ǧirārī will in seinen Handelsunternehmungen offensichtlich

68 Ebd., S. 104f. Übersetzung A. G.

sichergehen und stellt noch einmal ganz allgemein die Frage nach der Stellung der Schwarzen Menschen. Hierbei bezieht er sich auf den sogenannten Fluch der hamitischen Völker, wie er in einem Hadith aus dem 10. Jahrhundert, auf die sich auch Ǧalāl ad-Dīn as-Suyūṭī (1440-1505) in seinem Text *Azhār al-ʿurūsh fi aḫbār al-ḥubūš* (Die Blumen des Throns, Informationen über die Äthiopier) bezieht, geschildert wird.[69] Demnach verfluchte Noah seinen Sohn Ḥām (dt. Ham), der Noah sah, während dieser im Bade nackt war. In einer anderen Interpretation heißt es, Ham habe Noah im Schlaf beobachtet, statt dessen Blöße zu bedecken. Ham und alle seine Nachfahren sollten »geschwärzt« werden und als Sklav:innen dienen. Im Koran findet sich kein Verweis auf diese Geschichte.[70] Aḥmad Bābā kritisiert diesen Hadith und stellt ihm die Worte Ibn al-Ǧauzīs (1114-1201) gegenüber, der diese Noah zugeordnete Episode für nicht bewiesen und falsch hält und die Hautfarbe der Nachfahren Hams klimatisch durch den Wind, der in den von Hams Nachfahren besiedelten Gebieten vorherrsche, zu erklären versucht. Aḥmad Bābā bezieht sich zudem noch auf einen anderen Hadith, der die verschiedenen Hautfarben der Menschen mit den unterschiedlichen Böden, auf denen sie leben, erklärt. Und zuletzt zitiert er Ibn Ḫaldūns Klimatheorie, welche die unterschiedlichen Hautfarben als Resultat von Hitze und Kälte in den verschiedenen

69 Ausführlich werden arabisch-islamische Schriften zur hamitischen These sowie die Haltung des Islam zur Sklaverei behandelt in: Hunwick/Powell, *The African Diaspora in the Mediterranean Lands of Islam.*

70 Ausgangspunkt des Hamiten-Mythos in Europa ist die Bibel. Hier bezieht sich der Mythos auf die drei Söhne des Noah: Sem, Ham und Japhet. Sem und Japhet waren rechtschaffen und gottesfürchtig, Ham war dagegen ohne Schamgefühl. Als er seinen betrunkenen Vater entblößt in seinem Zelt liegen sah, erzählte er diesen Vorfall seinen Brüdern, statt dem Vater Hilfe zu leisten. Diese bedeckten den Vater daraufhin mit abgewandtem Blick und rückwärtsgehend. »Und Noah erwachte von seinem Wein und erfuhr, was sein jüngster Sohn ihm getan hatte. Und er sprach: Verflucht sei Kanaan! Ein Knecht der Knechte sei er seinen Brüdern! Und er sprach: Gepriesen sei Jehova, der Gott Sems; und Kanaan sei sein Knecht!« (1. Mose 9, 24-26) Kanaan ist ein Sohn Hams und Enkel Noahs. Hier richtet Noah seinen Fluch nicht direkt auf seinen Sohn, sondern einen der Söhne Hams. In der Thora heißt es: Verflucht sei dein vierter Sohn, dass er den Kindern dieser Älteren (Sem und Japhet) dienen solle, denen die Last, mir zu dienen, von jetzt an auferlegt worden ist (Gen. Rabbah 36:7). Der Fluch bezieht sich auch hier auf Hams Sohn Kanaan. Von einem »Schwärzen« ist nirgendwo die Rede.

Regionen der Welt deutet. Dabei ist auch Ibn Ḫaldūns Klimatheorie nicht unproblematisch, werden die Menschen in den extremen Klimazonen (bei ihm sind dies das Afrika südlich der Sahara und das nördliche Europa) doch als unzivilisiert betrachtet, da sie zu großer Hitze oder zu großer Kälte ausgesetzt sind, während jene Menschen, die in wohltemperierten Gebieten wie etwa den mediterranen leben, als moralisch und intellektuell überlegen betrachtet werden.[71]

Hinsichtlich der Klimatheorien lässt Aḥmad Bābā offen, welche Erklärung er selbst bevorzugt. Mit Verweis auf Ibn Ḫaldūn macht er jedoch auf die Fehlerhaftigkeit des Hadith aufmerksam, denn bereits Ibn Ḫaldūn argumentiert, dass in der ursprünglichen Erwähnung dieser Geschichte in der Thora der Fluch des Ham nicht mit dem Verweis auf die Hautfarbe verbunden war.[72] Die Versklavung Schwarzer Menschen aufgrund ihrer Hautfarbe sei also falsch. Nur das mangelnde Bekenntnis zum Islam rechtfertige Versklavung, unabhängig von der Hautfarbe. Gegen Ende seiner Ausführungen erinnert Aḥmad Bābā an den folgenden, von Buḫārī überlieferten Hadith:

71 So heißt es u. a. »Alle weiteren Bewohner der extremen Zonen im Norden wie im Süden kennen weder Religion, noch besitzen sie (religiöse) Kenntnisse. In allem, was sie betrifft, sind sie den Tieren näher als den Menschen.« Ibn Khaldūn, *Buch der Beispiele. Die Einführung al-Muqaddima*, Leipzig 1992, S. 57.

72 »Einige Genealogen, die keine Ahnung von der Natur (solcher) Dinge haben, meinten, daß die Schwarzen die Kinder von Ham, dem Sohn von Noah, seien, die infolge der Verfluchung Hams durch Noah mit schwarzer Hautfarbe gezeichnet worden wären. Sie wähnten ferner, daß dieser Fluch dann in Hams Hautfarbe sowie darin, daß Allah dessen Nachkommen zu Sklaven werden ließ, sichtbar geworden wäre. Was sie hierüber berichten, gehört zu den Phantastereien von Geschichtenerzählern. Die Flüche Noahs gegen seinen Sohn Ham sind in der Thora festgehalten, und es findet sich in ihr keinerlei Hinweis auf schwarze Hautfarbe. Noah verfluchte ihn, auf daß Hams Kinder zu Sklaven seiner Brüder, aber niemandes sonst würden. In der These über die Abstammung der Schwarzen von Ham spiegelt sich das Nichtwissen um die Natur von Wärme und Kälte sowie um deren Einflüsse auf die Luft und die Lebewesen, die diese Umgebung hervorbringt. Daß diese Hautfarbe die Bewohner der ersten und zweiten Klimazone vereint, rührt von der Beschaffenheit ihrer Luft her, die von der im Süden herrschenden starken Hitze beeinflußt wird. Die Sonne steht nämlich zweimal im Jahr in kurz aufeinanderfolgenden Zeiträumen im Zenit. Sie steht fast alle Jahreszeiten hindurch hoch oben, so daß die Strahlung sehr stark ist. Hochsommerliche Hitze lastet ständig auf den Menschen, deren Haut sich wegen der extremen Wärme schwarz färbt.« Ibn Khaldun, *Buch der Beispiele*, S. 57-58.

Eure Sklaven sind eure Brüder. Gott hat sie unter euren Befehl gestellt. Wer nun die Oberhand über seinen Bruder hat, der soll von dem zu essen geben, was er selbst isst, und ihm Kleidung geben, die er selbst trägt. Tragt ihnen nicht auf, was ihre Kraft übersteigt. Und wenn ihr es doch tut, so helft ihnen![73]

Aḥmad Bābā betont in diesem Zusammenhang, dass der Hadith ermahnt, mitfühlend gegenüber jenen zu sein, die man besitze, und sie entsprechend freundlich zu behandeln. Mitgefühl erfordere diese Situation, denn die bloße Tatsache, im Besitz eines anderen zu sein, breche im Allgemeinen bereits das Herz, da Dominanz und Unterordnung mit diesem Zustand verbunden seien. Trotzdem fasst Aḥmad Bābā für den Anfragenden am Schluss nochmals zusammen, aus welchen Völkern Menschen ohne Gefahr für das eigene Seelenheil ge- und verkauft werden können, da sie Ungläubige seien: Mossi, Gunna, Busa, Borgu, Dagomba, Kotokoli, Yoruba, Tombo, Bobo und Kumbé.

Im zweiten Teil (*Ajwiba*)[74] des Textes, der vermutlich früher entstanden ist, in den Textausgaben dem *Miʿrāǧ* jedoch angefügt wird, wendet sich Aḥmad Bābā den Fragen eines seiner marokkanischen Schüler, Yusuf bin Ibrahim bin ʿUmar al-Īsī, zu. Al-Īsī will ebenfalls wissen, welche Völker südlich der Sahara dem Islam bereits angehören. Hier antwortet Aḥmad Bābā sehr ähnlich mit dem Verweis darauf, dass nur Ungläubige versklavt werden dürfen. Ausdrücklich werden das Songhai-Reich, Kano, Katsina, Zakzak, Gobir und Bornu sowie Kabe und Jenne, Jolof und Fulani als bereits seit langer Zeit islamisierte Gebiete beschrieben. Der Gelehrte betont jedoch, dass auch dort und vor allem an den Rändern dieser Reiche Völker leben, die nicht dem Islam angehören und somit rechtmäßig versklavt werden können. Zudem benennt er weitere ungläubige Völker, die nicht zum Islam konvertiert sind, wie zum

73 Al-Buchari, Kapitel 44, Hadith Nr. 2545. Vgl. islamische Datenbank: ⟨http://islamische-datenbank.de/⟩, letzter Zugriff 4. 3. 2022.

74 Novo argumentiert, dass dieser Teil, die Antworten Aḥmad Bābās auf die Fragen al-Īsīs, voraussichtlich zehn Jahre früher verfasst wurde als der *Miʿrāǧ*, nämlich bereits etwa 1607, siehe Novo, »Islamic Law and Slavery in Premodern West Africa«, S. 18. Sie verweist darüber hinaus aufgrund stilistischer Unterschiede darauf, dass es sich möglicherweise um die Niederschrift der Antworten Aḥmad Bābās durch al-Īsī auf der Basis von Erinnerungen handelt, da der Stil des Textes wesentlich weniger elaboriert ist und zudem kaum mit Zitaten und Belegen arbeitet.

Beispiel Bambara und Bobo. In einem Anhang listet Aḥmad Bābā die verschiedensten Völker Afrikas samt religiöser Zuordnung auf und verbindet damit im Grunde Versklavung mit ethnischer Zugehörigkeit. Hier kommt zudem mit ins Spiel, dass Aḥmad Bābā auch Menschen aus bereits islamisierten Gebieten als legitime Sklav:innen bezeichnet, wenn ihr Glaube schwach sei. Als Beispiel führt er die Menschen in Kumbé an, deren Glaube oberflächlich sei.

In einer weiteren Frage will ʿUmar al-Īsī erfahren, wie man sich verhalten solle, wenn die Vermutung naheliege, dass eine Person von Sklav:innen oder von Ungläubigen abstamme oder erst vor kurzem zum Islam konvertiert sei. Schließlich würden alle behaupten aus einer muslimischen Gemeinschaft zu stammen, um der Versklavung zu entgehen, und eine Überprüfung der Wahrheit ihrer Aussagen sei meist nicht möglich. Al-Īsī hegt offensichtlich Zweifel bezüglich der Vertrauenswürdigkeit der Aussagen von Gefangenen. Auf diese Frage antwortet Aḥmad Bābā, dass die betroffene Person beweisen müsse, dass er oder sie ein freier Muslim sei oder von freien Muslim:innen abstamme. Damit unterscheidet sich seine Aussage in der *Ajwiba* deutlich von seiner Antwort im *Miʿrāǧ*, denn die Beweislast verschiebt sich zuungunsten der Gefangenen, denen es, gerade wenn sie sich bereits auf den Sklavenmärkten Nordafrikas befinden, fern ihrer Heimat schwerfallen dürfte, überzeugende Beweise für ihren Status als freie Muslim:innen anführen zu können. Diese Auffassung steht auch im Gegensatz zu Maḫlūf al-Balbālī, der die Aussage von Sklav:innen (*qaul*), dass sie als freie Muslim:innen in Gefangenschaft gerieten, als ausreichend betrachtete. Aḥmad Bābās Auffassung schützt eher die Interessen der Sklavenhändler. Marta García Novo vermutet in ihrem Artikel »Islamic Law and Slavery in Premodern West Africa«, dass Aḥmad Bābās Aussage damit zusammenhängen könnte, dass seine eigene Familie, die zu den reichsten der Stadt gehörte, ihren Wohlstand auf dem Transsaharahandel gründete, aber auch damit, die Rechtmäßigkeit der Handlungen der Sklavenhändler nicht grundlegend in Frage stellen zu wollen.[75] Allerdings äußert Aḥmad Bābā im später entstandenen

75 Novo, »Islamic Law and Slavery in Premodern West Africa«, S. 15. Die Autorin argumentiert zudem, dass beide Texte »den Sklavenhändlern eine bequeme juristische Stütze gegen mögliche Anschuldigungen wegen der illegalen Gefangennahmen bieten sollten, die ihnen eine wachsende Zahl von Sklaven bescherten. Es ist auch möglich, dass die Appelle an das gute Gewissen des Käufers, die sich

Miʿrāǧ, wie dargelegt, wiederum die Auffassung, dass die Beweislast beim Händler liege.

In seiner dritten und letzten Frage erkundigt sich al-Īsī, ob es nötig sei, in Erfahrung zu bringen, aus welchem der Völker des *Bilād as-Sūdān* die Mutter (*ummahāt al-awlād*) eines »muwallad« (Mulatten) stamme. Diese Frage betrifft ein Grundprinzip der islamischen Rechtslehre mit Bezug auf Sklaverei: Hat eine Sklavin (Muslimin oder nicht) ein Kind mit ihrem Herrn, ist dieses von Geburt an als frei zu betrachten, da es nicht der Sklave seines Vaters sein könne. Zudem erhält die Mutter nach dem Tod des Besitzers ihre Freiheit und kann bereits zu dessen Lebzeiten nicht mehr verkauft werden. Die Bedeutung der Kindsmutter ist in der malikitischen Rechtslehre fest verankert. Trotzdem scheint al-Īsī hier erstens vorauszusetzen, dass die Hautfarbe einer Person auf eine Mutter aus den Gebieten südlich der Sahara schließen lässt, und zudem, dass der Status der Mutter auf das Kind übertragen werden könne. Insofern fällt Aḥmad Bābās Antwort, dass nur mit Sklav:innen gehandelt werden solle, deren Status eindeutig geklärt sei, und jene mit unklarer Herkunft gemieden werden sollten, gemessen an der Tragweite der Frage erstaunlich kurz aus. Allerdings verweist er abschließend noch einmal darauf, dass vorsichtig und gewissenhaft vorzugehen sei, um keine Sklav:innen zu kaufen, die legitim ihre Freiheit beanspruchen können. Dem Handeln müsse in erster Linie religiös begründete Vorsicht zugrunde gelegt werden. Damit schiebt Aḥmad Bābā die Lösung der Frage dem Gewissen des jeweiligen Händlers zu.

Um es kurz zusammenzufassen: Aḥmad Bābā ist kein Kritiker der Institution der Sklaverei. Vielmehr geht es ihm darum zu zeigen, dass es keine Verbindung zwischen Hautfarbe und Versklavung gibt. Das einzige Kriterium, das eine Versklavung gemäß den Regeln des Islam rechtfertige, sei das mangelnde Bekenntnis zum Islam. Insbesondere lehnt er es ausdrücklich ab, Sklaverei als einen Fluch der sogenannten hamitischen Völker zu verstehen.

Marta García Novo verweist in ihrem Artikel darauf, dass Aḥmad Bābās Texte durchaus einflussreich waren. Auf Aḥmad Bābā Bezug genommen wird bereits in dem *Taʾrīkh al-Fattāsh*, hier insbesondere auf seine Schrift *Kifāyat al-muḥtā fī maʿrifat mā laisa*

in beiden Werken finden, die einzige Möglichkeit waren, den Verkauf von freien Westafrikanern im Maghreb zu vermeiden.« (Ebd., S. 19) Übersetzung A. G.

fi-dī-bāğ.[76] Auf seine Abhandlungen zur Frage der Sklaverei bezieht sich der Marokkaner Aḥmad b. Ḫālid an-Nāṣirī in einem Text aus dem Jahr 1897, in dem er die Auffassung, dass Afrikaner:innen von Natur aus Sklav:innen seien, ebenfalls verurteilt. Und Usman Dan Fodio (1775-1817) greift in seinem Text *Bayān wuğūb al-hiğra* auf Aḥmad Bābās Liste der nicht-muslimischen Völker in Westafrika, deren Angehörige rechtmäßig versklavt werden können, zurück.[77]

10.3. Konsequenzen für die Philosophiegeschichtsschreibung

Die Abhandlungen des Aḥmad Bābā zur Sklaverei – als ein Beispiel aus einem umfangreicheren Diskurs – machen deutlich, dass die Praxis der Versklavung von Menschen im Rahmen des Religionssystems des Islam schwierige Fragen aufwirft. Dazu gehören nicht nur religionspraktische Fragen nach den einzuhaltenden Regeln zum Schutz des eigenen Seelenheils, sondern auch ethische zum Widerspruch zwischen der befreienden Botschaft des Islam und der Institution der Sklaverei. Letztere werden von Aḥmad Bābā nicht diskutiert. Dafür beschäftigt sich der Text intensiv mit der Frage nach dem Zusammenhang zwischen Sklaverei und Hautfarbe und macht damit auf in der muslimischen Gesellschaft verankerte rassistische Stereotype aufmerksam, die selten im Diskurs adressiert werden.

Die Abhandlungen des Aḥmad Bābā sollten nun allerdings nicht nur im Diskurs der islamischen Welt oder in Afrika wahrgenommen und weiter diskutiert werden, sondern zugleich Anlass sein für eine globalere Perspektive auf das Problem des transatlantischen und transsaharischen Sklavenhandels sowie des Sklavenhandels über den Indischen Ozean in den betreffenden Jahrhunderten. Hier gilt es, nicht nur die europäische Philosophietradition einem kritischen Blick zu unterziehen, um zu untersuchen, inwiefern Philosoph:innen und die Philosophie als Wissenschaft in die Institution

76 Ka'ti, *Ta'rīkh al-Fattāsh*, S. 209 und S. 214.

77 Novo, »Islamic Law and Slavery in Premodern West Africa«, S. 3. Siehe dazu auch J. O. Hunwick, »Islamic Law and Polemics over Race and Slavery in North and West Africa (16th-19th Century)«, in: S. E. Marmon, J. Marmon u. a. (Hg.), *Slavery in the Islamic Middle East*, Oxford 1995, S. 43-68, hier S. 60.

der Sklaverei verwickelt waren oder Beiträge zu deren Legitimation lieferten. Derselbe kritische Blick muss auch auf die islamische Philosophiegeschichte in Afrika und darüber hinaus gerichtet werden. An alle Philosophietraditionen ist die Frage heranzutragen, mit welchen Argumenten und Theorien Sklaverei gerechtfertigt oder auch abgelehnt wurde. Wie das Beispiel Aḥmad Bābās zeigt, gibt es trotz der großen Differenzen der jeweiligen institutionellen und epistemischen Rahmen durchaus ähnliche Argumentationen zur Rechtfertigung von Sklaverei, wie zum Beispiel der Rückgriff auf die hamitische These. Auch in Europa war die hamitische These bekannt und wurde zur Rechtfertigung der Abwertung, Unterdrückung und Versklavung Schwarzer Menschen herangezogen. In Europa wurde diese These insbesondere durch die Ethnologie des 19. Jahrhunderts einflussreich.[78] Damit stellt sich für die Philosophien beider Regionen (Europa und die islamische Welt) auch die Frage nach der Bedeutung von ›race‹. Es können aber auch Fragen nach der Funktion der Sklaverei in den politischen Theorien, nach den verschiedenen Rechtfertigungen von Sklaverei und den jeweils angelegten Maßstäben zur Beurteilung gestellt werden.

Werfen wir dazu einen kurzen Blick auf Europa: In der europäischen Philosophie ist die Frage nach der Legitimität von Sklaverei seit Aristoteles, der argumentiert, dass es Menschen gäbe, die von Natur aus zur Sklaverei bestimmt seien, verankert. Ähnlich wie in der islamischen wird auch in der christlichen Theologie und Philosophie bis weit ins 18. Jahrhundert hinein Sklaverei eher selten kritisch betrachtet. Die Haltung der christlichen Tradition zur Sklaverei ist ebenfalls ambivalent: Zum einen ist die Idee der Gleichheit der Menschen in der alttestamentlichen Lehre von der Gottebenbildlichkeit des Menschen begründet (Genesis 1, 26 u. 27). Und auch im Neuen Testament gibt es nach Paulus durch den Glauben keine Unterschiede mehr: »Hier ist nicht Jude noch Grieche, hier ist nicht Sklave noch Freier, hier ist nicht Mann noch Frau; denn ihr seid allesamt einer in Christus Jesus.« (Gal. 3, 28) Zum anderen ist der Stand, in den ein Mensch hineingeboren wird, als gottgewollt zu akzeptieren. Und so fordert Paulus im Brief an die Epheser ebenso: »Ihr Sklaven seid gehorsam euren irdischen Herren mit

78 Siehe dazu ausführlich P. Rohrbacher, *Die Geschichte des Hamiten-Mythos,* Wien 2002.

Furcht und Zittern [...]. Tut euren Dienst mit gutem Willen als dem Herrn und nicht den Menschen; denn ihr wisst: Was ein jeder Gutes tut, das wird er vom Herrn empfangen, er sei Sklave oder Freier.« (Eph. 6, 5-8) Die christlichen Herren werden aufgefordert, ihre Sklaven:innen milde zu behandeln (Eph. 6, 9) In der christlichen Theologie wird zwar nicht (wie bei Aristoteles) von einer naturgegebenen Sklaverei ausgegangen, aber Leibeigenschaft ebenso wie Sklaverei werden nicht in Frage gestellt. So sind für Augustinus zwar alle Menschen von Gott als freie Wesen geschaffen, aber da die menschliche Natur durch die Erbsünde verdorben sei, bedürfe der Mensch der Zügelung durch menschliche Herrschaftsformen bis hin zur Sklaverei als Folge einer Kriegsgefangenschaft in einem »gerechten Krieg«.[79] Thomas von Aquin erklärt in *De regimine principum* (Über die Herrschaft der Fürsten) Herrschaftsverhältnisse aufgrund der ungleichen Befähigungen der Menschen. Aufgrund dieser sei es besser, wenn die Menge von einem weisen Menschen gelenkt werde. Allerdings verweist Thomas auch auf die ptolemäische These, dass in der Nähe des Äquators Barbar:innen lebten, die von Natur aus Sklav:innen seien.[80]

Die europäische Expansion im 15. und 16. Jahrhundert führte zu einer weiteren politischen Verfestigung der Institution der Sklaverei. So sprach Papst Nikolaus V. in der Bulle *Romanus Pontifex* (1455) den Ungläubigen sämtliche Herrschafts- und Besitzrechte sowie alle Freiheitsrechte ab und übertrug dem portugiesischen König Alfonso V. die Herrschaft über alle Reiche bis nach Guinea und Indien. Damit erhielt Portugal nicht nur ein weitreichendes

79 Vgl. Augustinus, *De Civitate Dei*, Buch 19, Kapitel 15 mit dem Titel: »Die Freiheit ist das ursprünglich Natürliche; die Sklaverei hat ihre letzte Ursache in der Sünde, wie sich deutlich darin zeigt, daß ein Mensch mit bösem Willen, auch ohne der Sklave eines anderen zu sein, Sklave der eigenen Begierde ist.« Augustinus, *De Civitate Dei. Zweiundzwanzig Bücher über den Gottesstaat*, Kempten 1911-1916, Band 28, S. 1188. Hier wendet sich Augustinus ausdrücklich gegen die Vorstellung von einer ›natürlichen Sklaverei‹: »Also hat eine Schuld diesen Namen veranlaßt, nicht die Natur.« (Ebd., S. 1188-1189) Diese Schuld entsteht wie folgt: »Denn auch wenn es sich um einen gerechten Krieg handelt, so wird eben auf Seiten der Gegenpartei für die Sünde gekämpft; und jeglicher Sieg, auch wenn er den Bösen zufällt, ist ein Gottesgericht zur Erniedrigung der Besiegten, um Sünden entweder zu bessern oder zu strafen.« (S. 1189)

80 Thomas von Aquin, *De regno ad regem Cypri* (auch bekannt als: *De regimine principum),* Rom 1979, S. 447-471.

Handelsmonopol, sondern auch das Recht, nicht-christliche Völker zu versklaven. Im Gegenzug sollten in eroberten Gebieten Kirchen und Missionsstationen erbaut werden.

Eine kurze Recherche macht bereits deutlich, dass die Sklaverei von einer Vielzahl europäischer christlicher und arabischer islamischer Theologen, Philosophen und Rechtsgelehrter über Jahrhunderte unter bestimmten Bedingungen als legitim betrachtet wurde. Für die Neuzeit seien hier aus der europäischen Tradition nur Aḥmad Bābās Zeitgenossen Francisco Suárez (1548-1617) und Hugo Grotius (1583-1645) genannt oder auch Thomas Hobbes (1588-1679) und John Locke (1632-1704). Allerdings hat bereits ein Vorläufer, nämlich der spanische Philosoph Francisco de Vitoria (ca. 1483-1546) in seinen *Relectiones De Indis* und *De iure belli* (1539) das Problem der Eroberung der sogenannten »Neuen Welt« und die Frage der Behandlung der unterworfenen Völker differenziert und kritisch behandelt und versucht, völkerrechtliche Regelungen zu entwerfen.[81] In seinen Vorlesungen aus dem Jahr 1539 behandelt er die Frage nach der rechtlichen Legitimation der Herrschaft der Spanier in Amerika und den Status der indigenen Völker dieses Kontinents. Vitoria lehnt die aristotelische Lehre von der natürlichen Sklaverei auf der Basis der christlichen Vorstellung, dass der Mensch das Ebenbild Gottes sei, ab.[82] Er geht davon aus, dass allen Menschen die Fähigkeit zur Vernunft sowie die Fähigkeit, sich selbst zu regieren, gegeben sei. Nicht klimatische Einflüsse ließen diese Fähigkeit verkümmern, sondern schlechte Erziehung.[83] Und so seien auch die Menschen Amerindiens vernunftbegabte Wesen, die sich selbst regieren können, und könnten nicht *per se* als Sklav:innen betrachtet werden.[84] Zur Regelung des Zusammentreffens verschiedener Völker entwirft Vitoria einige völkerrechtliche Normen, die sich am naturrechtlichen Maßstab der Förderung des Wohls der gesamten Menschheit orientieren.[85]

81 Ausführlich dazu Schelkshorn, *Entgrenzungen*, S. 271-298.

82 Francisco de Vitoria, *Relectiones De Indis,* in: *Vorlesungen (Relectiones),* Stuttgart 1995-1997, Band 2, S. 405.

83 Vitoria, *Relectiones De Indis,* S. 403.

84 Ebd., S. 404.

85 Ebd., S. 466. Die Idee einer universalen Kommunikationsgemeinschaft (*naturalis societatis et communicationis,* S. 460) begründet zudem völkerrechtliche Bestimmungen wie ein Reise- und Niederlassungsrecht, das Recht auf Handel, das

Der ebenfalls wie Vitoria aus der Schule von Salamanca stammende Francisco Suárez lehnt die Annahme einer »natürlichen Sklaverei«, wie sie von Aristoteles vertreten wurde, entschieden ab, verteidigt aber eine Versklavung auf der Grundlage von »gerechten Rechtstiteln«. Dazu gehören die freiwillige Unterwerfung oder die Versklavung von Kriegsgefangenen im Rahmen eines gerechten Krieges.[86] Gerade der zweitgenannte Grund ist von den Begründungen nach islamischem Recht nicht weit entfernt und schränkt dabei nicht einmal die Versklavung von Glaubensbrüdern und -schwestern ein. Der niederländische Jurist Hugo Grotius folgt in seiner Lehre der naturrechtlichen Zulässigkeit der Sklaverei weitgehend der Rechtslehre von Suárez. Er verlangt ebenfalls einen spezifischen Rechtstitel. Dafür kommen freiwillige Unterwerfung, eine unerlaubte Handlung und schließlich die Umstände von Zeugung und Geburt in Frage, das heißt, ein Kind kann in den Sklavenstand hineingeboren werden. Die größte praktische Bedeutung kommt nach Grotius der unerlaubten Handlung, also Sklaverei als Bestrafung für ein Verbrechen, zu. Im innerstaatlichen Bereich erlaubt ein entsprechendes Gerichtsurteil die Versklavung. Die von Thomas Hobbes angeführten rechtmäßigen Gründe für die Entstehung von Herrschaft und Sklaverei entsprechen weitgehend denen von Grotius: ein Unterwerfungsvertrag (freiwillige Selbstunterwerfung), die Versklavung von Kriegsgefangenen und Sklavenstatus qua Geburt. Hobbes definiert einen Sklaven als eine Person, über die eine andere Person alle Gewalt erlangt hat. Eine solche Person könne über keinen eigenen Besitz mehr verfügen, da mit dem Recht über eine Person auch das Recht über deren Besitz einhergehe. Die Gründe für Versklavung fasst Hobbes so zusammen:

> Der *erste* ist, wenn die einzelnen des Friedens und des eigenen Schutzes wegen sich selbst durch gegenseitig miteinander eingegangene Verträge frei-

Recht auf Nutzung und Aneignung von Gemeingütern, das Recht auf Einbürgerung und das Gesandtenrecht. Es berechtigt die Spanier letztlich dazu, nach Amerika zu reisen und dort Handel zu treiben. Vitoria begründet aber auch das Recht der Christen, in allen Teilen der Erde zu missionieren – ein Recht, für das es keine Reziprozität gibt, denn weder dürfen andere Religionen missionieren noch islamische Herrscher ein ehemals christliches Volk unterstützen, das sich mehrheitlich dem Islam zuwendet.

86 Francisco Suárez, *Abhandlung über die Gesetze und Gott den Gesetzgeber*, Freiburg i. Br. 2002.

willig in die Macht und Gewalt eines Menschen oder einer Versammlung begeben. [...] Der *zweite* Fall ist, wenn jemand im Kriege gefangen oder besiegt wird oder, seiner Kraft nicht mehr vertrauend, zur Erhaltung seines Lebens dem Sieger oder dem Starken seine Dienste verspricht und zusagt, alles zu tun, was dieser verlangen sollte. Bei diesem Vertrage erhält der Besiegte oder Schwächere den Vorteil, daß ihm das Leben gelassen wird, was nach dem Rechte des Krieges im Naturzustande der Menschen ihm genommen werden konnte, und der Sieger erhält als Vorteil die Dienste und den Gehorsam des andern. Kraft eines solchen Vertrages schuldet also der Besiegte dem Sieger unbeschränkte Dienste und Gehorsam, so viel er vermag (ausgenommen nur das Handeln gegen die göttlichen Gesetze); denn wer, auch ehe er weiß, was ihm befohlen werden wird, den Befehlen von irgend jemand zu gehorchen sich verpflichtet, hat einfach und ohne Beschränkung jeden Befehl zu erfüllen. Der so Verpflichtete heißt *Knecht* oder *Sklave*, der Verpflichtende der *Herr*. *Drittens* wird das Recht auf eine Person durch die Erzeugung erlangt [...].[87]

Für John Locke ist der Mensch frei und gleich geboren. Im Gegensatz zu Hobbes steht es für Locke dem Menschen nicht frei, sich selbst in die Sklaverei zu verkaufen. »Denn da der Mensch keine Gewalt über sein eigenes Leben hat, *kann er sich* weder durch einen *Vertrag* noch durch seine eigene Zustimmung *zum Sklaven* eines anderen *machen*.«[88] Auch sei es illegitim, Kinder von Kriegsgefangenen zu versklaven. Allerdings stehe es im Kriegszustand dem Geschädigten frei, ob er den Aggressor lieber hinrichten oder versklaven möchte. Das heißt, auf der Basis des Naturrechts sind alle Menschen frei und gleich, im Völkerrecht eröffnet sich aber im Falle eines Krieges die Möglichkeit, den Gegner zu versklaven. Sklaven sind für Locke

[...] Menschen, die in einem gerechten Krieg gefangengenommen wurden und somit nach dem Recht der Natur unter der absoluten Herrschaft und willkürlichen Gewalt ihrer Herren stehen. Diese Menschen haben, [...] ihr Leben, und damit gleichzeitig ihre Freiheit verwirkt, und sie haben ihren gesamten Besitz verloren.[89]

87 Hobbes, *Grundzüge der Philosophie. Erster Teil: Lehre vom Körper*, Leipzig 1949, S. 166.

88 Locke: *Zwei Abhandlungen über die Regierung*, S. 214. Hervorhebungen im Original.

89 Ebd., S. 252.

Locke zufolge ist der Besitz von Sklaven nur dann legitim, wenn die Gefangennahme im Zuge eines gerechten Krieges erfolgte. Denn da jeder im Naturzustand (auch zwischen Staaten) gewaltsame Angriffe durch unbegrenzte Verteidigungsgewalt beantworten darf, kann er andere zu Recht töten oder ihnen den Erhalt ihres Lebens im Tausch gegen Sklavendienst anbieten. Der Sklave behält nur noch das Recht, den Tod einem Leben in Knechtschaft vorzuziehen, indem er durch Auflehnung seine Tötung herbeiführt. Er ist kein Bürger, dessen Rechte der Staat sichert.[90]

Die Kette an legitimierenden Argumentationen für vermeintlich rechtmäßige Fälle von Sklaverei ließe sich fortsetzen. Deutlich wird dabei eine interessante Gemeinsamkeit zwischen den Argumenten europäischer christlicher Philosophen und denen der Philosophen und Rechtsgelehrten der islamischen Tradition, nämlich dass im Falle eines gerechten Krieges[91] die Versklavung von Kriegsgefangenen weitgehend als legitim angesehen wird, wenn in islamischer Rechtsauffassung auch der Unglaube als ein weiteres entscheidendes Kriterium hinzukommt. Aber auch dieses Kriterium verweist auf eine weitere Gemeinsamkeit, nämlich dass ein anderer Glaube (also ›Heide‹ zu sein, ›Barbar‹ oder ›Ungläubiger‹) in beiden Traditionen als ein wichtiger, wenn nicht gar entscheidender Grund für eine legitime Versklavung betrachtet wird.[92]

Ähnlich wie in der europäischen Philosophie werden bei der Rekonstruktion der Geschichte der Philosophie in der islamischen

90 »Da sie sich im *Zustand der Sklaverei* befinden und zu keinerlei Eigentum fähig sind, so können sie in diesem Zustand auch nicht als Teil der *bürgerlichen Gesellschaft* betrachtet werden, da deren Endzweck die Erhaltung des Eigentums ist.« Ebd., Hervorhebungen im Original.

91 Das Verständnis dessen, was ein gerechter Krieg sei, ist dabei verschieden. Allerdings müssten die Unterschiede zwischen dem Verständnis eines islamischen Dschihad in den betreffenden Jahrhunderten und einem gerechten Krieg, der durch das Motiv der Missionierung zum Christentum legitimiert werden kann, wie zum Beispiel in der Argumentation von Juan Ginés de Sepúlveda (1490-1573) in der berühmten Valladolid-Debatte (1550/1551), erst noch herausgearbeitet werden – ebenso wie die Parallelen. Juan Ginés de Sepúlveda, »Dialog über die gerechten Kriegsgründe«, in: C. Strosetzki (Hg.), *Der Griff nach der neuen Welt. Der Untergang der indianischen Kulturen im Spiegel zeitgenössischer Texte*, Frankfurt/M. 1990, S. 210-269. Für eine ausführliche Diskussion und Einordnung des Textes siehe Schelkshorn, *Entgrenzungen*, S. 316-340.

92 Auch in diesem Zusammenhang vgl. die Debatte von Valladolid zwischen Sepúlveda und Bartolomé de Las Casas.

Welt Positionen zur Sklaverei ebenso wie zur Stellung von Schwarzen Menschen selten bis nie behandelt. Das Verhältnis zwischen ›race‹ beziehungsweise Hautfarbe und Versklavung ist in der islamischen Welt ein wenig reflektiertes, und die Erfahrungen sowie die Rolle afrikanischer Sklav:innen in der arabisch-islamischen Welt werden kaum erforscht; die Stimmen der Versklavten werden im intellektuellen Diskurs wenig wahrgenommen oder repräsentiert.[93] Arbeiten wie die des Gelehrten Aḥmad Bābā können zur Aufarbeitung dieses schwierigen Kapitels der islamischen Geschichte beitragen. Die Aufarbeitung von Sklaverei und Rassismus stellt sowohl im Rahmen der europäischen als auch der islamischen Philosophie eine große Herausforderung dar; dies gilt dementsprechend und umso mehr für eine Geschichtsschreibung der Philosophie in globaler Perspektive.

Selbstverständlich ist bei vergleichenden Untersuchungen (oder auch Untersuchungen aus einer verflechtungsgeschichtlichen Perspektive heraus) methodisch darauf zu achten, dass bestimmte Parallelen nicht vorschnell verallgemeinert werden und die Unterschiede des historisch-kulturellen, religiösen und epistemischen Rahmens in der geforderten Sorgfalt und Sensibilität mit in den Blick genommen werden.[94] Dies betrifft auch die Untersuchung von konzeptuellen Unterschieden bei der Einteilung von Menschen anhand von Hautfarben. Auch hier muss kritisch hinterfragt werden, wieweit das europäische ›race‹-Konzept (und die entsprechende Kritik) auf Verhältnisse in der islamischen Welt und im arabischen

93 Berühmte Beispiele sind Griga (ca. 1848-?) und Josefine Bakhita (1869-1947). Griga wurde in der Region von Sokoto geboren, von Sklavenhändlern gefangen und in Timimoun verkauft. Später erhielt er seine Freiheit. In den 1940er Jahren berichtete er einem französischen Kolonialbeamten, F. J. G. Mercadier, in einer Reihe von Interviews von seinem Leben als Sklave. Siehe dazu Hunwick/Powell, *The African Diaspora in the Mediterranean Lands of Islam*, insbesondere Section XV »A Slave Narrative« S. 197-219. Bakhita wurde in der Provinz Darfur geboren und im Alter von etwa sechs Jahren von arabischen Sklavenhändlern verschleppt und in den folgenden acht Jahren fünfmal auf den Märkten von al-Ubayyid und Khartum verkauft. Mit ihrem letzten Herrn gelangte sie nach Italien, wo sie getauft wurde, die Freiheit erlangte und in den Orden der Canossianerinnen eintrat. Ihre Erfahrungen in der Sklaverei schrieb sie in ihrer Lebensgeschichte nieder. Sie wird in der römisch-katholischen Kirche als Heilige verehrt.

94 Dies betrifft auch eine Sensibilisierung für die innere Pluralität einer Entität, die oft mit dem Begriff ›islamische Welt‹ bezeichnet wird.

Sprachraum angewendet werden kann.[95] Es steht außer Frage, dass das europäische ›race‹-Konzept während der Kolonialzeit großen Einfluss in dieser Region gewonnen und einen rassistischen Diskurs angestoßen hat, allerdings konnte bereits an eine vorhandene Einteilung von Menschen anhand von Hautfarben angeschlossen werden. Eine Hierarchisierung von Menschen anhand von phänotypischen Merkmalen wie Hautfarbe oder Haarstruktur in Verbindung mit der Zuschreibung von Fähigkeiten und Eigenschaften ist in europäischen wie außereuropäischen Kontexten anzutreffen.[96] Wie sie sich je historisch und konzeptuell erfassen beziehungsweise erklären lässt, muss noch ausgelotet werden.

So finden wir in der arabisch-islamischen Tradition Unterscheidungen anhand von Hautfarben, die mit intellektuellen oder charakterlichen Eigenschaften verbunden werden, bereits in frühen Texten wie zum Beispiel bei dem syrischen Geographen Šaiḫ Šams ad-Dīn al-Anṣārī ad-Dimašqī (1256-1327). In seiner *Cosmographie* heißt es:

> Die Völker am Äquator und in den angrenzenden Gebieten, nämlich die Zendj, die N., die Abessinier und die Nubier, haben eine schwarze Hautfarbe, die von der Sonne verursacht wird, die dort eine starke Hitze verbreitet [...,] ihr Geist ist schwermütig, ihre Gedanken sind wenig konsistent und ihre intellektuellen Fähigkeiten sind sehr beschränkt; man findet unter ihnen keine gegensätzlichen Eigenschaften, wie Glaube und Untreue, Rechtschaffenheit und List. Da sie nicht in der Lage sind, gegensätzliche Ideen zu kombinieren, haben sie keine Gesetze, da Gesetzgebung immer Gegensätze in sich birgt, wie z. B. Befehl und Verteidigung, Verlangen und Enthalt-

95 Diese Vorsicht ist ebenso hinsichtlich der Institution der Sklaverei geboten. Hunwick merkt an: »Wir müssen uns davor hüten, in unseren Studien Annahmen zu übernehmen, die auf anderen Systemen der Sklaverei beruhen, seien sie nun transatlantischer oder anderer Art, und wir dürfen uns auch nicht von Theorien über das Wesen der islamischen Gesellschaft in die Irre führen lassen.« Hunwick/Powell, *The African Diaspora in the Mediterranean Lands of Islam*, S. x. Insofern ist von Folgeuntersuchungen ein differenzierteres Herangehen einzufordern, als es mir in dieser ersten Annäherung an das Thema möglich ist.

96 Vgl. u. a. Lewis, *Race and Slavery in the Middle East;* Chouki El Hamel, *Black Morocco: A History of Slavery, Race, and Islam*, Cambridge 2012; P. Robb (Hg.), *The Concept of Race in South Asia*, Delhi 1995; F. Dikötter, *The Discourse of Race in Modern China*, Oxford 2015. Mit Blick auf den Islam bemerkt Hunwick, dass es hier einen Theoretiker wie Gobineau nie gegeben habe, vgl. Hunwick/Powell, *The African Diaspora in the Mediterranean Lands of Islam*, S. xx.

samkeit; auch wurde ihnen kein Prophet gesandt. Die Natur dieser Völker ähnelt der des Wilden; sie ist ihnen unmittelbar von der Natur gegeben, ohne gelehrt zu werden, deshalb zeigen sich die Fähigkeiten der Tiere ohne Überlegung und werden sofort zur Tat, wie man am Mut des Löwen, der List des Wolfes, der Schlauheit des Fuchses und der Scheu des Hasen, der Niedrigkeit des Hundes und der Stärke des Pferdes sieht, die Tiere besitzen keine entgegengesetzten Eigenschaften. Diese Völker gehorchen ihren Königen und Prinzen, weil diese ihnen ihre Gesetze und ihre Regierung auferlegt haben, was man auch bei den Tieren beobachten kann.[97]

Die Verbindung von schwarzer Hautfarbe mit einem Mangel an Intelligenz findet sich also auch hier.[98] Und auch in den Beschreibungen von Ibn Baṭṭūṭas (1304-1368/69) Reisen durch Afrika finden sich Unterscheidungen anhand der Hautfarbe zwischen Weißen (*bīḍān*) und Schwarzen (*sūdān*).[99] Diese Unterscheidungen sind für Ibn Baṭṭūṭa so relevant, dass in seinen Reiseberichten ständig darauf verwiesen wird.[100] Dabei bezieht er den Begriff ›Weiße‹ auf

97 Shams al-Dīn Muḥammad ibn Abī Ṭālib Dimashqī (Šaiḫ Šams ad-Dīn al-Anṣārī ad-Dimašqī), *Manuel de la cosmographie du moyen âge*, Paris/Leipzig 1874, S. 396 f. Übersetzung A. G.

98 J. O. Hunwick argumentiert: »Im siebzehnten Jahrhundert war die schwarze Hautfarbe/afrikanische Herkunft in der arabischen Welt praktisch ein Synonym für den Begriff und das Wort ›Sklave‹; sie waren *ʿabīd*. Auch heute noch ist das Wort für Afrikaner in vielen Dialekten des Arabischen genau das – *ʿabīd* – ›Sklaven‹.« Hunwick/Powell, *The African Diaspora in the Mediterranean Lands of Islam*, S. xix. Übersetzung A. G.

99 Interessant ist in diesem Zusammenhang, dass Berber (die Eigenbezeichnung lautet *imazighen*) von Ibn Batutta nicht mit einer Farbterminologie bezeichnet werden, sondern mit dem Namen ihres Volkes, zum Beispiel Massūfa, Bardāma oder Hakkar. Unterschiede zu Arabern werden vor allem an kulturellen Praktiken festgemacht.

100 Hamdun/King, *Ibn Battuta in Black Africa*. Siehe u. a. »Nach einer zehntägigen Reise von Īwālātan aus erreichten wir das Dorf Zāghari, das ein großer Ort ist, in dem schwarze Kaufleute leben. Sie werden Wanjarāta genannt, und bei ihnen lebt eine Gruppe weißer Männer, die der Sekte der Ībādi aus den Reihen der Khārijiten folgen. […] Die sunnitischen Māliki unter den Weißen in jenem Land werden Tūrī genannt.« (S. 41) »Dann fließt der Fluss [Ibn Batutta bezeichnet ihn als Nil, aber es handelt sich um den Niger] nach Yūfi, eine der größten Städte der Schwarzen. Ihr Sultan ist einer ihrer größten Sultane. Ein weißer Mann kann nicht dorthin gehen, weil sie ihn töten würden, bevor er dort ankommt.« (S. 41 ff.) »Ich kam in der Stadt Malli an, der Hauptstadt des Königs der Schwarzen. Ich stieg beim Friedhof aus und ging in das Viertel der Weißen.« (S. 43) Außerdem bennent Ibn Battuta stets die Hautfarbe der Menschen, die

Menschen arabischer Abstammung und auf sich selbst.[101] Mit dem Verweis darauf, dass es Quartiere für ›Weiße‹ in der Hauptstadt Malis gab (vgl. Fn. 100), wird zugleich eine Tendenz der Absonderung deutlich, die dem Gedanken einer islamischen Gemeinschaft (*umma*) widerspricht.

Dass es einen Diskurs zu diesem Thema gab, zeigen auch die Arbeiten von Ibn Ḫaldūn und Ǧalāl ad-Dīn as-Suyūtī (1445-1505). Ibn Ḫaldūns *Muqaddima* war ein breit rezipierter Text, der vielen späteren Autoren als Informationsquelle für Geschichte und Geographie diente. Wie wir gesehen haben, bezieht sich auch Aḥmad Bābā auf ihn. Ibn Ḫaldūn betont, dass der Glaube das entscheidende Unterscheidungskriterium sei, welches alle anderen Differenzen nichtig mache. Er argumentiert dezidiert gegen die Verbindung zwischen schwarzer Hautfarbe und einer Abstammung von Ham und versucht eine Erklärung auf der Basis der Klimatheorie. Und as-Suyūtī hat eine Abhandlung zur Verteidigung der Äthiopier geschrieben unter dem Titel *Rafʿ šaʾn al-Ḥubšān* (Zur Erhöhung des Status der Äthiopier), die nochmals in gekürzter Fassung unter dem Titel *Azhār al-ʿurūš fī aḫbār al-ḥubūš* (Die Blumen des Throns, Informationen über die Äthiopier) erschienen ist. Wie oben bereits erwähnt, greift er hier die hamitische These auf. Allerdings dient der Text dem Ziel, einige der Tugenden Schwarzer Menschen aufzuzeigen. Dabei stützt er sich auf einen ähnlichen Text von Ibn al-Ǧauzī (1116-1201) mit dem Titel *Tanwīr al-ġabaš fī faḍl as-sūdān wa-l-ḥabaš* (Die Erleuchtung der Dunkelheit über die Verdienste der Schwarzen und der Äthiopier), in der al-Ǧauzī die körperliche Stärke, Tapferkeit, Großzügigkeit, die guten Manieren, die Fröhlichkeit etc. der Menschen in Äthiopien preist.[102] Die Aufarbeitung dieses Diskurses zur Unterscheidung von Menschen und Völkern

er trifft: »Ich traf den qādī von Malli, ʻAbd al-Rahmān […,] er ist schwarz, hat eine Pilgerreise hinter sich und ist ein edler Mensch mit guten Charaktereigenschaften. […] Ich traf den Dolmetscher Dūghā, einen edlen Schwarzen und einer ihrer Führer.« (S. 44) Siehe auch das Kapitel unter der Überschrift »Ein Bericht über das, was ich bei den Schwarzen gut fand und was mir nicht gefiel«, S. 58-59. Übersetzung A. G.

101 Ibn Battuta wurde 1304 in eine Gelehrtenfamilie in Tangier (Marokko) hineingeboren. Seine Familie könnte ursprünglich vom Berber-Volk der Lawata abstammen, Vgl. R. E. Dunn, *The Adventures of Ibn Battuta*, Berkeley 2012, S. 19.

102 B. S. Hall, *A History of Race in Muslim West Africa, 1600-1960*, Cambridge 2011, S. 51.

anhand von Hautfarben steht noch ganz am Anfang – auch hinsichtlich der Wirkungsgeschichte beziehungsweise Verschränkung mit europäischen Diskursen.

Interessant wäre in diesem Zusammenhang ebenfalls eine Untersuchung des möglichen gemeinsamen Ursprungs dieser Diskurse in der mediterranen Welt der Antike. So gehen einige Autoren, wie zum Beispiel Imanuel Geiss, davon aus, dass der spanische Begriff *raza* und der portugiesische Begriff *raça* ursprünglich vom arabischen *ra'ʾs* (رأس , Kopf, Haupt, Oberhaupt eines Clans) stammen könnten. Geiss argumentiert, dass sich bei Spaniern und Portugiesen, die seit der arabischen Eroberung von 711 bis 1492 in engem Kontakt mit der arabischen Sprache und Kultur standen, Spuren dieses Begriffs bis ins 13. Jahrhundert verfolgen lassen.[103] Bruce Hall betont wiederum, dass arabische Gelehrte Ideen von der Verschiedenheit der Menschen aus mediterranen ideengeschichtlichen Strömungen der vorislamischen Zeit entnommen hätten, und zwar einerseits der biblischen Geschichte von Noah und seinen Söhnen und andererseits dem griechischen spätantiken Erbe. Er verweist auf den Historiker und Philosophen Abū al-Ḥasan ʿAlī ibn al-Ḥusain al-Masʿūdī (895-957 CE), der auf seinen ausgedehnten Reisen mehrfach die ostafrikanische Küste besuchte, wovon er in seinem *Murūǧ aḏ-ḏahab wa-maʿādin al-ǧauhar* (Die Goldwiesen und Edelsteinminen, 943-946/47 CE) berichtet[104] und sich dabei in seinen negativen Aussagen über die Fähigkeiten der Schwarzen auf den griechischen Arzt Galen von Pergamon (ca. 129-210 CE) bezieht.[105]

Den verschlungenen Wegen dieser Theorien über die Verschiedenheit der Menschen nachzugehen, eröffnet neue Forschungsfelder auch für vergleichende philosophiehistorische Untersuchungen der Arbeiten von Philosoph:innen im 16. bis 19. Jahrhundert aus ver-

103 I. Geiss, *Geschichte des Rassismus*, Frankfurt/M. 1988, S. 16. Diese These sollte zu keinen voreiligen Schlüssen führen. Die Suche nach dem Ursprung des Begriffs bedarf einer sorgfältigen diskurskritischen und begriffsgeschichtlichen Analyse, die auch die unterschiedliche Verwendung des Begriffs in den jeweiligen Diskursen und den verschiedenen Jahrhunderten untersuchen muss.

104 Vgl. C. Pellat (Hg.), *Masʿūdī: Les Prairies d'Or*, Beirut 1979 ; G. Rotter (Hg.), *Al-Masʿûdî, Bis zu den Grenzen der Erde*, München 1988.

105 Hall, *A History of Race in Muslim West Africa*, S. 45. Siehe auch F. M. Snowden, Jr., *Blacks in Antiquity*, Cambridge 1970, besonders Kap. 8.

schiedenen Regionen der Welt und ihrer Perspektiven auf Sklaverei und die Unterscheidung von Menschen anhand der Hautfarbe. Mit Blick auf die Rekonstruktion der Geschichte der Schwarzen Afrikaner:innen in der mediterranen Welt argumentierte John Hunwick, dass diese in die Bereiche der Globalgeschichte, der vergleichenden Geschichte der Sklaverei und der afrikanischen Diaspora-Studien falle und damit die Aufmerksamkeit eines breiten Spektrums von Wissenschaftlern benötige.[106] Die Philosophie als Wissenschaft, welche die einer Institution wie der Sklaverei zugrundeliegenden Vorstellungen und Normen untersucht, sollte wohl dazugehören.

106 Hunwick/Powell, *The African Diaspora in the Mediterranean Lands of Islam*, S. xiv.

Kapitel 11
Frauen in der Philosophiegeschichte

Das philosophische Schaffen von Frauen[1] ist fast überall auf der Welt, insbesondere für die Zeit vor dem 19. Jahrhundert, kaum oder gar nicht dokumentiert; ein Umstand, der die große Mehrzahl der Autoren der verschiedensten Narrative von Philosophiegeschichten weltweit bislang allerdings wenig beunruhigt hat. Aufgrund einer überwiegend maskulinen Partikularperspektive wurde und wird der Ausschluss von Frauen aus dem Kanon der Geschichte der Philosophie im philosophischen Schreiben und der Lehre vielmehr bis heute wiederholt. Das betrifft auch jene Unternehmungen, die seit den 1980er Jahren daran gearbeitet haben, außereuropäische Philosophietraditionen zu rekonstruieren, zu dokumentieren und in den globalen Diskurs zu integrieren. Eine zeitgemäße Revision des Kanons[2] der Philosophiegeschichte kann allerdings nicht allein

1 Die Kategorie ›Frau‹ ist umstritten. An dieser Stelle soll nicht geklärt werden, wie man ein Geschlecht definiert und ob man es definieren sollte. Allerdings benötigen wir für eine kritische Rekonstruktion des Kanons und der Geschichte der Philosophie eine »fundierende Bezugnahme auf ein epistemisches und politisches Referenzsubjekt« (Frau/Mann), ohne die sich die fortgeschriebenen Reproduktionen essentialistisch legitimierter hierarchisierter Zweigeschlechtlichkeit nicht analysieren lassen. Vgl. G.-A. Knapp, *Im Widerstreit: Feministische Theorie in Bewegung*, Wiesbaden 2012, S. 196. Im Folgenden verwende ich den Begriff ›Frau‹ zur Bezeichnung von Menschen, die aufgrund ihres biologischen Geschlechts als Frauen kategorisiert und in patriarchalen Gesellschaften diskriminiert wurden beziehungsweise werden.

2 In diesem Zusammenhang ist die feministische Kritik an der Idee eines Kanons als einem stets unterdrückenden und deshalb abzulehnenden Mechanismus von Bedeutung. So fragt Elizabeth Spelman kritisch, ob eine feministische Kanonforschung nicht wiederum zu einer Essentialisierung von Geschlechteridentitäten und einer Re-Affirmation des Klassikerkanons beitrage. Siehe E. V. Spelman, *Inessential Women. Problems of Exclusion in Feminist Thought*, Boston [3]1988. Siehe auch R. v. Heydebrand, S. Winko, »Arbeit am Kanon: Geschlechterdifferenz in Rezeption und Wertung von Literatur«, in: H. Bußmann, R. Hof (Hg.), *Genus. Zur Geschlechterdifferenz in den Kulturwissenschaften*, Stuttgart 1995, S. 206-261. Eine gegensätzliche Position bezieht Nancy Tuana, vgl. ihr Projekt der Reformation des Kanons, das Tuana mit der Herausgabe der Reihe »Re-reading the Canon« verfolgt, in der u. a. erschienen ist: N. Tuana (Hg.), *Feminist Interpretations of Plato*, University Park 1994.

unter interkultureller oder globaler Perspektive erfolgen, sondern muss ebenso patriarchale Ausschlussstrukturen thematisieren und korrigieren – und zwar in allen Regionen der Welt.

Dabei geht es nicht nur darum, den vergessenen oder marginalisierten Philosophinnen aus den verschiedenen Jahrhunderten und Regionen der Welt, die nicht aufgrund der Originalität oder Relevanz ihrer Ideen diskriminiert und aus der Geschichte der Philosophie ausgeschlossen wurden, sondern einzig aufgrund ihres Geschlechts, Gerechtigkeit widerfahren zu lassen. Es geht grundsätzlicher darum, ein Bild von Philosophie zu korrigieren, das bis heute von männlichen Philosophen und damit einhergehend von einer männlichen Perspektive geprägt wird und in der Konsequenz eine stillschweigende historische Rechtfertigung für einen bestimmten Status quo zu liefern scheint. Insofern hat eine Kritik und Reform der Philosophiegeschichtsschreibung auch unter feministischer Perspektive direkte Auswirkungen auf unser Verständnis von Philosophie.

Von besonderer Relevanz wäre dabei die Verknüpfung der feministischen mit einer antirassistischen und globalen Perspektive. Denn es fällt weiterhin auf, dass die bisher unternommenen Versuche der Rekonstruktion der Werke und Konzepte ebenso wie Überblickswerke zur Geschichte der Philosophinnen sich bisher im Wesentlichen auf den europäischen und nordamerikanischen Kontext und – bis auf wenige Ausnahmen, in denen afrikanisch-amerikanische Denkerinnen Erwähnung finden[3] – auf ›weiße‹ Frauen beziehen. Obwohl Elizabeth Spelman die »weiße, bürgerliche Orientierung« der feministischen Theorie bereits 1988 kritisiert hat,[4] ist es in der feministischen Philosophiegeschichtsschreibung bisher kaum gelungen beziehungsweise es wurden allenfalls unzureichende Anstrengungen unternommen, die feministische Perspektive mit einer größeren inklusiven und emanzipatorischen Agenda zu verbinden. Insofern ist auch in der Philosophiegeschichtsschreibung ein bedauerlicher Doppelausschluss von Frauen aus außereuropäischen Regionen zu verzeichnen: Sie werden weder in der feministischen Philosophiegeschichtsschreibung noch in der auf Regionen fokussierten philosophischen Forschung wahrgenommen oder gar zu

3 Siehe u. a. C. T. Tougas, S. Ebenreck (Hg.), *Presenting Women Philosophers*, Philadelphia 2000.

4 Siehe dazu die frühe Kritik von Spelman, *Inessential Women*.

einem zentralen Forschungsfokus gemacht. Diese Kritik muss auch an die bisher vorliegenden Versuche der Rekonstruktion der Geschichte der Philosophie in Afrika herangetragen werden.

In den vorangegangenen Kapiteln dieses Buches habe ich versucht, die vorhandenen Werke oder sonstigen Überlieferungen von Frauen – aus Geschichte und Gegenwart – so weit wie möglich in die Diskussion der jeweils fokussierten Probleme einzubeziehen. Dabei wurde bereits auf die besonderen Schwierigkeiten der Dokumentation und Integration des philosophischen Wissens von Frauen verwiesen, wie die oft schwierige Quellenlage (zum Beispiel im Alten Ägypten oder in den frühchristlichen Jahrhunderten) oder die Verwendung anderer Textgenres als jener, die im heute vorherrschenden Diskurs als relevant betrachtet werden (Phillis Wheatley). In diesem Kapitel möchte ich diese Probleme nochmals aufgreifen und vertiefend diskutieren und dabei auf die bisher vorliegenden Debatten und Erkenntnisse der europäisch-amerikanischen feministischen Philosophiegeschichtsschreibung Bezug nehmen. Es ist zu prüfen, inwieweit an die hier aufgeworfenen methodischen Überlegungen bei der Rekonstruktion des Wissens außereuropäischer Philosophinnen angeschlossen werden kann (erster Abschnitt). Vertieft werden diese Überlegungen im zweiten Abschnitt, der die in der europäisch-nordamerikanischen feministischen Philosophiegeschichtsforschung aufgeworfene Frage »Wer ist eine Philosophin?« unter Rückbezug auf die in den vorangegangenen Kapiteln bereits erörterten Denkerinnen sowie die hier neu eingeführte islamische Gelehrte Nana Asma'u aus dem westafrikanischen Sokoto-Kalifat diskutiert. Ziel ist es, Überlegungen aus der globalen und der feministischen Philosophiegeschichtsforschung zusammenzuführen und hieraus Konsequenzen für eine Philosophiegeschichtsschreibung der Zukunft zu ziehen.

11.1. Herausforderungen einer feministischen Philosophiegeschichtsschreibung

Erst seit wenigen Jahrzehnten erfolgen systematische Studien zur Rekonstruktion des Schaffens von Philosophinnen. Frühe Vorläufer einer Geschichte der Philosophinnen sind im 17. Jahrhundert Jean de la Forges Buch *Le cercle des femmes scavantes* (1663), Marguerite Buffets *Nouvelles observations sur la langue francoiçe* (1668) und Gilles Ménages *Historia mulierum philosopharum* (1690), im 18. Jahrhundert Christoph August Heumanns Abhandlung *Nachricht von der Philosophie des Frauenzimmers* (1721) und Richard de Burys *Histoire abrégée des philosophes et des femmes célèbres* (1773) in zwei Bänden sowie im 19. Jahrhundert das Buch *Les femmes philosophes* (1881) von Mathurin François Adolphe de Lescure.

Ménages *Historia mulierum philosopharum*,[5] die der Gräzistin Anne Dacier gewidmet ist, porträtiert 65 überwiegend antike Denkerinnen und war als Ergänzung zu Diogenes Laertius' *Leben und Meinungen berühmter Philosophen* gedacht. Ménage beginnt dabei mit einer mythischen Gestalt: Hippo, Tochter des Zentauren Chiron. Im ersten Kapitel behandelt er Philosophinnen, die keiner philosophischen Schule zugeordnet werden können; die folgenden Kapitel widmen sich einzelnen philosophischen Schulen (Pythagoreerinnen,[6] Epikureerinnen, Platonikerinnen etc.). Zu den hier behandelten Philosophinnen gehören unter anderem Aristokleia (auch Themistokleia genannt, eine Priesterin des Delphi-Orakels, ca. 6. Jh. BCE), Theano (ca. 550 BCE) oder Pamphile aus Epidauros (ca. 1. Jahrhundert CE) und natürlich Hypatia von Alexandrien (ca. 355-415/416 CE), um nur einige wenige zu nennen. Im Kapitel der keiner Schule zugeordneten Philosophinnen finden wir über die antike Welt hinaus auch Anne Komnene (1083-1154), die Juristin Novella Andreae (1312-1346?) und Christine de Pizan (1365-1430) verzeichnet.

Ebenso wie Ménages Werk sticht aus der allgemeinen Vernachlässigung geistig tätiger Frauen die Abhandlung mit dem Titel »Nachricht von der Philosophie des Frauenzimmers«, die von Christoph August Heumann 1721 in den *Acta philosophorum* veröffentlicht wurde, heraus. Hier vertritt Heumann ganz explizit die Ansicht, dass »auch das Frauenzimmer der gelehrten Weißheit, das

5 G. Ménage, *Geschichte der Philosophinnen,* Lateinisch – Deutsch, Hamburg 2019 [Lateinisch 1690].

6 Siehe u. a. die Anmerkung von Kai Brodersen: »Dass Philosophie von Frauen betrieben wurde, galt in der Antike als Ausnahme. Einzig über die Schule des Pythagoras wurde erzählt, dass sie nicht nur 218 Männer, sondern auch 17 namentlich bekannte Frauen umfasste – die größte Zahl an Philosophinnen einer einzelnen Denkrichtung, die aus der Antike bekannt ist.« K. Brodersen, *Theano, Briefe einer antiken Philosophin,* Stuttgart 2010, S. 7.

ist, der Philosophie fähig sey«.[7] Heumann verweist darauf, dass bereits ein Stoiker namens Apollonius ein Buch über Philosophinnen geschrieben haben soll und Artemon Magnus ebenfalls. Allerdings behauptet er zugleich, dass aufgrund der Tatsache, dass von Frauen keine Werke überliefert seien, die denen der Männer gleichkämen, wohl den Männern der Vorzug gelassen werden müsse beziehungsweise dass Frauen es in der Philosophie nicht weiter gebracht hätten als bis zum Niveau mittelmäßiger männlicher Philosophen.[8] Heumann widmet sich der Darstellung von Philosophinnen der »neueren Zeit«[9] und beginnt mit Constantia, Tochter des Athener Erzbischofs, die ein Johannis von Basingestock als seine Lehrerin erwähnt. Mit Christine de Pizan, Cassandra Fidelis, Trotula de Rogerio (auch Trotula de Ruggiero) folgen weitere bekannte Frauengestalten. Unter den genannten 28 Philosophinnen aus dem 14. bis 17. Jahrhundert finden sich unter anderem auch Madame de Scudéry und Anna Maria von Schürmann. Die Aufzählung endet mit der dänischen Gelehrten Brigitta Tott.

Für unser Thema von besonderem Interesse ist jedoch, dass der Autor in einem früheren Aufsatz eine Frau zur ersten Philosophiehistorikerin ernennt.[10] Heumann nähert sich der Frage, wer zuerst eine *Historia Philosophica* geschrieben habe, über ein Ausschlussverfahren, in dem er einige Annahmen zunächst widerlegt, unter anderem die Annahme Suidas, dass es Xenophon, Schüler des Sokrates, gewesen sei, ebenso wie die Annahme des Philosophiehistorikers Johannes Jonsius (1624-1659), dass es Archetimus Syracusanus gewesen sei. Dann heißt es bei ihm:

7 C.A. Heumann, »Nachricht von der Philosophie des Frauenzimmers«, in: *Acta philosophorum, das ist gründliche Nachrichten aus der historia philosophica* (1721), Hildesheim 2023, 12. Stück, 1. Kapitel, 825-875, hier S. 826.

8 Ebd., S. 828 f. Hier heißt es: »Denn da eine ziemliche Menge Weibes-Personen die Philosophie studiret, ja gar profitiret hat, so finden wir doch keine Schriften von ihnen, die denen Büchern der grossen *Philosophorum*, zum Beispiel Gassendi, Puffendorfii, Lockii, könten gleich geschätzet werden. [...] Was aber diejenigen Weiber betrifft, so sich der Philosophie ergeben haben, so sind diese nicht nur raræ aves, sondern sie haben es auch nicht höher gebracht, als die mittelmäßigen *Philosophi* unter den Manns-Personen.«

9 Ebd., S. 832.

10 Ich danke Rolf Elberfeld ebenso wie Franz M. Wimmer für diesen Hinweis.

Nachdem wir nun gesehen, daß weder Suidas noch Jonsius, den ersten *scriptorem Historiae Philosophiae* richtig angezeiget, so fraget sichs, ob wir denn keine bessere Gewißheit finden können. Verhoffentlich wollen wir dem Leser dißfalls *satisfaction* thun, und soll uns Jonsius selbst zu rechte helfen. Nehmlich es hat ein Frauenzimmer die Bahn gebrochen, Nahmens Theano, welche entweder Pythagorae Frau, oder Tochter, oder Schülerin gewesen. Denn alle dreye haben diesen Namen geführet. Eine nun von denselben hat ein Buch geschrieben *de Pythagora*. Und dieses gereicht also dem gelehrten Frauenzimmer zu unsterblicher Ehre.[11]

Der Gedanke, dass Theano[12] die Mutter der europäischen Philosophiegeschichtsschreibung sein könnte, ist bisher nirgendwo weiterverfolgt worden, vielleicht auch weil es vom Werk *de Pythagora* keine Spuren mehr zu geben scheint.

Die erst gegen Ende des 20. Jahrhunderts in Europa wieder aufgenommene Erforschung des philosophischen Erbes von Philosophinnen wird seitdem federführend von Frauen betrieben,[13] was Grund zu der Annahme gibt, dass die Rekonstruktionsarbeit

11 Heumann, »Joannes Jonsius. De Scriptoribus Historiae Philosophicae«, in: *Acta philosophorum*, Halle 1715, 1. Stück, 7. Kapitel, S. 178.

12 Theano (ca. 6. Jh. CE), von der heute im Allgemeinen angenommen wird, dass sie Schülerin und Ehefrau des Pythagoras war, ist inzwischen fester Bestandteil von Werken zur Geschichte der Philosophinnen. Auch Ménage erwähnt Theano mit einiger Ausführlichkeit, siehe Ménage, *Geschichte der Philosophinnen,* S. 87-95. In den Arbeiten der Gegenwart wird sie zumeist im Zusammenhang mit einem überlieferten Fragment ihres Textes »Über die Frömmigkeit« und als Mathematikerin diskutiert, vgl. u. a. M. E. Waithe (Hg.), *A History of Women Philosophers,* Band 1: *Ancient Women Philosophers, 600 B.C.- 500 A. D.*, Dordrecht 1987, S. 12-15. Als Philosophiehistorikerin und im Zusammenhang mit einem Werk *De Pythagora* wird sie im Diskurs nicht betrachtet. Dieses findet allerdings Erwähnung bei Ian Michael Plant, der die folgenden Schriften Theano zuordnet: *Pythagorean Apophthegms*, *Female Advice*, *On Virtue*, *On Piety*, *On Pythagoras*, *Philosophical Commentaries*, und *Letters*, siehe I. M. Plant, *Women writers of ancient Greece and Rome: An anthology*, Norman 2004, S. 69.

13 Für einen Überblick siehe u. a. ⟨https://www.uni-hildesheim.de/histories-of-philosophy/philosophiegeschichten/deutsch/ab-dem-20-jahrhundert/frauen-in-der-philosophie/⟩ (deutsch) oder ⟨https://www.uni-hildesheim.de/histories-of-philosophy/philosophiegeschichten/englisch/ab-dem-20-jahrhundert/geschichte-der-philosophinnen/⟩ (englisch), letzter Zugriff 4. 3. 2022. Zur Kanonbildung siehe C. Witt, »How Feminism is Re-writing the Philosophical Canon«, The Alfred P. Stiernotte Memorial Lecture in Philosophy at Quinnipiac College, 2. Oktober 1996, ⟨https://uh.edu/~cfreelan/SWIP/Witt.html⟩, letzter Zugriff 4. 3. 2022.

an den Narrativen der Philosophiegeschichte und dem Kanon der Philosophie keine genderneutrale Frage ist – auch nicht mit Blick auf die Verteilung von Forschungsinteressen unter den Philosophiehistoriker:innen. Seit Ménage, Heumann und de Lescure sind männliche Autoren in diesem Zusammenhang kaum mehr in Erscheinung getreten. Offensichtlich haben – betrachtet man die bisherigen Publikationen und Forschungsprojekte[14] zum Thema – Frauen ein stärkeres Bewusstsein bezüglich des Ausschlusses ihres Geschlechts aus der Geschichte der Menschheit im Allgemeinen und der Philosophiegeschichte im Besonderen entwickelt und sich in der Folge selbst um eine Reform der (Philosophie-)Geschichtsschreibung bemüht.[15]

Dabei wurde deutlich, dass eine feministische Philosophiegeschichtsschreibung in Europa und Nordamerika vor einer Reihe von Herausforderungen steht:[16] die Überwindung einer Tradition,

14 Vgl. das von Lisa Shapiro geleitete Forschungsprojekt *Extending New Narratives* ⟨www.newnarrativesinphilosophy.net⟩, letzter Zugriff 4.3.2022. Für den deutschsprachigen Raum leistet das Projekt von Ruth Hagengruber im Rahmen des *Center for the History of Women Philosophers and Scientists* an der Universität Paderborn Pionierarbeit. Vgl. *Encyclopedia of Concise Concepts by Women Philosophers*: ⟨https://historyofwomenphilosophers.org/ecc/#hwps⟩, letzter Zugriff 4.3.2022.

15 Diese Beobachtung bezieht sich v.a. auf den europäisch-nordamerikanischen Raum. In China scheint die Entwicklung anders verlaufen zu sein. Vgl. hierzu den als Publikation der Friedrich-Ebert-Stiftung auf Chinesisch erschienenen Beitrag von Shen Yifei, dessen Titel in deutscher Übersetzung lautet: *Feminismus in China: Eine Analyse von Hauptvertretern, Kontroversen und Strategien*, ⟨https://library.fes.de/pdf-files/bueros/china/13357.pdf⟩, letzter Zugriff 4.3.2022. Hier heißt es u.a.: »Die feministische Bewegung in China wurde ursprünglich von Männern gefördert und war eng mit der Staatsentwicklung verbunden. Eine unabhängige, starke feministische Bewegung wie in westlichen Ländern ist in China nie entstanden.« (Vorwort, S. i) »Zu den männlichen Pionieren des Feminismus gehören Liang Qichao (1873-1929), Ma Junwu (1881-1940) und Jin Tianhe (1873-1947).« (S. 2f.) Die damit verbundene Problematik beschreibt Shen Yifei selbst wie folgt: »Bis heute dominiert diese männliche Position den chinesischen Feminismus. Hier vertreten Elitefrauen alle Frauen, während die Interessen und wirklichen Bedürfnisse der Frauen am Fuße der sozialen Leiter immer noch ignoriert werden.« (S. 3) Ich danke meiner Kollegin Zhuofei Wang für den Hinweis und die Übersetzung der betreffenden Abschnitte aus dem Chinesischen.

16 Vgl. C. Witt, L. Shapiro, »Feminist History of Philosophy«, in: E.N. Zalta (Hg.), *The Stanford Encyclopedia of Philosophy*, ⟨https://plato.stanford.edu/archives/win2020/entries/feminism-femhist/⟩, letzter Zugriff 31.3.2022; N. Tuana,

die Frauen von vornherein die intellektuellen Fähigkeiten für ein Philosophieren absprach; die Überwindung einer Tradition, in der philosophische Grundbegriffe, wie zum Beispiel Vernunft, Rationalität oder Objektivität, geschlechtsspezifisch männlich konnotiert sind; die Untersuchung der strukturellen Ursachen, die zum Ausschluss von Philosophinnen und deren Werken aus dem Kanon geführt haben; die Ausarbeitung von Methoden und das Erschließen von Quellen für die Rekonstruktion des Wissens von Philosophinnen; das Durchführen von Grundlagenforschung im Sinne eines Aufspürens philosophischer Werke von Frauen und die Rekonstruktion des Lebens und Schaffens von Philosophinnen.

Es musste also zuerst eine Tradition kritisch in Frage gestellt und überwunden werden, die davon ausging, dass Frauen nicht oder nur sehr eingeschränkt in der Lage seien, Philosophie zu treiben und in der Disziplin ein allenfalls mittelmäßiges, der historischen Erwähnung kaum jemals wertes Niveau erreichen könnten. Solche Vorurteile waren über Jahrhunderte und bis in die jüngste Zeit unter vielen Vertretern der europäisch-amerikanischen Tradition verbreitet – wie Ruth Hagengruber und Karen Green in ihrer Einleitung zum Themenschwerpunkt »The History of Women's Ideas« der Zeitschrift *The Monist* unter Verweis auf einen Artikel von David Stove aus dem Jahr 1993 (sic!) illustrieren.[17] Stove argumentiert, dass der Mangel an bedeutenden Beiträgen von Frauen zur Philosophie ausreichende Evidenz für die geringere intellektuelle Fähigkeit der Frau liefere, und behauptet: »Bei keinem mir bekannten Philosophen gibt es eine einzige zur Veröffentlichung bestimmte Stelle, in der die intellektuelle Gleichheit der beiden Geschlechter behauptet wird.«[18] Während diese Behauptung vor allem auf Stoves eigene Unbelesenheit[19] verweist, ist die skandalöse Behauptung, dass der Mangel an Beiträgen von Philosophinnen Beweis genug sei, dass Frauen in der Philosophie nichts geleistet hätten, ein Argu-

Woman and the History of Philosophy, New York 1992; L. Alanen, C. Witt (Hg.), *Feminist Reflections on the History of Philosophy*, Dordrecht/Boston 2004.

17 R. Hagengruber, K. Green, »Introduction«, in: *The Monist* 98/1 (2015), S. 1-6, hier S. 5.

18 D. Stove, »The Subjection of John Stuart Mill«, in: *Philosophy* 68 (1993), S. 5-13, hier S. 5.

19 Verwiesen werden kann zum Beispiel auf den oben bereits genannten Ménage und andere Autoren früher Philosophinnengeschichten.

ment, dem wir genauso auch mit Bezug auf den Ausschluss von beziehungsweise der Ignoranz gegenüber außereuropäischen Traditionen begegnen: Aus der fehlenden Sichtbarkeit von Beiträgen wird auf eine generelle Unfähigkeit geschlossen. Eine Suche nach Philosophinnen beziehungsweise außereuropäischen Philosophietraditionen wird von Vertreter:innen solcher Vorurteile genauso wenig unternommen wie die Suche nach den Ursachen einer mangelnden Sichtbarkeit durch die Erforschung des historischen Kontexts. Stattdessen wird das Resultat von struktureller patriarchaler und kolonialer Unterdrückung und bisweilen gezielter Zerstörung von Wissenstraditionen – nämlich eine nur noch marginalisierte und fragmentarische Existenz solcher Wissenstraditionen – zur Ursache für ebendiese Unsichtbarkeit erhoben. Ohne die Frage nach strukturellen Ursachen zu stellen, wurde und wird dieses Vorurteil durch einen bio-normativen Rekurs auf die »Ordnung der Natur« oder einen göttlichen Schöpfungsplan legitimiert, aus dem die geistige Unterlegenheit der Frau und ihre »natürliche« Unterordnung unter den Mann hervorgehe. Interessant ist in diesem Zusammenhang, dass für den Ausschluss außereuropäischer Philosophietraditionen oft ein ähnlicher bio-normativer Diskurs geführt wurde (vgl. Kapitel 1 und 3).

Eine ontologische Verbindung zwischen Frau und Natur (beziehungsweise Frau und Fruchtbarkeit) findet sich in vielen Kosmologien und religiösen Texten der Welt und durchzieht auch die europäischen philosophischen Denktraditionen seit der griechischen Antike. Oft wird allerdings Descartes als ein entscheidender Wendepunkt im Diskurs markiert, so unter anderem von Susan Bordo.[20] Bordo geht davon aus, dass in der Philosophie Europas insbesondere seit Descartes Ideale von Vernunft und Objektivität vorherrschen, die geschlechtsspezifisch männlich konnotiert sind. Descartes steht hier für eine Wende in der Philosophie, die historisch mit dem Aufstieg der modernen Wissenschaft zusammenfällt und eine Form des Rationalismus sowie eine bestimmte Vorstellung von Wissenschaft hervorgebracht hat, die – wie wir im ersten Kapitel gesehen haben – nicht nur zum Ausschluss außereuropäischer Philosophietraditionen, sondern auch zum Ausschluss weiblicher

20 S. R. Bordo, *The Flight to Objectivity. Essays on Cartesianism and Culture,* Albany 1987.

Philosophinnen geführt hat.[21] Bordo schreibt: »Im siebzehnten Jahrhundert wurde sie [die weibliche Ausrichtung auf die Welt] durch die cartesianische ›Wiedergeburt‹ und Umstrukturierung des Wissens und der Welt als *männlich* entscheidend aus der vorherrschenden intellektuellen Kultur verdrängt.«[22] Nicht nur bei Bordo wird der Einzug einer dualistischen Betrachtungsweise in die europäische Tradition, einer Betrachtungsweise, in der zwischen Subjekt und Objekt, zwischen Natur und Kultur, zwischen Gefühl und Verstand, zwischen Männern und Frauen strikt getrennt wird, häufig mit der Aufklärung in Verbindung gebracht.[23] Dabei wird kritisiert, dass eine solche Sicht mit hierarchischen Implikationen verbunden ist, nämlich der Vorherrschaft der Kultur über die Natur: (›Weiße‹) Männer werde als Schöpfer von Kultur und Zivilisation betrachtet, ausgestattet mit Vernunft und einem Willen zur Herrschaft; Frauen dagegen werden mit der Natur gleichgesetzt, da ihre Physiologie nicht zuletzt aufgrund ihrer Reproduktionsfähigkeit der Natur näher stehe. Aufgrund ihrer stärkeren biologischen Verhaftung in der Natur sei die Frau nicht in der Lage, eine dem Mann ebenbürtige Ebene der Rationalität und Vernunft zu erlangen. Eine Philosophin sei mithin etwas Unnatürliches.

Hegel ist nicht nur ein prominenter und vielzitierter Philosoph, wenn es um den Ausschluss Afrikas oder Südamerikas aus der Geschichte der Philosophie geht, sondern ebenso mit Bezug auf den Ausschluss von Frauen. So schreibt er im Zusatz zu § 166 seiner *Philosophie des Rechts*:

Frauen können wohl gebildet sein, aber für die höheren Wissenschaften, die Philosophie und für gewisse Produktionen der Kunst, die ein Allgemeines fordern, sind sie nicht gemacht. Frauen können Einfälle, Geschmack, Zierlichkeit haben, aber das Ideale haben sie nicht. Der Unterschied zwischen Mann und Frau ist der des Tieres und der Pflanze: das Tier entspricht mehr dem Charakter des Mannes, die Pflanze mehr dem der Frau, denn sie ist mehr ruhiges Entfalten, das die unbestimmtere Einigkeit der Empfindung zu seinem Prinzip erhält. Stehen Frauen an der Spitze der

21 In diesem Zusammenhang wird oft vergessen, dass aufgrund dieser ›Wende‹ in der Philosophie und des damit einhergehenden Ausschlusses bestimmter Genres (wie der literarisch orientierten Philosophie, der Mystik etc.) auch eine ganze Reihe männlicher Philosophen plötzlich aus dem Kanon ausgeschlossen wurde.

22 Bordo, *The Flight to Objectivity*, S. 100. Übersetzung A. G.

23 Siehe dazu ebenfalls Lugones, »Toward a Decolonial Feminism«.

Regierung, so ist *der Staat* in Gefahr, denn sie handeln *nicht nach den Anforderungen der Allgemeinheit, sondern nach zufälliger Neigung und Meinung*. Die Bildung der Frauen geschieht, man weiß nicht wie, gleichsam durch die Atmosphäre der Vorstellung, mehr durch das Leben als durch das Erwerben von Kenntnissen, während der Mann seine Stellung nur durch die Errungenschaft des Gedankens und durch viele technische Bemühungen erlangt.[24]

Hegel steht an dieser Stelle stellvertretend für viele ähnliche Ansichten von Philosophen, die in den vergangenen Jahrhunderten formuliert wurden. Die Geschichte der europäischen Philosophie umfasst eine Fülle von Ideen und Theorien, welche die Unterdrückung von Frauen rechtfertigten. Aus diesem Grund stellt nicht nur das Fehlen von Frauen in herkömmlichen Philosophiegeschichten ein grundsätzliches Problem dar, sondern auch die negative Charakterisierung von Frauen und die daraus resultierende Voreingenommenheit gegenüber weiblichen Philosophen, welche die Geschichte der europäischen Philosophie durchziehen. Diese misogynen Tendenzen müssen ebenso kritisch thematisiert werden wie rassistische Tendenzen in der Philosophie und ihrer Geschichtsschreibung. Zur Misogynie im Werk einflussreicher Philosophen liegt heute eine ganze Reihe von Untersuchungen vor.[25] Eine Gleichsetzung von Frau und Natur findet sich allerdings nicht nur in den Arbeiten männlicher Philosophen wie Kant, Hegel, Schopenhauer oder

24 Hegel, *Grundlinien der Philosophie des Rechts*, Zusatz zu § 166, in: *Werke*, Band 7, Frankfurt/M. 1979, S. 319.

25 Siehe dazu u. a. mit Bezug auf Aristoteles S. Moller Okin, *Women in Western Political Thought*, Princeton 1979, hier besonders Kap. 4; C. Freeland, »Nourishing Speculation: A Feminist Reading of Aristotelian Science«, in: Bat-Ami Bar On (Hg.), *Engendering Origins: Critical Feminist Readings in Plato and Aristotle*, Albany 1994, S. 145-187; Dies., »Feminism, Ideology and Interpretation in Ancient Philosophy«, in: *Apeiron* XXXIII/4 (2000), S. 365-406. Zu Platon siehe Tuana, *Feminist Interpretations of Plato*. Mit Bezug auf Kant: R.M. Schott (Hg.), *Feminist Interpretations of Immanuel Kant*, University Park 1997. Allgemein: E. Walesca Tielsch, »Die Philosophin. Geschichte und Ungeschichte ihres Berufsstandes seit der Antike«, in: H. Bendkowski, B. Weisshaupt (Hg.), *Was Philosophinnen denken. Eine Dokumentation*, Zürich 1983, S. 309-328; C. Klinger, »Das Bild der Frau in der patriarchalen Philosophiegeschichte. Eine Auswahlbibliographie«, in: H. Nagl-Docekal (Hg.), *Feministische Philosophie*, Wien 1990. S. 244-276; V. Songe-Møller, *Philosophy Without Women: The Birth of Sexism in Western Thought*, London u. a. 2002.

Nietzsche, sondern auch bei feministischen Denkerinnen wie Simone de Beauvoir. Für de Beauvoir wird die Frau aufgrund ihrer Anatomie von der Natur unterjocht: »[...] von allen weiblichen Säugern ist die Frau am tiefsten sich selbst entfremdet, und sie lehnt diese Entfremdung am heftigsten ab.«[26] Die Entfremdung der Frau rührt von der Unmöglichkeit her, sich ihrer biologischen Determination zu entziehen und zugleich zu wissen, dass sie einer höheren, dem Transzendenten zustrebenden menschlichen Existenz angehört. Insbesondere ihr »Unterworfensein unter die Gebärfunktion« verbiete ihr die »Teilnahme an der Gestaltung der Welt«.[27] Die Frau sei »[...] eine Beute der Spezies, die ihr ihre geheimnisvollen Gesetze aufzwingt [...]«.[28]

Nicht zuletzt aufgrund solch prominenter Beispiele, in denen deutlich wird, dass zentrale Begriffe und Normen der europäischen Philosophie, wie der Begriff der Vernunft, keinesfalls als genderneutral betrachtet werden können, sondern als durchdrungen von einer männlichen Perspektive und verbunden mit Normen, die Vorstellungen von Geschlechterrollen mittransportieren, fordern feministische Philosophinnen wie Cynthia Freeland für eine feministische Philosophiegeschichtsschreibung eine radikale Abkehr von bisherigen Modellen der Philosophiegeschichte, da diese Modelle bereits einen epistemischen Rahmen vorgeben, der selbst zu Ausschluss und Unterdrückung beigetragen habe.[29] Freeland selbst schlägt vor, Philosophiegeschichte nur noch in pragmatischer Absicht zu betreiben als eine Art Studien, die sich damit befassen, wie frühere Philosoph:innen mit Problemen umgegangen sind, um sich

26 S. de Beauvoir, *Das andere Geschlecht. Sitte und Sexus der Frau*, Hamburg 2017, S. 56.

27 Ebd., S. 163.

28 Ebd., S. 632.

29 Vgl. Freeland, »Feminism and Ideology in Ancient Philosophy«. Mit Irigary fragt sich Freeland, ob es überhaupt sinnvoll ist, an die bisherige Tradition anzuschließen: »Sich als Erben einer kostbaren Tradition zu sehen, von der wir Rechtfertigung und Legitimität erwarten, kann uns dazu bringen, sie für wertvoller zu halten, als sie tatsächlich ist. Wir sind vielleicht unseren Vorfahren gegenüber und dem Kanon der historischen Forschung über sie zu ehrerbietig.« S. 389. Und an anderer Stelle schreibt sie: »Ich teile auch Irigarays Zweifel, ob Feministinnen wirklich Vorläufer finden müssen, um Rechtfertigung, Legitimität und Mitgliedschaft im exklusiven ›Club‹ der Philosophie zu beanspruchen.« S. 403. Übersetzung A. G.

daraus inspirieren zu lassen. Ansprüche auf Wahrheiten oder Fortschritt sollten dabei fallengelassen werden.[30]

Ein weiterer zu untersuchender Punkt ist die Frage, welche strukturellen und institutionellen Bedingungen zum systematischen Ausschluss von Frauen aus der Wissensproduktion geführt haben. Denn nur auf der Basis einer solchen Analyse lassen sich adäquate Antworten auf die Frage finden, welche Veränderungen erforderlich sind, um dem Ausschluss entgegenzuwirken. Hierzu liegen für Europa vom antiken Griechenland bis ins 20. Jahrhundert bereits verschiedene Studien vor.[31] Dabei wird oft darauf verwiesen, dass die Gesellschaft des antiken Griechenland so strukturiert war, dass Männer der gebildeten Schichten von den grundlegenden Arbeiten des täglichen Bedarfs und der Reproduktion, die von Frauen und Sklav:innen unbezahlt ausgeführt wurden, weitgehend befreit waren und somit Zeit und Muße für intellektuelle Arbeit zur Verfügung hatten. Solange der größere Anteil an Hausarbeit, Kindererziehung und -betreuung von Frauen getragen wird, befinden sich diese in Bezug auf die Ausübung von anderen, auch akademischen Tätigkeiten in einer nachteiligen Situation. Das heißt, dass die bereits im antiken Griechenland wesentlichen Rahmenbedingungen für das Philosophieren, wie soziale, ökonomische und intellektuelle Freiheit, aber auch eine gerechte Verteilung der Familienarbeit, für viele Frauen bis heute entweder nicht oder lediglich in einer Weise gegeben sind, die von geschlechterspezifischen Ungleichheiten belastet bleibt.

Einer der wichtigsten Gründe für den Ausschluss von Frauen aus der Wissensproduktion war und ist allerdings, dass Frauen in den meisten Regionen der Welt über Jahrhunderte keinen oder nur beschränkten Zugang zu offiziellen Institutionen der Bildung, zu gesellschaftlichen und politischen Positionen hatten. Damit wurden sie der Grundvoraussetzung zur Teilnahme an geistigen Tätigkeiten und wissenschaftlichen Diskursen beraubt. Mädchen hatten – und haben in einigen Regionen der Welt bis heute – oft nicht einmal Zugang zu Bildungsinstitutionen grundlegender Art. Wurde Mädchenbildung institutionell verankert, war der vermittelte Bildungsstoff zumeist auf ihre Qualifikation als Hausfrau und Mutter ausgerichtet und intellektuell weniger anspruchsvoll. In

30 Freeland, »Feminism and Ideology in Ancient Philosophy«, S. 403.

31 Klassisch dazu G. Lerner, *The Creation of Patriarchy*, New York 1986.

Europa gingen die wichtigsten Institutionen höherer Bildung, die Universitäten, aus Domschulen hervor, deren erstrangiges Ziel die Ausbildung theologischen Nachwuchses für das Priesteramt war, das Frauen nicht offenstand. Aus diesem Grund blieben sie vom Besuch der Universitäten über Jahrhunderte hinweg weitgehend ausgeschlossen.[32] Nur wenigen Frauen wurde aufgrund des Einflusses ihrer Familien oder seltener Ausnahmeregelungen der Zugang zu Universitäten ermöglicht,[33] die bis weit ins 20. Jahrhundert hinein rein männlich organisierte Institutionen waren. Der Erwerb einer formalen Bildung ging für Frauen zudem mit diskriminierenden Einschränkungen einher: Noch im 19. Jahrhundert – als es zu einer breiteren Bildung der Bevölkerung, einschließlich der Mädchen, kam[34] – mussten Frauen in Europa und Nordamerika eine Wahl zwischen höherer Bildung und einem Leben als Ehefrau und Mutter treffen, da Lehrerinnen oder Gouvernanten (lange Zeit die einzigen Berufe der höheren Bildung, für die Frauen zugelassen waren), nicht heiraten durften. Damit mussten Frauen einen hohen Preis für ihren Drang nach Bildung zahlen, der Männern nicht abverlangt wurde.

Sich dem wissenschaftlichen oder literarischen Schaffen widmen zu können, war bis ins 20. Jahrhundert hinein für Frauen aber nicht nur aus diesen Gründen äußerst schwierig. Denn auch ihr Zugang

32 In manchen Ländern konnten Frauen im 19. Jahrhundert bereits studieren: In den USA studierten seit 1833 Frauen an einigen Universitäten beziehungsweise Colleges und in England seit 1869. Im deutschsprachigen Raum war das Frauenstudium zuerst in der Schweiz möglich: An der Universität Zürich wurden 1840 erste Hörerinnen zugelassen. In Deutschland konnten Frauen bis 1890 nur mit Ausnahmegenehmigung studieren. Nachdem Frauen an der Philosophischen Fakultät der Universität Heidelberg seit 1895 widerruflich studieren konnten, wurde ihnen im Großherzogtum Baden als erstem deutschen Land per Erlass vom 28. Februar 1900 der volle Zugang zu Universitätsstudien ermöglicht.

33 Ein frühes Beispiel ist Dorothea Erxleben aus Quedlinburg, die 1754 die erste promovierte Frau in den deutschen Staaten war. Von ihrem Vater, einem Arzt, war sie privat in theoretischer und praktischer Medizin unterrichtet worden und wurde gemäß einem Befehl des preußischen Königs an der Universität Halle zur Promotion zugelassen.

34 Obwohl das Herzogtum Pfalz-Zweibrücken bereits 1592 als erstes Territorium der Welt die allgemeine Schulpflicht für Mädchen und Knaben einführte, setzte sich dieser Gedanke nur sehr langsam durch. Erst im 19. Jahrhundert wurde die allgemeine Schulpflicht in den verschiedenen deutschen Ländern zunehmend umgesetzt.

zur Teilnahme am öffentlichen Leben war eingeschränkt, da sie in einer rechtlichen und ökonomischen Abhängigkeit von Vätern, Ehemännern oder einem männlichen Vormund standen und in ihrem Wirken auf die häusliche, »private« Sphäre zurückgeworfen waren. Die Möglichkeit der intellektuellen Betätigung war häufig von zufälligen Umständen abhängig, auf welche die Frau selbst wenig Einfluss hatte, wie der Geburt in eine wohlhabende Familie, die Bildung so hoch schätzte, dass Söhne und Töchter gefördert und ihnen eine gewisse ökonomische Unabhängigkeit zugestanden wurde, um Studien verfolgen oder einen Salon zum Gedankenaustausch begründen zu können.[35] Die wenigen Ausnahmefrauen, denen aufgrund ihres hohen gesellschaftlichen Ranges (Adel) oder des Reichtums ihrer Familien angesichts ihrer Begabung ein privates Studium ermöglicht wurde, illustrieren insgesamt eher die Regel des allgemeinen Ausschlusses.

Interessant im Zusammenhang mit einer Ursachenanalyse ist Eileen O'Neills Artikel »Disappearing Ink: Early Modern Women Philosophers and their Fate in History«,[36] in dem die Autorin aufzeigt, warum Werke und Konzepte von Philosophinnen des 17. bis 19. Jahrhunderts, deren zahlreiche Existenz sie im ersten Teil ihres Artikels schildert, keine Aufnahme in die Standardwerke der Philosophiegeschichte fanden. O'Neill verweist sowohl auf innere Faktoren der Philosophiegeschichtsschreibung, in deren Rahmen Werke von Philosophinnen aus thematischen Gründen[37] oder weil sie anonym oder unter Pseudonym veröffentlichten, nicht hineinpassten, als auch auf äußere politische und soziale Gegebenheiten, die ebenfalls nicht ohne Einfluss auf die Philosophiegeschichtsschreibung waren und sind.[38] Für sie markiert insbesondere die

35 So ist von Philosophinnen aus dem antiken Griechenland bekannt, dass sie oft Töchter oder Ehefrauen von Philosophen waren. Viele weitere bekannte Philosophinnen späterer Jahrhunderte waren Adlige oder stammten aus den oberen Schichten des Bürgertums.

36 E. O'Neill, »Disappearing Ink: Early Modern Women Philosophers and their Fate in History«, in: J. A. Kourany (Hg.), *Philosophy in a Feminist Voice: Critiques and Reconstructions,* Princeton 1998, S. 17-62.

37 Bis heute werden Bereiche der Philosophie, in denen Frauen häufig tätig waren und sind, wie die Bildungsphilosophie, eher als Randbereiche betrachtet oder aus dem Kanon ausgeschlossen.

38 Interessant ist in diesem Zusammenhang, dass im 17. Jahrhundert selbst Philosophinnen, deren Arbeiten auch nach den Maßstäben des vorherrschenden Kanons

Phase der Restauration nach der Französischen Revolution ein einschneidendes Moment, das entscheidend dazu beigetragen habe, wissenschaftlich, literarisch oder philosophisch tätige Frauen – als Symbol sozialer Transformation – aus dem Kanon der Wissenschaften zu entfernen.[39]

Es ist also eine Kombination aus struktureller und institutioneller Diskriminierung vermischt mit einer Ideologie, die Frauen als den Männern ungleich an intellektuellen Fähigkeiten betrachtete,[40] die zu einem weitgehenden Ausschluss von Frauen aus dem geistigen Leben führte und damit auch ihre Möglichkeiten beschränkte, philosophisch tätig zu werden. Angesichts dieser massiven Hindernisse ist es erstaunlich, dass es trotz allem über die Jahrhunderte eine ganze Anzahl von Frauen gab, die diese ideologischen und materiellen Barrieren überwanden und intellektuelle Höchstleistungen in der Literatur, der Kunst, verschiedenen Wissenschaften oder eben der Philosophie vollbrachten. In den Geschichten ihrer

als Philosophie zu bezeichnen wären, nicht Philosophinnen genannt wurden, sondern *femmes d'esprit* oder *femmes savantes.*

39 O'Neill, »Disappearing Ink«, S. 37-38. Zu Entwicklungen in Deutschland im 19. und 20. Jahrhundert vgl. S. Ebbersmeyer, »From a ›Memorable Place‹ to ›Drops in the Ocean‹: On the Marginalization of Women Philosophers in German Historiography of Philosophy«, in: *British Journal for the History of Philosophy* 28/3 (2020), S. 442-462. Ebbersmeyer zeigt, wie der verstärkte Drang der Frauen an die Universitäten eine ideologische Bewegung auslöste, die historische Beispiele intellektuell tätiger Frauen in Publikationen eher noch zu verringern suchte, um Frauen von Philosophie und Wissenschaft weiterhin fernzuhalten.

40 Aufschlussreich ist in diesem Zusammenhang die 1897 von Arthur Kirchhof herausgegebene Publikation unter dem Titel *Die akademische Frau. Gutachten hervorragender Universitätsprofessoren, Frauenlehrer und Schriftsteller über die Befähigung der Frau zum wissenschaftlichen Studium*, Berlin 1897, eine Sammlung von Einschätzungen verschiedener Gelehrter zum im Titel genannten Thema, das offensichtlich als klärungsbedürftig galt. Dazu gehören aus der Disziplin der Philosophie u. a. Heinrich Spitta (1849-1829) und Eduard von Hartmann (1842-1906). Eine besonders negative Haltung zur Befähigung von Frauen zum wissenschaftlichen Studium, das nur in Ausnahmefällen gestattet werden dürfe, vertrat der berühmte Physiker und spätere Nobelpreisträger Max Planck (1858-1947). Er argumentiert, »daß die Natur selbst der Frau ihren Beruf als Mutter und als Hausfrau vorgeschrieben hat, und daß Naturgesetze unter keinen Umständen ohne schwere Schädigungen, welche sich im vorliegenden Falle besonders an dem nachwachsenden Geschlecht zeigen würden, ignoriert werden können« (S. 257). Andere Gutachter sprachen sich für eine allgemeine Zulassung von Frauen zum Studium aus.

jeweiligen Disziplinen bleiben sie und ihre Arbeiten trotzdem häufig unerwähnt.

Die Gründe dafür liegen nicht nur in einer historisch tief verwurzelten Misogynie. Wie von Philosophiehistorikerinnen inzwischen vielfach dargelegt wurde, steht die Rekonstruktion von Leben und Werk von Philosophinnen und deren Integration in Narrative der Philosophiegeschichte auch vor einer Reihe methodischer Fragen. Die österreichisch-amerikanische Historikerin Gerda Lerner beschreibt die methodischen Probleme beim Aufspüren von Philosophinnen in den vergangenen Jahrhunderten wie folgt:

> Es ist fast unmöglich, sie zu finden, wenn wir auf sie die Kriterien anwenden, die wir auf männliche Philosophen anwenden. Aufgrund der Zwänge und Nachteile, unter denen denkende Frauen leben mussten, und aufgrund ihrer Ausgrenzung von institutioneller Anerkennung sehen ihre Werke und Karrieren anders aus als die der Männer. [...] Ich schlage nicht vor, alle Frauen, die irgendwelche Ideen hatten oder intellektuelle Interessen verfolgten, in den Rang von Philosophinnen zu erheben. Aber ich denke, wir müssen sensibel sein für die Möglichkeit, dass das Denken von Frauen, genau wie die Kunst von Frauen, andere Ausdrucksformen findet als das von Männern.[41]

Zur Lösung dieses Problems schlägt Lerner vor: »Um sie zu finden, müssen wir aufhören, nach Frauen im männlichen Modell zu suchen.«[42] Die Suche nach Philosophinnen müsse sich öffnen und andere Genres der Textproduktion und der Überlieferung von Gedanken und Konzepten mit in den Blick nehmen als die herkömmliche männerzentrierte Philosophiegeschichtsschreibung. Es gelte, offen zu sein für kleinere Arbeiten und Botschaften, die in anderer Form geliefert wurden, etwa in Gedichten wie denen von Emily Dickinson, und selbst für fragmentarische, nicht voll entwickelte Einsichten.

Feministische Philosophiehistorikerinnen haben bereits früh Kritik an den traditionellen Methoden der Philosophiegeschichtsschreibung angemeldet und alternative Strategien vorgeschlagen. Die Öffnung der Textgenres für neues Quellenmaterial, für eine

41 G. Lerner, »Why Have there Been so Few Women Philosophers?«, in: Tougas/Ebenreck (Hg.), *Presenting Women Philosophers*, S. 5-14, hier S. 10-11. Übersetzung A. G.

42 Ebd., S. 11. Übersetzung A. G.

breitere Form von Ausdrucksmedien und Praktiken des Philosophierens ist dabei eine der Grundforderungen. Denn aufgrund der oben bereits genannten Barrieren, vor denen Frauen bei der Ausübung von intellektuellen Tätigkeiten standen, kann hier seltener mit philosophischen Abhandlungen im klassischen Sinn gerechnet werden. Frauen sahen sich von den Umständen gezwungen, auf andere Medien und literarische Genres zurückzugreifen, um Gedanken, Konzepte und Theorien auszudrücken. Insofern muss gerade die Arbeit an einer Rekonstruktion der Geschichte der Philosophinnen offen sein für eine Vielfalt an philosophischen Praktiken und Genres.

Denn weder sind Universitäten und die Institutionen formaler Bildung die einzigen Räume, in denen Philosophie entsteht, noch ist die philosophische Abhandlung das einzige Genre, in dem philosophisches Wissen sich ausdrückt. Gerade zur Rekonstruktion von Wissenstraditionen von Gruppen, die aufgrund ihres Geschlechts, ihrer Hautfarbe, ihrer nationalen oder ethnischen Zugehörigkeit soziale Ausgrenzung erfahren, müssen andere Räume und Formen der Wissensproduktion mit in Betracht gezogen werden. Im Falle des philosophischen Wissens von Frauen gehören dazu Briefe, literarische Texte, Lebensgeschichten (oft wissen wir von Philosophinnen nur durch Berichte und Erzählungen anderer, weniger durch erhaltene Originalmanuskripte), mystische Texte und Erfahrungen, Widerstand in Theorie und Praxis, orale Traditionen etc. Häufig ist die Quellenlage zum philosophischen Schaffen von Frauen auch deshalb schlecht, weil sie bereits zu Lebzeiten nicht die gleiche Anerkennung bekamen oder gar verunglimpft wurden und auch aus diesen Gründen mit ihrem Erbe weniger sorgfältig umgegangen wurde. Dabei stellt sich auch hier die Frage, wie weit man gehen kann, ohne dass sich der Sinn des Begriffs »Philosophieren« beziehungsweise der »Philosophie« (als einer spezifischen Form des Wissens) in der allgemeinen Tätigkeit des Denkens auflöst und damit im Grunde bedeutungslos wird.

Zu alternativen Vorschlägen gehören aber auch jene, die Philosophieren als eine Art von *storytelling* betrachten, als ein Geschichtenerzählen, in dem der persönlichen Stimme ein besonderes Gewicht gegeben wird,[43] oder die Philosophie als eine Form des

43 M. Craig, »Narrative Threads: Philosophy as Storytelling«, in: *The Journal of Speculative Philosophy* 28/4 (2014), S. 438-453.

Gesprächs verstehen.[44] Um Frauen sichtbarer und die Stimmen bisher aus dem Diskurs Ausgeschlossener hörbarer zu machen, wird auch dafür argumentiert, die Geschichte der Philosophie stärker im Sinne einer Geschichte der Ideen (*history of ideas*) zu schreiben, die integrativer sei.[45]

Feministische Philosophiegeschichtsschreibung steht also vor mindestens drei großen und grundlegenden Herausforderungen: einer feministischen Kritik bisheriger Philosophiegeschichtsschreibung, dem Entwurf von Methoden einer neuen Philosophiegeschichtsschreibung der Zukunft und der archäologischen Arbeit an der Rekonstruktion von Leben und Theorien beziehungsweise philosophischer Praktiken von Philosophinnen aus früheren Jahrhunderten. Deutlich werden hier Parallelen zu einer Philosophiegeschichtsschreibung in globaler Perspektive, die vor strukturell ähnlichen Herausforderungen steht. Insbesondere der hieraus resultierende Umstand, dass eine feministische Philosophiegeschichtsschreibung sich ebenfalls nicht damit zufriedengeben kann, additiv Philosophinnen in einen bereits bestehenden Kanon einzufügen, scheint von einer zentralen und die beiden Themenfelder verbindenden Bedeutung zu sein. Sowohl der feministische als auch der globale Ansatz fordern Konsequenzen für die Methoden einer künftigen Philosophiegeschichtsschreibung und den Philosophiebegriff selbst.[46]

44 Zur ›philosophy as a conversation‹ siehe L. Shapiro, »Some Thoughts on the Place of Women in Early Modern Philosophy«, in: Alanen/ Witt (Hg.), *Feminist Reflections on the History of Philosophy*, S. 219-250.

45 S. Hutton, »›Blue-Eyed Philosophers Born on Wednesdays‹: An Essay on Women and History of Philosophy«, in: *The Monist* 98/1 (2015), S. 7-20.

46 So betont Jonathan Rée, dass die Integration von Philosophinnen in die Narrative der Philosophiegeschichte einer »Neugestaltung der philosophischen Forschung selbst und einer systematischen Überarbeitung ihrer Beziehungen zu ihrer Zukunft und ihrer Vergangenheit« bedürfe. J. Rée, »Women Philosophers and the Canon«, in: *British Journal of the History of Philosophy* 10 (2002), S. 641-652, S. 652. Übersetzung A. G.

11.2. Walatta Petros, Phillis Wheatley, Nana Asma'u – und der Kanon der Philosophie

Ein Blick auf Philosophiegeschichtsschreibungen außerhalb Europas macht deutlich, dass die Rekonstruktion der Geschichte von Philosophinnen noch ganz am Anfang steht – dies betrifft auch die Versuche einer afrikanischen Philosophiegeschichtsschreibung. Die spezifischen Herausforderungen, vor denen wir hier stehen, sollen im Folgenden anhand konkreter Beispiele aus Afrika und der afrikanischen Diaspora erläutert werden. Mit Walatta Petros (Kapitel 8) und Phillis Wheatley (Kapitel 9) wurden bereits zwei Denkerinnen vorgestellt, die wichtige Beiträge zu einer Ideengeschichte Afrikas und seiner Diaspora geleistet haben. Aber können sie auch als Philosophinnen bezeichnet werden? Bevor ich auf diese Frage ausführlicher eingehe, soll hier noch ein drittes Beispiel zur Illustration dieser grundsätzlichen Problematik angeführt werden, nämlich Nana Asma'u, eine islamische Gelehrte aus dem westafrikanischen Sokoto-Kalifat im 19. Jahrhundert.

11.2.1. Der Fall Nana Asma'u

Für die islamische Welt gibt es wenige Dokumentationen des Schaffens von Philosophinnen, besonders aus frühen Jahrhunderten. Zu den überlieferten Denkerinnen gehören Rābiʿa al-ʿAdawiyya al-Qaysiyya (auch Rābiʿa von Basra, 713/17-811),[47] eine ehemalige Sklavin, die als wichtige Inspirationsquelle für den Sufismus gilt, und Fāṭima bint al-Matannā (auch Fāṭima von Cordoba, 12. Jahrhundert), eine Sufi-Meisterin und Lehrerin des bekannten Philosophen Ibn ʿArabī (1165-1240), sowie ʿĀiša bint Yūsuf al-Bāʿūniyya (ca. 1517), die ebenfalls als Sufi-Meisterin und Dichterin wirkte. Für den afrikanischen Kontinent, und hier insbesondere die Regionen südlich der Sahara, sind mit Blick auf die islamische Tradition ebenfalls kaum Schriften oder Überlieferungen von gelehrten Frauen bekannt. Insofern ist es ein Glücksfall, dass uns von Nana Asma'u aus dem Sokoto-Kalifat (im Norden des heutigen Nigeria) eine Reihe von Schriften überliefert wurden – auch wenn wir uns hier bereits im 19. Jahrhundert befinden.

47 R. E. Cornell, *Rabi'a from Narrative to Myth. The many Faces of Islam's most famous Woman Saint Rabi'a Al-'Adawiyya*, London 2019.

Nana Asma'u bint Shehu Uthman dan Fodiyo (1793-1864) ist die heute bekannteste aus einer ganzen Reihe gebildeter und einflussreicher Frauen aus der Familie des Kalifen Uṯmān ibn Fūdī (auch Uthman/Usman dan Fodio, 1754-1817), des Begründers des Sokoto-Kalifats, das zu den bedeutendsten islamischen Reichen Afrikas im 19. Jahrhundert gehörte. Uthman dan Fodio entstammte einer traditionsreichen Familie der Fulbe-Fulani aus dem Hausa-Staat Gobir. Er erhielt eine klassische arabisch-islamische Bildung. Zu seinen Lehrern zählte Abū l-Amāna Ǧibrīl ibn ʿUmar al-Aqdasī (gest. nach 1786), ein Gelehrter aus der Region um Agades, der in dieser Zeit zu den bedeutendsten islamischen Gelehrten im Afrika südlich der Sahara gehörte. Bekannt war Ǧibrīl ibn ʿUmar, der sich viele Jahre zu Studienzwecken in Mekka und Ägypten aufgehalten hatte, vor allem für seine strenge Auslegung der Religion und sein rigoroses Vorgehen gegen unislamische Bräuche. So erklärte er die muslimischen Herrscher der Sudan-Länder kurzerhand zu Ungläubigen. Damit unterstützte er eine Argumentationslinie, die eine Versklavung der Bevölkerung bereits muslimischer Länder rechtfertigte. Uthman dan Fodio stand den Lehren Ǧibrīl ibn ʿUmars sehr nahe. Er begann bereits mit zwanzig Jahren selbst zu lehren und zu predigen. Dabei war es sein Ziel, weiterhin lebendige volkstümliche Vorstellungen, die ihren Ursprung in afrikanischen Religionen hatten, aus dem islamischen Glauben zu tilgen. Die fortgesetzte Ausübung indigener religiöser Praktiken im Rahmen oder unter dem Deckmantel des Islam in der Region der Hausa verbitterten ihn, insbesondere da auch einige Sultane der Hausa-Städte den Islam offenbar nur oberflächlich praktizierten. Seine radikalen Auffassungen führten Uthman dan Fodio in Konflikte mit den Autoritäten des Reiches Gobir. Am 21. Februar 1804 floh er aus Gobir nach Gudu, eine Flucht, die später mit der Hedschra des Propheten Mohammed verglichen wurde. Viele seiner Anhänger folgten ihm. Dan Fodio rief noch im selben Jahr die Anhänger seiner Reformbewegung zum Dschihad auf, als dessen Anführer er im gleichen Jahr ein Heer der Hausa schlug. Bis 1810 eroberte er die meisten der Hausa-Staaten und schuf auf dem Gebiet des heutigen Nordnigeria das Sokoto-Kalifat mit der neu gegründeten Stadt Sokoto als Hauptstadt.

Nana Asma'u war somit die Tochter eines militärischen Anführers und Reichsgründers, der eine eher konservative Auslegung des

Islam vertrat. Dan Fodio war aber auch ein großer Gelehrter, der ein nicht unbedeutendes Werk an Texten, vor allem religiöser Natur, aber auch zu Fragen der Regierungsführung und Ethik, auf Arabisch und Ajami hinterließ. Als Vertreter der *Qādiriyya*-Schule des Sufismus unterstützte dan Fodio insbesondere Bildung und Gelehrsamkeit – und zwar von Männern und Frauen. Dabei war er sich der zentralen Rolle der Sprache sehr bewusst. So betont er in seinem Lehrgedicht *Babuwol kire* die strategische Bedeutung des Ajami: »Wenn wir [ein Gedicht] auf Arabisch verfassen, nutzt es nur den Gelehrten. Wenn wir es in Fulfulde verfassen, haben auch die Ungelehrten etwas davon.«[48] Folgerichtig verfasste dan Fodio eine Reihe von Texten auf Ajami, das heißt auf Hausa oder Fulfulde in arabischer Schrift. Von ihm, seinem Sohn und Nachfolger Mohammed Bello und seiner Tochter Nana Asma'u, die eine bedeutende Rolle als religiöse Führerin und Dichterin spielte, sind mehr als 250 Texte überliefert, teils auf Arabisch, teils auf Ajami.

Wie bereits ihr Vater, ihre Brüder und ihre Schwestern war Nana Asma'u in den Genuss einer umfangreichen klassisch-islamischen Ausbildung gekommen. Sie war mit den Klassikern der arabischen Welt und des Altertums vertraut, beherrschte vier Sprachen (Arabisch, Fulfulde, Hausa und Tamacheq) und genoss als einflussreiche Gelehrte großes öffentliches Ansehen. Sie war Zeugin der meisten Schlachten des Fulani-Dschihad, die sie zum Teil auch in ihren Gedichten thematisiert. Als ihr Bruder die Regierung des Kalifats übernahm, wurde sie seine Beraterin. Nana Asma'u schrieb nachweislich Instruktionen an Statthalter und debattierte mit den Gelehrten ausländischer Fürsten. Als Mitglied der Gründergeneration wurde sie zu einer wichtigen Informationsquelle für die späteren Führer der Gemeinschaft. In ihren über sechzig erhaltenen Werken aus einer Schaffenszeit von rund vierzig Jahren hinterließ Nana Asma'u einen reichen Schatz an Dichtung auf Arabisch, Fulfulde und Hausa. Mit der Übersetzung ihrer Texte ins Englische vor gut zwanzig Jahren[49] wurde ihr Werk auch überregional bekannt

48 Zitiert nach der englischen Übersetzung aus dem Fulfulde in Bobboyi, »Ajami Literature and the Study of the Sokoto Caliphate«, S. 125. Übersetzung A. G.

49 B. B. Mack, J. Boyd (Hg.), *One Woman's Jihad: Nana Asma'u, Scholar and Scribe*, Bloomington 2000; B. B. Mack, J. Boyd (Hg.), *The Collected Works of Nana Asma'u, Daughter of Usman dan Fodiyo, (1793-1864)*, East Lansing 1997; J. Boyd,

und eine breitere Auseinandersetzung, insbesondere unter feministischer Perspektive, setzte ein.[50]

Viele von Asma'us Texten sind historische Berichte, wie die Prosa-Erzählung *Wakar Gewaye* (Die Reise), doch ihr Werk umfasst auch Elegien, Trauergesänge und Lehrgedichte, mit deren Hilfe Frauen und Männer in die Grundprinzipien des Kalifats eingeführt werden sollten. Gebildete Frauen waren eine wichtige soziale Gruppe in der Gesellschaft des Sokoto-Kalifats. Ihre Ausbildung war in dieser streng auf Geschlechtertrennung achtenden Gesellschaft auch deshalb wichtig, da nur Frauen anderen Frauen in deren Privaträumen Unterricht erteilen konnten. Aber Frauen waren nicht nur als Lehrerinnen, sondern auch als Schreiberinnen im Kalifat tätig. Ihre Hauptaufgabe bestand darin, die Botschaft des Islam zu verbreiten. Dafür wurden Gedichte und Lehrtexte verfasst, die sowohl als Gedächtnisstütze und Hilfe zum besseren Verständnis der religiösen Grundlagentexte als auch zur Erhöhung der Reichweite der Ideen dienten. Zudem waren sie eine praktische Lebenshilfe und gaben Anleitung für ein gottgefälliges Leben. Ab etwa 1830 organisierte Nana Asma'u eine Gruppe von Lehrerinnen (*jajis*), die die von ihr verfassten Lehrgedichte weiter verbreiten sollten. Diese dienten nicht nur der allgemeinen Frauenbildung, sondern auch zur Einführung von weiblichen und männlichen Hausa, die zum Beispiel als Gefangene neu in das Kalifat kamen, in die Grundlagen des islamischen Glaubens und die Regeln der islamischen Lebenspraxis.

Ich möchte an dieser Stelle kurz auf zwei in diesem Zusammenhang besonders interessante Gedichte eingehen: »Vertraut auf

The Caliph's Sister. Nana Asma'u, 1793-1865: Teacher, Poet and Islamic Leader, London 1989.

50 Siehe u. a. J. Boyd, M. Last, »The Role of Women as ›Agents Religieux‹ in Sokoto«, in: *Canadian Journal of African Studies/Revue Canadienne des Études Africaines* 19/2 (1985), S. 283-300; M. Hauwa Kassam, »Some Aspects of Women's Voices from Northern Nigeria«, *African Languages and Cultures* 9/2 (1996), S. 111-125; C. Azuonye, »Feminist or Simply Feminine? Reflections on the Works of Nana Asmā'u, a Nineteenth-Century West African Woman Poet, Intellectual, and Social Activist«, in: *Meridians* 6/2 (2006), S. 54-77; F. Shaheed, A. Shaheed, *Great Ancestors: Women Asserting their Rights in Muslim Context*, Lahore 2004, S. 51-54. Vgl. auch die *Federation of Muslim Women's Association of Nigeria* (FOMWAN), eine Frauenorganisation, die sich der Bildung von Mädchen und jungen Frauen widmet und sich auf Nana Asma'u als Vorläuferin und Vorbild stützt.

Gottes Wahrheit« (Be sure of God's Truth, *Tabbat Hakika*, 1831/32, Originalsprache Hausa)[51] und »Eine Warnung II« (A Warning II, *Wa'azu*, 1856, Originalsprache Hausa). Bei dem Lehrgedicht »Vertraut auf Gottes Wahrheit« handelt es sich um Anweisungen für ein gutes soziales Verhalten und ein gottgefälliges Leben. In erster Linie fordert Nana Asma'u dabei eine strikte Unterwerfung unter religiöse und gesellschaftliche Hierarchien. Aber sie verlangt, nicht nur den einen Gott und seinen Propheten zu respektieren, sondern auch den Kalifen:

> Wer es versäumt, den Kalifen zu ehren,
> Wird unwissend sterben, *Das ist Gottes Wahrheit.*
> Ganz gleich, wie fromm du bist
> oder wie gottesfürchtig und heilig
> oder wie hochgelehrt,
> Alle, die sich weigern, die Befehle des Kalifen zu befolgen,
> Werden im Jenseits ohne Vergebung sein, *Vertraut auf Gottes Wahrheit.*[52]

Vom Kalifen fordert der Text Rechtschaffenheit, den Interessen eines jeden gerecht zu werden und nicht zu betrügen. Andererseits erfolgt gleich nach dieser Forderung die Anweisung:

> Gehorcht euren Führern, hört auf das, was sie sagen,
> Das ist eure religiöse Pflicht, unabhängig von ihrem Charakter.
> Ob sie nun gut oder schlecht sind, ihr müsst ihnen gehorchen:
> Diejenigen, die sich weigern, weil die Machthaber ihnen nicht nützen
> Werden im Jenseits brennen, *Vertraut auf Gottes Wahrheit.*[53]

Woraufhin wiederum eine Warnung an die Vertreter der Führungselite folgt:

> Diejenigen, die das Volk im Namen der Autorität unterdrücken,
> Werden im Jenseits in ihren Gräbern zermalmt, *Vertraut auf Gottes Wahrheit.*[54]

51 Bezüglich der Autorschaft muss darauf hingewiesen werden, dass am Ende des Gedichts Folgendes steht: »Shehu verfasste die ursprüngliche Version dieses Liedes / Nana übersetzte es ins Hausa / Isa schrieb die Takhmis, in Hausa, und der Grund war / Diese Warnung zu bringen, *Vertraut auf Gottes Wahrheit.*« Zitiert nach Mack/Boyd, *One Woman's Jihad*, S. 126. Übersetzung A. G. Shehu Uthman dan Fodiyo ist der Name ihres Vaters auf Hausa.

52 Zitiert nach: Ebd., S. 120. Übersetzung A. G.

53 Ebd., S. 121. Übersetzung A. G.

54 Ebd., Übersetzung A. G.

Ähnlich argumentiert Nana Asma'u auch mit Blick auf die Richter: Ihren Urteilen ist unbedingt Folge zu leisten. Sollte ein Richter in seinen Urteilen nicht dem rechten Weg folgen, wird er dafür im Jenseits zur Verantwortung gezogen. Gehorsam gegenüber den vorgegebenen religiösen und gesellschaftlichen Hierarchien steht für die Tochter des Kalifen außer Frage. Sollte ein Vertreter eines Amtes dieses nicht pflichtgetreu ausüben, ist auf dessen Bestrafung im Jenseits zu vertrauen, ein Aufbegehren im Diesseits wird ausdrücklich abgelehnt. Würdenträger werden allerdings wiederholt darauf hingewiesen, dass der Missbrauch eines Amtes und die Unterdrückung des Volkes im Jenseits bestraft werden.

Darüber hinaus werden das Brechen eines Versprechens, Betrug, Diebstahl und das Stehlen oder Verstecken von Kriegsbeute verurteilt. Dem richtigen Verhalten im Dschihad wird in den Texten eine recht breite Behandlung eingeräumt, was angesichts der Tatsache, dass sich Sokoto zu jener Zeit in einem religiösen Krieg befand, wenig erstaunlich ist. Dabei kommt auch das Thema der Sklaverei zur Sprache:

> Wenn die Armee siegreich ist,
> Werden Sklaven genommen, auch einige für den Anführer.
> Doch einige Männer handeln unrechtmäßig,
> Sie fallen über die Frauen her, ohne Rücksicht auf alle Gebote:
> Sie werden im Feuer fallen, *Vertraut auf Gottes Wahrheit.*[55]

Wie an dieser Textstelle deutlich wird, wird Sklaverei nicht, Gewalt gegen Frauen, die im Krieg erbeutet wurden, dagegen ausdrücklich verurteilt.[56] Interessant ist in diesem Zusammenhang auch, dass gleich an zwei weiteren Stellen betont wird, dass der Beischlaf von Männern mit ihren Ehefrauen im gegenseitigen Einverständnis erfolgen muss.[57] Dem Schutz von Frauen wird also an verschiedenen Stellen ein gewisses Gewicht gegeben. Zugleich wird allerdings

55 Ebd., S. 123 f. Übersetzung A. G.

56 Es wird betont, dass eine schlechte Behandlung von Sklav:innen nicht erlaubt ist: »Der Sklavenhalter eines freien Mannes, der ihm eine harte Behandlung zufügt – Das Feuer wird sie alle versklaven, *Vertraut auf Gottes Wahrheit.*« Ebd., S. 123. Übersetzung A. G.

57 »Diejenigen, die mit ihren Frauen nach Belieben und ohne Erwiderung schlafen/ kommen im Feuer an die Reihe, *Vertraut auf Gottes Wahrheit.*« Ebd., S. 124; ähnlich nochmals auf S. 125.

auch betont, dass Frauen, die unnötigerweise das Haus verlassen, ebenfalls mit Strafen im Jenseits rechnen müssen.[58]

Ausdrücklich verurteilt wird neben jeder Art von ›Hexerei‹[59] auch das Handeln von denjenigen, »die vorgeben, fromm zu sein, um Geld zu bekommen«.[60] Dies kann als eine kritische Warnung an all jene gelesen werden, die weiterhin unter dem Deckmantel des Islam indigene Religionen praktizierten. Im Grunde geht es in diesem Lehrgedicht darum, den Menschen im Kalifat eine Handlungsanleitung für ein regelkonformes Leben an die Hand zu geben. Dabei stellt Gott (Allah) die letzte Instanz der Beurteilung des Verhaltens eines jeden Gläubigen (ob reich oder arm, Kalif oder Untertan) dar. Allerdings werden auch die strengen (gottgegebenen) Hierarchien des Kalifats affirmiert.

In ihrem Gedicht »Eine Warnung II«[61] gibt es eine ausführliche Stelle, an der sich Nana Asma'u direkt an die Frauen wendet:

> Frauen, eine Warnung. Verlasst eure Häuser nicht ohne guten Grund.
> Ihr dürft hinausgehen, um Nahrung zu holen oder Bildung zu suchen.
> *Im Islam ist es eine religiöse Pflicht, Wissen zu suchen. Frauen dürfen ihre Häuser dafür frei verlassen.*
> Tut Buße und verhaltet euch wie ehrbare verheiratete Frauen.
> Ihr müsst den *rechtmäßigen* Forderungen eurer Ehemänner gehorchen.
> Ihr müsst euch bescheiden kleiden und gottesfürchtig sein.
> Bringt euch nicht in Gefahr und riskiert das Höllenfeuer.
> Jede Frau, die sich weigert, erhält keinen Nutzen,
> Der barmherzige Herr wird ihr den Lohn der Verdammten geben.[62]

Dieser Ausschnitt macht zwei Aspekte der Lehre Nana Asma'us deutlich: Erstens wird die große Bedeutung von Bildung hervorgehoben. Das Erwerben von Bildung gilt als ein legitimer Grund, der es Frauen erlaubt, das Haus zu verlassen. Denn im Islam, so wird hier betont, ist das Streben nach Bildung eine religiöse Pflicht.

58 Ebd.

59 »Frauen, die ihre Ehemänner mit Zaubersprüchen binden«; » jede Frau, die einen Zauber benutzt, um ihre Mitfrau zu verletzen«; »Zauberer […] werden ins Höllenfeuer gehen«. Alle Zitate ebd.

60 Ebd., S. 126.

61 Bezüglich der Autorschaft des Gedichts wird am Ende bemerkt: »Ich habe dieses Gedicht der Ermahnung geschrieben […].« Ebd., S. 167.

62 Ebd., Hervorhebungen und Übersetzung A. G.

Zweitens wird deutlich, dass Nana Asma'u Vertreterin eines konservativen Verständnisses von Geschlechterverhältnissen ist, dem gemäß Frauen und Männern geschlechterspezifische gesellschaftliche und familiäre Rollen zugewiesen und der Wirkungskreis von Frauen im Wesentlichen dem privaten Bereich des Hauses zugeordnet wird. Darüber hinaus betont Nana Asma'u zwar, dass eine Ehefrau ihrem Mann zu gehorchen hat, schränkt den Gehorsam aber ein, indem sie schreibt, dass Frauen nur den »rechtmäßigen« Forderungen des Ehemannes nachkommen müssen. Welche Forderung rechtmäßig ist und welche nicht, kann dabei nur durch das Studium der Schriften des Korans erkannt werden, ein Studium, dem sich auch Frauen widmen sollten.

Noch heute ist Nana Asma'u insbesondere im Norden Nigerias von großem Einfluss, wo Frauenorganisationen oder auch Schulen nach ihr benannt wurden und im heutigen Bundesstaat Sokoto eine Nana-Asma'u-Universität im Entstehen begriffen ist. Dabei gilt sie nicht nur als herausragende islamische Gelehrte und Beispiel für Unabhängigkeit und Bildung islamischer Frauen, sondern wird von verschiedenen Autorinnen auch als eine Vorläuferin eines islamischen Feminismus in Afrika betrachtet.

11.2.2. Wer ist eine Philosophin? – Zu den Fallbeispielen

Die Frage »Wer ist eine Philosophin?« zielt auf die Kriterien, die eine Person und deren Werk auszeichnen müssen, um in die Geschichte der Disziplin der Philosophie eingeordnet zu werden. Mit Walatta Petros, Phillis Wheatley und Nana Asma'u liegen uns nun drei Beispiele von Denkerinnen vor, deren Aufnahme in eine Erzählung der Weltgeschichte der Philosophie oder eine Geschichte der Philosophie Afrikas und der afrikanischen Diaspora zur Debatte steht. Sowohl ein Einschluss in als auch ein Ausschluss aus einem solchen Narrativ bedürfen der Begründung.

Die Frage danach, wer mit der Bezeichnung Philosoph oder Philosophin ausgezeichnet werden sollte und wer nicht, hat die europäische Philosophiegeschichtsschreibung seit ihren Anfängen stets begleitet. Der Kanon der Philosophiegeschichte wurde durch die Jahrhunderte von lebhaften Bewegungen des Ein- und Ausschlusses geprägt, wie in diesem Buch unter anderem am Beispiel der frühchristlichen Philosophie gezeigt wurde. Personen, Konzepte oder ganze Epochen wurden immer wieder aus dem Kanon heraus- oder wieder in ihn aufgenommen, verloren an Bedeutung oder erhielten eine neue. Insofern ist die heute durch feministische Philosophiehistorikerinnen erneut aufgeworfene Frage, wer als Philosophin betrachtet werden kann, ein weiterer Beitrag zur Vertiefung eines in Europa bereits seit zweitausend Jahren kontrovers geführten Diskurses.

Kommen wir deshalb für einen Moment auf die europäisch-nordamerikanische Philosophiegeschichtsschreibung der Frauen zurück. Hier wurde diese Frage in den letzten Jahrzehnten wieder mit neuer Lebhaftigkeit diskutiert. So beginnt unter anderem Helen J. John ihren Aufsatz zu Hildegard von Bingen mit der Frage: »Wann ist eine Person ein:e Philosoph:in?«[63] Und mit Blick auf die Protagonistin ihres Aufsatzes schreibt sie:

> Ist Hildegards Behauptung, ihre Visionen seien göttlich inspiriert, mit der Ausübung philosophischer Weisheit vereinbar, die als auf der natürlichen menschlichen Vernunft und der allgemeinen menschlichen Erfahrung beruhend verstanden wird?[64]

John findet ihre Antwort mit Blick auf die Behandlung männlicher mittelalterlicher Theologen und Philosophen, die – ungeachtet der vorherrschenden theologischen Ausrichtung ihrer Werke und des Einfließens mystischer Erfahrungen – in den Kanon der Philosophie aufgenommen wurden.[65] Hildegard von Bingen reihe sich problemlos in diese Tradition ein. Bei einem solchen Herangehen bleibt der Maßstab der bereits anerkannte männliche Philosoph und dessen Werk. Der Vergleich mit längst im Kanon verankerten männlichen Philosophen, deren Werken und Praktiken ist ein möglicher, für die Ansprüche einer feministischen Reform und angesichts der bereits dargelegten Schwierigkeiten bei der Rekonstruktion des philosophischen Wissens von Frauen aber unbefriedigender Lösungsversuch. Viele Vertreterinnen einer feministischen Philosophiegeschichtsschreibung plädieren vielmehr für eine grundlegende Dekonstruktion des Konzepts »Philosoph«. Eine solche Dekon-

63 H. J. John, »Hildegard von Bingen: A New Medieval Philosopher?«, in: Tougas/Ebenreck (Hg.), *Presenting Women Philosophers*, S. 31-40, hier S. 31.

64 Ebd., S. 37. Übersetzung A. G.

65 Dabei verweist auch John darauf, dass die Periode des Mittelalters insgesamt in der Philosophiegeschichtsschreibung zeitweise stark umstritten war.

struktion sei sowohl aufgrund des patriarchalen Erbes der Disziplin als auch angesichts der Quellenlage mit Blick auf Philosophinnen und deren Schaffen nötig, da sie sich entweder aufgrund von äußeren Barrieren oder als Konsequenz eines bestimmten Denkansatzes anderen Praktiken und Ausdrucksmedien zuwandten als den gemeinhin in der Philosophiegeschichtsschreibung berücksichtigten. Gerade im Zusammenhang mit möglichen anderen Denkansätzen und Herangehensweisen von Frauen entwickelte sich in der feministischen Philosophiegeschichtsschreibung eine Debatte zur Frage, ob die von Männern betriebene Philosophie sich von der von Frauen betriebenen grundsätzlich unterscheide. Angesichts solcher Debatten stellt Mary Ellen Waithe klar:

> Sieht man von den Pythagoräerinnen ab, gibt es kaum Unterschiede in der Art und Weise, wie Männer und Frauen Philosophie betrieben haben. Beide haben sich mit Ethik, Metaphysik, Kosmologie, Erkenntnistheorie und anderen Bereichen der philosophischen Forschung beschäftigt.[66]

Für Waithe beschäftigen Philosophinnen sich also weder mit anderen Forschungsfragen noch scheint sich ihre Art zu philosophieren grundlegend zu unterscheiden. Diesem Argument kann nur teilweise zugestimmt werden. Natürlich ist es richtig, dass Philosophinnen weder mit einer einheitlichen Stimme noch zwangsläufig mit einer völlig anderen Stimme sprechen als philosophierende Männer. Sie beschäftigen sich mit allen möglichen philosophischen Themen und Fragen und bedienen sich dabei meist jener Methoden, die in ihrer Zeit und ihrem Kontext populär sind. Je mehr sie sich in der Akademie selbst verankern können, umso mehr verwenden sie entsprechend anerkannte Methoden und Medien des Ausdrucks. Und doch haben die spezifischen Herausforderungen, denen philosophierende Frauen sich insbesondere vor dem 19. Jahrhundert gegenübersahen, zur Nutzung anderer Ausdrucksmedien und Formen des Philosophierens geführt, die letztlich nicht ganz ohne Rückwirkung auf den Inhalt des Philosophierens bleiben konnten.

66 Waithe, *A History of Women Philosophers,* Vol. 1, S. xxi. Übersetzung A. G. Bei den Pythagoreern sieht Waithe einen Unterschied: Während die Philosophen in der Ethik dazu tendierten, eine ideale Theorie zu entwerfen, widmeten sich die Philosophinnen eher der Anwendung der vorhandenen ethischen Theorien auf alltägliche Probleme, insbesondere mit Blick auf einen harmonischen Haushalt, eine harmonische Ehe und die Kindererziehung.

Denn die meisten Frauen hatten keinen oder nur eingeschränkten Zugang zu üblichen Institutionen der Ausübung von Philosophie und den entsprechenden Ausdrucksmitteln. Das Recht, zu publizieren und an philosophischen Disputen teilzunehmen, wurde ihnen abgesprochen. Zudem kann kaum geleugnet werden, dass Philosophinnen – schon aufgrund der eigenen Betroffenheit – sich häufiger mit Fragen der Stellung der Frau und ihrer Emanzipation beschäftigt haben, Fragen, die Philosophen weit weniger interessieren. Mit der feministischen Philosophie ist im 20. Jahrhundert sogar ein gänzlich neues philosophisches Feld entstanden, das sich inzwischen weit ausdifferenziert hat und sich nicht mehr ausschließlich mit politischen Fragen der Emanzipation, der kritischen Analyse der soziokulturell konstruierten Unterschiede der Geschlechter oder mit Konzepten von »Weiblichkeit« und »Männlichkeit« auseinandersetzt, sondern ebenso mit erkenntnistheoretischen Fragen und Wissenschaftstheorie. Das Forschungsfeld der feministischen Philosophie wird (mit nur vereinzelten Ausnahmen) im Wesentlichen von Philosophinnen beforscht. Zudem hat sich eine eigene Form der Philosophiegeschichtsschreibung entwickelt. Insofern ist die Annahme, dass es neben gleichen Themen und Herangehensweisen des Philosophierens durchaus auch geschlechterspezifische Unterschiede – sowohl im Inhalt als auch in der Form – gibt, nicht von der Hand zu weisen.

Aber kommen wir nun zurück zu den spezifischen Herausforderungen einer feministischen Philosophiegeschichtsschreibung mit Blick auf außereuropäische Traditionen. Betrachten wir bisher in Europa oder Nordamerika erschienene Geschichten der Philosophinnen, so ist auffällig, dass diese sich (bis auf wenige Ausnahmen[67]) nicht nur auf Europa und Nordamerika beschränken, sondern auch eine weitgehende Bindung an Schriftlichkeit aufweisen. Zwar werden mit Blick auf die Epoche der griechischen Antike Frauen einbezogen, von denen uns keine Texte (mehr) vorliegen und deren Namen und Tätigkeit als Philosophin durch andere Werke überliefert wurden, in den folgenden Jahrhunderten werden dann allerdings fast ausschließlich Frauen behandelt, die irgendeine

67 Dazu gehört der bereits erwähnte Band Tougas/Ebenreck (Hg.), *Presenting Women Philosophers*, wo anhand von Anna Julia Cooper die Integration von Schwarzen Frauen thematisiert wird, oder M. E. Waithe, die die Japanerin Murasaki Shikibu in den zweiten Band ihrer *History of Women Philosophers* aufnimmt.

Art von Text hinterlassen haben. So scheint auch hier ein schriftzentrierter Ansatz zu überwiegen. Daher ist es kein Wunder, dass sich die Mehrzahl der genaueren Untersuchungen in den letzten Jahren auf die Zeit ab dem 16. Jahrhundert konzentriert, aus der von Frauen geschriebene Texte verschiedenster Genres vorliegen. Eine Öffnung für Quellen, Materialien und Praktiken jenseits des geschriebenen Textes ist bisher kaum erfolgt. Vor dieser besonderen Herausforderung stehen nun oft Versuche der Rekonstruktion von Philosophinnen-Geschichten außerhalb Europas, vor allem dort, wo der Mangel an schriftlichen Quellen die gesamte Ideengeschichte betrifft. Hier muss sich nicht nur mit den Möglichkeiten der Rekonstruktion von Philosophie in oralen Traditionen auseinandergesetzt werden, sondern darüber hinaus mit der Frage, wie in diesem schwierigen Kontext dann auch noch ganz spezifisch das philosophische Wissen von Frauen verortet werden kann. Dies scheint aufgrund der ohnehin zumeist nicht bekannten Autorschaft ein nahezu aussichtsloses Unternehmen zu sein, das in Traditionen mit geschlechtsneutralen Sprachen zusätzlich erschwert wird.[68] Allerdings gibt es Erzähltraditionen ebenso wie religiöse oder kulturelle Praktiken, die nur matrilinear oder in weiblichen Peergruppen weitervermittelt wurden, und somit vielleicht auch philosophische Praktiken, die nur von Frauen ausgeübt werden. Hier könnten möglicherweise Ansatzpunkte liegen, um auch in oralen Traditionen ein spezifisch von Frauen vermitteltes Wissen zu rekonstruieren, welches auf seine philosophische Relevanz hin überprüft werden

68 Siehe u. a. die Untersuchungen von Oyèrónké Oyèwùmí zur Sprache der Yoruba: O. Oyèrónké, *The Invention of Women: Making an African Sense of Western Gender Discourses*, Minneapolis 1997. Oyèwùmí zeigt, dass es im Yoruba keine geschlechtsspezifischen Wörter zur Bezeichnung von Sohn beziehungsweise Tochter gibt; verwendet werden eher geschlechtsneutrale Begriffe wie ›Nachkommen‹ und ›Geschwister‹. Yoruba-Namen sind ebenso wenig geschlechtsspezifisch wie die Begriffe *oko* und *aya*, die im Englischen gerne mit ›Ehemann‹ und ›Ehefrau‹ wiedergegeben werden (S. 29 u. 44 ff.). Ebenso habe es das Konstrukt ›Frauen‹ im Sinne einer sozialen Gruppe mit geteilten Interessen und einer gemeinsamen gesellschaftlichen, nämlich den Männern nachrangigen Position vor dem Kontakt mit Europa in dieser Gemeinschaft nicht gegeben. Vor diesem Hintergrund schreibt sie, dass die Schaffung der Kategorie ›Frauen‹ eine der ersten Errungenschaften des Kolonialstaates war (S. 124). Die unkritische Übertragung englischer Termini auf die Geschichte und Kultur der Yoruba habe zu einer ›Patriarchalisierung‹ ihrer Geschichte und Kultur beigetragen.

könnte.[69] Für die Rekonstruktion philosophischen Wissens ist dies ein ungewöhnlicher und darüber hinaus erst in Ansätzen erprobter Ansatz mit ungewissem Ausgang. Trotzdem kann die feministische Philosophiegeschichtsschreibung auch mit Blick auf Europa und Nordamerika schon heute von den Diskursen zur oralen Philosophie profitieren, zum Beispiel um die Quellenbasis zu erweitern. In Nordamerika betrifft diese Frage insbesondere die Rekonstruktion des philosophischen Wissens der *First Nation People* und Schwarzer Frauen. Wo und inwieweit solche Untersuchungen in Europa Anwendungen finden können, wäre zu überprüfen.[70]

Die Rekonstruktion des philosophischen Erbes in oralen Traditionen birgt in feministischer Perspektive also eine Reihe weiterer Probleme. Aber selbst bei jenen außereuropäischen Denkerinnen, von denen uns schriftliches Material überkommen ist, stehen wir

69 Zum spezifischen Wissen der Māori-Frauen (Matauranga Wahine) hat sich ein breiter Diskurs entwickelt. Vgl. K. Jenkins, L. Pihama, »Matauranga Wahine: Teaching Maori Women's Knowledge Alongside Feminism«, in: *Feminism & Psychology* 11/3 (2001), S. 293-303; N. Simmonds, »Mana wahine: Decolonising Politics«, in: *Women's Studies Journal* 25/2 (2011), S. 11-25; H. Jahnke, »Towards a Theory of mana wahine«, in: *He Pukenga Korero – A Journal of Māori Studies* 3/1 (1997), S. 27-37; Ngahuia Te Awekotuku, *Mana wahine Māori: Selected Writings of Māori Women's art, Culture and Politics*, Auckland 1991. Eine philosophische Relevanz wäre zu prüfen. In diesem Zusammenhang zu erwähnen sind auch die Versuche von Presbey, im Rahmen des von Odera Oruka in Kenia initiierten Projekts der Weisheitsphilosophie das Wissen weiser Frauen zu dokumentieren und darüber hinaus das Projekt einer feministischen Kritik zu unterziehen. Vgl. G. Presbey, «Who Counts as a Sage? Problems in the Further Implementation of Sage Philosophy«, in: *Quest: Philosophical Discussions* XI/1&2 (1997), S. 55-65; Dies., »H. Odera Oruka on Moral Reasoning«, in: *Journal of Value Inquiry* 34 (2000), S. 517-528; Dies., »Kenyan Sages on Equality of the Sexes«, in: *Thought and Practice* 4/2 (2012), S. 111-145; Dies., »Contemporary African Sages and Queen Mothers: Their Leadership Roles in Conflict Resolution«, in: J. Presler, S. Scholz (Hg.), *Peacemaking: Lessons from the Past, Visions for the Future*, Amsterdam 2000, S. 231-245; Dies., »Akan Chiefs and Queen Mothers in Contemporary Ghana: Examples of Democracy, or Accountable Authority?«, in: *International Journal of African Studies* 3/1 (2001), S. 63-83.

70 Die Methode der *oral history* ist in der feministischen Forschung bekannt und wird durchaus kontrovers diskutiert. Vgl. S.H. Armitage, P. Hart u.a. (Hg.), *Women's Oral History: The Frontiers Reader*, Lincoln 2002; J. Sangster, »Telling our Stories: Feminist Debates and the Use of Oral History«, in: *Women's History Review* 3/1 (1994), S. 5-28. Diese Methode bezieht sich allerdings auf die jüngere Vergangenheit und nicht auf den Bereich der Philosophie.

vor sehr spezifischen Herausforderungen. Wenden wir uns deshalb unseren konkreten Beispielen zu: Walatta Petros, Phillis Wheatley und Nana Asma'u. Die akademischen Auseinandersetzungen mit allen drei Denkerinnen sind eher jüngeren Datums. Gerade zu Walatta Petros und Nana Asma'u befindet sich der akademische Diskurs noch im Entstehen. Bereits etwas länger und ausführlicher gestaltet sich der Diskurs zu Phillis Wheatley. In der bisher vorliegenden Literatur werden diese drei Frauen als Denkerinnen, Gelehrte, oft auch als Vorreiterinnen des Feminismus betrachtet, jedoch äußerst selten als Philosophinnen.[71] Werfen wir in einer vergleichenden Perspektive einen Blick auf die drei Denkerinnen hinsichtlich einer möglichen Einbindung in eine Philosophiegeschichte, werden folgende Unterschiede und Gemeinsamkeiten sichtbar:

Walatta Petros wurde im Kapitel 8 vor allem unter dem Aspekt der problematischen Aneignung des intellektuellen Erbes von Völkern und Kulturen im globalisierten Wissenschaftsdiskurs diskutiert. Die Frage, ob sie als Philosophin betrachtet werden kann und mit ihrem Wirken in eine Philosophiegeschichte aufgenommen werden müsste, wurde in diesem Kapitel nicht beantwortet. Auch in bisherigen Versuchen der Rekonstruktion der Geschichte der Philosophie Afrikas spielt sie keine Rolle. Dies hat unter anderem damit zu tun, dass der feministische und der philosophische Diskurs weitgehend nebeneinander existieren und ohne große Überschneidungen verlaufen. Das heißt, selbst afrikanischen Philosoph:innen ist Walatta Petros oft nicht bekannt. Eine wirkliche Auseinandersetzung unter philosophischen Aspekten hat somit noch nicht einmal begonnen.

Von Walatta Petros selbst liegen uns keine überlieferten Texte vor. Unser Wissen über ihr Leben und ihre Taten, ihre Ansichten und Aussagen wurde ausschließlich im Rahmen einer Hagiographie überliefert. Dass ihr Widerstand gegen den Einfluss der Jesuiten und die politische sowie religiöse Unterwerfung des koptischen Äthiopien unter die Herrschaft des Katholizismus sowie ihre Unabhängigkeit von männlichen Entscheidern, sei es ihres Ehemannes oder des Königs, ein Ausdruck dezidierter politischer, religiöser und moralischer Positionen ist, kann nicht bezweifelt werden. Trotzdem

71 Eine Ausnahme stellt der Podcast *History of Philosophy Without Any Gaps* von Peter Adamson dar, der große Anstrengungen unternimmt, Philosophinnen in den einzelnen behandelten Epochen und Regionen sichtbar zu machen.

ist es nicht einfach zu entscheiden, ob eine Hagiographie ausreichendes Quellenmaterial bietet, mit dem eine Aufnahme in eine Geschichte der Philosophie gerechtfertigt werden kann. Hier sind zumindest zwei Einwände zu erwarten: Der erste betrifft generell den Status von Hagiographien als Quellenmaterial für eine Philosophiegeschichte. Der zweite Einwand könnte darauf hinauslaufen, eine Ungleichbehandlung von Männern und Frauen zu kritisieren, denn wenn das Vorhandensein einer Heiligenvita ausreichen sollte, um eine Frau zur Philosophin zu erklären, müsste dieser Ansatz dann nicht auch für eine Neubewertung männlicher Denker herangezogen werden? Können also Hagiographien ausreichendes Quellenmaterial für die Aufnahme einer Person in die Erzählung einer Philosophiegeschichte sein? Heiligenviten sind keine stringenten Biographien, sondern erzählen von Wundern und Mysterien, die eine Heiligsprechung begründen sollen. Zumeist wurden die Geschichten zunächst mündlich tradiert und erst lange Zeit nach dem Tod der betroffenen Person niedergeschrieben. Aus diesem Grund können gegen eine solche Art von Erzählung erhebliche Zweifel am Wahrheitsgehalt der überlieferten Taten und Aussagen einer Person gehegt werden.[72] Gegen einen solchen Einwand kann darauf verwiesen werden, dass bereits der Text des Diogenes Laertius voll wunderbarer und unwahrscheinlicher Annahmen über die dort verzeichneten Philosophen ist und dies auch auf einige weitere philosophiegeschichtliche Texte nach ihm zutrifft. Insofern müsste hier an beide Textsorten der gleiche Maßstab angelegt werden. Trotz-

72 Letzten Endes können hier die gleichen Zweifel gehegt werden wie gegen andere Formen oraler Überlieferungen, u. a. das im Kapitel 6 behandelte Ifá-Korpus der Yoruba. Mit Blick auf Indien beträfe dies die *Upanischaden*, die vor ihrer Verschriftlichung über Jahrhunderte mündlich weitergegeben wurden. In den *Upanischaden* finden wir die Namen jener Frauen, die heute als die beiden ältesten Philosophinnen Indiens gelten: Gargi Vachaknavi und Maitreyi. Beide werden in der 6. und 8. Brahmana des dritten Kapitels der *Brihadaranyaka Upanishad* erwähnt, und zwar als Dialogpartnerinnen des Weisen Yajnavalkya. Gargi gilt in der vedischen Literatur als große Naturphilosophin und *Brahmavadini*, eine Person, die über großes Wissen des *Brahma Vidya* verfügt; ebenso Maitreyi. Inwiefern es sich bei den Figuren aus den *Upanischaden* um historische Personen handelt, ist schwer zu sagen, wird im Allgemeinen aber kaum angezweifelt. Ähnliche Zweifel am historischen Wahrheitsgehalt könnten allerdings auch gegen einige vor- und nachsokratische Philosophen erhoben werden, deren Leben und Aussagen nur über Anekdoten in unterschiedlichen Schriften überliefert wurden.

dem kann dieser Einwand nicht so leicht verworfen werden, denn dem Text des Laertius liegen ja, neben den (zum Teil recht unglaubwürdigen) überlieferten Anekdoten, eine Reihe von Schriften zumindest der meisten der von ihm aufgezählten und beschriebenen Philosophen zugrunde. Im Fall der Walatta Petros liegen uns aber keine weiteren Texte vor, obwohl anzunehmen ist, dass sie schreiben und lesen konnte.[73]

Blicken wir auf den inzwischen entstandenen europäischen Kanon der Philosophinnen, stoßen wir teilweise auf Hagiographien beziehungsweise Heilige. Dazu gehört die heilige Katharina von Alexandrien,[74] Schutzpatronin der Schulen, der philosophischen Fakultäten sowie der Näherinnen und Schneiderinnen. Es ist unsicher, ob Katharina überhaupt eine historische Gestalt war. Nach der christlichen Überlieferung soll sie um die Wende vom 3. zum 4. Jahrhundert gelebt und unter dem römischen Kaiser Maxentius den Märtyrertod erlitten haben. Heute wird vermutet, dass die Katharina-Legende ihren Ursprung in der Ermordung Hypatias hat. Wohl auch aus diesem Grund wird die heilige Katharina eher selten erwähnt. Zudem sind keine Schriften von ihr überliefert. Einen festen Platz in den Philosophinnen-Lexika haben allerdings die ebenfalls heiliggesprochenen Gelehrten Hildegard von Bingen und

73 Belcher geht davon aus, dass wir es mit einer »gebildeten (*literate*) Adligen des siebzehnten Jahrhunderts« zu tun haben. Vgl. Galawdewos, *The Life and Struggles of Our Mother Walatta Petros*, S. 2. An einer Textstelle heißt es in der englischen Übersetzung explizit, dass sie eine Nachricht des Königs zu seiner Re-Konversion zum koptischen Glauben gelesen habe (S. 181). Verschiedene weitere Kapitel, insbesondere zum Disput mit den europäischen Missionaren (Kap. 28, S. 155-158), verweisen auf ihre Gelehrsamkeit. Belcher betont, dass im äthiopischen Hochland fast alle Jungen eine schulische Grundausbildung erhielten und manchmal auch Frauen aus der Schicht des Adels. Sie geht sogar davon aus, dass eine erste Sammlung der Begebenheiten aus dem Leben von Walatta Petros' Vertrauter Ehete Kristos und anderen Gefährtinnen zusammengestellt worden ist, auf die Galawdewos, der Verfasser der Hagiographie, dann zurückgegriffen hat (vgl. Einleitung zum Text, S. 20 f.). Zur Alphabetisierung von Frauen im 17. Jahrhundert in Äthiopien siehe Belchers Artikel »Sisters Debating the Jesuits: The Role of African Women in Defeating Portuguese Proto-Colonialism in Seventeenth-Century Abyssinia«, in: *Northeast African Studies* 13/1 (2013), S. 121-166. Generell war die Ausbildung in der Literatursprache Ge'ez aber nur einer kleinen Elite vorbehalten.

74 Ein Beispiel findet sich u. a. unter: ⟨http://www.sophie-lexikonderphilosophinnen.de/html/katharina.html⟩, letzter Zugriff 4. 3. 2022.

Katharina von Siena. Beide sind als historische Personen belegt und haben darüber hinaus Schriften hinterlassen: Hildegard eine nicht unbeträchtliche Anzahl von Abhandlungen und Briefen, Katharina eine Reihe von Briefen theologischen Inhalts. Hier ist also nicht die Hagiographie allein das Material, auf dem sich eine Einbeziehung in die Philosophiegeschichte begründet, hinzu kommen die in diesen Schriften entworfenen Konzepte und diskutierten Fragen theologischer und philosophischer Natur.

Eine Entscheidung, inwiefern sich philosophisch relevantes Material in einer Heiligenvita findet, das eine Einbeziehung einer Person in eine Philosophiegeschichte rechtfertigt, muss anhand des jeweils konkreten Beispiels getroffen werden. Vielleicht gibt es Heiligenviten von Frauen und Männern (und hier müsste diese Quelle dann – um kurz auf den möglichen zweiten Einwand einzugehen – geschlechtsunabhängig zugelassen sein), die dies rechtfertigen. Im Fall der Walatta Petros handelt es sich um einen sehr ausführlichen Text, der ihre Biographie und den historischen Kontext recht genau schildert. Das Gleiche gilt für verschiedene Begebenheiten aus ihrem Leben, die insbesondere im Zusammenhang mit ihrem gelebten Glauben stehen. Philosophisch relevante Fragen spiegeln sich hier eher in ihren Handlungen, wie dem Aufbau koptischer klösterlicher Gemeinschaften im Widerstand gegen die Einführung des Katholizismus, in den entworfenen strikten Lebensregeln für die Gemeinschaften oder ihrer Askese, weniger in den relativ selten explizit erwähnten Aussagen, die sie getätigt haben soll. Trotzdem bietet der Text Ausgangsmaterial für philosophische Debatten: den gewaltlosen Widerstand der Walatta Petros ebenso wie metaphysische Fragen, die das Verhältnis von Körper und Seele betreffen. Hier bieten sich Ansätze für weitere philosophische Untersuchungen. Da die durch Wendy Belcher angestoßene Debatte, die eher auf sexuelle Orientierung und die Möglichkeit gelebter weiblicher Homosexualität unter den Bedingungen Äthiopiens im 17. Jahrhundert zielte, bisher weitere Forschungen weitgehend überschattet oder vielleicht auch verhindert hat, bleiben die Ergebnisse einer philosophischen Untersuchung und Debatte zur Hagiographie der Walatta Petros abzuwarten. Bereits jetzt ist allerdings klar, dass Walatta Petros ein wichtiger Bestandteil des ideengeschichtlichen Kontexts des 16./17. Jahrhunderts in Äthiopien ist und als Beispiel gelebten gewaltlosen Widerstands in Diskurse über Zär'a Yaqob, der sich den politischen und religiösen Auseinandersetzungen seiner Zeit entzogen hat, aufgenommen werden muss. Gerade in diesem Zusammenhang ist Walatta Petros eine kongeniale (wenn auch religiös konservative) Gegenspielerin.

Phillis Wheatley wurde in Kapitel 9 als Beispiel eingeführt, um die Situation intellektuell tätiger Schwarzer Frauen im 18. Jahrhundert in Nordamerika zu verdeutlichen. Der rechtliche Status als Sklav:in machte es für Männer und Frauen fast unmöglich, Bildung zu erwerben und einen ökonomisch abgesicherten Freiraum für intellektuelle Arbeit zu erlangen. Darüber hinaus begegneten afrikanische Männer und Frauen rassistischen Vorurteilen hinsichtlich ihrer intellektuellen Fähigkeiten und verfügten selten über die Möglichkeit, die üblichen Medien des Ausdrucks philosophischer Gedanken zu nutzen. Auch hundert Jahre später hatte sich an dieser Situation kaum etwas verändert. Insbesondere für Schwarze Frauen blieben selbst nach der Abschaffung der Sklaverei (1863) die Bedingungen fast unverändert. Die Schwarze Pädagogin Anna Julia Cooper (1858-1964)[75] beschreibt in ihrem Buch *A Voice from the South:*

75 Anna Julia Cooper ist ein weiteres Interessantes Beispiel, sie wurde sowohl in den Band *Presenting Women Philosophers* als auch in die *History of Philosophy Without Any Gaps* aufgenommen. M. H. Washington, »Introduction to *A Voice from the South*«, in: Tougas/ Ebenreck (Hg.), *Presenting Women Philosophers*, S. 15-24; Folge 61 »When and Where I Enter: Anna Julia Cooper« der Africana Philosophy-Reihe des Podcasts *History of Philosophy Without Any Gaps,* ⟨https://historyofphilosophy.net/anna-julia-cooper⟩, letzter Zugriff 4.3.2022. Cooper, 1858 noch als Sklavin geboren, bekam mit neun Jahren die Möglichkeit, eine Schule zu besuchen, die Lehrer:innen für den Unterricht ehemals versklavter Personen ausbildete, das *Saint Augustine's Normal School and Collegiate Institute.* Später besuchte sie das Oberlin College in Ohio und wurde nach ihrem Umzug nach Washington DC Lehrerin für Latein an der *M Street High-School,* deren Direktorin sie 1901 auch wurde. Auf ihrem Weg erfuhr Cooper vielfältige Widerstände und Diskriminierungen, sowohl aufgrund ihrer Hautfarbe als auch ihres Geschlechts. Cooper verfolgte trotz aller Widerstände hartnäckig ihren Bildungsweg und erwarb 1925, mit 67 Jahren, an der Sorbonne in Paris ein Doktorat in Geschichte, und zwar mit einer Arbeit zum Thema Sklaverei und zur Französischen und Haitianischen Revolution, in der sie sich mit den politischen Auseinandersetzungen um die Praxis der Sklaverei im revolutionären Frankreich der Jahre 1788 bis 1805 beschäftigt und dabei auch kritisch auf philosophische Begründungen reflektiert. Damit war sie die vierte afrikanisch-amerikanische Frau überhaupt, die einen Doktortitel erwarb. A. J. Cooper, *L'Attitude de la France à l'Egard de l'Esclavage Pendant la Révolution*, Paris 1925. Engl.: *Slavery and the French Revolu-*

By a Black Woman of the South (1892) die ungleichen Bildungschancen Schwarzer Mädchen deutlich: Während Jungen selbst bei dürftigen intellektuellen Voraussetzungen alle Unterstützung durch die Familien erhielten und weitgehend von anderen Arbeiten befreit wurden, mussten Mädchen, die nach höherer Bildung strebten, sich mit Vorurteilen auseinandersetzen und zusätzlich zum Studium für ihren Lebensunterhalt meist selbst aufkommen.[76] Denn Mädchenbildung wurde weniger Bedeutung beigemessen als der Ausbildung der Jungen. Dies hing nicht nur mit der ökonomischen Lage und den Chancen auf dem Arbeitsmarkt zusammen, sondern ebenso mit einer misogynen Ideologie, die auch in den Schwarzen Gemeinschaften vorherrschte. So stellt Cooper kritisch fest:

> Während unsere Männer bei fast allen anderen Themen auf der Höhe der Zeit zu sein scheinen, fallen sie bei der Frauenfrage in die Logik des sechzehnten Jahrhunderts zurück. […] Ich fürchte, die Mehrheit der Schwarzen Männer hält es noch nicht für sinnvoll, dass Frauen eine höhere Bildung anstreben.[77]

Beispielhaft für diesen Zustand ist die Aussage des berühmten Schwarzen Abolitionisten und Schriftstellers Frederick Douglass (1817/18-1895), der 1892 feststellte: »Ich habe bisher noch kein bedeutendes Buch gesehen, das von einer Schwarzen Frau geschrieben wurde, und ich kenne keine unter uns, die man mit Fug und Recht als berühmt bezeichnen könnte.«[78] Auch die 1897 gegründete *American Negro Academy* (ANA), die erste Organisation zur Förderung der höheren akademischen Bildung von Menschen afrikanischer Herkunft, war ausschließlich Männern zugänglich und erklärte als eines ihrer Ziele die Förderung der »schwarzen Männlichkeit« (black manhood), verband also offensichtlich höhere Bildung mit einem Bild von Männlichkeit.[79] Angesichts einer Situation, in der sich rassistische und sexistische Vorurteile kreuzten, ist es fast ein

tionists 1788-1805, Lewiston 1988.

76 Cooper, *A Voice from the South*, S. 31.

77 Ebd., S. 75. Übersetzung A. G.

78 Brief von Frederick Douglass an M. A. Majors, 26. August 1892. Wiederabdruck in: D. Sterlin (Hg.), *We are your Sister: Black Women in the Nineteenth Century*, New York 1984, S. 436. Übersetzung A. G., siehe dazu auch Washington, »Introduction to *A Voice from the South*«, S. 19.

79 Ebd.

Wunder, dass Phillis Wheatley überhaupt literarisch tätig werden konnte – noch dazu in einer Sprache, die nicht ihre Muttersprache war. Denn zu ihrer schwierigen rechtlichen und ökonomischen Situation kam hinzu, dass sie in einen epistemischen Rahmen geworfen wurde, der ihr zunächst völlig fremd und zudem von Feindseligkeit gegenüber Schwarzen Frauen geprägt war.

Phillis Wheatley ist heute eine zentrale Figur in der afrikanisch-amerikanischen Literaturgeschichte. Aber gehört sie in eine Philosophiegeschichte? Wenn man aufmerksam ihre Gedichte und Briefe liest, jene Ausdrucksmedien, die ihr, die nie eine philosophische Ausbildung erhalten hat, zur Verfügung standen, spiegeln sich hier ein Freiheitsbegriff ebenso wie Reflexionen über die Kunst als Ausdrucksmöglichkeit wider, die eine Aufnahme in eine Philosophiegeschichte rechtfertigen, auch wenn diese Gedanken insgesamt fragmentarisch bleiben.[80] Der Fall Wheatley ist ein wichtiges Beispiel für die Notwendigkeit, bei der Rekonstruktion philosophischen Wissens marginalisierter und unterdrückter Menschengruppen ein breites Korpus an Texten mit in Betracht ziehen.[81] Die Integration literarisch tätiger Frauen in die Philosophiegeschichte wird im europäisch-nordamerikanischen feministischen Kanon bereits praktiziert (siehe unter anderem Emily Dickinson[82]). Es gibt daher keinen Grund, dieses Prinzip nicht auch auf Phillis Wheatley auszuweiten.

Im Gegensatz zu Wheatley ist Nana Asma'u ein Beispiel für eine Denkerin, die nicht nur in einem bestimmten epistemischen Rahmen (der islamischen Theologie und Philosophie), sondern auch in den Machtstrukturen ihres Kontextes (dem Sokoto-Kalifat) fest verankert war. Die Rechte der Frau, wie das Recht auf Bildung,

80 Zur Einbindung Wheatleys in den philosophischen Kanon siehe die Argumente in Folge 33 »Young, Gifted, and Black: Phillis Wheatley« der Africana Philosophy-Serie des Podcasts *History of Philosophy Without Any Gaps* ⟨https://historyofphilosophy.net/phillis-wheatley/⟩, letzter Zugriff 4.3.2022.

81 Die Forderung, angesichts des mehrfach marginalisierten und diskriminierten Status Schwarzer Frauen eine breitere Quellenbasis für die Rekonstruktion ihres Wissens einzubeziehen, ist eine Grundforderung des *Black Feminsim*. Vgl. P. Hill Collins, *Black Feminist Thought: Knowledge, Consciousness and the Politics of Empowerment*, New York u.a. 1991; A. Walker, *In Search of Our Mother's Gardens: Womanist Prose*, San Diego 1983.

82 Siehe u.a. J. Deppman, M. Noble u.a. (Hg.), *Emily Dickinson and Philosophy*, Cambridge 2013.

werden von ihr allein in diesem Rahmen begründet und ausgelotet. Der Rahmen an sich wird nicht in Frage gestellt und ebenso wenig der Handlungsspielraum und die Position der Frau. Moralische Werte werden den heiligen Schriften entnommen und als Handlungsanleitungen fortgeschrieben. Nicht nur für ein liberales Verständnis von Frauenemanzipation sind religiös-konservative Haltungen, in denen ein patriarchales Geschlechterverhältnis nicht in Frage gestellt wird, eine Herausforderung. Auch unter dem Aspekt philosophischer Relevanz ist das Beispiel Nana Asma'u problematisch, mangelt es ihren Texten doch an kritischer Distanz zu gegebenen Normen und vorgefundenen Auffassungen. Dabei geht es nicht darum, sich vom religiösen Rahmen lösen zu müssen, sondern vielmehr darum, argumentativ vorgegebene Normen – mit den Mitteln der Exegese der heiligen Texte und/oder mit Bezug auf vorangegangene philosophische Diskurse – zu durchleuchten, zu begründen oder abzulehnen.

Interessant ist in diesem Zusammenhang, dass ihr Gedicht »Vertraut auf Gottes Wahrheit« in seiner Grundintention ebenso wie in den vermittelten Werten in gewisser Weise an die *Lehre des Ptahhotep* aus dem Alten Ägypten (Kapitel 5.3.) erinnert. Auch bei Nana Asma'us Gedicht handelt es sich in erster Linie um Handlungsanweisungen für ein Verhalten, das dem religiösen Rahmen entspricht und ein harmonisches soziales Miteinander möglich machen soll. Wer die vorgegebenen Regeln verletzt, muss mit entsprechenden Konsequenzen rechnen – im Diesseits, vor allem aber im Jenseits. Doch weitaus weniger als im Falle des Ptahhotep werden hier die vorgegebenen Normen hinterfragt. Es gibt kein Abwägen verschiedener Argumente, sondern nur den einzigen wahren Weg. Dieser wird nicht diskursiv, das heißt in der Auseinandersetzung mit divergierenden Interpretationen gewonnen, sondern allein auf Basis der Koran-Interpretation der Kalifen von Sokoto. Da Nana Asma'u aufgrund ihrer Ausbildung ein breiterer theologischer und philosophischer Diskurs bekannt gewesen sein dürfte und sie zudem eine gesellschaftliche Position ausfüllte, in der ihr die Teilnahme an theologischen Debatten möglich war, kann die fehlende Auseinandersetzung mit anderen Theorien oder Auslegungen durchaus als Mangel betrachtet werden.

Nana Asma'u ist ein wichtiges Beispiel für gelehrte Frauen in der islamischen Theologie in Westafrika. Aber sollte sie in eine Philosophiegeschichte einbezogen werden? Ich denke, wir bewegen uns hier in einem Grenzbereich. Während konkret der Handlungsbereich der Frauen im Rahmen des islamischen Regelsystems an verschiedenen Stellen ihrer Schriften ausgelotet und betont wird, muss im Allgemeinen festgestellt werden, dass ihre Texte den durch die heiligen Schriften (insbesondere den Koran), aber auch die Lehren ihres Vaters vorgegebenen Rahmen nicht überschreiten oder hinterfragen. Nana Asma'u ist und bleibt eine wichtige Persönlichkeit im Rahmen der Ideengeschichte Afrikas – eine Aufnahme in eine Philosophiegeschichte ist jedoch nicht leicht zu legitimieren. Insofern ist Nana Asma'u vor allem ein interessantes Beispiel für den Umstand, dass auch eine Philosophiegeschichtsschreibung in globaler und feministischer Perspektive einer Bewegung des Ein- und Ausschließens von Personen, Konzepten, Theorien oder Praktiken nicht entkommen kann. Diesem Problem werde ich mich im nächsten und abschließenden Kapitel genauer zuwenden.

Ein Vergleich zwischen Walatta Petros, Phillis Wheatley und Nana Asma'u macht meines Erachtens deutlich, dass die Frage, welche Kriterien und Maßstäbe bei der Suche nach Philosophinnen der vergangenen Jahrhunderte in den verschiedenen Regionen der Welt angelegt und zu deren Beurteilung angewendet werden sollen, nicht allgemein beantwortet werden kann. Der jeweilige Kontext und die spezifische Problemlage, zum Beispiel im Hinblick darauf, ob wir es mit einer oralen oder schriftlichen Tradition zu tun haben, aber auch die soziale, rechtliche und ökonomische Situation einzelner Denkerinnen, ihr Zugang zu philosophischer Bildung und ihre entsprechenden Ausdrucksmedien werden neben dem konkreten Inhalt des überlieferten Materials zu den Kriterien gehören müssen, anhand deren Unterscheidungen gefällt werden.

11.3. Konsequenzen für die Philosophiegeschichtsschreibung

Mir kann in meiner Diskussion und Einschätzung der oben genannten Denkerinnen nun vorgeworfen werden, dass meine Beurteilung weiterhin einem ›westlich‹ orientierten Bewertungssystem unterliegt und somit eine tatsächliche Reform oder gar Dekonstruktion des vorherrschenden Modells der Philosophiegeschichtsschreibung mit diesem Ansatz nicht erfolgt. Zumindest eine starke Orientierung am Vorbild der europäisch-amerikanischen Entwürfe einer Geschichte der Philosophinnen wird in diesem Kapitel deutlich. Für ein solches Vorgehen lassen sich jedoch die folgenden Gründe anführen:

Der erste Punkt betrifft Erfordernisse, die speziell das Fortschreiben einer *Philosophie*geschichte – im Gegensatz zu einer allgemeineren *Ideen*geschichte oder *Wissens*geschichte – mit sich bringt (siehe dazu den entsprechenden Abschnitt in der Einleitung). Philosophiegeschichtsschreibung wird auch in Zukunft (und auch in globaler, feministischer, antirassistischer Ausrichtung) Debatten des Ein- und Ausschließens nicht vermeiden können. Denn wenn es darum gehen soll, die Geschichte einer spezifischen Form des Denkens oder einer bestimmten akademischen Disziplin zu dokumentieren, ist es nicht sinnvoll, *jede* Form des Denkens oder der Gelehrsamkeit darin aufzunehmen. Wo und aus welchen Gründen Grenzen zu ziehen sind, wird in kontroversen Diskursen beständig auszutesten sein und betrifft ganz grundlegend unser Verständnis von Philosophie. In meinem Projekt versuche ich, mögliche Ansatzpunkte der Ausweitung eines seit dem Ende des 18. Jahrhunderts besonders eng geführten Diskursrahmens vorzuschlagen und zu erproben. Den Konsequenzen für den Philosophiebegriff widme ich mich – unter Berücksichtigung der Ergebnisse aller Kapitel – im folgenden Kapitel. Hier sei vorerst lediglich angemerkt, dass für mich die kritische Funktion der Philosophie ein grundlegendes Kriterium philosophischen Denkens bleibt, anhand dessen Unterscheidungen getroffen und legitimiert werden können. Kritik an bestehenden Normen oder Vorstellungen sowie an gesellschaftlichen Problemen spiegeln sich sowohl im Handeln der Walatta Petros als auch in den Gedichten und Briefen der Phillis Wheatley wider. Nana Asma'us Werk hingegen affirmiert und legitimiert eine konservative Auslegung des Islam sowie die Strukturen des Sokoto-Kalifats, in denen Asma'u selbst Teil der Machtelite war. Auch eine kritische Auseinandersetzung mit anderen Positionen ist in ihren Texten nicht erkennbar. Damit wäre ihr Einschluss in eine Philosophiegeschichte problematisch.

Denkbar wäre allerdings der Einschluss von Nana Asma'u als Vorläuferin einer wenn auch konservativen, so doch auf die Wahrung der Rechte und auf die Bildung von Frauen zielenden intellektuellen und politischen Bewegung, die in die modernen islamischen feministischen Theorien mündete.[83] Gerade dieser Punkt verweist darauf, dass das Konzept von Philosophie in unserem Zusammenhang nicht das einzige ausschlaggebende Kriterium für einen Ein- oder Ausschluss ist. Ein ebenso wichtiges Kriterium kann das Motiv einer Erzählung darstellen: Welche Geschichte unserer Gegenwart wollen wir erzählen und was soll diese Geschichte in Zukunft bewirken? Welches Bild von der Vergangenheit wollen wir schaffen, um neue Perspektiven des Philosophierens zu eröffnen? Auch unter diesem Aspekt, der im anschließenden Kapitel nochmals aufgenommen wird, können Unterscheidungen getroffen werden.

Der zweite Punkt betrifft meine eigene Einbindung in einen bestimmten epistemischen Rahmen, in dem ich akademisch sozialisiert wurde. Dem Rahmen der eigenen akademischen Sozialisation zu entkommen, ist äußerst schwierig. Eine ständige Konfrontation mit Konzepten und Theorien aus anderen Diskurs- und Denkrahmen, die Erweiterung von Sprachkenntnissen und ein fortgesetzter interkultureller und interdisziplinärer Austausch können aber zur graduellen Erweiterung und Veränderung der ursprünglichen Position beitragen.

Allerdings ist dies kein einseitiger Prozess. Und so sollten Überlegungen und Debatten, die innerhalb der europäisch-amerikanischen feministischen Philosophiegeschichtsschreibung stattgefunden haben, auf ihre Anschlussfähigkeit für die Rekonstruktion von Leben und Werk von Philosophinnen und eine entsprechende Reform bisheriger Narrative der Philosophiegeschichtsschreibung in außereuropäischen Kontexten überprüft werden – auch wenn diese Kontexte spezifische Probleme aufwerfen. Eine Anknüpfung scheint aufgrund einiger Gemeinsamkeiten prinzipiell möglich und sinnvoll zu sein. Ähnlich wie in Europa begegnen wir zum Beispiel in der islamischen Welt oder Asien der gleichen Mischung aus struktureller und institutioneller Diskriminierung, verbunden mit einer misogynen Ideologie. Natürlich können Erkenntnisse der ›westlichen‹ Frauenforschung nicht ohne weiteres auf außereuropäische Kontexte übertragen werden, aber zumindest fällt der Mangel an Frauengestalten in Narrativen der Philosophiegeschich-

83 Siehe dazu ausführlicher Kapitel 4 »Feministische Theorien und Islam« in A. Graneß, M. Kopf, M. Kraus, *Feministische Theorien aus Afrika, Asien und Lateinamerika*, Wien 2019, S. 167-212.

te außerhalb Europas ebenso ins Auge wie in der europäischen Tradition. So muss auch an außereuropäische philosophische Traditionen die Frage herangetragen werden, warum nur wenige oder gar keine Frauen aufscheinen. Worin dafür die Ursachen konkret zu suchen sind, muss für jeden Kontext entsprechend detailliert geprüft werden. Es muss untersucht werden, inwiefern Grundbegriffe und Konzepte außereuropäischer Philosophietraditionen ebenfalls durch eine geschlechtsspezifisch männliche Perspektive und misogyne Tendenzen geprägt wurden. Eine solche Untersuchung wurde, so mein derzeitiger Erkenntnisstand, mit Bezug auf außereuropäische Philosophietraditionen bisher nicht vorgenommen.[84] Ebenso muss erforscht werden, welche institutionellen und strukturellen Bedingungen zum Ausschluss von Frauen aus Narrativen außereuropäischer Philosophietraditionen geführt haben und welche Theorien und Argumente zur Legitimation eines solchen Ausschlusses herangezogen wurden. Darüber hinaus bilden die Entwicklung von Methoden und die Frage des Erschließens neuer Quellen für die Rekonstruktion des Wissens von Philosophinnen einen weiteren wichtigen Anknüpfungspunkt. Hier kann auf Ergebnisse der europäisch-amerikanischen feministischen Philosophiegeschichtsschreibung zurückgegriffen werden, ebenso wie auf die Ergebnisse der mit ihr verbundenen Methodendiskussion.

Eine grundlegende Erkenntnis aus den vorangegangenen und diesem Kapitel ist allerdings, dass ein intersektionaler Ansatz im Sinne einer engen Verschränkung von feministischen, antirassistischen und globalen Perspektiven unabdingbar für die Transformation der Philosophiegeschichtsschreibung ist. Denn zum einen wird deutlich, dass in außereuropäischen Philosophietraditionen ein ähnlicher Ausschluss von Frauen stattgefunden hat wie in Europa, was das Einbringen einer feministischen Perspektive erforderlich macht. Zum anderen ist festzustellen, dass der in den letzten Jahrzehnten in Europa und Nordamerika entstandene Kanon der Philosophinnen überwiegend europazentriert und ebenso schriftzentriert ist. Hier steht eine globale Erweiterung des Problemfeldes

84 Ich kann mich allerdings nur auf Debatten und Arbeiten zu außereuropäischen Philosophietraditionen beziehen, die in einigen akademischen europäischen Sprachen geführt wurden. Einen Überblick über den Stand der feministischen Kritik an der Philosophiegeschichtsschreibung in nicht-europäischen Sprachen wie zum Beispiel Arabisch, Persisch, Chinesisch etc. habe ich nicht.

aus. Auf eine enge Zusammenarbeit von Philosophiehistoriker:innen und weiterer Spezialist:innen der verschiedenen Regionen der Welt und internationale sowie interdisziplinäre Forschungsprojekte ist in diesem Sinne zu hoffen.

Eine kritische Diskussion der verschiedenen philosophiegeschichtlichen Narrative der Welt unter feministischer Perspektive kann aber nicht bei einer Kanonkritik stehen bleiben, sondern sollte auf eine Zukunft hinwirken, in der Frauen an der Schöpfung philosophischen Wissens gleichberechtigt beteiligt werden können. Ökonomische Unabhängigkeit und das von Virginia Woolf eingeforderte »Zimmer für sich allein«[85] im Sinne eines eigenen diskursiven Raums ebenso wie eines eigenen Arbeitsraums und geistiger Unabhängigkeit sind wichtige, aber keine hinreichenden Bedingungen. Chancengleichheit mit Blick auf Karrieren an akademischen Institutionen und die Vereinbarkeit von Familie und Beruf gehören ebenso dazu wie ein grundlegender Bruch mit einem epistemischen Rahmen, der dem Wissen von Frauen bis heute weniger Wert beimisst als dem von Männern. Andernfalls werden über Jahrhunderte hinweg von Männern geprägte Rahmenbedingungen und Maßstäbe für die Wissenschaft reproduziert. Relevant ist weiterhin eine Ahnengalerie von »Müttern« philosophischen Denkens zur Orientierung für Studierende aller Geschlechter.[86] Denn die Philosophie als Disziplin und ihre Geschichtsschreibung sind nicht nur notorisch eurozentrisch, sondern hinken auch in der Einbeziehung von Frauen – sowohl mit Blick auf Forschungsagenden und Lehrpläne als auch bei der Besetzung von Stellen – anderen Disziplinen deutlich hinterher.[87]

Die beschriebenen Schwierigkeiten bei der Rekonstruktion des intellektuellen Schaffens von Frauen mögen mit ein Grund dafür sein, dass sich bis heute nur wenige Forscher:innen dieser Arbeit widmen. Die Arbeit an der Rekonstruktion von Geschichten der

85 V. Woolf, *A room of one's own*, London 1929.

86 G. Lerner, *Why History Matters. Life and Thought,* New York 1997. Siehe dazu auch den Erfahrungsbericht von S. Ebenreck, »Finding new roots as a woman philosopher«, in: Tougas/Ebenreck (Hg.), *Presenting Women Philosophers*, S. 105-109.

87 Vgl. S. Haslanger, »Changing the Culture and Ideology of Philosophy: Not by Reason (Alone)«, in: *Hypatia* 23 (2008), S. 210-220; L. Antony, »Different Voices or Perfect Storm: Why Are There So Few Women in Philosophy?«, in: *Journal of Social Philosophy* 43/3 (2012), S. 227-255.

Philosophinnen im außereuropäischen Kontext verlangt neben der fachlichen Qualifikation darüber hinaus die jeweiligen Sprachkenntnisse des untersuchten Kontextes. Sie benötigt Zeit und kreative Lösungen. Der Faktor Zeit ist für junge Akademiker:innen, die eine Karriere im Wissenschaftsbetrieb suchen, aufgrund der Ökonomisierung der Wissenschaftsprozesse heute zu einem raren Gut geworden, und so sind leichter und schneller zu bearbeitende Themen mit Blick auf akademische Karrieren von Vorteil. Es bleibt zu hoffen, dass sich die Forschung zu philosophierenden Frauen in allen Regionen der Welt trotz der genannten Hinderungsgründe zu einer konsequent verfolgten akademischen Agenda entwickeln kann.

Kapitel 12
Philosophiegeschichtsschreibung der Zukunft

In der Philosophiegeschichtsschreibung werden Ordnungen des Wissens produziert, die einem bestimmten gesellschaftlichen und akademischen Kontext und Zeitgeist entspringen sowie einem bestimmten vorherrschenden Verständnis von Philosophie und ihrer akademischen Disziplin verpflichtet – und somit wandelbar – sind. Dies wurde an verschiedenen Beispielen, insbesondere aus der europäischen Tradition, in den vorangegangenen Kapiteln illustriert (vgl. Kapitel 1 und 4). Und so müssen wir uns abschließend fragen, welche Geschichten der Philosophie wir in Zukunft erzählen wollen. Angesichts der Herausforderungen einer globalisierten und postkolonialen Welt, angesichts der Interventionen der feministischen Philosophie, von außereuropäischen Philosoph:innen, der de- und postkolonialen Theorie sowie der Forderung nach einer Dekolonisierung der Wissenschaften und epistemischer Gerechtigkeit[1] muss überdacht werden, welches Bild von der Vergangenheit philosophischen Denkens wir zukünftig schaffen wollen, um eine Disziplin, die bis heute als notorisch eurozentrisch[2] und patriarchal organisiert kritisiert wird, grundsätzlich zu verändern. Zumal das heute vorherrschende Narrativ der Philosophiegeschichte, das diese von allen überregionalen historischen und ideengeschichtlichen Verflechtungen ›reinzuwaschen‹ versuchte und damit letztlich die Illusion einer abstrakten ›Geschichte der Vernunft‹ zeichnete, die in Europa zu ihrem Höhepunkt gelangt sei, durch die Ergebnisse der Rekonstruktionsarbeit der letzten Jahrzehnte in den verschiedenen Regionen der Welt als obsolet betrachtet werden muss. Dieses Bild der Philosophiegeschichte, wie es sich auch in aktuellen Publikationen und in der Lehre an philosophischen Instituten widerspiegelt, wird weder der komplexen Entstehung und Entwicklung philosophischer Theorien in Europa und deren Einbindung in den Weltkontext gerecht noch der Pluralität der Denk- und Ausdrucksformen des Philosophierens durch die Jahrhunderte in aller Welt.

1 Vgl. Fricker, *Epistemic Injustice* oder Santos, *Epistemologies of the South*.
2 Vgl. Garfield/ Norden, »If Philosophy Won't Diversify, Let's Call It What It Really Is«.

Die Probleme und Herausforderungen, vor denen jeder Versuch einer Transformation der Philosophiegeschichtsschreibung in globaler Perspektive steht, habe ich in den vorangegangenen Kapiteln anhand von Beispielen aus dem afrikanischen Kontext versucht aufzuzeigen. Ziel war es, ein methodisches, aber auch wissenschaftsethisches Bewusstsein für die Komplexität dieser Aufgabe zu entwickeln. In diesem abschließenden Kapitel werden die verschiedenen behandelten Aspekte und Probleme in einem ersten Schritt kurz zusammengefasst. Da die Beurteilung aller hier besprochenen Probleme stets mit einem Verweis auf das je zugrundeliegende Philosophieverständnis endete, wird im nächsten Abschnitt die Diskussion des Philosophiebegriffs, der in der Einleitung bereits in heuristischer Weise formuliert wurde, auf der Basis der gewonnenen Erkenntnis nochmals aufgenommen. Im Anschluss werden die methodischen Herausforderungen für eine neue Philosophiegeschichtsschreibung systematisch zusammengefasst und erläutert. Das Kapitel endet mit einigen wissenschaftsethischen Überlegungen für eine globale und dekoloniale Philosophiegeschichtsschreibung.

12.1. Zusammenfassung der dargelegten Probleme

Die in der vorliegenden Arbeit diskutierten Probleme der Philosophiegeschichtsschreibung bewegen sich auf zwei Hauptebenen: Zum einen ging es um eine *Diagnose und Kritik des Fortwirkens eines Philosophieverständnisses*, das erst gegen Ende des 18. Jahrhunderts wirksam wurde, Philosophie eng an eine bestimmte Vorstellung von Wissenschaft, Rationalität und Vernunft gebunden hat und seitdem die Disziplin der Philosophie sowie ihre Geschichtsschreibung bestimmt. Zum anderen wurden anhand ausgewählter Beispiele aus der Philosophiegeschichte Afrikas einige *grundlegende methodische und wissenschaftsethische Probleme* aufgezeigt, mit denen jeder Versuch einer neuen Philosophiegeschichtsschreibung, der die ausgetretenen Pfade der europäischen Philosophiehistorie verlassen und eine globale Perspektive einnehmen möchte, sich auseinandersetzen sollte.

Ein erster wichtiger Schritt auf dem Weg zur Überwindung einer dominant gewordenen Erzählung der Philosophiegeschichte ist eine Analyse ebendieser Gewordenheit der Erzählung und das Aufdecken von Ein- und Ausschlussmechanismen, die zum Entstehen dieser Erzähltradition beigetragen haben (vgl. Kapitel 1). Deutlich wird dabei, dass sich verändernde Vorstellungen von dem, was als Denkform oder Disziplin Philosophie gelten sollte, zum Ein- oder Ausschluss von philosophischen Theorien, Konzepten und Praktiken beziehungsweise Philosophen und Philosophinnen geführt haben. In diesen Prozessen wurden auch außereuropäische Philosophietraditionen zunächst ein-, dann aber wieder ausgeschlossen, Ursprünge der Philosophie bei Adam oder Moses gesucht, bei den alten Hebräern, den alten Ägyptern oder eben bei den alten Griechen (vgl. Kapitel 4). In diesen Prozessen erfuhr der Gegenstand der Untersuchungen – die Philosophie selbst – vielfältige Veränderungen; Gleiches gilt für die Darstellungsformen, die Einteilungen von Epochen und das Ziel der Untersuchungen. Und so hat die Art und Weise, Philosophiegeschichte in Europa zu erzählen, viele Phasen durchlaufen, angefangen bei den ersten Bibliographien, Doxographien und Biographien in der griechischen Antike über die Ausweitung des Untersuchungsgegenstandes zur Weltweisheit[3] und Polyhistorie[4] bis zur Verengung des Forschungsgegenstandes mit dem Ziel, eine stringente teleologische Fortschrittserzählung, im Sinne der Entwicklung der Vernunft oder des absoluten Geistes, zu konstruieren, die ihren Anfang bei Thales nimmt.[5] Dazu gehören in jüngerer Zeit auch die Aufnahme von in diesem Rahmen völlig neuen Aspekten wie der Institutionengeschichte.[6] Ein Blick auf die eigene Geschichtlichkeit der Philosophiegeschichtsschreibung verdeutlicht nicht nur den Konstruktionscharakter der heute dominierenden Erzähltradition, sondern auch des heute vorherrschenden Philosophiebegriffs und lässt uns erkennen, dass es sich bei unserem gegenwärtigen Philosophieverständnis um eine ganz spezifische historische Gestalt der Philosophie handelt, die keine universale

3 Meiners, *Grundriß der Geschichte der Weltweisheit* (1786).

4 Morhof, *Danielis Georgii Morhofii Polyhistor literarius, philosophicus et practicus* (1732).

5 Vgl. Tiedemann, *Der Geist der spekulativen Philosophie* (1791); Tennemann, *Geschichte der Philosophie* (1798-1819); Ders., *Grundriß der Geschichte der Philosophie* (1812).

6 Wichtige Beispiele sind Schneider, *Philosophie und Universität*; für die arabische Welt: K. Moser, *Akademische Philosophie in der arabischen Welt. Inhalte, Institutionen, Periodika,* Berlin 2018.

Gültigkeit beanspruchen kann. Der Philosophiebegriff war – allein mit Blick auf die europäische Philosophiegeschichte – nie statisch, sondern wurde in diskursiven Prozessen stetig verändert und neu gewonnen. Das Verständnis von Philosophie und Philosophiegeschichtsschreibung hat sich auch im Zusammenhang mit gesellschaftlichem Wandel verändert, wie zum Beispiel im Kontext von Aufklärung und Säkularisierung oder im Kontext der europäischen Expansion. Gerade die Auswirkungen des Kolonialismus auf die Philosophie und ihre Geschichte und die Frage, inwiefern diese zur Entwertung und zum Ausschluss von philosophischen Traditionen in anderen Regionen der Welt beigetragen haben, werden bisher kaum in den Blick genommen, gerade sie müssen aber zu einem zentralen Untersuchungsgegenstand einer neuen Philosophiegeschichtsschreibung in globaler Perspektive werden.

Auch die in jüngerer Zeit erfolgte Öffnung für Philosophiegeschichten Chinas, Indiens, Japans, der arabischen und der jüdischen Welt oder Afrikas im Rahmen mehrbändiger Werke zur Philosophiegeschichte[7] oder auch in Einzelbänden setzt sich nicht kritisch mit der Geschichtlichkeit der Philosophiegeschichtsschreibung und deren Methoden und Begriffen auseinander, sondern integriert in additiver Weise bisher ausgeschlossene Traditionen, ohne die bisherige Form der Philosophiegeschichtsschreibung einer grundlegenden Kritik zu unterziehen. Dies führt in solchen zwar grundsätzlich begrüßenswerten Projekten zum Fortbestehen grundlegender Probleme: Rassismen und Zentrismen sowie der Ausschluss von Frauen aus der Philosophiegeschichtsschreibung werden weder mit Bezug auf europäische noch mit Bezug auf außereuropäische Philosophietraditionen untersucht; ein teleologisches Modell der Philosophiegeschichte wird nicht grundsätzlich in Frage gestellt, obwohl verschiedene Ursprünge von Philosophien in solchen Werken dokumentiert werden; europäische Epocheneinteilungen werden fortgeführt oder übernommen; Philosophiegeschichtsschreibung bleibt weiterhin schriftzentriert, andere Ausdrucksmöglichkeiten und Manifestationen von Philosophie werden nicht in den Blick genommen; kontinentale, regionale oder nationale Perspektiven bleiben erhalten mit der Konsequenz, dass Ver-

7 Vgl. *The Oxford History of Philosophy* (2011-2018) oder die Reihe *Routledge History of World Philosophies* (1996-2017).

flechtungen nicht erkannt werden, ungeachtet der Tatsache, dass ein solches Verfahren zu künstlichen Abgrenzungen führt, die nicht selten ideologischen Charakter tragen. Diese Abgrenzungsversuche und ihre Konsequenzen wurden vor allem im Kapitel 3 anhand des Konstrukts Afrika dargelegt, dessen geographische Einheit häufig durch die Abtrennung Ägyptens (in der antiken Welt) oder Nordafrikas (bis heute) in Frage gestellt wird, eine Abtrennung, die, wie in Kapitel 10 anhand eines Beispiels aus der arabisch-islamischen Philosophie gezeigt wird, der überregionalen Einbindung von Denktraditionen und Personen nicht entspricht. Die Verbreitung der arabisch-islamischen Philosophie bis weit ins südliche Afrika und über weite Teile Asiens und Europas sowie das Entstehen einer afrikanischen Diaspora in Europa, den Amerikas und der Karibik ab dem 16. Jahrhundert machen aber deutlich, dass selbst ein Fokus auf den afrikanischen Kontinent als solchen den Verflechtungen der Philosophiegeschichte(n) nicht gerecht werden kann. In welche Probleme ein Mangel an verflechtungsgeschichtlichem Verständnis führt, zeigen unter anderem die Debatten um die frühchristliche Philosophie (Kapitel 7), die gleich auf mehreren Ebenen für eine globale Philosophiegeschichtsschreibung interessant sind. Dies betrifft zum einen die Frage, inwiefern Gelehrte, die sich im Rahmen eines religiösen Denksystems bewegen, Teil einer Philosophiegeschichte sein können – und unter welchen Bedingungen. Es handelt sich dabei um die grundsätzliche und übergreifend relevante Frage danach, was und was nicht als Beitrag zu einer Philosophiegeschichte gezählt werden kann – in Abgrenzung zu anderen Formen des Wissens und anderen Disziplinen. Zum anderen ist gerade der Zeitraum des Frühchristentums eine Phase, in der die enge überregionale Verflechtung von Menschen und Ideen anhand einzelner Personen besonders deutlich gemacht werden kann. Allerdings wurden die in dieser Zeit entstandenen Theorien bis heute im Wesentlichen nur aus einer Perspektive untersucht, nämlich als eingebettet in eine griechisch-römische Denktradition. Damit wird dieses philosophische und theologische Erbe zugleich als Bestandteil einer einzigen Region, nämlich Europas, reklamiert. Es ist in der heutigen Phase der Dekolonisierung der Wissenschaften nicht erstaunlich, dass sowohl das Alte Ägypten als auch nordafrikanische Denker:innen der frühchristlichen Phase nun ebenso für eine Philosophiegeschichte Afrikas reklamiert werden. Gerade anhand solcher Debatten wird die Notwendigkeit einer verflechtungsgeschichtlichen Perspektive besonders deutlich. Eine Überwindung der ideologischen Einfärbungen und Instrumentalisierungen von Narrativen der Philosophiegeschichte bedarf einer Kritik und einer Veränderung bisher gesetzter Rahmen sowie der Suche nach neuen Methoden, die sich der bisherigen Logik solcher Unternehmungen entgegenstellt. In einer verflechtungsgeschichtlichen Perspektive müssten dann auch Verbindungen zu den christlichen nubischen und äthiopischen Reichen dieser Jahrhunderte mit in den Blick genommen werden, was zu einem weiteren Perspektivwechsel beitragen würde.

Insbesondere die Kapitel 9, 10 und 11 widmen sich der Untersuchung von rassistischen und sexistischen Mustern in der Philosophiegeschichtsschreibung. Im Mittelpunkt steht dabei die europäische Philosophie der Aufklärung, deren Rolle für die Institution der Sklaverei sowie die Entstehung und Legitimierung rassistischer Theorien erst ansatzweise untersucht wurde. Da Afrika ein Schnittpunkt sowohl der europäischen als auch der arabischen Sklaverei war, bietet sich dieser Raum zugleich an, die Verstrickung anderer philosophischer Traditionen in die Institution der Sklaverei über den europäischen Horizont hinausgehend zu untersuchen und die je präsentierten Begründungsmuster und mögliche rassistische Tendenzen kritisch in den Blick zu nehmen. Gerade anhand der Institution der Sklaverei lassen sich mit Blick auf die verschiedenen involvierten Philosophietraditionen Grundfragen und Grundbegriffe der Philosophie diskutieren, wie zum Beispiel: Was ist der Mensch? Welchen Stellenwert hat die Freiheit des Einzelnen? Wie wird der Begriff der Freiheit verstanden? Wie wird die Ungleichheit oder Unfreiheit Einzelner begründet und legitimiert (Geschlecht, Hautfarbe, sozialer Status, Fähigkeiten, Religionszugehörigkeit etc.)? Stehen solche Legitimationsstrategien im Widerspruch zu anderen gesellschaftlichen oder religiösen Idealen (wie der Gleichheit vor Gott oder dem Freiheitsideal der Aufklärung)? Wirken bestimmte Ausgrenzungsmuster heute weiter und wie?

Deutlich gemacht wurde zudem, dass es nötig ist, die verschiedenen Ausschlussmechanismen in einen ganzheitlichen Blick zu nehmen und damit zum Beispiel die Verschränkung von Geschlechter- und Rassediskursen deutlich zu machen. Kapitel 11 widmet sich in diesem Zusammenhang explizit dem Ausschluss von Frauen aus der Philosophiegeschichte, der mit Blick auf außereuropäische Philosophietraditionen gleich in zweifacher Weise erfolgt, nämlich aufgrund des Geschlechts und als Teil außereuropäischer Philosophietraditionen. Außereuropäische Philosophinnen waren bisher selten Untersuchungsgegenstand der feministischen Philosophiegeschichtsschreibung. Und auch in der interkulturellen Philosophie oder außereuropäischen regionalen Philosophiegeschichtsschreibungen hat die Rekonstruktion des Schaffens von Philosophinnen bisher kaum Beachtung gefunden. Gerade dieser Umstand macht deutlich, dass ein intersektionales Herangehen auch in einer Disziplin wie der Philosophiegeschichtsschreibung ein brauchbarer, wenn nicht sogar dringend notwendiger Ansatz ist.

Der Versuch einer globalen und dekolonialen Neuorientierung in der Philosophiegeschichtsschreibung stellt uns vor nicht unerhebliche methodische Probleme, insbesondere bezüglich der Erweiterung der Quellenbasis. Beispielhaft wurden hier Texte aus dem Alten Ägypten diskutiert (Kapitel 5), die Frage nach dem Status philosophischer Traditionen in überwiegend oralen Kulturen (Kapitel 6), die Suche nach Manifestationen philosophischen Wissens von Frauen (Kapitel 11) oder von anderen marginalisierten Gruppen (Kapitel 9.1.). Eine besondere Herausforderung ist dabei, wie in Kapitel 6 ausführlich diskutiert wurde, die Frage nach der Möglichkeit der Einbeziehung von philosophischen Traditionen, aus denen uns keine schriftlichen Überlieferungen vorliegen. Die Probleme reichen von der Frage, ob Schrift eine Voraussetzung des Philosophierens ist, über die Möglichkeit der Abgrenzung philosophisch relevanter von anderen Formen des Wissens in oralen Traditionen bis zur Frage nach den Ausdrucksformen philosophischen Wissens und der Bedeutung von Autorschaft. Eine Herausforderung im Umgang mit oralen Traditionen liegt also darin zu bestimmen, wieweit die Quellenbasis für eine Geschichte der Philosophie geöffnet werden kann. Diese Frage richtet sich insbesondere an den Umgang mit Wissenstraditionen indigener, ehemals kolonisierter Völker. Ähnliche Problemhorizonte werden, wie wir in Kapitel 11 gesehen haben, auch mit Bezug auf die Integration von Frauen in die Philosophiegeschichte eröffnet.

Aber auch mit Blick auf Traditionen mit Schriftsystemen und reichem Quellenmaterial ist, gemessen am vorherrschenden Diskurs, nicht unbedingt klar, ob es sich bei bestimmten Texten um

Material handelt, das in eine Philosophiegeschichte gehört. Dieses Problem wurde in der vorliegenden Arbeit anhand von Manuskripten aus dem Alten Ägypten (Kapitel 5) und an der Stellung der frühchristlichen Philosophie (Kapitel 7) diskutiert. In beiden Fällen stellt sich die Frage nach der Möglichkeit von Philosophie innerhalb des epistemischen Rahmens religiöser Systeme. Mit Blick auf das Alte Ägypten stehen wir, ähnlich wie im Zusammenhang mit oralen Traditionen, zudem vor der Frage nach der Bedeutung von Autorschaft für die Geschichte der Philosophie. Deutlich wird also, dass bestimmte methodische Fragen virulent sind, da sie sich mit Blick auf sehr unterschiedliche Fälle beziehungsweise Kontexte stellen und zudem verschiedene Aspekte eines methodischen Problems eröffnen. Herausgeschält haben sich dabei vier methodische Grundfragen:

Was ist Philosophie? In allen behandelten Fällen ist es letzten Endes die Antwort auf die Frage nach dem Verständnis von Philosophie, die über die Art und Weise der Behandlung und Zuordnung des vorliegenden Materials entscheidet.

Welche Arten von Quellen und Materialien können einer Philosophiegeschichtsschreibung zugrunde gelegt werden? Sollten es ausschließlich Texte sein? Welche Textgenres erfüllen die notwendigen Ansprüche? Welche weiteren Ausdrucksformen philosophischer Gedanken (Kunst, Storytelling, Meditation, Tanz, Praktiken der Konsensfindung etc.) können die Quellenbasis möglicherweise erweitern? Daraus folgen weitere Fragen: Wie und mit welchen Methoden kann philosophisches Erbe in oralen Traditionen erfasst werden? Anhand welcher Kriterien kann es von anderen Formen des Wissens unterschieden werden? Kann es in eine schriftliche Form überführt werden, ohne dass wesentliche Aspekte oder Dimensionen dieses Wissens verloren gehen (und wenn ja: wie)?

Wie ist das Verhältnis zwischen Philosophie und Religion zu bestimmen? Und anhand welcher Kriterien wird unterschieden, ob ein Text (oder eine andere Ausdrucksform), der sich im Horizont einer Religion bewegt, in eine Philosophiegeschichte gehört?[8]

8 Wie wir mit Blick auf die christliche Philosophie in der europäischen Tradition sehen, wird nicht jeder Text, nicht jeder Disput als relevant für die Philosophiegeschichte betrachtet. Nur bestimmte Autor:innen und deren Texte haben für die Philosophie eine Bedeutung erlangt. Andere werden ausschließlich in der Theologie behandelt. Ähnlich wäre die Bestimmung des Verhältnisses von Philosophie

Welche Bedeutung hat das Zurückführen eines philosophischen Konzepts oder einer Theorie auf eine:n bestimmte:n Autor:in? Wie muss mit Texten, Konzepten, Ideen etc. umgegangen werden, von denen uns der oder die Autor:in nicht mehr bekannt ist, beziehungsweise mit Konzepten, die zu einer Art Allgemeingut geworden sind? In diesem Zusammenhang fordern insbesondere ethnophilosophische Ansätze zu einer klaren Positionierung heraus.

Im Umgang mit dem philosophischen Erbe außereuropäischer Traditionen stellen sich darüber hinaus ernsthafte wissenschaftsethische Fragen, die die Aneignungen des intellektuellen Erbes von außereuropäischen Völkern und Kulturen im globalisierten Wissenschaftsdiskurs betreffen. Beispielhaft wurden solche Probleme im Kapitel 8 anhand des Diskurses um die Authentizität der *Ḥatäta* des Zär'a Yaqob und der Debatte um Walatta Petros diskutiert. Der Fall der *Ḥatäta* liefert ein anschauliches Beispiel für einen Prozess der Herausbildung eines Narrativs der äthiopischen beziehungsweise afrikanischen Philosophiegeschichte. In den dabei stattfindenden Anerkennungs- und Kanonisierungsdebatten geht es nicht nur um die Frage, was zu tun ist, wenn die Authentizität eines Grundlagentextes in Zweifel gerät, oder was es für den epistemischen Status eines philosophischen Diskurses bedeutet, wenn sich das Dokument, auf dem dieser Diskurs aufbaut, als Fälschung erweisen sollte. Von besonderer Relevanz sind die Motive und Interessen, die beim Zu- oder Absprechen der »Authentizität« zum Tragen kommen: Was steht für einzelne Personen oder eine ganze Tradition auf dem (akademischen oder politischen) Spiel? Wer wird überhaupt in diese Diskurse eingebunden und inwiefern wirkt die ›koloniale Matrix‹ schon in den Voraussetzungen solcher Diskurse fort? Gerade der Diskurs um die *Ḥatäta* eröffnet die Möglichkeit, kritisch auf eine inzwischen bereits in Ansätzen etablierte Erzählung einer afrikanischen Philosophiegeschichte zu reflektieren und an einer breiteren Textbasis zu arbeiten. Darüber hinaus zeigt dieser Diskurs, ebenso wie der Diskurs um Walatta Petros, dass eine neue wissenschaftliche Praxis, welche die Asymme-

und autoritären Lehrsystemen zu untersuchen. Ein anderer Aspekt ist die Untersuchung des Verhältnisses der Philosophie zum Mythos und zu Kosmologien. Die Bestimmung des Verhältnisses von Philosophie zu anderen Wissenschaften hat sich in den behandelten Fällen in den vorangegangenen Kapiteln nicht gestellt, wäre aber ebenso zu untersuchen.

trien des Wissenschaftsbetriebs stets mitbedenkt und gerade ›westliche‹ Wissenschaftler:innen verpflichten würde, ihre Positionen und Vorgehensweisen zu reflektieren und hinterfragen zu lassen, noch lange nicht etabliert ist. Der Fall Walatta Petros wirft sehr deutlich die Frage auf, wie weit die akademische Freiheit bei der Nutzung von Material aus außereuropäischen Traditionen geht und wie mit dem Einspruch von Wissenschaftler:innen oder anderen Wissensträger:innen aus ebenjenen Traditionen umzugehen ist. Im Gegensatz zu anderen Disziplinen wie den Regionalwissenschaften oder der Kulturanthropologie haben solche wissenschaftsethischen Debatten in der Philosophie, wo überwiegend davon ausgegangen wird, dass jede Idee Allgemeingut sei, noch nicht einmal begonnen.

Welche Auswirkungen haben die aufgeworfenen Probleme nun: 1) für den Philosophiebegriff; 2) für eine Philosophiegeschichtsschreibung der Zukunft?

12.2. Konsequenzen für den Philosophiebegriff

Worin liegt das Besondere der philosophischen Erkenntnisart? Was unterscheidet Philosophie von anderen Arten der Erkenntnis und anderen Disziplinen? Und wie können außereuropäische Philosophien erfasst werden, ohne sie einerseits in ein europäisches Raster zu pressen und andererseits einen – wie auch immer gewonnenen – Philosophiebegriff so weit auszudehnen, dass er inhaltslos wird? Diese Fragen durchziehen auf die eine oder andere Art alle Kapitel der vorliegenden Arbeit. Dies ist nicht verwunderlich, denn es handelt sich um Kernfragen unseres Unternehmens – zumindest solange es unser Anliegen ist, eine Geschichte der *Philosophie* zu schreiben und nicht Beiträge zu einer Ideengeschichte der Menschheit zu sammeln. Solange wir darauf bestehen, die Geschichte (oder verschiedene Geschichten) einer bestimmten Form des Denkens und ihrer Ausdrucksformen zu erzählen, die von anderen Formen des Denkens und Wissens unterschieden werden kann (ohne dabei Überlappungen in Inhalten oder Formen mit anderen Denkformen und Disziplinen leugnen zu wollen), müssen wir beschreiben, was unter jener Denkform, die wir in der europäischen Tradition mit dem Begriff »Philosophie« bezeichnen, zu verstehen ist.

Die Notwendigkeit, das, was wir untersuchen und in einer Erzählung zusammenführen wollen, näher bestimmen zu müssen, bringt auch jede neue Form der Philosophiegeschichtsschreibung, die mit einer Kritik am vorherrschenden Philosophieverständnis einhergeht, in die Verlegenheit, eigene Abgrenzungskriterien definieren zu müssen. Wollen wir eine Geschichte der *Philosophie* schreiben – und nicht eine inklusivere Ideengeschichte, die viele Formen des Wissens und akademische Disziplinen umfasst und damit Grenzen von Disziplinen bewusst überschreitet –, kommen wir um eine Bewegung des Ein- und Ausschließens nicht herum und können den Begriff und den Gegenstand nicht der Beliebigkeit preisgeben. Denn öffnen wir die Erzählung für alle Arten und alle Formen des Ausdrucks menschlicher Ideen, wird Philosophie also im Grunde genommen mit Denken gleichgesetzt, geht das Projekt einer Philosophiegeschichte in einem interdisziplinären und globalen Projekt einer Ideengeschichte der Menschheit auf. Wie wir im Kapitel II gesehen haben, ist dies durchaus der Vorschlag einiger feministischer Philosophiehistorikerinnen.

Beharren wir allerdings darauf, dass Philosophie und Philosophieren von anderen Formen des Denkens unterscheidbar sind, eine eigene Geschichtsschreibung haben und ebenso eine eigene Disziplin an den Universitäten bilden sollten, müssen wir uns darum bemühen, einen Begriff von Philosophie zu finden, der unserer heutigen Zeit angemessen integrativ ist und bisher unterdrückte und ausgeschlossene Formen philosophisch relevanten Wissens umfasst, ohne in Beliebigkeit abzugleiten. Dies ist ein schwieriges Unterfangen, denn jeder Versuch, einen Begriff von Philosophie zu finden, bewegt sich bereits in einem hermeneutischen Zirkel, der so beschrieben werden kann:

> Der Begriff der Philosophie ist selbst Gegenstand der Philosophie. In diesem Sachverhalt sind alle Aporien zusammengefaßt, die sich bei dem Versuch ergeben, einen Begriff von Philosophie zu fixieren. Die begriffliche Fixierung setzt zunächst Philosophie, so wie sie in einem Common sense der Philosophen sich darstellt, voraus; ferner ist sie selber ein Produkt philosophischer Reflexion und Ausdruck eines bestimmten Selbstverständnisses des Philosophen. Die Philosophie ist schon am Werk und mithin schon bestimmt, wenn sie daran geht, sich selbst zu bestimmen.[9]

9 H. M. Baumgartner, H. Krings u. a. (Hg.), *Handbuch philosophischer Grundbegriffe*, Band 4, München 1973, S. 1071.

Aus dieser zirkulären Struktur, in der die Anerkennung von Vorverständnis, Argumentations- und Schlussverfahren bei der Definition von Philosophie bereits vorausgesetzt sein muss, scheint es kein Entkommen zu geben.[10] Trotzdem hat die Arbeit am Begriff der Philosophie nie geruht, und es hat über die Jahrhunderte bedeutende Veränderungen des *common sense* der Philosoph:innen gegeben.

Das Schreiben einer Philosophiegeschichte steht nun vor einem ähnlichen Problem: Auch hier wird jeweils ein Philosophiebegriff aufgrund eines bestimmten *common sense* des jeweiligen historischen Kontextes vorausgesetzt und performativ durch das eigene und folgende Unternehmen gleicher oder ähnlicher Art bestätigt. Auch der Versuch, den Kanon der Philosophie zu verändern oder die Philosophiegeschichte neu zu schreiben, muss bei der Suche nach möglichen Ansatzpunkten einer Reform oder gar Transformation von einem bestimmten Vorverständnis ausgehen. Das heißt, wenn wir aus im europäischen Kanon der Philosophie sozialisierter Perspektive nach philosophischem Material in außereuropäischen Philosophietraditionen suchen, besteht die Gefahr, dass wir letztlich nur nach dem suchen, was wir schon kennen beziehungsweise wiedererkennen; dass das uns bereits Bekannte die Suchkriterien vorgibt. Das Problem bleibt bestehen, wenn aus anderen Denktraditionen heraus nach einer Geschichte der Philosophie in der entsprechenden Region gesucht wird, dabei aber eine Orientierung am europäischen Modell grundsätzlich bestehen bleibt. Andererseits stellt sich die Frage, ob es überhaupt möglich ist, ohne ein gewisses Grundverständnis vom Forschungsgegenstand an die Reform oder Transformation einer Disziplin heranzugehen.

Das hermeneutische Problem ist also bekannt und wurde vielfach thematisiert. Allerdings wird trotzdem eine Lösung oder zumindest ein Ansatz für den Versuch einer Lösung benötigt. Ein Vorschlag besteht darin, einen neuen Philosophiebegriff aus der Untersuchung konkreter Beispiele aus verschiedenen Regionen der Welt, wie den vorliegenden in dieser Arbeit, zu gewinnen, also in einer komparativen Suche nach gemeinsamen Merkmalen, aus denen dann auf einen allgemeinen Begriff geschlossen wird. Aber

10 Diese zirkuläre Struktur wurde bereits häufig thematisiert, siehe u. a. Schelkshorn, »Widerhall der Alten Welt oder ein verpflanzter Baum?«, S. 67; Braun, *Geschichte der Philosophiegeschichte,* S. 123.

bereits die Frage, welche Beispiele oder Formen des Ausdrucks von Ideen und Konzepten in eine solche vergleichende Untersuchung aufgenommen werden sollten – aus der schier unendlichen Menge an Manifestationen von Wissen jeglicher Art –, stellt uns hier vor erhebliche Herausforderungen. Insofern wird auch in einer solchen induktiven Methode, in der kein Philosophiebegriff vorausgesetzt wird, eine Vorauswahl getroffen werden müssen, bei der sich wiederum die Frage stellt, anhand welcher Kriterien diese Auswahl erfolgen soll und ob bei einer solchen Vorauswahl nicht bereits ein bestimmtes Philosophieverständnis am Werk ist. Einem hermeneutischen Zirkel können wir also offensichtlich nicht entkommen, denn einen Philosophiebegriff auf komparativem Weg zu gewinnen, scheint ebenfalls ein gewisses Vorverständnis von dem, was wir suchen, vorauszusetzen. Wissen über die Bewässerung von Feldern oder über Tierzucht, technologisches Wissen, Kochrezepte, das Regelwerk von Sportarten oder militärtechnisches Wissen suchen wir mit Blick auf eine neue Philosophiegeschichtsschreibung oder die Rekonstruktion von philosophischen Traditionen in anderen Regionen der Welt in der Regel eher nicht.[11] Dagegen wird – betrachtet man die Literatur zur Rekonstruktion außereuropäischer Philosophietraditionen – nach Manifestationen philosophischer Ideen oder Traditionen eher in folgenden Formen des Wissens gesucht: in religiösen Texten und Praktiken; in Erzähltraditionen, die Vorstellungen von der Entstehung der Welt oder dem Zusammenleben der Menschen wiedergeben; in Sprichwörtern; in Institutionen der Entscheidungsfindung, der politischen Organisation und der Rechtsprechung; in Lebenspraktiken, die auf ein gutes oder harmonisches Leben zielen; in verschiedenen Künsten (Literatur, Bild, Skulptur, Tanz oder auch Gartenbau).

Ein breiteres Verständnis von Philosophie als das seit dem Ende des 18. Jahrhunderts vorherrschende kann bereits aus der Geschichte der europäischen Tradition gewonnen werden. So verweist Rolf Elberfeld in seiner historischen Nachverfolgung der Wandlungen, die das Philosophieverständnis in Europa durch die Jahrhunderte

11 Allerdings könnte eingewendet werden, dass zum Beispiel Ayurveda, Fengshui, die japanische Teezeremonie oder bestimmte asiatische Kampfsportarten auch Ausdrucksformen von Philosophie sein können. Genau an solchen Beispielen könnten Erörterungen eines neuen Philosophiebegriffs einsetzen und prüfen, welche Art von Wissen in diesen Praktiken vermittelt wird.

durchlaufen hat, nicht nur auf die Pluralität der Begriffsdefinitionen von der Antike bis Husserl, sondern zeigt zugleich die Anschlussfähigkeit bestimmter historischer Auffassungen von Philosophie in Europa an außereuropäische Philosophietraditionen.[12] Setze man aber einen bestimmten Begriff der Philosophie aus einer bestimmten historischen Epoche »als den einzig möglichen an, so müssen je nach Definition selbst verschiedene *europäische* Denker aus der *europäischen* Philosophiegeschichte gestrichen werden, oder es ergibt sich sogar die Konsequenz, dass man mehr Philosophien außerhalb Europas findet als in Europa selber«,[13] so Elberfeld. Er schlägt vor, dass ein Begriff von Philosophie nur in einer »langwierigen Auseinandersetzung mit den Denktraditionen der Welt« und in komparativer Weise neu formiert werden könne.

Dass ein solcher komparativer Versuch wiederum nicht ohne gewisse Vorannahmen auskommt, wurde gerade erörtert.[14] Und so

12 Elberfeld verweist auf die enge Verbindung zur Religion sowie die Anbindung des Philosophierens an eine konkrete Lebenspraxis im Sinne eines guten Lebens in der antiken griechischen Philosophie. Von einer klaren Trennung zwischen Philosophie und Religion oder Theologie könne in der europäischen Tradition mit Blick auf das Frühchristentum, das Mittelalter oder allgemein mit Bezug auf die christliche Philosophie nicht die Rede sein. Insofern könne außereuropäischen Traditionen ihre Einbindung in ein religiöses System ebenfalls nicht vorgeworfen werden. Erst die neuzeitliche Wende, die mit einer Verbindung der Philosophie mit Mathematik und Naturwissenschaft einherging und darüber hinaus das »Ich« als Ausgangspunkt des Philosophierens setzte, führte zu einer Leugnung der Existenz von Philosophie außerhalb Europas. Elberfeld, *Philosophieren in einer globalisierten Welt*, S. 158-162; Ders., *Was ist Philosophie?*.

13 Elberfeld, *Philosophieren in einer globalisierten Welt*, S. 162.

14 Franz M. Wimmer beschrieb dieses Problem bereits 1998 prägnant wie folgt: »Es ist natürlich eine strittige Frage, wie sehr ein solcher Vorbegriff von ›Philosophie‹ von okzidentalen Voraussetzungen her geprägt und aus diesem Grund überhaupt tauglich ist, einem interkulturell orientierten Philosophieren zugrunde gelegt zu werden. Diese Frage ist ernst zu nehmen. Doch sollte, wer sie als Einwand gegen die Definition eines Vorbegriffs versteht, sich darüber im klaren sein, daß es ohne einen möglichst klaren Begriff von Philosophie überhaupt unmöglich ist, philosophisches Denken wahrzunehmen und von nichtphilosophischem Denken zu unterscheiden; daß es dann auch unmöglich wäre, philosophisches Denken aus der Tradition anderer Kulturen wahrzunehmen, liegt auf der Hand. Es ist daher nicht nur berechtigt, sondern unumgänglich, vom je eigenen, auch in eigener Tradition gebildeten Vorbegriff des Philosophierens auszugehen.« Wimmer, »Thesen, Bedingungen und Aufgaben interkulturell orientierter Philosophie«, in: *Polylog. Zeitschrift für interkulturelles Philosophieren* 1 (1998), S. 5-12, hier S. 6.

scheint der Vorschlag von Franz M. Wimmer, der bereits in den heuristischen Philosophiebegriff am Anfang der vorliegenden Untersuchung eingeflossen ist (vgl. Einleitung), hier seine Bestätigung zu erfahren: Eine Auswahl des Materials muss anhand inhaltlicher Aspekte festgemacht werden. Wimmer betrachtet Konzepte, Theorien und Ideen, die sich auf die *Erkennbarkeit von Wirklichkeit, die Begründbarkeit von Normen* oder die *Suche nach der Grundstruktur von Wirklichkeit* richten, als Zeugnisse philosophischen Denkens.[15] Darüber hinaus schlägt Wimmer vor, »unter ›Philosophie‹ solche denkerischen Projekte zu verstehen, die ohne Berufung auf bloße Tradition, auf religiösen Glauben oder auf eine andere über der menschlichen Vernunft angesetzte Autorität ihre Fragen zu klären versuchen«. Philosophieren »begründet sich im Unterschied zu religiöser Argumentation in keinem Schritt aus heiligen Büchern oder anderen Autoritäten, die als über der menschlichen Vernunft stehend angesetzt würden«.[16] In dieser Allgemeinheit ist Wimmers Ansatz problematisch, denn wie wir gesehen haben, würde selbst die frühchristliche Philosophie bei der Anwendung eines Kriteriums wie »ohne Berufung auf religiösen Glauben« aus einer Geschichte der Philosophie herausfallen und viele andere philosophische Traditionen ebenso. So ist es ja gerade das Anliegen vieler frühchristlicher Philosophen zu zeigen, dass sich die menschliche Vernunft gerade nicht selbst zu begründen vermag und auf eine außer ihr liegende Instanz angewiesen ist.

So müsste Wimmers These wohl dahingehend modifiziert werden, dass unter Philosophieren eine Tätigkeit zu verstehen ist, die sich in der Klärung der oben genannten Fragen nicht *allein* auf eine bestimmte Tradition, religiösen Glauben oder eine andere Autorität beruft, sondern mit der eigenen Tradition oder dem eigenen Glauben und möglichen Einwänden auseinandersetzt. Der Punkt,

15 Ebd., S. 5.

16 Ebd., S. 6. Das bedeutet allerdings nicht, dass Wimmer christliche oder islamische Philosophie gänzlich ausschließen würde, vielmehr trifft er eine weitere wichtige Unterscheidung: Wird die christliche Offenbarung als eine unabdingbare Hilfe für die Vernunft angesehen und werden Glaubensannahmen einer Religion absolut gesetzt, sei dies nicht mit Philosophie zu vereinbaren. Werden Themen, die vorwiegend oder sogar ausschließlich aus christlichen Glaubensannahmen stammen, wie zum Beispiel Reflexionen über Gott, Unsterblichkeit, Willensfreiheit etc., ohne Rückgriff auf die Offenbarung behandelt, bleibt dies Philosophie.

den Wimmer hier einführt, scheint mir wichtig zu sein für die Bestimmung dessen, was philosophisches Wissen von anderen Arten des Wissens unterscheidbar macht: Philosophieren zeichnet sich durch ein beständiges Infragestellen der eigenen Voraussetzungen aus. Die philosophische Denkbewegung vollzieht sich als eine von einem unmittelbar Gewussten ablösende negative Bewegung.[17] Vom bislang Verständlichen oder auch Selbstverständlichen wird Distanz genommen, es wird in Frage gestellt und hinterfragt.[18] Philosophische Reflexion setzt sich aufgrund der geschilderten Dynamik immer einen Widerpart, von dem sie sich distanziert, zum Beispiel das alltägliche Wissen, Formen der Wissensproduktion, Axiome des Glaubens oder von Weltanschauungen, ethische oder gesellschaftliche Normen etc. Dabei gehört es zur Dynamik dieser Ablösung, dass Philosophie sich immer wieder von Philosophien, die lebensbestimmend werden oder geworden sind, absetzt. Das heißt, auch die Selbstkritik der Philosophie ist ein Moment philosophischer Reflexion. Damit üben Philosophien eine Orientierungsfunktion in ihren jeweiligen Kontexten aus. Beim Versuch, Selbstverständliches in Frage zu stellen, es in seiner Struktur, Genese und Bedeutung zu verstehen und Voraussetzungen des Denkens zu hinterfragen, wird nicht nur Kritik am Bestehenden geübt, sondern werden zugleich Denk- und Handlungsräume eröffnet und Visionen zur Veränderung des Gegebenen geschaffen. Deshalb zeichnet sich philosophisches Denken auch dadurch aus, dass es neue Tendenzen, Probleme und Entwicklungen thematisiert. Die jeweilige konkrete Form dieser kritisch-reflexiven Denkbewegung kann dabei sehr verschieden sein; sie ist nicht an eine Schrifttradition und auch nicht allein an sprachlichen Ausdruck gebunden. Sie kann einerseits schriftlich fixiert werden, was eine lange Traditionsbildung befördert, wie wir sie aus Europa, aber auch aus China, der arabischen Welt oder Indien kennen. Sie kann jedoch ebenso in

17 Siehe dazu H.H. Holz, »Stichwort Philosophie«, in: H.J. Sandkühler (Hg.), *Europäische Enzyklopädie zu Philosophie und Wissenschaft*, Band 3, Hamburg 1990, S. 672-673.

18 Eine solche Bewegung ist nicht an sprachlichen Ausdruck allein gebunden. Auch die bewusste Wahl und Ausübung bestimmter Lebensweg- oder Körperpraktiken können als Distanznehmen vom und Hinterfragen des Selbstverständlichen verstanden werden. Denn auch in Meditation, Tanz etc. drücken sich Weltverhältnisse aus.

schriftlosen Kulturen ausgeübt werden. Sie kann in Akademien und Universitäten erlernt, gelehrt und praktiziert werden, aber auch in anderen sozialen Räumen wie Cafés, privaten Gesprächszirkeln, auf der Wanderung buddhistischer Lehrmeister oder in Tempeln und dabei auch Ausdrucksformen umfassen wie rituelle Praktiken oder Körperpraktiken[19] (Meditation, Tanz, Kalligraphie, Kampfkünste etc.). Sie kann in völliger Abgrenzung zu Religionen erfolgen, aber auch unter dem Mantel einer Religion. Sie kann sowohl im Begriff als auch im Bild oder in bestimmten Lebenswegpraktiken und Körperübungen ihren Ausdruck finden. Wird Philosophie als die eben beschriebene Denkbewegung verstanden, muss von einer Pluralität in der Philosophieentwicklung ausgegangen werden und der europäische Weg als nur einer unter vielen betrachtet werden.

Anhand dieses zusätzlichen Kriteriums kann eine Differenzierung getroffen werden zum Beispiel zwischen Texten, in denen nach einer *Begründung* von Glaubensinhalten gesucht wird, und solchen, in denen Glaubensinhalte ohne Begründung und ohne argumentative Auseinandersetzung mit möglichen Zweifeln übernommen werden; oder wie im Falle des Projekts der Weisheitsphilosophie (Kapitel 6) zwischen Volksweisen, die überkommenes Wissen weitergeben, und philosophischen Weisen, die überkommenes Wissen nicht ungeprüft weitergeben und die Weitergabe gegebenenfalls sogar ablehnen. Mit diesem Kriterium sind sowohl die altägyptische *Lehre des Ptahhotep* als auch Nana Asma'u aufgrund der unkritischen Affirmation einer Ordnung als Grenzfälle für die Aufnahme in eine Philosophiegeschichte zu betrachten. Andererseits spricht vieles dafür, die *Klagen eines Bauern* oder die *Lehre des Ani* sowie Phillis Wheatley und Olaudah Equiano aufzunehmen, wenden sie sich doch konkret gegen bestimmte vorherrschende Annahmen und Vorurteile sowie gegen eine unterdrückende Praxis.

In der mangelnden Möglichkeit, divergierende Positionen ein-

19 Ich möchte Körper- oder Lebenswegpraktiken hier mit in den Blick bringen, da sie sowohl im antiken Griechenland als auch in Asien eine wichtige Rolle gespielt haben und bis heute spielen. Im Diskurs der afrikanischen Philosophie, auf den ich mich in meinen Forschungen konzentriert habe, spielen diese bisher kaum eine Rolle. Aus diesem Grund kann ich darauf nicht näher eingehen. Hier müssen weitere Erkenntnisse aus anderen außereuropäischen Traditionen gewonnen werden, die auch für die Philosophiegeschichtsschreibung Afrikas neue Perspektiven eröffnen können.

zunehmen, liegt auch mein grundsätzliches Unbehagen gegenüber ethnophilosophischen Ansätzen (Kapitel 6) begründet. Die Annahme einer Art ›kommunalen Denkens‹ unterminiert die Option von Kritik und Widerstand, da jedes Abweichen von den postulierten Grundüberzeugungen einer Gruppe als ›unauthentisch‹, ›unafrikanisch‹ oder ›verwestlicht‹ diffamiert werden kann. Potentiell jede Norm und auch mit ihr verbundene diskriminierende Praktiken können über das Argument, dass es sich um unveränderliche (und damit ahistorische), wesenhafte Grundüberzeugungen handelt, die letztlich keinen epistemischen Status, sondern vielmehr einen ontologischen Status haben, legitimiert werden. Ein solches Vorgehen scheint mir aber eher ideologisch motiviert zu sein als von philosophischen Erkenntnisinteressen geleitet.

Insofern kann auch die Suche nach Autorschaft nicht völlig aufgegeben werden, da Philosophie sonst zu einer ahistorischen Angelegenheit wird, abgelöst nicht nur von den Köpfen konkreter Menschen, sondern auch von Entstehungskontexten. Die Beantwortung von Fragen nach der *Erkennbarkeit von Wirklichkeit, nach deren Grundstruktur oder der Begründbarkeit von Normen* erfolgt jedoch stets in einem ganz bestimmten historischen Kontext, der nicht nur regional, kulturell oder sprachlich, sondern ebenso sozial und politisch bestimmt ist und dadurch die jeweiligen Antworten färbt, vorangegangene Antworten in Frage stellt und neue zu geben versucht. Aus diesem Grund wurde von mir eine Unterscheidung zwischen philosophischen Konzepten und Traditionen einerseits und Material, das eine gewisse philosophische Relevanz besitzt (zum Beispiel Sprichwörter), aber erst durch die Analyse und Bearbeitung einer Philosophin oder eines Philosophen in seiner Bedeutung entfaltet wird, andererseits als sinnvoll erachtet (Kapitel 6).

Die Kritik an Versuchen, kollektives Denken als Philosophie zu klassifizieren und Philosophieren also als Denkleistung Einzelner zu betrachten, macht das Kriterium einer geklärten Autorschaft zu einem entscheidenden. Nun haben wir aber gesehen, dass sich bei Texten aus dem Alten Ägypten die Autorschaft schwer klären lässt. Und im Zusammenhang mit oralen Traditionen ist diese Aufgabe fast unlösbar, insbesondere dann, wenn es um die Aufarbeitung des historischen Erbes geht und nicht um ein Gespräch mit heute noch lebenden Weisen einer bestimmten Gemeinschaft. Für den Umgang mit Texten aus dem Alten Ägypten oder aus anderen Schrifttraditionen könnte man mit Fischer-Elfert argumentieren, dass es für jede Lehre »[…] eine wie auch immer geartete ›Urfassung‹«[20] gegeben haben wird und die Texte von einzelnen Autor:innen stammen, deren Namen leider nicht überliefert wurden. Bei der Suche nach individuellen Denker:innen in oralen Traditionen haben wir im Kapitel 6 zwei verschiedene Formen kennengelernt: Während Henry Odera Oruka in seinem Weisheitsphilosophieprojekt weise Menschen aus afrikanischen Gemeinschaften interviewt, um mögliche philosophische Traditionen zu rekonstruieren, ohne die Bindung an individuelle Denker:innen aufzugeben, versucht Sophie Olúwọlé die Entstehung des Ifá-Korpus der Yoruba auf eine historische Gestalt, Ọ̀rúnmìlà, zurückzuführen. Bei allen Problemen und Schwierigkeiten, die mit diesen Versuchen einhergehen, sind es wertvolle Ansätze, den Aporien von Verallgemeinerungen wie ›Bantu-Philosophie‹ oder ›Māori-Philosophie‹ zu entgehen, in denen mit dem Verschwinden individueller Denkleistungen zugleich auch die philosophischen Ideen von Frauen wiederum unsichtbar werden.

Das hier entworfene Philosophieverständnis, gewonnen aus den verschiedenen in den einzelnen Kapiteln besprochenen Einzelfällen, ist zunächst offen genug, um eine Reihe bisher ausgeschlossener Denker:innen, Denktraditionen und Ausdrucksformen erneut in den Blick einer Philosophiegeschichtsschreibung zu bringen; zugleich aber auch eng genug, um weiterhin eine *Philosophie*geschichtsschreibung möglich zu machen und diese nicht in Ideengeschichte oder Wissensgeschichte aufgehen zu lassen. Ob es dem Anspruch einer Transformation genügen kann, wird die Zukunft – und die zu erwartende Kritik an meinem Vorschlag – zeigen. Klar ist, dass diese Erörterungen einen unausweichlich unvollständigen Versuch einer Begriffsbildung darstellen, ein Versuch, der zudem aufgrund meiner akademischen Sozialisation und Situiertheit weiterhin im epistemischen Rahmen der ›westlichen‹ Akademie verankert bleibt. Somit ist die vorliegende Arbeit als ein Versuch zu verstehen, die Grenzen eines vorherrschenden Philosophieverständnisses so zu verschieben, dass eine globale Perspektive auf die Tätigkeit des Philosophierens überhaupt wieder möglich wird. Weitere Verschiebungen oder Veränderungen können nur in einem

20 Fischer-Elfert, »Persönliche Frömmigkeit und Bürokratie«. S. 20.

fortgesetzten interkulturellen Diskurs und im Vergleich mit Philosophiegeschichten und Verständnissen von Philosophie in anderen Regionen der Welt gewonnen werden. Die Arbeit am Begriff der Philosophie ist und bleibt eine Arbeit an der Grenze, die diese in einer dialektischen Bewegung stets in Frage stellt und zu überwinden sucht und dabei zugleich neue Grenzen entwirft oder aufstellt.

12.3. Konsequenzen für eine Philosophiegeschichtsschreibung in globaler Perspektive

Anhand ausgewählter Beispiele aus der Philosophiegeschichte Afrikas wurden einige grundlegende *methodische und wissenschaftsethische Probleme* aufgezeigt. Eine wesentliche Erkenntnis ist, dass es aufgrund der strukturell in die bisherige Erzählung der Philosophiegeschichte eingeschriebenen kolonialen, rassistischen und patriarchalen Muster nicht um eine additive Anreicherung der bisherigen Philosophiegeschichte um Vertreter:innen und Traditionen aus anderen Regionen der Welt samt einer Erhöhung des Frauenanteils gehen kann. In einem solchen Verfahren bleibt eine Erzählung Maßstab und Norm, die allererst zum Ausschluss bestimmter philosophischer Traditionen sowie der Philosophinnen geführt hat. Hier ist eine viel grundsätzlichere Überprüfung – im Dialog mit Traditionen der Philosophiegeschichtsschreibung in anderen Regionen der Welt sowie der dekolonialen, postkolonialen und feministischen Kritik – nötig. Die Disziplin als solche, ihre Zielsetzungen, Grundbegriffe und Methoden müssen einer gründlichen und kritischen Reflexion unterzogen werden. So beschreibt Jan Assmann in seiner Kritik an Webers Idee einer ›wertfreien‹ Wissenschaft und angesichts verschiedener Rekanonisierungen im 20. Jahrhundert (unter nationalistisch-faschistischen, marxistisch-leninistischen oder auch fundamentalistisch religiösen Vorzeichen) die Aufgabe der historischen Wissenschaften wie folgt:

> Die Aufgabe der historischen Wissenschaften kann nicht mehr darin gesehen werden, die Kanon-Grenzen einzureißen […], sondern zu reflektieren und in ihrer jeweiligen normativen und formativen Struktur bewußt zu machen.[21]

21 Assmann, *Das kulturelle Gedächtnis,* S. 129.

Mit Blick auf eine Philosophiegeschichtsschreibung der Zukunft kann Assmann hier zwar zugestimmt werden, aber nur unter Vorbehalt. Denn das Bewusstmachen normativer und formativer Strukturen kann nur ein erster Schritt sein. Darüber hinaus erfordern spezifische Problemlagen (wie orale Traditionen oder auch die Rekonstruktion des philosophischen Wissens von Frauen) die Entwicklung neuer Methoden und das Abstecken eines neuen Forschungsrahmens, um das philosophische Erbe in anderen Regionen der Welt oder von strukturell ausgegrenzten Denker:innen erfassen zu können. Insofern läuft die Arbeit an einer neuen Form der Philosophiegeschichtsschreibung selbstverständlich auch darauf hinaus, Grenzen zu verschieben. Dies sollte aber nicht – und hier kann Assmann wiederum zugestimmt werden – auf eine Art »Gegenkanonisierung im Dienste ausgeprägter Gegenidentitäten oder Gegengeschichten«[22] hinauslaufen, sondern vielmehr auf eine grundlegende Transformation der Philosophiegeschichtsschreibung hin zu einem Verständnis von Philosophie, das diese Denkform in ihrer globalen Vielfalt wahrnimmt. *Eine* Erzählung der Geschichte *der* Philosophie kann diese Vielfalt nicht widerspiegeln. Darum wird es in Zukunft darauf ankommen, eine Vielzahl von Erzählungen zu schaffen, die bestimmte Aspekte, verschiedene Jahrhunderte, die Wirkungsgeschichte einzelner Konzepte oder die Institutionengeschichte in einer globalen Perspektive in den Blick nehmen oder einzelne Regionen oder Probleme in ihrer Verwobenheit darstellen. Ganz unabhängig davon, welche konkreten Fragen man in den Mittelpunkt stellen wird und welche Formen der Philosophiegeschichtsschreibung man in Zukunft anwenden möchte – Franz M. Wimmer argumentiert zum Beispiel, dass in einer globalen Perspektive in erster Linie problem- und institutionengeschichtliche Projekte von Vorteil seien –, können aus der Diskussion der verschiedenen Fallbeispiele aus der Philosophie Afrikas die folgenden Konsequenzen für eine Philosophiegeschichtsschreibung, die sowohl der globalen Verflechtung philosophischer Traditionen als auch der Forderung nach einer Dekolonisierung der Philosophie gerecht werden will, gezogen werden:

22 Ebd.; Assmann nennt als Beispiel den Feminismus und die »Black studies«.

Erstens: Interdisziplinarität

Philosophiegeschichtsschreibung ist bereits in der europäischen Tradition ein interdisziplinäres Projekt, nicht zuletzt aufgrund der engen Verschränkung zwischen Philologie und Philosophie. Eine globale Philosophiegeschichtsschreibung muss jedoch noch weit über diese Art interdisziplinärer Arbeit hinausgehen und andere Disziplinen in viel breiterem Maße in die Arbeit einbeziehen. Philologien bleiben dabei weiterhin zentral, gehen aber über die Kenntnis europäischer Sprachen hinaus. Die Beherrschung klassischer und gegenwärtiger außereuropäischer Sprachen ist Voraussetzung für die Rekonstruktion der Philosophiegeschichte in den verschiedenen Regionen der Welt. Neben den Regional- und Sprachwissenschaften, die das entsprechende kontextuelle Spezialwissen liefern und in denen zum Teil längst eine eigene philosophiehistorische Tradition entstanden ist, wie zum Beispiel in der Indologie oder den Islamwissenschaften, sind ebenso die Ergebnisse weiterer Forschungen mit in Betracht zu ziehen, wie die Kritik der postkolonialen, dekolonialen und der feministischen Theorie, der Rassismusforschung und *Critical Race Theory* sowie der interkulturellen Philosophie, der Soziologie der Philosophie und die bisher vorliegenden kritischen Arbeiten zum Ausschluss außereuropäischer Philosophietraditionen. Diese verschiedenen Forschungsansätze, die sich mit unterschiedlichen Ausschlussmechanismen, unterschiedlichen Regionen und Aspekten beschäftigen, sind bis heute mit Blick auf die Philosophiegeschichtsschreibung kaum miteinander ins Gespräch gekommen. Dass es eines solchen Gesprächs bedarf, sollten die in diesem Buch erörterten Probleme deutlich gemacht haben. Denn ein methodisches Herangehen, das in isolierten Teildisziplinen einzelne Aspekte bearbeitet und dabei Kontinente und Denktraditionen zerschneidet oder in ideologischer Weise einem Kontinent zuordnet, kann weder den historisch komplexen Verflechtungen gerecht werden noch strukturell verankerte Probleme aufdecken. Nur eine *interdisziplinäre Zusammenarbeit* kann der Komplexität der Entwicklung philosophischen Wissens gerecht werden – und dabei zugleich unangenehme und verdrängte Wahrheiten ans Licht bringen, die durch disziplinäre Grenzen und möglichst kleinteilige Spezialisierung aus dem Blick geraten sind.

Zweitens: Grundlagenforschung

Die Forderung nach einem interdisziplinären Herangehen betrifft insbesondere die zweite methodische Herausforderung, nämlich die Vertiefung und Ausweitung der Grundlagenforschung im Sinne des Erschließens von überlieferten Quellen philosophischen Schaffens. In der europäischen Philosophiegeschichtsschreibung scheint sich die Ansicht verfestigt zu haben, dass eine solche Grundlagenforschung bereits abgeschlossen ist, da uns alle philosophisch relevanten Quellen bereits vorlägen und diese nur mehr der Analyse und Interpretation zu unterziehen seien. Mit Blick auf das Schaffen von Philosophinnen; auf die neuen Möglichkeiten, die sich aufgrund der Forschungen der Ägyptologie, der Äthiopistik oder der Analyse der Manuskripte in Mali ergeben; sowie der Überprüfung oraler Überlieferungen und anderer Praktiken auf ihre philosophische Relevanz hin (um hier nur einige Punkte zu nennen, die in den vorangegangenen Kapiteln erläutert wurden, die allerdings um Beispiele aus anderen Regionen der Welt leicht ergänzt werden können), kann nicht davon ausgegangen werden, dass diese Art der Grundlagenforschung für die Philosophie bereits abgeschlossen ist. So ist allein mit Blick auf Afrika noch sehr viel detaillierte Recherche- und Forschungsarbeit vonnöten, um Leerstellen in der Geschichte der Philosophie dieses Kontinents zu füllen. Im Zusammenhang mit diesem Punkt steht auch die Erweiterung der Quellenbasis der Philosophie. Ein Blick auf die in der europäischen Tradition der Philosophiegeschichtsschreibung durch die Jahrhunderte einbezogenen Quellen und Textgenres, die von oralen Überlieferungen über Lehrgedichte und Aphorismen bis hin zu Briefwechseln und Autobiographien, von Fragmenten über Dialoge und Disputationen bis hin zu Abhandlungen reichen, führt vor Augen, welche Vielzahl an Quellen existiert. Eine generelle Offenheit gegenüber weiteren möglichen Ausdrucksformen kann somit bereits aus der bisherigen europäischen Philosophiegeschichte und -geschichtsschreibung heraus begründet werden. Wie wir in den vorangegangenen Kapiteln gesehen haben, finden sich in Afrika sowohl Texte, die aus einer philosophischen Perspektive noch nicht analysiert wurden, als auch mündliche Überlieferungen.

Drittens: Intersektionalität

Für eine Philosophiegeschichtsschreibung der Zukunft ist aber nicht nur eine engere interdisziplinäre Zusammenarbeit ausschlaggebend, sondern auch ein intersektioneller Ansatz. Im Zusammenhang mit einer Disziplin wie der Philosophiegeschichtsschreibung den Begriff Intersektionalität ins Spiel zu bringen, mag verwundern, ist es doch ein Begriff, der aus dem Schwarzen Feminismus stammt und in der feministischen Theorie als ein wesentliches Analyseinstrument aufgegriffen wurde, um die Verschränkung von Unterdrückungsmechanismen und die Mehrdimensionalität von Subjektpositionen zu beschreiben.[23] Intersektionalität versucht zu verstehen, wie die Verschränkung von Gender, ›race‹, gesellschaftlicher Schicht (›class‹), sexueller Orientierung, Ethnizität und anderer Faktoren sich auf individuelle und kollektive Erfahrungen auswirkt und auf welche Weise sie Diskriminierung beziehungsweise Privilegiertheit hervorbringt. Das Beispiel des mehrfachen Ausschlusses von außereuropäischen Frauen, nämlich aus der vorherrschenden Form der Philosophiegeschichtsschreibung im Allgemeinen, aber auch aus der feministischen Philosophiegeschichtsschreibung und aus Philosophiegeschichtsschreibungen mit regionalem Fokus, verweist allerdings deutlich darauf, dass es bisherigen Arbeiten an einem Bewusstsein für mehrfach diskriminierte Denktraditionen mangelt. Ein intersektioneller Ansatz schärft genau dieses Bewusstsein und ermöglicht das Aufdecken solcher blinden Flecken.

Viertens: Polylogischer Ansatz

Eine Philosophiegeschichtsschreibung der Zukunft muss sich in verschiedener Hinsicht einem polylogischen Herangehen[24] stel-

23 Der Begriff ›Intersektionalität‹ wurde von der afrikanisch-amerikanischen Juristin Kimberlé Crenshaw geprägt, vgl. K. W. Crenshaw, »Demarginalizing the Intersection of Race and Sex: A Black Feminist Critique of Antidiscrimination Doctrine, Feminist Theory, and Antiracist Politics«, in: *The University of Chicago Legal Forum* 139/1 (1989), S. 139-167. Für nähere Erläuterungen vgl. Graneß/Kopf u. a., *Feministische Theorie aus Asien, Afrika und Lateinamerika*, S. 77-78.

24 Der Begriff des *Polylogs* wurde von Franz M. Wimmer geprägt. Vgl. Wimmer, *Vorlesungen zu Theorie und Methode der Philosophie im Vergleich der Kulturen*, Bremen 1997, S. 164-171. Dazu heißt es bei Wimmer mit Bezug auf das Projekt eines interkulturellen Philosophierens: »Es ist erstens die Geschichte des Philosophierens in neuer Weise zu beschreiben, nicht aus einer, sondern aus vielen Perspektiven und in vielen Sprachen. Und es muss zweitens in jeder Sachfrage

len. Zum einen muss sie die Existenz von, zum Teil bereits sehr alten, Traditionen der Philosophiegeschichtsschreibung in anderen Regionen und Sprachen der Welt, wie zum Beispiel auf Arabisch, Chinesisch, Russisch oder Sanskrit, zur Kenntnis nehmen.[25] Sie muss also vielsprachig sein. Eine solche Wahrnehmung, geschweige denn Auseinandersetzung, mit außereuropäischen Traditionen der Philosophiegeschichtsschreibung hat bisher kaum stattgefunden. Philosophiegeschichte kann aber nicht allein auf der Basis einer einzigen Tradition fortgeschrieben werden. In komparativer Weise sind Gemeinsamkeiten und Unterschiede in Zielsetzung, Methoden und Grundbegriffen verschiedener Traditionen der Philosophiegeschichtsschreibung zu untersuchen – was ein eigenes Forschungsprojekt wäre –, um im Anschluss mögliche Konsequenzen für das Weiterschreiben von Philosophiegeschichten abzuwägen. Ein polylogisches Herangehen bedeutet zudem, neue Erzählungen der Philosophiegeschichte im Gespräch mit Vertreter:innen anderer Philosophietraditionen zu schaffen und eigene Erzählungen dem Urteil anderer Perspektiven auszusetzen.

Fünftens: Verflechtungen im Raum

Die in den vorangegangenen Kapiteln erörterten Fälle zeigen, dass wir uns in der Philosophiegeschichtsschreibung von Einteilungen auf kontinentaler, regionaler oder nationaler Ebene verabschieden müssen. Räumliche Grenzen werden anhand verschiedener Faktoren konstruiert. Auch geographische Einteilungen sind Produkte menschlicher Raumkonstruktionen zur Strukturierung

der Polylog zwischen möglichst allen relevanten Traditionen einer behaupteten Lösung vorangehen aufgrund des einfachen Sachverhalts, daß es nicht *eine* Sprache der Philosophie jemals gegeben hat oder gibt.« (S. 164) Ein *Polylog* zwischen verschiedenen philosophischen Traditionen und ihren Vertreter:innen kann aber letztlich nur als ein Orientierungsideal dienen. Die Umsetzung dieses Ideals liefe auf einen möglichst vollständigen und umfangreichen sowie zudem offenen, gewaltlosen und machtfreien Diskurs hinaus. Aufgrund der Tatsache, dass wir in einem machtfreien Raum auch in der Akademie nicht leben, muss es ein Ideal bleiben.

25 Die zum Teil weit zurückreichenden Traditionen der Philosophiegeschichtsschreibung in Sprachen wie Arabisch, Chinesisch, Persisch, Koreanisch oder Japanisch wurden vom DFG-Reinhart-Koselleck-Projekt »Geschichten der Philosophie in globaler Perspektive« dokumentiert. ⟨https://www.uni-hildesheim.de/histories-of-philosophy/philosophiegeschichten/⟩, letzter Zugriff 4. 3. 2022.

unserer Welt. Gerade Europa ist hier ein interessanter Fall, denn nüchtern betrachtet ist Europa ein Anhängsel Asiens, zu dem es keine eindeutige geographische oder geologische Grenze aufweist. Die »Grenzen Europas« sind ein sehr anschauliches Beispiel dafür, dass auch die geographische Struktur unserer Welt das Ergebnis gesellschaftlicher Übereinkunft ist. Während Europa eher eine Idee ist als eine geographische Einheit und doch in einer erstaunlichen Einheitlichkeit in den verschiedenen Geschichtsschreibungen behandelt wird, ist Afrika im Vergleich dazu zwar ein geographisch deutlich abgrenzbarer Kontinent, wird allerdings in dieser Einheit in den Geisteswissenschaften nicht behandelt. Räumliche Einteilungen, kulturelle Topographie und regionale Erfahrungsräume sind Konstruktionen und somit veränderlich. Sowohl der Mittelmeerraum als auch die islamische Welt sind dafür interessante Beispiele, ebenso die künstlich durch die Kolonialmächte in Afrika geschaffenen Ländergrenzen, die bis heute fatale Auswirkungen auf das Konstrukt »Nationalstaat« in Afrika haben. Erst eine verflechtungsgeschichtliche Perspektive kann dieser Dynamik des Raumes ebenso wie der Tatsache gerecht werden, dass die Geschichte der Philosophie eine lange Geschichte des Austauschs zwischen verschiedenen Denktraditionen ist, die über geographische und politische Grenzen ebenso hinausgeht wie über die Abgrenzungen von Untersuchungsgegenständen in universitären Disziplinen.

Während in den Geschichtswissenschaften, insbesondere der neueren Richtung der Globalgeschichte, eine verflechtungsgeschichtliche Perspektive schon häufig praktiziert wird (vgl. Einleitung), wurden Verbindungen und Austauschbeziehungen zwischen den verschiedenen Weltregionen im Feld der Philosophie bisher selten in den Mittelpunkt gestellt. Noch herrschen hier Abgrenzungsbestrebungen vor, sowohl in der europäischen Geschichtsschreibung, wo nationale Philosophiegeschichtsschreibungen im 20. Jahrhundert große Bedeutung gewonnen haben, als auch in den jüngeren Versuchen einer arabischen, chinesischen oder indischen oder der kontinentalen Ausrichtung der afrikanischen Philosophiegeschichtsschreibung. Auffallend ist zudem eine Nationalisierung von Philosophiegeschichte in der arabischsprachigen Welt – Tunesien, Marokko, Ägypten etc. – seit den späten 1990er Jahren, ebenso wie für Südamerika auf Spanisch. Verflechtungsgeschichtliche Ansätze haben in der Philosophiegeschichtsschreibung bisher kaum Beachtung gefunden.[26] Gerade Afrika bietet nun aber eine ausreichende Breite an Beispielen: Verflechtungen im Mittelmeerraum von der altägyptischen Philosophie bis in die (europäische) Epoche der Spätantike, die auch die nubischen und äthiopischen Reiche umfasst; die islamische Philosophie im Afrika südlich der Sahara; Verflechtung mit der afrikanischen Diaspora. Dies spricht für eine stärkere Hinwendung zu einem verflechtungsgeschichtlichen Ansatz, der bisher bestehende Einteilungs- und Ordnungsmuster in der Philosophiegeschichtsschreibung, aber auch in akademischen Disziplinen überwindet. Dabei ist Afrika zugleich ein wichtiges Beispiel dafür, dass auch ein verflechtungsgeschichtlicher Ansatz nicht auf die Analyse von Machtstrukturen verzichten kann, denn auch der Austausch von Ideen erfolgt nie in einem idealen machtfreien Raum.

Sechstens: Zeitliche Verflechtungen

Die Frage der Periodisierung ist mit Blick auf die Philosophiegeschichtsschreibung keine banale, da jeder Versuch einer Periodisierung (ebenso wie die Einführung einer Zeitrechnung) selbst normative Kraft besitzt. Eine Aufgabe von Periodisierungen besteht darin, Einordnungen in eine Weltgeschichte möglich zu machen und dabei zugleich der Vielfalt lokaler Verhältnisse Rechnung zu tragen. Die ›westliche‹ Periodisierung aus pragmatischen Gründen beizubehalten, führt auch zu zahlreichen Problemen, und zwar bereits mit Blick auf Europa, wie unter anderem Andreas Speer argumentiert,[27] der darauf verweist, dass damit die Gleichzeitigkeit von Neuplatonismus und Aristotelismus, von Renaissancehumanismus und Universitätsscholastik aus dem Blick gerät.[28] Die Problematik des Begriffs ›Mittelalter‹, der von dem Hallenser Historiographen Christoph Cellarius mit seinem dreiteiligen Werk *Historia antiqua* von 1685, *Historia medii aevi* von 1688 und *Historia nova* von 1696 eingeführt worden sein soll und bis heute eine Einteilung in Antike, Mittelalter und Neuzeit in der Philosophiegeschichte festschreibt, ist in den letzten Jahren vielfach kritisch diskutiert worden. So kritisiert Speer:

26 Einige Vorreiter eines solchen Ansatzes in der Philosophie sind im Verlauf der Erörterungen in den vorangegangenen Kapiteln bereits erwähnt worden, u. a. Holenstein, Elberfeld oder Collins.

27 Vgl. Speer, »›qui prius philosophati sunt de veritate‹«.

28 Ebd., S. 793.

Das Mittelalternarrativ ist auch Ausdruck einer hegemonialen Perspektive, beschränkt sich seine Geltung im Grunde doch allein auf den lateinischen Kulturkreis – und auch das nur höchst eingeschränkt, wenn wir uns vor Augen halten, dass zur selben Zeit, als Petrarca seine Streitschrift schrieb, die Universität als die wohl nachhaltigste Bildungsinstitution, die uns mit dem Mittelalter verbindet, ihren Siegeszug durch ganz Europa allererst antritt und damit auch ein Modell von Wissenschaft, das Petrarca heftig kritisiert. Für die übrigen großen Kultur- und Sprachkreise – auch in Europa – ist die Rede vom Mittelalter als historische Kategorie ohne Bedeutung – es sei denn als der Versuch, den byzantinischen, hebräischen und arabischen Kulturkreis in dasselbe westliche historiographische Narrativ einzuordnen. Denn aus der Perspektive von Byzanz gibt es ebenso wenig ein Mittelalter in den Epochengrenzen, die im Gefolge Petrarcas unter Berücksichtigung der üblichen historiographischen Grenzstreitigkeiten für das lateinische Abendland gezogen werden, wie man von einem jüdischen oder arabischen beziehungsweise islamischen Mittelalter sprechen kann – wenn nicht aus der Sicht der abendländischen Geschichte und in strikter Hinordnung auf deren Teleologie.[29]

Gerade mit Blick auf diese Kritik, aber auch angesichts der komplexen Verflechtungslage in Afrika ist das Beibehalten der europäischen Standardperiodisierung in den meisten bisher vorliegenden Versuchen, eine afrikanische Philosophiegeschichte zu schreiben (Kapitel 2), bereits ein Problem und gewissermaßen zum Scheitern verurteilt, wie zum Beispiel der an der europäischen Standardperiodisierung orientierte Versuch Osuagwus zeigt, der gezwungen ist, die ›mittelalterliche‹ Geschichte der afrikanischen Philosophie in zwei weitere Perioden zu unterteilen, nämlich das frühe Mittelalter oder die christlich-lateinische Phase nordafrikanischer katholischer Denker (die ersten 6 Jahrhunderte CE) und die arabisch-islamische Phase (9.-15. Jahrhundert CE). In Anbetracht dieser Schwierigkeiten ist zu überlegen, ob nicht neue, dem Kontext entsprechende Periodisierungen zu entwickeln wären – letztlich auch, da die Anwendung des Begriffs »Mittelalter« auf die islamische Philosophie in der Forschung zunehmend kritisch gesehen wird. Für Afrika erweisen sich weitere herkömmliche Epocheneinteilungen als problematisch: So ist hinsichtlich des Alten Ägypten, wo uns philosophisch relevante Texte aus der Zeit von ca. 1900 BCE vorliegen, fraglich, wie weit der Begriff »Antike« gedehnt werden sollte.

29 Ebd., S. 795.

Ebenso ist aus afrikanischer Perspektive jene Epoche, die mit Blick auf Europa als »Aufklärung« bezeichnet wird, in Afrika allerdings vor allem mit dem Höhepunkt des Sklavenhandels einhergeht, also einem massiven Abzug von Menschen und einem damit verbundenen Niedergang ganzer Gesellschaften und Kulturen, wohl kaum als solche zu bezeichnen.

Völlig andere Formen der Periodisierung finden sich bereits in verschiedenen Denktraditionen Asiens, wie die Sammlung von Philosophiegeschichten auf Chinesisch, Japanisch oder Koreanisch im Rahmen des Koselleck-Projekts deutlich macht. Hier bleiben Begriffe wie Antike, Mittelalter oder Neuzeit/Moderne im Wesentlichen dem europäischen Kontext vorbehalten.[30]

Die sich für die Philosophiegeschichtsschreibung grundsätzlich stellende Frage ist, ob es eine Geschichtsschreibung ohne normative Periodisierung überhaupt geben kann.[31] Da dies kaum vorstellbar ist, scheint es angeraten zu sein, sich in Arbeiten aus globaler und komparativer Perspektive Periodisierungsversuchen zu enthalten und mit einem Fokus auf bestimmte Jahrhunderte zu arbeiten. Dass hierbei ebenfalls entschieden werden muss, mit welcher Form der Zeitrechnung gearbeitet wird, versteht sich von selbst. Eine Vielfalt ist hier vorstellbar. Der Druck des internationalen akademischen Systems wird allerdings zumindest zur Übersetzung anderer Zeitrechnungen in die akademisch vorherrschende Zeitrechnung zwingen.

Im Zusammenhang mit zeitlichen Verflechtungen müssen wir uns ebenso von Modellen der Philosophiegeschichtsschreibung verabschieden, die von linearen oder teleologischen Entwicklungen ausgehen. Ganz unabhängig davon, wie man zum Beginn der Philosophie im Alten Ägypten steht oder wo immer man Ursprün-

30 Noch herausfordernder wird die Frage der Periodisierung mit Blick auf Gesellschaften, die kein lineares Zeitverständnis haben.

31 Zur Ideologisierung von Periodisierungen der indischen Philosophie siehe auch E. Franco, »Idealismus, Materialismus, Nationalsozialismus. Zur Historiographie und Periodisierung der indischen Philosophie«, in: Elberfeld (Hg.), *Philosophiegeschichtsschreibung in globaler Perspektive*, S. 97-120. Ein alternatives Modell der Periodisierung, das bis heute aber wenig Beachtung gefunden hat, wurde von J. C. Plott im zweiten Band seiner *Global History of Philosophy* entwickelt. Vgl. J. C. Plott, J. M. Dolin, P. D. Mays, »The Problem of Periodization«, in: J. C. Plott, *Global History of Philosophy*, Band 2: *The Han-Hellenistic-Bactrian Period*, Delhi 1979, S. 255-303.

ge der Philosophie lokalisiert, Modelle linearer Entwicklungen stoßen im Zusammenhang mit globaler Philosophiegeschichte an ihre Grenzen. Denn Modelle, die von einem einzigen Ursprung und einer ungebrochenen Kontinuität eines sich in Texten widerspiegelnden philosophischen Dialogs über die Jahrhunderte ausgehen, können Philosophietraditionen in schriftlosen Kulturen ebenso wenig erfassen wie diskontinuierliche und gebrochene Denktraditionen. In solchen Modellen kann auch nicht akzeptiert werden, dass sich Philosophien in verschiedenen Regionen der Welt unabhängig und zu verschiedenen Zeitpunkten entwickelt haben. Ebenso wird die Beeinflussung durch Denktraditionen außerhalb des betrachteten Kontextes in so verfassten Modellen zumeist ausgeblendet. Ein teleologisches Entwicklungsmodell neigt zu Vereinfachungen und großzügigen Vernachlässigungen. Chronologisch geordnete Materialien werden rückblickend in Bezug zueinander gesetzt und ein kausal orientierter Zusammenhang gestiftet – aus dem zugleich die Zukunft erschlossen werden soll. Hier muss nach völlig anderen Modellen gesucht werden, die der Vielfalt der Ursprünge und den verschlungenen Wegen des Denkens ebenso gerecht werden können wie Brüchen und Diskontinuitäten. Ein Gegenmodell zum linearen Entwicklungsdenken könnte man in Anlehnung an die Überlegungen des Mathematikers Benoît B. Mandelbrot und seiner Theorie der Fraktale entwerfen. In einem solchen Modell fraktaler Entwicklung geht man davon aus, dass Entwicklungen nicht von einem Anfang und einem Ende her zu denken sind, sondern als Prozesse der Veränderung und Ausdifferenzierung. Entwicklung hängt hier von der Wechselwirkung und dem Zurückwirken einzelner fraktaler Gebilde ab, die wiederum jedes für sich bereits hochgradig individuell und einzigartig sind.[32] Die Vorteile der

32 Vgl. Benoît B. Mandelbrot: *The Fractal Geometry of Nature,* Oxford 1982. Ein anderes, in der Philosophie gebräuchlicheres und bekannteres Modell ist das des Rhizoms, ein Modell, das insbesondere durch seine Verwendung bei Deleuze und Guattari zur Beschreibung der Wissensorganisation in Absetzung zum hierarchischen Baum-Modell entwickelt worden ist. Das Modell des Rhizoms als ein in sich verflochtenes System vermeidet Hierarchien ebenso wie Dichotomien, lässt viele Perspektiven und Ansätze zu, macht deren Verkettung und gegenseitige Einflussnahme ebenso wie das Abbrechen und Neuentstehen von Linien deutlich, und es bedeutet letztlich die Befreiung von vorgegebenen Machtstrukturen. G. Deleuze, F. Guattari, *Rhizom*, Berlin 1977. Siehe ausführlicher Graneß, »Konzepte und Modelle der Philosophiegeschichte in Afrika heute«, in: Elberfeld

Übertragung eines solchen Modells auf die Philosophiegeschichtsschreibung liegen auf der Hand: Es geht nicht mehr um die Suche nach *einem* Ursprungsort der Philosophie, von dem aus alles seinen Anfang nahm. Vielmehr können viele verschiedene Ursprungsorte philosophischen Denkens in ihrer Einzigartigkeit gleichberechtigt nebeneinander betrachtet werden. Auch eine Hierarchisierung ist unnötig. Im Mittelpunkt steht vielmehr die Wechselwirkung verschiedener philosophischer Traditionen untereinander über Räume und Zeiten hinweg. Ob im außereuropäischen Raum bereits geeignetere Modelle entwickelt worden sind, bleibt zu untersuchen. Aus der modernen Philosophie Afrikas sind mir alternative Modelle bisher nicht bekannt.

Siebtens: Philosophieren in Kolonialsprachen

Ein Problem, das in den vorangegangenen Erörterungen eine untergeordnete Rolle gespielt hat, mit Blick auf die Philosophiege-

(Hg.), *Philosophiegeschichtsschreibung in globaler Perspektive*, S. 46-48. Ein anderes Gegenmodell schlägt Axel Beelmann vor, nämlich einen »prozessualen Entwurf der Philosophiegeschichte«. Ein prozessuales Herangehen sei offen, gehorche keiner übergeordneten Teleologie, unterliege Wandlungsmöglichkeiten, sei selbstreferentiell und stehe je selbst zur Disposition. Es könne sich auf Unschärfen des Philosophiebegriffs einlassen und darauf, dass die Kriterien für das, was man philosophisch zu nennen bereit sei, sich stets im Fluss befinden. Vgl. Beelmann, *Theoretische Philosophiegeschichte*, S. 248 f. Beelmann betont zudem, dass die Vernetzungen der Philosophie untergründig, randständig und multipel mit anderen thematischen Gebieten des Denkens verbunden seien, aus deren Gesamtheit sie nur einen Ausschnitt darstellten. Vor dem Hintergrund des Prozessgedankens könne Philosophie in verschiedenen Gestalten auftreten: als literarischer Text, als wissenschaftliche Abhandlung, als Gespräch, in der Meditation oder in Weisheitslehren. Dabei verweist Beelmann darauf, dass es bereits in der europäischen Tradition eine Pluralität an Erscheinungsformen gebe: Lehrgedichte (Xenophanes, Parmenides, Empedokles), Dialoge (Platon, Cicero, Augustinus), Briefe (Epikur, Seneca), dialektische Disputationen, Kommentare, Sentenzen, Autobiographie (Descartes), wissenschaftlicher Briefwechsel (Leibniz), Essays (Montaigne), Aphorismen (Nietzsche, Wittgenstein, Adorno). »Die Frage nach der Legitimität einer Behandlung etwa asiatischer Lehren unter dem Titel der Philosophie ist kein Problem der prozessualen Philosophiegeschichte. […] Es wird nicht von vorneherein behauptet, dass es sich bei der Philosophie als dem Referenzsubjekt ihrer Geschichte um ein exklusiv europäisches Phänomen von gleichwohl universeller Geltung handelt, sondern es wird davon ausgegangen, daß andere Kulturen ebenso an dem mitgewoben haben, was wir als philosophisches Denken klassifizieren.« (S. 252)

schichtsschreibung ab dem 19. Jahrhundert aber eine große Bedeutung erlangen wird, ist die Frage des Umgangs mit Kolonialsprachen – eine Frage, die all jene Regionen betrifft, in denen auch nach dem Ende der Kolonisierung die jeweiligen europäischen Kolonialsprachen weiterhin *lingua franca* und akademische Sprache blieben. Dies betrifft weite Regionen der Welt. Über die Bedeutung von Sprachenvielfalt für das Philosophieren liegen bereits viele Untersuchungen vor.[33] Auch in der modernen akademischen Philosophie Afrikas nehmen Debatten um die Bedeutung eines Philosophierens in afrikanischen Sprachen und um Möglichkeiten und Grenzen der Übersetzbarkeit philosophischer Konzepte im Allgemeinen eine zentrale Stellung ein. Dies ist nicht verwunderlich, denn die akademische Philosophie entstand in Afrika im 20. Jahrhundert in einer Situation der Mehrsprachigkeit und im Kontext kolonisierter oder postkolonialer Länder, in denen das Bildungssystem und die offizielle Landessprache vom Kolonisator aufgezwungen und auch nach der Befreiung vom Kolonialismus beibehalten wurden.

In den Geisteswissenschaften stellt sich die Frage nach der Sprache, in der gedacht, publiziert oder unterrichtet wird, mit besonderer Brisanz. Die akademischen Sprachen, in die Wissenschaftler:innen im Afrika südlich der Sahara hineinwachsen und in denen sie sich austauschen, publizieren und unterrichten, sind (mit wenigen Ausnahmen) Englisch, Französisch und Portugiesisch. Dieser Umstand und die damit einhergehenden Implikationen für jedes Philosophieren sind den Philosoph:innen Afrikas nur allzu bewusst. Ein großer Teil der philosophischen Debatten beschäftigt sich heute mit Untersuchungen zu Fragen der Abhängigkeit des Denkens von Kolonialsprachen und den damit in Verbindung stehenden Implikationen für das eigene Denken, also dem Einfluss auf Weltbilder, Normen- und Wertesysteme, die zugleich auch durch die Muttersprache und die Erziehung entlang der Vorstellungen und Normen der jeweiligen sprachlichen, kulturellen und religiösen Herkunftsgemeinschaft geprägt wurden. Die zentrale Frage in diesem Zusammenhang ist aber nicht nur, inwiefern das Denken in den ehemaligen Kolonialsprachen Weltanschauungen und Theorien verändert, sondern vor allem, inwiefern dadurch Strukturen der Abhängigkeit von den ehemaligen Kolonialmächten fortbestehen.

33 Siehe dazu u. a. Elberfeld, *Sprache und Sprachen.*

Im Zusammenhang mit dem Bestreben der Überwindung kolonialer Abhängigkeiten ist Sprache einer der wichtigsten Aspekte einer »Entkolonisierung der Köpfe«. Intellektuelle wie der kenianische Schriftsteller und Literaturwissenschaftler Ngũgĩ wa Thiong'o, der ghanaische Philosoph Kwasi Wiredu oder der kongolesische Philosoph Valentin Y. Mudimbe haben dieses Problem zu einem zentralen Anliegen ihrer Arbeiten gemacht.

Das Schreiben einer Philosophiegeschichte stand dabei allerdings bis heute nicht im Zentrum der Überlegungen. Auch scheint es in keiner afrikanischen Sprache Texte zu geben, die sich dem Genre der Philosophiegeschichtsschreibung zuordnen lassen. Allerdings steht die Forschung hier noch ganz am Anfang. Dass der mit der Verwendung kolonialer Sprachen zur Rekonstruktion von Philosophiegeschichten in Afrika (und anderen Regionen der Welt wie zum Beispiel Südamerika) einhergehende epistemische Bruch einer Reflexion bedarf, ist evident. Wie damit umgegangen werden kann, ist noch nicht geklärt. In Kapitel 6 wurde in diesem Zusammenhang auf die *befreiungstheoretische Perspektive* Ngũgĩ wa Thiong'os, die *diskurskritische Perspektive* Valentin Y. Mudimbes[34] und die *sprachanalytische Perspektive* Kwasi Wiredus verwiesen. Jede einzelne beleuchtet bestimmte Aspekte des Problems. Zusammen bieten sie ein Instrumentarium, um sich den epistemischen Problemen der Rekonstruktion philosophischen Erbes in ehemaligen Kolonialsprachen anzunähern.

Achtens: Reflexion auf die eigene Situiertheit

Ein besonders schwieriges Problem jedes Versuchs einer Philosophiegeschichtsschreibung besteht darin, ein Bewusstsein der eigenen Situiertheit, der eigenen Einbindung in einen bestimmten epistemischen Rahmen und historisch-politischen Kontext zu entwickeln. Der Prägung durch die eigene akademische Sozialisation zu entkommen, ist äußerst schwierig. Wir können uns nicht außerhalb unseres epistemischen Rahmens positionieren, sondern sind über unsere Sprache und unsere akademische Sozialisation immer in einen bestimmten Rahmen hineingewachsen. So schreibt Lucien Braun in diesem Zusammenhang:

34 Vgl. Mudimbe, *The Invention of Africa*.

Ich kann also nicht davon träumen, mich jenseits der Tradition zu begeben, um ein für alle Mal zu urteilen, denn ich besitze sie nicht in der Art und Weise eines Dings. Sie durchquert mich und trägt mich, wie mich die Sprache trägt, die ich spreche. Darüber hinaus gibt sie sich in der Öffnung jeder Evidenz auf eine neue Weise und setzt jedesmal verschiedene Möglichkeiten frei. Insofern kann unsere Beziehung auf sie nur äquivok bleiben.[35]

Eine ständige Konfrontation mit Konzepten und Theorien aus anderen Diskurs- und Denkrahmen, die Erweiterung der beherrschten Sprachen und ein fortgesetzter interkultureller und interdisziplinärer Austausch können dazu beitragen, den eigenen epistemischen Rahmen überhaupt erst einmal als einem bestimmten Kontext entsprungen und nicht ohne weiteres universalisierbar wahrzunehmen. Zudem trägt eine solche Auseinandersetzung zur graduellen Erweiterung und Veränderung der ursprünglichen Position bei. Das Einnehmen einer Außenperspektive wird allerdings nicht möglich sein. Kritisch auf die eigene akademische Verortung zu reflektieren – unter der Perspektive der Methoden und Begrifflichkeiten, mit denen man an das Projekt einer Philosophiegeschichtsschreibung herangeht, ebenso wie mit Blick auf die eigene Position im Rahmen der Asymmetrien in der akademischen Welt –, muss zu einem Ausgangspunkt der Arbeit werden. Dies führt uns zu unseren abschließenden wissenschaftsethischen Überlegungen.

Wissenschaftsethische Konsequenzen:

Vor dem Hintergrund der Auseinandersetzung mit außereuropäischen Philosophietraditionen ergeben sich nicht nur methodische und begriffliche Herausforderungen, sondern auch wissenschaftsethische. Solche werden in Projekten einer Philosophiegeschichtsschreibung äußerst selten erläutert.[36] In allen Projekten, die an einer Philosophiegeschichtsschreibung in globaler Perspektive oder an der Rekonstruktion bestimmter außereuropäischer Philosophietraditionen arbeiten – insbesondere wenn diese Arbeit in der Akade-

35 Braun, *Geschichte der Philosophiegeschichte*, S. 387.

36 Zu den Ausnahmen gehört Peter Adamson, der im Rahmen seines Projekts einer *History of Philosophy without any Gaps* zwanzig »Rules for History of Philosophy« erläutert, die ohne Zweifel bereits wichtige Aspekte beinhalten und eine eigene Auseinandersetzung wert wären, ⟨https://historyofphilosophy.net/all-20-rules-history-philosophy⟩, letzter Zugriff 4. 3. 2022.

mie des globalen Nordens verankert ist –, bedürfen die allgemeinen Regeln guter wissenschaftlicher Praxis wichtiger Ergänzungen, die den Umgang mit außereuropäischen Traditionen beziehungsweise Repräsentant:innen dieser Traditionen oder Akademiker:innen aus dem globalen Süden betreffen. Darauf wurde in Kapitel 8 anhand der Debatten um die Authentizität der Abhandlungen von Zär'a Yaqob und Waldä Heywat und um die Hagiographie der Walatta Petros verwiesen, ebenso in Kapitel 9, in dem der Umgang mit rassistischen und sexistischen Tendenzen in der europäischen Philosophie erörtert wurde. Diese wissenschaftsethischen Konsequenzen stehen in engem Zusammenhang mit dem letzten Punkt unserer methodischen Überlegungen, nämlich der Reflexion auf die eigene Situiertheit im akademischen Betrieb beziehungsweise im jeweiligen epistemischen Rahmen.

Wie wichtig eine Sensibilisierung für die eigene Verortung im globalen Wissenschaftsbetrieb ist, zeigen sowohl die Debatte um Zär'a Yaqob als auch um Walatta Petros. Hier werden in den Interventionen afrikanischer Akademiker:innen verschiedene Aspekte hervorgehoben, die heute insbesondere im Rahmen der dekolonialen Theorie adressiert werden. Ein zentraler Aspekt betrifft den Vorwurf, dass eine ›westliche‹ Perspektive auf historische Texte oder andere Ausdrucksformen außereuropäischer Traditionen zu gravierenden Verzerrungen des Inhalts dieser Theorien und Konzepte führen kann. Das betrifft sowohl die Übersetzung in europäische Sprachen und damit einhergehende Missverständnisse und Falschinterpretationen als auch die Gefahr der Verzerrung durch eine Interpretation historischer Ideen im Lichte zeitgenössischer Auffassungen. Damit geht die Sorge einher, dass Bestandteile außereuropäischer Philosophietraditionen im Prozess der Übersetzung und Interpretation dem europäischen Diskurs einverleibt werden und damit außereuropäische Materialien quasi wiederum als Ressourcen für ›westliche‹ Akademiker:innen dienen, Afrika also weiterhin als ›Rohstofflieferant‹ dient, während die Theoriebildung im ›Westen‹ erfolgt. Besonders kritisch wird ein solches Vorgehen, wenn ›westliche‹ Akademiker:innen sich als die besseren oder gar einzigen kompetenten Interpret:innen außereuropäischen Materials verstehen und das Urteil lokaler Gelehrter oder Wissensträger:innen ebenso ignorieren wie die Kompetenz lokaler Akademiker:innen und somit in einer Weise verfahren, die ›Objektivität‹ im Umgang mit und der Interpretation von außereuropäischen Materialien anscheinend nur ›westlichen‹ Expert:innen zubilligt. Ein solches Vorgehen ist nicht nur ein Spiegel vorherrschender Asymmetrien in der Akademie, sondern weist zudem rassistische Tendenzen auf.

Gerade um eine Kritik am eigenen Vorgehen möglich zu machen, ist der vierte Punkt der methodischen Konsequenzen von so großer Bedeutung: ein polylogisches Herangehen. Damit werden nicht nur neue Wissensressourcen erschlossen und fließen andere Perspektiven in Untersuchungen ein. Solche philosophischen Polyloge zwischen Vertreter:innen aus verschiedenen philosophischen Traditionen, aus verschiedenen Regionen der Welt, die im Gefüge der Akademie unterschiedlich verankert und anerkannt sind, können auch als ein wichtiges Korrektiv wirken, das auf problematische Vorgehensweisen aufgrund einer privilegierten Stellung in der Akademie ebenso kritisch hinweisen kann wie auf methodische Probleme (zum Beispiel Essentialisierungen). Für den Umgang mit Materialien aus den verschiedenen Traditionen und Regionen der Welt (einschließlich Europa) wird es keine allgemeinen Regeln geben können, da jeder Fall spezifische Herausforderungen mit sich bringen kann. So müssen im Umgang mit religiösen Texten, die für eine Religionsgruppe einen bestimmten sakralen Status haben, andere Fragen gelöst werden als im Umgang mit philosophischem Erbe in oralen Traditionen. Jedoch bedarf jede dieser Situationen einer bestimmten Sensibilisierung dafür, dass ethisch-moralische Fragen vorliegen und reflektiert werden müssen.

Bedeutet dies nun eine Einschränkung der akademischen Freiheit? Erinnern wir uns: Yirga Gelaw Woldeyes schließt seine Kritik an Belcher (Kapitel 8) mit dem Satz: »Ich glaube an die akademische Freiheit, solange sie nicht die Freiheit anderer beeinträchtigt.«[37] Forschungsethische Regeln sind in den Einzelwissenschaften keine Neuheit und betreffen weit mehr Wissenschaften als die Medizin oder Naturwissenschaften. Auch in den meisten Sozialwissenschaften sind forschungsethische Regeln, insbesondere für Feldforschungen und Interviews, also für Fälle der Datenerhebung und des Umgangs mit solchen Daten, längst bekannt und festgeschrieben.[38]

37 Woldeyes, »Colonial Rewriting of African History«, S. 209.

38 Siehe dazu zum Beispiel die vom Rat für Sozial- und Wirtschaftsdaten (RatSWD) herausgegebenen »Forschungsethische[n] Grundsätze und Prüfverfahren in den Sozial- und Wirtschaftswissenschaften« aus dem Jahr 2011, ⟨https://www.dgfe.

Dabei geht es nicht nur um das Schaffen einer Situation, in der mit den Methoden der entsprechenden Wissenschaft Daten erhoben werden, die eine bestimmte Aussagekraft haben, sondern auch um einen ethischen Umgang mit Informationsträger:innen und Materialien, die die entsprechenden Daten liefern. In Regionalwissenschaften wie den Afrikawissenschaften oder der Kulturanthropologie wurden solche Forschungsregeln längst im Prozess einer Distanzierung von der Ethnologie des 19. und 20. Jahrhunderts und einer Dekolonisierung geschrieben mit der Absicht, die Vorgehensweisen und Methoden der Disziplin von rassistischen Tendenzen zu befreien. In der Philosophie hat es meines Wissens noch keine Auseinandersetzung mit forschungsethischen Regeln zum Umgang mit Wissenstraditionen und deren Träger:innen aus anderen Regionen der Welt gegeben, und der Umgang mit außereuropäischen philosophischen Materialien scheint noch weitgehend der/dem einzelnen Philosoph:in überlassen zu sein. Es erscheint fraglich, ob die Philosophie hier weiter so verfahren kann oder ob nicht gerade im Rahmen einer Philosophiegeschichtsschreibung in globaler Perspektive hierzu eine entsprechende Auseinandersetzung stattfinden muss – und zwar eine Auseinandersetzung, die über den korrekten philologischen Umgang mit Texten oder anderen Ausdrucksformen hinausgeht.

Bei der Rekonstruktion und Interpretation von philosophischem Erbe aus Gesellschaften mit der Erfahrung kolonialistischer Zerstörung, Umformung und Marginalisierung indigener Wissenstraditionen hat die Forderung nach einem verantwortungsvollen Umgang – insbesondere für Wissenschaftler:innen aus der ›westlichen‹ Akademie – besondere Relevanz. Gerade für sie gilt es, die Intervention der postkolonialen und dekolonialen Theorie zur Frage der Repräsentation ›des Anderen‹, also wer für eine bestimmte Wissenstradition sprechen darf, ernst zu nehmen. Wie weit geht also die Freiheit der Interpretation und der Aneignung von Texten aus anderen Regionen und Kulturen der Welt? Diese Frage kann letztlich nicht allgemein, sondern nur in einem fortgesetzten poly-

de/fileadmin/OrdnerRedakteure/Satzung_etc/2017_RatSWD_Output9_Forschungsethik.pdf〉, letzter Zugriff 4.3.2022. Vgl. auch L. Tuitjer, »Forschen im Globalen Süden: Forschungsethik als transformative Kraft?«, in: M. Abassiharofteh u.a. (Hg.), *Räumliche Transformation – Prozesse, Konzepte, Forschungsdesigns*, Hannover 2019, S. 117-129.

logischen Diskurs anhand des je betroffenen Falles jeweils neu ausgelotet werden, in dem auch die vorherrschenden Machtstrukturen beleuchtet werden müssen. Ein verantwortungsbewusster und sensibler Umgang mit philosophischem Material aus anderen Regionen der Welt bedeutet jedenfalls keine Einschränkung der akademischen Freiheit, sondern zeugt von der Anerkennung komplexer Zusammenhänge und Machtverhältnisse.[39]

Ethische Fragen wirft aber auch der kritische Umgang mit dem europäischen Erbe auf, insbesondere mit der Verstrickung von Philosoph:innen und ihrer Theorien in Rassismus und Kolonialismus. Dass dies ein äußerst sensibles Thema ist, in dem Vertreter:innen unterschiedlicher philosophischer Schulen oder Überzeugungen sowie Philosoph:innen und Vertreter:innen anderer Disziplinen zum Teil erbittert streiten, hat die Veranstaltungsreihe »Kant – Ein Rassist? Interdisziplinäre Diskussionsreihe« an der Berlin-Brandenburgischen Akademie der Wissenschaften im Wintersemester 2020/2021 anschaulich gemacht.[40] Dass Kantianer:innen mit anderen Philosoph:innen und Wissenschaftler:innen aus anderen Disziplinen um den Status von Kants Schriften zu den ›Racen‹ der Menschheit im Rahmen seines Gesamtwerks und den Auswirkungen dieser Schriften auf die Philosophie und Wissenschaft ringen, ist ein wichtiger Fortschritt mit Blick auf die Entwicklung eines kritischen Bewusstseins gegenüber der eigenen Tradition. Wenn im Rahmen einer solchen Veranstaltung die unter Berufung auf die Wissenschaftsfreiheit aufgestellte Behauptung »Tatsächlich ist die Frage, ob es menschliche Rassen gibt, aber sowohl biologisch wie

39 Vgl. die Forderungen der dekolonialen Theorie. Mit dem Begriff ›Kolonialität‹ (*colonialidad*) entwickelte der peruanische Soziologe Aníbal Quijano ein Konzept, welches das Fortwirken kolonialer Herrschaftsverhältnisse über die historische Phase des Kolonialismus hinaus thematisiert und hegemoniale philosophische und wissenschaftliche Erkenntnispositionen der Moderne benennt (vgl. Quijano, »Coloniality of Power, Eurocentrism and Latin America«). Im Anschluss an Quijano besteht die Forderung der dekolonialen Theorie darin, eine von Gewalt geprägte Geschichte zu reflektieren und die eigene Erkenntnisposition in dieser kolonialen Matrix der Macht anzuerkennen. Vgl. Mignolo, *Epistemischer Ungehorsam. Rhetorik der Moderne*, S. 50f.

40 Nachzuhören sind die insgesamt sechs Veranstaltungen auf: ⟨https://www.bbaw.de/mediathek/archiv-2020/kant-ein-rassist-interdisziplinaere-diskussionsreihe⟩, letzter Zugriff 4.3.2022.

auch philosophisch umstritten«[41] unkommentiert bleibt, ist dies allerdings bedenklich.

Ist es in einem freien Diskurs der Philosophie legitim, Forschungsergebnisse anderer Wissenschaften wie der Biologie, Zoologie, Genetik[42] oder auch der postkolonialen und dekolonialen Theorie, der feministischen Philosophie oder der *Critical Race Theory* weiterhin zu ignorieren oder ohne tiefere Auseinandersetzung als ideologisch motiviert abzulehnen? Kann es heute noch genügen, sich ganz der klassischen Kantforschung zu verschreiben ohne andere Forschungen wahrzunehmen? Die teils emotional und erbittert geführten Diskussionen zum Rassismus in der europäischen Aufklärung ebenso wie geäußerte Befürchtungen, dass eine überzogene Verwendung von Begriffen »wie ›Rassismus‹, ›Sexismus‹, ›Kolonialismus‹ oder auch ›Antisemitismus‹ die Freiheit von Forschung und Lehre«[43] zunehmend einschränke, zeugen jedenfalls davon, dass ein laufender Veränderungsprozess Wirkung zeigt. Dass ein solcher Prozess mit ideologisch motivierten Argumenten aus allen Richtungen einhergeht, kann nicht überraschen. Trotzdem ist kritisch nachzufragen, wie dehnbar der Begriff »Wissenschaftsfreiheit« – auch in der Philosophie – anzuwenden ist und wo wissenschaftliche Arbeit in das Verbreiten bloßer, wissenschaftlich nicht mehr haltbarer, Meinungen umschlägt.

41 Diese Aussage stammt von Dieter Schönecker, der sie im Teil 2: »Kants Theorie der »Menschenrassen« der oben genannten Veranstaltung (Fn. 40) in seiner Replik formuliert hat und ebenfalls im folgenden Blogbeitrag: D. Schönecker, »Bedrohte Wissenschaftsfreiheit: Alles nur Einzelfälle?«, in: *Merkur. Deutsche Zeitschrift für europäisches Denken*, Blogeintrag vom 10. Februar 2021, ⟨https://www.merkur-zeitschrift.de/2021/02/10/bedrohte-wissenschaftsfreiheit-alles-nur-einzelfaelle⟩, letzter Zugriff 4.3.2022.

42 Die These, dass ein taxonomischer Begriff wie »Rasse« sinnvoll auf den *homo sapiens* angewendet werden kann, wurde aus verschiedenen Naturwissenschaften heraus widerlegt. Vgl. Cavalli-Sforza, *Verschieden und doch gleich*; Cavalli-Sforza/Menozzi u. a., *The History and Geography of Human Genes*; Templeton, »Human Races: A Genetic and Evolutionary Perspective«; Ders., »Biological Races in Humans«; Yudell/Roberts u. a., »Taking Race out of Human Genetics«.

43 Schönecker: »Bedrohte Wissenschaftsfreiheit«. Interessant ist an diesem Beispiel, dass Wissenschaftsfreiheit eingeklagt und zugleich die Verschiebung von Ressourcen in andere Forschungsbereiche beklagt wird. Es scheint, dass sich nunmehr Vertreter:innen der »Mainstream-Philosophie« der Ungleichheiten im Wissenschaftsbetrieb bewusst werden, und zwar erst jetzt, wo sich die Ressourcenverteilung zu ihren Ungunsten zu verschieben beginnt.

Welche mögliche Zukunft für das Philosophieren wollen wir also ins Auge fassen? Darüber wird es sehr unterschiedliche Meinungen geben. Aber die stetig voranschreitende Arbeit an der Rekonstruktion bisher marginalisierter Philosophien und der Dekonstruktion eines bis heute noch vorherrschenden Verständnisses von Philosophie und ihrer Entwicklung wird ohne Zweifel zu einem schrittweisen Wandel der Disziplin, ihrer Grundbegriffe und ihrer Methoden beitragen – und lässt hoffen, dass die in verschiedenen Bereichen der Philosophie bereits spürbaren Veränderungen sich verstetigen werden. Afrika kann und wird im Prozess des Wandels der Disziplin der Philosophie einen zentralen Platz einnehmen.

Namenregister

50 Jahre suhrkamp taschenbuch wissenschaft 1973-2023 Das Jubiläumsprogramm

Aleida Assmann. Im Dickicht der Zeichen. stw 2429. 360 Seiten

Judith Butler. Die Macht der Geschlechternormen und die Grenzen des Menschlichen. Übersetzt von Karin Wördemann und Martin Stempfhuber. stw 2422. 414 Seiten

Esther Duflo. Kampf gegen die Armut. Übersetzt von Andrea Hemminger. stw 2428. 182 Seiten

Philippa Foot. Die Natur des Guten. Übersetzt von Michael Reuter. stw 2421. 162 Seiten

Eva Illouz. Gefühle in Zeiten des Kapitalismus. Übersetzt von Martin Hartmann. stw 2423. 170 Seiten

Rahel Jaeggi. Kritik von Lebensformen. stw 2424. 451 Seiten

Karin Knorr Cetina. Die Fabrikation von Erkenntnis. Zur Anthropologie der Wissenschaft. Mit einem Vorwort von Rom Harré. stw 2427. 372 Seiten

Martina Löw. Raumsoziologie. stw 2425. 320 Seiten

Beate Rössler. Autonomie. Ein Versuch über das gelungene Leben. stw 2426. 443 Seiten

Lucie Varga. Zeitenwende. Mentalitätshistorische Studien 1936-1939. Herausgegeben, übersetzt und eingeleitet von Peter Schöttler. stw 2430. 247 Seiten

NF 185/1/1.23